한국 고전 문학 강독

정우락 외 지음

한국문학사상연구실 엮음

◦ 지은이 ◦

정우락 경북대학교 국어국문학과 문학박사
경북대학교 국어국문학과 교수

백운용 경북대학교 국어국문학과 박사 과정 수료
경북대학교 국어국문학과 강사

조유영 경북대학교 국어국문학과 문학박사
제주대학교 국어교육과 교수

류명옥 경북대학교 국어국문학과 문학박사
부산외국어대학교 글로벌한국학전공 강의초빙교수

김종구 경북대학교 국어국문학과 문학박사
경북대학교 퇴계연구소 전임연구원

이윤선 경북대학교 국어국문학과 박사 과정 수료
경북대학교 영남문화연구원 연구원

서정현 경북대학교 국어국문학과 문학박사
경북대학교 교양교육센터 강사

최은주 경북대학교 국어국문학과 문학박사
한국국학진흥원 책임연구위원

최형우 경북대학교 국어국문학과 문학박사
대구한의대학교 기초교양대학 조교수

황명환 경북대학교 국어국문학과 박사 과정 수료
경북대학교 국어국문학과 강사

전설련 경북대학교 국어국문학과 문학박사
길림외국어대학교 한국어학과 강사

김소연 경북대학교 국어국문학과 박사 과정 수료
경북대학교 국어국문학과 강사

신소윤 경북대학교 국어국문학과 박사 과정 수료
경북대학교 교양교육센터 강사

김선영 경북대학교 국어국문학과 박사 과정 수료
한국국학진흥원 학예연구사

◦ 엮은이 ◦

한국문학사상연구실

한국문학사상연구실은 경북대학교 대학원 국어국문학과에서 한국문학사상을 연구하는 사람들로 구성되어 있다. 문학사상은 문학에 관한 사상, 문학에 나타난 사상, 문학에 작동하는 사상을 포괄한다. 문학과 철학을 넘나들며 문학의 본질을 탐구하는 것을 연구의 제일의(第一義)로 삼는다. 이 연구실에서는 『심경』과 『삼국유사』 등 동양고전을 두루 읽으며 한국문학 독해의 기반을 다지고, 여기서 더 나아가 문학 연구가 인문학에 기능하는 점을 심도 있게 다룬다.

한국 고전문학 강독

찍은 날 2024년 2월 19일 | **펴낸 날** 2024년 3월 4일
지은이 정우락 외 | **엮은이** 한국문학사상연구실 | **펴낸이** 홍원화 | **펴낸 곳** 경북대학교출판부
출판등록 1973년 10월 10일 ㉓97호 | **주소** 대구광역시 북구 대학로 80
전화 053-950-3830 | **팩스** 053-953-4692
이메일 press@knu.ac.kr | **홈페이지** http://knupress.com
ISBN 978-89-7180-634-0 93810

정가는 뒤표지에 있습니다. 파본은 바꾸어 드립니다.

한국 **고전 문학** 강독

정우락 외 지음
한국문학사상연구실 엮음

경북대학교출판부

머리말

철학은 근본 문제를 포괄적으로 다루기 때문에 관념주의로 흐르기 쉽고, 사학은 현실 문제를 구체적으로 다루므로 실증주의에 함몰되기 쉽다. 이에 비해 문학은 구체적인 체험을 바탕으로 하되 있어야 할 세계를 적극적으로 추구하므로, 철학과 사학을 포괄하면서 그것을 훨씬 뛰어넘는 창조력을 지닌다. 상상력에 입각한 허구의 세계를 제시하되 그 이면에 흐르는 진실의 강을 체험하게 하는 것이다. 아울러 문학은 상층과 하층, 남성과 여성이 대등론(對等論)적 관점에서 공존과 상생의 세계를 추구한다. 문학의 위대함이 바로 여기에 있다.

문학은 내포한 의미나 속성 자체가 가변적이다. 인간의 이성에 입각점을 두고 있는 자연과학이나 사회과학과 달리 문학은 인간의 감성과 상상력에 주목한다. 문학은 사상과 감정을 언어로 표현한 예술이라는 측면에서, 색깔로 표현되는 회화나 소리로 표현되는 음악과는 그 표현 양식 자체가 다르다. 문학을 구성하는 것이 언어이기 때문에, 문학 작품은 자연스럽게 은유나 상징, 리듬과 시점 등 다양한 언어 요소를 포함한다. 문학 작품에서 탐지되는 작가의 구경적(究竟的) 세계 인식도 이러한 요소들을 창으로 하여 엿볼 수 있다.

한국문학은 문학의 생성과 전파 공간을 한국으로 제한한다. 한국인으로 구성된 한민족의 문학을 의미한다는 것이다. 이로 보면 한국문학은 한국인이 그들의 사상과 감정을 그들의 언어로 표현한 예술이 된다. 그리고 이러한 정의에 따라 한국인의 범위를 어떻게 설정할 것인가, 그들의 언어인 한국어에 한자를 포함시킬 것인가 말 것인가, 예술을 말과 글 등 어디까지로 제한할 것인가 하는 복잡한 문제가 자연스럽게 발생한다. 한국문학의 영역은 이렇게 해서 정해지고, 이를 바탕으로 한국인의 삶을 다면적·다층적으로 분석해 들어가는 것이 바로 문학 연구이다.

오늘날 우리 학계는 문학을 고전문학과 현대문학으로 나누어 가르친다. 근대가 가져다준 충격에 따라 문학도 그 이전의 것과 이후의 것으로 나누어지기 때문이다. 한국문학이 연속적인 관점을 확보해야 한다는 측면에서 고전과 현대를 구분하는 것은 바람직하지 않지만, 오늘날 우리 학계의 실정은 그렇지 못하다. 고전문학 강의는 문학사와 문학개론이 핵심이다. 전자가 고전문학을 시간에 따라 이해하는 것이라면, 후자는 갈래에 따라 이해하는 것이다. 이 둘이 날줄과 씨줄로 직조된 것이 바로 한국의 고전문학이다.

한국 고전문학사든 한국 고전문학개론이든 문학 작품을 기반으로 할 수밖에 없다. 그렇기 때문에 고전문학 가운데 시대별 혹은 갈래별로 대표적인 작품을 선택하여 그것을 정확하게 읽는 것은, 한국문학을 이해하는 데 매우 중요한 작업이다. 이러한 생각에 따라 이 책에서는 시간적으로는 고대, 중세, 근대로의 이행기로 나누고, 이를 다시 구비문학, 국문문학, 한문문학으로 갈래를 구분하여 100편의 작품을 선택하여 안배하고 해설했다. 대상 작품은 조동일 교수의 『한국문학통사』에 의거해 선정하였는데, 이로써 한국문학사 이해에 특별한 도움이 되도록 했다.

이 책에 제시된 각 작품은 '창작 배경', '원문 읽기', '작품 감상', '생각해 보기', '참고문헌'의 순으로 구성되어 있다. 창작 배경에서는 작자나 시대 상황을 제시하여 작품 이해에 대한 기반을 다지고자 했고, 원문 읽기에서는 구체적인 작품을 들어 이를 정확하게 이해할 수 있도록 했다. 여기에는 자세한 주석을 달았다. 작품 감상은 그동안의 연구 성과를 수용하여 작품을 입체적으로 조망할 수 있도록 했고, 생각해 보기에서는 해당 작품에서 도출되는 문제들을 다각적으로 토론할 수 있도록 했다. 그리고 참고문헌에는 작품 이해에 도움이 되는 연구 성과들을 제시하여 스스로 공부할 수 있도록 했다.

이 책은 경북대학교 한국문학사상연구실에서 기획·편집한 것이다. 이 연구실은 문학비평과 문학사상을 주로 연구하는 사람들의 결사체이다. 나의 제자들로 구성된 이 연구실은 십수 년 동안 고전작품을 강독하면서 자신의 학문 자세를 가다듬으며 학문 공동체를 만들어 왔다. 『한국 고전문학 강독』은 그 결과물 가운데 하나인데, 작품을 나누어 맡아 발표와 토론을 거쳐 원고를 완성하였다. 그러나 그 수준이 고르지 않아 수정할 것이 더러 보인다. 이는 앞으로 지속적으로 고쳐 나가야 할 부분이다.

일찍이 퇴계 이황은 〈도산십이곡〉에서 "천운대 도라드러 완락재 소쇄ᄒᆞᆫ듸, 만권생애로 낙사ㅣ 무궁ᄒᆞ예라. 이 듕에 왕래풍류를 닐어 므슴ᄒᆞᆯ고."라고 했다. 도산서당에 수많은 책을 쌓아 두고 옛사람과 대화를 나누면서 자연과 소통하는 대학자의 모습이 떠오른다. 시대가 바뀌고 물정도 달라졌지만, 우리 고전문학도들도 고전의 숲을 거닐며 인생의 즐거움을 마음껏 누렸으면 한다. 이러한 측면에서 이 책이 한국 고전문학의 이해는 물론이고, 나아가 독자들의 삶에 어떤 즐거움을 부여할 수 있길 기대한다. 그 가능성을 열어 준 경북대학교출판부에 감사드린다.

2024년 1월

한국문학사상연구실에서 정우락 씀

목차

일러두기

* 이 책의 시대 구분은 오늘날 널리 통용되는 조동일의 『한국문학통사』(제4판, 지식산업사, 2005)를 기준으로 하였다.
* 각 시기에 대한 특징을 간략히 서술하여 문학사의 전반적인 흐름을 이해할 수 있도록 하였다.
* 시기별 작품 배열은 대체로 구비문학, 운문문학, 산문문학 순으로 하였다.
* 시기별로 대표적인 작품을 선정하여 작품마다 창작 배경, 원문 읽기, 작품 감상, 생각해 보기, 참고문헌 순으로 서술하였다.
* 생각해 보기는 작품에 대한 심층적 이해와 함께 대중적 확장을 고려하였다.

서론

한국 고전문학의 위상과 특질[1]

1. 한국문학에서 고전문학의 위상

1) 한국문학과 국문학

'한국문학'과 '국문학'은 같은가 다른가? 우리는 이 두 용어를 함께 사용하기도 하고 구분해서 사용하기도 한다. 『삼국유사』에 등재되어 있는 신라 노래인 향가(鄕歌)는 한국문학인가 국문학인가? 이광수의 〈무정〉은 한국문학인가 국문학인가? 어떤 사람은 한국문학이라 하고, 어떤 사람은 국문학이라고 한다. 유사한 내용을 다루면서 어떤 책에는 『한국문학개론』이라는 제명을 붙이고, 또 어떤 책에는 『국문학개론』이라는 제명을 붙인다. 이 문제에 대해서는 특별한 의식 없이 통용하는 경우와, 의식은 하되 동일하다고 생각하여 하나를 선택해서 사용하는 경우, 그리고 의식적으로 구별하여 사용하는 경우가 있는 것 같다.

한국문학과 국문학을 같은 것으로 보는 입장에서 생각해 보자. 우선 한국문학과 국문학은 외연과 내포에서 아무런 차이가 발견되지 않는다. 국문학은 '국+문학'인데, 이때 '국(國)'은 '나라'를 의미하고, '나라'는 말할 것도 없이 우리나라 즉 한국을 뜻한다. 이렇게 보면 한국문학과 국문학은 같은 것이다. 그러나 글자

1 이 글은 정우락 외, 『한국의 언어와 문학』(경북대학교출판부, 2009)의 해당 부분을 수정·보완한 것이다.

가 다르므로 쓰임새가 다르기 마련인데, 대외적으로는 한국문학이라 하고 대내적으로는 국문학이라 하면 된다. 우리나라 안에서 굳이 국문학을 한국문학이라 할 필요는 없다.

한국문학과 국문학을 다른 것으로 보는 입장에서 생각해 보자. 과연 이 두 용어가 동질의 의미를 내포하고 있을까 하는 문제가 발생할 수 있다. 한국문학은 '한국의 문학'을, 국문학은 '민족문학'이라는 뜻을 함의할 수 있기 때문이다. '국'이 나라이고 그 나라는 우리나라를 뜻하기는 하지만 그 이면에는 영어의 'Nation'에 해당하는 '국민' 또는 '민족'의 뜻을 내포하고 있다. 이렇게 보면 한국문학은 세계문학과의 대비 속에서 이해되고, 국문학은 민족문학으로서 가치를 부여받게 된다.

한국문학과 국문학이 의미를 달리한다고 볼 때 어떤 용어를 사용하는 것이 사리에 맞을까? 이에 대한 논란도 있을 수 있다. '국문학'이 어쨌든 '민족', '역사', '전통', '고유'라는 의미와 결합되어 있기 때문에 편향성을 드러내므로 객관적이며 가치 중립적인 '한국문학'을 사용해야 한다고 할 수 있다. 더 나아가 '국문학'이 종종 근대 이전의 고전문학을 가리키는 용어로 사용되기도 하니, 그런 혼란을 피하기 위해서 우리나라 전체의 문학을 가리키는 말로 '한국문학'이 타당하다고 한다.

그러나 '국문학'으로 맞서는 논자들도 적지 않다. '국문학'의 '국'에는 '우리나라'라는 뜻이 강하게 담겨 있으므로 우리나라의 문학을 지칭하는 말로 제격이라는 것이다. 우리나라는 대한민국이라는 국명을 사용하고 있지만 신라와 고구려, 그리고 조선 등 역사성을 동시에 갖고 있으므로 이를 포괄한 국문학이 더욱 타당하다는 것이다. 더욱이 북한 학자들이 자신들의 문학을 조선문학이라는 용어로 고집하는 사정을 고려할 때 통일 이후의 상황을 염두에 둔다면 '국문학'이 더욱 적합하다는 것이다.

우리는 한국문학과 국문학을 동일한 의미로 보고자 한다. 어느 하나만을 고집할 때 그것이 지닌 한계가 뒤따르기 마련이고, 배제된 용어가 지닌 장점을 포기하지 않으면 안 되기 때문이다. 대학의 학과 명칭이 대체로 '국어국문학과'로 되어 있는 현실적 상황과, 세계화 시대에 맞추어 '한국문학'이라는 용어가 더욱 확장되어 가는 추세를 감안하더라도 이 둘을 굳이 분리해서 사용해야 할 타당한 이유가 존재하지 않는다. 우리나라 사람이 사용하는 국문학은 한국문학을 의미하며, 한국문학은 세계문학 속의 국문학이다.

2) 한국문학의 영역 확보와 그 진통

한국문학의 개념은 여러 학자들에 의해 다양하게 정의되었지만, 대체로 '한국인이 국어로 이룩한 언어예술'이라는 점에 합의하고 있다. 여기서 '한국인', '국어', '언어예술'을 어떻게 볼 것인가에 따라 한국문학의 범위가 설정된다. 이에 따른 쟁점이 있을 수 있고, 사실 있어 왔다. 그 쟁점들은 모두 한국문학의 영역을 어떻게 확보할 것인가를 심각하게 고민한 결과다. 연구자들은 대체로 한국문학의 영역을 넓혀 가는 쪽으로 방향을 잡아 나갔는데, 이 글에서는 한국인과 국어, 그리고 언어예술을 어떻게 볼 것인가 하는 문제를 둘러싸고 발생했던 논의를 간략히 정리한다.

먼저, '한국인'을 어디까지로 볼 것인가 하는 문제다. 한국인은 시간적 흐름 속에서 면면히 이어져 왔고 공간적 이동 역시 광범하게 이루어졌다. 우리 민족은 한반도에서 '삼국→통일신라→고려→조선' 등 여러 나라로 흥망성쇠를 되풀이하였지만 단일민족이라는 사실은 변함이 없다. 과거로부터 현재까지 한반도를 중심으로 생활해 온 한 핏줄의 사람들이라는 것이다. 이렇게 볼 때 우리 민족은 단일민족이라는 민족적 특색이 뚜렷하고, 이에 따른 작자와 수용자 모두가 한국인이니 종적인 시간 개념 속에서 한국인을 가리는 데는 문제가 없다.

한국인은 공간적으로 이동을 하기도 했다. 외국에 유학을 하는 등 단기적인 이동도 있고, 아예 이민을 가는 등 장기적인 이동도 있으며 더 나아가 외국에서 세대를 이루며 살기도 한다. 이에 따라 한국인의 범위가 논란의 대상이 된다. 가령 신라 육두품 출신으로 당나라에 유학했던 최치원(崔致遠, 857~?)의 경우, 중국에서 〈격황소서(檄黃巢書)〉[2] 등 많은 작품을 남겼다. 중국에서 그 나라의 필요에

---

2 〈격황소서(檄黃巢書)〉: 신라 말 헌강왕 때 최치원(崔致遠)이 중국 당나라에서 벼슬하면서 황소(黃巢)를

의해 지은 것이기 때문에 한국문학이 아니라고 볼 수도 있으나 최치원은 한국인이고 그의 중요한 문학 활동 가운데 하나였기 때문에 한국문학으로 보아도 무방하다. 이렇게 본다면 중국의 동북방이나 중앙아시아로 이주한 한국인이 우리말로 지은 문학 역시 한국문학의 범위 안으로 포섭할 수 있을 것이다.

다음으로 '국어'를 어디까지로 볼 것인가 하는 문제다. 한국문학을 국어로 이룩한 언어예술이라고 할 때, 국어에 대한 표기 방법은 크게 세 가지로 나뉜다. 한글로 적는 경우와 한자를 빌려 우리말 어순에 맞게 적는 경우, 한자로 적는 경우가 그것이다. 첫 번째 경우는 시조나 가사 등 국문문학이고, 두 번째 경우는 향가 등 향찰문학이다. 그리고 세 번째 경우는 다량의 작품을 확보하고 있는 한문문학이다. 이 가운데 한문문학의 한국문학 귀속 여부에 따른 진통이 심각하게 일어났다. 이는 대체로 다음과 같이 요약된다.

첫째, 한글로 표기된 순수한 국문문학만이 한국문학이라는 견해이다. 이는 이광수나 고정옥 등 초기 국문학자들의 입장이다. 국문학을 '자기 나라 글'로 이루어진 문학이라고 규정하였기 때문에 한국 사람이 창작하였다 하더라도 한문으로 이루어진 것은 한국문학이라 할 수 없다는 것이다. 이것은 한문문학 중심의 중세적 시각에 대한 반기였고, 일제 강점하의 우리글에 대한 애착에서 나온 것이다. 그러나 이러한 시각은 근대적 민족주의 사상이 나타나기 이전에 한자가 동아시아 문명권의 공동 문어였다는 역사적 특수성을 간과한 것이고, 17세기 이전의 주 창작 계층이었던 사대부들의 문학 행위를 무시한 것이다.

둘째, 국문문학을 진정한 의미의 국문학으로 보되, 한문문학도 넓은 의미의 국문학에 포함시켜야 한다는 견해이다. 이 같은 절충론은 이병기, 조윤제, 장덕순 등이 주장하였다. 한문으로 된 문학은 그것의 가치에 따라 취사선택해야 한다는 입장을 보였는데, 국문학의 주변으로만 한문문학적 가치를 인정하

치기 위하여 지은 격문이다. 881년 당나라에서 황소가 난을 일으키자 최치원은 토벌 총사령관인 고변(高駢)의 막하에 종군하였는데, 이때 〈격황소서〉를 지었다. 전하는 말에 따르면, 황소가 이 격문을 보다가 자신도 모르게 침상에서 떨어졌다고 한다. 최치원은 우리나라 최초의 시문집인 『계원필경(桂苑筆耕)』을 남겼는데, 여기에 〈격황소서〉가 실려 있다.

였다. 그러나 이는 한문문학 자료에 대한 가치 기준이 불투명하며 한글 반포를 기점으로 그 이전의 문학은 차자(借字)이건 한자이건 한국문학으로 처리하되, 그 이후의 문학은 국문문학을 한국문학으로 우선 규정해야 한다는 한계점을 지닌다.

셋째, 한문문학도 국문문학과 동등하게 한국문학에 포함시켜야 하며 미리부터 어떤 자격상의 차등을 둘 필요가 없다는 견해이다. 이는 정병욱, 조동일, 김흥규 등의 주장으로, 한국문학은 한국인의 생활을 형상적으로 창조한 문학이기 때문에 표기 양식이 한글이냐 한자냐 하는 것은 한국문학의 자격 여부를 판별하는 기준이 될 수 없다는 것이다. 결국 한자로 작품을 썼다고 하더라도 그 시대 사람들이 우리 문학으로 간주하였으며 우리 발음으로 한자를 읽었기 때문에, 문자 중심이 아닌 문예 중심으로 한국문학의 개념과 범위를 설정해야 한다는 것이다. 이로써 한문문학도 한국문학의 중요한 일원이 될 수 있었다.

마지막으로, 문학을 '언어예술'이라는 관점에서 볼 때 그 범위를 어떻게 잡아야 할까 하는 문제다. 먼저 '언어'를 어디까지로 볼 것인가 하는 것이 논란으로 대두되었다. 초기 연구에서는 대체로 문헌에 정착되어 있는 구비문학을 국문학에 포함시켜 다루고, 구전되는 자료는 민속학의 소관으로 돌리는 것이 관례였다. 그 뒤 현지조사를 수반하지 않고 문헌자료를 통해서 설화 등을 다루는 연구가 광범하게 이루어졌으나, 설화를 소설의 원천으로 보는 데 그치고 그 자체를 문학으로 보지는 않았다. 이것은 언어를 '말'이라기보다 '글'로 보았기 때문에 발생한 문제였다.

그러나 장덕순 등을 중심으로 이에 대한 반론이 일어났다. 동양의 '문학'이라는 단어나 서양의 'literature'라는 단어에서 '문'과 'liter(=letter)'가 모두 글을 의미하지만, 문학에 관한 정의는 이 같은 선입견이 배제되어야 한다는 것이다. 문자를 사용하기 이전에는 모두 말로 창작되고 전해지는 구비문학만이 있었으며, 표현 양식이 문자냐 말이냐 하는 것이 문학의 본질을 가르는 기준이 될 수 없다. 따라서 문학이 언어예술임을 염두에 둔다면 말로 된 문학인 구비문학도 당연히 한문문학이나 국문문학과 대등한 위상을 가진 한국문학의 중요한 일원이라 하지 않을 수 없다.

또한 문학을 언어예술로 볼 때 어디까지를 '예술'로 볼 것인가 하는 것도 문제다. 이것은 본질적으로 문학의 개념과 결합되어 있는 논란이다. 오늘날 우리는 근대적 협의의 개념으로 문학을 이해한다. 즉 문학이란 언어를 매개로 하되 상상적이며 정서적이어야 하며, 독자에게 미적 쾌감을 주어야 하고, 전문적 형식이 아닌 일반적 형식으로 제시되어야 한다는 것이다. 문학이 상상력에 기반하여 인생을 구체적으로 탐구하고 언어라는 형식을 통해 형상화하는 창조적 세계여야 한다는 것이다. 오늘날 우리 현대문학은 모두 이 개념으로 정의되고 있다.

전근대 시대에 창작된 한문문학이나 고전문학의 경우는 사정이 다르다. 동양의 경우 문학(文學)이라는 용어는 『논어』에서 공자가 사과십철(四科十哲)[3]을 이야기하면서, 문학에는 자유(子遊)와 자하(子夏)가 뛰어나다고 했던 것에서 처음 보인다. 이때의 문학은 오히려 학문을 의미하는바 광의의 문학 개념으로 포섭될 수 있는 용어이다. 고전 시대 작가들이 '도문(道文)'의 관계를 말할 때의 '문(文)' 역시 오늘날의 문학과는 달라 그 범위가 훨씬 넓다. 따라서 사대부의 상소문(上疏文)이나 비문(碑文)은 물론이고, 일기를 바탕으로 구성한 실기(實記) 역시 문학의 주요 범주 안으로 들어온다. 한국의 고전문학은 이들 작품을 모두 연구 대상으로 삼아, '예술'을 상상력에 근거한 협의의 개념으로 한정하지 않는다.

한국 고전문학의 외연은 항상 내포와 함께 고찰해야 한다. 한국의 고전문학이 구비문학·한문문학·전근대의 국문문학이라는 외연을 확보하고 있지만, 근대적 개념의 문학으로 고전문학을 재단할 수는 없는 노릇이다. 즉 고전문학의 시대에는 문학의 관점을 달리했다는 것을 인정하자는 말이다. 이렇게 보면 고전 시대 문학의 내포는 문학을 광의의 개념으로 보아 실용적인 목적으로 쓰인 작품까지 두루 포괄하게 된다. 문학에 대한 인식이 현대와는 다르다 하더라도 그 시대

3 사과십철(四科十哲): 『논어』 「선진(先進)」 편에서, 공자 문하생 가운데 중심을 이룬 제자 열 명을 그 장점에 따라 네 부류로 나누었는데, 이것을 후세에 '사과십철(四科十哲)'이라 하였다. 덕행(德行)에는 안연(顔淵)·민자건(閔子騫)·염백우(冉伯牛)·중궁(仲弓), 언어(言語)에는 재아(宰我)·자공(子貢), 정사(政事)에는 염유(冉由)·계로(季路), 문학(文學)에는 자유(子遊)·자하(子夏)라 한 것이 그것이다.

의 사람들이 문학으로 인정한 것을 우리 역시 문학으로 인정하자는 것이다.

3) 고전문학의 위상

한국문학은 구비문학과 한문문학, 그리고 국문문학을 포괄한다. 언어는 '말'과 '글'을 포괄하므로 구비문학은 문학이고 한국의 구비문학은 한국문학이다. 얼마간 논란이 있었으나 의견의 일치를 보았고 현재 국문학과에서 구비문학을 중요 과목으로 가르친다. 한자는 동아시아의 공동 문어였으므로 한국의 한문문학 역시 한국문학이다. 한문은 중국의 구어인 백화(白話)와 상당히 거리가 있을 뿐만 아니라 한국어 발음에 토(吐)[4]를 달아 읽었으니 한국의 문어체이다. 구비문학과 한문문학은 한글로 된 국문문학과 대등한 관계를 유지하면서 성장해 왔고, 국문문학이 구비문학에서 표현을, 한문문학에서 사상을 빌려 발전해 왔다는 측면에서 이들은 상호 경쟁하고 협동하면서 보다 큰 우리 문학을 만들었다고 할 수 있을 것이다.

구비문학은 말로 된 문학이고, 한문문학은 한문으로 이루어진 문학이며, 국문문학은 한글을 사용한 문학이다. 이 가운데 고전문학의 위상은 어떻게 될까? 고전문학과 근대문학을 나누는 방법은 다양할 수 있다. 이는 근대의 기점을 어떻게 잡느냐 하는 문제와 결합되어 있기 때문이다. 근대의 기점은 다양하게 논의되고 있지만, 신문학 운동이 시작된 3·1운동(1919)을 그 기점으로 잡으면 그 이전이 고전문학이 되고 그 이후가 근대문학이 된다. 구비문학과 한문문학이 근대 이전의 주요 문학 영역이었으므로 이 역시 고전문학의 범위 안으로 들어간다. 따라서 다음의 두 그림은 고전문학의 위상을 파악하는 데 도움이 된다.

---

4 토(吐): 현토(懸吐) 혹은 석의(釋義)라고도 하는데, 한문의 원전을 읽을 때 그 뜻을 쉽게 파악하고 독송을 편하게 하기 위하여 한문의 구절 아래 달아 쓰던 문법적 요소의 총칭이다. 『세종실록』 세종 10년 윤4월 기해(己亥) 조에, 권근(權近)이 태종(太宗)의 명을 받아 마지못해 『시경(詩經)』·『서경(書經)』·『역경(易經)』 등에 토를 달았다는 기록이 있으며, 그 주(註)에 한문을 읽을 때 국어를 구절에 달아 읽는 것을 토라 한다고 하였다.

- 한국문학
  - 구비문학
  - 기록문학
    - 한문문학
    - 국문문학

- 고전문학
  - 구비문학
  - 한문문학
  - 전근대의 국문문학

앞의 그림은 한국문학이 말로 이루어졌는가 글로 이루어졌는가에 따라 구비문학과 기록문학으로 나누고, 기록문학이 한자로 쓰였는가 한글로 쓰였는가에 따라 한문문학과 국문문학으로 나눈 것이다. 그런데 엄밀한 의미에서 향찰문학도 기록문학에 포함시킬 수 있다. 한자의 음과 뜻을 빌려 우리말을 표기한 문학이기 때문이다. 문학사 안에서 보면 구비문학이 먼저 있었고, 한문이 전래되면서 구비문학의 일부가 기록문학화하고 향찰문학이 등장했다. 지배 계층을 중심으로 한문 사용이 보편화되면서 상층의 한문문학과 하층의 구비문학이 병존하고, 한글이 창제되면서 구비문학과 한문문학, 그리고 국문문학이 상호 밀접한 관계를 유지하면서 한국문학은 비약적으로 발전해 나가게 되었다.

뒤의 그림은 한국문학에 시대성을 부여한 것이다. 근대 이전의 문학이 고전문학이므로 한국의 고전문학은 구비문학과 한문문학, 그리고 전근대의 국문문학을 포괄한다. 조선 후기에 봉건질서가 무너짐에 따라 한문문학은 존재 기반을 상실하고 구비문학의 의의도 약화된다. 동학혁명과 갑오개혁을 거치면서 국문의 공식화라는 어문 생활 자체에 커다란 변화가 일어나 근대문학은 빠른 속도로 발전해 갔으며, 고전문학의 사상적 기반이 되었던 유교가 퇴각하면서 교술문학이 몰락한다. 근대 이후에도 수필이라는 교술산문이 존재하기는 하지만 근대문학의 대표적인 장르인 서사나 서정, 그리고 새롭게 나타난 희곡에 비해 열세를 면치 못하였던 것이다.

한국문학은 구비문학·한문문학·국문문학으로 구성되어 있다. 어느 한쪽이 일방적으로 우세하게 나타나는 것이 아니라 대등한 관계를 유지하고 있다. 글이 없던 시대에 문학 창작의 유일한 방법은 '말'이었다. 이 '말'을 중요한 양식으로 한 구비문학은 오늘날까지 이어지면서 기록문학의 저층 노릇을 충실히 해 왔다. 또 중국에서 한자를 받아들여 한문문학을 성립시켜 문학의 폭이 더욱 확대되었다. 처음에는 한자를 이용하여 우리말을 표기해 오다가 한글을 창제한 이후에도 사대부 계층에서는 한문문학이 중심이 되었다. 이 같은 구비문학과 한문문학은 국문문학을 발전시키는 역할을 했고, 한국의 문학사는 바로 이 세 가지 문학이 밀접한 관계를 맺으면서 성장해 온 역사라 할 수 있다.

2. 한국 고전문학의 특질

문학은 사상과 정서를 형상화한 것이다. 인간이 지닌 보편적인 사상과 정서를 담고 있으면서도, 특수한 민족과 개인의 사상과 정서를 담고 있다. 이 때문에 문학은 인간이면 가질 수 있는 보편성, 즉 세계성을 지닌 동시에 그 문학을 창작한 민족이나 개인의 개별적 특질을 갖고 있다. 한국의 고전문학 또한 중국의 고전문학이나 영미의 고전문학과 마찬가지로 문학으로서의 보편성을 가지면서 다른 민족의 고전문학과 대별되는 어떤 특질을 동시에 가지고 있다.

한국 고전문학의 특질은 간단하게 말하기는 어렵다. 보는 관점에 따라 다를 수 있고, 전공 영역에 따라서도 다르다. 한국문학에 대한 근대적 연구가 시작되면서 이 문제에 대하여 많은 연구자들이 관심을 가졌지만 정설화되지는 않았다. 이 때문에 이 글에서는 특정 연구자의 견해를 일방적으로 제시하기보다 고전문학 전공자들이 한국문학의 특질로 제시하였던 것을 중심으로 간단히 검토하는 데서 그치기로 한다. 이를 통해 우리는 한국의 고전문학이 지닌 특질을 대체적으로 이해하게 될 것이다.

한국 고전문학의 특질에 먼저 주목한 사람은 조윤제이다. 그는 한국문학의 특질로 '은근'과 '끈기', '가냘픔'과 '애처로움', '두어라'와 '노세'를 들었다. '은근'과 '끈기'에서 민족성을 찾고 〈춘향전〉의 춘향이나 정몽주(鄭夢周, 1337~1392)의

〈단심가〉 등에서 이것이 두루 나타난다고 하였다. '가냘픔'과 '애처로움'은 곡절이 많은 우리의 역사를 염두에 둔 것으로, 남도의 〈육자배기〉나 서도의 〈수심가〉 등에서 잘 나타난다는 것이다. 그리고 '두어라'와 '노세'는 낙천적인 운명관에서 비롯된 것으로, 시조 종장의 첫 구에 잘 나타나는 '두어라'라든가 노랫가락의 '노세' 등이 그 좋은 예라고 하였다. 조윤제가 제시한 이 같은 고전문학의 특질은 민족주의와 강하게 결합되어 있다는 특징이 있다.

김동욱은 조윤제의 견해에 바탕을 두고 고전문학에 잠재해 있는 특질을 '멋'이라고 하였다. 그는 한국문학의 특질로서의 '멋'은 앞에 어떤 수식어가 붙는 멋이라고 했다. 김동욱은 조윤제가 말하는 끈기가 미적 범주의 네 가지 유형인 숭고미·비장미·우아미·골계미에 포함될 수 없다고 보고 이를 제외한 후, '가냘픔'과 '은근함'을 연결시켜서 '가냘프고 은근한 멋'이 바로 한국문학의 특질이라고 하였다. 우리 고전문학에 중심축의 하나로 풍류가 있다는 점을 감안한다면, 김동욱의 '멋'은 우리 문학의 근저를 이해하는 중요한 요소가 된다고 하겠다.

구자균은 한국 고전문학을 양반형 문학과 평민형 문학으로 나누고, 양반형 문학에는 점잖음·도덕파·공명주의가, 평민형 문학에는 해학성·색정파·취락(醉樂)주의가 주로 나타난다고 하였다. 이 같은 구도 속에서 공업(功業)·개세(慨世)·송축·회고 등은 양반문학의 주요 소재가 되고, 골계·호색·염정(艶情)·별한(別恨) 등은 평민문학의 주요 소재가 된다고 보았다. 또한 조윤제와 마찬가지로, 우리 고전문학에는 연면성(連綿性)의 끈기가 있으며, 구체적인 표현태에 있어서는 공식적인 문장과 생동하는 문장이 있음을 지적하고 사회적 계층에 따라 문학적 특질이 다르게 나타난다고 하였다. 구자균의 이러한 분류는 한국의 전통사회가 신분제 사회였음을 염두에 두고 그 문학의 특질을 밝힌 것이라 하겠다.

조동일은 우리 민족의 생활이나 민족성과 관련된 특질을 제시한 여타의 학자들과는 달리 작품 자체에 주목하면서 다섯 가지 특질을 제시하였다. 시조의 경우처럼 율격이 규칙에 매이지 않고 자연스런 변형을 갖추도록 하였다는 점, 작품 전개에서 일상적이고 자연스러운 말을 소중하게 여겼다는 점, 문학하는 행위를 놀이로 여겨 함께 춤추는 마당놀이에 회귀하고자 하는 의지를 보였다는 점, 문학의 양면성을 하나가 되게 합치는 것을 바람직한 풍조로 여겼다는 점, 서사문학 작품이 행복한 결말에 이른다는 점이 그것이다. 조동일의 이러한 논의는 한국 고전문학의 다양한 특질을 제시하고 있어 구체성을 확보하고 있다고 할 것이다.

김병국은 다양하게 이야기되던 한국 고전문학의 특질을 '행복한 세계관'에 두고 논의를 전개했다. 그는 서양의 자연관과 대비되는 동양적 자연관에 기초하여 한국인의 원초적 심성은 동화적 밝음의 순수성에 있다고 보았다. 그 대표적인 예로 송순(宋純, 1493~1583)의 시조 "십년을 경영하여 초려 한 간 지어내니, 반 간은 청풍이요 반 간은 명월이라. 강산은 들일 데 없으니 둘러 두고 보리라."를 들었다. 이 때문에 한국의 고전문학은 비극이나 리얼리즘의 발달을 기대할 수 없게 되었으며, 서사문학도 대체로 행복한 결말로 마무리된다고 했다. 김병국의 이 논의는 한국 고전문학의 특질을 한국인의 세계관과 결합하여 미의식의 근저를 밝히고 있다.

이 밖에도 한국 고전문학의 특질로 강한 경향성(傾向性)과 순수에 가까운 소박성, 현실 긍정의 낙천성을 들기도 하고, 인간 위주의 문학과 부정의 미학, 호야형(好爺型)의 인간상으로 집약하기도 한다. 그리고 어떤 연구자는 우리 고전문학의 주된 정조를 관조의 미학, 변형의 미학, 소극적 인간상, 다양한 수식 등이라 하기도 한다. 한국 고전문학에는 어느 하나로 집약해서 말할 수 없는 다양성이 있다고 보면서도 많은 학자들은 한국 고전문학의 특질에 어떤 구체성을 부여하기 위하여 노력하였다. 한국 고전문학의 특징이 다양하게 나타나기는 하지만 그 근저를 이루고 있는 통일적인 논리가 있었다. 그것은 바로 작가와 수용자로 구성된 한국인의 심성에 내재한 소통과 상생의 논리 체계이다. 이와 관련하여 다음 자료를 검토해 보자.

〈예 1〉 우리나라에 현묘한 도가 있으니 이를 풍류라고 한다. 교의(教義)를 세운 근원은 선사(仙史)에 상세하게 실려 있지만, 실로 삼교(三教)를 포함한 것으로 여러 사람들과 접하면서 교화되도록 한다. 이를테면 집에 들어와 부모에게 효도하고 나와서 나라에 충성하는 것은 공자(孔子)의 주된 가르침이요, 무위

(無爲)의 일에 처하고 불언(不言)의 가르침을 행하는 것은 노자(老子)의 사상적 핵심이며, 모든 악한 일을 하지 않고 모든 착한 일을 받들어 행하는 것은 불타(佛陀)의 교화이다.

〈예 2〉 노인(퇴계 이황)이 본디 음률을 잘 모르지만 오히려 세속 음악을 듣기는 싫어하므로, 한가한 곳에서 병을 수양한 여가에 느낀 바 있으면 문득 시로써 표현을 하였다. 그러나 오늘날의 시는 옛날의 시와 달라서 읊을 수는 있겠으나 노래하기에는 어렵게 되었다. 이제 만일 노래를 부른다면 반드시 우리글로 지어야 할 것이니, 이는 대체로 우리 국속(國俗)의 음절이 그러지 않을 수 없기 때문이다. …(중략)… 아이들로 하여금 아침저녁으로 이를 연습하여 노래를 부르게 하고는 안석에 기대어 듣기도 하려니와 또한 아이들로 하여금 스스로 노래를 부르게 하는 한편 스스로 무도(舞蹈)를 한다면 거의 비루함을 씻고 느끼어 융통할 바 있어서, 노래하는 자와 듣는 자가 서로 이익됨이 없지 않을 것이다.

〈예 1〉은 최치원이 쓴 〈난랑비서(鸞郎碑序)〉의 첫머리다. 최치원은 여기서 우리 사상의 원류를 화랑의 지도 이념인 풍류도라 하고 있다. 이 글에서 주목되는 것은 '포함삼교(包含三敎)'라는 네 글자이다. 즉 풍류도에는 유교·불교·도교의 사상이 본래부터 내재되어 있다는 것이다. 이것은 풍류도가 유교나 불교, 도교와 구별되지만 삼교의 종지(宗旨)인 충효(忠孝)와 무위불언(無爲不言), 그리고 위선거악(爲善去惡)의 요소가 고유한 인자로 포함되어 있음을 의미한다. 사상사적 측면에서 한국 고전문학이 유·불·도의 이념을 포함하면서도 이를 회통하고 상생하여 새로운 경계를 창출한다는 논리를 여기서 성립시킨다.

〈예 2〉는 이황(李滉, 1501~1570)이 쓴 〈도산십이곡발(陶山十二曲跋)〉의 일부이다. 이황은 이별(李鼈)의 〈육가(六歌)〉를 모방하여 〈도산육곡(陶山六曲)〉 둘을 짓는다고 하면서, 여기서 한글로 짓는 이유를 밝히고 있어 특별히 주목된다. 즉 한시는 읊을 수 있어도 노래할 수가 없기 때문이라는 것이다. 노래하자면 우리의 음절로 만들어진 한글로 된 우리 노래가 필요하고, 이렇게 곡조에 맞추어 부르고 춤을 추게 되면 마음을 깨끗이 할 수 있다고 했다. 여기서 우리는 이황의 생각에서 한문문학과 국문문학, 혹은 문학과 놀이의 소통과 상생을 통해 문학의 효용적 가치를 극대화하자는 의도를 감지하게 된다. 여타 장르와의 소통과 상생, 그리고 효용적 측면의 강조는 한국 고전문학이 갖는 중요한 특질이 되는 것은 물론이다.

초창기 학자들은 우리 고전문학의 특질을 우리 민족의 생활이나 민족성과 관련하여 찾으려고 노력하였고 나름의 성과를 거두었다. 그러나 개인의 서정을 소홀히 한 한계 역시 갖고 있었다. 이후 개인의 서정은 물론이고 작품 자체가 가지고 있는 특질에 주목하면서 이 방면의 논의가 다양하게 이루어져 왔다. 그 결과 한국 고전문학은 사상적 측면에서 유·불·도를 포함하면서도 여기에 구애되지 않고, 형식적 측면에서도 정형화되어 있지 않은 '느슨함'이 있었으므로 여유와 변화를 주기가 쉬웠다. 이것은 한국 고전문학이 어느 하나의 이념으로 경화되지 않았으며, 무한한 가능성을 내질적으로 갖고 발전해 왔음을 의미하는 것이다.

〈생각해 보기〉

(1) 한국문학이 구비문학과 한문문학, 그리고 국문문학으로 구성되어 있다고 볼 때, 아래 예문을 참고하여 문학사적 측면에서 이들이 어떤 소장(消長) 관계를 갖고 있는지 구체적인 작품을 들어 논의해 보자.

> 처음에는 구비문학만 있었다. 그 시기를 고대라 할 수 있다. 그러다가 기원 전후의 시기에 한문을 받아들이고 5세기 이전에 본격적인 한문학을 이룩하면서, 고대에서 중세로 들어섰다. 중세에는 한문학의 시대였다. 중세문학은 한문학의 등장과 퇴장까지 지속되었다고 할 수 있다. 그런데 한문학은 국문문학과 공존했다. 처음에는 한자를 이용한 향찰을 통해서, 그 다음에는 한국어를 직접 표기하는 훈민정음을 창안해서 국문문학을 육성했다. 17세기 이후에는 국문문학이 활발하게 창작되어, 한문학과 맞설 수 있게 되었다. 그래서 중세에서 근대로의 이행기로 들어섰다.
>
> - 조동일 외, 『한국문학강의』, 길벗, 1994

(2) 다음 그림은 한국문학의 영역을 표시하기 위한 것이다. 이 같은 분류의 장점과 단점을 설명하고 그 단점을 보완하는 측면에서 대안을 제시해 보자.

- 한국문학
  - 구비문학
  - 한문문학
  - 국문문학
    - 고전문학
      - 고전시가
      - 고전산문
    - 근대문학
      - 근대시가
      - 근대산문

(3) 한국 고전문학의 특질은 조윤제 등에 의해 이미 다양하게 논의되어 왔다. 이를 비판적으로 검토하고 자신이 생각하는 우리 고전문학의 특질을 제시해 보자.

참고문헌

- 김동욱, 『국문학개설』, 민중서관, 1962.
- 김일렬, 『한국문학의 전통과 아름다움』, 새문사, 2006.
- 장덕순 외, 『한국문학사의 쟁점』, 집문당, 1986.
- 조동일 외, 『한국문학강의』, 길벗, 1994.
- 조윤제, 『국문학개설』, 동국문화사, 1955.
- 황패강 외, 『한국문학연구입문』, 지식산업사, 1982.

정우락

◦ 제1장 ◦

고대문학

1. 단군신화(檀君神話)
2. 구지가(龜旨歌)
3. 송당본향당본풀이

고대문학

고대문학은 고대 국가의 성립이 이루어지던 고조선부터 기원 전후까지의 문학을 말한다. 그 이전에는 구석기 시대의 원시 종합 예술과 신석기 시대의 농업 노동요를 근간으로 하는 원시문학이 있었을 것이다. 고대문학의 문학 담당층은 청동기 무기를 든 정복 집단으로, 안으로는 지배와 피지배의 질서 체제를 만들고, 밖으로는 다른 집단을 복속시켜 국가를 출현시켰다. 이때 자연스럽게 자기중심주의에 입각한 건국 서사시가 발생하였는데, 이것이 훗날 한자로 기록되면서 건국 신화로 정착되었다. 〈단군신화〉가 대표적이다. '힘'이 정의라는 생각에 따라 안으로는 지배층만, 밖으로는 자기 집단만 우월하다는 생각이 강조되었다.

고대는 신화시대(神話時代)라 할 만하다. 설화에는 신화·전설·민담이 있는데, 고대에는 이 셋 중에서 신화가 주도권을 잡고 있었다. 인간과 자연이 동질적 성격을 지닌다는 신화적 세계관에 입각하여 신화적 질서를 추구하였던 것으로 보인다. 또한 고대가 끝나 가면서 중세는 아직 시작되지 않은, 즉 고대의 특징과 중세의 특징을 공유하고 있던 시대를 상정할 수 있는데, 이를 '고대에서 중세로의 이행기'라 부른다. 이때 창작된 것으로 보이는 작품으로는 〈구지가〉, 〈공무도하가〉, 〈황조가〉 등이 있다. 이 노래들은 배경 설화와 함께 전해지고 있어, 서사 문학과 분리되지 않은 상태였다는 것을 알 수 있다.

1

단군신화
檀君神話

1. 창작 배경

13세기 초 몽골 부족이 칭기즈 칸에 의해 통합된다. 칭기즈 칸과 그의 후예들은 세계사에서 가장 광활한 영토를 가진 대제국을 건설하였는데, 고려 역시 이 시기에 침략을 겪게 된다. 『삼국유사』는 바로 이러한 몽골의 침략을 받으면서 탄생한 것이다. 30여 년이라는 긴 기간 동안 전 국토가 유린당하고 수많은 사람이 전례 없는 해를 입었다. 이러한 국가적 위기는 고려 민중에게 운명 공동체 의식을 불러일으키게 하였는데, 이때 고조선과 그 시조인 단군왕검을 재발견하게 된 것이다. 특히 국조 단군에 대한 의식은 이후에도 국가적 위기에 봉착했을 때 어김없이 등장하여, 역사 공동체 의식을 다지며 위기 극복의 에너지로 작동하였다. 일제강점기에 단군신화가 재조명된 것에서 이러한 사실을 바로 확인할 수 있다.

2. 원문 읽기

『위서(魏書)』[1]에 이렇게 전한다.

---

1 『위서(魏書)』: 북제(北齊) 위수(魏收)의 『위서(魏書)』(130권)는 29편이 망실된 것으로 전한다. 현존본에

지금으로부터 2천여 년 전에 단군(壇君)[2]왕검(王儉)이 있어 아사달(阿斯達)[3]—경(經)에는 무엽산(無葉山)이라고 했고 또는 백악(白岳)이라고도 했는데, 백주(白州) 땅에 있다. 혹은 개성(開城) 동쪽에 있다고도 하는데, 지금의 백악궁(白岳宮)이 이것이다.—에 도읍하였다. 개국하여 조선(朝鮮)[4]이라 했으니 요(堯)임금과 같은 시대이다.

『고기(古記)』[5]에 이렇게 전한다.

옛날에 환인(桓因)[6]—제석(帝釋)[7]을 말한다.—의 서자(庶子) 환웅(桓雄)이 항상 천하(天下)에 뜻을 두고 인간 세상(人間世上)을 몹시 바랐다. 아버지는 아들의 뜻을 알고, 삼위태백(三危太伯)[8]을 내려다보니, 인간 세계를 널리 이롭게 할 만했다.

는 '乃往二千載有壇君王儉……'의 글이 보이지 않는다.

2 단군(壇君): 단군의 '단(壇)'은 『제왕운기(帝王韻紀)』를 비롯한 다른 책에는 '단(檀)'으로 쓰고 있다. 단군은 무당의 이름인 '당굴'의 사음(寫音)으로 제사왕(Priestly King)을 의미한다고도 한다.

3 아사달(阿斯達): 『제왕운기』에는 "아사달산은 지금의 구월산(九月山)이다. 또는 궁홀(弓忽)이라 하기도 하고 삼위(三危)라고도 이름한다. 여기에 단군을 제사하는 사당이 있다."라고 하였다. 구월산은 황해도 문화현(文化縣)의 서쪽 10리에 있다. 이병도(李丙燾)는 아사달을 양(陽)달, 즉 조양(朝陽), 조광(朝光)의 땅으로 이해하고, 조선의 원의(原義)일 것으로 보았다. 아사달은 우리말의 음사(音寫)로서 '앗달'로 읽힌다고 하였다.

4 조선(朝鮮): '조선'이라는 명칭은 『사기(史記)』, 『산해경(山海經)』 「해내북경(海內北經)」에 보인다. 『삼국유사』의 표제어는 '고조선(古朝鮮)'인데 이는 왕검조선(王儉朝鮮)으로 기자조선(箕子朝鮮)과 위만조선(衛滿朝鮮)에 앞서 있었던 조선이란 뜻에서 붙인 이름이다.

5 『고기(古記)』: 『동국여지승람(東國輿地勝覽)』 권54 「영변도호부(寧邊都護府)」 고적 태백산(太伯山) 조에도 비슷한 내용으로 『고기』가 인용되어 있다. 혹 「단군고기(檀君古記)」를 이르는 것이 아닌가 한다.

6 환인(桓因): 환인은 한자로 표기되기 이전에 하느님·수릿님이나 한님·한인 등으로 불렸을 것으로 보이고, 하늘에 군림하여 땅 위의 인간에게 혜택을 주며, 경우에 따라 징계의 책벌을 내리기도 한다. 자비와 엄격의 양면을 가진 지고적(至高的) 존재이다. 한자 표기는 불교의 석가제환인다라(釋迦提桓因陀羅) 또는 제석환인(帝釋桓因: Sakra-Devanam Indra)에서 온 것이다. 『제왕운기』의 「본기」 인용문과 권람(權擥)의 『응제시주(應製詩註)』의 『고기』 인용문에는 '환인상제(桓因上帝)'라 하였고, 홍만종(洪萬鍾)의 『해동이적(海東異蹟)』에는 '천신(天神)'이라 하였다.

7 제석(帝釋): 한국 무(巫)격의 제석은 단군신화에 나오는 환인(桓因)제석을 기원으로 한다. 제석은 원래 인드라(Indra)라는 인도 신령의 중국 역어(譯語)이다. 고려 시대에도 민간에서 무당이 개인 신당에 제석신을 모시고 굿을 벌였음은 이규보(李奎報)의 『동국이상국집(東國李相國集)』 「노무편(老巫篇)」 등에도 보인다.

8 삼위태백(三危太伯): 『서경(書經)』과 『회남자(淮南子)』에 의하면, 삼위는 중국 서쪽 변방으로 돈황 남쪽에 있는 산 이름이라고 한다. 『제왕운기』의 주(註)와 『동국여지승람』 권42 문화현 산천 「구월산」 조에는 구월산, 즉 아사달산의 다른 이름을 든 가운데 삼위도 들었다. 태백은 태백산을 가리키는 듯하다. 이는 평안도 영변부 동쪽 130리에 있는 묘향산(妙香山)을 말한다.

이에 천부인(天符印)[9] 세 개를 주어, 내려가서 세상을 다스리게 하였다.

환웅은 그 무리 3천 명을 거느리고 태백산(太伯山) 꼭대기—태백산은 곧 지금의 묘향산이다.—의 신단수(神壇樹)[10] 아래에 내려와서 이곳을 신시(神市)라 불렀다. 이분을 환웅천왕(桓雄天王)[11]이라 한다. 그는 풍백(風伯)·우사(雨師)·운사(雲師)를 거느리고, 곡식·수명·질병·형벌·선악 등을 주관하며, 인간의 삼백예순여 가지 일을 주관하여 인간 세계를 다스리고 교화(敎化)하였다.

이때, 곰 한 마리와 범 한 마리가 같은 굴에 살았는데, 늘 신웅(神雄: 환웅)에게 사람 되기를 빌었다. 이때 신(神: 환웅)이 신령한 쑥 한 심지[炷]와 마늘 스무 개를 주면서 말하였다.

"너희들이 이것을 먹고 100일(百日) 동안 햇빛을 보지 않는다면, 곧 사람이 될 것이다."

곰과 범은 이것을 받아서 먹었다. 기(忌)한 지 21일[三七日] 만에 곰은 여자의 몸이 되었으나, 범은 능히 기하지 못했으므로 사람이 되지 못하였다. 웅녀(熊女)는 그와 혼인할 상대가 없었으므로 항상 단수(壇樹) 아래에서 아이 배기를 축원하였다. 환웅이 이에 임시로 변하여 그와 결혼해 주었더니, 임신하여 아들을 낳았다. 이름을 단군왕검(壇君王儉)이라 하였다.

단군은 요(堯)임금이 왕위에 오른 지 50년인 경인년(庚寅年, 기원전 2333)—요임금의 즉위 원년은 무진이니, 50년은 정사이지 경인은 아니다. 사실인지 아닌지 의심스럽다.—에 평양성(平壤城)—지금의 서경(西京)이다.—에 도읍을 정하고 비로소 조선(朝鮮)이라 불렀다. 또 도읍을 백악산(白岳山) 아사달(阿斯達)로 옮기니, 그곳을 궁(弓)—혹은 방(方)이라고도 한다.—홀산(忽山) 또는 금미달(今彌達)이라 한다. 그는 1천5백 년[12] 동안 여기에서 나라를 다스렸다.

---

9 천부인(天符印): 천제자(天帝子)의 성스러운 신분과 권위와 위력을 상징하는 부인(符印)이다. 세 가지의 구체적인 내용은 밝혀지지 않았으나, 최남선은 거울, 칼, 두 가지에 방울, 북, 관(冠) 가운데 하나를 포함시켰는데, 관이 유력하다고 했다. 뒤에 나오는 풍백(風伯), 우사(雨師), 운사(雲師)로 보기도 한다.

10 신단수(神壇樹): 천상과 지상, 그리고 지하계의 접합점에 있는 성역이며, 만물이 생성되고, 천제(天帝)의 정원을 재현하는 성단을 상징한다고 한다.

11 환웅천왕(桓雄天王): 『제왕운기』 인용의 『본기(本紀)』에는 '단웅천왕(檀雄天王)'이라 하였다.

12 1천5백 년: 단군의 재위 기간을 『해동이적(海東異蹟)』은 1,202년, 『동국역대총목(東國歷代總目)』은 1,017년으로 잡고 있다.

주(周)나라 무왕(武王)이 왕위에 오른 기묘년에 기자(箕子)를 조선에 봉하매, 단군은 장당경(藏唐京)[13]으로 옮기었다가 후에 아사달에 돌아와 숨어 산신(山神)이 되었는데, 그때 나이가 1,908세[14]였다.

출전: 『삼국유사』 권1, 「기이」 제2, 〈고조선〉

3. 작품 감상

단군신화는 구비문학의 형태로 전승되어 오다가, 고려 말 일연(一然)이 중국의 『위서(魏書)』 등을 참고하여 비로소 한자로 정착시킨 것이다. 단군신화를 담고 있는 『삼국유사』는 김부식의 『삼국사기』보다 후대에 집필된 것이지만, 역사적인 측면이나 문학적인 측면에서 매우 심대한 영향을 끼쳤다. 단군신화의 전체적인 내용은 천제(天帝)의 아들 환웅이 인간 세상에 강림하여 나라를 세우고, 인간으로 화한 웅녀와 결혼하여 아들을 얻고, 그 아들 단군이 조선을 건국한다는 것이다. 단군신화의 의미 단락은 대체로 다음과 같다.

① 환인의 서자 환웅이 인간 세상에 뜻을 두다.

② 환웅이 환인으로부터 천부인 세 개를 얻어 인간 세상에 내려오다.

③ 환웅이 천부인과 무리 삼천을 거느리고 태백산 정상 신단수에 내려 신시(神市)를 열다.

---

13 장당경(藏唐京): 『고려사』 권58 「유주(儒州)」 조에 구월산은 "세상에 전하기를 아사달산이라고 한다."라고 하였고, 장장평(庄庄平)은 "세상에 전하기를 단군이 도읍한 곳으로, 곧 당장경(唐莊京)을 잘못 쓴 것이다."라고 하였으며, 삼성사(三聖祠)는 "'단인(檀因)', '단웅(檀雄)', '단군(檀君)'의 사당이 있다."라고 하였다.

14 1,908세: 권제(權踶)의 『역대세년가(歷代世年歌)』와 『응제시주(應製詩註)』에는 단군의 수명을 1,408세라 하였다. 『동국통감』의 외기(外紀)에는, "『고기(古記)』에 이르기를, 단군은 요(堯)와 더불어 무진년에 병립하고 우하(虞夏)를 거쳐 상(商)나라 무정 8년 을미에 아사달산에 들어가 신선이 되고, 1,048년 동안 살았다고 하였으니 이 말은 의심스럽다. 생각건대, 요의 등극은 상원(上元) 갑자, 갑진년이고, 단군의 등극은 그 후 25년에 해당하는 무진년이다. 이는 곧 요와 병립하지 않았음을 알 수 있다. 당우(唐虞)로부터 하상(夏商)에 이르기까지 세상이 점점 각박해져서 나라를 가장 오래 다스린 군왕이 50, 60년에 지나지 않게 되었다. 어찌 단군만이 유독 1,048년이나 살면서 나라를 다스렸겠는가. 그 말의 잘못을 알 수 있다. 옛사람이 말하는 1,048년이라는 것은 단군이 세대를 전한 역년(歷年)의 숫자이며, 단군의 나이가 아니라는 것이 이치에 맞다."라고 하였다.

④ 환웅이 인간 360여 사(事)를 다스리다.

⑤ 곰과 호랑이가 사람이 되고자 환웅에게 빌다.

⑥ 환웅이 쑥과 마늘을 주고 백 일 동안 햇빛을 보지 말라고 곰과 호랑이에게 이르다.

⑦ 곰은 금기를 지켜 여자가 되고 호랑이는 지키지 못해 인간으로 화하지 못하다.

⑧ 웅녀가 단수 아래에서 자식 갖기를 빌다.

⑨ 환웅이 사람으로 변해 웅녀와 결혼하여 아들을 낳으니, 그가 단군왕검이다.

⑩ 단군이 평양성에 도읍을 정하고 비로소 국호를 조선이라 칭하다.

⑪ 단군이 1,500년간 나라를 다스리고 1,908세에 아사달에 숨어 산신이 되다.

단군신화에 등장하는 중심인물인 환웅과 웅녀, 그리고 단군은 각기 자신에게 합당한 서사를 거느리고 있다. 환웅의 서사에서는 출현[탄생]과 즉위, 웅녀의 서사에서는 변신·결혼·출산, 단군의 서사에서는 탄생·즉위·소멸[죽음]이 각각 중심을 이룬다는 것이다. 단군신화에 나타나는 이러한 서사는 인간이면 누구나 겪는 통과의제(通過儀制)이기도 하다. 우리는 여기서 단군신화는 신의 이야기지만, 인간이 중심축을 이루고 있다는 것을 알 수 있다.

역사학에서는 천신 숭배 집단과 곰 토템 부족이 통합해 새로운 집단을 만들어가는 과정으로 해석하고, 민속학에서는 환웅을 고대의 제사장이자 부족장으로 해석한다. 그리고 정치학에서는 홍익인간(弘益人間)이라는 이념을 주목하고, 철학이나 종교에서는 신[환웅, 정신]과 짐승[웅녀, 육체]의 결합체인 인간[단군, 정신+육체]을 통해 인본주의 사상을 눈여겨본다. 환웅이 인간 세계를 그리워했고, 곰과 호랑이도 사람이 되기를 원했으며, 후대의 숭앙 대상도 인간 단군이었다는 것이다. 이처럼 단군신화는 다양한 해석이 가능하며, 무한한 세계로 열려 있다.

그렇다면 문학적인 측면에서는 어떻게 이해될 수 있는가. 우선 천손의 하강 모티프가 나타난다. 이것은 한국 서사문학의 한 원형이라 할 수 있을 것이다. 또한 '환인-환웅-단군'으로 이어지는 삼대기(三代記) 구조에서, 천상의 초월적 존재로서의 환인, 천상의 초월성과 지상의 역사성을 동시에 갖는 환웅, 그리고 지상의 역사적 시간 속에 등장하는 단군은, 신화 해석에서 매우 중요한 역할을 한다. 단군의 아버지는 초역사적 존재이며, 어머니는 역사적 존재이다. 이 둘의 결합은 후대 신화에 다양하게 변형되어 나타나고 있어 흥미롭다.

단군신화는 현대에도 새로운 작품으로 거듭난다. 구상의 〈단군〉(『구상 희곡·시나리오 選』, 자유출판사, 1994), 박상륭의 〈죽음의 한 연구〉(문학과지성사, 1994), 서정주의 〈곰색시〉(『미당 서정주 시 전집』, 민음사, 1984), 양귀자의 〈곰 이야기〉(『현대문학상 수상 소설집, 곰 이야기』, 현대문학, 1995), 이호림의 〈웅녀야 웅녀야〉(미래문화사, 2002) 등이 대체로 그러한 것이다. 이들은 모두 단군신화를 직접 또는 간접적으로 수용해 창작된 작품들이다. 이것은 우리 문학사에서 단군신화가 여전히 살아 있다는 중요한 증좌이기도 하다.

〈생각해 보기〉

(1) 단군신화에는 '환인(桓因)→환웅(桓雄)→단군(檀君)'에 이르는 삼대기 구조가 나타나는데, 이러한 삼대기 구조가 한국문학사에 미친 영향에 대해서 이야기해 보자.

(2) 단군신화에서는 곰이 굴속에서 쑥 한 심지와 마늘 스무 개로 100일 동안 햇빛을 보지 않고 지내다 사람으로 변신한다. 이것이 지닌 신화문학적 의미에 대해서 생각해 보자.

(3) 『환단고기』, 『신단실기』 등은 역사학계에서 위서라고 한다. 여기에 등장하는 단군 이야기는 『삼국유사』의 그것과 무엇이 같고 다르며, 대중들의 관심과 역사적 실체 사이에서 우리는 어떤 것을 이야기할 수 있을지 생각해 보자.

참고문헌

· 姜仁求 외, 『譯註 三國遺事』, 以會文化社, 2002.
· 정우락, 『삼국유사, 원시와 문명 사이』, 역락, 2012.
· 이병도, 「단군신화의 해석과 아사달 문제」, 『단군신화연구』, 온누리, 1986.
· 崔南善, 「壇君及其硏究」, 『別乾坤』, 1928.
· 홍성암, 「단군신화와 한민족의 문학정신」, 『한민족문화연구』 3, 한민족문화학회, 1998.
· 황패강, 「단군신화의 한 연구」, 『단군신화논집』, 새문사, 1988.

정우락

2

구지가
龜旨歌

1. 창작 배경

고대문학은 한국 문학사의 발전 단계 가운데 가장 상단에 위치하는데, 이 시대를 대표하는 갈래가 바로 고대가요이다. 고대가요는 부족 국가 시대로부터 고구려, 백제, 신라의 삼국 시대 초기까지 한국 문학사의 첫머리를 차지한 우리말 노래라 할 수 있다. 현재 고대가요는 단 세 작품만이 남아 있는데, 고조선의 노래로 알려져 있는 〈공무도하가(公無渡河歌)〉와 고구려 유리왕의 노래로 알려져 있는 〈황조가(黃鳥歌)〉, 그리고 가야의 시조 김수로왕의 탄강담(誕降談) 속 삽입가요인 〈구지가(龜旨歌)〉가 그것이다.

그중 〈구지가〉는 왕을 맞이하는 노래라는 의미에서 〈영신군가(迎神君歌)〉라고 불리기도 한다. 고려 후기 일연이 지은 『삼국유사』에 기록되어 있으며, 4구체(句體) 한역가의 형태로 전하기에 노래의 원래 모습을 명확하게 알지는 못한다. 하지만 이 작품을 통해 한국 고대 사회에서 노래가 어떠한 모습으로 존재했었는지를 대략적으로나마 파악해 볼 수 있다는 점에서 문학사적 가치가 높은 작품이라 하겠다.

2. 원문 읽기

문종(文宗)[1] 때인 대강(大康)[2] 연간에 금관지주사(金官知州事)[3]로 있던 문인이 지은 것이다. 지금 간략하게 싣는다.

천지개벽 이후 이 땅에는 아직 나라의 이름이 없었다. 또 임금과 신하의 칭호도 없었다. 이때 아도간(我刀干)·여도간(汝刀干)·피력간(彼刀干)·오도간(五刀干)·유수간(留水干)·유천간(留天干)·신천간(神天干)·오천간(五天干)·신귀간(神鬼干) 등 구간(九干)이 있었는데, 이들 추장(酋長)이 백성들을 통솔하였으니, 무릇 일만 호(戶)에 칠만 오천 명이었다. 이들 모두가 산이나 들에 살면서 우물을 파 물을 마시고, 밭을 일궈 밥을 먹었다.

마침 후한(後漢) 세조(世祖) 광무제(光武帝) 건무(建武) 18년[4] 임인(壬寅) 3월 계욕일(禊浴日)[5]에 그들이 살았던 북쪽 구지(龜旨)—이는 산봉우리의 이름인데, 마치 열 마리의 거북이 엎드린 모양과 같다고 해서 이렇게 불렀다.—에서 누군가를 부르는 것 같은 수상한 소리가 있어 이삼백 명 정도가 이곳에 모였는데, 사람 소리 같은 것이 들렸다. 그 형체는 숨기고 소리만 내며 말하기를, "여기에 사람이 있느냐?" 하자, 구간들이 말하기를, "우리들이 있습니다." 하였다. 또한 말하기를, "내가 있는 곳이 어디인가?" 하니, 구간들이 대답하여 말하기를 "구지입니다."라고 하였다. 이에 다시 말하기를 "하늘이 나에게 명하기를 '이곳에 와서 나라를 세우고 임금이 되라'고 하셨으니, 그러한 까닭으로 내려온 것이다. 너희들은 모름지기 산봉우리 위에서 흙을 파면서 '**거북아 거북아**[龜何龜何], **머리를 내어라**[首其現也]. **만일 내놓지 않으면**[若不現也], **구워 먹으리**[燔灼而喫也].'라고 노래

1 문종(文宗): 고려의 제11대 임금인 문종(재위: 1046~1083).

2 대강(大康): 중국 요(遼)나라의 제8대 황제인 도종(道宗) 야율사랄(耶律查剌, 재위: 1055~1101)의 세 번째 연호.

3 금관지주사(金官知州事): 금관(金官)의 지방 장관. 금관은 경상남도 김해의 옛 지명이다.

4 후한(後漢)……18년: 서기 42년.

5 계욕일(禊浴日): 음력 첫 사일(巳日)로, 물가에서 몸을 씻고 모여서 술을 마시는 날.

하면서 발을 구르고 춤을 추어라. 그렇게 하면 곧 대왕을 맞이하게 되어 기뻐 춤추게 될 것이다."라고 하였다.

구간들이 그 말과 같이 모두 기뻐하며 노래 부르고 춤을 추었다. 얼마 지나지 않아 우러러보니, 자주색 줄이 하늘로부터 드리워져 땅에 닿아 있었다. 줄의 끝을 찾아보니 붉은 보자기로 싸여 있는 금으로 된 상자가 있었다. 상자를 열자, 황금알 여섯 개가 들어 있었는데 둥근 것이 해와 같았다. 사람들이 모두 놀라고 기뻐하면서 함께 수없이 절을 하였다. 이윽고 다시 싸서 안고 아도간(我刀干)의 집으로 가서 탁자 위에 두고는 모두 흩어졌다.

12일이 지난 그 이튿날 아침, 사람들이 다시 모여 상자를 열어 보니 여섯 개의 알이 변하여 어린아이가 되어 있었는데, 그 모습이 매우 뛰어났다. 이에 침상에 앉히고는, 사람들이 절을 하며 축하하고 공경함이 그칠 줄 몰랐다. 아이들은 나날이 자라 십여 일이 지나자, 키가 9척이나 되어 은(殷)나라의 천을(天乙)[6]과 같았고, 얼굴은 용을 닮아서 한(漢)나라의 고조(高祖)와 같았다. 눈썹이 여덟 가지 색깔인 것은 당(唐)나라의 요(堯)임금과 같았고, 눈동자가 겹으로 된 것은 우(虞)나라의 순(舜)임금과 같았다.

그달 보름에 즉위하고, 처음으로 세상에 나타났기 때문에 이름을 수로(首路)라고 하였는데, 혹은 수릉(首陵)—수릉은 붕어(崩御)[7]한 후의 시호(諡號)이다.—이라고도 한다. 나라는 대가락(大駕洛)이라 부르고, 또는 가야국(伽耶國)으로도 불렀으니, 곧 여섯 가야 중 하나였다. 남은 다섯 명도 각각 다섯 가야의 왕이 되었는데, 동쪽은 황산강(黃山江), 서남쪽은 창해(蒼海), 서북쪽은 지리산(地理山), 동북쪽은 가야산(伽耶山), 남쪽은 나라의 끝이었다. 임시로 궁궐을 짓고 들어가 살았으니, 다만 검소한 것만을 바랄 뿐이어서 지붕을 이은 짚도 자르지 않았고 흙으로 된 계단도 삼척(三尺)이었다.

출전: 『삼국유사』 권2, 「기이」, 〈가락국기〉

6 천을(天乙): 은(殷)나라 탕왕(湯王)의 이름으로, 성탕(成湯)이라고 부르기도 한다.

7 붕어(崩御): 임금이 세상을 떠남.

3. 작품 감상

〈구지가〉는 부족 연맹체 국가였던 6가야 중 금관가야를 건국했던 김수로왕의 건국 신화에 삽입되어 전하는 노래이며, 왕을 맞이하기 위해 백성들이 함께 불렀다는 점에서 집단민요적 성격을 가진다. 현재 남아 있는 고대가요 중 고조선의 노래로 알려져 있는 〈공무도하가〉나, 기원전 17년(고구려 유리왕 3년)에 지어졌다는 〈황조가〉는, 그 문헌적 기록으로 보았을 때, 〈구지가〉보다 앞선 시기의 노래로 보이기도 한다. 하지만, 〈공무도하가〉의 경우, 고조선 멸망 이후 중국 문헌에 기록되어 있던 것이 조선 후기에 실학자 한치윤(韓致奫, 1765~1814)에 의해 그의 저서 『해동역사(海東繹史)』에 비로소 기록되었다는 점에서 노래의 국적에 대한 문제와 창작 시기에 대한 논란이 존재할 수밖에 없다. 또한 〈황조가〉의 경우에는 배경 설화와 작품의 내용을 보았을 때, 개인 서정시로서의 성격이 다분하다. 따라서 문학사의 발전 단계를 고려할 때, 〈구지가〉가 우리 문학사에서 가장 시기적으로 앞선 노래라 할 수 있겠다.

〈구지가〉에 대한 연구는 지금까지 다양하게 전개되어 왔다. 특히 지금까지 이 노래가 가진 성격을 규명하는 데 있어 많은 노력이 이루어졌는데, 건국 신화의 삽입가요로서 제의성에 주목하기도 했고, 배경 설화 속에 기층민들의 집단 노동과 노래가 결합되어 있다는 점에서 원시 노동요로 규정하기도 하였다. 이 외에도 고대 사회의 풍요를 기원하는 풍요 주술과 연관시켜 이해하는 연구도 있었다. 특히 이 노래에서 중요하게 부각되어 연구된 부분은 '거북'의 정체라 할 수 있는데, 거북을 희생(犧牲) 제의의 제물 또는 남성의 성기를 은유하는 것으로 이해하면서, 영신(迎神)이나 출산(出産)의 이중적 의미로 해석하는 경우도 있었다. 이처럼 〈구지가〉는 기본적으로 고대 사회의 신화적 세계를 상징하는 노래로 이해되면서 오랫동안 여러 연구자들의 다양한 상상력과 결합하여 논의가 진행되었다.

원문에서도 볼 수 있듯이, 〈구지가〉는 화자가 거북에 대한 위협을 통해 자신의 소원을 성취하고자 하는 노래로 볼 수 있다. 이를 구체적으로 살펴보면, 노래의 각 행은 '거북을 부르는 호명(1구)—거북의 머리를 요구하는 명령(2구)—거북이 머리를 내놓지 않는 상황에 대한 가정(3구)—거북이 명령을 따르지 않는 경우에 대한 위협(4구)'의 구조로 이루어져 있다. 그리고 이러한 모습은 신성한 존재를 위협함으로써 원하는 바를 성취하고자 했던, 고대인들의 주술적 설득 전략이 구조화된 것으로 이해할 수 있겠다.

고대가요 〈구지가〉에서 볼 수 있는 이러한 위협 주술은, 고대를 지나 중세에서도 그 흔적을 남기고 있는데, 통일신라 말기 수로부인(水路夫人)과 관련된 이야기에 삽입되어 있는 한역가(漢譯歌) 〈해가(海歌)〉가 대표적이다. 비록 〈해가〉가 〈구지가〉와는 다른 배경 설화를 가지고 있기는 하지만, 노래를 통해 원하는 바를 성취하고자 하는 주술성과 거북이라는 상징적 존재가 위협 주술의 대상이 된다는 유사성을 통해 〈구지가〉 계열 노래의 전통이 후대에까지 지속적으로 이어졌음을 짐작해 볼 수 있다. 이 외에도 고려 후기 이규보의 「동명왕편(東明王篇)」에 수록되어 있는 〈설색궤가(雪色麂歌)〉나, 조선 시대 〈석척가(蜥蜴歌)〉 등을 통해서도 이러한 주술적 노래가 우리의 역사 속에 오랫동안 전승되었음이 여실히 확인된다.

〈생각해 보기〉

(1) 문학사의 발전 단계에서 〈구지가〉와 같은 집단민요적 성격을 가진 노래가 〈황조가〉와 같은 개인 서정시보다 시기적으로 앞서는 것으로 이해할 수밖에 없는 이유는 무엇인지 이야기해 보자.

(2) 『삼국유사』 「수로부인」에 실려 있는 〈해가〉, 「동명왕편」의 〈설색궤가〉, 조선 시대의 〈석척가〉를 찾아보고, 각 노래의 유사성과 차별성을 함께 이야기해 보자.

참고문헌

· 서철원, 『고전시가 수업』, 지식의날개, 2022.
· 성기옥 외, 『고전시가론』, 한국방송통신대학교출판부, 2006.
· 염은열 외, 『문학교육을 위한 고전시가 작품론』, 사회평론아카데미, 2019.
· 이민희 외, 『깊고 넓게 읽는 고전문학 교육론』, 창비교육, 2017.
· 장덕순, 『이야기 국문학사』, 새문사, 2001.

조유영

3

송당본향당본풀이

1. 창작 배경

고대문학은 위대한 영웅인 건국의 시조를 중심으로 창업의 과정을 서술하고 칭송하는 건국신화에서부터 시작된다. 제주도에서도 탐라(耽羅)라는 나라를 이룩한 내력을 서사무가에서 찾아볼 수 있다. 〈송당본향당본풀이〉는 제주시 구좌읍 송당마을 본향당신인 '백주할망'과 남편인 '소천국하르방'의 1세대 이야기와 2세대인 자식 신들의 내력을 이야기하고 있다. 제주 지역의 사람들은 자신이 태어난 고향을 '본향(本鄕)'이라고 한다. 그리고 마을에는 땅을 지켜 주는 조상신으로 '본향신(本鄕神)'을 모시는 신당(神堂)이 있다. '본풀이'는 신의 근본, 내력, 역사 등을 설명하는 것을 말한다. 따라서 〈송당본향당본풀이〉는 제주 구좌읍 송당마을을 지켜 주는 신의 내력을 설명하는 서사무가라 할 수 있다.

2. 원문 읽기

소천국[1]은 하상천ᄌᆞ지국에서 날 적에 ᄀᆞ는ᄆᆞ들[작은 돌무더기] ᄌᆞᆫ소남밭[잔소나무 밭] 알로서[아래에서] 탄생되었다. 백주할망[2]은 왕대웃성 ᄀᆞ림질[갈림길] 알에서

1 소천국: 수렵을 하는 남성신으로 제주도에 터전을 잡고 살고 있어서 토착문화를 상징한다.

2 백주할망: 백주 또는 금백주, 금벡주라고 불리는데 농사를 짓는 농경문화를 상징하며, 다른 지역에서 이

[아래에서] 탄생되었다. 소천국 대감님이 천기를 둘러볼 때에 가난ᄒᆞ고 선한ᄒᆞ여 살 수가 읍슬 때에, "제주 영기(靈氣)가 제일 좋댄 ᄒᆞ연, 제주도로 ᄎᆞ자왔다."

제주도를 오니 하라영산[한라산]을 올랐다. …(중략)… 일천벵마 삼천군벵을 거느리고 제주를 입도했다. 소섬 동어귀로 들어올 때, 방포를 놨다. 청기, 적기, 백기, 흑기, 황기, 오색기를 내둘리고 들어올 때에 소천국과 백주할망은 방포 소릴 듣고, 정하님에게,

"이게 어떤 일이냐?" 물을 때,

"소천국 아드님[3] 일곱 술 적이 귀양 보낸 아들이 들어오십네다." ᄒᆞ니,

"왜, 일곱 술 적이 무쇠 철갑에 담아 물에 튀운 ᄌᆞ식이 살아올 리가 있겠느냐?"

문곡성은 부인을 거느리고 일천벵마 삼천군벵을 거느리고 하라영산을 올랐다. 이때에 어멍은 겁난[겁이 나] 웃손당[윗손당]으로 돌아나불고 아방은 알손당[아랫손당][4] 고부니 ᄆᆞ를로[고부라진 마루로] 돌아나불고. 둘쳇 동싱은 삼방산[5]으로 돌아나 삼방산 신이 되었다. 싯쳇 동싱은 대정 광정당[6] ᄇᆞ름목[바람목] 산신이 되었다. 소천국 몸에 난 아들광[아들과] 버금[다음] 낳은 아들 ᄌᆞ손 일은 여둡은 각서본향으로 배치시켜 버렸다.[7] 문곡성 위는 하라영산 ᄇᆞ름목[바람목] 앚아서알[앉아서] 동싱들ᄏᆞ라

"내가 여기로 앚아시니[앉아 있으니] 너이들, 나를 우망이나[받들도록] ᄒᆞ여라. 경ᄒᆞ민[그러하면] 내가 잘 너의들 효심을 봐서 만민 ᄌᆞ손을 그늘롸[돌보아] 준다. 나

주해 온 외지인을 의미한다.

3 소천국 아드님: 소천국와 백주할망 사이에 태어난 첫째 아들 송곡성(문곡성)을 말하며, 아버지와 어머니가 서로 떨어져 살아서 아버지 없는 '호로자식'이라는 말을 듣게 되어 아버지를 찾아간다. 그러나 아버지 수염을 잡아당겨서 불효하다는 이유로 일곱 살 때에 무쇠 철갑에 넣어 버려졌다가 다시 고향으로 돌아온다.

4 웃손당[윗손당]……알손당[아랫손당]: 제주도 구좌읍 송당리에 있는 송당본향당의 신당을 기준으로 위쪽과 아래쪽을 말한다. 소천국과 백주할망이 부부로 살다가 서로 갈등이 생기면서 백주할망이 살림을 나누어서 살자고 하여 위쪽과 아래쪽으로 나뉘어서 살았다.

5 삼방산: 제주 서귀포 안덕면에 있는 산방산(山房山)을 말하며, 산방산이 생긴 유래에 대해서는 설문대할망 이야기가 함께 전해 온다.

6 대정 광정당: 제주 대정(大靜) 광정당(안덕면 덕수리의 옛 당명(堂名))을 말하며, 광정당에는 제주 목사 이형상이 신당을 불태워 유교를 권장한 이야기와 세상을 혼란하게 하는 김통정을 잡은 세 형제 중 셋째가 광정당에 신으로 좌정한 이야기가 전해진다.

7 각서본향으로 배치시켜 버렸다: 송당본향당 당신이 제주도의 수많은 신들의 본향신이 되는 이유를 설명하는 부분이다. 소천국과 백주할망이 낳은 자식들이 제주도 각각의 당신(堂神)이 되었기 때문에 송당본향당 당신이 신들의 근원이 된다.

를 너의들이 박접ᄒᆞ민[박대하면] 삼 년에 ᄒᆞᆫ 번, 칠 년에 ᄒᆞᆫ 번이라도 풍문조화를 줄 것이다. 정월 축일로 나를 우망ᄒᆞ라."

출전: 『제주도 무가본풀이사전』 채록 자료

3. 작품 감상

제주도 구좌읍 송당리에는 백주라고 불리는 여신을 모시는 본향당이 있는데, 이 송당본향당은 제주도 신당의 당신이 되는 것으로 알려져 있다. 〈송당본향당본풀이〉 내용을 보더라도 백주라는 여신이 낳은 수많은 자식들이 제주도 여러 지역에 있는 본향당의 당신이 되고 있다. 이러한 까닭에 송당본향당을 '불휘공'이라 부르는데 '불휘공'은 뿌리가 되는 신에 대한 존칭을 뜻한다. 이처럼 〈송당본향당본풀이〉는 제주도의 여러 당신(堂神)의 시조신 노릇을 하는 본풀이로 중요한 가치를 지닌다.

〈송당본향당본풀이〉는 굿을 구연하는 무당에 따라 9가지 채록본이 있지만 서사 구조를 온전히 갖춘 이상문 무당의 채록본이 가장 자세하다. 이상문 무당의 채록본을 제외한 다른 채록본들은 내용이 간략하게 축약되어 있어 전체적인 내용을 파악하기가 쉽지 않다. 또한 〈송당본향당본풀이〉는 개별적인 연구보다는 제주도 당본풀이의 전체적인 의미를 파악하거나, 본향당 본풀이의 형성 과정을 추적하는 연구에서 소략하게 다루어진 것이 전부이다. 〈송당본향당본풀이〉 내용을 정리해 보면 다음과 같다.

① 소천국은 하상천자국 잔소나무 밭 아래에서 태어나 사냥을 하면서 살아가고, 백주할망은 왕대웃성 갈림길 아래에서 태어났다.
② 백주할망이 일곱 살 때 중이 백주할망에게 아이를 배게 하였는데, 부모가 이를 알고 무쇠 철갑을 만들어 아이를 담아 바다에 버렸다.
③ 소천국이 철갑을 열어 보고, 여덟 아이를 낳은 백주할망을 만나 둘은 부부가 되어 송당에 올라가 소천국은 사냥질을 하고 백주할망은 아이를 키우면서 산다.

④ 백주할망이 데려온 자식 여덟 명, 소천국과의 사이에서 낳은 자식 여덟 명을 합쳐 자식이 모두 열여섯 명이 되고, 집이 가난해지자 백주할망이 농사를 짓자고 권유한다.

⑤ 농사를 짓고 있던 소천국에게 지나가던 세 명의 신선이 밥을 얻어먹고 간다.

⑥ 배가 고파진 소천국이 농사 짓던 소를 잡아먹자, 이를 본 백주할망은 화가 나서 살림을 나누자고 하여 백주할망은 바람목 윗손당에 올라가고 소천국은 아랫손당에 내려가 산다.

⑦ 백주할망의 첫째 아들 송곡성은 친구들에게 애비 없는 호로자식이라 놀림받자 아버지를 찾아 달라 한다.

⑧ 아들 송곡성이 아버지를 찾아가 수염을 잡아당기고 담뱃대를 흔드니 소천국은 불효하다고 하여 무쇠 철갑에 아들을 넣어 동해 용궁에 띄워 보낸다.

⑨ 용왕황제국에 들어온 송곡성은 용왕의 셋째 딸과 결혼한다.

⑩ 송곡성의 식성이 너무 좋아 용왕국의 창고가 비게 되자 용왕은 무쇠 철갑 속에 딸과 사위를 넣어 용왕국 밖으로 보낸다.

⑪ 송곡성이 강남천자국으로 들어가 적병을 물리치고 삼천 군병을 거느리고 한라산에 오른다.

⑫ 소천국과 백주할망은 일곱 살에 무쇠 철갑에 넣어 보낸 아들이 온다는 말을 듣고 겁이 나서 어머니 백주할망은 윗손당으로, 아버지 소천국은 아랫손당으로, 형제들도 각각 여러 곳으로 달아난다.

⑬ 송곡성은 한라산 바람목에 좌정하면서 동생들에게 '내가 여기 앉았으니 나를 잘 모시면 만민 자손을 잘 돌보아 주겠다'고 한다.

〈송당본향당본풀이〉는 한 세대의 이야기가 아니라 부모와 자녀의 두 세대에 걸친 영웅의 쟁패담(爭覇談)이다. 1세대담은 토박이 신과 떠돌이 신이 결합하는 것으로, 즉 외지인인 여성과 제주도의 남성이 혼인하는 것으로 구성되어 있다. 외지에서 온 여성이 오곡의 곡종을 가지고 온 것은 수렵 채집의 원시문화에서 농경문화로 정착하는 과정을 설명해 준다. 서로 이질적인 문화가 만나서 결합하는 것이 1세대의 이야기이며 탐라국 건국의 시초가 된다.

2세대담은 소천국 아들이 부모와 갈등을 겪으면서 영웅적 행위를 발휘하는 것이 중심이 된다. 송곡성이 무쇠 철갑에 버려졌다가 용왕황제국에 들어가 배필을 만나 혼인을 하고, 강남천자국의 적병을 물리치는 영웅적 행위가 잘 나타난다. 그러나 자신이 태어난 고향으로 다시 돌아와 부모를 물리치고 새로운 세력으로 자리를 잡아 신앙의 대상으로 모셔지는 것이 다른 건국신화들과 차이를 보이는 부분이다.

특히 앞에서 다룬 원문의 내용은 줄거리 ⑫와 ⑬에 해당하는 부분이다. 이 부분은 송당본향당의 신이 제주도 모든 신의 근원이 되는 이유를 설명하고 있어 중요하다. 세계적인 신화에서 나타나는 이야기처럼 부모에게 버림받은 자식이 영웅의 능력을 보여 주는 모습은 비슷하다. 그러나 자신이 살던 고향으로 돌아와 고향을 다스리는 신으로 좌정하는 것은 〈송당본향당본풀이〉에 나타나는 특징이라 할 수 있다.

아버지와 아들, 부모와 자식의 갈등은 신화에 나타나는 보편적인 현상이다. 〈송당본향당본풀이〉에서도 아버지에게 버림받아 죽을 고비에 이르렀던 아들이 모든 고난을 극복하고 당당하게 제주도로 들어오는 모습이 자세하게 나타난다. 영웅이 된 아들은 한라산을 차지해 제주도 전체의 지배자가 된다. 아버지의 미움을 받아 무쇠 철갑에 실려 버려진 아들이 귀환하여 아버지 대신 통치권을 장악하고 있다. 탐라국의 왕이 지방의 통치자들을 거느리는 관계를 나타내는 것이라 할 수 있을 것이다.

〈송당본향당본풀이〉는 1세대의 부부 갈등에서 2세대의 부자 갈등으로 구성되어 있다. 특히 2세대의 부자 갈등에서는 고대인의 가치관을 찾아볼 수 있다. 중세적 가치관에서 부자 관계는 계승의 관점에서 보고 있다. 하지만 고대인의 가치관에서는 힘이 센 군사 영웅을 높이 평가하므로, 부자 관계에서도 힘의 논리가 작용하여 아들이 통치권을 가질 수 있는 것이 가능한 것이다. 〈송당본향당본풀이〉는 탐라국 건국의 이야기를 확인할 수 있다는 점에서 중요하며, 자신을 버린 부모를 찾아가 아들이 통치권을 장악한다는 점에서 여타 다른 건국신화들과 차이를 보인다.

〈생각해 보기〉

(1) 〈송당본향당본풀이〉는 아버지와 아들의 갈등이 잘 드러나는 작품이다. 부자 갈등이 드러나는 고구려 주몽 신화나 신라 탈해왕 신화와 비교하여 공통점과 차이점을 비교해 보자.

(2) 〈송당본향당본풀이〉의 부자 관계처럼 지금도 가족 간의 갈등은 계속해서 발생한다. 자신이 경험한 가족 간의 갈등에서 그 원인이 무엇이었는지 생각해 보자. 그리고 지금 시대의 가족 간의 갈등을 해결할 수 있는 방법이 무엇인지 생각해 보자.

(3) 〈송당본향당본풀이〉를 비롯하여 제주도에 어떠한 신들의 이야기가 있는지 살펴보고, 인간의 길흉화복과 관련된 신들을 현대 콘텐츠물(영화 〈신과 함께〉 또는 드라마 〈도깨비〉)에 나타난 신들과 비교해 보자.

참고문헌

· 장주근, 『제주도 무속과 서사무가』, 역락, 2001.
· 진성기, 『제주도 무가본풀이 사전』, 민속원, 1991.
· 김승연, 「제주도 송당마을 본향당의 굿과 단골신앙 연구」, 제주대학교 석사학위논문, 2011.

류명옥

◦ 제2장 ◦

중세 전기 제1기 문학

중세 전기 문학

중세문학의 시기는 삼국 초에서 임진왜란(1592)까지이니, 구체적으로는 삼국 시대, 남북국 시대, 고려 시대, 조선 전기를 포괄한다. 이 가운데 중세 전기 문학은 삼국 초에서 고려 전기 사이에 창작된 문학을 가리킨다. 중세의 시대 이념은 보편주의(普遍主義)라 할 것인데, 보편 종교인 불교를 받아들여 사람은 누구나 불성(佛性)을 지녔기에 평등하다는 생각을 했다. 이에 따라서 자연스럽게 '도덕(道德)'이 강조되었으나, 종교적 이상과 유교적 현실은 서로 어긋하기도 하였다. 중세 전기는 보편주의를 중국과 대등(對等)하게 구현하려는 시대였다. 지배층에서는 우리 한문문학이 중국의 그것에 접근할 수 있도록 최대한 노력하였다.

중세 전기 제1기 문학

중세 전기 제1기는 삼국 초에서 남북국 시대 말(918)까지이다. 문명권의 공동 문어인 한문으로 공동 문어 문학인 한문문학을 창작하면서도 피지배층 중심의 민족어 문학을 동시에 창작하는 이원성을 보였다. 즉, 중세는 상층의 공동 문어 문학과 하층의 민족 구어 문학으로 이원화되어 있었던 것이다. 나라의 위업을 알리기 위해 국사(國史)를 편찬하고 비문(碑文)을 쓰면서 건국 서사시와 상통하는 내용을 갖추어 최초의 기록문학적 의의를 지닌다. 광개토왕비문과 진흥왕 순수비문은 그 대표적인 사례이다. 이러한 한문문학을 중심에 두면서도 우리말 문학은 기층문학(基層文學)으로 존속하였다.
육두품 출신 최치원(崔致遠)이 이 시기에 활동하였으며, 향가(鄕歌)가 발생하여 민요를 기반으로 한 작품군, 무속과 관련된 작품군, 화랑도 및 불교와 관련된 작품군, 유교를 기반으로 한 작품군을 이루었다. 산문으로는 기이한 사건을 다룬 문헌 설화를 주목할 필요가 있다. 10세기 무렵인 나말여초의 『수이전』이나 고려 중기의 『삼국유사』 등에 실려 있는 〈조신〉·〈김현감호〉·〈최치원〉 등의 작품이 그것이다. 이들 작품은 설화와 소설의 중간적 성격을 지닌 형태로 보기도 하고, 출발기의 소설로 보기도 한다. 이 시기에는 고승들의 활약도 두드러지는데, 원효(元曉)와 의상(義湘)이 대표적이다.

4

최치원의 한시

1. 창작 배경

고운(孤雲) 최치원(崔致遠, 857~?)이 살았던 신라 하대는 진골 귀족 중심의 사회였다. 그러므로 나라를 다스리는 데 실제로 기여했던 육두품 중에서는 이러한 신분적 한계를 극복하기 위해 당나라로 유학을 떠나는 이들이 많았는데, 최치원 역시 그중 하나였다. 실제로 최치원은 874년(경문왕 14)에 당나라의 빈공과(賓貢科)에 급제하였지만, 외국인으로서의 입지적 한계만 절감한 채 고병(高駢, ?~887)의 막부에 들어가게 된다. 그리고 이마저도 고병이 882년(헌강왕 8) 1월에 도통(都統)의 자리에서 물러나면서 그리 오래가지 못하였다. 이에 최치원은 884년(헌강왕 10)에 17년간의 타국 생활을 청산하고 귀국길에 올랐다.

그러나 고국인 신라에서의 상황도 그리 녹록지 않았다. 육두품이 지닌 신분적 한계가 여전히 지속되고 있었기 때문이다. 오히려 육두품 지식인이 부상함에 따라 진골 귀족들은 더욱더 내부 결속을 다져 나갔고, 이에 더해 국학 출신의 육두품과도 갈등이 심화되었다. 당나라에서 외국인으로서 겪었던 소외의 상황이, 신라에서는 도당 유학생(渡唐留學生) 출신으로서 겪는 소외의 상황으로 변모한 것이다. 실제로 귀국 후 최치원이 담당한 직책은 한림(翰林)이나 지방 태수에 불과하였다. 물론 진성여왕에게 시무십여조(時務十餘條)를 바친 후, 육두품이 올라갈 수 있는 최고의 지위인 아찬(阿飡)을 제수받기도 하였으나, 진골 귀족의 견제로 인해 898년(효공왕 2)에 결국 해임되고 만다. 이후 최치원은 관직에서 물러나 각지를 유랑하다가 만년에 가야산 해인사로 은거를 단행하였다.

2. 원문 읽기

(1) 해내(海內)의 누가 해외의 사람을 가엾게 여기리 　海內誰憐海外人
나루를 묻노니[1] 어느 곳이 건널 만한 나루[2]인가 　問津何處是通津
본디 식록을 구했을 뿐 이익을 구하진 않았으며 　本求食祿非求利
다만 어버이의 영화를 위했을 뿐 내 몸 위하진 않았다네 　只爲榮親不爲身
나그넷길 이별의 슬픔은 강 위에 내리는 비와 같고 　客路離愁江上雨
고향으로 돌아가는 꿈은 하늘가의 봄과 같도다 　故園歸夢日邊春
냇물 건너다[3] 다행히 넓은 은혜의 물결을 만났으니 　濟川幸遇恩波廣
바라건대 갓끈에 쌓인 10년의 먼지를 씻게 하소서 　願濯凡纓十載塵

출전: 『계원필경집(桂苑筆耕集)』 권20, 「시(詩)」, 〈진정상태위시(陳情上太尉詩)〉

(2) 가을바람에 오직 괴로이 신음하나니 　秋風惟苦吟
온 세상에 알아주는 이[4] 드물다네 　擧世少知音

---

1 나루를 묻노니: 원문은 문진(問津). 공자(孔子)가 천하를 떠돌아다닐 때 자로(子路)를 시켜 밭을 갈고 있던 장저(長沮)와 걸닉(桀溺)에게 나루의 위치를 묻게 하였다는 『논어(論語)』 「미자(微子)」의 고사에서 유래한 표현이다. 흔히 이상적인 방안을 찾는다는 의미로 사용된다.

2 건널 만한 나루: 원문은 통진(通津). 사통팔달(四通八達)의 나루라는 뜻으로, 청요직(淸要職)을 비유하는 말이다. 여기서는 실권을 장악한 권세가를 뜻하며, 최치원이 자신의 후견자를 찾아다녔다는 의미를 지니고 있다.

3 냇물 건너다: 원문은 제천(濟川). 『서경(書經)』에 고종(高宗)이 부열(傅說)을 재상으로 임명하며, "만약 커다란 내를 건너게 된다면, 그대를 이용하여 배와 노를 만들겠다.[若濟巨川 用汝作舟楫]"라고 한 말이 나온다. 여기에서 기인하여 제천(濟川)은 재상을 비유하는 말로 사용되었는데, 이 시에서는 태위(太尉)인 고병을 가리킨다.

4 알아주는 이: 원문은 지음(知音). 음(音)을 안다는 뜻으로, 자신의 마음을 알아주는 친한 벗을 이르는 말이다. 백아(伯牙)가 거문고를 타면서 고산(高山)에 뜻을 두면 지음이었던 종자기(鍾子期)가 "높고 높음이여! 태산과 같도다![峨峨兮若泰山]"라 하였고, 또 유수(流水)에 뜻을 두면 "넓고 넓음이여! 강하와 같도다![洋洋兮若江河]"라 하였다고 한다. 『열자(列子)』, 「탕문(湯問)」.

창밖으론 한밤중[5]에 비 내리는데 窗外三更雨
등불 앞에서는 만고의 마음이로다 燈前萬古心

출전: 『고운선생문집(孤雲先生文集)』 권1, 「시(詩)」, 〈추야우중(秋夜雨中)〉

(3) 황금색 가면을 쓴 바로 그 사람 黃金面色是其人
구슬 달린 채찍 쥐고서 귀신을 부리네 手抱珠鞭役鬼神
빨리 걷다 천천히 뛰는 한바탕의 춤은 疾步徐趨呈雅舞
봉황새가 요대(堯代)의 봄에 춤추는 듯하구나 宛如丹鳳舞堯春

출전: 『삼국사기(三國史記)』 권32, 「잡지(雜志)」, 〈향악잡영(鄕樂雜詠)〉 5수 중 제3수 '대면(大面)'

(4) 미친 듯 바위 사이 치달리며 첩첩산중 울려대니 狂奔疊石吼重巒
세속의 말은 지척 간에도 분간하기 어렵구나 人語難分咫尺間
항상 다투는 소리가 귀에 이를까 두려워서 常恐是非聲到耳
짐짓 흘러가는 물로 산을 모두 두르게 하였네 故敎流水盡籠山

출전: 『고운선생문집(孤雲先生文集)』 권1, 「시(詩)」, 〈제가야산독서당(題伽倻山讀書堂)〉

3. 작품 감상

최치원은 한국뿐만 아니라 중국에서도 동국문종(東國文宗) 또는 동방 문학의 비조(鼻祖)로 추앙받고 있다. 이는 그가 신라뿐만 아니라 당나라에서도 활동했던 국제인이었기 때문이다. 실제로 그의 삶을 이해하는 데 있어 당나라 유학은 결코 빼놓을 수 없으며, 그의 문학을 이야기할 때에도 당나라와의 연관성은 매우 중요한 요소라 할 수 있다. 이에 최치원이 당나라에서 지은 작품과 그가 귀국 후 신라에서 지은 작품을 두루 살펴봄으로써, 최치원 문학 세계의 한 단면을 확인해 보고자 한다.

5 한밤중: 원문은 삼경(三更). 하룻밤을 다섯으로 나누었을 때, 셋째 부분에 해당하는 시각으로, 곧 밤 11시부터 새벽 1시까지를 가리킨다.

(1)은 당시 태위였던 고병에게 자신의 절박한 심정을 아뢰면서 올린 시인 〈진정상태위시(陳情上太尉詩)〉이다. 시적 화자는 최치원이며, 1구의 해내(海內)는 바로 당나라 땅이다. 안과 밖 가운데 최치원은 자신을 밖에서 온 외부인으로 상정하고 있다. 즉, 해내인(海內人) 가운데 누구도 자신을 가련히 여기지 않는 해외인으로서 스스로를 인식하고 있는 것이다.

2구에 나오는 나루는 환로(宦路)에 나아가는 길이자 입신양명(立身揚名)을 실현할 수 있는 길이다. 이 시에서 최치원은 자신이 관직에 진출하기 위해 10년 동안 노력해 왔다고 이야기한다. 그러나 그는 번번이 나루를 찾는 데 실패하여 출셋길에서 벗어나 있는 존재였다. 그러던 그가 마침내 건널 만한 나루[통진(通津)]를 찾게 되자, 적극적으로 자신의 소망을 진술하기 시작한다. 그러면서 최치원은 자신의 이러한 노력들이 어버이의 영달을 위한 것이라는 이야기도 빼놓지 않는다. 이로써 그의 나루 찾기는 정당화될 수 있었던 것이다.

이처럼 최치원은 시를 받는 대상에게 매우 적극적으로 자신을 의탁하고자 하였다. 다시 말해 권세 있는 이에게 자신의 절박한 심정을 토로함으로써 자신이 지닌 능력을 발휘하고자 한 것이다. 따라서 이 시는 출세를 위한 최치원의 적극적 갈망이 잘 형상화된 작품이라 할 수 있겠다.[6]

(2)는 가을밤에 비가 내리는 것을 보며 쓴 시인 〈추야우중(秋夜雨中)〉이다. 885년(헌강왕 11) 4월, 신라로 귀국한 최치원은 곧바로 헌강왕(憲康王)의 측근인 시독(侍讀)이 되었으며, 886년(헌강왕 12) 1월에는 그간 자신이 쓴 글들을 엮어 『계원필경집(桂苑筆耕集)』 20권을 진상하였다. 그러나 진성여왕이 즉위한 뒤부터 보수파 귀족들의 견제와 저항을 받으며 외직으로 떠돌게 되었으니, 이러한 상황은 최치원에게 당나라에서 겪었던 것보다 더 큰 소외감과 고독감을 안겨 주었다.

당시 그가 처한 현실적 상황은 〈추야우중〉에 그대로 투영되어 있다. 1구의 가을바람은 말 그대로 가을에 부는 바람을 의미하는데, 보다 구체적으로는 당나라로부터 불어오는 북서풍(北西風)을 의미한다. 동쪽의 신라에서 고독감을 느끼

---

6 김은미, 「최치원의 삶과 시적 대응」, 『韓國文學論叢』 67, 한국문학회, 2014, pp. 20-22.

고 있었던 최치원이었기에, 서쪽에서 불어오는 가을바람은 자연스레 당나라에서 만났던 친구들을 떠올리게 하였을 것이다. 그리고 이로 말미암아 최치원은 현재 자신의 처지를 비관하며 괴로이 신음을 하게 된다.

이어지는 2구에서는 최치원의 상황이 보다 직접적으로 제시되어 있다. 외국인으로서 소외를 당하기는 하였지만 능력만큼은 누구에게나 인정받았던 당나라에서와는 달리, 고국 신라에서는 자신의 실력을 알아주는 이조차 드물었다. 비록 헌강왕으로부터 다소의 격려를 받기는 하였지만, 헌강왕 사후에는 그를 견제하는 세력들만 존재할 뿐이었다. 그리고 이러한 상황 속에서 최치원의 소외감과 좌절감은 더욱 커져만 갔다. 이에 최치원은 등불 앞에서 만고의 마음을 느끼게 되는데, 이는 시간적 거리감뿐만 아니라, 이상과 현실 사이의 괴리감을 나타낸 것이라 할 수 있겠다.

(3)은 『삼국사기(三國史記)』 권32에 수록되어 있는 〈향악잡영(鄕樂雜詠)〉 5수 가운데 제3수인 '대면(大面)'이다. 〈향악잡영〉 5수에서 읊고 있는 다섯 가지 놀이들[오기(五伎)]은 신라 공연 예술의 실상 및 한국 연희사(演戱史)의 시원(始原)을 밝히는 데 있어 매우 소중한 자료들이다. 다만 관련 정보의 부족으로 인해 각 놀이가 구체적으로 무엇을 나타내는지는 여전히 논란의 여지가 있다. 실제로 오기의 유래에 대해서도 서역 전래설과 신라 자생설이 대립하고 있는 실정이다. 그러나 시 제목이 '향악(鄕樂)'인 것에 주목한다면, 자생설이 더욱 설득력 있는 견해라 할 수 있겠다. 즉, 외래에서 유입된 요소가 일부 포함되어 있다 하더라도, 오기의 본질적 형태는 고유의 것이라 보아도 무방한 것이다.

한편, (3)에서 언급한 '대면(大面)'은 말 그대로 얼굴을 가리기 위해 사용하는 큰 가면을 의미한다. 그리고 1~2구에 나오는 가면과 채찍은 모두 잡귀를 몰아내는 데 소용되는 도구이기도 하다. 따라서 '대면'은 제의 현장에서 자기방어를 위해 사용하던 고대인들의 가면이라 할 수 있겠다. 또한 3~4구에 묘사된 춤의 형태는 굿 현장에서 제의적 기능보다 유희적 기능이 더욱 긴요해지고 있었음을 짐작게 한다.

이 시를 쓴 시기에 최치원은 부성군(富城郡)·천령군(天嶺郡) 등지에서 군수직을 맡으면서 외직을 전전하고 있었다. 그러나 그는 외직으로 나가 있으면서도 나라를 위해 시무책을 올리는 등 여전히 애국·애민정신이 충만한 상태였다. 따라서 (3)의 시를 통해 최치원이 백성들의 생활 및 그들이 향유하는 전통예술 분야에도 각별한 관심을 지니고 있었다는 사실을 확인할 수 있겠다.

(4)는 최치원이 속세를 떠나 가야산에 은거할 때 지은 시인 〈제가야산독서당(題伽倻山讀書堂)〉이다. 3구의 '시비성(是非聲)'은 시시비비를 논하는 잡다한 소리를 가리키니, 곧 진세(塵世)를 상징한다. 그런데 진세를 피해 떠나온 가야산은, 물소리로 인해 시비성이 귀에 닿지 않는 공간이다. 이처럼 이 시에는 자연의 힘을 빌려 완전한 탈속에 이르고자 하는, 최치원의 처절한 몸부림이 잘 형상화되어 있다.

이러한 시세계는 최치원이 경험한 현실적 어려움과 밀접한 연관이 있다. 거듭되는 좌절로 인해 최치원은 현실과 이상 사이의 괴리를 인식하게 되었고, 이 과정에서 탈속 지향적 성격도 더욱 선명해졌다. 그리고 마침내 현실적인 어려움을 피할 수 없는 상황에 이르게 되자, 불가피하게 찾아든 곳이 바로 가야산이었다. 이곳은 바위 사이를 치닫는 세찬 물살이 주위를 온통 둘러싸고 있어, 가까운 거리에 있는 사람의 말소리조차 알아듣기 어려운 곳이다. 그러나 그 시끄러운 물소리로 인해 시비 소리가 귀에 들릴까 두려워하던 마음이 다소나마 안정을 찾게 된다. 이처럼 이성제성(以聲制聲)을 통해 시름을 잊는 최치원의 망세(忘世) 방식은, 세상과의 절연 그 자체였던 것이다.[7]

〈생각해 보기〉

(1) 최치원은 뛰어난 재능을 지니고 있었지만, 시대적인 한계로 인해 여러 가지 굴곡을 겪을 수밖에 없었다. 그가 직면한 문제는 무엇이었으며, 이를 해결하기 위해 그가 선택한 방법은 어떤 것이었는지 이야기해 보자.

(2) 〈향악잡영〉 5수에 나타난 다섯 가지 놀이[오기(五伎)]를 조사해 보고, 오기의 유래와 관련하여 전래설과 자생설의 입장을 정리해 보자.

(3) 최치원은 국내와 국외에서 다양한 이유로 많은 소외감을 느꼈던 인물이었다. 그가 느꼈던 소외감과 오늘날 현대인들이 느끼는 소외감의 공통점과 차이점을 이야기해 보자.

---

7 김은미, 위의 논문, pp. 35-37.

참고문헌

· 김은미, 「최치원의 삶과 시적 대응」, 『韓國文學論叢』 67, 한국문학회, 2014.
· 윤광봉, 「鄕樂雜詠 五首論 -演戱史的 측면에서-」, 『동악어문학』 14, 동악어문학회, 1981.
· 윤인현, 「『桂苑筆耕集』 所載 崔致遠의 漢詩 小考」, 『한국고전연구』 15, 한국고전연구학회, 2007.
· 이황진, 「〈秋夜雨中〉의 창작시기 再考」, 『인문학연구』 43, 조선대학교 인문학연구소, 2012.
· 이황진, 「최치원의 귀국 후 한시 작품 연구」, 『한국민족문화』 51, 부산대학교 한국민족문화연구소, 2014.

황명환

5

발해 문인의 한시

1. 창작 배경

발해(渤海)는 고구려 유민 대조영과 말갈 추장이 함께 당나라 군대를 축출한 뒤, 추장 사후 대조영이 남은 무리를 이끌고 건국한 나라이다. 대체로 고구려 계통이 지배층 또는 지식층 노릇을 하였고, 고구려 유민이 주축을 이루었기에 역사적으로 한민족의 강역으로 인정하고 있다. 또 발해 스스로 고구려의 후예임을 천명하기도 하였다.[1]

발해는 당나라와 인접하여 이른 시기부터 한문화(漢文化)를 받아들였기 때문에 해동성국(海東盛國)이라 일컬어졌다. 따라서 한시 문학이 성대하였을 것인데, 강역을 잃은 뒤 그 자리를 이민족이 차지하였고, 또 멸망 후 발해를 이을 만한 성숙한 문화 민족이 지배하지 못하였기 때문에 문학과 관련한 자료가 거의 남아 있지 않다. 다만 주변국의 역사적 기록이나 외교 사절단의 화답시(和答詩)가 몇 편 남아 있을 뿐이다.

---

1 예컨대 발해의 무왕은 726년에 일본에 보낸 국서에서 "고구려의 옛 터전을 회복하고 부여가 남긴 풍속을 갖추었다.[復高麗之鷹基 有扶餘之遺俗]"라고 하여 발해가 고구려와 부여의 역사를 계승하였음을 분명히 밝히고 있다.

2. 원문 읽기

(1) 귀국에 사신 와서 나그네 자리도 부끄러운데 — 入朝貴國慙下客
7일에는 은혜 입어 상객이 되었네 — 七日承恩作上賓
봉황의 소리인데 기생 교태 없는 걸 보니 — 更見鳳聲無妓態
풍류가 온 나라를 봄으로 물들이겠네 — 風流變動一國春

출전: 『문화수려집(文華秀麗集)』, 〈칠일금중배연(七日禁中陪宴)〉

(2) 가을 하늘[2] 달이 밝고 은하수가 빛나니 — 霜天月照夜河明
나그네 고향 생각 더욱더 더해지네 — 客子思歸別有情
오래 앉아 밤 보내느라 시름겨워 죽겠는데 — 厭坐長霄愁欲死
어디선가 들리나니 이웃 여인 다듬이 소리 — 忽聞隣女擣衣聲

끊어질 듯 이어지며 바람 따라 이르러 — 聲來斷續因風至
밤 깊어 별 지도록 잠시도 쉬지 않네 — 夜久星低無暫止
고향을 떠난 뒤로 들어보지 못했는데 — 自從別國不相聞
타향에서 듣노라니 그 소리도 비슷하네 — 今在他鄉聽相似

채색한 방망이 무거운지 알 수 없고 — 不知綵杵重將輕
파아란 다듬잇돌 평평한지 모르겠지만 — 不審靑砧平不平
가련쿠나, 약한 몸이 향기로운 땀 흘리며 — 遙憐體弱多香汗
밤늦도록 고운 팔[3] 지쳐갈 줄 알겠네 — 預識更深勞玉腕

홑옷으로 떠난 님께 보내려는 것인가 — 爲當欲救客衣單

---

2 가을 하늘: 원문은 상천(霜天). 추운 날씨를 뜻하는 말로, 주로 늦가을이나 겨울의 날씨를 의미한다.

3 고운 팔: 원문은 옥완(玉腕). 아름다운 여인의 팔을 형용하는 말이다. 당나라 시인 왕발(王勃)의 〈채련곡(採蓮曲)〉에 "비단 치마 옥 같은 팔뚝으로 가벼이 노 젓는다.[羅裙玉腕輕搖櫓]"라고 하였다.

규방의 추위가 무엇보다 시름겹기 때문인가　　爲復先愁閨閣寒
얼굴을 볼 수 없어 묻기는 어렵지만　　雖忘容儀難可問
왜 그런지 멀리서 무단히 원망하네　　不知遙意怨無端

낯선 땅에 매인 몸이라 친구 하나 없다가　　寄異土兮無新識
한마음이라 생각하니 긴 한숨이 나누나　　想同心兮長嘆息
지금 외로이 규중의 다듬이 소리만 들리니　　此時獨自閨中聞
이 밤 누가 알아주리, 눈동자[4] 찡그림을　　此夜誰知明眸縮

자꾸자꾸 생각나 그리움이 간절하고　　憶憶兮 心已懸
거듭거듭 듣노라니 풀 길이 전혀 없네　　重聞兮 不可穿
곧바로 꿈결에 소리 찾아 떠나려 해 보지만　　卽將因夢尋聲去
수심이 너무 많아 잠들지도 못하겠네　　只爲愁多不得眠

출전: 『문화수려집(文華秀麗集)』, 〈야청도의시(夜聽擣衣詩)〉

3. 작품 감상

발해가 일본과의 교류를 위해 발해사(渤海使)를 처음으로 일본에 파견한 것은 727년(발해 무왕 9)이다. 발해는 신라와 당나라의 우호를 견제하기 위해 발해사 제도를 도입하고 일본과 사신 왕래를 통해 교류하였는데, 발해가 35회, 일본이 13회 사신을 파견하였다. 일본의 견당사 파견이 12회에 그쳤다는 사실과 비교해 보면 발해와 일본의 교류가 매우 활발하였음을 알 수 있다.

(1)의 시는 제목이 〈칠일금중배연(七日禁中陪宴)〉으로, '7일 궁중에서 열린 잔치에 참석하여'라는 뜻이다. 이 시는 818년(일본 고닌 9) 일본에서 간행한 칙찬한시

---

4 눈동자: 원문은 명모(明眸). 여인의 아름다운 눈동자를 형용하는 말이다. 이 부분을 양태사가 눈물을 흘리거나 마음 아파한다는 것으로 파악하기도 한다. 여기서는 여인의 눈동자라는 본래의 뜻에 따라 다듬이 질하는 여인이 원망의 눈길을 보내는 것으로 해석하였다.

집(勅撰漢詩集)인 『문화수려집(文華秀麗集)』에 실려 있으며, 작자는 인정 스님이다. 인정 스님의 인적 사항은 자세히 알려진 것이 없다. 814년(발해 희왕 3) 왕효렴을 정사(正使)로 한 제17차 발해사가 일본 출운국(出雲國)에 도착하였을 때, 함께 온 것으로 보인다.

이 시는 입경 후 815년(발해 희왕 4) 1월 7일, 궁정 연회에 참석하여 지은 것이다. 『일본후기』 「고닌 6년(815) 정월 7일」 조에 "발해국 대사 왕효렴에게 종삼위, 부사 고경수에게 정사위하, 판관 고영선과 왕승기에게 정오위하, 녹사 석 인정, 오현덕과 역어 이준웅에게 종오위하의 관직을 내리고 (지위별로) 차이를 두어 녹을 내리다."라는 기록이 있는 것으로 보아, 이때 녹사(錄事)의 자격으로 일본을 방문하였던 듯하다.

인정은 1, 2구에서 귀한 자리의 연회에 참석하여 후한 대접을 받아 황송하다는 상투적인 이야기를 끄집어내었고, 3, 4구에서 일본의 풍류가 봉황의 울음처럼 고상하다며 칭찬한 뒤, 이를 바탕으로 국태민안하기를 축원하였다. 이는 우호를 나누는 것이 목적인 사신이 대접을 받는 자리에서 나올 법한 자연스러운 전개라 할 수 있다. 사신의 교류에서 상대를 배려하고 대접하는 것은 당연한 일이며, 이에 대해 감사의 말을 전하는 것 또한 으레 있는 일이기 때문이다. 하지만 외교를 중심으로 서로 칭찬하는 모습만 보일 뿐, 감정의 토로나 사상의 전개 등 심오한 경지로는 나아가지 못했다는 한계가 있다.

이에 비해서 같은 사신의 처지이면서도 고국을 그리워하는 마음을 잘 드러내어 시적 화자의 감정에 이입하게 하는 시가 있다. 바로 (2)의 시, 『문화수려집』에 실려 있는 〈야청도의시〉이다. 이것은 '깊은 밤에 다듬이 소리를 듣고 지은 시'라는 뜻이다.

양태사는 기록상 일본 문인과 시를 주고받은 최초의 인물이다. 그는 758년(발해 문왕 22) 양승경(楊承慶)의 부사로서 23명의 발해사와 함께 일본 월전국(越前國)에 도착하였다. 이후 759년(발해 문왕 23) 1월에 대보등원(大保藤原)·혜미조신(惠美朝臣)·압승(押勝) 등이 전촌(田村)의 집에서 발해의 사신들을 위해 연회를 열고 당대의 문사들이 시를 지어 그들을 송별하였는데, 양태사가 이때 시를 지어 그들에게 화답하였다고 한다.

이 시는 모두 6연으로 구성되어 있는데, 다시 나누면 2연씩 모두 3부분으로 이루어졌다고 할 수 있다. 먼저 1, 2연은 시상을 전개하는 부분으로, 깊어 가는 가을 어느 날 멀리서 다듬이 소리가 들리는 것을 묘사하였다. 시인은 사신의 임무를 띠고 멀리 타향에 와 있다. 고향을 떠난 지 오래되어 객수가 만만치 않은데 마침 달이 높이 떠 시름을 돕는다.

달은 시에서 그리움을 매개하는 대상으로 흔히 묘사된다. 백제 노래 〈정읍사〉에서 볼 수 있듯이 달은 행상 나간 남편과 그를 그리워하는 부인을 이어 주는 매개체이다. 양태사에게도 달은 고향과 여기 이국땅을 이어 주는 매개체였으며, 이 때문에 화자는 잠들지 못하였던 것이다. 그런 때에 마침 어디선가 다듬이질 소리가 들려온다. 발해의 다듬이질과 일본의 다듬이질이 다르지 않아 다듬이질 소리는 곧 고향의 소리로 이어지고 그 소리에 따라 향수(鄕愁)가 깊어간다.

1, 2연에는 이렇게 객수를 달래는 시인이 다듬이질 소리를 듣고 고향을 그리워하는 장면이 묘사되어 있다. 그런데 시상을 전개하는 방법이 화려하거나 야단스럽지 않고 단순하면서도 소박하다는 점이 이채롭다. 사신으로서 다른 나라의 문인들과 문재(文才)를 다투다 보면 흔히 용사(用事)를 통해 자신의 지적 능력을 뽐내고자 하기 마련이다. 그런데 이 시의 1, 2연은 이렇다 할 용사나 미사여구 없이 담담히 자신의 심정을 잘 드러내고 있다. '厭坐長霄愁欲死'에서는 자신의 객수를 절절하게 그리고 있고, '聲來斷續因風至'를 통해서는 다듬이질 소리를 아스라하게 묘사하고 있다.

3, 4연은 이런 심상을 이어 본격적으로 다듬이질 소리에 감정을 이입하는 부분이다. 다듬이질 소리를 듣고 시인은 여러 가지를 생각할 수 있다. 야심한 밤에도 가족을 위해 애쓰는 주부의 노고를 생각할 수도 있고, 갑자기 할 일이 생각나 잠에서 깨어 허겁지겁 일에 몰두하는 상상을 할 수도 있다. 시인은 그런 여러 가지 상상 가운데 사신이라는 자신의 처지에 빗대어 시상을 이어 간다.

여름옷으로 길을 떠난 남편을 위해 가을옷을 갈무리하고 있는지 늦추위에 지쳐 추위를 이겨 보려고 다듬이질을 하는지는 알 수 없지만, 여인의 다듬이질 소리가 그치지 않는다. 시인에게 이 다듬이질 소리는 고향에서 그를 기다리고 있는 아내의 다듬이질 소리로 들리고, 이내 아내의 마음이 다듬이질 소리에 담긴다. 시인에게 들린 아내의 마음은 그리움이 아니었다. 무단히 원망하는 소리였다. 3, 4연은 이렇게 그리움이 지나쳐 원망으로 바뀌면서 감정이 점점 고조되어 가는 심상을 잘 표현하고 있다.

3, 4연에서 들리는 여인의 다듬이질 소리는 이국땅의 것이면서 동시에 고향의 소리였으며, 여인의 한 맺힌 소리였다. 맺힌 한은 풀어야만 하는데, 5, 6연에서는 원한 맺힌 이 다듬이 소리를 풀어 보려는 시인의 심상이 녹아 있다.

친구 하나 없는 외로운 타향에서 들리는 다듬이질 소리가 고향의 소리와 다름이 없었기에 이 소리는 시인의 객수를 위로해 주었다. 하지만 이 소리는 정겨우면서도 시인을 원망하는 한 맺힌 소리였다. 왜냐하면 시인은 그 속에서 그리움을 품은 원망의 소리를 들었기 때문이다. 그 한을 풀지 않으면 객수도 풀리지 않을 것이고 객수가 풀리지 않으면 시인은 '시름겨워 죽을 것[愁欲死]'이다.

이 때문에 다듬이질하는 여인의 아름다운 눈동자가 찡그려졌다고 하였다. 어떻게 풀어 줄 것인가? 꿈결에나마 찾아가 만난다면 해소할 수 있지 않을까? 이에 시인은 곧바로 아내의 다듬이질 소리를 찾아 잠을 청해 본다. 하지만 다듬이질 소리는 끊이지 않고, 수심은 깊어 가니 잠조차 이루지 못하고 만다. 그야말로 시름겨워 죽을 지경이다.

이 시에서 양태사는 나그네의 설움을 다듬이질 소리에 빗대어 형상화하였다. 전편을 관통하는 것은 다듬이질 소리이며, 이를 통해 흐르는 것은 타향에서의 객수이다. 이는 한 개인의 감정을 절절하게 드러낸 것이지만, 시에 담겨 있는 내용과 심상이 독자의 공감을 불러일으키기 때문에 만인의 감성을 자극하는 것이기도 하다.

한편 칠언고시가 가지는 졸박하고 순수한 형식미도 여기에 한몫하였다고 할 수 있다. 양태사는 감성을 일으키는 장치로서 내용뿐만 아니라 형식도 고려하였던 것이다. 이런 측면에서 이 시는 절창이라 할 수 있다.

발해의 한시 문학은 앞의 두 예에서 볼 수 있듯이 일정한 수준 이상을 갖춘 고급 문예였음을 짐작할 수 있다. 하지만 남아 있는 자료가 거의 없어 이런 점을 방증하기 쉽지 않다. 그럼에도 불구하고 7~9세기 한국 한시사에서 발해의 한시

문학은, 7세기 중엽 백제의 멸망으로 인해 일본으로 이주하여 일본 최초의 한시집 『회풍조(懷風藻)』에 작품을 남기고 있는 백제계 도래인(渡來人)과 8~9세기 빈공과 출신으로 한시 문학 발전에 공헌한 최치원을 비롯한 육두품 계열의 한시 작가와 더불어, 고구려의 문풍을 이으면서 해동성국의 명성을 떨쳤던 북국의 유산이라는 측면에서 대단히 중요하다고 할 수 있다.

〈생각해 보기〉

(1) 발해를 소재로 한 다양한 자료가 존재한다. 『발해고』는 발해의 역사를 통째로 다루고 있으며, 정몽주의 〈발해의 옛 성[渤海古城]〉은 발해에 대한 회고시이다. 한국 문학 가운데 '발해'를 소재로 한 작품을 찾아보고, 작품에 드러난 발해의 의미를 밝혀 보자.

(2) 다음의 표는 발해 문인의 한시 목록이다. 교재에 소개하지 않은 시를 찾아 읽고 그 의미를 분석해 보고, 발해의 한시 문학이 지닌 특징을 이야기해 보자.

〈발해 문인의 한시〉

<table>
<tr><th>수록 서적</th><th>간행 국가</th><th>제목</th><th>작가</th></tr>
<tr><td rowspan="6">文華秀麗集</td><td rowspan="8">일본</td><td>春日對雨得情字</td><td rowspan="5">왕효렴</td></tr>
<tr><td>奉勅陪內宴詩</td></tr>
<tr><td>和坂領客對月思鄉之作</td></tr>
<tr><td>在邊亭賦得山花戲寄兩領客使並滋三</td></tr>
<tr><td>出雲州書情寄兩敕使</td></tr>
<tr><td>七日禁中陪宴</td><td>釋 仁貞</td></tr>
<tr><td rowspan="2">經國集</td><td>奉和紀朝臣公咏雪詩</td><td rowspan="2">양태사</td></tr>
<tr><td>夜聽擣衣詩</td></tr>
<tr><td>渤海國志長編</td><td>중국</td><td>本國內供奉大德靈仙和尚詩</td><td>釋 貞素</td></tr>
</table>

(3) 발해에 대한 우리의 역사 인식은 통일신라, 고려, 조선 초기, 조선 후기, 일제강점기, 광복 후 등 시대에 따라 다르다. 이들을 조사해 보고, 중국의 동북공정과 관련하여 오늘날 우리의 발해 인식에 내재한 문제점을 지적해 보자.

참고문헌

· 이병주 외, 『한국한문학사』, 반도출판사, 1991.
· 김임숙, 「『문화수려집(文華秀麗集)』에 보이는 발해사절시」, 『일본어문학』 75, 일본어문학회, 2016.
· 장원철, 「발해 한시문학의 현황과 창작 경향」, 『대동한문학』 26, 대동한문학회, 2007.
· 정영실, 「발해와 일본에 있어서의 한시문학의 전개와 교류에 관하여」, 경상대학교 석사학위논문, 2006.

백운용

6

정읍사
井邑詞

1. 창작 배경

〈정읍사〉는 백제 때 지어진 작자 미상의 작품이다. 행상을 나가서 오랫동안 집에 오지 않는 남편을 걱정하는 아내의 마음을 노래하고 있다. 가사가 전하는 유일한 백제 가요로, 한글로 기록되어 전하는 가요 가운데 가장 오래된 것이다.

『악학궤범(樂學軌範)』 권5, 「시용향악정재조(時用鄕樂呈才條)」에 〈정읍사〉의 원문이 수록되어 있는 것으로 보아 〈정읍사〉는 본래 백제 속악이었으나, 이후 고려의 악장이 되었다가 다시 궁중의 정재 무악으로 편입되었다고 할 수 있다. 〈정읍사〉는 고려 궁중에서 무고(舞鼓) 정재(呈才)의 가사로 쓰였고, 조선 시대까지 궁중에서 속악으로 가창되다가 한글 창제 이후 한글로 기록되어 문자로 정착하였다. 그러다 1518년(중종 13) 음사(淫詞)로 규정된 후, 정재의 노랫말은 〈오관산(五冠山)〉으로 대체되었는데, 『조선왕조실록』에서 보이듯, 〈정읍사〉는 그 이후에도 궁중에서 연악(宴樂)으로 향유되었다.

『고려사』 권25, 「악지(樂志)」 2, 〈삼국속악(三國俗樂) 백제(百濟)〉 조에는 〈정읍사〉와 관련한 배경 설화가 전해진다. 정읍(井邑)은 전주(全州)의 속현(屬縣)인데, 정읍에 살던 어떤 사람이 행상을 나가서 오랜 시간 동안 집으로 돌아오지 않았다. 이에 그의 아내가 산 위의 돌에 올라가 먼 곳을 바라보면서, 남편이 밤에 가다가 해를 입을까 두려워하여 흙탕물의 더러움에 의탁하여 노래를 불렀다고 한다. 그리고 아내는 남편을 기다리다가 망부석이 되었다고 한다.

2. 원문 읽기

돌하 노피곰[1] 도다샤[2]	달아 높이높이 돋으시어
어긔야 머리곰[3] 비취오시라	멀리멀리 비치게 하시라
어긔야 어강됴리 아으 다롱디리[4]	어긔야 어강됴리 아으 다롱디리
全져재[5] 녀러신고요[6]	온 저자에 다니시나요
어긔야 즌 디[7]를 드디욜셰라[8]	어긔야 진 데를 디딜세라

1 노피곰: 높이높이. '높이'의 강조형이다.

2 도다샤: 돋으셔서.

3 머리곰: 멀리멀리. '멀리'의 강조형이다.

4 어긔야……다롱디리: 조흥구이다.

5 全져재: 이에 대한 해독은 여러 가지가 있다. 먼저 '全'을 '전주(全州)'의 약자로 보고, '全져재'를 '전주 시장'으로 해독하는 견해이다. 이는 안자산·양주동 등이 제기한 것으로, 『고려사』 권25 「악지(樂志)」 2 〈삼국속악(三國俗樂) 백제(百濟)〉 조에 기록된 내용 중 정읍이 전주의 속현이라는 내용에 근거를 두고 있다. 하지만 전주라는 지명은 통일신라 시기인 757년(경덕왕 16)에 명명되었는데, 이는 〈정읍사〉가 불렸던 백제 시대보다 훨씬 뒤의 일이다. 그리고 〈정읍사〉를 기록한 사람이 〈정읍사〉를 기록할 당시의 지명을 그대로 사용했을 가능성이 있다. 즉, 전주라는 지명이 〈정읍사〉가 불렸던 백제 시대의 지명이 아닐 수도 있다는 것이다. 이러한 점에서 '全져재'를 '전주 시장'으로 해독하는 견해에는 문제가 있다.
다음으로 '全'을 노랫말 앞에 나오는 악조(樂調)인 '후강(後腔)'과 붙여서 '후강전(後腔全)'으로 해독한 견해이다. 이는 지헌영이 제기한 것으로, '후강전'은 악조의 명칭으로 해독된다. 하지만 노래에서 '후강전'이라는 말이 악조의 이름으로 사용된 예가 없다는 점에서, 이러한 견해 역시 문제가 있다.
마지막으로 '全'을 '온'·'모든'이라는 관형사로 보고, '全져재'를 '온 저자[市]'로 해독하는 견해가 있다. 이는 김형기·이희승 등이 제기하였다. 글자의 뜻을 고려했을 때, '全'을 이와 같이 해독한 견해가 타당하다고 볼 수 있다. 그러나 이러한 견해 역시 검토해야 할 문제가 남아 있다. 중세국어에서 '전(全)'이 관형사로 쓰인 사례가 있는가에 대한 문제, 전체가 한글로 기록된 〈정읍사〉에서 '전(全)'만을 한자로 쓴 이유가 무엇인가에 대한 문제이다.

6 녀러신고요: 다니시나요. '녀다'는 '다니다[行]'를 의미한다.

7 즌 디: 진[泥] 데. '즌 디'의 의미를 두고도 여러 가지 견해가 존재하며, 이에 따라 〈정읍사〉의 내용이 다르게 해석된다. 먼저 '즌 디'가 강도·사고 등과 같은 위험한 것을 비유한다고 보는 견해이다. 이에 따르면 〈정읍사〉는 진흙물의 더러움에 비유하여, 행상을 나간 남편이 밤길을 기다기 해를 입을까 두려워함을 표현한 노래가 된다. 이때 화자는 남편을 기다리는 지고지순한 아내가 된다.
이는 〈정읍사〉의 배경 설화인 망부석의 존재와 관련이 있다. 망부석이 사랑의 깊이와 기다림의 절실함, 기다리는 사람의 수동성 등이 구체화된 증거물이기 때문이다. 이 때문에 〈정읍사〉를 지고지순한 여인의 노래 혹은 충신연주지사의 구조를 가진 노래로 해석하기도 한다.

어긔야 어강됴리	어긔야 어강됴리
어느 이다[9] 노코시라[10]	어느 곳에다가 놓으셨는가
어긔야 내 가논 ᄃᆡ[11] 졈그ᄅᆞᆯ셰라[12]	어긔야 내 가는 데 저물세라
어긔야 어강됴리 아으 다롱디리	어긔야 어강됴리 아으 다롱디리

출전: 『악학궤범(樂學軌範)』 권5

3. 작품 감상

예나 지금이나, 가족·친구 등 소중한 사람을 걱정하고 생각하는 마음은 동일할 것이다. 요즘에는 가족과 친구가 물리적으로 멀리 떨어져 있어도, 전화기나 컴퓨터 등 통신 기기를 통해 서로 쉽게 연락하며 서로 간의 근황을 주고받을 수 있다. 하지만 〈정읍사〉가 지어졌던 옛날에는 통신 기기가 없어서, 서로가 물리적으로 멀리 있으면 연락하기 어려웠다. 그리고 서로의 안부나 소식을 아는 것도 힘들었다. 상대방의 소식을 알고 싶으면, 상대방을 직접 만날 때까지 기다릴 수밖에 없었을 것이다.

보고 싶거나 걱정이 되는 사람이 있어도, 서로 연락을 주고받을 방법이 없다면 얼마나 답답할까? 그리고 그 사람이 잘 지내고 있는지 알 수 있는 방법이 없으니, 상대방에 대한 걱정이 더 커질 수밖에 없을 것이다. 〈정읍사〉의 화자 역시

다음으로 '즌 ᄃᆡ'를 성적(性的) 상징으로 보는 견해이다. 이에 따르면 〈정읍사〉는 남녀상열지사를 다룬 노래로 해석된다. 이때 화자는 행상을 나간 남편이 저자에서 주색에 빠져 다른 여성과 부적절한 관계를 맺을까 두려워하는 아내이다. 이때 '정읍(井邑)'의 '정(井)'이 '우물'을 뜻하는 한자라는 점에서 여성을 상징한다고 보기도 한다.

이는 〈정읍사〉가 연행된 환경과 관련이 있다. 〈정읍사〉는 궁중에서 정치적·종교적인 의식요보다 연악(宴樂)으로 향유되었다. 조선 성종 대에 여기(女妓)를 동원한 연악 등이 문제가 되었는데, 이와 관련하여 〈정읍사〉는 음사(淫詞)라는 평가를 받았다. 이는 〈정읍사〉가 유희적으로 연행되었을 가능성을 보여 준다. 이 때문에 〈정읍사〉를 궁중에서 연희되었던 음사로 보고, 남녀상열지사를 다룬 노래로 해석하기도 한다.

8 드ᄃᆡ욜셰라: 디딜세라. '디딜까 두렵습니다'라는 의미이다.

9 어느 이다: 어느 곳에다가. '이'는 사람·사물·사건·곳(처소) 등 여러 가지로 해석될 수 있다.

10 노코시라: 놓으셨는가.

11 내 가논 ᄃᆡ: 내가 가는 데.

12 졈그ᄅᆞᆯ셰라: 저물세라. '저물까 두렵습니다'라는 의미이다.

이러한 상황에 놓여 있었다. 먼 곳에서 아무 소식 없이 오랫동안 돌아오지 않는 남편을 두고, 화자는 불안해하면서 남편이 돌아오길 기다렸을 것이다.

작품의 화자는 남편의 안위를 염려하며, 달에 이러한 마음을 하소연하고 있다. 작품의 서두에서는 집을 떠나 소식이 없는 남편이 달을 바라볼 수 있도록, 달에게 높이 솟아서 멀리까지 비추라고 말하고 있다. 이는 달이 천상의 존재로서 광명의 상징, 안녕의 수호자, 소원 성취를 기원하는 대상이라는 사고에 근거한 것이다. 즉 화자는 달이 남편을 안전하게 지켜 주고 남편이 무사히 돌아올 수 있도록 기원하고 있다.

작품의 서두에서 남편의 무사귀환을 기원했다면, 작품의 중반부에서는 돌아오지 않는 남편에 대한 화자의 불안함이 더욱 심화되고 있다. 이는 남편이 '즌[泥] 딕'를 딛을까 염려하고 있는 데서 드러난다. '즌 딕'는 남편의 신변에 위험한 것들이나 남편이 잘못된 길로 빠지는 것을 의미한다. 남편이 길을 잃거나, 괴한을 만나거나, 다치거나, 도박이나 주색 등에 빠지는 것, 다른 여성과 부적절한 관계를 맺는 것 등이 그 예다. 화자는 남편이 잘못된 길로 들어서거나 나쁜 일을 당할까 걱정하고 있는 것이다.

작품의 마지막 부분에서 화자는 자신이 가는 길이 저물까 두려워하면서, 자신이 가는 길에 어둠이 없기를 바라는 마음을 드러냈다. 여기서 말하는 '어둠'은 남편이 처할 수 있는 위험 혹은 이로 인한 화자의 불안한 미래를 의미한다. 남편이 오랫동안 아무 소식 없이 돌아오지 않은 것은 화자에게 어두운 소식이며, 이로 인해 화자는 남편의 안위를 염려하게 된 것이다. 여기서 더 나아가 화자는 이를 자신과 관련지으며, 남편의 부재로 인한 자신의 미래를 생각하고 있다.

이처럼 〈정읍사〉는 상대방에 대한 기다림을 담고 있다. 〈정읍사〉의 화자는 남편으로 인한 걱정과 불안을 표출하면서도, 남편이 그릇된 길로 빠지지 않고 무사히 귀가하길 기원하고 있다. 화자는 남편과 떨어져 있는 상황에 놓여 있지만, 이러한 상황에 좌절하거나 체념하지 않으며 기원과 걱정·기다림의 정서를 보인다. 달에게 기도함으로써 화자는 남편을 기다리는 마음을 의탁하면서, 남편의 부재로 인한 걱정과 불안함을 극복하고자 한다.

〈생각해 보기〉

(1) 〈정읍사〉는 화자가 달을 보면서 이야기하는 것으로 시작된다. 화자는 달을 보면서 남편의 안녕을 기원한다. 작품 속에서 '달'은 어떠한 역할을 하며, 어떠한 의미를 지니는지에 대해 생각해 보자.

(2) 〈정읍사〉 외에도 자신과 멀리 떨어져 있는 상대방을 걱정하고 생각하는 문학 작품들이 있다. 〈정읍사〉와 같은 정서를 담은 다른 작품들을 조사해 보고, 〈정읍사〉와 비교해 보자.

(3) 〈정읍사〉의 화자처럼 누군가를 걱정하거나 그리워했던 경험에 대해 생각해 보자. 또는 누군가가 자신을 걱정해 주거나 생각하는 말을 들었을 때의 느낌을 이야기해 보자.

참고문헌

· 염은열, 『공감의 미학 고려속요를 말하다』, 역락, 2013.
· 김성란, 「고려속요에 나타난 여성성 연구」, 전남대학교 석사학위논문, 2017.
· 이등룡, 「정읍사(井邑詞) 연구 – 방법론의 반성」, 『인문과학』 33, 성균관대학교 인문과학연구소, 2003.
· 이수곤, 「〈정읍사〉의 여성 화자 태도와 그 의미에 대한 시론적 고찰 – 여성 화자 연구의 비판적 검토와 앞으로의 과제」, 『한국고전여성문학연구』 14, 한국고전여성문학회, 2007.
· 최홍렬, 「고시가(古詩歌)에 표출된 '달'의 심상(心象) 연구(硏究)」, 중앙대학교 석사학위논문, 2004.

김소연

7

제망매가
祭亡妹歌

1. 창작 배경

향가(鄕歌)는 삼국 시대에서 고려 전기까지 창작·향유된 시가 갈래로서, 중국 음악인 당악(唐樂)과는 달리 신라의 노래 문화 속에서 산출된 우리말 노래라 할 수 있다. 향가가 불려진 시기에는 아직 우리말을 표기할 수 있는 문자가 존재하지 않았다. 이에 한자의 음(音)과 훈(訓)을 빌려 우리말을 표기하는 차자표기법 향찰(鄕札)에 의해 기록되어 남겨진 것이 향가이다. 현재 향가 작품은 일연의 『삼국유사(三國遺事)』에 14수, 혁련정(赫連挺)의 『균여전(均如傳)』에 11수가 전해지는데, 내용이 단순하고 민요적 성격을 가진 4구체 향가를 비롯하여, 형식적으로 발전된 형태인 8구체 향가, 그리고 시적 구조나 표현 기법 등에서 가장 세련되고 발전된 모습을 보여 주는 10구체 향가가 존재한다.

그중 10구체 향가는 사뇌가(詞腦歌)로도 불린다. 또한 '4구-4구-2구'의 3장 구조와 함께, 마지막 3장 첫머리에는 낙구(落句)가 배치되어, 형식적으로 정제된 모습을 보여 준다. 4구체나 8구체 향가가 대체로 기층민들이 향유한 민요적 성격을 일부분 가지는 것에 비해, 10구체 향가는 승려나 화랑과 같은 상층 지식인들이 창작·향유했을 만큼 개인 서정시로서의 성격이 다분하다.

〈제망매가〉는 10구체 향가의 대표적인 작품으로, 경덕왕 때의 승려인 월명사

(月明師)가 지은 노래로 알려져 있다. 『삼국유사』「감통」〈월명사도솔가(月明師兜率歌)〉에는 월명사가 국선(國仙)의 무리로 향가에 능하였고, 경덕왕의 요청에 의해 4구체 향가 〈도솔가〉를 지어 나라의 변고를 막았으며, 또한 죽은 누이의 재(齋)를 올리면서 〈제망매가〉를 지었다는 기록이 남아 있다.

2. 원문 읽기

월명사는 또한 일찍이 죽은 누이를 위해 재(齋)를 올리면서 향가를 지어 제사를 지냈는데, 문득 회오리바람이 일더니 종이돈을 날려 서쪽으로 사라지게 하였다. 향가는 다음과 같다.

생사길은	死路隱
여기에 있으매 머뭇거리고	此矣有阿八次肹伊遣
나는 가노라 말도	吾隱去內如辭叱都
못 다 이르고 가 버렸는가	毛如云遣去內尼叱古
어느 가을 이른 바람에	於內秋察早隱風未
여기저기 떨어질 잎처럼	此矣彼矣浮良落尸葉如
한 가지에 나고	一等隱枝良出古
가는 곳 모르겠도다	去奴隱處毛冬乎丁
아! 미타찰(彌陀刹)[1]에서 만날 나	阿也 彌刹良逢乎吾
도 닦아 기다리겠노라	道修良待是古如

월명은 늘 사천왕사(四天王寺)에서 지냈는데 피리를 잘 불었다. 일찍이 달밤에 절 문 앞의 큰길을 거닐며 피리를 불면 달이 그를 위해 운행하기를 멈추었다. 이로 인하여 그곳을 월명리(月明里)라 하였고, 월명사 또한 이름이 알려졌다.

월명사는 곧 능준대사(能俊大師)의 문하이다. 신라 사람들이 향가를 숭상한 지

1 미타찰(彌陀刹): 아미타불(阿彌陀佛)이 주재하는 서방정토(西方淨土).

오래되었는데, 대개 시송(詩頌)과 같은 것이었다. 그러므로 종종 천지와 귀신을 감동시킨 것이 한 번만이 아니었다.

출전: 『삼국유사』 권7, 「감통」, 〈월명사도솔가〉

3. 작품 감상

〈제망매가〉는 죽은 누이의 극락왕생을 기원하기 위해 월명사가 재를 올리며 지은 노래이다. 10구체 향가의 완정된 형식 속에 '누이의 죽음'이라는 개인적이면서 근원적인 문제 상황과 이에 대한 나름의 해답을 찾아가는 과정이 세련된 표현으로 나타나고 있다는 점에서, 향가 작품 중에서도 문학적 가치가 높은 작품으로 현재 평가되고 있다.

작품을 구체적으로 살펴보면, 〈제망매가〉에는 10구체 향가의 형식적 특징인 3장 구조가 명확하게 나타난다. 먼저 첫 번째 단락인 1~4구에서는 삶과 죽음의 갈림길 앞에서 인간 삶의 무상함과 두려움을 드러낸 뒤, 떠난다는 말 한마디조차 남기지 못한 누이에 대한 화자의 심정을 담담하게 표출하였다. 두 번째 단락인 5~8구에서는 누이의 죽음이 존재 일반의 무상과 관련된 화자의 고뇌로 더욱 심화되고 있음을 볼 수 있다. 특히 한 가지에서 함께 났지만, '어느 가을바람에 떨어지는 잎'과 같이 죽음의 길 위에서 어디로 가는지조차 알 수 없는 상황이 만들어 내는 인간 존재의 무력감이 비유적 표현을 통해 절실하게 드러난다. 세 번째 단락인 9~10구에서는 10구체 향가의 특징인 9구 첫머리의 감탄사가 나타나며, 앞의 시상이 급격히 전환되는 모습을 보여 준다. '아!'로 제시되어 있는 감탄사는 결국 첫 번째 단락과 두 번째 단락에서 심화시켜 온 화자의 고뇌가 밖으로 터져 나오는 순간이라 할 수 있으며, 종교적 초극(超克)이라는 화자의 의지를 예비하는 지점이라 할 수 있다. 그리고 화자는 죽은 누이를 미타찰, 즉 서방정토에서 다시 만나기 위해 도를 닦으며 기다리겠다는 의지를 드러내면서 전체 시상을 마무리한다. 여기에서 미타찰은 불교의 윤회론적 세계관 속에서 존재 일반이 가진 번뇌의 근원, 곧 삶과 죽음의 문제를 벗어난 공간이라 할 수 있다. 결국 첫 번째 단락과 두 번째 단락을 통해 심화시켜 온 정서적 고양이 마지막 세 번째 단락에서 종교적 승화를 통해 해소되는 구조로 이루어져 있는 것이다.

이처럼 〈제망매가〉는 누이와의 사별이 가져온 인간적 비애와 존재 본연의 근원적 문제에 대한 승려로서의 초극적 태도를 보여 주는 작품이라 할 수 있다. 그러나 〈제망매가〉는 불교적 색채가 일정 부분 작품에 드리워져 있기는 하지만, 불교적 세계를 적극적으로 담아낸 〈원왕생가〉나 〈도천수대비가〉 등과는 달리 생경한 종교적 교리에 기대어 당위만을 강조하지는 않았다. 이러한 점은 〈제망매가〉가 10구체 향가 중에서도 서정적 세련미와 높은 격조를 갖춘 대표적인 작품으로 평가받는 이유가 된다.

노래의 배경 설화를 살펴보면, 월명사가 일찍이 피리를 잘 불어 달의 운행까지 멈춘 적이 있다고 하고, 또한 신라 사람들이 향가를 숭상한 적이 오래되었다고 하면서, 향가가 천지귀신을 감동시킨 것이 한두 번이 아님을 언급하고 있다. 월명사가 지은 두 작품 가운데 〈도솔가〉는 나라에 두 개의 해가 뜬 변고를 해결하기 위해 지은 작품이다. 따라서 노래가 천지귀신을 감동시킨 대표적인 사례가 된다. 그리고 〈제망매가〉에서는 월명사가 재를 지내며 노래를 부르니 회오리바람이 불어 지전(紙錢)이 서쪽으로 날아갔다는 일화가 기록되어 있다. 이처럼 신라 사람들에게 노래는 하늘을 감동시키고, 변괴나 재해를 물리칠 수 있는 힘을 가진 것으로 인식되었다. 〈제망매가〉 또한 불교 의식과 연관된 노래이기에 일부 불교의식요로서의 성격을 가지기는 한다. 하지만 그 속에는 삶과 죽음에 대한 인간적 고뇌와 번민, 그리고 이를 초극하기 위한 종교적 의지가 담겨 있기에 향가 중에서도 가장 뛰어난 문학적 가치를 보여 주는 작품이라 할 수 있겠다.

〈생각해 보기〉

(1) 10구체 향가의 형식과 시조의 형식이 지닌 유사성과 차별성을 생각해 보고, 시조의 향가 기원설에 대한 논리적 정합성을 이야기해 보자.

(2) 월명사, 충담사, 영재, 융천사 등 향가의 작자로 알려져 있는 인물들의 경우, 『삼국유사』에 기록되어 있는 배경 설화 및 노래와 그 이름이 밀접한 연관성을 지니고 있다. 그렇다면 이러한 현상이 왜 나타나는지에 대해 생각해 보고, 향가 작가들의 실존 여부를 함께 이야기해 보자.

참고문헌

· 서철원, 『고전시가 수업』, 지식의날개, 2022.
· 성기옥 외, 『고전시가론』, 한국방송통신대학교출판부, 2006.
· 염은열 외, 『문학교육을 위한 고전시가 작품론』, 사회평론아카데미, 2019.
· 이민희 외, 『깊고 넓게 읽는 고전문학 교육론』, 창비교육, 2017.
· 장덕순, 『이야기 국문학사』, 새문사, 2001.
· 성호경, 「〈제망매가〉의 시세계」, 『국어국문학』 143, 국어국문학회, 2006.

조유영

8

광개토왕비문
廣開土王碑文

1. 창작 배경

삼국 시대는 중세적인 통치 체제를 이룩하면서 땅과 백성을 더 차지하기 위해 치열하게 다투던 시기였다. 고구려는 5세기인 광개토왕(廣開土王)과 장수왕(長壽王) 시절에 영역을 최대한 넓혀 남쪽으로 백제와 신라를 억누르며, 남쪽 영토를 대거 차지하였다. 이러한 전쟁으로 삼국 시대에는 군주의 전승을 자랑하는 데 그치지 않고 백성을 위하는 군주임을 널리 선전할 필요가 있었다. 그 결과 삼국은 돌에 글을 새긴 비(碑)를 앞다투어 세운다.

광개토왕비는 414년(장수왕 2)에 장수왕이 부왕인 광개토왕의 공훈을 기리고, 수묘인연호(守墓人烟戶)를 명기해 두기 위해 세운 비이다. 이 비문에 나타난 왕의 정식 시호는 '국강상광개토경평안호태왕(國岡上光開土境平安好太王)'이다. 〈광개토왕비문〉은 신화적 상상력이 제거된 역사적 사실관계를 서술하고 있으나 동시에 건국 서사시의 위엄을 갖춘, 연대가 확실한 최초의 문학 작품이다.

2. 원문 읽기

옛적 시조 추모왕(鄒牟王)[1]이 나라를 세웠다. 북부여(北夫餘)[2] 출신이다. 천제(天帝)

---

1 추모왕(鄒牟王): 추모는 기록에 따라서 주몽(朱蒙), 중모(中牟), 도모(都慕)라고 표기되었다.

의 아들이었고 어머니는 하백(河伯)의 따님이었다. 알을 깨고 강생하였으며, 날 때부터 성스러운 덕이 있었다. 어머니께서 어가를 타고 떠나라고 명령한 것을 받들어[3] 순행하며 남쪽으로 내려갔다. 길은 부여의 엄리대수(奄利大水)[4]를 경유하였다.

왕이 나룻가에 다다라 말하였다. "나는 황천(皇天)의 아들이요, 어머니가 하백(河伯)의 따님인 추모왕이다. 나를 위하여 갈대를 연결하고 거북을 물 위에 뜨게 하라!" 그 소리에 응답하듯 갈대가 이어지고 거북이 떠올랐다. 그리하여 강을 건너가서 비류곡(沸流谷) 홀본(忽本)[5] 서쪽 산 위에 성을 쌓고 도읍을 세웠다. 세상에서 왕위를 즐기지 않았으므로 황룡을 파견하여 하계로 내려와 왕을 맞이하였다. 왕이 홀본(忽本) 동강(東罡)에 있음에 황룡이 왕을 등에 업고 하늘로 올라갔다. 세자인 유류왕(儒留王)[6]에게, "도로써 천하를 다스리라."라고 유언하였다.

대주류왕(大朱留王)[7]이 유업을 계승하였는데, 그의 17세손 국강상광개토경평안호태왕(國罡上廣開土境平安好太王)[8]의 대에 미쳤다. 18세에 왕위에 올라 호를 영락대왕(永樂大王)이라 하였다. 은택이 황천까지 미쳤고, 위엄과 무용은 사해에 떨쳤다. 불의한 무리를 쓸어 없애니 백성들이 생업에 편안히 종사하게 되었다. 나라가 부강하고 백성은 창성했으며, 오곡이 풍성하게 익었다. 하늘이 불쌍히 여기지 않아 39세에 세상을 떠나시니, 갑인년 9월 29일 을유년에 옮겨서 산릉(山陵)을 이룩하였다.[9] 이에 비석을 세우고 그 공훈과 업적을 기록함으로써 후세에 보이노

---

2 북부여(北夫餘): 『삼국사기』에는 동부여라고 되어 있으나, 5세기 초반까지 공식적인 견해는 북부여로 통용된다는 설이 있다.

3 어머니께서……받들어: 금와왕의 일곱 형제가 주몽을 시기하여 죽이려 하므로 그 어머니가 망명을 권하였다.

4 엄리대수(奄利大水): 고구려 시조 주몽이 물고기와 자라의 도움을 받아 건넜다는 강의 이름이다. 역사서별로 엄호수, 시호수, 엄사수 등으로 다르지만, 글자형이 비슷하다는 견해가 있다. 『삼국사기』에는 엄체수(淹滯水)라고 하였다.

5 비류곡(沸流谷) 홀본(忽本): 지금의 혼강이나 지류인 부이하 유역의 환인현 일대로 추정되기도 한다. 『삼국사기』에는 이 일대를 졸본부여라고 하였으니, 졸본은 고구려의 초기 도읍지이다.

6 유류왕(儒留王): 고구려 제2대 임금인 유리왕의 다른 이름이다.

7 대주류왕(大朱留王): 『삼국사기』에는 대무신왕으로 표기되었다. 이름은 무휼이고 부여를 정벌하였다고 한다.

8 국강상광개토경평안호태왕(國罡上廣開土境平安好太王): 왕의 시호이다. 국강상은 왕릉의 소재지이다. 경주에서 출토된 제기인 광개토대왕 호우(壺杅)에는 국강상광개토지호태왕(國罡上廣開土地好太王)이라 하였다.

9 산릉(山陵)을 이룩하였다: 장수왕 2년(414)에, 가매장 상태에 있던 광개토대왕의 시신을 옮겨 왕릉을 이

라. 그 내용은 다음과 같다.

영락 5년(395) 을미의 일이다. 패려(稗麗)[10]가 몰인을 돌려보내지 않는 것을 구실로, 몸소 군대를 인솔하고 가서 토벌하였다. 부산(富山),[11] 부산(負山)[12]을 지나 염수(鹽水)[13]에 이르러 그 3개 마을 6, 7백 영(營)[14]을 격파하였다. 노획한 소, 말, 양은 수를 헤아릴 수 없었다. 이에 어가를 돌렸다. 양평도(襄平道)[15]를 지나 동쪽으로 □성(□城), 역성(力城), 북풍(北豊)에서 태왕이 사냥을 준비하였다. 관할 국경을 유람하였고, 사냥한 뒤 돌아왔다.

백잔[백제]과 신라는 옛부터 속민(屬民)으로 조공(朝貢)을 바쳐 왔다. 왜(倭)가 신묘년(391) 이래로 바다를 건너와 매양 백잔을 파하고, …… 신라를 …… 신민(臣民)을 삼으려 하였다. 이에 영락 6년 병신(396)에 왕이 몸소 수군(水軍)을 거느리고 왜적과 잔국을 토벌하였다. 왕의 군대가 백잔의 소굴에 이르러, 공격하여 …… 을 쳐서 빼앗고 국성[國都] 가까이에 다가갔다. 백잔은 의에 복종하지 않고 감히 나와서 맞아 싸웠다. 왕이 노하여 아리수[한강]를 건넜다. 선봉대를 보내 도성 가까이 접근하도록 함에 백잔의 병사들이 소굴로 돌아갔다. 나아가 곧장 성을 포위함에 백잔의 임금이 곤핍해져서 남녀 생구(生口) 1천 명과 가는 포 1천 필을 내놓고는 태왕 앞에 꿇어앉아 스스로 맹세하기를 "지금부터 이후로는 영원히 노객(奴客)[16]이 되겠나이다."라고 하였다. 태왕은 그들이 처음에 판단이 미숙하여 저지른 잘못을 용서하고, 뒤에 가서 귀순한 정성을 살폈다. 이에 58개의 성, 7백 촌을 얻고, 백잔 임금의 아우와 대신 열 사람

록했다는 말이다.

10 패려(稗麗): 지금의 내몽고 지역에 있는 시라무렌강[西剌木倫河] 유역에 사는 거란 부족의 일부이다.

11 부산(富山): 중국과 한국의 경계에 있는 의무려산(醫巫閭山)의 옛 이름이다.

12 부산(負山): 노뇨루산의 옛 이름이다.

13 염수(鹽水): 요하 상류 시라무렌강[西剌木倫河] 유역에 있는 광제호 일대로 추정하는 설이 있다.

14 영(營): 거란인들의 가옥인 천막으로 구성된 소규모 촌락을 지칭하며, 마을의 세부 단위로 쓰인다.

15 양평도(襄平道): 지금의 요양을 말한다. 고구려로 이르는 큰길이다.

16 노객(奴客): 원래는 사속민이나 노예를 뜻하는 용어이다. 능비에서 신라왕이 광개토왕에 대해 자신을 노객이라고 표현한 것으로 볼 때, 노객은 임금에 대하여 신하를 낮추어 칭한 표현으로 볼 수 있다.

을 데리고 군사(軍師)를 돌려서 도성으로 귀환하였다.

영락 8년 무술(398)에 명령을 내려 편사(偏師)를 파견하여 백신(帛愼)[17]의 토곡 지역을 둘러보았다. 좋은 기회를 타고 막사라성, 가태라곡(加太羅谷)의 남녀 삼백여 명을 포로로 삼았다. 이로부터 조공을 바치고 일을 의논하였다.

영락 9년 기해(399)에 백잔이 서약을 어기고 왜와 화통하였다. 태왕이 순시차 평양에 내려와 있었는데, 신라에서 사신을 보내 태왕에게, "왜인이 국경 지역에 가득 들어와 성과 해자를 부수고, 노객을 왜의 백성으로 삼으려고 합니다. 태왕께 귀의하여 명령을 요청하나이다."라고 아뢰었다. 태왕이 은혜롭고 자애로워 그들의 충성을 칭찬하고는, 특별히 파견된 사신을 돌려보내면서 은밀한 계책을 이야기해주었다.

영락 10년 경자(400)에 보병과 기병 5만을 파견하여 신라를 구원하였다. 남거성(男居城)에서 신라성까지 왜가 그 안에 가득하였다. 관군이 당도하자 왜적이 퇴각하였다. 왜의 배후로부터 급히 추격하여 임나가라(任那加羅)[18]의 종발성(從拔城)에 이르렀다. 성주가 곧 항복하였다. 신라인 수병(戍兵)을 배치하였다. 신라성과 염성을 쳐서 빼앗자 왜구가 크게 궤멸되었다. 성 안의 사람 열 가운데 아홉이 왜적을 따르는 것을 거부하여, 신라인 수병을 배치하였다. [이하 판독 불완전] 옛적에는 신라의 매금(寐錦: 임금)이 몸소 와서 자기 나라의 일을 의논한 일이 없었는데, 국강상광개토경호태왕이 …… 한 까닭에 신라 매금이 …… 가복(家僕)을 파견하여 …… 을 청하며 …… 조공하였다.

영락 14년 갑진(404)에 왜가 도리를 지키지 않고 대방(帶方)[19] 지역을 침입하였다. 백잔의 군대와 화통하여 석성을 침입하였는데, …… 전선(戰船)이 잇따르고 ……. 호태왕이 몸소 …… 이끌고 가 이를 토벌하였다. …(중략)…

---

17 백신(帛愼): 숙신(肅愼)의 별칭. 중국 고대의 후직의 뿌리가 직신(稷愼)인데, 후일 직신은 백신 또는 식신(息愼)이라고도 했다. 식신의 후손이 숙신이다. 『삼국사기』 〈고구려본기〉 서천왕 11년 조에 숙신 촌락을 복속한 기사가 보인다.

18 임나가라(任那加羅): 경상남도 김해의 금관가야로 보기도 하고, 고령과 김해 둘 다 가능하다는 견해도 있다. 『삼국사기』 〈강수전〉에는 '강수가 임나가량(任那加良) 사람'이라고 소개되어 있다.

19 대방(帶方): 황해도 연안[延白] 지역.

능묘를 지키는 연호(烟戶)[20]를 말하자면, 매구여(賣句余) 백성은 국연(國烟)이 2가, 간연(看烟)[21]이 3가, 동해고(東海賈)는 국연이 1가, 간연이 5가다. 돈성(敦城)의 백성은 4가가 모두 간연이다. …(중략)…

국강상광개토경호태왕이 생존 시에 교지를 내려 말씀하시기를 "조왕(祖王)과 선왕께서는 원근 각지에 사는 본토민[舊民]만을 데려다가 무덤 수호와 소제의 일을 맡도록 명령하였지만, 나는 본토민들이 도리어 힘이 약해지고 저열(低劣)해질까 염려한다.[22] 만약 내가 죽은 뒤에 수묘하는 일에 안주할 사람은 내가 직접 돌아다니며 데려온 한족과 예족 사람만을 데려다가 쇄소하는 일에 대비토록 하라!"라고 하였다. 명령을 말씀하심이 이와 같았으므로, 교령과 같이 한족과 예족 220가를 데려왔다. 그런데 이들이 법도를 알지 못할까 염려하여 다시 본토민 110가를 데려왔다. 신구(新舊) 수묘호를 합산하니, 국연이 30가, 간연이 300가, 모두 합하여 330가였다. 위로 조왕과 선왕으로부터 아래로 능묘 가에 석비를 안치하지 못함으로써 수묘인의 연호에 착오가 나는 결과를 초래하였다. 국강상광개토경호태왕은 조왕·선왕 위하는 일을 극진히 하였으니, 능묘 가에 비석을 세우고 그 연호를 새김으로써 착오가 생기지 않도록 하였다. 또 수묘인 규정을 제정하여 지금 이후로 상호 전매할 수 없도록 하였다. 비록 경제적으로 풍족함이 있는 사람일지라도 역시 마음대로 살 수 없도록 하였다.[23] 만일 법령을 위반할 경우, 파는 사람은 형벌에 처하고 사는 사람은 법령을 제정하여 수묘를 하도록 하였다.

⁑ 인용 출처: 『한국 금석문 집성』 1(한국국학진흥원, 2002)

---

20 능묘를 지키는 연호(烟戶): 수묘호는 무덤을 지키고 제사 등의 행사에 동원되었던 인가로, 고구려에서 일찍부터 있었다. 『삼국사기』 〈신대왕〉 조에 의하면, 신대왕 15년(179)에 재상 명림답부가 죽자 국가에서 그를 예장(禮葬)하고, 수묘호 20가를 두었다고 한다.

21 간연(看烟): 부족장이 지정한 민호이다. 간(看)은 '칸'의 음사(音寫)라고도 한다.

22 본토민들이……염려한다: 한곳에 정착하여 수묘인 노릇을 하다가 고구려인의 강인한 기질을 잃을까 염려했다는 말이다.

23 마음대로……하였다: 수묘인의 연호를 사서 개인의 노비로 부리는 일을 금지했다는 말이다.

3. 작품 감상

광개토왕비는 장수왕의 평양 천도와 관련하여 선왕들의 능을 수호하기 위한 목적으로 제작하였다. '광개토왕'이라는 호칭은 『삼국사기』에 나오는 왕호로, 한국 학계에서는 일반적으로 광개토왕이라 부른다. 반면에 중국 학계에서는 비에 나오는 시호의 끝부분을 따서 '호태왕'을 공식 호칭으로 사용한다. 이 비는 중국 길림성에 있고, 비의 서남쪽 약 200m 지점에 광개토왕의 무덤으로 추정되는 태왕릉이 있다. 능비는 높이 6.39m의 웅장한 화강암으로 된 사면비다.

〈광개토왕비문〉은 우리나라의 최초이자 최대의 금석문이다. 다듬지 않은 자연석을 그대로 이용한 점이 중요한 형태적 특징 중의 하나이다. 글자는 4면 44행 총 1,775자이다. 예서체에 가까운 서체를 사용하여 장중하고도 위엄이 있다. 이 서체는 예술성과 당시 고구려 사회에서 이 비가 갖는 특수성을 고려하여 '광개토태왕비체'로 부르는 것이 타당하다는 견해가 있다. 곧, 위·진(魏晉) 시대 공식적인 비문의 서체는 팔분(八分)이 통용되었는데, 고구려에서는 이것과 달리 광개토태왕비체와 같은 독특한 서체가 발전하고 있음을 시사한다. 비문의 글자가 크다는 점도 주목된다. 이것은 비의 제작자가 왕릉을 수호하는 자들에게 내용을 명확하게 보이고자 한 목적이었다.

위의 비문은 고대사 연구의 주요 사료이다. 광개토왕 시대의 영토 확장과 5세기 고구려의 천하 인식, 삼국과 왜와의 국제관계 등에 관한 풍부한 내용이 담겨 있기 때문이다. 특히 신묘년 조의 기사는 일본인들이 임나일본부(任那日本府) 설을 증명하는 자료로 활용하며, 한·일 역사 해석에 따른 갈등의 쟁점이 되고 있다. 최근에는 중국이 나서서 고구려사를 중국의 변방사로 수용할 근거로 삼고자 하여, 광개토왕비를 둘러싼 논쟁이 그치지 않고 있다.

〈광태토왕비문〉에 관한 연구는 역사 학계에서 집중되어 있으나, 문학적인 성과에도 주목할 필요가 있다. 이 비문은 연대가 확실한 최초의 문학 작품일 뿐만 아니라, 건국 서사시 다음 단계의 문학이 어떤 모습인지를 살피는 데 중요한 자료이다. 서두에 건국의 내력이 있고, 영웅적인 승리의 행적을 길게 다룬 점에서는 건국 서사시의 위엄이 잘 드러난다. 그러나 신화와 상통하는 초인간적인 상상이 제거된 채 사실을 구체적으로 서술하는 데 치중하여, 사실 자체가 설득력을 보여 준다는 점에서는 후대의 장식적인 비문과 구별된다.

비문의 내용은 크게 세 부분으로 나뉜다. 1부는 시조 추모왕의 건국설화로 시작하여 광개토왕의 업적에 대한 칭송이다. 2부는 태왕의 정복 활동을 담은 공적이 연대순으로 기록되어 있고, 3부는 태왕의 능을 지키는 수묘인에 대한 기록이다. 대체로 비지류의 창작 전통을 따랐으나, 서언과 본문의 구성에서, 본문이 다시 본문1[武勳]과 본문2[수묘제]로 나뉘어 광개토왕의 공적보다 수묘인 명단을 배정하는 데 더 큰 분량을 차지하고 있는 것도 특징이다. 광개토왕비의 성격 문제를 둘러싸고 여러 가지 견해로 나뉘지만, 크게 훈적비(勳績碑), 신도비(神道碑), 수묘비의 성격을 두루 갖춘 것으로 보는 설이 합당하다는 견해가 있다.

〈광개토왕비문〉은 고구려의 건국신화로, 부여의 동명(東明) 신화나 백제의 건국설화와 연결된다. 부여 신화에서 보이는 동명과 고구려 건국신화에서 보이는 주몽(朱蒙)을 동일인으로 보는 견해가 우세하다. 반면, 부여족을 중심으로 형성된 '동명 신화'가 부여족의 분열 과정에서 '주몽 신화'로 나타난다고 보는 견해도 있다. 그러나 고구려의 건국신화는 주몽이 부여에서 남하하면서 가지고 온 부여의 동명 신화를 빌려 온 점이 중요하다. 부여의 시조 신화 속의 '동명' 왕호를 사용하여 이 지역에서 오랫동안 전해져 내려오던 동명왕과의 관계를 강조하고, 주몽이 부여의 실질적인 계승자임을 강조한 것이다. 이 비문에서 광개토왕은 군주 중심의 공적 질서를 확립하고자 하는 유교적 이상 군주인 성왕(聖王)이다. 이는 천손의식(天孫意識)에 근거한 고구려의 천하관(天下觀)과 유교적 세계관이 반영된 결과이다.

한편, 〈광개토왕비문〉의 국어사적 가치도 논할 수 있다. 음운사 방면에서는 두음법칙의 연원을 확인할 수 있고, 문법사 방면에서는 이두 발달의 초기 사례임을 알 수 있다. 어휘사 방면으로는 비문에 쓰인 한자어들이 중국의 용법과 대부분 일치하고 있는 것으로 보아, 고구려에서의 한자어 수용 단계가 아직 초기임을 살필 수 있다.

〈생각해 보기〉

(1) 〈광개토왕비문〉이 문학적 상상력과 역사적 사실로 기술되었다고 볼 때, 문학적 상상력이 이 비문에 끼친 영향은 무엇인지 정리해 보자. 비문의 서두에 나오는 천신과 수신, 갈대, 자라, 황룡 등의 소재가 지닌 상징성과 연결하는 방법도 있을 것이다.

(2) '추모왕'은 주몽(朱蒙)으로도 불린다. 위의 비문 이외에 '주몽'과 관련된 기록이 수록된 이규보(李奎報)의 『동국이상국집』 「동명왕편」이나 『삼국유사』, 『삼국사기』 등의 작품을 찾아 읽고, 작품별로 서술이나 관점에서 어떠한 차이점이 있는지를 조사해 보자.

(3) 중국은 한국의 고대사와 관련한 국가적 연구 과제를 발제하여 동북아시아의 역사를 재편성하고자 '동북공정'을 수행하고 있다. 중국 길림성(吉林省) 집안(集安)에 위치한 〈광개토왕비문〉에 대한 왜곡도 서슴지 않았다. 한편, 일본 또한 경상북도 울릉군에 소속된 독도를 죽도[竹島, 다케시마]라고 주장하며 자국의 영토로 편입하고자 한다. 이러한 복잡한 정세를 고려하며 〈광개토왕비문〉을 활용할 수 있는 방안을 생각해 보자.

참고문헌

· 연민수 외, 『광태토왕비의 재조명』, 동북아역사재단, 2013.
· 최영성, 『한국 고대 금석문 선집』, 문사철, 2015.
· 금경숙, 「고구려 건국신화의 형성과 변용」, 『국학연구』 28, 한국국학진흥원, 2015.
· 서정화, 「광개토왕비의 서사구조 일고」, 『한국한문학연구』 67, 한국한문학회, 2017.
· 서철원, 「〈광개토왕비문〉의 수사방식과 세계관」, 『고전문학연구』 33, 한국고전문학회, 2008.

김선영

9

김후직의 상진평왕서
上眞平王書

1. 창작 배경

신라는 고대 국가 중 문화가 늦게 발달한 나라였으나, 지증왕(智證王, 재위 500~514) 시대를 기점으로 법흥왕과 진흥왕 시대를 거치며 급속히 발전하였다. 즉 6세기에 이르러 고대 국가의 체제가 확립되고, 그 바탕이 되었던 유교 사상과 한학이 많은 발전을 이룩하게 되었다. 502년(지증왕 3)에는 순장을 금지시켰고, 503년(지증왕 4)에는 신라(新羅)라는 국호를 정하였으며, 거서간(居西干)·차차웅(次次雄)·이사금(尼師今)·마립간(麻立干) 등 방언으로 불리던 왕칭을 유교식 '왕'으로 통일하였다. 또 514년(지증왕 15)에는 유교식 시호법(諡號法)이 처음으로 시행되기도 했다. 그러다가 545년(진흥왕 6)에는 춘추사관에 입각한 『국사』를 편찬하였는데, 이는 문화적 역량이 성숙하였음을 나타내는 것이면서 또 유교 사상의 영향을 받은 것이라 하겠다. 이처럼 덕치를 이룩하려는 노력은 임금뿐만 아니라, 임금을 보필하는 신하들에게서도 확인할 수 있는데, 대표적으로 김후직(金后稷, ?~?)을 들 수 있다.

김후직은 신라 제22대 왕인 지증왕의 증손이며, 진평왕(眞平王, 재위 579~632) 대의 충신이다. 관등은 이찬(伊飡)에 오르고 580년(진평왕 2)에 병부령(兵部令)이 되었다. 이 당시 진평왕은 불교 문화를 수용하는가 하면, 581년(진평왕 3)에는 수나라와의 외교관계를 수립하여 고구려 정벌을 꾀하기도 하는 등 외교정책에도 적극적이었다. 그러나 진평왕은 사냥을 매우 좋아하였기에 김후직이 정사에 더욱 집중할 것을 충간하였다. 그 내용이 『삼국사기(三國史記)』 권45, 〈김후직〉 조와 『동문선(東文選)』 권52, 「주의(奏議)」에 실려 있다.

2. 원문 읽기

옛날 임금은 하루 사이에 만 가지의 일을 보살피되 깊이 생각하고 멀리 걱정하였으며, 그 좌우에는 바른 선비를 두고 곧은 말은 받아들이며 끊임없이 부지런하여 감히 편안히 쉬지 못했던 것입니다. 그래야만 덕화가 순박하고 정치가 아름다워, 국가를 가히 보존할 수 있었던 것입니다. 지금 전하(殿下)께서는 날마다 미친 자나 사냥꾼과 더불어 매나 개를 놓고 꿩이나 토끼를 쫓으며, 산과 들을 달려 스스로 그칠 줄을 모르셔서야 되겠습니까. 노자(老子)는 말하기를, "말을 달리고 사냥하는 것은 사람으로 하여금 마음을 미치게 한다." 하였고, 『서경(書經)』에 이르기를, "안으로 여색에 미혹되거나, 밖에서 사냥에 미치는 것 중에서 한 가지만 있더라도 망하지 않는 이가 없다." 하였습니다. 이렇게 따진다면 이제, 안으로는 마음에 방탕이 올 것이요, 밖으로는 나라를 망칠 우려가 있사오니, 가히 반성하지 않을 수 없습니다. 전하께서는 이를 생각해 보옵소서.

출전: 『동문선(東文選)』 권52, 〈상진평왕서(上眞平王書)〉

3. 작품 감상

〈상진평왕서〉는 상소문의 일종으로 신라 진평왕(579~631) 대의 인물인 김후직이 진평왕에게 올린 글이다. 진평왕이 사냥을 좋아하여 그것을 경계하기 위해 지은 글이라고 하여 간렵문(諫獵文)이라고 불리기도 한다. 이는 총 113자의 짧은 글이지만, 사냥에 정신이 팔려 정사를 돌보지 않는 임금에게 충심을 다하여 올린 글이다.

그러나 당시 진평왕은 이를 따르지 않았고, 김후직은 병들어 죽기 직전 자신의 아들들에게 자신의 시신을 임금이 지나다니는 사냥길 옆에 묻으라고 유언을 남겼다. 훗날 진평왕이 먼 길을 떠나 반쯤 갔을 때 어디선가 "가지 마시오!"라고 하는 소리가 들려 주위에 물으니, 김후직의 무덤에서 나는 소리라고 답했다. 이에 진평왕은 눈물을 흘리며 다시는 사냥을 하지 않았다고 한다. 이를 훗날 시간(屍諫)이라고도 한다.

간법(諫法)은 아랫사람이 윗사람에게 올바른 도리를 건의하는 방법으로, 유교에서 충직한 신하된 덕목으로 특히 중요시하는 것이다. 김후직의 충간은 유교 간법의 전형을 따른 것으로 당시 신라에서 간법이 정치적으로도 보편화되었음을 알 수 있게 한다. 김후직은 여기에서 크게 세 가지를 강조하고 있는데, 이를 정리하면 다음과 같다.

첫째, 직간(直諫) 수용에 대한 강조이다. 김후직은 바르고 어진 선비들을 곁에 두고 언로(言路)를 열어 둔 옛 성왕들을 본받을 것을 희망하고 이와 같이 말한 것이다.

둘째, 탕심(蕩心)에 대한 경계이다. 이는 내성외왕(內聖外王) 중 내성에 속하는 것으로, 안으로는 수양을 닦아 성인처럼 되기를 기원하는 것이다. 김후직은 이를 노자(老子)의 구절을 인용하고 있는데, "말을 달리고 사냥하는 것은 사람으로 하여금 마음을 미치게 한다.[馳騁田獵 令人心狂]"라고 한 것이 그것이다. 이는 노자 『도덕경(道德經)』 제12장에 나오는 말로, 무엇인가에 깊이 탐닉하지 말아야 한다는 것을 강조한 것이다. 여기에서 '마음이 미쳤다'고 한 것이 바로 그것이다. 즉 사람의 마음은 본성을 따르게 되어 있기는 하지만, 그 타고난 성명(性命)을 따르지 않는다면 도리어 본성의 자연스러움을 해친다는 것이다. 특히 제왕의 수신(修身)은 치국평천하(治國平天下)에 직접적인 영향을 미치기 때문이다.

셋째, 외왕(外王), 즉 밖으로 어진 왕이 될 것을 경계하였다. 여기에서 김후직은 『서경(書經)』에서 "안으로 여색에 미혹되거나, 밖에서 사냥에 미치는 것 중에서 한 가지만 있더라도 망하지 않는 이가 없다.[內作色荒 外作禽荒 有一于此 未或不亡]"라고 한 구절을 인용하고 있다. 이는 『서경』에 나오는 〈오자지가(五子之歌)〉의 일부로, 하나라 태강이 나라를 잃자 그의 다섯 형제가 낙수(洛水)에서 그를 기다리며 지은 노래이다. 이 노래는 태강이 노는 것에 정신이 팔려 낙수 남쪽으로 사냥을 나가 100일이 되도록 돌아오지 않자, 유궁국(有窮國) 후예(后羿)가 하(夏)나라 백성들의 불만을 이용하여, 하북(河北)에서 태강이 돌아오는 길목을 막고 폐위시켰는데, 이에 태강의 다섯 동생이 낙수가에서 태강을 기다리며 우왕(禹王)의 경계를 노래한 것이다.

이처럼 김후직은 간결하고 단도직입적이지만, 집약적이며 서술 속에 중의적인 해석이 가능하도록 하여 자신의 의도를 전달하고 있다. 또 전대의 사실을 예로 들어 자신이 전하고자 하는 바를 강조하고 있다. 김후직의 〈상진평왕서〉는 주의류 문체로 내용이 소략하지만 사실 전달을 주된 목적으로 하고 있고, 또 이는 최초의 상소문이라는 점에서 그 의의가 있다. 이뿐만 아니라, 조선 시대에 이르러 이익(李瀷, 1681~1763)의 〈묘간(墓諫)〉, 임창택(林昌澤, 1682~1723), 오광운(吳光運, 1689~1745), 이광사(李匡師, 1705~1777) 등의 〈왕무거(王毋去)〉로 재탄생하였고, 이들 작품에서 김후직의 충성심을 기리고 있어 문학사적 의의도 있다.

〈생각해 보기〉

(1) 김후직의 〈상진평왕서〉 이후, 설총의 〈화왕계〉 등의 충간을 목적으로 한 작품들이 생겨났는데, 다만 〈화왕계〉는 풍간의 방식으로 김후직의 간언 방식과는 차이점을 지니고 있다. 두 작품의 비교를 통해 직간과 풍간의 글쓰기 방식의 차이와 그 효과에 대해 논의해 보자.

(2) 김후직의 〈상진평왕서〉는 한시, 전 등 후대의 많은 작품에서 고사로 활용되거나 언급되었다. 김후직의 글이 어떤 방식으로 전승되고 있는지 조사해 보고 그 이유에 대해 논의해 보자.

(3) 역사 이래로 임금을 비판하는 글은 늘 있었는데, 조선 시대에 이르러 상소문은 특히 많은 분량을 차지하기도 했다. 조선 시대 임금을 비판하는 글에는 어떤 것이 있는지 조사해 보고, 오늘날에는 어떤 방식으로 변화했는지 논의해 보자.

참고문헌

· 김철준, 「삼국시대의 예속과 유교사상」, 『대동문화연구』 6-7, 성균관대학교 대동문화연구원, 1969.
· 서철원, 「진평왕 대의 〈혜성가〉와 〈서동요〉 비교 -인물 형상과 시적 자아의 성격을 중심으로-」, 『한국고전문학연구』 30, 한국고전문학회, 2006.
· 신두환, 「상소문의 문예미학 탐색」, 『한국한문학연구』 33, 한국한문학회, 2004.

전설련

10

설총의 화왕계
花王戒

1. 창작 배경

문무왕(文武王)의 아들인 신문왕(神文王)은 삼국 통일 이후 국내 통치의 기반을 굳힘으로써 왕권을 강화하고자 하였다. 그러나 그의 즉위 직후, 신라 왕조는 김흠돌(金欽突, ?~681)·김흥원(金興元, ?~681)·김진공(金眞功, ?~681) 등에 의해 몇 차례 반란을 겪게 된다. 이에 당시 신라는 새로이 나라의 기강을 확립할 필요가 있었다. 실제로 신문왕 대에 이르러 신라는 당풍(唐風)의 중앙집권제인 율령제(律令制)를 완성함과 동시에, 유학적 정치 이념을 구현하고자 노력하였다. 그러나 중앙집권을 통해 왕권을 강화하면서 자연스레 왕에게 아첨하는 무리가 생겨나기 시작했고, 이는 신라 사회의 새로운 고민거리가 되었다.

〈화왕계(花王戒)〉의 작자인 설총(薛聰, 655~?)은 원효(元曉, 617~686)의 아들로, 자는 총지(聰智)이다. 그는 강수(强首, ?~692)·최치원(崔致遠, 857~?)과 더불어 신라의 3대 문장가로 손꼽히며, 한문에 토(吐)를 다는 방법을 만들어 내어 중국의 선진 학문을 수용하는 데 많은 도움을 주었다. 이렇듯 유학(儒學)과 문장(文章)에 뛰어난 업적을 남긴 그가 〈화왕계〉를 창작한 이유는, 앞서 언급한 삼국 통일 이후의 시대적 상황과 밀접한 연관이 있다.

2. 원문 읽기

(1) 신문대왕(神文大王)[1]이 음력 5월에 궁궐 안에 머무르면서 설총을 돌아보며 말하기를, "오늘은 여러 날 내리던 비가 비로소 그치고, 훈훈하던 바람도 조금 서늘해졌다. 비록 진귀한 음식과 구슬픈 음악이 있다고 하더라도 고상한 이야기와 재미있는 농담으로 이 답답함을 해소하는 것만 못할 것이다. 그대는 반드시 기이한 견문이 있을 터이니, 어찌 나를 위해 그것을 말해 주지 않겠는가?"라 하였다.

(2)-1. 설총이 말하기를, "예. 신이 듣건대, 옛날에 화왕(花王)[2]이 처음 왔을 때, 향기로운 동산에 심고, 푸른 휘장으로 보호하였는데, 봄을 맞아 고운 꽃을 피우매, 여러 꽃을 능가하여 혼자서 특출났습니다. 이에 가까운 곳에서부터 먼 곳에 이르기까지 아름다운 정령과 예쁜 꽃들이 달려와 알현하지 않음이 없었으며, 오직 미치지 못할까 봐 두려워하였습니다.

(2)-2. 문득 한 가인(佳人)이 있었으니, 붉은 얼굴, 옥 같은 치아에 고운 화장과 어여쁜 차림새로 홀로 와서 얌전히 나아가 아뢰기를, '저는 눈처럼 흰 물가의 모래톱을 밟고, 거울같이 맑은 바다를 마주하면서, 봄비에 목욕하여 때를 벗겼고, 맑은 바람을 즐기며 유유자적(悠悠自適)하였으니, 그 이름은 장미(薔薇)라고 하옵니다. 임금님의 아름다운 덕을 듣고서 향기로운 휘장에서 시중들기를 바라오니, 임금님께서는 저를 받아들이시겠는지요?'라 하였습니다.

(2)-3. 또 한 장부가 있었으니, 베옷에 가죽띠를 매고 흰머리에 지팡이를 쥐고서는, 비틀비틀 걸어와 허리를 굽히며 아뢰기를, '저는 서울 밖의 큰길 옆에 살면서, 아래로는 아득한 들의 경관을 내려다보고, 위로는 높이 솟은 산의 경치를 의

---

1 신문대왕(神文大王): 신라 제31대 왕으로, 재위 기간은 681년부터 692년까지이다. 이름은 정명(政明)이며, 삼국을 통일한 문무왕(文武王)의 맏아들이다.

2 화왕(花王): 꽃 중의 왕이라는 뜻으로, 모란을 의미한다. 당나라 시인 피일휴(皮日休, 834?~883?)는 〈모란(牧丹)〉에서, "여러 꽃이 다 떨어진 뒤에 비로소 꽃을 토해 내나, 아름다운 이름은 온갖 꽃 중 왕이라 불린다네.[落盡殘紅始吐芳 佳名喚作百花王]"라고 하였다.

지하였는데, 그 이름은 백두옹(白頭翁)[3]이라고 합니다. 가만히 생각건대, 좌우에서 공급하는 것이 비록 넉넉하여 고량진미(膏粱珍味)로 배를 채우고 차나 술로 정신을 맑게 하더라도, 모름지기 작은 상자에 저장해 둔 좋은 약으로 기운을 보강하고 강한 침으로 독을 제거해야 할 것입니다. 그래서 이르기를, '비록 사마(絲麻)가 있더라도 관괴(菅蒯)를 버리지 않아야 하니, 무릇 모든 군자는 부족함에 대비하지 않음이 없는 것이다.'[4]라 하였으니, 임금님께서도 또한 이러한 뜻이 있으신지 모르겠습니다.'라 하였습니다.

(2)-4. 어떤 사람이 아뢰기를, '두 사람이 왔는데, 누구를 받아들이시고 누구를 버리시겠습니까?'라 하니, 화왕이 말하기를, '장부의 말도 또한 도리가 있으나, 가인(佳人)을 얻기는 어려우니, 장차 이를 어찌해야 하겠는가?'라 답하였습니다. 장부가 나아가서 아뢰기를, '저는 임금님께서 총명하여 도리와 의리를 아신다고 여겼기에 온 것일 따름인데, 지금 뵈오니 그렇지 않사옵니다. 무릇 임금 된 자로서 간사하고 아첨하는 이를 친히 가까이하지 않고, 정직한 이를 멀리하지 않는 이는 드뭅니다. 이 때문에 맹자(孟子)는 죽을 때까지 세상에 쓰이지 못하였고,[5] 풍당(馮唐)은 낮은 벼슬에 머물며 머리가 세었습니다.[6] 예로부터 이와 같으니, 제가

---

3 백두옹(白頭翁): 머리털이 허옇게 센 노인이란 뜻으로, 여기서는 할미꽃을 가리킨다. 할미꽃이라는 명칭은 백색 털로 덮인 열매의 모습이 할머니의 흰머리와 비슷해 보이기 때문에 붙여진 것이다.

4 비록……것이다: 하찮은 재주라도 버리지 않고 취한다는 의미이다. 사마(絲麻)는 포백(布帛)을 짤 수 있는 명주실과 삼실이고, 관괴(菅蒯)는 노끈을 꼴 수 있는 왕골과 띠풀이다. 『춘추좌씨전(春秋左氏傳)』 성공(成公) 9년 조에 "비록 명주실과 삼실이 있더라도, 왕골이나 띠풀을 버리지 말아야 한다. 비록 희씨(姬氏)와 강씨(姜氏) 같은 비빈(妃嬪)이 있더라도, 여위고 못난 이를 버리지 말아야 한다. 무릇 모든 군자는 부족함에 대비하지 않는 일이 없도다.[雖有絲麻 無棄菅蒯 雖有姬姜 無棄蕉萃 凡百君子 莫不代匱]"라는 일시(逸詩)가 보인다.

5 맹자(孟子)는……못하였고: 맹자는 제후들을 찾아다니면서 유세하였지만, 끝내 그 능력을 펼치지 못하였다. 『맹자집주(孟子集註)』 서문에서 "제(齊)나라에 가서 선왕(宣王)을 섬겼으나 선왕이 쓰지 못하였고, 양(梁)나라에 갔으나 양 혜왕(梁惠王)도 그의 말을 시행하지 못하였으니, 오활하여 실정에서 벗어나 있다고 여긴 것이다. 가는 곳마다 인정받지 못하자, 물러나 만장(萬章) 등의 무리와 함께 『시경(詩經)』과 『서경(書經)』을 서술하며 공자의 뜻을 조술하여 『맹자』 7편을 지었다."라고 하였다.

6 풍당(馮唐)은……세었습니다: 풍당은 한(漢)나라의 현인이다. 문제(文帝) 때에 중랑서장(中郎署長)과 거기도위(車騎都尉) 등 낮은 벼슬을 역임하였고, 경제(景帝) 때에는 초상(楚相)이 되었다가 면직되었다. 이후 무제(武帝) 때 현량(賢良)에 천거되었으나, 당시 풍당의 나이가 이미 90여 세여서 벼슬을 맡을 수가 없었다고 한다. 『사기』 권102, 〈풍당 열전〉과 『한서』 권50, 〈풍당전〉 등에 그 내용이 실려 있다. 후세에 풍당의 일은 대개 훌륭한 인재가 시운을 잘못 타고나서 불우하게 세월을 보내는 것의 비유로 쓰였다.

그것을 어찌하겠습니까?'라 하였습니다.

(2)-5. 화왕이 말하기를, '내가 잘못했다, 내가 잘못했다.'라 하였습니다."라 하였다.

(3) 이에 왕이 초연히 안색을 바꾸고서 말하기를, "그대의 우언에 진실로 깊은 뜻이 있으니, 그것을 적어서 임금 된 자들의 경계로 삼기를 바라노라."라 하였다. 드디어 설총을 높은 관직에 발탁하였다.

출전: 『삼국사기(三國史記)』 권46, 「열전(列傳)」 제6, 〈설총(薛聰)〉

3. 작품 감상

〈화왕계〉가 수록되어 있는 문헌으로는 『삼국사기(三國史記)』와 『동문선(東文選)』이 있는데, 두 문헌에서 내용 및 배경담의 차이는 발견되지 않는다. 이 가운데 『삼국사기』에는 작품명이 존재하지 않지만, 『동문선』에서는 풍간(諷諫)한 글이라는 점이 강조되어 표제(標題)를 '풍왕서(諷王書)'라 명기(明記)해 두었다. 그러나 일반적으로 학계에서는 이 작품의 표제를 '화왕계'라 일컫고 있다.

〈화왕계〉는 작자인 설총이 항간에서 들은 이야기를 신문왕의 요청에 따라 대답하는 형식으로 이루어져 있다. 그러나 사실은 설총이 신문왕을 풍간하기 위해 즉석에서 지어 기록한 것으로 보인다. 즉, 전해 오던 이야기의 내용을 단순히 그대로 기록한 것이 아니라, 작자 나름의 창작 의식과 문장력을 동원하여 새로이 형상화한 것이 바로 〈화왕계〉인 것이다. 따라서 남에게서 들은 것을 전달하는 것처럼 작품을 시작하고 있는 것 자체가, 이 작품의 다양하고도 교묘한 문학적 장치를 보여 주는 것이라 할 수 있다.

이 작품은 서두-본문-결말의 3단으로 구성되어 있다. 먼저 (1)은 서두 부분으로, 설총이 〈화왕계〉를 지은 배경이라 할 수 있다. 여기에서 주목해야 할 점은 신문왕과 설총이 만난 시기이다. 설총이 신문왕을 만난 때는 음력 5월인데, 이는 곧 한여름[中夏]으로, 만물이 한창 성장하는 때이다. 그리고 중하에는 낮이 가장 긴 하지(夏至)가 들어와 있는데, 하지가 되면 『주역』의 천풍(天風) 구괘(姤卦, ䷫)를 통해 확인할 수 있듯이, 벌써 눈에 보이지 않는 곳에서 음기(陰氣)가 자리를 잡게 된다. 이는 무엇이든 극에 달하면 서서히 무너지기 시작한다는 점을 암시하는 것이다. 따라서 음력 5월이라는 시기는 '통일을 완수한 시점에서 조심하지 않으면 재분열이 일어날 수도 있음'을 의미한다고 하겠다.

(2)는 본문 부분인데, 발단-전개-위기-절정-결말의 다섯 단락으로 구성되어 있다.[7] 이 부분이 바로 흔히 말하는 〈화왕계〉의 주요 내용이다. (2)-1은 발단 부분으로, 화왕의 등장이 나타난다. 이렇게 만물이 소생하는 삼춘(三春)에 새로이 왕이 등장하니, 여러 신하가 그 왕에게 잘 보이기 위하여 아첨을 한다. 이는 많은 꽃이 다투어 화왕에게 모여드는 것을 통해 확인할 수 있겠다.

(2)-2는 전개 부분으로, 화왕이 장미와 만나는 장면을 나타낸 것이다. 화왕은 곧 모란인데, 이는 부귀영화를 상징한다. 그리고 장미는 아름다운 여인을 가리킨다고 하겠다. 그런데 서술자는 교언영색(巧言令色)을 떠올리게 하는 장미의 자태에 대해 부정적인 태도를 견지하고 있다. 실제로 장미는 화왕 앞에 나아가 온갖 교태를 부리며 자신을 받아 달라고 요구한다. 그러나 이 단락에서 화왕은 장미에 대해 아직 어떠한 가부(可否) 결정도 내리지 않는다.

(2)-3은 위기 부분인데, 여기에서는 할미꽃의 등장으로 인해 화왕의 갈등이 시작된다. 할미꽃의 외형은 베옷, 가죽띠, 허옇게 센 머리카락 등을 통해 알 수 있듯이, 장미에 비해 그다지 호감을 주지 못한다. 그런데 고전 작품에서는 이처럼 겉모습이 투박한 사람을 등장시켜, 참되고 충성스러운 인물을 형상화하고는 한다. 따라서 할미꽃은 장미와 대조되는 인물임을 알 수 있겠다. 즉, 장미와 할미꽃은 각각 아첨하는 무리와 충직한 신하를 의미하는 것이다. 그리고 이 단락에서 할미꽃은 왕에게 두 가지 간언을 올린다. 첫 번째는 기름진 음식을 먹고 향기로운 차와 술을 마시더라도 반드시 좋은 약과 강한 침을 사용해야 한다고 했으니, 이는 과유불급(過猶不及)에 대한 경계라고 할 수 있다. 두 번째는 고귀한 것을 가지고 있더라도 천한 것을 버리면 안 된다는 것인데, 이는 육두품 지식인의 등용

---

7 이구의, 「薛聰 「花王戒」의 構成과 意味」, 『東亞人文學』 34, 동아인문학회, 2016, p. 10.

과 연결하여 해석할 수 있는 여지가 있다.

(2)-4는 절정 부분으로, 장미와 할미꽃 양자 사이에서 갈등하는 화왕의 모습이 나타난다. 제3자인 어떤 사람이 누구를 택하겠냐고 묻자, 화왕의 대답은 의외로 간단하다. 가인(佳人)을 택하겠다는 것이다. 그러자 이어서 왕에 대한 할미꽃의 실망이 드러난다. 왕이 아첨하는 사람을 좋아하면서 정직한 사람은 멀리했기 때문이다. 그러나 할미꽃은 실망과 동시에, 맹자와 풍당을 내세워 왕의 선택을 종용하기도 한다. 이어지는 (2)-5는 결말 부분으로, 화왕의 반성과 선택이 나타난다. 이 단락에서 화왕은 마침내 갈등에서 벗어나, 할미꽃을 선택하게 된다.

마지막으로 (3)은 전체 이야기의 결말에 해당하며, 신문왕의 반성과 각오가 나타나는 부분이다. 여기에서 신문왕은 설총의 말에 수긍하며 앞으로 정치를 잘하겠다고 다짐한다. 따라서 (3)을 통해 〈화왕계〉가 신문왕을 풍간하기 위해 지어진 것임을 명확하게 파악할 수 있다.

한편, 〈화왕계〉의 뒤를 이어 졸재(拙齋) 채소권(蔡紹權, 1480~1548)의 〈화왕전(花王傳)〉, 백호(白湖) 임제(林悌, 1549~1587)의 〈화사(花史)〉, 문곡(文谷) 김수항(金壽恒, 1629~1689)의 〈화왕전〉, 성호(星湖) 이익(李瀷, 1681~1763)의 〈화왕가(花王歌)〉, 만와(晩窩) 이이순(李頤淳, 1754~1832)의 〈화왕전〉 등 꽃을 의인화한 작품이 다수 창작되었다.[8] 이를 통해 〈화왕계〉가 우의문학(寓意文學)의 출발점인 동시에, 우리 문학사에서 우의문학이 크게 발전하는 계기를 마련해 준 작품임을 확인할 수 있겠다.

〈생각해 보기〉

(1) 〈화왕계〉는 우리나라 우의문학의 대표적인 작품이다. 우의문학의 일반적 특징을 조사해 보고, 설총이 우의를 활용하여 작품을 창작한 이유가 무엇일지 생각해 보자.

(2) 〈화왕계〉에는 모란, 장미, 할미꽃 등 다양한 유형의 꽃들이 등장한다. 이들이 각각 무엇을 상징하는지 생각해 보고, 이를 자신이 지향하는 삶의 태도와 비교해 보자.

---

8 이구의, 위의 논문, pp. 19-20.

(3) 현재 우리 사회에서 풍간은 어떠한 형태로 이루어지고 있으며, 오늘날 풍간이 지닌 의미가 무엇인지 구체적인 사례를 통해 이야기해 보자.

참고문헌

· 손정인, 「薛聰과 〈花王戒〉」, 『韓民族語文學』 20, 韓民族語文學會, 1991.
· 양광석, 「薛聰과 「花王戒」」, 『語文論集』 23-1, 안암어문학회, 1982.
· 오상태, 「〈花王戒〉 研究」, 『語文學』 65, 韓國語文學會, 1998.
· 윤주필, 「〈귀토지설〉과 〈화왕계〉의 대비적 고찰」, 『古小說研究』 30, 한국고소설학회, 2010.
· 이구의, 「薛聰 「花王戒」의 構成과 意味」, 『東亞人文學』 34, 동아인문학회, 2016.

황명환

11

김현감호
金現感虎

1. 창작 배경

우리 문학사에서 중세 전기 설화의 양상을 알 수 있는 자료는 적지 않다. 『삼국사기』에 일부 남아 있으며, 『삼국유사』는 전편이 당시의 설화를 모은 것이라 해도 과언이 아니다. 게다가 『수이전』이라는 설화집도 편찬되었고, 그 일문(逸文)이 남아 있으니 이를 통해 당시의 인식을 살펴볼 수 있다. 이 가운데 『삼국유사』 「감통」 편과 『수이전』에서 옮겨온 것이라고 하면서 『대동운부군옥』에 〈호원〉이란 제목으로 축약되어 실려 있는 〈김현감호〉는 호랑이와 인간의 사랑과 희생을 주제로 한 이야기이다.

〈김현감호〉가 출현한 시기는 당나라의 전기(傳奇)가 처음으로 우리나라에 수입되었고, 왕조가 교체되면서 골품 제도가 와해하고 집단적인 봉건국가의 모습이 나타나기 시작하던 시기였다. 이 시기는 설화와 소설이 공존하지만 설화가 우위에 있던 시대이다. 이 때문에 총체적 세계가 파괴되는 세계의 파편화 현상을 반영하면서, 중세 봉건사회를 대표하는 문사형 인물이 주인공으로 등장하여 자신의 노력으로 자신의 운명을 개척하는 〈최치원〉, 〈조신전〉 등 소설에 근접한 작품이 생겨날 수 있었다.

2. 원문 읽기

신라 때 풍속에 해마다 음력 2월 초파일부터 보름까지[1] 서울(경주)의 남녀가 나란히 흥륜사의 전탑(殿塔)을 돌면서 복을 비는 행사가 있었다.

원성왕(재위 785~798) 때였다. 김현(金現)이란 총각이 밤이 깊도록 홀로 쉬지 않고 탑을 돌고 있었다. 마침 어떤 처녀 하나도 염불하며 김현을 따라 탑을 돌았는데, 서로 마음이 끌려 눈길을 주고받았다. 탑돌이를 마치고 김현은 처녀를 으슥한 곳으로 데리고 가서 정을 통하였다.

처녀가 돌아가려 하자 김현이 처녀를 따라갔다. 처녀가 거절하며 못 따라오게 해도 김현은 억지로 따라갔다. 그러다 처녀의 발걸음이 서산(西山: 경주 서쪽에 있는 선도산으로 추정)의 기슭에 이르자 처녀가 초가집으로 들어갔다. 그 집에 어떤 늙은 할미가 있었는데, 처녀를 보고 이렇게 물었다.

"데리고 온 사람이 누구냐?"

처녀가 그 사정을 이야기했더니, 할미가 다시 말하였다.

"비록 좋은 일이긴 하지만, 없었던 것만 못하구나. 그렇지만 이미 이루어진 일이니 어쩔 수 없다. 우선 은밀한 곳에 숨기거라. 네 형제가 해코지할까 두렵다."

그러자 처녀가 김현을 이끌어 은밀한 곳에 숨게 하였다.

조금 지나자, 호랑이 세 마리가 으르렁거리며 와서는 사람의 목소리로 이렇게 말하였다.

"집에서 비린내와 누린내가 나는구나. 시장기를 면할 수 있으니 얼마나 다행인고!"

할미와 처녀가 꾸짖으며 말하였다.

"네 코가 상한 모양이구나. 어찌 이런 미친 말을 하느뇨?"

이때 하늘에서 외치는 소리가 있었다.

"너희들이 뭇 생명을 즐겨 해침이 더욱더 심해 가니, 너희 가운데 하나를 죽여 악행을 징벌하겠노라!"

---

1 2월 초파일부터 보름까지: 음력 2월 8일은 원래 석가모니의 탄생일이라는 설과 석가모니의 출가일이라는 설이 있으며, 음력 2월 15일은 석가모니의 열반일이다. 이 기간에 탑돌이를 하는 것은 이를 기념해서이다.

세 마리가 이 말을 듣고 모두 근심 어린 낯빛을 띠자, 처녀가 이렇게 말하였다.

"세 오라비가 만약 멀리 도망하여 스스로 반성할 수 있다면, 제가 그 벌을 대신 받겠습니다."

그러자 세 마리 모두가 기뻐하며 머리를 숙이더니 꼬리를 내리고 달아나 버렸다.

곧이어 처녀가 들어와 김현에게 말하였다.

"처음에 저는 낭군께서 외람되이 우리 족속에게 오려 하심을 부끄럽게 여겼기에 거절하고 막았을 따름입니다. 지금은 이미 숨길 게 없으니, 감히 제 속마음을 말해 보겠습니다. 또 저와 낭군은 비록 부류(部類)가 다르다고는 하지만, 하룻밤의 즐거움을 함께하였으니 의리가 결혼한 부부[2]만큼 소중합니다.

세 오라비의 악행을 하늘이 이미 미워하시니, 일가(一家)의 재앙을 제가 감당하려고 합니다. 그렇다면 그저 그런 사람[等閑人]의 손에 죽기보다는 낭군의 칼날 아래 쓰러져 이로써 은덕에 보답하는 것이 더 낫지 않겠습니까. 제가 내일 저자에 들어가 사람들을 심하게 해코지하면 나라 사람들은 저를 어쩌지 못할 것이고, 대왕께서는 반드시 높은 벼슬을 걸고 사람을 모집하여 저를 잡으려 할 것입니다. 낭군께서는 겁내지 마시고 저를 따라 성의 북쪽 수풀로 오십시오. 제가 기다리고 있겠습니다."

김현이 말하였다.

"사람이 사람과 교제함은 떳떳한 인륜의 도리이지만, 부류가 다른데 교제함은 정상이 아닙니다. 그런데도 이렇게 자연스럽게 인연을 맺었으니 참으로 큰 천행이라 할 만합니다. 어찌 차마 배필의 죽음을 팔아 한때의 작록(爵祿)을 바랄 수 있겠습니까."

처녀가 말하였다.

"낭군께서는 이런 말을 하지 마십시오. 지금 제가 명대로 살지 못하는 것은 대개 천명이기도 하지만, 또한 저의 소원이기도 하고 낭군의 경사이기도 합니다.

---

2 결혼한 부부: 원문은 결리지호(結褵之好). 리(褵)는 향주머니인데, 딸이 시집갈 때 친정어머니가 딸의 허리에 이것을 묶어 주면서 경계의 말을 하는 데서 유래하여 결혼을 결리(結褵)라고 한다. 『시경』 「빈풍」 〈동산〉 편 참조.

또 우리 종족의 복이기도 하고 나라 사람들의 기쁨이기도 합니다. 한 번 죽음에 다섯 가지 이로움이 갖추어지니 어찌 어길 수 있겠습니까. 다만 저를 위하여 절을 세워 주시고 불경[眞詮]을 강론하시어 좋은 업보[勝報]를 지을 수 있도록 도와주신다면, 낭군의 은혜가 이보다 큰 것이 없을 것입니다."

그러고는 마침내 서로 울면서 이별하였다.

이튿날 과연 사나운 호랑이가 성안에 들어와 심하게 해코지하니, 감당할 수 없었다. 원성왕이 그것을 듣고 호랑이를 죽이는 자에게는 2급의 작록을 주겠노라고 명령을 내리니, 김현이 대궐에 나아가 소신이 해낼 수 있다고 아뢰었다. 이에 왕이 먼저 작록을 내려 김현을 격려하였다.

김현이 짧은 병기를 쥐고 숲속으로 들어가니, 호랑이가 처녀로 변하여 기쁜 얼굴로 웃으며 말하였다.

"어젯밤 낭군과 함께 나눈 애틋한 정을 낭군께서는 소홀히 여기지 마십시오. 오늘 발톱에 할퀴어 상처를 입은 사람들은 모두 흥륜사의 장(醬)을 바르고 그 절의 나발 소리를 들으면 나을 것입니다."

그러고는 바로 김현이 차고 있던 칼을 빼어 스스로 목을 찔러 엎어졌는데, 곧 호랑이였다.

김현이 숲을 나와 자랑하듯이, 지금 이 호랑이를 쉽게 잡았노라 하고는 그런 연유를 숨기고 발설하지 않았다. 다만 호랑이가 가르쳐 준 대로 치료하였더니 그 상처에 모두 효험이 있었다. 지금도 민간에서는 그 처방을 사용한다.

김현이 이미 등용된 뒤, 경주 서천(西川) 가에 절을 세우고 호원사(虎願寺)라 하였고, 항상 『범망경(梵網經)』[3]을 강론하여 호랑이의 명복을 빌면서 호랑이가 자신을 죽여서 그를 성공하게 한[殺身成己] 은혜를 갚았다.

김현이 죽을 때, 이전의 기이한 일에 깊이 느낀 점이 있어서 드디어 붓을 들어 전(傳)을 지으니, 세속에 비로소 알려졌다. 이로 인하여 그 숲을 논호림(論虎林)이

---

3 『범망경(梵網經)』: 대승계(大乘戒)의 경전이다. 두 권으로 되어 있는데, 상권에는 보살의 심지(心地)가 전개되어 가는 모양이, 하권에는 보살로서 마땅히 배워야 할 대승계가 쓰여 있다.

라 하였는데 지금까지도 그렇게 일컬어지고 있다.

출전: 『삼국유사』 권5, 「감통」 제7, 〈김현감호〉

3. 작품 감상

〈김현감호〉는 인간과 귀신의 결연 이야기인 〈최치원〉과 더불어 초기 서사문학의 중요한 작품으로 여겨져, 장르적 성격에 대하여 많은 논의가 있었다. 대체로 신화적 접근 방법, 구조적 접근 방법, 불교적 접근 방법 등 여러 가지 방법론을 통해 궁극적으로 작품의 장르적 성격을 규정하고자 하였고, 이에 따라 전기(傳奇), 전기소설(傳奇小說), 설화, 중간·복합적 장르로 보는 다양한 견해들이 있었다.

또 최근에는 조금 더 미시적으로 접근하여 등장인물의 형상, 특히 호녀의 존재에 주목하는 연구가 주목을 끌고 있으며, 칸트의 '정언 명법', 나카자와 신이치의 '대칭적 사고', 호네트의 '상호 인정 관계' 이론 등 외국의 이론을 응용하여 〈김현감호〉를 새롭게 인식하고자 하는 시도도 잇따르고 있다.

여기서는 김현과 호녀의 갈등과 해소가 반복적으로 이루어진다는 점에 착안하여 갈등과 해소의 측면에서 해석해 보고자 한다.[4]

〈김현감호〉에는 김현과 호녀의 갈등과 해소가 반복적으로 나타난다. 이때 갈등은 반복할수록 더욱 심각한 문제로 전이되며, 해결의 양상도 극단적으로 바뀌어 간다. 첫 번째 갈등은 청춘 남녀의 만남이다. 탑돌이에서 만난 둘은 연인으로 발전하기 전 미묘한 교감을 나누고(갈등), 결연한다(해소).

이렇게 남녀의 첫 만남이 주는 설렘에서 시작하여, 호녀와 김현의 밀고 당기는 긴장 속에 두 번째 갈등이 생겨난다. 즉, 호녀가 거부(갈등)하지만 김현이 고집스럽게 호녀의 집까지 따라가는 것이다. 이야기로 짐작하건대, 호녀는 마음만 먹으면 충분히 떨쳐 낼 수 있었지만, 억지로 떨쳐 내지 않았다고 할 수 있다. 이런 점으로 볼 때, 두 번째 갈등도 서로의 합의로 해소되었다고 할 수 있다. 이 첫 번째와 두

4 아래의 해석은 임완혁(2017)의 논문을 참고하였다.

번째 갈등은 남녀 사이의 문제였기에, 그들 스스로 문제를 극복할 수 있었다.

세 번째 갈등은 호녀의 집에서 발생한다. 집에 있던 늙은 할미가 그들의 만남을 못마땅해한 것이다(갈등). 개인의 문제가 집안의 문제로 확대한 상황을 볼 수 있다. 하지만 이 갈등은 할미가 이내 수긍함으로써 해소된다. 하지만 집에는 할미만 있던 것이 아니었다. 할미가 둘 사이를 인정하자마자 세 오빠가 나타나 새로운 갈등이 생긴다. 개인의 문제가 이렇게 가족 구성원 모두의 문제로 확대되면서 갈등도 심화한다.

그런데 이 네 번째 갈등은 지금까지의 갈등과는 차원이 다르다. 인간과 인간의 관계가 아니라 인간과 동물의 사랑이라는 차원으로 문제가 급변하기 때문이다. 이제 김현은 호환으로 죽을 수 있다는 생존의 위기와 이물(異物)과의 사랑을 이루어야 한다는 존재론적 위기에 직면한다.

이때 하늘의 명령이 무섭게 내리친다. 이 명령은 네 번째 갈등 가운데 하나인 김현의 생존의 위기를 해결해 준다. 하늘이 호랑이를 벌함으로써 김현의 생존이 보장되기 때문이다. 하지만 존재론적 위기는 아직 극복한 것이 아니며, 게다가 호족 일가의 존망이라는 문제로 갈등이 전이하였기 때문에 새로운 차원의 문제가 발생하였다는 점에서 위기는 더욱 심각해졌다.

호녀는 이 지점에서 사랑의 문제도 해결해야 하고, 일족의 존망도 해결해야 하는 과제를 안게 된다. 하늘의 명령이 있기 전, 미약하고 수동적이기만 했던 호녀는 이 지점에서 작품의 중심으로 부상하며 오라비를 대신해 벌을 받겠다고 선언한다. 이 선언은 호족의 존망을 해결하는 선언이기도 했지만, 다른 부류와의 교제를 해결하는 선언이기도 하다. 왜냐하면 죽음을 통해 현실적으로 불가능한 다른 부류와의 교제를 근원적으로 해결할 수 있기 때문이다.

하지만 이 선언은 다섯 번째 갈등을 만드는 요소가 된다. 김현에게 이 선언은 사랑의 상실을 의미하는 것이었기 때문이다. 이에 김현은 '자연스럽게 만났음'을 강조하며 호녀의 마음을 돌리려 한다. 하지만 호녀는 하나가 죽음으로써 5가지 이로움이 있다고 하면서 김현을 설득한다.

김현은 이 논리에 굴복하여 연인의 죽음을 팔아 작록을 얻는다. 비록 작록을 얻는 등 보상이 있었지만, 그 과정에서 김현은 마음의 빚을 진다. 여기에서 여섯 번째 갈등이 생겨난다. 그렇다면 마음의 빚은 무엇으로 갚아야 할 것인가? 호원사를 짓고 불경을 강론하는 것으로는 부족하다고 느꼈기에 김현은 죽음에 다다라 호녀의 이야기를 세상에 드러낸다. 미물의 희생을 세상에 전하여 그의 정신을 기리고자 한 것이다. 이에 사람들은 김현의 이야기에 감동하여 호녀가 죽어 간 그 숲을 '논호림(論虎林)'이라 부른다.

〈김현감호〉에는 이렇게 김현과 호녀의 결연, 그들의 좌절 및 호녀의 희생과 보상 이야기가 담겨 있다. 무엇에 치중하는가에 따라 다양한 해석이 가능하고, 무엇을 중점적으로 보는가에 따라 다양한 의미를 찾을 수 있다. 또 각각의 갈등과 해소에 대해 다양한 논란거리를 찾을 수 있다. 호랑이가 인간으로 변신하여 사람과 사랑을 나눈 후, 죽음으로써 사랑하는 인간을 입신양명하게 하는 기이한 이야기라는 인식에서 벗어나, 각각의 존재와 그 시대, 그리고 오늘날의 모습을 서로 비추어 볼 때 〈김현감호〉의 진정한 의미가 드러난다.

예컨대 갈등과 해소의 과정에서 이야기를 이끌어 가는 것은 호녀이다. 김현과 마주한 것도 호녀이고, 집으로 데려간 것도 호녀이며, 하늘의 소리에 반응하여 자신이 죽겠다고 나선 것도 호녀이다. 죽음을 통해 작록을 살 수 없다고 거부하던 김현을 설득한 것도 호녀이고, 호상(虎傷)의 치료제를 알려 준 것도 호녀이며, 결국 호원사와 논호림의 주인공이 된 것도 호녀이다.

호녀가 이렇게 주도적으로 나서 죽음을 통해 이루고자 했던 것은 무엇일까? 선업을 통한 인간으로의 환생 기원, 자연과 인간의 공존, 사랑의 궁극적 완성, 죽음 뒤편에 엄연히 존재하는 고귀한 '이타의 삶[利他行]', 또는 '중생 구제의 삶[菩薩行]'의 실현 등 다양한 답이 가능할 것이다.

〈생각해 보기〉

(1) 제목인 '김현감호(金現感虎)'는 주제를 어떻게 파악하느냐에 따라 ① 김현이 호랑이를 감동시키다, ② 김현이 호랑이에게 감동하다, ③ 김현이 호랑이와 서로 교감하고 소통하다 등으로 해

석된다. 무엇이 타당한지, 그렇게 생각하는 이유가 무엇인지 설명해 보자.

(2) 이물교구담(異物交媾談)은 판타지적 설정을 통해 현실의 문제를 우회적으로 다루는 경우가 많다. 최근의 콘텐츠 가운데 영화 〈아바타: 물의 길〉(2022), 드라마 〈구미호전〉(2020) 등이 그런 예이다. 이처럼 '이물교구담'의 성격을 지닌 작품을 찾아보고, 그 작품이 드러내는 현실의 문제가 무엇인지 알아보자. 또 이물교구의 장치를 통해 얻을 수 있는 효과는 무엇인지 따져 보자.

(3) 『수이전』 일문(逸文)에 무엇이 있는지 찾아보고, 각 작품의 성격·주제 의식·미적 지향의식 등에 대해 토의해 보자.

참고문헌

· 김광순, 「김현감호의 이본과 문학사적 의의」, 『한국고소설사와 론』, 새문사, 1990.
· 鄧雨宸, 「김현감호의 호녀 형상 고찰」, 고려대학교 석사학위논문, 2014.
· 박희병, 「羅麗時代 傳奇小說 硏究」, 『대동문화연구』 30, 대동문화연구원, 1995.
· 임완혁, 「〈金現感虎〉에 나타난 *虎女*의 형상과 주제의식」, 『대동한문학』 53, 대동한문학회, 2017.
· 임형택, 「나말 여초의 전기문학」, 『한국한문학연구』 5, 한국한문학회, 1981.

백운용

◦ 제3장 ◦

중세 전기 제2기 문학

중세 전기 문학

중세문학의 시기는 삼국 초에서 임진왜란(1592)까지이니, 구체적으로는 삼국 시대, 남북국 시대, 고려 시대, 조선 전기를 포괄한다. 이 가운데 중세 전기 문학은 삼국 초에서 고려 전기 사이에 창작된 문학을 가리킨다. 중세의 시대 이념은 보편주의(普遍主義)라 할 것인데, 보편 종교인 불교를 받아들여 사람은 누구나 불성(佛性)을 지녔기에 평등하다는 생각을 했다. 이에 따라서 자연스럽게 '도덕(道德)'이 강조되었으나, 종교적 이상과 유교적 현실은 서로 어긋하기도 하였다. 중세 전기는 보편주의를 중국과 대등(對等)하게 구현하려는 시대였다. 지배층에서는 우리 한문문학이 중국의 그것에 접근할 수 있도록 최대한 노력하였다.

중세 전기 제2기 문학

중세 전기 제2기는 고려 건국(918)에서 무신의 난(1170)까지로, 고려 전기를 말한다. 신라나 고려의 귀족들은 우리 한문문학을 중국의 문학과 최대한 많이 닮게 하고자 노력하였다. 보편주의를 중국과 대등(對等)하게 구현하려 했던 것이다. 이 시기에는 향가가 지속되었는데, 신라 화엄종을 계승한 균여(均如)의 〈보현십원가〉가 대표적이다. 균여는 왕권 강화의 일환으로 통치자 중심의 귀족 불교를 대중과 연결시키고자 하였다. 향가의 최후 잔존 형태로는 예종(睿宗)의 〈도이장가〉, 정서(鄭敍)의 〈정과정곡〉을 들 수 있다. 이들 작품은 향가와 고려 속요 사이의 과도기적 형태로 남아 있다.

고려 전기는 과거제 실시에 특별히 주목할 필요가 있다. 고려 제4대 왕 광종(光宗)은 지방 호족을 누르고 왕권을 강화하기 위해 과거제에 입각해서 인재를 등용했으며, 특히 문학적 능력을 중시하는 진사과를 장려했다. 이 시기에는 중국의 화풍(華風)과 우리나라의 국풍(國風)이 역사와 설화 사이에서 갈등을 일으키기도 했다. 지배층은 화풍을 지니고 이론불교와 유교적 합리주의를 통해 도리와 명분을 갖춘 역사를 서술하였는데, 김부식(金富軾)의 『삼국사기』가 이를 대표한다. 이에 비해 피지배층과 비판 의식을 지닌 일부 귀족들은 국풍으로 민간 신앙과 민중 불교를 숭상하면서 설화를 더욱 선호하였다.

12

야래자 설화
夜來者說話

1. 창작 배경

신라 말 국가의 수탈이 심해지면서 통치력이 약화되자, 항거하는 세력이 여러 형태로 나타났다. 이러한 혼란한 시기에 독자적인 통치력을 구축하고 새로운 왕조를 일으키는 세력이 등장하였다. 이때 견훤과 궁예가 위세를 떨쳐 각각 백제와 고구려를 세워 후삼국 시대가 시작되었고, 936년 왕건(王建)에 의해 재통일이 이루어지기까지 약 반세기 동안 치열한 내전이 벌어졌다. 후삼국을 통일하여 하나의 완전한 국가를 이룩하기 위해서는 정치적·문화적인 역량이 필요했다. 이러한 혼란한 시기에 새로운 나라를 세워 건국의 정당성을 인정받기 위해서는 건국 신화가 긴요한 구실을 하였으며, 건국 신화를 통해 건국의 유래와 정당성을 입증할 필요가 있었다.

신라에 맞서 용감하게 싸울 수 있는 능력이 있는 주인공은 민중 영웅이 될 수 있었다. 지략과 용맹을 이야기하는 영웅담이 나라를 세우는 데에까지 이르면 건국 신화로 발전시켜 건국의 유래와 정당성을 입증할 수 있었다. 고대의 건국 신화에서 이어져 신라를 대신할 정통성을 보장할 수 있는 건국 신화가 필요했다. 하지만 이 시기는 신화의 시대가 아니었기 때문에 신이한 인물보다는 민중 영웅의 성격을 지니는 인물이 필요했다. 견훤이나 궁예, 왕건의 이야기가 모두 이러한 특징을 지니고 있다. 특히 후백제를 세운 견훤의 건국 신화는 신이한 면모를 지니면서도 용맹스러운 능력을 인정받는 민중 영웅의 성격을 모두 지니고 있다는 점에서 고대의 건국 신화와 차이를 보인다. 후백제 건국 신화는 고대 신화와의 차이를 보여 주면서 신화가 정치적인 목적으로 활용되는 모습을 보여 준다.

2. 원문 읽기

『삼국사(三國史)』 본전에 이르기를, 견훤은 상주 가은현 사람으로 함통 8년 정해년에 태어났다. 본래 성은 이씨였으나 후에 견으로 성씨를 삼았다. 아버지 아자개는 농사를 지음으로써 생활하다가 광계(光啓) 연간에 사불성에 웅거하여 스스로 장군이라 칭하였다. 아들 네 명이 있었는데, 모두 세상에 이름이 알려졌다. 견훤은 남보다 준수하고 뛰어났으며 지략이 많았다고 한다.

또 『고기(古記)』에는 이렇게 말하였다. 옛날에 부자 한 사람이 광주 북촌에 살았는데, 딸 하나를 두었고 자태와 용모가 단정하였다. 아버지에게 이르기를, "매일 한 자줏빛 옷을 입은 남자가 침실에 이르러 관계를 합니다." 아버지가 이르기를, "너는 긴 실을 바늘에 꿰어 그 옷에 꽂아 두어라." 딸은 그대로 따랐다. 날이 밝음에 이르자 북쪽에서 실을 찾았는데 담장 아래에 바늘이 큰 지렁이의 허리에 꽂혀 있었다. 이로 인하여 그 후 임신하여 한 남자아이를 낳았는데, 나이 15세가 되자 스스로 견훤이라고 일컬었다.

견훤이 서쪽으로 순행하여 완산주에 이르니 그 주의 백성들이 영접하며 위로하였다. 인심을 얻은 것을 기뻐하며 좌우 사람들에게 일러 말하기를, "백제가 나라를 개국한 지 600여 년에 당나라 고종은 신라의 요청으로써 장군 소정방을 보내어 이로써 수군 13만 명으로 바다를 건너게 하고, 신라 김유신은 군사를 거느리고 황산을 넘어 당나라 군사와 합세하여 백제를 쳐서 멸망시켰다. 내가 지금 어찌 도읍을 세워 이로써 묵은 원한을 씻지 않겠는가." 스스로 후백제 왕이라 칭하고 관직을 설치하였다.

출전: 『삼국유사(三國遺事)』, 「기이(奇異)」, 〈후백제 견훤(後百濟 甄萱)〉

옛날이 시대는 그게 삼국, 삼한 시절이나 되았든가 어쨌든가 그 말은 그게 저

후삼국 시조(始祖)라고 허지. 근디 그 사램이 소생이 뭣이냐 허면 지렝이(지렁이) 소생(所生)이라고 그러더만. 근디 어느 한 가정에서 뭣이냐 과택(寡宅)으로 과수댁 하나가 살고 있는디, 근디 전날[옛날]이는 잘 살었어. 전날에는 잘 사는디 인자 자기 남편도 죽고 홀 과부로 살고 있는디, 허는 일이란 건 질쌤여[길쌈여]. 질쌈히서 먹고 이렇게 사는디, 아 밤이면은 어서(어디서) 날러 들오는가 남진일색[뛰어난 용모의 사내] 이 그옷 우아래(위아래) 쌔뜩허게[산뜻하게] 입고, 그런 선비가 밤 이식허면[이슥하면] 찾어 들어와. 문을 열고 들오는 거여. 근디 대문 다 걸어잡고 새도, 쥐도 새도 못허게 생겼는디 어떻게 히서 그 들와.

"당신은 어떤 사람이가니 이렇게 똑 정밤중[한밤중]에 찾어 들어오냐?"

"아 그거 뭐 말헐 거 뭐 있냐고, 말헐 수가 없다."

그렇게 와서 만나고 서로 떠나고 뱀이면[밤이면] 만나고 인자 날이면 질쌈허고 이렇게 세월을 보내는디……. 아, 그리갖고서는 그 여자가 어린애가 있었던 모냥여, 인자, 어린애가 있었던 모냥인디, 그런게 동네 사람들이 쑤군대네.

"저 과수댁이 응? 히갖고 저 어린애가 있다."

하, 이것 참 뭐시냐 이 남자를 찾어야겄는디 이 남자가 대체 어디서 오는지 모르고 귀신도 아니고 사람도 아니고 좌우간 이 남자를 찾으야만 자기가 외면허게 생겼는디, 찾을 수가 있어야지. 그리서 '에라, 이거 내가 어떻게 꾀를 내가지고 이 남자를 종적을 좀 알어야겄다.' 그서 하룻저녁으는 질쌈허던 그 실꾸리를 말여 갖고 있다가, 와서 놀다가 인자 가는디 그 꽁무니다 달었어. 가는 대로 풀러줬어, 아, 풀러주고서 나중으 아침으 가본게 멀도 않은 자기 장독 뒤에여. 장독대로 들어갔어. 그런게 인자 동네 사람들 보고,

"자, 이만저만 혀 내가 이얘기를 히도 당신들 곧이 안 듣고 그러니 좌우간 오늘 내 이런 거시기를 전부 징거[증거]를 잡었은게 여그 가서 한번 파 보자."

그서 파본게로 지렝이가 말여, 큰― 지렝이 하나가 있드랴. 그리서 그 어린애가 낳는디 그 지렝이 소생여. 그서 저 지렝이라는 글자가 있지, 뭣이더냐 그 지렝이라고, 그 사람이 왕노릇 혔더만. 그 후백제 시조여 그게. 견훤이―.

출전: 『한국구비문학대계(전라북도 옥구군 편)』 채록 자료

3. 작품 감상

후백제 건국 시조로 알려진 견훤의 인물 이야기는 〈야래자 설화〉로도 알려져 있다. 특히 〈야래자 설화〉는 후백제의 시조인 견훤의 탄생담으로, 시조 신화의 성격을 지니면서 역사적인 인물의 탄생담과 같은 전설적인 성격도 지니고 있다. 후백제 건국 신화의 내용이 뚜렷한 자료로 가장 오래된 것은 『삼국유사』에 실린 견훤 탄생담이다. 견훤 탄생담의 내용은 기본적으로 '여성과 야래자 신격 사이의 교혼(交婚)과 그 2세의 탄생'이 그려지는 이야기로, 이른바 '이물교환담(異物交婚譚)'으로 알려져 있다. 정체불명의 야래자가 밤에 처녀의 방에 들어가 교혼한 후 처녀가 임신을 하고, 가족들로 인해 야래자의 정체가 확인된 후 뛰어난 2세가 태어난다는 것이다. 이러한 건국 신화는 해당 신격이 어떠한 내력을 지니고 있는지를 보여 준다.

또한 후백제 건국 신화에서 야래자는 밤에만 나타나며 자신의 정체를 밝히지 않는다. 이러한 야래자를 통해서 태어난 2세는 그 부친이 사라지거나 찾을 수 없는 것으로 이야기가 전개된다. 이 때문에 2세가 부계의 신성성을 이어받아 신성한 혈통을 확보하는 기회가 줄어들었으며, 이러한 면모로 인해 후백제 건국 신화에서는 고대의 건국 신화에 비해 신성성이 약화되어 가는 모습을 확인할 수 있다.

『삼국유사』의 내용을 살펴보면 다음과 같다.

① 상주 가은현(加恩縣) 농민 아자개(阿慈介)가 세력을 얻어 장군이라고 칭하게 되었는데, 아들 넷 가운데 견훤이 특히 걸출하고 지략이 많았다.

② 견훤은 신라 왕실의 혈통을 이었다.

③ 광주(光州) 북촌 어느 부잣집 딸이 자주색 옷을 입은 남자가 밤마다 찾아와 자고 가자, 아버지가 시키는 대로 긴 실을 꿴 바늘을 그 남자의 옷에 찔러 두었더니, 큰 지렁이의 허리에 바늘이 꽂혀 있었다. 그런 연유로 임신해 낳은 아들이 견훤이다.

④ 견훤이 젖먹이일 때 아버지는 밭을 갈고 어머니는 밥을 나르느라고 나무 밑에 뉘어 놓았더니, 호랑이가 와서 젖을 먹여, 마을 사람들이 이상스럽게 여겼다.

『삼국유사』에 나타나는 견훤의 신이한 탄생담의 핵심은 ③이다. 백제 무왕의 탄생 설화에서도 찾아볼 수 있는 내용이다. 견훤 관련 인물 설화에서도 여성을 찾아온 남자가 뱀이었다고 하고, 뱀이 죽은 자리에 절을 세우고 태어난 아이가 마을의 신으로 숭상되었다고 하여 신성성을 부여하고 있다. 백제 지역에서 마을 수호신의 신이한 탄생을 나타내던 이야기가 건국 신화의 전통을 이어가고 있음을 알 수 있다.

특히 두 번째 원문에 제시된, 전라북도 옥구군에서 채록된 설화 자료에서는 견훤의 탄생담을 구체적으로 구연하고 있다. 견훤은 실제 역사적 인물이기에 다양한 인물담으로 전승된다. 하지만 설화 속의 인물들은 대부분 영웅적 능력을 보여 주는 민중적 영웅성을 띠지만, 견훤 인물담의 설화들을 보면 견훤을 신이한 능력을 지닌 신적 인물로 인식하고 있음을 확인할 수 있다. 『삼국유사』의 내용 중에서 ④부분은 고대 건국 신화에서 볼 수 있는 비범성이 잘 드러나 있다.

이러한 신화적 성격 외에 견훤에 대해 널리 전승되는 몇몇 설화에서는 견훤이 미천한 처지에서 태어난 비범한 인물임을 강조한다. 미천하면서도 비범하다는 이중성이야말로 견훤을 영웅으로 부각시키는 핵심적인 구실을 한다. 민중 영웅으로서의 성격이 잘 드러나고 있다.

역사적으로 보면, 견훤은 백제 지역의 전승을 잇고 민심을 얻는 데 만족할 수 없어 서라벌과 가까운 지방까지 진출해서 거점을 마련할 필요가 있었다. 기존의 반란 세력을 규합하여 하나의 온전한 나라를 만들어야 했다. 결국 견훤의 후백제 건국이 정당성을 인정받기 위해 건국 신화가 필요했다. 고대의 건국 신화에서 말하는 신이한 능력을 지닌 하늘로부터 혈통을 이어받은 신적 존재라는 인물임과 함께, 자신의 용맹한 능력을 펼쳐 지략으로 맞서 싸울 수 있는 민중적 영웅이 필요했음을 후백제 건국 신화를 통해서 이해할 수 있다. 후백제 건국 신화는 고대의 건국 신화가 후대로 올수록 신성성이 약화되어 가는 한 단면을 이해할 수 있는 작품이라는 점에서 의미가 있다.

〈생각해 보기〉

(1) 〈야래자 설화〉에서는 견훤의 아버지를 지렁이로 등장시키고 있어서 다른 건국신화에 나타나는 '용'과 차별되는 점을 찾아볼 수 있다. 용과 같은 상상 속의 동물이 아닌 지렁이를 등장시킨 이유가 무엇인지 생각해 보자.

(2) 〈야래자 설화〉의 모티프는 인간과 동물의 결합인 이물교혼(異物交婚)이 중심이 된다. 우리 문학 작품에서 이물교혼이 나타나는 작품을 찾아보고 이러한 모티프의 역할과 기능이 무엇인지 생각해 보자.

(3) 〈야래자 설화〉의 문헌 설화에 나타나는 내용과 구비 설화에 나타나는 내용의 차이점을 찾아보고, 이러한 차이를 보이는 이유가 무엇인지 생각해 보자.

참고문헌

· 이지영, 「〈야래자설화〉의 신화적 성격과 전승에 관한 연구」, 『고전문학연구』 20, 한국고전문학회, 2001.
· 천혜숙, 「견훤 출생담의 신화학적 검토」, 『구비문학연구』 52, 한국구비문학회, 2019.
· 최홍열, 「야래자 설화의 정체성과 변모 양상」, 『어문논집』 33, 중앙어문학회, 2005.
· 한미옥, 「백제 건국신화의 계통과 전승연구」, 전남대학교 박사학위논문, 2003.

류명옥

13

작제건 설화
作帝建說話

1. 창작 배경

통일신라 후기, 송악(개성)의 호족이었던 왕건은 태봉의 궁예, 후백제의 견훤과의 경쟁에서 승리하면서 후삼국을 통일하고 통일 왕조인 고려를 건국하였다. 근대 이전 기존의 국가가 멸망하고, 새로운 국가가 생겨날 때에는 국가 창건의 당위성을 만들기 위한 다양한 노력이 이어졌다. 고조선 단군신화, 고구려 동명왕 신화 등과 같은 건국 신화는 물론 조선 시대 〈용비어천가〉까지, 때로는 이야기를, 때로는 노래를 창작, 보급하여 건국의 당위성을 확보하고, 건국의 구심점이었던 왕을 신성화하였다. 새 왕조 건국의 당위성을 내세우고 국가 권력의 정점에서 있는 '왕'에 절대적 권력을 부여하는 것은 결국 중세 국가가 번영하고 지속하는 중요한 요인 중 하나였다. 이러한 차원에서 호족 출신인 왕건은 그 선조를 신성화하는 과정을 통하여 새 왕조 고려 건국의 당위성을 확보하고, 왕조의 번영을 기원하였다.

2. 원문 읽기

작제건은 어려서부터 총명하고 용맹하였다. 5~6세쯤 되었을 때 그 어머니에게 자기 아버지가 누구냐고 물었다. 어머니는 작제건의 아버지가 당나라 사람이라고 대답했는데 그 이유는 남편의 이름을 몰랐기 때문이었다.

작제건은 점점 자라나며 재주가 출중해 육예(六藝)[1]에 능통했고 그중에서도 글씨와 활 재주가 뛰어났다. 16세 때에 어머니가 아버지가 남겨 두고 간 활과 화살을 주었더니 작제건은 크게 기뻐하였으며, 활을 쏘니 백발백중이었다. 이리하여 세상 사람들은 그를 신궁(神弓)[2]이라고 불렀다.

작제건은 아버지를 찾아가기 위해 상선을 타고 떠났는데 바다 가운데에서 구름과 안개가 자욱하게 껴 배가 사흘 동안 가지 못했다. 뱃사람이 점을 친 후 함께 탄 고려인을 내려놓고 가야겠다고 하였다. …(중략)…

작제건이 활과 화살을 잡고 바다로 뛰어내렸는데 마침 밑에 암석이 깔려 있어 그 위에 서게 되었다. 그와 동시에 안개는 흩어지고 바람이 잔잔해져 배는 나는 듯이 가 버렸다.

조금 있으니 한 늙은이가 나타나 절을 하면서 말하였다.

"나는 서해의 용왕입니다. 요사이 매일 저녁 때쯤 늙은 여우 한 마리가 치성광여래(熾盛光如來)[3]의 형상을 하고 공중으로부터 내려와서 일월성진[4]을 구름과 안개 중에 늘어놓고 소라 나팔을 불고 북을 쳐 음악을 하면서 바위 위에 앉아서 옹종경(臃腫經)[5]을 읽습니다. 그러면 나의 두통이 심해집니다. 듣건대 낭군이 활을 잘 쏜다고 하니 그 궁술로 나의 피해를 덜어 주시기를 원합니다."

작제건은 그렇게 할 것을 약속하였다.

【민지(閔漬)[6]의 『편년강목(編年綱目)』[7]에는 혹 이런 이야기도 있다고 서술되어 있다.

---

1 육예(六藝): 중국 주(周) 대에 행해지던 여섯 가지의 교육 과목으로, 예용[禮], 음악[樂], 활쏘기[射], 기마술[御], 서도[書], 수학[數]을 일컫는 말이다. 이 외에도 유학자들의 학문을 위한 교재였던 육경(六經), 즉 『시경(詩經)』, 『서경(書經)』, 『예기(禮記)』, 『악기(樂記)』, 『역경(易經)』, 『춘추(春秋)』를 가리키기도 한다.

2 신궁(神弓): 활을 쏘는 재주가 아주 뛰어난 사람을 말한다. 설화에서 '신궁' 모티브는 주로 고구려계 설화에서 많이 나타난다.

3 치성광여래(熾盛光如來): 불교에서 북극성을 부처로 형상화한 개념으로 도교에서 유래한 칠성신앙을 받아들인 것이다. 묘견보살(妙見菩薩)로도 불리며, 주로 칠성각 혹은 삼성각의 후불탱화로 모신다.

4 일월성진: 일월성신. 해와 달과 별을 일컫는 말이다.

5 옹종경(臃腫經): 남을 해할 목적으로 대상자가 부스럼을 앓게 하는 경문을 말한다.

6 민지(閔漬): 1248~1326. 고려 충숙왕 때의 문신으로 자는 용연(龍涎), 호는 묵헌(默軒)이다. 『천추금경

작제건이 바위 가에 조그마한 길이 있는 것을 확인하고 그 길을 따라 1리가량 들어갔더니 거기에는 또 바위가 있고 그 바위 위에는 한 궁전이 있는데 문이 환히 열려 있었다. 궁전 가운데 금자로 사경(寫經)[8]하는 곳이 있었다. 자세히 보니 먹이 아직 마르지 않았고 사방을 돌아봐도 사람은 없었다. 작제건이 그 자리에 앉아서 붓을 들고 사경을 시작하자 홀연히 한 여자가 와서 앞에 섰다. 작제건은 그가 관음보살(觀音菩薩)[9]의 현신인 줄 알고 놀라 일어나 내려앉으면서 절을 하려고 하니 그 여자가 갑자기 사라졌다. 작제건은 다시 앉아서 사경을 계속하고 있었는데 한참 있다가 그 여자가 나타나서 다음과 같이 말했다.

"나는 용왕의 딸로서 여러 해를 두고 사경을 하고 있으나 아직 끝이 나지 않았습니다. 다행히 낭군이 글씨를 잘 쓰고 활을 잘 쏘니 여기에 머물러 나의 공덕[10]을 돕고 우리 집 불행을 제거하여 주십시오. 그 불행이라는 것은 7일 동안 기다리면 알게 될 것입니다."】

늙은이가 말하던 때가 되니 공중에서 음악 소리가 들리고 서북쪽에서 내려오는 자가 있었다. 작제건은 그가 정말 부처가 아닌가 의심되어 감히 쏘지 못하였다. 그랬더니 그 늙은이가 다시 와서 그가 정말 늙은 여우임이 틀림없으니 의심하지 말고 쏴 달라고 하였다.

그제야 작제건이 활에 살을 올려 쏘았더니 시위 소리와 동시에 떨어지는 것이 있었는데 그것은 늙은 여우 한 마리였다.

늙은이가 크게 기뻐하면서 작제건을 맞아 궁 안으로 들어가서 감사의 말을 하였다.

록(千秋今鏡錄)』을 증수하여 『세대편년절요(世代編年節要)』를 만들고, 『본국편년강목(本國編年綱目)』 42권을 편찬하였다. 저서는 『묵헌집(默軒集)』이 있으며, 시호는 문인공(文仁公)이다.

7 『편년강목(編年綱目)』: 고려 충숙왕 때 민지가 왕건의 조상으로부터 13세기 고종 때까지의 역사를 쓴 책이다. 총 42권이며 현재는 모두 전하지 않는다. 『고려사(高麗史)』 첫머리의 「고려세계(高麗世系)」 부분을 통해 극히 일부를 확인할 수 있다.

8 사경(寫經): 후세에 전하거나 공양하기 위하여 경전을 베끼는 일을 말한다.

9 관음보살(觀音菩薩): 불교에서 구원을 요청하는 중생의 근기에 맞춘 모습으로 나타나 대자비심을 베푸는 보살이다. 대세지보살(大勢至菩薩)과 함께 아미타불의 협시불이다. 관음(觀音)은 산스크리트어 'Avalokiteśvara'의 한역으로, 아박로지저습벌라(阿縛盧枳低濕伐羅)라고 표기되기도 한다.

10 공덕: 불교에서 좋은 과보를 얻기 위하여 쌓는 선행을 이르는 말이며, 산스크리트어 'Guna'를 한역한 것이다.

"그대의 힘으로 나의 근심을 이제 덜었으니 큰 은덕을 갚으려 하노라. 그대는 앞으로 서쪽 당나라로 들어가서 천자인 아버지를 만나겠는가? 그렇지 않으면 칠보(七寶)[11]의 부(富)를 가지고 동쪽으로 돌아가서 어머니를 모시겠는가?"

"저의 소원은 동방의 임금이 되는 것입니다."

"동방의 임금이 되기 위해서는 '건(建)' 자 붙은 이름으로 자손까지 3대를 거쳐야 한다. 다른 것은 그대의 소원대로 해 주겠노라."

작제건은 그 말을 듣고 임금이 될 때가 아직 오지 않았다는 것을 알고 주저하며 대답을 못 하고 있는데 그 뒤편에 있던 어떤 한 늙은 할머니가 농담처럼 말하였다.

"왜 그 딸에게 장가를 들지 않는가?"

작제건이 이를 듣고 깨달아 사위 되기를 청하니 늙은이는 장녀 저민의(翥旻義)를 그의 처로 정하였다. 작제건이 칠보를 가지고 돌아오려고 하는데 저민의가 다음과 같이 말하였다.

"우리 아버지에게 버드나무 지팡이와 돼지가 있는데 그것은 칠보보다 더 귀중한 것입니다. 그것을 달라고 해서 가지고 가요."

작제건이 칠보 대신에 버드나무 지팡이와 돼지를 가져가기를 원하니 늙은이는 "그 두 물건은 나의 신비로운 귀중한 물건이다. 그러나 자네가 청하니 어찌 거절하리요."라고 하면서 두 물건을 주었다. 이에 작제건은 옻칠한 배에 칠보와 돼지를 싣고 바다에 떠서 순식간에 해안에 다다르니 거기는 곧 창릉굴(昌陵窟)[12] 앞 강기슭이었다. …(중략)…

용녀는 일찍이 송악산 새 집 창 밖에 우물을 파고 그 속을 통하여 서해 용궁으로 다녔는데 그 우물은 곧 광명사(廣明寺)[13] 동상방(東上房) 북쪽에 있는 우물이다. 그는 항상 작제건과 약속하기를 "내가 용궁으로 돌아갈 때에는 절대로 보

---

11 칠보(七寶): 불교에서 7가지의 보배를 이르는 말로, 『무량수경(無量壽經)』에서는 금, 은, 파리, 마노, 거거, 유리, 산호를, 『아미타경(阿彌陀經)』에서는 금, 은, 청옥, 수정, 진주, 마노, 호박을, 『묘법연화경(妙法蓮華經)』에서는 금, 은, 파리, 마노, 거거, 진주, 매괴를 이른다. 주로 극락의 보배로운 광경을 묘사하는 네 언급된다.

12 창릉굴(昌陵窟): 개성 예성강 강안 근처에 있는 고려 세조의 능인 창릉에 있다는 석굴이다.

13 광명사(廣明寺): 922년(태조 5) 고려 태조가 자기가 살던 옛집을 희사하여 창건한 사찰로 담선법회(談禪法會)가 개최된 사찰이다. 1424년(조선 세종 6) 이후 역사는 전하지 않는다.

지 마세요. 만일 그렇게 하지 않으면 다시 돌아오지 않을 것이에요."라고 하였다. 그러나 어느 날 작제건이 가만히 우물을 들여다보았더니 용녀가 어린 딸과 함께 우물로 가자 황룡이 되어 5색 구름을 일으키는 것이었다. 작제건은 이상하게 여겼으나 감히 말은 못 하였다. 그랬더니 용녀는 돌아와 성을 내면서 말하기를 "부부간의 도리는 신의를 지키는 것이 중요한데 어제 벌써 당신이 약속을 어겼으니 나는 더는 여기서 살 수 없습니다." 하고는 드디어 어린 딸과 함께 용으로 변해서 우물로 들어간 후 다시 돌아오지 않았다.

작제건은 만년에 속리산 장갑사(長岬寺)에 가서 살면서 항상 불경을 읽다가 죽었다. 후에 그를 추존하여 의조경강대왕(懿祖景康大王)이라 하고 용녀를 원창왕후(元昌王后)라고 하였다.

원창왕후가 네 아들을 낳았는데 맏이를 왕용건(王龍建)이라고 하였다. 용건은 후에 이름을 왕융(王隆)으로 고치고 자는 문명(文明)이라고 하였으니 이가 곧 세조(世祖)[14]이다.

출전: 『고려사』 권1, 「고려세계(高麗世系)」

3. 작품 감상

작제건 설화는 고려 태조 왕건의 선대 설화 중 왕건의 조부 작제건에 관한 내용을 담고 있다. 고려를 건국한 태조 왕건의 선대에 대한 이야기를 담고 있기 때문에 건국 시조담의 일종이라고 할 수 있다. 대체로 태조 왕건이 새로운 왕조를 건설하고, 왕위에 오르는 것이 천명(天命)에 의한 것임을 증명하는 것을 주된 목적으로 한다. 이러한 건국 시조담은 이후 〈용비어천가(龍飛御天歌)〉와 같은 작품을 통해서도 확인할 수 있다.

작제건 설화는 고려 태조의 조부 작제건이 용과 결혼하며, 이 과정에서 왕건의 부 용건이 출생한다는 내용이다. 구체적인 작제건 설화의 의미 단락은 다음과 같다.

---

14 세조(世祖): 고려 태조 왕건의 부 왕용건을 추존하여 이르는 말이다. 왕용건은 남북국 시대 통일신라의 금성태수를 역임하였다.

① 작제건이 자신의 아버지를 찾아 바다를 건넌다.

② 작제건이 항해 중 풍랑을 만나 공희(供犧)로 섬에 내린다.

③ 섬에서 서해 용왕이 작제건에게 자기를 해치는 늙은 여우를 없애 달라고 청하고, 작제건이 늙은 여우를 쏘아 떨어뜨려 죽인다.

④ 용왕의 보답으로 작제건은 용왕의 딸과 결혼한다.

⑤ 용왕의 딸은 자신이 용궁을 출입할 때 보지 말라고 했으나 작제건이 이를 어겨 용왕의 딸이 떠난다.

⑥ 용녀의 장남이 왕용건이며, 이는 곧 태조 왕건의 아버지이다.

이 설화는 작제건의 영웅적인 면모를 주로 다루고 있다. 작제건의 어머니인 진의[정화 왕후]는 당나라 황제 숙종과 연을 맺어 작제건을 낳는다. 이후 작제건은 활을 잘 다루는 신궁으로 묘사되는데, 이러한 묘사는 고구려 주몽신화나 신라 거타지 설화, 고려 국조신화의 호경 등의 사례에서도 확인되는 모티프이다. 당나라 황제가 아버지라는 점은 당시 중국 중심주의를 반영한 것이라고 할 수 있으며, 황제가 된 왕건의 지체를 높이기 위한 설정이라고 할 수 있다.

아울러 서해 용왕의 요구로 늙은 여우를 쏘아 죽이며, 이에 대한 보답으로 용왕의 딸과 결혼을 하는 내용 역시 왕건의 고려 건국의 정당성을 부여하고, 왕건이 신성한 혈통이라는 점을 부각하기 위한 설정이다. 호족 출신인 왕건이 혼란스러운 정국을 통일하고 왕이 되었을 때, 어수선한 사회를 안정시키고 안정적으로 국가를 경영하기 위한 당위성이 필요한 상황이었고, 신성한 혈통을 부각하는 내용은 이러한 필요에 부합하는 것이라고 할 수 있다.

주목하여 볼 만한 부분은 이러한 목적으로 구성한 내용이 전혀 새로운 것이 아니라 당대에 유행하였거나 이전 시기부터 이어져 내려온 여러 이야기 모티프들을 수용하였다는 점이다. 설화는 구전 과정을 거치며 자유롭게 모티프를 공유하거나 다른 이야기와 결합된다. 이는 구연자와 전승자 간의 기억에 의지하여 형성되기 때문이다. 그러한 차원에서 작제건 설화는 『삼국유사(三國遺事)』에 실린 거타지 설화와 여러 모티프를 공유하고 있다는 점을 주목할 수 있다. 이 두 가지 이야기의 선후 관계를 따지기는 어렵지만, 이 이야기들에 실려 있는 여러 모티프가 유사하다는 점을 통해 앞서 설명한 설화의 본질적 특징을 확인할 수 있다.

또한 작제건 설화가 이후에도 끊임없이 구전 전승되어 왔다는 점은 다음과 같은 채록 자료들을 통하여서도 확인할 수 있다. 20세기 들어 작제건에 대한 이야기는 다음과 같이 여러 차례 채록되었다.

① 왕건의 선태조(경상북도, 1937, 한국의 신화[한국기층문화총서 5])
② 왕건 이야기 (1)(경기도, 1981, 한국구비문학대계 1-7)
③ 박동과 용녀(전라남도, 1983, 한국구비문학대계 6-3)
④ 왕건이 용왕의 외손자로 태어난 내력(전라남도, 1984, 한국구비문학대계 6-11)

이러한 사례들은 작제건 설화가 단지 고려가 건국된 당대에만 유행하였던 것이 아니라 이후 한반도에서 생활한 사람들에게 끊임없이 전승되었다는 점을 말해준다. 단순히 고려 태조의 신성성과 창업의 당위성을 증명하는 차원에서 이 설화가 받아들여졌다면, 이러한 전승은 불가능하였을 것이다. 이러한 이야기에 전승자들의 상상력이 끊임없이 덧입혀져 현재까지 전승되고 있는 형태라고 할 수 있으며, 이러한 차원에서 작제건 설화와 선조들이 관심을 가졌던 별자리와의 관련성 역시 주목해 볼 만하다. 전승자들에게는 기록을 통한 전승보다는 그들의 일상에 맞닿아 있는 신성성, 환상성이 더욱 강한 동력으로 작용하게 될 것이며, 그러한 차원에서 하늘의 별자리는 신성성을 증명하는 가장 중요한 요소 중 하나가 된다. 경주에서 선인들이 관찰한 천신, 대릉, 천장군, 외병 등의 별자리에 얽힌 스토리들은 작제건 설화와 모티프의 유사성이 있다고 볼 수 있다.

〈생각해 보기〉

(1) 작제건 설화에 형상화된 작제건의 영웅 일대기가 후대 창작된 문학 작품과 어떤 관련성이 있는지에 대해 생각해 보자.

(2) 작제건 설화와 거타지 설화에서 확인할 수 있는 여러 공통 모티프들이 이후의 설화에 어떤 형태로 활용되고 있는지 확인해 보자.

(3) 작제건 설화는 문자로도 기록되었고, 세대를 거치며 구비 전승 역시 이루어졌다. 작제건에 대한 채록 자료들을 통해 구비전승적 요소와 기록문화적 요소를 찾아 이러한 요소들이 문학사에 미친 영향을 이야기해 보자.

참고문헌

· 박찬복, 「고려 건국 신화의 구조와 특성 연구」, 서강대학교 석사학위논문, 1999.
· 정연식, 「작제건 설화의 새로운 해석」, 『한국사연구』 158, 한국사연구회, 2012.
· 최민경, 「금기설화의 연구」, 단국대학교 석사학위논문, 2010.

최형우

14

고려 전기의 한시

1. 창작 배경

고려는 통치 이념 면에서 유교를 지향하면서도, 국가 내에서 불교 사원의 건축, 승려에 대한 시혜, 국왕의 불사 행차 등이 일상적으로 나타났다. 즉, 유교와 불교가 반목하는 일이 없었고, 승려든 유자(儒者)든 유교, 불교, 도교까지 겸섭하는 것이 일반적인 일이었다. 이에 고려 전기 문학사에서 중심적 역할을 한 것은 승려와 육두품 지식인들이었다. 승려들이 전통적으로 이어 온 불교적 가르침을 바탕으로 문학을 창작해 냈다면, 육두품 지식인들은 중국으로부터 수용한 유교적 가르침을 바탕으로 문학을 창작해 냈다.

한편, 고려는 국초 이래로 과거제(科擧制)를 실시하고, 국자감(國子監)을 창설하는 등 유교적 문치주의를 확립하기 위해 노력했다. 특히 과거제는 문치주의의 핵심이었는데, 과거제를 통해 좌주-문중의 관계가 형성되는 것이 대표적이라 할 수 있을 것이다.

과거제를 통해 관직에 나아가 활약한 대표적인 인물이 바로 최충(崔沖, 984~1068)과 박인량(朴寅亮, ?~1096)이다. 최충은 자가 호연(浩然), 호가 성재(惺齋), 월포(月圃), 방회재(放晦齋)로, 어릴 적부터 학문을 좋아하고 문장에 능했다. 그는 1005년(목종 8) 과거에 장원 급제한 이후, 현종(顯宗)·덕종(德宗)·정종(定宗)·문종(文宗) 네 조정을 거치며 벼슬하였다. 최충은 등용된 이래 조정의 대소사(大小事)를 맡아 국정을 이끈 공적을 인정받아, 많은 공신(功臣) 칭호를 받기도 했다. 또 국가의 대원로이면서, 유학의 권위자이기도 하였다. 그는 치사(致仕) 이후 구재학당(九齋學堂)을 세워 유학과 문교를 진흥시켰는데, 이를 두고 사람들이 그를 해동공자(海東孔子)라 칭하였다.

박인량(朴寅亮, ?~1096)은 자가 대천(代天), 호가 소화(小華)이다. 문종(文宗) 때 과거에 급제하여 문한(文翰)의 여러 관직을 거쳤다. 당시 고려는 외교관계가 복잡하게 얽혀 있었는데, 박인량은 특히 외교문서를 작성하는 능력이 탁월하여 이 일을 도맡아 하였다. 거란과의 국경 문제를 해결하기 위해 작성한 〈상대요황제고주표(上大遼皇帝告奏表)〉, 〈입요걸파각장상(入遼乞罷権場狀)〉 등이 대표적이다.

한편, 고려 전기에 활동한 승려 가운데, 대각국사(大覺國師) 의천(義天, 1055~1101)은 고려 11대 왕 문종(文宗)의 넷째 아들로, 11세 때 왕명으로 출가하여 입적(入寂)할 때까지 불법에 관한 학문을 강학했다. 그는 중국으로부터 천태종을 받아들여, 교종의 입장에서 선종을 수용함으로써 고려 불교 사상계의 통합을 이루고자 하였다.

2. 원문 읽기

(1) 이제 두 아들[1]에게 훈계하여	吾今戒二子
우리 집안의 보배로 주노라	付與吾家珍
청렴과 검소함을 각자 몸에 새기고	淸儉銘諸己
문장으로 온몸을 장식하여라	文章繡一身
집안에 전하여 나라의 보배가 되고	傳家爲國寶
대를 이어 어진 신하가 되어라	繼世作王臣
사치와 허영은 배우지 말라	莫學粉華子
꽃은 피어나 한 차례 봄을 누릴 뿐이니라	花開一餉春

1 두 아들: 한 명은 최유선(崔惟善, ?~1075)으로, 1030년(현종 21) 과거에 급제한 후 문하시중(門下侍中)까지 나아갔으며, 학문이 깊어 여러 차례 지공거(知貢擧)가 되었다. 이후 부친인 최충과 함께 문헌서원(文憲書院)에 모셔졌다. 그리고 다른 한 명은 최유길(崔惟吉, ?~?)이며, 1073년(문종 27) 호부시랑(戶部侍郞)이 된 뒤, 관직이 수사공 섭상서령(守司空攝尙書令)에까지 이르렀다.

집안에 전하는 귀한 물건 없으니	家世無長物
오직 지극한 보배로 간직하여 전하라	唯傳至寶藏
문장은 아름다이 꾸미고[2]	文章爲錦繡
덕행은 뛰어나야 하리라[3]	德行是珪璋
오늘날 너희에게 분부하노니	今日相分付
두고두고 감히 잊지 말아라	他年莫敢忘
나라의 좋은 재목으로 쓰여서	好支廊廟用
대대로 더욱 흥하고 창성하여라	世世益興昌

출전: 『보한집(補閑集)』 권상, 〈계이자시(戒二子詩)〉

(2) 눈을 뽑아 동문에 걸어 두고도 분이 사라지지 않아[4]	掛眼東門憤未消
천고토록 푸른 강물이 파도를 일으키네	碧江千古起波濤
지금 사람은 옛날 어진 사람의 뜻을 알지 못하고	今人不識前賢志
다만 묻기를 조수 머리 높이 몇 자인고 하더라[5]	但問潮頭幾尺高

출전: 『동문선(東文選)』, 「칠언절구」, 〈오자서묘(伍子胥廟)〉

---

2 문장은 아름다이 꾸미고: 금수간장(錦繡肝腸), 즉 배 속에 시문(詩文)이 가득 들어 있다는 말로, 글을 멋지게 짓는 것을 뜻한다. 이백이 겨울에 용문(龍門)에서 부모를 문안하기 위해 회남(淮南)으로 가는 종제(從弟) 경조 참군(京兆參軍) 이영문(李令問)을 전송하는 서문에 "아우가 술에 취해 나를 보고 말하기를 '형의 심간(心肝) 오장은 모두 금수로 되어 있는 것이 아닌가. 그렇지 않으면 어떻게 입을 열었다 하면 문장이 되고 붓을 휘둘렀다 하면 안개가 흩어진단 말인가.' 하였다."라고 하였다. 이백(李白), 〈동일우용문송종제경조참군영문지회남근성서(冬日于龍門送從弟京兆參軍令問之淮南覲省序)〉. 각주 내용은 한국고전번역원의 한국고전종합DB를 참고하여 수정하였다.

3 덕행은 뛰어나야 하리라: 규장(圭璋)은 예식 때 사용하는 옥(玉)으로, 고결한 인품을 갖춘 인물이라는 말이다. 『예기(禮記)』 〈빙의(聘義)〉에 이르기를 "규장 한 가지만으로 예를 이루고 다른 폐백을 쓰지 않는 것은 그 덕을 인함이다.[圭璋特達 德也]"라고 하였다. 각주 내용은 한국고전번역원의 한국고전종합DB를 참고하여 수정하였다.

4 동문에……않아: 춘추 시대 오(吳)왕 부차(夫差, ?~473)가 월(越)왕 구천(句踐, ?~465)의 꾀임에 넘어가 정사를 돌보지 않자 오자서(伍子胥, ?~484)가 부차에게 간하여 설득하였다. 그러나 부차는 간언을 받아들이지 않고 오히려 오자서에게 자결할 것을 명령한다. 오자서는 죽기 직전에 오나라가 망할 것임을 예감하고, 자신이 죽은 후에 눈을 빼서 성의 동문에 걸어 두어 오나라의 멸망을 볼 것이라 하였다고 전한다. 『오월춘추(吳越春秋)』 권5, 〈부차내전(夫差內傳)〉.

5 다만……하더라: 오자서가 죽은 후, 부차가 그의 시신을 말가죽 부대에 담아 강에 버렸다. 이후 물결이 세차게 일면 말을 탄 오자서의 영혼이 강에 나타났다고 하는데, 조수 머리의 높이가 얼마인가를 묻는 것은 이와 같은 역사적 사건을 알지 못하고 그저 생업에만 몰두하는 당시 모습을 안타깝게 여긴 것이다.

(3) 해인[6]이 삼라[7]한 곳 海印森羅處
티끌 티끌이 큰 도량이네 塵塵大道場
나는 바야흐로 전교[8]하기에 급급한데 我方傳敎急
그대는 또 좌선에 바쁘구나 君且坐禪忙
뜻을 얻으면 응당 둘 다 아름답지만 得意應雙美
정을 따르면 곧 둘 다 상하리라 隨情卽兩傷
원융[9]한데 무엇을 버리고 취하리오 圓融何取捨
법계가 바로 나의 고향이라네 法界是吾鄕

출전: 『대각국사집(大覺國師集)』 권19, 〈기현거사(寄玄居士)〉

3. 작품 감상

고려 전기는 신라 말기에 문학 담당층이었던 육두품 지식인들의 정치, 사상 등을 그대로 계승하였다. 특히 국초부터 유교를 바탕으로 사회 전반을 안정시키는 것을 계획하였는데, 이러한 계획 중 가장 큰 업적은 광종(光宗, 925~975)의 과거제 도입일 것이다. 광종은 신진 인사를 기용함으로써, 왕권을 강화하고 호족과 신라 육두품 출신 세력을 억제하고자 하였다. 과거제를 통해 관료가 된 신진 인사로서 대표적인 인물이 최충과 박인량이다.

먼저, 최충은 1005년(목종 8) 문과에 급제하여 관직에 나아간 이후 청요직(淸要

---

6 해인: 해인(海印)은 문자 그대로 이해하면 바다의 도장으로, 불교에서는 이 용어를 바다에 풍랑이 쉬면 삼라만상 모든 것이 도장 찍히듯 그대로 바닷물에 비쳐 보인다 하여 '부처의 지혜'라 한다. 작품에서 말하는 해인은 삼라만상을 이해하는 부처의 가르침으로 이해할 수 있다.

7 삼라: 삼라(森羅)는 넓게 펴져 있는 숲이란 의미이다. 온갖 사물을 의미하는 만상(萬象)과 함께 쓰이는 경우가 많은데, 우주 속에 존재하는 온갖 사물과 현상을 의미하는 삼라만상(森羅萬象)이 바로 그것이다.

8 전교: 당시 고려 불교계는 교종(敎宗)과 선종(禪宗)의 대립이 심각하였는데, 의천은 교종을 중심으로 선종을 포용하는 방향을 제시하며 천태종(天台宗)을 성립하였다. 여기서 전교(傳敎)는 천태종을 개창하고 이를 널리 알림을 의미한다.

9 원융: 원융(圓融)은 모든 현상이 각각의 속성을 잃지 않으면서 서로 걸림 없이 원만하게 하나로 융합한 모습을 의미한다. 당시 고려 불교계가 교종과 선종의 대립이 심각한 상황에서, 의천은 천태종을 통해 불교계의 통합을 바랐다. 즉, 교종이나 선종 모두 불법(佛法)을 전하는 좋은 방편이므로, 구별하지 말 것을 주장하는 것이다.

職)을 역임하였다. 그는 지공거(知貢擧)로서 두 차례 과거시험을 주관하였을 뿐 아니라, 관직을 떠난 이후에도 과거시험을 앞둔 많은 제자를 양성한 바 있다. (1)은 최충의 작품으로, 자신이 과거를 통해 입신하여 집안과 나라를 빛냈듯이, 자신의 자식과 후손들도 그 길을 따르길 바라는 소망을 표현한 것이다.

이 소망을 구체적으로 살펴보면, 청렴과 검소함을 갖추며 뛰어난 문학 능력을 바탕으로 나라의 보배, 어진 신하가 되기를 바라는 것이다. 고려는 과거제를 실시한 이후 문풍이 흥성하게 되는데, 과거시험을 위한 문장 익힘은 물론, 과거를 통해 관료가 된 사람들이 문장을 주도하였기 때문이다. 특히, 이러한 고려 전기의 사회적 분위기는 최충의 구재학당과 같은 사학(私學)의 설립을 통해 확인할 수 있는데, 사회 전반적으로 문장에 대한 관심이 커져, 사학을 열어 후진을 가르치는 분위기가 조성되었기 때문에 고려에 12공도가 성립된 것이라 이해할 수 있을 것이다. 최충이 두 아들에게 문장을 통해 입신할 것을 훈계한 것은 이러한 맥락에서 이해할 수 있을 것이다.

(2)는 문장이 뛰어나 이름이 났던 박인량의 작품이다. 박인량은 과거시험을 통해 관료가 된 인물 중 하나로, 외교문서를 작성하는 능력이 뛰어났다. 그래서 1080년(문종 34)에 예부시랑(禮部侍郎)이 되어 부사의 신분으로 북송 사행을 다녀오기도 했는데, 이 사행에서 뛰어난 시문 창작 능력을 보여 주었다. 그래서 송나라 사람들이 그의 문장에 감탄하여, 김근(金覲, ?~?)의 시문을 합쳐 『소화집(小華集)』을 간행하였다고 한다. 이 시는 북송 사행 때 지은 것이다. 이와 관련하여 절강(浙江) 지역에서 풍랑을 만나 박인량이 이 시를 지어 바쳤다는 일화가 전해진다. 이로 볼 때, 이 시는 절강 지역에 있는 오자서(伍子胥)의 사당을 방문하고 지은 것으로 추정된다.

시의 내용을 살펴보면, 오자서의 죽음에 관한 일화와 오자서가 죽은 이후 물가에 오자서가 나타나게 된 일화를 다루었다. 특히 이 시에서 물결의 모습을 통해 오자서의 분노와 억울함을 표현하고 있는 점은 박인량의 뛰어난 문학성을 보여 주는 것으로, 주목할 필요가 있다고 하겠다. 또, 박인량이 이 시를 북송 사행을 떠났을 때 지었다는 것에서 알 수 있듯이, 고려 전기에는 내적으로 과거제의 실시로 인한 문풍의 확대뿐만 아니라, 외적으로는 송나라와 인적·서적 교류를 이어가며 문풍의 확대를 꾀했다는 점이다. 최충과 박인량은 고려 전기에 관료 주도의 문학이 어떻게 전개되었는가를 잘 보여 준다는 점에서 중요한 역할을 한다고 할 수 있다.

한편, 고려 전기에는 유교를 바탕으로 문풍을 이끈 관료집단 외에도 전통적인 불교를 계승하며 문학을 창작한 인물도 여럿 있었다. 그 가운데, (3)은 의천의 작품이다. 이 시는 의천이 고려 시대의 대표적 학자인 이자현(李資玄, 1061~1125)에게 자신이 하고 싶은 말을 표현한 것이다. 이자현은 청평산에서 은거하며 불법을 공부한 인물로, 특히 선종계를 대표하였다. 당시 의천은 천태종(화엄종)을 중심으로 선종을 수용하려고 노력하였는데, 이는 선종을 비롯한 각 종파의 강한 반발을 불러왔다. 그래서 의천은 선종계의 주요 인물인 이자현에게 이 시를 보내 불교계의 통합을 설득하고자 하였다. 이 시는 천태종과 선종은 모두 부처의 가르침이므로, 서로 융합되길 바라는 뜻을 완곡하게 전달하고 있다. 의천 자신은 교종(教宗)을 중심으로 한 천태종(天台宗)을 전하고, 이자현은 선종(禪宗)의 중심 수행법인 좌선(坐禪)을 통해 불법을 전하고 있었으나, 이러한 교파에 얽매이지 말자는 구절이 바로 그것이라 하겠다. 이처럼 고려 전기의 문학은 유교 지식인의 문학과 불교계의 문학이 한 축을 담당하며 전개되고 발전한 것이라 하겠다.

〈생각해 보기〉

(1) 고려 전기 불교와 유교의 관계를 고려하면서, 이 시기 문학 담당층의 특징에 대해 설명해 보자.
(2) 과거제의 도입과 실시는 고려 사회 전반에 많은 변화를 이끌었다. 이 가운데, 문학적 측면에서 과거제의 실시가 이끌어 온 특징은 무엇이 있을지 자유롭게 이야기해 보자.
(3) 고려 전기 불교계의 대립 요인을 생각하며, 의천의 역할과 의미에 대해 설명해 보자.

참고문헌

· 이혜순, 『고려 전기 한문학사』, 이화여자대학교출판부, 2004.
· 이종찬, 「의천의 시문학」, 『불교어문논집』 6, 한국불교어문학회, 2001.
· 정선모, 「북송 사행을 통해서 본 박인량의 문학사적 위상」, 『한국한문학연구』 46, 한국한문학회, 2010.
· 정성식, 「최충의 학문세계와 사학 흥기」, 『동양문화연구』 29, 영산대학교 동양문화연구원, 2018.

신소윤

15

정지상과 김부식의 한시

1. 창작 배경

고려의 건국 이념은 중국을 중심으로 한 화풍(華風)과 고려를 중심으로 한 국풍(國風)이 나란히 발전되어야 한다는 것이었다. 그러나 광종(光宗)의 개혁을 거치면서 이 둘 사이의 갈등이 현실로 나타났다. 지배층에서는 명분과 도리를 갖춘 역사의식을 가져야 한다고 했고, 기존 체제에 불만을 가졌던 세력과 하층 세력은 신이한 설화를 가져와 민족의식을 고취하고자 했다. 전자에 김부식(金富軾, 1075~1151)이 있었다면, 후자에는 정지상(鄭知常, ?~1135)이 있다. 이들은 정통론도 달리하였던바, 김부식은 신라 정통론을 갖고 있었고, 정지상은 묘청(妙淸, ?~1135), 백수한(白壽翰) 등과 함께 고구려 정통론을 앞세웠다. 구체적인 갈등은 묘청의 서경 천도 운동으로 나타났고, 김부식이 이를 제압하면서 『삼국사기』를 편찬하여 고려의 사관을 명확히 하고자 했다.

2. 원문 읽기

(1) 비 갠 긴 언덕엔 풀빛이 푸른데	雨歇長堤草色多
남포[1]에서 임 보내며 슬픈 노래 부르네	送君南浦動悲歌

---

1 남포: 남포(南浦)는 현재, 평안남도 남서부의 대동강 하구에 자리한 특별시로 고유지명이다. 또한 이별하

대동강[2] 물은 어느 때 다 마를까	大同江水何時盡
이별 눈물 해마다 푸른 강물 더하는 것을	別淚年年添綠波

출전: 『동문선』, 〈송인(送人)〉

(2) 중니(仲尼: 공자의 자)는 걸출한 인물이요, 봉황은 새들의 왕! 이름은 조금 다르지만, 지닌 덕은 서로 비슷하다네. 봉은 쓰이고 버려짐에 따라 삼가 나타나고 숨으니,[3] 출처(出處)를 아는 듯하다네. 예악이 쇠퇴한 뒤에 이를 바로잡았으니 문채를 가졌고, 공부자(孔夫子)는 뜻을 『춘추』에 두었으나,[4] 도는 계씨(季氏)와 맹씨(孟氏)에게 버림을 받았다네.[5] 만일 인지(仁智)를 지닌 존재가 아니었다면, 누가 그 중화(中和)의 본성을 닮을 것인가. 저 봉을 보라! 한 시대의 상서로움으로 칭송되고, 이 어진 분은 백세의 성스런 스승이 되었다네. 그 문채의 찬란함은, 도가 하나로 꿰어졌기 때문이라네.[6] 덕의 털을 드날려 같은 새 무리에서 뛰어나고, 예(禮)의 날개를 떨치며 세상에 나타났다네. 금과 옥의 아름다운 소리[7]는, 팔음(八音)[8]

는 장소를 뜻하는 관용어로 쓰이기도 하는데, 굴원(屈原, 기원전 343 추정~기원전 278 추정)의 구가(九歌) 가운데 〈하백(河伯)〉에서, "그대와 손을 맞잡았노라, 동쪽으로 가는구나. 아름다운 사람 보내노라, 남포에서.[子交手兮東行 送美人兮南浦]"라고 하였다. 권필(權韠, 1569~1612)도 〈가을 회포, 이백의 시를 장남 삼아 모방하다[秋懷戲效李白]〉에서, "님이 저 강 건너 남포에 있으니, 밤낮으로 이내 몸 시름겨울 수밖에.[美人隔南浦 日夕令人愁]"라 한 바 있다.

2 대동강: 대동강(大同江)은 평안남도 북동부 낭림산맥의 서쪽에서 발원하여 남서류하다가 남포특별시 부근에서 황해로 흘러드는 강이다. 고조선 시대에는 열수(洌水), 고구려 시대에는 패수(浿水)·패강(浿江) 또는 왕성강(王城江)이라고 불리다가 고려 시대 이래로 대동강이라 불리게 되었다. 최자(崔滋, 1188~1260)는 그의 시에서 "여러 물이 모여서 돌아 흐르므로 이름이 대동강이 되었다.[衆水所匯 名爲大同]"라며 그 이름의 유래를 밝힌 바 있다.

3 쓰이고……숨으니: 용사행장(用舍行藏). 『논어』 「술이(述而)」에 "쓰이면 행하고 버려지면 숨는다.[用之則行 舍之則藏]"라고 하였다.

4 공부자(孔夫子)는……두었으나: 공자는 "후세에 나를 알아줄 것도 『춘추』며, 나를 죄줄 것도 『춘추』다."라고 말한 바 있다. 『춘추』는 공자가 지은 노나라의 역사서다.

5 도는……받았다네: 계씨(季氏)와 맹씨(孟氏)는 노나라를 집권한 두 대부(大夫)인데, 제경공(齊景公)이 공자를 대접하며 말하기를, "계씨와 같이는 못하겠지만 계씨와 맹씨의 중간으로서 대접하리라."라고 하였다. 공자는 결국 계씨와 맹씨에게 받아들여지지 못하여 고국을 떠났다.

6 도가……때문이라네: 『논어』 「이인(里仁)」에 "나의 도는 하나로 관철되어 있다.[吾道一以貫之]"라고 하였다. 이때 '하나[一]'는 충서(忠恕)를 의미한다.

7 금과……소리: 『맹자(孟子)』 「만장 하(萬章下)」에, "공자를 두고 집대성하였다고 한다. 집대성이란 음악을 연주할 때 편종(編鐘)으로 시작하여 편경(編磬)으로 완성하는 것과 같다는 말이다.[孔子之謂集大成 集大成

의 뛰어난 메아리요, 반듯한 눈과 신령스런 문채는 위대한 모습,[9] 다섯 색깔을 갖춘 웅장한 자태였네. 이에 계승하고 본받아서 동서남북으로 주유(周遊)하며, 인의(仁義)의 숲에서 너울너울 춤추고 시서(詩書)의 세계에서 훨훨 날았네. 송(宋)나라 지날 적에 나무를 베어 죽이려 하자,[10] 응당 정착해서 살기가 위태롭다는 것을 알고 싫어했다네. 제(齊)나라에서 소(韶: 순임금의 음악) 음악을 들었을 때,[11] 봉이 와서 춤추는 덕을 드러냈다네.[12] 이제 알리라, 모습이 같은 것이 아니라, 오직 지혜가 서로 합치되었다는 것을! 예(藝)에 놀되[13] 안개엔 놀지 않으며, 제후의 나라에 이르렀으되 기산엔 이르지 못하였네.[14] 옹기솥에 밥을 받았음[15]은, 음식을 탐내지 않았음이요, 봉액 옷으로 유도를 일으켰으니, '어찌 덕이 쇠하였는가'[16]라고 어떻게 말을 할 것인가. 대개 나아가고 물러남이 편안하고, 굽혔다 펴는 것이 자유로웠도다. 정공(程公)이 일산을 기울여 말함[17]은, 진실로 비슷하지 않았기 때

也者 金聲而玉振之也]"라고 하였다. 문장의 앞뒤 맥락이 서로 조리 있게 연결되는 것을 의미하기도 한다.

8 팔음(八音): 여덟 악기의 소리. 쇠[金: 종(鍾)], 돌[石: 경(磬)], 흙[土: 훈(塤)], 가죽[革: 북], 실[絲: 금슬(琴瑟)], 나무[枳: 어(敔)], 박[瓠: 생(笙)], 대[竹: 관(管)] 등이다. 팔음이 조화로우면 봉이 날아든다고 한다.

9 반듯한……모습: 공자의 얼굴을 묘사하여, 『가어(家語)』에서 "하목융상(河目隆顙)"이라 했는데, 주에, "하목(河目)은 반듯한 눈"이라 했다. 그리고 『설문(說文)』에, "봉(鳳)의 모습은, 앞은 기린, 뒤는 사슴, 뱀의 머리에 물고기 꼬리, 용의 무늬에 거북의 등, 제비의 턱에 닭의 부리, 오색을 갖추고 있다.[鳳之像也 麐前鹿後 蛇頸魚尾 龍文龜背 燕頷雞喙 五色備擧]"라고 했다.

10 송(宋)나라……하자: 공자가 조(曺)나라를 떠나 송(宋)나라를 지날 때 제자들과 더불어 큰 나무 아래서 예(禮)를 익히고 있었는데, 송의 사마(司馬) 환퇴(桓魋)가 공자를 죽이고자 그 나무를 찍어 쓰러뜨렸다.

11 소(韶) 음악을 들었을 때: 『논어』 「술이(述而)」에, "공자가 제나라에 있으면서 순임금의 음악인 소(韶)를 들으시고, 3개월간 고기 맛을 알지 못하시고, '음악이 이 경지에 이른 줄을 알지 못하였다.'라 하였다.[子在齊聞韶 三月不知肉味 曰不圖爲樂之至於斯也]"라고 하였다.

12 봉이……드러냈다네: 『서경』에, "소(韶)를 아홉 번 이루매 봉황이 와서 노닐었다.[簫韶九成 鳳凰來儀]"라고 하였다.

13 예(藝)에 놀되: 『논어』 「술이(述而)」에, "도에 뜻을 두며, 덕을 굳게 지키며, 인에 의지하며, 예에 노닐어야 한다.[志於道 據於德 依於仁 游於藝]"라고 하였다.

14 제후의……못하였네: 『장자』 「양왕(讓王)」에 의하면, 고죽군의 아들 백이와 숙제가 주나라 문왕의 덕치를 보기 위하여 기산 남쪽에 이르렀다고 했다. 여기서는 공자가 여러 제후를 만나기는 했으나 문왕과 같은 덕치를 보지 못했다는 의미로 사용되었다.

15 옹기솥에 밥을 받았음: 공자는 진(陳)나라와 채(蔡)나라에서 포위를 당하여 7일 동안을 굶다가 시루에서 찐 밥을 비로소 먹을 수 있었다고 한다.

16 어찌 덕이 쇠하였는가: 『논어』 「미자(微子)」에, "초(楚)나라의 접여(接輿)가 노래하면서 공자 앞을 지나며 말하되, '봉이여, 봉이여, 어찌 그리 덕이 쇠하였는가?'라 하였다[楚狂接輿歌而過孔子曰 鳳兮鳳兮 何德之衰]"라고 하였다.

17 정공(程公)이……말함: 『가어(家語)』에, "공자가 정자(程子)와 길에서 만나 일산을 기울이고 말씀하였

문이고, 백어(伯魚)가 뜰을 추창했으니,[18] 과연 자식이 있다고 이를 만하다네. 요순 일컫기를 즐겨하였음[19]은, 살리기를 좋아하고 죽이기를 싫어하는 때로 돌아간 것이라네. 제 환공·진 문공을 말씀하지 않음[20]은, 알을 깨고 둥지를 덮는 마음을 멀리한 것이라네.[21] 아아, 높디높은 그 덕은, 더없이 밝으며 위의를 갖추었도다. 우뚝한 니구산(尼丘山)[22]보다 더욱 높건만, 단혈(丹穴)[23]에 머물러 있지 못했네. 쇠한 주나라의 70제후들은 소리개 부엉이들처럼 마침내 봉황을 비웃었지만, 궐리(闕里: 공자가 살던 마을)의 3천 제자들은 참새들처럼 따랐도다. 못난 선비로 일찍이 청전(靑氈)[24]을 물려받았지만, 아로새긴 붓을 아직 꿈꾸지 못하고,[25] 젊은 시절 장구(章句)의 수식에 공을 들였으며, 장년이 되어선 전모(典謨)[26]를 즐겨 읊조렸네.

다.[孔子遇程子於途 傾蓋而語]"라고 하였다.

18 백어(伯魚)가 뜰을 추창했으니: 『논어』「계씨(季氏)」에, "일찍이 혼자 계실 때 내[백어(伯魚)]가 뜰을 지나가는데 '시'를 배웠냐고 물으셔서 배우지 않았다고 대답했더니 '시'를 배우지 않으면 말을 할 수 없다고 하시기에 물러나와 시를 배웠다오. 또, 한번은 혼자 계실 때 내가 뜰을 나가는데 '예'를 배웠냐고 물으셔서 배우지 않았다고 대답했더니 '예'를 배우지 않으면 설 수가 없다고 하시기에 물러나와 '예'를 배웠다오.[嘗獨立 鯉趨而過庭 曰學詩乎 對曰 未也 不學詩 無以言 鯉退而學詩 他日 又獨立 鯉趨而過庭 曰學禮乎 對曰 未也 不學禮 無以立 鯉退而學禮]"라고 하였다.

19 요순 일컫기를 즐겨하였음: 『맹자』「등문공 상(滕文公上)」에, "맹자가 인간의 본성은 선하다고 말하면서 그때마다 요순을 일컬었다.[孟子道性善 言必稱堯舜]"라고 하였다.

20 제 환공……않음: 『맹자』「양혜왕 상(梁惠王上)」에, "공자의 제자들은 제나라 환공과 진나라 문공의 일을 말한 자가 없습니다.[仲尼之徒 無道桓文之事者]"라고 하였다.

21 알을……것이라네: 복소완란(覆巢完卵)으로, 멸족(滅族)의 화를 당한 가운데에서도 어린 손자 하나만은 다행히 살아남았다는 말이다. 한(漢)나라 공융(孔融)이 사형을 당할 때 8세와 9세 된 두 아들의 목숨만은 살려 주기를 원했는데, 이때 두 아들이 "아버지께서는 엎어진 둥지 아래 다시 무사한 알이 있는 것을 보셨습니까?[大人豈見覆巢之下 復有完卵乎]"라고 말했던 고사가 있다. 『세설신어(世說新語)』「언어(言語)」.

22 니구산(尼丘山): 『사기』「공자세가(孔子世家)」에 의하면 공자의 아버지 숙량흘(叔梁紇)이 어머니 안씨(顔氏)와 함께 니구산(尼丘山)에 기도하여 공자를 얻었으므로 이름을 구(丘)라 하고, 자를 중니(仲尼)라 했다고 한다. 이 산은 산동성(山東省) 곡부현(曲阜縣) 동남쪽에 있다.

23 단혈(丹穴): 단사(丹砂)를 내는 산의 구멍. 단혈이 있는 산을 단산(丹山)이라 하며, 그곳에 봉황이 깃든다고 한다.

24 청전(靑氈): 여러 대(代)를 전하는 물건으로, 여러 대째 글로 업을 삼은 데 비유한 것이다. 『진서(晉書)』「왕헌지전(王獻之傳)」에, 진(晉)의 왕헌지(王獻之)가 밤에 서재에 누워 있는데 도적들이 방안에 들어와 물건들을 거의 다 가져가는지라, 헌지가 천천히 말하되, "청전(靑氈)은 우리 집의 구물(舊物)이니 두고 가게."라고 하였다고 한다.

25 아로새긴……못하고: 『남사(南史)』에, 기소유(紀少瑜)가 일찍이 꿈에 육수(陸倕)에게 푸르게 아로새긴 붓 한 묶음을 받았더니, 그때부터 필력(筆力)을 얻어 문장이 되었다고 한다.

26 전모(典謨): 『서경(書經)』의 요전(堯典)·순전(舜典)의 2전과 대우모(大禹謨)·고요모(皐陶謨)의 모(謨)를 말한다. 여기서는 경전 일반을 말한 것이다.

남기신 유풍을 더욱 우러러보며,[27] 힘차게 봉을 따라[28] 영광을 깊이 기약한다네.

仲尼乃人倫之傑 鳳鳥則羽族之王 何其名之稍異 含厥德以相將 愼行藏於用捨之閒 如知出處 正禮樂於陵遲之後 似有文章 夫子志在春秋 道屈季孟 如非仁智之物 孰肖中和之性 相彼鳳矣 有一時瑞世之稱 此良人何 作百世爲師之聖 于以其文炳也 吾道貫之 揚德毛而出類 掀禮翼而聘時 金相玉振之嘉聲 八音逸響 河目龜文之偉表 五彩雄姿 斯乃祖述憲章 東西南北 蹌蹌乎仁義之藪 翽翽乎詩書之域 過宋伐樹 應嫌栖息之危 在齊聞韶 若表來儀之德 則知非形之似 惟智所宜 游於藝而不遊於霧 至於邦而不至於歧 受饒瓦甂 乃是不貪之食 興儒縫掖 那云何德之衰 盖進退誾如 屈舒鴆彼 程公傾盖兮 諒以不似 伯鯉趍庭兮 堪云有子 樂稱堯舜 歸好生惡殺之時 無道桓文 遠毁卵覆巢之里 於戱巖巖德義 皓皓威儀 高尼山之岐嶷 非丹穴之捿遲 衰周之七十諸候鴟梟竟笑 闕里之三千子弟鳥雀相隨 小儒靑氈 早傳鏤管 未夢少年攻章勾之彫篆 壯齒好典謨而吟諷 鑽仰遺風 敎敎深期於附鳳

출전: 『동문선』, 〈중니봉부(仲尼鳳賦)〉

3. 작품 감상

정지상은 서경(西京)의 한미한 가문의 출신으로 편모슬하에서 자랐다고 한다. 그의 시 〈송인〉은 수많은 사람이 천고의 절창(絶唱)이라며 차운한 바 있다. 이 시는 〈서경별곡〉과 같은 전통 위에서 남포나 대동강에서 보여 주는 것처럼 우리의 향토적 정서를 아름답게 형상화하고 있다. 남포는 대동강의 포구(浦口)로, 이별과 재회의 공간이다. 제1구는 비 갠 언덕 위에서 새파랗게 돋아나는 풀잎을 제시

---

27 남기신……우러러보며: 찬앙(鑽仰). 『논어』 「자한(子罕)」에, 안연(顔淵)이 공자의 도덕에 대해서 "우러러볼수록 더욱 높고 뚫을수록 더욱 견고하다.[仰之彌高 鑽之彌堅]"라며 칭송한 말이 있다.

28 봉을 따라: 『후한서(後漢書)』 「광무제기(光武帝紀)」에, 봉과 용을 성철(聖哲) 또는 영주(英主)에 비유하여, 제자가 성철로 인하여 이름을 전하거나, 신하가 영주(英主)를 좇아 공업을 세움을, "용을 휘어잡아 따르고, 봉에 붙어 따른다.[攀龍鱗 附鳳翼]"라고 하였다.

하여 자연의 경쾌함을 말한 것이다. 그런데 이어지는 제2구에서는 인간의 비극인 이별을 제시하고 있어 그 생기발랄한 자연에 동참하지 못하는 인간의 비애를 드러내고자 했다. 제3구와 제4구에서는 시공을 들어 그것을 과장하였다. 즉, '대동강'이라는 공간의 광대성과 '연년(年年)'이라는 시간의 지속성을 동시에 제시하면서, 이별의 눈물이 쉬지 않고 대동강을 메우며 흐른다고 하였다.

김부식은 경주 출신으로 고려의 대표적인 문벌귀족이다. 그의 다른 세 형제인 김부필(金富弼), 김부일(金富佾), 김부의(金富儀)도 모두 걸출한 인물이다. 김부식의 문학관은 기능 면에서 명분을 바로 세우는 데 사용되어야 하며, 내용 면에서 널리 규범이 될 만해야 하며, 표현 면에서 질박하면서도 전아해야 한다는 것이었다. 이러한 생각을 지니고 〈중니봉부〉를 창작했다. 중니는 공자의 자이니, 공자가 바로 봉이라고 하면서 공자의 덕을 다양한 측면에서 찬양하였다. 이 때문에 가장 마지막 구절에서, "남기신 유풍을 더욱 우러러보며, 힘차게 봉을 따라 영광을 깊이 기약한다네."라고 할 수 있었다. 누관(鏤管)의 문장과 전모(典謨)의 경전을 함께 제시하면서, 문과 도를 함께 온전히 하고자 했던 점은 문학사적 측면에서 주목할 만한 것이다.

정지상이 국풍을 지니고 있었다면 김부식은 화풍을 지니고 있었다. 이 갈등이 표면화된 것이 묘청 등이 서경에서 일으킨 반란(1135년, 인종 13)이다. 이들은 도참사상에 근거하여 서경에 여덟 성인을 모신 팔성당(八聖堂)을 지었는데, 제문은 정지상이 맡아서 지었다. 여덟 성인에는 호국백두악(護國白頭嶽) 태백선인(太白仙人)을 으뜸으로 하며, 불교와 도교의 신도 두루 받아들였다. 이러한 회통적 세계관은 최치원의 〈난랑비서(鸞郎碑序)〉나 일연의 『삼국유사』 〈심지계조(深地繼祖)〉 등에서 광범하게 나타나지만, 후대의 성리학적 세계관에 의해 철저하게 배척 혹은 통제되었다. 정지상과 김부식의 문학적 경쟁과 그 특징은 『백운소설(白雲小說)』에 전하는 다음 이야기에 잘 나타난다.

> 시중 김부식과 학사 정지상은 문장으로 한 시대에 이름을 나란히 하였는데 두 사람은 다투고 삐걱거려서 서로 화목하지 못했다. 세상에 전하길, 정지상

에게는 "절의 염불 소리 그치니 하늘의 색이 유리같이 깨끗하네.[琳宮梵語罷 天色淨琉璃]"라는 구절이 있었다. 김부식이 기뻐하고 그것을 찾아 자기의 시로 삼고자 했으나 끝내 허락받지 못했다. 후에 정지상이 김부식에게 죽임을 당해 음귀(陰鬼)가 되었다. 하루는 김부식이 봄 시를 읊으며, "버들 색은 천 가닥이 푸르고, 복숭아꽃은 만 점이 붉구나.[柳色千絲綠 桃花萬點紅]"라고 했다. 이에 홀연히 공중에서 정지상 귀신이 김부식의 뺨을 때리며, "천 가닥과 만 점 되는 줄을 누가 세어 보았는가? 어찌, '버들 색이 올올이 푸르고 복사꽃이 점점이 붉다.[柳色絲絲綠 桃花點點紅]'라고 하지 않는가?"라고 했다. 김부식은 마음으로 대단히 그것을 싫어했다. 그 뒤 김부식이 어떤 절에 가서 측간에 오르게 되었는데 정지상 귀신이 뒤를 따라와 음낭(陰囊)을 쥐며, "술도 마시지 않았는데 어찌해서 얼굴이 붉으냐?"라고 물었다. 김부식이 천천히 대답했다. "저쪽 언덕의 단풍이 얼굴에 비춰 붉은 것이다." 정지상 귀신이 음낭을 더욱 죄어 쥐며, "어떤 물건의 가죽 주머니인가?"라고 물었다. 김부식이 답했다. "너의 아버지 음낭은 쇠로 되었느냐?" 정지상 귀신이 음낭을 더욱 세게 쥐어 김부식이 마침내 측간에서 죽었다.

이 이야기는 정지상과 김부식이 문학으로 이름이 나란했던 점, 정치적으로는 김부식이 정지상에게 승리하였던 점, 문학적으로는 정지상이 더욱 뛰어났던 점 등을 두루 제시하고 있다. 정치적인 측면에서는 정지상이 묘청의 난에 가담하였다 죽었으니 그럴 수 있고, 문학적인 측면에서는 서로 다른 경향을 구체적인 사례를 들어 설명하고 있어 흥미롭다. 즉, 김부식이 "유색천사록(柳色千絲綠), 도화만점홍(桃花萬點紅)."이라고 하니, 정지상이 "유색사사록(柳色絲絲綠), 도화점점홍(桃花點點紅)"으로 두 자를 고쳤다는 것이다. 김부식의 '천'과 '만'이 규범적이고 관용적인 표현이라면, 정지상의 '사'와 '점'은 독창적이고 감각적인 표현이다. 이는 규범적인 화풍과 독창적인 국풍을 대변할 수 있는 것으로, 위에서 제시한 〈중니봉부〉와 〈송인〉에서도 지속적으로 드러난다고 하겠다.

〈생각해 보기〉

(1) 문학사에서는 흔히 고려 전기의 문학을 '화풍(華風)'과 '국풍(國風)'의 대립과 갈등으로 이해한다. 이에 대한 근거를 들고, 이 대립과 갈등이 이후의 한국문학사에 어떤 영향을 미치고 있는가 하는 문제를 생각해 보자.

(2) 신채호는 묘청의 난을 '조선 역사상 1천 년 내의 제1대 사건'이라 한 바 있다. 민족사가 신채호가 묘청의 난을 이렇게 평가할 수 있었던 이유와 그 한계에 대하여 생각해 보자.

(3) 정지상의 〈송인〉과 김부식의 〈중니봉부〉는 그의 다른 작품과 비교해 볼 때 어떤 특징이 있는가? 만일, 특징이 있다면 그 이유는 무엇이며, 특징이 없다면 그 이유는 또한 무엇인지를 설명해 보자.

참고문헌

· 박성규, 「고려 전기 문학사상 연구: 김부식의 문학 사상을 중심으로」, 『한문학보』 18, 우리한문학회, 2008.
· 변종현, 「정지상 한시의 풍격 연구」, 『국문학논집』 15, 단국대학교 국어국문학과, 1997.
· 어강석, 「『삼국사기』「열전」의 서술과 김부식 문장의 재조명」, 『한국학』 36, 한국학중앙연구원, 2013.
· 조경은, 「정지상의 〈送人〉을 둘러싼 해석적 다양성의 문제」, 『어문연구』 36, 한국어문교육연구회, 2008.
· 최병헌, 「김부식의 사학과 인문학 전통의 재인식」, 『인문논총』 43, 서울대학교 인문학연구원, 2000.

정우락

16

도이장가와 정과정곡
悼二將歌·鄭瓜亭曲

1. 창작 배경

〈도이장가(悼二將歌)〉는 고려 예종(睿宗, 1079~1122)이 창작한 작품으로, 1120년(예종 15) 예종이 서경에 행차하여 팔관회에 참석하였을 때, 개국공신 김락(金樂)과 신숭겸(申崇謙)의 형상을 보고 이들을 추도하기 위해 지은 노래이다. 〈도이장가〉에 대한 기록은 『평산신씨고려태사장절공유사(平山申氏高麗太師壯節公遺事)』를 통하여 확인할 수 있다. 이에 따르면 예종이 참석한 서경의 팔관회에서 허수아비 둘이 관복을 갖추어 입고 말을 타고 뛰면서 뜰을 돌아다녔고, 예종은 이러한 허수아비가 신숭겸, 김락 장군이라는 말을 듣고, 감격하여 작품을 창작하였다고 한다. 신숭겸과 김락은 태조 왕건이 견훤과의 전투에서 궁지에 몰렸을 때 왕건을 대신하여 죽은 인물들이다. 이를 추모하는 과정이 태조 때부터 팔관회에 편입되었던 것으로 보이며, 이러한 과정 가운데 〈도이장가〉가 창작된 것이라고 할 수 있다. 〈제망매가〉, 〈모죽지랑가〉 등의 사뇌가의 내용과 창작 동기를 고려하여 보면, 이 작품이 창작 과정에 반영된 문화적 전통은 충분히 확인할 수 있다.

이에 비해 〈정과정곡(鄭瓜亭曲)〉은 창작자 및 창작 동기가 명확하게 밝혀진 유일한 고려속요로 고려 인종, 의종 때 문신이었던 정서(鄭敍, ?~?)가 지은 것이다. 정서는 아버지 정항(鄭沆, 1080~1136)이 묘청의 난 등에서 공을 세웠기 때문에 음서로 관직에 진출하였으며, 인종과는 동서지간이었다. 의종이 즉위한 후 의종의 동생을 왕으로 추대하고자 하는 일에 가담하였다는 죄목으로 동래로 유배갔다가, 무신란으로 명종이 즉위한 뒤 풀려났다. 『고려사』 「악지」에 수록된 기록에 따르면, 〈정과정곡〉은 고려 의종의 즉위 후 유배를 떠난 정서가 머지않아 다시 부르겠다는 의종의 약속을 기다리며 부른 노래로, 충신연주지사(忠臣戀主之詞)의 대표작이라고 할 수 있다.

한 작품은 신하가 왕을 그리며, 다른 한 작품은 왕이 신하를 추도하며 창작한 작품이라는 점에서 〈도이장가〉와 〈정과정곡〉은 비교하여 이해해 볼 만하다.

2. 원문 읽기

원문	현대어 풀이
(1) (前腔)[1] 내님믈 그리ᅀᆞ와 우니다니	내 님을 그리워하여 울고 있더니
(中腔) 山 졉동새[2] 난 이슷ᄒᆞ요이다	산 접동새와 나와는 비슷합니다
(後腔) 아니시며 거츠르신 ᄃᆞᆯ 아으	아니며 거짓인 줄을 아으
(附葉) 殘月曉星[3]이 아ᄅᆞ시리이다	지새는 달과 새벽별이 아실 것입니다
(大葉) 넉시라도 님은 ᄒᆞᆫᄃᆡ 녀져라 아으	죽은 혼이라도 임과 한곳에 가고 싶습니다 아으
(附葉) 벼기더시니[4] 뉘러시니잇가	어기던 사람이 누구였습니까
(二葉) 過도 허믈도 千萬 업소이다	과실도 허물도 전혀 없습니다
(三葉) ᄆᆞᆯ힛 마리신뎌	뭇 사람들의 참소하던 말입니다
(四葉) ᄉᆞᆯ읏븐뎌 아으	슬프구나 아으

---

1 전강(前腔): 〈북전(北殿)〉, 〈처용가(處容歌)〉 등의 기록에서 확인할 수 있는 음악 곡조 중 하나이다. 아래 중강(中腔), 후강(後腔) 등과 대엽(大葉), 부엽(附葉) 등 역시 음악 곡조 중 하나로 보이나 구체적으로 음악적 특징이 무엇인지는 불분명하다.

2 접동새: 두견새를 일컫는 말로 경남 방언이며, 한자어로는 두우(杜宇)·자규(子規)라고 한다. 흔히 두견새와 소쩍새를 같은 새로 설명하기도 하나, 이는 서로 다른 종이다. 옛날부터 설화나 문학 등에 다양하게 등장하였으며, 동명의 설화와 고전소설이 남아 전한다.

3 殘月曉星: '지는 달과 새벽별'이라는 뜻으로 천지신명(天地神明)과 유사한 의미이다.

4 벼기더시니: '우기시던 이'라는 뜻으로 정서를 모함한 사람들을 지칭한다. 중세어 '벼기-'에 선어말어미 '-더-', '-시-', '-ㄴ'이 결합되고, 여기에 대상을 가리키는 지시대명사 '이'가 이어진 형태이다.

(附葉) 니미 나ᄅᆞᆯ ᄒᆞ마 니ᄌᆞ시니잇가 임께서 벌써 저를 잊으셨습니까

(五葉) 아소 님하 도람 드르샤 괴오쇼셔 맙소서 임이시여, 돌려 들으시어 사랑하소서

출전: 『악학궤범』, 「삼진작」

(2)

<table>
<tr><th>원문</th><th>김완진 해독</th><th>현대어역</th></tr>
<tr><td rowspan="4">主乙完乎白乎
心聞際天乙及昆
魂是去賜矣
中三烏賜敎職麻
又欲望彌阿里刺
及彼可二功臣良久
乃直隱跡烏
隱現乎賜丁</td><td>니믈 오ᄋᆞᆯ오ᄉᆞᆯ본
ᄆᆞᅀᆞ믄 ᄀᆞᇫ 하늘 밋곤
넉시 가샤ᄃᆡ
몸셰오신 말ᄊᆞᆷ
셕 맛도려 활자바리 가ᄉᆡ와뎌
됴타 두 功臣아
오래옷 고ᄃᆞᆫ 자최ᄂᆞᆫ
나토신뎌</td><td>님을 온전케 하온
마음은 하늘 끝까지 미치니
넋이 가셨으되
몸 세우시고 하신 말씀
職分[5] 맡으려 활 잡는 이 마음 새로워지기를,
좋다, 두 功臣[6]이여
오래오래 곧은 자취는
나타내신저</td></tr>
<tr><th>유창균 해독</th><th>현대어역</th></tr>
<tr><td>님을 오ᄋᆞᆯ오ᄉᆞᆯ본
ᄆᆞᅀᆞ믄 ᄀᆞᆺ 하ᄂᆞᆯ 미ᄎᆞ곤
넉시 가샤ᄃᆡ
ᄆᆞᅀᆞᆷ 삼오샤 내리신 벼슬 말ᄊᆞᆷ
ᄯᅩ ᄒᆞ고져 ᄇᆞ람 아니라
다ᄆᆞᆺ 뎌곳 두블 아ᄋᆡ
곧 나ᄃᆞᆫ 자초
그ᅀᅳ기 나토샬뎌</td><td>님을 온전하게 하오신
마음은 하늘 끝까지 미치거니
영혼은 가시었으되
마음에 (깊이) 새기시어 내려주신 벼슬의 綸音
또 하려므나 하는 바람[希望]을 알 것이로다
더불어 저곳에 있는 두 功臣의
곧 나타난 그 功績
그윽히 나타나게 하신 것이로다</td></tr>
</table>

출전: 『평산신씨고려태사장절공유사(平山申氏高麗太師壯節公遺事)』

3. 작품 감상

정서의 〈정과정곡〉은 고려속요 형식이고, 예종의 〈도이장가〉는 8구체 향가 형식의 작품이다. 시기상으로는 〈도이장가〉가 조금 더 먼저 창작되고, 이어 〈정과정곡〉이 창작되었는데, 시간적인 차이가 그리 크지 않아 동시대에 창작된 것이라고 봐도 무방하다. 즉, 이 두 작품을 통해 적어도 고려 초·중기에 향가와 고려속요 형식이 공존하고 있었음을 알 수 있다.

---

5 職分: 마땅히 하여야 할 본분이라는 뜻으로, 궁지에 몰린 왕건을 살리기 위한 신하의 마땅한 도리(본분)를 말한다.

6 功臣: 통일신라 말 왕건과 견훤 사이의 전투 중 왕건이 궁지에 몰리자 그를 대신하여 죽은 개국공신 김락(金樂)과 신숭겸(申崇謙)을 지칭하는 말이다.

먼저 (2)의 〈도이장가〉는 형식을 편의상 8구체로 설명하기는 하나, 실제 남아 전하는 기록으로는 '단가이장(短歌二章)'[7]의 형태이다. 『평산신씨고려태사장절공유사(平山申氏高麗太師壯節公遺事)』의 이러한 기록을 통하여 이 작품이 당대인들에게 연장체(連章體) 시가로 인식되었을 가능성이 있음을 확인할 수 있다. 이는 이미 형식상으로 고도화된 10구체 형식이 전대부터 유행하였음에도 불구하고, 8구체 형태로 창작된 이유와 관련이 있을 것이다. '단가'라는 것은 '토막 노래'라는 뜻이기 때문에 4구체 형태가 반복되는 8구체 형식이 '단가이장'의 형태에 더욱 적합한 것이다.

하지만 〈도이장가〉가 형식상 8구체의 형태를 띠고 있다고 하더라도 작품이 크게 안정된 형식은 아니라고 할 수 있다. 4구씩 두 장으로 나눈다고 하더라도 각 장이 내용상으로 완결되는 구조가 아니며, 의미상으로 완결된 지점을 기준으로 장을 나눈다면, 형식적으로 전혀 안정되지 않은 구조이기 때문이다. 또한 시기적으로 현전하는 작품들 가운데 가장 후기에 해당하는 작품이기 때문에 이 작품을 사실상 향가의 잔존 형태로 보기도 한다.

아울러 〈도이장가〉는 서경에서 개최된 '팔관회'에서 불린 것이다. 팔관회는 551년(진흥왕 12)부터 조선 초까지 이어졌던 국가의 무속 행사로 당시 국가를 주도하였던 종교인 불교 의식과 결합된 형태로 운영되었다. 대체로 팔관회를 통해 '호국'의 뜻을 새기고, 복을 빌기도 하였는데, 서경 팔관회는 10월 15일에 실시되었다. 즉, 팔관회에서 이 노래가 불렸다는 것을 통해 고려 개국공신을 추모하는 역할을 하였다는 점을 알 수 있는데, 이러한 형태는 신라 〈제망매가(祭亡妹歌)〉와 같은 사례를 통하여서도 확인된다.

〈정과정곡〉은 『고려사』 「악지」에 창작 배경이 서술되어 있고, 『악학궤범』에 국문 노랫말이 수록되어 있으며, 이제현의 〈소악부〉에 한역가가 실려 있다. (1)은 『악학궤범』에 수록된 국문 노랫말이다. 내용은 자신을 곧 불러 주겠다는 임금의 약속이 지켜지지 않음에 대한 원망과 호소를 담고 있으나, 대상에 대한 '원망'에

7 〈평산신씨고려태사장절공유사(平山申氏高麗太師壯節公遺事)〉에 "仍泰本末上悄然感慨問二臣之後賜御製四韻一絶 短歌二章"이라고 전해진다.

초점이 맞추어진 '원가'와는 성격이 다르다고 할 수 있다. 작품의 마지막 부분에 임금이 다시 사랑해 달라고 이야기하고 있는 것으로 보아 하소연의 성격이 더욱 짙은 형태이다.

〈정과정곡〉의 형식에 대해서는 정확하게 어떤 갈래에 속한다고 말하기는 어렵다. 사실상 향가의 형식이 해체되는 시기의 작품이라고 볼 수 있으나, 수록된 기록의 형태가 전형적인 향가의 형식과는 다르기 때문에 이 작품을 고려속요로 구분하기도 한다. 대엽(大葉), 중엽(中葉)에 해당하는 부분이 〈만전춘별사〉의 사설과 유사하다는 점 역시 이 견해를 뒷받침한다. 하지만 이러한 점은 전승 과정에서 유행하던 사설이 영향을 미친 것으로도 볼 수 있으며, 사실상 향가가 쇠퇴하여 더 이상 갈래로서의 정체성을 유지하기 힘든 시기의 작품으로 볼 수 있다.

또한 〈정과정곡〉은 음악의 악조 구성을 나타내는 전강(前腔), 중강(中腔), 후강(後腔)과 같은 말이 함께 기록되어 있다는 점과 『악학궤범』에 '삼진작'이라는 곡조로 수록되어 있다는 점 등을 통해 음악적으로 연행되었음을 확인할 수 있다. 구체적으로 이 작품은 전강·중강·후강과 부엽·대엽·이엽·삼엽 등으로 구성되어 있다. 이러한 '엽(葉)'이 구체적으로 어떤 특징을 가지고 있는가는 정확하게 밝혀진 것이 없으며, 가사가 붙지 않는 간주격, 가사가 붙는 후렴, 시조 한 편을 노래하는 곡조, 가사의 일부를 노래하는 곡조 등 쓰임의 양상이 일정하지 않다. 이(二), 삼(三), 사(四) 등으로 구성되어 있기 때문에 확대 형식으로 보는 경우도 있으나, 가사 내용은 이와는 전혀 관계가 없다.

결국 〈도이장가〉와 〈정과정곡〉은 고려조에 접어들며 창작된 향가와 향가의 잔존 형태의 작품으로 문학사적으로 서로 연관성이 있다고 할 수 있다. 특히, 신라 시대 화랑 집단 등에 의해 주로 향유된 것으로 보이는 향가 양식이 고려조로 접어들며 고려 귀족에 의해 향유된 정황을 확인할 수 있는 것이다. 이를 통해 향가 갈래가 상당히 넓은 향유층을 형성하고 있었음을 확인할 수 있으며, 향가 갈래와 고려속요 갈래의 형태적인 측면이나 향유 측면에서의 연관성을 추측해 볼 수 있을 것이다.

〈생각해 보기〉

(1) 〈도이장가〉와 〈정과정곡〉을 바탕으로 고려 시대 귀족 계층이 어떻게 향가 갈래를 향유하였는지에 대해 생각해 보자.

(2) 〈도이장가〉와 〈정과정곡〉의 작자와 작품 속 화자를 비교하여 각 작품이 그려 내는 작가의식과 이에 대한 형상화의 차이점을 파악해 보자.

(3) 〈도이장가〉와 〈정과정곡〉의 갈래적 특징을 바탕으로 향가 갈래와 고려속요 갈래의 관련성에 대하여 생각해 보자.

참고문헌

· 유창균, 『향가 비해』, 형설출판사, 1994.
· 김혜은, 「향가와 한시의 장르적 상보 관계 고찰」, 『열상고전연구』 32, 열상고전연구회, 2010.
· 변동명, 「고려 전기 신숭겸 추념과 팔관회의 연관성 고찰」, 『남도민속연구』 32, 남도민속학회, 2016.
· 전일환, 「도이장가 '二將'에 관한 소고」, 『국어문학』 25, 국어문학회, 1985.

최형우

◦ 제4장 ◦

중세 후기 제1기 문학

중세 후기 문학

중세 후기는 고려 의종 24년에 일어났던 무신의 난(1170)에서 임진왜란(1592)까지이니, 고려 후기와 조선 전기를 포괄한다. 이 시기에는 중세의 보편주의적 이념 아래, 그것을 독자적으로 구현하려 했다. 무신란은 문벌 귀족의 몰락과 신흥 사대부의 출현을 가져왔는데, 신흥 사대부는 문벌 귀족에 눌려 중앙 정계에 진출하지 못했던 지방의 향리나 중소 지주로서, 과거를 통해 진출한 신관료였다. 새 시대의 주역으로서 사상성과 역사의식에 투철한 문학을 했는데, 이들이 고안해 낸 대표적인 문학 갈래가 경기체가(景幾體歌)이다. 한림원(翰林院)의 여러 선비들이 넘치는 자신감을 표현한 〈한림별곡〉이 그 첫 작품이다.

중세 후기 제1기 문학

중세 후기 제1기는 무신의 난(1170)에서 조선 건국(1392)까지로, 고려 후기를 말한다. 고려의 한문문학은 이 시기에 크게 발전했다. 문학의 담당층이 신흥 사대부로 바뀌면서 그 성격이 달라졌기 때문이다. 대표적인 문인으로는 이규보(李奎報)를 들 수 있다. 그는 민족사를 재인식하면서 〈동명왕편〉을 창작하였고, 주체적인 역사의식을 지니고 민족정신을 고취하는 한편, 농민의 참상과 현실의 모순을 파헤치는 방향으로 작품 활동을 하였다. 이는 중세 보편주의를 독자적으로 구현하려는 노력의 좋은 본보기가 된다. 한문으로 창작된 공동 문어 문학에다 현실 인식의 과제를 부과해 중세 후기 문학의 성립을 촉진시켰기 때문이다.

이 시기에 특별히 주목되는 것은 이인로(李仁老)의 『파한집』 등에서 볼 수 있듯이 본격적인 비평의식이 성장하였다는 점이다. 불교 방면에서는 지눌(智訥)이 나타나 불교 혁신 운동을 전개하였으며, 일연(一然)의 『삼국유사』와 이승휴의 『제왕운기』는 이민족의 침입에 따른 민족문화에 대한 인식을 새롭게 하는 구실을 했다. 임춘(林椿)의 〈국순전〉 등의 가전체 문학, 상층과 하층의 문화 교섭을 보여 준 속악 가사, 새 왕조의 이념을 모색하는 과정에서 탄생한 시조, 선승들이 중생 교화를 위해 개척한 가사(歌辭) 등이 주목된다. 특히 가사는 신흥 사대부들이 계승함으로써 본격화되었다.

17

오세재·이인로·진화의 한시

1. 창작 배경

고려는 태조가 건국한 이래로 교육에 힘썼으며, 4대 광종에 이르러 과거 제도를 실시하였고, 6대 성종은 국자감을 설치하여 유교 정치의 실천력을 담당할 수 있는 지식 계급을 형성하는 등 문신 배양에 힘썼다. 그리하여 고려의 정권은 문벌귀족들이 장악하고 있었다. 이러한 과정에서 기득권 세력인 문신이 무인을 홀대하는 상황이 계속되자, 정중부(鄭仲夫, 1106~1179)는 불만이 쌓인 무인들을 이끌고 쿠데타를 일으켜, 첫 번째 군사정권을 창출하였다. 이후 문벌귀족들은 도망쳐 살아남았다 해도 경제적인 기반이나 사회적인 특권을 잃어 살아가기 막막했다. 무신정권 주위에 모여 과거를 보아 벼슬하기를 바랐지만, 이 역시 뜻대로 되지 않았다. 그리하여 1184년, 무신들의 정권 다툼이 치열해지던 무렵, 산수나 찾아 즐기며 고결한 문학을 한다고 표방하는 죽림고회(竹林高會)가 생겨났다.

이인로(李仁老, 1152~1220), 임춘(林椿, ?~?), 오세재(吳世才, 1133~?), 조통(趙通, ?~?), 황보항(皇甫抗, ?~?), 함순(咸淳, ?~?), 이담지(李湛之, ?~?) 등 일곱 문인들로 이루어진 죽림고회는 중국의 죽림칠현을 본뜬 것으로, 산수나 찾아 즐기며 고결한 문학을 한다고 표방했다. 이들은 모두 옛 문신 귀족층의 후예들로 모두 자기 가문의 내력을 긍지로 여기고 있었으며, 자신들의 재능에 비해 부당한 대우를 받는다고 여기고 현실에 대해 매우 부정적 시각을 갖고 있었다.

죽림고회 회원들은 특히 당시 형식 위주의 과문(科文)을 싫어하여 많은 비판을 가했다. 하지만 그들 역시 옛 문신 귀족층의 후예로 가문의식이 무척 강했던 탓에, 가문의 부흥을 위해서는 과거를 통한 현실 참여를 시도할 수밖에 없었다. 이 때문에 고려 전기 문학이 무엇이든지 아름답게 꾸미는 것을 자랑으로 삼았다면, 무신란을 겪고 몰락한 문인들은 깊은 절망에 사로잡혀 조화가 아닌 갈등을, 수식이 아닌 충격을 생동하게 갖추는 시문을 남기게 되었던 것이다.

반면 무신란으로 더욱 득세를 한 이들이 있었으니, 진화(陳華)와 같은 사람이다. 진화는 집안 대대로 무신이었는데, 증조부는 이자겸(李資謙, ?~1126)의 난을 평정하는 데 공이 있었고, 조부는 정중부와 함께 거사를 하면서 문신을 보호해 칭송을 들었다. 「한림별곡」에서 "이정언 진한림 쌍운주필"이라고 했는데, 진한림이 바로 진화이다. 죽림고회의 구성원들이 현실에 대한 불만을 담거나 산수 지향적인 시문을 남겼다면, 진화는 백성들을 생각하고 세상을 바로잡으려는 의지를 시로 나타냈다.

2. 원문 읽기

(1) 늙으니 병이 뒤따르는데	老與病相隨
평생토록 포의[1]의 신세로다	窮年一布衣
현화[2]는 밝음을 가리기 일쑤이고	玄花多掩映
눈동자[3]에는 광채 적구나	紫石少光輝
등불에 비친 글자 보기 겁나고	怯照燈前字
눈 온 뒤 햇빛 대하기 부끄러워라	羞承雪後暉
기다렸다 금방[4]이나 보고 난 뒤에	待看金牓罷

1 포의: 벼슬하지 않는 사람이 입는 옷을 말한다.
2 현화: 눈을 다르게 이르는 말이다.
3 눈동자: 원문은 자석(紫石). 자석은 눈동자를 이르는 말이다.
4 금방: 과거에 급제한 사람의 이름을 기록한 방(榜)으로, 과거 급제를 이르는 말이다.

눈 감고 들어앉아서 세상 일을 잊으리라　　閉目坐忘機

출전: 『동문선(東文選)』 권9, 「오언율시(五言律詩)」, 〈병목(病目)〉

(2) 공작 병풍 깊은데 촛불 그림자 희미하고　　孔雀屛深燭影微
원앙새 잠 깊으니 어찌 나누어 날으리　　鴛鴦睡美豈分飛
가엾어라, 파리한 청루의 여자　　自憐憔悴靑樓女
시집갈 남의 옷만 끝없이 짓네　　長爲他人作嫁衣

출전: 『동문선(東文選)』 권20, 「칠언절구(七言絶句)」, 〈내정사비유감(內庭寫批有感)〉[5]

(3) 서쪽 중화[6]는 이미 삭막해졌고　　西華已蕭索
북쪽 변방[7]은 아직도 혼몽하다　　北寨尙昏蒙
앉아서 문명 새벽 기다리자니　　坐待文明旦
동쪽 하늘에서 해가 붉어지려 하는구나　　天東日欲紅

출전: 『매호유고(梅湖遺稿)』, 「오언절구(五言絶句)」, 〈봉사입금(奉使入金)〉

3. 작품 감상

(1)은 오세재의 작품 〈병목(病目)〉이다. 오세재는 본관이 고창(高敞)이고 자는 덕전(德全)이다. 고려 명종 때 과거에 급제하였으나 성격이 소탈하고 구속함이 적어 세상에 용납되지 못했다. 이는 그와 망년지교(忘年之交)를 맺은 이규보의 「오

5 내정사비유감(內庭寫批有感): 내정(內庭)에서 비답(批答)을 쓰다가 느낌이 있어. 작자 자신은 높은 벼슬에 오르지 못하고, 남이 높은 벼슬하는 데 그 임명하는 글을 임금의 명으로 짓기만 하는 것을, 어느 처녀가 자기는 시집가지 못하면서 남의 시집갈 옷을 대신 지어 주는 데 비유하여 탄식한 것이다.

6 서쪽 중화: 원문은 서화(西華). 1127년 금나라에 쫓겨 중국 남쪽 지역인 임안(臨安), 즉 지금의 항주(抗州)에 도읍을 정하고, 중국 남쪽 지역을 다스리게 된 남송을 이르는 말이다. 당시 금나라가 요(遼)를 쳐서 멸망시키고, 1126년 송나라 수도 개봉을 점령했다. 이로써 송나라 왕실의 혈통이 중단되었는데, 이 사건을 '정강의 변'(1127)이라고 한다. 이때 난을 피해 남쪽으로 도망간 고종(高宗: 흠종의 동생)이 항주에 도읍을 세우고 남송을 재건하였다.

7 북쪽 변방: 원문은 북채(北寨). 북채는 북쪽 변방을 이르는 말로, 여기에서는 여진족이 세운 금나라를 말한다.

선생덕전애사 병서(吳先生德全哀詞 幷序)」에서 "늦게야 과제에 올라 비로소 절절(折節)되었지만, 오히려 세상에 용납되지 못하여 앞길이 막혔으므로 떨치지 못하였다."라고 한 것을 보면 알 수 있다. 오세재는 사회적으로 이와 같이 쓰임을 얻지 못하였을 뿐 아니라, 집안에서도 불우했다. 당시 그는 이지심(李知深)의 딸에게 장가를 들었는데, 부인이 교만하게 굴었다는 이규보의 기록을 보면 이러한 사정을 알 수 있다.

이 시는 오세재가 눈병이 났을 때 지었다고 하는데, 시적 화자는 자신의 곤궁한 신세와 눈병, 그리고 현실적 부귀에 대한 초연함 등을 읊고 있다. 늙고 병든 나이에 '포의' 신세를 면하지 못하고 있었으니, 그 사정의 곤궁함을 엿볼 수 있다. 그런데 '눈병'으로 인해 등불 앞 글자 보기가 두렵고, 눈에 반사된 햇빛조차 감당하기 어려운 상태에까지 이른다. 그러나 병은 눈에만 난 것이 아니었다. '금방'을 보고 난 뒤에 '눈감고 들어앉아서 세상일을 잊으리라'고 한 것에서 이러한 사정을 알 수 있다. 여기서 '눈감고 들어앉았다'는 것은 육안을 닫았다는 것이다. 또한 '기(機)'를 잊는다고 하였는데, 여기서 '기'는 곧 '기심(機心)'으로, 기회를 보면서 교묘하게 실리를 챙기는 마음이다. 이는 곧 현실적 부귀에 대한 욕심을 버렸음을 의미하는 말이다. 즉, 시적 화자는 육안의 병을 노래함으로써 심안(心眼)을 통해 바라본 자신의 내면을 표출하고자 한 것이다. 이는 곧 죽림 본연의 자세에 몰입하여 청담과 시주(詩酒)만을 벗 삼고, 세상일을 꾀함을 잊고자 한 것이다.

(2)는 이인로의 작품 〈내정사비유감(內庭寫批有感)〉이다. 이인로는 고려 전기와 중기를 살았던 인물로, 귀족 중심의 사회에서 소년 시절을 보냈다. 그러나 무신집권 이후 대부분의 생애를 억눌려 지냈으므로, 현실에서 이인로는 고뇌하는 지식인으로 살아갔다. 이인로 역시 누구나 답습하는 과정을 거쳐 과거에 오르고 관직 생활을 했다. 하지만 "사람의 성격이 좁고 참을성이 없어 당시의 집권자에게 거슬려 크게 쓰이지 못하였다."라는 기록을 보면 그가 당시 무신집권자들에게 어떻게 인식되었던지를 알 수 있다. 따라서 이인로는 자신이 가지고 있던 능력에 비해 높은 관직을 얻지 못하고 단지 정사품인 간의대부(諫議大夫)로 관직 생활을 마감하게 되었다.

허균이 "이인로가 오래도록 한림원에 머물러 있으면서 아직 등용되지 못했는데 동료들은 모두 재상의 지위에 올랐으므로 비답(批答)을 초하다가 지었다."라고 한 것을 보면, 이인로가 동료들의 임명장을 쓰고 있었지만 실제로 자신은 등용되지 못했음을 알 수 있다. 이러한 자신의 처지를 이인로는 시집을 가지도 못하면서 시집갈 남의 옷만 끝없이 짓고 있는 청루의 여자에 비유함으로써 관직 생활이 순조롭지 못했던 스스로의 불만을 드러낸 것이다.

오세재와 이인로의 작품은 무신정권하에 재능을 마음껏 펼치지 못하고, 등용되지 못했던 현실에 대한 한탄을 토로한 것이다. 이규보의 〈칠현설(七賢說)〉에 "자고로 세상에 이름난 선배 모모 등 일곱 사람이 스스로 한때의 호걸이라 생각하고 드디어 서로 어울려 칠현이라고 하니, 대개 진나라의 칠현을 사모한 것이다. 매일 함께 모여 술을 마시며 시를 짓되 자기들 외에는 아무도 없는 것처럼 하더니, 세상에 빈정대는 사람이 많자 기세가 조금 누그러졌다."라고 한 기록이 보인다. 이렇게 볼 때, 이들은 서로 만나 술을 마시고 시를 지으며 호탕하게 즐겨서 세인의 비난을 사기도 한 것으로 보이며, 이는 무신정권하에서의 불만을 그런 식으로 표현한 것이라고 볼 수도 있다.

(3)은 진화의 작품 〈봉사입금(奉使入金)〉이다. 고려 고종 때 진화가 금나라에 사신으로 갔을 때 지은 것이다. 이 시에서 말하는 '서화'는 한족이 세운 송나라를 말하고, '북채'는 북쪽 변방, 즉 당시 송나라를 멸망시킨 요나라와 그 뒤를 이어 등장한 금나라를 말한다. 요나라와 금나라는 모두 거란족, 여진족 등 중국 북방 소수 민족이 세운 국가이다. 당시 고려 지식인들은 이들을 열등한 야만족으로 여겼는데, 이 작품은 문명의 중심국이었던 중국이 쇠망하고 북쪽 오랑캐가 일어나는 상황에서 고려가 천하의 문명을 새롭게 담당해야 할 주체임을 읊었다.

기구와 승구에서 한족의 정통을 이은 송나라가 쇠망하고 있음을 '이미 삭막해졌다'고 표현하는 한편, 북쪽에서는 오랑캐들이 세력을 확장하고 있지만 '혼몽하다'고 깨우침이 필요하다고 보았다. 전구와 결구에서는 당시 고려가 국력으로는 금의 세력을 극복할 수가 없어 앉아 있어야 하지만, 정신적·문화적으로는 우수하다는 우월감을 나타냈다. 결구에서 '동쪽 하늘'에서 '해가 붉어진다'는 것이 그것이다. 여기에서 '문명단(文明旦)', '천동일(天東日)'은 단순히 정경에 대한 묘사가 아니고, 고려에 대한 시적 화자의 희망을 표현한 것이라 하겠다. 즉, 외면으로는 '경(景)'을 읊으면서 거기에 시인의 '정(情)'을 기탁하고 있었던 것이다. 동쪽 하늘이 고려를 지칭하는 것이라면, '해'는 '밝음', 즉 문명을 상징하는 것으로, 고려 문명에 대한 진화의 자부심을 드러낸 시라고 볼 수 있다.

〈생각해 보기〉

(1) 〈병목(病目)〉은 작자가 실제로 육안의 병에 걸렸을 때 지은 것이다. 그러나 시적 화자의 불우한 처지와 연관하여 생각해 볼 때 '육안'의 병이라는 표면적 소재와는 다른 의미를 내포하고 있다. 이 작품의 내면적 주제에 대하여 생각해 보자.

(2) 〈내정사비유감(內庭寫批有感)〉은 시적 화자가 등용되지 못한 자신의 처지를 '청루 여인'에 비유한 것이다. 여기서 '청루 여인'이 상징하는 것이 무엇인지 생각해 보자.

(3) 〈봉사입금(奉使入金)〉은 무신 집안 출신의 진화가 지은 작품이다. 여기에서는 중국 북방 소수 민족이었던 여진족과 그들이 세운 금나라에 대한 진화의 의식이 잘 나타나 있다. 혼몽(昏蒙)이라고 표현한 것이 그것이다. 그런데 '혼몽'이라고 한 것에 대하여 당시 최자는 외교적 결례라고 지적하기도 했다. 이에 대한 자신의 생각을 말해 보자.

참고문헌

· 변종현, 「진화 시의 풍격 연구」, 『가라문화』 24, 경남대학교 가라문화연구소, 2012.
· 이구의, 「陳華의 詩世界」, 『대동한문학』 2, 대동한문학회, 1989.
· 이종문, 「이인로의 문학론에 대하여 -문학론의 역사적 기반과 그 성격에 관한 한 고찰-」, 『대동한문학회지』 1, 대동한문학회, 1988.
· 조규익, 「오세재의 삶과 그의 문학에 나타난 서정성」, 『온지논총』 21, 온지학회, 2009.

전설련

18

이규보의 동명왕편
東明王篇

1. 창작 배경

「동명왕편」은 1193년에 스물여섯 살의 이규보(李奎報, 1168~1241)가 고구려 건국 영웅의 이야기를 재현한 장편 서사시이다. 건국 영웅을 노래하는 구전 서사시의 전통이 무속 서사시로 이어졌지만, 「동명왕편」은 문자로 기록된 첫 서사시로 평가된다.

이규보가 살았던 고려 후기는 외부적으로는 요·금 이래의 이민족의 압력이 연속되고, 내부적으로는 고려 전기 귀족문화의 기반이 무너지고 무신 집권기 아래에 놓인 혼란한 시기였다. 그는 시대적 흐름에 맞춰 중국 중심주의를 벗어나고, 민족의 전통에 대한 새로운 평가와 저항 정신을 장편의 영웅서사시를 통해 구현하고자 하였다. 영웅서사시는 기존의 사관과 표현에 결정적인 반론을 제기할 수 있기 때문이다.

한편, 「동명왕편」의 창작은 작가의 궁핍한 생활상에서 비롯된 것이기도 하다. 이규보의 본관은 황려(黃驪: 여주), 초명은 인저(仁氐), 자는 춘경(春卿), 호는 백운거사(白雲居士)이다. 만년에는 시·거문고·술을 좋아해 삼혹호선생(三酷好先生)이라고 불렸다. 그는 9세에 이미 신동으로 알려졌고, 1181년(14세)에 문헌공도(文憲公徒)가 되어 최충(崔沖)이 설치한 구재(九齋)의 하나인 성명재(誠明齋)에 입학해 학업을 익혔다. 해마다 하과(夏課) 때면 시를 짓도록 했는데, 그가 계속 일등으로 뽑혔다. 그러나 실력이 뛰어났음에도 불구하고 급제 후 10년간을 벼슬 없이 지냈고, 생활의 곤궁함을 벗어날 방법이 필요하였다. 자신의 문학적 재능으로 구직(求職)을 시도한 결과 가운데 하나가 「동명왕편」의 창작이었으니, 문학은 그에게 곤궁함을 벗어나게 해 주는 수단이 되었다.

2. 원문 읽기

세상에서 동명왕(東明王)[1]의 신통하고 이상한 일을 많이 말한다. 비록 어리석은 남녀들까지도 흔히 그 일을 말한다. 내가 일찍이 그 얘기를 듣고 웃으며 말하기를,

"선사(先師) 중니(仲尼)께서는 괴력난신(怪力亂神)을 말씀하지 않았다.[2] 동명왕의 일은 실로 황당하고 기괴하여 우리들이 얘기할 것이 못된다."

라고 하였다. 뒤에 「위서(魏書)」[3]와 『통전(通典)』[4]을 읽어 보니 역시 그 일을 실었으나 간략하고 자세하지 못하였으니, 국내의 것은 자세히 하고 외국의 것은 소략히 하려는 뜻인지도 모른다. 지난 계축년(1193, 명종 23) 4월에 『구삼국사(舊三國史)』[5]를 얻어 「동명왕본기(東明王本紀)」를 보니 그 신이한 사적이 세상에서 얘기하

---

1 동명왕(東明王): 성은 고씨(高氏), 이름은 주몽(朱蒙) 또는 추모(鄒牟)·상해(象解)·추몽(鄒蒙)·중모(中牟)·중모(仲牟)·도모(都牟)라고도 한다. 『국사(國史)』「고구려본기」를 인용한 『삼국유사』, 『삼국사기』에는 성이 고씨, 이름은 주몽이라 하였다. 또한, 『삼국사기』에는 '추모' 또는 '상해'라는 이름도 전하고 있다. 그리고 광개토왕릉비와 모두루 묘지에서는 '추모왕'이라 하였다. 중국 문헌인 『위략(魏略)』, 『후한서(後漢書)』 〈부여전〉, 『양서(梁書)』 〈고구려전〉에는 부여의 시조가 동명이라 되어 있다. 그리고 『위서(魏書)』·『주서(周書)』·『남사(南史)』·『북사(北史)』·『수서(隋書)』 〈고구려전〉에는 고구려의 시조가 주몽이라고 되어 있다. 동명을 시조로 모시는 전통은 부여에서 고구려와 백제에 이르기까지 공통된 현상이었던 것으로 보이고, 문헌 기록상으로 주몽 설화와 동명 설화는 줄거리가 비슷하다.

2 중니(仲尼)께서는……않았다: "공자께서는 괴이함과 용력과 패란의 일과 귀신의 일을 말씀하지 않으셨다.[子不語怪力亂神]"라는 구절이 『논어』「술이(述而)」 편에 나온다.

3 「위서(魏書)」: 『삼국지(三國志)』「위서(魏書)」 〈동이전(東夷傳)〉에 고구려의 동명왕 설화가 수록되어 있다.

4 『통전(通典)』: 중국 당(唐)나라의 재상 두우(杜佑)가 편찬한 책. 중당(中唐) 이전의 역대 제도와 문물을 기록한 중국 최초의 정서(政書)이다.

5 『구삼국사(舊三國史)』: 현전하지 않는다. 『동국이상국집』에는 '구삼국사'로 되어 있는데, 이는 김부식의 『삼국사기』가 나온 후에 '구(舊)' 자를 덧붙인 듯하다. 체재는 '동명왕본기'라는 점에서 보이듯 기전체의 형식으로 서술된 듯하며, 각 왕의 기록을 '본기'라고 한 것으로 보아 사마천(司馬遷)의 『사기』 체재를 본떠 편찬한 것인 듯하다.

는 것보다 더했다. 그러나 처음에는 믿지 못하고 귀(鬼)나 환(幻)으로만 생각하였는데, 세 번 반복하여 읽어서 점점 그 근원에 들어가니, 환(幻)이 아니고 성(聖)이며, 귀(鬼)가 아니고 신(神)이었다. 하물며 국사(國史)는 사실 그대로 쓴 글이니 어찌 허탄한 것을 전하였으랴. 김부식(金富軾) 공이 국사를 중찬(重撰)[6]할 때에 자못 그 일을 생략하였으니, 공은 국사는 세상을 바로잡는 글이니 크게 이상한 일은 후세에 보일 것이 아니라고 생각하여 생략한 것이 아닌가?

「당현종본기(唐玄宗本紀)」와 〈양귀비전(楊貴妃傳)〉[7]에는 방사(方士)가 하늘에 오르고 땅에 들어갔다는 일이 없는데, 오직 시인 백낙천(白樂天)이 그 일이 인멸될 것을 두려워하여 노래를 지어 기록하였다.[8] 저것은 실로 황당하고 음란하고 기괴하고 허탄한 일인데도 오히려 읊어서 후세에 보였거늘, 더구나 동명왕의 일은 변화의 신이한 것으로 여러 사람의 눈을 현혹한 것이 아니고 실로 나라를 창시(創始)한 신기한 사적이니 이것을 기술하지 않으면 후인들이 장차 어떻게 볼 것인가? 그러므로 시를 지어 기록하여 우리나라가 본래 성인의 나라라는 것을 천하에 알리고자 하는 것이다.

출전: 『동국이상국집(東國李相國集)』 권3

* 인용 출처: 한국고전번역원, 한국고전종합DB

3. 작품 감상

『동국이상국집』 제3권에 수록된 「동명왕편」은 대체로 서문(序文)-본시(本詩)의 형식으로 구성되어 있다. 아래의 표를 참조한다. 본시의 서두(1~62연)는 먼저 해모

---

6 김부식(金富軾)……중찬(重撰): 김부식이 국사인 『삼국사기』를 편찬할 때에 이 자료를 주로 사용했다는 뜻으로 이해된다. 실례로 〈주몽〉 조에 실린 신화의 내용이 『삼국사』의 〈동명왕본기〉 내용에서 약간 줄인 것이라는 점에서 확인된다.

7 「당현종본기(唐玄宗本紀)」와 〈양귀비전(楊貴妃傳)〉: 『신당서(新唐書)』 권76에 〈양귀비전〉이 수록되어 있다.

8 백낙천(白樂天)이……기록하였다: 백거이(772~846)는 당 현종의 양귀비에 대한 사랑을 읊은 장편의 칠언고시(七言古詩)인 〈장한가(長恨歌)〉를 지었다. 백거이의 자는 낙천(樂天), 만년에는 스스로 향산거사(香山居士), 취음(醉吟)이라고 하였다. 당나라 때의 시인 가운데 가장 많은 작품을 남겨, 현존하는 작품이 약 2,800수에 달한다.

수를 주인공으로 삼아 동명왕 탄생 이전의 계보를 노래하고, 본문(63~122연)은 동명왕의 출생부터 비류왕 송양과 다투어 비류국을 병합한 내용까지가 기술되어 있다. 결미(123~141연)에는 동명왕의 원자 유리가 남행하여 부친의 자리를 계승한 일을 설명하고 있다. 이규보는 다시 서문의 구성을 본문의 결미에서 압축적으로 반복하면서 형식적 완결미를 추구하였다. 그러나 결사는 서문과는 차이가 있는데, 동명왕 이야기의 짝이 되는 중국의 사례를 신화나 전설 시대에서 역사 시대의 것으로 바꿔 놓은 점이 그것이다.

구성		내용
서문	병서	① 동명왕의 사적을 처음에는 귀(鬼)나 환(幻)으로 생각했으나, 반복하여 보니 성(聖)과 신(神)한 것이었다. ② 김부식의 『삼국사기』에 실린 것은 직필의 글이므로, 간략하다. ③ 동명의 일은 나라 창건의 신이한 자취이니, 이를 천하에 '우리나라는 본래 성인(聖人)의 나라'임을 알리고자 한다.
본시	3-1 (서두)	① 천지개벽과 그 외 성스러운 일은 제왕이 글로 전한다. ② 여절, 여추, 수인, 황제 등의 신이한 일을 기록한다. ③ 태고에는 신성한 일이 많으나, 후세에는 인정이 경박하고 풍속이 사치해졌다. ④ 성인이 간혹 탄생해도 신성한 자취가 없다.
	3-2 (본문)	① 해모수 이야기: 하강, 치국, 하백녀 유화와 사통, 혼인, 승천 ② 주몽 이야기: 유화의 잉태, 주몽의 탄생과 시련·탈출, 입국, 송양과 투쟁, 승천 ③ 유리 이야기: 득검, 신성함 증명, 왕위 계승
	3-3 (결미)	① 처음에는 환귀로 여겼는데, 이것은 직필로 쓴 글이라 진실하며 신이한 일이다. ② 창업하는 임금은 신성함이 있어야 일을 이룰 수 있다. ③ 유온이 교룡과 교접하여 유계[한 고조]를 낳고, 유계는 적제자(赤帝子)로서 일을 이룰 때 기이한 조짐이 많았다. 후한(後漢)의 세조는 탄생이 기이했고, 적복부에 응하여 가짜를 소탕했다. ④ 제왕에게 징조와 상서가 많지만, 마지막 자손은 게을러서 조상의 제사를 끊었다. ⑤ 수성군(守成君)은 삼가고 어짊으로 왕위를 지키고 예의로 교화하여 오래 치국해야 한다.

「동명왕편」은 고율시(古律詩)이다. 서문은 287자의 산문 형식으로 창작 동기를 밝혔고, 본문은 '삼대의 행적'을 장편의 서사시로 기술하였다. 이는 당대 한시의 주류로 인식되던 근체시의 정형성을 벗어나 자유롭게 쓰기 위함이었다. 본문

의 시는 141연(282구) 1,410자의 오언고시로 기술되었는데, 본시 가운데 '삼대 이야기'에는 2,210자의 주(注)를 달아서 시로 나타내지 못한 사실을 밝히고자 하였다. 서사시의 특성상 주가 필요하지 않지만, 합리성을 의심하는 시대적 흐름에 따라 보충 작업을 한 것으로 논의된다.

서문에서 이규보는 민간에 동명왕의 이야기가 남아 있으나, 자신은 황당하고 괴이한 이야기라고 보았다. 그러나 『구삼국사』를 얻어 보고 생각이 달라진다. 이것은 이규보가 증거가 되는 자료를 봤기 때문이지만, 무엇보다 시대가 달라졌다는 사실을 각성한 데 대한 결과였다. 그는 고려 전기에 국가 주도로 편찬된 『삼국사기』의 역사 서술 방식에 의문이 들었다. 그러므로 「동명왕편」을 바탕 삼아 중국 중심의 세계관에서 벗어나, 우리나라가 본래 성인의 고장임을 천하에 알리겠다는 포부를 밝혔다. 이 작품이 중세 보편주의를 독자적으로 구현한 본보기가 되는 이유가 이것이다.

본시의 본문[3-2]은 영웅의 시련과 포부가 실감 나게 담겨 있다. 주인공인 주몽은 동부여 금와왕(金蛙王)에게 양육되고 수모를 겪으면서도, 궂은일을 극복해 가며 자기 사명을 발견한다. 특히, 어머니의 역할도 중요하게 다뤄진다. 주몽에게 준마를 얻는 방법을 가르치거나, 비둘기와 보리 씨앗을 전해 주는 역할에서 신모(神母)임을 말해 준다.

이규보는 고려의 대표적인 시인이자 문장가였다. 그는 개성에서 출생해서 소년 시절을 그곳에서 보냈을 것으로 추측된다. 부친 이윤수(李允綏)가 개성에서 관리 노릇을 했다고 전해진다. 그는 일찌감치 뛰어난 문재를 인정받았으나, 16세와 18세, 20세 때 세 차례에 걸쳐 과거 시험에 낙방했다. 〈연보〉에는 소년 시절부터 술을 좋아하고 풍월을 일삼았기 때문에 실패한 것으로 기록되어 있다. 한편, 그것은 감흥을 자유롭게 읊조리는 시를 즐겨, 부자연스러운 과거 문체에 흥미가 없었기 때문이기도 했다. 그러나 이 불우한 생활은 도리어 그에게 문학 수양을 위한 뜻깊은 시간이 되었다. 그는 국내 정세의 동요 속에 개인적 불우를 겪으면서, 문학적인 침잠을 통해 시대의 정신을 체득하는 계기로 삼았다. 「동명왕편」은 이 시기에 얻은 결과물이라 할 수 있다.

이규보는 1191년(24세)에 부친을 여의고, 천마산(天磨山)에 우거하면서 '백운거사'로 자호하며 〈백운거사어록〉과 자서전 〈백운거사전〉을 짓고, 1193년(26세) 4월에 『구삼국사(舊三國史)』를 얻어 「동명왕편」을 지었다. 그러나 그는 은둔에 치우치지 않았다. 오히려 적극적으로 현실에 참여하여, 29세 때 최씨 정권에 합류하여 문학 활동을 펼친다. 이 때문에 후대의 역사가들은 그를 최가(崔家)의 문객(門客)으로 폄하하기도 했다. 그러나 그의 시와 산문은 국난의 극복과 민심을 달래는 작품이 많고, 「동명왕편」 또한 이러한 시대의식의 산물이라는 점이 주목된다.

이규보는 개인적으로 관직을 구하기 위해 「동명왕편」을 창작한 측면이 있었지만, 이는 결국 작가의 시대에 대한 문제의식에서 비롯된 결과임을 간과할 수 없다. 고려의 시대정신을 담은 「동명왕편」의 이면에는 시대와 위정자에 대한 불만, 궁핍한 처지를 벗어나려는 현실적인 문제의식이 담겼기 때문이다.

〈생각해 보기〉

(1) 이규보는 『구삼국사』를 읽은 뒤에 민간으로 전승되는 고구려의 동명왕 이야기가 신이나 환상이 아님을 밝혔다. 이는 고려 후기에 무신정변 이후의 사회적 혼란과 몽골 침략의 위기를 겪은 후에 나타난 변화였다. 민족적 자주 의식을 바탕으로 전통문화를 올바르게 이해하려는 경향이 대두된 것이다. 고려 후기의 역사서를 정리해 보자.

(2) 「동명왕편」과 유사한 고대의 건국신화, 또는 건국 서사나 영웅 서사물은 적지 않게 전해진다. 여기서 그 범위를 동아시아 문화로 확장해서 찾아보고, 가장 마음에 드는 이야기를 소개해 보자.

(3) 미국 마블사에서 제작한 영화 '어벤져스 시리즈'는 전 세계가 주목하는 히어로(hero) 물이다. 그렇다면 한국판 히어로는 어떤 모습일까? 각자 실제 인물을 주인공으로 삼아 영웅을 그려보고, '영웅'의 의미를 이야기해 보자.

참고문헌

· 조현설 역해, 『동명왕편 - 신화로 읽는 고구려의 건국 서사시』, 아카넷, 2019.
· 구본현, 「「동명왕편」의 서술 체계와 인물 형상」, 『국문학연구』 38, 국문학회, 2018.
· 손정인, 「이규보의 「동명왕편」의 구성양상과 작품의 성격」, 『한민족어문학』 13, 한민족어문학회, 1986.
· 이우성·강만길 편, 「고려 중기의 민족서사시 - 동명왕편과 제왕운기」, 『한국의 역사인식』, 창작과비평사, 1976.
· 이지영, 「이규보 「동명왕편」의 창작 동기 신고찰」, 『동아시아고대학』 56, 동아시아고대학회, 2019.

김선영

19

최자의 삼도부
三都賦

1. 창작 배경

고려는 문벌귀족 사회에서 무신정권이 탄생하고, 무신정권이 지속되고 있는 동안에 몽고의 침략이 닥쳐 왔다. 몽고는 1231년(고종 18) 제1차 침입부터 1259년(고종 46)까지 거란이나 여진의 경우와 비교하기 어려울 정도로 고려에 대한 침략을 감행했다. 이러한 시기에 고려의 고종은 외세에 대한 항전이라는 명분으로 수도를 개성에서 강화로 옮기게 된다. 그리하여 고려는 1232년에 강화로 천도한 이후 1270년에 다시 개경으로 환도하기까지 장장 38년간 '강화천도기(江華遷都期)'를 보내게 된다. 강화천도기의 상황은 고려가 몽고군에 의해 넘어갈지 여부를 판가름하는 고비의 시기였다. 급박한 상황에서 강화로 도읍을 옮겨간 가운데, 천도에 대한 찬반론이 세차게 일어나기도 했다. 이에 강화 천도를 강행했던 집권자들은 천도의 정당함을 확보할 필요가 있었는데, 이규보나 최자와 같은 이들의 문학을 통해 이를 확인할 수 있다.

최자(崔滋, 1188~1260)의 자(字)는 수덕(樹德)이고, 호는 동산수(東山叟)이며, 본관은 해주(海州)이다. 문헌공(文憲公) 최충(崔沖)의 후손이며, 시호(諡號)는 문청(文淸)이다. 그는 학문하는 집안의 출신이었기에, 무신정권하에서 자유롭게 학문 세계를 구축하기는 어려웠지만, 무인들과 대립 없이 자신의 학문을 추구할 수 있는 기반을 갖추고 있었다. 최자는 이규보의 추천으로 벼슬에 나가긴 했지만, 그 자신의 능력으로 더 높은 벼슬까지 할 수 있었다. 이에 강화 천도에 대한 자신의 생각을 〈삼도부〉에 녹여 낼 수 있었던 것이다.

2. 원문 읽기

서도의 변생(辨生)이 북경의 담수(談叟)와 함께 강도에 놀러 와서[1] 한 정의대부(正議大夫)[2]를 만났겠다. 대부가 말하되 "두 도읍[3] 이름을 들었으되, 그 제도를 못 봤는데, 이제 다행히 두 분을 만났으니, 옛날에 궁금하던 마음이 트이도록 두 서울 이야기를 내게 들려주오."

…(중략)…

대부가 말하되, "아아 우리 옛 서울[松都]의 몰락이 대개 그것 때문 아닌가!" 이에 서와 북 두 손님이 수염을 흩날리고 낯빛이 바뀌며 한편 노하고 한편 부끄러워하며 이르기를, "저희가 종일 말하되 대부께서 다 꺾으니 그러면 강도의 설을 듣고저." 대부가 말하되, "두 분이 일찍 강도의 상황을 들었는가? 한 끝을 대강 들어 토론하여 보리다. 동해 바다의 크기는 아홉 강, 여덟 하수를 겨자씨처럼 삼켜 구름과 해를 불락 삼킬락 출렁 왈랑거리는데, 그 가운데 화산(강화의 산 이름)이 있어 금오가 우뚝 치받쳤다. 물가에 언덕들이 잎처럼, 가지처럼 붙었는데, 그 가지와 잎에 붙어 올망졸망한 것들은 강상·해고·어옹·소금구이의 집들이요, 꽃송이 같은 신악(神岳)과 꽃받침 같은 영구(靈丘), 그 꽃송이·꽃받침을 걸쳐 날아가는 듯 솟아 있는 것은 황실·궁궐과 공경·사서들의 저택이라네. 안으로 마니[摩利]·혈구(穴口)[4] 첩첩

---

1 서도의……와서: 서도는 평양, 북경은 개성을 말한다. 변생은 말 잘하는 청년, 담수는 이야기를 잘하는 노인을 말한다. 강도는 강화도를 말한다.

2 정의대부(正議大夫): 바르게 의논하는 대부를 말한다.

3 두 도읍: 서도와 북경, 즉 평양과 개성을 말한다.

4 마니[摩利]·혈구(穴口): 마니[摩利]는 인천 강화도에 있는 마니산(摩尼山)을 말한다. 산꼭대기에는 단군왕검이 하늘에 제사를 지내기 위해 마련한 참성단이 있다. 개천절이면 이곳에서 제례를 올리고, 전국체육대회의 성화(聖火)가 채화되는 곳이기도 하다. 혈구(穴口) 역시 인천 강화에 있는 산의 이름으로, 상고 시대에는 강화도의 주산(主山)이며 상징이었다.

한 산이 웅거하고, 밖으론 동진(童津)·백마(白馬)[5]의 사면 요새를 한계로, 출입을 단속함에는 동편의 갑화관, 외빈을 맞고 보냄엔 북쪽의 풍포관, 두 화(화산의 봉우리)가 문턱이 되고, 두 효가 지도리 되니 참으로 천하에 오구(奧區)[6]이다. 이에 안으로 자줏빛 성을 둘러쌓고 밖에는 분첩으로 싸니, 물은 서로 도와 둘렀고 산은 다투어 드높아서, 굽어보매 오싹한 못물 쳐다보니 아찔한 절벽이라 오리·기러기도 못 날아들고, 늑대와 범이 엿보지 못할지라. 한 사람이 가금하매 만 집이 편안한 잠 이는 금성탕지[金湯][7] 만세 제왕의 도읍이로다." 두 손이 말하되, "나라를 굳힘은 산하로써 하는 것이 아니고, 덕에 있고 험(險)에 있지 않다."

…(중략)…

대부가 말하되, "두 분은 들으시오. 나는 고사를 거울로 삼는다네. 옛날에 주나라는 충후하여 팔백 년을 누리었고, 한 문제[8]는 무명옷에 가죽신을 신었고, 신하들도 돈후한 장자(長子)[9]가 많아서 국조(國祚)가 그지없었다네. 당문황(唐文皇)[10]은 검박을 숭상하여, 대궐 하나 지으려다가 진나라를 거울삼아 중지했고, 그때 방현령·위징[房魏][11]이 편안히 다스려졌다고 방심하지 않아, 국통을 3백여 년 드리웠다네. 거룩하다, 우리나라[本朝] 풍화는 옛것을 덮고, 하늘의 위엄을 두려워하고 하늘의 도를 즐기면서, 작은 나라로 큰 나라 섬겨, 이로써 보전하니, 만물이 재해 없고, 백성이 태평하네. 감탄으로 부족하여, 그의 뜻을 거듭하여 노래로 부르리.

---

5 동진(童津)·백마(白馬): 통진산과 백마산을 말한다.

6 오구(奧區): 나라의 중심이 되는 곳.

7 금성탕지[金湯]: 쇠처럼 단단한 성곽과 끓는 연못 같은 해자에 둘러싸인 성이란 뜻이니, 방비가 빈틈없이 견고하다는 말이다.

8 한 문제: 유항(劉恒, 재위 기원전 180~기원전 157)이다. 한고조 유방의 넷째 아들로 각종 세금을 면하고 흉노에 대한 화친 정책 등으로 민생 안정과 국력 양성에 힘을 썼다. 시호는 효문황제(孝文皇帝)이다.

9 장자(長子): 신하를 이르는 말로, 옛날에는 유학자에 대한 존칭으로 쓰였다.

10 당문황(唐文皇): 당 태종 이세민(李世民, 재위 626~649)을 말한다. 그의 시호가 문황제(文皇帝)였기 때문에 당문황으로도 부른다.

11 방현령·위징[房魏]: 방현령(房玄齡, 578~648)과 위징(魏徵, 580~643)을 말한다. 방현령은 당나라의 재상으로 당 태종의 측근이며, 고구려 공격 당시 장안을 지킨 인물이기도 하다. 사후(死後) 당 태종의 소릉(昭陵)에 배장(陪葬)되었다. 위징은 당 태종에 의해 간의대부(諫議大夫)에 발탁된 것을 계기로 당 태종의 신임을 받았고, 나중에 재상의 지위에까지 오른다. 두 인물 모두 능연각(凌煙閣) 24공신(당나라 개국 공신을 말함)에 속한다.

요순 때부터 당송에 이르기까지, 문과 질의 연혁은 달랐으나, 사치와 검소함으로 인해 흥하고 망했다네. 서쪽 버들은 음(淫)으로 전복(顚覆)되었고, 북녘 소나무는 사치함으로 인해 유리되었다네.【서도는 유경(柳京)이라 부른다.】 휘황하게 빛나는 강도만이, 오로지 덕의 터전이니, 천명을 좇아 큰 나라 섬겨, 풍속이 순후하네. 만세토록 태평한 가운데 위태로움 잊지 말기를."

西都辨生與北京談叟 來遊江都 遇一正議大夫 大夫曰 蒙聞二國之名 未覩其制 幸今邂逅二客 請攄懷舊之情 弘我以兩京

…(중략)…

大夫曰噫 舊都之流離盖以此 於是西北二客 奮髯作色 且怒且恧曰 走等終日言 而大夫皆折之 願聞江都之說。大夫曰。二容豈亦曾聞江都之事乎 略擧一緖 揚攉而議 夫東海之大 凡九江八河 吞若一芥 蕩雲沃日 洶湧澎湃 中有花山 金鼇屹戴 涯淩葉擁 渚崥枝附 麗其枝葉而沙散碁布者 江商海賈漁翁塩叟之編戶也 神岳蘂開 靈丘萼捧 架其蘂萼而翬飛鳥聳者 皇居帝室公卿士庶之列棟也 內據摩利穴口之重匝 外界童津白馬之四塞 出入之誰何則岬華關其東 賓入之送迎則楓浦舘其北 兩華爲閾 二峤爲樞 眞天地之奧區也 於是乎內繚以紫壘 外包以粉堞 水助縈回 山爭岌嶪 俯臨慄乎淵深仰觀愁於壁立 梟鴈不能盡飛 豺虎不能窺闖 一夫呵噤 萬家高枕 是金湯萬世帝王之都也 二客曰 固國不以山河 在德不在險

…(중략)…

大夫曰 二子聽之 吾以古爲的 昔周家忠厚 享年八百 漢文衣綈履革 其臣多敦厚長者 垂祚罔極 唐文皇尙儉 欲營一殿 鑒秦而止 維時房魏不以理安爲喜 故垂統三百餘祀 洪惟本朝 風化掩古 畏天之威 樂天之道 以小事大 于時保之 物不疵癘 元元皥皥 歎之不足 申其義而作歌曰 邈自陶唐兮 下至宋康 雖文質沿革之不同兮 靡不由奢儉而興亡 西柳兮以淫而顚覆 北松兮由侈以流移 西都號柳京 煌煌江都 惟德之基 順天事大 風俗淳熙 於萬斯年 安不忘危

출전: 『동문선(東文選)』 권2, 「부(賦)」

3. 작품 감상

최자(崔滋, 1188~1260)가 살았던 시기는 대내적으로는 무신정권이 전횡하고, 대외적으로는 몽고의 침입으로 고려 왕조가 혼란스러웠던 때이다. 결국 1231년, 몽고군이 대량 침입하면서 많은 고려의 성읍을 공략하자, 고려 왕실은 무신들의 강압에 의해 강화 천도를 단행하였다. 급박한 상황에서 강화로 도읍을 옮겨간 가운데, 몽고군에 대한 고려 민중의 투쟁은 전에 없이 격렬했다. 이러한 시대적 상황 속에서 최자는 〈삼도부〉를 지었던 것이다. 그러나 작품의 서문이 없어, 최자의 입을 통해 〈삼도부〉를 지은 배경을 파악하기는 어렵다. 그러나 작품을 통해 그 창작 배경을 확인할 수 있다.

〈삼도부〉는 한반도 사부 문학에서 직접적으로 수도를 언급한 최초의 경도부(京都賦)로, 서경에 살던 변생과 북경에 살던 담수가 강화에 놀러 왔다가 정의대부를 만나 대화를 나누는 것으로 시작한다. 그 주요 내용을 제시하면 아래와 같다.

<table>
<tr><th>연번</th><th>발화자</th><th>내용</th></tr>
<tr><td colspan="3">서도의 변생과 북경에 살던 담수가 강화에 놀러 왔다가 정의대부를 만났는데, 대부가 두 서울에 대한 이야기를 들려 달라고 한다.</td></tr>
<tr><td>1</td><td>변생</td><td>서경 창건 시조는 동명성제이며, 죽어 신이 되어 풍백과 우사로 번개를 내리고, 농사를 관장하는 신이 되었다고 함</td></tr>
<tr><td>2</td><td>대부</td><td>괴이한 소리이자 허무한 이야기라 자랑할 것이 못된다고 함</td></tr>
<tr><td>3</td><td>변생</td><td>용언궐, 구제궁 등은 장려하고 유람할 곳이 많으며, 천하제일의 형승이라고 함</td></tr>
<tr><td>4</td><td>대부</td><td>기이한 경관이나 절경은 사람의 마음과 눈을 상하게 한다고 함</td></tr>
<tr><td>5</td><td>변생</td><td>북경은 풍수설에 입각한 명당이며, 망할 듯하면서도 뿌리가 든든해 살아남고, 하늘이 온갖 물건을 내어 풍요롭다고 함</td></tr>
<tr><td>6</td><td>대부</td><td>건국과 왕 됨은 천명과 인심에 순응한 것이지 풍수와 도참 때문이 아니라고 함</td></tr>
<tr><td>7</td><td>담수</td><td>중원(충주)은 철 생산과 제조가 발달했고, 동경(경주)는 명주 생산과 제조가 발달해 보물이 많다고 함</td></tr>
<tr><td>8</td><td>대부</td><td>쇠붙이와 비단으로 부요한 것은 진짜 보배가 아니라고 함</td></tr>
<tr><td>9</td><td>담수</td><td>시인 묵객이 많고 활을 잘 쏘며 기예가 뛰어난 무사가 많다고 함</td></tr>
<tr><td>10</td><td>대부</td><td>작은 재주와 폭력은 군자가 취할 바가 아니라고 함</td></tr>
</table>

연번	발화자	내용
11	담수	북경에서 공평하게 인재를 등용하고 어진 선비가 조정에 가득하여 청렴결백하고, 또 백성들에게 위엄을 부리려면 가혹해야 한다 하여 꼼꼼히 사찰하여 조세를 확실히 거둔다고 함
12	대부	간사한 청렴으로 가혹을 저지르면 백성을 좀먹고 해롭게 한다고 함
13	담수	휘황찬란한 공경들의 저택이며 산해진미에 화려한 복식으로 사치를 자랑하니, 중국의 낙양도 이런 시치 풍속을 당하지 못한다고 함
14	대부	우리의 옛 수도 북경의 몰락이 이 때문이 아니냐고 반문함
15	변생·담수	변생과 담수가 노한 듯 정색을 하는 한편, 부끄러운 듯 말하기를 "두 수도 모두 비판하시니, 강도의 이야기를 들어 보지요."라고 함
16	대부	산과 강으로 둘러싸인 강도는 사면이 요새와 같아 새들도 못 날아들고 호랑이나 늑대도 엿볼 수 없는 금성탕지니 만세 제왕의 도읍이라고 함
17	변생·담수	나라의 견고함은 산하의 아름다움이나 험함이 아닌 임금의 덕에 있다고 함
18	대부	항구가 곧 성시(盛市)여서 온갖 산물을 실은 배가 드나들고, 골목마다 곡식이 넘쳐난다고 함
19	변생·담수	부를 축적하기보다 거교(鉅橋)의 거울로 삼아야 한다고 함
20	대부	불법(佛法)을 받들고 불사에 힘쓰는 것이 지극하여 몽고 침입에 따른 국난 극복을 할 수 있다고 함
21	변생·담수	부처 섬기는 것은 역사에서 양(梁)나라가 으뜸인데, 어찌 속히 망했냐고 물음
22	대부	지금 주상이 검소하시고 백성 위하는 마음이 크시기 때문이라고 말끝을 흐림
23	변생·담수	두 사람이 깜짝 놀라며 얼굴빛을 고치고 자세를 고쳐 앉아 말하기를 "더 이상 말이 필요 없습니다. 주상이 검소하다는 이 한마디 말로 정치가 성대함을 알겠습니다. 공정한 정치는 검박에서 비롯되는 것입니다."라고 함
24	대부	옛 역사에 비춰 볼 때 더욱 그러하니, 당문황이 검박함을 숭상하여 대궐 지으려다 진시황을 거울삼아 그만두고, 위정자들이 방심하지 않고 정치를 한 까닭에 삼백 년 국통을 이었다고 함
25	대부	말로는 부족하니 노래를 지어 그 뜻을 드러낸다고 함

〈삼도부〉가 지어진 시기는 명확히 밝혀지지 않았지만, 대체적으로 1234년에서 1252년 사이에 지어졌을 것이라고 추정하고 있는 상황이다. 삼도(三都)란 서경과 북경, 그리고 강도를 의미한다. 작품은 고대에 홍익인간 사상을 실천하려 했던 고조선과 고구려의 수도였던 서경(평양), 강화 천도 이전의 고려의 수도였던

북경(개성), 그리고 몽고의 침입으로 1232년에 임시 수도로 삼았던 강도를 중심으로 주제를 구성하고 있다. 이들의 대화 내용은 주로 변생과 담수가 각각 서경과 북경을 찬미하면, 대부가 이를 반박하는 형식으로 이어진다.

그러다가 변생과 담수가 강도의 자랑을 요구하자, 대부가 강도에 대한 찬미를 하는데, 여기에서 인용한 부분은 바로 이 부분과 마지막 결어 부분이다. 줄거리로는 '15~17', '24, 25'에 해당하는데, 강화 천도의 당위성을 잘 나타냈다. 여기서 대부는 강화는 국방상 요지임을 설파하고, 강화의 인문과 지리가 우월함을 강조하고 있다. 또한 그가 이를 말로는 모두 설명할 수 없다고 하면서 노래를 지어 마무리를 짓는데, 서경과 송도가 망한 이유를 밝히고 있어 흥미롭다. 평양이나 개성과는 달리 휘황찬란한 강도에는 오로지 덕이 토대를 이루고 있음을 칭송하면서, 강화 천도의 정당성을 오로지 덕치와 천명에서 모색하고 있음을 확인할 수 있다. 이는 그가 마지막에 "멀리 요순 때부터 당송에 이르기까지 문과 질의 연혁은 달랐으나 모두가 사치로 망하고 검박으로 흥했네.[邈自陶唐兮 下至宋康 雖文質沿革之不同兮 靡不由奢儉而興亡]"라고 노래한 것을 보면 알 수 있다. 즉, 최자는 국가의 위기 앞에서 지속되는 관리들의 사치스러운 생활을 비판하고, 왕권 회복의 염원을 담아 〈삼도부〉를 지었던 것이다.

〈삼도부〉 자체가 독창적인 작품이라고 보기는 어렵다. 이미 중국의 좌사(左思)가 〈삼도부〉를 지었던 탓에, 최자가 그 영향을 받았을 것이라고 추측할 수밖에 없다. 또한 이는 문학사적 측면에서 볼 때, 강화를 소재로 한 가장 이른 시기의 한문문학 작품이라는 점에서 그 의미를 지니기도 한다.

〈생각해 보기〉

(1) 작품 전체를 읽어 보고 정의대부가 강화 천도의 장점으로 내세운 세 가지 요소와 두 객(변생과 담수)의 이에 대한 반박을 찾아보자. 아울러 두 객이 대변하는 것이 과연 누구인지에 대해 고민해 보자.

(2) 고려 때 무신정권의 등장과 원인을 조사해 보고, 그것이 문학에 미친 영향에 대해 논의해 보자.

(3) 고려 시기 무신란과 몽고의 침입은 대내외적으로 고려 사회를 흔들었던 사건이다. 강화 천도의 의의와 한계에 대해 생각해 보자.

참고문헌

· 박성규, 「최자(崔滋)의 「삼도부(三都賦)」에 대하여」, 『한국한문학연구』 12, 한국한문학회, 1989.
· 이민희, 「강화천도기(遷都期) 문인 지식인의 현실 대응 논리와 작품 세계 -최자의 「삼도부」를 중심으로-」, 『열상고전연구』 66, 열상고전연구회, 2018.
· 이은영, 「崔滋의 「三都賦」 研究」, 성균관대학교 석사학위논문, 2005.

전설련

20

이승휴의 제왕운기
帝王韻紀

1. 창작 배경

영사시는 역사를 읊은 시로, 고려 후기에 많이 나타났다. 13세기의 고려에서는 내부적으로 무신 집권 세력들 간의 권력 쟁탈 및 교체가 빈번하게 일어났고, 백성들의 삶이 피폐해졌으며 민란이 잦았다. 그리고 외부적으로 고려는 원나라의 간섭을 받고 있었다. 이러한 상황 속에서, 고려에서는 민족의식을 고취하기 위한 역사 문학 작품이 활발하게 창작되었다. 『삼국사기』가 합리적·현세적·수훈적(垂訓的)인 유교 사관에 입각한 역사서라면, 이 시기의 역사 문학 작품들은 고대의 영웅을 재현하거나 신화의 전승 흔적을 찾아냈다.

그중 영사시는 번거롭고 긴 역사를 시로 정리하여 전달할 수 있다는 이점이 있으면서, 시라는 특성 때문에 세간의 시비에 휘말릴 위험이 적었다. 이 때문에 영사시는 현실에 대하여 은근한 비판을 가하기에 좋은 수단이었다.

이승휴(李承休, 1224~1300)의 『제왕운기』는 바로 이러한 시대적·문학사적인 배경 속에서 지어진 작품이었다. 이승휴는 자가 휴휴(休休), 호가 동안거사(動安居士)로, 경산부 가리현(京山府 加利縣: 경상북도 성주)에서 태어났다. 그는 29세에 과거에 급제했다. 그러나 이듬해에 몽고군의 제5차 침입이 일어나자, 요전산성(蓼田山城)에서 몽고군과 항전한 후 삼척 두타산 밑 구동에서 10년 동안 은둔했다. 무신

정권 붕괴 후, 이승휴는 41세부터 16년간 관직 생활을 했다. 관직 생활을 하는 동안 그는 상소와 간쟁을 되풀이했고, 좌천과 파직을 거듭했다. 그러다가 1280년에 상소를 올렸다가 파직당한다.

이후 이승휴는 삼척 두타산 밑 구동으로 내려와서, 그곳에 용안당(容安堂)이라는 집을 지어 도연명처럼 유유자적한 삶을 살고자 했다. 이곳에서 그는 불서를 탐독했고, 참선에 열중했으며, 두타산 동쪽에 있는 삼화사(三和寺)를 자주 왕래했다. 그리고 불교 서적인 『내전록(內典錄)』과 영사시인 『제왕운기』를 저술했다. 이승휴는 『제왕운기』를 1287년 3월에 충렬왕에게 바쳤다. 『제왕운기』는 그로부터 8~9년 뒤, 충렬왕의 명에 따라 원정(元貞) 연간(1295~1296)에 진주목에서 처음으로 간행되었다.

2. 원문 읽기

(1) 요동에 하나의 별천지가 있으니	遼東別有一乾坤
지역은 중국과 구별되어 나뉘었네	斗與中朝區以分
큰 파도 만 이랑의 바다 삼면을 둘러쌌고	洪濤萬頃圍三面
북녘에 육지 있어 선처럼 이어졌네	於北有陵連如線
가운데 사방 천 리 여기가 조선인데	中方千里是朝鮮
강산의 형승은 널리 천하에 이름났네	江山形勝名敷天
밭 갈고 우물 파는 예의 바른 국가인데	耕田鑿井禮義家
화인[1]이 이름 지어 소중화(小中華)[2]라 했도다	華人題作小中華
처음에 어느 누가 나라와 풍운을 열었던고	初誰開國啓風雲
그 이름 석제(釋帝)의 손 단군[3]님이시지	釋帝之孫名檀君

1 화인: 중국 사람.

2 소중화(小中華): 우리나라 사람[동인(東人)]으로서의 주체의식. 동인으로서의 자부심과 긍지·민족주체의식을 고양하고 주체성을 회복하고자 고양된 의식이었다. 당시 고려 지식인들은 고려가 중화의 문물제도를 갖춘 문화의 나라라는 자주적인 문명의식을 바탕으로 우리나라를 소중화로 간주했다.

3 석제(釋帝)의 손 단군: 석제는 단군의 할아버지인 환인(桓因)으로, 하늘나라의 신이다. 아들인 환웅(桓雄)

요(堯)임금[4]과 나란히 무진년에 크게 일어나　　並與帝高興戊辰
순(舜)임금[5]을 지나 하국(夏國)[6]까지 왕위에 계셨도다　　經虞歷夏居中宸

…(중략)…

맨 먼저 부여와 비류국을 일컫고　　先以扶餘沸流稱
다음으로 신라와 고구려가 있으며　　次有尸羅與高禮
남북의 옥저와 예맥이 다음이네　　南北沃沮穢貊膺
이들의 임금이 누구의 후손인지 묻노니　　此諸君長問誰後
대대로 내려온 계통 또한 단군으로부터 계승했네　　世系亦自檀君承

출전: 『제왕운기』, 「동국군왕개국연대(東國君王開國年代)」

(2) 고구려 시조의 성(姓)은 고씨(高氏)로 시호는 동명(東明)인데　　麗祖姓高諡東明
활쏘기를 잘했으므로 주몽(朱蒙)이라 이름 지었네　　善射故以朱蒙名
아버지는 해모수(解慕漱)이고 어머니는 유화(柳花)로　　父解慕漱母柳花
황천(皇天)의 자손 하백의 외손자이시다　　皇天之孫河伯甥
아비는 천궁으로 돌아가 다시 돌아오지 않았으니　　父還天宮不復返
어머니는 우발하 맑은 물가에 살게 되었네　　母在優渤淸江汀

…(중략)…

다섯 되의 큰 알이 왼쪽 겨드랑이로 나오니　　五升大卵左脅誕
먹구름 낀 날에 태어나니 밝게 빛나네　　陰雲之日生陽晶

이 인간 세상에 내려가고 싶어하자, 환인은 환웅을 태백산에 내려보내어 세상을 다스리게 하였다고 한다. 『제왕운기』와 『삼국유사』에서는 단군의 어머니에 대한 내용이 서로 다르게 기록되고 있다. 『삼국유사』에서 단군의 어머니는 웅녀로 나온다. 웅녀는 본래 곰이었다가 사람이 된 존재로, 환웅이 웅녀를 아내로 맞이하여 단군을 낳았다고 한다. 『제왕운기』에서는 환웅을 '단웅천왕(檀雄天王)'으로 기록하고 있다. 단웅천왕은 손녀(孫女)에게 약을 먹여 사람의 몸이 되게 하고, 단수신(檀樹神)과 결혼시켰다. 손녀와 단수신 사이에서 태어난 아이가 단군이었다고 한다.

4　요(堯)임금: 고대 중국의 전설상의 임금. 성덕을 갖춘 이상적인 군주로 꼽히며, 역법을 정하고 효행으로 이름이 높았던 순(舜)을 등용하였다.

5　순(舜)임금: 고대 중국의 전설상의 임금. 성은 우(虞)·유우(有虞)이고, 이름은 중화(重華)이다. 요임금의 뒤를 이어 천하를 잘 다스려 태평 시대를 이루었다.

6　하국(夏國): 하나라. 황하(黃河)의 물길을 잘 다스렸던 우(禹)임금이 순임금으로부터 왕위를 물려받아 세운 중국 최초의 나라다. 태평성대를 이룩했다고 전해지며, 기원전 15세기 무렵 은나라에 멸망했다.

아이는 태어난 지 수개월 만에 말을 할 수 있었으며　　兒生數月能言語
점점 커 가매 재주가 호걸처럼 뛰어났네　　漸至壯大才豪英

출전: 『제왕운기』, 〈고구려기(高句麗紀)〉

3. 작품 감상

역사 속에서 나라가 혼란할 때마다, 지식인들은 여러 가지 활동을 통해 나라의 혼란을 극복하고자 했다. 조정에 나아가 자신의 뜻을 펼쳤던 경우나, 글을 통해 당대의 혼란에 대한 자신만의 견해나 해결책을 제시한 경우 등이 그 예이다. 이승휴도 13세기 말 고려 시대의 지식인으로서, 국내외의 혼란에 대한 고민이 있었을 것이다.

은거 중이었던 이승휴가 1287년에 『제왕운기』를 찬술할 수 있었던 것은 현실에 대한 관심에서 비롯되었다. 이승휴가 『제왕운기』를 지은 목적은 바로 고려 왕실이 처한 현실, 즉 고려 왕권의 강화와 왕실의 안정이라는 문제를 해결하는 것이었다. 이승휴는 그 답을 역사 속에서 찾았다. 역사를 통해 당시의 집권층을 감계하고, 자국에 대한 자부심을 높이고자 한 것이다.

『제왕운기』는 상권과 하권으로 구성된다. 상권에서 중국 역사를, 하권에서 우리나라의 역사를 취급했다. 상권에서는 중국의 상고 시대부터 남송(南宋)까지의 흥망성쇠를 기록했다. 여기서 이승휴는 원나라의 정통성을 인정했다. 중국 역대 역사를 통해, 이승휴는 임금이 본받고 경계해야 할 정치적인 선악과 충효의 행적을 밝히는 데에 역점을 두었다.

역대 국가들의 흥망성쇠를 통해, 이승휴는 『제왕운기』가 충렬왕이 어진 정치를 펴는 데에 도움이 되길 바랐다. 한 나라의 임금이 어진 정치를 펼치려면 본조의 역사뿐만 아니라, 중국과 동국의 역대 왕조의 흥망성쇠를 잘 알아야 한다고 생각한 것이다. 역사 속에서 선한 것과 잘못된 것을 따져 보고, 이를 거울로 삼아 선한 것을 본받고 잘못된 것을 경계할 수 있을 것이라고 보았다. 충렬왕뿐만 아니라, 이승휴는 당대의 관료들과 백성들 또한 『제왕운기』를 권계로 삼길 바랐다.

그리고 중국과 동국의 역사 중, 읽는 사람에게 교훈이 될 만한 것을 간추렸다.

이를 바탕으로 이승휴는 나라를 다스리는 임금이 지녀야 할 자세를 이야기할 수 있었다. 그는 임금이 큰 포부와 신선한 뜻을 갖고 정치에 임해야 하며, 신하를 멀리해서도 안 되지만 권신·간신에게 정권을 위임해서도 올바른 정치를 펼 수 없음을 강조했다. 그리고 임금은 임금답게, 신하는 신하답게 행동함으로써 민심을 안정시켜야 한다고 보았다.

하권은 다시 2부로 구성된다. 하권의 제1부는 「동국군왕개국연대(東國君王開國年代)」로, 단군 왕조 및 삼국, 통일신라, 발해, 후삼국의 흥망성쇠를 7언시로 서술했다. (1)은 그 일부이다. 여기서 이승휴는 고려의 역사를 중국과 대등한 위치로 두고 있다. 이는 그가 단군조선이 요(堯)와 같은 해에 건국되었다고 하여, 고려의 역사가 중국만큼 오래되었다고 한 데에서 드러난다. 이를 통해 이승휴는 자국의 역사에 대한 자부심을 느낄 수 있도록 했다.

「동국군왕개국연대」에서는 단군 왕조 및 고구려·신라 등의 건국신화를 함께 다루고 있다. 여기서는 이들 국가를 건국했던 임금들[건국주(建國主)]의 신이한 행적들이 나온다. 이는 단군이 하늘나라의 신인 환인의 손자였던 점, 고구려를 건국한 주몽이 하늘의 자손이며 알에서 태어났다는 점 등에서 드러난다. 단군이나 주몽의 모습에서 드러나듯, 「동국군왕개국연대」에 나오는 건국신화의 건국주들은 출생이나 행적에서 비범한 면모를 보인다. 때로는 보통의 사람들이 할 수 없는 일을 해내기도 한다. 보통 사람들과는 다른 비범한 건국주의 모습을 그리는 건국신화를 통해, 『제왕운기』에서는 이들 국가의 신성성이 더욱 부각된다. 이처럼 이승휴는 이들 국가가 신이한 사적들을 바탕으로 건국된 신성한 국가임을 강조했다. 그리고 고려가 이들 국가의 뒤를 이어 건국된 나라라는 점에서, 고려의 역사 역시 그만큼 신성함을 드러낼 수 있었다. 이는 자국의 역사에 대한 자부심으로 이어진다.

『제왕운기』에서는 단군을 삼국 및 발해·고려의 공동 시조로 받아들이고 있으며, 단군조선 이후에 출현했던 왕조들 사이의 관계도 명확하게 밝히고 있다. 단군을 공동의 시조로 삼은 것은 당시 원나라의 간섭하에서 자주의식이 강화된 것을 계기로, 중국과는 구별되는 같은 조상, 같은 후손으로서의 독자적인 공동체 세계를 역사적으로 자각한 데서 비롯되었다. 이를 통해 『제왕운기』에서는 단군의 후손이라는 겨레 중심의 정통관(正統觀)이 확립될 수 있었다. 특히 『제왕운기』는 발해사를 다루어, 발해가 민족사의 판도 안에 들고 유민들이 고려로 통합된 것을 처음으로 밝혔다.

하권의 제2부는 「본조군왕세계연대(本朝君王世系年代)」로, 고려 태조부터 이승휴가 활동하던 충렬왕까지의 역사를 5언시로 서술했다. 고려의 건국신화를 서두로 삼았고, 임금이 바뀔 때마다 나타난 치적을 정리했다. 단군 왕조 등의 경우와 마찬가지로, 고려의 건국신화에서는 고려를 세운 왕건의 조상들의 신이한 행적을 이야기하고 있다. 이를 통해 이승휴는 고려 왕실의 혈통이 신성하고 존귀함을 강조하면서, 고려 왕실을 강성하게 만들고자 했다.

이승휴는 이처럼 역사의 시초부터 시작하여, 한국 고유의 전통과 그 계승 과정을 밝히는 장편 영사시를 지어 민족사의 연원과 주체성을 찾고자 했다. 또 원나라에 복속되어 위축된 당대에 고려 왕조의 영광을 찬양하고자 했다. 고려가 국내외로 혼란했던 당시, 올바른 역사 이해를 통해 고려의 국가적 주체성과 자주성을 높이고자 한 것이다.

『제왕운기』는 초간 직후부터 조정 대신들의 관심을 끌었고, 당시 역사학계에도 지대한 영향을 끼쳤다. 『제왕운기』에 대한 관심은 그 후대로도 계속 이어졌다. 『제왕운기』는 충렬왕에게 감계가 되도록 서술되었지만, 한국의 역사와 중국의 역사를 대비시키면서, 단군조선으로부터 충렬왕까지의 한국사를 꿰뚫어 설명한다는 점에서 의미가 있다.

〈생각해 보기〉

(1) 『제왕운기』의 「동국군왕개국연대」와 「본조군왕세계연대」에는 고려 및 단군 왕조·고구려·신라 등의 건국신화들이 등장한다. 이들 국가의 건국신화가 『제왕운기』에서 어떠한 역할을 하는지 정리해 보자.

(2) 고려 후기의 영사시 창작 및 『삼국유사』 편찬에서도 보이듯, 역사적으로 국가가 혼란에 처할 때마다 나라의 역사의식을 고취하는 움직임이 일어났다. 이승휴의 『제왕운기』도 그러한 움직임의 일환이었다. 그렇다면 『제왕운기』를 지은 이승휴에게 '역사'는 어떠한 의의를 지녔는지에 대해 생각해 보자.

(3) 원나라의 간섭 및 지배층의 혼란으로 인해, 이승휴가 살았던 시대는 나라가 국내외로 혼란스러운 시기였다. 지식인이었던 이승휴는 관직에 나아가 간쟁 및 상소를 통해 국정 운영에 대한 자신의 의견을 펴기도 했다. 파직당한 후에는 영사시를 통해 지배층을 감계하고 우리 역사의 자긍심을 높임으로써 당시의 혼란을 극복하고자 했다. 이승휴의 경우처럼, 만약 나라가 어지러운 시기에 살게 될 경우 여러분은 어떻게 살아갈지 생각해 보자.

참고문헌

· 김경수 역주, 『제왕운기』, 역락, 1999.
· 장을병, 『이승휴의 삶과 정치활동』, 경인문화사, 2008.
· 이주영, 「한국 중세 서사시의 서사 구성 방식과 장르적 특질」, 『서강인문론총』 33, 서강대학교 인문과학연구소, 2012.
· 이창식, 「『제왕운기』에 인용된 설화의 성격」, 『동아시아고대학』 54, 동아시아고대학회, 2019.
· 채웅석, 「『제왕운기』로 본 이승휴의 국가의식과 유교관료정치론」, 『국학연구』 21, 한국국학진흥원, 2012.

김소연

21

안축의 관동와주
關東瓦注

1. 창작 배경

고려는 무신정권의 붕괴 이후 왕권은 회복하였으나, 대몽 항쟁의 패배로 인해 원(元)에 복속된다. 이에 따라 원 간섭기를 겪으며 정국이 원에 의해 좌우되었다. 당시 고려는 부원배(附元輩)와 고려 내의 권문세족 간 정치적 세력 다툼이 끊이질 않았다. 이러한 과정에서 농민들은 경제적 수탈로 매우 고통을 받았는데, 조세의 부담 외에도 금, 은, 인삼, 약재 등의 공물을 강요당하였다. 이 때문에 다수의 유민(流民)이 발생하는 등, 국가와 사회가 극도로 피폐해졌다. 이러한 상황 속에서 고려 충혜왕이 즉위한 해인 1330년 5월에 근재(謹齋) 안축(安軸, 1282~1348)은 강릉도 존무사(江陵道存撫使)로 임명되었고 〈관동와주(關東瓦注)〉를 남겼다.

안축은 14세기 전반기를 대표하는 문인으로, 본관은 순흥(順興), 자는 당지(當之), 호는 근재(謹齋), 시호는 문정(文貞)이다. 그는 죽계(竹溪: 지금의 풍기)의 세력 기반을 바탕으로 중앙에 진출한 신흥 사대부의 한 사람이다. 문과에 급제하여 금주 사록(金州司錄)·사헌 규정(司憲糾正)·단양부 주부(丹陽府注簿)를 지내고, 1324년(충숙왕 11)에 원나라 제과(制科)에도 급제했다. 이후 고려에 돌아와 성균 악정(成均樂正)·우사간 대부(右司諫大夫)를 거쳐, 충혜왕 때 강릉도 존무사로 파견되었다. 존무사는 재난이나 변란이 발생했을 때 백성을 살피기 위해 지방에 파견했던 임시 벼슬로, 당시 관동의 백성들을 순화하고 변방의 난 등을 막기 위함이 목적이었다. 안축이 명을 받고 출발하여 이듬해 9월 임기를 마치고 돌아오기까지 관동 지방에서 보고 느낀 바를 적은 〈관동와주〉는 일종의 기행시집이라 할 수 있다.

2. 원문 읽기

(1) 사선봉이 바닷가에 있으니	仙峯在海濱
둘러보니 기이하고 또 장엄하네	觀覽奇且壯
난간에 기대어 사방을 돌아보니	倚欄四回顧
긴 하늘은 안개 낀 파도와 접하였네	長天接煙浪
육면의 긴 수직돌이 물속에 늘어섰는데	條石列水中
총총히 서 있어 기이한 형상이 대부분이네	叢立多異狀
먹줄을 대고 깎아 만든 듯하니	如繩墨削成
원기가 솜씨 좋은 장인이네	元氣爲良匠
신라 때 네 국선[1]의 무리	羅代四仙徒
고운 모습[2]으로 정자 위에서 노닐었네	簪履遊亭上
당시의 비석 아직도 남아 있어	當時碣猶存
어루만지니 공연히 슬퍼지네	摩挲空悵望
아름답다는 말 사방에 두루 퍼져	嘉言遍四方
사신들이 다투어 내방하네	使賓競來訪
인접 고을 보내고 맞는 관행으로	傍邑慣送迎
분주하게 연회 용품을 옮기네	奔走移供帳
정자 아래 아전은 시끌벅적하고	亭下吏呀咻
술통 앞 아름다운 기생은 노래하네	樽前仙妓唱

---

1 네 국선: 원문은 사선(四仙). 신라 때의 술랑(述郞)·남랑(南郞)·영랑(永郞)·안상(安祥)이다.

2 고운 모습: 원문은 잠리(簪履). 원래 선왕(先王) 때의 옛 신하를 잊지 않는다거나 미천한 옛 신하를 기억하여 등용한다는 뜻이다. 그러나 여기서 잠리는 옥비녀를 꽂고 진주 신을 신은 풍류객의 의미로 사용되었다.

백성은 올해 농사일을 놓쳐 　　民今失農業
처자식을 먹여 살릴 수 없네 　　妻子不能養
모아 둔 한 말 양식 이미 바닥나니 　　斗蓄已殫空
한 번 잔치가 구향의 일[3]보다 심하네 　　一宴勝仇餉
누가 그림으로 그려서 　　何人寫作圖
임금과 재상에게 가져다 드릴까 　　持獻君與相

출전: 『근재집(謹齋集)』 권1, 〈총석정연사신유작(叢石亭宴使臣有作)〉

(2) 부절[4] 잡고 관문을 들어갔다가 　　杖節入關口
도로 이 길을 따라 돌아가네 　　還從此路歸
삭풍은 늘어선 창에 불고 　　朔風吹列戟
낙엽은 군복 위에 가득하네 　　落葉滿征衣
아직 백성의 병을 구제하지 못했으니 　　未救民間病
어찌 나라에 도움이 되었으리오 　　寧敎國體肥
설령 동해 바닷물을 쏟아부을지라도 　　縱傾東海水
이 년의 잘못을 씻기 어려우리 　　難洗二年非

출전: 『근재집(謹齋集)』 권1, 〈지순이년구월십칠일파임여경과순충관(至順二年九月十七日罷任如京過順忠關)〉

3. 작품 감상

〈관동와주〉는 안축이 1330년 5월 30일부터 1331년 9월 17일까지 강릉도 존무사 시절에 남긴 110제 120수의 시와 4편의 기문(記文)으로 이루어져 있으며, 『근재집(謹齋集)』 권1에 수록되어 있다. 〈관동와주〉 소재 작품들은 대체로 작품을 창작한 순서와 행로에 따라 편성되어 있다.

---

3 구향의 일: 원문은 구향(仇餉). 먹여 주고 대접해 주는 사람을 원수로 여긴다는 뜻이다.

4 부절: 부절(符節). 돌이나 대나무·옥 따위로 만들어 신표로 삼던 물건으로, 관원에게 왕이 명령의 징표로 주던 것이다.

먼저 (1)은 안축이 강릉도에 부임하여 총석정에서 사신을 접대하면서 쓴 작품이다. 총석정(叢石亭)은 강원도 통천군 고저읍 총석리 바닷가에 있는 누정으로, 바다 위에 빽빽이 솟아 있는 돌기둥[叢石] 위에 세워져 붙여진 이름이다. 총석 중 바다 가운데 있는 사석주(四石柱)를 특히 사선봉(四仙峰)이라고 하는데, 신라의 술랑(述郞)·영랑(永郞)·안상랑(安詳郞)·남랑(南郞)의 네 선도(仙徒: 화랑도)가 이곳에서 놀며 경관을 감상하였다는 전설에서 이름하였다고 전한다. 총석정은 관동팔경(關東八景)의 하나로, 이곳의 절벽과 바위가 신기하고 아름다워 예로부터 수많은 이들이 방문하는 곳이었다. 관동팔경은 관동 지역의 경승지 여덟 곳으로, 고성의 청간정(淸澗亭), 강릉의 경포대(鏡浦臺), 고성의 삼일포(三日浦), 삼척의 죽서루(竹西樓), 양양의 낙산사(洛山寺), 울진의 망양정(望洋亭), 통천의 총석정(叢石亭), 평해(平海)의 월송정(越松亭)이 그것이다. 관동팔경은 예로부터 빼어난 경치로 칭송되면서 수많은 이들이 이곳을 방문하고 작품을 남겼다. 특히 총석정은 동해의 바다와 기이한 돌기둥이 어우러져, 관동팔경 가운데서도 빼어난 경치를 자랑하는 곳이었다.

이 작품 역시 전반부에서는 총석정의 이러한 아름다운 자연경관을 읊으나, 후반부에서는 사신들의 관행이 사려 깊지 못함을 언급하고 이에 따른 백성들의 고달픈 상황과 심정을 묘사하고 있다. 빼어난 풍광으로 소문난 총석정에는 방문하는 이들이 끊이질 않았다. 하지만 방문하는 이들을 접대하기 위해서는 매번 수많은 백성들이 동원될 수밖에 없었다. 그러다 보니 백성들은 정작 농사 시기를 놓쳐 처자식을 먹여 살릴 수도 없을 정도로 힘들어진 것이다. 아름다운 풍광과 사신을 접대하는 화려한 잔치 뒤에는 백성들과 고통이 내재되어 있음을 지적하고 있다. 또한 노래하는 기녀의 모습과의 대비를 통해서도 당대의 현실에 대한 비판을 구체화한다. 안축은 이러한 모습을 그림이라도 그려서 왕과 재상에게 고해야 한다고 표현했는데, 여기에는 변방 백성들에 대한 그의 절박하고 안타까운 심정[5]이 그대로 드러나 있다.

---

5 안말숙, 「『關東瓦注』에 나타난 愛民意識」, 『민족문화논총』 37, 영남대학교 민족문화연구소, 2007, pp.

다음 (2)는 안축이 임지를 떠나면서 지은 것이다. 작품의 제목에서 드러나듯이 1331년(충혜왕 1) 9월 17일 임기를 마치고 서울로 가다가 순충관을 지나면서 지은 작품이다. 그는 자신의 지난 임기를 돌아보며 그것을 잘못으로 표현하고 있다. 그의 이러한 자책은 자신에게 부여된 시대적 소명을 수행하지 못한 것에 대한 지식인으로서의 고백이자 반성이라고 할 수 있다.

고려 후기라는 혼란한 상황 속에서 실질적으로 안축은 제한적인 역할을 수행할 수밖에 없었다. 강릉도 존무사로 파견되었지만, 당시 정치 현실을 개혁하거나 백성의 삶을 보살피는 데에는 한계가 있었기 때문이다. 자신이 맡은 한 지역의 백성을 구하지도 못하였고, 나아가 나라에 보탬이 되지도 못했다는 표현은 그 스스로 자신의 재임 기간을 어떻게 평가하고 반성하였는지를 함축적으로 보여 준다. 그리고 과장된 표현이기는 하나, 동해의 바닷물로도 자신의 잘못을 씻기 어렵다고 말하는데, 이는 지식인으로서 그의 깊은 반성과 회의를 살필 수 있는 구절이다. 그는 학문에 힘써 시대적 사명감을 가지고 출사하였으나, 현실과 부딪치면서 거듭 고민하였다. 이는 자신의 힘으로는 감당할 수 없는 현실의 어려움 속에서도 민생의 아픔을 외면할 수 없는 지식인의 끝없는 고민을 보여 주는 것이다.[6]

이처럼 안축은 공무를 보는 중간에 지역의 명소를 방문하고 보고 느낀 바를 작품으로 남겼다. 그러나 부임지의 거의 전 지역을 돌아다녔음에도 불구하고, 〈관동와주〉에는 당시 관동의 최고 명소로 꼽히던 금강산이 포함되어 있지 않다. 이는 존무사의 파견 목적이 백성의 삶을 어루만지는 데 있음을 그 스스로 명확히 인식하고 행동했던 결과라 하겠다. 따라서 〈관동와주〉 소재 한시들은 관동 지역의 풍물을 읊은 것도 있지만, 대부분 관동 지역의 피폐한 사회상과 이를 보고 느낀 심정을 드러낸 작품들이 많다는 특징을 지닌다.

643-644.

6 김종진, 「安軸의 시세계: 「關東瓦注」 소재 漢詩를 중심으로」, 『태동고전연구』 10, 한림대학교 태동고전연구소, 1993, pp. 16-18.

〈생각해 보기〉

(1) 작가의 다른 작품인 경기체가 〈관동별곡〉과의 비교를 통해 장르에 따라 작품의 성격이 다르게 나타나는 이유에 대해 생각해 보자.

(2) 기행시는 경치를 감상하고 유람의 흥취를 보여 주는 것이 대부분이다. 안축이 〈관동와주〉에서 기행시의 관습을 답습하지 않고 애민시의 관점에서 시를 지은 이유에 대해 논의해 보자.

(3) 관동 지역은 예로부터 사람들에게 산수 풍광이 아름다운 곳으로 알려진 지역이다. 관동을 노래한 다른 작품들을 찾아보고 어떠한 특징이 있는지 생각해 보자.

참고문헌

· 김동욱, 「〈關東瓦注〉와 安軸의 詩文學」, 『논문집』 22, 상명여자대학교, 1988.

· 김종진, 「安軸의 시세계: 「關東瓦注」 소재 漢詩를 중심으로」, 『태동고전연구』 10, 한림대학교 태동고전연구소, 1993.

· 김풍기, 「謹齋 安軸의 詩文에 나타난 江原道論: 『關東瓦注』를 중심으로」, 『강원문화연구』 17, 강원대학교 강원문화연구소, 1998.

· 안말숙, 「『關東瓦注』에 나타난 愛民意識」, 『민족문화논총』 37, 영남대학교 민족문화연구소, 2007.

최은주

22

정몽주의 한시

1. 창작 배경

정몽주(鄭夢周, 1337~1392)의 본관은 영일(迎日), 자는 달가(達可), 호는 포은(圃隱), 시호는 문충(文忠)이다. 그는 외우내환(外憂內患)으로 쇠락해 가던 고려 말에 정치적 이념을 달리하는 조선조 개국파와의 알력으로 인해 죽음을 맞이하였는데, 이러한 그의 모습은 오늘날까지도 충절의 사표(師表)로 널리 알려져 있다. 그러나 정몽주를 온전히 이해하기 위해서는 충절이라는 측면 외에도 그의 학문, 외교적 역량 등을 모두 고려할 필요가 있다.

정몽주는 어려서부터 학문을 게을리하지 않았고, 1360년 문과에 장원 급제하면서 다양한 관직을 역임하였다. 그는 성균관 학감이 되어 도학(道學)의 융성에 앞장섰고, 송도에 5부학당과 지방 군현에 향교를 세워 교육 진흥에도 힘을 기울였다. 또한 여섯 차례의 대명사행(對明使行)과 한 차례 대일사행(對日使行)을 다녀오며 외교적 역량을 발휘하기도 하였다. 그는 의리와 명분에 충실하여 후대의 유학자들에 의해 우리나라 성리학의 비조(鼻祖)로 불렸다. 후대인들이 그를 평가한 것을 몇 가지 살펴보면, 신위(申緯)는 정몽주가 성리학을 동방에 전했으며, 사장(詞章)도 아주 뛰어났다고 하였고, 허균(許筠) 역시 그의 문학을 논평하면서 "이학(理學)과 절의(節義)가 한때 으뜸이었을 뿐만 아니라, 그 문장은 호방(豪放)하고 걸출(傑出)하다."라고 평하였다.

2. 원문 읽기

(1) 하늘이 백성을 내시니	皇天降生民
그 기운이 크고 또 굳세네	厥氣大且剛
사람이 스스로 살피지 않으면	夫人自不察
곧 심상한 지경에 머무르네	乃寓於尋常
기르는 데도 진실로 방법이 있으니	養之固有道
호연지기[1]에 누가 감히 당하리오	浩然誰敢當
맹자의 가르침 공경히 받들어	恭承孟氏訓
조장하지도 말고 잊지도 말면[2]	勿助與勿忘
천고의 이 마음이 동일해서	千古同此心
솔개와 물고기[3]의 묘한 이치 양양하리라	鳶魚妙洋洋
이 말을 아는 사람 드무니	斯言知者少
그대를 위해 이 문장을 짓노라	爲子著此章

출전: 『포은집(圃隱集)』 권2, 〈호연권자(浩然卷子)〉

(2) 홍무 초년에 심은 버드나무	洪武初年種
우뚝 높아 상림[4]에 접해 있네	亭亭接上林
새로 난 가지는 푸른 기와를 지나고	新梢過碧瓦
푸른 잎은 화려한 비녀[5]를 덮었네	綠葉蔭華簪

---

1 호연지기: 원문은 호연(浩然). 『맹자』에 나오는 말로, 천지간에 가득 차 있는 넓고 큰 기운이다.

2 조장하지도……말면: 맹자가 호연지기(浩然之氣)를 억지로 기르는 것을 송(宋)나라 사람이 벼 싹이 자라지 못하는 것을 안타깝게 여겨 뽑아 주는 바람에 말라 죽게 한 것에 빗대는 한편, 별 도움이 안 된다고 방치한 채 내버려 두는 것을 김을 매지 않는 것에 빗대어, 억지로 조장하지도 말고 마음속에서 잊지도 말라고 한 것을 의미한다.

3 솔개와 물고기: 원문은 연어(鳶魚). '연비어약(鳶飛魚躍)'의 줄인 말로, 『중용』 12장에 "『시경』에 이르기를 '솔개는 날아 하늘에 이르고 물고기는 연못에서 뛰논다.'고 하였으니, 위와 아래에 이치가 밝게 드러남을 말한 것이다.[詩云 鳶飛戾天 魚躍于淵 言其上下察也]"라는 데서 온 말이다.

4 상림: 상림원(上林苑)으로, 궁궐의 동산을 의미한다.

5 화려한 비녀: 벼슬아치의 관(冠)을 고정하는 비녀를 뜻하는 것으로, 여기서는 높은 벼슬을 상징한다.

난새와 봉황 성대하게 춤추며 모이니　舞集鸞凰盛
비와 이슬이 크게 생장시켰기 때문이네[6]　生成雨露深
내가 와서 성덕을 노래하니　我來歌聖德
나무를 돌며 한 번 읊조리네　遶樹一沈吟

출전: 『포은집(圃隱集)』 권1, 〈회동관유(會同館柳)〉

(3) 평생을 남북으로 오가다 보니　平生南與北
심사는 갈수록 어긋나네　心事轉蹉跎
고향은 바다 서쪽 언덕인데　故國海西岸
외로운 배는 하늘 끝에 있네　孤舟天一涯
매화 핀 창에는 봄빛이 이르고　梅窓春色早
판잣집에는 빗소리 요란하네　板屋雨聲多
홀로 앉아 긴 날을 보내니　獨坐消長日
집 생각에 괴로워 어찌 견딜까　那堪苦憶家

출전: 『포은집(圃隱集)』 권1, 〈홍무정사 봉사일본작(洪武丁巳 奉使日本作)〉

3. 작품 감상

정몽주는 우리나라 성리학의 비조(鼻祖)라고 불린 인물이지만, 성리학에 대한 심도 있는 학설 등이 드러나 있는 작품은 현재 전해지지 않는다. 다만 철학시라고 할 수 있는 작품을 몇 편 남겼는데, 가장 먼저 제시한 (1)의 〈호연권자(浩然卷子)〉와 같은 작품이 그러한 예이다. 편자 미상인 〈고천일향사론(古川一鄉士論)〉에서 정몽주의 〈호연권자〉, 〈독역(讀易)〉, 〈관어(觀魚)〉, 〈동지(冬至)〉 등의 작품을 '성리에 관한 저작[性理之作]'이라고 하면서 이 몇 편을 통해 정몽주의 학문을 넉넉히 볼 수

6　난새와……때문이네: 각국의 사신들이 모여드는 것은 황제의 은택이 있기 때문임을 비유한 것이다. '봉황이 춤추며 모이다'는 『시경』 「권아(卷阿)」의 "봉황이 나니, 그 깃을 퍼덕여, 또한 그칠 곳에 앉도다. 왕에게는 길사가 많으니, 군자가 부리는지라, 천자를 사랑하도다.[鳳凰于飛 翽翽其羽 亦集爰止 藹藹王多吉士 維君子使 媚于天子]"라고 한 구절을 차용한 것이다.

있다고 한 바 있다.

(1)의 작품은 『맹자』의 '호연지기(浩然之氣)'와 『중용』의 '연비어약(鳶飛魚躍)'의 이치를 시로 나타낸 것이다. 둔촌(遁村) 이집(李集, 1327~1387)의 이름과 자 '호연(浩然)'이 맹자의 "호연(浩然)한 기운은 의리를 모음으로써 생겨나는 것이다.[是集義所生者]"라는 말에서 유래하였기 때문에 이에 관해 쓴 것이다. '연비어약(鳶飛魚躍)'은 솔개는 하늘에서 날고 물고기는 연못에서 뛴다는 것으로, 도가 천지간 어디에나 드러남을 나타내었다. 따라서 정몽주는 하늘을 나는 솔개와 물속에서 뛰어노는 물고기를 보면서 우주의 생동감을 느끼고 이를 작품으로 창작한 것이다. 그는 『맹자』의 구절을 가져와 호연지기를 온전히 하여 오래도록 변하지 않는 것이 중요함을 이야기하였다. 이렇듯 그가 변하지 않는 마음가짐을 제시한 것은 그의 유명한 시조인 〈단심가〉와도 일맥상통하는 지점이 있다.

(1)이 정몽주의 학자적 면모를 보여 준다면, 다음으로 살펴볼 작품들은 그의 정치가로서의 면모를 보여 주는 작품들이다. 그는 평생 동안 정치현장에서 끊임없이 활동했던 정치가였기에 이러한 면모도 그를 이해하는 데 중요한 지점이다. 정몽주는 명(明)나라의 건국 후 발생한 외교 문제로 1372년에 생애 처음 사행길에 올랐다. 이후에도 그의 사행은 총 7차례[대명사행(對明使行) 6회, 대일사행(對日使行) 1회]에 걸쳐 계속되는데, 당시 지은 사행시는 『포은집』 권1에 수록되어 있다. 여기서는 대명사행과 대일사행 때 지은 작품을 각각 한 수씩 살펴보기로 하자.

먼저 (2)는 명나라에 사행 갔을 때 지은 작품이다. 회동관은 명나라 때 경사(京師)에 있던 공관(公館)으로, 역체(驛遞) 사무 및 외국 사신의 접대를 담당하던 곳이다. 명나라 초에는 남경공관(南京公館)을 회동관으로 삼았고, 영락(永樂) 초에는 북경에 회동관을 설치하였다. 작품의 제목과 첫 구만 보면 버드나무를 읊은 듯하나, 후반부의 내용을 통해 단순히 홍무 초년에 심은 버드나무만을 말하고자 한 것이 아님을 알 수 있다. 정몽주는 회동관의 뜰에 있는 버드나무를 통해 명나라의 급속한 성장을 읽어 낸다. 태평성대를 상징하는 상상의 길조인 난새와 봉황을 등장시켜, 명나라의 안정을 상징적으로 드러내고 있다. 흔히 난새와 봉황은 오동나무와 결합하여 표현하는 경우가 많지만, 이 작품에서는 버드나무와 태평성대의 이미지를 결합시켰다. 당시 고려는 100년 가까이 원 간섭기가 이어지고 있었다. 정몽주는 원나라의 붕괴와 명나라의 세력 확장이라는 역사적 대전환 시기에 친명 정책을 적극적으로 지지하였던 인물이다. 이 시기 새롭게 등장한 정몽주와 같은 사대부들은 신유학을 중시하면서 새로운 흐름을 선도하고자 하였다. 그가 명나라의 풍물을 긍정적으로 수용하는 모습에서 고려의 국운 역시 전환의 시기에 새로운 기운에 힘입어 다시 번창할 수 있으리라 기대[7]하였음을 짐작해 볼 수 있다.

(3)은 〈홍무정사 봉사일본작(洪武丁巳 奉使日本作)〉이라는 시제의 네 번째 수이다. 수련에서는 남과 북, 즉 일본과 중국을 7차례나 오가며 사신의 임무를 분주하게 수행한 정몽주의 인생을 엿볼 수 있다. 스스로는 심사가 어긋났다고 표현하였으나, 평생 동안 사신의 임무를 맡았다는 사실에서 우리는 당시 그가 지녔던 외교적 능력을 짐작해 볼 수 있기도 하다. 작품의 제목이 아니더라도, 함련에서 서쪽을 바라보며 떠나온 고국을 그리워하고 있다는 점을 통해 현재 그가 속한 공간이 바다 건너 타국, 즉 일본임을 알 수 있다. 스스로를 '고주(孤舟)', 즉 외로운 한 척 배로 표현하여 여기저기 떠도는 타국에서의 심정을 절절하게 드러내었다.

이 시는 『소문쇄록(謏聞瑣錄)』 등에서 뛰어난 구절의 예로 소개되기도 하였는데, 특히 경련은 일본사행을 가는 이들에게 많은 영향을 주었다. 시각과 청각적 이미지를 사용하여 낯선 이국의 풍광을 사실적으로 포착하고 있다. 기와집과 초가집이 익숙한 조선인들에게 판자 지붕을 때리는 요란한 빗소리는 이국에서의 낯선 체험이라고 할 수 있다. 이국땅에서 그에게 위안이 되는 것은 창밖의 매화이지만, 빗소리가 요란하여 감상하기가 쉽지 않고 이는 고향에 대한 그리움을 더 배가시킬 뿐이다. 정몽주의 이러한 경험과 표현은 이후 일본에 사행 가는 이들에게 영향을 주어, (3)의 6구 '판옥우성다(板屋雨聲多)' 다섯 글자로 분운(分韻)하는 전통까지 만들어졌다.[8]

정몽주는 많은 작품을 남긴 것은 아니지만, 작품을 통해 자신의 생각을 명징하게 드러내고자 노력한 인물이다. 특히 성리학에 삼심하여 거기에서 얻은 것을

7 이승수, 「1386년 정몽주의 남경 사행, 노정과 시경」, 『민족문화』 46, 한국고전번역원, 2015, pp. 51-53.

8 김덕수, 「정몽주의 사행시」, 『한국학』 41, 한국학중앙연구원, 2018, pp. 137-139.

현실에서 실천하고 구현하고자 적극적으로 노력하였다. 이 때문에 그는 자신의 삶 속에서 언제나 주저하거나 방어적인 태도를 취하지 않을 수 있었던 것이다.

〈생각해 보기〉

(1) 정몽주가 지은 사행시의 영향을 받은 후대의 작품을 찾아보고, 그들이 타국에서 느낀 감정에 대해 생각해 보자.

(2) 정몽주의 호는 포은(圃隱)이다. 그의 삶은 그가 지향했던 '은(隱)'과 다르게 현실에 적극적으로 대응하는 자세를 지녔다. 그의 작품 가운데 한가로운 자연으로의 귀거래가 드러난 작품을 찾아보고, 그러한 작품에 드러난 그의 내면 의식은 무엇일지 생각해 보자.

(3) 정몽주가 순절한 곳으로 알려진 선죽교의 일화는 후대에까지 다양하게 전승되어 온다. 어떠한 작품들이 있는지 찾아보고, 이러한 작품이 창작된 배경에 대해 논의해 보자.

참고문헌

· 홍순석, 『포은 시문학의 재조명』, 한국문화사, 2018.
· 김덕수, 「정몽주의 사행시」, 『한국학』 41, 한국학중앙연구원, 2018.
· 윤인현, 「포은(圃隱) 정몽주(鄭夢周)의 선비정신(精神)」, 『한문학논집』 30, 근역한문학회, 2010.
· 이승수, 「1386년 정몽주의 남경 사행, 노정과 시경」, 『민족문화』 46, 한국고전번역원, 2015.
· 정우락, 「포은 정몽주 시에 나타난 공간 상상력」, 『포은학연구』 16, 포은학회, 2015.

최은주

23

한림별곡
翰林別曲

1. 창작 배경

『고려사(高麗史)』「악지(樂誌)」에는 〈한림별곡〉을 고려 고종 때 한림(翰林)의 제유(諸儒)들이 지은 작품으로 기록하고 있다. 또한 현재 남아 있는 경기체가(景幾體歌) 가운데 〈한림별곡〉이 가장 오래된 작품이라는 점에서, 이 작품이 경기체가의 시초라는 견해가 통설이 되어 있다.

〈한림별곡〉은 전체 8장으로 이루어진 분장체 시가인데, 작품의 제1장을 보면 이 노래가 창작될 당시 지공거(知貢擧)를 맡고 있던 금의(琴儀)와 그의 문하생이었던 유원순(兪元淳), 이인로(李仁老), 이공로(李公老) 및 이규보(李奎報), 진화(陳樺), 유충기(劉沖基), 민광균(閔光鈞), 김양경(金良鏡) 등 다수의 인물이 등장한다. 따라서 〈한림별곡〉은 고려 후기에 중앙 정계에 새롭게 등장한 신진 사대부들이 그들의 자긍심을 표출하기 위해 공동으로 창작한 작품이라 할 수 있다.

〈한림별곡〉은 작품이 창작된 고려 후기부터 오랜 기간 동안 사대부들에 의해 사랑받았던 노래이다. 『조선왕조실록』에는 태종 13년에 왕이 술과 고기를 하사하면서 〈한림별곡〉을 부르며 즐기라고 명한 사실이 기록되어 있고, 세종 7년에는 사신들이 중국으로 돌아갈 때 〈한림별곡〉을 적어 갔다는 기록도 남아 있다. 이러한 기록에서도 알 수 있듯이, 조선 전기에는 궁중의 연회악으로 〈한림별곡〉

이 널리 활용되고 있었다. 또한 조선 전기 이행(李荇, 1478~1534)의 『용재집(容齋集)』을 보면, 호남 지역의 사대부들도 이 노래를 향유했다는 기록이 남아 있다. 이뿐 아니라 이수광(李睟光, 1563~1628)의 『지봉유설(芝峯類說)』, 김만중(金萬重, 1637~1692)의 『서포집(西浦集)』, 심광세(沈光世, 1577~1624)의 『해동악부(海東樂府)』 등에도 같은 여러 기록이 남아 있음을 볼 때, 조선조 사대부들이 〈한림별곡〉을 매우 애호했음을 짐작할 수 있다.

2. 원문 읽기

元淳文(원슌문) 仁老詩(인노시) 公老四六(공노ᄉᆞ륙)[1]
李正言(니졍언) 陳翰林(딘한림) 雙韻走筆(솽운주필)[2]
冲基對策(튱긔ᄃᆡ칙) 光鈞經義(광균경의) 良鏡詩賦(량경시부)
위 試場(시댱)ㅅ 景(경) 긔 엇더ᄒᆞ니잇고
(葉) 琴學士(금혹ᄉᆞ)의 玉笋門生(옥슌문싱)[3]
琴學士(금혹ᄉᆞ)의 玉笋門生(옥슌문싱)
위 날 조차 몃부니잇고

(1장)

唐漢書(당한셔) 莊老子(장노ᄌᆞ) 韓柳文集(한류문집)
李杜集(니두집) 蘭臺集(난ᄃᆡ집) 白樂天集(빅락텬집)
毛詩尙書(모시샹셔) 周易春秋(주역츈츄) 周戴禮記(주ᄃᆡ례긔)
위 註(주)조쳐 내외옰 景(경) 긔 엇더ᄒᆞ니잇고
(葉) 太平光記(태평광긔) 四百餘卷(ᄉᆞ빅여권)
太平光記(태평광긔) 四百餘卷(사빅여권)

1 四六(ᄉᆞ륙): 사륙변려문(四六駢儷文)을 이르는 것으로, 한문체 중 하나.
2 雙韻走筆(솽운주필): 쌍운으로 문자를 내어 빨리 시를 짓는 일.
3 玉笋門生(옥슌문싱): 죽순 같은 많은 제자.

위 歷覽(력람)[4]ㅅ 景(경) 긔 엇더ᄒᆞ니잇고

(2장)

眞卿書(진경셔) 飛白書(비빅셔) 行書草書(힝셔초셔)

篆籒書(뎐류셔) 蝌蚪書(과두셔) 虞書南書(우셔남셔)

羊鬚筆(양슈필) 鼠鬚筆(서슈필)[5] 빗기 드러

위 딕논 景(경) 긔 엇더ᄒᆞ니잇고

(葉) 吳生劉生(오싱류싱) 兩先生(량션싱)의

吳生劉生(오싱류싱) 兩先生(량션싱)의

위 走筆(주필)ㅅ 景(경) 긔 엇더ᄒᆞ니잇고

(3장)

黃金酒(황금쥬) 栢子酒(빅ᄌᆞ쥬) 松酒醴酒(송쥬례쥬)

竹葉酒(듁엽쥬) 梨花酒(리화쥬) 五加皮酒(오가피쥬)

鸚鵡盞(잉무잔)[6] 琥珀盃(호박비)[7]예 ᄀᆞ득 브어

위 勸上(권상)ㅅ 景(경) 긔 엇더ᄒᆞ니잇고

(葉) 劉伶陶潛(유령도즘) 兩仙翁(량션옹)의

劉伶陶潛(유령도즘) 兩仙翁(량션옹)의

위 醉(취)혼 景(경) 긔 엇더ᄒᆞ니잇고

(4장)

紅牧丹(홍모단) 白牧丹(빅모단) 丁紅牧丹(뎡홍모단)

紅芍藥(홍쟉약) 白芍藥(빅쟉약) 丁紅芍藥(뎡홍쟉약)

---

4 歷覽(력람): 열람하는.

5 羊鬚筆(양슈필) 鼠鬚筆(서슈필): 양의 수염과 쥐의 수염으로 만든 붓.

6 鸚鵡盞(잉무잔): 앵무새의 입 모양의 술잔.

7 琥珀盃(호박비): 보석 호박으로 만든 술잔.

御柳玉海(어류옥미) 黃紫薔薇(황ᄌᆞ장미) 芷芝冬栢(지지동빅)[8]

위 間發(간발)[9]ㅅ 景(경) 긔 엇더ᄒᆞ니잇고

(葉) 合竹桃花(합듁도화) 고온 두 분

合竹桃花(합듁도화) 고온 두 분

위 相暎(상영)ㅅ 景(경) 긔 엇더ᄒᆞ니잇고

(5장)

阿陽琴(아양금) 文卓笛(문탁뎍) 宗武中琴(종무듕금)

帶御香(ᄃᆡ어향) 玉肌香(옥긔향)[10] 雙伽倻(솽개야)ㅅ고

金善琵琶(금션비파) 宗智嵇琴(종ᄃᆡ히금) 薛原杖鼓(셜원댱고)

위 過夜(과야)[11]ㅅ 景(경) 긔 엇더ᄒᆞ니잇고

(葉) 一枝紅(일지홍)[12]의 빗근 笛吹(뎍취)

一枝紅(일지홍)의 빗근 笛吹(뎍취)

위 듣고아 좀드러지라

(6장)

蓬萊山(봉릭산) 方丈山(방댱산) 瀛州三山(영쥬삼산)

此三山(차삼산) 紅樓閣(홍류각) 婥妁仙子(쟉약션ᄌᆞ)[13]

綠髮額子(녹발익ᄌᆞ)[14] 錦繡帳裏(금슈댱리) 珠簾半捲(쥬렴반권)

위 登望五湖(등망오호)ㅅ 景(경) 긔 엇더ᄒᆞ니잇고

(葉) 綠楊綠竹(록양녹듁) 栽亭畔(ᄌᆡ뎡반)애

---

8 芷芝冬栢(지지동빅): 지란, 영지, 동백.

9 間發(간발): 사이사이 피어나는.

10 帶御香(ᄃᆡ어향) 玉肌香(옥긔향): 대어향과 옥기향은 당대 이름난 기생이다.

11 過夜(과야): 밤을 지새는.

12 一枝紅(일지홍): 당대 이름난 기생.

13 婥妁仙子(쟉약션ᄌᆞ): 몸이 가냘프고 아리따운 미녀.

14 綠髮額子(녹발익 ᄌᆞ): 윤이 나는 고운 머리를 가진 미녀.

綠楊綠竹(록양녹듁) 栽亭畔(지뎡반)애
위 囀黃鶯(전황잉)[15] 반갑두셰라

(7장)

唐唐唐(당당당) 唐楸子(당츄ᄌᆞ)[16] 皂莢(조협)남긔[17]
紅(홍)실로 紅(홍)글위 ᄆᆡ요이다
혀고시라 밀오시라 鄭少年(뎡쇼년)하
위 내 가논 ᄃᆡ 놈 갈셰라
(葉) 削玉纖纖(샥옥셤셤)[18] 雙手(솽슈)ㅅ길헤
削玉纖纖(샥옥셤셤) 雙手(솽슈)ㅅ길헤
위 携手同遊(휴슈동유)[19] ㅅ景(경) 긔 엇더ᄒᆞ니잇고

(8장)

출전: 『악장가사』, 〈한림별곡〉

3. 작품 감상[20]

경기체가(景幾體歌)는 〈한림별곡〉에서 시작하여 안축이 지은 〈관동별곡〉, 〈죽계별곡〉을 거쳐 16세기 권호문의 〈독락팔곡〉까지 하나의 역사적 갈래로 존재하였다. 특히 경기체가가 가지고 있는 특징적인 형식과 표현은 우리 시가 갈래 중에서도 매우 독특한 모습을 보여 준다. 실제로 경기체가에는 기본적으로 '경(景) 긔 엇더ᄒᆞ니잇고' 또는 '경기하여(景幾何如)'라는 구절이 나타나는데, 여기서 '경

15 囀黃鶯(전황잉): 지저귀는 꾀꼬리.
16 唐楸子(당츄ᄌᆞ): 호두나무.
17 皂莢(조협)남긔: 쥐엄나무.
18 削玉纖纖(샥옥섬섬): 옥을 깎은 것 같은.
19 携手同遊(휴슈동유): 손을 맞잡고 노는.
20 〈한림별곡〉의 율격 및 형식에 대해서는 지금까지 여러 연구자들의 의견이 다양하게 개진된 바 있다. 따라서 본 책에서는 한국방송통신대학교출판부에서 편찬한 『고전시가론』(2006)을 중심으로, 참고문헌에서 제시한 관련 저서들을 정리하여 기술하였음을 밝힌다.

기'를 가져와 붙여진 갈래 명칭이 바로 경기체가이다. 그리고 이러한 노래들은 사대부 계층이 즐기는 삶의 모습을 과시하거나, 그들이 추구했던 유학적 이념을 노래하는 경우가 대부분이다. 따라서 경기체가는 향유층인 사대부의 이상과 조화를 추구하던 시가 갈래이다.

경기체가의 대표 작품인 〈한림별곡〉은 전체 8장으로 이루어져 있다. 또한 각 장은 엽(葉)을 경계로 1행에서 4행까지를 전대절, 5행에서 7행까지를 후소절로 나눌 수 있다. '위 ○○○ 景(경) 긔 엇더ᄒᆞ니잇고'의 형태로 이루어진 4행과 7행은 후렴구의 역할을 담당하는데, 4행은 1~3행을 집약적으로 제시하고, 7행은 5~6행의 내용을 집약한다. 그리고 '위'는 우리말 노래에서 중요한 형식적 표지로 기능하는 '감탄사'로 이해할 수 있다.

구분	행	형태	율격(음보, 음수)
전대절	1행	元淳文 仁老詩 公老四六	3음보(3.3.4조)
	2행	李正言 陳翰林 雙韻走筆	3음보(3.3.4조)
	3행	冲基對策 光鈞經義 良鏡詩賦	3음보(4.4.4조)
	4행	(후렴) 위 試場ㅅ 景 긔 엇더ᄒᆞ니잇고	4음보(1.3.1.6조)
후소절	5행	(葉) 琴學士의 玉笋門生	2음보(4.4조)
	6행	琴學士의 玉笋門生	2음보(4.4조)
	7행	(후렴) 위 날 조차 몃부니잇고	4음보(1.1.2.5조)

위에서 볼 수 있듯이, 〈한림별곡〉은 1행에서 3행까지는 3개의 음보로 구성되어 있으나, 한 음보를 이루는 음수에는 일부 차이가 존재한다. 첫 행과 둘째 행은 3.3.4조의 음수율을 이루는 데 비해, 셋째 행은 4.4.4조의 율격을 이루고 있기 때문이다. 또한 후소절의 5행과 6행은 2음보의 4.4조의 구성이 중첩되고 있음을 볼 수 있는데, 따라서 3음보 형식과, 4.4조의 반복구에서 나타나는 2음보 형식이 각 장에 함께 존재한다는 점에서 독특한 면모를 가진다. 이와 함께 후렴으로 분류되는 4행과 7행의 경우에는 4음보를 기본으로 하지만 음수율에서는 고정적이지 않은 모습을 보여 준다. 따라서 〈한림별곡〉은 대체로 3음보가 기준이 되는 고려속요, 또는 4음보가 중심이 되는 시조나 가사와는 다른 율격 감각을 지닌 것

으로 볼 수 있다.

이러한 형식적 특징은 결국 〈한림별곡〉을 비롯한 경기체가의 미학적 성격과 밀접한 관련을 가질 수밖에 없다. 예컨대 전대절에서는 사물의 나열을 통해 객관적 세계의 경험적 사실을 제시하고, 후소절에서는 이러한 경험적 사실을 통합하여 제시하면서 작품의 의미를 구성하게 된다. 그리고 후렴에서 나타나듯이 나열된 사물들은 '경(景)'으로 포괄되면서 장면화되고, '긔 엇더ᄒᆞ니잇고'처럼 감탄의 의미를 내포한 말로 마무리된다. 따라서 이러한 형식적 특징은 〈한림별곡〉을 향유했던 신진 사대부들의 현실주의적 세계관과 밀접한 관련성을 가진다.

〈한림별곡〉의 내용을 살펴보면, 1장에서 3장까지는 문인, 서적(書籍), 명필(名筆)과 관련된 인물 및 사물들을 나열함으로써 한림 제유들의 학문에 대한 자긍심을 표출하였다. 그리고 4장에서부터 8장까지는 명주(名酒), 꽃, 음악, 경관, 그네를 소재로 하여 신진 사대부들의 향락적 생활과 풍류를 드러내었다.

장	소재	내용
1	문인	금의(琴儀)의 문하생들과 그들의 시문(詩文)을 찬양
2	서적	독서에 대한 자긍심을 노래
3	명필	유명 서체와 서예 도구, 명필을 찬양
4	명주	명주(名酒)와 주흥(酒興)을 노래
5	꽃	화원(花園)의 경치를 노래
6	음악	주악(奏樂)에 대한 의취(意趣)를 노래
7	경관	후원의 경관을 노래
8	그네	그네 뛰는 정경과 풍류를 찬양

〈한림별곡〉은 신진 사대부들의 학문 및 문장에 대한 자긍심과 영탄, 그리고 이들의 풍류적 생활상을 적나라하게 드러내며, 현실적이고 구체적인 사물에 화자의 정서를 결부시켜 노래한 새로운 갈래라 할 수 있다. 또한 신진 사대부들이 지배층을 구성한 조선조에서도 집단의 정체성을 확인하고 문화적 공감대를 형성하며 종종 술자리의 매우 인기 있는 레퍼토리로 활용된 바 있다. 따라서 이러한 〈한림별곡〉의 연행 환경과 이후의 수용 양상을 고려한다면, 결국 경기체가의

본질은 사대부 집단의 자긍심 표출에 있다고 할 수 있다. 또한 〈한림별곡〉에서 시작된 다수의 경기체가 작품이 조선 건국 초기에 활발하게 창작·향유된 것은, 새롭게 지배층으로 자리 잡은 사대부 계층의 자긍심을 표출할 수 있는 가장 유용한 갈래가 경기체가였기 때문이라고 할 수 있을 것이다.

〈생각해 보기〉

(1) 〈한림별곡〉은 여타의 서정시와는 달리 작가의 감정을 직설적으로 드러내지 않고, 사물을 열거하는 방법을 통해 자신의 감정을 표현하는 교술시적 성격을 가진다. 그렇다면 서정과 교술의 갈래적 차이를 알아보고, 경기체가가 가진 교술시적 성격을 이야기해 보자.

(2) 조선 중기 퇴계 이황은 〈도산십이곡(陶山十二曲)〉 발문(跋文)에서 〈한림별곡〉을 군자가 향유하기에는 부적절한 노래로 규정하였다. 퇴계 이황이 〈한림별곡〉을 부정적으로 평가한 이유에 대해 이야기해 보자.

(3) 〈한림별곡〉의 8장은 앞의 1장에서부터 7장까지 나타나는 내용 전개와는 조금 다른 모습을 보인다. 또한 연구자들에 의해 전체 장 중 문학적으로 가장 높이 평가받고 있는 부분이기도 하다. 이러한 평가를 받는 이유를 생각해 보자.

참고문헌

· 권오경 외, 『한국문학개론』, 새문사, 2015.
· 김학성, 『한국고전시가의 연구』, 원광대학교출판국, 1980.
· 김흥규, 『한국문학연구』, 신구문학사, 1982.
· 성기옥·손종흠, 『고전시가론』, 한국방송통신대학교출판부, 2006.
· 염은열 외, 『문학교육을 위한 고전시가 작품론』, 사회평론아카데미, 2019.
· 이민희 외, 『깊고 넓게 읽는 고전문학 교육론』, 창비교육, 2017.

조유영

24

청산별곡
靑山別曲

1. 창작 배경

〈청산별곡〉은 고려속요 중 〈서경별곡(西京別曲)〉, 〈만전춘별사(滿殿春別詞)〉와 함께 가장 뛰어난 문학성을 갖춘 작품으로 알려져 있다. 하지만 〈청산별곡〉은 조선 전기 악서(樂書)인 『악장가사(樂章歌詞)』에 전문이 기록되어 있고, 『시용향악보(時用鄕樂譜)』에는 전체 연 중 1연과 그 곡조만이 실려 있다. 또한 이 노래에 대한 최초의 기록은 조선 초기 문인 남효온(南孝溫)이 쓴 『송경록(松京錄)』에 개성 유람 중에 〈청산별곡〉 첫 번째 곡의 연주를 들었다는 기록이 남아 있을 뿐이어서 고려 시대부터 부른 노래라는 명확한 증거는 찾기가 어렵다. 그러나 〈청산별곡〉은 형식에 있어 분장체와 후렴구를 가지고 있으며, 작품 내 시어 및 시적 정조 등이 여타의 고려속요와 닮아 있어 고려속요로 현재 인정하고 있다.

고려속요는 기본적으로 고려 후기 피지배층이 향유하던 저자의 노래가 궁중으로 유입되어 궁중의 향악(鄕樂)으로 자리잡게 된 후, 조선 전기 훈민정음의 창제와 궁중음악의 정비에 의해 문헌으로 기록된 갈래이다. 이러한 까닭에 고려속가(高麗俗歌), 즉 속악가사(俗樂歌詞)로서의 성격을 가진다. 〈청산별곡〉 또한 대부분의 고려속요 작품들처럼 고려 시대 민요에서 기원하였거나 민요와 밀접하게 관련된 노래가 어떠한 계기에 의해 궁중으로 유입되어 궁중악으로 변화된 노래로 추정된다.

2. 원문 읽기

살어리 살어리랏다 靑山(쳥산)에 살어리랏다
멀위랑 ᄃᆞ래랑 먹고 靑山(쳥산)에 살어리랏다
얄리얄리 얄랑셩 얄라리 얄라

우러라 우러라 새여 자고 니러 우러라 새여
널라와 시름 한 나도 자고 니러 우니노라
얄리얄리 얄라셩 얄라리 얄라

가던 새[1] 가던 새 본다 믈 아래 가던 새 본다
잉 무든 장글란[2] 가지고 믈 아래 가던 새 본다
얄리얄리 얄라셩 얄라리 얄라

이링공 뎌링공 ᄒᆞ야 나즈란 디내와손뎌
오리도 가리도 업슨 바므란 ᄯᅩ 엇디 호리라
얄리얄리 얄라셩 얄라리 얄라

어듸라 더디던 돌코 누리라 마치던 돌코
믜리도 괴리도 업시 마자셔 우니노라
얄리얄리 얄라셩 얄라리 얄라

살어리 살어리랏다 바ᄅᆞ래 살어리랏다
ᄂᆞᄆᆞ자기 구조개[3]랑 먹고 ᄇᆞᄅᆞ래 살어리랏다
얄리얄리 얄라셩 얄라리 얄라

---

1 새: 새(鳥) 또는 사래.
2 장글란: 이끼 묻은 쟁기.
3 ᄂᆞᄆᆞ자기 구조개: 나문재, 굴조개.

가다가 가다가 드로라 에졍지[4] 가다가 드로라
사ᄉᆞ미 짒대예 올아셔 奚琴(ᄒᆡ금)을 혀거 드로라[5]
얄리얄리 얄라셩 얄라리 얄라

가다니 ᄇᆡ브른 도긔 설진 강수[6]를 비조라
조롱곳 누로기[7] ᄆᆡ와 잡ᄉᆞ와니 내 엇디ᄒᆞ리잇고
얄리얄리 얄라셩 얄라리 얄라

출전: 『악장가사』, 〈청산별곡〉

3. 작품 감상

〈청산별곡〉은 청산과 바다로 상징되는 이상향에 대한 강한 열망이 전체 주제를 구성한다. 하지만 어석(語釋)에 대한 논란이 여전히 존재하고, 이에 따른 내용 파악이 쉽지 않다는 점에서 작품의 구체적인 해석 또한 다양하다. 결국 〈청산별곡〉은 작품의 주요 소재인 청산과 바다를 어떻게 보는지에 따라 의미가 달라질 수밖에 없다. 청산이나 바다를 낭만적인 피안(彼岸)의 공간으로 이해한다면, 이 노래는 자연에 귀의하여 현실의 비애를 잊고자 하는 노래로 읽히게 된다. 하지만 고려 후기의 역사적 현실에 주목하여 외적의 침입과 국내의 혼란에 의해 유랑하는 백성들이 실질적으로 살고자 했던 현실의 공간으로 이해한다면, 이 작품은 매우 심각한 유랑의 노래로 이해될 수 있다.

기존의 연구사에서는 〈청산별곡〉을 크게 세 가지 관점에서 논의해 왔다. 먼저 고려 후기 전란과 사회적 혼란을 피해 이리저리 떠돌며 유랑하는 유랑민의 현실적 상황이 담긴 노래라고 보는 견해이다. 다음으로는 실연한 여성의 현실 도피적

---

4 에졍지: 옛 부엌.
5 사ᄉᆞ미……드로라: 사슴이 장대 위에서 해금을 연주하는 것을 듣는다는 이 구절은 불가능한 일을 의미하는 상황 또는 산대희(山臺戱) 연행 장면을 묘사한 것 등 다양한 해석의 여지가 존재한다.
6 강수: 독한 술.
7 조롱곳 누로기: 조롱꽃 누룩.

마음을 드러내는 노래로 보기도 한다. 마지막으로는 속세의 번뇌를 벗어나기 위해 청산과 바다를 찾아 위안을 구하면서 삶에 대한 강한 애착을 보여 주는 지식인의 술 노래로 읽고자 하는 견해도 있다. 이러한 세 가지 관점은 현재에도 강하게 대립하고 있어 작품에 대한 통일적 이해를 어렵게 하는 요소가 된다.

〈청산별곡〉을 구체적으로 살펴보면, 첫 연은 화자가 청산에서 머루와 다래로 상징되는 소박한 삶을 살고 싶다는 나름의 절박한 소망을 표현하는 것으로 시작된다. 그리고 2연에서 화자는 매일 우는 새보다도 더 많은 시름이 있는 사람으로 등장하고, 3연의 화자는 이끼 낀 쟁기를 가지고 예전에 갈던 사래밭을 바라보는 사람으로 나타난다. 4연의 화자는 이렇게 저렇게 비록 낮은 견뎌 나가지만 혼자 있는 밤의 외로움을 견디지 못하는 사람으로 등장하며, 5연에서는 누가 던진지도 모르는 돌에 맞아 우는 사람으로 형상화되어 있다. 이러한 화자의 모습을 통해 작품의 전반부에서는 화자가 속세의 현실을 떠나, 청산과 바다로 향하고 있음을 짐작하게 된다.

시적 전환이 이루어지는 6연에서는 청산이 아닌 바다가 피안의 공간으로 나타난다. 그리고 7연에서는 청산과 바다로 상징되는 피안의 공간을 찾아가는 과정에서 '에정지'라는 곳에 도착하고 그곳에서 사슴이 장대에 올라 해금을 켜는 장면을 보는 모습이 나타난다. 〈청산별곡〉의 이 부분에 대한 해석은 지금도 여전히 논란이 되고 있다. 사슴이 장대 위에서 해금을 켜는 행위가 있을 수 없는 행위라는 점에 착안하여 기적 같은 일이 일어나길 바라는 화자의 절박한 심정을 드러내는 것으로 해석하는 경우도 있고, 산대잡희(山臺雜戱)를 하는 광대 중 사슴으로 분장한 이가 장대에 올라 해금을 연주하는 모습을 나타낸 것으로 이해하는 견해도 있다. 8연에서는 청산과 바다를 찾아가는 과정에서 화자가 술의 유혹을 피하지 못하고, 체념하며 눌러앉는 모습이 나타나는데, 이는 술이라는 매개를 통해 현실의 괴로움을 잊고자 하는 화자의 모습이 드러나는 부분이다. 따라서 속세를 떠나 청산이나 바다와 같은 피안을 꿈꾸던 화자의 욕망이, 결국 현실적 체념으로 귀결되고 있음을 보여 주는 부분이라 할 수 있다. 이처럼 〈청산별곡〉은 인간의 원초적인 비애와 방황, 그리고 체념 등 다양한 내적 갈등을 형상화하고 있다. 그리고 이러한 모습을 통해 현실의 문제에서 벗어나 끊임없이 이상향을 갈구하는 인간의 보편적 지향 의식을 살펴볼 수 있게 된다.

〈생각해 보기〉

(1) 현재 남아 있는 고려속요 작품들 중 민요적 성격을 두드러지게 보여 주는 작품을 찾아보고 이를 통해 고려속요의 형성 과정을 이해해 보자.

(2) 〈청산별곡〉이 현재 고려속요의 대표적인 노래로 알려져 있는 이유는 무엇인지 생각해 보자.

(3) 〈청산별곡〉에서 나타나는 '청산'과 '바다'와 비슷한 의미를 가지는 시어를 우리의 고전시가 작품 속에서 찾아보자.

참고문헌

· 박노준, 『고려가요의 연구』, 새문사, 1990.
· 염은열, 『공감의 미학 고려속요를 말하다』, 역락, 2013.
· 염은열 외, 『문학교육을 위한 고전시가작품론』, 사회평론아카데미, 2019.
· 정병욱, 『한국고전시가론』, 신구문화사, 1976.
· 최미정, 「고려속요의 수용사적 연구」, 서울대학교 박사학위논문, 1979.

조유영

25

이방원과 정몽주의 시조

1. 창작 배경

고시조 〈단심가(丹心歌)〉와 〈하여가(何如歌)〉는 고려의 충신 정몽주(鄭夢周, 1338~1392)와 조선의 태종 이방원(李芳遠, 1367~1422) 사이에 주고받은 것으로 널리 알려져 있다. 온건파 개혁주의자였던 정몽주를 이방원이 회유하였으나 정몽주는 고려의 충신으로 남기를 다짐했다는 일화가 전해 오고 있다. 이 작품들은 왕조 교체기의 역사적 배경 아래 각자의 이념에 충실한 두 인물이 대결하는 구도 속에서 그들의 선택이 어떤 결과를 낳았는지 이미 알고 있는 대중들에게도 흥미롭고 감동적으로 읽힌다.

그러나 이 작품들의 작가가 정말 정몽주와 이방원인가 하는 사실 관계의 문제는 좀 더 살펴볼 부분이 많다. 현재 전하고 있는 가집(歌集)들에서는 거의 모두 〈단심가〉의 작자로 정몽주를 들고 있지만, 이는 주로 18세기 이후의 기록들에서만 나타난다. 또한 〈단심가〉를 한역하여 소개하면서 그 배경설화를 기록하고 있는 문헌으로 심광세(沈光世)의 「해동악부(海東樂府)」(1617)를 들 수 있는데, 이 또한 정몽주의 사후 이백 년도 더 지난 시점에서 기록된 것이다. 시조사(時調史)에서 문헌을 통해 검증된 시조 작가들은 대개 16세기에 이르러서야 나타나기 때문에 고려 말에 〈단심가〉와 〈하여가〉가 형성되었다고 보기에는 너무 이르다[1]고 하겠다.

정몽주는 선죽교(善竹橋)에서 피살당한 것으로 널리 알려져 있는데 이는 주로 16세기 후반의 문헌에서나 찾을 수 있는 이야기이다. 따라서 〈단심가〉의 작자에 대한 것은 사실이라기보다는 허구에 가까운 것으로, 정몽주를 바라보는 관점이 변화함에 따라 후대에 생겨났다고 볼 수 있다. 조선 전기에 이르러 정몽주에 대한 평가가 '역적'에서 '충신'으로 바뀌게 되고, 조선 중기에는 문묘 종사와 서원 건립 등을 통해 숭배의 대상이 되는 역사적 과정[2]에서 정몽주의 〈단심가〉 창작설이 형성된 것으로 학계에서는 바라보고 있는 실정이다.

1392년 이성계(李成桂, 1335~1408)는 새로운 왕조의 태조로서 왕위에 올랐다. 태조의 동의 없이 정몽주를 제거하는 데 앞장섰던 이방원은 1400년 11월 왕위를 물려받아 33세의 나이로 조선의 제3대 군주(태종)로 등극하였다. 그리고 그는 국정 쇄신을 위한 여론을 수렴하는 과정에서 권근(權近, 1352~1409)으로부터 정몽주의 위상을 회복시켜 추증하는 형식으로 표창해야 한다는 건의[3]를 받는다. 이것은 태종으로 하여금 자신이 '불충(不忠)'의 죄목으로 죽인 자를 '충신(忠臣)'으로 인정하고, 그를 칭송해야 하는 역설적인 상황에 놓이게 한다. 9개월의 고심 끝에 태종은 "고려 문하시중 정몽주에게 영의정부사(領議政府事)를 증직하고, …… 이는 참찬의정부사 권근의 말을 좇은 것이었다."(『태종실록』 태종 1년 11월 7일 신묘(辛卯))[4]라고 하여 고려의 대신 정몽주에게 조선의 최고 직급인 '영의정'을 추증하여 그의 위상을 높이면서, 충성의 도덕성이 담겨 있는 '문충(文忠)'이라는 시호까지 내렸다. 이로써 정몽주는 '충절(忠節)'의 이념을 대표하는 역사적 인물로 오늘날까지 전해지게 되었다.

---

1 김진희, 「〈단심가〉와 〈하여가〉의 형성 시기 -역사화를 통한 시조 대중화의 한 부면」, 『한국시가연구』 49, 한국시가학회, 2020, pp. 106-107.

2 정몽주의 숭배하 과정에 대해서는 다음 논문을 참조하라. 김인호, 「정몽주 숭배의 변화와 위인상(偉人像)」, 『역사와 현실』 77, 한국역사연구회, 2010, pp. 249-280.

3 조남욱, 「고려의 정몽주에 대한 조선 왕조의 도덕적 역설」, 『윤리교육연구』 38, 한국윤리교육학회, 2015, p. 282.

4 인용 출처: 한국고전번역원, 한국고전종합DB.

2. 원문 읽기

(1)-1. 〈하여가〉(성황당 계열) 한문 문헌

此亦何如　彼亦何如　城隍堂後垣　頹落亦何如　我輩若此爲　不死亦何如

출전: 심광세, 『휴옹집(休翁集)』 권3, 「해동악부(海東樂府)」

(1)-2. 〈단심가〉(성황당 계열) 한문 문헌

此身死了死了　一百番更死了　白骨爲塵土　魂魄有也無　向主一片丹心　寧有改理也歟

출전: 심광세, 『휴옹집(休翁集)』 권3, 「해동악부(海東樂府)」

(2)-1. 〈하여가〉(만수산 계열) 한문 문헌

如此亦何如　如彼亦何如　萬壽山葛藟　纏綿亦何如　我輩亦如此　百年享何如

출전: 홍만종, 『순오지(旬五志)』

(2)-2. 〈단심가〉(만수산 계열) 한문 문헌

此身死復死　百番更死了　白骨化塵土　不論魂有無　向主一片心　寧有變改理

출전: 홍만종, 『순오지(旬五志)』

(3)-1. 〈하여가〉(만수산 계열) 국문 문헌

이런들 엇더ᄒᆞ며 져런들 엇더ᄒᆞ료
만수산(萬壽山) 드렁츩이 얼거진들 엇더ᄒᆞ리,
우리도 이ᄀᆞᆺ치 얼거져 백년(百年)ᄭᆞ지 누리리라

출전: 『청구영언(靑丘永言)』 216번 작품

(3)-2. 〈단심가〉(만수산 계열) 국문 문헌

이 몸이 죽고 죽어 일백 번 고쳐 죽어
백골이 진토되어 넋이라도 있고 없고
님 향한 일편단심이야 가실 줄이 있으랴

출전: 『청구영언(靑丘永言)』 8번 작품

3. 작품 감상

정몽주의 〈단심가〉와 이방원의 〈하여가〉가 기록된 최초의 문헌은 1617년 심광세(沈光世, 1577~1624)가 쓴 『해동악부(海東樂府)』인 것[5]으로 알려져 있지만, 사실 1610년에 양덕수(梁德壽, ?~?)가 편찬한 『양금신보(梁琴新譜)』에 〈단심가〉가 실려 전한다.[6] 『양금신보』에는 중대엽(中大葉) 악곡의 가사로만 전해질 뿐, 제목이나 작가에 대한 언급은 전혀 나타나 있지 않다. 그러나 〈하여가〉는 〈단심가〉와 달리 『해동악부』 이전의 문헌에서 찾아보기 어렵다.

『해동악부』의 기록에 비추어 볼 때 〈단심가〉와 〈하여가〉는 정몽주와 이방원의 사건이 일어난 지 대략 225년이나 지난 다음에야 겨우 한역되어 문헌에 정착된 것이다. 따라서 〈단심가〉와 〈하여가〉를 살펴볼 때 가장 논란이 되는 지점은 바로 작자의 진위 여부이다. 이는 시조의 발생 시기와 맞물려 학계의 쟁점이 되고 있으며, 더 나아가 〈단심가〉의 주제가 무엇인지에까지 영향력을 끼친다.

익히 알려진 〈단심가〉와 〈하여가〉의 배경 이야기는 사실 정사(正史) 기록들과는 다른 내용이고 여타 문집 자료에서도 찾아볼 수가 없다. 정몽주의 죽음에 대한 『고려사』의 기록에서도 〈단심가〉나 〈하여가〉에 대한 내용이 나타나지 않는다. 『고려사』 「세가」에서는 "조영규 등이 정몽주를 살해했다."(『고려사』 권46, 「세가」, 공양왕 4년 4월)라고 짧게 기록하고 있을 뿐이다. 또한 『고려사』 「열전」에서는 이방원이 정몽주를 살해하라고 지시하는 내용을 비교적 자세히 전하고 있지만, 여기에서도 〈단심가〉나 〈하여가〉와 관련된 기록은 보이지 않는다. 따라서 〈단심가〉와 〈하여가〉에 대한 이야기들은 역사적 사실에 부합한다기보다는 16세기 후반에 형성되어 구전되어 온 설화적인 이야기라고 하겠다.

〈단심가〉와 〈하여가〉의 존재는 한문 문헌과 국문 문헌을 통하여 모두 확인할 수 있다. 그런데 가사의 내용을 검토해 보면 한문 문헌에서 나타나는 〈단심가〉는 내용상으로 변이를 보이지 않지만 〈하여가〉는 크게 두 가지 서로 다른 내용으로

5 강전섭, 「丹心歌와 何如歌의 遡源的 연구」, 『동방학지』 35, 연세대학교 국학연구원, 1983, p. 146.
6 김진희, 앞의 논문, p. 108.

전해지고 있다. 즉, '성황당(城隍堂)'이 등장하는 경우와 '만수산(萬壽山)'이 등장하는 경우로 나누어진다.

(1)-1처럼 '성황당'이 등장하는 한문 문헌의 〈하여가〉는 심광세의 『해동악부』에서 "此亦何如 彼亦何如 城隍堂後垣 頹落亦何如 我輩若此爲 不死亦何如"라고 한 것이 가장 대표적이며, 이긍익(李肯翊)의 『연려실기술(燃藜室記述)』, 박이양(朴頤陽) 등이 편찬한 『신편포은선생집(新編圃隱先生集)』, 그리고 편자 미상, 서명 미상의 책에서도 이를 그대로 이어받고 있다.

(2)-1처럼 '만수산'이 등장하는 〈하여가〉는 홍만종(洪萬宗, 1643~1725)의 『순오지(旬五志)』에서 "如此亦何如 如彼亦何如 萬壽山葛纍 纏綿亦何如 我輩亦如此 百年享何如"라고 한 것이 가장 대표적인 것으로, 조신(曺伸)의 『소문쇄록(謏聞鎖錄)』과 이광사(李匡師)의 『원교집(圓嶠集)』, 이긍익(李肯翊)의 『조선악부(朝鮮樂府)』, 성해응(成海應)의 『연경재전집(研經齋全集)』 등을 비롯하여 모든 국문 문헌의 〈하여가〉에서도 '만수산'이라는 표현이 등장한다.

한문 문헌에 주목할 경우, 〈단심가〉 역시 〈하여가〉가 성황당 계열인지 아니면 만수산 계열인지에 따라서 미세하지만 표현상에 차이가 나타난다. (1)-2처럼 성황당 계열의 〈단심가〉에서는 '死了'의 중첩, '歟'와 같은 감탄 조사의 사용이 나타난다면, 만수산 계열의 〈단심가〉에서는 (2)-2처럼 '復'를 사용하고 있으며 감탄 조사가 사용되지 않는다.

〈단심가〉는 그것을 전승해 온 집단에 따라서 그 주제를 달리 해석할 수 있는데, 이를 크게 세 가지로 나누어[7] 살펴볼 수 있다.

첫째, 성황당 계열의 〈단심가〉는 그 주제를 오롯한 충성심[정충(精忠)]으로 해석하고 있다. 〈단심가〉의 배경으로 작용하는 〈하여가〉에서 '무너진 성황당(성을 지키는 혼령을 모신 집)의 뒷담'을 설정하는데, 이는 나라의 사직(社稷), 즉 고려가 무너진 것을 비유하는 것이다. 이러한 상황에서 '우리 또한 아니 죽은들 어떠하리'에 대한 응답으로서 〈단심가〉는 절대 그럴 수 없다는 의미를 표출하고 있으므로

7 〈단심가〉의 전승을 세 계통으로 나누고 그에 따른 해석의 방향을 제시하는 내용은 다음의 논문을 참조하라. 정운채, 「〈단심가〉의 전승 계통에 따른 해석의 방향」, 『한국 고전시가 작품론』 2, 집문당, 1992, pp. 448-458.

대표적인 '충절가(忠節歌)'로 해석이 된다.

둘째, 만수산 계열의 〈단심가〉에서는 '단심'의 의미가 '빼앗기 어려운 물성'으로 해석된다. 〈하여가〉에서 '만수산 드렁칡'이 제시하는 의미는 어떤 특정한 나라의 사직을 환기하지 않는다. '만수산'은 개성 송악산의 다른 이름으로 '만수'라는 명칭에서는 '긴 수명'을 의미하는 바를 읽어 낼 수 있으며, '드렁칡'에서는 무질서하게 얽혀 있는 의미를 찾아낼 수 있다. 따라서 이러한 환경에서 '우리도 이같이 얽혀 백 년까지 누려 보자'는 권유에 대한 응답으로서 〈단심가〉는 부귀영화보다는 임을 향한 순수한 마음을 선택하기 때문에 그 주제가 '연군가(戀君歌)'로 해석이 된다.

셋째, 〈하여가〉의 존재나 〈단심가〉의 작자로 정몽주를 거론하지 않는 '무명씨' 계열의 〈단심가〉의 주제는 주로 '연정가(戀情歌)'로 해석된다.

그런데 국문 문헌으로 전하는 〈단심가〉와 〈하여가〉는 '만수산' 계열의 작품만이 전해지고 있어 그 주제가 '충절'에서는 약간 비껴 있음을 확인할 수 있다. 이는 작자 및 작품 해석이 실제의 연행 상황과 밀접한 관련이 있기 때문으로 보인다. 성황당 계열의 전승에서처럼 〈단심가〉를 '충절가'로 해석할 경우에는 특히 이방원과 정몽주 사이의 역사적인 사건에 초점을 맞추게 된다. 이때 작자는 반드시 정몽주여야 하고 연행 상황 역시 이방원과 정몽주가 고려 왕조의 폐기와 유지를 놓고 서로의 의중을 떠보는 자리로 제한이 된다. 따라서 성황당 계열의 〈단심가〉는 창작과 전승의 초기에 역사적 기록에 충실하려는 한문 기록에 정착될 뿐, 연행을 통한 전승은 오래가지 못했을 것이다.

만수산 계열의 전승에서처럼 〈단심가〉를 '연군가'로 해석할 경우에는 비록 이방원과 정몽주 사이의 역사적 사건이 모델이 되기는 하지만, 반드시 고려 왕조의 폐기와 유지라는 특정 사안에 구애되지는 않는다. 이때 작자는 정몽주와 같이 유교적 '충(忠)'의 이념에 충실한 사대부이면 누구라도 상관이 없다. 연행 상황 역시 유교적 이념을 확인할 필요가 있는 자리면 되는 것이다. 따라서 만수산 계열의 〈단심가〉는 유교적 충의 이념에 충실하고자 하는 조선조 사대부들에 의하여 지속적으로 연행 전승될 수 있었을 것이다.

무명씨 계열의 전승에서처럼 〈단심가〉를 '연정가'로 해석할 경우에는 정몽주라는 특정인이 필요하지 않으며, 이방원의 〈하여가〉도 마찬가지다. 단지 연모(戀慕)의 정을 바탕으로 '임 향한 일편단심'을 토로해야 하는 상황이면 어느 때고 누구라도 부를 수 있는 것이다. 그러나 조선조 사회에서 〈단심가〉를 '연정가'로 해석하여 연행하기에는 다소 제약이 있었을 것이다. 이렇게 적극적인 애정을 토로할 수 있는 신분이란 기생들로 한정되기 때문이다.

이렇게 세 부류로 노래가 전승되어 왔지만 만수산 계열의 〈하여가〉와 〈단심가〉가 가장 널리 알려지고 연행되어 왔는데, 이는 조선조의 유교적 이념을 가장 충실하게 담아 낼 수 있었기 때문으로 볼 수 있다.

다음으로 시조의 기원과 관련하여 〈단심가〉와 〈하여가〉를 살펴보자. 앞서 언급하였듯이 〈단심가〉는 중대엽 악곡의 가사로서 『양금신보』에 실려 있는데, 중대엽의 악곡이 형성된 것은 16세기 중엽으로 알려져 있으므로 〈단심가〉는 악곡과 함께 16세기 중후반을 거치면서 문화의 전면에 등장하였다고 볼 수 있다.

한편 조선 전기의 악장으로 그 내용과 형식이 〈단심가〉와 비슷한 것이 있는데 바로 〈감군은(感君恩)〉이다.[8] 〈감군은〉은 총 4연으로 구성된 작자 미상의 우리말 악장으로서, 그 전체 노랫말을 『악장가사(樂章歌詞)』에서 확인할 수 있다. 그런데 제4연이 아래와 같이 〈단심가〉의 중·종장과 매우 비슷하다.

일편단심一片丹心뿐을 하ᄂᆞᆯ하 아ᄅᆞ쇼셔
ᄇᆡᆨ골미분白骨糜粉인ᄃᆞᆯ 단심丹心이ᄯᆞᆫ 가ᄉᆡ리잇가

출전: 『악장가사』, 〈감군은〉

白骨이 塵土ㅣ 되어 넉시라도 잇고 업고
님 향한 一片丹心이야 가실 주리 이시랴

출전: 『양금신보』, 〈단심가〉

---

8 김진희, 앞의 논문, p. 123.

〈감군은〉 제4연은 위의 밑줄 친 부분에서 확인할 수 있듯이 〈단심가〉 중·종장의 내용과 거의 일치한다. 〈감군은〉은 이미 『세종실록』에 그 수용 기록이 보이고 세조 때 악보인 『대악후보』에도 실려 있는 등, 조선 전·중기에 널리 불린 작품이다. 반면 〈단심가〉는 16세기 후반까지는 믿을 만한 수용 기록이 없고 17세기 전반에야 기록으로 남겨진 정황으로 볼 때, 〈단심가〉는 음악과 문학의 양면에서 15세기 악장의 영향을 받아서 16세기 궁중악의 공간에서 형성된 작품으로 볼 수 있다.

〈하여가〉의 경우 『해동악부』에 실린 한역가 형태의 이본을 중심으로 그 내용과 형식적 특성을 살펴볼 때, 16세기 중반 이황(李滉, 1501~1570)의 〈도산십이곡(陶山十二曲)〉 제1수와 그 표현 및 형식이 매우 유사하다.[9]

이런돌 엇다ᄒᆞ며 뎌런돌 엇다ᄒᆞ료
草野愚生이 이러타 엇다ᄒᆞ료
ᄒᆞ믈며 泉石膏肓을 고텨 므슴ᄒᆞ료

출전: 이황, 목판본 〈도산십이곡〉

이런들 어떠하리 저런들 어떠하리	此亦何如 彼亦何如
성황당 뒷담이 다 무너진들 어떠하리	城隍堂後垣 頹落亦何如
우리도 이같이 하여 아니 죽으면 또 어떠하리	我輩若此爲 不死亦何如

출전: 심광세, 『휴옹집』 권3, 「해동악부」 〈풍색악(風色惡)〉

〈도산십이곡〉의 첫 부분을 〈하여가〉와 비교해 보면 초장은 완전히 일치하고, 중장과 종장 또한 말미의 의문 표현 '엇다ᄒᆞ료/어떠하리' 등이 서로 일치함을 확인할 수 있다. 이러한 형태적 유사성을 통해 볼 때 이 두 작품 간에 직접적인 영향 관계가 있음을 유추할 수 있다. 〈하여가〉가 이방원이 지은 것이 아니라 후대인이 인위적으로 만든 것이라고 한다면, 그 창작 과정에서 이미 있던 작품을 참조하여

9 김진희, 앞의 논문, p. 127.

변형하는 것이 쉬운 방법이었을 것이다. 이황이 〈도산십이곡〉을 완성한 것은 1565년(명종 21)이므로 만약 누군가 이를 모방하였다면, 〈하여가〉가 지어진 것은 1565년 이후부터 『해동악부』가 완성된 1617년 사이의 어느 시점이라고 추측할 수 있다.

이처럼 〈단심가〉와 〈하여가〉가 형성된 시점을 대체로 16세기 중후반으로 볼 수 있다. 그런데 이 시기는 정몽주가 문묘에 종사된 이후로, 그를 기리는 사액서원이 건립되는 등 정몽주의 숭배화 과정이 마무리되는 시점이기도 하다. 즉, 〈단심가〉와 〈하여가〉의 이야기는 정몽주의 숭배화 작업을 추진하는 과정에서 의도적으로 만들어진 산물로 추론할 수 있겠다.

〈생각해 보기〉

(1) 조선 태종 대에 이루어진 정몽주의 추승 과정을 조사해 보고, 이 과정에서 〈단심가〉가 어떻게 활용되고 있는지 조사해 보자.

(2) 고려의 입장에서 정몽주는 충신이고 이성계와 이방원은 역적이지만, 조선의 입장에서 이성계와 이방원은 건국의 주체들이며, 정몽주는 시대적 흐름을 거역한 불충(不忠)한 존재였을 것이다. 여말선초 왕조 교체기에 살았던 사회 지배계층 사람들은 역사적 갈림길에서 무엇을 선택하느냐를 심각하게 고민하였다. 이들의 선택이 조선조 사회에 끼친 영향력에 대해서 조사해 보고, 자신이라면 어떤 선택을 하였을지 이야기해 보자.

(3) 이별을 하려는 연인에 대한 속마음을 풀어낸 서태지와 아이들의 〈하여가〉(1993)라는 노래가 있다. 노래의 제목을 이방원의 〈하여가〉에서 따온 것으로 알려져 있는데, 이 두 작품의 내용을 비교해 보고 자신만의 시조 〈하여가〉를 창작해 보자.

참고문헌

· 강전섭, 「丹心歌와 何如歌의 遡源的 연구」, 『동방학지』 35, 연세대학교 국학연구원, 1983.
· 김인호, 「정몽주 숭배의 변화와 위인상(偉人像)」, 『역사와 현실』 77, 한국역사연구회, 2010.
· 김진희, 「〈단심가〉와 〈하여가〉의 형성 시기 - 역사화를 통한 시조 대중화의 한 부면」, 『한국시가연구』 49, 한국시가학회, 2020.
· 정운채, 「〈단심가〉의 전승 계통에 따른 해석의 방향」, 『한국 고전시가 작품론』 2, 집문당, 1992.
· 조남욱, 「고려의 정몽주에 대한 조선 왕조의 도덕적 역설」, 『윤리교육연구』 38, 한국윤리교육학회, 2015.

이윤선

26

이규보의 논시중미지략언
論詩中微旨略言

1. 창작 배경

이규보(李奎報, 1168~1241)는 본관이 황려(黃驪: 오늘날의 경기도 여주)로, 아버지는 호부시랑(戶部侍郎)을 지낸 이윤수(李允綏)다. 초명은 인저(仁氐), 자는 춘경(春卿), 호는 백운거사(白雲居士)다. 만년(晩年)에는 시·거문고·술을 특별히 좋아해 삼혹호선생(三酷好先生)이라고 불리기도 했다. 그는 무신정권의 문필가 노릇을 하면서 승승장구했으나, 대내적으로 왕정의 무능과 관리의 부패 등을 목도하면서 민의 현실을 포착하기도 하고, 대외적으로 요(遼)·금(金) 이래 이민족의 압박에 의한 민족 현실을 자각하기도 했다. 작품 〈대농부음(代農夫吟)〉이나 〈동명왕편(東明王篇)〉은 이 과정에서 창작된 것이다.

이규보의 문학론은 주기적(主氣的)이라 할 만하다. 주기적 문학론은 문학은 형식보다 내용이 선행되어야 하며, 작품 속에 기상이 실려 있어야 하며, 개성적이고 독창적이어야 한다는 것으로 요약된다. 이규보는 무신정권 이후에 진출하여 관인 계급으로 성장한 신흥 사대부(新興士大夫)와 달리, 무신 집권자에게 발탁되어 문객의 처지를 벗어나지 못한 신진 사인(新進士人)이다. 이 때문에 유가에 사유의 뿌리를 두고 있지만 도불(道佛)을 적극 수용하는 입장에서 작품 활동을 했다. 그가 유가적인 출처의식을 분명히 하면서도, 무하유(無何有)의 도가적 세계를 지향했던 양면적 성향을 보이는 것도 여기에 연유한다.

2. 원문 읽기

(1) 대개 시는 뜻[意]을 위주로 한다. 뜻을 설정하는 것[設意]이 가장 어렵고, 말을 만드는 것[綴辭]은 그다음이다. 뜻은 또 기(氣)를 위주로 하니, 기(氣)의 우열에 따라 깊고 얕음이 있게 된다. 그러나 기(氣)는 하늘에 근본한 것이어서 배워서 얻을 수 있는 것이 아니다. 이 때문에 기(氣)가 졸렬한 사람은 문장을 수식하는 데에 힘을 기울이게 되어, 일찍이 뜻을 우선으로 하지 않는다. 대개 문장을 다듬고 문구를 수식하면 그 글은 참으로 화려할 것이다. 그러나 속에 함축된 깊고 두터운 뜻이 없으면, 처음에는 제법 볼 만하지만, 재차 음미하게 되면 벌써 그 맛이 사라져 버리고 만다.

(2)-1. 비록 그러하기는 하지만 시를 지을 때 먼저 낸 운자가 뜻을 해칠 것 같으면 운자를 고치는 것이 좋다. 오직 다른 사람의 시를 화답할 경우에는 그 운자가 험하면 먼저 운자를 안배할 생각을 한 다음에 뜻을 설정해야 한다. 이때는 차라리 그 뜻을 다음으로 할지언정 운자를 안치하지 않을 수 없다.

(2)-2. 구절 가운데 대우(對偶)를 맞추기가 어려운 것이 있어 한참 동안 침음(沈吟)해도 쉽게 얻어질 수 없는 것이라고 생각되면, 곧 그 글귀는 아끼지 말고 버리는 것이 마땅하다. 무엇 때문인가? 그 글귀의 대우를 맞추는 시간에 혹 전편(全篇)을 지을 수도 있을 것이니, 어찌 한 글귀 때문에 한 편이 지체되게 해서야 되겠는가?

(2)-3. 시를 때에 맞추어 급하게 지으면 군색하기 마련이다. 그러므로 시를 구상할 때에 깊이 생각해 들어가서 헤어나지 못하면 빠지게 되고, 빠지면 고착되고, 고착하면 미혹되고, 미혹하면 집착이 되어 통하지 못하게 된다. 오직 출입하고 왕래함에 앞뒤 좌우로 두루 생각하여 앞을 보면서도 뒤를 돌아보아야 변화가 자재(自在)하게 될 것이니, 이렇게 된 뒤에야 막힌 바가 없이 원숙한 경

지에 도달하게 된다. 혹 뒤 구절로 앞 구절의 폐단을 구제하기도 하고, 한 글자로 한 구절의 완전함을 도울 수도 있는 것이니, 이 점을 생각해 보지 않을 수 없다.

(3) 순전히 청고(淸苦)한 것으로 시의 체(體)를 삼는 것은 산인(山人)의 격조(格調)요, 전적으로 화려한 말[姸麗]로서만 시편을 장식하는 것은 궁액(宮掖, 궁정)의 격조이다. 오직 청경(淸警)·웅호(雄豪)·연려(姸麗)·평담(平淡)을 섞어 쓴 다음에야 시체와 격조가 제대로 갖추어지기 때문에, 다른 사람이 하나의 체로만 이름을 하지 못하게 된다.

(4) 시에는 아홉 가지의 마땅하지 못한 체가 있다. 이것은 내가 깊이 생각해서 스스로 터득한 것이다. 한 편 안에 옛사람의 이름을 많이 쓰는 것은 '재귀영거체(載鬼盈車體: 귀신을 수레에 가득 실은 체)'요, 옛사람의 뜻을 따서 쓰는 데 잘 따서 쓴다 해도 오히려 좋지 못한데, 좋지 못한 것을 훔쳐 쓴다면 이것은 바로 '졸도이금체(拙盜易擒體: 선도둑이 쉽게 잡히는 체)'다. 그리고 강운(强韻)을 근거 없이 내어 쓰는 것은 바로 '만노불승체(挽弩不勝體: 센 활을 당기지 못하는 체)'요, 자신의 재주를 헤아리지 않고 운자를 지나치게 어긋나게 하는 것은 바로 '음주과량체(飮酒過量體: 술을 지나치게 많이 먹은 체)'요, 험한 글자를 쓰기 좋아해서 사람들을 곧잘 미혹시키는 것은 바로 '설갱도맹체(設坑導盲體: 함정을 만들어 놓고 소경을 유인하는 체)'요, 말이 순조롭지 못한데 억지로 인용하는 것은 바로 '강인종기체(强人從己體: 남이 억지로 자기를 따르게 하는 체)'요, 상스러운 말을 많이 쓰는 것은 '촌부회담체(村父會談體: 촌사람이 모여서 떠드는 체)'요, 꺼리는 말 쓰기를 좋아하는 것은 바로 '능범존귀체(凌犯尊貴體: 존귀한 분을 범하는 체)'요, 거친 말을 다듬지 않는 것은 바로 '낭유만전체(莨莠滿田體: 강아지풀이 밭에 가득한 체)'다. 이 불의체(不宜體)를 면할 수 있게 된 다음에라야 함께 시를 논할 수 있을 것이다.

(5) 다른 사람이 내 시의 병통을 말해 주면 기쁜 일이다. 그러나 그의 말이 옳

으면 받아들이고 옳지 않으면 나의 마음을 따를 뿐이다. 어찌 듣기 싫어하기를 마치 임금이 간언을 거절하는 것과 같이 하여 끝내 그 허물을 모르는 것과 같이 해서야 되겠는가? 무릇 시가 이루어지면 되풀이해서 보되, 자기가 지은 것으로 보지 말고 다른 사람이나 또는 평생 아주 미워하는 사람이 지은 것을 보듯이 하여, 그 허물을 열심히 찾아도 오히려 잘못된 것이 없게 된 뒤에야 그 시를 세상에 내어놓을 일이다.

(6) 무릇 논한 바는 시뿐만이 아니라, 문(文)도 그러하다. 더구나 고시(古詩) 중에 아름다운 글귀에 운자를 단 아주 아름다운 작품 같은 것임에랴? 뜻은 이미 넉넉하고 한가하며[優閑] 말도 자유로워서[自在] 구속받는 점이 없다. 그렇다면 시와 문은 또한 하나의 법칙일 것이다.

출전: 『동국이상국집』 권22, 〈논시중미지략언(論詩中微旨略言)〉

3. 작품 감상

〈논시중미지략언〉은 제목이 '시의 깊은 뜻을 논한 간추린 말'이라는 뜻인데, 시 창작의 과정을 간략하게 설명한 글이다. 같은 내용이 『동국이상국집』에도 실려 있고, 『백운소설』에도 실려 있다. 그러나 『백운소설』에서는 (4)가 가장 먼저 나오고, (6)에는 이규보가 쓴 〈답전리지논문서(答全履之論文書)〉의 일부로 대체되어 있는 등, 두 자료가 다소 차이를 보인다. 여기서는 『동국이상국집』을 중심으로 번역해 제시하였는데, 도합 여섯 단락으로 구성되어 있다. 단락별로 시 창작 과정을 제시하였는데, (1) 착상 - (2) 표현 - (3) 풍격 - (4) 주의 - (5) 퇴고 - (6) 확장이 그것이다. 이를 차례대로 살펴본다.

(1) 착상은 작시에서 가장 중요한 것이라 하였다. 설의(設意)를 강조한 것이 바로 그것인데, 표현인 철사(綴辭)는 그다음 문제라고 했다. 즉 '무엇을' 쓸 것인가 하는 것이 정해져야 '어떻게' 쓸 것인가 하는 표현의 문제로 옮아갈 수 있다는 것이다. 내용 요소인 '의(意)'가 언어 요소인 '어(語)'보다 더욱 중요한 것으로 보

고, '의'의 심천(深淺)은 기(氣)의 우열(優劣)에 달려 있고, '기'는 하늘에 달려 있다고 했다. 이처럼 이규보는 시 창작의 원천을 '천→기→의'로 이어지는 초월적인 천재성에 두고, 이것이 작가의 창작 역량과 맞물릴 때 '설의'가 제대로 된다고 본 것이다.

(2) 표현은 '어떻게'를 설명한 부분으로, 압운[(2)-1]과 대우[(2)-2], 그리고 문맥의 유기성[(2)-3]을 갖추어야 한다고 했다. 다른 사람의 '운'을 맞추어 짓는 화운(和韻)의 경우는 다르지만, 압운이 '설의'에 방해된다면 운을 다른 것으로 바꾸어야 한다고 했다. 대우도 깊이 생각해 보고 쉽게 얻어질 수 있는 것이 아니라면 버리는 것이 마땅하다고 하고, 앞을 보면서도 뒤를 돌아보아야 변화가 자재할 수 있을 것이라고 하면서 문맥의 유기성을 특별히 강조했다. 〈한림별곡(翰林別曲)〉 제1장에서 "이정언 진한림 쌍운주필(李正言 陳翰林 雙韻走筆)", 즉 이규보와 진화(陳澕)가 '주필'에 특별한 장기가 있다고 평가했듯이, 이규보 스스로도 속도감 있게 작품을 짓되 원숙한 경지에 도달해야 한다고 했다.

(3) 풍격은 여러 가지가 교융되어 있되 일정한 방향성이 있어야 한다고 했다. 이규보는 설의가 시작(詩作)의 제일의(第一義)이기는 하지만 용운(用韻)을 배격하지는 않았다. '무엇을'에 대한 착상과 '어떻게'의 표현은 당연히 작품의 풍격과 결합되어 나타나는데, 그는 이를 산인(山人)의 풍격인 청고(淸苦)와 궁액(宮掖)의 풍격인 연려(姸麗)로 대별했다. '청고'가 고난을 견뎌 낸 맑은 격조라면, '연려'는 세련되고 화려한 격조이다. 이규보는 이 둘이 교융되면서도 산인의 풍격이 궁액의 풍격을 앞서야 한다고 생각했다. 대표적인 풍격으로 청경(淸警)·웅호(雄豪)·연려(姸麗)·평담(平淡)을 제시하였는데, 이 가운데 궁액의 풍격으로는 '연려' 하나만 보인 것에서 이러한 사실을 간파하게 된다.

(4)에서는 시작에 있어 주의할 문제를 제시하였다. 도합 아홉 가지인데, 이른바 구불의체(九不宜體)다. 구체적으로는 재귀영거체(載鬼盈車體), 졸도이금체(拙盜易擒體), 만노불승체(挽弩不勝體), 음주과량체(飮酒過量體), 설갱도맹체(設坑導盲體), 강인종기체(强人從己體), 촌부회담체(村父會談體), 능범존귀체(凌犯尊貴體), 낭유만전체(莨莠滿田體)다. 이들을 자세히 보면, 시의 창작에 있어 용사의 독창성과 시어

의 평이성, 그리고 내용의 전아성 등을 두루 말하고 있다. 이것은 이규보가 설의를 작시에서 가장 중요한 것으로 보았지만 이에 못지않게 시어도 강조하고 있다는 사실을 의미한다.

(5) 퇴고 역시 철저히 해야 한다고 했다. 자신이 되풀이해서 퇴고하는 것은 말할 것도 없고, 타인에게 자신의 작품을 보여 지적받는 것도 바람직하다고 했다. 특히 타인의 비평에 대해서 수용할 것인지 말 것인지에 대한 기준을 '나의 뜻[吾意]'에 두었다. 이것은 자신이 세운 시적 착상이 훼손되지 않는 범위 안에서 타인의 비평을 수용한다는 것을 의미한다. 우리는 여기서 '설의우난(設意尤難)'이라고 했던 이규보를 다시 만나게 된다. 퇴고할 때의 마음가짐은 아주 미워하는 사람의 결점을 찾아내듯이 철저해야 하고, 이러한 과정을 거친 후 아무런 결점이 없게 되면 그때 비로소 작품을 세상에 내어놓을 수 있다고 했다.

(6) 확장은 문장을 창작하는 데도 적용된다는 것에서 찾을 수 있다. 이에 대해서 이규보는 "시와 문은 또한 하나의 법칙"이라는 분명한 태도를 지니고 있었다. 시와 문, 즉 문학의 이상을, "뜻은 이미 넉넉하고 한가하며[優閑] 말도 자유로워서[自在] 구속받는 점이 없다."라고 한 발언에 특별히 주목할 필요가 있다. 뜻[意: 내용]과 말[語: 형식]의 이상은 '우한(優閑)'과 '자재(自在)'인데, 그가 〈논시(論詩)〉에서, "시가 더욱 어려운 것은 말과 뜻이 함께 아름다워야 하기 때문[作詩尤所難 語意得雙美]"이라 했다. 문학의 최종 목표를 제시한 것이라 하겠다.

〈논시중미지략언〉에는 이규보의 작시에 대한 핵심적인 고민의 일단이 적실하게 요약되어 있다. 그 스스로 주기적 문학론에 입각하여 '설의'를 강조하였다. 이것은 시작에 있어 착상이 무엇보다 중요하다는 것을 보인 것이다. 그러나 압운이나 대우, 그리고 작품의 유기적 맥락 등 표현의 문제도 놓치지 않았다. 이를 통해 그가 보인 문학적 이상은 내용[설의(設意)]과 형식[철사(綴辭)]이 모두 아름다운 어의쌍미(語意雙美)에 있었다는 것을 알 수 있다. 즉, 이규보는 한편으로는 형식에 비해 내용을 강조하지만, 다른 한편으로는 설의와 철사의 행복한 만남이 문학의 이상이라고 했다. 그의 문학론에 내재한 양면성이 아닐 수 없다.

〈생각해 보기〉

(1) 이규보는 점전적인 개혁 의지를 갖고 있었던 출세주의자였으며 보신주의자였다. 무신정권에 바쳐진 그의 시편들에 이러한 상황이 잘 나타나 있다. 사정의 이러함을 염두에 두면서 그의 수필 〈경설(鏡說)〉에 보이는 거사(居士)의 태도를 비판하고, 아울러 〈논시중미지략언〉에 보이는 설의우난(設意尤難)과 〈논시〉의 어의쌍미(語意雙美)의 간극에 대하여 자신의 입장을 말해 보자.

(2) 그동안 학계에서는 용사론(用事論)과 신의론(新義論)을 두고 다양한 논란을 벌였다. 이 두 개념을 대립적인 것으로 보기도 하고, 전혀 다른 차원의 것이라는 반론을 제기하기도 하고, 상보적(相補的)인 관계에 놓인다고 주장하기도 한다. 신의가 도습(蹈襲)이나 표절(剽竊)의 반대 개념이며, 용사가 신의를 목표로 활용되는 문장 수련의 일환이라는 사실을 고려할 때, 이 문제는 간단한 것이 아님을 알 수 있다. 그동안 학계에서의 용사론과 신의론을 둘러싼 논란을 정리하고 자신의 입장을 밝혀 보자.

(3) 이규보는 〈논시중미지략언〉에서 '천→기→의'라는 시작에서의 창작 과정을 제시하고, '기'의 우열에 따라 '의'의 심천이 있다고 보면서, "기는 하늘에 근본한 것이어서 배워서 얻을 수 있는 것이 아니"라고 했다. 여기에서 이규보의 작시론에 함의된 초월성과 천재성을 발견할 수 있다. 이러한 문학 창작에서의 형이상학적 기원론은 근대 이후의 시론에도 자주 나타난다. 그렇다면 시는 학습이라는 수련 과정을 통해 이룩할 수 없는 것이 아닌가? 이에 대한 토론을 벌여 보자.

참고문헌

· 장덕순 외, 『이규보 연구』, 새문사, 1986.
· 양태종, 「문화상호수사학의 관점에서 본 이규보의 「논시중미지략언」」, 『수사학』 6, 한국수사학회, 2007.
· 윤채근, 「이규보 문학론에 나타난 패러디적 긴장 - 아이러니한 문체 심리를 중심으로」, 『국제어문』 38, 국제어문학회, 2006.
· 정우락, 「이규보 문학론의 철학적 기저」, 『국어국문학』 117, 국어국문학회, 1996.
· 조동일, 「이규보」, 『한국문학사상사시론』, 지식산업사, 1998.

정우락

27

임춘의 국순전
麴醇傳

1. 창작 배경

고려 무신란 이후 무신정권이 안정되면서 문학은 새로운 활력을 얻었다. 당시 문인들은 신라 말 육두품 귀족들이 자신의 처지를 두고 고민했던 것 이상으로 시대에 맞서 새로운 대응을 모색하였으며, 이러한 노력이 다양한 문학 양식의 개척으로 이어져 고려의 문학사가 활기를 띠었던 것이다.

새로 등장한 문인들은 원래 지방 향리 출신으로서 실무 역량에다 문인으로서의 소양까지 갖추고 중앙 정계로 진출한 신흥 사대부들이거나, 이들과 처지는 다르면서도 여기에 동조한 사람들이다. 특히 구체적인 사물을 의인화하여 표현하는 가전(假傳)은 실무 능력과 문학적 수련을 겸비한 신흥 사대부들의 취향을 잘 보여 주는 양식이다.

가전은 그 주인공이 의인화된 사물이기 때문에 그 가계와 행적을 역사적 사실과 관련짓기 위해 많은 고사를 끌어와 쓴다는 특징이 있다. 또 역사적 기록처럼 끝부분에 사관(史官)의 논평을 실음으로써 강한 비판 의식을 드러내어 사람들에게 교훈을 주고 경계로 삼게 한다. 무신란으로 말미암아 세력을 잃게 된 문인들은 가전을 통해 그들의 문학적 역량을 과시하면서, 한편으로는 불편한 심사를 우회적으로 담아 낼 수 있었다.

가전의 선구라 할 수 있는 〈국순전〉은 임춘(林椿, ?~?)의 작품이다. 임춘은 고려 죽림칠현(竹林七賢)의 한 사람으로, 본관은 예천(醴泉), 자는 기지(耆之), 호는 서하(西河)이다. 그의 집안은 대대로 정계에 진출하여 일정한 정치적·경제적 기반을 지니고 있었다. 그러나 임춘의 나이 20세를 전후한 1170년(의종 24)에 무신란이 일어나자 그의 삶은 일대 전환을 맞게 된다. 일가가 화를 당하여 대대로 전해 오던 공음전을 잃고 상주로 옮겨가 떠돌이 생활을 하게 되었던 것이다.

이후 임춘은 당시 무신정권에 참여한 지인들을 통해 여러 번 자신을 천거하여 정계 진출을 시도하였으나 실패하였고, 과거에도 낙방하였다. 이인로가 그를 위해 지은 제문에서 "서른 살 청춘에 백의(白衣)로 죽으니 그 과거[丹桂]에 급제 못한 원한은 천지가 다하도록 남아 있을 것이다."라고 한 것으로 볼 때, 임춘은 뛰어난 문재를 지녔지만 끝내 뜻을 펼쳐 보지 못하고 요절한 것으로 보인다.

2. 원문 읽기

…(상략)… 관리 뽑는 관청[公府]에서 불러올려 청주종사(青州從事)로 삼았는데 격(鬲) 땅을 제대로 다스리지 못한다고 하여 평원독우(平原督郵)로 옮겼다.[1] 조금 지나 (국순이) 탄식하며 말하기를, "내가 다섯 말 쌀 때문에 허리를 꺾어[2] 향리의 어린아이에게 굽신거리다니, 나라 사이의 외교적 담판 자리에 서서 담론해야 마땅할 따름인데."[3]라고 하였다.

그때 관상을 잘 보는 사람이 있어, "그대는 자줏빛 기운이 얼굴에 감도니 뒷날 반드시 귀히 되고 천 석의 녹을 누리리라. 좋은 가격을 기다려 파는 것이 좋을

---

1 청주종사(青州從事)로……옮겼다: 종사(從事)는 좋은 관직을, 독우(督郵)는 천직(賤職)을 일컫는 말로, 좋은 술을 '청주종사', 나쁜 술을 '평원독우'에 빗댄 것이다. 『세설신어』에, 동진(東晋) 때 환온(桓溫)의 주부(注簿)가 술 감별을 잘하였는데, 비유 삼아 청주(青州)에는 제군(齊郡)이 있어 좋은 술이 제하(臍下: 배꼽 아래)까지 내려가고, 평원(平原)에는 격현(鬲縣)이 있어 나쁜 술이 격상(隔上: 흉격 위)에 머물러 있다고 하였다 한다.

2 다섯……꺾어: 도연명이 팽택 현령이었을 때, 군(郡)의 독우(督郵)가 감독하러 온다는 소식을 듣고서 이 말을 하며 〈귀거래사〉를 짓고는 벼슬을 떠났다.

3 나라……따름인데: 주연(酒宴)을 베풂으로써 무력을 쓰지 않고 수완을 발휘하여 외교 담판을 하고 적군을 격퇴한다는 뜻이다. 한(漢)나라 유향(劉向)의 『신서(新序)·잡사(雜事)』에서 유래하여 흔히 '준조절충(樽俎折衝)'이라는 전고로 활용된다.

것이다."라고 하였는데, 남조 진(陳)나라 후주(後主) 때, 좋은 집안의 후손이라는 이유로 주객원외랑(主客員外郞)에 배수되었다.

임금이 기이한 그릇이라 여겨 장차 크게 쓸 뜻을 가졌기에 황금 시루를 엎어 놓고 그 이름을 뽑아서[4] 광록대부(光祿大夫) 예빈경(禮賓卿)에 발탁하고 다시 작록을 높혀 공(公)으로 삼았다. 그러고는 군신 사이에 회의가 있으면 임금이 반드시 국순에게 짐작(斟酌)[5]하게 하였다. 이때 그의 진퇴와 수작(酬酌)이 조용히 뜻에 맞았기에 임금이 마음속으로 깊이 그를 받아들이면서, "경은 이른바 '곧게 집행하여야 오직 맑게 되리라.'[6]는 것이요, '너의 마음을 열어서 나의 마음을 비옥하게 하라.'[7]는 것이로다."라고 하였다.

이에 국순이 일을 맡아 수행하여 어진 이와 사귀며 빈객을 접대하기도 하고 늙은이를 봉양하며 육포를 나누어 주기도 하였다. 또 천신지기(天神地祇)에 제사하고 종묘에 제례하는 일을 국순이 넉넉하게 주관하였다.

임금이 한번은 밤에 연회를 베풀었는데 오직 국순만 궁인(宮人)들과 더불어 모실 수 있었고 근신(近臣)이라도 참여할 수가 없었다. 이후로부터 임금이 술에 찌들어 정사를 폐하였고, 국순도 마침내 입을 다물고 말을 하지 않았다. 그러므로 예법을 아는 선비들이 그를 원수처럼 미워하였는데 임금은 매번 그를 보호하였다.

국순은 게다가 재물을 모아 거두어들이고 자산을 경영하기 좋아하였는데, 당시 여론이 비루하게 여겼다. 임금이, "경에게는 무슨 벽(癖)이 있는가?"라고 물었더니, 국순이 "옛날 두예(杜預)[8]는 『좌전』 벽이 있었고, 왕제(王濟)[9]는 말[馬] 벽이 있었다고 하는데 신은 돈 벽이 있습니다."라고 대답하였다. 임금이 크게 웃으며

---

4 황금……뽑아서: 당 현종(玄宗)이 재상을 임명할 때면 매번 먼저 그 이름을 써 두었는데, 하루는 최림(崔琳) 등의 이름을 써 놓고 금 사발로 덮어 두었다가 마침 돌아온 태자에게 맞히게 하였다고 한다. 흔히 '금구복명(金甌覆名)'이라 하며, 재상에 임명함을 뜻한다.

5 짐작(斟酌): 술병을 기울여 따르는 일, 술을 마시는 일, 술잔에 넘치지도 모자라지도 않게 따르듯이 범사에 최선책을 생각하여 정하는 일, 상대방의 심정을 헤아리는 일, 어떤 사무를 관장하는 일, 품평 감상하는 일 등의 다중적인 의미가 있다.

6 곧게……되리라: 『서경』「순전(舜典)」에서, 순임금이 백이(伯夷)에게 예(禮)를 관장하는 직임을 주면서 "밤낮으로 오직 공경하여 곧게 수행하여야만 깨끗할 것이니라.[夙夜惟寅 直哉惟淸]"라고 한 부분에서 온 것이다.

7 너의……하라: 『서경』「열명(說命)」에서, 상(商)나라 고종 무정(武丁)이 새로 임명한 재상 부열(傅說)에게 나라를 개혁하며 무엇이든 진언하라고 부탁하면서 한 말이다.

사랑하는 마음이 더욱 깊어졌다.

한번은 입궐하여 임금의 앞에서 아뢰었는데 국순은 평소 구취(口臭)가 있었다. 임금이 그 냄새를 싫어하여, "경이 연로하여 기운이 다했으니, 나의 쓰임을 감당하지 못할 듯하도다."라고 하자, 국순이 드디어 관을 벗고 사직하며, "신이 벼슬을 받을 줄만 알고 사양할 줄 몰랐으니 몸을 망치는 근심이 제게 이를까 두렵습니다. 집으로 돌아가는 은혜를 신에게 내려 주시면 신이 지족(止足)의 분수를 알 것입니다."라고 하였다. 이에 임금이 시종들에게 명하여 그를 부축하여 나가게 하였는데, 이윽고 집으로 돌아온 뒤 갑자기 갈증이 심해지더니 저녁에 죽고 말았다.

자식이 없었고, 집안의 동생인 청(淸)의 후손이 당(唐)나라에 벼슬하여 관직이 내공봉(內供奉)에 이르러 자손들이 다시 나라 안에 번성하였다.

사신은 말한다.

"국씨의 선조는 백성들에게 공이 있었으며 청백(淸白)함을 자손에게 남겼다. 예컨대 창(鬯)이 주나라에서 향기로운 덕을 하늘에까지 이르게 한 것은 가히 조상의 풍모가 있다고 말할 수 있다. 순(醇)은 작은 물병에 담을 만한 지혜[10]를 가지고 가난한 집안에서 일어나서, 일찍이 재상에 선발되어 외교의 담판 자리에 서서 담론하였다. 그러면서도 옳은 일을 건의하지도 그른 일을 바꾸지도 못한 채, 왕실을 혼란스럽게 만들고 왕실이 엎어져도 붙잡지 못하였다. 끝내는 천하의 비웃음을 샀으니 산도(山濤)[11]가 '천하의 백성을 그르칠 것'이라고 한 말이 믿을 만하도다."

출전: 『동문선』 권100, 「전」, 〈국순전〉

---

8 두예(杜預): 222~284. 진(晉)나라 경조(京兆) 두릉(杜陵) 사람으로, 자는 원개(元凱)이다. 하남윤(河南尹)과 탁지상서(度支尙書)를 지내다가 도독형주제군사(都督荊州諸軍事)와 진남대장군(鎭南大將軍)이 되어 수리사업(水利事業)을 추진하여 1만여 두락의 논을 옥토로 만들었으며, 280년(태강 원년)에는 군사를 거느리고 오(吳)나라를 쳐서 멸망시켰다. 『춘추좌씨전(春秋左氏傳)』을 몹시 즐겨 스스로 '『좌전』벽(左傳癖)'이 있다고 하였다.

9 왕제(王濟): ?~?. 자는 무자(武子)로, 진 무제(晉武帝)의 사위이다. 말달리며 활 쏘는 장소를 마련하기 위해, 낙양(洛陽) 교외 북망산(北邙山) 아래의 금싸라기 땅을 대거 사들인 뒤에, 동전(銅錢)을 꿰어 엮어서 울타리를 둘렀다고 한다.

10 작은……지혜: 원문은 설병지지(挈甁之智). 설병은 휴대할 수 있는 작은 병으로, 설병지지는 곧 그 병처럼 작은 지혜를 비유한 말이다.

3. 작품 감상

〈국순전〉은 술을 사람처럼 그 일생을 기술해 놓은 가전 작품이다. 이 작품은 술의 특성을 엉뚱하게 말하기 위해 쓴 작품으로 보기도 하고, 술에 기대어 사람의 일을 에둘러 말하기 위한 작품으로 보기도 한다. 최근에는 소재, 즉 술의 의미를 따지기보다는 작가가 인간사의 어떠한 부면을 비유적으로 환기하였는지에 치중하여 이해하려는 경향이 강해지고 있다.

이에 따르면, 〈국순전〉은 중세 전기의 귀족문화가 왜곡되거나 단절된 무신집권기의 상황을 빗댄 것이라고 한다. 즉, 고려 전기의 순정한 귀족사회가 단절되고, 술과 돈, 그리고 흥청거리는 예악으로 흘렀던 무신란 이후의 모습을 작가 임춘의 시각으로 재구성한 작품이라는 것이다.

가전은 『사기』「열전」의 형식처럼 가계와 출생담, 행적, 죽음, 처자손록, 평결로 구성되는데, 이에 따라 〈국순전〉을 자세히 살펴보면 아래와 같다.

'가계와 출생담'은 '인정 기술, 시조, 선조, 부모'로 구성되어 있다. 인정 기술 부분에서는 국순의 성명, 자, 관향을 서술하였는데, 순(醇)이라는 이름은 술이 익어 완성된 처음 그대로의 술이라는 뜻이다. 주인공이 거르거나 증류하지 않은 순후한 자질이 있다는 의미이다.

시조인 90대조 모(牟)는 후직(后稷)을 보좌하였는데, 은둔하였으나 덕이 알려져 정려하였다고 한다. 또 임금을 모시고 원구(圓丘)에 제사한 공으로 중산후(中山侯)에 봉해지고, 국씨(麴氏) 성을 하사받았다. 이는 주인공이 밀과 누룩의 후예라는 점을 드러내며, 술의 의인화임을 암시하는 것이다.

모의 5세손은 주나라 성왕(成王)을 보좌하였는데, 강왕(康王) 때에 금고(禁錮)당하여 후손이 민간에 숨어 살았다. 그러다 위(魏)나라 초에 부친 주(酎)가 세상에 이름이 알려져서, 서막(徐邈)과 교유하였고, 진(晉)나라 때 유령(劉伶)·완적(阮籍)

---

11 산도(山濤): ?~?. 자는 거원(巨源)으로, 죽림칠현(竹林七賢) 중 한 사람이다. 처음에는 은거하다가 40세부터 벼슬에 올랐다. 그는 이부(吏部)에 재직하면서 관원을 선발할 때, 진 무제(晉武帝)에게 다수의 예비후보를 천거하여 무제의 뜻을 타진한 다음에 공식으로 천거하였는데, 그 인물에 대한 품평이 매우 정확하여 당시 사람들이 그것을 산공계사(山公啓事)라 일컬었다.

등과 죽림에서 일생을 마쳤다. 이들이 서막·유령·완적 등 음주로 유명했던 방외지사에게 인정받았다고 하였으니, 국순의 집안은 고상한 인격의 소유자였음을 알 수 있다.

국순이 이렇게 순후한 자질을 타고나 많은 이들이 그를 사랑하였지만, 산도는 이처럼 '잘난 아들'이 대개 천하를 그르친다면서 그의 장래를 부정적으로 예언한다. 이 예언은 그의 행적 부분에 자세히 드러난다.

원문 읽기에 제시한 것처럼, 국순은 청주종사라는 고관에 임명되었다가 평원독우라는 한직에 좌천한다. 이는 국순이 배꼽 아래까지 거나하게 술기운이 퍼지는 술[청주종사]이 아니라 명치 끝에 술기운이 머무르는 깊은 맛이 없는 평범한 술[평원독우]이라는 의미이다. 그런데도 국순은 하찮은 녹봉 때문에 허리를 굽힐 수 없다는 등 자존심을 내세우며 세상을 등진다. 그러면서도 외교의 담판 자리에서 담론을 주도하겠다는 포부도 밝히고 있어 정계 진출의 의지를 모두 철회한 것은 아니었다.

국순의 야심은 진나라 후주에 의해 실현된다. 후주는 남조(南朝)의 마지막 왕조인 진(陳)나라의 마지막 황제인 진숙보(陳叔寶)이다. 그는 55권의 문집이 있을 정도로 풍류와 애상을 즐겼지만 정사에 태만하여 수(隋)나라에 멸망한 군주이다. 즉, 후주는 남조 귀족사회의 절정을 구가하였지만 사치와 무능으로 그 종지부를 찍은 혼군이었던 것이다. 국순이 저지른 권력의 전횡과 돈의 낭비를 확인하고도 후주가 오히려 국순을 우대하고 그에게 의지하였다는 점에서 이를 확인할 수 있다.

국순의 죽음은 극적이다. '입 냄새' 운운하며 후주가 국순을 내치자, 국순은 곧바로 급사하고 만다. 이는 부화(浮華)의 극치에서 급격하게 몰락함으로써 몰락을 더욱 극적으로 보여 주는 장치이다.

한편 인물의 전기인 열전에서 처와 자손에 대한 기록은 그 인물의 사후 평가와 함께 그의 인생을 평가하는 주요한 제재이다. 후손이 복록과 영화를 누린다면, 그것은 열전 주인공의 삶이 후대에 긍정적인 영향을 주었다는 것을 의미하기 때문이다. 그런데 국순의 최후는 비참하다. 자신이 급사했을 뿐만 아니라 자손도 없다. 국순의 삶은 이렇다 할 공적도, 교훈도 없는, 어찌 보면 허망한 것이었다.

그런데 집안의 동생인 청(淸)이 후에 당나라에서 벼슬하고 자손이 번성하였다고 한다. 순은 거르지 않은 술을, 청은 맑은 술을 의미한다. 순의 자손이 끊어지고 청의 자손이 번성하였다고 하는 데서 작가의 지향점이 탁주보다는 청주, 평민보다는 귀족에 있었음을 확인할 수 있다.

이상에서 볼 때, 국순은 고귀한 귀족 가문에서 순후한 자질을 타고났으며, 외교의 담판 자리에서 담론하는 등 능력을 인정받길 원하는 인물이었다고 할 수 있다. 그러나 그의 능력은 '배꼽 아래까지 거나하게 술기운이 퍼지지' 못하는, 즉 세상을 다스릴 만한 것이 못되었다. 그나마 혼암한 군주인 진나라 후주를 만나 정계에 진출하였으나, 오래가지 못하고 축출당하여 졸지에 급사하였으며 후손조차 남기지 못하였다.

이에 대해 사관은 '조상이 큰 공과 청백(淸白)의 유풍이 있어 국순이 지혜가 작음에도 크게 출세하였으나, 옳고 그름을 간언하지 못하고 왕실이 무너짐을 방치하였으니, 산도의 예언이 믿을 만하다.'고 하였다. 즉, 유서 깊은 가문의 전통을 이어받은 기린아가 뭇사람의 기대를 한 몸에 모았고 임금의 총애를 독차지하였지만, 그런 재능을 가지고도 국운을 바로잡지 못하였음을 통렬하게 비판한 것이다.

이는 임춘이 처했던 고려 무신집권기의 상황을 풍유(諷諭)하고 있는 것이라 할 수 있다. 기껏해야 무신의 부속물이 되어 버린 문신들은, 혹독한 시련 속에서 포의(布衣)의 궁핍을 곱씹거나 무신의 부속적 위치를 최대한 활용할 수밖에 없었다. 임춘의 처지에서 볼 때 고려의 신흥 사대부들은 정권에 밀착하여 다시 흥청거릴 뿐, 고려 전기 순정한 귀족문화의 전통은 국순의 출사(出仕)처럼 왜곡되거나 후사가 단절되듯이 끊어져 버렸던 것이다.

〈생각해 보기〉

(1) 이규보의 작품인 〈국선생전〉은 여러모로 〈국순전〉과 대비되는 작품이다. 그 차이점을 찾아보고 차이가 발생하게 된 이유를 작가의 측면에서 알아보자.

(2) 술을 의인화한 가전은 최연의 〈국수재전〉, 박윤묵의 〈국청전〉 등 조선조에도 이어졌다. 술을 의인화한 가전을 찾아보고, 그 차이점을 이야기해 보자.

(3) 가전은 사물의 일대기를 통해 사람의 일을 은유적으로 드러내는 우언의 갈래이다. MP3 플레이어, 턴테이블, 디지털카메라, 스마트폰 등 현대 문물을 소재로 활용하여 가전을 지어 보고, 물건의 삶과 우리의 삶을 연관하여 우리가 삶에서 지향해야 할 바가 무엇인지 생각해 보자.

참고문헌

· 윤주필, 『한국우언산문집』, 도서출판 박이정, 2008.
· 윤주필, 『한국우언문학사』 1, 한국문학사, 2019.
· 김현룡, 「국순전과 국선생전 연구」, 『국어국문학』 65·66, 국어국문학회, 1974.
· 윤주필, 「「국순전」과 「국선생전」의 우언적 이해」, 『한국한문학연구』 47, 한국한문학회, 2011.

백운용

28

최해의 예산은자전
猊山隱者傳

1. 창작 배경

한문문학이 문학의 저변을 공고하게 형성하기 시작한 고려 후기에 이르러 사람의 일생을 다룬 다양한 양식의 문학작품이 등장하여, 이른바 교술 문학의 융성이 드러나기 시작한다. 특히 '전(傳)'은 중세의 보편적 양식으로 인정되었기에 문학 창작에서 널리 이용되었고 다양하게 분화되었다. 이 가운데 〈예산은자전(猊山隱者傳)〉은 공식적 역사 기록으로서의 '전(傳)' 문학이 한계를 드러낸 고려 후기, 최해(崔瀣, 1287~1340)가 자신의 일생을 '예산은자'라는 가상 인물에 의탁하여 지은 것으로, 우리 문학사에 활력을 불어넣은 독특한 작품이다. 특히 내우외환의 총체적 위기 속에서 '은거'를 실천함으로써 삶을 완성한 최해의 삶이 자신의 목소리로 기록되어 있어 여말선초 삼은(三隱)을 비롯한 전통 시대 '은(隱)'의 의미를 살필 수 있다는 점에서 문화사적 의의를 찾을 수 있다.

최해는 호가 졸옹(拙翁)이며 경주 최씨로 최치원의 12대손이다. 문과에 급제하여 성균관 학유, 예문춘추 검열(藝文春秋檢閱)이 되었고, 이후 원나라 과거에 응시하여 급제하였다. 하지만 원나라에서 귀국한 몇 년 후인 1323~1324년 무렵에 벼슬을 그만두고 시골에 은거하였다. 그의 은둔 생활은 세상을 떠날 때까지 계속되었는데, 37세 무렵에 시골에 정착하여 54세로 세상을 마쳤으니 대략 20년 남짓한 기간이다. 최해는 명망 있는 가문 출신으로, 고려와 원나라의 과거에 동시에 합격하는 등 출세할 수 있는 배경을 충분히 갖추고 있었다. 그런데도 정치적 좌절을 겪었으니, 그것은 세속에 아부하지 않고 거리낌 없이 남의 선악을 밝혀 사람들의 배척을 받는 등 불의(不義)에 타협하지 않으려는 강직한 성격 때문이었다. 이 같은 강한 자의식은 타인과의 교유관계를 편협하게 만들었고, 자신의 경륜을 마음껏 펼칠 수 없는 상황에서 그가 선택할 수 있는 길은 자연으로 돌아가 은거하는 것뿐이었다.

2. 원문 읽기

(1) 은자(隱者)는 이름이 하계(夏屆)이니, 혹 하체(下逮)라고도 하며, 창괴(蒼槐)가 그의 성이다.[1] 대대로 용백국(龍伯國)[2] 사람으로, 본래 복성이 아니었는데 은자에 이르러 우리나라 음이 느슨함을 따라서 그 이름과 함께 바꾸었다.

(2)-1 은자는 이제 겨우 어린아이였을 때 이미 하늘의 이치를 아는 듯하였고, 학교에 들어가서는 하나의 방면에 매이지 않았다. 요점을 터득하고는 문득 학업을 그만두었으니, 넓게 익히고 깊이 탐구하지는 않았다.

(2)-2 조금 장성해서는 비장한 각오로 출세에 뜻을 두었으나 세상이 인정해 주지 않았다. 이것은 그의 성품이 남의 기색을 살피는 데 능하지 못한 데다가, 또 술을 좋아해서 급하게 먹은 뒤에 남의 좋은 점과 나쁜 점을 말하기 좋아하여 귀를 따라 들어온 것을 입에 담아 두지 못하였기 때문이다. 이에 남들이 아끼거나 귀하게 여기지 않았고, 천거되자마자 바로 배척을 받아 쫓겨나곤 하였다. 비록 친우들이 그것을 안타깝게 여겨 고쳐 보고자 권하기도 하고 혹 책망하기도 하였

---

1 은자(隱者)는……성이다: 자를 '하계(夏屆)', '하체(下逮)'라고 한 것은 그 반절음(半切音)인 '혜'와 '헤'가 최해의 이름인 '해(瀣)'와 비슷하기 때문이고, 마찬가지로 성을 창괴(蒼槐)라고 한 것도 반절음이 '최'와 일치하기 때문이다.

2 용백국(龍伯國): 『열자』「탕문(湯問)」에 나오는 거인이 사는 나라이다.

으나 받아들이지 않았다.

(2)-3 중년에 자못 스스로 뉘우쳤으나, 사람들이 이미 포용할 수 없는 사람이라 대접했기에 결국 등용되지 못하였다. 은자 또한 다시 이 세상에 뜻을 두지 않고, 일찍이 스스로 말하기를 "내가 이전에 왕래한 사람은 모두 좋은 사람이었는데도 인정하지 않는 이가 많았으니, 뭇사람의 뜻을 얻는다는 것은 참으로 어려운 일이다."라 하였으니, 이것은 그가 단점을 오히려 장점으로 여긴 것이다.

(3) 만년에 사자갑사(獅子岬寺)[3]의 승려에게 밭을 빌려 경작하며 농원을 열고서 '취족원(取足園)'이라 하고, 스스로 호를 '예산농은(猊山農隱)'[4]이라 하였다. 그 좌우명(座右銘)에 "너의 밭, 너의 농원이 부처의 소중한 은혜일세. 지금의 만족한 삶이 어디서 온 것인지 삼가 잊지 말지어다.[爾田爾園 三寶重恩 取足奚自 愼勿可諼]"라 하였다. 은자는 평소 부처를 좋아하지 않았는데, 끝내 그들의 소작인이 되었기에 처음에 품은 뜻과 어긋났음을 자책하며 스스로 희롱한 것이다.

출전: 『동문선』 권100, 「전(傳)」

3. 작품 감상

최해는 최치원의 후손이라는 자긍심을 지니고 있으면서, 고려 후기 무신정권 아래 가치관이 전도된 사회라는 시대적 상황에서 현실과 타협하기를 거부하면서 도덕적 완전함을 추구한 인물이었다. 시대와 불화하며 자연에 은거한 도잠(陶潛)이 〈오류선생전(五柳先生傳)〉을 지어 자신의 삶을 스스로 진술하였듯이, 최해는 자신의 삶을 되돌아보며 세속에서 벗어난 은자의 삶에 관심을 가지면서

---

3 사자갑사(獅子岬寺): 최해가 만년에 은거한 사자산(獅子山)에 있는 절이다. 『동문선』에는 '사자갑사(師子岬寺)'로 되어 있는데, 『고려사』 「열전」에는 '사(師)' 자가 '사(獅)' 자로 되어 있고, 『신증동국여지승람(新增東國輿地勝覽)』과 『동사강목(東史綱目)』 등 다른 문헌에도 '사(獅)' 자로 되어 있어 '사(獅)' 자로 바로잡았다.

4 예산농은(猊山農隱): 예산(猊山)의 '예(猊)' 자는 사자(獅子)와 같은 뜻이다. 자신의 농원인 취족원이 사자산 자락에 있었으므로, '사자산, 즉 예산에서 농사지으며 은거한다'는 뜻의 '예산농은'으로 자신의 호를 지은 것이다.

〈예산은자전〉이라는 자탁전(自託傳)을 지어 자신을 성찰하는 계기로 삼았다.

자탁전도 '전(傳)'의 하나이기 때문에 『사기』 「열전」의 형식처럼 가계와 출생담, 행적, 죽음, 처자손록, 평결로 구성된다.

(1)은 가계 소개에 해당하는데, 예산은자의 성명과 고향을 소개한 부분이다. 이때 최해는 자신을 '아(我)'라 하지 않고 '은자(隱者)'라고 하였다. 이렇게 함으로써 자기 자신과 일정한 거리를 둘 수 있으며, 관찰자의 입장이 될 수 있었다. 즉, 자기에 대해 스스로 질문하는 자기 인식의 방식을 취하지 않고 자신을 자기로부터 풀어놓아 공동체 속에 살아 있는 적극적 타자로 만들어 낸 것이다. 이 때문에 독자도 '은자'를 자기가 지향하는 세계의 거주자, 자기의 소망을 실천하는 자로 파악하여 친밀감을 가지게 된다.

한편, 이름으로 본인을 지시하는 것은 사회 속에서 한 인간의 정체성을 보증하는 요소인데, '은자'라는 명명(命名)은 자신의 삶을 함축하여 표현한 단어이자, 자신의 삶을 규정하고 글 전체의 성격을 암시한 것이기도 하다. 즉, 3인칭으로 대상화한 자기 자신의 삶을 한마디로 말하면 은자의 삶이라 할 만하다는 뜻이다. 최해의 호인 '졸옹(拙翁)'은 세상과 어긋나서 세간에 등을 돌린 졸렬한 인간의 모습이며, 아무 쓸모없는 인간이란 의미이다. '은자'는 이를 뒤집어서 세간에서 무용(無用)하기 때문에 세속으로부터 자유로운 인간이란 의미를 담고 있다.

이러한 의도는 성씨와 이름을 구체적으로 밝히면서 더욱 노골화한다. 논란이 있을 수 있지만, '하계(夏屆)'와 '하체(下逮)'를 '하안거(夏安居)에 이르다'는 의미로 해석하고, '창괴(蒼槐)'를 '삼정승의 높은 지위'로 해석한다면, 은자의 성씨와 이름인 '창괴하계(蒼槐夏屆)'는 '삼정승의 높은 지위를 추구하던 사람이 지금은 안거에 들어 있다'는 뜻이 된다. 즉, 출세를 지향했던 사람이 지금은 모든 것을 버리고 마음을 닦고 있다는 의미인 것이다.

이렇게 볼 때, (1)은 이름이 지니는 의미 작용을 이용하여 인물의 정체성을 드러내고 있는 부분이라 할 수 있다. 이때 대상으로 삼은 인물은 표면에 드러나는 명명(命名)에서는 허구성을 띠고 있지만, 그 이면에서는 최해라는 인물의 실상을 드러내고 있다. 이렇게 실재성과 허구성을 동시에 갖추어 자기의 전이면서 타자의 삶을 이야기하는 자탁전의 면모가 구체화하였다.

(2)는 행적에 해당하는데, 인생의 변곡점에 따라 생애를 서술한 것이다. (2)-1은 어렸을 때의 공부법을 이야기하며 성격의 단면을 드러내고 있다. 박이정(博而精)은 여러 방면으로 널리 알 뿐만 아니라 깊게도 아는 것이다. 즉, 나무도 보고 숲도 보는 것으로, 공자가 내세운 바람직한 학문 자세이다. 그런데 은자는 넓게 보기만 하고 깊게 파고들지는 않았다고 한다. 은자가 지향하는 이런 공부법은 사실 정도(正道)를 벗어난 것이다. 하지만 좋게 말하면 자신의 의지가 강했다고 할 수 있다. 그렇지만 결국 이러한 성격이나 자세가 세상과 불화할 단초를 제공하였던 것이다.

(2)-2는 출세에 마음을 두었지만 뜻한 바를 이루지 못했음과 그 이유를 서술한 부분이다. 은자가 적극적으로 공명(功名)을 구하였지만 이루지 못하였다는 점에서 그의 은둔은 자발적인 것이 아니었다고 할 수 있다. 남의 비위를 맞추기 싫어하는 직설적인 성격이 그의 출세를 방해한 요인이다. 이를 고치거나 세상과 타협했다면 은자는 공명을 이룰 수도 있었지만, 그는 친구들의 조언을 받아들이지 않는다. 은자는 자신의 의지로 본래의 성격을 그대로 유지하며 세상에 맞추기를 거부한 것이다. 또 자신의 결단과 의지로 선택한 길이므로 남들과 질적으로 다른 '나'에 대한 거부감도 없다. 그렇기에 은자는 자기를 죽이고 주위에 맞추는 삶이 아니라 자신에게 충실한 삶을 영위할 수 있었던 것이다.

(2)-3에서는 이런 분위기가 반전한다. 중년에 이르러 은자가 이런 삶의 자세를 뉘우쳤다고 했기 때문이다. 이것은 성격을 고치고 세상과 타협하여 출세를 이루고자 하는 적극적 참여 의지를 드러낸 것이다. 하지만 이번에는 세상이 그를 버린다. 이 때문에 은자는 두 번째 은둔에 들어간다. 첫 번째 은둔이 출세의 욕망이 여전히 내면에 잠재한 것이었다면, 두 번째의 은둔은 미련을 던지고 은둔을 구가한다는 점에서 앞서의 은둔과 다르다. 세속의 미련을 끊어 버린 명실상부한 은자의 삶이었다. 그렇기에 은자는 세상이 알아주지 않음을 원망하지도 않고 자신의 처지를 한탄하지도 않는다. 자신을 알아주는 몇 명의 지우(知友)가 있는 것으로 만족하고 여러 사람으로부터 인정받기를 포기한다.

(3)은 승려의 땅을 빌려 소작하며 여생을 보내는 만년의 행적을 서술한 부분이다. 은자는 평소 부처를 좋아하지 않았는데 끝내 부처의 손을 빌려 먹고 살고 있음을 좌우명을 지어 자조적으로 드러내기도 하고, 스스로를 '사자산에 농사지으며 숨어 사는 늙은이[猊山農隱]'라 부르기도 한다. 여기에는 출세의 의지도 좌절하고, 불교를 배척하였으나 승려의 소작농이 되어 버린 자신의 모습에 쓸쓸한 웃음이 비친다. 젊은 날 가졌던 의지도 꺾이고 미련이 여전히 마음속 깊이 남은 듯하다. 하지만 그가 사는 공간의 이름이 '취족원(取足園)'인 것에 주목한다면, 본질이 달라 보인다. 은자는 지금의 삶에 '만족'하고 있다는 뜻이기 때문이다. 자신이 뜻한 바를 하나도 이루지는 못하였지만, 그것은 사실 자신의 선택과 의지에 의한 것이었다. 이 때문에 은자는 지금의 결과를 원망하거나 안타까워하지 않는다. 직설적인 성격을 고쳤다면 출세할 수도 있었지만 알고도 끝내 굽히지 않았으며, 스스로 사찰의 소작농이 된 자신을 자책하며 희롱한다고 하였지만, 그 조롱이 반성은 아니다. 오롯이 자신의 삶을 영위하며 세상과 불화한 자의 쓸쓸함일 뿐이다.

이런 의미에서 은자의 삶은 세상과 격리되어 살아가는 고독한 인물의 은둔도 아니고, 체제를 반대하며 혁명을 꿈꾸는 자의 비분강개한 은둔도 아니며, 자연친화적 삶에 매몰하여 자족적인 인생을 살아가는 유유자적한 은둔도 아니다. 그의 은둔은 질박하고 소박한 삶을 살아가면서 삶의 자세를 가다듬고 성찰한 바탕 위에서 세상을 겨눈 추상같은 은둔이었다.

재주가 뛰어나고 이상이 높으나 세상에 쓰이지 못한다면 그 인생은 비극적일 수밖에 없다. 최해가 그러했다. 최해는 정치적으로 불우했을 뿐만 아니라 경제적으로도 궁핍했다. 그의 가난은 귀거래한 선비들이 의례적으로 떠드는 상투적이고 소박한 의미의 가난이 아니었다. 그는 사후에 장례를 치를 수 없어서 친구들이 부의하여 장사를 지내 주었을 정도로 가난하였다. 하지만 그는 결코 붓을 놓지 않았고, 정치적으로 펼쳐 보지 못한 자신의 포부를 글로 써 내려갔다. 고독하고 쓸쓸하며 비극적이기까지 한 은둔에서 역설적으로 최해의 문학이 시작되었던 것이다.

〈예산은자전〉류의 자탁전은 임계점에 이른 단일 장르의 변주 요구, 훌륭한 작가의 존재, 자신의 정체성을 구성하려는 욕구, 평탄하지만은 않은 삶의 실상, 올바른 삶을 위한 끊임없는 수행 등이 생성의 원인이라고 한다. 그렇다면 갖은 굴곡을 겪은 비운의 천재 최해가 자탁전을 지은 것은 어찌 보면 당연한 일일지도 모른다.

〈생각해 보기〉

(1) 자신의 일생을 다른 인물에 가탁하여 서술한 자탁전은 〈백운거사전〉류와 〈예산은자전〉류로 나눌 수 있다. 이 가운데 〈예산은자전〉류의 자탁전은 인생의 역정에 따라 자신의 삶을 살피면서 삶의 변곡점 주변을 반성적으로 성찰하고, 그 과정과 변모의 양상을 서술하려는 경향이 두드러진다. 그리고 이러한 반성적 시각을 통해 좌절과 극복, 성찰과 깨달음, 즉 성장의 드라마가 부각된다는 점이 주요한 특징이다. 한편, 〈백운거사전〉류의 자탁전은 자신이 지향하는 삶의 이상을 말하고, 왜곡에 맞서 자기를 해명하며, 자신이 좋아하는 기호를 표출하려는 경향이 강하다. 이 두 작품을 참조하여 자신을 주인공으로 한 자탁전을 써 보자.

(2) 자탁전은 조선조에도 활발히 창작되었다. 〈백운거사전〉류에는 성현의 〈부휴자전(浮休子傳)〉, 최충성의 〈산당서객전(山堂書客傳)〉, 이여빈의 〈취사노옹전(炊沙老翁傳)〉, 조임도의 〈자전(自傳)〉, 이시선의 〈송월자전(松月子傳)〉, 이덕무의 〈간서치전(看書痴傳)〉, 조면호의 〈자지자부지선생전(自知自不知先生傳)〉 등이 있고, 〈예산은자전〉류에는 최기남의 〈졸옹전(拙翁傳)〉, 양거안의 〈육화옹전(六化翁傳)〉, 안정복의 〈영장산객전(靈長山客傳)〉, 초엄의 〈삼화전(三花傳)〉 등이 있다. 각각의 작품을 찾아 읽고, 인물의 지향과 의식을 분석해 보자.

(3) 은둔의 의미는 고려 말 삼은(三隱), 두문동 72현, 무릉도원의 주민, 죽림칠현, 오늘날의 TV 프로그램 〈나는 자연인이다〉의 주인공 등 시대와 상황에 따라 다양하다. 최해의 은둔이 지니는 의미를 살펴보고, 21세기를 살아가는 우리가 은둔해야 한다면, 그 이유는 무엇인지, 또 은둔의 자세는 어떠해야 하는지 토론해 보자.

참고문헌

· 조수학, 『한국의 탁전과 가전』, 영남대학교출판부, 1987.
· 백미나, 「탁전(托傳), 비지(碑誌), 열전(列傳)의 서사적(敍事的) 특징(特徵)과 의미(意味) -최해(崔瀣)를 대상으로 한 작품(作品)을 중심으로-」, 『동방한문학』 45, 동방한문학회, 2010.
· 안득용, 「自托傳의 각 계열에서 보이는 자기인식의 형상과 그 의미」, 『한국한문학연구』 71, 한국한문학회, 2018.
· 하정승, 「崔瀣 시에 나타난 拙樸과 悲慨의 미」, 『한국한시연구』 15, 한국한시학회, 2007.

백운용

◦ 제5장 ◦

중세 후기 제2기 문학

중세 후기 문학

중세 후기는 고려 의종 24년에 일어났던 무신의 난(1170)에서 임진왜란(1592)까지이니, 고려 후기와 조선 전기를 포괄한다. 이 시기에는 중세의 보편주의적 이념 아래, 그것을 독자적으로 구현하려 했다. 무신란은 문벌 귀족의 몰락과 신흥 사대부의 출현을 가져왔는데, 신흥 사대부는 문벌 귀족에 눌려 중앙 정계에 진출하지 못했던 지방의 향리나 중소 지주로서, 과거를 통해 진출한 신관료였다. 새 시대의 주역으로서 사상성과 역사의식에 투철한 문학을 했는데, 이들이 고안해 낸 대표적인 문학 갈래가 경기체가(景幾體歌)이다. 한림원(翰林院)의 여러 선비들이 넘치는 자신감을 표현한 〈한림별곡〉이 그 첫 작품이다.

중세 후기 제2기 문학

중세 후기 제2기는 조선 건국(1392)에서 임진왜란(1592)까지로, 조선 전기를 말한다. 조선 사대부 문학의 기본적인 노선이 정도전(鄭道傳)과 길재(吉再)에 의하여 이루어졌다. 관료형 문인 정도전은 왕조 사업을 위해 능력을 발휘하고자 했고, 처사형 문인 길재는 어지러운 세상에서 물러나 마음을 닦고자 했다. 이 두 노선은 조선조를 통해 지속적으로 조화와 갈등을 일으키면서 공존했다. 특히 이 시기에는 훈민정음(訓民正音)이 창제되어 한문문학만 하던 사대부들이 국문문학도 함께 창작하는 변화가 이루어졌고, 사대부 부녀자와 민중이 국문소설의 발달을 주도하여 상하층이 공감할 수 있는 문학이 생산되었다.

조선 전기의 국문시가는 악장·경기체가·가사·시조로 구성되어 있었는데, 시조는 서정시이고 나머지 셋은 교술시이다. 조선의 사대부들에 의해 지배 질서가 확립되고 유교 이념이 정착되자 시조는 점차 사대부의 유교 이념을 표현하는 쪽으로 방향을 잡게 되었다. 산문은 잡록(雜錄), 기행록(紀行錄), 전(傳)과 행장(行狀), 가전(假傳), 묘지(墓誌), 몽유록(夢遊錄), 골계전(滑稽傳) 등 매우 다양한 방향으로 확대되었다. 이러한 분위기에 따라 김시습(金時習)의 『금오신화』가 등장하여 본격 소설로서의 구실을 하면서, 자아와 세계 양쪽에 통용되는 소설적 진실성을 성취하고자 했다.

29

서거정과 강희맹의 한시

1. 창작 배경

서거정(徐居正, 1420~1488)은 조선 전기 관인문학의 전성기, 성종 때의 주요 인물이다. 그는 집현전 출신이고, 23년 동안 대제학 노릇을 했다. 서거정은 자신의 위치와 사명에 대해 자부심을 가지고 문학적 규범을 마련하고자 했다. 이러한 점에서 고려전기 김부식이 맡았던 과업을 이었다고 볼 수 있다. 그는 김종직을 위시한 사림파와 경쟁하고 김시습처럼 방외인의 길을 택한 비판자를 의식하면서, 관인문학적 우위를 이론과 창작 측면에서 입증하고자 했다.

강희맹(姜希孟, 1424~1483)은 『사숙재집(私淑齋集)』, 『금양잡록(衿陽雜錄)』 등을 저술했고, 15세기에 활동한 저명한 관료 문인 중의 한 사람이다. 관인적 취향과 섬세한 감각을 가진 사대부 문인이었지만, 농촌에 전승되고 있는 민요와 설화에 깊은 관심을 가졌다. 그중 『농구십사장(農謳十四章)』은 생활 주변에서 채집한 농요를 모아 정리한 것이다. 여기에는 농민들의 애환, 당시 농촌의 정경과 실상이 잘 묘사되어 있다.

2. 원문 읽기

(1) 황금은 버들로 들고 옥은 매화를 떠났는데[1] 金入垂楊玉謝梅

1 황금은……떠났는데: 하얀 매화는 지고 노란 버들 싹이 나오는 것을 형용한 말이다.

작은 못의 새 물결은 이끼보다 푸르구나　小池新水碧於苔
봄 시름과 봄 흥취 그 어느 쪽이 더 깊을꼬　春愁春興誰深淺
제비는 오지 않고 꽃도 피지 않으니 말일세　燕子不來花未開

출전: 『사가집』, 「사가시집보유」 권1, 〈춘일(春日)〉
※ 인용 출처: 한국고전번역원, 한국고전종합DB

(2) 긴 사래[2]를 다투면 농사가 거칠 것[3]이　竟長畝畝政荒
햇빛이 등을 쬐어 땀이 장물처럼 내리도다　日炙我背汗翻漿
큰아들 작은아들만치 튼튼하지 못하네　大郎不及小郎强
지척을 다투면서 손발 재빨라서　爭咫尺手脚忙
긴 사래 다 매고는 머리 돌려 큰아들을 조소한다　竟長畝回頭笑大郎
큰아들은 되려 작은아들 튼튼함을 부끄러워하였어라　大郎却慚小郎强
긴 사래를 다툰다면 농사는 거칠 것이다　竟長畝畝政荒

출전: 『동문선』, 「속동문선」 권10, 〈경장묘(竟長畝)〉
※ 인용 출처: 한국고전번역원, 한국고전종합DB

3. 작품 감상

서거정의 용사론은 독창적인 문학을 찾으려 하지 말고 옛사람을 열심히 따르고 배워야 격조 놓은 글을 쓸 수 있다고 한 것이다. 즉, 서거정은 옛사람의 문구를 받아쓰는 용사의 효용을 강조했다. 여기서 우리는 그의 『동문선(東文選)』 편찬 사업을 주목해야 한다. 서거정은 우리의 한문문학이 중국의 경우와 대등하다는 자부심을 가졌으며, 역대의 시문을 뽑아 모으는 일을 맡았다. 그는 「동문선서(東文選序)」에서 우리 동방의 문이 중국 역대의 문과 천지 사이에서 병행해야 마땅하다고 주창했다.

2　긴 사래: 원문은 장무(長畝). 사래는 이랑의 길이를 말한다.
3　농사가 거칠 것: 원문은 정황(政荒). 농사가 거칠어져 흉년이 된다는 말이다.

나아가 서거정의 『동인시화(東人詩話)』는 시화라는 명칭을 표제에 내놓은 최초의 저작이다. 그는 동방의 시가 중국에 비해 조금도 손색이 없다는 점을 강조하면서 이미 이뤄 놓은 규범을 존중해야 한다고 했다. 그러면서 이규보의 독창적인 기풍을 비판한다. 서거정이 즐겨 사용한 시풍은 부려(富麗)이다. 넉넉하고 한가로운 데서 은근한 아름다움을 추구하면서 화려한 표현을 자연스럽게 함의하는 것이다.

(1)의 〈춘일〉은 칠언절구로 그 제목에 온갖 오묘한 조화가 갖추어져 있다. 기구와 승구에서 봄이 오는 모습을 선명한 색채 감각과 미세한 움직임까지 살피고 있다. 한설(寒雪)과 풍우(風雨)를 이겨낸 매화도 그 모습을 감추려 하고 있다. 절기가 바뀌면서 나타나는 미세한 자연의 움직임을 잘 묘사하고 있는 것이다. 그리고 계절의 변화에 따라 일어나고 사라지는 흥취를 인간사에 비유하고 있다. 즉, 봄의 시름과 흥취가 어느 것이 깊고 얕은가에 대해 묻고 있다. 제비도 오지 않고 꽃도 아직 피지 않았다고 하면서, 결핍과 기대를 함께 나타내고 있다. 한가히 완상하는 자로 자연의 변화와 자기 자신의 삶을 함께 성찰하고 있는 감각적인 시이다.

이처럼 서거정은 특별히 말하고자 하는 바가 없는 듯한 시에 근거 있는 용사와 묘한 재주가 깃들게 하는 것을 장점으로 삼았다. 절실한 체험, 호소해야 할 사연은 오히려 수준이 낮다고 여기며 태평성대의 분위기에 젖어 들게 하는 데 노력했다.

안온한 기질을 가진 강희맹은 형 강희안과 함께 화초를 기르고 완상하는 취미를 가졌다. 그는 『양화소록(養花小錄)』을 지어, 화초 재배 방법을 예술의 경지에 올려놓았다. 〈양초부〉에서는 파초를 잘 기르고 파초의 흥취를 잘 완상하는 방법을 설명했으니, "공명과 사업에 유인되고 우환과 영욕에 시달리면 천성을 보존하기 어렵다."라고 하면서 사람의 마음을 기르는 지혜를 설명하고 있다.

강희맹은 서거정의 「태평한화골계전」을 옹호하였고, 「촌담해이(村談解頤)」를 지어 시골 농민이 이야기하는 음담패설을 수록했다. 「농구십사장(農謳十四章)」은 강희맹의 시 중, 최고라고 평을 받고 있다. 이는 생활 주변에서 채집한 농요를 모아 정리한 것으로, 농민들의 애환과 당시 농정(農政)의 실상이 잘 묘사되어 있다.

(2)의 〈경장묘〉는 어른과 젊은이가 서로 경쟁하다시피 일을 하면서 권태를 잊

어버리는 농가의 삶을 민요처럼 읊은 시이다. 이 시는 형식상의 파격과 내용상의 자유를 느낄 수 있다. 1구와 2구에서 보이는, 해가 강렬하게 등을 찌는데도 땀을 흘리며 김을 매는 장면은 현대의 기음노래[김매기소리]의 내용과 유사하다. 일하는 어려움을 어른과 젊은이의 행위를 통해, 웃음을 유도하여 민요적으로 노래하고 있다. 이처럼 강희맹은 농부들의 생활을 섬세한 감각으로 민요조에 가깝게 시를 읊고 있었다.

게다가 강희맹은 시골에서 생활하면서 듣고 겪은 농사일을 『금양잡록』에 다루고 있다. 그의 관심사는 백성들의 삶과 모습을 면밀하게 관찰하는 것에 있었다. 그는 농사꾼의 처지가 되어야만 비로소 그들의 삶을 이해할 수 있다고 생각했다. 「농담(農談)」에서 농사의 어려움을 자세히 말하기도 하고, 「농자대(農者對)」에서 늙은 농부와 직접 주고받은 이야기를 적기도 했다.

〈생각해 보기〉

(1) 조선 전기 관료 문인의 특징에 관해 생각해 보자.

(2) 중국의 문학보다 우리나라의 문학이 제일이라고 생각하며 편찬한 서거정의 저술에 관해 논의해 보자.

(3) 관료인 강희맹이 백성들의 삶과 생활에 관심을 가지며 작품화한 이유에 관해 생각해 보자.

참고문헌

· 강전항, 「강희맹의 시세계」, 『漢文學論集』 6, 단국한문학회, 1988.
· 박희웅, 「서거정의 한시 연구 - 자연시를 중심으로」, 단국대학교 석사학위논문, 1985.
· 안병학, 「서거정의 문학관과 『동인시화』」, 『한국한문학연구』 16, 한국한문학회, 1993.

김종구

30

김종직의 조의제문
弔義帝文

1. 창작 배경

김종직(金宗直, 1431~1492)은 본관이 선산(善山), 자는 계온(季昷), 호는 점필재(佔畢齋), 시호는 문충(文忠)으로, 강호(江湖) 김숙자(金叔滋, 1389~1456)의 아들이다. 그는 어려서부터 부친에게 수학하여 우리나라 성리학의 정맥(正脈)을 이었는데, 특히 경술과 문장에 뛰어나 당시 영남 일대에서 사림의 영수로 받들어졌다. 1459년(세조 5)에 문과에 급제하여 사헌부 감찰(司憲府監察)이 되었으며, 성종조에는 함양 군수(咸陽郡守)·선산 군수(善山郡守)·형조 판서(刑曹判書) 등을 역임하였다. 이후 성종의 지극한 총애를 받아 영남 사림파가 중앙 정계에 진출하는 데 있어 기반을 마련하였는데, 후에 이것이 훈구파와 반목·갈등하는 원인이 되었다.

여기에서 살펴볼 〈조의제문(弔義帝文)〉은 김종직이 벼슬길에 오르기 전인 27세 무렵에 지은 것으로, 그의 제자 김일손(金馹孫, 1464~1498)이 사초(史草)에 실었다가, 후일 세조의 왕위 찬탈을 풍유(諷諭)한 것으로 해석되면서 무오사화(戊午士禍)의 빌미가 된 작품이다. 이 작품의 창작 동기는 작품 서두에 실린 다음의 서(序)를 통해 확인할 수 있다.

정축년(丁丑年, 1457) 10월 일에 내가 밀성(密城: 밀양)에서 경산(京山: 성주)으로 가다가 답계역(踏溪驛)에서 묵었는데, 꿈에 한 신인(神人)이 칠장복(七章服)을 입고는 훤칠한 모습으로 와서 스스로 "초 회왕(楚懷王)의 손자 심(心)인데, 서초패왕(西楚霸王) 항적(項籍)에게 시해되어 침강(郴江)에 빠졌다."라 말하고는, 인하여 문득 보이지 않았다. 나는 깨어나서 놀라 말하기를, "회왕은 남초(南楚) 때 사람이고, 나는 동이(東夷) 사람이다. 지역이 서로 떨어진 게 만여 리일 뿐만이 아니요, 시대의 선후 또한 천여 년인데, 꿈에 와서 감응하였으니, 이 얼마나 상서로운가. 또한 사서(史書)를 살펴보면, 강에 던졌다는 말이 없는데, 어쩌면 항우(項羽)가 사람을 시켜 은밀히 죽였다가 물에 그 시체를 던진 것인가. 이것을 알 수가 없구나."라 하고, 드디어 글을 지어서 그를 조상하였다.

2. 원문 읽기

(1) 오직 하늘이 만물의 법칙을 내리시어 사람에게 주셨으니　惟天賦物則以予人兮
어찌 사대(四大)[1]와 오상(五常)[2] 따라야 함을 모르겠으리　孰不知其遵四大與五常
중국만 풍성하고 이국(夷國)[3]에는 인색한 것 아닌데　匪華豐而夷嗇兮
어찌 옛날에만 있고 지금은 없겠는가　曷古有而今亡
그러므로 나는 동이인(東夷人)으로서 천년 뒤의 세상에서　故吾夷人又後千祀兮
삼가 초(楚)나라의 회왕(懷王)[4]을 조상(弔喪)하노라　恭吊楚之懷王

(2) 옛적에 조룡(祖龍)[5]이 아각(牙角)[6]을 희롱하니　昔祖龍之弄牙角兮

---

1 사대(四大): 세상 만물의 근본 요소 네 가지로, 지(地)·수(水)·화(火)·풍(風)을 의미한다.

2 오상(五常): 인간이 반드시 지켜야 할 다섯 가지의 기본 덕목, 즉 인(仁)·의(義)·예(禮)·지(智)·신(信)을 가리킨다.

3 이국(夷國): 중국을 천하의 중심으로 보는 시각에서, 중국 주변의 여러 민족이 사는 나라를 지칭하는 표현이다. 여기에서는 조선을 가리킨다.

4 초(楚)나라의 회왕(懷王): 전국 시대 초 회왕의 손자 웅심(熊心)으로, 초나라가 진(秦)나라에 망한 후 양치기로 숨어 지내다가 진(秦) 이세(二世) 2년(기원전 208)에 항량(項梁) 등에 의해 왕으로 옹립되었다. 전국 시대의 초 회왕과 구별하기 위해 초 회왕 심(心)이라고도 칭해진다.

5 조룡(祖龍): 진시황(秦始皇)의 별칭이다. 『사기(史記)』「진시황 본기(秦始皇本紀)」에 "올해 조룡(祖龍)이 죽었다.[今年祖龍死]"라 하였는데, 이에 대해 배인(裴駰)은 "조(祖)는 처음이다. 용(龍)은 임금의 징후

사해의 물결이 크게 거칠었네	四海之波股為盀
아무리 전어, 다랑어, 미꾸라지, 고래라 한들 어찌 스스로 보전했으랴	雖鱣鮪鰍鯢曷自保兮
그물을 벗어나고자 발버둥쳤지	思網漏以營營
그때 육국(六國)[7]의 남은 자손들은	時六國之遺祚兮
영락하여 떠돌아다니며 겨우 필부(匹夫)로 호적에 들었을 뿐이었네	沉淪播越僅媲夫編氓

(3) 항량(項梁)[8]은 남국(南國) 장수(將帥)의 후손으로	梁也南國之將種兮
어호(魚狐)[9]의 뒤를 이어 거사하였지	踵魚狐而起事
왕을 세우고 백성들의 바람을 좇아	求得王而從民望兮
끊겼던 웅역(熊繹)[10]에 대한 제사를 보존시켰네	存熊繹於不祀
건부(乾符)[11]를 움켜쥐고 군주 자리에 올랐으니	握乾符而面陽兮
천하에 진실로 미씨(羋氏)[12]보다 높은 이 없었도다	天下固無尊於芊氏

이다. 시황(始皇)을 이른다.[祖 始也 龍 人君象 謂始皇也]"라 하였다.

6 아각(牙角): 어금니와 뿔로, 여기서는 진시황이 멋대로 휘두른 권력을 상징한다.

7 육국(六國): 중국 주(周)나라 말엽에 천자(天子)의 권위(權威)가 쇠약해지자 제후(諸侯)들이 왕이라 참칭(僭稱)하며, 천하의 패권(霸權)을 겨루었다. 육국은 이 열국(列國) 7웅(雄) 가운데 진(秦)나라를 제외한 제(齊)·초(楚)·연(燕)·위(魏)·한(韓)·조(趙)를 가리킨다.

8 항량(項梁): ?~기원전 208. 초(楚)나라의 장수인 항연(項燕, ?~기원전 223)의 아들이자 항우(項羽, 기원전 232~기원전 202)의 숙부(叔父)이다. 그는 진(秦)나라 이세(二世) 초기에 항우와 함께 군대를 일으켜 진군(秦軍)과 맞섰는데, 민간에서 초 회왕(楚懷王)의 손자인 심(心)을 찾아다가 초 회왕으로 삼았다. 초 회왕은 뒤에 항우에 의해 의제(義帝)로 추대(推戴)되었다가 결국 항우에게 시해되고 말았다.

9 어호(魚狐): 어백호구(魚帛狐篝)를 줄인 말로, 진(秦)나라 이세(二世) 초기에 가장 먼저 거사(擧事)하였던 진승(陳勝)을 지칭한다. 진승이 거사하기 직전에 비단에다 붉은 글씨로 '진승왕(陳勝王)'이라 써서 몰래 남의 그물에 든 물고기의 배 속에 넣어 두었는데 그 물고기를 삶아 먹은 군졸이 그것을 보고 매우 이상하게 여긴 일과, 밤중에 총사(叢祠) 안에 모닥불을 피워 놓고 여우의 울음소리로 울면서 외치기를 "대초가 일어나고 진승이 왕이 되리라.[大楚興 陳勝王]"라고 하며 여론을 조성했던 일을 아울러 가리킨다.

10 웅역(熊繹): ?~?. 주(周)나라 성왕(成王) 때의 사람으로, 초(楚)나라의 시봉조(始封祖)이다.

11 건부(乾符): 제왕이 하늘에서 명을 받은 길상(吉祥)의 징조를 말하며, 천자의 표시로 갖는 부서(符瑞)를 가리킨다.

12 미씨(羋氏): 원문에는 천씨(芊氏)로 되어 있으나, 문맥상 초 회왕 심을 의미하므로 초나라의 선조인 계련(季連)의 성(姓)을 따라 미씨(羋氏)로 수정해 번역하였다.

덕망 있는 자를 보내 관중(關中)에 들어가게 하매[13] 遣長者以入關兮
또한 그 인(仁)과 의(義)를 볼 수 있었다네 亦有足觀其仁義

(4) (항우는) 양과 이리처럼 탐포하여 관군(冠軍)[14]을 멋대로 죽였는데 羊狠狼貪擅夷冠軍兮
어찌 잡아다 도끼에 기름칠하지 않았던가 胡不收以膏齊斧
아, 형세가 대체로 그렇지 못하였으니 嗚呼勢有大不然者
우리 왕에게 있어 더욱 위태로웠다네 吾於王而益懼
도리어 몰려 (시체가) 장으로 담가지매 為醢醋於反噬兮
과연 하늘의 운수가 어긋났도다 果天運之蹠盭

(5) 침산(郴山)은 우뚝 솟아 하늘에 닿을 듯하고 郴之山磝以觸天兮
날빛은 흐려서 저물어 가네 景晻曖而向晏
침수(郴水)는 밤낮으로 흐르는데 郴之水流以日夜兮
물결은 제멋대로 흘러가서 돌아오지 않도다 波淫泆而不返
천지의 장구한 원한 그 어느 때에 다하리 天長地久恨其曷既兮
넋이 오늘에 이르기까지 떠돌고 있다네 魂至今猶飄蕩
내 마음 금석(金石)을 꿰뚫을 만하기에 余之心貫于金石兮
왕께서 홀연 꿈속에 나타나셨지 王忽臨乎夢想
자양(紫陽)[15]의 노련한 필법(筆法)을 따라 循紫陽之老筆兮

---

13 덕망……하매: 원문의 장자(長者)는 관후장자(寬厚長者)의 준말로, 한고조(漢高祖) 유방(劉邦, 기원전 247?~기원전 195)을 가리킨다. 유방은 초 회왕에게서 먼저 관중(關中)에 들어간 사람을 관중의 왕으로 삼겠다는 약속을 받고, 항우(項羽)와 길을 나누어서 진나라를 공략하였는데, 항우보다 먼저 진왕(秦王) 자영(子嬰, ?~기원전 206)으로부터 항복을 받아 관중을 조용히 평정하였다.

14 관군(冠軍): 초 회왕의 상장군(上將軍)인 경자관군(卿子冠軍) 송의(宋義)를 가리킨다. 그는 항우의 기습을 받아 살해되었으며, 뒤이어 그의 집안 역시 멸족(滅族)의 화를 당하였다.

15 자양(紫陽): 주희(朱熹, 1130~1200)의 별호이다. 주희의 부친인 주송(朱松, 1097~1143)이 안휘성(安徽省) 흡현(歙縣)에 있는 자양산(紫陽山)에서 독서하였는데, 훗날 주희가 복건성(福建省) 숭안(崇安)에 살 때에 어버이를 잊지 않겠다는 뜻을 담아 집 이름을 '자양서실(紫陽書室)'로 지었다. 이 때문에 후인들이 주희를 '자양'이라 불렀다.

가슴 설레며 사모하는 마음으로 思躔蜉以欽欽
술잔을 들어 땅에 붓노니 擧雲罍以酹地兮
바라건대 영령께서는 강림하시어 흠향하소서 冀英靈之來歆

출전: 『점필재문집(佔畢齋文集)』, 「부록(附錄)」, 〈무오사화 사적(戊午史禍事蹟)〉

3. 작품 감상

〈조의제문〉은 창작의 경위를 말하는 서(序)와, 본문인 부(賦)의 결합으로 구성되어 있다. 부에는 고부(古賦), 배부(俳賦), 율부(律賦), 문부(文賦) 등이 있는데, 이 작품은 한대(漢代)의 부인 고부, 그중에서도 초사(楚辭)를 모방한 소체부(騷體賦)의 특성을 지니고 있다. 실제로 이 작품은 두 구가 하나의 절을 이루고 있으며, 첫 구의 마지막에 '혜(兮)' 자를 배치하여 두 구를 연결하였고, 대체로 각 구의 세 번째 글자 다음에는 '이(以)', '기(其)', '이(而)', '우(又)', '지(之)' 등의 허자(虛字)를 사용하였다. 다만, 각 구의 자수는 최소 6자에서 최대 9자로, 일정한 규칙을 찾을 수 없다.[16]

한편, 이 작품은 평성운에서 측성운으로 환운(換韻)하였다가 다시 평성운으로 마무리하는 운자 활용의 묘미를 보여 준다. 즉, 평성 양운(陽韻: 常, 亡, 王, 盂)에서 시작하여 평성 경운(庚韻: 甇, 氓)으로 이어진 뒤, 거성 치운(寘韻: 事, 義), 상성 지운(紙韻: 祀, 氏), 상성 우운(麌韻: 斧), 거성 우운(遇韻: 惧), 거성 제운(霽韻: 盭), 거성 간운(諫韻: 晏), 상성 완운(阮韻: 返), 상성 양운(養韻: 蕩, 想)으로 교체되다가, 다시 평성운인 침운(侵韻: 欽, 歆)으로 돌아와 끝을 맺고 있는 것이다.[17] 이러한 운자의 굴곡 양상은 작자의 심리적 정서 변화와도 관련이 있다. 작품 초반부에는 상대적으로 평온한 상태를 유지하다가, 의제의 죽음에 이르러서는 작자의 감정이 점점 고조되며, 마지막에 이러한 울분을 주희의 춘추대의(春秋大義)로 마무리하면서

16 임재욱, 「〈弔義帝文〉의 표현 방식상의 특성」, 『한국문학과 예술』 16, 숭실대학교 한국문학과예술연구소, 2015, pp. 148-149.

17 임재욱, 위의 논문, p. 149.

다시 평온한 상태로 되돌아오기 때문이다. 이처럼 이 작품에 나타난 운자 활용은 작품의 내용과도 매우 밀접한 연관을 맺고 있다. 구체적으로 작품의 단락별 내용을 살펴보면 다음과 같다.[18]

(1)은 작품 전체의 도입부에 해당하는 대목으로, 자연의 일반적인 법칙을 끌어들여 이야기를 전개하고 있다. 이러한 보편성에 입각하여 옛적의 초 회왕을 오늘날의 조선인인 작자가 조상할 수 있다는 명분을 밝힌 것이다. (2)는 진시황의 폭정으로 천하가 곤경에 빠진 상황을 언급함으로써, 항량(項梁, ?~기원전 208)의 의제 옹립이 필연적으로 일어날 수밖에 없었음을 강조하고 있다. 즉, 이 부분은 시대적 배경으로서의 구실을 하고 있는 대목이라 하겠다.

(3)은 항량과 의제의 이야기로, 백성의 뜻에 따라 의제를 세운 항량의 치적과, 유방(劉邦, 기원전 247?~기원전 195)을 보내 진나라를 치게 한 의제의 인의(仁義)가 강조되고 있다. 이어지는 (4)는 항우가 송의(宋義)를 죽이고서 다시 의제마저 시해한 만행을 지적한 대목으로, 작자의 소회까지 나타나 작품의 절정에 해당한다고 할 수 있다.

(5)는 이 작품의 결사(結辭)이다. 여기에서는 변함없는 자연의 무정함과 인의를 겸비한 의제의 억울한 죽음을 대비시키고 있다. 그러면서 의제의 원한과 작자 자신의 충분지정(忠憤之情)이 서로 교감했음을 말한 뒤, 주희의 춘추대의에 입각하여 의제를 조상한다는 점을 밝혀 두었다.

이 작품의 창작 의도와 관련해서는 크게 두 가지 관점이 공존한다. 즉, 이 작품이 세조의 단종 폐위를 풍유하고자 하는 의도에서 지어졌다고 보는 관점과, 단순히 의제(義帝)를 조상하기 위해 지어졌다고 보는 관점이 동시에 존재하는 것이다. 실제로 무오사화 당시에도 이러한 두 가지 관점이 양립했던 것으로 보인다. 유자광(柳子光, 1439~1512) 등 훈구파는 이 작품을 세조에 대한 비판으로 해석하며 사림파를 공격하기 위한 빌미로 삼은 데 비해, 권오복(權五福, 1467~1498) 등 일부 사림파는 이 작품이 기롱과 풍자를 가탁한 것은 맞지만, 단지 의제를 조문

18 임재욱, 위의 논문, pp. 149-153.

하기 위해 지었을 뿐이라고 보았기 때문이다. 그런데 사림파 가운데서도 김일손 등은 이 작품을 계유정난(癸酉靖難)에 대한 비판이라고 보았으므로, 김종직의 창작 의도가 무엇이었는지에 대해서는 오늘날까지도 의견이 분분하다.

사실 이 작품 안에서 단종과 세조에 대한 이야기는 전혀 등장하지 않는다. 그러나 김종직이 세조의 손자인 성종의 면전에서 사육신(死六臣)인 성삼문(成三問, 1418~1456)을 충신이라 이야기하였던 점, 그가 훈구파 일색의 학문 권력을 해체하며 사림파의 정치적·학술적 위상을 강화하는 데 기여한 점 등을 고려할 때, 〈조의제문〉은 세조의 왕위 찬탈에 대한 비판을 우의적으로 표현한 작품일 가능성이 커 보인다.

만일 이 작품이 세조의 왕위 찬탈을 비판한 것이라면, 의제는 단종, 항우는 세조를 나타내는 것임이 자명하다. 또한 항우에게 죽임을 당한 송의는 김종서(金宗瑞, 1382~1453) 등을 상징한다고 할 수 있다. 이처럼 이 작품이 우의를 표방하고 있음은, 서(序)에 나오는 정축년 10월이 단종이 승하한 때라는 점, 의제가 천자의 복장이 아닌 칠장복(七章服)을 입고 나타났다는 점, 의제가 사후 투강(投江)된 사실이 『사기(史記)』 및 『자치통감(資治通鑑)』 등에 기록되어 있음에도 불구하고 그러한 사실이 나타나 있지 않다고 한 점, 꿈이라는 장치를 활용해 작품을 구성하고 있다는 점 등을 통해 짐작할 수 있는 바이다.

이상에서 살펴보았듯이, 〈조의제문〉은 운자의 변화를 활용하여 작자의 심리적 정서를 역동적으로 표현하고 있으며, 고도의 우의적 방식을 구사하고 있다. 이를 통해 김종직의 문학적 재능을 알 수 있을 뿐만 아니라, 작품의 의미를 완곡한 형태로 표출한 데서 작자의 충분지정(忠憤之情)이 보다 효과적으로 드러나고 있음을 확인할 수 있겠다.

〈생각해 보기〉

(1) 김종직의 〈화도연명술주(和陶淵明述酒)〉를 읽어 보고, 〈조의제문〉과 비교했을 때 내용과 형식의 측면에서 어떠한 공통점과 차이점이 있는지 이야기해 보자.

(2) 〈조의제문〉은 무오사화(戊午士禍)와 관련된 작품이다. 조선 전기 훈구파와 사림파의 대결 구도를 확인해 보고, 사림파의 성장 과정에 대해 이야기해 보자.

(3) 무오사화(戊午士禍)는 사초(史草)에 실린 〈조의제문〉과 관련되었기에, '무오사화(戊午史禍)'라고도 일컬어졌으며, 조선조의 대표적 필화(筆禍) 가운데 하나였다. 우리 역사 안에서 일어난 필화를 조사해 보고, 필화가 일어나는 원인 및 그 의미에 대해 이야기해 보자.

참고문헌

· 최영성, 『한국유학통사』 上, 심산, 2006.
· 신승훈, 「佔畢齋 金宗直의 「弔義帝文」에 관하여」, 『大東漢文學』 23, 대동한문학회, 2005.
· 이구의, 「佔畢齋 金宗直의 「弔義帝文」攷」, 『大東漢文學』 8, 대동한문학회, 1996.
· 이종범, 「佔畢齋 金宗直의 內面世界와 初期 士林派」, 『東洋漢文學研究』 28, 동양한문학회, 2009.
· 임재욱, 「〈弔義帝文〉의 표현 방식상의 특성」, 『한국문학과 예술』 16, 숭실대학교 한국문학과예술연구소, 2015.
· 정경주, 「김종직 평전 - 조의제문의 10월 어느 날」, 『연보와 평전』 4, 부산대학교 점필재연구소, 2010.

황명환

31

정여창·김굉필·조광조의 한시

1. 창작 배경

여말 선초 도통(道統)은 정몽주-길재-김숙자-김종직에게 연결되어 자연스럽게 김종직의 제자에게 이어지게 된다. 이들은 모두 사림으로, 사림(士林)은 산림(山林)과 통용되며 산림처사이다. 서거정의 부려(富麗)한 문학과 달리, 김종직은 방달(放達)한 역동적인 작풍을 개척했다. 김종직은 도학과 문학, 경술과 문장을 하나로 아울러야 한다고 했다. 정여창, 김굉필은 김종직의 제자로, 사화를 만나 수난을 겪었지만, 사림파의 문학과 도학의 밀접한 관련과 그 발전 과정에 중요한 기여를 했다.

정여창의 문학은 자연 친화적인 태도, 성리학적 학문정신, 현실에 대한 비판적 자세를 가졌다. 그는 수양을 통해 성인의 경계에 나아가고자 했다. 그의 문학은 도학을 우위에 둔 성정발현론(性情發現論)으로 설명될 수 있다. 그는『소학』을 중심으로 한 실천유학을 실현하며 도학의 선구자가 될 수 있었다. 김굉필은 김종직으로부터『소학(小學)』공부의 중요성을 이어받아 소학동자로 자처했다. 그는 실천 및 체험을 통해 덕성을 함양하여, 도학(道學)의 전범이 되어 당대 선비들에게 존숭받았다. 소학동자 김굉필의 도학은 성리학적 이념에서 벗어나 수기(修己), 치인(治人)의 원리를 현실에 구현하고자 했다. 조광조는 경기도 출신으로, 개국공신의 후손이다. 그는 김굉필의 학통을 이어받아, 지배층의 이념적인 긴장을 촉구하며 도학을 펴는 왕도정치를 하고자 했다. 즉, 조광조는 지치주의와 의리 정신을 통해 도학정치의 이상을 드러냈다.

2. 원문 읽기

(1) 바람 인 부들 잎 나불나불[1] 한들거려라	風蒲獵獵弄輕柔
사월이라 화개[2]의 보리 벌써 익어가네	四月花開麥已秋
두류산[3] 천만 봉을 두루 다 구경하고	看盡頭流千萬疊
외론 배 띄워 또 큰 강 내려가노라	孤舟又下大江流

출전: 『화개현구장도(花開縣舊莊圖)』, 「유두류산도화개현작(遊頭流山到花開縣作)」, 〈악양(岳陽)〉

(2) 업 삼아 독서해도 아직 세상 이치[4]를 모르는데	業文猶未諳天機
『소학』에서 지난날의 잘못을 깨달았네	小學書中悟昨非
지금부터 마음 다해 자식 직분 다하려 하니	從此盡心供子職
구차히 부귀[5] 바람이 무슨 소용이리오	區區何用羨輕肥

출전: 『경현록(景賢錄)』, 〈독소학(讀小學)〉

(3) 활 맞아 상 입은 새처럼 된 내 신세 누가 가여워하리	誰憐身似傷弓鳥
말 잃은 늙은이의 마음과 같다 보니 스스로 우습네	自笑心同失馬翁
원숭이와 학[6]이 내가 돌아오지 않는다고 책망하지만	猿鶴正嗔吾不返

---

1 나불나불: 원문은 엽렵(獵獵). 잎사귀가 하늘거릴 정도(程度)로 부는 바람이 가볍고 부드럽다는 말이다.

2 화개: 현(縣) 이름. 지금의 경상남도 하동군(河東郡) 화개면(花開面) 지역에 있었다.

3 두류산: 지리산(智異山)을 달리 이르는 말. 두류산(頭流山)의 '류(流)'는 '류(留)'로도 쓴다. 방장산(方丈山), 남악(南嶽)이라고도 한다.

4 세상 이치: 원문은 천기(天機). 천기는 모든 조화(調和)를 꾸미는 하늘의 기밀(機密), 천부(天賦)의 성질(性質) 또는 기지(機知)를 말한다.

5 부귀: 원문은 경비(輕肥). 경구비마(輕裘肥馬)의 준말로, 가벼운 가죽옷과 살찐 말이라는 뜻이다. 부귀영화(富貴榮華)를 형용(形容)해 이르는 말이다.

6 원숭이와 학: 원문은 원학(猿鶴). 여기서는 군자가 거처하는 은일 공간을 지칭한다.

뒤집어진 항아리에서 나오지 못함을 어찌 알겠나　　　　　豈知難出伏盆中

출전: 『정암집(靜菴集)』, 〈능성루수중(綾城累囚中)〉

3. 작품 해석

김일손과 정여창은 지리산 유람을 마치고, 악양성에 이르게 된다. 이들은 뱃놀이를 즐기고, 시를 지으며 풍류를 즐겼다. 정여창은 산수 유람을 통해 도학의 정분을 발현하고 있었다. 이들은 성현의 산과 물, 인(仁)과 지(智)를 인식하고, 동인(同人)을 형성하며 기상을 함양하고 있었다. 성호 또한 "끝 글귀의 수쇄(收殺)가 매우 좋으니 이야말로 백달보검(白獺補臉)의 솜씨라 하겠다."라고 하며 극찬하였다.

(1)의 시, 즉 〈악양(岳陽)〉이 실려 있는 〈화개현구장도(花開縣舊莊圖)〉는 하동(河東) 정씨(鄭氏) 문중(門中)에서 국가에 기증하여 1990년 9월 20일 대한민국 보물 제1046호로 지정되고, 현재 국립중앙박물관에 보관되어 있다. 세로 89cm, 가로 56cm인 이 그림은 명주(明紬)를 바탕으로 하여 상·중·하 3단(段)으로 구성되어 있다. 그림의 상단(上段)에는 '화개현구장도(花開縣舊莊圖)'라는 제목(題目)이 전서체(篆書體)로 쓰여 있다. 중단(中段)에는 담채(淡彩)로 화개현(花開縣) 소재(所在) 정여창의 구거도(舊居圖)가 그려져 있다. 하단(下段)에는 정여창의 「악양」 시 1수(首), 뇌계(雷溪) 유호인(兪好仁)의 「악양정(岳陽亭)」의 시서(詩序) 및 시가 적혀 있다.

정여창은 지리산에 은거해 경전을 공부하고 성리학을 탐구하기도 했다. 화개현은 지금의 하동군 화개면으로 지리산 남쪽 계곡에 자리를 잡고 있어, 세상으로 나오는 출구이다. (1)의 1구에서는 지리산 산중의 아름다운 정경을 그렸다. 깊은 산중은 계절의 변화가 늦어 이제 겨우 봄이 온 것을 노래하고 있다. 2구는 인간 세상의 행위를 나타내고 있다. 벌써 보리를 거두는 것을 산에서 나오는 사람만 미처 모르고 있는 것이다. 3구는 지리산 천만 겹처럼, 거기서 학문을 쌓고 도학적 기상을 함양한 것을 이른다. 이러한 포부를 가지고 세상에 나왔지만, 당장 알아주는 사람이 없어도 강의 흐름에 따라 천하에 포부를 펴겠다고 노래하고 있다.

하동과 함양은 정여창의 대표적인 삶의 공간이다. 하동의 악양정은 정여창의 은일처이다. 이곳에서 심성 수양과 강학 활동을 전개한다. 사후, 함양의 남계서원은 그의 추모사업을 진행하여, 도학을 전승할 수 있었다.

김굉필은 『소학』과 『대학(大學)』의 학문 규모를 정립하였고, 자기 규율과 인간관계의 덕을 실천해, 그 문명을 구현하고자 했다. 이러한 전범은 그의 문도(門徒)를 비롯한 조선조 선비들에게 파급되어, 정밀하고 깊고 넓어지게 된다. 김굉필은 조선 도학의 수현으로서 존숭될 당위성이 있는 것이다. 김굉필은 근엄한 자세로 도학을 탐구했고, 귀양살이할 때 조광조를 비롯한 많은 제자를 길러, 영남 사림의 학통이 중부 지방으로 이어지게 했다. 그는 시를 지어 마음가짐을 되돌아보고자 했을 뿐이고, 작품으로 평가되는 것에는 관심이 없었다.

『소학(小學)』은 중국 송(宋)나라 유학자(儒學者) 주희(朱熹)가 짓고, 그 제자 유자징(劉子澄)이 이어서 편찬한 초학 교재(敎材)이다. 내편(內篇)·외편(外篇) 모두 6편으로 되어 있다. 입교(立敎)·명륜(明倫)·경신(敬身)·계고(稽古) 편은 내편이고, 가언(嘉言)·선행(善行) 편은 외편이다. 이 책에는 효(孝)·제(弟)·충(忠)·신(信) 등 사람의 도리(道理)와 수신의 절차(節次)가 기록되어 있다. 우리나라에서 편찬된 『사자소학(四字小學)』은 바로 『소학(小學)』을 바탕으로 하여 엮은 책이다.

김굉필은 김종직에게 가르침을 청한다. 스승은 바로 『소학(小學)』을 가르치면서, "진실로 학문에 뜻을 둔다면 이 책에서부터 출발해야 한다. 주렴계(周濂溪)의 광풍제월(光風霽月) 같은 쇄락(灑落)한 인품도 역시 이에 벗어나지 않는다."라고 하였다. 김굉필은 명심하며 게으르지 아니하였고, 행실이 특출했다. 평소에도 의관을 단정히 하고, 깊은 밤이 되어서야 잠을 자고 새벽에 일어났다. 사람들이 나랏일을 물으면, "소학을 읽는 동자가 어찌 알리요."라고 하였다.

(2)의 시, 즉 〈독소학(讀小學)〉은 이러한 김굉필의 정신이 잘 드러나고 있는 시이다. 그는 홀로 자신의 심성을 함양하고 실천하는 모습을 보여 주기만 했다. 세상에 나서서 천하를 경영하고자 하는 의도는 보이지 않는다. 그는 도학 정신을 발현하여 세상에 나아가 실천하고자 했다. 이는 현실을 도피해 은일하고자 한 것은 아니다. 오히려 이치의 근본을 탐구해 세상에 전파하고자 것이다.

조광조의 문학은 실천적인 도학자답게, 유교 이념의 교화와 훈계로 이뤄져 있다. 그의 문학에는 도덕적인 이상 사회를 실현하기 위해 온몸을 헌신하여 개혁을 이루고자 했지만 질시, 반대, 저항 등으로 고독과 불안, 현실에 대한 비판이 드러나고 있다. 하지만 연산군의 횡포와 권신들의 방해로 그의 이상 정치는 실현되지 못하고 중종의 신임을 얻어 다시 쇄신의 길을 걸었지만, 기득 권력에 의해 완강하게 거부되어 반대파의 음모로 기묘사화를 만나 귀양을 가서 처형되었다.

조광조는 세상을 바로잡기 위해 먼저 마음부터 바로잡아야 한다고 했다. 「계심잠(戒心箴)」에서 보이듯이, 엄숙한 태도를 갖추고 마음을 밝고 깨끗하게 한다면 천하의 모든 일이 바르게 이뤄진다고 했다. 시를 짓는 흥취와 풍류에는 관심을 가지지 말고, 산수를 완상하는 문학 역시 멀리해야 한다고 했다. 하지만 귀양을 가, 하늘이 무너지는 듯한 일을 당하자 〈능성루수중(綾城累囚中)〉에서처럼 상심과 하소연으로 작품을 구현하고 있다.

(3)의 시, 즉 〈능성루수중(綾城累囚中)〉에서 조광조는 화살을 맞아 상한 새와 말을 잃고 단속하는 늙은이를 자신에 비유하고 있다. 게다가 그러한 형편에 당한 상황과 당시의 마음을 그는 우습게 느끼고 있는 것이다. 즉, 조광조는 이상적인 도학정치를 실현하지 못하고 귀양을 가서 죽게 되는 심정을 표현하고 있는 것이다. 하지만 조광조는 사약을 받아 마시며 "애군여애부(愛君如愛父), 천일조단리(天日照丹裏)[임금을 어버이처럼 사랑했노라, 하늘의 해가 단심의 이면까지 비추고 있다]"라고 읊어, 후대 사림이 이 구절을 외우면서 눈물을 흘렸다고 한다.

김굉필은 점필재 김종직의 제자로 김일손, 김전, 남곤, 정여창 등과 교유했고, 조광조에게 그의 정신이 이어지게 했다. 그는 『소학』에 심취하여, 스스로 '소학동자'라고 칭하였고, 『소학』의 가르침대로 생활하였다. 이처럼 『소학』은 성리학, 사림파의 기본 이념서였다. 사림파는 『소학』을 향촌 사회에 널리 보급하고자 했으나, 기묘사화로 인해 사림파의 세력이 위축되면서 『소학』도 사회적으로 금기시되었다. 선조 집권 이후, 기묘사화 때 사약을 받았던 조광조가 복권되고, 사림파가 득세하면서 『소학』이 사회적으로 다시 권장되었다. 『소학』을 바탕으로 한 도덕성은 군자가 지배하는 이상사회를 지향하며, 모순된 현실을 비판적으로 바라보고, 합리적 해결 방안을 모색해 실천하고 있었다. 김굉필은 조선의 도학을 중국의 주자성리학보다 진전시켜 사림의 공감대를 형성시키고 있었다.

〈생각해 보기〉

(1) 조선 전기 관료 문인과 도학자의 문학을 비교해 보자. 특히 김굉필의 실천적 도학 정신은 도학을 추구하는 사림의 사표가 되었다. 이러한 실천의 중요성을 생각하며 관료 문인의 문학과 비교 분석해 보자.

(2) 정여창, 김굉필은 같은 스승 아래 도학을 지향했고, 김굉필의 제자 조광조 역시 도학을 지향했지만, 문학과 현실을 다르게 보았다. 이에 관해 차이점과 공통점을 논의해 보자.

(3) 조선조의 사림은 점진적으로 도학적인 이상 정치를 실현하고자 노력했지만, 그 이상 정치가 끝내 이뤄지지 못하고 결국 당대 정국이 붕당 간 대립으로 진행되었던 이유에 관해 생각해 보자.

참고문헌

· 김용철, 「초기 사림파의 자기 형상」, 『동양한문학연구』 24, 동양한문학회, 2007.
· 김종구, 「초기 士林派의 山寺와 仙境 인식과 그 의미」, 『한민족어문학』 70, 한민족어문학회, 2015.
· 서영숙, 「정암 조광조의 시에 나타난 현실 인식」, 『한국한시연구』 10, 한국한시학회, 2002.
· 설석규, 「한훤당(寒暄堂) 김굉필(金宏弼)의 도학(道學)과 도통(道統)의 수립」, 『조선사연구』 13, 조선사연구회, 2004.
· 장도규, 「정암 조광조의 경세시 연구」, 『한문학논집』 33, 근역한문학회, 2011.
· 정경주, 「한훤당 김굉필 도학의 전승 양상」, 『영남학』 22, 경북대학교 영남문화연구원, 2012.
· 정우락, 「일두 정여창 문학사상의 양상」, 『동양철학연구』 38, 동양철학연구회, 2004.
· 정우락, 「일두 정여창의 학문과 문화공간으로서의 악양정과 남계서원」, 『남명학연구』 36, 경상대학교 남명학연구소, 2012.

김종구

32

서경덕과 이언적의 한시

1. 창작 배경

한국 한시에서는 성리학이 정착되는 조선 중기 이래 '이학파시(理學派詩)'로 불리는 새로운 시의 경향이 나타났다. 이학파는 서경덕(徐敬德, 1489~1546), 조식, 이언적(李彦迪, 1491~1553), 이황, 이이 등으로 대표되며, 이들의 특징적인 시를 이학시로 분류한다. 이들은 수양의 태도와 의지를 은거지의 경물과 함께 시에 담아 읊조렸다. 서경덕과 이언적은 각각 기일원론(氣一元論)과 이기이원론(理氣二元論)의 논의를 통해 조선 시대 본격적인 이기론 사상의 선두 주자로 평가되는 만큼, 시를 창작하는 태도에도 차이를 보인다.

서경덕은 일생 은거하며 도학에 힘쓴 개성 출신의 철학자이다. 본관은 당성(唐城)이고, 자는 가구(可久), 호는 복재(復齋)·화담(花潭)이다. 그는 만년에 천거를 받았으나 출사하지 않고, 산수를 유람하거나 독서와 궁리를 통해 문인들을 양성하였다. 서경덕은 관물(觀物)을 통해 깨달은 내용을 시로 담았다. 그러나 시를 짓되 문학적인 형상화에 공을 들이지는 않았다. 자득의 묘리를 전달하면 충분했기 때문이다. 그는 소옹(邵雍) 등의 학문 연원으로부터 깨달은 바를 시에 도입하여 본격적인 도학시의 장을 열었다고 평가된다.

이언적은 일찌감치 중앙 정계에 진출한 영남 지역 사림의 선구자이다. 본관은 여주이고, 자는 복고(復古), 호는 회재(晦齋)·자계옹(紫溪翁)이다. '회재'라는 호는 주자를 잇는다는 의미로 주자의 호[晦庵]에서 가져왔다. 생애가 순탄하지 않아, 을사사화에 희생되어 유배지인 강계(江界)에서 생을 마쳤다. 그는 하학(下學)을 중시하였고, 오직 경(敬)에 근본을 두고 본성을 함양하였다. 1535년에는 조정의 실권을 쥐고 있던 김안로의 전횡으로 조정에서 물러나, 경주 자옥산 아래 독락당(獨樂堂)에 은거하였다. 이 시기에 주자(朱子)가 읊은 〈재거감흥(齋居感興)〉을 변용한 〈임거십오영(林居十五詠)〉 15수를 연작으로 읊어, '독락'을 즐기는 은자와 '독선(獨善)'을 수양하는 학자의 삶을 노래하였다. 그 가운데 〈무위(無爲)〉라는 시가 격조가 높다고 알려져 있다.

2. 원문 읽기

(1) 추위 막던 창문을 문득 남쪽으로 젖히니 屛寒窓牖忽南開
얼굴에 닿는 산들바람 봄기운이 돌아왔네 迎面泠風淑氣回
맑고 환한 하늘빛 예전처럼 아련해지니 湛湛天光依舊遠
비로소 내 본성의 소종래(所從來)를 알겠네 始知吾性所從來

출전: 『화담문집(花潭文集)』 권1, 〈개창(開窓)〉

(2) 만물이 변천하여 일정한 자태가 없고 萬物變遷無定態
이 몸 한가하니 스스로 때를 따르네 一身閑適自隨時
해마다 차츰 경영하는 힘을 줄인지라 年來漸省經營力
길게 청산을 대하며 시는 짓지 않네 長對靑山不賦詩

출전: 『회재집(晦齋集)』 권2, 「임거십오영(林居十五詠)」, 〈무위(無爲)〉

3. 작품 감상

서경덕은 애초에 과거 공부에 뜻을 접고, 송도의 서실에 앉아 천지 만물의 이치를 탐구하는 길을 택했다. 홀로 수양하며 자득하는 묘리를 깨쳤으나, 그가 구축한 철학은 양면성을 보인다. 송대 성리학의 표면적 수용에서 심화와 연역의 단계로 나아갔으나, 동시에 북송(北宋)의 소옹과 장재로부터 영향을 받아서, 순수한 주자학(朱子學)과는 차이를 보였기 때문이다. 그러므로 서경덕의 철학은 후대에 도학의 수준은 격상시켰으나, 조선 성리학의 주류로 편입되지 못하는 양상을 보인다.

서경덕이 창작한 시는 곧 철학적 사유의 과정이다. 철학뿐만 아니라 다양한 소재에 대한 인식의 결과를 시로 형상화하였으니, 그의 도학시는 철학 이론을 문학적으로 형상화한 설리시(說理詩)이다. 깨달은 이치를 직설적으로 전달하는 설리시는 이학시(理學詩), 철리시(哲理詩), 이취시(理趣詩) 등 다양한 용어로 불린다. 서경덕의 시 가운데 설리시는 〈천기(天機)〉, 〈유물(有物)〉 등이 있고, 그 밖에 〈관물음(觀易吟)〉, 〈동지음(冬至吟)〉 등이 대표적인 시로 꼽힌다. 서경덕은 자득의 깨달음을 시라는 형식을 빌려 노래할 뿐, 문학적으로 접근한 것은 아니다. 그는 산수 자연 속에 노니는 즐거움이나 그 속에서 맛본 '도'의 흥취를 시로 읊었을 뿐, 시적 기교에 얽매이지 않았다.

(1)의 〈개창(開窓)〉이라는 제목의 시를 보자. 시인은 창문을 젖히고, 매서운 겨울이 지나간 뒤에 산들바람으로 오는 봄기운을 응시하고 있다. 계절의 변화에 자연스럽게 반응한 것은 시인이 자연물의 변화 속에서 이것을 이끌어 나가는 현묘한 기미를 포착했기 때문이다. 그러므로 결구에 '맑고 환한 하늘빛'이라는 시어를 통해 기미를 체인한 기쁨을 표출하였다.

이 시에는 자연물과 자신이 만물의 소종래인 '현묘한 기틀'과 연결되어 있다는 깨달음이 담겨 있다. 이와 관련하여 〈천기(天機)〉라는 작품을 함께 살펴보자. 하늘의 기미에 대한 깨달음을 노래한 〈천기〉의 마지막 시구는 다음과 같다. "바람 끝에 달이 환하게 빛나고, 비 온 뒤의 풀이 향기롭구나. 하나가 둘을 타고 있는 것을 보니, 사물과 사물은 서로를 의지하네. 현묘한 기미를 꿰뚫어 터득하고, 빈방에 앉아 있으니 빛이 나네."[1]

---

1 서경덕, 『화담문집』 권1, 〈天機〉, "風餘月揚明 雨後草芳菲 看來一乘兩 物物賴相依 透得玄機處 虛室坐生輝"

하늘은 천지자연이 운행하는 이치[天道]를 만물로 형상화하여 보여 준다. 그러나 하늘의 기미는 너무 광대하고 은미(隱微)하여 쉽게 알 수 없다. 다만 사물의 이치를 미루어 보면, 하늘의 도가 가까이에 있음을 알 수 있다. 인간 세상에서 벌어지는 갖가지 일이 천도의 변화나 대응과 크게 다르지 않기 때문이다. 봄에는 만물이 화창하고, 가을에는 위축된다. 바람 끝에 달이 빛나고, 비 온 뒤에 풀이 향기로운 것처럼 인간 세상의 일이 그러한 것이다. 그러므로 하늘의 기미를 깨달으면 앉아서도 천하를 알 수 있다.

이처럼 사물에 대한 관찰의 결과를 시로 드러낸 서경덕의 시는 '관물설리(觀物說理)의 시학'이라 할 수 있다. 서경덕은 소옹(邵雍, 1011~1077)이 확립한 설리시의 전통을 이어, 구체적 사물을 매개로 하여 그 이면의 이치를 노래하였다. 소옹은 『주역』의 상(象)과 수(數)를 풀이하여 우주와 만물을 설명하는 학문인 상수학에 조예가 깊었고, 철학뿐만 아니라, 자연·사회·인생의 이치 등 다양한 소재에 대한 인식의 결과를 시로 풀어 냈다. 소옹은 매우 직관적이고 주관적으로 사물을 바라보았다. 그는 '이치로서 사물을 본다[以理觀物]'라고 한 다음, 구체적으로 '사물로써 사물을 본다[以物觀物]'는 뜻을 부연하였다. 이것은 사물을 인식할 때 자신에게 갖추어져 있는 관념의 틀로 보는 것이 아니라, 사물에 갖추어져 있는 이치로써 사물을 보는 논리이다. 소옹의 관물론은 정호(程顥)·정이(程頤)를 거쳐 주희에 이르면 거경(居敬)과 궁리(窮理)의 두 방향으로 심화되었고, '거경'과 '궁리'는 성리학에서 성인이 되는 방법이다.

서경덕과 달리, 이언적은 관물을 통해 자신에게 내재한 이치를 확인하는 '관물찰기(觀物察己)'의 태도로 시를 형상화하였다. 관물찰기의 시적 표출은 자득의 즐거움을 노래하는 것이 아니다. 오히려 깊게 몰두하여 수양에 임하는 자세를 보여준다. '거경'과 '궁리'의 두 가지 방향 가운데 이언적은 '거경'을 택했는데, 이것은 자신의 마음을 바탕으로 만물의 이치를 궁구하는 방법이다.

이언적은 산문보다는 시를 중요시하면서, 물러나 자연에 묻혀 지내는 즐거움과 자연과 화합하는 흥취를 잘 갖추어 사림파 시의 본보기를 마련했다. 특히, (2)의 〈무위〉라는 시가 격조가 높다고 알려졌다. 이수광(李睟光, 1563~1628)은 『지봉유설(芝峯類說)』(권13, 〈동시(東詩)〉)에서 위의 시를 "말과 뜻이 매우 높아 시를 짓는 자들이 구구히 미칠 수 있는 바가 아니다."라고 평하였고, 송시열(宋時烈)은 "늙도록 이 구절을 애송하며 스스로 부끄러워한다."라고 술회하였다.

(2)의 시 〈무위(無爲)〉를 보자. 이 시는 이언적이 1535년 경주 독락당에 은거할 때 지은 「임거십오영(林居十五詠)」에 수록되었다. 「임거십오영」은 〈조춘(早春)〉, 〈모춘(暮春)〉, 〈초하(初夏)〉, 〈추성(秋聲)〉, 〈동초(冬初)〉, 〈민한(憫旱)〉, 〈희우(喜雨)〉, 〈감물(感物)〉, 〈무위(無爲)〉, 〈관물(觀物)〉, 〈계정(溪亭)〉, 〈독락(獨樂)〉, 〈관심(觀心)〉, 〈존양(存養)〉, 〈추규(秋葵)〉 등 15수로 구성된 연작시다. 조선 시대에 산림으로 물러난 학자의 시로 대표되며, '독락'을 즐기는 은자와 수양에 힘쓰는 학자의 모습을 형상화한 작품이다.

〈무위〉는 고도의 수양을 거친 이언적의 정신세계를 보여 준다. 천지 만물은 시시각각 변화하지만, 마음을 한곳에 집중시킨 나는 그저 한적하다. 한적은 고요한 마음을 즐기는 것이다. 고요한 마음을 즐기기 위해 아무런 일을 하지 않는 것이 아니라, 무작위의 침묵 속에서 우주 만물의 변화를 느끼며 자연과 하나가 되는 것이다. 청산을 마주하는 일이 즐거운 것은 어지러운 세상일에 마음이 휘둘리지 않고, 변화무상한 세상을 벗어나 '독락'할 수 있기 때문이다. 전통적인 성리학적 문학관에서는 도학이 깊어지면 시가 저절로 격이 높아진다고 보았는데, 〈무위〉가 대표적이라 할 수 있다.

〈생각해 보기〉

(1) 16세기 사림파는 도학정치를 실현하고자 했으나 실패했다. 그러나 기묘사화, 을사사화 이후에 다시 정계에 진출하여 선조(宣祖) 때에는 정계의 주도권을 장악하였다. 이에 사림파들은 기존의 노선과는 다른 사상적 접근이 필요했고, 이들은 철학에서 얻은 성과를 문학에 적용하는 논리를 갖추었다. 사장학(詞章學)과 달리 수식을 배제한 간결한 필치로 자연에서의 깨달음을 문학으로 표현한 '도학시(道學詩)'의 성립이 그것인데, 김종직을 시작으로 정여창, 서경덕, 이언적, 조식, 이황, 김인후, 송익필, 성혼, 이이의 시가 대표적이다. 이들의 작품을 찾아 읽고, 그 특징을 자유롭게 토론해 보자.

(2) 관물(觀物)은 사물을 본다는 뜻이다. 그러나 단순히 사물의 외면을 본다는 뜻이 아니라, 이치로 보는 것이다. 그렇다면 어떻게 보고, 무엇을 보아야 할 것인지 '본다'라는 의미를 이해하는 차원에서, 자신이 늘 보는 일상 속 사물을 대상으로 그것에 담긴 의미를 찾고 낯설게 다가서 보자.

(3) 서경덕은 개성을 대표하는 송도삼절(松都三絶)로 일컬어졌다. 허균(許筠)의 『성소부부고』 24권, 「성옹지소록(惺翁識小錄)」에는 "황진이가 서경덕에게 '송도(松都: 개성)에 삼절(三絶)이 있습니다. 박연폭포와 선생과 소인입니다.'라고 말했다."라는 기록이 전한다. 현재 서경덕은 영화 〈전우치〉(2009)에서 도술을 부리는 화담으로 그려지는가 하면, 드라마 〈황진이〉(2006)에서는 황진이와 마주하는 장면이 연출되었다. 반면에 동시대를 살았던 이언적은 영화나 연극 등의 현대 매체에 등장하는 경우가 거의 없다고 할 수 있다. 두 인물의 생애와 사상을 비교해 보며 그 이유를 살펴보고, '이언적'을 주제로 하는 콘텐츠를 만들어 보자.

참고문헌

· 박희병, 「서경덕의 철리시(哲理詩)」, 『한국의 생태사상』, 돌베개, 1999.
· 유호진, 「조선 중기 도학시(道學詩)와 생태학적 상상력」, 『동양한문학연구』 25, 동양한문학회, 2007.
· 이종묵, 「성리학적 사유의 형상화와 그 미적 특질」, 『한국 한시의 전통과 문예미』, 태학사, 2002.
· 이종묵, 「회재 이언적의 〈임거십오영〉과 그 반향」, 『한국한시학회』 26, 한국한시학회, 2018.
· 장도규, 「이언적의 시에 나타난 낙천(樂天)과 무위(無爲) 일고」, 『한국사상과 문화』 69, 한국사상문화학회, 2013.

김선영

33

조식의 민암부
民巖賦

1. 창작 배경

남명(南冥) 조식(曺植, 1501~1572)은 퇴계(退溪) 이황(李滉, 1501~1570)과 함께 영남 학파의 양대 산맥으로 일컬어진다. 그의 생애는 '수학기(1~25세) → 모색기(26~45세) → 정립기(46~60세) → 온축기(61~72세)'로 구분할 수 있다. 수학기에는 현실에 소용되는 모든 것을 배우려는 박학적 학문 태도를 보였고, 모색기에는 현실의 부조리를 인식하고 과거를 포기하며 가치 있는 삶을 찾고자 하였다. 정립기에는 초야에서 강력한 비판 정신을 구축하였으며, 온축기에는 실천을 강조하며 자신의 현실주의적 세계관을 후세에 전하기 위해 노력하였다.

조식이 살았던 16세기 조선의 역사적 현실은 사화가 거듭 일어나 현인들이 목숨을 잃었고, 남북에서 이민족이 끊임없이 침입하였으며, 잦은 부역과 공물이 천재지변과 겹치면서 민중들은 유리(流離)하게 되었고 침탈에 견디지 못한 민중은 저항하기도 하였다. 이 같은 상황임에도 불구하고 학자들은 형이상학적 이론 위주의 학문에만 골몰하였다. 여기에 심각한 문제를 제기하며 조식은 그의 출처 의식을 굳건히 하였다. 이것은 조식이 당대의 현실을 예리하게 주시하고 있었다는 것을 의미하는 것인바, 그의 뛰어난 현실 인식 능력에 기인한 것이었음은 물론이다.

2. 원문 읽기

유월 즈음 장마철, 염예퇴(灩澦堆)[1]가 말처럼 우뚝하여 올라갈 수도 없고 내려갈 수도 없네. 아아! 험함이 이보다 더한 곳은 없도다. 배가 여기에 따라 나아가기도 하고 이 때문에 엎어지기도 한다네.

백성이 물과 같다는 말은 예로부터 있어 왔으니[2] 백성은 임금을 받들기도 하지만 백성이 나라를 엎기도 하는 것을!

내 진실로 안다네. 눈으로 볼 수 있는 물은 험함이 밖으로 나타나 있어 만만하게 보기 어렵지만, 눈으로 볼 수 없는 마음은 험함이 안으로 감추어져 있어 만만하게 보기 쉽다는 것을. 걸어 다니기가 평지보다 더 평탄한 곳이 없지만 맨발로 다니면서 살피지 않다가 발을 다치고, 거처함이 이부자리보다 더 편안한 곳이 없지만 바늘을 겁내지 않다가 눈을 다친다네.

재앙은 실로 소홀한 데서 생기나니 험한 바위가 계곡에만 있는 것은 아니라네. 원한이 마음속에 있을 때에는 한 사람의 생각이라 몹시 적고, 필부(匹婦)가 하늘에 호소해도 한 사람일 적엔 아주 보잘것없다네.

그러나 저 밝은 감응이 다른 데 있는 것이 아니라, 하늘의 보고 들으심이 바로 이 백성에게 있다네. 하늘은 백성이 하고자 하는 것은 반드시 들어주시니 참으로 부모가 자식을 돌보는 것과 같다네. 한 사람의 원한, 한 아낙의 하소연이 처음에야 비록 보잘것없지만, 마침내 거룩하신 상제(上帝)께서 갚아 주시나니, 그 누가 감히 우리 상제를 대적하리오.

---

1 염예퇴(灩澦堆): 구당협(瞿塘峽)은 중국 사천성(四川省) 양자강(揚子江) 삼협(三峽) 가운데 하나로 물살이 몹시 거센 곳이다. 여기에 '염예퇴'라는 거대한 바위가 있어 말처럼 생겼다고 한다. 이 바위는 겨울철에 강물이 줄어들면 수백 자나 우뚝하게 드러나고 여름에 강물이 불어나면 수십 자나 물에 잠기는데, 바위 주변은 맹렬한 소용돌이가 있어 배로 지나가기가 매우 어렵다. 이 바위에는 '對我來[나를 마주 보고 오라]'라는 글자가 있어, 바위를 피해 가려고 하면 급한 소용돌이에 말려 배가 전복된다고 한다. 지금은 중국 정부에 의해 폭파되어 사라지고 없다.

2 백성이……왔으니: 『순자(荀子)』 「왕제(王制)」에, "임금은 배이고 백성은 물이다. 물은 배를 띄우기도 하고 배를 엎기도 한다."라고 했고, 『서경(書經)』 「소고(召誥)」 소씨주(蘇氏註)에, "백성은 물과 같다. 물은 배를 실을 수도 있지만 또한 배를 엎을 수도 있다. 세상에 백성보다 더 암험(巖險)한 것은 없다."라고 했다.

실로 하늘이 내린 험함은 건너기가 어렵도다. 하늘이 만고(萬古)에 걸쳐 험함을 베풀어 두었건만 얼마나 많은 제왕이 이를 예사로 보았던고. 걸(桀)과 주(紂)가 탕(湯)과 무(武)에게 망한 것[3]이 아니라 바로 보잘것없는 백성의 마음을 얻지 못했기 때문이었네. 한(漢)나라의 유방(劉邦)[4]은 보잘것없는 백성이었고, 진(秦)나라의 호해(胡亥)[5]는 대단한 임금이었지만 필부(匹夫)로서 천자(天子)를 바꾸었으니, 이처럼 큰 권한은 어디에 있었던고? 다만 우리 백성의 손에 달려 있나니, 겁내지 않아도 될 듯하지만 몹시 겁낼 만한 것이라네.

아아! 촉산(蜀山)[6]의 험함이 어찌 임금을 넘어뜨리고 나라를 엎을 수 있으리. 그 험함의 근원을 찾아보면 진실로 임금 한 사람에게서 벗어나지 않는다네. 한 사람의 선량하지 않음에 따라 여기서 위험이 가장 큰 원인이 된다네.

궁실(宮室)이 넓고 큼은 암험(巖險)함의 시작이요, 여알(女謁)[7]이 성행함은 암험의 계단이요, 세금을 기준 없이 거두어들이는 것은 암험함을 쌓음이요, 도에 넘치는 사치는 암험함을 일으켜 세우는 것이요, 부극(掊克)[8]이 자리를 차지함은 암험으로 치닫는 길이요, 형벌(刑罰)을 마음대로 자행(恣行)함은 암험을 돌이킬 수

3 걸(桀)과……것: 걸은 하(夏)나라의 마지막 임금. 주는 은(殷)나라의 마지막 임금이다. 모두 극도로 포악했으므로 포악한 임금의 대명사가 되었다. 『맹자』「양혜왕편(梁惠王篇)」 하(下)에 보이듯이, 은나라의 탕임금은 하나라의 걸(桀)을 추방하고, 주나라의 무왕은 은의 주(紂)를 토벌하였다. 조식은 걸주가 탕무에게 토벌당한 것은 백성에게 신임을 얻지 못했기 때문인데, 천명(天命)에 의한 것이라 보았다.

4 유방(劉邦): 기원전 247(?)~기원전 195. 중국 전한의 고조(高祖: 재위, 기원전 206~기원전 195). 장쑤성[江蘇省]의 농민 출신으로, 진나라 말의 혼란 시기에 일어난 '진승의 난'에 군사를 일으켜 항우의 군대와 한때 연합하였으나 곧 갈라져 나와 서쪽으로 진격하여 진나라의 수도 함양을 점령하고 진의 3세 황제를 항복시켰다. 뒤늦게 함양에 쳐들어온 항우와 대립하여 4년 동안 싸운 뒤에 이겨 기원전 202년에 전한의 황제가 되었다.

5 호해(胡亥): 기원전 230~기원전 207. 중국 진(秦)의 제2대 황제로서 이세황제(二世皇帝)라고 한다. 재위 기간은 기원전 210년~기원전 207년이다. 대규모 토목사업을 벌이고 환관(宦官) 조고(趙高)의 전횡을 방임하여 민심을 잃었으며 진(秦)을 멸망의 길로 몰아넣었다.

6 촉산(蜀山): 중국 사천(四川) 지방의 험한 산악을 범칭한 것이다. 이백(李白)은 〈촉도난(蜀道難)〉에서, "아! 험하고도 높구나. 촉도의 험난함이여, 하늘 오르기보다 어렵구나."라고 한 바 있다.

7 여알(女謁): 궁중의 여인에게 청탁하여 임금을 뵙고 자신의 뜻을 이루는 것을 일컫는 말로, 정상적인 경로가 아니었으므로 뇌물이 오가는 등 정치 기강을 해치는 경우가 많았다. 임금의 총애를 틈타 비빈(妃嬪)이나 궁녀(宮女)가 정치에 참여하는 것을 말하기도 한다.

8 부극(掊克): 원래 세금을 거두는 관리를 뜻하였는데, 전하여 권세를 빌미로 하여 세금 따위를 가혹하게 거두거나 강제로 빼앗는 지방관을 뜻한다. 또한 그러한 일로 백성들을 해치는 것을 비유하기도 한다.

없게 하는 것이라네.

비록 그 암험함이 백성에게 있다지만 어찌 임금의 덕에 따른 것이 아니겠는가. 물은 하해(河海)보다 더 큰 것이 없지만 큰바람이 일어나지 않으면 고요하고, 암험함이 민심보다 더 위태로운 것이 없지만 포악한 임금이 아니라면 다 같은 동포인 것을! 동포를 원수로 생각하니 누가 그렇게 하도록 하였는가.

남산(南山)이 저렇듯 우뚝하지만 돌이 험하게 붙어 있고,[9] 태산이 저렇듯 험준하지만 노(魯)나라 사람이 우러러본다네.[10] 그 암험함도 마찬가지이지만 편안함과 위태로움은 서로 다르도다. 나로 말미암아 편안하기도 하고 나로 말미암아 위태롭기도 하다네. 백성을 암험하다 말하지 말라! 백성은 암험하지 않느니.

六月之交 灩澦如馬 不可上也 不可下也 吁嘻哉 險莫過焉 舟以是行 亦以是覆 民猶水也 古有說也 民則戴君 民則覆國 吾固知可見者水也 險在外者難狎 所不可見者心也 險在內者易褻 履莫夷於平地 跣不視而傷足 處莫安於袵席 尖不畏而觸目 禍實由於所忽 巖不作於谿谷 怨毒在中 一念甚銳 匹婦呼天 一人甚細 然昭格之無他 天視聽之在此 民所欲而必從 寔父母之於子 始雖微於一念 一婦終責報於皇皇上帝 其誰敢敵我上帝 實天險之難濟 亘萬古而設險 幾帝王之泄泄 桀紂非亡於湯武 乃不得於丘民 漢劉季爲小民 秦二世爲大君 以匹夫而易萬乘 是大權之何 只在乎吾民之手兮 不可畏者甚可畏也 嘻噓哉 蜀山之險 安得以僨君覆國也哉 究厥巖之所自 亶不外乎一人 由一人之不良 危於是而甲仍 宮室廣大 巖之輿也 女謁盛行 巖之階也 稅斂無藝 巖之積也 奢侈無度 巖之立也 掊克在位 巖之道也 刑戮恣行 巖之固也 縱厥巖之在民 何莫由於君德 水莫險於河海 非大風則妥帖

---

9 남산(南山)이……있고: 『시경(詩經)』 〈절남산(節南山)〉에서, '절피남산 유석암암(節彼南山 維石巖巖)'이라 하였다. 이 시는 임금이 태사(太師) 윤씨(尹氏)를 등용하여 나라를 어지럽게 한 것을 풍자한 것이다. 우뚝한 남산의 험한 바위는 백성의 암험함을 상징한 것인데, 조식은 이것을 염두에 두고 인용하였다.

10 태산이……우러러본다네: 『시경(詩經)』 〈비궁(閟宮)〉의 "태산암암 노방소첨(泰山巖巖 魯邦所瞻)"을 그대로 인용하였다. 노(魯)나라가 주공(周公)의 성덕(聖德)에 힘입어 나라를 잘 다스렸으므로 백성들이 험준하게 솟아 있는 태산을 보면서 임금을 그 태산처럼 우러러본다는 의미로 인용하고 있다.

險莫危於民心 非暴君則同胞 以同胞爲敵讎 庸誰使而然乎 南山節節 唯石巖巖 泰山巖巖 魯邦所詹 其巖一也 安危則異 自我安之 自我危爾 莫曰民巖 民不巖矣

출전: 『남명집(南冥集)』 권1, 〈민암부(民巖賦)〉

3. 작품 감상

〈민암부(民巖賦)〉는 조식의 대표작으로, 1534년(중종 29)에 과시(科試)에 응시해서 지은 것으로 보인다. 이때 문과 시험이 있어 조식이 참여하였고, 과제가 〈민암부〉였기 때문이다. '민암'은 '거대한 백성의 힘'을 뜻하는 것으로, 주(周)나라의 소공(召公)이 성왕(成王)을 경계한 내용인 『서경(書經)』「소고(召誥)」에, "백성의 암험함을 돌아보아 두려워하소서.[顧畏于民碞]"라고 한 것에서 출발한다. 〈민암부〉의 '암' 자가 판본에 따라 '嵒', '嵓'으로 되어 있고, 『서경』에는 '碞'으로 되어 있다. 모두 '巖'의 이체자이다.

이 작품은 천명 사상(天命思想)이 근간을 이룬다. 인간이 여타의 동물과 다른 점은 천명을 자각할 수 있다는 것이다. 그러나 천명은 그 성격이 단순한 것이 아니다. 천명은 '천(天)'과 '명(命)'으로 나누어서 이해할 필요가 있다. '천'을 존재라고 한다면 '명'은 존재의 구체적 표현이며 모습이다. 즉, 전자는 체(體)이며 후자는 용(用)이다. 이처럼 '천'과 '명'은 서로 밀접한 관계를 이루며 독특한 의미체계를 형성해 왔는데 '천'만으로 천명을 일컫기도 하고, '명'만으로 천명을 일컫기도 했다. 이것은 존재 본질에 대한 인식이기도 하고 존재의 구체적 모습이기도 하기 때문에 그러할 수 있었다.

천명은 상고 시대부터 치자들에 의해 다양하게 인식되어 왔다. 원시 신앙을 갖고 있었던 상대에서는 신의 명령 정도로, 하(夏)·은(殷)·주(周) 삼대에는 생성과 통치의 양대 기능을 갖는 천(天)·제(帝)의 직무 명령으로, 공자 이후에는 부명(賦命)에 근거한 윤리적 운명(運命)이나 사명(使命)으로 이해되었다. 그러니까 천명은 경천(敬天)이나 외천(畏天) 사상과 결합되어 의지와 인격의 의미가 포함된 것이라 하겠다. 송대에 와서 '태극'이나 '이(理)'의 의미로 방향이 전환되지만, 조식은 선진 시대(先秦時代)의 천명 이해 방식에 의거하여 〈민암부〉를 창작하였다. 천명 사상을 도식으로 나타내면 다음과 같다.

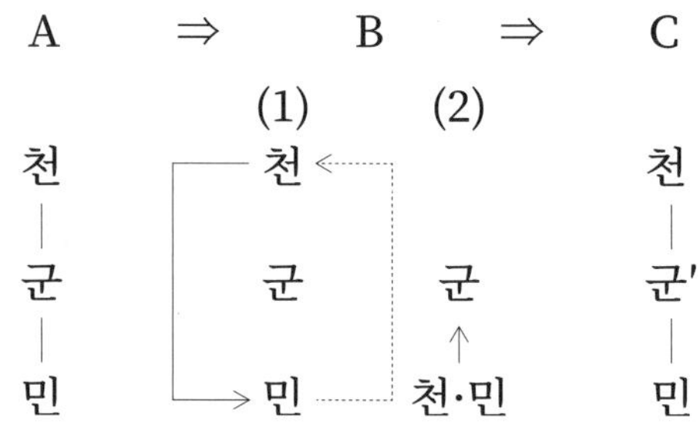

A는 군이 천의 명을 받아 민을 보살피는 이상적인 현실이다. 그러나 천이 명하는 것을 군이 제대로 수행하지 못할 경우 사정은 달라진다. B는 A의 현실에 부조리가 발생하여 새로운 이상을 위하여 운동하는 현실로, (1)처럼 민은 군으로부터 받는 고통을 천에게 호소하고, 천은 군에게서 떠나 민에게로 그 뜻을 옮기게 된다. 급기야 B의 (2)에서와 같이 천의 명으로 민이 군을 공격하게 되고 이러한 과정에서 군은 몰락하게 된다. C는 무도한 군이 몰락하고 천의 명을 제대로 수행하는 덕망 있는 군(군′)을 새로이 세워 다시 이상적인 형태로 개편된 현실이다. 이것은 각각 이상적 현실(A), 운동하는 현실(B), 개편된 현실(C)이라 할 수 있을 것이다.

조식은 천명 사상에 입각하여 〈민암부〉를 지었는데, '천·군·민'의 관계를 우선 설정하였다. 군과 민의 관계는 조건 관계로 보았다. '민은 물과 같다'는 『순자(荀子)』의 말을 인용하면서 군을 배에, 민을 물에 비유하여, 물이 배를 띄울 수도 있고 전복시킬 수도 있듯이 민이 왕권을 유지시킬 수도 있고 왕권을 교체시킬 수도 있다고 하였기 때문이다. 천과 민의 관계는 무조건적 관계로 보았다. 군이 민을 함부로 다루면 민은 천에게 자신의 고통을 호소하고, 급기야 부모인 천은 자식인 민의 호소를 받아들여 군을 징계한다고 하였기 때문이다.

여기서 주목할 사실은 조식이 '민암'과 '천험'을 동일시하고 있다는 사실이다. 이는 조식이 민은 곧 천이라는 민본 사상의 핵심에 도달하고 있음을 보여 주는 것이다. 조식은 천험, 곧 민암을 실증시키기 위하여 탕무(湯武)와 유방(劉邦)을 예로 들기도 했다. 조식은 민의 험함이 생기는 원인을 여섯 가지로 들고 있는데, 모든 원인은 군 하나에서 벗어나지 않는다고 했다. 여섯 가지는 군주의 고대광실, 여알(女謁)의 성행, 가혹한 세금, 심한 사치, 혹리(酷吏)의 등용, 형벌의 자행 등이다. 사태가 이러할 때 민은 자신의 곤혹한 처지를 천에게 호소하고, 천은 드디어 군에의 명령을 거두어들이고 민과 합심하여 군을 바꾼다는 것이다. 혁명(革命)이 일어나게 되는 것이다.

조식은 〈을묘사직소〉에서 군의 실정을 이렇게 비판했다. "전하의 나랏일은 이미 잘못되었습니다. 나라의 근본이 이미 망해 가고, 하늘의 뜻이 벌써 떠났으며, 민심도 이미 흩어졌습니다. 비유컨대 백 년 된 큰 나무가 속은 벌레가 다 파먹고 진액도 다 말랐는데 망연히 회오리바람과 사나운 비가 또 언제 닥쳐올지를 알지 못하게 된 지가 오래인 것과 같습니다."라고 한 것이 그것이다. 천의 뜻이 이미 군을 떠났고 민심도 흩어져 버렸다고 했으니, 혁명의 도래를 코앞에 둔 것이다. 또한 같은 글에서 천재는 천백 가지이며 민심은 억만 갈래로 흩어져 더 이상 수습할 방도가 없음을 지적하기도 했다.

〈민암부〉를 위의 도식과 결부시켜 이해하면 천명 사상의 성격이 보다 뚜렷해진다. 조식이 당대의 부조리한 역사적 환경을 직시하고, B의 (1)과 (2), 즉 민의 어려움을 천에게 호소하고 천은 거기에 따라 군에게서 떠나 명을 민에게로 전이시켜 급기야 민이 천명으로 군을 전복시킬 수 있다는 사실을 지적하고 있기 때문이다. 이것은 15세기부터 야기된 사대부 정치의 모순을 조식이 예리하게 인식하고 있었기 때문이다. 그러나 그 또한 객관적 관념론인 신유학에 바탕한 사유체계를 갖고 있었으므로 앞의 도식 A, 즉 이상적 현실을 회복하려는 데 적극적이었고, C, 즉 개편된 현실 제시는 상대적으로 소극적이었다. 부조리한 사회에 대항하여 C의 현실로 이행할 수 있다는 B, 즉 운동하는 현실을 제시하며 경고하는 데 그치고 말았던 것이다. 이것은 조식의 현실 인식의 성과이자 한계이다.

〈생각해 보기〉

(1) 천명 사상은 선진 시대와 송대가 서로 다르다. 송대 성리학자들은 도가나 불가 등의 철학과 적극적인 논쟁을 벌여 가며 내적 심성의 문제를 천과 결부시켜 이해하려 했기 때문이다. 이들 서로 다른 천명 사상이 문학적으로 어떻게 형상화되는지를 구체적인 작품을 들어 제시해 보자.

(2) 조식의 천명 사상은 그의 문학을 지배하는 중요한 원리이다. 이러한 점을 염두에 두면서 천명 사상이 조식의 다른 작품, 특히 상소문 등에는 어떻게 나타나고 있는지를 토의해 보자.

(3) 조식의 〈민암부〉와 허균의 〈호민론〉이 어떻게 같고 다른지를 생각해 보자. 아울러 이들이 지닌 현실 인식과 그 대응의 차이점을 들고, 그 성과와 한계를 우리 시대의 문제로 환치하여 이야기해 보자.

참고문헌

· 정우락, 『남명 문학의 철학적 접근』, 박이정, 1998.
· 정우락, 『남명학의 생성 공간: 용처럼 나타나고 우레처럼 소리쳐라』, 역락, 2014.
· 허권수, 『조선의 유학자, 조식』, 뜻있는도서출판, 2022.
· 이상필, 「남명의 「民巖賦」에 대하여」, 『한문학논집』 8, 근역한문학회, 1990.
· 정우락, 「天命問題와 관련한 南冥의 現實主義的 世界觀」, 『남명학연구』 3, 경상대학교 경남문화연구원, 1993.
· 최석기, 「남명학의 연원과 본질」, 『남명학연구』 53, 경상대학교 경남문화연구원, 2017.

정우락

34

정사룡·노수신·황정욱의 한시

1. 창작 배경

16세기를 전후로 조선의 문풍(文風)은 전환기를 맞이하게 되었다. 국초(國初)부터 이어진 훈구파(勳舊派)와 사림파(士林派)의 대립은 사화(士禍)로 인해 훈구파가 득세하며 막을 내리는 듯했으나, 재야에서 사림파의 세력이 확대되면서 16세기를 전후로 도학(道學)을 바탕으로 한 사림파가 집권세력으로 등장하였다. 이와 함께 기본적으로 훈구파 역시 도학을 존숭하였으므로 국초부터 조선 중기까지 조선의 문풍은 사변적·관념적인 송시풍(宋詩風)이 존중되었다. 그러나 선조조(宣祖朝)에 이르러 도학을 바탕으로 한 학풍이 점차 관념적인 성격을 띠며 현실과 유리되자 학문의 방향에 대한 반성이 제기되었고 문학의 변화도 함께 초래되었다. 성리학의 영향을 많이 받은 송시(宋詩)가 이치를 밝히는 데 매몰되어 개인의 일상에서 철학적이고 논리적인 문장을 지향하자, 음악성이 풍부하며 기교를 잘 활용한 미문(美文)을 추구하는 당시(唐詩)가 등장한 것이다.

이러한 시대적 배경 속에서 활동한 문인들 가운데 훈구파(勳舊派) 문인들이 특별히 문학적 성과를 보였는데, 대표적인 인물이 호음(湖陰) 정사룡(鄭士龍, 1491~1570), 소재(穌齋) 노수신(盧守愼, 1515~1590), 지천(芝川) 황정욱(黃廷彧, 1532~1607) 등이다.

정사룡은 자가 운경(雲卿), 호가 호음(湖陰), 본관은 동래(東萊)이다. 1509년(중종 4) 문과에 급제한 이후 타고난 문재(文才)를 바탕으로 여러 관직을 역임하였다.

당대를 대표하는 문장가로서, 중국에 사신으로 가서 능력을 발휘하며 『조천록(朝天錄)』을 남기기도 하였다.

노수신은 자가 과회(寡悔), 호가 소재(蘇齋)·이재(伊齋)·암실(暗室)·여봉노인(茹峰老人)이며, 본관은 광산(光山)이다. 성품이 영특하고 명민하며 퇴계(退溪) 이황(李滉, 1501~1570)과 학문적 교류를 하는 등 명망이 컸다. 그러나 1545년에 일어난 을사사화(乙巳士禍)로 인해 파직당하고, 권신들의 지속적인 견제로 약 21년 동안 유배생활을 하였다. 그는 오랜 유배생활을 하면서 다양한 학문적 성과를 이루었으며, 현재 전하는 문학 작품의 대다수도 유배기에 지어진 것이다.

황정욱은 자가 경문(景文)이며, 호가 지천(芝川), 본관은 장수(長水)이다. 그는 당대 문사로 뽑혀 명(明)나라에 가서 태조(太祖) 이성계(李成桂, 1392~1398)에 대한 기록을 정정할 만큼 능력이 뛰어났으며, 특히 선조(宣祖)가 그의 문장을 좋아하여 총애를 받았다. 노수신 역시 황정욱의 문장을 좋아하여 황정욱이 대제학(大提學)에 오를 수 있도록 추천하기도 하였다.

2. 원문 읽기

(1) 안개 낀 모래톱 넓고 넓어 끝이 없고	煙沙浩浩望無邊
천길 누대에 임하니 깊은 물을 헤아릴 수 없구나	千仞臺臨不測淵
산과 나무가 함께 우니 바람이 홀연 일어나고	山木俱鳴風乍起
강물 소리는 문득 거세지는데 달이 홀로 걸려 있네	江聲忽厲月孤懸
평생의 쓸쓸함 누구를 알아 의지할까	平生牢落知誰藉
늘그막에 머뭇거리니 다만 절로 가련하네	投老迍邅只自憐
궁포(宮袍)를 걸치고[1] 배 띄워 떠나가	擬着宮袍放舟去
고래를 탄 사람을 멀리 하늘에 물어보네[2]	騎鯨人遠問高天

출전: 『호음잡고(湖陰雜稿)』 권3, 「의춘잡록(宜春雜錄)」, 〈후대야좌(後臺夜坐)〉 2수 중 제2수

1 궁포(宮袍)를 걸치고: 궁포는 궁에서 입는 도포로, 작품을 짓는 당시 정사룡이 관직에 머무르고 있었음을 추측할 수 있다.

(2) 16일 초가을 밤에	二八初秋夜
삼천리 약수(弱水)[3] 앞에 있네	三千弱水前
태평한 때에 누각이 좋은데[4]	昇平好樓閣
우주에는 신선(神仙)이 얼마나 되는가	宇宙幾神仙
굽은 난간에 맑은 바람이 지나가고	曲檻淸風度
높고 먼 하늘에는 밝은 달이 걸려 있네	長空素月懸
초연히 길게 휘파람을 부니	愀然發大嘯
외로운 학이 너울너울 지나는구나	孤鶴過蹁躚

출전: 『소재집(穌齋集)』 권1, 「시(詩)」, 〈십육야환선정이수차운(十六夜喚仙亭二首次韻)〉 2수 중 제2수

(3) 봄날이 저물어 가는데 병으로 더디게 일어나니	春事闌珊病起遲
꾀꼬리 울고 제비 재잘거려도 오래도록 시를 못 지었네	鶯啼燕語久逋詩
한 편의 뼈를 바꾸고 태를 벗은 것이 오니[5]	一篇換骨奪胎去
향을 피우고 손을 씻고 세 번 반복하여 읽었다네[6]	三復焚香盥手時
하늘은 이 늙은이를 오래도록 자유롭게 해 주었는데	天欲此翁長漫浪
나는 세로(世路) 좇느라 짐짓 고개를 숙였네	人從世路故低垂
은산의 소나무와 계수나무, 지천의 물이	銀山松桂芝川水

---

2 고래를……물어보네: 고래를 탄 사람이란 이백(李白)을 가리킨다. 전설에 의하면 이백은 채석강(采石江)에서 뱃놀이를 하다가 술에 취한 상태로 물 속의 달을 잡으려다 죽음을 맞이한다. 이 죽음을 두고 후대에 송(宋)나라 사람 마존(馬存)이 〈연사정(燕思亭)〉에 "이백이 고래를 타고 하늘로 날아올랐다.[李白騎鯨飛上天]"라고 하였다.

3 삼천리 약수(弱水): 약수는 서해(西海) 가운데 위치한 선경(仙境)인 봉린주(鳳麟洲)를 둘러싸고 있다는 강이다. 여기서는 남해(南海)를 빗대서 한 말이다. 각주 내용은 한국고전번역원의 한국고전종합DB를 참고하여 수정하였다.

4 태평한……좋은데: 승평(昇平)은 전라남도 순천의 옛 지명이다. 노수신은 1547년 순천으로 유배된 바 있다.

5 한 편의……오니: 환골탈태(換骨奪胎), 즉 사람의 용모가 알아보지 못할 정도로 아름답게 변함 혹은 고인(古人) 혹은 타인(他人)의 글을 본받으면서도 새로운 것을 창작해 내는 것을 의미한다. 여기서는 윤두수가 보낸 시가 마치 허물을 벗어 신선이 된 것처럼 뛰어나다는 것을 표현한 것이다.

6 향을……읽었다네: 향을 피우고 손을 씻는다는 것은, 훌륭한 글이나 상소문을 읽을 때 경의를 표함을 이른다. 당(唐)나라 선종(宣宗)이 규간(規諫)을 듣기를 좋아하였는데, 대신들이 상소할 때 향을 피우고 손을 씻고서 그것을 읽었다고 한다. 각주 내용은 한국고전번역원의 한국고전종합DB를 참고하여 수정하였다.

응당 비웃겠지, 나의 행동이 또한 때를 놓쳤다고 應笑吾行又失期

출전: 『지천집(芝川集)』 권2, 「칠언율시(七言律詩)」, 〈차기윤자앙(次寄尹子仰)〉

3. 작품 감상

우리나라 한시는 고려 중기 소식(蘇軾)을 중심으로 한 송시(宋詩)가 수용된 이래 16세기에 이르기까지 송시가 주도적인 흐름을 장식했다. 이는 기본적으로 우리나라가 송대 성리학을 근간으로 하였기 때문에, 자연스럽게 송대 문인들을 답습하였던 것이라 할 수 있다. 그러나 조선 중기에 이르면 송시풍의 영향을 받으면서도 점차 황정견(黃庭堅), 진사도(陳師道)의 문장을 배우며 당시(唐詩)를 구사하려는 움직임이 일어난다. 대표적인 인물이 정사룡, 노수신, 황정욱이다. 이들은 강서시파(江西詩派)인 황정견, 진사도의 문학을 추종하였을 뿐 아니라, 두보(杜甫)시를 모범으로 하였으며, 주제적인 측면에서 현실에 대한 비판보다는 인생과 자아에 대한 성찰이 주를 이루었고, 나아가 일상적 삶을 많이 노래한 점이 특징이라 할 수 있다. 이러한 특징으로 말미암아 후대에는 이들을 해동강서시파(海東江西詩派)라 이름하였다.

(1)은 정사룡의 작품으로, 후대 사람들이 표현의 아름다움을 칭찬하며 오래 회자한 작품이다. 이 작품에서 정사룡은 밤중에 높은 누대에 올라 자신이 느낀 외로움과 쓸쓸함을 표현하였다. 특히, 자신의 감정을 시적으로 잘 표현한 점이 주목되는데, '산과 나무가 함께 우니 바람이 홀연 일어나고, 강물 소리는 문득 거세지는데 달이 홀로 걸려 있네.[山木俱鳴風乍起江聲忽厲月孤懸]'라는 구절이 그러하다. 이 구절은 이후 후대 사람들의 시화(詩話)를 통해 절묘하고 아름다운 표현이라 평가받으며 회자된다. 결국 1구부터 4구까지 정사룡은 외부에 놓인 누대나 자연물을 관찰하고 표현함에 있어서 안개 낀 드넓은 모래톱, 깊은 물, 갑작스러운 바람, 거센 강물 소리, 밝은 달 등의 소재를 통해 자신의 처지를 문학적으로 표현하고 있는 것이라 하겠다. 이어서 정사룡은 하늘에게 이백(李白)의 안부를 물어보겠다고 하였다. 이백은 문재(文才)가 뛰어났으며 정치적 포부를 가지고 관료

가 되었으나 그 뜻이 좌절되어 방랑하는 삶을 살았던 인물이다. 정사룡의 경우 권세 있는 가문의 사람으로 관직에 나아가 여러 역할을 수행하였지만, 정치적으로 부침(浮沈)을 경험했던 인물이기도 하다. 즉, 정사룡은 오랜 관료 생활을 하며 느끼는 염증, 평생을 돌아보며 느낀 외로움 등이 말년의 이백이 느낀 감정과 비슷하다고 여겼던 것이다.

(2)는 노수신이 유배생활 중에 지은 작품이다. 이는 작품의 제목에 등장하는 환선정(喚仙亭)이 순천(順天)의 대표적인 명승지라는 사실을 통해 알 수 있다. 노수신은 진도(珍島)에서 19년의 유배생활을 하였는데, 진도에 가기 전에 먼저 순천(順天)에 유배된 바 있다. 이 작품에서 노수신은 친구들과 함께 환선정에 올라 바라본 아름다운 가을밤 풍경을 표현하였다. 특히 이 작품에서 그는 누정을 둘러싸고 있는 물줄기를 약수(弱水)라 하여 자신이 머물고 있는 누정을 신선계(神仙界)에 빗대고 있을 뿐 아니라, 자신과 친구들을 신선(神仙)이라 표현함으로써 속세(俗世)로부터 초탈한 모습을 그려 내고 있다. 하늘에는 밝은 달이 떠 있고 고요한 누정을 한 마리 학이 지나가는 모습, 이슬이 내리는 잔잔한 바다를 마주하고 있는 모습은 속세와는 거리가 먼 것으로, 노수신이 상상하는 신선계의 모습일 것이다. 그리고는 현재 자신이 누리고 있는 신선의 경험을 놓치고 싶지 않아 기꺼이 말을 잊고 즐기려는 의지를 표현하며 끝을 맺는다. 즉, 노수신은 이 시를 통해 친구들과의 누정 유람이 신선의 놀음에 버금가는 것이었음을 표현하려 했던 것이라 하겠다.

(3)은 황정욱이 노년에 느낀 시 창작의 어려움을 토로한 작품이다. 이 작품에서 황정욱은 오음(梧陰) 윤두수(尹斗壽, 1533~1601)로부터 받은 시를 보고 매우 감탄하며, 이와 대조적인 자신의 상황을 표현하였다. 그는 자신이 병으로 인해 그동안 답시를 보내지 못한 사정을 설명한 후, 윤두수의 시를 칭송하였다. 특히 윤두수를 향한 칭송은 향을 피우고 손을 씻는 등 매우 공경한 자세로 시를 반복하여 읽었다는 표현을 통해 더욱 강조되고 있다. 그 후 황정욱은 자유롭게 살아가는 윤두수[此翁]와 고개를 숙인 채 인순고식하며 살아가는 자신[人]을 비교하였는데, 이 역시 윤두수의 뛰어난 재능에 대한 칭송으로 이해된다. 이어서 윤두수를

향한 부러움과 자신을 향한 한탄은 작품 말미에 이르러 극대화되는데, 자연물이 자신을 비웃는다는 표현이 그것이다. 이는 자연물을 빌려 자신의 감정을 드러낸 것으로, 작시의 어려움으로 인해 윤두수에게 제시간에 답시를 보내지 못한 자신을 부끄럽게 여긴 표현으로 이해할 수 있겠다.

위 작품들에서 알 수 있듯이, 이들은 자신이 처해 있는 상황과 감정을 문학적으로 잘 표현해 냈다. 이는 전대 문인들과 유사하면서도 변별되는 모습을 잘 보여 준 것으로, 송시에서 당시로의 전환기에 이루어진 작품의 전형을 보여 준다고 할 수 있다. 이에 대해 교산(蛟山) 허균(許筠, 1569~1618)은 「성수시화(惺叟詩話)」에서 정사룡, 노수신, 황정욱이 우리나라 시를 크게 빛내고 갖춘 인물이라 평가하기도 하였다. 이러한 문학적 특징은 후대에도 이어져 이달(李達, 1539~1612), 백광훈(白光勳, 1537~1582), 최경창(崔慶昌, 1539~1583) 이른바 삼당시인(三唐詩人)의 등장에 영향을 끼친다는 점에서 중요한 의미를 지닌다고 할 수 있을 것이다.

〈생각해 보기〉

(1) 고려 중기부터 조선 초·중기까지 송시풍의 영향이 커질 수밖에 없었던 배경을 이해하며, 점차 위의 세 인물처럼 당시풍으로의 전환을 꾀한 문인들이 등장한 이유는 무엇일지 생각해 보자.

(2) 정사룡, 노수신, 황정욱은 모두 관료로서 문장에 탁월한 재능을 지녔던 인물이다. 이들은 뛰어난 문재를 바탕으로 관직에 나아갔으나 정치적으로 부침을 경험하게 되었다. 이러한 경험은 이들이 자유롭게 자신의 감정을 표현할 수 있는 문학을 창작하는 토대로 작동했을 것이라 추측된다. 위에 소개한 작품을 중심으로 세 작품의 공통점에 대해 자유롭게 이야기해 보자.

(3) 위에 제시한 세 작품은 모두 작가가 자신이 처한 상황을 잘 묘사하고 있다. 작가에 대해 더 조사해 보고 세 작품 가운데 자신의 마음에 와 닿는 작품 하나를 선정하여, 작가가 처한 상황, 감정 등을 짧게 서술하여 보자.

참고문헌

· 김종서, 「지천 황정욱의 삶과 시」, 『한국한시연구』 20, 한국한시학회, 2012.
· 이종묵, 「호소지 율시의 문예미」, 『한국한시연구』 23, 한국한시학회, 2015.
· 임두정, 「해동강서시파 한시의 공간이미지 연구」, 강원대학교 박사학위논문, 2011.
· 조희창, 「소재 노수신의 시문학」, 『한문고전연구』 16, 한국한문고전학회, 2008.

신소윤

35

삼당시인의 한시

1. 창작 배경

고려 후기 성리학이 이 땅에 전래된 이후 조선 중기까지 조선의 시풍(詩風)은 '정감'이나 '정서', 그리고 '형상성'에 주목하는 당시(唐詩)보다, '논리'와 '사실성'에 주목하는 송시(宋詩)가 주류를 이루었다. 그러나 조선 중기 문인 정사룡(鄭士龍, 1491~1570), 박은(朴誾, 1479~1504)·박순(朴淳, 1523~1589)과 같은 이들은 주류인 송시풍보다 당시풍의 시를 즐겨 지었으며, 이러한 흐름 속에서 하나의 갈래를 형성하게 된 것이 삼당시인(三唐詩人)의 시라 할 수 있다.

삼당시인은 조선 중기 선조 때의 백광훈(白光勳, 1537~1582), 최경창(崔慶昌, 1539~1583), 이달(李達, 1539~?) 등 당시풍(唐詩風)의 한시로 유명했던 세 시인을 칭하는 말이다. 이들은 모두 시문서(詩文書)에 능했고 당시풍의 시를 많이 썼던 박순(朴淳, 1523~1589)의 문인이었다는 공통점을 가진다. 이들은 송시가 가진 관념적이고 이지적인 측면 대신에 흥취와 정서를 중시하여 낭만적인 경향의 시를 지었다. 이들은 이달이 박순의 문하에서 시를 배우면서 교유하기 시작하였던 것으로 보이는데, 이후 남원의 광한루, 대동강의 부벽루와 같은 명승지를 다니면서 함께 시회를 가지고 시를 지으며 세간에 그 이름이 널리 알려졌다.

삼당시인 중 백광훈은 본관은 해미(海美), 자는 창경(彰卿), 호는 옥봉(玉峯)이다. 형인 백광안(白光顔)과 가사 〈관서별곡(關西別曲)〉의 작자 백광홍(白光弘) 및 종제 백광성(白光城)과 함께 집안의 4형제가 모두 문장으로 널리 알려졌다. 최경창은 본관이 해주(海州)이고, 자는 가운(嘉運), 호는 고죽(孤竹)이다. 전라도 영암 출신으로 고려 전기 문인 최충(崔冲)의 18대손이며, 고려 후기 시화집(詩話集)인 〈보한집(補閑集)〉의 저자 최자(崔滋)의 13대손이다. 이달은 본관이 홍주(洪州)이며, 자는 익지(益之), 호는 손곡(蓀谷)·동리(東里)·서담(西潭)이다. 충청남도 홍주(지금의 홍성)에서 부정(副正) 이수함(李秀咸)과 홍주 지역 관기(官妓) 사이에서 태어난 서자이다. 문장과 시에 모두 뛰어났고, 글씨에도 일가견이 있었으나, 신분적 한계에 의해 관직은 한리학관(漢吏學官)에 그쳤다. 조선 중기 문인인 허균(許筠, 1569~1618)과 여류 시인인 허난설헌(許蘭雪軒, 1563~1589)의 시 스승으로 널리 알려져 있다.

2. 원문 읽기

(1) 낙엽은 모랫길에서 울고	落葉鳴沙徑
차가운 물은 어지러이 산을 달리네	寒流走亂山
홀로 가니 날이 저무는 게 근심스러운데	獨行愁日暮
스님은 흰 구름 사이에서 경쇠를 치네	僧磬白雲間

출전: 『옥봉집(玉峯集)』, 〈보림사[1]를 지나며[過寶林寺]〉

(2) 말없이 마주 보며 그윽한 난초를 드리네	相看脈脈贈幽蘭
지금 하늘 끝으로 떠나면 언제나 돌아올까	此去天涯幾日還
함관령에서의 옛 노래 부르지 말라	莫唱咸關舊時曲
지금도 비구름에 청산이 어두워라	至今雲雨暗靑山

출전: 『고죽유고(孤竹遺稿)』, 〈송별(送別)〉[2]

---

1 보림사(寶林寺): 현재 전라남도 장흥군 유치면 가지산에 있는 절로, 송광사(松廣寺)의 말사이다.

2 최경창이 사랑하는 함경도 경성(鏡城) 기생 홍랑과 이별하며 그에게 써 준 증별시(贈別詩)이다.

(3) 이웃집 아이가 대추 따러 왔는데 　　　　隣家小兒來撲棗
늙은이 문을 나서며 아이를 쫓는구나 　　　　老翁出門驅少兒
아이 돌아보며 늙은이 향해 말하기를 　　　　小兒還向老翁道
내년 대추 익을 땐 살지도 못할 거면서 　　　　不及明年棗熟時

출전: 『손곡시집(蓀谷詩集)』, 〈대추 따는 노래[撲棗謠]〉

3. 작품 감상

〈보림사를 지나며[過寶林寺]〉라는 시는 백광훈이 고향 장흥에 있는 보림사를 지나면서 지은 작품이다. 오언절구의 짤막한 구성 속에 작품의 시상은 시인의 자유로운 상상력 사이를 오간다. 어느 가을날 떨어지는 낙엽이 모랫길에서 울고, 차가운 계곡의 물은 산 사이를 어지러이 달리듯 흐른다. 홀로 산길을 가는 나그네는 어둠이 내리는 것이 근심스러운데, 저 멀리 들려오는 절간의 경쇠 소리가 고즈넉한 분위기를 더욱 고조시킨다. 이처럼 백광훈의 시는 사변적이며 관념적인 송시풍과는 달리 시인의 흥취와 정서를 중시하는 낭만적인 경향의 작품 세계였음을 보여 준다.

최경창은 1568년 증광문과(增廣文科)로 급제하여 북도평사(北道評事)로 함경도 경성에 머무를 때, 함경도 홍원(洪原)의 관기(官妓)였던 운명의 여인 홍랑(洪娘)을 만난다. 연회 자리에서 처음 만나 사랑에 빠진 후, 이듬해 봄 최경창이 서울로 돌아가면서 홍랑과 헤어지지만, 1575년 최경창이 병석에 누웠다는 소식을 들은 홍랑은 그가 있는 한양으로 와 극진히 간호를 하였다. 하지만 이로 인해 사사로이 관기를 취했다는 이야기가 돌아 최경창은 파직이 되었고, 관기의 신분인 홍랑 또한 다시 경성으로 돌아갈 수밖에 없었다. 이때 홍랑을 떠나보내면서 지은 시가 〈송별〉이라는 시이다. 이 시에서는 사랑하는 이와 헤어지는 슬픔과 정감이 절절하게 나타난다. 이 시를 통해서도 볼 수 있듯이 최경창은 신분이 다른 이에 대해서도 인간적으로 이해하면서 사대부로서의 의식에만 사로잡히지 않는 작품을 남겼다. 그리고 이러한 작품들을 통해 당대의 세태가 가진 이면을 시로 표현하고자 하였음을 알 수 있다.

이달은 출신이 미천한 서얼이었다. 아버지가 사대부이긴 하나 어머니가 기녀였던 탓에 글재주가 뛰어나도 세상에 쓰일 수가 없었다. 이러한 신분에 대한 불만은 예법에 얽매이지 않는 자유로운 성격을 가지도록 하였고, 평생의 방랑은 일반 백성들의 삶을 직시할 수 있게 만들었던 것으로 보인다. 그의 시가 삼당시인 중 어떤 이들보다 시속과 세태에 대한 뛰어난 감성을 보여 주는 이유가 여기에 있다. 〈대추 따는 노래[撲棗謠]〉 또한 이러한 그의 시 세계를 잘 보여 주는 작품이다. 이 시에서 옆집의 대추나무에 대추가 많이 열린 것을 보고 아이들이 몰래 대추를 따러 온다. 그리고 대추를 따다 주인 노인에게 들켜 내쫓기게 되는데, 이때 "내년 대추 익을 땐 살지도 못할 거면서"라고 외치는 아이의 조롱이 시의 희극적 감성을 극적으로 끌어올린다. 이처럼 이달은 일상 세태의 사소한 모습도 시로 담아내는 뛰어난 재능을 가지고 있었다.

조선 전기 이후 사대부 문학은 송시풍(宋詩風)의 한시가 문단을 주도하였다. 그 결과 시는 더욱 사변적이고 이지적인 모습으로 변화하여, 점차 인정세태의 질박한 경험이나, 인간의 자연스러운 감정과 정서에서 멀어지는 문제가 발생하였다. 이러한 송시풍이 가진 문제에 대한 대안으로 조선 중기에는 다시 당시풍을 따라야 한다는 일련의 흐름이 나타났다. 그리고 이러한 흐름의 중추적 인물들이 삼당시인이었다. 이들이 자신의 시를 통해 주창했던 당시풍의 재현은 결국 복고를 구실로 당대 송시풍에 의해 경화된 문단을 새롭게 혁신하고자 하는 것이었다. 또한 조선 전기 사대부 문학이 노출한 한계를 극복하고, 조선 후기 문학의 새로운 방향을 개척하였다는 점에서 그 문학사적 의의를 찾을 수 있다.

〈생각해 보기〉

(1) 삼당시인의 시들 중에 자신의 마음에 드는 시를 골라 보고 그 이유를 이야기해 보자.

(2) 다음 작품은 조선 중기 퇴계 이황의 〈반타석〉이라는 시이다. 시의 주제를 생각해 보고, 삼당시인의 시와 비교하여 다른 점을 찾아 이야기해 보자.

누런 흙탕물 넘실댈 때는 형체를 숨기고	黃濁滔滔便隱形
잔잔히 흐르면 비로소 선명히 나타나네	安流帖帖始分明
어여쁘구나! 분주히 부딪히는 물속에서도	可憐如許奔衝裏
예부터 반타석은 구르거나 기울어지지 않았네	千古盤陀不轉傾

참고문헌

· 권순열, 「최경창과 홍랑 연구」, 『고시가연구』 16, 한국고시가문학회, 2005.
· 권순열, 「옥봉 백광훈 연구」, 『고시가연구』 23, 한국고시가문학회, 2009.
· 김종서, 「손곡 이달의 악부시 수용과 미적 성취」, 『한국한문학연구』 44, 한국한문학회, 2009.
· 선지영, 「최경창의 시세계와 특성」, 『한국시가문화연구』 48, 한국시가문화학회, 2021.

조유영

36

정도전의 신도가
新都歌

1. 창작 배경

조선 왕조는 고려 말에 새롭게 등장한 신진 사대부 세력과 무장 세력들의 연합으로 건국되었다. 고려 말기에 이르러 안으로는 농장(農莊)의 확대에 따른 권문세가의 횡포와 사회적 모순의 증대로 백성들의 생활이 더욱 어려워졌으며, 밖으로는 원의 간섭과 이민족의 침략 등으로 백성들의 시련이 가중되었다. 이때 이성계(李成桂, 1335~1408)가 사회적 모순을 개혁하려는 신진 사대부 세력과 힘을 합해 조선 왕조를 세웠다. 이에 앞서 이성계는 위화도 회군으로 정치적 실권을 잡은 뒤, 전제 개혁으로 권문세족의 경제 기반을 무너뜨리고 국가 재정을 확보하여 신진 사대부의 경제 기반을 다졌다. 이들 신진 세력은 불교를 배척하고 신진 사대부가 수용한 성리학을 사회 지도 이념으로 삼았다.

악장 〈신도가(新都歌)〉는 조선의 개국공신 정도전(鄭道傳, 1342~1398)의 작품으로, 그는 고려 말 조선 초의 왕조 교체기에 활동한 인물이다. 1342년에 아버지 정운경과 어머니 영주 우씨의 3남 1녀 중 맏아들로 양주(楊州) 삼각산(三角山)에서 태어났으며, 자는 종지(宗之), 호는 삼봉(三峯)이다. 1388년(우왕 14) 6월에 이성계가 위화도 회군으로 정권을 쥐게 된 이후, 1392년 7월에 정도전은 조준, 남은 등의 50여 명과 함께 역성혁명을 일으켜 이성계를 왕으로 추대하여 조선을 개창하였다.

새 왕조가 들어선 뒤 정도전은 조선 왕조의 기반을 튼튼히 하기 위하여 통치 체제를 정비하고, 토지 개혁을 단행하는 등 여러 사업을 왕성하게 펼쳤다. 그중에서 정도전이 힘을 쏟은 것이 바로 한양으로의 천도(遷都)였다. 그는 한양 신도읍지 건설 사업의 총책임자가 되어 한양의 종묘·사직·궁궐·관아·시전·도로의 터를 정하는 등 도성 건설의 청사진을 설계[1]하였다. 그에 의해 한양은 조선의 정치 행정 중심지이자 유교적 이상을 품은 도시로 탈바꿈할 수 있었다. 궁궐과 성곽의 축조가 시작된 지 10개월 만인 1394년(태조 3) 말에 한양은 왕도(王都)의 모습을 갖추게 되었다. 새 도읍의 토목공사가 마무리될 즈음에 정도전은 공역자들의 피로를 덜어 주고 그들을 격려하기 위해 〈신도가〉라는 노래를 지었다. 조선의 건국을 송축하기 위하여 그는 악장을 지었을 뿐만 아니라, 완성된 한양의 모습을 찬미하는 6언 절구의 〈신도팔경시(新都八景詩)〉(1398)를 지어 임금에게 올리기도 하였다.

2. 원문 읽기

녜난[2] 양쥬(楊州) ㅣ 고올히여
디위[3]예 신도형승(新都形勝)[4]이샷다.
개국셩왕(開國聖王)[5]이 셩대(聖代)를 니르어샷다.[6]
잣다온뎌[7] 당금경(當今景)[8] 잣다온뎌
셩슈만년(聖壽萬年)하샤 만민(萬民)의 함락(咸樂)[9]이샷다.
아으 다롱다리

---

1 조항덕, 「삼봉 정도전의 사상과 그 문학적 구현」, 성신여자대학교 박사학위논문, 2008, p. 112.; 강수진, 「조선 초기 한양의 문학적 형상 연구」, 이화여자대학교 박사학위논문, 2019, pp. 19-26.

2 녜난: 옛날에는.

3 디위: 경계.

4 신도형승(新都形勝): 새 도읍지의 모습이 빼어남.

5 개국셩왕(開國聖王): 나라를 개창한 거룩한 임금, 이성계를 일컬음.

6 니르어샷다: 이루어 놓으셨다.

7 잣다온뎌: 도성(都城)답구나.

8 당금경(當今景): 지금의 경치.

9 함락(咸樂): 즐거움을 누림.

앒은 한강슈(漢江水)여 뒤흔 삼각산(三角山)이여

덕듕(德重)하신[10] 강산(江山) 즈으메[11] 만세(萬歲)랄 누리쇼셔.

출전: 『악장가사(樂章歌詞)』

3. 작품 감상

〈신도가〉는 조선 건국에 앞장섰던 정도전이 한양으로의 천도를 찬양하기 위해 지은 악장으로, 『악장가사(樂章歌詞)』에 실려 있다. 창작 연대는 확실하지 않으나 한양으로 천도한 1393년 전후로 추정된다. 그 전에는 양주의 조그만 고을에 불과했던 한양이 이제는 한 국가의 흥망성쇠를 짊어질 수도로 변화된 점을 칭송하고 그 번성함을 많은 사람에게 알리기 위하여 지은 작품[12]이다. 이 작품은 크게 두 부분으로 나눌 수 있는데, 앞에서는 한양의 빼어난 모습을 찬양한 후 이어서 창업의 주역인 태조와 새 도읍의 당당한 모습을 칭송하며, 뒤에서는 길지에 터 잡은 한양에서 태조가 만수무강하기를 기원한다.

작품의 내용을 구체적으로 살펴보면, 1~2행에서는 새 도읍지로 변모한 '한양'의 모습이 뛰어나다고 예찬하고 있다. 3~6행에서는 이성계가 새 왕조를 건설한 것을 찬양하고, 태조가 오래오래 장수하여 백성들이 즐거움을 누리게 해 달라고 축원하고 있다. 7~8행은 한양이 지닌 지리적 의미를 간명하게 표현한 것으로, 배산임수(背山臨水)라는 풍수지리적 조건에 걸맞은 신도(新都)에서 어진 덕을 쌓으면서 새로운 왕조의 성대가 영원무궁하기를 기원하는 내용으로 이루어져 있다.

작품의 형식을 살펴보면, 각 행이 3음보 격을 갖추고 있고, 여음 '아으 다롱다리'를 전후하여 전·후절이 구분되는데, 앞의 절은 크고 뒤의 절은 작다. 전·후절로 구분한 점에서는 경기체가와 비슷한 표현 방식이라고 볼 수 있다. 그러나 후렴에 사용한 여음 '아으 다롱다리'는 〈정읍사〉에 나오는 '아으 다롱디리'와 비

---

10 뎍듕(德重)하신: 훌륭한 덕을 쌓으신.

11 즈으메: 즈음에, 사이에.

12 윤덕진·손종흠 공저, 『고전시가강독』, 한국방송통신대학교출판문화원, 2012, p. 163.

슷한데, 고려 속요의 영향을 받은 흔적으로 보인다. 또한 〈신도가〉는 표현 면에서 '신도형승', '개국성왕', '성수만년' 등의 한자어가 많고, 종결어미를 '-이샷다', '-이여', '-쇼셔' 등의 감탄형 어미를 활용하고 있어, 한시에 토(吐)를 단 초보적 수준의 국문악장으로도 볼 수 있다.

조선이 건국되면서 동양적 통치 관례에 따라 예악(禮樂)을 정비하게 되는데, 이에 주도적으로 앞장선 인물이 바로 정도전이다. 나라의 공식적 행사인 제향(祭享)이나 연향(宴享) 혹은 각종 연회(宴會)에 쓰기 위하여 새로 지은 노래 가사들을 특별히 따로 묶어 '악장'이라고 한다. 보통 하나의 문학 장르 안에는 통일된 형식과 성격을 갖추어야 하는데, 악장의 경우에는 작품에 따라 속요·경기체가·시경체(詩經體)·초사체(楚辭體) 등 다양한 형태를 취하고 있어 장르로서의 통일성을 보이지 못하고 있다.

악장은 언어 형식에 따른 표기 체계에 따라 한문악장·국문악장·현토악장(懸吐樂章)의 세 가지 유형으로 나눌 수 있다. 한문악장은 악장의 본래 영역으로서 양적으로나 음악적 비중으로나 중심 위치를 차지한다. 정도전(鄭道傳)·하륜(河崙)·변계량(卞季良)이 대표적 작가이며, 4언구 중심의 시경체와 장단구(長短句) 중심의 초사체가 대표적 형식이다. 그러나 이러한 정통 형식의 악장보다 우리말 시가인 경기체가나 속요의 영향을 받아 이루어진 후렴구 형식의 한문악장이 더욱 중요하다. 경기체가의 영향을 받은 〈축성수(祝聖壽)〉나 고려속요의 영향을 받은 〈정동방곡(靖東方曲)〉 등이 그에 해당한다.

국문악장은 한문악장에 비해 작품 수가 훨씬 적지만, 앞 시기 고려 속요의 형식을 수용하면서 새로운 세계관을 드러내는 방식으로, 기존 장르에 변화를 가져왔다는 측면에서 주목된다. 이에 해당하는 작품으로는 단련 형식의 〈신도가〉나 〈불우헌가(不憂軒歌)〉가 대표적이고, 10장 이내의 연장 형식으로는 〈신도형승곡(新都形勝曲)〉이나 〈감군은(感君恩)〉 등을 꼽을 수 있다. 조선 후기의 국문악장인 〈용비어천가(龍飛御天歌)〉·〈월인천강지곡(月印千江之曲)〉에 오면 연장 형식을 수용하되 100여 장이 훨씬 넘는 장편화 현상을 보인다.

현토악장은 기존의 한시 작품에 우리말 토를 달아 지은 것으로, 작품 세계의 독자성보다 한시를 국문시가화한 형태적 이행의 과정이 주목된다. 예를 들면 〈문덕곡(文德曲)〉·〈납씨가(納氏歌)〉·〈정동방곡(靖東方曲)〉 등은 원래 한문악장으로 지었던 것을 뒤에 현토악장으로 바꾼 것이다.

정도전이 창작한 악장으로는 〈납씨가(納氏歌)〉·〈궁수분(窮獸奔)〉·〈정동방곡(靖東方曲)〉·〈문덕곡(文德曲)〉·〈몽금척(夢金尺)〉·〈수보록(受寶籙)〉·〈신도가(新都歌)〉 등 모두 7편이 알려져 있다. 정도전이 조선 초기에 악장 창작을 주도하였던 것은 당대가 악장 창작이 필요한 시기였기 때문이다. 그는 새롭게 나라가 일어나게 되면 악장의 창작은 필연적이라고 생각[13]했는데, 다음과 같은 기록을 통해서 이를 확인할 수 있다.

> 신(臣)이 보건대, 역대(歷代) 이래로 천명(天命)을 받은 인군은 무릇 공덕(功德)이 있으면 반드시 악장(樂章)에 나타내어 당시(當時)를 빛나게 하고, 장래(將來)에 전하여 보이게 되니, 그런 까닭으로 한 시대가 일어나면 반드시 한 시대의 제작(制作)이 있게 된다고 하였습니다.
>
> …(중략)…
>
> 고려 왕조의 말기에 정치가 퇴폐(頹廢)하고 법도가 무너져서, 토지 제도[경계(經界)]가 바르지 못하여 백성이 그 해를 받게 되고, 예악(禮樂)이 일어나지 않아서 관원이 그 직책을 잃게 되었는데, 전하께서 일체 모두 바로잡아 정하였으므로, 천도(天道)로써는 저와 같았고 인도(人道)로써는 이와 같았으니, 공을 비교하고 덕을 헤아려 보매 더불어 비할 데가 없습니다. 이것을 마땅히 성시(聲詩)로써 전파하고 현가(絃歌)에 올려서 한없는 세상에 전하여, 듣는 사람이 성덕(聖德)의 만 분의 일이라도 알게 해야 할 것입니다. 신이 비록 불민(不敏)하나 성대(盛代)를 만나서 개국공신(開國功臣)의 말석(末席)에 참여하고, 다행히 문필(文筆)로써 태사(太史)의 직책을 겸무하게 되었으니, 감격하여 뛰고 싶은 마음 견딜 수가 없습니다. 삼가 천명(天命)을 받은 상서(祥瑞)와 정치를 보살핀

13 조흥욱, 「정도전의 악장에 대한 일고찰」, 『어문학논총』 18, 국민대학교 어문학연구소, 1999, p. 109.

아름다운 점을 기록하여 악사(樂詞) 3편을 지어 이를 써서 전문(箋文)에 따라 바치옵니다.

…(하략)…

출전: 『태조실록』, 태조 2년 계유(1393) 7월 26일 기사

⁂ 인용 출처: 한국고전번역원, 한국고전종합DB

정도전은 악장을 창작하는 목적이 공덕을 칭송하고 이를 널리 알리기 위한 것으로 보았다. 따라서 새로운 왕조가 일어나게 되면 창업의 공덕을 칭송하여 알리는 악장을 창작하는 것은 필연적이라고 생각했다. 그리고 악장의 쓰임에 대하여 그것이 치세와 관련되어 있고, 그 기능이 사람 사이를 화합하게 하는 데 있으므로 조정에서 쓰이는 악장의 창작을 통해서 임금과 신하가 화합을 이룰 수 있고, 이를 나라에 확대하면 태평성대를 이룰 수 있다[14]고 보았다.

정도전이 창작한 7편의 악장은 내용상으로 크게 두 종류로 구분할 수 있다. 〈납씨가〉·〈궁수분〉·〈정동방곡〉·〈신도가〉 등은 태조의 덕을 칭송하는 작품들이고, 〈문덕곡〉·〈몽금척〉·〈수보록〉 등은 태조의 덕을 앞세우면서도 조선 왕조 창업의 당위성을 내세우면서 왕조의 번영을 기원하는 내용으로 이루어진 작품들이다.[15]

앞서 살펴본 〈신도가〉는 새로운 도읍지인 한양으로의 천도를 칭송한 작품이다. 그러나 태조의 공덕으로 태평성대를 이루어 한양으로 천도하게 된 것을 노래한 것이므로 태조 개인의 구체적인 공덕에 대한 찬양은 아니지만 태조의 덕을 찬양한 작품으로 볼 수도 있다. 〈신도가〉에는 건국의 정당성에 대한 자부심과 새로운 국가, 군주, 도읍에 대한 기대감이 잘 나타나 있으나, 악장이 궁중 음악과 함께 활용되던 문학 갈래였기에 그 내용이 특정 대상에 대한 찬양 일변도로 흐를 수밖에 없는 한계를 보인다. 또한 〈신도가〉는 한시로는 전하지 않고 국문악장만 전하는데, 정도전의 다른 악장 작품인 〈납씨가〉, 〈정동방곡〉, 〈문덕곡〉 등이 한시와 함께 국문악장으로 함께 존재하는 것에 비해 특이한 점이다.

---

14 조흥욱, 위의 논문, p. 113.

15 조흥욱, 위의 논문, p. 118.

정도전의 악장 작품은 당대에는 조정의 악장으로 널리 향유되었지만 후대에 들어서는 그 향유의 폭이 좁아졌다. 그의 악장 작품 중에서 태조의 위화도 회군의 공을 칭송한 〈정동방곡〉만이 후대에 이르기까지 널리 향유되었을 뿐이다. 이는 공덕을 찬미하는 악장의 본래 목적에 충실했던 작품은 후대에까지 향유되었지만, 칭송과 함께 개인적인 기원의 뜻을 내포하고 있는 다른 작품들은 그 향유가 제한적이었다는 것을 의미한다고 하겠다.

〈생각해 보기〉

(1) 정도전의 악장 중에서 가장 오래 향유되었던 〈정동방곡〉을 찾아 읽어 보고, 〈신도가〉와 비교해서 그 특징을 설명해 보자.

(2) 새로운 수도 한양의 천도를 찬양하기 위해 지은 〈신도팔경시〉를 찾아 읽어 보고 〈신도가〉와의 차이점을 이야기해 보자.

(3) 문학의 기능은 크게 쾌락론과 효용론으로 대별할 수 있다. 두 개념과 특징을 자세히 조사해 보고, 정도전이 가졌던 문학관은 어디에 부합하는지 설명해 보자.

참고문헌

· 윤덕진·손종흠 공저, 『고전시가강독』, 한국방송통신대학교출판문화원, 2012.
· 강수진, 「조선 초기 한양의 문학적 형상 연구」, 이화여자대학교 박사학위논문, 2019.
· 임주탁, 「텍스트 방언 특성을 고려한 〈신도가〉의 주석과 해석」, 『어문학』 145, 한국어문학회, 2019.
· 정원표, 「정도전 시의 이원적 성격」, 『한국한시작가연구』 2, 한국한시학회, 1996.
· 조항덕, 「삼봉 정도전의 사상과 그 문학적 구현」, 성신여자대학교 박사학위논문, 2008.
· 조흥욱, 「정도전의 악장에 대한 일고찰」, 『어문학논총』 18, 국민대학교 어문학연구소, 1999.

이윤선

37

정인지 외의 용비어천가
龍飛御天歌

1. 창작 배경

〈용비어천가〉는 조선조 1445년(세종 27)에 정인지, 안지, 권제 등이 창작하여 1447년(세종 29)에 간행한 악장 중 하나로, 훈민정음으로 기록된 최초의 작품이다. 태조 이성계에 의해 조선이 건국된 이후 단순히 이성계와 신진 사대부들에 의해 왕조가 뒤바뀐 것이 아니라 새로운 왕조의 건국이 천명에 의한 것이라는 점에서의 당위성을 부여하고자 하는 노력이 지속되었다. 이러한 노력들은 특히 조선 초 사대부들에 의해 창작된 경기체가, 악장 갈래의 작품들에 주로 형상화되었다. 이 가운데 경기체가는 전대부터 향유되어 오던 양식이었지만, 악장은 이 시기에 생겨난 새로운 갈래라는 점에서 상당히 주목할 만하다.

악장은 조선 초 예악을 정비하고자 하는 의도를 강하게 반영하고 있다. 그렇기 때문에 사설을 문학적 차원에서 보면 형식적으로 정비되었다고 보기는 힘들다. 조선 초 건국을 주도하였던 사대부들이 예악을 정비하는 과정에서 다양한 시도를 한 것이라고 볼 수 있다. 이러한 점에서 〈용비어천가〉는 다른 악장 계열 작품인 〈납씨곡〉, 〈궁수분〉, 〈정동방곡〉, 〈신도가〉 등의 작품들과는 형식적으로 차이가 있다. 조선 건국 초기부터 세종 대에 이르기까지 여러 형식의 악장들이 창작되었으며, 세종 대에 이르러 〈용비어천가〉가 창작되며 집대성되었다고 할 수 있다. 조선

초 개국의 정당성을 확보하고, 예악을 정비하고자 한 건국 세력의 노력들을 염두에 두고 작품을 분석하면 악장 갈래에 대한 전모를 이해할 수 있을 것이다.

2. 원문 읽기

(1) 제1장

海東六龍[1]이 ᄂᆞᄅᆞ샤 일마다 天福이시니
古聖이 同符ᄒᆞ시니

(2) 제2장

불휘 기픈 남ᄀᆞᆫ ᄇᆞᄅᆞ매 아니 뮐ᄊᆡ 곶 됴코 여름 하ᄂᆞ니
ᄉᆡ미 기픈 므른 ᄀᆞᄆᆞ래 아니 그츨ᄊᆡ 내히 이러 바ᄅᆞ래 가ᄂᆞ니

(3) 제3장

周國 大王이 豳谷[2]애 사ᄅᆞ샤 帝業을 여르시니
우리 始祖ㅣ 慶興[3]에 사ᄅᆞ샤 王業을 여르시니

(4) 제4장

狄人[4]ㅅ 서리예 가샤 狄人이 ᄀᆞᆯ외어늘 岐山[5] 올ᄆᆞ샴도 하ᄂᆞᇙᄠᅳ디시니
野人[6]ㅅ 서리예 가샤 野人이 ᄀᆞᆯ외어늘 德源[7] 올ᄆᆞ샴도 하ᄂᆞᇙᄠᅳ디시니

---

1 해동육룡(海東六龍): 해동(海東)은 발해의 동쪽이라는 뜻으로 우리나라를 이르던 말이다. 육룡(六龍)은 조선을 건국한 태조 이성계를 포함하여 선대 목조, 익조, 도조, 환조, 후대 태종을 지칭하는 말이다.

2 빈곡(豳谷): 중국의 옛날 지명으로 기산(岐山)의 북쪽 지역이다. 주나라 시조의 9세손 태왕이 덕행을 쌓아 백성의 추대를 받았던 곳으로, 주나라의 제업이 시작된 곳이다.

3 경흥(慶興): 함경북도 북동부의 두만강 하구에 있는 지역 이름으로 고구려의 영토였다가 이후 발해 땅이 되었고, 고려 말기에는 동북면 공주가 되었다.

4 적인(狄人): 미개한 야만인이라는 뜻으로 중국 및 우리나라의 북쪽에 살던 여진족을 이르던 말이다.

5 기산(岐山): 중국 산시성[陝西省]에 있는 산이다. 기산은 봉황산이라고도 하며, 주나라의 발상지라고 할 수 있다.

6 야인(野人): 교양이 없고 거친 사람이라는 뜻으로 압록강과 두만강 이북 연안에 살던 여진족을 조선 왕조 이후 지칭하던 말이다. 벼슬을 하지 않고 지내는 양반 계층의 사람이나 시골에 사는 사람 등의 의미로 사용

(5) 제5장

漆沮ᄀᆞᇫ 움흘 後聖이ᅀᅥ 니ᄅᆞ시니 帝業憂勤이 뎌러ᄒᆞ시니

赤島안ᄒᆡᇰ 움흘 至今에 보ᅀᆞᆸᄂᆞ니 王業艱難이 이러ᄒᆞ시니

…(중략)…

(6) 제124장

洙泗正學[8]이 聖性에 ᄇᆞᆯᄀᆞ실ᄊᆡ 異端ᄋᆞᆯ 排斥ᄒᆞ시니

裔戎邪說[9]이 罪福ᄋᆞᆯ 저히ᅀᆞᆸ거든 이 ᄠᅳ들 닛디 마ᄅᆞ쇼셔

(7) 제125장

千世 우희 미리 定ᄒᆞ샨 漢水北에 累仁開國[10]ᄒᆞ샤 卜年이 ᅌᅥᆸ스시니

聖神이 니ᅀᆞ샤도 敬天勤民[11]ᄒᆞ샤ᅀᅡ 더욱 구드시리이다

님금하 아ᄅᆞ쇼셔 洛水예 山行 가이셔 하나빌 미드니ᅌᅵᆺ가

3. 작품 감상

〈용비어천가〉는 총 125장으로 구성되어 있는 장편시가이다. 형식적으로는 다른 국문시가 갈래는 물론 악장 갈래 내 다른 작품들과도 상당히 이질적인 형태

되기도 하였다.

7 덕원(德源): 함경남도 문천, 원산 지역의 옛 지명이다. 고구려 때 천정군이었는데, 고려 때 용주(湧州)로, 조선 태종 때 의천(宜川)으로 개칭되었다가 세종 때 덕원이라는 지명이 정착되었다. 조선 태조의 선대인 목조, 익조, 도조, 환조가 살았던 지역이다.

8 수사정학(洙泗正學): 중국 두 강인 수수(洙水)와 사수(泗水) 두 물가에서 시작된 바른 학문을 일컫는 말이다. 특히, 공자의 바른 학문, 정도의 유학을 말한다.

9 예융사설(裔戎邪說): 예융(裔戎)은 변방 오랑캐를 일컫는 말이고, 사설(邪說)은 사특한 말을 의미한다. 특히 서역에서 전래되어 고려 때까지 사회적으로 크게 영향을 미친 불교를 의미한다.

10 누인개국(累仁開國): 어진 일을 쌓아 나라를 연다는 뜻이다.

11 경천근민(敬天勤民): 하늘을 공경하고 백성을 위해 근면한다는 뜻으로 나라를 통치하는 제왕이 마땅히 행하여야 할 도리를 일컫는 말이다.

라고 할 수 있다. 이러한 형식과 관련하여 시조 갈래와의 연관성이 있다고 보는 경우도 있으나,[12] 독립적인 체제와 형식을 가진 것으로 보는 것이 일반적이다. 조선 초 건국의 정당성을 알리고자 한 목적성을 기반으로 형성된 갈래라는 점과 조선 초 새로 예악을 정비하는 과정과 밀접하게 관련이 있다는 점을 통해 이러한 독립적 체제와 형식을 가지게 된 이유에 대해 어느 정도 파악이 가능하다.

구체적으로 이 작품의 구조에 대해서는 3단 구조, 4단 구조, 5단 구조 등으로 다양하게 분석할 수 있다. 각각의 대표적인 분석 사례를 제시하면 아래와 같다.

3단 구조	4단 구조	5단 구조
서사: 제1~2장 본사: 제3~109장 결사: 제110~125장 (김상억, 장덕순, 조동일)	기사: 제1장(총서) 승사: 제2~109장(1, 2차 가영) 전사: 제110~124장(3차 가영) 결사: 제125장(총결) (김문기)	서사: 제1장 본사: 서사 - 제2장 본사 - 제3~109장 결사 - 제110~124장 결사: 제125장 (양태순)
서사: 제1~2장 본사: 제3~124장 결사: 제125장 (김사엽, 김선아, 고영화)	교술적 화자: 제1~2장 서사적 화자: 제3~109장 교술적 화자: 제110~124장 교술적 화자: 제125장 (조규익)	

이러한 차이는 작품의 구조를 분석하는 기준을 어느 지점에 두느냐에 따라 발생하는 것이다. 장별 내용이나 서술의 층위를 기준으로 구조를 분석하는 것이 일반적이나, 서술의 주체인 '화자'의 성격이나 그것의 연행적 특성을 반영할 수도 있는 것이다. 이와 같이 여러 이견이 있지만, 〈용비어천가〉의 구조는 제1장과 제125장을 작품 전체의 서사, 결사로, 제2장에서 제124장에 해당하는 본사는 세부적으로 제2장과 제3~109장, 제110~124장의 세 부분으로 구성되어 있다고 할 수 있다. 특히, 제3~109장, 제110~124장의 두 부분은 내용 전개의 층위가 다른 형태이기 때문에 나누어 볼 수 있을 것이다.

또 세부적으로 제1장은 1행의 형태로 이루어져 있고, 제2~124장은 2행 대구

12 김대행, 「용비어천가의 권점에 대하여」, 『국어교육』 49, 한국국어교육학회, 1984, pp. 125-128.

형태로 구성되어 있으며, 제125장은 3행의 형태로 구성되어 있다. 특히, 제2~124장은 형식적으로 대구를 이루고 있는데, 일반적으로 전행은 중국 제왕의 사적을, 후행은 육조의 사적을 기록한 것으로 이해되는 경우가 많다. 하지만 제2~124장 모두가 이러한 구조인 것은 아니기 때문에 획일적으로 이해하는 것은 문제가 있다. 제15, 16, 18장은 전행에 중국 사적 대신 고려의 사적을 읊기도 하였으며, 제86~89장은 전, 후행 모두 태조의 사적만을 제시하기도 하였다.[13] 즉, 이 작품은 육조의 사적을 제시하고, 이를 통해 조선 왕조 건국의 정당성을 확보하는 것을 주된 목적으로 두고, 고려의 사적이나 중국 역대 왕조의 사적을 활용하고 있는 형태라고 할 수 있다.

또한 철학적으로 〈용비어천가〉는 『주역』의 삼재(三才)의 원리하에 괘를 이루는 육효(六爻)의 변화, 발휘(發揮)를 표상하였다.[14] 『주역』에 나타난 육효의 원리와 〈용비어천가〉에 제시된 육조의 공덕은 서로 상관성이 큰 형태이며, 육조를 '육룡(六龍)'으로 제시한 것 역시 『주역』의 육효 혹은 '시승육룡(時昇六龍)'에서 연유한 것으로 볼 수 있다. 아울러 제1장은 1행, 제2장부터는 2행으로 구성된 것 역시 〈天一, 地二〉의 관계를 가지고 음양양위(陰陽兩位)를 정립하기 위한 의도[15]로 읽을 수 있다. 이어 제125장이 3행의 형태로 구성된 것 역시 육효와의 상관성을 추정해 볼 수 있다.

〈용비어천가〉는 정재 형태로 연행될 때 〈봉래의(鳳來儀)〉라는 명칭으로 불렸다. 〈봉래의〉는 일종의 '악곡명'이라고도 할 수 있으며, 해당 악곡들과 이 악곡에 맞추어 추었던 무용 등을 총칭하는 것이라고 할 수 있다. 이러한 악곡명으로 〈용비어천가〉는 『세종실록악보』, 『악학궤범』, 『대악후보』, 『정재무도홀기』 등에 수록되었다. 이렇듯 창작 당시부터 조선 후기까지 지속적으로 향유되었음을 확인할 수 있다. 이러한 전승 및 향유 과정에서 이 작품은 그 형태와 강조점이 변화되는 모습을 보여 주기도 하였는데, 초기에 비해 『대악후보』나 『정재무도홀기』에

13 김문기, 「용비어천가의 구조」, 『국어교육연구』 9, 국어교육학회, 1977, p. 87.

14 김문기, 『한국 고전시가의 지속과 변모』, 태학사, 2015, pp. 280-283.

15 최정여, 「이조 초기 예악의 연구」, 『한국학연구총서』 2, 계명대학교출판부, 1975, p. 91.

이르면 제125장을 생략하거나 본래의 가사 내용을 바꾸어 '칭술선왕성덕성공'을 더욱 강조하는 양상을 확인할 수 있다.

〈생각해 보기〉

(1) 〈용비어천가〉가 다른 악장 계열은 물론 타 갈래 형식과도 다른 형태로 창작된 이유에 대해 생각해 보자.

(2) 〈용비어천가〉에 형상화된 육조의 행적 중 환상적인(허구적인) 모티프와 역사적 행적에 대한 서술을 구분하여 이들의 차이점을 분석해 보자.

(3) 〈용비어천가〉의 연행이 어떠한 방식으로 이루어졌는지를 확인해 보고, 이에 대한 기록이 지속적으로 재생산될 수 있었던 주요 요인을 찾아보자.

참고문헌

· 김대행, 「용비어천가의 권점에 대하여」, 『국어교육』 49, 한국국어교육학회, 1984.
· 김문기, 「용비어천가의 구조」, 『한국 고전시가의 지속과 변모』, 태학사, 2015.
· 김승우, 「〈용비어천가〉 향유·수용 양상의 특징과 그 의미」, 『한국시가연구』 23, 한국시가학회, 2007.
· 김학성, 「〈용비어천가〉의 짜임새와 시적 묘미」, 『국어국문학』 126, 국어국문학회, 2000.

최형우

38

맹사성과 이현보의 시조

1. 창작 배경

〈강호사시가(江湖四時歌)〉는 조선 초기의 문신인 맹사성(孟思誠, 1360~1438)에 의해 창작된 연시조이다. 맹사성은 고려 말, 조선 초의 문인으로, 본관은 신창(新昌), 자는 자명(自明), 성지(誠之)이며, 호는 동포(東浦), 고불(古佛)이다. 고려 우왕 12년 문과에 급제한 후 춘추관 검열(春秋館檢閱), 전의시 승(典儀寺丞) 등의 관직을 역임하였으며, 조선 건국 이후 이조 참판, 예조 판서, 호조 판서, 좌의정 등 주요 관직을 두루 역임하였다. 〈강호사시가〉는 4수로 구성된 연시조이며, 강호가 계열 시조의 원류에 해당하는 작품으로 볼 수 있다. 강호에 묻혀 살며 자연을 즐기며 군은에 감사하는 내용을 담은 작품이다.

〈농암가(聾巖歌)〉는 조선 중기 문신인 농암(聾巖) 이현보(李賢輔, 1467~1555)에 의해 창작된 시조이다. 이현보는 본관이 영천이며, 자는 비중(菲仲), 호는 농암(聾巖), 설빈옹(雪鬢翁)이다. 1498년(연산군 4) 문과에 급제한 뒤 형조 참판, 호조 참판 등을 역임하였으며, 서연관의 비행을 탄핵한 것을 빌미로 안동에 유배되기도 하였으나 만년까지 관직 생활을 하였다. 76세 이후 고향으로 내려와 지역 문인들과 교유하며 여생을 보냈다. 〈농암가〉는 고향에 내려온 이후 창작한 작품으로, 관직 생활에서 벗어나 자연으로 돌아오게 된 즐거움을 노래하였다. 영남 사림파의 강호가 계열 시조의 초기 작품이라고 할 수 있다.

이 두 작품은 강호가 계열 시조의 초기 작품들이라고 할 수 있으며, 하나는 조선 건국의 중심 세력이었던 훈구파 계열 문인이, 다른 하나는 사림파 계열 문인이 창작하였다는 점에서 차이가 있다. 이들 두 계열의 문인들 모두 성리학을 수용하여 사상적 기반으로 삼았지만, 정치적인 색채는 물론 사상적 견해가 동일하지 않다. 그렇기 때문에 그들의 가치관이 표출된 문학 작품 역시 지향점이나 형상화된 내용이 동일하다고 할 수는 없다. 따라서 이 두 작품은 동일한 대상을 두고 각각 어떻게 이를 인식하고 형상화하는지에 대해 비교하여 읽어 볼 만하다.

2. 원문 읽기

(1) 江湖(강호)[1]에 봄이 드니 미친 興(흥)이 절로 난다
濁醪溪邊(탁료계변)[2]에 錦鱗魚(금린어)[3] ㅣ 안주로다
이 몸이 閑暇(한가)히옴도 亦君恩(역군은)이샷다[4]

江湖(강호)에 녀름이 드니 草堂(초당)[5]에 일이 업다
有信(유신)혼 江波(강파)[6]는 보내ᄂᆞ니 ᄇᆞ람이다
이 몸이 서늘히옴도 亦君恩(역군은)이샷다

江湖(강호)에 ᄀᆞ올이 드니 고기마다 ᄉᆞᆯ져 잇다
小艇(소정)[7]에 그믈 시러 흘리 ᄠᅴ여 더뎌 두고

1 江湖(강호): 강과 호수라는 의미로 은자(隱者)나 일사(逸士) 등이 현실에서 벗어나 생활하던 자연 공간을 일컫는 말로 쓰인다.
2 濁醪溪邊(탁료계변): 탁료(濁醪)는 우리나라 전통 술 중 하나로 일종의 막걸리이고, 계변(溪邊)은 물이 흐르는 시냇가를 의미한다. 즉, 막걸리를 마시며 시내에서 논다는 의미이다.
3 錦鱗魚(금린어): 궐어(鱖魚)라고도 불리며, 농어목 꺽지과의 민물고기 쏘가리를 의미한다.
4 亦君恩(역군은)이샷다: '또한 임금의 은혜로구나'라는 의미로 조선 시대 시조 혹은 가사에서 많이 활용되는 어구 중 하나이다. 임금에 대한 충성심을 드러내는 관용적 표현이다.
5 草堂(초당): 억새나 짚 등으로 지붕을 이어 만든 조그마한 집을 의미한다. 흔히 고전문학에서 자연 공간 속에 지어진 조그마한 띠집 정도의 의미로 활용된다.
6 江波(강파): 강에서 일어나는 물결을 의미하는 말이다.
7 小艇(소정): 작은 배를 의미하는 말이다.

이 몸이 消日(소일)히옴도 亦君恩(역군은)이샷다

江湖(강호)에 겨월이 드니 눈 기픠 자히 남다
삿갓 빗기 쓰고 누역[8]으로 오슬 삼아
이 몸이 칩지 아니히옴도 亦君恩(역군은)이샷다

출전: 『진본 청구영언(珍本靑丘永言)』

(2) 聾巖(농암)[9]애 올라 보니 老眼(노안)이 猶明(유명)[10]이로다
人事(인사)이 變(변)흔들 山川(산천)이쭌 가셜가
巖前(암전)에 某水某丘(모수모구)[11]이 어제 본 듯ᄒ예라

출전: 『병와가곡집(甁窩歌曲集)』

3. 작품 감상

〈강호사시가〉는 『진본 청구영언』, 『육당본 해동가요』, 『악학습령(병와가곡집)』 등에 수록되어 있다. 작자인 맹사성의 생몰 연대를 고려하여 보면, 작품의 기록 시기와 창작 시기는 다소 간극이 있는 형태이다. 특징적인 것은 『진본 청구영언』, 『육당본 해동가요』 등에 이 작품이 '여말(麗末)'에 실려 있다는 점이다. 특히 여말조에는 목은 이색(1328~1396), 포은 정몽주(1337~1392)의 작품과 맹사성의 〈강호사시가〉가 실려 있다. 이 시기에 창작된 것으로 보이는 시조는 더 있지만, 세 인물의 작품만 수록하고 있다는 점은 여말 선초 왕조 전환기에 신진 사대부의 세 유형을 보여 주고자 하는 김천택(1680년대 말~?), 김수장(1690~?)의 의도가 반영된 것으로 보인다. 이후 간행된 『청구영언』 이본에는 본조(조선조)에 수록되기도 하였다

8 누역: 누덕누덕 기워서 만든 헌 옷[縷繹]이라는 의미이며, 짚이나 띠 등으로 엮어 두르는 비옷인 도롱이를 의미하기도 한다.
9 聾巖(농암): 귀머거리 바위라는 의미로 이현보의 고향인 경북 안동 도산면에 있는 바위의 이름이다.
10 猶明(유명): '오히려 밝아진다'는 의미의 말이다.
11 某水某丘(모수모구): '어느 물, 어느 언덕'. 특정 명칭을 지칭하지 않고, 화자의 눈에 보이는 물과 언덕을 일컫는 말로 쓰였다.

는 점이 이를 뒷받침한다.

〈강호사시가〉는 총 4수로 구성된 연시조이다. 형식적으로 음수율적 차원에서 시조의 전형적 양식에서는 부분적으로 벗어나 있는 형태이나, 전체적으로 정형시조에 가까운 형태라고 할 수 있다. 특히 4수가 각각 봄, 여름, 가을, 겨울 네 계절의 시간적 흐름을 바탕으로 구성되어 있으며, 이러한 계절의 변화와 시간의 흐름은 단선적인 것이 아니라 회귀적인 것이라 할 수 있다. 즉, 사계절이 끊임없이 순환하며, 변화하는 모습을 보여 주는 것이라고 할 수 있다. 또한, 작품의 종장에 '亦君恩이샷다'라는 표현을 반복적으로 제시하여 계절의 변화 및 반복처럼 임금의 은혜 역시 영원히 지속된다는 점을 나타내었다.

세부적으로 각 장의 짜임새를 살펴보면, 각 장은 상당히 정형화된 틀을 가지고 있음을 확인할 수 있다. 작품의 종장 마지막 구절이 앞서 제시한 것처럼 '亦君恩이샷다'로 고정되어 있다는 점은 물론, 초장은 공통적으로 각 계절의 흥취를 표현하는 형태로, 이러한 흥취와 연결하여 중장에서는 이러한 흥취를 구체화하는 방식으로 내용이 구성되어 있다. 이렇듯 시상을 전개하는 방식을 통일하여 제시함으로써 계절의 흐름에 따른 변화와 이에 따른 흥취를 표출하면서도 '군은'이라는 불변의 요소를 강조하는 방향으로 시상을 마무리할 수 있었던 것이다.

〈강호사시가〉의 창작 시기는 맹사성이 관직에서 물러난 노년기로 보는 것이 일반적이다. 하지만, 경우에 따라 상대적으로 젊은 시절에 창작한 것으로 보는 견해[12]도 있다. 『진본 청구영언』, 『육당본 해동가요』에서 이 작품을 '여말' 조에 수록하고 있다는 점에서부터 이러한 견해가 제기되었다. 맹사성은 고려 말에 이미 관직에 진출하였으며, 이 시기에 문학 활동을 전개하였을 가능성은 충분하며, 현전하는 기록을 신뢰할 수 있다는 점을 전제로 하면 이러한 주장들도 주목해 볼 만하다. 이렇게 볼 때, 이 작품은 고통의 현실과 희구하는 추체험의 관념상이 교차하고, 이를 통해 재기의 꿈을 그려 낸 것이라고 할 수 있다.

하지만 앞서도 언급하였듯이, 이후 간행된 『청구영언』 이본들에서는 이 작품

12 김명준, 「〈강호사시가〉의 창작 시기와 세계상」, 『한국시가문화연구』 15, 한국시가문화학회, 2005.

이 본조(조선조)에 수록되어 있기도 하여, 이러한 특정 원전의 수록체제만으로는 이 작품의 창작 시기를 맹사성의 젊은 시기로 확정하여 이해할 수는 없다. 특히 위와 같은 견해의 경우 『진본 청구영언』, 『육당본 해동가요』의 기록을 바탕으로 〈강호사시가〉의 창작 시기를 전제하고, 이를 바탕으로 세계상과 작품의 의미를 분석하였기 때문에, 맹사성이 젊은 시절에 처한 정황 요소를 작품의 의미 분석에 우선 반영한 것이라고 할 수 있다. 성리학자들이 일반적으로 가졌던 출처관을 고려하여 볼 때, 만년의 작품으로 보고, 관직에서 물러난 후 자연에 은거하며 누렸던 생활의 흥취와 군은에 대한 감사함을 표출한 것으로 볼 수 있을 것이다.

〈농암가〉는 작자인 이현보가 관직에서 물러난 후 고향으로 돌아온 76세 때 창작한 작품이다. 이 작품의 소서(小序)에서는 오랜 서울 생활 끝에 고향으로 돌아왔는데, 고향의 모습이 전과 같이 의연함을 느꼈다는 점이 서술되어 있는데, 이를 통하여 작자인 이현보가 오랜 관직 생활을 마치고 고향에 돌아온 시점에 이 작품을 창작하였음을 알 수 있다. 이현보는 관직에서 물러난 후 고향으로 돌아오는 과정에서 시조 〈효빈가〉를, 돌아온 직후 〈농암가〉를 창작하여 자신의 소회와 자연을 통해 느낀 점을 표출하고 있다.

〈농암가〉 역시 형식적으로 음수율 차원에서는 다소 전형적인 형식에서 벗어난 부분이 있으나, 전체적으로 정형시조에 해당한다고 할 수 있다. 특히 초장의 마지막 음수가 조금 확장되거나, 중장의 음수가 다소 줄어든 형태라고 할 수 있지만, 음보는 전형적인 시조의 형태라고 할 수 있다. 시조의 연행 방식을 고려하여 보면, 이러한 음수의 부분적 차이는 결정적 문제라고 하기는 어려울 것이다.

이 작품은 자연물의 속성과 인간사의 속성을 대비하여 제시하는 방식으로 화자의 의식을 표출하고 있다. 특히 중장의 내용을 통해 사람 사이의 일은 변하지만, '산천(자연)'은 변하지 않는다는 점을 강조하여 고향에서 변하지 않는 자연으로부터 오는 감회와 고향으로 돌아온 것에 대한 기쁨을 표현하고 있는 것이다. 또한 초장에서 '농암(귀머거리 바위)'에 오르니 오히려 노안이 밝아졌다는 표현 역시 자연이 보여 주는 불변의 속성을 다시 보게 된 이현보의 감정을 비유적으로 표현한 것이라고 할 수 있다.

앞의 두 작품이 보여 주는 세계관은 유사한 측면도 있지만, 동일하지는 않다. 이를 통해 조선 건국 과정에서 분화된 훈구 세력과 사림 세력이 가졌던 가치관의 차이를 일부나마 파악할 수 있을 것이다. 〈강호사시가〉의 경우 자연을 완상하는 데 초점이 맞추어져 있는 반면, 〈농암가〉의 경우 자연을 대하는 화자가 조금 더 사상적 차원에서의 의미를 도출하는 데 초점이 맞추어져 있음을 확인할 수 있다. 이러한 차이는 당시 정치적·사회적으로 다른 행보를 보일 수밖에 없었던 성리학자들의 의식을 보여 주는 것이라고 할 수 있다.

〈생각해 보기〉

(1) 조선 왕조 건국에 중요한 역할을 담당하였던 사대부의 유형에 따라 작품에 담겨진 인식과 사상이 가진 공통점과 차이점에 대해 생각해 보자.

(2) 〈강호사시가〉와 〈농암가〉를 비교하여 읽어 보고, 이 작품들에 형상화된 '자연'이 어떤 특징을 가지고 있는지에 대해 설명해 보자.

(3) 〈강호사시가〉와 〈농암가〉에서 확인할 수 있는 작가 의식이 이후 국문시가 문학 창작 및 향유에 어떤 영향을 미쳤는지에 대해 알아보자.

참고문헌

· 김명준, 「〈강호사시가〉의 창작 시기와 세계상」, 『한국시가문화연구』 15, 한국시가문화학회, 2005.
· 김유경, 「농암 이현보의 국문시가와 우리말로 노래하기의 전통」, 『열상고전연구』 38, 열상고전연구회, 2013.
· 양희찬, 「맹사성 〈강호사시가〉의 짜임새」, 『시조학논총』 21, 한국시조학회, 2004.
· 이명호, 「농암 이현보 시가 사상 연구」, 서원대학교 석사학위논문, 2002.

최형우

39

이황의 도산십이곡
陶山十二曲

1. 창작 배경

16세기는 시조의 발달기로 볼 수 있다. 이 시기의 시조의 주된 향유층은 사대부였다. 사대부 중에서 시조는 사림파와 관련이 깊다. 사림파는 조선 시대에 들어와 정통 성리학을 공부한 향촌 출신의 지식인들로, 15세기 후반부터 서서히 정계에 진출하기 시작했다. 이들은 정치를 통해 성리학적 이상을 실현하고자 했으나, 기존의 집권 세력이었던 훈구파와 대립하며 사화를 겪는다. 그러나 16세기 후반에 이르면 사림과는 조선의 문화를 주도하는 세력으로 성장하게 된다. 사림파는 강호에서 은거하며, 시조를 통해 자신들의 내면을 표현했다. 그중 강호시조는 사림파 시조의 대표적인 예로, 사림의 세계관을 잘 나타낸다.

이황(李滉, 1501~1570)은 자가 경호(景浩), 호는 퇴계(退溪), 시호는 문순(文純)이다. 젊었을 때 벼슬을 지냈다가, 1555년에 관직 생활을 완전히 청산한 뒤, 고향인 안동에서 도산서당을 짓고 제자들을 기르며 본격적으로 성리학 공부에 몰두한다. 특히 을사사화는 그에게 관직 생활의 화에서 벗어나 강호에서 구도(求道)하고자 하는 뜻을 굳히는 계기가 되었다. 이황은 성리학을 깊이 연구하여 조선의 성리학에 큰 영향을 미쳤으며, 조선의 위대한 성리학자로 평가받는다. 그의 성품은 고결했고, 탈속의 기상과 굳건한 지조를 지녔다.

〈도산십이곡〉은 이별(李鼈, ?~?)의 〈육가〉의 형식을 본떠, 〈도산육곡〉을 전후로 지은 12수의 시조이다. '도산'은 경북 안동에 소재한 도산서당과 그 일대로, 이황이 만년에 성리학을 공부하고 제자들을 길렀던 곳이다. 〈도산십이곡〉의 본문인 〈도산육곡〉은 이황의 친필이 새겨진 목판으로 전해진다.

이황은 〈도산십이곡발(陶山十二曲跋)〉에서, 한글로 된 노래로 사람들을 교화시키자는 예학 사상을 드러냈다. 그는 〈한림별곡(翰林別曲)〉과 같은 기존의 노래들이 대부분 음란하고 장난스러움을 지적하며, 군자가 숭상할 바가 아니라고 했다. 이별의 〈육가〉는 〈한림별곡〉보다 낫지만, 완세불공(玩世不恭)의 뜻이 있고 온유돈후(溫柔敦厚)가 적다고 했다. 이에 아이들이 스스로 노래하고 춤추며 온유돈후의 경지를 쉽게 익힐 수 있도록 이 작품을 짓는다고 했다.

한편 〈도산십이곡발〉에서 이황은 한시와 한글로 된 노래 간의 차이점을 분명하게 인식하고 있었다. 한시는 소리를 내어 읽거나 외울 수는 있지만, 음정이나 멜로디를 붙여 노래로 부를 수 없다고 생각한다. 반면 한글로 된 노래의 경우, 한글 가사에 음정이나 멜로디를 붙여 노래로 부를 수 있다고 생각했다. 그리고 한글로 지은 노래를 부르면서 춤을 추면, 한시에서 얻을 수 없는 즐거움을 누리며 마음을 더욱 깨끗하게 할 수 있다고 했다.

2. 원문 읽기

(1) 山前에 有臺ᄒᆞ고 臺下에 有水ㅣ로다[1]
　뻬만ᄒᆞᆫ ᄀᆞᆯ며기ᄂᆞᆫ 오명가명 ᄒᆞ거든[2]
　엇다다 皎皎白駒ᄂᆞᆫ 머리 ᄆᆞᄉᆞᆷᄒᆞᄂᆞᆫ고[3]

출전: 「도산육곡지일(陶山六曲之一)」 기오(其五) – 도산서원 소장 목판본 〈도산십이곡〉

---

1 山前에……有水ㅣ로다: 산 앞[山前]에 대(臺)가 있고 대 아래에 물이 있도다[有水]. 여기서 산은 도산서당의 주변을 둘러싼 취병산과 부용봉에 해당하고, 대는 도산서당 앞에 있는 천연대(天淵臺)와 천광운영대(天光雲影臺)를 의미한다. 천연대와 천광운영대는 이황이 평소 도산서당에 거처하며 산책한 곳이기도 하다.

2 뻬만ᄒᆞᆫ……ᄒᆞ거든: 떼 지은 갈매기는 오며 가며 하는데.

3 엇다다……ᄆᆞᄉᆞᆷᄒᆞᄂᆞᆫ고: 어찌하여 교교(皎皎)한 백구(白駒)는 멀리 마음을 두는고. '교교'는 희고 깨끗하

(2) 春風에 花滿山[4]ᄒᆞ고 秋夜애 月滿臺[5]라

四時佳興[6] ㅣ 사롬과 ᄒᆞᆫ가지라

ᄒᆞ믈며 魚躍鳶飛 雲影天光[7]이아 어늬 그지 이슬고[8]

출전: 「도산육곡지일(陶山六曲之一)」 기육(其六) – 도산서원 소장 목판본 〈도산십이곡〉

(3) 靑山는 엇뎨ᄒᆞ야 萬古애 프르르며

流水는 엇뎨ᄒᆞ야 晝夜애 긋디 아니는고

우리도 그치디 마라 萬古常靑[9]호리라

출전: 「도산육곡지이(陶山六曲之二)」 기오(其五) – 도산서원 소장 목판본 〈도산십이곡〉

(4) 愚夫[10]도 알며 ᄒᆞ거니 긔 아니 쉬운가[11]

다는 뜻이고, '백구'는 흰 망아지다. 이 구에 담긴 의미를 두고 ① 사회에 대한 미련의 표현으로 해석한 경우, ② 큰 뜻을 품었음을 표현했다고 해석한 경우, ③ 멀리 있는 친구들에 대한 그리움으로 해석하는 경우, ④ 우국지정으로 해석하는 경우, ⑤ 연군지정으로 해석하는 경우, ⑥ 현자라 자칭하는 사람들의 세속적 욕망에 대한 비판으로 해석한 경우 등, 그 해석이 다양하다. 이 중 ①~⑤는 화자 자신에 대한 책망의 표현으로, ⑥은 타자에 대한 책망의 표현으로 해석한 것이다.

4 花滿山: 화만산. 꽃이 산에 가득함.

5 月滿臺: 월만대. 달이 대에 가득함. 여기서 대는 도산서당 앞에 있는 천연대와 천광운영대를 의미한다.

6 四時佳興: 사시가흥. 사계절의 아름다운 흥취.

7 魚躍鳶飛 雲影天光: 어약연비 운영천광. '어약연비(魚躍鳶飛)'는 연비어약(鳶飛魚躍)으로, 『시경』의 「대아(大雅) 한록(旱麓)」에 나오는 "솔개는 날아 하늘에 이르고, 물고기는 연못에서 뛰어논다.[鳶飛戾天 魚躍于淵]"에서 유래했다. 솔개가 날고 물고기가 뛴다는 뜻으로, 온갖 동물과 만물이 각자의 자리에서 생을 즐긴다는 자연의 이치를 이르는 말이다. 실제로 이황은 자신이 창작한 시인 〈도산잡영〉의 18수 중 「천연대」에서, 천연대의 자연 풍경을 보며 연비어약의 이치를 깨닫는다고 언급했다. '운영천광(雲影天光)'은 천광운영(天光雲影)으로, 주자(朱子)의 〈관서유감(觀書有感)〉에 나오는 "반묘의 네모난 연못 한 거울처럼 열렸는데, 하늘빛과 구름 그림자가 함께 배회하네. 묻노니 저 어찌 이렇듯이 맑은가? 근원에 활수가 있기 때문이라네.[半畝方塘一鑑開 天光雲影共徘徊 問渠那得淸如許 爲有源頭活水來]"에서 유래했다. 연못의 맑은 수면에 비친 하늘빛과 구름 그림자라는 뜻으로, 사람의 마음을 비유한 말이다. 네모반듯하면서 수면이 흔들리지 않아 사물을 비춰 주는 연못처럼, 사람의 본성 역시 연못처럼 반듯하고 고요하며 선하다는 것이다. 도산서당 앞에는 천광운영대가 있는데, 이 이름은 이황이 주자의 〈관서유감〉에서 따온 것이다. 그리고 이황은 〈도산잡영〉의 18수 중 「천광운영대」에서, 천광운영대의 자연 풍경을 보며 주자의 〈관서유감〉을 떠올린다.

8 어늬 그지 이슬고: 어디 끝이 있을꼬.

9 萬古常靑: 만고상청. 오랜 시간 동안 늘 푸름.

10 愚夫: 우부. 어리석은 남자.

11 알며……쉬운가: 알아서 하니 그 아니 쉬운가.

聖人도 몯다 ᄒᆞ시니 긔 아니 어려운가[12]

쉽거나 어렵거나 듕에 늙는 주를 몰래라

출전: 「도산육곡지이(陶山六曲之二)」 기육(其六) - 도산서원 소장 목판본 〈도산십이곡〉

3. 작품 감상

〈도산십이곡〉은 총 12수의 연작시로, 전육곡(前六曲) '언지(言志)'와 후육곡(後六曲) '언학(言學)'으로 나뉜다. '언지'에서는 강호 은거를 택하여 도산의 자연과 교감하면서 느끼는 감회와 뜻을 노래했다. 그리고 사람이 일을 하고자 뜻을 세웠으면 그 일을 이루기 위해 이리저리 왔다 갔다 하지 않고 한길로 바르게 나아가야 함을 이야기한다. 이는 도학을 공부하기 전 마음속에 굳건하게 뜻을 세워야 한다는 것이다. '언학'에서는 학문과 수양을 통한 성정의 순정(醇正)함과 배움의 진정한 의미를 되새기며, 배움의 과정에서 필요한 마음가짐 등을 이야기한다. 이황은 성현의 말과 행동을 진심으로 마음속에 본받아서 조용히 찾고 가만히 익힌 뒤라야 비로소 학문으로 나아가는 공을 길러 낼 수 있다고 보았다. 언지와 언학은 구분되지만, 유학자로서 지켜야 할 도리이자 삶의 태도라는 내용으로 연결되며, 서로 유기적인 관계 속에서 배움의 한길로 나아간다는 의미로 통합된다.

전육곡 '언지'	① 제1곡: 자연과 더불어 살아가고자 함을 표현 ② 제2곡: 자연 속에서 허물 없는 삶을 지향함을 표현 ③ 제3곡: 순박한 풍속이 죽은 것은 거짓말이며, 인간의 본성이 선한 것이 옳음을 표현 ④ 제4곡: 아름다운 자연 속에서 한 미인(성현)을 잊지 못함을 표현 ⑤ 제5곡: 산수와 갈매기가 오고 가는 자연 속에서 자신의 출처관(出處觀)을 표현 ⑥ 제6곡: 사시사철의 풍경이 인간과 동일함을 노래하며, 자연의 조화가 끝이 없음을 표현
후육곡 '언학'	⑦ 제1곡: 천운대와 완락재 속에서 만 권의 책을 읽는 즐거움을 표현 ⑧ 제2곡: 배움을 통해 눈과 귀를 총명하게 하여 어리석은 사람이 되지 말 것을 표현 ⑨ 제3곡: 고인(성현)의 가르침을 따르며 본받고자 함을 표현 ⑩ 제4곡: 가던 길을 버려 두고 다른 길(벼슬길)로 나아갔던 일을 후회하며, 다시는 마음을 다른 곳에 두지 않고 학문에 전념할 것을 표현 ⑪ 제5곡: 변함없이 푸른 산과 쉼 없이 흐르는 유수처럼, 학문과 수양을 그치지 않을 것을 표현 ⑫ 제6곡: 학문과 수양에 정진하느라 늙어 가는 줄 모름을 표현

12 몯다……어려운가: 못다 하시니 그 아니 어려운가. '못다'는 '다하지 못함'을 나타내는 말이다.

(1)은 〈도산십이곡〉의 전육곡 중 5번째 수로, 산수 속에서 갈매기가 날아다니는 풍경을 그리면서, 순백의 망아지에게 어찌 마음을 먼 곳에 두는지를 반문한다. 여기서 망아지는 바로 이황 자신으로, 임금을 두고 자연으로 돌아온 은자가 멀리 있는 임금을 향한 연군지정과 우국지정을 품고 있음을 드러낸다. 즉, 벼슬을 그만두고 자연 속에 은거하면서도 임금과 나랏일을 생각하는 자신의 모습을 두고 자책하는 뜻을 담았다고 볼 수 있다.

(2)는 〈도산십이곡〉의 전육곡 중 6번째 수로, 일정한 질서 속에서 한결같이 반복·순환하는 자연의 풍경과 그 속에 담긴 이치를 관찰하면서 느낀 감동을 노래했다. 초장에서는 봄바람 속의 꽃과 가을 달빛이 가득한 바위를 그리면서, 그 풍경은 사시사철 변함없이 아름답다고 한다. 봄은 만물을 소생시키는 계절이면서, 가을과 함께 너무 덥지도 너무 춥지도 않은 계절이다.

여기서 더 나아가, 이황은 사시사철 아름다운 자연에 내재한 '질서'에 주목한다. 그것은 바로 1년 동안 사계절이 일정한 질서에 따라 순환하는 것이다. 사계절의 변화는 질서정연하게 반복·순환되는데, 자연이 사시사철 아름다운 것은 이와 같은 엄격한 질서가 있기에 가능하다. 이황은 사시사철이 갖는 질서와 아름다운 풍경을 "사람과 한가지"라 함으로써, 자연의 질서를 인간과 연결하고 있다.

종장에서 언급되는 "어약연비 운영천광(魚躍鳶飛 雲影天光)"은 성리학에서 말하는 자연의 질서와 인간의 마음을 의미한다. 여기서 말하는 자연의 질서란 하늘과 땅 사이에 있는 만물이 각자의 자리에서 활발하게 생동하는 것이다. 그리고 여기서 말하는 인간의 마음은 인간의 본성으로, 맑고 고요한 수면과 같다고 한다. 흔들림 없이 맑고 고요한 수면에 하늘이 그대로 비치듯, 인간의 본성 역시 고요하고 맑으며 이와 같은 본성을 유지해야 한다는 것이다. 실제로 도산서당의 앞에는 천연대와 천광운영대라는 공간이 있다. 두 공간은 모두 이황이 직접 이름을 지은 공간이자, 이황이 성리학에서 말하는 자연의 이치를 깨닫고 인간의 본성 및 마음 수양을 떠올린 공간이기도 하다.

이황은 이와 같은 자연의 이치를 인간과 동일선상에 두며, 인간의 도덕적 질서를 확립하고자 한다. 질서정연한 자연의 조화와 아름다움을 관찰하며, 사람

역시 자연처럼 조화롭게 살아가야 함을 강조하며 물아일체를 표현한다.

(3)은 〈도산십이곡〉의 후육곡 중 5번째 수로, 청산과 유수를 노래하며 끊임없이 학문과 수양에 힘쓸 것을 노래한다. 불변하는 산수와 같은 자세를 지니고자 하며 둘을 함께 아우르는 이치를 깨닫게 했다. 만고(萬古)라는 긴 시간과 주야라는 짧은 시간의 대조에서 보여 준 시간의 변화를, 상청(常靑)이라고 하는 공간의 안정으로 넘어가야 한다고 했다. 상청은 이황을 둘러싼 청산으로, 이 청산은 오랜 시간 동안 변함없이 푸른 모습을 유지한다는 점에서 공간의 안정이라 할 수 있다.

시간의 변화는 기의 가변성을, 공간의 안정은 이(理)의 불변성·영속성을 나타내며, 기가 움직이는 대로 내버려 두지 말고 영원불변하는 이를 따르자는 가르침을 전달한다. 즉, 자연의 이치를 본받아 사람으로서 학문하고 수양해야 함을 이야기한다. 변함없이 푸른 산과 주야로 끊임없이 흐르는 물에 비유하여, 중단 없이 꾸준히 학문과 실천에 힘쓰자는 것이다.

세상이 혼탁하기에 마음의 선한 도리가 발현되는 데에 지장이 있으므로, 이황은 더럽혀지지 않은 산수를 찾아 노닐면 날 때부터 타고난 깨끗한 마음이 발현될 수 있다고 보았다. 산수의 만고상청에 촉발되어 마음의 만고상청이 발현되게 하자는 것이다. 이와 같은 마음가짐으로 화자는 자연 속에서 학문에 몰입하게 된다.

(4)는 〈도산십이곡〉의 후육곡 중 6번째 수로, 세월의 흐름을 잊은 채 학문에 몰입하는 모습을 표현했다.

〈도산십이곡발〉에서 알 수 있듯, 이황은 자연 속에서 은거하며 마음의 안정을 얻고 심성을 가다듬어 도학의 근본을 밝히고자 했다. 강호가도를 통해 세상으로부터의 구속에서 벗어나고자 하면서도, 완세불공에 빠지지 않고 온유돈후한 경지에 이르고자 했다. 그는 도학의 내용을 직접적으로 전달하기보다, 노래를 통해 듣는 이를 감발하게 함으로써 교화시키고자 했다. 즉, 사람들이 〈도산십이곡〉을 부르며 비루한 마음을 씻어 내고, 〈도산십이곡〉을 노래하는 자와 듣는 자 모두가 유익함을 얻길 바란 것이다. 유학자로서 지켜야 할 삶의 태도와 학문의 자세를 반복적인 가창을 통해 자리 잡게 함으로써 지행합일을 이루고자 했음을 알 수 있다.

〈생각해 보기〉

(1) 이황은 〈도산십이곡〉에서 오랜 시간 동안 불변하는 산수를 통해 영원하고 불변하는 이(理)에 대해 노래하며, 자신 역시 산수와 같은 삶의 자세를 지니고 이를 지향했다. 한편, 황진이 역시 〈청산리벽계수〉에서 산수에 대해 읊었는데, 황진이의 경우 시간의 순간성에 대해 노래했다. 황진이의 시조와 이황의 시조에 나타나는 시간관·세계관을 비교해 보자.

(2) 조선 중기에는 계유정난 및 여러 사화 등으로 인해, 왕도정치에 대한 사대부들의 기대가 무너지게 된다. 이 때문에 자연 속에서 은거하며 도학을 추구하는 강호가도가 등장하는데. 영남 지역과 호남 지역에 각각 강호가도가 형성된다. 이황의 〈도산십이곡〉은 영남의 강호가도에 속한다. 영남과 호남 지역의 강호가도를 조사하고 둘을 비교해 보자.

(3) 〈도산십이곡〉에서 이황은 자연을 감상하며 성리학에서 말하는 자연의 이치 및 인간의 교화, 윤리적인 가치를 떠올렸다. 최근에 SNS나 블로그 등을 보면, 사람들은 자연 풍경을 찍은 사진을 탑재하거나, 캠핑 및 낚시·등산 등과 같은 활동을 기록한다. 이를 통해 사람들은 자연 속에서 휴식을 취하거나 성취감을 느끼는 등 각자의 즐거움을 추구한다. 이를 고려했을 때, 〈도산십이곡〉에서 자연을 대하는 태도나 자연을 통해 추구하는 바가 현대 사회에 시사하는 바에 대해 생각해 보자.

참고문헌

- 김병권, 「〈도산십이곡〉의 천명 사상 연구」, 『퇴계학논총』 15, 퇴계학부산연구원, 2009.
- 박연호, 「'노래'로서의 〈陶山十二曲〉 연구」, 『한국시가연구』 42, 한국시가학회, 2017.
- 변종현, 「〈도산잡영〉과 〈도산십이곡〉의 관련 양상 연구」, 『배달말』 60, 배달말학회, 2017.
- 성기옥, 「〈도산십이곡〉의 구조와 의미」, 『한국시가연구』 11, 한국시가학회, 2002.
- 신연우, 「도산잡영과 도산십이곡에서의 '흥'」, 『국어국문학』 133, 국어국문학회, 2003.

김소연

40

정철의 훈민가
訓民歌

1. 창작 배경

15세기의 조선은 유교 이념을 통하여 국가 질서를 확립하고 백성을 교화할 선비를 양성해야 했던 시기로, 백성들을 대상으로 노래로 유교 윤리를 가르칠 수 없었다. 그러나 16세기에 이르면 향촌사회를 사회·경제적으로 지배하고, 자신들의 지위를 유지하기 위해 백성을 교화하려는 인물들이 등장하게 된다. 이들 사림파는 사화와 당쟁으로 말미암아 출처를 거듭하였는데, 세상에서 물러나 수기(修己)하며 그들의 성정(性情)을 시조로 표현하거나, 혹은 세상에 나아가 치인(治人)하며 자제(子弟)들이나 백성들을 위한 시조를 창작하였다. 면앙정(俛仰亭) 송순(宋純, 1493~1582), 신재(愼齋) 주세붕(周世鵬, 1495~1554), 송강(松江) 정철(鄭澈, 1536~1593) 등이 대표적이다. 이들은 지배계층으로서 사회적 책임감을 가지고 모든 백성에게 유교 이념을 가르치기 위해 노력하였는데, 『소학(小學)』, 『주자가례(朱子家禮)』의 보급 및 교육을 장려한 것이 그 예이다. 정철의 〈훈민가〉는 백성을 교화하기 위한 지배계층의 노력이라는 맥락에서 이해할 수 있다. 즉, 정철은 당시 강원도 관찰사로서, '오륜(五倫)'이라는 인륜적 질서를 지켜 나갈 것을 노래하여 강원도 백성들을 교화하고자 했던 것이다.

정철은 자가 계함(季涵)이며, 호가 송강이다. 돈녕부 판관(敦寧府判官)이었던 정유침(鄭惟沈)의 막내아들로, 큰누이가 인종(仁宗)의 귀인(貴人)이 되면서 가문이 크게 현달하였고, 셋째 누이도 계림군(桂林君) 이유(李瑠)의 부인이 되면서, 어릴 적부터 궁에 출입하며 훗날 명종(明宗)이 되는 경원대군(慶原大君)과 친하게 지냈다. 그러나 10세 되던 해 계림군이 을사사화(乙巳士禍)에 연루되면서 부친이 유배되는 등 집안이 크게 화를 입었다. 정철은 부친의 유배지를 따라다니다가, 부친이 유배에서 풀려나자 전남 창평(昌平)으로 이주하여 고봉(高峰) 기대승(奇大升, 1527~1572), 하서(河西) 김인후(金麟厚, 1510~1560) 등에게 수학하는 한편, 율곡(栗谷) 이이(李珥, 1536~1584), 우계(牛溪) 성혼(成渾, 1535~1598) 등과 교유하였다. 26세 때 진사시에 합격하고 27세에 장원 급제하며 벼슬길에 올라 좌랑(佐郎)과 정랑(正郎)을 두루 거쳤다. 정철은 불의를 참지 못하는 강직한 성품 탓에 조정에서 많은 마찰을 일으키기도 했지만, 직설적이고 과감한 정치적 판단으로 서인(西人)의 영수가 되기도 하였다. 정철은 정계의 주요 인물이었던 만큼 끊임없이 동인(東人)의 견제를 받았는데, 마침내 강화도로 물러나 58세 되던 해에 세상을 떠났다.

2. 원문 읽기

(1) 님금과 빅셩과 ᄉᆞ이 하늘과 ᄯᅡ히로ᄃᆡ[1]
　내의 셜운 이ᄅᆞᆯ[2] 다 아로려 ᄒᆞ시거든
　우리돌 ᄉᆞᆯ진 미나리ᄅᆞᆯ 혼자 엇디 머그리[3]

(2) 어버이 사라신 제 셤길 일란 다ᄒᆞ여라
　디나간[4] 휘면 애ᄃᆞ다[5] 엇디 ᄒᆞ리
　평ᄉᆡᆼ애 고텨 못ᄒᆞᆯ 일이 잇ᄲᅮᆫ인가 ᄒᆞ노라[6]

1　ᄯᅡ히로ᄃᆡ: 땅이로되.

2　셜운 이ᄅᆞᆯ: 서러운 일을.

3　우리돌……머그리: 우리가 살찐 미나리를 혼자 어찌 먹으리라는 것으로, 『여씨춘추(呂氏春秋)』에 "들백성이 살찐 미나리를 임금께 바치기를 원한다[野人美芹 願獻之至尊]"는 구절과 관련이 있다. 임금의 은택에 보답하고자 하는 의지를 의문형으로 표현한 것으로 보인다.

(3) ᄒᆞᆫ 몸 둘헤 ᄂᆞᆫ화[7] 부부를 삼기실샤[8]

이신 제[9] ᄒᆞᆷ게 늙고 주그면 ᄒᆞᆫᄃᆡ 간다

어ᄃᆡ셔 망녕의 써시 눈 흘긔려 ᄒᆞᄂᆞ뇨

(4) ᄑᆞᆯ목 쥐시거든 두 손으로 바티리라[10]

나갈 ᄃᆡ 겨시거든 막대 들고 조ᄎᆞ리라

향음쥬[11] 다 파ᄒᆞᆫ 후에 뫼셔 가려 ᄒᆞ노라

(5) ᄂᆞᄆᆞ로 삼긴[12] 듕의 벗ᄀᆞᆺ티 유신ᄒᆞ랴[13]

내의[14] 왼 이ᄅᆞᆯ[15] 다 닐오려[16] ᄒᆞ노매라

이 몸이 번님곳 아니면 사ᄅᆞᆷ되미 쉬올가

출전: 『경민편언해(警民編諺解)』

3. 작품 감상

훈민시조는 백성을 가르치기 위한 유교와 관련된 구체적 실천 윤리를 주된 내용으로 하는 시조 작품들을 말한다. 정철의 〈훈민가〉는 그 대표적인 작품이

---

4 디나간: 지나간. 시간이나 세월이 흐르는 것을 의미한다.
5 애ᄃᆞ다: 애달프다고 한들. 애달프다는 애처롭고 쓸쓸함을 의미한다.
6 평싱애……ᄒᆞ노라: 평생에 고쳐 못 할 일이 이뿐인가 하노라. 어버이를 봉양하는 것은 평생 할 수 있는 것이 아니라 어버이가 살아계실 때 가능하므로, 어버이가 살아계실 때 제대로 모시라는 것을 표현한 것이다.
7 ᄂᆞᆫ화: 나누어.
8 삼기실샤: 생기게 하셔서.
9 이신 제: 있을 때.
10 ᄑᆞᆯ목……바티리라: 팔목 쥐시거든 두 손으로 바치리라. 어른이 거동하실 때 몸이 불편하시므로, 아랫사람이 부축해야 함을 의미한다.
11 향음쥬: 향음주례(鄕飮酒禮). 온 고을의 유생이 읍양(揖讓)의 예를 지켜 술을 마시는 의식을 말한다.
12 ᄂᆞᄆᆞ로 삼긴: 남으로 생긴. 즉, 가족이 아닌 타인 중에라는 의미이다.
13 벗ᄀᆞᆺ티 유신ᄒᆞ랴: 벗처럼 믿음직한 사람이 있겠는가. 유신(有信)은 믿음이 있다는 것으로, 가족이 아닌 타인 중에 벗처럼 미더운 존재가 없음을 표현한 것이다.
14 내의: 나의.
15 왼 이ᄅᆞᆯ: 모든 일을.
16 닐오려: 말하려.

다. 훈민, 즉 백성을 가르치려는 노력은 일찍이 조선 초부터 〈삼강행실도(三綱行實圖)〉를 제작, 반포하는 등의 방식을 통해 시도되었다. 특히 '오륜'과 같은 유교 윤리는 다소 추상적인 것이기 때문에 이를 구체화하는 과정이 필요했다. 이처럼 〈훈민가〉와 같은 훈민시조가 등장하기 이전에 이미 경기체가 〈오륜가〉와 같은 '오륜'을 노래하는 작품이 등장하기도 했다. 그런데 경기체가 〈오륜가〉는 창작 목적이 본래 당대 훈구파 사대부들의 자체적인 향유에 있었고, 또 한자 어구를 나열하고 오륜과 관련된 인물이나 용어를 산발적으로 조합하여 백성이 노래할 수 있는 것이 아니었다.

16세기에 이르러 주세붕의 〈오륜가〉처럼 사대부 중심의 향유가 아닌, 백성을 교화하기 위해 오륜을 노래한 작품이 등장하게 되었다. 정철의 작품은 이러한 맥락 속에서 창작되었다. 〈훈민가〉는 오륜 및 유교적 윤리관에 의거한 올바른 삶을 가르치는 것을 목적으로 하되, 일상의 언어를 이용하여 일상의 일이나 구체적인 상황을 제시하여 백성의 정서적 감동에 따른 교화를 시도하였다.

〈훈민가〉는 정철이 강원도 관찰사로 재직하였던 1580년 정월부터 이듬해 3월 사이에 지어진 작품이다. 〈훈민가〉는 송나라 고령(古靈) 진양(陳襄, 1017~1080)이 지은 〈선거권유문(仙居勸誘文)〉을 바탕으로 제작된 것으로 알려져 있다. 〈훈민가〉의 구성은 ① 부의모자(父義母慈), ② 형우제공(兄友弟恭), ③ 군신(君臣), ④ 자효(子孝), ⑤ 부부유은(夫婦有恩), ⑥ 남녀유별(男女有別), ⑦ 자제유학(子弟有學), ⑧ 향려유예(鄕閭有禮), ⑨ 장유유서(長幼有序), ⑩ 붕우유신(朋友有信), ⑪ 빈궁우환 친척상구(貧窮憂患 親戚相救), ⑫ 혼인사상 인리상조(婚姻死喪 隣里相助), ⑬ 무타농상(無惰農桑), ⑭ 무작도적(無作盜賊), ⑮ 무학도박 무호쟁소(無學賭博 無好爭訟), ⑯ 반백자불부재(斑白者不負戴)로, 정철은 〈선거권유문〉에 없는 '군신', '장유유서', '붕우유신'의 내용을 추가하고, 〈선거권유문〉에서는 따로 다룬 '무학도박'과 '무호쟁송'을 1수로 합쳐 16수의 연시조를 창작하였다. 여기서는 오륜에 해당하는 ③ 군신, ④ 자효, ⑤ 부부유은, ⑨ 장유유서, ⑩ 붕우유신을 중심으로 내용을 살펴본다.

(1)은 임금과 신하의 관계에서 지켜야 할 도리를 이야기한 것이다. 임금과 백성의 처지는 하늘과 땅처럼 간극이 크지만, 높은 곳에 있는 임금은 기꺼이 아래

에 있는 자신의 서러운 일을 다 알려고 할 만큼 백성을 사랑하는 마음을 가지고 있다고 하였다. 그리고 이러한 임금의 사랑에 대하여, 『여씨춘추(呂氏春秋)』에 나오는 "들백성이 살찐 미나리를 임금께 바치기를 원한다.[野人美芹 願獻之至尊]"는 구절을 통해 자신을 포함한 백성들이 마땅히 보답해야 한다고 하였다. 특히, 중장에서 '나'로 나타난 화자가 종장에서는 '우리'로 확대되어, 자신도 백성의 한 사람임을 강조하고 이를 바탕으로 백성과의 유대감을 형성하였다. 그러면서 '혼자 엇디 머그리', 즉 자신의 의지를 드러내는 의문형 종결어미 '-리'를 통해 임금에게 미나리를 바치듯이 은혜에 보답하라는 의도를 표현하였다.

(2)는 자식으로서 부모님에게 효도해야 함을 이야기한 것이다. 먼저, 초장에서 '다ᄒᆞ여라'라고 하여 명령조로 효를 실천하라고 하였다. 이는 윗사람이 아랫사람을 교화하기 위해 강력한 의지를 드러낸 표현으로, 그만큼 효의 실천을 각인하려는 정철의 의지를 읽어 낼 수 있다. 그리고 이어서 정철은 효를 실천하는 것이 왜 중요한지에 대해 무척 사실적이고 구체적인 표현을 통해 설명한다. 중장의 내용이 해당하는데, 부모님이 돌아가시면 후회해도 소용없다는 구절이다. 같은 주제를 다루고 있는 〈훈민가〉의 다른 구절에서 "아바님 날 나ᄒᆞ시고 어마님 날 기ᄅᆞ시니/두 분 곳 아니시면 이 몸이 사라실가/하늘 ᄀᆞᄐᆞᆫ ᄀᆞ업슨 은덕을 어ᄃᆡ 다혀 갑ᄉᆞ오리"라고 한 것과 비교했을 때, (2)는 좀 더 구체적이다. 예컨대, 이 구절이 낳아 주시고 길러 주신 부모님의 은덕과 이에 대해 자식으로서 보답을 해야 한다는 것을 알려 주고 있다면, (2)는 부모님이 돌아가시면 효도를 하고 싶어도 하지 못한다며, 부모님이 살아 계실 때 정성껏 모시라는 현실적인 사례를 이야기하고 있기 때문이다. 이러한 사실적이고 구체적인 표현은 정철의 〈훈민가〉에 나타나는 주요 특징이라고 할 수 있다.

(3)은 부부 사이에 서로 아끼며 사랑해야 함을 이야기한 것이다. 부부는 원래 한 몸이 둘로 나누어져 생긴 것이므로, 살아 있을 때나 죽을 때 모두 함께하는 사이라고 하였다. 이 긴밀한 관계를 잘 유지하는 것을 강조하면서, 한편으로는 '망령된 것'에 대해서는 부정적인 태도를 보인다. '어ᄃᆡ셔 망녕의 써시 눈 흘긔려 ᄒᆞᄂᆞ뇨'라는 구절에서 '-뇨'는 의문형 종결어미이지만, 이는 청자에게 순수하

게 질문하는 것이기보다는 그 의도가 부부간의 정을 방해하는 것들을 금지하려는 것에 있다. 즉, 정철은 청자에게 어떤 행위를 금지하는 것에 있어서 '-말아라', '-하라'와 같은 기본형의 명령 표현뿐만 아니라, 다양한 표현을 통해 자신의 의도를 전달하고 있는 것이라 하겠다.

(4)는 어른을 섬기는 도리를 이야기한 것이다. 어른이 일어서실 때 팔목을 쥐면 두 손으로 받쳐 부축하고, 나가실 때는 거동을 도울 지팡이를 챙겨 뒤를 따라야 한다. 그리고 향음주례에 모셔 가고 그 자리가 끝나면 다시 어른을 모셔 가야 함을 설명하였다. 즉, 여기서는 젊은이가 어른을 어떻게 모셔야 하는지 그 행위를 구체적으로 설명하고 있다. 어른이 일어나실 때, 거동하실 때, 향음주례가 끝날 때와 같이 구체적인 상황과 취해야 할 행동을 제시하되, 강압적인 명령이 아니라 '-리라', '-노라'와 같이 스스로의 의지를 표현하는 종결어미를 통해, 은근히 청자로 하여금 깨달음을 주려는 것이라 할 수 있다.

(5)는 친구 간의 믿음에 대해 이야기한 것이다. '친구'는 남이지만 자신에게 가장 믿음직한 존재이다. 친구는 자신의 옳지 못한 일을 말해 주어 사람답게 살 수 있도록 해주기 때문이다. 이때 핵심적인 구절이라 할 수 있는 '사롬되미 쉬올가'라는 구절에서 '-(ㄹ)가'와 같은 의문형 종결어미를 사용하고 있는데, 이는 친구가 무척 소중하다는 것을 스스로 질문하고 되새길 수 있도록 하려는 의도로 이해된다.

정철의 〈훈민가〉는 오륜이라는 추상적인 관념을 백성들에게 가르쳐 도덕적인 사회를 이끌어 가고자 지어진 작품이다. 목민관인 윗사람이 백성이라는 아랫사람을 교화하기 위한 목적이지만, 이 작품은 일방적이고 고압적인 태도로 훈민을 제시하는 것이 아니라 수용자인 백성들에게 좀 더 쉽게 다가가기 위한 노력들이 나타나고 있다는 점에서 중요한 작품이라 할 수 있다. 즉, 〈훈민가〉는 일상의 상황에서 일상 언어를 통해 오륜을 권장하고, 직접 명령을 하기도 하지만, 의문을 통해 청자가 스스로 깨닫도록 유도하는 등 수용자인 백성을 배려한 표현과 내용이 돋보이는 작품이다. 이처럼 교화의 목적을 달성하는 데 무척 용이한 작품이었기 때문에, 〈훈민가〉는 사재(思齋) 김정국(金正國, 1485~1541)의 『경민편(警民編)』을 비롯하여 후대에 오랫동안 보급되고 향유될 수 있었을 것이다.

〈생각해 보기〉

(1) 정철의 〈훈민가〉는 작품의 내용이나 형식을 보면 그가 목민관으로서 백성을 배려하고자 노력했음을 발견할 수 있지만, 한편으로는 강원도 관찰사로 있던 무척 짧은 기간에 창작된 작품이기 때문에 과연 〈훈민가〉가 백성을 무척 배려하고자 했던 목민관의 체험해서 우러나온 작품인가 하는 궁금증이 생기기도 한다. 실제로 정철은 강원도 관찰사로 활동하며 풍속 교화를 위해 다양한 정책을 시행하기도 했지만, 오히려 강원도에 전래하는 설화에서는 그를 부정적인 인물상으로 이야기하는 것이 많다는 사실이 눈에 띄기 때문이다. 정철의 생애를 좀 더 조사해 보고, 〈훈민가〉를 어떻게 이해할 것인지에 대해 자유롭게 이야기해 보자.

(2) 유교 윤리를 백성에게 가르치기 위해 다양한 사람들이 훈민시조를 지었다. 관념적인 대상을 노래로 주입하려는 많은 노력 가운데, 특히 정철의 〈훈민가〉는 16세기 당시뿐만 아니라 후대까지도 불렸다. 정철의 〈훈민가〉가 널리 사랑받은 이유를 작품이 지닌 특징적인 면모와 연관하여 이야기해 보자.

(3) 〈훈민가〉는 오륜을 비롯하여, 향촌 질서를 바로잡기 위해 상부상조하기, 죄 짓지 말기, 도박 금지 등 다양한 내용을 제시하고 있다. 이러한 내용들은 과거에만 효용이 있는 것이 아니라 오늘날 사회에서도 중요한 의미를 지니고 있다고 할 수 있다. 〈훈민가〉에서 제시하고 있는 16개의 바람직한 인간의 행동을 자세히 찾아보고, 자신이 생각했을 때 오늘날 가장 가치 있는 것이 무엇인지에 대해 자유롭게 이야기해 보자.

참고문헌

· 김갑기, 『송강가사』, 지식을만드는지식, 2012.
· 김상진, 『16·17세기 시조의 동향과 경향』, 국학자료원, 2006.
· 권정은, 「훈민시조의 창작기반과 다원적 진술 양상」, 『국문학연구』 9, 국문학회, 2003.
· 조태흠, 「〈훈민가〉의 말하기 방식과 그 의의」, 『한국민족문화』 66, 부산대학교 한국민족문화연구소, 2018.
· 최재남, 「〈훈민가〉 보급의 경과와 그 의미」, 『한국시가문화연구』 21, 한국시가문화학회, 2008.

신소윤

41

송순의 면앙정가
俛仰亭歌

1. 창작 배경

16세기에 중앙 정계에 진출한 사림파는 훈구파와 대립하는 과정에서 수난을 겪은 자신들의 처지를 읊기에 적당하고, 형식에 구애받지 않는 개방적인 장르가 필요했다. 단가인 시조와 장가인 가사가 발전했는데, 송순(宋純, 1493~1582)의 〈면앙정가〉[1]는 자연이나 전원생활을 노래한 대표적인 강호 가사이다. 송순은 담양의 기촌(企村)에서 지낸 1555년과 전주 부윤으로 출사한 1558년 사이에 〈면앙정가〉를 창작하였다. 그는 면앙정과 그 주변의 산수와 사계절을 감상하는 즐거움을 노래하면서, 수기치인이라는 유가적 이상을 실현하는 공간으로 면앙정을 노래하였다. 또한, 〈면앙정가〉는 16세기 향촌 지배 계층으로 성장한 재지 사족의 위상을 미적으로 형상화한 작품이자, 개별적으로는 송순의 욕망과 지향점을 표출한 작품으로 평가되기도 한다.

송순의 자는 수초(守初) 또는 성지(誠之)이고, 호는 기촌(企村)과 면앙(俛仰), 시호는 숙정(肅定)이다. 본관은 신평이고, 담양에서 태어났다. 송순은 9세 때 죽은

1 〈면앙정가〉: '면(俛)'의 음훈은 '힘쓰다 [면]' 또는 '머리를 숙이다, 구부리다 [부]'이다. 송순은 '땅을 굽어보고, 하늘을 우러러본다'라는 의미로 정자를 이름하였으니, 〈부앙정가〉로 읽어야 한다는 논의가 있음을 밝혀 둔다.

새를 추모한 「조곡문(鳥哭文)」을 지을 정도로 문재가 뛰어났고, 30여 수의 국문 시가와 560여 수의 한시를 남겼다. 지지당(知止堂) 송흠(宋欽, 1459~1547)과 기묘명현(己卯名賢)의 한 사람인 눌재(訥齋) 박상(朴祥, 1474~1530)이 그의 스승이다. 송순의 학맥은 길재-김종직-김굉필-조광조-박상으로부터 내려오면서, 호남 지역 사림의 정통을 확립해 나갔다.

2. 원문 읽기

(1) 서사

无等山 ᄒᆞᆫ 활기[2]뫼히 동다히로[3] 버더 이셔
멀리 ᄢᅦ쳐 와 霽月峯이 되어거ᄂᆞᆯ
無邊大野[4]의 므ᄉᆞᆷ 짐쟉[5]ᄒᆞ노라
일곱구ᄇᆡ ᄒᆞᆷ머움쳐[6] 므득므득[7] 버러ᄂᆞᆺᄃᆞᆺ.
가온대 구뵈는 굼긔 든[8] 늘근뇽이
선ᄌᆞᆷ을 ᄀᆞᆺ씨야 머리를 안쳐시니
너ᄅᆞ바회 우히 松竹을 헤혀고[9]
亭子ᄅᆞᆯ 안쳐시니
구름 탄 청학이 千里를 가리라
두 ᄂᆞ래 버렷ᄂᆞᆫᄃᆞᆺ.[10]

---

2 无等山 ᄒᆞᆫ 활기: 무등산의 한 지맥. 무등산은 전남 광주에 있는 진산(鎭山)이다. 무진악(武珍嶽) 또는 서석산(瑞石山)이라고도 한다.
3 동다히로: 동쪽으로.
4 無邊大野: 끝없이 넓은 들판.
5 므ᄉᆞᆷ 짐쟉: 무슨 생각.
6 ᄒᆞᆷ머움쳐: 한곳에 움츠려.
7 므득므득: 우뚝우뚝.
8 굼긔 든: 구멍에 든.
9 헤혀고: 헤치고.
10 두 ᄂᆞ래 버렷ᄂᆞᆫᄃᆞᆺ: 두 날개를 펼친 듯.

(2) 본사

…(중략)…

흰 구름 브흰 煙霞 프르니ᄂᆞᆫ 山嵐이라.
千巖萬壑을 제 집으로 사마 두고
나명셩 들명셩 일히도 구ᄂᆞᆫ지고.
오르거니 ᄂᆞ리거니 長空의 ᄠᅥ나거니
廣野로 거너거니 프르락 블그락 여트락 지트락
斜陽과 섯거 디어 細雨조차 ᄲᅮ리ᄂᆞᆫ다.
藍輿ᄅᆞᆯ ᄇᆡ야 ᄐᆞ고 솔 아ᄅᆡ 구븐 길노
오며 가며 ᄒᆞᄂᆞᆫ 적의
綠楊의 우ᄂᆞᆫ 黃鶯 嬌態 겨워 ᄒᆞᄂᆞᆫ고야.
나모 새 ᄌᆞ자지어 樹陰이 얼읜 적의
百尺欄干의 긴 조으름 내여 펴니
水面凉風이야 그칠 줄 모르ᄂᆞᆫ가.
즌 서리 ᄲᅡ딘 후의 산 빗치 금슈로다.
黃雲은 ᄯᅩ 엇디 萬頃의 편 거긔요.
漁笛도 흥을 계워 ᄃᆞᆯ를 ᄯᆞ롸 브니ᄂᆞᆫ다.
草木 다 진 후의 江山이 ᄆᆡ몰커ᄂᆞᆯ
造物리 헌ᄉᆞᄒᆞ야 氷雪로 ᄭᅮ며 내니
瓊宮瑤臺와 玉海銀山이 眼低의 버러셰라.
乾坤도 가ᄋᆞᆷ열사 간 ᄃᆡ마다 경이로다.

(3) 결사

人間을 ᄯᅥ나와도 내 몸이 겨를 업다.[11]
니것도 보려 ᄒᆞ고 져것도 드르려코

11 겨를 업다: 한가로울 겨를이 없다.

ᄇᆞᄅᆞᆷ도 혀려 ᄒᆞ고[12] ᄃᆞᆯ도 마즈려코

봄으란 언제 줍고 고기란 언제 낙고

柴扉란 뉘 다드며 딘 곳츠란[13] 뉘 쓸려뇨.

아ᄎᆞᆷ이 낫브거니[14] 나조ᄒᆡ라 슬흘소냐.[15]

오ᄂᆞᆯ리 不足커니 내일리라 有餘ᄒᆞ랴.

이 뫼ᄒᆡ 안ᄌᆞ 보고 져 뫼ᄒᆡ 거러 보니

煩勞ᄒᆞᆫ ᄆᆞᄋᆞᆷ의 ᄇᆞ릴 일리 아조 업다.

쉴 ᄉᆞ이 업거든 길히나[16] 젼ᄒᆞ리야.

다만 ᄒᆞᆫ 靑藜杖이 다 믜되여 가노ᄆᆡ라.

술리 닉어거니 벗지라 업슬소냐.

블리며 ᄐᆞ이며 혀이며 이아며[17]

온가짓 소릐로 醉興을 ᄇᆡ야거니[18]

근심이라 이시며 시ᄅᆞᆷ이라 브터시랴.

누으락 안즈락 구부락 져즈락

을프락 ᄑᆞ람ᄒᆞ락 노혜로 소긔니[19]

天地도 넙고넙고 日月 ᄒᆞᆫ가ᄒᆞ다.

羲皇[20]을 모ᄅᆞᆯ러니 니적이야 긔로고야[21]

神僊이 엇더턴지 이 몸이야 긔로고야

江山風月 거ᄂᆞ리고 내 百年을 다 누리면

---

12 혀려 ᄒᆞ고: 쐬려 하고.

13 딘 곳츠란: 진 꽃은.

14 낫브거니: 바쁘거니.

15 나조ᄒᆡ라 슬흘소냐: 저녁이라 싫을소냐.

16 길히나: 은거하는 삶의 길, 후세를 위한 기록.

17 블리며……이아며: 부르며 타며 켜며 흔든다. 노래를 부르고 악기를 연주하는 모습.

18 ᄇᆡ야거니: 재촉하니.

19 을프락……소긔니: 읊었다가 휘파람을 불었다가 하며 마음 놓고 논다.

20 羲皇: 은거하여 혼자 즐기는 사람. 도잠(陶潛)의 「여자엄등소(與子儼等疏)」에 "오뉴월 중에 북창 아래에 누워 있으면 서늘한 바람이 이따금 스쳐 지나가곤 하는데, 그럴 때면 내가 태곳적 희황 시대의 사람이 아닌가 하는 생각이 들기도 한다.[五六月中 北窓下臥 遇凉風暫至 自謂是羲皇上人]"라는 말이 나온다.

21 니적이야 긔로고야: 이때야말로 그것이로구나.

岳陽樓[22] 上의 李太白이 사라노다.

浩蕩情懷야 이예셔 더홀소냐.

이 몸이 이렁 굼도 亦君恩이샷다.

출전: 단국대학교도서관 소장본『잡가』

3. 작품 감상

〈면앙정가〉는 2음보 1구로 계산하여 전체 145구이다. 필사본『잡가(雜歌)』에 국문가사가 전한다. 작자의 시문집인『면앙집』에는「면앙정단가칠편(俛仰亭短歌七篇)」,「신번면앙정장가일편(新飜俛仰亭長歌一篇)」라는 한역가가 수록되었다. 이수광(李睟光, 1563~1628)의『지봉유설』에는 "명종은 송순이 지은 가사를 보고 감탄한 나머지 송순에게 큰 상을 내리게 했다."라는 기록이 전한다. 심수경(沈守慶)은『견한잡록(遣閑雜錄)』에 송순이 시가를 매우 잘 지었다고 평하였다.

'면앙'은 '굽어보고 우러러보다'라는 뜻이다. 심중량(沈仲良)은 〈면앙정기〉에, "백이는 우러러[仰] 하늘을 보아 맑음을 얻어 자신의 뜻을 길렀고, 유하혜는 굽어[俛] 땅을 보아 순리를 얻어 자신의 화평함을 길렀다."라는 뜻을 설명하였다. 하늘을 우러러 뜻을 기르고, 땅을 굽어보아 순리에 어긋나지 않겠다는 작가의 지향점을 알 수 있다. 이것은 〈면앙정삼언가(俛仰亭三言歌)〉에도 드러난다. "굽어보니 땅이요, 우러르니 하늘이라. 그 가운데 정자 있어 호연한 흥취 일어나네. 바람과 달을 불러오고, 산과 내를 끌어들여, 명아주 지팡이 짚고, 한평생을 보내려네."라는 것이 그것인데, 이 삼언가를 길게 읊조린 것이 〈면앙정가〉이다.

〈면앙정가〉의 구조는 2단, 3단, 4단 구조 등으로 다양하게 이해되었지만, 3단 구조로 보는 경향이 우세하다. 그러나 이것은 가사의 3단 구조, 서사-본사-결사에 대한 통념일 뿐, 〈면앙정가〉는 일반적인 가사 작품과 달리 구조가 명확히 분단되지 않는다는 관점에서, 4단 구조로 구분하기도 한다. 기-승-전-결의 4단

22 岳陽樓: 송(宋)나라 범중엄(范仲淹)의 〈악양루기(岳陽樓記)〉에 "강호에 물러나 살면서는 그 임금을 걱정한다.[處江湖之遠 則憂其君]"라는 구절이 있다.

구조로 〈면앙정가〉를 살펴보자.

① 1~18구: 기(면앙정 소개)

② 19~71구: 승(면앙정에서의 조망)

③ 72~97구: 전(면앙정의 사계)

④ 98~145구: 결(면앙정의 일상)

①은 〈면앙정가〉를 시작하는 부분이다. 면앙정 주변의 지세와 면앙정이 자리한 모습이다. 무등산에서 뻗어 나온 지맥이 제월봉이 되었는데, 그 제월봉 위에 7개의 봉우리가 무더기무더기 펼쳐져 있다. 7개 중 가운데에 있는 제월봉은 산세가 마치 용이 머리를 쳐든 것 같은 느낌을 준다. 그 끝에 면앙정이 있어, 정자의 위치와 주변 산의 형세가 마치 학이 날개를 편 것 같은 모습이다.

②는 면앙정에서 바라본 산천에 대한 묘사이다. 19~30구까지는 여계를 흐르는 물에 대해 형상화한 것이고, 31~38구는 물길을 따라 펼쳐진 백사장에 대해 형상화한 것이다. 여기까지는 면앙정에서 바라본 근경(近景)이다. 39~71구는 면앙정에서 바라본 원경(遠景)이다. 전체적으로 산세의 다양한 모습들을 보여 주다가, 세부적으로 산세 각각의 이름을 호명하였다. 이어서 산의 풍광을 더욱 아름답게 만들어 주는 주변 구성물들의 변화무쌍한 모습을 그렸다.

③은 면앙정의 사계를 즐기는 화자의 모습이다. 봄에는 남여(藍輿)를 타고 소나무 아래 굽은 길로 오가며, 여름에는 난간에 기대어 졸음을 내며, 가을에는 흥에 겨워 밤이 되었는데도 피리를 분다고 표현하였다. 면앙정을 오가며 즐기는 한가로운 삶을 표출한 것이다.

④는 면앙정에서의 생활상을 구체적으로 그렸다. 면앙정 일대를 두루 탐방하거나 벗과 함께 즐기는 모습으로 태평성세를 말하면서, 강호에서 살아가는 흥취를 찬란하게 표현하였다. 이어서 이러한 삶은 모두 임금의 은혜[亦君恩] 덕분이라 마무리하였다.

송순은 면앙정을 짓는 데 오랜 시간을 들였다. 1524년(32세)에 면앙정 터를 구입하고, 1533년(41세)에 지었으나, 관직을 역임하면서 자주 떠나 있었다. 그러다 1552년(60세)에 면앙정을 중축한 뒤에 〈면앙정가〉를 창작하였다. 송순이 호남 사림계에서 확고한 지위를 확보한 시기에 이 작품을 창작한 것이다. 본래 송순의 선조들은 은진 송씨에서 출계한 송구진(宋丘進)의 후손들로 충청도의 신평, 연산 등지에서 살았다. 송순의 현조인 노송당(老松堂) 송희경(宋希璟)이 담양으로 이주하면서부터 호남에 정착하였다. 송순의 가문은 처음에는 향안(鄕案)에 오르지 못했다가, 송순이 중앙에서 관직에 오른 뒤에 비로소 향안에 올랐다는 기록이 전한다.

송순은 1519년에 과거에 급제하여 벼슬길에 나섰다. 두 차례 유배를 갔지만, 50여 년 동안 여러 관직을 거쳐 대사간과 이조 참판 등을 역임했다. 성격이 너그럽고 후하여, 정치가로서 원만한 품성과 덕을 지녔다고 평가된다. 특히 음률에 밝아 거문고를 잘 타서 풍류를 아는 호기로운 재상으로 불렸다. 그러나 문학적 명성과는 달리 그의 생가터나 작품의 전승이 제대로 이뤄지지 못했는데, 이는 후사가 없었던 사정이 있기 때문이다.

〈면앙정가〉는 16세기 호남 지역 사림인 송순 시가의 특징을 잘 보여 주는 작품이다. 호남 지역 사림의 문학 활동은 한시보다는 국문시가를 중심으로 이루어졌기 때문에 호남가단이라는 별칭을 얻기도 했다. 송순은 만년에 담양으로 돌아가 향촌의 여러 문인과 교유하며 여생을 풍류로 즐겼다. 송순이 면앙정을 마련한 뒤에 〈면앙정 단가〉와 〈면앙정가〉를 짓자, 당대 호남 시단에서는 면앙정을 주제로 하는 시조나 가사, 한시 등 다양한 장르의 작품들이 창작되었다. 그야말로 송순이 호남 시단의 구심점이 된 것이다. 특히, 〈면앙정가〉는 정극인(丁克仁)의 〈상춘곡(賞春曲)〉과 더불어 호남 가사의 원류가 되고, 제자인 정철(鄭澈)의 〈성산별곡(星山別曲)〉에 직접 영향을 미친 것으로 평가되며, 가사 문학의 계보를 밝히는 데 중요한 작품이라는 데서 문학사적 위상을 짐작할 수 있다.

〈생각해 보기〉

(1) '강호가도'는 영남 지역의 이현보(李賢輔, 1467~1555)와 호남 지역의 송순이 선구자라고 정

리된다. '강호가도'라는 개념은 조선조 사대부들이 강호 자연에 있으면서 자연의 원리와 인간의 도리를 성리학적으로 추구하고 그 체험을 우리말 시가로 읊은 국문학 사조이다. 영남과 호남을 대표하는 두 작가의 작품을 찾아보고, 강호시가 갈래의 특징, 특히 강호의 흥취가 무엇인지를 정리해 보자.

(2) 국문시가 〈면앙정가〉는 송순의 시문집 『면앙집』에 「면앙정단가칠편(俛仰亭短歌七篇)」, 「신번면앙정장가일편(新飜俛仰亭長歌一篇)」이라는 한역본으로 수록되었다. 국문시가가 아닌 한역본으로 작품이 전해지는 이유를 생각해 보자.

(3) 향촌의 문화공간인 당(堂)이나 누정(樓亭)은 그 기능이 같으면서 다른 점이 있다. 당이 강학공간으로 분류된다면, 누정은 놀이(풍류) 공간으로 기능하는 것이다. 특히, 호남에서는 누정 문학 또는 원림(園林) 문학의 측면에서 작품을 분석하고 있다. 원림 문학의 개념을 정리해 보고, '면앙정'의 역할과 문학사적 위상을 검토해 보자.

참고문헌

· 김성기, 「송순의 俛仰亭三言歌 연구」, 『남명학연구』 12, 2002.
· 류속영, 「16세기 사대부 가요의 전개와 향유 양상」, 부산대학교 박사학위논문, 2011.
· 이상원, 「〈면앙정가〉의 구조와 성격」, 『국제어문』 64, 국제어문학회, 2015.
· 정무룡, 「〈면앙정가〉 연구」, 『한민족어문학』 54, 한민족어문학회, 2009.

김선영

42

정철의 사미인곡
思美人曲

1. 창작 배경

선조 즉위 이후 사림파는 16세기 정권을 장악하게 된다. 사림파들이 정치의 주도적 위치에 서게 되면서 내부 분열이 발생하게 되는데, 학파의 성향이나 지역적 기반 등에 따라 서로 다른 견해를 드러낸 것이다. 동서분당(東西分黨, 1575년) 이후로 붕당정치가 시작되었고, 당파의 분열은 이후에도 지속되었다. 당시 서인의 대표적 정치인이라 할 수 있는 정철(鄭澈, 1536~1593)의 본관은 연일(延日), 자는 계함(季涵), 호는 송강(松江)이다. 그는 과거 급제 후 관직에 나아가 여러 요직을 두루 거쳤다. 하지만 그는 당쟁으로 인해 동인이 조정의 주도권을 장악하자 정치적으로 힘을 잃고 낙향할 수밖에 없었다.

정철은 관직에 나아간 이후 총 네 번의 낙향과 한 번의 유배를 겪었는데, 〈사미인곡〉은 그 가운데 가장 길었던 1585년에 이루어진 네 번째 낙향 때 창작되었다. 당시 그는 심의겸(沈義謙)과의 교분을 빌미로 사간원과 사헌부의 논척을 받아 벼슬자리에서 물러나 있었는데, 이 작품은 낙향한 지 약 3년이 경과했을 때 지은 작품으로 알려져 있다. 이때 〈사미인곡〉과 함께 '전후미인곡'으로 일컬어지는 〈속미인곡〉을 비롯하여 〈성산별곡〉 등의 작품도 함께 지은 것으로 전한다. 정철의 낙향 이후에도 정철, 이이(李珥)를 비롯한 서인 계열에 대한 비난이 지속되었고, 이러한 현실적 고민이 〈사미인곡〉에 드러나 있다.

2. 원문 읽기

(1) 이몸 삼기실제[1] 님을조차 삼기시니
ᄒᆞᆫ싱[2] 緣分(연분)이며 하ᄂᆞᆯ모ᄅᆞᆯ 일이런가
나ᄒᆞ나 졈어잇고 님ᄒᆞ나 날괴시니[3]
이ᄆᆞ음 이ᄉᆞ랑 견졸ᄃᆡ 노여[4]업다
平生(평싱)애 願(원)ᄒᆞ요ᄃᆡ ᄒᆞᆫᄃᆡ녜쟈 ᄒᆞ얏더니
늙거야 므ᄉᆞ일로 외오[5]두고 그리ᄂᆞᆫ고
엇그제 님을뫼셔 廣寒殿(광한뎐)[6]의 올낫더니
그더ᄃᆡ 엇디ᄒᆞ야 下界(하계)[7]예 ᄂᆞ려오니
올적의 비슨머리 얼킈연디 三年(삼년)이라
臙脂粉(연지분) 잇ᄂᆡ마ᄂᆞᆫ 눌위ᄒᆞ야 고이ᄒᆞᆯ고
ᄆᆞ음의 ᄆᆡ친실음 疊疊(텹텹)이 ᄡᅡ혀이셔
짓ᄂᆞ니 한숨이오 디ᄂᆞ니 눈믈이라
人生(인싱)은 有限(유ᄒᆞᆫ)ᄒᆞᆫᄃᆡ 시름도 그지업다

(2) 東風(동풍)이 건듯[8]부러 積雪(젹셜)을 헤텨내니
窓(창)밧긔 심근梅花(ᄆᆡ화) 두세가지 픠여셰라
ᄀᆞᆺ득 冷淡(ᄂᆡᆼ담)ᄒᆞᆫᄃᆡ 暗香(암향)은 므ᄉᆞ일고

---

1 삼기실제: 태어날 때.
2 ᄒᆞᆫ싱: 한평생의.
3 괴시니: 사랑하시니.
4 노여: 전혀, 다시.
5 외오: 외따로.
6 廣寒殿(광한뎐): 옥황상제가 사는 궁궐, 여기서는 임이 있는 곳, 임금이 계신 한양.
7 下界(하계): 인간 세상.
8 건듯: 문득.

黃昏(황혼)의 ᄃᆞᆯ이조차 벼마틔[9] 빗최니
늣기ᄂᆞᆫ[10]ᄃᆞᆺ 반기ᄂᆞᆫᄃᆞᆺ 님이신가 아니신가
뎌梅花(ᄆᆡ화) 것거내여 님겨신ᄃᆡ 보내오져
님이 너ᄅᆞᆯ보고 엇더타 너기실고

출전: 이선본 『송강가사』(通文館, 1959)

3. 작품 감상

정철의 가사는 시가 작품집인 『송강가사』에 실려 있는데, 현전하는 목판본 『송강가사』는 세 계열로 나뉜다. 정철의 5세손 정관하(鄭觀河)가 1747년 성주 목사 재임 시에 간행한 성주본(星州本), 송강의 6세손 정실(鄭實)이 1768년 평안도 관찰사 재임 시 간행한 관서본(關西本), 이선(李選)의 발문이 실려 있는 간행 연도 미상의 판본이 그것이다. 이들 가운데 이선본이 어학적 측면에서 시기적으로 가장 이른 면모를 보이고, 누락된 구절이나 행이 없는 특징을 지닌다.[11]

〈사미인곡〉은 서사 16행, 본사 38행, 결사 9행의 총 63행으로 구성되어 있다. 먼저 서사는 과거에 임의 사랑을 받으며 행복하게 지냈던 기억과 현재 임에게 버림받아 임을 그리워하며 외로운 상황을 대비시켜, 본사에서 비극적인 정서를 표출할 계기를 마련하였다. 다음으로 본사는 사계절의 흐름에 따라 춘사 7행, 하사 12행, 추사 7행, 동사 12행으로 이루어져 있다. 이때 춘하와 추동이 7행과 12행의 반복으로 구성되어 서로 대구를 이루고 있다. 본사에서는 임과 이별한 후 3년이 지난 현재 자신의 초췌한 모습과 슬픔을 노래하고, 이어서 사계절의 상황과 정서를 나열하였다. 계절별로 화자 자신의 비극적 정서를 촉발시키는 상황과 그로 인한 비극적 정서를 독립적으로 형상화하고 있는 것이 특징이다. 마지막으로 결사는 임을 향한 사랑이 절대적이고 영원함을 부각시키면서 정서

---

9 벼마틔: 베갯머리.

10 늣기ᄂᆞᆫ: 흐느껴 우는.

11 김진희, 「송강가사의 선본 재고」, 『열상고전연구』 61, 열상고전연구회, 2018.

를 완결시킨다.[12]

먼저 (1)은 〈사미인곡〉의 서사 가운데 서두이다. 마음에 맺힌 시름이 겹겹이 쌓여 있어 그 끝을 알 수 없고 한숨과 눈물을 멈추지 못하는 것이 화자의 현재 상태임을 알 수 있다. 결국 끝이 없는 시름을 이기지 못하여 흘러나온 것이 작품의 바탕인 것이다. 물론 신하로서 나라를 걱정하는 것은 유학자로서의 보편적인 시름이지만, 굳이 여성 화자를 등장시켜 선비로서의 공적인 모습을 변형시키고 있는 것을 보면 시름 그 자체에도 주목할 필요가 있다.[13]

정철은 화자의 정서를 뚜렷하게 나타내기 위해 공간 설정을 양극화하는 방식을 선택하였다. 광한전과 하계, 천상과 지상의 두 공간을 대비적으로 표현하였다. 이러한 공간의 대비는 극복할 수 없는 두 공간의 단절을 의미한다. 우선 광한전은 'ᄒᆞ늘'의 가호로 임을 따라 평생 임과 함께 보낼 수 있고, 오직 나만을 사랑해 주는 임이 있으며, 화자가 행복하게 살았던 공간이다. 그에 비해 하계는 늙어서 홀로 임을 그리워하고, 몸을 치장하고 얼굴을 단장하더라도 보아 줄 임이 없으며, 첩첩이 쌓인 시름으로 한숨과 눈물로 보내야 하는 곳으로, 바로 시적 화자가 절망하고 천상을 그리워하며 벗어나고자 하는 공간이다. 따라서 하계는 화자의 삶이 정상적으로 이루어지지 않는 공간으로 볼 수 있다. 마음은 광한전에 있고, 몸만 하계에 머물고 있기 때문이다. 화자의 하계에서의 인식은 (2)에서 더욱 절실하게 표현된다.

(2)는 본사 가운데 춘사로, 하계에서의 모든 존재나 현상은 임으로 인해 의미가 발생하기 때문에 화자의 삶과는 무관함을 보여 주고 있다. 매화는 임에게 보내 임이 반겨 주어야 의미가 있고, 달은 임이어야만 반가운 존재가 된다. 또 동풍이 적설을 헤쳐 봄이 오게 하는 것은 매화를 피우는 데 의미가 있고, 황혼은 달이 뜨는 시간으로 의미가 있는 것이다. 하지만 동풍과 황혼 역시 현재의 화자와는

12 박연호, 「장르 구분의 지표와 가사의 장르적 성격 -송강가사를 중심으로-」, 『고전문학연구』 17, 한국고전문학회, 2000, pp. 173-174.

13 조하연, 「송강(松江) 정철(鄭澈)의 전후미인곡(前後美人曲) 다시 읽기」, 『문학치료연구』 41, 한국문학치료학회, 2016, p. 254.

무관한 현상일 뿐이다. 즉, 하계에서 살고 있는 화자의 모습이 아니라, 임을 향한 마음만 절절하게 나타낸다. 그렇기 때문에 화자는 매화를 보내려고 하면서 임이 매화를 보고서 어떻게 생각할까 걱정하는 것이다. 이는 하사에서도 동일하게 드러나는데, "니거든 여러두고 날인가 반기실가"라고 하여 자신의 보낸 정성을 과연 임이 반겨 줄까 하는 것을 걱정하는 모습을 보인다.[14]

한편 이는 임을 향한 화자의 마음을 더욱 절절하게 드러내기 위한 수사로 의도된 것이지만, 정철의 당시 상황과도 연결해 볼 수 있다. 앞서 서사에서 드러난 시름을 충신이 임금을 그리워하는 마음이라는 보편적인 수준에서의 이해에서 한 걸음 나아갈 필요가 있다. 당시 상황을 살펴보자면, 이이의 타계 이후 동인이 정계를 완전히 장악하게 되었는데, 이는 정철의 절망감과도 연결된다. 즉, 정철은 자신을 지지해 줄 수 있는 최소한의 세력조차 확보하지 못한 상태였음을 알 수 있다. 낙향 이후 조헌을 비롯하여 조광현, 이귀 등 이이와 성혼의 제자들이 동인들의 공격에 대해 적극적으로 변호하며 상호를 올리고 있었으나 선조로부터 긍정적인 반응을 이끌어 내지 못하고 있는 상황이었다. 이러한 까닭에 그는 현실을 넘어선 다른 차원인 꿈에서의 임과의 만남을 소망하게 되는 것이다.[15]

송강 가사는 창작된 이후 조선 후기를 지나며 상찬의 대상이 되었는데, 송강 가사가 지닌 의의를 살펴보자면 다음과 같다. 먼저 한문이 아닌 우리말을 사용하여 아름답게 창작하였다는 점이다. 조선 후기에 향유되었던 가사 작품 가운데, 김만중이 『서포만필』에서 우리나라의 참된 문장은 오직 〈관동별곡〉·〈사미인곡〉·〈속미인곡〉 세 편뿐이라고 한 것에서 이러한 점을 알 수 있다. 다음으로 임금에 대한 지극한 사랑을 통해 연군의 정을 극진하게 드러내었다는 점이다. 그러한 점에서 〈사미인곡〉과 〈속미인곡〉은 특히 굴원의 〈이소〉를 비롯하여, 미인을 노래한 『시경』 「패풍」의 〈간혜〉, 제갈공명의 〈출사표〉에 비견한 작품으로 평가되기도 하였다. 임금에 대한 지극한 충절은 신하로서 마땅히 취해야 할 삶의 자세

14 최상은, 「고전시가의 이념과 현실, 그리고 공간과 장소 의식 탐색 -송강가사를 통한 가능성 모색-」, 『한국시가연구』 34, 한국시가학회, 2013, pp. 23-24.

15 조하연, 앞의 논문.

였다. 그런 점에서 송강 가사는 당시 사대부들이 지향하던 삶의 가치를 구현한 작품으로서의 절대적 위치를 확보할 수 있었다. 이는 후대에 동일 유형의 작품들이 나오는 계기로 작용하였다. 마지막으로 우리말 노래인 가곡창으로 불리면서 사대부층의 음악적 감수성에 잘 부합하였다는 점이다. 〈사미인곡〉이 초나라 영중 지방의 〈양춘백설곡〉과 같다고 한 것은 가곡으로서의 높은 품격을 지녔음을 의미한다. 조선조 가사 문학은 전기에는 주로 가창을 통해 향유되다가 후기로 들어서면서 점차 음영 위주로 변모해 갔는데, 송강 가사는 바로 그러한 변화가 일어나던 시기에 제작되면서 창과 음영을 위한 율격적 배려를 두루 갖추었다고 할 수 있다. 이러한 이유로 송강 가사는 조선 시대 가사 문학에서 매우 우월한 위치를 확보하여 수차례 판각되면서 널리 유포될 수 있었던 것이다.[16]

〈생각해 보기〉

(1) 정철이 낙향했던 시기에 지었던 다른 가사 작품인 〈성산별곡〉과 〈속미인곡〉을 찾아보고, 〈사미인곡〉과 어떠한 차이점이 있는지 살펴보자.

(2) 〈사미인곡〉은 창작 이후 많은 관심을 받으며 폭넓게 수용되었다. 김춘택의 〈별사미인곡〉, 이진유의 〈속사미인곡〉 등과 같이 이 작품을 모방하여 후대에 지어진 작품들을 찾아보고, 후대로 가면서 어떻게 수용되었는지 생각해 보자.

(3) 동서고금을 막론하고 사랑하는 사람과 이별의 상태에서 그 감정을 드러낸 작품은 수없이 많다. 대중가요 가운데 정철의 상황처럼 임과 함께할 수 없는 좌절과 상실감, 비애감 등이 잘 드러나 있어 사람들에게 공감을 불러일으킨 노랫말을 소개해 보자.

참고문헌

· 김갑기 옮김, 『송강가사』, 지식을만드는지식, 2012.
· 김신중, 「송강가사(松江歌辭)의 당대적 가치와 현대적 수용」, 『한국시가문화연구』 17, 한국시가문화학회, 2006.
· 김진희, 「송강가사의 수용론적 연구」, 연세대학교 박사학위논문, 2009.
· 김진희, 「송강가사의 선본 재고」, 『열상고전연구』 61, 열상고전연구회, 2018.
· 박연호, 「장르 구분의 지표와 가사의 장르적 성격 -송강가사를 중심으로-」, 『고전문학연구』 17, 한국

16 김신중, 「松江歌辭의 당대적 가치와 현대적 수용」, 『한국시가문화연구』 17, 한국시가문화학회, 2006, pp. 29-35.

고전문학회, 2000.
· 조하연, 「송강(松江) 정철(鄭澈)의 전후미인곡(前後美人曲) 다시 읽기」, 『문학치료연구』 41, 한국문학치료학회, 2016.
· 최상은, 「고전시가의 이념과 현실, 그리고 공간과 장소 의식 탐색 -송강가사를 통한 가능성 모색-」, 『한국시가연구』 34, 한국시가학회, 2013.

최은주

43

정도전의 불씨잡변
佛氏雜辨

1. 창작 배경

정도전(鄭道傳, 1342~1398)의 본관은 봉화(奉化), 자는 종지(宗之), 호는 삼봉(三峰)이다. 부친 정운경(鄭云敬)과 이곡(李穀)의 교유를 계기로, 이곡의 아들인 이색(李穡)의 문하에서 수학하였다. 그는 1360년(공민왕 9)에 성균시에 합격하고, 2년 후에 진사시에 합격하였으며, 1370년에는 성균관 박사로 있으며 정몽주 등과 날마다 성리학을 강론하면서 성리학적 세계관을 기초로 성리학적 질서를 지향하였다. 이후 1392년에 남은·조준 등과 함께 이성계를 추대하여 조선 왕조를 개창하였고, 이 공로를 인정받아 개국공신에 봉해졌다. 조선 건국 이후 그는『조선경국전(朝鮮經國典)』(1394),『고려사(高麗史)』(1395) 등을 편찬하였고, 1398년 여름에『불씨잡변(佛氏雜辨)』을 저술하였다.

『불씨잡변』을 저술하던 당시, 그는 대내외적인 압박에 시달렸다. 내부적으로는 사병 혁파 정책에 반대하던 이방원과 개국공신들의 반발에 직면하였고, 외부적으로는 공료(攻遼) 운동에 불안감을 느낀 명(明)과의 불화 속에서 입국을 강요받는 등의 어려움에 놓여 있었다. 권근의 서문에 따르면, 불교[佛氏]가 인륜(人倫)을 헐어 버려 결국 인류를 멸하는 데까지 이를 것이니, 명교(名教)를 주장하는 사람으로서 그들을 적으로 삼아 공격해야 한다고 보고, 글을 지어 후인(後人)들이 깨달을 수 있기를 바라는 마음에서 『불씨잡변』을 저술했음을 알 수 있다. 특히 “이 글을 보면 유교와 불교의 분변을 환히 알 수 있을 것이니, 비록 당장에는 행할 수 없다고 하나 그래도 후세에 전할 수 있으니 내 죽어도 편안하오.”라는 구절에서 그가 이 저술을 통해 성리학 입국의 의지를 강력하게 드러내고자 했음을 알 수 있다. 하지만 이러한 상황 속에서 저술한 『불씨잡변』은 몇 개월 후 왕자의 난으로 그가 죽임을 당하면서 간행되지 못하였다. 그 뒤 족손(族孫) 한혁(韓奕)의 집에서 유고(遺稿)가 발견되면서 양양 부사(襄陽府使) 윤기견(尹起畎)에 의해 간행되었다. 이후 1487년(성종 18)에 『삼봉집(三峰集)』이 중간되면서 합편되어 전한다.

2. 원문 읽기

사람과 만물이 생생(生生)하여[1] 무궁한 것은 바로 천지의 조화(造化)가 운행(運行)하여 그치지 않기 때문이다. 원래 태극(太極)[2]이 동(動)하고 정(靜)함에 음(陰)과 양(陽)이 생기고, 음양(陰陽)이 변하고 합함에 오행(五行)[3]이 갖추어졌다. 이에 무극(無極)·태극의 진(眞)[4]과 음양오행의 정(精)[5]이 오묘하게 합하여 엉겨서 사람과 만물이 생생한다. 이미 생겨난 것은 가면서 과거가 되고 아직 생기지 않은 것은 와서 이어지니, 그 사이에는 잠깐의 정지도 허용되지 않는다. 불씨(佛氏, 부처)의 말에, “사람은 죽어도 정신이 불멸하므로 따라서 다시 형체를 받는다.”라고 하였으니, 윤회[6]설이 여기서 생긴 것이다.

---

1 생생(生生)하여: 계속하여 낳고 낳는다는 뜻이다. 「태극도설(太極圖說)」에 “음양이 교감(交感)하여 만물을 화생(化生)하니 만물이 생생함에 변화가 무궁하다.[二氣交感 化生萬物 萬物生生 而變化無窮]”라고 하였다.

2 태극(太極): 천지가 나뉘기 전의 혼돈한 상태로 있는 만물의 근원이다.

3 오행(五行): 천지간의 만물을 조성한 5가지 원기(元氣)로, 수(水)·화(火)·목(木)·금(金)·토(土)를 이른다.

4 진(眞): 참된 것을 뜻하며, 여기서는 이(理)를 의미한다.

5 정(精): 정기를 뜻하며, 여기서는 기(氣)를 의미한다.

6 윤회: 불교에서 이른바 3계[三界: 욕계(欲界)·색계(色界)·무색계(無色界)], 육도[六道: 지옥·아귀(餓鬼)·축생(畜生)·아수라(阿修羅)·인간·천상(天上)]의 중생들이 죽었다가 태어나고, 태어났다가 죽어, 영원히 반복하는 것이 마치 수레바퀴가 계속 돌아가는 것과 같다고 하여 생겨난 말이다.

『주역(周易)』에, "시(始)에 원(原)하여 종(終)에 반(反)한다.[7] 그러므로 생사(生死)의 설을 알 수 있다."라고 하였으며, 또 이르기를 "정기(精氣)는 물(物)이 되고 유혼(游魂)[8]은 변(變)이 된다."라고 하였다. 선유(先儒)가 그것을 해석하여 말하기를, "천지의 조화가 비록 생생하여 다함이 없으나, 그러나 모임[聚]이 있으면 반드시 흩어짐[散]이 있으며, 태어남[生]이 있으면 반드시 죽음[死]이 있다. 능히 그 처음을 따져서 그 모여서 태어남을 안다면 그 후에 반드시 흩어져 죽는 것을 알 것이며, 태어난다는 것이 바로 기화(氣化)하는 날에 얻어진 것이요, 애초에 정신이 태허(太虛)한 가운데에 머물러 사는 것이 아님을 안다면, 죽음이란 것은 기(氣)와 더불어 함께 흩어져 다시 형상이 아득하고 광막한[漠] 속에 머물러 있는 것이 아님을 알 것이다."라고 하였다.

…(중략)…

이제 불씨(佛氏)의 윤회설을 살펴보자면, "무릇 혈기가 있는 것은 스스로 정해진 수가 있어, 오고 오고 가고 가도 다시 더하거나 덜함이 없다."라고 하는데, 그렇다면 하늘과 땅이 물(物)을 창조하는 것이 도리어 농부가 이익을 내는 것만 못하다. 또 혈기의 등속이 인류가 되지 않으면 조수(鳥獸)·어별(魚鼈)·곤충이 될 것이니, 그 수에 일정함이 있어 이것이 번성하면 저것은 반드시 줄어들고, 이것이 줄어들면 저것은 반드시 번성하며, 일시에 다 함께 늘어날 수도 없고, 일시에 다 함께 줄어들 수도 없을 것이다. 그러나 이제 살펴보건대, 왕성한 세상을 당하여서는 인류도 번성하고 조수·어별·곤충도 함께 번성하는가 하면, 쇠한 세상을 당하여서는 인류도 줄어들고 조수·어별·곤충도 또한 줄어든다. 이것은 사람과 만물이 모두 천지의 기(氣)로써 생기는 까닭이다. 그러므로 기가 성하면 일시에 번성하고 기가 쇠하면 일시에 줄어듦이 분명하다. 나는 불씨의 윤회설이 너무나도 세상을 현혹하는 것에 분개하여, 깊게는 천지의 조화를 바탕으로 하고, 밝게는 사람과 만물의 생성에 징험하여 그 설을 이와 같이 얻었으니, 나와 뜻이 같은 사

---

7 시(始)에……반(反)한다: 원문은 원시반종(原始反終). 시원(始原)을 추구(推究)하여 뒤에 구한다는 의미이다.

8 유혼(游魂): 넋이 형체(形體)로부터 떨어져 나가 떠도는 것이다.

람은 함께 거울 삼기를 바란다.

출전: 『삼봉집(三峯集)』 권9, 「불씨잡변(佛氏雜辨)」, 〈불씨윤회지변(佛氏輪廻之辨)〉

3. 작품 감상

『불씨잡변』은 정도전이 죽기 직전에 쓴 저작으로, 그의 벽불(闢佛) 사상을 집대성한 것이다. 전체 19편목으로 구성되어 있으며, 마지막에 정도전의 발문(跋文), 권근(權近)의 서문(序文), 그리고 윤기견(尹起畎)의 발문이 실려 있다. 전체 19편목의 목차와 그 내용은 다음과 같다.

① 불씨윤회지변(佛氏輪廻之辨): 불교의 윤회설을 비판함

② 불씨인과지변(佛氏因果之辨): 불교의 인과론적 결정론을 비판함

③ 불씨심성지변(佛氏心性之辨): 불교가 마음과 본성을 구분하지 않음을 비판함

④ 불씨작용시성지변(佛氏作用是性之辨): 불교가 작용과 본성을 구분하지 않음을 비판함

⑤ 불씨심적지변(佛氏心跡之辨): 불교가 마음의 흔적을 분리함을 비판함

⑥ 불씨매어도기지변(佛氏昧於道器之辨): 불교가 도와 기에 어두움을 비판함

⑦ 불씨훼기인륜지변(佛氏毁棄人倫之辨): 불교가 인륜을 훼손함을 비판함

⑧ 불씨자비지변(佛氏慈悲之辨): 불교의 자비설을 비판함

⑨ 불씨진가지변(佛氏眞假之辨): 불교가 본성은 참되고 만물은 허망한 것으로 봄을 비판함

⑩ 불씨지옥지변(佛氏地獄之辨): 불교의 지옥설이 사람을 미혹시킴을 비판함

⑪ 불씨화복지변(佛氏禍福之辨): 불교의 화복설을 비판함

⑫ 불씨걸식지변(佛氏乞食之辨): 불교가 걸식을 정당화함을 비판함

⑬ 불씨선교지변(佛氏禪敎之辨): 불교의 선종이 계율 없음을 비판함

⑭ 유석동이지변(儒釋同異之辨): 불교와 유학의 다른 점

⑮ 불법입중국(佛法入中國): 불교가 중국에 들어온 시기

⑯ 사불득화(事佛得禍): 양 무제가 불교를 믿어 화를 당한 예

⑰ 사천도이담불과(舍天道而談佛果): 당 대종이 천도를 버리고 불교를 따라 국가에 해를 끼친 예

⑱ 사불심근연대우촉(事佛甚謹年代尤促): 당 헌종이 부처를 믿어 왕조의 수명을 단축시킨 예

⑲ 벽이단지변(闢異端之辨): 이단을 배척함

제시한 19편목은 다시 잡변(雜辨) 15편과 전대사실(前代事實) 4편으로 나뉜다. 잡변 15편목은 정도전이 직접 저술한 것이고, 전대사실 4편(佛法入中國, 事佛得禍, 舍天道而談佛果, 事佛甚謹年代尤促)은 진덕수의 『대학연의』에서 발췌하여 실은 것이다. 이 가운데 〈벽이단지변〉은 다른 잡변 편목들과 함께 묶이지 않고 가장 끝에 위치하였는데, 이는 정도전이 벽불(闢佛)에 대한 강한 의지와 저술 취지에 대한 본인의 입장을 강조하기 위한 것으로 보인다.

전체적으로 살펴보자면, 1편목 〈불씨윤회지변〉에서 6편목 〈불씨매어도기지변〉까지는 철학적 측면에서 불교 교리의 문제점과 모순을 지적하였고, 7편목 〈불씨훼기인륜지변〉에서 14편목 〈유석동이지변〉까지와 19편목 〈벽이단지변〉은 불교가 지닌 사회적 폐단과 현실적으로 무용함을 부각하였다. 그리고 15편목 〈불법입중국〉에서 18편목 〈사불심근연대우촉〉은 선유(先儒)들의 전거(典據)를 인용하였는데, 벽불의 타당성을 확보하기 위해 선유들의 권위를 이용한 것이다.

제시한 부분은 〈불씨윤회지변(佛氏輪廻之辨)〉의 첫 부분과 끝부분의 글을 발췌한 것이다. 정도전은 자신의 주장을 명확하게 표현하기 위해 먼저 서두에 주제를 제시하고, 주돈이의 「태극도설」의 내용을 인용하였다. 성리학에서는 끊임없이 반복되는 자연의 순환과 변화를 단순히 기계적 시각이 아닌 유기체적 시각을 통해 파악하였다. 그는 이미 생겨난 것[過]과 아직 생겨나지 않은 것[續] 사이에 한순간의 정지도 없이 계속 이어져야 한다고 보았다.[9] 이 때문에 사람이 죽어

9 원주용, 「삼봉 정도전(鄭道傳) 산문의 문예적 특징」, 『한문학보』 14, 우리한문학회, 2006. p. 83.

도 정신은 멸하지 않으므로 태어남에 따라 다시 형체를 받는다는 불교의 윤회설은 그의 견해와 상충되는 것이었다.

정도전은 불교 윤회설의 핵심으로 '정신 불멸'과 '생의 반복'을 지적하고 있다. 이어서 그는『주역』과『주자어류』의 내용을 인용하여, 자신의 논지를 펼친다. 그러나 그는 사람과 만물이 무궁하게 생생하지만, 모임이 있으면 반드시 흩어짐이 있는 것이고, 태어남이 있으면 반드시 죽음이 있다고 보았다. 그는 죽음이라는 것은 생의 이치를 궁구함으로써 해명된다고 보았다. '원시반종(原始反終)'의 관점에서 본다면, 죽음이라는 것은 기와 함께 시작하는 생으로 인해 필연적으로 발생할 수밖에 없는 결과이다. 성리학에서는 인간의 몸도 다른 사물과 마찬가지로 기(氣)로 이루어져 있다고 보았다. 따라서 성리학적 관점에서는 한 인간의 생명이 다하면 그 몸을 이루고 있던 기가 자연 속으로 흩어져 사라지게 된다. 따라서 불교에서 말하듯이 중생이 죽었다가 다른 것으로 변해서 태어나는 것이 아니라 사라져 없어져 버리는 것이므로 이미 간 것은 다시 올 수 없다고 반박하는 논리로 이어진다.

중략 이후의 부분에서 알 수 있듯이, 불교에서 말하는 것처럼 혈기가 있는 모든 것이 스스로 일정한 수가 있어서 오감에 더하거나 덜함이 없다는 윤회설이 옳다면, 지구라는 공간 안에 살고 있는 생물들의 총 개체 수가 항상 일정해야 할 것인데, 그 수의 증감이 일어난 과거의 사례를 어떻게 설명할 수 있겠느냐는 것이다. 따라서 불교가 현실세계의 실상을 그려 내지 못하는 논리적 모순점을 지니고 있다고 본 것이다.

정도전은 불교의 신앙적 측면을 세계관으로 이해하여 그에 대한 비판을 한 측면이 있다. 불교는 업과 윤회의 논리를 통해 인간의 주체성과 도덕성을 담보하고자 하였다. 따라서 혈기를 지닌 생명체가 가지각색의 차이를 보이고, 윤회하는 까닭은 살아 있을 때 실천한 착한 일과 나쁜 일, 즉 인과에 있는 것이다. 이는 윤리적인 측면에서 의미를 갖는 것으로, 존재 전체를 설명하는 형이상학적 개념이 아니다. 그럼에도 불구하고 정도전은 인과를 형이상학적 개념으로 이해하여 비판하고 있다.[10]

이러한 『불씨잡변』의 내용은 주희(朱熹)의 불교 비판론을 그대로 따른 것이기도 하다. 주희는 관계 속의 인간으로서의 책무와 도덕성을 강조하여, 불교가 인간의 친족관계와 사회관계를 우연적으로 치부하는 것에 대해 비판한 바 있다. 오륜(五倫)을 핵심으로 삼았던 정도전 역시 이러한 관점에서 불교를 반인륜적이라고 비판하였고, 주자학적 인식론에 입각하여 불교 용어와 경전의 문구들을 해석하고자 하였다. 정도전은 새로운 국가인 조선의 건국과 이데올로기의 정립을 위해 일생을 바친 인물이다. 이를 위해 시도한 것이 불교의 혁파와 주자학의 정립이었고, 여기에 대한 결과물이 바로 『불씨잡변』이었다.

〈생각해 보기〉

(1) 정도전이 같은 시기 활동한 이색이나 정몽주와 비교해 볼 때 불교에 보다 적대적인 태도를 취했던 까닭은 무엇일까? 정도전이 지은 다른 작품들을 통해, 그가 불교에 대해 가졌던 생각에 대해 좀 더 깊이 생각해 보자.

(2) 『불씨잡변』 가운데 한 편목을 골라, 정도전의 논리에 찬성하거나 반대하는 짧은 글을 작성해 보자.

(3) 불교의 윤회설을 비판한 것은 인간의 죽음에 대한 이해와 관련된다. 조선의 성리학자들이 죽음을 어떻게 인식했는지에 대한 자료를 찾아보자. 아울러 죽음에 대한 자신의 생각을 자유롭게 이야기해 보자.

참고문헌

· 김승만, 「삼봉 정도전의 『불씨잡변(佛氏雜辨)』에 대한 비판적 고찰」, 고려대학교 석사학위논문, 2009.
· 배윤혜, 「정도전의 『불씨잡변』 연구」, 서울대학교 석사학위논문, 2023.
· 안재호, 「『불씨잡변(佛氏雜辨)』에 드러난 정도전의 불교 비판 분석 -주자학에 대한 이해를 기초로-」, 『동서철학연구』 53, 한국동서철학회, 2009.
· 원주용, 「삼봉 정도전(鄭道傳) 산문의 문예적 특징」, 『한문학보』 14, 우리한문학회, 2006.
· 정수동, 「여말 선초 유학자들의 불교 인식 -이색, 정도전을 중심으로-」, 『동아시아불교문화』 12, 동아시아불교문화학회, 2012.

최은주

10 안재호, 「『불씨잡변(佛氏雜辨)』에 드러난 정도전의 불교 비판 분석 -주자학에 대한 이해를 기초로-」, 『동서철학연구』 53, 한국동서철학회, 2009, pp. 321-322.

44

길재의 후산가서
後山家序

1. 창작 배경

고려 말기는 안팎으로 많은 문제에 봉착한 시기였다. 외적으로는 왜적과 홍건적의 침입, 원(元)·명(明)의 왕조 교체가 일어났으며, 내적으로는 강력한 권력을 바탕으로 한 권문세족(權門勢族)의 횡포가 심각하였다. 이러한 시대 문제를 극복하기 위해 새로운 사상과 정책이 요구되는 것은 당연한 수순이었다. 특히, 중국에서 대두한 성리학을 수용한 중소 지주 출신의 신흥 사대부(新興士大夫)가 등장하여 사회 전반의 개편을 요구하였다. 혼란한 시대 문제를 해결하고자 하는 목적은 같았으나, 목적을 수행하는 방향을 두고 신흥 사대부들은 크게 두 입장으로 나뉘게 되었다. 새로운 왕조를 건설하고자 하는 입장과 고려 왕조를 그대로 두면서 체제 개편을 이루려는 입장이 그것이다.

후자의 입장을 지지한 대표적인 인물이 바로 길재(吉再, 1353~1419)이다. 길재는 자가 재보(再父), 호가 야은(冶隱) 또는 금오산인(金烏山人)이며, 시호는 충절(忠節), 본관은 해평(海平)이다. 18세 때 박분(朴賁)에게 나아가 수학하였으며, 이후 목은(牧隱) 이색(李穡, 1328~1396), 포은(圃隱) 정몽주(鄭夢周, 1337~1392), 양촌(陽村) 권근(權近, 1352~1409) 등의 문하에 들어가 성리학을 익혔다. 그는 위화도 회군을 비롯한 이성계(李成桂, 1335~1408) 일파의 행보를 보며 고려의 패망을 직감한 후, 벼슬에서 물러나 조선 건국 이후에도 은거하며 많은 제자를 양성하며 일생을 보냈다. 이러한 길재의 태도는 이후 충신(忠臣)의 사표로 추앙될 뿐 아니라, 정몽주와 함께 조선 사림파의 선구자로 이해되기에 이른다. 〈후산가서(後山家序)〉는 고려의 멸망을 직감하며 느낀 슬픔과 은거하여 성리학적 수양을 이루려는 다짐 등을 표현한 작품으로, 길재의 혼란스러운 상황을 잘 보여 주는 작품이라 할 수 있다.

2. 원문 읽기

(1) 하늘이 사람을 낼 적에 복덕을 후하게 하지 않은 일이 없었다. 그런데 혹은 군자(君子)가 되어 귀해지고 혹은 소인(小人)이 되어 천해지니 무슨 까닭인가. 귀한 것이 귀해지고 천한 것이 천해진 것은 이치의 떳떳함이지만 혹은 귀하다가 천해지고 혹은 천하다가 귀해지는 것은 운명으로 그러한 것이다.

(2) 예로부터 공경(公卿)[1]의 자식들은 부귀한 데서 자라나 수레와 말이 달리고 건너는 어려움을 대신해 주기에 족하고, 하인들이 사체(四體)의 수고로움[2]을 쉬게 하는 데 족하며, 온갖 맛있는 음식으로 보양하고 춥고 더운 때에 따라 옷을 입는다. 이미 태어나면서 임금이 그들을 알고 이미 자라서는 임금이 그들을 임명하니 녹질(祿秩)[3]의 두터움을 바라지 않아도 이르고 관작(官爵)[4]의 귀함이 자연히 더해진다. 그 알아줌이 이와 같이 쉽고 그 귀해짐이 이와 같이 족하니 이는 다른 것이 아니라 선조 때로부터 쌓아 온 공(功)과 길러 온 은혜 때문인 것이다.

---

1 공경(公卿): 벼슬이 높은 사람을 가리키는 말로, 삼공(三公)과 구경(九卿) 벼슬의 통칭이다. 삼공은 삼정승(三政丞)이고, 구경은 의정부 좌우 참찬(議政府左右參贊)·육조 판서(六曹判書)·한성 판윤(漢城判尹)의 아홉 대신을 말한다.

2 사체(四體)의 수고로움: 사체(四體)는 사람의 두 팔과 두 다리를 의미하는 것으로, 하인들이 대신 일을 하기 때문에 몸을 사용하는 일을 하지 않음을 표현한 것이다.

3 녹질(祿秩): 벼슬아치에게 주던 급료인 녹봉(祿俸)을 의미한다.

4 관작(官爵): 관직(官職)과 작위(爵位).

(3) 서민의 자식은 초야(草野)에서 자라나[5] 몸은 젖고 발은 흙투성이요, 옷은 몸을 가리기에 부족하고, 음식은 몸을 기르기에 부족하여 추위가 닥치면 굶어 죽게 된다. 정신을 극도로 써서 마음을 분발하고 성정을 강인하게 하여 그 공로가 드러난 이후에 관리가 알아주고 관리가 안 이후에 조정에서 듣게 되고 조정에서 들은 이후에 임금이 등용하게 된다. 그 알아줌이 이와 같이 어렵고 그 성취함이 이와 같이 더디니, 이는 다른 것이 아니라 공로가 제게서부터 시작되었을 뿐, 점점 쌓아 오고 미리 길러 온 은혜가 없기 때문이다.

(4) 하물며 나 같은 사람은 농촌에서 자라나 더할 수 없이 천하고 더할 수 없이 미약하여 나이 겨우 팔구 세에 산에서 나물 캐고 양을 치고, 나이를 먹어서는 아침에 농사짓고 밤에는 글을 읽었다. 형창(螢窓)[6] 10년에 추운 옷을 입고 나물 먹기를 태연히 했고 밭 갈고 김매기에 몸이 젖고 발이 더러워져도 또한 태연히 했다. 다만 힘을 다해 밭을 갈고 경학에 마음을 바쳐 아래로 어버이를 봉양하고 위로 임금을 섬겼으며, 어버이를 봉양하면 어버이를 기쁘게 하고 임금을 섬기면 임금이 요순(堯舜)이 되게 하여, 백성을 당우(唐虞)의 시대[7]에 들어가도록 하고 세상을 삼대(三代)[8]에 올려놓도록 했으니, 이것이 내 평소의 뜻이다.

(5) 이제는 불행히 하늘이 무너지는 때를 만나 십년공부가 쓸려버리고 말았다. 슬프다. 하늘이 실로 이렇게 했으니 무엇을 말하랴. 이에 방황하고 감개하다가 생각을 바꾸어 도모함을 고쳐 은밀히 스스로를 감추고, 나월(蘿月)에 관(冠) 벗

---

5 초야(草野)에서 자라나: 초야(草野)는 풀이 우거진 땅으로, 서민의 자식이 궁벽한 시골에서 나고 자랐음을 표현한 것이다.

6 형창(螢窓): 형창(螢窓)은 진(晉)나라 차윤(車胤)이 집이 가난해 여름이 되면 반딧불을 잡아다 주머니에 담아 걸어 놓고 등잔불을 대신해 글을 읽었다는 고사에서 나온 말이다. 여기서는 자신이 풍족하지 못한 집에서 오래도록 고생하여 학문했음을 비유한 말이다. 『진서(晉書)』 권 83, 〈차윤전(車胤傳)〉.

7 당우(唐虞)의 시대: 중국 고대의 성제(聖帝) 요[堯: 도당씨(陶唐氏)]임금과 순[舜: 유우씨(有虞氏)]임금이 통치하던 시대를 함께 이르는 말이다.

8 삼대(三代): 태평성대(太平聖代)를 이루었던 중국의 하(夏)나라, 은(殷)나라, 주(周)나라 시대를 함께 이르는 말이다.

어 걸고[9] 맑은 바람에 시를 읊으며 하늘과 땅 사이를 우러르고 굽어보며 세상의 위에서 소요(逍遙)하여 당시의 책임을 지지 않고 길이 성명(性命)을 바르게 보전한다면 하늘을 찌르고 우주 밖으로 나갈 수도 있는 것이다. 어찌 천 필 말, 만 석 쌀의 부귀를 부러워하랴.

출전: 『야은선생언행습유』 권상, 〈후산가서〉

3. 작품 감상

길재의 〈후산가서〉는 정확한 창작 연대를 알 수 없지만, 글의 말미에 있는 구절을 통해 추측해 볼 수 있다. "이 서문에서 '이제는 불행히 하늘이 무너지는 때를 만났다.'라 하고, 또 '은밀히 스스로를 감추다.'라고 했으니, 이 서문이 지어진 것은 바로 벼슬을 사양하고 은거한 이후이다.[此序曰 今也不幸 逢天之㤥 又曰 莫若隱然自晦云 則此序之作 正在致仕隱居之後矣]"라는 구절이 그것이다. 길재가 38세이던 해인 1390년(공양왕 2)에 벼슬을 버리고 귀향했다고 하였으니, 이 글은 왕조 교체기에 지어진 것임을 추측해 볼 수 있다.

〈후산가서〉의 내용을 크게 살펴보면, 사람의 처지는 타고난 신분에 의해 결정되며, 이러한 태생에 따라 출세(出世)를 달리한다는 내용, 출세하기 위한 노력과 평생의 포부를 밝힌 내용, 출세하기를 포기하고 은거하여 수기(修己)를 다짐하는 내용 등으로 정리할 수 있다. (1)~(3)의 내용은 사람의 처지가 타고난 신분, 즉 태생적으로 귀함과 천함이 결정된다는 것이 무엇인지에 대해 구체적으로 설명하였다. 먼저, 귀한 신분의 자제는 의식주(衣食住)를 위해 스스로 노력하지 않아도 되며, 출세(出世)하기 위해 노력하지 않아도 저절로 높은 지위에 오를 수 있다. 이들은 이미 조상들이 쌓아 온 공로가 있기 때문에 대대손손 귀하게 살 수 있는 것이다. 이와 달리, 천한 신분의 자제는 의식주를 위해 스스로 일을 해야 하고, 일

9 나월(蘿月)에……걸고: '나월(蘿月)'은 담쟁이 잎 사이로 보이는 밝은 달로, 은거하는 곳의 풍광을 표현한 것이다. 그리고 관(冠)은 관료가 공사(公事)에 임할 때 착용하는 것으로, 관을 벗겠다는 것은 벼슬을 버리고 은거하고자 함을 표현한 것으로 해석할 수 있다.

을 하더라도 추위와 굶주림에 노출된다. 또 이들은 많은 노력을 한 뒤에야 관리가 알아주고, 관리가 알아준 뒤에야 조정이, 조정에서 알아준 뒤에야 겨우 임금이 알아준다. 즉, 천한 신분의 자제는 태생적으로 천하기 때문에 스스로 노력하여 귀해질 수 있는 기회를 얻을 수 있는 것이다.

이처럼 사람의 태생적인 귀함과 천함을 설명한 후, (4)의 내용에서는 길재 자신이 어디에 속하는지에 대해 설명한다. 길재는 자신이 천한 신분의 자제와 같다고 하였는데, 실제로 그의 생애를 살펴보면, 그가 지배층의 자제이긴 했으나 아버지의 벼슬이 주로 한직(閑職)에 머물러 있었고 유년 시절을 아버지와 거의 함께 보내지 못하였다. 스승인 박분을 따라 수도에 가기 전까지 길재는 어머니와 함께 시골에 살며, 낮에는 일을 하고 밤에는 공부를 하며 풍족하지 못한 삶을 살았다. 작품 내 '형창(螢窓) 10년'이라는 구절은 자신의 고생스러운 사정을 표현한 것으로, 앞서 천한 사람이 귀해지려면 엄청난 노력이 필요하다고 했듯이 이를 통해 자신의 노력을 강조하고자 한 것으로 보인다. 길재는 이렇게 주경야독(晝耕夜讀)함으로써 효(孝)와 충(忠)을 실천하고 나아가 고려의 태평성대를 이루고자 하였다.

길재가 활동하던 고려 말기는 학문적 성취를 바탕으로 경세치인(經世治人)의 포부를 실현하기 어려운 상황이었다. (5)의 내용은 바로 길재의 뜻이 좌절되는 상황을 나타낸 것이다. 여기서 길재는 하늘이 무너지는 때를 만나 경세치인의 뜻을 이루지 못하게 된 상황을 설명하고 있다. 그는 열심히 학문을 익혀 궁극적으로는 고려를 태평성대로 이끌고 싶은 바람이 있었다. 그러나 위화도 회군을 비롯한 우왕(禑王), 창왕(昌王)의 폐위 등을 보면서, 길재는 자신의 뜻을 관철할 수 없는 현실을 깨닫는다. 이처럼 경세치인을 위한 학문이 모두 소용없게 된 상황에서 길재는 처신을 고민하였을 것이다. 그리고 그는 고민한 끝에 벼슬을 버리고 고향에서 스스로를 감추고 살며 수양(修養)하는 삶을 선택한다.

작품의 내용에서 알 수 있듯이, 길재는 성리학적 가르침을 바탕으로 경세에 대한 포부를 품었던 인물이다. 그러나 이 포부는 당대 현실에서 실현되기 어려운 상황이었으므로, 그는 은둔자의 삶을 택하였다. 이러한 결정은 『논어(論語)』「위령공(衛靈公)」에 "군자답다, 거백옥(蘧伯玉)이여! 나라에 도(道)가 있으면 벼슬하고, 나라에 도가 없으면 거두어 감추어 두는구나![君子哉 蘧伯玉 邦有道則仕 邦無道則可卷而懷之]"라 하여, 성리학적 가르침을 따른 지식인의 삶의 전형을 잘 보여 준다. 이러한 지점에서 길재의 〈후산가서〉는 고려가 망하고 조선이 새로 건국되는 혼란한 시기를 경험한 당대 지식인의 고뇌를 잘 보여 주는 작품으로서 큰 의의가 있다고 할 수 있을 것이다.

〈생각해 보기〉

(1) 조선의 건국을 앞두고 당시 지식인들은 각자의 출처 의식에 따라 나아감과 물러남을 택하였다. 이른 시기에 지어진 다른 작품인 〈산가서(山家序)〉를 찾아보고, 〈후산가서〉의 내용을 고려하여 길재가 물러남을 택한 이유에 대해 생각해 보자.

(2) 길재는 마을에서 학문을 익힐 때 훗날 조선의 태종(太宗)인 이방원(李芳遠)과 교류한 바 있다. 이에 이방원은 길재를 잊지 않고, 조선이 건국되었을 때 벼슬을 주며 길재를 불러들였지만 길재는 명령을 거부한다. 이처럼 왕의 명령을 거부하며 자신의 신념을 지킨 길재의 태도를 떠올리며, 오늘날 사회에 어떻게 적용할 수 있을지에 대해 생각해 보자.

(3) 〈후산가서〉의 (1)~(3)의 내용은 오늘날 우리가 말하는 '금수저', '흙수저'의 내용과 유사해 보인다. 사람들에게 태생적으로 부여되는 차이가 있음에도 불구하고, 길재는 자신의 노력을 통해 이를 극복하려는 모습을 보였다. 오늘날 사회는 지배층과 피지배층의 태생적 구분이 없지만, 자본이라는 새로운 기준에 의해 계급적 차이가 발생하곤 하는데, 현재를 살아가는 여러분은 이러한 차이를 어떻게 생각하고 있는지, 또 길재의 태도에 대해서는 어떻게 생각하고 있는지 자유롭게 말해 보자.

참고문헌

· 김익수, 「야은 길재의 생애와 사상」, 『한국사상과 문화』, 한국사상문화학회, 2000.
· 김인규, 「야은 길재의 도학사상과 그의 출처관」, 『포은학연구』 16, 포은학회, 2015.
· 박유리, 「길재의 의식세계와 은둔」, 『석당논총』 15, 동아대학교 석당학술원, 1989.
· 배미숙, 「야은 길재의 절의정신과 그 현대적 의의」, 원광대학교 석사학위논문, 2016.
· 양일모, 「야은 길재의 충절론」, 『민족문화논총』 50, 영남대학교 민족문화연구소, 2012.

신소윤

45

성현의 악학궤범서
樂學軌範序

1. 창작 배경

『악학궤범(樂學軌範)』은 1493년(성종 24) 예조 판서이자 장악원(掌樂院) 제조(提調)였던 성현(成俔, 1439~1504)이 중심이 되어 유자광(柳子光), 신말평(申末平), 박곤(朴棍), 김복근(金福根) 등이 편찬한 악서(樂書)이다. 당시 장악원(掌樂院)의 의궤(儀軌)와 악보(樂譜)가 오래되어 분실되거나 파손되는 문제가 많았고, 세종 이후 성악(聲樂)의 유법(遺法)이 점차 사라져 갔기에 이 책을 만들어 왕에게 바친다는 기록이 남아 있다.

『악학궤범』에는 〈동동(動動)〉, 〈정읍사(井邑詞)〉, 〈처용가(處容歌)〉, 〈여민락(與民樂)〉, 〈봉황음(鳳凰吟)〉, 〈북전(北殿)〉, 〈문덕곡(文德曲)〉, 〈납씨가(納氏歌)〉, 〈정동방곡(靖東方曲)〉 등과 같은 고려속요 및 선초(鮮初) 악장의 가사가 한글로 실려 있다. 또한 궁중 의식에서 연주되었던 아악(雅樂)·당악(唐樂)·향악(鄕樂)에 관한 여러 사항과 궁중 정재(呈才)에 관련된 제도, 무용, 음악 이론 등이 상세히 기록되어 있어, 조선 전기의 음악사, 문학사, 무용사, 민속사, 복식사 등 다양한 학문적 영역에서 중요한 자료로 인정받고 있다.

『악학궤범』은 모두 9권 3책이다. 1책 권1에서는 12율과 5성으로 이루어진 육십조(六十調) 및 아악, 당악, 향악 등에 관한 전통 음악 이론을 설명하였다. 권2에는 〈아악진설도설(雅樂陣說圖說)〉, 〈속악진설도설(俗樂陣說圖說)〉을 싣고 있고, 권3에는 『고려사(高麗史)』「악지(樂誌)」〈당악정재(唐樂呈才)〉와 『고려사』「악지」〈속악정재(俗樂呈才)〉를 싣고 있다. 2책 권4에는 〈시용당악정재도설(時用唐樂呈才圖說)〉, 권5에는 〈시용향악정재도설(時用鄕樂呈才圖說)〉, 권6에는 〈아부악기도설(雅部樂器圖說)〉을 수록하였고, 3책 권7에는 〈당부악기도설(唐部樂器圖說)〉, 권8에는 〈당악정재의물도설(唐樂呈才儀物圖說)〉, 〈연화대복식도설(蓮花臺服飾圖說)〉, 〈정대업정재의물도설(定大業呈才儀物圖說)〉, 〈향악정재악기도설(鄕樂呈才樂器圖說)〉 및 〈둑제소용(纛祭所用)〉의 궁시(弓矢), 검, 창에 대해 설명하였다. 마지막 권9에는 〈관복도설(冠服圖說)〉, 〈무동관복도설(舞童冠服圖說)〉, 〈둑제복(纛祭服)〉 및 〈여기복식도설(女妓服飾圖說)〉을 수록하고 있다.

2. 원문 읽기

음악은 하늘에서 나와서 인간에 붙어 있는 것이며, 공허한 데서 출발하여 자연으로 이루어진 것이니, 사람으로 하여금 마음으로 느껴서 출렁거리며, 혈맥이 유통하고 정신을 기쁘게 만드는 것이다. 느낀 바가 같지 아니하기 때문에 소리도 같지 아니하다. 기쁜 마음으로 느낀 것은 퍼져서 흩어지며, 성난 마음으로 느낀 것은 거칠고 사나우며, 슬픈 마음으로 느낀 것은 오그라지며 낮고, 즐거운 마음으로 느낀 것은 너그러우며 느리다. 그 모든 고르지 못한 소리를 융합하여 하나로 만들 수 있는 것은 임금이 그를 어떻게 지도하느냐에 따라서 달라질 것이다. 지도하는 데는 그르고 바른 것이 다르며, 풍속이 좋아지고 나빠지는 관계가 여기에 매여 있다. 이러므로 음악의 도가 정치와 교화에 크게 관계가 되는 것이다. 오제(五帝)[1]의 음악을 가지고 말한다면 당우(唐虞)[2]보다 더 훌륭한 적이 없으나 오로지 후기(后夔)[3]의 협조에 의존하였고, 삼왕(三王)[4]의 음악을 가지고 말한다

---

1 오제(五帝): 중국 상고 시대의 다섯 성왕(聖王)인 황제(黃帝)·전욱(顓頊)·곡(嚳)·요(堯)·순(舜)을 말한다.

2 당우(唐虞): 중국 고대 요[堯, 도당씨(陶唐氏)]임금과 순[舜, 유우씨(有虞氏)]임금과 그들이 다스리던 요순시대를 지칭한다.

3 후기(后夔): 순임금의 나라 우(虞)의 조정에서 음악을 관장했던 인물이다.

면 주대(周代)보다 더 갖추어진 적이 없으나 모두 주공(周公)의 제작에 맡겨두었다. 그 당시에 시설한 방법이 전[典: 요전(堯典)·순전(舜典)]·모[謨: 대우모(大禹謨)·고요모(皐陶謨)]·주례(周禮)의 책에 모두 나타나 있다. 이것은 모두 예악(禮樂)을 앞세우고 형벌은 뒤로 돌리어 교화를 일으킨 것이다. 그러므로 사방에서 바람이 부는 대로 움직이는 효과를 나타낸 것이니, 40년 동안 형벌을 중지한 높은 정치를 이룬 것이다. 세상의 교육이 쇠퇴하면서부터 순함이 흐려지고 질박함이 흩어져서 오로지 형벌을 가지고 정치를 보좌하여, 법을 맡은 관리는 소중히 여기며 예악을 다스리는 학자는 천하게 여기어, 이른바 선왕(先王)의 음악이란 것은 남김없이 없어지고, 숭상하는 것이 모두 음탕하며 경박한 풍조로 흘러서 정(鄭)·위(衛)[5]·상간(桑間)·복상(濮上)[6]의 (음란한) 음악이 되고, 흩어져서는 진(陳)·초(楚)의 무당의 풍속으로 변해 가지고 마침내는 정치를 어지럽히는 전철(前轍)이 서로 계속되다가 타락하여 서로 멸망하게 된다.

…(중략)…

공손히 생각하옵건대 세종대왕께서는 하늘이 내신 성인으로 음률에 정통하였다. 과거의 조속한 습관을 씻으려 하였더니, 거서(巨黍)[7]가 해주에서 산출되고 채석(彩石)[8]이 남양(南陽)에서 나왔으니, 이것은 하늘이 화평한 기운을 우리나라에 펴서 큰일을 하실 임금에게 내려주시어 새로운 제작을 이루게 한 것이다. 그리하여 서(黍)를 가지고 음률의 계정(階程)을 측정하고 돌로 경을 만들고, 또 악강(樂腔)[9]을 만들고 악에 인하여 악보(樂譜)를 만들어서 음정의 장단을 살피었다. 당시에 음악을 관장한 사람으로는 박연(朴堧) 한 사람뿐이었다. 그러나 박연이 알고

---

4 삼왕(三王): 하나라의 우왕(禹王), 은나라의 탕왕(湯王), 주나라의 문왕(文王)을 말한다.

5 정(鄭)·위(衛): 『시경(詩經)』의 「국풍(國風)」 가운데에 있는 정풍(鄭風)과 위풍(衛風)이니, 여기에는 음란한 시가 많이 있다.

6 복상(濮上): 복수(濮水) 강가의 뽕나무 숲 사이라는 뜻으로, 음란한 음악(音樂) 또는 망국의 음악(音樂)을 지칭한다.

7 거서(巨黍): 수수의 일종으로, 옛적에 척도(尺度)를 제정하는 단위로 사용하여 수수알의 직경 1백을 1척으로 하여 악기를 제정하는 데 준용하여 황종척(黃鍾尺)이라 하였다.

8 채석(彩石): 편경(編磬)과 특경(特磬)의 재료인 특수한 돌.

9 악강(樂腔): 악곡이 구분되는 구(句)와 절(節)로, 일강(一腔), 이강(二腔), 삼강(三腔), 전강(前腔), 후강(後腔) 등으로 나눈다.

있는 지식은 겉껍질뿐이니 어찌 임금께서 생각하는 만분의 일이라도 도움이 되었겠는가. 찬조하였음에 지나지 않았을 따름이었다. 세조대왕께서는 더욱 음악에 정통하여 가곡(歌曲)을 많이 지었고 또 능히 예(禮)와 악(樂)을 만들어 이루어서 종묘(宗廟)에 바치었으니, 그의 제작하는 왕성한 방법은 선왕의 뜻을 따를 것인데, 다만 당시에는 이를 찬조하는 사람이 없었으니 이것이 탄식할 일이다. 지금 우리 전하께서는 성인으로 성인을 계승하시와 우러러 이루어 놓으신 법전을 따르시며, 과거의 성인이 미처 발명하지 못한 것을 발명하였으니, 태평 시대에 예악을 진흥하실 수 있는 시기가 바로 이때이다. 장악원(掌樂院)에 간수된 의궤[儀軌: 의식(儀式)의 절차][10]와 악보가 세월이 오래 지나는 동안에 모두 해어지고 떨어져 나가고, 다행히 남아 있는 것도 모두 소략(疏略)하고 잘못되고 절차가 빠진 것이 많았다. 마침내 무령군(武靈君) 유자광(柳子光)과 신 현(俔)에게 명하시고, 주부(主簿) 신말평(申末平)·전악(典樂)인 신 박곤(朴棍)·신 김복근(金福根) 등에게 명을 내리어 다시 교정을 더하여 먼저 음률을 만든 원리를 말하고 다음에 음률을 사용하는 법을 말하였으니, 대개 악기와 부속품의 형체와 그것을 제조하는 방법과 춤추는 것과 그 대열과 전진하며 후퇴하는 절차가 구비하여 기록되지 않음이 없다. 책이 완성되어 『악학궤범(樂學軌範)』이라고 이름 지었다.

…(중략)…

우리나라의 음악은 세 가지가 있으니 아악(雅樂)·당악(唐樂)·향악(鄕樂)이다. 제사 지낼 때에 사용하는 것도 있으며, 조회와 연회에서 연주하는 것도 있으며, 시골에서 우리나라의 말로 연습하는 것도 있는데, 그 중요한 것은 일곱 가지의 운(韻)과 열두 가지의 율에 불과하다. 대개 재주의 정도가 고르지 아니하므로 음악을 아는 데도 어렵고 쉬움이 있다. 실기에 능한 사람은 음절에서 서투른 수가 있으며, 음절에 능한 사람이 그 원리를 모르는 수가 있다. 그 한 부분을 아는 사람은 비록 많으나 전체를 다 알아서 환하게 이해하는 사람은 대개 적으니, 심하도다, 음악의 어려움이여. 좋은 소리가 귀에 지나치면 곧 없어지며, 없어지면 곧 형적이

10 의궤(儀軌): 조선 시대 왕실이나 국가의 주요 의식(儀式)의 내용을 정리한 기록이다.

없는 것이니, 그림자가 형체가 있을 때에는 모여들고 형체가 없어지면 흩어지는 것과 같다. 만일 악보가 있으면 음정의 장단을 알 것이요, 그림이 있으면 악기의 형태를 알 것이요, 문헌이 있으면 처리하는 방법을 알 수 있을 것이니, 이러한 연유로 신의 무리가 비루하고 졸렬함을 헤아리지 않고 이것을 편찬하게 된 것이다.

출전: 『속동문선』 권16, 「서(序)」, 〈악학궤범서〉

⁑ 인용 출처: 한국고전번역원, 한국고전종합DB

3. 작품 감상

조선 전기는 성리학적 가치관 속에서 정치·사회·문화적 측면에서 다양한 제도가 정비되었던 시기이다. 그러나 이와 함께 고려의 전통은 여전히 다방면에 강력한 영향력을 유지하고 있었다. 이러한 상황에서 음악 또한 고려조 이후의 전통적 음악관과 성리학적 음악관이 첨예하게 대립하였다. 조선 초기의 왕들 역시 성리학적 지배 질서를 수립하기 위하여 여악(女樂)의 폐지와 같은 성리학적 음악관의 실현에 많은 관심을 두었으나, 이에 대한 반발도 극심한 상황이었다. 이러한 갈등을 정리하면서 선대의 음악을 보존하고 한편으로는 아악(雅樂)을 정립하여 성리학적 통치 이념을 공고히 하는 데 중요한 역할을 한 것이 『악학궤범』이라 할 수 있다.

『악학궤범』을 편찬한 성종은 세종조 이후 흩어진 사회 질서를 회복하고 음악 정비를 계승하고자 악서(樂書)의 편찬을 명하였는데, 이러한 편찬 목적과 과정이 〈악학궤범서〉에 잘 나타나 있다. 성종의 편찬 의도를 직접적으로 실천한 이는 성현이다. 그는 음률에 천부적인 재능을 가지고 있으면서도, 성리학적 기준에서 음악을 이해하고자 했던 유학자였다. 특히 음악이 가진 정치·사회적 효능을 긍정하고, 이를 구체적으로 실천하고자 했던 인물이라 할 수 있는데, 이러한 그의 음악 인식은 〈악학궤범서〉에서 주요한 논리로 나타나고 있다.

유학에서는 음악의 주된 작용을 화(和)로 이해한다. 〈악학궤범서〉의 전반부에서도 음악이 하늘로부터 나와 사람의 정서와 결부됨을 말하고, 음악의 도(道)가 정치와 백성의 교화에 밀접한 관련이 있음을 언급하였다. 또한 고대 성왕들이 이러한 음악의 공효에 주목하여 각종 악기들을 만들고, 조화를 도모할 수 있는 음악을 제정하여 백성들을 통치하였음을 강조하고 있다. 하지만 이러한 성왕의 음악이 점차 사라지면서, 음탕하고 경박한 음악이 주류가 되어 정치가 문란해졌기에 당대 음악의 정비가 필요하다고 말하였다. 중반부에서는 세종조의 음악 개혁의 성과가 점차 쇠퇴하였음을 강조한 뒤, 세종조의 음률을 재정비하고 각종 의례와 음악 전통을 복원하기 위하여 『악학궤범』을 편찬하게 되었다고 서술하였다. 마지막 부분에서는 우리의 음악을 아악(雅樂), 당악(唐樂), 향악(鄕樂)의 세 유형으로 나누고, 이러한 음악의 형식적 틀 안에서 음악이 행해져야 함을 강조하였다.

이러한 언급은 음란하고 경박한 세속의 음악을 통제하여 유학의 정치적 이상을 실천하기 위한 것이라 할 수 있겠다. 이를 위해 『악학궤범』은 당대의 음악을 그림과 도표로 정리하여 보여 주면서 여러 제향에 쓰이는 악조(樂調)와 악기의 진설(陳設), 의물(儀物), 관복(官服)에 이르기까지 음악 연주에 필요한 사항들을 빠짐없이 망라하여 수록하고 있다.

『악학궤범』은 유학의 예악(禮樂) 사상을 정치 현실 속에서 구현하기 위해 편찬되었다. 특히 조선 전기 성리학 이념의 확산 및 고착화를 위한 조정의 음악 정책과 관련된 상징적 지표가 『악학궤범』의 편찬이었다. 〈악학궤범서〉는 이러한 성종조의 음악 정책과 조선 전기 국가의 체제 정비를 위한 그들의 노력을 보여 주고 있다. 그리고 성종 말기에 편찬된 『악학궤범』은 광해군 때 복각되었고, 이후 조선 후기인 효종조에 간행되기도 하였으며, 영조 때 다시 복각되는 등 조선 후기까지도 오랫동안 음악적 영향력을 미쳤다. 결국 〈악학궤범서〉가 보여 주는 음악관은 조선 후기까지 그 영향력을 발휘하였던 것이다.

〈생각해 보기〉

(1) 유학의 예악 사상에 대해서 조사해 보고, 조선 시대 예악 사상의 정치·사회적 의미에 대해 생각해 보자.

(2) 조선 전기에는 기녀들의 여악(女樂)에 대한 찬반론이 극렬하게 대립했던 시기이다. 이러한 찬반론의 논거들을 살펴보고, 찬성과 반대의 입장 중 하나를 들어 자신의 생각을 이야기해 보자.

(3) 조선조 유학자들은 음악의 정서적 기능을 통해 사회의 화합과 통합을 시도하고자 하였다. 이러한 시도가 현대 사회에서 어떠한 긍정적 역할을 할 수 있을지에 대해 생각해 보자.

참고문헌

· 전지영, 『조선 시대 악론 선집』, 민속원, 2008.
· 길진숙, 「조선 전기 예악론의 추이와 국문시가론의 정립 양상」, 이화여자대학교 박사학위논문, 2000.
· 송기옥, 「악학궤범의 시문학 사료적 가치」, 『진단학보』 77, 진단학회, 1994.
· 장현근, 「조선 초기 음악정책과 성리학 지배의 공고화 - 성종 시기 악학궤범 편찬 및 여악 문제를 중심으로」, 『국학연구』 33, 한국국학진흥원, 2017.

조유영

46

남효온의 육신전
六臣傳

1. 창작 배경

〈육신전〉은 추강(秋江) 남효온(南孝溫, 1454~1492)이 지은 사육신(死六臣)의 전기로, 〈단종대왕육신실기〉·〈사륙신전〉·〈사육신전〉·〈육충신전〉·〈육문정충절행록〉·〈초호별전〉이라고도 불린다.

〈육신전〉에 등장하는 사육신은 단종과 세조·계유정난(癸酉靖難)과 관련이 있으며, 생육신(生六臣) 역시 마찬가지였다. 계유정난은 수양대군(세조)이 김종서 등을 죽이고 정권을 잡은 사건으로, 이 사건으로 단종은 수양대군에게 왕위를 빼앗기고 유배되었다가 죽임을 당했다.

사육신은 성삼문·박팽년·이개·하위지·유성원·유응부를 일컫는다. 이들은 세조에게 항거하고자 반정을 모의했으나, 사전에 모의가 발각되면서 모두 처형당했다. 남효온은 생육신 중 한 명이었다. 생육신은 세조가 왕에 재위하는 동안 벼슬에 나아가지 않음으로써 단종에 대한 절개를 지켰다. 이맹전·조여·원호·김시습·성담수·남효온 또는 권절이 생육신에 속한다.

남효온은 계유정난이 일어난 이듬해인 1454년에 태어났다. 1478년 그는 시정의 7가지 폐단과 함께 단종의 생모 현덕왕후의 능인 소릉(昭陵)을 복위시켜 달라는 상소를 올렸다. 그러나 소릉 복위가 이루어지지 않자, 그는 출세의 뜻을 거두고

처사의 삶을 택했다. 이후 음주를 일삼으며 각지를 유랑하다가 1492년에 병사했다. 1504년 갑자사화가 일어나자, 남효온은 소릉의 복위를 상소했다는 이유로 부관참시를 당하였다. 생육신이었던 김시습은 남효온과 아주 친한 친구 사이였다.

〈육신전〉은 조선 시대에 은밀하게 유통되다가, 1576년 선조 대에 판서 박계현(朴啓賢, 1524~1580)의 언급으로 왕조실록에 처음으로 드러나게 되었다. 당시 선조는 박계현이 〈육신전〉을 언급한 것에 역성을 내며 〈육신전〉을 불태우겠다고 했다. 그럼에도 불구하고 〈육신전〉은 사람들 사이에서 전해지다가, 1782년 정조 대에 공식적으로 출간되었다.

2. 원문 읽기

(1) "그대가 나에게 돌아와서, 처음에 모의했던 것을 숨긴다면 살 수 있을 것이다."

박팽년[1]이 비웃으면서 대답하지 않고는, 임금(세조)[2]을 부를 때 반드시 나으리[進賜]라고 하였다.

임금이 그 입을 다물게 하고는, "그대가 이미 나에게 신(신하)이라고 일컬었으니 지금 비록 신이라 일컫지 않더라도 이로울 게 없다."라 하니, 박팽년은 대답하여 말하였다.

"나는 상왕(단종)[3]의 신하인데, 어찌 나으리의 신하가 되겠소? 일찍이 충청감사로 1년 동안 있었는데, 모든 문서[狀牘]에서 신이라 일컬은 적이 없소."

세조가 사람을 시켜 그 계목(啓目)을 조사하였더니, 과연 '신(臣)'이라는 글자가

---

1 박팽년: 자는 인수(仁叟), 호는 취금헌(醉琴軒). 사육신(死六臣)의 한 사람으로, 1456년에 단종의 복위를 꾀하다가 실패하여 처형되었다.

2 임금(세조): 조선 제7대 왕. 휘는 유(瑈), 자는 수지(粹之), 군호는 수양대군. 조선 제4대 왕인 세종의 아들이자, 조선 제5대 왕인 문종의 동생이다. 1453년 계유정난을 일으켜, 김종서·황보인 등 반대파를 숙청하고 형제인 안평대군을 죽였다. 그로부터 2년 뒤 조카인 단종으로부터 왕위를 물려받아 왕위에 오르게 된다. 국방, 외교, 토지 제도 및 관제의 개혁과 개편 따위에 업적을 남겼으며, 『국조보감』·『경국대전』 등을 편찬하였다. 저서에 『석보상절』이 있다.

3 상왕(단종): 조선 제6대 왕. 12세에 문종의 뒤를 이어 왕위에 올랐으나, 숙부인 수양대군에게 왕위를 빼앗겨 강원도 영월에 유배되었다가 죽임을 당하였다. 죽은 지 241년 뒤인 1698년에 왕위가 추복(追復)되어, 단종이라는 묘호를 받았다.

하나도 없었다.

그 아우 박대년(朴大年)과 아들 박헌(朴憲)도 모두 죽임을 당하였고, 그 아내는 관비가 되었으나 수절하면서 일생을 마쳤다.

출전: 『추강집(秋江集)』 권8, 〈육신전〉 박팽년(朴彭年)

⑵ 일이 발각되어 잡혀가게 되었다. 광묘(光廟, 세조)가 친히 국문하면서 꾸짖었다.

"그대들은 무엇 때문에 나를 배반하느냐."

성삼문[4]이 대항하여 소리치며 말하였다.

"옛 임금(단종)을 복위시키고자 했을 뿐이오. …(중략)… 성삼문이 이런 일을 하는 것은 하늘에는 해가 둘일 수 없고, 백성에게는 임금이 둘일 수 없기 때문이오." …(중략)… 세조가 말하였다.

"너는 내 녹을 먹지 않았느냐? 녹을 먹고도 배반하였으니, 이랬다저랬다 고치길 되풀이하는 사람이다. 명분은 상왕을 복위시킨다고 하지만, 실상은 스스로를 위하고자 함이다."

성삼문이 말하였다.

"상왕이 계신데 나으리가 어찌 나를 신하라고 하오? 또 나으리의 녹은 먹지 않았으니, 만약 믿지 못하겠다면 나의 집을 몰수하여 세어 보오."

세조가 몹시 노하여 무사를 시켜 쇠를 달구어 그 다리를 뚫고 그 팔뚝을 끊었으나, 얼굴빛이 변하지 않았다.

성삼문이 천천히 말하였다.

"나으리의 형벌이 참혹하오."

이때 신숙주[5]가 세조의 앞에 있었는데, 성삼문이 그를 꾸짖어 말하였다.

---

4 성삼문: 자는 근보(謹甫), 호는 매죽헌(梅竹軒). 세종이 훈민정음을 창제하는 데에 도움을 주었다. 사육신(死六臣)의 한 사람으로, 1456년에 단종의 복위를 꾀하다가 실패하여 처형되었다.

5 신숙주: 자는 범옹(泛翁), 호는 보한재(保閑齋)·희현당(希賢堂). 세종이 훈민정음을 창제하는 데 도움을 주었으며, 『세조실록』의 편찬에 참여하고 『동국통감』·『오례의』를 편찬하였다. 정치적으로 수양대군의 편에 서서, 수양대군이 왕위에 즉위한 이후 여러 관직을 역임하였다. 성삼문 등과 집현전에서 함께 일했던 동료 사이였다. 그러나 성삼문 등이 단종의 복위를 위해 거사를 일으키자, 신숙주는 이들이 처벌받는 데

"나와 네가 집현전에 있을 때, 세종께서 날마다 왕손(단종)을 안으시고서 거닐며 한가롭게 걸으시다가, 여러 신하에게 '내가 죽은 후에 그대들이 반드시 이 아이를 보호해 다오.'라 하시던 말씀이 아직도 귀에 남아 있는데, 너만 혼자 그 말을 잊었느냐? 너의 나쁜 짓이 이 지경까지 이르게 될 줄을 생각조차 못했다."

…(중략)…

이윽고 그가 죽었다. 그 집을 몰수하여 보니, 을해년(세조 원년) 이후부터의 녹봉을 따로 한 방에 두고 '어느 달의 녹'이라고 써 두었다. 집 안에는 남은 것이 없었고, 침방에는 거적자리만 있을 뿐이었다.

…(중략)… 그가 지은 시가 있는데, 그 시는 이러하다.

임금의 음식 먹고 임금의 옷 입으니	食君之食衣君衣
본디의 뜻 평생토록 어김이 없길 바라네	素志平生莫願違
한 번 죽어 진실로 충의가 있음을 아니	一死固知忠義在
현릉(顯陵)[6]의 소나무와 잣나무 꿈속에서 우거져 있네	顯陵松柏夢依依

출전: 『추강집(秋江集)』 권8, 〈육신전〉 성삼문(成三問)

3. 작품 감상

〈육신전〉은 박팽년의 전으로부터 시작하여, 성삼문·이개·하위지·유성원·유응부의 전 순서로 각각의 인물에 대해 서술한 후, 결말부에서 태사씨(太史氏)의 논평으로 마무리된다. 여섯 신하의 전을 살펴보면, 내용의 서두는 여섯 신하 각자의 관직을 다루었다. 다음으로 각 인물의 언행 및 성품·일화를 다루고 있다. 박팽년의 전의 경우, 서두에서 박팽년의 관직과 함께 단종 복위 운동의 계기와 전

에 일정한 역할을 했다. 그리고 단종의 복위를 꾀했던 금성대군과 함께 단종을 죽여야 한다고 주장했다. 1456년 단종 복위 운동 이후, 신숙주는 성삼문 등을 역신(逆臣)·난신(亂臣)으로 규정했으며, 1469년 『무정보감(武定寶鑑)』에 이들의 역모가 기록되지 않았음을 지적하며 이를 기록할 것을 청하기도 했다.

6 현릉(顯陵): 문종과 현덕왕후의 능.

말을 서술하고 있다.

〈육신전〉에 실린 병자사화의 전말 및 여섯 신하의 일화는 남효온이 직접 목격한 사실이 아니었다. 남효온이 장인인 윤훈(尹壎) 등으로부터 전해 들은 바를 근거로 삼아, 단종 복위 운동과 이에 가담한 각각의 인물을 기록한 것이다. 이를 통해 남효온은 이들을 충절의 인물로 기리고자 했다.

(1)과 (2)는 박팽년의 전과 성삼문의 전의 일부이다. 단종 복위 운동의 시도가 들통난 후 여섯 신하가 세조에게 국문을 받았다. (1)은 박팽년이 국문을 받으며 세조와 대화하는 장면과, 박팽년 사후의 일화이다. 박팽년은 세조를 '나으리'라 일컬으며, 세조를 임금으로 인정하지 않는다. 이를 통해 상왕인 단종에 대한 박팽년의 절의를 잘 드러내고 있다.

(2)는 성삼문이 국문을 받는 장면과, 성삼문 사후의 일화이다. 성삼문 역시 세조를 '나으리'라 부르며, 세조가 즉위한 이래로 나라의 녹봉을 한 푼도 쓰지 않았다는 일화가 전해진다. 그리고 성삼문이 신숙주를 꾸짖는 대목에서는 성삼문의 꾸짖음과 신숙주의 침묵이 극적으로 대비되고 있다. 결말부의 시에서는 단종의 부모인 문종과 현덕왕후의 능을 언급하며, 죽음으로써 단종에 대한 충심을 지킴을 보여준다.

(1)과 (2)에서 박팽년과 성삼문은 고문 속에서 세조에게 죽음을 당할 위기에 처해 있다. 그럼에도 불구하고 두 인물은 고통스러워하는 모습을 보여 주기보다, 오히려 기개 있게 세조의 왕위 찬탈을 비판하며, 단종에 대한 절개를 지키는 모습을 보인다. 세조와의 논쟁, 세조의 냉혹한 고문에도 굴하지 않고 의연한 이들의 자세를 눈앞에서 펼쳐지는 일처럼 자세하고 생동하게 그려 내고 있다.

박팽년과 성삼문뿐만 아니라, 〈육신전〉에 실린 다른 신하들 역시 고통스러운 고문 속에서 의연한 모습을 보이고 있다. 이러한 장면들을 비롯하여, 〈육신전〉은 여섯 신하들과 관련한 여러 가지 일화를 통해 이들의 충절을 돋보이게 한다. 그러면서 사건의 전말과 그들을 죽게 만든 무리의 정체를 곳곳에 밝혔다. 즉, 김질·정창손·신숙주·최항·권람·한명회를 배치하여, 세조를 부추겨서 권력을 쟁취한 인물들을 비판하고 있다. 그리고 세조의 잔혹함과 여섯 신하의 절의를 극적으로 대비하였다.

〈육신전〉의 결말부에서 남효온은 세조가 사육신을 너그럽게 용서했으면 단종은 단종대로 수명을 연장할 수 있었고, 세조의 치세도 더욱 융성해졌을 것이라고 한다. 이를 통해 남효온은 세조는 세조대로, 사육신은 사육신대로 인정받고, 역적으로 죽은 이들을 충절로 복권하고자 했다. 〈육신전〉의 작자인 남효온 역시 생육신(生六臣)의 한 명으로 분류될 정도로, 세조의 왕위 찬탈 및 단종의 복위 운동과 많은 관련을 가진 인물이었다. 그러므로 〈육신전〉 저술은 사육신에 대한 신원의 일종으로 이루어진 작업이었다. 그 속에서 〈육신전〉은 서사적 기록을 통해 단종의 비극적인 죽음과 사육신의 충절을 은밀하고 강력하게 환기시켰다.

그의 이러한 바람은 300년 동안 역사와 문학 속에서 『노릉지』·〈원생몽유록〉과 같은 작품으로 이어져 나타났다. 그 결과 사육신이 복권되고 단종이 복위되었으며, 살아서 절의를 지킨 남효온과 김시습을 비롯한 생육신에게도 정려가 내려졌다. 마침내 정조 대에 이르러 1791년 장릉에 배식단이 세워졌고, 국가적으로 이들을 한자리에 모아 배향하는 데에 이르렀다.

〈생각해 보기〉

(1) 세조는 계유정난을 일으켜 조카인 단종의 왕위를 찬탈했다. 이와 같은 세조의 행보에 반대했던 대표적인 인물들이 사육신과 생육신이었다. 사육신과 생육신은 세조의 행보에 반대했다는 공통점이 있지만, 세조에게 저항하는 방식이 달랐다. 계유정난의 경위와 사육신·생육신에 해당하는 인물들을 조사해 보고, 이들이 세조에게 저항한 방식을 비교해 보자.

(2) 남효온이 〈육신전〉을 창작한 이유에 대해 정리해 보자.

(3) 계유정난과 세조의 왕위 찬탈은 당대의 문인들에게 큰 충격을 준 사건이었다. 세조가 무력을 써서 정당하지 않은 방법으로 왕위에 올랐고, 그 과정에서 많은 사람이 죽었기 때문이다. 사육신과 생육신은 각자 방식이 달랐지만, 세조를 비판하며 단종에 대한 절개를 지켰다. 반면 신숙주처럼 세조의 권세에 동조하는 인물들도 있었다. 만약 여러분이 계유정난 당시 살았던 문인이었다면, 이들 세 부류 중 어떤 부류를 선택했을지 생각해 보자. 그리고 그 이유도 이야기해 보자.

참고문헌

· 정출헌, 『남효온 평전: 유교문명의 성세를 꿈꾼 이상주의자의 희망과 좌절』, 한겨레출판, 2020.
· 이근호, 「16~18세기 단종 복위 운동 참여자의 복권 과정 연구」, 『사학연구』 83, 한국사학회, 2006.
· 장영희, 「남효온 산문에 나타난 이념의 지향과 〈육신전〉의 의미」, 『한문학보』 29, 우리한문학회, 2013.
· 정출헌, 「〈육신전〉과 〈원생몽유록〉: 충절의 인물과 기억서사의 정치학」, 『고소설연구』 33, 한국고소설학회, 2012.
· 조도현, 「〈육신전〉의 인물 형상화에 나타난 작가의식」, 『어문연구』 103, 어문연구학회, 2020.

김소연

47

김우옹의 천군전
天君傳

1. 창작 배경

김우옹(金宇顒, 1540~1603)은 경상도 성주의 사월리(沙月里)에서 통정대부(通政大夫)와 삼척부사(三陟府使)를 지낸 아버지 김희삼(金希參, 1507~1560)과 어머니 청주 곽씨(郭氏) 사이에서 4남 1녀 중 막내로 태어났다. 그의 생애에 보이는 특징은, 학문적 연원을 조식(曺植, 1501~1572)에게 두고 있는 점, 수양론을 통해 심학(心學)의 원리를 밝히고 있는 점, 다양한 관직 생활을 하면서 역사 현실에 민감하게 반응한 점 등을 들 수 있다. 〈천군전〉은 심학의 원리를 밝힌 것에 해당한다.

16세기에 들면서 조선 선비들의 『심경(心經)』에 대한 이해는 심도를 더해 갔다. 경의사상(敬義思想)을 기반으로 강단을 열고 있었던 조식은 그의 외손서를 맞게 되는데, 제자이기도 한 김우옹이 바로 그다. 조식은 그를 지극히 사랑하여 성성자(惺惺子)라는 방울을 주었다고 한다. '성성'은 항상 깨어 있어야 한다는 '경(敬)'을 바탕으로 한 심법이다. 일찍이 조식은 〈신명사도(神明舍圖)〉를 그리고 〈신명사명(神明舍銘)〉을 쓴 적이 있는데, 이를 기반으로 하여 김우옹에게 명하여 전(傳)을 짓게 하였다. 〈천군전〉이 그것이다.

2. 원문 읽기

곤륜산(崑崙山) 아래 드넓은 땅 위에 한 나라가 있으니 이름하여 유인씨(有人氏)라 하였다. 그 지경은 원로산(圓顱山: 머리를 비유함)으로부터 교지(交趾: 발을 비유함)에 이르기까지 지경이 한 판도 안에 있으나 예의로써 제후의 종주가 되어 실로 천하의 맹약을 주장하여 상제의 일을 빛나게 하였으니, 그 임금은 곧 건원제(乾元帝)의 아들이다. 건원제가 태초(太初) 원년(元年)에 조칙을 내리기를, "…(중략)… 원월(元月) 갑인(甲寅)에 상제는 태사로 하여금 유인씨의 나라에 강토를 명한 뒤 맏아들을 여기에 봉하노라."라고 하였다. 나라 사람들이 이를 높여서 천군(天君)이라 부르니 천군의 처음 이름은 이(理)였는데, 이미 유인국에 봉해지고 나서는 이름을 심(心)으로 바꾸고 흉해(胸海)에 도읍을 정하였다.

원년에 천군이 신명전(神明殿)에서 조회를 받고 중문(重門)을 활짝 열기를 명하여 "시원스럽게 열려 가림이 없는 것이 정녕 나의 마음과 같다."라고 하였다. 이어서 태재(太宰) 경(敬)[1]에게 명하기를, "그대는 가슴 안을 집으로 삼고 나의 궁부(宮府)를 엄숙하고 맑게 하라."라고 하고, 백규(百揆) 의(義)[2]에게 명하기를, "그대는 태재와 협력하여 순조롭게 만 가지 일에 응하고 백 가지 뜻을 밝히도록 하라."라고 하였다. 이에 두 재상이 마음을 함께하니 정치가 잘 이루어지고 일에 합당하여 백관과 유사가 정연하고 엄숙하여 감히 그 관직을 황폐하게 하는 일이 없었다.

…(중략)…

천군은 사람들 몰래 다니기를 좋아하여 출입하는 것이 때가 없어서 여러 신

---

1 태재(太宰) 경(敬): 조식의 〈신명사명〉에서 '총재(冢宰) 경(敬)'이라 한 것이 그것이다. 태재와 총재는 내정을 총괄하는 사람인데, 마음과 경의 관계가 임금과 태재[총재]의 관계 같기 때문이다. 『주역』「곤괘」의 '경이직내(敬以直內: 경으로써 안을 곧게 함)'가 바로 이것이다. 주자는 '경'의 사개조목(四個條目)을 정이(程頤, 1033~1107)의 '주일무적(主一無適)'과 '정제엄숙(整齊嚴肅)', 윤돈(尹焞, 1061~1132)의 '기심수렴(其心收斂)', 사량좌(謝良佐, 1050~1103)의 '상성성법(常惺惺法)'으로 요약하였다.

2 백규(百揆) 의(義): 백규(百揆)는 외정(外政)을 총괄하는 사람인데, 사물에 임하여 의리에 맞는지를 살펴 결단하는 것이 정치에서 백규의 하는 일과 같으므로 명칭을 그렇게 붙였다. 『주역』「곤괘」의 '의이방외(義以方外: 의로써 바깥을 반듯하게 함)'가 바로 이것이다.

하가 그가 가는 곳을 알지 못하였으니, 태재가 항상 간언을 하여 이를 그만두게 하였다. 그러나 말년에는 아첨하는 신하 공자(公子) 해(懈: 해이한 마음을 비유함)와 공손(公孫) 오(傲: 오만한 마음을 비유함) 등이 조정의 정사를 마음대로 하여 태재 경을 쫓아내니 백규도 자리에 편안히 있지 못하고 떠나고 말았다. 천군은 이에 팔준마(八駿馬)를 타고 팔황(八荒)의 밖으로 마음껏 치달려서[3] 어떤 때는 위로 올라가 하늘을 날기도 하고, 어떤 때는 아래로 내려가 연못에 빠져들기도 했다. 이에 법궁(法宮: 임금이 정사를 보는 곳)이 오래 비고 백도(百度: 여러 제도 혹은 법도)가 방종하여 해이해지게 되었다.

이에 은해로(銀海路: 사람의 눈을 비유함)의 요사스런 도적 화독(華督)[4] 등이 삼관(三關)[5]에서 먼저 난을 일으키자 무리 지은 도적이 벌떼처럼 일어났다. 천군이 밖으로 나가 놀러 다녀 나라에는 방비가 없었기 때문에 적들이 흉해(胸海: 천군의 도읍)를 습격함에 칼날에 피를 묻히지도 않고 성곽에 들어오니 천군의 군사가 영대(靈臺)[6] 아래서 패전하여 장군 강(剛)이 전사하였다. 적의 우두머리 유척(柳跖)[7]이 스스로 임금이 되어 방촌대(方寸臺)[8]에 들어가 지내니 궁궐이 더러워지고 연못 안의 궁전도 황량하여 비린내가 나고 누린내가 나는 추한 자들이 단전(丹田)[9]에 가

---

3 팔준마(八駿馬)를……치달려서: 『열자(列子)』「주목왕(周穆王)」에, 주나라 목왕(穆王)이 정사는 돌보지 않은 채 팔준마(八駿馬)가 모는 수레를 타고 천하를 두루 유람하면서 정사를 게을리하였다는 고사가 나온다. 사람의 마음이 방탕하게 달아난 것을 말한다.

4 화독(華督): 『춘추좌전(春秋左傳)』 환공(桓公) 2년에 의하면, 춘추 시대 송나라 태재(太宰) 화독이 공보가(孔父嘉)의 아내를 길에서 보고 "아름답고 곱다."라 하였는데, 뒤에 공보가를 죽이고서 그 여자를 취하였고, 상공(殤公)이 노하자 상공까지 죽였다고 한다. 화독은 눈이 외물의 유혹에 이끌려 본심을 해치고 어지럽게 된 상태를 말한다.

5 삼관(三關): 목관(目關: 눈), 이관(耳關: 귀), 구관(口關: 입)을 말한다. 인간의 감각기관 가운데 대표적인 것으로, 행동[動]과 함께 사물(四勿)의 근거가 된다. 일찍이 공자는 "예가 아니면 보지 말고, 예가 아니면 듣지 말고, 예가 아니면 말하지 말고, 예가 아니면 행동하지 말라.[非禮勿視 非禮勿聽 非禮勿言 非禮勿動]"라고 하였다. 『논어(論語)』「안연(顔淵)」.

6 영대(靈臺): 사람의 마음을 허령불매(虛靈不昧)로 표현하는데, 영대는 마음을 비유한 것이다.

7 유척(柳跖): 춘추 시대 노나라 유하혜(柳下惠)의 아우이다. 그는 9천 명의 졸개를 거느리고 남의 우마(牛馬)와 부녀자를 탈취함은 물론 제후에게 횡포를 부렸으므로, 큰 도적의 상징이 되어 '도척'이라 불렸다. 여기서는 인욕을 비유하였다.

8 방촌대(方寸臺): 사람의 마음이 사방 한 치에 들어 있다고 하여 방촌이라 하는데, 여기서는 사람의 마음이 깃든 곳을 의미한다.

9 단전(丹田): 단전은 흔히 배꼽 밑 3치의 부위를 말한다. 동양의학에서는 단전을 양생(養生)에 중요한 부

득하고 옥연(玉淵)[10]에 많았다.

천군이 이미 나라를 잃자 고가(故家)의 유신(遺臣)은 따르는 이가 한 사람도 없었다. 다만 오직 공자(公子) 양(良: 양심을 비유함)이 그 와중에 일을 주선하여 비록 쓰이지 못하였지만 차마 버리고 떠나지 못하였다. 이에 〈기초(祈招)〉[11]의 시를 지어서 그 임금을 경계하였다. 천군은 슬피 돌아보고 깨우쳐서 즉시 수레의 멍에를 정돈하여 고삐 돌리기를 명하고는 흩어진 무리를 불러들이게 하였다. 이에 태재경이 행재소(行在所)에 나와 본래의 지위로 회복하게 하니, 백성들이 구름처럼 몰려들었다.

나라를 회복할 것을 기약한 지 10년 만에 천군이 국경 안으로 들어갔는데, 장군 극기(克己)가 사물기(四勿旗)[12]를 세워 선봉이 되고 공자(公子) 지(志: 기(氣)를 거느리는 주체)가 대중을 통솔하여 원수가 되었다. 대장군이 고군(孤軍)이 적진으로 깊이 들어갔다가 생사의 기로에서 적과 맞붙었는데, 항우(項羽)가 밥해 먹던 솥도 깨부수고 주둔하던 막사도 불사르도록 명한 것처럼 하여 사졸들에게 필사의 각오를 보였다.[13] 백여 차례나 혈전을 벌인 끝에 적의 무리를 크게 궤멸(潰滅)시켰다.

이에 천군이 신명전에서 자리를 바르게 하자 백규도 또한 오니 태재와 내외를 나누어 다스렸다. 태재가 천군에게 권하여 성벽을 굳게 하고 들판을 맑게 치워 요해처(要害處)를 눌러서 진압하도록 하였다. 이에 적당들이 자주 변방을 침범하였으나 대장군이 기운을 엄하게 하여 성곽을 순시하자, 적들이 모두 달아나

위로 보는데, 특히 정기(精氣)를 이곳에 집중시키는 특수 호흡법이 양생에 의의가 있다고 알려져 있다.

10 옥연(玉淵): 옥과 같이 맑은 물이 깊은 못을 이루는 곳으로, 마음을 비유한 것이다.

11 〈기초(祈招)〉: 채공(祭公) 모보(謀父)가 지은 시라고 하는데, 그 내용은 전하지 않는다. 그가 이 시를 지어서 주나라 목왕의 방탕한 유람을 저지하였으므로, 왕이 돌아와서 지궁(祗宮)이라는 별궁에서 죽을 수 있었다는 기록이 전한다. 『춘추좌씨전(春秋左氏傳)』 소공(昭公) 12년.

12 사물기(四勿旗): 안연이 스승 공자에게 극기복례(克己復禮)의 방법을 물었을 때, 공자는 예가 아닌 것은 보지도, 듣지도, 말하지도, 행동하지도 말라는 사물(四勿)로 대답했다. 송유(宋儒) 정이(程頤)는 이를 토대로 〈사물잠(四勿箴)〉을 지어 자신을 경계하였다.

13 항우(項羽)가……보였다: 살아 돌아올 기약을 하지 않고 결사의 각오로 싸우겠다는 결의를 비유적으로 이르는 말이다. 항우(項羽)가 진(秦)나라와 싸우러 가면서 하수(河水)를 건넌 뒤 배를 모두 가라앉히고, 솥과 시루를 깨뜨리고, 막사를 불태우고, 사흘 양식만 지니고서 사졸에게 반드시 죽을 힘을 다해 싸워야 한다는 것을 보여 주었던 고사에서 유래한다. 『사기(史記)』 「항우본기(項羽本紀)」.

감히 그 칼끝을 당해 낼 수가 없었다. 대장군이 이들을 추격하여 모조리 베어 버리고 병사를 진격시켜 그들의 소굴을 소탕하였다. 건원제가 내려 주신 지경을 모두 회복하고 군사가 돌아와 대궐 섬돌 앞에서 승첩을 보고하였다.

이로부터 삼궁(三宮)이 맑고 편안하며 사야(四野)가 편안하고 고요하여 천 리의 나라가 깨끗해져서 잘못된 흔적이 없었다. 천군이 두 손을 모으고 옷을 드리운 채 있어도 나라가 잘 다스려졌다. 태재는 임금의 덕을 보좌하여 만화(萬化)의 본원(本源)을 맑게 하고 백규는 일의 변화에 응하여 일본(一本)의 작용을 베풀어 각기 그 직분을 공손히 하니 국가에 아무런 일이 없었다. 천군은 재위한 지 백 년 만에 여섯 마리의 용을 타고 건원제의 조정에 조회를 드리러 가서 돌아오지 않았다.

태사공(太史公)은 다음과 같이 말한다.

"내가 보니 천군의 그 임금됨은 태재(太宰) 경(敬)의 보좌 덕분이라고 하겠다. 그 나라가 잘 다스려짐은 경을 재상으로 했기 때문이고, 그 나라가 어지러움은 경을 떠나게 했기 때문이며, 그 나라를 회복함은 경을 다시 썼기 때문이고, 그가 상제와 짝할 수 있었던 것도 경 때문이며, 그가 만방을 통솔할 수 있었던 것도 경 때문이었으니, 첫째도 태재이고 둘째도 태재이다. 아아! 재상 한 사람을 얻어서 흥하고 재상 한 사람을 잃어서 망하니, 임금은 재상으로 삼을 바를 신중히 하지 않을 수 있겠는가!"

출전: 『동강집(東岡集)』 권16, 〈천군전(天君傳)〉

3. 작품 감상

김우옹의 〈천군전〉이 조식의 〈신명사명〉을 기반으로 해서 이루어졌다는 사실을 염두에 둘 때, 우선 〈신명사명〉에 대한 이해가 긴요하다. 〈신명사명〉은 조식의 경의 사상을 70자로 압축해 놓은 잠명(箴銘)이다. 일찍이 조식은 『주역』 「곤괘(䷁)」 '문언전'의 "군자는 경으로 안을 곧게 하고, 의로 밖을 방정하게 한다.[敬以直內 義以方外]"라는 것을 자신의 사상 체계로 변용하여 〈패검명〉을 지었다. "안으로 마음을 밝히는 것은 경이요, 밖으로 행동을 결단하는 것이 의이다.[內明者敬 外

斷者義]"라고 한 것이 그것이다. 여기서 더욱 나아가 경과 의를 요체로 한 〈신명사명〉을 지었으니 그 내용은 이러하다.

① 태일진군이 명당에서 정치를 베푸는데, 안에서는 총재가 주장하고 밖에서는 백규가 살핀다. 추밀(樞密)을 받들어 말[言語]의 출납을 맡아 진실과 믿음으로 언어를 다듬는다. 네 글자[和·恒·直·方]의 부절(符節)을 발하고 백 가지 금지의 깃발을 세운다.

② 아홉 개 구멍의 사특함은 입과 눈, 그리고 귀에서 처음 생기는 것, 낌새가 있자마자 용감하게 나아가 이겨 내고 진격하여 모조리 섬멸해 버린다.

③ 승리를 임금에게 보고하니 요순의 세월이로다. 세 관문을 닫아 두니 깨끗한 들판이 끝없이 펼쳐지고, 하나로 돌아가니 시동(尸童) 같고 연못 같도다.

위의 작품은 '① 태일군[마음]이 안을 살피는 총재(冢宰) 경(敬)과 밖을 살피는 백규(百揆) 의(義)를 거느리고 마음의 나라를 다스리다, ② 인욕에 의해 마음이 혼란할 조짐이 있었으나 용감하게 나아가 이를 극복하다, ③ 승리를 태일군에게 보고하고 함양을 통해 천리와 합치되다'로 진행된다. 요약하면, ①은 마음의 본체를, ②는 인욕에 의한 마음의 혼란 상태를, ③은 마음의 회복을 나타낸 것이다. 이는 다시 '극기복례(克己復禮)'로 압축된다. '극기'는 아홉 개 구멍의 사특함이라는 인욕을 이긴다는 것이고, '복례'는 입과 눈, 그리고 귀의 관문을 닫고 깊게 함양하며 본성을 회복한다는 것이다.

〈천군전〉은 크게 보아 다섯 단락으로 나누어진다. 첫째 단락은 천군의 기원을 설명한 도입부이다. 즉, 천군은 건원제(乾元帝)의 맏아들로, 하늘을 다스리는 아버지의 명을 받들어 하토(下土)의 여러 나라를 다스리게 되었다는 것이다. 천군의 초명은 이(理)인데, 유인국(有人國)에 봉해진 다음에는 이름을 심(心)이라 고쳤다. 상제는 그 아들에게 "아! 공경이 태만을 이기게 되면 길하고 태만이 공경을 이기게 되면 멸하니, 게으르지 말고 황폐하게 하지 않으면 길이 하늘의 녹을 받으리라."라고 했다. 나라 사람들은 심을 높여 천군이라 하였으며, 흉해(胸海)에 도읍하였다.

둘째 단락은 천군의 즉위 원년에 신명전에서 조회를 받으며 태재 경과 백규 의와 함께 군신이 서로 권면하고 경계하는 장면을 묘사한 부분이다. 〈신명사명〉을 통해 제시했던 조식의 극기복례를 제대로 간파했던 김우옹은, 태재[총재]와 백규를 '경'과 '의'에 정확히 결합시키면서 역시 천군을 중심으로 한 내외의 관계를 설명하였다. 즉, 마음 천군이 태재 경에게는 안으로 엄숙하며 밝게 하고, 백규 의에게는 밖으로 모든 일에 응하게 했던 것이다. 안으로 엄숙하며 밝게 하고 밖으로 만사를 제대로 대응하라는 천군의 명령을 태재와 백규는 인식하고 있었기 때문에 그들은 자신의 자리에서 직분을 다할 수 있었다.

셋째 단락은 천군이 만년에 팔준마를 타고 마음대로 돌아다니다가 나라를 잃게 되는 과정을 묘사한 것이다. 이때 악인형 인물들이 다양하게 등장하는 바, 해이한 마음인 공자(公子) 해(懈)와 오만한 마음인 공손(公孫) 오(傲)가 일을 꾸며 태재 경이 쫓겨나고 백규 의가 떠나게 된다. 은해로(銀海路)의 도적 화독(華督) 등이 삼관에서 난을 일으켜 마침내 도적들이 유인국의 수도 흉해를 습격해 장군 강(剛)이 전사한다. 도적의 우두머리 유척(柳跖)이 임금이 되어 방촌대(方寸臺)에 거처하며 천군의 나라를 무참히 짓밟는다.

넷째 단락은 천군이 뒤늦게 뉘우치고 각고의 노력으로 나라를 되찾는 과정이다. 천군이 나라를 잃자 모든 신하가 떠나갔으나, 공자(公子) 양(良)은 시를 지어 간언하였으며, 이에 깊이 뉘우친 천군은 태재를 다시 경의 자리에 앉혔다. 그러자 흩어진 군사들은 수습되고 백성들은 구름처럼 몰려들었다. 대장군 극기(克己)가 사물기(四勿旗)를 세우고 선봉에 서서 적을 무찔렀는데, 적진에 깊이 들어가 생사의 기로에서 적들과 싸워 크게 이겼다. 공자 지(志)는 원수로서 무리를 통솔하였다. 드디어 천군이 신명전에 다시 오르게 되고, 태재 경과 백규 의가 안팎으로 나누어 다스리게 된다.

다섯째 단락은 태사공(太史公)의 총평을 실었다. "상제와 짝할 수 있었던 것도 경 때문이었고, 그가 만방을 통솔할 수 있었던 것도 경 때문이었으니, 첫째도 태재이고 둘째도 태재이다."라고 하면서 경을 특별히 강조하였다. 이는 김우옹이 '경'이 내(內)와 본(本)에 해당한다고 보았기 때문이다. 일찍이 그는 경연에서 이이

(李珥, 1536~1584)와 '경의'에 대하여 토론을 벌인 적이 있다. 이 과정에서 이이가 이 둘을 두 가지의 일이라 말하자, 그는 "진실로 능히 경으로써 안을 곧게 한즉, 의로써 밖을 바르게 함은 그 가운데 있게 됩니다."라며 '경'이 주가 됨을 강조하였다. 이는 그가 〈천군전〉 말미에서 사관(史官)의 입을 통해 평론(評論)하는 자리에서도 나타난다.

〈천군전〉의 다섯 단락 가운데 둘째에서 넷째 단락이 특별히 주목된다. 조식의 〈신명사명〉과 일치되는 부분이기 때문이다. 천군이 태재 경과 백규 의를 거느리고 정사를 펼치게 되었는데, 천군이 해이하고 오만해져서 나라를 제대로 다스리지 못하여 결국 나라를 망하게 하였다. 그러나 천군은 양심을 상징하는 공자 양의 진언을 듣고 반성하여 대장군 극기를 앞세워 나라를 다시 회복하였다. 여기서 우리는 이 작품의 기본 논리가 조식의 〈신명사명〉과 마찬가지로 극기복례에 있음을 바로 알 수 있다.

그러나 이 작품은 조식의 〈신명사명〉과 서로 다른 부분도 여럿 보인다. 상제가 자신의 맏아들을 보내 하토를 다스리게 하였는데, 나태하고 오만하여 나라를 잃기도 하지만 마침내 반성하여 다시 나라를 되찾고, 건원의 조정에 조회하러 가서 다시는 돌아오지 않았다. 이 같은 천상의 인물이 지상으로 내려와 다스리다가 다시 천상계로 돌아가는 구조는 단군신화를 비롯한 신화나 영웅소설에 즐겨 활용되는 구조이다. 태사공의 말을 빌려 경을 더욱 강조한 것도 주목된다. 이는 경과 의를 나란히 강조하였던 스승 조식과는 다른 측면이 있기 때문이다.

조식의 명에 의해 제작된 김우옹의 〈천군전〉은 이정(李楨, 1512~1571)과 이기옥(李璣玉, 1566~1604)의 〈신명사부〉, 강대수(姜大遂, 1591~1658)와 하진(河溍, 1597~1658)의 〈신명사기〉 등과 연대를 이루면서 남명학파의 심성론적 흐름을 이룩할 수 있도록 했다. 여기서 더욱 나아가 김우옹의 〈천군전〉은 후대의 심성소설 〈수성지(愁城誌)〉, 〈천군연의(天君演義)〉, 〈의승기(義勝記)〉, 〈남영전(南靈傳)〉, 〈천군본기(天君本紀)〉, 〈천군실록(天君實錄)〉 등에 영향을 끼치면서 유가 심성론의 문학적 형상에 서사성을 확보할 수 있도록 했다. 이는 성리학의 심성미학적 측면을 새롭게 개척한 것이라는 점에서 중요한 문학사적 의의가 있다고 하겠다.

〈생각해 보기〉

(1) 조선 시대 선비들은 경(敬) 개념을 중심으로 한 수많은 작품을 창작하였다. 조식의 〈신명사명〉과 김우옹의 〈천군전〉도 그 가운데 하나이다. 이러한 관점을 고려하면서, 경 개념을 바탕으로 한 '극기복례'라는 수양론이 산문 장르 외에 어떤 형태로 구체화되어 나타나는지를 토론해 보자.

(2) 〈천군전〉은 충신형 인물과 간신형 인물의 대립과 갈등에서 충신형 인물이 승리하는 구조를 나타낸다. 이는 우리나라 고전소설의 한 전형인 권선징악적 주제와 맞물린다. 그러나 세계와의 대립이 구체적으로 설정되지 않아 소설로서는 일정한 한계를 지닌다. 이런 점을 고려하면서, 이 작품이 지닌 장르적 특성에 대해 토론해 보자.

(3) 〈천군전〉은 말미에 사관의 평을 제시하여, "첫째도 태재이고 둘째도 태재"라고 하면서 경(敬) 사상을 특별히 강조하고 있다. 이 경 사상은 조선 시대 선비들의 문학과 문화에 지대한 영향을 미쳤는데, 특히 문화로 어떻게 확장되는지에 대하여 구체적인 예를 들어 설명해 보자.

참고문헌

· 김광순, 『천군소설 연구』, 형설출판사, 1980.
· 전병철, 『남명의 심학』, 경상대학교출판부, 2016.
· 정우락, 「金宇顒의 事物認識方法과 그 精神構圖의 特性」, 『동방한문학』 15, 동방한문학회, 1998.
· 정우락, 「김우옹의 경전 이해 방법과 「성학육잠」의 의미 구조」, 『동방한문학』 16, 동방한문학회, 1999.
· 허원기, 「천군소설의 심성론적 의미」, 『고소설연구』 11, 한국고소설학회, 2001.

정우락

48

이이의 증최립지서
贈崔立之序

1. 창작 배경

이이(李珥, 1536~1584)의 자는 숙헌(叔獻), 호는 율곡(栗谷)·석담(石潭)·우재(愚齋), 시호는 문성(文成)이다. 〈증최립지서(贈崔立之序)〉는 이이가 1554년에 간이(簡易) 최립(崔岦, 1539~1612)에게 준 글이다. 글의 제목에 나오는 '최립지(崔立之)'가 바로 최립이다.

원문에 '갑인(甲寅)'이라는 간기가 적혀 있어, 이이가 이 글을 저술한 시기를 알 수 있다. 이이가 이 글을 지었을 당시 그는 19세, 최립은 16세로 둘 다 청소년이었다. 이때 최립은 이미 생원시와 진사시에 모두 급제했고, 문장으로 명성을 떨치고 있었다. 이이는 최립의 소문을 듣고 그를 한번 만나길 바라고 있었다.

때마침 최립이 김광전(金光前)을 통해 먼저 이이의 집으로 왔다. 처음에 이이는 최립의 겉모습만 보고, 최립의 명성을 의심했다. 그러나 그 후 최립이 지은 〈차이소경(次離騷經)〉과 서계(書啓)를 읽고 나서, 이이는 최립의 명성에 대한 의심을 거두었다. 그리고 사람을 등용하거나 알아볼 때, 외형만으로 그 사람을 판단하지 말고 그 사람의 내실을 보아야 함을 깨달았다고 한다.

이와 관련한 내용은 이이가 1554년에 최립에게 쓴 편지 〈여최립지(與崔立之)〉에 자세하다. 이 편지는 이이가 최립에게 〈증최립지서〉를 줄 때 함께 준 것으로 보인다. 이후 이이와 최립은 절친한 친구가 되었다.

2. 원문 읽기

(1) 무릇 만물이 진동하고 꿈틀거리며 소리를 냄이 있는 것 또한 반드시 그렇게 하도록 만드는 것[使之]이 있어서이다. 사람이 세상에 태어나매 안에 오장이 갖춰져 있고, 바깥에 백해(百骸)[1]가 이루어져 있으나, 그 본체인즉 어찌 소리가 있겠는가. 기운[氣]이 안에서 쌓여서 바깥으로 드러난 연후에 소리가 된다. 그러한즉 사람에게 있어 소리를 내게 하는 것은 기운이다.

(2) 소리가 나오는 것 또한 한결같지 않다. 쓸모없는 소리가 있고 쓸모 있는 소리가 있으니, 재채기나 코풀고 침 뱉는 것 같은 부류는 사람의 소리 중에 쓸모없는 것[無用者]이고, 탄식하거나 말하거나 웃는 것 같은 부류는 사람의 소리 중에 쓸모 있는 것[有用者]이다.

쓸모 있는 것 중에서도 또한 좋은 소리[美聲]와 나쁜 소리[惡聲]가 있다. 사람이 그 소리를 듣고 나서 좋아하면 좋은 소리가 되고, 미워하면 나쁜 소리가 된다.

좋은 소리 중에서 또한 참된 소리[實聲]와 헛된 소리[虛聲]가 있다. 입에서 나왔어도 글로 저술하지 않으면 헛된 소리가 되고, 입에서 나와 글로 저술하면 참된 소리가 된다. 참된 소리 중에서도 또한 바른 것[正者]과 삿된 것[邪者]이 있거니와, 혹 바른 듯하나 삿된 것과 혹 삿된 듯하나 바른 것도 있다.

사람이 그 소리를 내서 타인에게 좋고, 타인에게 좋아서 글로 쓰이며, 글로 쓰이되 바름에 합당한 것을 일러 선명(善鳴)이라고 한다. 선명을 이루기는 참으로 어렵구나. 휴양(休壤) 최립지(崔立之)[2]는 선명에 가까운 사람이다. 그 문장은 비록

---

1 백해(百骸): 온몸을 이루고 있는 모든 뼈.

2 휴양(休壤) 최립지(崔立之): 최립(崔岦, 1539~1612). '입지(立之)'는 그의 자(字)이고, 그의 호는 간이(簡易)·동고(東皐)이다. '휴양'은 그의 본관인 통천(通川)이다. 고구려 시대에 통천의 옛 이름이 휴양군(休壤郡)이었다.

최립은 개성에서 태어났고 서자였다. 명종 대인 1555년 생원 진사시에 합격하고, 1561년 문과에 장원급제했다. 그렇지만 서자 출신이었기 때문에 지역의 수령직을 전전했다. 그러다가 문장 실력으로 인정받으면서, 외교 문서 작성을 전담하고 사행에 세 차례 참여했다. 임진왜란 때에 외교 문서 작성에서 큰 공을 세웠다. 형조 참판까지 역임했다가, 말년에는 평양에서 은거했고, 이후 한강 하류의 압도(鴨島) 선영

대성하지 못하였어도 그 뜻이 곧 바름에 기필하는[3] 자이니, 일삼아서 게으르지 않으면 어찌 바름에 있지 않겠는가?

(3) 내가 들으니, 온갖 만물이 소리를 낸다는 것은 그 본체가 크면 그 소리가 크고, 그 본체가 작으면 그 소리가 또한 작다고 한다. 입지(立之)의 소리는 크니 그 본체가 큼을 가히 알 수 있다. 사람의 본체라는 것은 마음이니, 입지의 마음은 가히 크다고 이를 만하다.

내가 또 들으니, 크게 부딪치면 소리가 나는 것이 크고, 작게 부딪치면 소리가 나는 것이 작다. …(중략)… 사람의 소리에서도 기운이 크면 그 소리가 크게 나고, 기운이 작으면 그 소리가 작게 나니, 입지의 기운은 가히 크다고 이를 만하다.

(4) 사람이 소리를 내는 것은 기운이 그렇게 만드는 것이다. 기운이 기운 되게 하는 것은 누가 그렇게 만드는 것인가? 마음이 그렇게 만드는 것이다. 마음이 마음 되게 하는 것은 누가 그렇게 만드는 것인가? 마음이 마음 되게 하는 것은 하늘과 땅[天地]이 그렇게 만드는 것이다. 하늘과 땅을 하늘과 땅이 되게 하는 것은 누가 그렇게 만드는 것인가? 하늘과 땅이 하늘과 땅으로 되는 것은 무극(無極)과 태극(太極)[4]이 그렇게 만드는 것이다. 무극과 태극이 무극과 태극으로 되게 하는 것은 누가 그렇게 만드는 것인가? 입지가 이를 안다면 나를 위해 밝혀 달라.

출전: 『율곡전서』, 「습유」 권3

아래에 머물다가 그곳에서 죽었다. 그의 저작으로는 문집인 『간이집』이 전해지며, 그 외에 『한사열전초』, 『주역본의구결부설』이 있다.

최립은 윤근수(尹根壽, 1537~1616)와 함께 명대 고문사파 문학의 수용에 앞장서서 조선 문단에 혁신을 일으켰다. 최립의 문장은 차천로(車天輅, 1556~1615)의 시, 한호(韓濩, 1543~1605)의 글씨와 함께 송도삼절(松都三絶)로 일컬어졌다. 동시에 그는 선조 대에 팔문장 중 한 사람이기도 했다.

3 기필하는: '기필(期必)하다'는 꼭 이루어지기를 기약하다는 뜻이다. 즉, '반드시 이루기를 기약하는'의 의미이다.

4 무극(無極)과 태극(太極): '태극'은 하늘과 땅이 분리되기 이전의 세상 만물의 원시 상태이고, '무극'은 우주의 본체인 태극의 맨 처음 상태를 이르는 말이다. 북송의 유학자인 주돈이(周敦頤, 1017~1073)는 『태극도설(太極圖說)』에서, 무극인 태극에서부터 음양오행과 만물이 생성하여 발전하는 과정을 그림으로 풀이하여 태극도를 만들고, 이를 설명했다. 이후 『태극도설』은 조선의 성리학과 선비들에게 큰 영향을 미쳤다.

3. 작품 감상

서(序)는 사물의 내력이나 전말을 체계적으로 밝힌 한문 산문 양식으로, 일반적으로 문집 및 저서의 앞에 수록된 서문(序文)의 형태로 존재한다. 하지만 〈증최립지서〉는 문집이나 저서 앞에 수록된 서문이 아닌, 특정인에게 교훈을 전달하거나 그 덕을 칭찬하는 증서(贈序)로 볼 수 있다.

이 작품은 소리[聲]를 만들어 내는 요인을 논변한 글로 보이지만, 여기서 소리는 결국 문장을 의미한다. 그는 바람직한 문장에 대한 자신의 생각을 펴면서, 그 과정에서 자신의 벗인 최립을 사례로 들고 있다.

소리는 사물과 사물 간의 마찰 및 충돌로 생기거나, 진동으로 생긴 음파가 귀청에 울리면서 생기는 현상이다. 이이의 경우, 소리를 내도록 만드는 요인들 때문에 만물이 소리를 낸다고 한다. 풀과 나무가 바람 때문에 흔들려서 소리를 내는 것, 쇠와 돌이 서로 맞부딪치기 때문에 소리를 내는 것이 그 예이다. 이어서 이이는 사람이 기운 때문에 소리를 낼 수 있다고 했다. 그는 만물이 소리를 낼 수 있는 원인을 따져 가면서 결국 사람에게 초점을 맞춘다.

사람이 기운을 가지고 소리를 내는 것은 말로 자신의 의사를 표현하는 것이다. 말 속에는 말을 하는 사람의 기운이 담겨 있다. 의사를 표현하고 기운을 보여준다는 점에서, 말은 글(문장)과 연결되기도 한다. 문장 역시 글쓴이의 정서를 담고 있으며, 글을 통해 사람들이 자신의 생각을 정리하거나 드러내기 때문이다. 그리고 사람의 기운에 따라 말과 문장은 여러 가지 갈래로 표현된다. 즉, 여기서 소리는 기운[氣]·문장과 상통한다.

이이는 설의법으로 스스로에게 문답하면서, 근거를 하나하나 따져가며 점진적·순차적으로 논지를 전개해 나간다. (2)에서 '쓸모 있는 소리와 쓸모없는 소리→좋은 소리와 나쁜 소리→참된 소리와 헛된 소리→바른 소리 삿된 소리→선명'으로 내용을 전개하는 것, (4)에서 '기운→마음→하늘과 땅→무극과 태극'으로 내용을 전개하는 것이 그 예이다. (2)에서 이이는 쓸모 있는 소리와 쓸모없는 소리를 이야기하면서, 둘을 올바른 소리와 삿된 소리에 병치시킴으로써 올바른 소리가 무엇인지를 규명한다. (4)에서는 소리가 나오기까지의 과정을 역순으로 유추함으로써, 소리의 근원을 되짚어간다. 정리하면, 사람의 소리는 기운에서 나오고, 기운은 마음에서 나오며, 마음은 천지자연에서 나온다는 것이다.

소리에 대한 이 같은 이론은, 소리에서 나아가 결국 문학론으로 연결된다. 이이는 소리를 통해 이상적인 문장에 대해 밝히며, 천지자연의 바른 이치를 터득해야 아름답고 올바른 글을 쓸 수 있다는 뜻을 새겼다.

(2)에서는 무형의 소리가 유형의 문장으로 저술되기까지의 과정을 설명하며, 그 최종적인 단계를 '선명(善鳴)'이라 일컬었다. 선명은 좋은 소리, 선한 소리라는 뜻이다. 남들이 좋아하면서 올바른 소리를 글로 표현한 것이 선명이다. 결국 선명은 선하고 올바른 문장으로도 볼 수 있다. 사람이 기의 작용으로 소리를 만들어 낸다는 것으로부터 시작하여, 그 소리가 타인에게 좋게 들리며 호감을 주고, 그것이 문장으로 저술되어 바른 도리에 부합한다는 것이다. 이것은 곧 사람의 본질이 겉으로 순수하고 자연스럽게 드러나는 것을 의미하면서, 문학이 추구해야 할 바람직한 방향을 제시한 것이다.

이이는 문학의 원초적인 발원처를 기로 보고, 기에서 소리로, 소리에서 쓸모 있는 것과 쓸모없는 것으로, 다시 선악(善惡), 허실(虛實), 정사(正邪)로 유추해 나가며, 최종적으로 선명에 이르는 논리로 귀결시킨다. 선명은 이이가 생각하기에 문학이 추구해야 할 바람직한 방향이다. 그것은 바로 문장으로 도를 형상화하는 것[形道], 그리고 이를 통해 인간이 올바르고 선한 방향으로 나아가게 만드는 것이다.

문학이 소리에서 울림[鳴]으로 이르는 과정에서, 이이는 선(善)과 도(道)를 추구했다. 이를 통해 문장이 쓸모 있는 문장[有用之聲]으로, 쓸모 있는 문장이 아름다운 문장으로, 아름다운 문장이 참된 문장[實聲]으로, 참된 문장이 바른 것[正者]으로 되어, 나쁜 울림[惡鳴]이 아니라 선명으로 도를 형상화하길 주장했다. 이 도는 성리학에서 말하는 절대불변의 이(理)이자 미(美)·실(實)·정(正)·선(善)이라 할 수 있다. 즉, 이이는 문학이 선명이 되어야 함을 전제하면서, 문학을 문이형도(文以形道)라 정의한 것이다. '문이형도'는 문장으로 도(道)를 형상화한다는 뜻이다. 이것은 문학을 통해 오묘하고 형상이 없는 도를 표현한다는 것이자, 문학으로 사상을 표현한다는 것이다. 즉, 이이는 문학을 도를 표현하는 수단으로 본 것이다.

이이는 16세기 사림을 대표하는 학자이자 문인으로서, 도학을 통해 당대의 혼란스러운 사회 기강을 바로 세우길 주장했으며, 문학을 통해서 도를 구현하고자 했다. 그는 "도학이 근본이고 문학이 말단[道本文末]"이라는 것을 전제로, 꾸밈없이 자연스러운 문장[不文之文]을 지향했으며, 올바른 성정의 발로를 중시했다. 문학이 사람의 마음에 일정한 영향을 끼칠 수 있으며, 이 때문에 올바른 문장을 통해 사람의 올바른 성정을 기를 수 있다고 본 것이다.

한편 이이의 '문이형도'는 문학과 도의 관계를 동시적 발생의 관계로 보는 시각을 취했다. 이것은 문학을 통하여 자연스럽게 '이치'가 구현된다고 본 것이다. 즉, 이이는 문학이 추상적인 사상을 구체적 형태로 표현한 것이자, 철학적 논리를 예술적으로 형상화한 것이라고 생각했다.

동시에 이이는 문학이 도의 내용을 관념적으로 형상화하기보다는, 문학이 사물이나 사회의 현상을 있는 그대로 형상화하는 것만으로도 충분하다고 보았다. 이는 높은 정신적 진리인 '형이상(形而上)'과 구체적 현실인 '형이하(形而下)'가 불가분의 관계에 있으므로, 아무리 오묘한 진리를 말하더라도 그것이 현실을 떠난 것이라면 오히려 공허하다고 생각하는 이이의 사상이 반영된 것이라고 할 수 있다.

〈생각해 보기〉

(1) 이이는 성리학자로, 성리학을 깊이 탐구한 것으로 알려져 있다. 그런데 〈증최립지서〉의 경우처럼, 이이는 문학 이론에 대한 글을 쓰거나, 문이형도(文以形道)를 주장하여 도와 문장의 관계를 고찰하는 등 문학 이론 역시 깊이 탐구했다. 그리고 스스로 일상생활 및 당대 현실, 주변의 사물들을 소재로 시를 짓기도 했다. 이이의 문이형도에 대해 좀 더 조사해 보고, 이이의 문학 작품 중 문이형도가 드러난 작품을 찾아보자.

(2) 노래에 담긴 노랫말이나 멜로디는 듣는 이에게 정서적으로 일정한 영향을 끼치기도 하고, 특정 노래는 세대를 뛰어넘어 수많은 사람에게 사랑받으며 오랜 시간 동안 향유된다. 사람에게 정서적인 울림을 준다는 노래의 속성은 〈증최립지서〉에 나오는 선명(善鳴)과도 상통한다고 볼 수 있다. 자신이 좋아하거나 평소에 자주 듣는 노래가 무엇인지 생각해 보고, 그 노래를 좋아하는 이유나 자주 듣는 이유를 이야기해 보자.

(3) SNS와 인터넷 커뮤니티, 신문 기사에는 갖가지 글이나 댓글이 게시된다. 이들 글은 각자의 일상 및 정서, 철학 등 여러 가지를 담고 있으며, 해당 글의 작성자가 어떤 사람인지를 보여 주기도 한다. 이 같은 글은 읽는 이에게 긍정적인 영향을 주기도 하고, 부정적인 영향을 주기도 한다. 특히 악성 댓글은 후자의 대표적인 사례이다.

자신이 SNS나 인터넷 커뮤니티에 올린 게시글 및 댓글, 신문 기사에 쓴 댓글을 돌아보고, 자기 스스로가 어떠한 사람인지를 되짚어 보자. 그리고 자신의 글에 대한 타인의 반응이나, 혹은 자신의 글이 타인에게 영향을 끼쳤던 경험을 이야기해 보자.

참고문헌

· 이종묵·장유승 옮김, 『한국 산문선』 3, 민음사, 2017.
· 최남권·정민 공역, 『한국고전비평론 자료집』, 태학사, 1998.
· 고명신, 「율곡 이이의 시인식과 시세계의 특징」, 『한국시가문화연구』 31, 한국시가문화학회, 2013.
· 김경아, 「율곡 이이의 '선명' 문학론 연구: '선명'의 해석을 중심으로」, 강원대학교 석사학위논문, 2000.
· 심성섭, 「해제」, 『국역 율곡전서』 1, 한국정신문화연구원, 1984.

김소연

49

김시습의 금오신화
金鰲新話

1. 창작 배경

『금오신화(金鰲新話)』는 김시습(金時習, 1435~1493)이 지은 우리나라 최초의 한문소설집으로, 〈만복사저포기〉·〈이생규장전〉·〈취유부벽정기〉·〈남염부주지〉·〈용궁부연록〉 등 5편의 작품으로 구성되어 있다. 김시습이 31세에서 36세 사이 경주 금오산에 은거할 무렵에 창작한 것으로 추정되는데, 임진왜란 이전까지 국내에서 유통되었던 자취가 남아 있다. 그 이후 행적이 묘연하였다가, 20세기에 들어 최남선(崔南善, 1890~1957)이 일본에 전해 오던 목판본 『금오신화』를 발견하여 1927년에 잡지 『계명(啓明)』 19호에 소개하였다. 이 목판본은 1884년(고종 21)에 도쿄에서 간행한 것으로, 상·하 2책으로 되어 있는데, 하권 끝에 이 책을 '갑집(甲集)'이라고 한 것으로 보아 본래의 작품 수는 5편 이상이었을 것으로 추정된다.

김시습의 본관은 강릉, 자는 열경(悅卿), 호는 매월당(梅月堂)·동봉(東峰)·벽산청은(碧山淸隱)·췌세옹(贅世翁) 등이며 법호는 설잠(雪岑)이다. 그는 한미한 무반 집안에서 태어났으나, 5세에 신동으로 불릴 만큼 출중한 능력으로 모두의 기대를 모았다. 그러나 21세(1455, 세조 즉위년) 때 계유정난이 일어나자, 과거 응시를 포기하고 승려가 되어 전국을 떠돌았다. 10년의 떠돌이 생활을 청산하고 31세 때 경주 금오산에 은거하였다가, 37세(1471, 성종 2) 때 상경하여 서울 생활을 시작하였으며, 47세 때 환속하였다. 그러나 얼마 지나지 않아 상처(喪妻)하고 뒤이어 폐비 윤씨 사건이 일어나자 다시 승려가 되어 떠돌다, 충남 홍산 무량사에서 59세로 별세하였다.

2. 원문 읽기

(1) 송도(松都)[1]에 이생(李生)이라는 사람이 낙타교(駱駝橋)[2] 옆에 살았다. 나이는 18세로, 풍모가 맑고도 말쑥하였으며 타고난 재주가 대단히 뛰어났다. 국학(國學)[3]에 다닐 때 항상 길가에서 시를 읽고는 하였다. 한편 선죽리(善竹里)[4]에 명문가의 규수 최씨가 있었는데 나이는 15, 6세로, 자태가 아리따웠고 자수를 잘하였으며 시문에 뛰어났다. 세상 사람들이 칭하기를 "풍류남아는 이 도령이요, 요조숙녀는 최 낭자로다. 재주와 미모가 맛난 음식과 같아서 주린 창자를 채울 수 있네."라고 하였다.

이생이 일찍이 책을 옆에 끼고 국학에 갈 때면 늘 최씨의 집을 지나갔다. 최씨의 집 북쪽 담장 밖에는 수양버들 수십 그루가 간들거리며 빙 둘러 줄지어 서 있었는데, 이생은 그 나무 아래서 쉬어 가곤 하였다.

하루는 이생이 담장 안을 엿보았는데, 이름난 꽃들이 만발하고 벌과 새들이 다투어 윙윙거리며 재잘거렸다. 곁에는 작은 누각이 있었는데 만발한 꽃들 너머로 은은히 비치고 있었다. 누각에는 주렴이 반쯤 내려져 있었으며 비단 휘장이

---

1 송도(松都): 고려의 왕도였던 개성의 옛 이름이다. 송도라는 명칭은 개성에 송악산이 있기에 일컬었던 이름이다.

2 낙타교(駱駝橋): 옛날 개성에 있던 다리로, 탁타교(橐駝橋)라고도 하며 야다리로 통한다. 야교(夜橋), 만부교(萬夫橋)라는 이름으로도 문헌에 나온다. 942년(고려 태조 25) 10월에 거란 왕이 낙타 50필을 보내자 태조가 이 다리 아래에 방치하여 굶겨 죽였다고 해서 낙타교라는 이름이 붙었다. 당시 거란이 일찍이 발해(渤海)와 지속적으로 화목하다가 갑자기 의심을 일으켜 맹약을 어기고 멸망시켰기 때문에 태조가 그들의 신의를 의심하여 교빙(交聘)을 끊고 거란 사신 30명을 해도로 보낸 뒤 낙타를 만부교 아래서 굶겨 죽였다고 한다. 『고려사』 권2, 태조(太祖) 25년 10월 조 참조.

3 국학(國學): 고려 시대의 중앙 교육 기관이다. 국자감(國子監), 성균관(成均館)이라고도 불렀다.

4 선죽리(善竹里): 개성 선죽교 부근에 있던 마을로, 『신증동국여지승람』에 "선죽교는 좌견리 북쪽에 있다."라고 하였다.

낮게 드리워져 있었다. 거기에 한 미인이 나른한 모습으로 수를 놓다가 바늘을 멈추고는 턱을 괴고 시를 읊었다.

(2) 이생은 거친 들판에 숨어서 겨우 목숨을 보전하였다. 도적이 이미 사라졌다는 소식을 듣고는 드디어 부모님이 사시던 옛집을 찾아갔더니, 그 집은 이미 병화(兵火)에 불타 버렸다. 다시 최씨의 집에 가 보니 행랑채가 휑뎅그렁하며 쥐와 새 소리만 들렸다. 절로 슬픔을 이기지 못하여 작은 누각에 올라가 눈물을 닦으며 길게 한숨을 쉬었다. 어느덧 날이 저물었는데도 이생이 떠나지 못하고 가만히 홀로 앉아 우두커니 지나간 일들을 생각해 보니 완연히 한바탕 꿈만 같았다.

그러다 이경(二更)[5]이 되어 희미한 달빛이 들보를 비출 무렵, 행랑 아래에 차츰차츰 또각또각 발자국 딛는 소리가 들려왔다. 멀리서부터 점점 가까이 왔는데, 이르고 보니 바로 최씨였다. 이생은 비록 이미 죽었다는 것을 알았지만, 사랑하는 마음이 너무 두터워서 더 의심하지 않고, 이렇게 물었다.

"어디로 피난 가서 목숨을 보전하였소?"

여인이 이생의 손을 잡고 한바탕 통곡하더니, 이내 사정을 이야기하였다.

(3) 여인이 말하였다.

"당신의 목숨은 아직 남아 있지만, 저는 이미 귀신의 명부(名簿)에 실려 더 오래 살 수가 없습니다. 만약 굳이 인간 세상을 그리워하며 미련을 가진다면 조령(條令)을 어김이니, 저에게만 죄가 미칠 뿐 아니라 아울러 당신에게도 또한 해가 미칠 것입니다. 다만 저의 유골이 모처에 흩어져 있으니, 혹여 은혜를 베풀어 주신다면 바람과 햇볕에 드러나지 않게 해 주십시오."

그러고는 이생을 바라보며 눈물만 줄줄 흘리다, 낭군님은 몸을 잘 보중하십시오 하고는 말이 끝나자 차츰 사라지더니 마침내 자취마저 없어졌다.

이에 이생은 유골을 거두어 그 부모의 무덤 곁에 장사 지내 주었다. 장례를 마치

5 이경(二更): 하룻밤을 다섯으로 나누었을 때, 둘째 부분으로, 밤 9시에서 11시 사이를 이른다.

고 이생도 또한 지나간 일들을 그리워하다 병을 얻어, 몇 달 만에 세상을 떠났다. 이야기를 들은 사람 가운데 가슴 아파 탄식하며 그 뜻을 추모하지 않는 이가 없었다.

출전: 『매월당외집(梅月堂外集)』 권1

3. 작품 감상

『금오신화』의 창작 요인으로 네 가지를 들 수 있다. 첫째는, 조선 초에 이르기까지 서사문학의 원초 형태인 설화가 끊임없이 전승되고 변모되면서, 소설이 발생할 수 있는 문학사적 기반이 일단 마련되었다는 것이다. 『수이전(殊異傳)』의 일문(逸文)이나 『삼국유사』·『삼국사기』 등에 실린 설화가 그 구체적인 증거이다.

둘째, 조선이 안정기에 들어서면서 새 왕조의 이념적 모순과 사회적 폐단을 비판하는 새로운 사상이 대두하였다는 것이다. 이들은 주자학의 주리론(主理論)이 지배체제를 합리화하기 위한 명분론이라고 공격하면서 기(氣)를 만물의 본질로 보는 주기론적(主氣論的)인 철학사상을 수립하고, 이에 입각하여 만물을 객관적·합리적으로 인식하고자 하였다. 여기서 개인과 사회의 대립이 중요한 문제로 제기되었는데, 이는 곧 소설의 장르적 본질과 일치하는 것이다.

셋째, 현실과 이상의 갈등이라는 작가적 체험도 중요한 요인으로 작용하였다. 중세의 질서를 공고화하는 흐름 속에서 기존의 질서에 반기를 들거나 이단사상의 흐름을 받아들여 새로운 질서를 꿈꾸던 문인의 문학을 '방외인 문학'이라 하는데, 절도를 잃고 방황하면서, 인륜 도덕에 어긋나는 것으로 반발을 나타낸, 방외인의 선구자는 김시습이었다.

김시습은 스스로 '신세모순(身世矛盾)'이라 요약한 세계와의 갈등을 하소연하기 위해 시와 논설 등 다양한 글쓰기 양식을 택하였다. 그러나 시는 자아의 의지를 강조하느라 위안을 찾거나 반감을 드러내는 극단적인 방향으로 흘렀고, 논설은 이미 개념화된 용어를 통해 자기의 생각을 객관화해야 했기 때문에 세계의 횡포를 드러내기에 부족하였다.

이 때문에 세계의 횡포와 자아의 의지가 상호 우위를 주장하며 서로 용납할 수 없는 관계를 보여 주는 새로운 글쓰기 양식이 요구되었다. 『금오신화』는 이러한 요구에 부합하는 글쓰기였다. 전대 전기(傳奇)의 문학적 전통을 이으면서 자아와 세계의 대결 방식을 전에 볼 수 없게 구현하였기 때문이다. 이런 관점에서 『금오신화』는 본격적으로 소설의 반열에 오른 최초의 작품이라 할 수 있다.

마지막으로, 외래적 요인으로서 명나라 구우(瞿佑)가 지은 『전등신화(剪燈新話)』의 영향도 고려해야 한다. 앞서 제시한 고유의 창작 동인이 근본 요인이나, 소재 및 내용에서 유사한 점도 있기 때문이다.

『금오신화』의 〈만복사저포기〉와 〈이생규장전〉은 사랑을 희구하는 주인공의 절절한 이야기이고, 〈취유부벽정기〉는 송도의 홍생이 평양 부벽루에서 취해 노닐다 기자조선 마지막 임금의 딸을 만나 나라가 망한 사연을 듣고 울분과 감회를 나누는 이야기이다. 〈남염부주지〉는 경주에 사는 박생이라는 강개한 선비가 꿈속에서 저승에 가 염왕을 만나 생사, 귀신 등에 대해 논란한 이야기이며, 〈용궁부연록〉은 송도의 한생이 용궁에 초대되어 자신의 글짓기 실력을 마음껏 자랑함으로써 현실에서의 소외를 해소하는 이야기이다.

다섯 작품이 지닌 공통적인 특징은 다음과 같다. 첫째, 우리나라를 배경으로 하고 우리나라 사람을 등장인물로 하여 우리의 풍속·사상·감정을 표현하고 있다는 것이다. 둘째, 소재와 주제가 특이한 관계로 결합되어 훌륭한 문학적 가치를 발휘하고 있다는 것이다. 소재가 귀신·염왕·용왕·염부주·용궁 같은 비현실적인 것인데, 이러한 소재가 작품의 가치를 하락시키는 것이 아니라, 독특한 '수단'으로 작용하면서 오히려 주제를 효과적으로 드러내는 구실을 한다. 셋째, 결말의 처리 방식이 특이하다는 것이다. 주인공들은 끝에 가서 하나같이 세상을 등지는데, 이는 대부분의 고소설이 행복한 결말로 마무리하는 것과 좋은 대조를 이룬다. 이처럼 주인공이 세상을 등지는 것은 운명에 대한 순종이나 패배가 아니라 그릇된 세계의 질서를 받아들이지 않겠다는 비장한 결단의 표현이다. 넷째, 표현 형식에 있어서 유려한 문어체 문장이나 시에 의해 대상이 서정적으로 미화되고 섬세하게 묘사되어 있으며, 구성 또한 단편 소설적인 정교함을 지니고 있다는 것이다. 다섯째, 시가 대량 삽입되어 인물의 심리와 분위기 표현에 독특한 효과를 낳고 있다는 것이다. 여섯째, 주인공이 대체로 작자 자신을 본보기로 하여 이루어진 인물이고, 그 때문에 이야기 또한 자서전적 성격을 지니고 있으며, 많은 사건이 특정한 역사적 사실을 본보기로 한 것으로 보인다.

원문 읽기에 제시한 〈이생규장전〉은 이생과 최씨라는 재자가인(才子佳人)의 만남과 사별, 생사를 초월한 재회, 그리고 영원한 이별을 다룬 이야기이다. 사건의 전개는 크게 보아 주인공이 행복을 성취해 가는 상승 과정과 성취한 행복이 파멸되어 가는 하강 과정으로 이루어져 있다.

① 구애와 만남 ································	결합(행복) 상승 과정	
② 부모에 의한 이별 ························	분리(불행) 점진적 결합(행복의 성취)	
③ 결혼 ··	결합(행복)	
④ 홍건적에 의한 이별 ·····················	분리(불행) 하강 과정	
⑤ 산 사람과 죽은 자의 만남 ··········	결합(행복) 점진적 분리(행복의 파멸)	
⑥ '운명'에 의한 이별 ······················	분리(불행)	

(1)은 이 작품의 첫 부분이다. 두 주인공 모두 훌륭한 가문 출신으로, 재주와 용모 또한 비상하여 세상 사람의 칭송을 받고 있다. 둘 다 남부러울 게 없는 재자가인이라는 점에서 행복한 상태라고 할 수 있다. 하지만 사랑의 짝이 모자란다는 점에서 결핍이 내재한 행복이다.

이 때문에 이들은 여기에 만족하지 않고 부모와 타인의 눈을 피해 은밀한 곳에서 만나 열렬한 사랑을 나눈다. 서로 시를 주고받으며 밤마다 정담을 나누는 모습에서 이들이 서로 얼마나 사랑했는지를 엿볼 수 있다. 게다가 이들의 사랑은 사회적·도덕적 규범을 깨뜨리고 자신의 선택으로 얻은 것이었기에, 긴장된 기쁨과 생생한 의미를 지닌다. 이러한 사건이 ①의 내용이다.

하지만 중세라는 세계의 횡포 속에서 스스로 행복을 창조하고자 하는 시도는 좌절하기 마련이다. 남녀의 결연은 부모의 뜻을 따른다는 통념과 그것을 효로 여기는 이념이 통용하던 세상에서 이생은 울주로 떠나지 않을 수 없었고, 최씨는 상사병에 몸져누울 수밖에 없었다. ①에서의 결합이 ②에서 분리로 바뀌었고, 행복은 불행으로 전환되었다. 이것이 두 주인공의 첫 번째 좌절이었다.

세계의 횡포는 자아의 의지로 극복해 낼 수 있다. 여기에는 엄청난 고난이 따른다. 최씨의 목숨 건 사랑의 투쟁이 결혼으로 이어졌고 이생은 여기에 과거 급제로 화답한다. 이 행복은 각고의 노력으로 얻은 것이고 사회의 인정을 받은 것이기에 ①의 상태보다 한 걸음 더 나아간 것이다.

이러한 전개는 애정소설의 보편적 전개이다. 하지만 〈이생규장전〉은 행복한 결말로 이야기가 끝나지 않는다. 자아의 의지가 강할수록 세계의 횡포도 커지기 때문이다. 이생과 최씨의 행복이 절정일 때 홍건적의 난이 일어나 최씨는 살해되고 이생은 그 시신이 어디 있는지조차 알지 못한다. 애써 쌓아 올렸던 행복이 무자비한 폭력 앞에 산산이 무너지는 것이 ④의 내용이다.

그러나 이생과 최씨의 사랑, 즉 자아의 의지는 또 다른 형태로 이어진다. (2)에서 볼 수 있듯이, 최씨는 죽음마저 극복하고 이생을 찾아왔으며 이생은 그런 최씨의 존재를 부정하지 않는다. 그야말로 죽음을 초월한 사랑이다. 이들의 결합은 사랑에 대한 집요한 애착을 보여 주는 동시에 사랑을 파괴하려는 자에 대한 강력한 저항을 나타낸다. 죽음마저 극복하고 이루어 낸 행복이기에 이 행복은 ③보다 강렬하고 심지어 비장하기까지 하다. 이것이 ⑤의 내용이다.

하지만 이 사랑이 아무리 열렬하다 할지라도 인간이 가진 근원적인 한계마저 뛰어넘을 수는 없다. 저승의 명령, 운명이라 불리는 저항할 수 없는 세계의 횡포는 생사를 초월한 사랑마저 무너뜨리고 만다. (3)의 "만약 군이 인간 세상을 그리워하며 미련을 가진다면 조령(條令)을 어김이니, 저에게만 죄가 미칠 뿐 아니라 아울러 당신에게도 또한 해가 미칠 것입니다."라고 한 부분에서 저항마저 불가능한 세계의 횡포에 직면하였음을 읽을 수 있다. 이것이 ⑥의 내용이다.

이렇게 볼 때, 〈이생규장전〉은 점진적 행복의 과정에서 급전직하하여 점진적 불행으로 치닫는 비극적인 이야기라 할 수 있다. 이 때문에 독자는 깊은 충격에 빠지고 세계의 횡포에 대해 진지하게 고민하게 된다. 가슴 아파 탄식하며 그들의 사랑을 곱씹어 보면서 세계에 대한 문제 인식을 예각화한다.

한편 비극적 결말 구조는 현존하는 세계를 부정하면서 초월하기를 희망하는 작가 김시습의 심리를 반영한 것이기도 하다. 즉, 세계와 운명의 횡포 앞에서도 굴하지 않는 인간의 아름다움과 숭고함을 묘사하여 횡포한 세계라 할지라도 인간의 자기 결단과 주체적 의지만큼은 어떻게 할 수 없다는 것을 보여 주고 있다고 할 수 있다.

〈생각해 보기〉

(1) 김시습은 〈내 인생[我生]〉이라는 시에서 자신의 삶에 대해 "살아서는 한 죄인이요[生爲一罪人] 죽어서는 궁색한 귀신이 되겠구나.[死作窮鬼了] 다시 헛된 명예심 또 일어나니[更復騰虛名] 돌아보면 근심과 번민이 더해지네.[反顧增憂悶] 백 년 후 내 무덤에 표할 때는[百歲標余壙] 꿈속을 살다 죽은 늙은이라 써 주시게나.[當書夢死老] 행여나 내 마음 아는 이 있다면[庶幾得我心] 천 년 뒤에 속마음 알 수 있으리.[千載知懷抱]"라고 하였다. 이 시에는 세상과 불화하는 방외인 김시습의 모습이 잘 나타나 있다고 할 수 있다. 이를 참고하여 우리 문학사에서 방외인에 해당하는 작가의 작품을 찾아 읽고, 그들이 세계와 대결한 방법과 그 성과를 이야기해 보자. 또 오늘날의 아웃사이더와 비교해 보고, 삶의 지향성을 고민해 보자.

(2) 『금오신화』 가운데 〈남염부주지〉는 차원이 다른 공간인 저승을 배경으로 하고 있다. 그런데 그 공간은 꿈속에서 왕래할 수 있고, 박생이 산 채로 이동할 수 있는 일상의 공간에 설정되어 있다. 이것은 이승과 저승을 이원적 공간으로 형상화하는 일반적 인식과는 차이가 있다. 단테의 『신곡』, 베르나르 베르베르의 『심판』, 불교 경전 『시왕경』 등에는 다양한 저승이 구현되어 있는데, 저승을 배경으로 한 작품을 찾아보고, 〈남염부주지〉에 구현한 공간과 어떻게 다른지 이야기해 보자. 또 자신이 생각하는 저승의 모습을 기술해 보자.

(3) 『금오신화』의 주인공은 대체로 김시습 자신을 본보기로 하여 이루어진 인물이라고 한다. 〈만복사저포기〉와 〈이생규장전〉에 등장하는 여주인공은 귀신의 형상을 띠고 있는데, 여기에도 김시습이라는 개인의 특정한 사상이 반영되어 있다고 할 수 있다. 한편 〈남염부주지〉와 〈용궁부연록〉에서는 귀신에 대한 김시습의 독특한 생각을 찾을 수 있다. 이러한 점들을 참고하여 김시습이 주장하는 '귀신론'을 정립해 보고, 그 장단점을 이야기해 보자.

참고문헌

· 김일렬, 『조선조소설의 구조와 의미』, 형설출판사, 1987.
· 박희병, 『한국전기소설의 미학』, 돌베개, 1997.
· 정병욱, 『한국고전의 재인식』, 기린원, 1988.

백운용

50

채수의 설공찬전
薛公瓚傳

1. 창작 배경

16세기는 가전(假傳), 전기(傳記), 몽유록(夢遊錄), 필기(筆記), 패설(稗說) 등 전대 서사 문학의 전통과 중국 소설의 영향으로 소설이 창작되었다. 이 시기에는 한문으로 표기한 소설은 물론, 한글로 표기한 소설들이 향유되었는데, 이후 17세기가 이른바 '소설의 시대'를 맞이할 수 있었던 것은 이러한 배경에서 말미암은 것이었다. 이 시기는 정치·사회적 맥락을 살펴보면, 조정 내 사화(士禍)가 발생했으며, 끊임없는 민란이 이어졌고, 급기야 임진왜란(壬辰倭亂), 병자호란(丙子胡亂)을 경험하는 격동기였다. 그리하여 이러한 내외의 문제를 마주하며 이에 대응하는 문학들이 등장하게 되었다. 채수(蔡壽, 1449~1515)의 〈설공찬전(薛公瓚傳)〉, 신광한(申光漢, 1484~1555)의 『기재기이』, 김우옹(金宇顒, 1540~1603)의 〈천군전〉, 작자 미상의 〈최고운전〉 등이 대표적인 작품이다.

이 가운데, 〈설공찬전〉은 16세기 초반에 지어진 작품으로, 조선 시대 최대의 필화 사건을 일으킨 문제적 작품이다. 이 작품은 한문본을 비롯하여 국문본으로까지 향유되어 종래에는 금서(禁書)가 되었다. 〈설공찬전〉의 작자는 채수로, 자가 기지(耆之), 호가 나재(懶齋), 또는 청허자(淸虛子)이고, 시호는 양정(襄靖)이다. 채수는 문재(文才)가 탁월했던 인물로, 과거에 급제한 이후 주로 언관(言官)으로 활약하였다. 채수는 말년에 〈설공찬전〉을 지은 것으로 보이는데, 그는 이 작품을 짓기 전에 앞서 문헌설화집 『촌중비어(村中鄙語)』를 창작하기도 했다. 이를 볼 때, 채수는 기본적으로 서사문학에 대한 깊은 관심을 가지고 있었던 인물로 추측된다.

2. 원문 읽기

(1) 녜 슌챵의셔 사던 셜튱난이ᄂᆞᆫ 지극ᄒᆞᆫ 가문읫 사ᄅᆞᆷ이라 ᄀᆞ장 가ᄋᆞᆷ여더니[1] 제 ᄒᆞᆫ ᄯᆞᆯ이 이셔 셔방 마ᄌᆞ니 무ᄌᆞ식[2]ᄒᆞ야셔 일[3] 죽고 아이 이쇼ᄃᆡ 일홈이 셜공찬이오 ᄋᆡ명은 숙동이러니 져믄 적브터 글ᄒᆞ기ᄅᆞᆯ 즐겨 한문과 문장 제법을 쇠[4] 즐겨 닑고 글스기ᄅᆞᆯ ᄀᆞ장 잘ᄒᆞ더니 갑ᄌᆞ년의 나히 스믈히로ᄃᆡ 댱가[5] 아니 드럿더니 병ᄒᆞ야 죽겨늘 …(중략)… 셜튱난의 아ᄋᆡ[6] 일홈은 셜튱쉬라 튱쉬 아ᄃᆞ릐 일홈은 공팀이오 ᄋᆞ명은 업동이니 셔으ᄅᆞᆫ셔[7] 업살고 업죵의 아ᄋᆡ 일홈은 업동이니 그ᄂᆞᆫ 슌챵셔 사더니 업동이ᄂᆞᆫ 져머셔브터 글을 힘서 ᄇᆡ호ᄃᆡ 업동과 반만도 몯ᄒᆞ고 글스기도 업동이만 몯ᄒᆞ더라

(2) 이ᄉᆡᆼ이셔[8] 어진 ᄌᆡ샹[9]이면 쥬거도 ᄌᆡ샹으로 ᄃᆞ니고 이ᄉᆡᆼ애셔 비록 녀편네 몸이라도 잠간이나 글 곳잘 ᄒᆞ면[10] 뎌ᄉᆡᆼ의 아ᄆᆞ란 소임[11]이나 맛ᄃᆞ면 굴실이 혈ᄒᆞ고[12] 됴히[13] 인ᄂᆞ니라 이ᄉᆡᆼ애셔 비록 흉죵[14]ᄒᆞ여도 님금긔 튱신ᄒᆞ면 간ᄒᆞ다가 주

---

1 가ᄋᆞᆷ여더니: 부유하더니.
2 무ᄌᆞ식: 무자식. 자식이 없는 것을 의미한다.
3 일: 일찍.
4 쇠: 매우.
5 댱가: 장가(丈家). 사내가 혼인하여 아내를 맞이하는 것을 의미한다.
6 아ᄋᆡ: 아우.
7 셔으ᄅᆞᆫ셔: 서울에서.
8 이ᄉᆡᆼ이셔: 이생에서.
9 ᄌᆡ샹: 재상(宰相). 임금의 곁에서 모든 관리들을 지휘하고 감독하는 높은 벼슬이다.
10 곳잘 ᄒᆞ면: 곧잘 하면. 제법 잘한다는 것을 의미한다.
11 소임: 맡은 책무, 맡은 일을 의미한다.
12 굴실이 혈ᄒᆞ고: 굴실은 벼슬을 의미하며, 혈ᄒᆞ다는 정확한 의미를 알기 어렵다. 문맥상 여성이라도 맡은 책무를 다하면 벼슬이 낮아지지 않음을 의미하는 것으로 보인다.

근 사ᄅᆞᆷ이면 뎌싱애 가도 죠ᄒᆞᆫ 벼ᄉᆞᆯᄒᆞ고 바록[15] 예셔 님금이라도 쥬젼튱[16] ᄀᆞᄐᆞᆫ 사ᄅᆞᆷ이면 다 디옥의 드렷더라 쥬젼튱 님금이 이ᄂᆞᆫ 당나라 사ᄅᆞᆷ이라 젹션 곳 만히 ᄒᆞᆫ 사ᄅᆞᆷ이면 예셔 비록 쳔히 ᄃᆞᆫ니다가도 ᄀᆞ장 품 노피[17] ᄃᆞᆫ니더라 셜이[18] 아니ᄒᆞ고 예셔 비록 존구히[19] ᄃᆞᆫ니고 ᄂᆞᆷ의 원의 일[20] 아니ᄒᆞ고 악덕 곳 업ᄉᆞ면 뎌싱의 가도 구히[21] ᄃᆞᆫ니고 이싱애셔 사오나이[22] ᄃᆞᆫ니고 각별이 공덕 곳 업ᄉᆞ면 뎌싱의 가도 그 가지[23]도 사오나이 ᄃᆞᆫ니더라 민휘[24] 비록 이싱애셔 특별ᄒᆞᆫ 힝실 업서도 청념타[25] ᄒᆞ고 게 가 됴ᄒᆞᆫ 벼ᄉᆞᆯᄒᆞ엿더라 염나왕 인ᄂᆞᆫ 궁궐이 장대ᄒᆞ고 위엄이 ᄀᆞ장 셩ᄒᆞ니 비록 듕님금[26]이라도 밋디 몯ᄒᆞ더락 염나왕이 ᄉᆞ쥬[27]ᄒᆞ면 모든 나라 님금과 어진 사ᄅᆞᆷ이나 느러니[28] 안치고 녜악을 쓰더라

출전: 『묵재일기(默齋日記)』, 〈셜공찬이〉

3. 작품 감상

〈설공찬전〉은 15세기 김시습의 『금오신화』가 출현한 이후, 17세기 신광한의 『기재기이』가 등장하기까지 우리나라 고전소설사의 공백을 메워 주는 중요한

13 됴히: 좋게.
14 흉종: 흉한 몰골로 죽음을 말한다.
15 바록: 비록.
16 쥬젼튱: 주전충(朱全忠, 852~912)은 당나라 사람으로, 초명은 주온(朱溫)이다. 황소의 난을 평정하는 공을 세워 전충(全忠)이라는 이름을 받았다. 권력을 제멋대로 사용하였으며 끝내 소종(昭宗)과 애제(哀帝)를 시해함으로써 당나라를 멸망시키고 후량(後粱)을 세운 인물이다.
17 품 노피: 품(品)은 품위(品位)이며 노피는 높이로, 착한 일을 많이 하면 이승에서 천한 사람이었을지라도 저승에서는 지위가 높아진다는 것을 의미한다.
18 셜이: 서럽게.
19 존구히: 존귀하게.
20 원의 일: 원한이 되는 일. 남이 원한을 품게 할 만한 일이다.
21 구히: 귀하게.
22 사오나이: 사납다. 성질이나 행동이 모질고 억셈을 의미한다.
23 가지: 자손.
24 민휘: 민후. 인명으로 추측되나 알려진 바 없다.
25 청념타: 청렴(淸廉)하다.
26 듕님금: 중국 임금.
27 ᄉᆞ쥬: 사주(使嗾). 남을 부추겨 일을 시키는 것을 의미한다.
28 느러니: 나란히.

작품이다. 『중종실록』 1511년(중종 6) 9월 기사에 따르면, 이 작품은 윤회화복(輪廻禍福)에 대한 것으로 그 내용이 요망하여 민중을 현혹하고, 한문본은 물론 국문본을 만들어 읽는 상황을 초래하여 문제가 되었다고 한다. 이에 〈설공찬전〉은 금서로 취급되고 작가 채수도 교수형을 당할 뻔했으나 중종의 배려로 사형은 면하고 파직을 당하기에 이른다. 〈설공찬전〉이 금서가 됨에 따라, 실존 작품은 오래도록 전해지지 않았다. 다만, 어숙권(魚叔權, ?~?)의 『패관잡기(稗官雜記)』에 이 작품을 〈설공찬환혼전(薛公瓚還魂傳)〉이라 하여 그 내용을 짐작해 왔다. 이러한 상황에서 1996년에 우연히 이복규가 『묵재일기(默齋日記)』에 필사되어 있는 〈설공찬전〉 국문본의 일부를 발견하면서 그 내용을 직접 확인할 수 있게 되었다. 〈설공찬전〉 국문본은 작품의 배경과 등장인물, 설공찬의 저승 경험담을 다루고 있으나, 도중에 필사가 중단되어 모든 내용을 알 수는 없다. 그럼에도 불구하고, 〈설공찬전〉 국문본은 우리나라 최초의 국문 번역 소설이라는 점에서 큰 의의를 갖는다고 할 수 있다. 〈설공찬전〉의 줄거리는 아래와 같다.

① 순창(淳昌)에 사는 설충란에게는 자식이 있었는데, 딸이 혼인 후 먼저 죽고, 아들 공찬(公瓚)도 장가들기 전에 죽는다. 설충란의 동생 설충수(薛忠壽)에게도 자식이 있었는데, 첫째인 공침과 둘째인 업종이다. 공침은 동생보다 학문에 재능이 없었다.

② 설충수의 집에 여자 귀신(설공찬의 누나)이 나타나 공침의 몸에 들어가 병들게 만든다.

③ 귀신을 쫓는 김석산을 데려오자 여자 귀신이 공찬을 데려오겠다며 물러간다.

④ 공찬의 혼령이 공침의 몸에 수시로 출입을 하여 공침을 고통스럽게 만든다.

⑤ 설충수가 다시 김석산을 불러 공찬을 쫓아내려 하자, 공찬이 화가 나서 공침의 몸을 망가뜨리며 무섭게 굴자 설충수가 포기한다.

⑥ 공찬이 사촌동생 설원과 유자신을 불러 그들에게 저승의 일을 말해 준다.

이상의 내용을 보면, 〈설공찬전〉은 혼령이 이승으로 돌아와 저승에 관한 이야기를 풀어 나가는 이야기임을 알 수 있다. 이 가운데 원문에 제시된 내용은 ①, ⑥에 해당한다. 먼저 (1)은 작품의 배경과 등장인물에 대한 내용이다. 〈설공찬전〉은 전라북도 순창(淳昌)을 배경으로 하며, 설충란, 설충수 형제와 각 형제들의 자식들이 주요 인물로 등장하는 작품이다. 특히 순창 설(薛)씨들의 관향인 순창을 배경으로 하며, 등장인물들을 모두 순창 설(薛)씨로 설정하고 있어 작품의 사실감을 높이고 있다. 더욱이 설충란, 설충수, 설공침, 설공찬 등은 실존 기록이 남아있는 인물로, 〈설공찬전〉이 보고 들은 것을 기록하는 잡록의 전통을 이어받았음을 잘 보여 준다.

(2)는 저승에 관한 내용으로, 〈설공찬전〉이 금서가 된 이유와 관련이 있기 때문에 주목할 필요가 있다. 작품 내에 등장하는 저승의 이름은 '단월국'이며, 순창에서 40리 거리에 있는 바닷가에 위치해 있다. 저승은 '비사문천왕'이 다스리는 곳이며, 이승의 사람이 죽으면 국가와 상관없이 저승으로 와서 살게 된다. 이러한 저승에 대한 설명은 주자 성리학을 바탕으로 내세를 인정하지 않는 조선 유학자들의 인식과는 다른 지점이다. 흔히 유교에서는 인간은 '혼백(魂魄)의 결합체'로 이루어져 있으며, 죽으면 양(陽)의 기운인 혼(魂)은 하늘로 돌아가고, 음(陰)의 기운인 백(魄)은 땅으로 돌아간다고 설명하기 때문이다. 따라서 유교적 세계관에서는 구체적으로 저승을 묘사하거나, 인간이 죽으면 귀신이 되어 저승에 가게 된다는 상상은 이루어지기 어렵다.

〈설공찬전〉이 유교적 세계관에 반(反)하는 내용은 이뿐만이 아니다. (2)에서 알 수 있듯이, 저승으로 간 혼령은 어떤 삶을 사는가에 대한 내용 또한 유교적 세계관에 배치되는 것이었다. 저승에서는 여성의 사회적 활동이 가능하다는 것, 이승에서 충(忠), 신(信) 등을 간직한 사람은 저승에서 좋은 벼슬을 할 수 있고, 이승에서 존귀하더라도 악한 사람은 지옥에 가거나 저승에서 불쌍하게 산다는 것 등이 바로 그것이다. 공찬의 입을 빌려 여성의 사회 참여에 대한 인정과 이승에서의 선악(善惡) 정도에 따라 내생(來生)의 화복이 결정된다는 채수의 주장은 당시 조선 사회의 이념과는 배치된다고 할 수 있다. 유교를 국가 이념으로 삼은 조선은 윤회화복과 같은 불교의 가르침을 강경하게 배척했으며, 유교의 가르침에 따라 남녀가 유별하여 남존여비(男尊女卑) 같은 수직적 관계가 형성되고, 유교 질서에 의해 여러 가지 제약을 받아 여성의 사회적 활동이 불가능했기 때문이다.

한편, (2)의 내용 가운데, 지옥에 들어간 인물로서 '주전충'을 지목한 것에 대하여 주목해 볼 필요가 있다. 주전충은 당나라 말기에 반역을 일으켜 당나라를 멸망시키고 후량(後梁)을 세운 인물이다. 이는 공찬을 통해 반역에 대한 비판적인 입장을 보이는 것으로 해석해 볼 수 있는데, 특히 작품의 창작 시기가 연산군(燕山君, 1476~1506)을 축출한 중종(中宗, 1488~1544)이 다스리던 시기임을 염두할 때, 채수가 중종반정을 탐탁지 않게 여겼으리라는 사실을 추측해 볼 수 있다. 채수는 실제로 1506년(중종 원년)에 관직에서 물러나 죽을 때까지 관직에 나아가지 않았다. 이로 볼 때, 〈설공찬전〉은 당대 정치·사회적 맥락에서 이해했을 때, 더욱 문제적인 작품이라 할 수 있을 것이다.

〈생각해 보기〉

(1) 〈설공찬전〉은 우리나라를 배경으로 하며 귀신이나 저승의 이야기를 다루고 있다는 점에서 앞선 시기의 『금오신화』와 비슷한 면모가 있다. 이는 전대 서사문학의 영향을 받아 이 작품이 창작되었기 때문일 것이다. 이 가운데 〈설공찬전〉 속 저승의 내용과 『금오신화』 속 〈남염부주지〉의 내용을 비교하여 작품의 공통점과 차이점을 간단히 설명해 보자.

(2) 오늘날 〈설공찬전〉을 재창작한 연극, 웹툰, 웹소설 등을 많이 찾아볼 수 있다. 이는 〈설공찬전〉이 16세기부터 한문본은 물론 국문번역본으로 많은 독자에게 인기를 얻은 사실과 무관하지 않을 것이다. 작품의 내용을 찾아 읽어 보고 오늘날까지 이 작품이 재생산될 수 있는 이유에 대해 생각해 보자.

(3) 작가의 생애를 더 조사해 보고, 만약 자신이 작가라면 〈설공찬전〉의 결말을 어떻게 서술하였을까 생각해 보며 자유롭게 글을 써 보자.

참고문헌

- 이복규, 『『묵재일기』 소재 국문본소설 연구』, 박이정, 2018.
- 강창규, 「「설공찬전」 탄생의 문학적 지반과 필화 사건의 배경에 대하여」, 『동남어문논집』 44, 동남어문학회, 2017.
- 김현양, 「16세기 소설사의 지형과 위상 -이념의 서사, 흥미의 서사, 욕망의 서사」, 『민족문학사연구』 25, 민족문학사학회, 2004.
- 이복규, 「최초 한글표기 소설 '설공찬전' 국문본의 해제와 원문」, 『사학연구』 53, 한국사학회, 1997.
- 정환국, 「「설공찬전(薛公瓚傳)」 파동과 16세기 소설 인식의 추이」, 『민족문학사연구』 25, 민족문학사학회, 2004.

신소윤

◦ 제6장 ◦

근대로의 이행기 제1기 문학

근대로의 이행기 문학

중세에서 근대로의 이행기는 임진왜란(1592)에서 3·1운동(1919)까지이다. 이행기 문학은 중세문학과도 다르고 근대문학과도 다른 독자적인 성격을 지니고 있는바, 중세문학적 성격과 근대문학적 성격이 공존하면서 서로 다투던 시대의 문학을 말한다. 근대화는 대체로 임진왜란을 기점으로 시작되어 3·1운동을 통해 완성되었다고 보는데, 초창기에는 피동적 근대화로 보았으나 점차 주체적 근대화로 파악하였다. 근대의 기점에 대한 논의는 다양하게 진행되었던바, 18세기 실학자들이 활동하던 시기, 개항(1816) 무렵, 동학 창건기(1860), 갑오경장(1894) 등이 대표적이다.

근대로의 이행기 제1기 문학

중세에서 근대로의 이행기 제1기는 임진왜란(1592)에서 동학 창건(1860)까지이다. 이 시기는 중세적 성격과 근대적 성격이 공존하되, 중세적 성격의 비중이 더 컸다고 할 수 있다. 문학의 중심이 시가에서 소설로 전환되었으며, 성리학적 이념이 퇴색하면서 현실 인식이 증대되었고, 국문으로 된 소설·사설시조·판소리·탈춤·민요 등의 민중 문학이 크게 성장하였다. 미의식에 있어서는 골계미가 성행하였는데, 유교 이념이 숭상되었던 조선 전기의 지배적 미의식인 숭고미와 그 성격 면에서 다른 것이었다. 숭고하다고 믿었던 이념이 허위라는 사실로 폭로되었기 때문이다.

이 시기는 정통 한문문학이 비판·반성되면서 흔들리기 시작하였다. 이정구(李廷龜)·신흠(申欽)·장유(張維)·이식(李植) 등 한문사대가가 나타나 문(文)을 더욱 중시하는 경향을 보이기도 했다. 실학파 문인으로는 박지원(朴趾源)과 정약용(丁若鏞)이 두각을 나타냈으며, 17세기부터 소설이 문학계를 주도하여 영웅·가정·애정·판소리계·대하 장편·세태 소설 등이 등장함으로써 이른바 소설의 시대를 열었다. 또한 정통 시론인 성정론(性情論)을 비판하면서 천기론(天機論)과 성령론(性靈論) 등이 나타나 문학에 대한 근본 문제를 재검토하였고, 문학 담당층이 여성과 중인(中人), 그리고 평민가객(平民歌客)으로 확대되는 경향도 보였다.

51

권필의 한시

1. 창작 배경

목릉성세(穆陵盛世)로 일컬어지는 선조·광해 연간에 시로써 문명을 떨친 인물로 권필(權韠, 1569~1612)을 꼽을 수 있다. 그는 시를 통해 잘못된 사회상을 비판하고 풍자하다가, 결국 비극적인 죽음을 맞이하였다. 권필이 살았던 당시는 정치적으로는 광해군의 어지러운 정치, 외척 유희분과 권신 이이첨 일파의 전횡으로 정치적 암투가 치열하였고, 문예적으로는 삶의 진실과 서정을 중시하여 창작과 비평 측면에서 새로운 시풍이 나타나는 실험적인 시기였다.

권필은 자가 여장(汝章), 호는 석주 또는 무언자(無言子), 본관은 안동이다. 성리학에 조예가 깊고, 문장에 뛰어났던 권근(權近, 1352~1409)이 그의 6대조이다. 권필은 젊어서부터 시로 이름이 알려졌다. 1611년에 지은 〈문임무숙삭과(聞任茂叔削科)〉는 임숙영(任叔英)이 전시(殿試) 대책에서 외척의 방자함과 왕실의 부정을 비난하는 글을 올려 삭과(削科)되었다는 소식을 듣고 지은 시이다. 일명 〈궁류시(宮柳詩)〉로, '궁류'를 빌려 외척의 전횡을 풍자한 작품이다. 〈취시가(醉時歌)〉 또한 불우한 시대와 어그러진 사회를 풍자하고 있다. 1592년 임진왜란에 활약한 의병장 김덕령(金德齡, 1567~1596)의 시를 꿈에서 얻어 김덕령의 억울한 죽음을 위로하고 있는 것처럼 보이나, 시대를 비판하는 날카로운 의식이 읽힌다.

2. 원문 읽기

(1) 궁궐 버들 푸르고 꽃은 어지러이 나는데	宮柳青青花亂飛
성안 가득 벼슬아치들 봄볕에 아양 떠는구나	滿城冠蓋媚春暉
조정에서는 다 같이 태평성대 축하하거늘	朝家共賀昇平樂
누가 곧은 말[1]을 포의[2] 입에서 나오게 했나	誰遣危言出布衣

출전: 『석주집(石洲集)』 권7, 〈문임무숙삭과(聞任茂叔削科)〉[3]

⁑ 인용 출처: 한국고전번역원, 한국고전종합DB

(2) 장군은 지난날에 창을 잡고 나섰건만	將軍昔日把金戈
씩씩한 뜻 중도에 꺾이니 운명을 어이하랴	壯志中摧奈命何
지하에서 영령이 품었을 무한한 한이	地下英靈無限恨
한 곡조 〈취시가〉 속에 분명히 드러나네	分明一曲醉時歌

출전: 『석주집』 권7, 〈夢得一小冊 乃金德齡詩集也 其首一篇曰醉時歌 余三復得之 其詞曰 醉時歌此曲無人聞 我不要醉花月 我不要樹功勳 樹功勳也是浮雲 醉花月也是浮雲 醉時歌無人知我心 只願長劍奉明君 既覺悵然悲之 爲作一絶〉[4]

⁑ 인용 출처: 한국고전번역원, 한국고전종합DB

---

1 곧은 말: 위언(危言). 위험을 무릅쓰고 하는 직언을 의미한다. 『논어』 〈헌문(憲問)〉 편에는 "나라에 도가 있을 적에는 굽히지 말고서 소신껏 말도 하고 행동도 해야 하지만, 나라에 도가 없을 때는 행동은 소신껏 하되 말은 겸손하게 해야 한다.[邦有道 危言危行 邦無道 危行言孫]"라는 공자의 말이 나온다.

2 포의: 빈한한 선비를 상징하는데, 여기서는 임숙영을 가리킨다. '베로 지은 옷과 가죽으로 만든 띠[布衣韋帶]'라는 말에서 나왔다.

3 〈문임무숙삭과(聞任茂叔削科)〉: 권필은 임숙영이 책문(策問)에서 유희분(柳希奮) 등의 방종을 공격하다가 광해군의 노여움을 사서 삭과된 사실을 듣고는 이 시를 지어 풍자하고 비방하였다. 〈궁류시〉라고도 한다.

4 시 제목을 우리말로 옮기면 다음과 같다. 〈꿈에 작은 책자 하나를 얻었는데, 바로 김덕령의 시집이었다. 맨 앞 편이 〈취시가〉였다. 내가 세 번 반복해 읽어 기억하는데, 그 글은 다음과 같다. "취시가여. 이 곡을 듣는 이 없네. 나는 꽃과 달에 취하고 싶지 않고, 나는 공훈도 세우고 싶지 않네. 공훈을 세우는 것도 뜬구름이요, 꽃과 달에 취하는 것도 뜬구름이라네. 취시가를 알아주는 사람이 없어, 내 마음 다만 장검 들고 명군 받들길 원하네." 이윽고 나도 모르게 창연히 슬퍼져서 한 구절을 짓게 되었다.〉

3. 작품 감상

권필은 벼슬에 몸담지 않고 방외적 삶을 살면서 850여 수에 달하는 시를 남겼다. 그는 과거를 통한 입신에 뜻을 두고, 19세에 초시(初試)와 복시(覆試)에서 두 번의 장원을 했다. 그러나 일자오서(一字誤書)로 낙방한 뒤로, 과거에 응하지 않고 시와 술로 나날을 보냈다. 부친에게 드리운 정치적인 참변과 1591년에 왕세자 책봉을 건의하였다는 이유로 스승 정철(鄭澈)이 실각하는 일도 영향을 미쳤다. 그는 과업을 단념한 후 평생 시를 짓는 것에 몰두하였다.

권필의 시 가운데 〈궁류시〉는 불의에 대한 반발을 시로 풍간(諷諫)한 것이고, 그를 죽음에 이르게 한 대표적인 작품이다. 권필은 〈궁류시〉 때문에 이듬해에 대북파가 소북파를 제거하기 위해 일으킨 김직재 옥사에 억울하게 연루되어, 혹독한 형벌을 받고 세상을 떠났기 때문이다. 권필이 시 때문에 억울하게 죽었다는 소식을 듣고, 그의 벗 허균(許筠)은 절필을 맹세하며 권필의 시를 높이 평가하기도 했다.

(1)에서 이 시를 읽어 보자. 버들가지 푸르고 꽃잎이 흩날리는 봄날, 조정에서는 태평성대의 즐거움을 누리고 있다. 그런데 감히 '포의(布衣)'의 인사가 이런 즐거운 분위기를 깨트리는 '곧은 말'을 하였다.

제1구의 '궁궐의 푸르른 버들'은 외척 유씨를 풍자한 것이다. 당시 왕비는 유자신(柳自新)의 딸 유씨였는데, 그의 아우 유희분 등 외척들이 왕비의 권세를 믿고 전횡을 일삼았다. 그러므로 '궁류'는 중전, '청청'은 득세를 형용하고, '어지러이 나는 꽃'은 권세에 난무하는 황금을 상징하며, 자연스럽게 제2구의 '봄볕'은 임금을, '아양'은 임금을 향한 아첨으로 읽힌다. 그렇다면 제4구에서 누가 포의(임숙영)에게 태평성대의 즐거움을 누리는 조정 대신들의 아양이 거짓이라고 외치게 하였는가? 그것은 정의의 세력, 또는 정의 그 자체라는 것이 시인의 의도로 짐작된다. 이처럼 직접 비판하지 않고도, 시어의 함축과 내포를 통해 암묵적으로 당대의 상황을 풍자하여 간언한 것이 〈궁류시〉다.

권필은 젊어서부터 당대의 현실에 대한 비판 의식이 있었다. 임진왜란 이후에 백성들의 괴로운 삶과 위정자들의 무능함, 정치적인 비극 등 복잡한 상황을 목격했기 때문이다. (2)에서 그의 비판 의식이 담긴 작품 가운데 〈취시가〉를 읽어 보기로 한다. 〈취시가〉는 '술에 취해 부르는 노래'라는 뜻이다. 당나라 시인 두보(杜甫)는 재능이 많음에도 불우하게 지내는 친구 정건(鄭虔)의 사정을 〈취시가〉로 읊었다. 권필은 꿈속에서 의병장 김덕령이 되어 〈취시가〉를 지었다. 김덕령은 임진왜란 때 수많은 왜적을 물리쳤으나 반역에 가담했다는 누명을 쓰고 억울하게 죽은 호남 지역 인물이다. 1596년 홍산(鴻山)에서 이몽학(李夢鶴)이 반란을 일으키자, 김덕령은 그와 내통했다는 무고로 체포되었다. 이에 정탁(鄭琢)·김응남(金應南) 등이 힘써 변명했으나, 혹독한 고문을 받고 옥사하였다. 김덕령의 죽음은 정치적 갈등과 전란 뒤에 선조(宣祖)의 무능한 통치로 인하여 일어난 비극적인 사건이었다.

권필은 꿈속에서 김덕령의 시집을 얻었다. 꿈속에서 얻은 시에서 김덕령은 꽃과 달, 공훈에 욕망이 없다고 고백한다. 부질없기 때문이다. 시인이 원하는 바는 '장검 들고 밝은 임금을 받드는' 것일 뿐이다. 일찍부터 창을 잡고 전장에 나섰지만, 장엄한 뜻이 중도에 꺾였다. 그저 가혹한 운명을 탓할 뿐 돌이킬 방법이 없다. 그러므로 지하에 묻힌 장군의 한이 〈취시가〉에 분명하게 드러난다고 하였다.

〈취시가〉는 표면적으로 김덕령의 절망과 사망을 애도하고 있으나, 실상은 어긋난 시대와 통치자들에 대한 권필의 울분이라 할 수 있다. 김덕령의 억울한 죽음을 알리고 그를 위로하기 위해 시를 썼다고 하나, 들어주는 이 하나 없이 쓸쓸하기 때문이다.

권필의 가문은 시로 이름이 났다. 부친 습재(習齋) 권벽(權擘, 1520~1593)은 제술관(製述官)과 종사관을 지냈다. 그러나 사화(士禍)에 벗들이 희생되자, 벼슬에 있으면서도 평생을 야인과 같은 삶을 살았다. 권벽은 신광한(申光漢)에게 시를 배워 이름이 났고, 권필의 형제들 또한 모두 시에 능하여 다섯 형제의 시를 모은 『연주집(聯珠集)』이 회자되기도 하였다.

권필의 시적 재능은 원접사의 일행으로 참여한 사실로도 알 수 있다. 1602년 황태자 책립 조서를 반포하기 위해 온 명나라 사신 일행을 맞이하는 원접 행차에 이정구(李廷龜, 1564~1635)의 추천으로 제술관에 발탁되었고, 1606년에 중국에서 황태자의 탄생을 알리는 사신으로 주지번(朱之蕃)이 왔을 때 원접사 유근(柳根)의 천거로 제술관에 임명되었다.

권필의 시를 높이 평가한 인물은 허균(許筠)이다. 그는 〈전오자시(前五子詩)〉에서 권필의 시가 "예리한 붓끝엔 번개와 서리 날고, 주옥같은 시구를 쏟아 내네."라며 유려하고 호탕하다고 논하였다. 대표 작품으로 〈행로난(行路難)〉, 〈고장안행(古長安行)〉, 〈충주석(忠州石)〉 등의 악부가행이 있는데, 허위 의식과 소인배들에 대한 증오가 담겨 있다. 〈해촌잡흥(海村雜興)〉에서는 소인배들의 권력 농단을 비판하고 있으니, 작품 전반에 드러난 날카로운 의식은 시대를 근심한 결과로 볼 수 있다.

〈생각해 보기〉

(1) 필화(筆禍) 사건은 당대의 지배 이념을 어기거나 비판할 때 발생한다. 시화(詩禍)나 시안(詩案)이라 부르기도 하는데, 넓게는 글로 화를 입는다는 뜻이다. 「조의제문(弔義帝文)」으로 부관참시를 당한 김종직(金宗直, 1431~1492), 〈설공찬전(薛公瓚傳)〉을 지은 채수(蔡壽, 1449~1515) 등이 필화를 당한 인물이다. 권필 또한 〈문임무숙삭과(聞任茂叔削科)〉라는 시로 죽음을 맞이했으니, 필화 사건의 희생자라 할 수 있다. 이 밖에도 필화 사건과 연관된 문인들과 그 작품을 정리해 보자.

(2) 한문학사에서 '목릉성세'는 수준 높은 문학적 성취를 이룬 시기를 말한다. 복고(復古)와 성당(盛唐) 유풍의 문학 경향이 특징으로, 시단(詩壇)에서도 수많은 인물이 배출되어 성시를 이루었다. 권필 또한 1590년에 이안눌(李安訥), 조위한(趙緯韓) 등의 문인들과 시사(詩社)를 만들어 교유했는데, 이안눌은 동악시단(東岳詩壇)을 운영하기도 했다. 이들과 연관된 시단을 찾아보고 그들의 문학적 특징을 파악해 보자.

(3) 문학의 정점은 시대를 읽어 내는 예리한 관점에 달려 있고, 그러한 본질은 시대가 바뀌어도 크게 달라지지 않았다. 앞에 소개된 권필의 한시 작품과 비슷한 근현대 문학 작품을 찾아 읽어 보자.

참고문헌

- 정민, 『목릉문단과 석주 권필』, 태학사, 1999.
- 권순열, 「석주 권필 연구」, 『남도문화연구』 25, 남도문화연구소, 2013.
- 김창호, 「권필과 허균의 교유와 그 당대적 의미」, 『한국한문학연구』 42, 한국한문학회, 2008.
- 신영주, 「16세기 후반 시대상의 전변과 일탈의 문예미학 - 허균(許筠)의 전오자(前五子)를 중심으로」, 『한문고전연구』 27, 한국한문고전학회, 2013.
- 정상균, 「권필의 「취시가(醉時歌)」 연구」, 『한국시가문화연구』 15, 한국시가문화학회, 2005.

김선영

52

이익의 해동악부
海東樂府

1. 창작 배경

임진왜란(1592~1598)과 정묘호란(1627)·병자호란(1636~1637)을 겪은 이후 정치·경제·사회 각 방면에서 혼란이 거듭되자, 한문문학도 그 시대적 상황에 맞게 변화하게 된다. 즉 조선 후기에 정통 한문문학에 대한 비판과 반성의 움직임이 일면서 우선 재도적(載道的) 문학론을 탈피하고자 했다. 일찍이 김종직은 『동국여지승람』을 동지들과 함께 수정·보완하며 동국 문화를 언급하였다. 그리고 『동문선』에 대해 회의를 품으며, 『청구풍아』, 『동문수』, 「동도악부」 등을 내놓게 된다.

이후 주자학(朱子學)의 모순이 심화되자, 이기론(理氣論)의 형이상학이 걸어온 이론적 공리공론을 비판하고, 원시유교(原始儒教)인 공맹(孔孟)의 진의(眞義)를 되찾아 실제적 경세제민(經世濟民)의 학문을 회복하고자 했다. 이 학문은 경세치용(經世致用)·이용후생(利用厚生)·실사구시(實事求是)의 학풍을 내세우면서 성행하게 되는데, 바로 조선 후기의 실학(實學)이다. 이즈음에 성호(星湖) 이익(李瀷, 1681~1763)이 등장한다. 허목(許穆)·윤휴(尹鑴)의 뒤를 이어서, 주자에게서 벗어나서 수사학적(洙泗學的), 수기치인(修己治人)의 학문을 부흥하고자 했다. 즉 이익은 조선의 사회 현실에 입각한 사회 개편을 주장하며 개혁하고자 했다. 이러한 시대적 상황에서 이익의 「해동악부」가 탄생하였다.

2. 원문 읽기

미친 듯한 행실이 부끄럽긴 하지만	狂行雖可恥
옛 성인도 때로 마음 자취 숨겼고	古聖時或藏心迹
종이란 칭호가 미천하긴 하지만	奴稱非不賤
옛 성인도 짐짓 스스로 종살이하였지[1]	古聖故自爲人役
신하의 미친 짓은 실로 이유가 있거니와	臣狂信有爲
임금의 미친 짓은 어찌하여 그런 것인가	主狂胡乃爾
황마[2] 연간에 화망이 천하에 가득하여	黃馬年間網彌天
조정이 피로 물들어 죽은 이가 가득했네	血濺朝端相枕死
어둔 등불에 『주역』 점찍는 이[3]는 누구인가	衰燈點易問何人
한밤중 글 읽는 소리 새벽에 간 곳 없네	夜聞伊吾曉無處
천지는 넓디넓어 행적을 알 수 없으니	乾坤莽蕩聲影絶
홀연히 귀신처럼 왔다 사라지는구나	倏忽神來與鬼去
옆에 있는 사람들 두루 찾자 말하지 말게	旁人莫道物色遍
저 미친 종놈이라 찾을 것 없다 하네	彼哉狂奴勿用求
아아, 어리석은 이 천명을 알지 못하여	嗟嗟小兒不知命
멸망을 눈앞에 보면서도 그치지 않네	眼底淪亡猶不休
천하가 풍우 속에 몇 번이나 밝았다 어두워졌나	寰中風雨幾晦明
계법으로 터득한 청련심[4] 굳건하다오	戒得靑蓮心已固

---

1 옛……종살이하였지: 은나라 기자(箕子)는 주(紂)의 악행을 보고 짐짓 거짓으로 미친 척하며 노(奴)가 되었다.

2 황마: 무오년(戊午年)을 지칭하는데, 여기서는 무오사화를 말한다.

3 어둔……이: 당나라 고변(高駢)의 「보허사(步虛詞)」에 "청계산 도사를 사람들은 알지를 못하니, 하늘을 오르내리는 학 한 마리뿐이로다. 동문 깊이 잠기고 푸른 창은 춥기만 한데, 이슬방울로 주묵 갈아 『주역』에 권점 찍노라.[靑溪道士人不識 上天下天鶴一隻 洞門深鎖碧窓寒 滴露硏朱點周易]"라고 하였다. 이는 신선의 행적을 묘사한 것인데, 여기서는 정희량(鄭希良)을 두고 한 말이다. 그가 복서(卜筮)와 음양학(陰陽學)에 밝았기에 인용한 것이다.

4 계법으로 터득한 청련심: 청련(靑蓮)은 불가의 청정무염(淸淨無染)한 마음이다. 이백의 「승가가(僧伽歌)」에 나오는 "계법으로 높은 하늘의 가을 달 같은 밝음을 얻어 마음은 세상 청련의 색과 같도다.[戒得長天秋月明 心如世上靑蓮色]"라는 구절을 인용하였다. 계를 닦아 아무 욕심 없는 청정한 마음을 터득하였음을 말한다.

무너진 담에 써 본 글 우연일 뿐인데	試筆頽院亦偶然
천향계자의 아름다운 글귀[5]를 남겼네	天香桂子留遺句
우스워라 함홍의 양수척네 사위[6]여	可笑咸關水尺壻
구구한 속연 맺고 돌아가는 길 재촉하네	區區俗緣催歸轍
지금까지 사람들이 허암전을 읽으며	至今人讀虛菴傳
『준원』과 『홍리』[7]에 신선술 전한다 하네	濬元弘利傳神術

출전: 『성호전집』 8, 「해동악부」, 〈광노행(狂奴行)〉

＊인용 출처: 한국고전번역원, 한국고전종합DB

3. 작품 감상

역사의 시초부터 자기 시대까지를 통괄해서 노래하는 서술을 「해동악부(海東樂府)」라는 이름으로, 심광세(沈光世, 1577~1624)와 이익(李瀷, 1681~1763)이 읊어 영사악부의 기본형을 마련했다. 그 뒤에 이복휴(李福休, 1729~1800), 이학규(李學逵, 1770~1835), 이유원(李裕元, 1814~1888)도 「해동악부」를 지었다. 이러한 저술은 김수민(金壽民, 1734~1811)의 「기동악부(箕東樂府)」에서 최장편을 이루고, 고성겸(高聖謙, 1810~1886)의 「동국시사(東國詩史)」까지 계속되어 다음 시대에 전승되었다.

이익의 「해동악부」는 다른 영사악부들처럼 작품마다 역사 사실을 부연 설명하는 서(序)와 함께 본시(本詩)로 구성되어 있다. 그의 서는 구체적·실증적 묘사가 이루어져 있으며, 본시의 경우 거의 20구 이상의 장편을 유지하고 있다. 또 각각

---

5 천향계자의 아름다운 글귀: 당나라 송지문(宋之問)의 「유영은사(遊靈隱寺)」에 “계수나무 꽃은 달빛 속에 떨어지고 천향은 구름 밖으로 풍기누나.[桂子月中落 天香雲外飄]”라는 시구가 아름답고 뛰어나다. 여기서는 정희량이 가천원 벽에 남긴 시를 말한다. 그 시는 “새는 무너진 담 구멍을 엿보고, 사람은 석양에 물을 긷는구나. 산수로 집을 삼은 나그네이니, 천지간 어느 곳에 있으랴. 비바람이 전날 세상을 놀래더니, 문명이 이 시대를 저버렸구나. 쓸쓸히 지팡이로 천지를 떠도니, 시끄러움 꺼려 시마저 그만두네.[鳥窺頽院穴 人汲夕陽泉 山水爲家客 乾坤何處邊 風雨驚前日 文明負此時 孤笻遊宇宙 嫌鬧幷休詩]”이다.

6 우스워라……사위: 무오사화 때 화를 피해 도망갔던 이장곤(李長坤)을 말한다. 『성호전집』 권8 「게으른 사위의 탄식[懶壻歎]」에 자세한 내용이 실려 있다.

7 『준원』과 『홍리』: 『국역 성호사설』 권7 「인사문(人事門) 술가(術家)」에, 『준원(峻元)』, 『대형(大亨)』, 『홍리(弘利)』, 『석정(碩貞)』, 『명월청풍(明月淸風)』이라는 책이 있는데, 이것은 우리나라 정희량이 만들었다고 전하나 정말로 그런지 모르겠다는 기술이 있다. 준원(峻元)은 악부의 원문과 글자가 다른데 음을 취하여서 그런 듯하다.

의 작품 역시 시의 형식을 달리하여, 고시체(古詩體)·초사체(楚辭體)·수조가(水調歌)·두조사(頭調詞)·심약팔영체(沈約八詠體) 등 다양한 시체 사용, 형식 변화를 시도하고 있다. 이러한 형식의 변화로 다양한 서술성을 도입하고 있는 것이 그의 작품의 특징이다. 이익은 「해동악부」에서 정통론적인 사관과 실증적인 문헌 고증을 통해 우리나라 역사 체계를 확립하고자 했다.

이익은 남인 계열의 중농주의 실학자로 이름이 나 있다. 평생 동안 고향인 경기도 안산에 머무르면서 학문에만 잠심(潛心)하여 『성호사설』, 『성호집』 등 많은 저술을 남겼다. 『성호집』 권7에 「해동악부」가 실려 있다. 영사악부인 「해동악부」는 삼국 시대부터 조선 광해군까지 중요한 역사적 사실을 골라 엮었다. 신라(27수)·고구려(6수)·백제(7수)·고려(46수)·조선(34수)의 악부시가 총 120수 수록되어 있다. 「해동악부」의 형식은 일정하지 않다는 게 특징이다. 즉 곡명에 따른 일정한 형식도 없고 표현에 따른 일정한 형식도 없다. 표현적 측면에서 「해동악부」의 작품 제목은 내용과 주제를 함축하고 있어서 매우 중요한 의미를 지닌다.

조선조에서 사화는 무오(연산군), 갑자(연산군), 기묘(중종), 을사(명종) 등 총 네 번에 걸쳐 일어났다. 이 사화는 주로 선조 시대부터 일어난 사건으로, 공신과 외척·친척 세력이 도학적 사상에 기반을 둔 사림 세력의 정계 진출을 막은 정치적 사건들이었다. 이와 관련한 시가 「해동악부」의 〈광노행〉이다. 〈광노행〉의 주인공인 정희량은 김종직의 제자로 무오사화에 연루되어 유배되었다가 훗날 풀려나서 직첩을 돌려받았으나, 그해 어머니가 죽는다. 고양에서 분묘(墳墓)를 수호하다가, 산책을 나간 뒤에 다시 돌아오지 않았다.

〈광노행〉의 제1~6구는 정희량이 미친 사람처럼 행동하는 것을 주(紂)임금의 악행을 보고 짐짓 스스로 미친 척하며 노예가 된 기자의 고사에 비유하였다. 정희량이 정말로 미친 것이 아니고 큰 뜻이 있어서 때를 기다린 후에 일을 도모할 사람이라는 것을 말하고 있다. 제7~10구는 정희량이 무오사화의 그물에 걸려 어머니 상을 핑계로 주역 점을 쳐서 행방불명된 것을 표현한 것이다. 이때 이익은 무오사화의 화망(禍網)에 걸린 선비들이 안타깝게 죽은 것을 시로 표현하고 있다.

제11~18구는 정희량이 유배 갔다가 집으로 돌아와서 하인들에게 일을 분담시키고 유유히 사라진 모습을 그린 것이다. 이익은 이백이 이리저리 떠돌면서 시를 짓는 것과 같이 정희량도 한곳에 머물지 않고 떠돌아다니는 모습을 묘사하였다. 제19~24구에서는 이장곤이 유배 가다가 도망쳐 양수척의 무리에 들어가서 중종이 부를 때까지 몸을 숨기고 있었던 것처럼, 정희량 또한 때를 엿보았으나 결국 연산군이 자신을 부르지 않을 것임을 예견하고 자취를 감추었다고 한다. 즉 이익은 정희량을 술가 사람들이 하는 행동으로 묘사, 서술하고 있다.

이익은 『성호사설』에서 "역사가는 자료 취급에 있어서 철저한 문헌 비판을 통해 고증을 확실히 해야 한다."라고 기술하고 있다. 그는 사가(史家)들이 역사 사실을 기록할 때 실증적·비판적·객관적인 자세를 견지해야 한다고 했다. 역사란 권선징악으로서, 역사의 공정성을 주창했다. 하지만 후세의 병관자(秉管者)들은 모든 야담(野談)과 비지(碑志)에 의거하여, 국사(國史)를 만드는 데에만 치중하고, 선을 권하는 것만 있고 악을 징계하는 것은 없다고 비판했다.

이익의 「해동악부」는 그의 역사 인식과 비판을 다룬 문학이라는 관점에서 중요하게 여겨야 한다. 사화(史話)가 대단히 구체적이고 긴 것이 특징이며, 작품도 20구 이상 장편이 많으며, 그 표현이 서사적이고 객관적이다. 특히 이익은 현실과 역사에 대한 인식을 악부시에 잘 담고 있었다. 「해동악부」에서 현실 인식을 반영하고 있는 대표적 작품으로는 〈신불사(臣不死)〉, 〈광노행〉, 〈쌍학가(雙學士)〉, 〈여나가(余那歌)〉, 〈서압록행(西鴨綠行)〉, 〈화왕가(花王歌)〉, 〈김섬곡(金蟾曲)〉, 〈벌곡조사(伐谷鳥辭)〉, 〈성충탄(成忠歎)〉 등이 있다. 이들 작품을 통해서 볼 때 이익은 고제(古制)의 복구를 의식하고 있었다.

한편 이익은 「해동악부」에 역사 의식을 체계화하여 비판적이고 실증적인 역사 인식 태도를 담고 있다. 전대 역사서에 대한 비판 의식을 지니는가 하면, 성패에 의한 역사 서술 태도를 지양하고 객관적인 안목에서 역사를 실증적으로 고증하고자 하였다. 이익의 「해동악부」 중 역사 의식을 담고 있는 작품으로는 〈차지탄(借地歎)〉, 〈주근가(周勤歌)〉, 〈입룡요(立龍謠)〉, 〈효심행(效心行)〉, 〈상서장(上書莊)〉 등이 있다.

이익의 「해동악부」는 정약용, 안정복에 의해 그 가치가 인정되었다. 그리고 후대의 영사악부 작가들에게도 영향을 끼쳤다. 「해동악부」에는 역사성이 강하고,

한시·가요·악기·춤 등 가악과 관련한 작품이 많다. 이익은 한글 노래를 짓지 못한 한계를 지녔지만, 우리 역사와 민족 주체성을 강조했다는 특징이 있다.

〈생각해 보기〉

(1) 악부(樂府)는 고대사회의 음악을 관장하는 기관으로, 기원전 112년 한(漢) 무제(武帝)에 이르러 국가 통치에 이용될 독자적 법제와 예악이 확립되면서 탄생하였다. 이후 채집한 음악 자체를 가리키는 말로 쓰이게 되었다. 시대가 흐르면서 악곡(樂曲)은 분리되고 가사(歌詞)만 남아 시(詩)의 형태로 변화하였다. 해동(海東)은 우리나라를 가리키는 말이니, 해동악부는 우리나라의 역사나 문물을 소재로 한 악부를 말한다. 특히 이익의 「해동악부」와 같이 역사 사실을 소재로 삼은 악부를 영사악부(詠史樂府)라고 한다. 이익의 「해동악부」는 김종직의 「동도악부」와 심광세의 「해동악부」가 모체가 되었다. 김종직의 「동도악부」, 심광세의 「해동악부」와 이익의 「해동악부」를 비교 분석하고 그 특징을 알아보자.

(2) 이익은 가(歌)·무(舞)·악(樂)을 소재로 하여 악부시로 재현하였다. 그는 유가 의식을 재해석하려고 노력했다. 특히 음악과 정치를 관련지어 음악이 흥하면 정치도 흥하고, 음악이 어지러우면 정치도 어지럽게 된다고 보았다. 이익은 음악 이론을 갖추고 있었고, 율관 제작법을 알고 작품을 집필했기에 더욱 중요한 의미를 지닌다. 음악은 시대를 초월하여 중요한 의미를 지닌다. 이익이 생각한 해동 의식을 염두에 두고, 지금 시대의 음악은 어떠한 의미를 가지며, 그 문화는 어떠한지를 논의해 보자. 특히 최근 우리 음악의 세계적 수상 업적과 나아가 우리 음악이 세계에서 차지하는 위상을 생각해 보자.

참고문헌

· 김기영, 「이익 해동악부의 고려가요 가화 수용」, 『어문연구』 82, 어문연구학회, 2014.
· 김영숙, 「이익 해동악부의 고가요(古歌謠) 가화(歌話) 수용과 재구(再構) 양상」, 『대동한문학』 23, 대동한문학회, 2005.
· 김종진, 「해동악부(海東樂府)를 통해 본 성호의 역사 및 현실인식」, 『민족문화연구』 17, 고려대학교 민족문화연구소, 1983.
· 박명희, 「이익의 「해동악부」 연구: 작가 의식을 중심으로」, 전남대학교 석사학위논문, 1992.
· 신장섭, 「악부명제(樂府命題)를 통한 성호(星湖)의 해동악부(海東樂府) 고찰」, 『어문연구(語文硏究)』 46-4, 한국어문교육연구회, 2018.
· 신장섭, 「성호의 해동악부와 낙하생(洛下生)의 영남악부 비교 연구 - 동일소재를 시화(詩化)한 작가 의식을 중심으로」, 『어문논집』 79, 중앙어문학회, 2019.
· 유영봉, 「점필재 「동도악부(東都樂府)」의 성격과 계승 양상」, 『동방한문학』 29, 동방한문학회, 2005.
· 정우락, 「김종직 문학의 주제에 관한 연구 - 동국문화에 대한 인식을 중심으로 -」, 『한국사상과 문화』 17, 한국사상문화학회, 2002.
· 황경순, 「이익의 해동악부 사화시 연구」, 공주대학교 석사학위논문, 2019.

김종구

53

유득공의 이십일도회고시
二十一都懷古詩

1. 창작 배경

유득공(柳得恭, 1748~1807)의 본관은 문화(文化), 자는 혜보(惠甫)·혜풍(惠風), 호는 영재(泠齋)·영암(泠庵)·고운당(古芸堂)이다. 서자 유삼익의 증손으로 태어난 그는 관리로 출세하기 어려운 서출(庶出)이라는 신분적 제약에 좌절하다가, 정조(正祖)의 서얼 허통 정책에 따라 1779년 규장각 검서(奎章閣檢書)로 들어가 활약하였다. 그는 규장각 검서로 있으면서 국내외의 자료들을 접할 기회가 많아 다양한 분야에서 괄목할 만한 저서를 많이 남겼다. 그는 당시 이덕무(李德懋, 1741~1793)를 통해 박제가(朴齊家, 1750~1805), 이서구(李書九, 1754~1825)와 교유하게 되었는데, 이들 네 명의 글을 모은 『한객건연집(韓客巾衍集)』이 청나라 문인들에게 알려지면서 '한문신사가(漢文新四家)'라는 평을 듣게 되었다.

유득공은 특히 자신이 살던 조선에 지대한 관심을 가지고 이와 관련한 많은 저술을 남겼다. 구암(久庵) 한백겸(韓百謙, 1552~1615)의 『동국지리지(東國地理誌)』를 읽고 1778년에 한시로 지은 것이 바로 〈이십일도회고시(二十一都懷古詩)〉이다. 이 작품의 서문 역할을 하는 〈제이십일도회고시(題二十一都懷古詩)〉에 따르면, "때때로 우리나라[東國]의 지지(地誌)를 열람하면서 한 수의 시를 얻어 문득 고심하여 읊조리니 어린 아들과 어린 계집종이 모두 이를 듣고 외울 정도였다."라며 스스로 창작 과정을 밝히고 있다. 〈이십일도회고시〉는 지리지를 읽고 유적지를 상상하면서 회고시를 짓는 특이한 방법으로 창작되었는데, 조선의 역사를 체계화하여 지은 작품으로 유득공의 역사 의식과 사상, 문화적 자긍심 등이 집약되어 있다.

2. 원문 읽기

(1) 단군조선(檀君朝鮮)

대동강 물 안개 낀 들판을 적시니	大同江水浸烟蕪
봄 맞은 왕검성[1]은 그림 같네	王儉春城似畵圖
만 리 길 도산(塗山)[2]에 옥을 갖고 조회하니	萬里塗山來執玉
예쁜 아이 아직도 해부루를 기억하네	佳兒尙憶解扶婁

(2) 고려(高麗)

고려왕조 재상댁 손으로 가리키니	指點前朝宰相家
황폐한 동산 비바람에 흙담도 기울었네	廢園風雨土牆斜
모란도 시들고 공작새도 죽었는데	牧丹孔雀凋零盡
노란 나비 쌍을 지어 유채꽃 위 날고 있네	黃蜨雙雙飛菜花

출전: 『영재집(泠齋集)』 권2, 〈이십일도회고시(二十一都懷古詩)〉

3. 작품 감상

〈이십일도회고시〉는 유득공이 한백겸의 역사지리서인 『동국지리지』를 읽고 단군조선부터 고려 말기까지의 역사 전개 과정을 칠언절구 43수로 읊고 주석을

1 왕검성: 왕검을 임금이라는 말로 해석해 '임금의 성'이라는 뜻의 일반 명사로 해석하기도 하고, 특수한 지역을 가리키는 고유 명사로 보기도 한다. 『삼국사기』 권17 동천왕 21년 조에 "평양성은 본래 선인 왕검의 택이다. 또는 왕의 도읍을 왕험이라고 한다.[平壤城 本仙人王儉之宅也 或云 王之都王險]"라는 구절이 나온다.

2 도산(塗山): 중국 고대의 나라 이름 또는 산 이름으로, 전설에 따르면 하(夏)의 우왕(禹王)이 나이 30세에 부인을 맞이하고 제후의 조회를 받은 곳으로 알려져 있다.

붙인 것이다. 이 작품은 당시 연행 가던 이덕무와 박제가를 통해서 1778년에 중국의 반정균(潘庭筠)과 이조원(李調元) 등에게 알려진 것으로 유명하다.

이 책에 소개된 국호는 모두 21개인데, 소개하자면 다음과 같다.

단군조선 1수	기자조선 2수	위만조선 2수
한(韓) 1수	예(濊) 1수	맥(貊) 1수
고구려 5수	보덕(報德) 1수	비류(沸流) 1수
백제 4수	미추홀(彌鄒忽) 1수	신라 6수
명주(溟州) 1수	금관(金官) 1수	대가야 1수
감문(甘文) 1수	우산(于山) 1수	탐라 1수
후백제 1수	태봉원 1수	고려 9수

이를 통해 볼 때, '이십일도(二十一都)'에서 '도(都)'는 나라를 의미한다는 것을 알 수 있다. 이처럼 이 작품은 우리의 실제 역사와 매우 밀접한 관련을 맺고 있다. 시에서 보편적으로 사용하는 전고(典故)는 과거의 역사를 작품 속으로 가져오는 창작 방식이다. 또한 역사를 활용하여 작가의 의식이나 감정을 표현하는 방식은 '영사(詠史)', '회고(懷古)', '술고(述古)', '남고(覽古)' 등의 다양한 명칭으로 창작되었다. 이 가운데 '영사'와 '회고'는 명확하게 구별할 수 없는 경우가 많다. 보통 영사시(詠史詩)는 역사 사건이나 인물 자체를 계기로 삼아 작가의 문제의식을 빗대어 표현하거나 당대 현실을 풍자 또는 경계하는 의도에서 창작된 것이고, 회고시(懷古詩)는 역사 유적이나 지역에 의거해서 역사의 흥망성쇠에 대한 무상감을 표출하는 것으로 정의한다.[3]

유득공의 〈이십일도회고시〉는 이러한 구분과 관련해 그 성격의 분류에 있어 특수한 성격을 지니고 있다고 볼 수 있다. 저자는 분명하게 '회고시'라고 이름 붙였지만, 조선의 역사를 지역·나라별로 다룬 것은 영사시의 성격을 띠고 있기 때문이다. 따라서 이 작품은 영사시와 회고시의 성격이 혼재하여 나타난 작품으로 이해할 필요가 있다.

---

3 이철희, 「영사시와 회고시에 대한 시학적 이해 -「이십일도회고시」의 성격 규명을 위하여-」, 『동악어문학』 54, 동악어문학회, 2010, pp. 354-357.

먼저 (1)의 작품은 평양성(平壤城)에 도읍하였던 단군조선(檀君朝鮮)을 노래한 것이다. 우리 민족 역사의 발상 현장을 바로 역사의 여명(黎明)으로 파악하고 있다. 또한 하(夏)나라 우(禹)임금이 도산(途山)에서 천하의 지도자를 초빙하자 단군(檀君)의 아들인 해부루(解夫婁)가 다녀갔다는 고사를 통해 우리 민족 역시 중국에 못지않은 유구한 역사적 전통이 있음을 읊었다.[4] 한백겸은 『동국지리지』에서 명확히 단군조선이라고 언급하지 않았는데 유득공은 단군조선이라고 지적하고 시를 쓰고 주석을 상세하게 덧붙였다는 점에서 의미가 있다. 그리고 대동강에 대해서는 『여지승람』의 기사를, 왕검성은 『삼국사기』와 『동사』, 『여지승람』의 기록을, 그리고 해부루는 『동사』와 『문헌비고』의 기사를 소개했다. 특히 제목으로 쓴 단군조선에 관해서는 『동국통감』과 『삼국유사』를 인용하였는데, 이를 통해 볼 때 당시 유득공은 『삼국유사』가 단군조선에 관한 가장 오래된 기록임을 인정하였던 것으로 볼 수 있다.[5]

(2)는 개성부(開城府)에 도읍하였던 고려(高麗)에 대해 노래한 아홉 수 가운데 한 수이다. 지난 왕조, 즉 고려의 재상이 거주하던 집은 이미 버려져 폐가가 되어 버렸고, 화려한 모란도 시들어 버렸으며 공작새도 다 죽어 버리고 노란 나비들만 장다리꽃에 날아들고 있음을 노래하여 망국(亡國)에 대한 감회를 읊었다. 자연과 대비되는 인간의 유한성을 보여 주며, 역사의 무상함을 드러내고 있다. 그러나 유득공은 단순히 감상적 정조에만 그치지 않고, 재상가의 모란과 공작을 통해 한때 재상의 지위에 있던 사람들의 사치를 비판하고 경계한다. 이 시에서 그는 우리 역사의 과거를 각국의 왕도(王都)를 통하여 제시함으로써 우리 것을 새롭게 인식하려고 하는 역사적 대응 방식을 보여 준다. 따라서 이 시는 유득공의 역사 의식이 강렬한 시 의식으로 변용되면서 형상화된 작품[6]임을 알 수 있다.

〈이십일도회고시〉는 유득공이 처음 쓴 이후 두 차례나 더 손질하였다. 1785년에 남산의 교서관동으로 이사한 후 자녀들의 교육을 위해서 가다듬었고, 1792년

---

4 변종현, 「한국 한시 속에 담긴 역사의식과 문명의식」, 『배달말』 62, 배달말학회, 2018, p. 120.

5 정진헌, 「영재 유득공의 역사의식」, 『대동한문학』 27, 대동한문학회, 2007, pp. 89-90.

6 변종현, 앞의 논문, p. 120.

에는 부본이 없어서 새로 주문을 붙이는 등 약 15년 동안 계속해서 스스로 가필한 작품이라 할 수 있다. 이런 까닭에 초편본과 재편본 사이에는 차이가 있는데, 이는 그 기간 동안 유득공의 생각이나 역사 의식 등이 변화하였음을 의미하는 것이기도 하다. 초편본은 16곳의 도읍지별로, 재편본은 21개의 나라별로 편집되어 있다. 초편본이 지지(地誌)의 편차를 그대로 따랐다면 재편본은 단군조선에서 고려까지 우리나라 역사의 흐름에 따라 새롭게 편차를 구성한 것이 특징이다. 이는 작품을 감상할 때 우리나라 역사의 전반적 흐름을 이해할 수 있도록 개편한 것으로 볼 수 있다.

특히 달라진 점은 초편본은 시와 주석으로 구성되어 있는 순수한 시집의 형태라면, 재편본은 나라마다 그 나라에 대한 개괄적 설명이 서문의 형식으로 덧붙어 시와 역사 기술이 공존하는 특이한 형태를 취했다는 것이다. 재편본의 나라를 설명하는 서문은 각 나라마다 시조의 신화나 건국 유래, 연혁 등을 먼저 다룬 뒤, 후반부에서 지리적 설명을 덧붙이는 방식을 취하였다. 이때 먼저 『사기』, 『한서』 등 중국의 정사(正史)를 인용하고, 뒤이어 『고려사』, 『여지승람』 등 우리나라의 국고 문헌을 인용하였다. 그리고 자신의 설명이나 인용처가 불분명한 기술은 전혀 사용하지 않았는데, 이를 통해 볼 때 역사 기술의 신뢰성과 객관성을 중시하는 입장에서 재편이 이루어졌음을 알 수 있다. 이는 초편본에서 인용처를 밝히지 않는 등의 자유로운 서술이 드러난 것과는 상반된 태도이다. 여기에는 민족의 역사와 지리에 대한 자료를 수집하고 기록하려는 고증학적 태도가 반영되어 있다. 또한 우리나라 역사지리에 익숙하지 않은 이들로 하여금 이 작품을 통해 우리나라 역사를 보다 풍부하게 인식하고 감상[7]하도록 하기 위한 제작 의도를 지니고 있었음을 알 수 있다.

유득공의 〈이십일도회고시〉는 우리나라의 역사를 다루어 시로 쓰고, 우리나라의 전거를 우리나라의 문헌에 의거하여 인용하면서 민족 문화의 자존과 긍지를 보여 주는 동시에, 이를 중국의 지식인에게 알리는 역할을 담당한 유의미한 작품이다.

---

7 이철희, 「18세기 한중 문학 교류와 유득공의 『二十一都懷古詩』」, 『동방한문학』 38, 동방한문학회, 2009, pp. 334-338.

〈생각해 보기〉

(1) 유득공은 우리나라 역사지리 분야에 매우 중요한 성과를 남긴 학자 중 한 명이다. 『발해고』를 비롯하여 그의 새로운 역사 의식이 드러난 작품을 함께 살펴보며 논의해 보자.

(2) 〈이십일도회고시〉는 18세기 한중 문학 교류의 산물이라 할 수 있다. 18세기의 한중 문학 교류가 어떠한 양상으로 이루어졌는지 조사해 보자.

(3) 〈이십일도회고시〉는 당시 중국에서 "후세에 반드시 전해질 작품이다."라는 평을 받고, 청대 학자들에 의해서 간행되기도 하였다. 오늘날 해외에서 큰 반향을 일으킨 문학 작품에 어떤 것이 있는지 조사해 보자.

참고문헌

· 유득공 저·실시학사 고전문학연구회 역, 『역주 이십일도회고시』, 푸른역사, 2009.
· 변종현, 「한국 한시 속에 담긴 역사의식과 문명의식」, 『배달말』 62, 배달말학회, 2018.
· 이철희, 「18세기 한중 문학 교류와 유득공의 『二十一都懷古詩』」, 『동방한문학』 38, 동방한문학회, 2009.
· 이철희, 「영사시와 회고시에 대한 시학적 이해 -「이십일도회고시」의 성격 규명을 위하여-」, 『동악어문학』 54, 동악어문학회, 2010.
· 정진현, 「영재 유득공의 역사의식」, 『대동한문학』 27, 대동한문학회, 2007.

최은주

54

정약용의 한시

1. 창작 배경

정약용(1762~1836)은 남인이라는 당대의 불리한 위치를 극복하고 일찍 벼슬길에 올라 정조의 총예를 받았다. 그는 문체반정에 동조해 패관잡서 소설류를 배격했던 견해를 지속적으로 유지했다. 그러나 순조가 즉위하자 바로 물러나, 18년 동안 귀양살이를 하면서 현실을 다시 인식하고, 당시 학문의 거의 모든 영역에 걸쳐서 비판적인 자세를 취했다. 이러한 과정에서 문학을 하는 자세도 철저하게 가다듬었다.

정약용은 실학을 집대성한 실학자이다. 정약용은 정치·경제·지리·문학 그리고 철학·의학·교육학·군사학·자연과학 등 다양한 학문 세계를 이룩하였다. 다산(茶山)의 문학과 작품의 근원은 공맹 시대의 원시유학을 근본으로 실천을 강조하는 실학 정신이었다. 그는 이것을 조선 유학 사상의 핵심으로 보았던 것이다. 그의 사상은 단순히 옛 공맹 시대 유학으로의 복귀는 아니었다. 정약용은 우리 현실에 맞는 문화와 학문을 추구하고자 했다.

그는 조선 후기 실학을 집대성했고, 당대 문단을 대표했던 시인이다. 『경세유표(經世遺表)』·『목민심서(牧民心書)』·『흠흠신서(欽欽新書)』 등 5백여 권의 방대한 저술을 지었다. 이를 통해 문학뿐만 아니라, 나아가 다산학을 형성하였다.

2. 원문 읽기

(1) 옷소매는 봄바람 속이라면　衣袂春風裏
숲동산은 고운 해 가운데로세　林園麗景中
냇물 빛 들판 뻗어 희게 비치고　川光橫野白
꽃기운은 성 가득 붉게 빛나네　花氣滿城紅
원례[1] 명망 당초에 드높았는데　元禮名初重
휴문[2] 시부 다시금 웅장하여라　休文賦更雄
경물 구경하자는 여행 아니고　旅滂非玩物
갈고 닦는 공부에 도움 받고자　深藉琢磨功

출전: 『다산시문집』 1, 〈심유첨 등 벗들과 함께 약초밭에서 저녁 경치를 구경하며[同沈孺瞻諸友樂園晩眺]〉

* 인용 출처: 한국고전번역원, 한국고전종합DB

(2) 다북쑥[3] 캐고 또 캐지만　采蒿采蒿
다북쑥이 아니라 제비쑥이라네　匪蒿伊莪
명아주도 비름도 다 시들고　藜莧其萎
자귀나물[4]은 떡잎도 안 생겨　慈姑不孕
풀도 나무도 다 타고　芻櫄其焦
샘물까지도 다 말라　水泉其盡
논에도 전청이 없고　田無田靑
바다에 조개 종류도 없다네　海無蠯蛋

1　원례: 원례(元禮)는 후한 말기의 명사 이응(李膺)의 자이다. 효렴(孝廉)으로 천거되어 환제(桓帝) 때 사예교위(司隷校尉)까지 지냈는데, 태학생(太學生) 우두머리 곽태(郭泰) 등과 연합하여 환관(宦官)의 권력 독점을 반대해 태학생들이 그를 '천하의 모범은 이원례'라고 칭찬하였고, 그의 접견을 받은 자를 '용문(龍門)에 올랐다'고 지칭하였다. 여기서는 심유첨 등을 이응에 견주어 말한 것인 듯하다.

2　휴문: 휴문(休文)은 남조(南朝) 양(梁)나라 문인 심약(沈約)의 자이다. 당시 문단의 영수로서 사조(謝脁)·왕융(王融) 등과 함께 영명체(永明體)를 창출하여 후세 격률시(格律詩)의 서막을 열었다. 역시 심유첨 등의 문장을 찬미하는 뜻으로 보인다.

3　다북쑥: 원문은 호(蒿). 쑥(국화과의 여러해살이풀)을 말한다.

4　자귀나물: 원문은 자고(慈姑). 자고는 산자고, 까치무릇을 말하는데, 백합과의 여러해살이풀이다.

높은 분네들 살펴보지도 않고	君子不察
기근이다 기근이다 말만 하면서	曰饑曰饉
가을이면 다 죽을 판인데	秋之旣殞
봄이 되어야 기민 먹인다네	春將賑兮
남편 유랑길 떠났거니	夫壻旣流
나 죽으면 누가 묻을까	誰其殣兮
오 하늘이여	嗚呼蒼天
왜 그리도 봐주지 않으십니까	曷其不慭

출전: 『다산시문집』 5, 〈채호(采蒿)〉

⁎ 인용 출처: 한국고전번역원, 한국고전종합DB

(3) 늙은이의 한 가지 유쾌한 일은	老人一快事
붓 가는 대로 미친 말을 마구 씀일세	縱筆寫狂詞
경병[5]을 굳이 구애할 것이 없고	競病不必拘
퇴고도 꼭 오래 할 것이 없어라	推敲不必遲
흥이 나면 곧 이리저리 생각하고	興到卽運意
생각이 이르면 곧 써내려 가되	意到卽寫之
나는 바로 조선 사람인지라	我是朝鮮人
조선시 짓기를 달게 여길 뿐일세	甘作朝鮮詩
누구나 자기 법을 쓰는 것인데	卿當用卿法
오활하다 비난할 자 그 누구리오	迂哉議者誰
그 구구한 시격이며 시율을	區區格與律
먼 데 사람이 어찌 알 수 있으랴	遠人何得知

5 경병: 원문은 경병(競病). 험운(險韻)올 가지고 시를 짓는 것이다. 양(梁)나라 조경종(曹景宗)이 개선(凱還)할 때에 양(梁) 무제(武帝)가 잔치를 열어 연구(聯句)를 시험하였다. 이때 험운인 경병 두 자만 남았을 때, 조경종이 마지막에 참여하여 이어 쓰기를, "떠날 땐 아녀들이 슬퍼하더니, 돌아오매 피리와 북 다투어 울리네. 길가는 사람에게 묻노니, 곽거병 그 사람과 과연 어떤고?[去時兒女悲 歸來笳鼓競 借問行路人 何如霍去病]"라고 한 데서 온 말이다.

능가하기 좋아하는 이반룡은	凌凌李攀龍
우리를 동이라고 조롱했는데	嘲我爲東夷
원굉도는 오히려 설루를 쳤으나[6]	袁尤槌雪樓
천하에 아무도 다른 말이 없었네	海內無異辭
등 뒤에 활을 가진 자가 있거늘	背有挾彈子
어느 겨를에 매미를 엿보리오[7]	奚暇枯蟬窺
나는 산석의 시구를 사모하노니	我慕山石句
여랑의 비웃음을 받을까 염려로세	恐受女郎嗤
어찌 비통한 말을 꾸미기 위해	焉能飾悽黯
고통스레 애를 끊을 수 있으랴	辛苦斷腸爲
배와 귤은 맛이 각각 다르나니	梨橘各殊味
오직 자신의 기호에 맞출 뿐이라오	嗜好唯其宜

출전: 『다산시문집』 6, 「송파수작(松坡酬酢)」, 〈노인일쾌사(老人一快事)〉 기오(其五)

⁂ 인용 출처: 한국고전번역원, 한국고전종합DB

3. 작품 해석

정약용은 자신을 성찰하고 현실에 맞서면서 문학을 창작하고 있었다. 그렇기에 정약용의 내면을 이해해야, 그의 문학의 참모습에 쉽게 다가설 수 있다. 정약용은 현실을 비판하고 고뇌, 갈등하면서 문학적 성취를 이뤘다. 정약용은 민(民)

6 원굉도는……쳤으나: 원굉도는 바로 명(明)나라 때의 시인이고, 설루(雪樓)는 역시 명나라 때의 시인 이반룡(李攀龍)의 서실(書室) 이름인 백설루(白雪樓)의 준말이다. 원굉도는 본디 시문에 뛰어난 사람으로서 그의 형인 종도(宗道), 아우인 중도(中道)와 함께 모두 당대에 명성이 높았는데, 그는 특히 왕세정(往世貞)과 이반룡의 시체(詩體)를 매우 강력히 배격하고 홀로 일가를 이룸으로써 당대에 많은 학자들이 왕세정·이반룡을 배제하고 그를 따르면서 그의 시체를 공안체(公安體: 공안은 원굉도의 자)라 지목했던 데서 온 말이다.

7 등……엿보리오: 기는 놈 위에 나는 놈이 있음을 비유한 말. 장자(莊子)가 밤나무 숲에서 이상한 까치를 발견하고 그것을 잡기 위해 활에 화살을 끼우고 있었는데, 이때 보니 사마귀[螳螂]가 신나게 울고 있는 매미를 노리고 있었고, 그 뒤에서는 이상한 까치가 그 사마귀를 노리고 있었으며, 또 그 뒤에서는 장자 자신이 그 이상한 까치를 노리고 있었다는 고사에서 온 말이다.

의 존재에 주목했다. 이는 인간이 사회적 관계망에 속하기 때문이다. 정약용의 인간학은 민을 중심에 두고 있었다. 즉 그는 민 특유의 낙관적 삶, 내면적 정감에 관심을 가졌다.

(1)의 〈심유첨 등 벗들과 함께 약초밭에서 저녁 경치를 구경하며〉에서는 정약용이 숲·동산·봄바람·냇물·꽃 등을 통해 무우(舞雩), 기수(沂水)의 풍류를 드러내고 있다. 원례, 휴문의 고사를 가져와, 심유첨이 지조와 문장을 갖춘 군자라고 한다. 정약용은 도학군자와 종유(從遊)하며, 절차탁마하고자 한 것이다. 산수 유람뿐만 아니라, 욕기(浴沂) 풍류를 통해 근원적인 도(道)를 함양하고 있었다.

예컨대 정약용은 〈오서산 꼭대기에 올라서서〉에서 공자가 뗏목 타고 우리나라에 오려고 했던 일을 비유했다. 즉 예악(禮樂)과 도가 우리나라에 행해지고 있음을 즐거워했다. 또한 〈초가을에 중형을 모시고 봉은사에 노닐며〉에서는 선유(船遊)와 유산(遊山)을 했다. 형과 함께 경전 공부를 열심히 한 것도 의미가 있다. 나아가 명리에만 빠져 올곧지 못한 한(漢) 무제(武帝)의 공손홍(公孫弘)을 비판하고 있다. 〈가을밤〉에서는 가을밤에 소요하면서 알인욕존천리(遏人慾存天理)의 경지에 들어서고 있었다. 이처럼 정약용은 공자의 도와 풍류를 존숭하며 도학을 강마하고 실천하고자 했다.

(2)의 〈채호〉는 3장 장 16구[채호삼장장십육구(采蒿三章章十六句)]로 구성되어 있는데 윗부분은 그중 2장이다. 이 시는 정약용이 흉년을 걱정하며 지은 것이다. 기근으로 인한 가을 흉년에, 쑥을 캐어다 죽을 쑤어 먹는 아낙들을 형상화하고 있다. 즉 그는 농민들의 처참한 상황을 관찰하고 묘사하는 시인을 넘어서, 다북쑥을 뜯는 아낙네가 되어 양식거리로 삼을 식물을 구체적으로 열거하면서, 아낙(농민)의 삶과 자신의 삶을 일체화하였다.

정약용이 다산 초당에 있을 때, 가물어서 전해 겨울부터 이듬해 봄·입추까지 흉년이 든 적지천리였던 적이 있다. 6월 초, 길에 유랑민들이 가득하자, 그는 마음이 처참하고 살 의욕이 없어진다. 정약용은 죄를 짓고 귀양 온 몸이기에, 사람축에 끼지도 못했고 오매(烏昧)에 관해 아뢸 길이 없었기에 시가(詩歌)로 엮었다. 이는 처량한 쓰르라미와 귀뚜라미가 슬피 울 듯, 그들과 함께 울며 화기(和氣)를 보존하고자 한 것이다.

(3)의 '노년의 양식'은 노년의 정서와 의식 상태를 독특한 문학·예술 양식으로 표현한 것이다. 정약용의 〈노인일쾌사〉는 노년의 양식을 잘 보여 주는 대표적인 작품이다. 그는 노년에 대한 부정적 통념을 뒤집고, 그 현상을 긍정하며, 역설·고정 관념 등 통념을 깨는 자유를 표현하고 있다. (3)의 〈노인일쾌사〉 제5수, '조선시 선언'은 노인의 주체성을 긍정하고 있다. 젊음과 늙음의 상대 인식과 노인 주체의 긍정은 중화와 조선의 상대 인식과 조선의 주체와 관련 있다.

여기서 주체성의 긍정 논리가 실현되고 있다. 〈노인일쾌사〉는 백거이의 노년시 중 일부를 수용하고 있다. 두 시인은 늙음에 대한 관용과 달관을 시로 표현하였다. 하지만 백거이는 노장 사상, 불교에 근거하고, 정약용은 통념에 대한 전복적 사유와 더불어, 파탈적이며 자유로운 어조를 취하고 있다. 정약용은 특히 유배지 강진의 삶과 관계 속에서, 그 작품을 통해 인간적 체취를 과감히 보여 주었다.

정약용은 세상을 바로잡고 구제할 수 있는 도를 가져야 한다고 말했다. 이러한 세상은 난세인 사실이 전제되어 있다. 정약용은 난세를 통찰하고 도와 밀접한 관련을 맺고 그 원인을 찾아 바로잡아야 온전한 도가 실현된다고 보았다. 그는 당대의 현실이 모순으로 가득 차 있는 것을 비판하였다.

이러한 관점에서 정약용은 시의 사명을 분명히 하였다. 그는 "시대에 대해서 상심하거나 풍속에 대해서 분개하지 않는 것은 시가 아니다."라고 했다. 정약용은 진실한 시를 창작하기 위해 규범을 버리고, 느낌대로 바로 표현해야 한다고 했다. 그러면서 중국을 따르는 풍조를 강하게 비판하며, "나는 조선 사람이어서 조선시를 즐겨 짓는다."라고 역설하였다. 그는 우리의 독자적인 한시를 조선시라고 하며, 창작 정신·내용·표현 방법 등 차별성을 부각시켰다.

정약용은 조선의 현실, 농민의 삶에 관심을 가지고 그것을 시로 형상화하였고 그와 같은 계열의 시를 다수 남겼다. 부귀한 자들은 농민이 겪는 비참한 현실을 무시하고, 정약용은 당대 현실을 적나라하게 알면서도 어찌할 도리가 없어서 한탄하였다. 그는 〈용산리(龍山里)〉에서 농민이 겪는 수난을 동정하고 관청의 수탈을 비판하였다. 〈전간기사(田間紀事)〉를 통해서는 농민의 참상이 극도에 이른 것을 보고 통곡하듯이 노래했다.

농민시에 관심을 가진 정약용은 민요에도 다가갔다. 귀양살이 지역의 민요를 참고하여 〈탐진촌요(耽津村謠)〉·〈탐진농가(耽津農家)〉·〈탐진어가(耽津漁家)〉 등 연작 민요시를 창작했다. 정약용이 전라도 강진에서 귀양살이를 하면서 지은 시는 서울까지 전해진다. 사람들은 "과연 별난 재주로구나."라고 하면서 크게 감명을 받아 그를 뒤따르고자 하였다. 그 밖에도 정약용은 적극적으로 우화시를 개척해, 또 다른 면모를 보여 주기도 했다.

〈생각해 보기〉

(1) 정약용이 실학을 중요시하면서 원시유학의 도를 중요하게 생각한 배경에 관해 알아보자.

(2) 정약용의 학문과 사상은 18년의 강진 유배 시절에 거의 완성되었다고 해도 과언이 아니다. 유배가 어떠한 방법으로 작가의 문학적 특징으로 나타나고 있는지 논해 보자.

(3) 정약용은 문학 작품을 많이 남겼는데, 그중에서도 특히 농민시에 관심을 가진 이유를 생각해 보자.

참고문헌

- 김종구, 「다산 정약용의 유람 및 기행에 나타난 풍류와 그 의미 - 기문(記文)과 기행시(紀行詩)를 중심으로 -」, 『한민족어문학』 76, 한민족어문학회, 2017.
- 박혜숙, 「정약용의 「노인일쾌사(老人一快事)」와 노년의 양식」, 『민족문학사연구』 41, 민족문학사학회, 2009.
- 송재소, 「다산 정약용의 문학론」, 『대동문화연구』 18, 성균관대학교 대동문화연구원, 1984.
- 양훈식, 「茶山의 社會詩에 나타난 逼眞한 社會相의 具現 樣相」, 『문화와 융합』 39, 한국문화융합학회, 2017.
- 이난수, 「茶山, 女性의 눈으로 女性을 그리다 - 다산과 페미니즘 미학 - 」, 『유교사상문화연구』, 한국유교학회, 2013.
- 진재교, 「茶山과 文學 -人間 茶山과 茶山의 人間學을 中心으로-」, 『한국한문학연구』 50, 한국한문학회, 2012.
- 허태근, 「丁若鏞 文學觀 考察」, 동국대학교 석사학위논문, 2011.

김종구

55

조수삼의 추재기이
秋齋紀異

1. 창작 배경

추재(秋齋) 조수삼(趙秀三, 1762~1849)은 18세기 후반부터 19세기 중반까지 활발하게 활동한 여항문인이다. 그는 여항인이었지만 조만영, 조인영, 김정희와 같은 경화사족들과 시우(詩友)로서 교유하였다. 그는 당대 사대부에게 시명(詩名)이 알려졌고, 나아가 청조(清朝) 학인들 사이에서도 시명이 알려졌다. 그가 시문을 창작하는 독특한 방식과 인간과 사물에 대해 열린 시각을 가진 점은 문학사에서 중요한 위치를 차지한다.

17세기에 형성된 중인문학은 최기남을 필두로 하여 홍세태, 정래교를 거쳐 조수삼, 조희룡, 변종운, 장지완, 유재건 등으로 그 흐름이 이어졌다. 특히 조수삼은 18~19세기 중인문학사에서 정채 나는 현실주의적 성취를 이룬 작가이다. 그는 당대 위항시인 가운데 가장 많은 작품을 남겼다. 그는 역과 계통의 중인이어서 청나라에 여섯 번 다녀오고 과거에 응시했으나, 만년에 겨우 진사가 되었다. 조수삼은 시를 지을 때, 힘쓰면서 세태를 살피고 현실을 비판하는 작업을 광범위하게 했다.

18세기에 들어서 『천예록(天倪錄)』 등에서 확인할 수 있다시피, 사대부들은 귀물에 관한 이야기를 담은 야담을 즐겨 창작한다. 『천예록』은 비현실적이며 환상적인 귀신담이나 신이담(神異譚)이 두드러진다. 그러나 그 당시 시대 상황을 일정하게 반영하고 있으며, 후대 야담집이 본격적으로 발생하는 계기를 마련하는 데 일정한 역할을 하였다. 조수삼의 〈추재기이〉가 출현하게 된 배경에는 이러한 사대부 사회의 독서 풍조가 작용한다.

2. 원문 읽기

(1) 일지매는 도둑 중 협객[1]이다. 번번이 탐관오리가 밖에서 부정하게 모은 재물을 훔쳐서 생계를 꾸리지 못하고, 상례를 치르지 못하는 사람들에게 나누어 베풀어 주었다. 처마를 날아다니고, 벽에 붙어 달린 그는 민첩하기가 귀신과도 같았다. 도둑을 맞은 집에서는 짐짓 어떤 도둑이 들었는지 알지 못했다. 이에 스스로 붉은 종이에 매화 한 가지를 새겨서 표시해 기록해 놓았다. 대개 다른 자에게 원한을 옮기지 않으려는 마음이었다.

매화 한 가지 붉게 그려 길게 드러내고	血標長記一枝梅
탐관오리 많은 재물 빈민에게 베푸네	施恤多輸汚吏財
불우한 영웅은 천고(千古)[2] 때부터 전하는 일이니	不遇英雄傳古事
옛날 오강(吳江)에서도 비단 돛[3]이 떠내려 왔음을 아네	吳江昔認錦帆來

출전: 『추재집(秋齋集)』 권7, 「기이(紀異)」, 〈일지매(一枝梅)〉

(2) 공공(空空)은 최씨집의 노비이다. 천성이 어리석고 외고집이어서 죽과 밥

---

1 협객: 협객(俠客). 의협심(義俠心)이 있는 남자(男子). 호협(豪俠), 절협(節俠), 선협(仙俠).

2 천고(千古): 썩 먼 옛적, 영구(永久)한 세월(歲月).

3 오강(吳江)에서도 비단 돛: 감녕(甘寧, ?~222)은 중국 후한(後漢) 말, 오(吳)의 무장으로, 자는 흥패(興覇)이며 익주(益州) 파군(巴郡) 임강현(臨江縣) 사람이다. 성품이 사치를 좋아하여 출입할 때, 육로에서는 거기[車]가 연달았고 수로에서는 경주(輕舟)가 연달았다 한다. 한때 적도(賊徒)로 횡행하여 오강(吳江)에서 비단 돛을 달고 다녔다. 금람[경(鏡)]으로 풍석[범(帆)]을 만들었다. 처음에는 황조(黃祖)를 섬기다가 뒤에 손권(孫權, 182~252)을 섬기면서 주유(周瑜)를 도와서 적벽(赤壁)에서 위병(魏兵)을 격파하였는데, 활을 아주 잘 쏘았다.

이외에는 어떤 물건이 있는 줄 몰랐다. 중년에야 술 마시는 것을 배워, 비로소 2문(文)[4]을 주면 막걸리 한 사발을 살 수 있다는 것을 알았다. 매일매일 인가를 찾아가, 놋그릇을 닦겠느냐고 물어서 그릇을 내놓고 시험해 보면, 닦고 씻는 데 힘을 들이지 않아도 그릇이 모두 광이 나서 빛을 발했다. 그릇 주인이 품삯을 헤아려 주었지만, 2문이 넘으면 그 나머지는 버리고 곧장 주막을 향해 달려갔다.

공공 같은 바보는 어리석지 않으니	愚似空空是不愚
동전을 얻음이 2문을 넘을 필요가 있나	得錢何過兩靑蚨
그릇 주는 대로 부지런히 닦고 나선	辛勤滌器隨多少
주막에서 막걸리 한잔 살 수 있다고 좋아하네	喜辦村壚濁一盂

출전: 『추재집(秋齋集)』 권7, 「기이(紀異)」 〈공공(空空)〉

3. 작품 감상

〈추재기이(秋齋紀異)〉는 19세기 문학사에서 독특한 빛깔을 지닌 시집이라고 평가받는다. 이 시집은 특이한 사실을 기록한다는 일정한 주제 아래 모은 71편의 시로 구성되어 있다. 즉 〈추재기이〉는 조수삼이 어려서부터 자기가 보고 들은 도시 하층민, 즉 거지, 기생, 노비, 상인, 도둑, 이야기꾼 등에 관한 일화와 함께 그 내용을 바탕으로 한 시로 구성되어 있다. 그동안 '시'가 다루어 왔던 틀에서 벗어나는 소재와 관점을 지니고 있다. 그리고 전통 한시의 범위를 벗어나 파격적이며, 인간 세계의 평범함과 일상을 바탕에 두지 않는 특이한 담론을 서사와 서정으로 담고 있다.

조수삼은 〈추재기이〉에서 관료와 지식인을 배제하였다. 세인들이 아는 유명한 명사가 거의 없다. 성격이 다른 유명인이 곳곳에 널려 있다. 그는 당대에 회자되는 인물과 야담 등의 기사를 채택하였다. 그 가운데 일지매, 달문, 정초부, 만

---

4 문(文): 문은 조선 시대에, 상평통보를 세던 단위. 1문은 1푼에 해당한다.

덕, 한섬, 김금사 등을 주목할 필요가 있다. (1)은 조수삼이 일지매와 관련된 짤막한 이야기와 시를 남긴 것이다.

일지매는 탐관오리의 부정한 재물을 훔쳐다가 어려운 사람들에게 나누어 주는 것을 일삼는 멋진 의적(義賊)으로 형상화되었다. 이 이야기는 〈추재기이〉에 실린 이야기 가운데 일반 사람에게 가장 널리 알려졌다. 조수삼의 기사를 통해, 당시에 널리 유포되었던 의적 설화의 하나라고 볼 수 있다. 당대의 홍길주(1786~1841) 역시 민간에 떠도는 대도(大盜) 일지매에 관한 이야기를 기록하고 있어, 일지매 이야기가 당대 유명했음을 확인할 수 있다.

앞의 원문에서 알 수 있듯이 일지매는 매화 한 가지를 붉게 점찍어 놓고 자취를 감추어 혐의를 남에게 옮기지 않게 했다. 조수삼은 이에 시를 붙여, '불우한 영웅은 예로부터 있었다고 전한다'라고 하였다. 이 이야기는 송대 필기에 대도 설화로 등장하는 '아래야(我來也)' 설화에 기원한다. 송 심숙(沈俶)이 『해사(諧史)』에 수록한 이야기는 조선에서 『설부(說郛)』, 『고금설해(古今說海)』, 『서호지여(西湖志餘)』에 재수록되었다.

이후 19세기에 장한종(張漢宗)이 엮은 야담집 『어수신화(禦睡新話)』에 수록된 제96화 '아래적(我來賊)'은 이 '아래야' 설화를 조선풍의 이야기로 충실하게 번안한 야담이다. 명말에 출간된 백화소설(白話小說) 『환희원가(歡喜寃家)』에는 대도 일지매 이야기가 소설로 각색되어 등장한다. 여기에 자극을 받아 명치(明治) 시대 일본에서도 『지라이야 설화[자래야 설화(自來也說話)]』가 출판되어 호평을 받았고, 1928년 신구서림에서 출간된 『십삼도재담(十三道才談)』 가운데도 일지매 설화가 수록되었다. 여기서 주목해야 할 것은 당시 일지매에 관한 이야기가 널리 유포되어 사람들의 흥미를 끄는 사회적 분위기가 형성되어 있었고, 조수삼이 그것을 포착하여 채록하였다는 사실이다.

(2)는 바보 공공의 이야기이다. 그는 열심히 놋그릇에 광을 내고, 그 대가로 받은 돈으로 술을 사 먹을 수 있으면 만족한다. 2문 이상의 돈을 주면, 나머지를 던져 버리고 주막으로 달려간다. 독자들은 이 공공의 사연에서 그의 바보스런 일면 뒤에 숨은 천진함을 읽을 수 있다. 물욕이 판치는 세상에서 그는 분명 이방인이다.

〈추재기이〉에는 공공과 같은 인물이 여럿 등장한다. 노래를 불러 구걸하여 백 문만 쌓이면 바로 자리를 털고 일어나 술집으로 향하는 손고사, 돈이 생기면 바로 남에게 주고 남을 위해 일하는 것은 중히 여겨 제집은 가지고 있지 않은 건곤낭, 물고기를 잡되 작은 것은 도로 놔주고 큰 것은 남에게 주어 버리는 중냉조수(中冷釣叟), 따비밭을 개간하여 소출을 이웃들에게 모두 희사하는 중, 오이를 심어 돈이 없는 과객들에게는 값을 받지 않고 대접하는 대구 노인, 황금을 서로 양보하는 홍씨와 이씨 등이 있다.

조수삼이 묘사한 이들은 대체로 가진 자가 아니라 가지지 못한 자들이다. 그럼에도 불구하고 그들은 자기 재물을 남에게 희사하고 거기서 얻은 작은 행복에 만족한다. 공공처럼 기껏 일하고서 번 돈 2문으로 술을 사 먹는 데 만족한다. 평범한 삶을 영위하는 인간과는 다르게 생을 영위하는 이들에게서 조수삼은 오히려 살아 있는 인간됨을 읽고 있는 것이다. 세속적인 행복과 반대 방향을 향한 이들 인생의 미덕은 여기에 있는 것이다.

조수삼은 〈추재기이〉에서는 비주류 인간을 주 대상으로 삼았다. 신체적 불구자, 떠돌이 예술가, 파락호(破落戶), 망나니 등이 이야기의 핵심을 이룬다. 이러한 조수삼의 시선은 박애주의를 띠고 있으며, 그의 글에서는 따뜻한 휴머니즘을 느낄 수 있다. 그동안 조선의 문학에서 다루어지지 않은 다양한 인간 군상을 문학의 영역으로 흡인시켰다. 조수삼의 시각은 인격의 보편적 평등성을 전제할 때 이해할 수 있는 것이고, 그는 나아가 소외된 민중을 우리 문학사 가까이 다가오게 만들었다.

〈생각해 보기〉

(1) 송석원시사(松石園詩社)는 '옥계시사(玉溪詩社)'로, 서울의 중인 계층이 인왕산 옥류동(玉流洞) 송석원에서 회합한 단체이다. 사대부문학이 중심을 이루던 조선 사회에 중인문학을 중심으로 하는 위항문학(委巷文學) 또는 여항문학(閭巷文學)이 등장하게 된 것은 숙종 무렵이다. 그 뒤에 계속 발전 과정을 거쳐서 위항인들의 문학 활동 및 그들 활동의 집결체 구실을 한 것이 바로 송석원시사이다. 조수삼은 송석원시사의 주요 인물이었고, 맹주인 천수경을 비롯하여

장혼(張混)·김낙서(金洛書)·왕태(王太)·차좌일(車佐一)·박윤묵(朴允默) 등과 문학적 교류를 하였다. 이러한 조수삼의 행동과 신분적 제약을 문학적으로 승화시킨 위항문학의 특징과 의미에 관해 살펴보자.

(2) 일지매와 관련된 이야기는 동아시아에 널리 퍼진 이야기이다. 게다가 대중적인 인기를 얻고 있는 소재이자, 문화 콘텐츠화가 가능한 소재이다. 비록 오늘날의 의협(義俠) 정신과는 그 층위를 달리하지만, 지금의 의(義)를 실천할 수 있는, 즉 행동으로 옮길 수 있는 사소한 것들을 생각해 보자.

(3) 공공의 행동은 지금 이 시대에도 의미하는 바가 크다. 물질 만능주의가 팽배하고, 세속적인 이익을 두고 갈등이 첨예한 세상에서, 공공과 같은 삶의 형태는 시사하는 바가 크다. 더욱이 〈추재기이〉에는 이와 비슷한 인물 유형이 많다. 이러한 인물과 관련된 이야기를 더 읽고, 현재 우리의 삶과 목표, 욕망과 관련해 논의해 보자.

(4) 기이의 문제는 『삼국유사』 기이편에서 시작되고 있다. 이는 우리나라의 민족성과 정체성을 가늠하기에 좋은 것이다. 정사(正史)와는 다른 이와 같은 이야기에 관심을 가져 보자. 특히 조선의 양반 사대부의 기록과 달리 민간에서 전승된 이야기의 특징 및 세계관에 대해 논해 보자.

참고문헌

· 조수삼 지음·안대회 옮김, 『추재기이』, 한겨레출판, 2020.
· 김영죽, 「秋齋 趙秀三 文集의 編刊 재검토 및 오류의 是正」, 『東方漢文學』 48, 동방한문학회, 2011.
· 안대회, 「『추재기이(秋齋紀異)』의 인간 발견과 인생 해석」, 『동아시아문화연구』 38, 한양대학교 동아시아문화연구소, 2004.
· 윤재민, 「「추재기이(秋齋紀異)」의 인물형상과 형상화의 시각」, 『漢文學論集』 4, 근역한문학회, 1986.
· 정병호, 「조수삼의 전 연구」, 『東方漢文學』 13, 동방한문학회, 1997.

김종구

56

송만재의 관우희
觀優戲

1. 창작 배경

조선 후기에는 사회·경제·문화 등 전 영역에 걸쳐 상층과 하층의 간극이 그 전과 비교할 수 없을 정도로 가까워졌다. 이에 우리 문학사에서도 민중 문학과 양반 문학의 교섭 양상이 나타나게 되었는데, 이를 가장 명징하게 보여 주는 것이 바로 판소리와 그것의 한시화(漢詩化)이다. 본래 판소리는 민중의 고난을 사실적으로 표현하면서 희극미를 구현한, 대표적인 민중 문학이었다. 그러나 19세기 무렵부터 양반 좌상객이 판소리의 주요 향유층으로 부상하고, 이들이 판소리 명창의 실질적인 후원자가 되면서 양반적 성격이 점차적으로 부각되기 시작하였다. 이러한 상황 속에서 신위(申緯, 1769~1847), 윤달선(尹達善, 1800~1834), 이유원(李裕元, 1814~1888) 등은 단순히 수동적인 입장에서 판소리를 즐기기만 했던 것이 아니라, 자신들의 세계 인식에 근거하여 민중 문학이었던 판소리를 한시화하였다. 이들과 비슷한 시기에 송만재(宋晩載, 1788~1851)가 〈관우희(觀優戲)〉를 창작할 수 있었던 것도 이러한 시대적 분위기가 있었기 때문에 가능한 것이었다.

송만재의 본관은 여산(礪山), 자는 자송(子松), 호는 취송(翠松)이다. 그는 과업(科業)에 뜻을 두지 않고 형들과 함께 부모 봉양에 힘을 쏟다가, 모친상을 당한 1828년(순조 28)에야 비로소 과거에 뜻을 두었으며, 그로부터 6년 뒤인 1834년(순조

34)에 46세의 나이로 진사시(進士試)에 합격하였다. 부인인 문화 류씨(文化柳氏)와의 사이에서 송지정(宋持鼎)이라는 아들을 두었는데, 1843년(헌종 9)에 진사시에 입격하였다. 작자가 쓴 〈관우희(觀優戲)〉의 발문(跋文)에 따르면, 송만재는 아들 송지정의 등과(登科)를 축하하기 위해 문희연(聞喜宴)을 베풀고자 하였으나, 집안이 가난하여 잔치를 벌이는 대신 사우(社友)들과 창화(倡和)하면서, 〈관우희〉 50수를 창작하게 되었다고 한다.

2. 원문 읽기

(1) 정자[1]에 높다랗게 붉은 횃불 밝히고서	凉榭高燒蠟炬紅
(소리) 명창이 고수 동편에 마주하여 서 있네	優人對立皷人東
무대 위보다는 무대 아래가 마땅하노니	不宜堂上宜堂下
환락을 함께하기에 거리낌 없기 때문이지	歡樂無妨與衆同

(제2수)

(2) 옹생원이 또 하나의 허수아비와 싸우는	雍生員鬪一芻偶
맹랑한 이야기가 맹랑촌에 전해져 오네	孟浪談傳孟浪村
붉은 부적이 만약 부처님[2] 힘 아니라면	丹籙若非金佛力
진짜와 가짜를 마침내 누가 분간하였으리	疑眞疑假竟誰分

(제17수)

(3) 푸른 꽁지 오색 가슴 울음 우는 암수가	青鞦繡臆鷕雄雌
묵정밭[3]에 쑥 무성한데 붉은팥에 미혹됐지	菑畝蓬科赤豆疑
한번 쪼다 덫에 걸려 달아나다 죽으니	一啄中機紛迸落

1 정자: 원문은 양사(凉榭). 비를 피하거나 휴식을 취할 수 있도록 만든 정자이다.
2 부처님: 원문은 금불(金佛). 금으로 만든 불상(佛像)이란 뜻인데, 여기에서는 부처님을 형상화하고 있다.
3 묵정밭: 원문은 치무(菑畝). 오래 내버려 두어 거칠어진 밭이다.

얼어붙은 산 마른 나무에 눈 녹을 때라네 寒山枯樹雪殘時

(제20수)

(4) 장안에서는 우춘대[4]를 대단하게 이야기했었는데 長安盛說禹春大
당세에 누가 능히 그 소리를 잘 이어 나갔는가 當世誰能善繼聲
한 곡조가 술잔 앞의 천 단 비단과 같았으니 一曲樽前千段錦
권삼득[5]과 모흥갑[6]은 어려서부터 이름이 났었지 權三牟甲少年名

(제49수)

출전: 구사회 소장본 〈관우희〉(『판교초집(板橋初集)』 소재)

3. 작품 감상

서발(序跋) 및 50수의 한시로 이루어진 〈관우희〉는, 신위가 지은 〈관극절구십이수(觀劇絶句十二首)〉의 영향을 많이 받았으며, 19세기 전반기에 행해졌던 연희의 실체를 파악하는 데 도움을 준다. 실제로 〈관우희〉에는 줄타기, 땅재주 등 각종 연희의 내용이 풍부하게 담겨 있는데, 그중에서도 판소리와 관련된 언급들이 주목을 요한다. 이 작품이 판소리 초기에 이미 열두 마당이 갖춰졌다는 학설의 근거가 되기 때문이다.

현재 〈관우희〉는 2종의 이본이 존재하는데, 연세대학교 소장본과 구사회 소장본이 그것이다. 이 가운데 구사회 소장본이 오탈자가 적고 연대가 오래되어,

4 우춘대: 원문은 우춘대(禹春大). ?~?. 『이관잡지(二官雜志)』에 관련 기록이 나오는데, 권삼득(權三得, 1771~1841)이나 모흥갑(牟興甲, ?~?)보다는 약간 앞선 시대의 명창이라 소개되어 있다.

5 권삼득: 원문은 권삼(權三). 1771~1841. 본명은 사인(士仁)으로, 조선 정조~순조 때 활약했던 판소리 8명창 중 한 사람이다. 전라북도 완주군의 양반 집안에서 태어났으나, 어려서부터 판소리만 배우다가 집안에서 쫓겨났다고 한다.

6 모흥갑: 원문은 모갑(牟甲). ?~?. 판소리 8명창 중 한 사람으로, 출생지는 확실하지 않고 만년에 전주에서 거주하였다. 송흥록(宋興祿, ?~?)의 후배이며, 고종으로부터 동지(同知)의 직을 제수받았다. 평안 감사(平安監司)의 초청으로 평양의 연광정(練光亭)에서 소리를 한 적이 있었는데, 10리 밖까지 그 소리가 들렸었다고 한다.

선본(善本)이라 할 수 있다. 구사회 소장본 〈관우희〉는 『판교초집(板橋初集)』이라는 책에, 작자인 송만재의 시 18제 24수가 실려 있는 「옥전잉묵(玉田賸墨)」과 함께 수록되어 있다. 〈관우희〉 50수를 항목별로 살펴보면 다음과 같다.[7]

항목명	수록 한시	내용	연세대학교 소장본
영산(靈山)	제1~8수	무대와 객석의 풍경 / 단가(短歌)	영산
타령(打令)	제9~20수	판소리 열두 마당	타령
요령(要令)	제21~28수	갖가지 재담	긍희
긍희(絚戲)	제29~35수	줄타기 놀이	
장기(場技)	제36~42수	땅재주	장기
총평(總評)	제43~50수	광대의 연원과 계보 / 공연의 방식과 형편	총론(總論)

총 50수의 시 가운데 여기에서 살펴볼 작품은, 무대와 객석의 풍경에 대해 읊은 제2수, 〈옹고집타령〉과 〈장끼타령〉에 대해 읊은 제17수 및 제20수, 그리고 판소리 명창의 계보에 대해 언급한 제49수이다. (1)은 〈관우희〉 제2수로, 연희의 무대에 대한 묘사이다. 판소리를 포함한 전통 연희는 주로 대청이나 마당, 정자처럼 아무런 장치도 없는 일종의 즉석 무대에서 공연된다. 이를 감안할 때, 1구는 당시 연희가 펼쳐지던 무대의 모습을 적실히 표현한 것이라 볼 수 있겠다.

이어지는 2구에는 소리를 뽑아내는 창자(唱者)의 모습이 나타난다. 창자가 고수(鼓手)의 동편에 마주 서서 소리를 한다고 하였는데, 이는 연희의 현장에서 연희자들의 위치를 정확히 알려 주는 내용이기에, 귀중한 자료적 가치를 지닌다. 시의 내용대로 본다면, 무대는 객석보다 높은 곳에 위치한 것으로 보이며, 정자에서 비추는 횃불은 오늘날의 조명과 비슷한 역할을 수행하였던 것으로 추측된다.

3구는 연희자가 무대 아래에서 관객들과 함께 어울려야 한다는 의미인데, 그 이유는 이어지는 4구에 제시되어 있다. 사실 전통 연희의 무대는 청중이 모여 있을 정도의 공간이면 족하며, 그 자체가 바로 청중의 자리이기도 하다. 따라서 청

7 구사회, 「새로 나온 송만재의 〈관우희(觀優戲)〉와 한시 작품들」, 『열상고전연구』 36, 열상고전연구회, 2012, pp. 147-148.

중은 무대와 객석을 초월하여 참여자로서 기능하게 되는데, 작자인 송만재 역시 관객의 중요성을 역설했던 것이다. 종합해 보면, 제2수는 연극의 3대 요소인 무대·배우·관객의 중요성을 잘 표현한 시라고 할 수 있겠다.

(2)는 〈관우희〉 제17수로, 판소리 〈옹고집타령〉에 대한 이야기이다. 1구는 도승이 옹고집을 경계하기 위해 짚으로 허인(虛人)을 만들어, 진옹(眞雍)과 허옹(虛雍)이 다투는 장면이다. 2구는 이런 허무맹랑한 이야기가 민간에 전해 내려온다는 사실을 직설적으로 표현한 것으로, 작자가 유자(儒者)의 입장에서 〈옹고집타령〉을 이해하고 있음을 단적으로 드러낸 부분이다. 그리고 3구의 단록(丹籙)은 붉은 부적을 뜻하며, 금불력(金佛力)은 부처님의 힘을 상징한다. 이어지는 4구에서는 부처님만이 진짜와 가짜를 구별할 수 있음을 강조하였다.

여기에서 도승이 준 부적은 매우 중요한 의미를 지니고 있다. 조선 중기 이후 사당패 등 전통 연희자들이 생존의 위기에 내몰렸을 때, 이들을 보호해 준 것이 바로 승려 집단이었기 때문이다. 따라서 부적은 그들의 생계를 유지하는 데 도움이 되었을 뿐만 아니라, 불교의 전파 역할 또한 담당하였고, 자연스럽게 〈옹고집타령〉에서도 그러한 의미를 띠게 되었다. 결국 제17수는 연희자의 입장과 유자의 입장이 동시에 드러난 작품이라 할 수 있으며, 이를 통해 상하의 문학적·사상적 교섭을 확인할 수 있다.

(3)은 〈관우희〉 제20수로, 〈장끼타령〉에 대한 이야기이다. 1구는 암수 꿩의 모습을 묘사한 것이다. 그리고 2구는 장끼와 까투리가 묵정밭을 헤쳐 나가다가 팥알에 미혹되는 내용이다. 이는 〈장끼타령〉에서 '까투리 해몽' 대목에 해당하는데, 남편인 장끼의 경솔함에 대한 경계가 나타나는 부분이다. 이어지는 3구에서 확인할 수 있듯이, 장끼는 제멋대로 행동하다가 결국은 덫에 걸려 죽음을 맞이한다. 4구는 설상(雪上)의 풍경으로, 사건이 일어난 시공간적 배경을 나타낸다. 그런데 (3)에서는 〈장끼타령〉 전체 줄거리 가운데 전반부에 해당하는 내용만 등장한다. 후반부에 나오는 '까투리의 개가(改嫁)' 대목을 생략한 것은, 아마도 작자가 아들의 등과를 기념하기 위한 날에 개가와 관련된 내용을 집어넣는 것이 마땅하지 않다고 여겼기 때문으로 보인다.

한편, (4)에는 19세기에 활동했던 판소리 명창들에 대한 송만재의 관심과 애정이 나타난다. 당시 판소리 명창들은 전라도, 충청도, 경기도 등지에서 상경하여 전국적으로 명성을 떨쳤는데, 제시된 시에서는 주로 전라도 명창들에 대해 언급하고 있다. 1구의 우춘대(禹春大, ?~?)는 18세기 후반~19세기 전반 무렵에 활동한 명창으로, 4구에 등장하는 권삼득(權三得, 1771~1841)이나 모흥갑(牟興甲, ?~?)보다 한 세대 정도 앞선 시기의 인물이다.

2구에는 판소리 명창의 계보에 대한 관심이 직접적으로 나타나는데, 이는 제50수에서 "윗대에도 인재 얻기 어려웠지만 근래에는 더욱 드무니, 여러 사람의 재주와 기술은 이미 전부 그릇되었네.[上世才難近愈微 百家工藝已全非]"라고 한 내용과도 연관이 있다. 즉, 송만재는 판소리 명창을 포함한 광대의 계보가 제대로 계승되지 못하고 있는 현실에 대해 안타까운 심정을 지니고 있었던 것이다. 따라서 (4)의 3~4구는 우춘대를 이은 권삼득과 모흥갑이 어려서부터 실력을 갈고닦아 한 곡조 소리의 값이 천 단 비단과 같을 수 있었던 것처럼, 권삼득과 모흥갑의 뒤를 잇고자 하는 이들 역시 지속적으로 자신의 실력을 연마해야 한다는 사실을 강조한 것이라 하겠다.

이상의 내용을 통해 판소리 등 전통 연희가 민중과 호흡을 같이하면서 한편으로는 상층에도 파급되었음을 확인할 수 있었다. 실제로 〈관우희〉에 나타나는 온갖 놀이에 대한 묘사는, 작자인 송만재 역시 이러한 연희를 익숙하게 접하고 있었음을 짐작게 한다. 또한 〈관우희〉가 연희 현장에서 직접 목도한 내용을 묘사한 것이 아니라, 평소 접해 왔던 전통 연희의 현장을 상상하면서 창작한 결과물이라는 점도 주목할 필요가 있다. 이를 통해 연희에 대한 당대 지식인의 해박한 지식을 가늠해 볼 수 있기 때문이다.

이처럼 〈관우희〉는 상층 문화와 하층 문화, 창우(倡優)들의 연희와 문인들의 취향 등 다양한 문화권의 교섭(交涉) 흔적이 역력히 드러나는 작품이다. 이는 조선 후기에 접어들면서 전통 연희의 향유층 확산, 연희 감상 공간의 다양화, 전통 연희자의 양적 증가, 가집의 출판 등이 이루어졌기에 가능한 것이었다. 그리고 이러한 현상들로 인해 아문화(雅文化)와 속문화(俗文化)의 견고한 위계질서가 점차 약화되면서, 다양한 연희시가 창작될 수 있었다. 결국 〈관우희〉는 조선 후기의 시대상을 대변하는 주요 작품으로서, 그 문학적 의의를 지닌다고 할 수 있겠다.

〈생각해 보기〉

(1) 〈관우희〉가 창작된 조선 후기의 시대적 상황을 고려하면서, 상층 문화와 하층 문화의 교섭 양상에 대해 구체적인 사례를 들어 이야기해 보자.

(2) 〈관우희〉는 영산, 타령, 요령, 긍희, 장기 등의 항목으로 이루어져 있다. 각각의 항목이 어떠한 연희를 의미하는지 살펴보고, 그것을 서양의 연희 및 오늘날의 놀이와 비교해 보자.

(3) 송만재는 광대의 계보가 제대로 이어지지 않는 당대의 현실을 안타까워하였다. 오늘날에도 수많은 무형 유산이 전승자의 부족 등으로 인해 소멸될 위기에 처해 있다. 우리의 전통문화가 올바른 방향으로 전승되기 위해서는 어떠한 것들이 필요할지 함께 고민해 보자.

참고문헌

· 구사회, 「새로 나온 송만재의 〈관우희(觀優戲)〉와 한시 작품들」, 『열상고전연구』 36, 열상고전연구회, 2012.
· 구사회, 「조선후기의 연희시와 전승 계보 -19세기 소론계 문인을 중심으로-」, 『판소리연구』 36, 판소리학회, 2013.
· 박애경, 「송만재의 〈관우희〉를 통해 본 19세기 시정문화의 한 국면」, 『열상고전연구』 37, 열상고전연구회, 2013.
· 윤광봉, 「宋晩載의 〈觀優戲〉 證譯 -短歌와 판소리를 중심으로-」, 『논문집』 17, 제주대학교, 1984.
· 윤광봉, 「宋晩載의 生涯와 文學觀에 대한 考察」, 『논문집』 22-2, 제주대학교, 1985.
· 윤주필, 「연희시가의 전통에서 본 〈관우희〉」, 『열상고전연구』 37, 열상고전연구회, 2013.
· 정우락, 「19세기 판소리의 시적 수용과 그 영향력의 중심이동」, 『東方漢文學』 14, 동방한문학회, 1998.

황명환

57

박인로의 오륜가
五倫歌

1. 창작 배경

16~17세기의 조선은 사회적·정치적 혼란이 지속되던 시기였다. 당시 내적으로는 사화(士禍)가 일어나고 민란이 발생하였으며, 외적으로는 국경 일대를 중심으로 여진과 일본의 침입이 더욱 심해져 임진왜란(壬辰倭亂), 병자호란(丙子胡亂) 등이 일어났다. 국내외의 상황이 이렇다 보니, 자연스럽게 사회 질서를 안정시키기 위한 노력이 요청되었다. 문란해진 사회를 바로잡기 위해 성리학적 관념과 실천의 규범들이 제시된 것이 그것이다. 박인로(朴仁老, 1561~1642)는 이러한 혼란한 시대를 경험하며, 무인이자 성리학자로서 학문과 문학을 해 나간 대표적인 인물이라 할 수 있다.

박인로는 자가 덕옹(德翁), 호가 노계(蘆溪) 또는 무하옹(無何翁)이며, 본관은 밀양(密陽)이다. 1592년에 임진왜란이 일어나자 의병으로 참여해 많은 공을 세웠으며, 1599년에 무과에 급제하여 여러 관직에 나아갔다. 관직에서 물러난 이후에는 고향인 영천으로 돌아와 성리학을 공부하며, 당대 명유(名儒)인 한강(寒岡) 정구(鄭逑), 여헌(旅軒) 장현광(張顯光) 등과 교유하였다. 박인로는 무인과 문인의 삶을 병행하며 종신토록 다양한 문학 활동을 통해 자신의 사상과 정서를 표현하였는데, 여기서 다루는 〈오륜가〉는 그의 사상적 특징을 잘 보여 주는 대표적인 작품이다.

2. 원문 읽기

아비는 나ᄋᆞ시고 어미는 치옵시니[1]
호천망극(昊天罔極)[2]이라 갑흘 길이 어려우니
대순(大舜)의 종신성효(終身誠孝)[3]도 못다 한가 ᄒᆞ노라

인생(人生) 백세중(百歲中)에 질병(疾病)이 다 이시니
부모(父母)를 섬기다 몃 ᄒᆡ를 섬길넌고
아마도 못다 ᄒᆞᆯ 성효(誠孝)를 일즉 벼퍼 보렷로라

부모(父母) 섬기기를 지성(至誠)으로 섬기리라
계명(鷄鳴)에 관수(盥漱)ᄒᆞ고[4] 욱한(燠寒)을 뭇ᄌᆞ오며[5]
날마다 시측봉양(侍側奉養)[6]을 몰신불쇠(沒身不衰)[7] ᄒᆞ오리라

세상(世上) 사ᄅᆞᆷ들아 부모은덕(父母恩德) 아ᄂᆞ산다
부모(父母) 곳 아니면 이 몸이 이실소냐
생사장제(生死葬祭)예 예(禮)로뻐 종시(終始)갓게 섬겨서라

삼천(三千) 죄악중(罪惡中)에 불효(不孝)애 더니 업다[8]
부자(夫子)의 이 말솜 만고(萬古)애 대법(大法) 삼아

---

1 치옵시니: '길러 자라게 하시니'라는 뜻으로, '치다'는 '육성(育成)하다'의 옛말이다.
2 호천망극(昊天罔極): 하늘이 넓고 끝이 없다는 뜻으로, 부모의 은혜가 한없이 크다는 것을 의미한다.
3 종신성효(終身誠孝): 부모가 돌아가실 때 옆에서 모시는 효성을 의미한다.
4 계명(鷄鳴)에 관수(盥漱)ᄒᆞ고: '계명'은 닭의 울음소리로, 닭이 일어나 우는 새벽 시간을 의미한다. '관수'는 양치질하고 세수한다는 것으로, 새벽에 일어나 몸을 단장하는 것을 의미한다.
5 욱한(燠寒)을 뭇ᄌᆞ오며: '욱한'은 덥고 추움을 뜻하며, 날씨가 덥고 추움에 따라 부모님이 입으실 옷을 여쭌다는 것이다.
6 시측봉양(侍側奉養): 웃어른을 곁에서 받들어 모신다는 뜻이다.
7 몰신불쇠(沒身不衰): 죽을 때까지 쇠(衰)하지 않는다는 것으로, 여기서는 부모님을 곁에서 받들어 모시는 것을 죽을 때까지 게을리하지 않겠다는 의미이다.
8 더니 업다: 더한 것이 없다.

아모려 하우불이(下愚不移)[9]도 밋처 알게 ᄒᆞ렷로라

- 부자유친(父子有親)

성은(聖恩)이 망극(罔極)ᄒᆞᆫ 줄 사ᄅᆞᆷ들아 아ᄂᆞᄉᆞᆫ다
성은(聖恩) 곳 안니면 만민(萬民)이 살로소냐
이 몸은 망극(罔極)ᄒᆞᆫ 성은(聖恩)을 갑고 말려 ᄒᆞ노라

직설(稷契)[10]도 안닌 몸애 성은(聖恩)도 망극(罔極)ᄒᆞᆯ샤
백(百) 번을 죽어도 갑흘 닐이 업것마ᄂᆞᆫ
궁달(窮達)[11]이 길이 달나 못 뫼압고 설웟로라[12]

사ᄅᆞᆷ 삼기실 제 군부(君父)갓게 삼겨시니
군부(君父)ㅣ 일치(一致)라 경중(輕重)을 두로소냐
이 몸은 충효(忠孝) 두 사이에 늘글 주를 모ᄅᆞ보라

심산(深山)의 밤이 드니 북풍(北風)이 더욱 차다
옥루고처(玉樓高處)[13]에도 이 ᄇᆞᄅᆞᆷ 부ᄂᆞᆫ게오
긴 밤의 치우신가 북두(北斗) 비겨 바ᄅᆡ로라[14]

이 몸이 죽은 후(後)에 충성(忠誠)이 넉시 되야

9 하우불이(下愚不移): 아주 어리석고 못난 사람은 변화할 수 없다는 뜻이다.
10 직설(稷契): 순(舜)임금을 섬긴 명신인 후직(后稷)과 설(契)을 합칭한 말이다. 후직은 농업을 담당하였으며, 설은 사도(司徒)로서 교육을 담당하였다.
11 궁달(窮達): 빈궁함과 영달함이다.
12 못 뫼압고 설웟로라: '못 모시고 서러워하노라'라는 뜻이다.
13 옥루고처(玉樓高處): '옥루'는 옥으로 꾸민 화려한 누각이며, '고처'는 높은 곳을 뜻한다. 여기서 화려한 누각과 높은 곳은 임금이 계신 곳을 가리킨다.
14 북두(北斗) 비겨 바ᄅᆡ로라: '북두'는 북두성을 가리키고, '비겨'는 의지하다는 뜻이며, '바ᄅᆡ로라'는 바라다 본다는 뜻이다. 여기서 북두는 임금이 계신 곳을 의미한다.

놉히놉히 ᄂᆞ라올라 창합(閶闔)[15]을 블너 열고
상제(上帝)긔 우리 성주(聖主)를 수만세(壽萬歲)케 비로리라

- 군신유의(君臣有義)

천지간(天地間) 만물중(萬物中)에 사ᄅᆞᆷ이 최귀(最貴)ᄒᆞ니
최귀(最貴)ᄒᆞᆫ 바ᄂᆞᆫ 오륜(五倫)이 아니온가
사ᄅᆞᆷ이 오륜(五倫)을 모ᄅᆞ면 불원금수(不遠禽獸)[16] ᄒᆞ리라

행자병이심(幸茲秉彝心)이 고금(古今) 업시 다 이실ᄉᆡ[17]
원집구문(爰輯舊聞)[18]ᄒᆞ야 이삼편(二三篇) 지어시니
차재(嗟哉) 후생(後生)들아 살펴보고 힘서 ᄒᆞ라

자세(仔細)히 살펴보면 뉘 아니 감격(感激)ᄒᆞ리
문자(文字)ᄂᆞᆫ 졸(拙)ᄒᆞ되 성경(誠敬)을 삭여시니
진실로 숙독상미(熟讀詳味)[19]ᄒᆞ면 불무일조(不無一助)[20] ᄒᆞ리라

- 총론(總論)

출전: 서울대학교 규장각한국학연구원 소장본 『노계집』

3. 작품 감상

훈민시조는 오륜과 관련된 구체적인 실천 윤리를 주된 내용으로 하는 시조 작품을 말한다. 훈민시조는 성리학적 소양을 갖춘 사림들이 향촌 사회를 지배하

15 창합(閶闔): 궁궐의 정문이다.
16 불원금수(不遠禽獸): 금수와 거리가 멀지 않다는 뜻으로, 금수 즉 짐승과 다를 바가 없음을 의미한다.
17 행자병이심(幸茲秉彝心)이……이실시: '행자병이심'은 '다행히도 떳떳한 도리를 지키는 마음'이라는 뜻으로, 사람이 떳떳한 도리를 지키는 마음이 옛날이나 지금이나 모두 있음을 의미한다.
18 원집구문(爰輯舊聞): 옛날에 들은 바를 끌어모으다는 뜻이다.
19 숙독상미(熟讀詳味): 익숙하도록 읽어서 자세히 맛본다는 뜻이다.
20 불무일조(不無一助): 조금이라도 도움됨이 없지 않을 것이라는 의미이다.

고, 또 자신들의 이익을 안정적으로 보장받기 위해 향촌 주민들의 교화를 중시하는 분위기 속에서 많이 창작되었다. 이러한 작품들은 인간관계에서 마땅히 지켜야 할 다섯 가지 도리인 '오륜'에서부터 일상적인 문제에 이르기까지 향촌 사회의 기본적인 윤리를 구체적으로 다루는 것이 특징이다. 박인로의 〈오륜가〉 역시 이러한 배경 속에서 창작되었다.

『노계집』 〈행장〉에 따르면, 박인로는 '사람의 착한 마음을 감발하게 하는 데는 노래가 으뜸'이라며, 군신, 부자, 부부, 형제, 붕우 등 다섯 조목편의 시를 짓고 『시경(詩經)』을 모방하여 이름을 정풍(正風)이라 하였다고 한다.[21] 이로 볼 때, 〈오륜가〉는 유교 윤리를 노래로 전달하여 청자를 감동시키고자 하는 의도에서 지어진 작품임을 추측해 볼 수 있다.

다만, 여기서 청자는 단순히 일반 백성만을 가리키는 것이 아니라, 향촌 주민과 사족(士族)들까지 포함한 것으로 이해된다. 이는 이전 시기에 주세붕, 정철 등이 지은 훈민시조 작품과 비교했을 때, 분명히 확인할 수 있다. 예컨대, 작품의 표현적 측면에서 박인로의 〈오륜가〉는 한문 어구와 전고(典故)를 빈번히 노출시키고 있다는 점에서 단순히 일반 백성만을 위한 노래라고 보기 어렵다. 이와 달리, 주세붕이나 정철의 작품의 경우, 중앙에서 파견된 관리의 입장에서 청자인 일반 백성을 배려하여 한문 어구를 거의 찾아볼 수 없다. 이 외에 〈오륜가〉는 『청구영언(靑丘永言)』 등의 가집에 전하지 않고 개인 문집에만 전하고 있다는 점에서도, 향유 범위를 일반 백성으로 국한하기는 어렵다.

한편, 〈오륜가〉는 박인로가 관직에서 물러난 이후 말년에 지은 작품으로, 부자유친(父子有親) 5수, 군신유의(君臣有義) 5수, 부부유별(夫婦有別) 5수, 형제유애(兄弟有愛) 5수, 붕우유신(朋友有信) 2수, 총론(總論) 3수로, 총 25수로 구성되어 있다. 여기에서는 부자유친 5수와 군신유의 5수, 총론 3수를 중심으로 살펴본다.

먼저 부자유친에 관한 내용이다. 부자유친은 부모와 자식 간의 윤리를 다룬 것이다. 제1수는 부모가 베풀어 주신 은혜에 보답하기 어렵다며, 그 예로 순임금

21 "嘗曰 詩言志 歌永言 而感發人之善心 歌爲最 二南亦歌也 遂敍君臣父子夫婦兄弟朋友五目凡百餘篇 以倣周詩 名曰正風" 『노계집』 권2, 〈행장〉.

이 종신토록 효도한 전고를 제시하였다. 이어진 제2~4수에서 부모의 은혜에 보답하는 방법을 구체적으로 제시하였다. 제2수에서는 부모를 섬길 수 있는 날이 한정되어 있으므로, 효성을 일찍 베풀겠다는 의지를 밝혔다. 특히, 마지막의 '-로라'와 같이 단정적 표현을 통해 자신의 의지를 강하게 드러냈다. 제3수는 날마다 부모를 섬기는 행위를 제시하였는데, 이른 아침에 일어나 몸단장을 하고 부모님의 안위를 묻는 것이 그것이다. 이 행위를 죽을 때까지 날마다 하겠다는 의지를 '-ᄒᆞ오리라'라는 표현을 통해 잘 드러내고 있다. 제4수는 부모가 아니면 내가 존재할 수 없지 않겠냐는 설의적 표현을 통해, 부모의 생전과 사후에 예(禮)로써 잘 모셔야 한다는 당위를 제시하였다. 여기에서는 마땅히 이렇게 해야 한다는 '-하라'라는 명령형 표현을 통해 효성을 강조하였다. 그리고 제5수에서는 부자(夫子: 공자)의 말씀에 근거하여, 청자에게 앞서 제2~4수에 제시한 마음가짐, 행위를 실천해야 한다는 당위를 설명하였다. 아무리 못난 사람일지라도 이 당위를 가르쳐 효를 실천하도록 하겠다는 굳은 의지가 잘 나타난다. 이처럼 부자유친의 항목은 자식으로서 부모에게 효도해야 함을 관념적으로 표현하는 것이 아니라, 그 당위성을 다양한 방법으로 제시하고 있다.

군신유의는 임금과 신하 간에는 의리가 있어야 함을 다룬 것이다. 제1수는 망극한 성은을 갚겠다는 의지를 보여 줌으로써, 앞으로의 내용에서 성은을 어떻게 갚을 것인지 구체적인 마음가짐과 행위를 제시할 것임을 암시했다. 제2수에서는 출세하지 못하여 임금을 모시지 못하는 서러운 마음을 표현하였다. 이어서 제3수에서는 임금과 어버이를 섬기는 것에 경중(輕重)이 없다며, 효를 행하는 것처럼 충을 행하겠다는 의지를 밝혔다. 특히 자신이 충과 효 사이에 늙는 줄을 모른다는 구절을 통해, 이 두 가지 윤리를 나란히 행하려는 마음가짐을 보여 주었다. 그리고 제4수에서는 '옥루고처', '북두'라는 어휘를 통해 임금을 그리워하는 마음을 드러내 성은을 갚으려 노력하였다. 깊은 산 밤중에 차가운 북풍이 불자, '옥루고처(玉樓高處)에도 이 ᄇᆞ롬 부ᄂᆞᆫ게오'라는 설의적인 표현을 통해 임금을 걱정하고, 그 걱정하는 마음을 바탕으로 임금이 계신 곳을 북두성에 비겨 바라보는 것은, 성은에 보답하고자 하는 마음을 표현한 것이다. 그리고 제5수에서는 죽은 후에도 충성하겠다는 의지를 표현하였다. 죽은 뒤 하늘로 가서 상제(上帝)에게 임금의 장수를 기도하고자 하는 태도는 생전이나 사후에 모두 망극한 성은에 보답하려는 것으로 이해할 수 있다. 이처럼 〈오륜가〉 내 군신유의의 항목은 신하로서 임금을 그리워하고 사랑하는 마음을 잘 표현하였다.

한편, 훈민시조는 부자, 군신, 부부, 형제, 장유 혹은 붕우 간에 지켜야 할 윤리를 제시하는 데 그치기도 하지만, 〈오륜가〉처럼 총론이 포함된 것도 있다. 총론의 제1수는 사람이 만물 중 가장 귀한 존재가 되기 위해 '오륜'을 알 필요가 있다는 것을 강조하였다. 오륜을 알지 못하면 짐승과 다르지 않다는 비유를 통해 이를 강하게 표현하고 있는 점이 눈에 띈다. 제2수에서는 후생들에게 고금에 인간으로서 마땅히 지켜야 할 도리(윤리)가 있었고, 이를 모아 작품으로 지었으니 이것을 잘 살펴보고 행하기를 권하였다. 특히, '-하라'라는 명령형 표현을 통해 청자에게 강하게 권하였다. 제3수 역시 이 〈오륜가〉를 잘 살피면, 즉 '숙독상미' 하여서 잘 알게 되면 도움이 되는 바가 있을 것이라며 작품 읽기를 권하였다. 즉, 〈오륜가〉의 총론은 사람을 귀하게 만드는 '오륜'을 제대로 알고 행해야 하는 당위성을 제시하는 내용으로, 작품 전체의 서장 역할을 하는 것임을 알 수 있다.

이처럼 박인로의 〈오륜가〉는 이전 시기의 일반 백성을 교화하는 훈민으로서의 성격 외에도, 스스로 인간이 지켜야 할 도리를 지키겠다는 의지를 표명하고, 또 후생과 사족들에게 권함으로써 사족의 결속과 단합을 이루려는 태도를 보여주었다는 점에서, 전란 이후 재지사족의 의식 일단을 보여 주는 중요한 작품이라고 할 수 있을 것이다.

〈생각해 보기〉

(1) 박인로의 〈오륜가〉는 이전 시기 훈민시조들과 변별되는 지점이 나타나는데, 작품의 내용이나 표현, 교화 대상의 범위 등에서 이를 확인할 수 있다. 이를 앞서 다루었던 정철의 〈훈민가〉와 비교했을 때, 구체적으로 어떤 공통점과 차이점이 나타나는지 이야기해 보자.

(2) 박인로의 〈오륜가〉처럼 개인이 사회나 국가를 위해 만든 노래도 있지만, 국가가 주도적으로 사회를 위해 만든 노래도 있다. 경기체가 양식의 〈오륜가〉가 그것이다. 경기체가 양식 〈오륜가〉는

예조(禮曹)라는 국가 기관에 의해 악장으로 입악되었다. 이렇게 작품의 주체가 다른 만큼 두 작품은 향유층도 다르다. 이와 관련하여 경기체가 양식의 〈오륜가〉를 찾아 읽어 보고 작품의 주체와 향유층, 그리고 이러한 작품이 지닌 의미를 밝혀 보자. 또, 이를 통해 장르에 따른 소통의 차이에 대해 자유롭게 이야기해 보자.

(3) 박인로는 〈행장〉의 내용을 통해서도 알 수 있듯이, 노래가 사람들에게 어떤 힘을 주는지 분명히 알았던 인물이다. 〈오륜가〉를 통해 인간으로서의 도리를 스스로 익히고, 권하려고 한 태도는 이를 잘 보여 주는 부분이다. 이러한 박인로의 노래에 대한 태도는 오늘날 우리와 비슷한 면도 있고 다른 면도 있을 것이다. 노래의 효용성에 관하여 자신이 생각하는 바를 자유롭게 이야기해 보자.

참고문헌

· 권오경·최은숙·박지애, 『작가로 읽는 고전시가』, 보고사, 2021.
· 김문기, 『국역 노계집』, 역락, 1999.
· 고영화, 「장르의 매체적 성격과 장르 선택 원리에 대하여」, 『문학교육학』 5, 한국문학교육학회, 2000.
· 양희철, 「노계의 연시조 「오륜가」의 구조 연구」, 『한어문교육』 32, 한국언어문학교육학회, 2015.
· 최현재, 「교훈시조의 전통과 박인로의 〈오륜가〉」, 『한국시가연구』 14, 한국시가학회, 2003.
· 한창훈, 「박인로의 「오륜가」에 드러난 작가의식과 그 사회적 성격」, 『한국시가연구』 2, 한국시가학회, 1997.

신소윤

58

윤선도의 어부사시사
漁父四時詞

1. 창작 배경

〈어부사시사〉는 고산 윤선도(1587~1671)가 창작한 어부사 계열의 연시조이다. 작가인 윤선도가 1651년(효종 2) 보길도에 은거하며 지은 것으로 보이며, 고려 때부터 전해 오던 〈어부가〉를 이현보가 9장으로 재창작하였으며, 이를 시조 형식으로 다시 창작한 작품이 윤선도의 〈어부사시사〉라고 할 수 있다. 농암 이현보의 〈어부사〉와 비교할 때 윤선도의 〈어부사시사〉는 우리말 표현을 중심으로 어부의 생활을 형상화하였다는 점에서 결정적인 차이가 있다.

이 작품의 작자인 윤선도는 조선 시대 공조 좌랑, 사헌부 지평 등의 관직을 역임한 인물로, 자는 약이(約而), 호는 고산(孤山)·해옹(海翁)이다. 성균관 유생 시절 이이첨(1560~1623) 등을 규탄하는 상소를 올렸다가 유배를 갔으며, 이후 몇 차례 관직을 제수받았으나, 오래가지 못하고 사직하거나 파직·유배된 경우가 대부분이었다. 남인의 가문에서 태어나 당시 집권 세력이었던 서인과의 마찰로 인하여 삶의 많은 시간을 유배와 은거로 보냈으며, 이런 가운데 많은 문학 작품을 창작하게 되었다. 이러한 연유로 정철, 박인로와 함께 조선 시대 3대 가인(歌人)으로 불리기도 한다.

〈어부사시사〉는 봄[春], 여름[夏], 가을[秋], 겨울[冬] 각각 10수의 시조로 구성되어 그 분량이 총 40수에 달한다. 연시조 작품들 가운데 가장 방대한 분량의 작품이며, 형식적으로 초장과 중장, 종장 사이에 각각 ‘ᄇᆡ 떠라 ᄇᆡ 떠라’, ‘지국총(至匊悤) 지국총(至匊悤) 어사와(於思臥)’ 같은 여음구가 삽입되어 있다는 점에서 시조의 전형적인 형식에서 벗어난 독특한 작품이라고 할 수 있다. 시대적 상황 속에서 ‘은거’를 택하였던 성리학자가 어떤 방식으로 자연을 바라보았고, 이를 문학적으로 어떻게 형상화하였는지를 잘 보여 주는 특징적인 작품 중 하나라고 할 수 있다.

2. 원문 읽기

압개예 안ᄀᆡ 것고 뒫뫼희 ᄒᆡ 비췬다
ᄇᆡ 떠라 ᄇᆡ 떠라
밤믈은 거의 디고 낟믈이 미러 온다
至匊悤(지국총) 至匊悤(지국총) 於思臥(어사와)
江村(강촌) 온갓 고지 먼 빗치 더옥 됴타

(춘사 1)

날이 덥도다 믈 우희 고기 떳다
닫 드러라 닫 드러라
ᄀᆞᆯ며기 둘식 세식 오락가락 ᄒᆞᄂᆞᆫ고야
至匊悤(지국총) 至匊悤(지국총) 於思臥(어사와)
낫대ᄂᆞᆫ 쥐여 잇다 濁酒甁(탁쥬ㅅ병)[1] 시ᄅᆞᆺᄂᆞ냐

(춘사 2)

東風(동풍)이 건듣 부니 믉결이 고이 닌다
돋 ᄃᆞ라라 돋 ᄃᆞ라라

---

1 濁酒甁(탁쥬ㅅ병): 탁주(濁酒)는 막걸리를 일컬으므로 막걸리를 담은 술병을 지칭하는 말이다.

東胡(동호)를 도라보며 西湖(서호)로 가쟈스라
至匊悤(지국총) 至匊悤(지국총) 於思臥(어사와)
압뫼히 디나가고 뒷뫼히 나아온다

(춘사 3)

우는 거시 벅구기가 프른 거시 버들숩가
이어라 이어라
漁村(어촌) 두어 집이 닛 속의 나락들락
至匊悤(지국총) 至匊悤(지국총) 於思臥(어사와)
말가한 기픈 소희 온갇 고기 뛰노난다

(춘사 4)

고운 볃티 쬐얀는딕 믉결이 기름긋다
이어라 이어라
그믈을 주어두랴 낙시를 노흘일가
至匊悤(지국총) 至匊悤(지국총) 於思臥(어사와)
濯纓歌(탁영가)[2]의 興(흥)이 나니 고기도 니즐로다

(춘사 5)

夕陽(셕양)이 빗겨시니 그만하야 도라가쟈
돋 디여라 돋 디여라
岸柳汀化(안류뎡화)[3]는 고비고비 새롭고야
至匊悤(지국총) 至匊悤(지국총) 於思臥(어사와)
三公(삼공)을 불리소냐 萬事(만ᄉ)를 생각ᄒ랴

(춘사 6)

2 濯纓歌(탁영가): 시세(時勢)에 맞추어 나아가고 물러난다는 의미로 활용되며, 초사(楚辭) 〈어부사〉에 강담에서 굴원과 어부가 나눈 대화 중 어부가 부른 노래(창랑의 물이 맑으면 나의 갓끈을 씻고, 창랑의 물이 흐리면 나의 발을 씻으면 되네.[滄浪之水淸兮 可以濯吾纓 滄浪之水濁兮 可以濯吾足])를 말하기도 한다.

3 岸柳汀化(안류뎡화): 해안 언덕의 버드나무[岸柳]와 물가에 핀 꽃[汀花]을 의미한다.

防草(방초)를 불와보며 蘭芷(난지)[4]도 뜨더보쟈
빈 셰여라 빈 셰여라
一葉片舟(일엽편쥬)[5]에 시른 거시 므스것고
至匊悤(지국총) 至匊悤(지국총) 於思臥(어사와)
갈 제는 닋뿐이오 올 제는 둘이로다

(춘사 7)

醉(취)하야 누얻다가 여흘 아래 ᄂ리려다
빈 믹여라 빈 믹여라
落紅(락홍)[6]이 흘러오니 桃源(도원)[7]이 갓갑도다
至匊悤(지국총) 至匊悤(지국총) 於思臥(어사와)
人世紅塵(인세홍딘)[8]이 언메나 ᄀ렷ᄂ니

(춘사 8)

낙시줄 거더 노코 蓬窓(봉창)[9]의 둘을 보쟈
닫 디여라 닫 디여라
ᄒ마 밤들거냐 子規(ᄌ규)[10]소릐 몱게 난다
至匊悤(지국총) 至匊悤(지국총) 於思臥(어사와)
나믄 興(흥)이 無窮(무궁)ᄒ니 갈 길흘 니젓땃다

(춘사 9)

---

4 蘭芷(난지): 난초와 영지(靈芝)를 의미하며, 아름다운 풀이라는 의미로 활용된다. 때에 따라 현인과 미인을 비유적으로 이르는 말로 활용되기도 한다.

5 一葉片舟(일엽편쥬): 한 척의 조그마한 배를 의미한다.

6 落紅(락홍): 떨어지는 꽃, 혹은 꽃이 떨어짐을 의미한다.

7 桃源(도원): 이상향을 비유적으로 이르는 말이다. 도연명의 〈도화원기〉에 나오는 말로, 진나라 때 한 어부가 배를 타고 복숭아꽃이 핀 곳으로 거슬러 올라가 굴속으로 들어가 그곳에서 진나라의 폭정을 피해 온 사람들을 만났는데, 그곳이 너무 살기 좋아 세월이 지난 줄을 몰랐다고 기록한 데서 비롯된 말이다.

8 人世紅塵(인세홍딘): 인간 세상의 탁함을 비유적으로 일컫는 말이다. 주로 산수(山水), 자연(自然)과 대비되는 말로 쓰인다.

9 蓬窓(봉창): 창문의 일종으로 채광과 통풍을 위해 벽을 뚫어 구멍을 내고, 별다른 틀 없이 종이를 발라 만든 창을 의미한다.

10 子規(ᄌ규): 두견과의 새를 지칭하는 말이다. 우리말로는 접동새라고도 한다. 국어사전에는 소쩍새라고도 되어 있는데, 소쩍새와는 다른 종이라고 할 수 있다.

來日(ᄅᆡ일)이 또 업스랴 봄밤이 몃덛새리
ᄇᆡ 브텨라 ᄇᆡ 브텨라
낫대로 막대 삼고 柴扉(싀비)[11]ᄅᆞᆯ ᄎᆞ자보쟈
至匊悤(지국총) 至匊悤(지국총) 於思臥(어사와)
漁父生涯(어부생애)ᄂᆞᆫ 이렁구러 디낼로다

(춘사 10)
출전:『고산유고(孤山遺稿)』

3. 작품 감상

〈어부사시사〉는 작품의 발문(跋文)이 문집에 함께 수록되어 있기 때문에 윤선도가 이 작품을 창작하게 된 경위를 비교적 명확하게 알 수 있다. 발문에 따르면, 윤선도는 이현보의 〈어부사〉가 음향이 상응하지 않고, 옛 시구를 모았기 때문에 뜻이 잘 갖추어지지 않았다는 문제점을 지적하며, 〈어부사〉의 뜻을 넓히고, 우리말로써 〈어부사〉를 지었다는 점을 분명하게 기술하고 있다. 즉, 〈어부사시사〉는 이현보의 〈어부사〉를 그대로 수용한 것이 아니라, 뜻을 이어 새롭게 창작한 작품이라고 할 수 있다.

이 작품은 각 수마다 삽입되어 있는 여음구를 제외하면 대체로 시조의 형식을 갖추고 있다. 물론, 음수율적 차원에서 시조의 형식이 엄격하게 지켜졌다고 보기는 어려우며, 일반적으로 엄격하게 지키는 종장 첫 구 3음절의 경우도 지켜지지 않은 사례를 더러 발견할 수 있다. 그렇기 때문에 이 작품을 연시조로 볼 것인지, 아니면 가사 갈래나 독립적인 갈래로 볼 것인지에 대한 견해 차이가 있어 왔다. 특히 'ᄇᆡ 떠라 ᄇᆡ 떠라', '지국총(至匊悤) 지국총(至匊悤) 어사와(於思臥)' 같은 여음구가 단순하게 조흥의 기능만을 하는 것이 아니라 시상의 전개에 영향을 미치고 있다는 점에서 이를 임의로 제외하고, 시조의 형식으로 보는 것은 무리가 있다는 것이 시조와는 다른 형식으로 보는 견해의 핵심적인 문제의식이다.

11 柴扉(싀비): 사립짝을 달아서 만든 문을 의미한다.

하지만 이러한 여음구의 존재로 인하여 이 작품을 가사 형식으로 보거나 독립적인 형식으로 보기보다는 연시조의 형식으로 파악하는 것이 조금 더 자연스러울 것이다. 특히, 가사 형식이라고 보기에는 뚜렷하게 분연(分聯)되어 있으며, 독립적인 형식이라고 하기에는 이 작품 이외에 다른 작품들에서 형식적으로 이 작품과 연관성을 가지고 있는 사례를 찾을 수 없기 때문이다. 아울러 이 작품이 『해동가요』나 『병와가곡집』에 수록되어 있다는 점 역시 이 작품을 연시조의 일종이라고 볼 수 있는 중요한 근거가 된다.

그렇다면, 이러한 시조 형식에 '여음구(후렴구)'가 왜 삽입되어 있는지에 대한 이해가 필요해진다. 각 수의 중장과 종장 사이에 삽입되어 있는 '지국총 지국총 어사와'는 '찌그덕 찌그덕 어기여차'와 같이 배를 저어 나갈 때 나는 소리를 형상화한 것으로 보는 것이 일반적이며, 동일한 여음구가 반복적으로 활용되는 형태이기 때문에 시상의 전개에 결정적인 영향을 미친다고 보기는 어렵다. 이 여음구는 이 작품을 연행하는 과정에서의 흥취를 돋우는 기능을 한다고 할 수 있다.

이에 비해 초장과 중장 사이에 삽입되어 있는 'ᄇᆡ 떠라 ᄇᆡ 떠라', '닫 드러라 닫 드러라' 등의 여음구는 앞서 언급한 것과는 달리 시상 전개에 중요한 영향을 미치는 형태이다. 자연 속에서 살아가는 '어부(漁父)'를 전면에 내세운 작품답게 배를 띄워 나가고, 다시 돌아오는 과정을 여음구로 표현하여 각 계열별 10수의 상호 연결성을 강화하고, 이러한 과정에 따라 화자의 시선과 시상이 형상화되고 있다는 점에서 다른 작품들에서 흔히 발견할 수 있는 여음들과는 전혀 다른 형태라고 할 수 있다. 이러한 여음의 의도적 배치 및 표현을 작자가 가진 출처 의식과 연결하여 설명하는 경우도 있다.

〈어부사시사〉에 형상화된 자연은 상당히 다양한 층위로 나타난다. 객관적으로 존재하는 공간 그 자체를 형상화기도 하며, 현실 세계와 대립되는 공간의 의미를 가지기도 한다. 때로는 있는 그대로의 자연, 때로는 자연에 취하여 흥취를 발산하기도 하며, 이상향의 공간으로 인식하기도 한다. 이를 통하여 윤선도는 자연과의 조화와 균형을 추구하였다. 당시 성리학자들이 가졌던 자연에 대한 의식을 계승하고, 여기에 자신만의 경험과 인식을 담아 표현한 것이다.

〈어부사시사〉에는 자연에 은거한 은사의 강호한정과 물외한적 미의식이 구조화되어 있다. 이러한 미의식은 퇴계 이황(1501~1570)의 〈도산십이곡〉으로 대변되는 유학자의 일상생활 표출과 이를 통해 확인할 수 있는 온유돈후의 미의식과는 결이 다르다고 할 수 있다. 이황의 작품에서 확인할 수 있는 자연과 맞닿은 일상생활은 '선(善)'의 지점에 초점이 맞추어져 있으나 윤선도의 〈어부사시사〉를 통하여 확인할 수 있는 자연 가운데에서의 일상생활은 '미(美)'의 지점에 초점이 맞추어져 있다고 할 수 있다. 이러한 작품의 미의식에는 윤선도의 생애와 이를 통해 형성된 가치관이 영향을 미치고 있는 것이다.

〈생각해 보기〉

(1) 〈어부사시사〉를 창작한 윤선도의 생애를 찾아보고, 그의 생애 경험이 〈어부사시사〉의 시상 전개 및 형상화에 어떤 영향을 미쳤는지 알아보자.
(2) 전대 농암 이현보의 〈어부사〉와 〈어부사시사〉를 비교하여 읽어 보고, 〈어부사시사〉가 농암의 〈어부사〉를 어떻게 계승하였고 변화시켰는지 알아보자.
(3) 〈어부사시사〉에 담긴 미의식과 작가 의식을 분석하여, 당시 유학자들이 가졌던 자연관, 출처의식과 어떤 점에서 공통점과 차이점이 있는지 생각해 보자.

참고문헌

· 강산원, 「고산 윤선도의 어부사시사 연구」, 목포대학교 석사학위논문, 2000.
· 김용찬, 「〈어부사시사〉에 나타난 '자연' 인식과 작품 세계」, 『한국시가문화연구』 40, 한국시가문화학회, 2017.
· 김현정, 「〈어부사시사〉의 해석에 대한 교육적 접근」, 『고전문학과 교육』 20, 한국고전문학교육학회, 2010.
· 류해춘, 「〈도산십이곡〉과 〈어부사시사〉, 그 표현의도와 수사학」, 『고시가연구』 27, 한국시가문화학회, 2011.

최형우

59

사설시조 두 편

1. 창작 배경

시조는 이미 조선 전기에 완성되었다고 보는 것이 통설인데, 사대부 문학으로 확고하게 자리를 잡고 형식이나 표현이 한시와 맞설 수 있을 만큼 정비되었으며, 조화로운 세계관을 구현하고 있는 시가 장르이다. 그중에 사설시조는 주로 평시조와 대립되는 관점에서 바라보는 시각이 지배적이다. 사설시조가 평시조와 달리 일정 부분 정제된 율격에서 벗어나 있어 격식이나 형식을 중시하는 양반 계층의 의식이나 태도와는 거리가 있는 점, 현실에 대한 이해도 양반층의 사변적 지향과 달리 세속적 차원을 지향한다는 점, 언어적 표현 역시 영탄(詠嘆)과 경건(敬虔)이 아닌 풍자와 해학에 무게 중심을 두고 있다는 점이 그 근거이다. 그러나 사설시조의 창작 및 향유 계층을 하층의 서민 계급으로 국한해서 볼 수만은 없다.

사설시조를 처음 창작한 계층은 주로 양반 사대부이며 그 시기는 주로 17세기 이전이었다. 18세기에 이르러 상공업이 발전하면서 상품 화폐 경제가 활성화되고 유흥 문화가 번성하면서 다양한 악곡이 발달하게 되었다. 도시 시정 문화의 공급과 수요에 있어서 그 중심 담당층인 중인가객층(中人歌客層)이 형성되면서 이들을 중심으로 새로운 악곡에 사설시조를 얹어 부르는 창법이 다양하게 연행되었고, 그 일부가 가집으로 편찬되면서 사설시조의 전성기를 이루었다고 보는 것이 타당할 것이다.

중인 계층은 하위 계층의 노동력을 통제하면서도 부역과 공물에 대한 부담이 없었고, 한문을 읽고 쓸 줄 알기에 양반과 유사한 입장에 있었다. 하지만 양반 계층과는 달리 토지 소유가 불가능했으며 양반으로부터 통제와 착취를 당하는 처지였다. 중인 계층은 정치적으로는 양반과 서민의 중간 계층으로서, 아래로는 평민을 통제하고 억압하는 동시에 중간자로서 양반과 평민 간의 갈등을 조장하거나 중재하는 역할을 담당하였다.

2. 원문 읽기

(1) 귀도리 져 귀도리 에엿부다[1] 저 귀ᄯᅩ리

어인 귀도리 지ᄂᆞᆫ ᄃᆞᆯ 새ᄂᆞᆫ 밤의 긴 소릐 쟈른 소ᄅᆡ 절절(節節)이 슬픈 소릐 제 혼자 우러 녜어 사창(紗窓)[2] 여윈 ᄌᆞᆷ[3]을 ᄉᆞᆯ드리도[4] ᄭᆡ오ᄂᆞᆫ고야

두어라, 제 비록 미물(微物)[5]이나 무인동방(無人洞房)[6]에 내 ᄠᅳᆺ 알리ᄂᆞᆫ 저 ᄲᅮᆫ인가 ᄒᆞ노라

출전: 진본(珍本)[7] 『청구영언(靑丘永言)』[8] 548번 작품

---

1 에엿부다: '가련하다', '불쌍하다'의 옛말.

2 사창(紗窓): 비단 휘장을 친 창으로, 여인의 방을 일컫는다.

3 여윈 ᄌᆞᆷ: 살풋 든 잠.

4 ᄉᆞᆯ드리도: 알뜰히도, 조금도 남기지 않고.

5 미물(微物): 인간에 비하여 보잘것없는 것이라는 뜻으로, 동물을 일컫는다.

6 무인동방(無人洞房): 임이 없는 여인의 외로운 방.

7 진본(珍本): 지금까지 밝혀진 『청구영언(靑丘永言)』은 총 7종의 이본이 있으며, 원본으로 추정되는 것이 진본(珍本)이다. 여러 종의 『청구영언』 가운데 가장 연대가 오래되고 완비된 체제를 지녔기에 원본으로 추정된다. 오장환의 소장본을 1948년에 진서간행회(珍書刊行會)에서 활자로 출간하였으므로 진본이라고 칭한다.

8 『청구영언(靑丘永言)』: 『해동가요』·『가곡원류』와 함께 3대 시조집의 하나이다. '청구'는 본래 우리나라를 뜻하는 말이고, '영언'은 노래를 뜻하는 말이다. 가객 김천택(金天澤)이 영조 4년(1728)에 편찬한 책으로, 580수의 작품이 실려 있다. 본내용을 중심으로 앞에는 정윤경(鄭潤卿)의 서문이, 뒤에는 김천택 자신의 자서와 마악노초(磨嶽老樵, 이정섭)의 발문이 실려 있고, 본편은 13항으로 나누어져 있다.

(2) 나모도 바히 돌도 업슨 뫼헤 매게 뽀친[9] 가토릐[10] 안[11]과

대천(大川) 바다 한가온대 일천석(一千石) 시른 ᄇᆡ에 노도 일코 닷도 일코 뇽총[12]도 근코[13] 돗대도 것고[14] 치[15]도 빠지고 ᄇᆞᄅᆞᆷ 부러 물결 치고 안개 뒤섯계 ᄌᆞ자진[16] 날에 갈 길은 천리말리(千里萬里) 나믄듸 사면(四面)이 거머 어득 져뭇[17] 천지적막(天地寂寞) 가치노을[18] 쎳눈듸 수적(水賊) 만난 도사공(都沙工)[19]의 안과

엇그제 님 여흰 내 안히야 엇다가 ᄀᆞ을ᄒᆞ리오[20]

출전: 진본(珍本) 『청구영언(靑丘永言)』 572번 작품

3. 작품 감상

사설시조는 18세기 초반에 편찬된 가곡집인 『청구영언(靑丘永言)』(1728)에 '만횡청류(蔓橫淸流)' 표제 아래 처음으로 나타난다. 『(진본) 청구영언』의 '만횡청류'에는 모두 116수의 사설시조가 실려 있다. 그중에서 기다림을 주제로 한 노래는 23수 정도이다. 사설시조의 특징으로 서민적 미의식, 탈중세적 근대성 등을 꼽을 수 있는데, 이는 진솔하면서도 반복적이고 점층적인 표현법을 사용하여 대담한 성적 욕망을 표출하는 등 이전 시가(詩歌)에서 흔하지 않던 주제를 다루며, 다양한 표현법을 사용하고 있다는 점에서 주목되어 왔다.

형식적인 면에서 사설시조는 평시조의 엄격한 형식적 틀(3장으로 시상을 완결하고, 각 장은 4개의 마디로 구성되며, 종장의 첫마디는 3음절로 쓴다는 점)을 유지하면서도

9 뽀친: (매에게) 쫓긴.
10 가토릐: 까투리, 즉 꿩의 암컷.
11 안: 마음.
12 뇽총: 용총줄, 즉 돛을 오르내리기 위해 돛대에 매단 줄.
13 근코: 끊어지고.
14 것고: 꺾어지고.
15 치: 키, 배의 방향타.
16 ᄌᆞ자진: 자욱한.
17 져뭇: 저물어.
18 가치노을: 사나운 파도의 번득이는 기운을 뜻하는데 이 기운을 보면 반드시 풍랑이 인다고 한다.
19 도사공(都沙工): 사공의 우두머리, 선장.
20 ᄀᆞ을ᄒᆞ리오: 비교하겠는가.

중·종장의 음보수(音步數)를 일탈하여 2음보 격의 연속으로 확장해 나가고 있다는 서술적인 특징을 지닌다. 평시조의 율격 양식인 4음보 격이 창출하는 율동이 정적이고 차분하다면, 사설시조의 2음보 격 연속체는 호흡이 짧고 경쾌하여 직정적(直情的)인 표출 성향이 강하다고 하겠다.

(1)번 사설시조는 오지 않는 임을 밤새 기다리는 화자의 쓸쓸하고 외로운 감정을 '귀뚜라미'를 통해 드러내고 있는 작품이다. 긴 가을밤을 배경으로 임과 이별한 여인이 상사(相思)의 외로움을 귀뚜라미에 감정 이입하여 노래하고 있는데, 화자는 귀뚜라미 소리에 잠 못 이루면서도 이 소리를 자신의 애절한 심정과 동일시하고 있다. 귀뚜라미 울음소리가 화자의 얕은 잠을 깨워서 얄밉지만 그래도 독수공방하는 화자 자신의 외로운 심정을 아는 존재는 귀뚜라미뿐이라고 하면서 동병상련(同病相憐)의 정을 드러내고 있다.

이 작품의 초장에서는 '귀도리'가 세 번 반복되어 나타나는데 이는 민요에서 흔히 발견되는 기법으로, 구비문학적 특성을 지니면서 동시에 반복이나 확장을 통해서 과장하려는 사설시조의 특징[21]을 엿볼 수 있다. 중장에서는 귀뚜라미의 행태 묘사가 시간적(지는 돌/새는 밤)으로 또한 청각적(긴 소릐/쟈른 소릐/슬픈 소릐)으로 자세하고 집중적으로 나타나 있다. 그러나 이렇게 점층적이고 반복적으로 제시되는 율격의 흐름 때문에 청자는 시적 화자의 괴로운 마음에 공감하며 빠져들기보다는 오히려 한 발짝 떨어져, 반복되고 확장적으로 표현된 어구의 율격에서 재미를 느끼게 된다. 따라서 사설시조에 나타난 표현법들이 주제 구현을 위해 통일성 있게 나타난다고 보기 어려운 측면이 있다.

(2)번 사설시조는 임과 이별한 상황에서 화자가 느끼는 감정을 특정한 상황 혹은 특정 대상에 빗대어 드러내고 있다. 사랑하는 임을 여읜 후, 안타깝고 절망적인 심정을 감출 길 없는 것을 매에게 쫓기고 있는 까투리와, 풍랑을 만나 파선 직전의 사면초가에 빠진 도사공의 마음과 비교하여, 화자의 마음이 그 마음보다 더하다는 것으로 절망감을 표현하고 있다.

---

21 윤덕진·손종흠 공저, 『고전시가강독』, 한국방송통신대학교출판부, 2012, p. 236.

이러한 표현법은 정형적 율격을 따랐던 전기 사대부의 시조와는 많은 차이가 드러나는 부분으로, 구체적 상황이나 대상을 나열하는 기법이 주로 사용되는 것이 특징적이다. (2)번 사설시조의 중장에서, 도사공이 처한 상황을 중첩으로 나열하고 있는데, 노도 잃고 닻도 잃어 오도 가도 못하는 상황에서, 바람이 불어도 앞으로 나아갈 수단인 용총이며 돛대며 키 등을 사용할 수 없는 상황이 연달아 제시되고 있어, 율격적 질서가 다급해지는 만큼 도사공이 처한 상황이 점점 심각해지는 것을 드러내고 있다. 이런 중장의 급박한 율격적 호흡이 종장에 들어서는 '엊그제 임 여읜 내 마음과 어떻게 비교하겠는가'라고 하여 늘어지듯 제시되고 있어 서로 대조적인 정서의 충돌을 느낄 수 있다.

또한 내용에서도 까투리와 도사공이 처한 위급한 상황과 화자의 처지를 비교하면서, 화자의 심정이 그것보다 더 심각하다고 말함으로써, 과장을 통한 강조의 효과를 얻어 내고 있다. 이러한 시적 상황의 대비는 앞서 살펴본 호흡의 급박한 변화와 긴밀하게 대응하면서 시적 화자의 감정을 입체적으로 전달하는 데 기여한다. 이 외에도 임과의 이별에서 느끼는 슬픔이라는 '관습적인 주제'를 표현하면서 사용하는 소재는 오히려 관습적이지 않고, 현실적인 삶의 모습을 담아내고 있다는 점에서 삶의 구체성을 드러내는 동시에 신선한 미감을 전달한다.

(2)번 사실시조에서도 초·중장의 절박함이나 위기감이 증폭되는 정서와는 달리 종장에서 나타나는 이별의 정서가 서로 이질적인 면이 있기에, 작품의 표현 요소들이 주제 구현을 위해 통일성 있게 조직화되어 있다고 보기 어려운 측면이 있다. 오히려 중장에서 집중적으로 도사공의 절망적인 상황을 표현하기 위해 사용한 군말에 가까운 열거와 대구 사용, 그리고 과장을 통해 재미있는 표현을 추구하는 것에 시적 초점이 맞추어져 있다.[22]

사설시조 (1)과 (2)를 통해서 살펴볼 수 있듯이 어떤 특정한 주제의식이 미약한 작품들이 창작되는 원리는 대체로 시적 화자의 체험을 응축적이고 집약적으로 제시하는 것이 기본 표현 방식이다. 그러면서도 동시에 어떠한 제재나 소재에 대

---

22 성호경, 「조선 후기 '平民詩歌'의 시적 초점과 창작원리 -조선 후기 '평민시가'의 시적 초점과 통속예술적 성격(1)-」, 『어문학』 105, 한국어문학회, 2009, p. 176.

한 진술을 늘리는, 부연을 통한 확장적 서술을 지향한다. 이러한 방식으로 진지한 주제의 구현보다는 제재나 소재에 대한 재미있는 표현을 통하여 해학적 즐거움과 희극적 효과를 추구하는 것이 사설시조의 주요한 서술 특징[23]이라 하겠다.

사설시조의 미의식의 측면을 창작 원리와 관련하여 더 자세히 살펴보자. 조선 후기의 사설시조에서는 '남녀 문제', '사랑과 향락', '연정 및 신세 한탄' 등을 주제로 다룬 작품들이 많으며, 오히려 풍자 등에 의한 '현실 비판'이라는 주제는 뚜렷이 나타나지 않는 편이다. 그러한 이유는 작품의 조직화에서 지배적인 초점이 특정한 주제의 구현보다는 제재나 소재에 대한 재미있는 표현을 추구하는 것에 초점이 맞추어져 있기 때문이다.

이러한 특징을 통해서 사설시조를 향유한 주된 담당층은 중인 계층이며, 18세기 무렵부터 이들을 중심으로 하여 서울과 그 부근의 놀이문화 속에서 사설시조가 창작되고 유통되었다고 추론할 수 있다. 따라서 사설시조에는 주된 담당층인 중인들의 계층적 성격이 다분히 반영되어 있는데, 많은 작품에서 그들이 지녔던 양면적인 성격을 찾아볼 수 있다. 체제 순응적인 측면을 오락적인 면모를 강조하는 것으로 드러내면서도 체재 및 현실에 대한 불만도 함께 표현하여, 그것을 통해 자신들의 신분과 생활의 차이에서 오는 괴리감에 대해서 스스로를 위안하고자 하였는데 이러한 특징을 '통속적'이라고도 표현[24]할 수 있을 것이다.

성리학을 기본 이념으로 삼았던 조선 사회에서 감정이나 감각을 표면적으로 드러내는 것이 억압되었기에 사설시조에서 나타나는 감각 표현은 새로운 측면이라 할 수 있다. 마음의 위계에서 가장 하위에 있는 감각이나 감성에 주목하고, 인간의 육체나 욕망을 시적 관심 대상의 중심으로 끌어왔기 때문에 혁신적이라고 평가된다. 또한 종래의 관습화된 미의식을 넘어서서 인간의 세속적 모습과 갈등을 시의 세계 안에 끌어들임으로써 사설시조는 문학의 관심 영역을 넓히는 데에도 크게 기여한 것으로 평가된다.

---

23 성호경, 위의 논문, p. 189.

24 성호경, 「조선 후기 '平民詩歌'의 통속예술적 성격 -조선 후기 '평민시가'의 시적 초점과 통속예술적 성격(2)-」, 『한국고전연구』 20, 한국고전연구학회, 2009, p. 20.

〈생각해 보기〉

(1) 최초의 사설시조 작품으로 고려 말 무신 변안열(邊安烈, 1334~1390)의 〈불굴가〉를 꼽기도 한다. 이에 가장 근접한 시조가 바로 『청구영언』 만횡청류 549번 작품으로 전해 오고 있다. 두 작품을 비교해서 이야기해 보자.

(2) 사설시조의 미학적 특징으로 통속성과 해학성을 꼽을 수 있다. 이들 개념을 조사해 보고 각각의 미감을 잘 드러내는 대표적인 사설시조 작품을 찾아서 발표해 보자.

(3) 시조라는 명칭은 악곡상으로 쓰일 때는 '평시조, 엇시조, 사설시조'와 같이 시조창의 개념으로 사용되지만, 문학 양식을 가리킬 때는 '시조시형(時調詩形)'이라는 개념으로서 시의 길이에 따라 '단형시조, 중형시조, 장형시조' 등으로 구분된다. 같은 시조일지라도 창법에 따라 달리 부르기도 하며, 창법에 따라 시조의 가사가 늘어나기도 한다. 이러한 측면을 시조의 향유층과 가창 공간과의 관련성 속에서 논의해 보자.

참고문헌

· 윤덕진·손종흠 공저, 『고전시가강독』, 한국방송통신대학교출판부, 2012.
· 김학성, 「사설시조의 형식과 미학적 특성」, 『어문연구』 30(4), 한국어문교육연구회, 2002.
· 박상영, 「사설시조의 웃음의 미학적 연구」, 경북대학교 박사학위논문, 2009.
· 성호경, 「조선 후기 '平民詩歌'의 시적 초점과 창작원리 -조선 후기 '평민시가'의 시적 초점과 통속예술적 성격(1)-」, 『어문학』 105, 한국어문학회, 2009.
· 성호경, 「조선 후기 '平民詩歌'의 통속예술적 성격 -조선 후기 '평민시가'의 시적 초점과 통속예술적 성격(2)-」, 『한국고전연구』 20, 한국고전연구학회, 2009.

이윤선

60

박인로의 누항사
陋巷詞

1. 창작 배경

조선 사회는 임진왜란(1592)과 병자호란(1636)을 거치면서 여러 면에서 변화를 맞이한다. 전란이 발생하면 사회 공동체는 파괴되며 개인들의 일상적인 생활은 불가능하게 된다. 임진왜란은 장기간에 걸쳐 전 국토를 휩쓸며 조선을 황폐화시켰으며, 이에 당대 민중들의 삶은 피폐해졌다. 이러한 시대를 겪었던 문인들은 자신이 체험한 상황을 다양한 방식을 통해 문학으로 형상화하였다. 박인로의 〈누항사(陋巷詞)〉는 임진왜란 이후 정상적으로 농사를 짓지 못할 정도로 황폐해진 농촌의 풍경을 그려내고 있는 작품으로, 농사를 지으며 힘겹게 살아가는 화자의 삶을 통해 당대의 현실을 엿볼 수 있어 주목되어 왔다. 〈누항사〉의 직접적인 창작 배경으로는, 이덕형이 '산에서 지내는 곤궁한 처지[山居窮苦之狀]'에 대해서 묻자, 이에 대한 답으로 박인로가 '자신의 품은 생각을 저술하여 지었다[述己懷作]'는 기록이 전해지고 있는데,[1] 그러한 삶을 단편적으로 드러내는 표현이 바로 '누항(陋巷: 누추한 골목)'이라 하겠다.

경상도 영천 지역의 유생이었던 노계(蘆溪) 박인로(朴仁老, 1561~1642)는 임진왜란

1 김용찬, 「전란 후의 곤궁한 삶과 자연 인식, 〈누항사〉」, 『오늘의 가사문학』 10, 고요아침, 2016, p. 42.

이 발발하여 자신이 살고 있던 영천이 왜군에게 함락되자 곧바로 전란에 참여하였다. 임란이 끝날 무렵인 1599년(선조 32)에 박인로는 39세의 늦은 나이에 무과(武科)에 급제하여 무관으로 활동하였다. 그러나 입지를 넓힐 만한 관직에 오르지 못한 채 파직되어 자신이 바랐던 것처럼 크게 쓰이지는 못했다. 1605년(45세)에 부산진 통주사(統舟師)를 마지막으로 5년 남짓의 관직 생활을 마치고 영천으로 돌아온 이후, 이덕형(李德馨, 1561~1613), 정구(鄭逑, 1543~1620), 장현광(張顯光, 1554~1637) 등 당대의 학자들과 교유하면서 평생 성리학을 연구하며 지냈다. 늦은 나이에 성리학 공부에 매진하며 학통적(學統的)·가통적(家統的) 입지가 공고한 사족들과 교유하는 것으로 사족 내부에서 자신의 입지를 다지고자 하였다.[2]

노계는 어렸을 때부터 문재(文才)가 있어 노래를 잘 짓는다는 평가를 받았는데, 노래의 효용성에 대한 인식을 분명히 지니고 있었다. 그러므로 그의 작품은 세상에 많이 수용되었으며, 다른 사람들이 창작을 청할 만큼 전문적인 작가로 인정받았다. 박인로는 내세울 만한 관직을 역임하지도 못했고 한미한 가세로 기울어 가는 사족이라는 자신의 처지를 실감하고, 자신이 지닌 문재를 발휘하여 수많은 가사 작품을 창작하였다. 이를 통해 지방 사족 사회에서 입지를 굳히려 했던 것으로도 볼 수 있는데, 이러한 의식적 지향이 〈누항사〉에 면면이 드러나 있다고 하겠다.

2. 원문 읽기

(1) 서사

어리고[3] 迂闊[4]홀산 이 ᄂᆡ 우ᄒᆡ 더니 업다[5] / 吉凶禍福을 하날긔 부쳐 두고

陋巷[6] 깁푼 곳의 草幕[7]을 지어 두고 / 風朝雨夕[8]에 석은 딥[9]히 셥[10]히 되야

---

2 김성은, 「노계 박인로 가사의 공간 연구」, 경북대학교 박사학위논문, 2014, pp. 17-24.

3 어리고: 어리석고.

4 迂闊: 우활(迂闊). 세속에 어두운 것.

5 더니 업다: 더한 이가 없다.

6 陋巷: 누항(陋巷). 더러운 거리. 누추한 골목. 여기서는 자신이 사는 곳을 낮추어 부르는 말로 쓰였다. 『논어(論語)』 「옹야(雍也)」에서 "공자가 말하기를 '어질다. 안회여! 한 바구니의 밥과 한 표주박의 물로 누추한 시골에 있는 것을 딴 사람들은 그 근심을 견뎌 내지 못하는데, 안회는 그 즐거움을 변치 않으니, 어질

셔 홉 밥 닷 홉 粥에 煙氣도 하도 할샤 / 설 데인 熟冷[11]애 뷘 ᄇᆡ ᄉᆡᆨ일 ᄲᅮᆫ이로다
生涯[12] 이러ᄒᆞ다 丈夫 ᄯᅳᆺ을 옴길넌가 / 安貧一念[13]을 젹을망정 품고 이셔
隨宜[14]로 살려 ᄒᆞ니 날로조차[15] 齟齬[16]ᄒᆞ다

(1~9행)

(2) 본사 2

一身이 餘暇 잇사 一家ᄅᆞᆯ 도라보랴 / 一奴 長鬚[17]ᄂᆞᆫ 奴主分[18]을 이졋거든
告余春及[19]을 어ᄂᆡ 사이 ᄉᆡᆼ각ᄒᆞ리 / 耕當問奴[20]인ᄃᆞᆯ 눌ᄃᆞ려 물ᄅᆞᆯᄂᆞᆫ고
躬耕稼穡[21]이 ᄂᆡ 分인 줄 알리로다 / 莘野耕叟[22]와 壟上耕翁[23]을 賤타 ᄒᆞ리 업것마ᄂᆞᆫ

다, 안회여!'라고 하였다.[子曰 賢哉 回也 一簞食 一瓢飮 在陋巷 人不堪其憂 回也不改其樂 賢哉 回也]"라는 구절에서 '누항'이라는 표현이 나오는데, 이때 누항은 '안빈낙도'의 의미를 지니고 있다.

7 草幕: 초막(草幕). 띠풀로 엮은 초라한 움집.

8 風朝雨夕: 풍조우석(風朝雨夕). 바람 부는 아침과 비 내리는 저녁, 즉 고르지 못한 날씨.

9 석은 딥: 썩은 짚.

10 셥: 땔감.

11 熟冷: 숙냉(熟冷). 숭늉.

12 生涯: 생애(生涯). 살림살이.

13 安貧一念: 안빈일념(安貧一念). 비록 가난할망정 편안히 여기고 근심하지 않으며 살고자 하는 마음. 안분일념(安分一念).

14 隨宜: 수의(隨宜). 옳은 일을 좇음.

15 날로조차: 날이 갈수록. 하루하루가 점점 더.

16 齟齬: 저어(齟齬). 이가 고르지 못하다는 뜻으로, 세상일이 마음대로 되지 않고 어긋나거나 모순됨을 이르는 말. '저어(齟齬)'는 원래 윗니와 아랫니가 서로 맞지 않아 어긋난다는 뜻이다.

17 一奴 長鬚: 일노장수(一奴長鬚). 긴 수염을 늘인 늙은 남자 종.

18 奴主分: 노주분(奴主分). 노복과 주인의 분별.

19 告余春及: 고여춘급(告余春及). 나에게 봄이 왔음을 고하여 준다. 도연명(陶淵明)의 〈귀거래사(歸去來辭)〉에 나오는 "농부가 내게 찾아와 봄이 왔다고 일러 주니, 앞으로는 서쪽 밭에 나가 밭을 갈련다.[農人告余以春及 將有事於西疇]"에서 차용한 표현으로 보인다.

20 耕當問奴: 경당문노(耕當問奴). 밭 갈기는 마땅히 사내종에게 물어야 한다는 뜻으로, 무슨 일이든 전문가에게 물어보라는 비유.

21 躬耕稼穡: 궁경가색(躬耕稼穡). 몸소 밭을 갈고 씨를 뿌려 곡식을 거둠, 곧 자신이 농사짓는 것.

22 莘野耕叟: 신야경수(莘野耕叟). 신(莘) 땅 들에서 밭 가는 늙은이. 중국 은(殷)나라 탕왕(湯王)의 어진 재상(宰相) 이윤(伊尹)이 유신에서 밭 갈며 살았는데, 은나라 탕왕이 세 번을 불러서야 벼슬길에 나아가 하나라의 무도한 걸을 치고 은나라를 세우는 것을 도왔다고 한다.

23 壟上耕翁: 농상경옹(壟上耕翁). 밭두둑에서 밭 가는 늙은이. 중국 촉나라 유비의 재상이었던 제갈량(諸葛亮)처럼 일세를 풍미하던 인사가 불우하던 시절을 말한다. 제갈량은 어렸을 때 남양에 피난해 있으면서 몸소 농사짓다가 유비의 삼고초려를 받고 나아가 뛰어난 지략으로 유비를 도와 촉한의 부흥에 힘썼다.

아므려 갈고젼돌[24] 어닉 쇼[25]로 갈로손고[26]

(18~24행)

(3) 본사 3

旱旣太甚[27]ᄒᆞ야 時節이 다 느즌 제 / 西疇[28] 놉흔 논애 잠깐 긴 녈비[29]에

道上 無源水[30]를 반만짠 딕혀두고 / 쇼 ᄒᆞᆫ 젹 듀마 ᄒᆞ고[31] 엄섬이[32] ᄒᆞᄂᆞᆫ 말삼

親切호라 너긴 집의 달 업슨 黃昏의 허위허위 다라가셔

구디[33] 다돈 門 밧긔 어득히[34] 혼자 서셔 / 큰 기츰 아함이[35]를 良久토록[36] ᄒᆞ온 後에

어와 긔 뉘신고 廉恥 업산 닉옵노라

(25~32행)

(4) 본사 4

初更[37]도 거읜딕[38] 긔 엇지 와 겨신고 / 年年에 이러ᄒᆞ기 苟且[39]ᄒᆞᆫ 줄 알건마ᄂᆞᆫ

쇼 업손 窮家애 혜염[40] 만하 왓삽노라 / 공ᄒᆞ니나 갑시나[41] 주엄 즉도 ᄒᆞ다마ᄂᆞᆫ,

---

24 아므려 갈고젼돌: 아무리 갈고자 한들.

25 쇼: 소[牛].

26 갈로손고: 갈 것이냐.

27 旱旣太甚: 한기태심(旱旣太甚). 가뭄이 이미 크게 심함.

28 西疇: 서주(西疇). 서쪽에 있는 밭.

29 녈비: 지나가는 비.

30 道上 無源水: 도상 무원수(道上 無源水). 길 위에 흘러내리는 근원 없는 물. 곧 조금 온 빗물.

31 쇼……ᄒᆞ고: 소를 한때 빌려주마 하고.

32 엄섬이: 엉성히. 탐탁하지 않게.

33 구디: 굳이. 굳게.

34 어득히: 우두커니. 막막(漠漠)하게.

35 아함이: '에헴' 하는 인기척 소리.

36 良久토록: 양구(良久)토록. 오래도록.

37 初更: 초경(初更). 하룻밤을 오경(五更)으로 나눈 첫째 부분. 저녁 7시에서 9시 사이이다.

38 거읜딕: 거의 되었는데.

39 苟且: 구차(苟且). 말이나 행동이 떳떳하지 못하고 구구함.

40 혜염: 헤아림, 생각, 걱정.

41 공ᄒᆞ니나 갑시나: 공짜로나 값을 받고서나.

다만 어제 밤의 거넨 집 져 사ᄅᆞᆷ이 / 목 불근 수기雉[42]을 玉脂 泣게[43] ᄭᅮ어 ᄂᆡ고

간 이근[44] 三亥酒[45]을 醉토록 勸ᄒᆞ거든 / 이러한 恩惠을 어이 아니 갑흘넌고

來日로 주마 ᄒᆞ고 큰 言約 ᄒᆞ야거든 / 失約이 未便ᄒᆞ니 사셜이[46] 어려왜라

實爲[47] 그러ᄒᆞ면 혈마[48] 어이ᄒᆞᆯ고 / 헌 먼덕[49] 수기 스고 측[50] 업슨 집신에 설피설피[51] 물너오니 / 風采 저근[52] 形容애 ᄀᆡ 즈칠[53] ᄲᅮᆫ이로다

(33~45행)

출전: 『노계집(蘆溪集)』, 〈누항사〉

3. 작품 감상

〈누항사〉는 현재 목판본 『노계집』(광무 갑진년(1904) 중간(重刊))에 실려 있는 교감본과 고사본(古寫本)에 적힌 부연되어 있는 본, 그리고 최근 발굴된 경오본 『노계가집』(『영양역증(永陽歷贈)』으로도 불림) 등 세 종류가 있다.[54] 『노계집』에 실려 있는 〈누항사〉를 기준으로 살펴볼 때, 4음보(音步) 또는 3음보를 1행으로 헤아리면 총 77행의 작품이다. 그 내용은 크게 8단락으로 구분되는데 이를 간략히 정리하면 다음과 같다.

---

42 수기雉: 수기치(雉). 수꿩.

43 玉脂 泣게: 옥지(玉脂) 읍(泣)게. 기름이 지글지글 흘러나오도록.

44 간 이근: 갓 익은.

45 三亥酒: 삼해주(三亥酒). 동짓달 해일(亥日)에 준비하여 섣달 해일에 술을 담갔다가 정월 해일에 거른 술. 고려 시대부터 전해 내려온 궁중술로, 양곡이 많이 들어가고 증류하여 얻는 소주가 적어 고급술에 속한다.

46 사셜이: 말씀이.

47 實爲: 실위(實爲). 사실로, 정말로.

48 혈마: 설마.

49 헌 먼덕: 헌 멍덕. 짚으로 만든 모자.

50 측: 싶신의 날.

51 설피설피: 기운 없이, 맥없이.

52 저근: 볼품없는.

53 ᄀᆡ 즈칠: 개[犬]를 짖게 할.

54 윤덕진·손종흠 공저, 『고전시가강독』, 한국방송통신대학교출판부, 2012, p. 278.

구 분		주요 내용
서사(9행)	1~9행	누항에서 안빈일념으로 살려는 의지
본사 1(8행)	10~17행	임진왜란에 참전했던 일을 회상함
본사 2(7행)	18~24행	전란 후 몸소 농사를 지어야 하는 궁핍함
본사 3(8행)	25~32행	농사를 지으려고 소를 빌리러 감
본사 4(13행)	33~45행	소를 빌리려다가 수모를 당하고 옴
본사 5(10행)	46~55행	야박한 세태를 한탄하고 춘경을 포기함
본사 6(8행)	56~63행	자연을 벗 삼으며 늙기를 소망함
결사(14행)	64~77행	빈이무원과 안분지족의 삶을 추구함

여기에서는 서사, 본사 2, 본사 3, 본사 4의 내용을 중심으로 살펴보도록 하겠다. (1)'서사'에서는 화자가 처한 환경과 함께 '안빈일념(安貧一念)'으로 살아가고자 하는 화자의 의지를 드러내고 있다. 우선 자신을 '어리석고 우활하다'고 하면서, 그러한 삶이 자신보다 더한 사람이 없음을 토로한다. '우활(迂闊)'이란 '사리에 어둡고 어리석다'는 뜻으로, 흔히 현실 생활에 적응하지 못하고 무기력하게 살아가는 처지를 비유하는 표현이다. 바람이 불고 비가 오더라도 썩은 짚을 땔감으로 삼아 연기를 피우며, 밥과 죽으로 연명하는 생활을 하는 화자의 곤궁한 삶이 '서홉 밥'과 '닷홉 죽', '누항'과 같은 시어로 잘 나타나 있다.

가난한 삶 속에서도 학문에 힘 쏟으며 도를 추구하는 '안빈낙도(安貧樂道)'의 이념은 조선 시대 사대부들이 품고 있던 이상이었다. 그러나 전란으로 인해서 화자가 겪게 된 일상은 굶주림을 피하기 어려운 지경이었다. 그만큼 화자에게 닥친 전란 후의 상황은 절망적으로 느껴질 수밖에 없었으며, 그야말로 사대부로서의 이상과 현실 사이의 괴리를 절감하게 되었다 할 것이다.

서사 부분에서 나타나는 이러한 화자의 모습을 박인로의 실제 모습이 반영된 것으로 볼 것인가에 대해서는 이견이 존재한다. 〈누항사〉에 제시된 '가난'을 박인로나 당대 사족들이 겪었던 실질적인 경제적 어려움으로 보는 시각[55]이 있는가 하면, 이와 반대로 조선 시대 양반들이 사족으로서의 위신과 체면을 목숨보다 중요하게 여겼다는 점과, 이덕형의 물음에 답하는 내용이라는 점에서 박인로의

55 박현숙, 「박인로의 〈누항사〉 연구」, 『국어국문학』 157, 국어국문학회, 2011, p. 97.

직접 체험이 아닌, 그 당대의 현실을 관찰하여 대신해서 서술한 것으로 보는 시각[56]이 동시에 존재한다.

본사 2, 3, 4는 농사를 짓기 위해 이웃집에 소를 빌리러 가는 부분인데, 그 내용과 표현이 매우 사실적이어서 〈누항사〉에서 가장 주목을 받는 부분이다. (2) '본사 2'에서는 화자가 궁핍한 생활을 꾸려 나가기 위해 농사짓기에 힘쓰는 모습이 드러난다. '고여춘급(告余春及)'은 '봄이 왔음을 나에게 알려 준다'는 뜻이고, '경당문노(耕當問奴)'는 '농사에 대해서는 집안에서 농사일을 잘 아는 종에게 묻는다'는 뜻으로 모두 농사를 지을 시기가 되었음을 의미하는 표현이다. 하지만 긴 수염의 늙은 종이 '주인과 종의 분수'조차 잊었다고 하였으니, 아마도 농사를 지을 종이 전란 중에 사라졌음을 말하는 것으로 보인다. 따라서 화자는 직접 농사를 짓는 '궁경가색(躬耕稼穡)'이 자신의 분수라고 표현하고 있다. 화자는 농사를 직접 지어야 하는 자신의 처지를 당연한 것으로 받아들이고 이를 잘해 보려고 하지만 현실은 그리 녹록지 않다. 농사를 짓기 위해서는 논을 갈 소가 필요하지만, 화자에게는 자기 소유의 소가 없기 때문이다. 전란의 와중에 남아 있는 소가 극히 드물었던 당시의 상황을 반영하는 내용으로 볼 수 있다.

(3) '본사 3'에서는 농사를 짓기 위해 소를 빌리러 가는 화자의 모습이 나타나 있다. 벼를 심으려면 논에 물을 대어야만 하는데, 가뭄이 오래 지속되었을 뿐만 아니라 이미 모내기를 할 시기도 놓친 때이다. 하지만 잠시 내린 소나기로 서쪽 높은 논에서 흘러내려 길 위에 고인 물을 급히 자신의 논에 대어 두고, 화자는 저녁 늦게 이웃집에 소를 빌리러 간다. 달도 없는 황혼녘에 허위허위 뛰어갔지만, 차마 말을 꺼낼 수가 없어 그저 문 앞에서 오랫동안 헛기침을 하는 수밖에 없다. 이 대목에서는 한참 바쁜 농번기에 빈손으로 남의 집에 소를 빌리러 간 화자의 절박한 심정을 고스란히 느낄 수 있다.

(4) '본사 4'에서는 소를 빌리러 갔다가 수모를 당한 화자의 모습이 대화체로 사실적으로 그려져 있다. 화자는 이웃집 문 밖에서 오래 기다린 끝에, 자신의 구

56 박연호, 「〈누항사〉에 나타난 '가난'과 '우활'의 의미」, 『한민족어문학』 64, 한민족어문학회, 2013, p. 354.

차한 사정을 설명하며 농사에 필요한 소를 빌려 달라고 부탁한다. 그러나 돌아온 것은, 누군가 기름진 꿩과 술을 가지고 와서 부탁하기에 이미 그에게 빌려 주기로 약속했다는 대답이었다. 아마도 화자는 소를 빌려 줄 수 없는 이유를 장황하게 늘어놓는 상대방의 답변을 들으면서, 자신의 궁색한 처지를 더욱 참담하게 느꼈을 것이다. 이를 '헌 멍석을 비스듬히 덮어쓰고 다 떨어진 짚신을 신고 맥없이 돌아서는데, 어디서 마치 자신을 조롱하듯 개 짖는 소리가 들릴 뿐이다'라고 표현하는데, 마치 이 장면이 눈앞에서 펼쳐지듯이 회화적으로 잘 묘사되고 있어 화자의 심정에 쉽게 공감할 수 있는 것이다.

이처럼 화자는 '안빈일념'의 삶을 살아가고자 하지만 그가 처해 있는 '누항'은 개인의 노력만으로는 당장 먹고사는 방법을 마련할 수 없을 정도로 삶의 토대가 무너진 공간으로 나타난다. 화자는 당면한 현실 문제를 해결할 마땅한 방안을 가지지 못한 채로, 이를 관념적으로나마 극복하고자 한다.

〈누항사〉의 화자는 성리학적 이념을 삶의 기준으로 삼고 살아가려는 의지를 드러내면서도, 한편으로는 성리학이 현실의 문제를 해결하지 못한다는 인식을 동시에 드러내고 있기에 다양한 해석을 가능하게 한다. 그러나 노계의 가사 작품은 서민 가사의 특성이 드러나지만, 궁극적으로는 정통 유학자의 세계관에 뿌리를 두고 성리학적 도학을 구현하고 체제의 안녕을 지향한다는 것이 대체적인 시각이다. 사대부가 학문에 매진하는 것은 자신의 계급적 직분인 '치인(治人)'을 수행하기 위한 것이지만, 뜻을 펼칠 수 없는 때에는 자신이 탐구해 온 학문적 진리를 즐기는 것도 의미 있는 일이라는 것이 '빈이무원', '안빈낙도'의 입장[57]이다. 즉 〈누항사〉에 나타나는 주제는 어려운 상황에서 좌절하지 않고 성리학적 도를 지켜나가겠다는 '안빈낙도'의 의지를 표현[58]한 것이라 하겠다.

한편으로 〈누항사〉에는 고통받는 서민을 직접적으로 대변하거나, 양반 세계의 부조리를 풍자하는 모습은 거의 드러나지 않는다. 객관적으로 보이는 현실을 그대로 수용하여, 모순에 가득찬 사회 문제를 해결하기 위해 앞장서 노력하기보

57 박연호, 위의 논문, p. 355.
58 박연호, 위의 논문, p. 362.

다는 서민들을 유교적 질서 속에 순응하게 하려는 태도를 보여 준다. 따라서 다수의 민중이 처한 현실의 문제를 양반적 시각에서 바라보는 의식의 한계를 드러낸다는 평가를 받기도 한다.

〈생각해 보기〉

(1) 〈누항사〉 외에 임진왜란의 실상이 나타나 있는 〈태평사〉와 〈선상탄〉 등의 작품을 읽어 보고, 전란 체험이 문학적으로 형상화되는 방법들을 찾아보자.

(2) 노계는 전문 가사 작가라는 칭호를 들을 만큼 남에게 청탁을 받아서 지은 작품이 여럿 있다. 당시에는 '대작(代作)'이라는 문화적 관습이 윤리적으로 문제가 되지 않았지만, 오늘날의 관점에서는 다르게 볼 수 있다. 노계가 청탁을 받아 지은 작품들을 찾아 읽어 보고 이에 대해 '창작'과 '대필'에 대한 서로의 생각을 나누어 보자.

(3) 사람은 누구나 자신이 추구하는 이상적인 삶과 현실적인 삶 사이에서 갈등을 경험한다. 노계가 살았던 임란 이후의 시대는 이러한 갈등이 최고조에 달했던 시기였다. 노계는 이러한 갈등을 성리학적 삶을 추구하는 방향으로 관념적으로 해결하였지만, 작품에서는 현실에서 겪는 갈등을 가감없이 표현하기도 하였다. 자신이 겪은 현실적인 시련은 무엇이 있는지, 또한 이를 어떻게 극복했는지 서로 이야기해 보자.

참고문헌

· 윤덕진·손종흠 공저, 『고전시가강독』, 한국방송통신대학교출판부, 2012.
· 김성은, 「노계 박인로 가사의 공간 연구」, 경북대학교 박사학위논문, 2014.
· 김용찬, 「전란 후의 곤궁한 삶과 자연 인식, 〈누항사〉」, 『오늘의 가사문학』 10, 고요아침, 2016.
· 박수밀, 「노계 박인로 가사의 연구 경향과 연구사의 쟁점」, 『국제언어문학』 47, 국제언어문학회, 2020.
· 박연호, 「〈누항사〉에 나타난 '가난'과 '우활'의 의미」, 『한민족어문학』 64, 한민족어문학회, 2013.
· 박현숙, 「박인로의 〈누항사〉 연구」, 『국어국문학』 157, 국어국문학회, 2011.

이윤선

61

허초희의 규원가
閨怨歌

1. 창작 배경

허초희(許楚姬, 1563~1589)가 지었다고 하는 〈규원가(閨怨歌)〉는 현전하는 가장 이른 시기의 규방가사이다. 조선 전기 국문시가 문학은 악장이나 경기체가, 가사, 시조로 정리된다. 악장과 경기체가가 사대부의 공적인 문학으로 대표된다면, 가사나 시조는 사적인 문학이라 할 수 있다. 조선 전기에는 사대부가 가사 창작에 몰두하면서 가사 장르가 더욱 유행하였다. 형식상 규율이 자유롭고, 자신의 생활이나 처지를 읊기에 적당했기 때문이다. 그러나 여류 가사의 시작이 어떤 작품인지는 고증하기 어렵다. 다만, 〈규원가〉를 시초로 보기도 한다. 〈규원가〉는 여인의 한과 원망을 직접 표출한 가사로서, 전기 가사에서 후기 가사로 넘어가는 과도적 역할을 담당하는 작품으로 꼽힌다.

허초희는 호가 난설헌(蘭雪軒)이다. 자는 경번(景樊)이고, 본관은 양천이다. 동인의 영수였던 초당(草堂) 허엽(許曄, 1517~1580)과 강릉 김씨 사이에서 태어났다. 허봉(許篈), 허균(許筠), 허성(許筬)이 그녀의 형제들이다. 이들은 아버지 허엽과 함께 허씨 오문장(五文章)이라 불리며, 뛰어난 문인 집안이라는 명성을 얻게 한다. 중국 명말 청초의 문인 전겸익(錢謙益)의 『열조시집(列朝詩集)』에는 "난설헌이 8세에 〈광한궁옥루상량문〉을 지었는데 재주와 명성이 두 형보다 낫다. 진사 김성립에게 시집갔으나 그 남편에게 뜻을 얻지 못했다."라며 그의 시재를 높이 평가하면서, 개인적으로 불우한 결혼 생활을 언급하였다. 〈규원가〉는 개인적으로 불우했던 허난설헌의 사정과 그에 따른 상처를 직접 노래한 작품이다. '규방의 원망'이라는 제목에서도 그러한 사정이 짐작된다.

2. 원문 읽기

(1) 엇그제 저멋더니 ᄒᆞ마어이 다늘거니
少年行樂 생각ᄒᆞ니 일러도 속절업다
늘거야 서른말솜 ᄒᆞ자니 목이멘다
父生母育 辛苦ᄒᆞ야 이내몸 길러낼제
公侯配匹은 못바라도 君子好逑[1] 願ᄒᆞ더니
三生의 怨業이오 月下의 緣分[2]ᄋᆞ로
長安遊俠 輕薄子를 숨ᄀᆞᆺ치 만나잇서
當時의 用心ᄒᆞ기 살어름 디듸는듯[3]
三五二八 겨오지나 天然麗質 절로이니
이얼골 이態度로 百年期約 ᄒᆞ얏더니
年光이 훌훌ᄒᆞ고 造物이 多猜ᄒᆞ야
봄바람 가을믈이 뵈오리 북지나듯
雪鬢花顔 어ᄃᆡ두고 面目可憎 되거고나
내얼골 내보거니 어느님이 날괼소냐

---

1 君子好逑: 『시경』「주남(周南)」〈관저(關雎)〉에, "자웅이 서로 화락하게 우는 물새는 하수 가에 있도다. 얌전한 숙녀는 군자의 좋은 짝이로다.[關關雎鳩 在河之州 窈窕淑女 君子好逑]"라고 하였는데, 이 시는 금슬 좋은 문왕(文王)과 후비(后妃)의 성덕(聖德)을 노래한 것이다.

2 月下의 緣分: 월하노인(月下老人)은 혼인을 주관한다는 전설상의 신(神)으로, 붉은 끈을 가지고 다니면서 부부의 인연이 닿는 사람들의 발목을 꽁꽁 묶어 놓으면 어떤 경우에도 부부의 연을 맺게 된다고 한다. 『속현괴록(續玄怪錄)』 권4.

3 살어름 디듸는듯: 조심스러운 마음으로 매사를 신중히 처리하는 것을 말한다. 『시경』「소아(小雅)」〈소민(小旻)〉의 "전전긍긍하여 심연에 임하듯 얇은 얼음을 밟듯 한다.[戰戰兢兢 如臨深淵 如履薄氷]"라는 말에서 나온 것이다.

스스로 慚愧ᄒᆞ니 누구를 怨望ᄒᆞ리

(2) 三三五五 冶遊園의 새사람이 나단말가
곳피고 날저물제 定處업시 나가잇어
白馬金鞭으로 어ᄃᆡ어ᄃᆡ 머무는고
遠近을 모르거니 消息이야 더욱알랴
因緣을 긋쳐신들 ᄉᆡᆼ각이야 업슬소냐
얼골을 못보거든 그립기나 마르려믄
열두ᄯᅢ 김도길샤 설흔날 支離ᄒᆞ다
玉窓에 심근梅花 몃번이나 픠여진고
겨울밤 차고찬제 자최눈 섯거치고
여름날 길고길제 구즌비는 무스일고
三春花柳 好時節에 景物이 시름업다
가을ᄃᆞᆯ 방에들고 蟋蟀이 床에울제
긴한숨 디ᄂᆞᆫ눈물 속절업시 헴만만타
아마도 모진목숨 죽기도 어려울사

(3) 도로혀 풀쳐혜니 이리ᄒᆞ여 어이ᄒᆞ리
青燈을 돌라노코 綠綺琴[4] 빗기안아
碧蓮花 한곡조[5]를 시름조ᄎᆞ 섯거타니
瀟湘 夜雨의 댓소리[6] 섯도ᄂᆞᆫ듯

---

4 綠綺琴: 녹기금은 거문고의 한 종류이다. 전설에 의하면, 한(漢)나라 사마상여(司馬相如)가 〈옥여의부(玉如意賦)〉를 짓자, 양왕(梁王)이 기뻐하며 녹기금을 선물로 주었다고 한다.

5 碧蓮花 한곡조: 채련곡(採蓮曲)을 의미하는 듯하다. 채련곡은 본디 "강남은 연을 취할 만하여라, 연잎이 어이 그리 늘어서 있는고.[江南可採蓮 蓮葉何田田]"라는 한대(漢代)의 강남곡에서 비롯되었다. 그 후 많은 문인이 채련곡을 지었다. 〈강남채련곡〉이라고도 하는데, 주로 멀리 헤어져 있는 부부가 서로 그리워하는 애절한 심경을 노래하는 내용이 많다.

6 瀟湘 夜雨의 댓소리: 순임금이 남쪽으로 순수(巡狩)하여 창오(蒼梧)의 들에서 죽자, 순임금의 두 비인 아황(娥皇)·여영(女英)이 소상강(瀟湘江) 가에 이르러 눈물을 대에 뿌렸는데, 그것이 대의 얼룩무늬가

華表 千年의 別鶴[7]이 우니는ᄃᆞᆺ

玉手의 타는手段 녯소래 잇다마는

芙蓉帳 寂寞ᄒᆞ니 뉘귀에 들리소니

肝腸이 九曲되야 구븨구븨 ᄭᅳᆫ쳐서라

(4) 출하리 잠을드러 ᄭᅮᆷ의나 보려ᄒᆞ니

바람의 디ᄂᆞᆫ닢과 풀속에 우는즘생

무스일 원수로서 잠조차 깨오ᄂᆞᆫ다

天上의 牽牛織女[8] 銀河水 막혀서도

七月七夕 一年一度 失期치 아니거든

우리님 가신후는 무ᄉᆞᆫ弱水[9] 가렷관듸

오거나 가거나 消息조차 ᄭᅳ쳣는고

欄干의 비겨셔서 님가신ᄃᆡ 바라보니

草露ᄂᆞᆫ 맷쳐잇고 暮雲이 디나갈제

竹林 푸른고ᄃᆡ 새소리 더욱설다

세상의 서룬사람 수업다 ᄒᆞ려니와

薄命ᄒᆞᆫ 紅顔이야 날가ᄐᆞ니 또이실가

아마도 이님의 지위로 살동말동ᄒᆞ여라

출전: 제목 없는 필사본[失題寫本]『고금가곡(古今歌曲)』 상(上)

되었다는 소상반죽(瀟湘斑竹)의 고사를 말한다.

7 華表 千年의 別鶴: 요동(遼東) 사람 정영위(丁令威)가 신선이 되고 나서 천 년 만에 학으로 변해 다시 고향을 찾아와서는 요동 성문의 화표주 위에 내려앉았는데, 소년 하나가 활을 쏘려고 하자 허공으로 날아올라 배회하면서 "옛날 정영위가 한 마리 새가 되어, 집 떠난 지 천 년 만에 이제 처음 돌아왔소. 성곽은 의구한데 사람은 모두 바뀌었나니, 신선술 왜 안 배우고 무덤만 이리도 즐비한고.[有鳥有鳥丁令威 去家千年今始歸 城郭如故人民非 何不學仙冢纍纍]"라고 탄식하고는 사라졌다는 전설이 전한다.『수신후기(搜神後記)』 권1.

8 牽牛織女: 견우성은 은하수 동쪽에, 직녀성은 은하수 서쪽에 있다. 신화에서 견우와 직녀는 부부로 나오는데 1년에 한 번 칠석에 만난다.

9 弱水: 신선이 사는 봉래섬 주위를 약수가 에워싸고 있는데, 그곳은 새털처럼 가벼운 물체도 금세 가라앉기 때문에, 도저히 건너갈 수 없다는 전설이 있다.『해내십주기(海內十洲記)』.

3. 작품 감상

〈규원가〉는 '원부사(怨婦詞)' 또는 '원부가'라 하며, 남편을 원망하는 여인의 심정을 그린 규방가사이다. 송계연월옹(松桂烟月翁)의 『고금가곡(古今歌曲)』과 일본인 마에마 교사쿠(1868~1942)가 엮은 시조집인 『교주가곡집(校註歌曲集)』에 수록되어 있다. 작자는 허난설헌(許蘭雪軒, 1563~1589)이거나 허균의 첩 무옥(巫玉)이라는 설이 있다. 조선 후기의 비평가 홍만종(洪萬宗, 1642~1725)은 『순오지(旬五志)』에서 "〈원부사〉는 허균의 첩 무옥이 지은 것으로, 홀로 지내는 여인의 모습을 잘 묘사했으며, 여성다운 향기와 아름다움을 내포하여 비록 옛 문인의 염체라도 이보다 더 잘할 수 있겠는가.[怨婦詞 許筠妾巫玉所製 說盡空閨情境 曲有脂粉艷態 雖古今詞人 艷體何以過此也]"라고 평하였다. 그러나 허난설헌이 지은 오언고시 〈소년행(少年行)〉과 작품의 내용이 비슷하기에, 대체로 난설헌의 작품으로 논의가 정리되는 편이다. 〈소년행〉은 향락의 세계에 빠져 헤어나지 못하는 방탕한 남성을 풍자한 작품이다. 난설헌은 혼인한 뒤에 이 작품을 창작했으며, 〈규원가〉는 〈소년행〉보다 나중에 창작된 것으로 본다.

허난설헌은 15세에 김성립(金誠立, 1562~1592)에게 시집을 갔으나, 그리움과 외로움에 시달렸다. 남편 김성립은 28세에 문과에 급제하여 홍문관 저작을 지낸 인물이다. 전쟁을 맞아 의병이 되어 싸우다가 전사했으며, 시신을 찾지 못해 옷가지로만 장례를 치렀다고 한다. 그러나 그는 부인의 재능을 견디지 못하고, 술과 여자에 빠져 밖으로 나돈 것으로 평가받는다. 홍대용(洪大容)은 청나라 문인 반정균(潘庭筠)에게, "김성립이 재주와 태도가 다소 뛰어나지 못했다. 부인 허난설헌은 시는 훌륭하지만, 그 덕은 시에 미치지 못한다."라고 평가하기도 하였다. 난설헌 또한 〈규원가〉의 작중 화자를 통해 남편의 태도를 '인격이 없는 경박자'라고 비난하였다. 『조선문학사』의 저자 김태준은 "허난설헌에게는 첫째, 왜 조선에서 태어났을까? 둘째, 왜 여자로 태어났을까? 셋째, 왜 김성립의 아내가 되었을까? 라는 3가지 천추의 한이 있었다."라고 설명하기도 했다.

개인적으로 가정과 현실 생활에 힘겨워하던 허난설헌은 27세에 세상을 떠나면서, 자신의 흔적이 될 수 있는 모든 작품을 불태워 달라는 유언을 남겼다. 유언과 달리 그녀의 작품은 허균 덕분에 다채롭게 남게 되었다. 그녀는 어린 남매를 잃고 배 속 아이를 유산하는 불행을 겪기도 했는데, 개인적인 불행을 〈곡자(哭子)〉 등의 시로 노래했다. 이뿐만 아니라 남녀 간의 애정시, 신선의 세계를 노래한 시, 궁녀들의 일상을 노래한 궁사 등 여성 문학에서는 찾아볼 수 없는 다양한 시 세계와 시풍을 보여 준다.

〈규원가〉는 난설헌의 문학적 역량이 잘 드러난 작품이다. 총 50행 100구로, 기-승-전-결로 구성되었다. 대체로 남편의 방탕한 생활을 원망하고, 자신의 삶과 응어리진 정서를 보여 준다. 기구에서는 화자가 덧없는 과거를 회상하면서 늙은 자신을 한탄하고 있다. 승구에서는 술집 출입을 일삼는 남편의 행실에 대한 원망과 눈물로 세월을 보내는 자신의 애달픈 심정을 잘 드러냈다. 전구에서는 화자가 현실적 어려움에서 벗어나 자신의 모습을 회복하고자 노력하는 모습을 그렸고, 결구에서는 임을 기다리는 자신의 기구한 운명을 한탄하고 있다.

한편, 〈규원가〉에는 화자의 정서를 효과적으로 드러내기 위해 여러 가지 소재가 동원되고 있다. 귀뚜라미나 새를 통해 임에게 사랑받지 못하는 외로움과 서글픔을 표현했는가 하면, 자국눈이나 궂은 비, 거문고 등의 소재도 화자의 마음을 대변한다.

〈규원가〉 유형의 규방가사는 조선 후기까지도 창작과 향유가 이루어져 왔다. 이용기(李用基, 1870~1933)가 편집한 『악부(樂府)』에는 규원가가 〈원부ᄉ(怨夫詞)〉, 〈怨夫詞(원부사)〉, 〈청루원별곡(靑樓怨別曲)〉, 〈薄命歎(박명탄)〉이라는 제명으로 실려 있다. 이 작품들은 허난설헌의 〈규원가〉와 내용과 형식이 거의 같다. 다만 향유층에 따른 향유 목적과 방법이 변화된 것으로 정리된다. 이로 볼 때, 허난설헌의 〈규원가〉는 여성이 주체가 되어 자신의 처지를 직접 표현한 최초의 규방가사이자, 조선 후기 규방가사의 자탄류(自嘆類)로 계승된다고 할 수 있다.

〈생각해 보기〉

(1) 〈규원가〉의 작자가 허균의 첩인 무옥이거나 허난설헌이라는 논의가 있다. 실제로 『난설헌집』

에 수록된 작품들이 모두 난설헌의 작품인지에 대해서도 의문이 제기되고 있다. 이처럼 시조나 가사 등 구비문학적 요소가 강한 국문시가는 대체로 작자에 대한 논란이 많은데, 그 이유가 무엇인지 생각해 보자.

(2) 〈규원가〉에는 시적 화자의 감정이 이입되거나 처지를 드러내는 소재가 많이 활용되었다. 작품에 보이는 시적 소재를 '희로애락'이라는 감정으로 구분해 보고, 이것이 현재에도 유효한지 검토해 보자.

(3) 허난설헌의 작품은 상당히 많았던 것으로 알려졌으나, 유언에 따라 소각되었다. 그럼에도 1692년에 간행된 『난설헌집』에는 210여 수의 시가와 한두 편의 산문이 수록되어 있다. 또한, 문집에 수록되지 못한 작품도 상당수 전해진다. 『지봉유설』에 실린 〈독서강사(讀書江舍)〉나 〈채련곡(採蓮曲)〉 등이 그것이다. 난설헌의 대표적인 작품을 읽어 보고, 여성 문인으로서 허난설헌의 위상을 정리해 보자.

참고문헌

· 김영수, 「여류문학 연구의 몇 가지 검토: 허난설헌을 중심으로」, 『국문학논집』 12, 단국대학교 국어국문학과, 1985.
· 이인숙, 「허난설헌: 동인의 누이」, 『내일을 여는 역사』 55, 내일을여는역사재단, 2014.
· 이화영, 「허난설헌의 삶과 문학에 나타난 주체와 자유의식 고찰」, 『우리문학연구』 50, 우리문학회, 2016.
· 정인숙, 「〈원부사〉군 가사의 전승과 향유에 관한 통시적 고찰」, 『국어국문학』 136, 국어국문학회, 1979.
· 최상은, 「최초의 여성가사 〈규원가〉, 남달라서 불행했던 여인의 강렬한 정서 분출」, 『오늘의 가사문학』 3, 고요아침, 2014.

김선영

62

김인겸의 일동장유가
日東壯遊歌

1. 창작 배경

김인겸(金仁謙, 1707~1772)은 본관이 안동(安東), 자는 사안(士安), 호는 퇴석(退石)으로, 김상헌(金尙憲)의 현손이다. 그러나 조부인 김수능(金壽能)이 서출이었고, 부친인 김창복(金昌復)은 김인겸이 14세 때 세상을 떠났기 때문에, 그는 학문에만 전념해 출세하기 어려운 환경 속에 있었다. 이에 그는 47세 때인 1753년에야 사마시에 합격하여 진사가 되었으나, 출사하여 자신의 뜻을 펼 수 있는 기회를 갖지 못하였다. 다만 그의 나이 57세 때인 1763년에 통신사행(通信使行)의 종사관인 김상익(金相翊)의 서기(書記)로 뽑혀 통신사 조엄(趙曮)과 함께 일본에 다녀왔는데, 〈일동장유가〉는 바로 이때 지은 작품이다. 〈일동장유가〉는 1763년 8월부터 이듬해 7월까지 11개월에 걸친 기행을 가사 형식으로 지은 작품이며, 한문으로 지은 『동사록(東槎錄)』도 함께 전한다. 작품의 말미에 나오는 "ᄌᆞ손을 뵈쟈ᄒᆞ고 가ᄉᆞ를 지어ᄂᆡ니"라는 구절을 통해 〈일동장유가〉를 지은 목적이 일본에서 겪은 일을 자손들에게 알리는 데 있었음을 알 수 있다.

현재 김인겸이 쓴 원본은 전해지지 않고, 가람본(서울대 소장본)과 연민본(단국대 소장본), 손낙범 소장본 등이 전해지고 있다. 연민본은 필사년기에 따르면 1876~1877년에 필사된 것으로 보이며, 가람본은 연민본보다 후대에 필사된 것으로 보인다. 연민본과 손낙범 소장본은 분실 및 훼손이 있으므로, 여기서는 전문이 선명한 가람본을 그 대상으로 한다.

2. 원문 읽기

(1) 권1 1763년 8월 23일

슬프다 임진년[1]의 이곳치 됴흔지리
츙무공 니장군[2]이 직히여 방비ᄒᆞ면
왜병이 강타ᄒᆞᆫ들 제어이 등뉵[3]ᄒᆞ리
삼경[4]이 함몰ᄒᆞ고 승예가 좌쳔[5]ᄒᆞ샤
거의망케 되었다가 황은이 망극ᄒᆞ샤
천명이 나온후의 계유회복 ᄒᆞ여시나
간신이 오국[6]ᄒᆞ야 강화ᄂᆞᆫ 무ᄉᆞ일고
붓그럽고 분ᄒᆞᆫ길을 열ᄒᆞᆫ번지 ᄒᆞᄂᆞᆫ고나
한하놀 못닐원슈 아조잇고 가게되니
댱부의 노ᄒᆞᆫ터럭 관을딜너 이러선다

(2) 권1 1763년 10월 6일

굿보ᄂᆞᆫ[7] 왜인들이 안자 구버본다
그듕의 ᄉᆞ나히ᄂᆞᆫ 머리를 쌋가시ᄃᆡ
쏙뒤만 죠금남겨 고쵸샹토 ᄒᆞ여시며

---

1 임진년: 임진왜란이 일어난 해인 1592년을 의미한다.
2 츙무공 니장군: 이순신을 가리킨다. 충무는 이순신의 시호이다.
3 등뉵: 육지에 오르는 것을 뜻한다.
4 삼경: 조선의 수도 한성(漢城), 고려의 수도 개성(開城), 고구려의 수도 평양(平壤)을 이른다.
5 좌쳔: 임금이 서울을 떠나 난리를 피하는 것으로, 여기서는 선조가 의주로 파천(播遷)한 일을 의미한다.
6 오국: 나라를 망하게 하는 것을 의미한다.
7 굿보ᄂᆞᆫ: 구경하는.

발벗고 바디벗고 칼ᄒᆞ나식 ᄎᆞ이시며
왜녀의 치장들은 머리롤 아니깍고
밀기름 ᄃᆞᆷ북발라 뒤흐로 잡아ᄆᆡ야
죡두리 모양쳐로 둥글게 ᄊᆞ여잇고
그끗ᄎᆞᆫ 두로트러 빈혀롤 질러시며
무론 노쇼귀쳔ᄒᆞ고 어레빗술 ᄭᅩ잣구나
의복을 보아ᄒᆞ니 무[8]업ᄉᆞᆫ 두루마기
ᄒᆞᆫ동[9]단 막은ᄉᆞ매 남녀업시 ᄒᆞᆫ가지요

(3) 권3 1764년 7월 8일
장동김문의셔 셔긔가니 네누군다
ᄉᆞ신이 엿ᄌᆞ오ᄃᆡ ᄆᆡᆫ뒤ᄒᆡ 업ᄃᆡᆫ거시
진ᄉᆞ 김모옵고 ᄌᆞᆼᄉᆞ셔긔 갓더니이다
갓가이 오라시매 나아가 부복ᄒᆞ니
나라히 무ᄅᆞ시ᄃᆡ 고상신의 므어신다
긔복ᄒᆞ여 엿줍기롤 뎐대로 엿ᄌᆞ오니
고텨하문 ᄒᆞ오시ᄃᆡ 피국의 드러가니
피인의 문ᄌᆡ들이 무셥더냐 언잔터냐
문ᄌᆡ가 유여ᄒᆞᆫ놈 왕왕이 잇ᄉᆞ오나
시뉼은 참혹ᄒᆞ야 졔술ᄒᆞᆯ줄 모ᄅᆞ더이다
네이번 지은거시 다쇼가 엇더ᄒᆞ뇨
네문ᄉᆞ 짓ᄉᆞ온것 대략은 ᄀᆞᆺᄉᆞ오나
다주어 혜게되면 수쳔슈나 되ᄂᆞ이다

출전: 가람본 『일동장유가』(서울대학교 소장본)

---

8 무: 윗옷의 좌우에 대는 딴 폭이다.
9 동: 저고리 소매 끝이다.

3. 작품 감상

기행가사는 일상적인 시공간에서 벗어나 새로운 공간으로 나아가서 겪은 일을 내용으로 하는 가사로, '출발→목적지 도착→귀환'의 노정 형식이 기본 구성이다. 〈일동장유가〉는 기행가사 가운데서도 사행가사라 할 수 있는데, 행선지가 외국이며, 그 목적이 국제적 외교성을 띠고 있기 때문이다. 당시 김인겸이 속했던 계미 통신사는 1763년 일본 관백 원가중(源家重)이 물러나고 그 아들 원가치(源家治)가 뒤를 이으면서 우호를 청하자 구성된 것이었다.

〈일동장유가〉에 드러난 김인겸의 여정은 크게 3단으로 구성된다. 1763년 8월에 일본을 향해 출발해 이듬해 7월에 귀국하기까지 11개월 남짓의 긴 여정은 다음과 같이 나눌 수 있다.

출발	- 서기 내정과 준비	1763년 7월~8월 2일
목적지 도착	- 일본 사행 과정	1763년 8월 3일~1764년 7월 8일
귀환	- 귀향 - 가사 창작 이유	1764년 7월 9일~1764년 7월 17일

매일 날짜를 기재하지는 않았으나, 전체적으로 일기체의 형식을 사용하여 "계미 8월 초3일 발행, 9월 초5일 해운대 관람" 등과 같은 기록의 형식을 취하였다. 다만 일본으로 사행을 갔다 돌아오는 과정에만 일기체의 형식을 사용하였다. 이는 그가 자신의 여정을 꼼꼼하게 기록하고자 하는 의도에서 나온 것이라 볼 수 있다. 대체적으로 일정은 출발 시간, 날씨, 도착 시간 등을 기본으로 하고 감회, 개인 일정 추가 등을 함께 서술하였으며, 스스로 중요하다고 생각하는 일화의 경우 매우 핍진하게 서술하였다.

장편가사이므로 그 내용이 방대하다고 할 수 있는데, 먼저 (1)은 일본으로 떠나기 전 부산의 영가대(永嘉臺)에 올라 임진왜란과 관련된 기억을 떠올리는 부분이다. 영가대는 전통적으로 통신사가 해신제(海神祭)를 지내던 곳이다. 김인겸은 이곳에서 임진년을 회상하며, 일본으로 출발하기 전의 비장한 심회를 표출하고 있다. 이를 통해 그는 기본적으로 강화와 통신사행 자체를 부끄러워하고 있음을 알 수 있다. 또한 충무공을 연상하며, "왜병이 강타ᄒᆞᆫ들 제어이 등뉵ᄒᆞ리"라고 하여 조국에 대한 자부심도 함께 드러내고 있다. 그는 영가대뿐만 아니라, 임진왜란과 관련된 곳을 방문할 때마다 우국충정을 토로하고 일본에 대한 적개심을 나타낸다. 이는 일본이 조선보다 문화적으로 열등하다는 화이관이 작동한 결과로 볼 수 있다. 이 때문에 전쟁의 원흉이라고 할 수 있는 도요토미 히데요시의 도읍인 오사카를 지날 때는 "성난 털이 일어선다"라는 표현을 사용하며 원색적인 반감을 드러내기도 한다.

(2)는 일본 남녀의 외모를 묘사한 부분이다. '빈발(鬢髮)'은 '쏙뒤', '상투[髻]'는 '고쵸샹토'와 같은 고유어로 번역하여 표현하고 있는 것을 볼 수 있다. 특히 조선인들에게 익숙한 도구들을 활용하여 일본의 풍습을 사실적으로 담아내고 있다. 앞머리를 깎고 상투를 올린 일본 남성의 모습을 이상하게 바라보며 바지를 벗고 칼을 찬 것을 특징적으로 묘사하고 있다. 여성에 대해서는 더 구체적으로 외양을 서술하고 있는데, 이는 이국적 풍습에 대해 사실적으로 기록하여 소개하고자 하는 의도가 잘 드러난 것으로 볼 수 있다.

제시한 부분이 일본인에 대한 외양 설명이라면, 일본에서 만난 신문물에 대한 긍정적인 시선을 드러내기도 한다. "물네가 빙빙도니 뷘통이 ᄂᆞ려와셔/쏘써셔 순환ᄒᆞ야 듀야로 불식ᄒᆞ니/인력을 아니드려 셩각희 놉흔우희/물이절로 너머가셔 온셩안 긔민들이/이물을 바다먹어 브죡들 아니ᄒᆞ니/진실로 긔특ᄒᆞ고 묘ᄒᆞᆷ도 묘ᄒᆞᆯ시"라고 하여 정포(淀浦)에서 강물을 길어 성안으로 보내는 수기(水器)에 대한 묘사를 통해 수기의 움직임을 그대로 제시하고 있다. 여기서는 일본에 대한 경직된 시선에서 벗어나 신문물에 대한 호기심뿐만 아니라 일상생활에 도움이 되는 수기를 높이 평가하고 있음을 알 수 있다.

(3)은 〈일동장유가〉의 후반부에 해당하는 것으로, 사행에서 돌아와 복명하는 장면이다. 계미 통신사의 제술관(製述官)이었던 남옥의 『일관기(日觀記)』에 따르면 김인겸은 귀국 후 곧바로 공주(公州)로 돌아가서 입시하는 데 참석하지 못했다고 되어 있다. 또한 여타 기록들에서도 복명 과정에 김인겸이 참석한 사실이 확인되

지 않는 것을 볼 때, 여기서 제시한 장면은 완전한 허구적 구성으로 보인다. 대화 장면을 살펴보면, "장동김문의셔 셔긔가니 네누군다", "갓가이 오라시매", "고상신의 므어신다"와 같은 영조의 발언은 김인겸이 스스로 자신의 우월성을 강화하기 위해 허구적으로 창작한 논리로 보인다. 이는 앞서 사행을 가기 전 자신이 "문정공 현손으로", "고상신 츙헌공의 오촌딜"임을 자부한 기록과도 비슷한 것이다. 여기에는 영조와의 대화 장면을 삽입하여 자신의 우월성을 강화하고자 하는 의도가 내포되어 있다.[10] 그는 명문인 안동 김씨의 일원이면서도 서출이라는 한계를 지니고 있었고, 진사시에 합격하였지만 벼슬에 나아간 적이 없었다. 이러한 까닭에 공식행사 참례에 대한 서술은 자신의 자의식을 드러내는 하나의 방편이었던 것이다.

그렇다면 김인겸이 국문가사인 〈일동장유가〉를 창작한 이유는 무엇일까? 가문 내에서 가사가 창작되고 유통되면서 그에게 익숙한 장르였기 때문이다. 『동사록(東槎錄)』과 비교해 보면, 한문과 국문이라는 차이점만 있을 뿐, 사건이 거의 유사하게 전개된다. 이를 통해 볼 때, 〈일동장유가〉는 그 스스로 창작 동기를 작품의 말미에 밝혔듯이, 부녀자를 포함한 가문 일족을 염두에 두고 창작한 것이라 할 수 있다. 그렇기 때문에 사행의 노정과 각 노정에서 일어난 일, 새로운 문물과 사람들에 대한 관찰뿐만 아니라, 일본의 선비들과 필담 창화한 일 등을 핍진하게 그려 내었고, 자신의 가문에 대한 자부심도 함께 드러내고자 했던 것이다.

〈생각해 보기〉

(1) 조선 후기 가사는 장편화가 되는 등 앞선 시기의 가사와는 다른 면모를 보이는 지점이 있다. 앞서 배웠던 전기 가사들과 어떠한 차이점이 있는지 생각해 보자.

(2) 계미 통신사행을 함께 다녀왔던 정사(正使) 조엄(趙曮)의 『해사일기(海槎日記)』와 비교해 보고 어떠한 점이 다른지 찾아보자. 그리고 이러한 차이가 드러나게 된 이유에 대해서도 함께 토론해 보자.

---

10 김윤희, 「조선후기 사행가사의 세계 인식과 문학적 특질」, 고려대학교 박사학위논문, 2010, pp. 123-133.

(3) 〈일동장유가〉에는 일본에 대한 여러 시선이 드러나 있다. 한일교류사가 어떻게 이어져 왔는지 찾아보고, 우리와 일본의 관계에 대해 토론해 보자.

참고문헌

· 김인겸 저·최강현 역주, 『일동장유가』, 보고사, 2007.
· 김윤희, 「조선후기 사행가사의 세계 인식과 문학적 특질」, 고려대학교 박사학위논문, 2010.
· 신명숙, 「『日東壯遊歌』에 대한 비판적 성찰 - 18세기 서얼출신 향반의 사행체험」, 『韓民族語文學』 59, 한민족어문학회, 2011.
· 최재남, 「〈일동장유가〉의 표현과 내포」, 『진단학보』 126, 진단학회, 2016.

최은주

63

해동만고가
海東萬古歌

1. 창작 배경

〈해동만고가(海東萬古歌)〉는 단군조선으로부터 고려 때까지 역대의 사실을 상세히 노래한 국한문 혼용 영사가사(詠史歌辭)로서, 그 작자와 창작 연대는 미상이다. 현재 서울대학교 규장각한국학연구원에 소장된 필사본은 총 68면의 1책으로, 4음보 1행을 기준으로 하였을 때 1,012행에 달하는 장편 가사이다. 매 면의 상단에 작은 글씨로, 본문과 관련된 고사, 성어, 역사적 사실들을 한문으로 상세히 기록하고 있어 가사의 본문을 이해하는 데 도움을 준다.

저술 동기를 언급한 서문은 없으나 고조선에서 고려조까지 역대 왕조의 흥망성쇠와 각 시대의 충신, 명장, 역적 등의 행적을 자세히 노래하고 있는 것으로 보아 역사적 사실을 전달하는 것이 작품의 창작 동기임을 추론할 수 있다. 또한 인물의 업적보다는 위국충정이나 청빈함 등을 기준으로 하여 서술 대상을 선택한 점이나, 인물의 행적에 대해 작가의 평가를 덧붙인 점 등을 통해 볼 때, 교훈을 주고자 한 작자의 의도도 엿볼 수 있다.

현존하는 〈해동만고가〉 필사본의 표기법을 가지고 그 창작 시기를 살펴본 연구[1]에 따르면, 분철 표기가 나타나는 점을 들어서 17세기 초반에 필사된 것으로 추정하고 있다. 역사를 읊은 가사 작품은 대체로 그 창작 시기를 18세기 후반에서 19세기로 보는 것이 일반적이며, 특히 작품의 분량이 1,000행 이상인 경우에는 그 시기를 늦춰 보는 것이 일반적이다. 〈해동만고가〉의 창작된 시기를 17세기 초반으로 본다면, 조선 전기에는 100행 이내의 서정적인 가사가, 조선 후기에는 비교적 장형의 서사적이고 교술적인 가사가 주로 창작되었다는 가사문학사의 일반적인 서술에 위배되는 측면이 있어 이에 대해서는 추가적인 연구가 더 필요한 실정이다.

2. 원문 읽기

(1) 1단: 서사

中國之東 東海東에 三神山[2]이 삼기도다 / 南北 三千里에 蓬萊方丈[3]이 버러잇고
南極星[4] 비쵠곳의 瀛洲山[5]이 되야세라 / 扶桑[6] 端日은 最初의 비최엿고
若木[7] 殘照ᄂᆞᆫ 畢境의 머러있다 / 風淳 俗美ᄒᆞ니 中華ᄅᆞᆯ 비겨시나
山高 水麗ᄒᆞ기 天下의 짝이업다 / 秦始皇 漢武帝ᄂᆞᆫ 꿈의나 보앗던가
徐市[8]의 採葉船도 仙路ᄅᆞᆯ 못ᄎᆞ즈니 / 童男童女 五百人이 日光山[9]의 늙다말가

---

1 정한기, 「〈해동만고가〉의 필사시기와 교훈성에 대한 연구」, 『규장각』 27, 서울대학교 규장각한국학연구원, 2004, p. 137.

2 三神山: 신선이 산다고 하는 세 산으로, 중국 전설에 나오는 봉래산(蓬萊山)·방장산(方丈山)·영주산(瀛洲山)을 가리켜 삼신산이라고 부른다. 한국에서는 금강산, 지리산, 한라산을 부르는 말이다.

3 蓬萊方丈: 봉래(蓬萊)는 금강산의 별칭이고, 방장(方丈)은 지리산의 이칭이다.

4 南極星: 남극성은 장수(長壽)를 상징하는 별로, 노인성(老人星) 또는 수성(壽星)이라고도 한다. 사람의 수명을 관장하기 때문에, 이 별을 보면 오래 산다고 전한다.

5 瀛洲山: 한라산을 영주산(瀛洲山)이라고 하는데, 중국의 『사기』에서부터 비롯되었다. 바다 가운데, 봉래(蓬萊)·방장(方丈)·영주(瀛洲) 등 삼신산이 있는데, 그곳에는 불로불사(不老不死)의 약초가 있어 신선들이 살고 있다고 한다. 기원전 200년경에 중국을 통일한 진시황(秦始皇)이 방사(方士) 서불에게 그 약초를 구해 오라 명했는데, 그때 서불이 찾은 곳이 바로 영주산이었다.

6 扶桑: 부상(扶桑)은 해가 떠오르는 곳에 있다는 상상의 나무이다. 불사(不死)와 재생(再生)의 힘을 갖고 있다고 한다. 중국 기준으로 해 뜨는 동쪽을 의미하기도 하여 예로부터 한반도나 일본을 부르던 명칭 중 하나이다.

7 若木: 약목(若木)은 해가 지는 곳에 서 있다는 나무이다.

8 徐市: 서불(徐市)은 진시황 때의 방사(方士)로, 서복(徐福)이라고도 한다. 시황제(始皇帝)의 명에 따라 불로장생의 선약(仙藥)을 구하기 위해 동남동녀(童男童女) 3천 명을 거느리고 동해를 향해 떠난 후 돌아오지 않았다.

9 日光山: 일본 도치기현 닛코시에 있는 일광산(日光山)은 원래 일광동조궁(日光東照宮)이라는 신사가 자

山神의 노는싸히 世緣이 머러시니 / 塵埃롤 모로거든 君長인들 이실소냐
茆簷[10] 端日이 萬方의 붉아시니 / 海東 別乾坤[11]을 世外에 ᄇ릴소냐

(1~14행)

(2) 2단: 단군조선, 기자조선 부분

神人을 天降ᄒ니 檀木下의 나다말가 / 平陽宮[12] 戊辰歲의 與堯로 並立ᄒ니
平壤의 都邑할식 地名도 ᄀ홀시고 / 朝日이 鮮明ᄒ니 國號도 빗나거다
白岳의 移都ᄒ니 漢水런가 西海런가 / 一千 四十八은 聖壽런가 曆年인가[13]
阿斯達[14] 깁흔뫼히 白雲이 머러시니 / 文獻이 無徵[15]ᄒ니 눌ᄃ려 무롤손가
殷宗[16]이 淪喪[17]홀제 三人[18]이 누고누고 / 被髮 爲奴ᄂ 箕聖[19]이 혼자신가
洪範 九疇[20]를 武王의 들인후의 / 西山을 져만보고 東海롤 붋으시니

리 잡고 있는 곳으로서 동조궁(東照宮)은 동쪽의 천조대신(天照大神)을 모신 곳이라는 뜻이며, 일광(日光)은 하루 종일 해가 지지 않는 곳이라는 의미이다.

10 茆簷: 초가지붕의 처마, 모첨(茅檐).

11 別乾坤: 별건곤은 속(俗)된 세상과는 딴판으로 아주 좋은 세상을 말한다.

12 平陽宮: 중국 고대 요(堯)임금이 산서성(山西省) 평양(平陽)에 도읍하고 어진 정치를 베풀었다고 한다.

13 一千……曆年인가: 『삼국유사』에는 단군이 일천구백사십팔 년을 살았다고 전하고 있으나 이규보의 시에는 역년(曆年)이 일천사십팔 년이라고 하였다.

14 阿斯達: 아사달은 고조선의 단군왕검(檀君王儉)이 도읍을 정하였다는 전설적인 지명. 『삼국유사』에는 단군이 아사달에 도읍을 정하고 국호를 조선이라 하였다고 되어 있는데, 아사달은 하나의 전설적인 지명으로 평양과 구월산(九月山)이라는 두 가지 설이 있다.

15 無徵: 증거될 만한 것이 없음.

16 殷宗: 은나라의 제22대 임금 고종(高宗). 이름은 무정(武丁)이다.

17 淪喪: 망해서 없어진다는 의미이다.

18 三人: 삼인은 미자(微子: 주왕의 이복형), 비간(比干: 주왕의 숙부), 기자(箕子: 주왕의 숙부)를 일컫는 것으로, 은나라 마지막 임금인 주왕(紂王)에게 간언을 한 충신을 말한다. 주왕이 법도가 없이 폭정을 일삼자, 비간은 간하다가 죽고, 미자는 버리고 떠났으며 기자는 미친 척하여 숨어 지냈다고 한다.

19 箕聖: 기자를 가리킨다. 기자는 은나라 말기에 폭군 주왕(紂王)이 사치를 부리고 향락에 빠진 것을 보고 주왕에게 간언했으나 말을 듣지 않자 머리를 풀어헤치고 미친 척하며 남의 종노릇을 하고 있었는데, 주왕이 이를 알고 기자를 잡아 옥에 가두었다. 은나라가 주나라 무왕(武王)에게 멸망당하자 조선으로 망명하였다고 전해진다.

20 洪範 九疇: 주(周)나라 무왕(武王)이 주(紂)를 토벌하고 기자에게 찾아가 나라를 다스리는 법을 묻자 기자는 홍범 구주(洪範九疇)를 이야기하였다고 한다. 이에 무왕이 기자를 조선(朝鮮)에 봉(封)하였다. 『서경』 주서(周書) 홍범편에 수록되어 있다. 9조목은 오행(五行)·오사(五事)·팔정(八政)·오기(五紀)·황극(皇極)·삼덕(三德)·계의(稽疑)·서징(庶徵) 및 오복(五福)과 육극(六極)이다.

東方을 玉成ᄒᆞ고 臣僕[21]을 마쟈던가

(15~27행)

…(중략)…

(3) 3단: 삼국 중 신라-박혁거세 부분

三韓은 그만두고 三國을 닐러보쟈 / 新羅始祖 赫居世ᄂᆞᆫ 辰韓짜흘 엇다말가
漢元帝[22] 五鳳[23]初에 朴赫居世[24] 낫다말가 / 高墟村[25] 羅井林에 ᄆᆞᆯ이울고 알이나니
큰알흘 ᄭᅵ쳐내니 아히도 奇特ᄒᆞᆯ샤 / 六部村 모도이고 君長이 되야시니
朴이라 姓을ᄒᆞ니 박ᄀᆞᆺᄒᆞᆯ시 올커니와 / 居四干은 어인말고 尊稱인가 일홈인가
國號 徐羅伐[26]은 二十代의 傳ᄒᆞ엿다 / 神人을 내야서니 配匹인들 업슬소냐
閼英井의 룡이이셔 右脅으로 ᄯᅡᆯ이나니 / 德容도 奇特ᄒᆞ고 賢行도 거룩ᄒᆞᆯ샤
井名으로 일홈ᄒᆞ야 君子好逑 되야시니 / 聖治를 內輔ᄒᆞ니 二聖이라 일ᄏᆞᆺ도다
農桑을 勸督ᄒᆞ니 四方이 降附ᄒᆞᆫ다 / 島夷[27]도 退師[28]ᄒᆞ니 神德을 들어셰라

(61~76행)

…(하략)…

출전: 김문기, 「〈해동만고가〉에 대하여」[29]

---

21 臣僕: 은나라 주왕이 폭정을 일삼자 기자(箕子)는 곧 머리를 흩뜨리고 미친 체하면서 종[奴]이 되고는 일찍이 말하기를, "상(商)나라[은나라]가 망하게 되면 나는 (다른 왕조의) 신복(臣僕)이 되지 않겠다."라고 하였다고 전한다.

22 漢元帝: 전한의 제11대 황제(재위 기원전 48~기원전 33). 전한의 선제(宣帝)를 잘못 기록한 것으로 보인다.

23 五鳳: 전한의 제10대 황제 효선제(孝宣帝)의 다섯 번째 연호로 기원전 57년부터 기원전 54년까지 4년간 사용하였다. 오봉 원년(기원전 57)에 신라의 혁거세가 즉위하였다고 한다.

24 朴赫居世: 성은 박(朴)이고 이름[諱]은 혁거세(赫居世)이며 불구내(弗矩內)라고도 한다. 왕호(王號)는 거서간(居西干 또는 居瑟邯)인데, 『삼국사기(三國史記)』에는 거서간이 진한(辰韓) 지역에서 왕이나 귀인(貴人)을 가리키던 말이라고 기록되어 있다. 왕비(王妃)는 사량리(沙梁里) 출신의 알영(閼英)으로, 남해차차웅(南解次次雄, 재위 4~24)과 아로(阿老) 등의 자녀를 두었다.

25 高墟村: 진한의 여섯 마을 중의 한 지역. 『삼국유사』에 따르면, 옛날 진한(辰韓) 땅에 여섯 마을이 있었는데, 어느 날 고허촌(高墟村) 촌장 소벌공(蘇伐公)이, 양산 밑의 나정(蘿井)이라는 우물 곁에서 흰 말이 무릎을 꿇고 우는 것을 보고 이상히 여겨 가 보았더니, 말은 간 곳 없고 불그스름한 알이 하나 있었다. 깨 보니 아기가 있어 데려가 정성껏 길렀다. 이 아기는 점점 준수하여져 나이 열세 살에 훌륭한 젊은이가 되었다. 이에 여섯 마을 촌장들이 모여 이 아이를 임금으로 삼고, 박처럼 둥근 알에서 나왔으므로 성을 박(朴)이라 하였으며, 세상을 밝게 다스린다는 뜻으로 이름을 혁거세라 하였다고 한다.

26 徐羅伐: 초기 신라의 국호(國號). 서나벌(徐那伐)·서벌(徐伐)·서야벌(徐耶伐)·사라(斯羅)·사로(斯盧) 등으로도 불린다. 제22대 지증왕(智證王, 재위 500~514) 때인 503년에 국호를 신라(新羅)로 고쳤다.

27 島夷: 섬에 사는 오랑캐라는 뜻으로, 주로 일본을 가리킨다.

28 退師: 군사가 물러감.

3. 작품 감상

〈해동만고가〉는 우리나라의 역사만을 서술하고 있는 동국역대가군에 속하는 작품으로, 역사적 내용이 작품의 대부분을 차지하는 영사가사이다. 작품의 내용은 우리나라의 위치와 자연, 고조선 및 삼한의 흥망, 삼국 및 후삼국의 흥망, 고려의 흥망 등 크게 네 부분으로 나누어 볼 수 있다. 4음보 1행을 기준으로 왕조별로 서술된 분량을 살펴보자면 다음과 같다.

구분	주된 내용	구체적 서술 내용 및 분량
1단	**우리나라의 위치와 자연(서사)**	산수와 풍속 14행(1~14행)
2단	**고조선 및 삼한의 흥망**	단군조선 8행(15~22행), 기자조선 15행(23~37행), 위만조선 5행(38~42행), 한사군과 이부 각 4행(43~50행), 삼한 10행(51~60행)
3단	**삼국 및 후삼국의 흥망**	삼국 580행(61~640행), 통일신라 64행(641~704행)
4단	고려의 흥망	고려 308행(705~1,012행)

여기서는 1단, 2단, 3단의 내용을 중심으로 살펴보도록 하겠다. (1) '1단'에서는 '해동(海東)' 즉 조선이 중국의 동쪽에 있다는 서술로 시작하는데, 이는 세계 인식의 중심이 중국이라는 것을 은연중에 드러내고 있다고 볼 수 있다. 그러나 1단에서 묘사되는 조선의 모습은, 신선이 사는 곳이며 해가 뜨는 희망의 나라이며, 발전하고 흥성(興盛)하는 나라이며, 산수가 수려하고 아름다운 곳으로 중국과 견줄 만하다고 하여 중국과 대등한 관점으로 조선을 인식하려는 자부심과 자주적 의식을 동시에 드러내고 있다. 또한 '진시황(秦始皇)의 구불사약(求不死藥)' 고사를 끌어와 조선을 선택된 신비의 낙원으로 부각시키고 있다.

(2) '2단'에서는 고조선의 단군(檀君)과 기자조선의 기자(箕子) 모두를 정통(正統)으로 보고, 기자의 예의치국(禮義治國)을 높이 평가하는 반면, 한사군의 설치와 삼한의 사적에 대해서는 간략하게 언급하고 있다. 이 내용을 통해 작자는 중국 은나

29 〈해동만고가〉의 원문은 김문기, 「〈해동만고가〉에 대하여」, 『문맥』 6, 경북대학교 국어교육과, 1978, pp. 14-24에서 일부 재인용하였다.

라 말기에 기자(箕子)가 조선에 와서 단군조선에 이어 기자조선을 건국하였다는 역사적 관점을 지니고 있음을 알 수 있다. 이러한 관점은 특히 조선에서 두드러졌는데, 이때는 왕도 정치의 구현과 중국과의 사대관계 유지가 이상적인 정치와 외교로 인식되던 시대였다. 그러므로 기자와 같은 중국의 현인이 조선 왕조와 국호가 같은 고조선에 와서 백성을 교화한 사실을 명예로운 일이었다고 이해하며, 기자동래설(箕子東來設)을 긍정적으로 수용하는 사대주의적 관점을 엿볼 수 있다.

(3) '3단'에서는 신라, 고구려, 백제 그리고 후삼국의 역사적 사실을 읊고 있는데, 본 가사에서 가장 많은 분량을 차지한다. 단군에서 고려 말에 이르는 우리나라 전체 역사를 신라, 고구려, 백제의 순서는 지키되, 먼저 시조의 탄생에 얽힌 이야기를 자세히 언급하고, 초기, 중기, 말기로 나누어 삼국의 사실을 교차로 제시하고 있다. 3단에서 보듯이, 알에서 태어난 신라의 시조 박혁거세의 탄생에 관한 신이한 이야기를 가장 먼저 제시하고 있다. 『삼국사기』에는 혁거세왕의 탄생, 박씨라는 성과 이름을 얻게 된 내력, 알영의 탄생과 그녀와의 결혼, 박혁거세의 치적 내용이 서술되어 있는데 〈해동만고가〉에서도 이와 비슷한 내용이 나타나고 있어, 〈해동만고가〉가 『삼국사기』와 비슷한 관점에서 서술되었음을 파악할 수 있다.

전체적인 서술의 차례는 『삼국사기』의 본기(本紀) 형식을 따르면서 내용적으로는 「열전(列傳)」에 나오는 인물을 위주로 노래하고 있다. 『삼국사기』 외에 『삼국유사』에서 가져온 내용으로는 시조(始祖) 신화와 사금갑(射琴匣) 전설, 선덕왕(善德王)의 지기삼사(知機三事), 처용랑(處容郎)과 망해사(望海寺) 등의 내용을 중점적으로 수용하고 있다.

원문 읽기에는 없지만 (4) '4단'에서는 고려의 흥망에 대해 시대별로 내려오면서 『고려사(高麗史)』 「열전(列傳)」에 나오는 인물들을 중심으로 사건별로 노래하고 있는데, 주로 왕위 계승과 관련된 것들이 많다. 목종(穆宗), 인종(仁宗), 의종(毅宗), 원종(元宗), 충렬왕(忠烈王)과 충선왕(忠宣王), 충숙왕(忠肅王), 충혜왕(忠惠王), 공민왕(恭愍王), 우왕(禑王), 이성계의 조선 건국에 대한 부분까지를 순차적으로 다루고 있다.

영사가사는 독자에게 역사적 정보를 전달하거나 그 정보를 통하여 교훈을 주는 것을 목적으로 창작된다.[30] 〈해동만고가〉에서 선택된 삼국 시대에서 고려 말까지의 역사적인 소재들은 주로 왕의 도리, 왕위 계승, 신하의 도리라는 세 가지 항목이 중심이다. 이 작품은 후대의 향유자들에게 단군조선에서 조선의 태조 이성계까지의 역사적 정통이 어떻게 계승되었는지를 알리고, 이를 통해 역사적 교양 능력을 쌓아 앞으로 닥칠 역사적 사건에 대한 판단의 근거로 삼으라는 교훈적 의도가 농후한 작품이다.

〈생각해 보기〉

(1) 세종 18년(1436)에 왕명으로 윤회(尹淮)와 권제(權踶)가 『역대세년가(歷代世年歌)』를 편찬하였다. 이 책은 상책의 〈역대세년가〉와 하책의 〈동국세년가(東國世年歌)〉로 구성되어 있다. 〈역대세년가〉는 중국의 역사를 다루며, 〈동국세년가〉는 단군에서 고려 말에 이르는 동국의 역사를 개괄적으로 정리한 영사시(詠史詩)라 할 수 있다. 이 중 〈동국세년가〉와 〈해동만고가〉를 비교해서 읽어 보자.

(2) 우리나라에서의 '영사(詠史)'는 영사악부로 발전하여 내용과 형식면에서 강화된 모습을 보이다가 역대가 등의 국한문가사로까지 변모되었다. 영사시인 이규보의 〈동명왕편(東明王篇)〉, 이승휴의 〈제왕운기(帝王韻紀)〉를 읽고, 영사가사 〈해동만고가〉와 표현의 방법 측면을 비교해 보자.

(3) 중국의 역사를 서술하는 중국역대가류는 명나라의 멸망까지, 우리나라의 역사를 서술하는 동국역대가류는 임진왜란 또는 병자호란까지 서술하는 것이 일반적이다. 그러나 〈해동만고가〉는 고려조까지를 하한으로 우리나라의 사실(史實)을 서술하고 있다. 이는 작자가 의도적으로 선택한 것으로 볼 수 있다. 우리나라의 역사를 서술하면서 당대를 다루지 않고 고려에서 그친 이유에 대해서 생각해 보자.

참고문헌

· 김문기, 「해동만고가에 대하여」, 『문맥』 6, 경북대학교 국어교육과, 1978.
· 김영숙, 「영사시(詠史詩)의 개념(槪念)과 작품의 실상(實相)」, 『동방한문학』 37, 동방한문학회, 2008.
· 손대현, 「영사가사 연구」, 경북대학교 박사학위논문, 2015.
· 정한기, 「〈해동만고가〉의 필사시기와 교훈성에 대한 연구」, 『규장각』 27, 서울대학교 규장각한국학연구원, 2004.

이윤선

30 김문기, 위의 논문, pp. 9-10.

64

이가환·김원성의 경세가
警世歌

1. 창작 배경

〈경세가〉는 18세기 말 이가환(李家煥, 1742~1801)과 김원성이 창작한 단편가사로, 당시 천주교의 교리를 읊은 천주가사에 정면으로 반박하는 내용을 담은 반(反)천주가사(벽위가사)이다. 실제 작자는 두 사람으로 기록되어 있으나,[1] 흔히 이가환이 작자로 불리고 있다. 이가환은 조선 후기 개성 유수, 형조 판서 등을 역임한 학자로 본관은 여주(驪州), 자는 정조(廷藻), 호는 금대(錦帶), 정헌(貞軒)이다. 천주교인 이승훈과 천주교에 대해 논쟁을 벌였으며, 이후 이승훈에게 설득되어 천주교인이 되었다. 하지만 신해박해가 일어났을 때와 충주 목사 재임 당시 천주교인을 탄압하기도 하였으며, 이후 이승훈, 권철신 등과 함께 순교하였다.

이 작품은 최초의 반천주가사(벽위가사)이며, 2음보 1구로 총 43구의 짧은 형태이다. 아울러 2구 정도 형식적으로 정형이 지켜지지 않은 경우가 있으나 대체로 4음보 정형으로 구성되어 있으며, 4·4조가 주조를 이룬다. 주로 천주교가 성행하는 것을 경계하며, 천주의 존재와 전지전능, 천당과 지옥의 개념 등을 비난하는 내용으로 이루어져 있다. 비슷한 시기에 창작된 〈천주공경가〉, 〈십계명가〉 등이

---

1 『만천유고』, "李錦帶家煥金公源星作詞寄之"

천주교의 교리를 충실히 담아내고 있는 것에 비해 〈경세가〉는 이러한 논리를 정면으로 반박하고 있다. 18세기 후반 천주교의 유입과 교세 확장, 포교의 문제와 이에 대한 당시 지식인의 대응 양상을 확인할 수 있는 자료라는 점에서 중요한 의의가 있는 작품이라 할 수 있다.

2. 원문 읽기

어화세상 ᄉᆞᄅᆞᆷ드라 / 저ᄉᆞᄅᆞᆷ들 거동보쇼
우쥬ᄆᆞᆫ물 셰샹텬지 / ᄆᆞᆫ드신ᄌᆞ 텬쥬[2]라ᄂᆡ
음양ᄐᆡ주[3] 죠물쥬[4]를 / 텬쥬라고 니름짓ᄂᆡ
텬쥬를 ᄆᆞᆫ든것슨 / 뉘라머라 이르느뇨
텬쥬공경 아니ᄒᆞ면 / 죄도ᄆᆞᆫ코 듸옥간다
텬ᄆᆞᆫ년 동방싸에 / 주근ᄉᆞᄅᆞᆷ 억됴ᄌᆞᆼ싱[5]
모드다 듸옥간ᄂᆞ / 텬쥬ᄂᆞᆫ 웨몰ᄅᆞᆫᄂᆞ
텬쥬잇다 누가밧ᄂᆞ / 옛적에 웨못밧ᄂᆞ
공경ᄒᆞ면 텬당가고 / 불공경은 듸옥이ᄅᆞ
텬쥬는 ᄉᆞᄅᆞᆷ마다 / 공경바더 무엇ᄒᆞ노
불시석가[6] 가르침은 / ᄃᆡ자ᄃᆡ비[7] ᄒᆞ렷거늘
텬쥬심ᄉᆞ 얄굿도다 / 듸옥은 무ᄉᆞᆷ일고
령혼잇다 텬쥬공경 / 말슴마다 시비마쇼

---

2 텬쥬: 천주(天主)를 가리키는 말로, 가톨릭의 'God'을 번역한 '하느님'의 개념이다. 불교에서는 대자대천(大慈大天)을 이르는 말로 쓰인다.

3 음양ᄐᆡ주: 음양이 조화를 이루어 만물이 생성됨을 가리키는 말이다.

4 죠물쥬: 조물주를 가리키는 말로, 만물을 창조하고 다스리는 존재를 의미한다.

5 억됴ᄌᆞᆼ싱: 억조창생(億兆蒼生)을 가리키는 말로, 본문에서는 '수없이 많음'을 의미하는 말로 쓰였다.

6 불시석가: 불씨석가(佛氏釋迦)를 가리키는 말로, 불교를 의미한다. 이전 시기에 불교를 불씨(佛氏)라고 표현한 사례는 정도전의 『불씨잡변(佛氏雜辨)』을 통해서도 확인할 수 있다.

7 ᄃᆡ자ᄃᆡ비: 대자대비(大慈大悲)를 가리키는 말로, 끝없이 넓고 큰 자비심을 의미한다. 특히 관세음보살이 중생을 불쌍하게 여기는 마음을 지칭하는 말로도 쓰인다.

수억만년 억됴즁ᄉᆡᆼ / 령혼마다 어듸갓노
빗속게셔 주근ᄌᆞ식 / 령혼은 어듸갓노
우쥬만물 져몸ᄃᆡ로 / 즁ᄉᆡᆼᄒᆞ신 텬쥬가
어이ᄒᆞ야 버리갓흔 / ᄉᆞᄅᆞᆷ마음 이리 ᄆᆞᆫ드런고
가엽고도 가소롭다 / 져션비들 쏠좀보쇼
놀가므러 ᄑᆡ농[8]ᄒᆞ고 / 병들고 죽는것시
전지전능 텬쥬타시 / 아니런가
그런공경 쓸ᄃᆡ업다 / 쏠도둇타 텬쥬학[9]
숙덕거려 텬당갈가 / ᄌᆡ분수ᄂᆞ 직켜가셰

출전: 『만천유고(蔓川遺稿)』

3. 작품 감상

〈경세가〉의 작자는 『만천유고』에 이가환과 김원성으로 기록되어 있어 논란의 여지가 없으나, 이 작품이 구체적으로 어느 시기에 창작되었는지에 대해서는 다소 이견이 있다. 작자 중 한 명인 김원성의 경우 구체적인 행적을 파악하는 것이 어렵기 때문에 구체적인 창작 시기를 가늠하기 어려우나, 이가환의 경우 그의 행적을 다소 상세하게 파악할 수 있기 때문에 이가환의 행적을 토대로 구체적인 창작 시기를 구명하려는 노력이 있어 왔다. 하지만 천주교에 대한 이가환의 입장이 시기에 따라 전혀 다른 형태로 나타났기 때문에 구체적인 창작 시기에 대해 서로 다른 견해가 제기되기도 하였다.

〈경세가〉는 천주교의 교리에 대해 비판한 반천주가사이다. 그렇기 때문에 이가환의 행적 가운데 천주교에 대해 비판적 시각을 가졌던 것으로 보이는 시기에 이 작품을 창작한 것으로 보는 것이 바람직하다. 이가환이 천주교에 대해 비판적 시

8 ᄑᆡ농: 패농(敗農) 즉 농사를 실패하였다는 의미이다. 조선 시대에는 농사가 백성이 삶을 이어 갈 수 있는 가장 기본적이고 중요한 수단이었기 때문에 본문에서 '죽음'과 동등한 층위에서 제시되었다.

9 텬쥬학: 천주학(天主學)을 가리키는 말로, 학문으로서의 천주교를 의미한다.

각을 가졌던 때는 크게 천주교인이 되어 천주학을 연구하기 이전 시기와 천주교인을 탄압하였던 두 시기로 나누어 볼 수 있다. 앞의 시기는 조선 천주교의 창립에 중요한 역할을 하였던 광암 이벽(李蘗, 1754~1786)이 천주교인이 되었다는 사실을 알고 그를 유교로 돌아오게 하기 위해 찾아가 사흘간 토론 후 포기하였다고 기록된 해인 1784년 전후이며, 뒤의 시기는 진산 사건[10]이 일어났던 1791년 이후이다.

기록이나 문헌상으로 정확한 창작 연대를 고증하기란 사실상 불가능하다. 하지만 가사 갈래를 통하여 이러한 내용을 담아내어야 했던 목적을 고려해 보면, 1791~1801년경에 창작한 것으로 추정해 볼 수 있다. 이러한 종교와 관련된 내용을 가사 갈래에 담아 창작했다는 것은 그 당시의 가사 갈래 향유 계층을 고려해 볼 때, 보다 큰 사회적인 파급력을 염두에 둔 것이라고 할 수 있다. 이가환이 이벽과 논쟁을 벌였던 시기는 사실상 조선 천주교가 창립되었던 때로 〈십계명가〉, 〈천주공경가〉 정도의 천주가사가 창작되었다고는 하나 〈경세가〉와 같은 반천주가사가 창작되어야 할 뚜렷한 당위성을 찾기 힘들다. 오히려 1791년 이후 제사를 폐하는 문제로 천주교에 대한 반감이 확대되던 시기에 이러한 반천주가사가 창작되었다고 보는 것이 조금 더 자연스러울 것이다.

이 작품은 일관되게 천주교의 교리를 반박하는 방식으로 사설의 내용이 구성되어 있다. 사설에 담긴 구체적인 서술 내용에 따라 작품을 분석하면 다음과 같다.

① 서사(1~2구): 청자 시선 환기
② 본사 1(3~8구): 천주 존재에 대한 비판
③ 본사 2(9~24구): 천국/지옥 논리에 대한 비판
④ 본사 3(25~30구): 영혼설에 대한 비판
⑤ 본사 4(31~39구): 천주의 전지전능에 대한 비판
⑥ 결사(40~43구): 조롱과 야유

10 진산 사건: 신해년(1791)에 호남 진산군의 선비 윤지충, 권상연이 신주를 불사르고 천주교식 제례를 지내어 조선 조정에서 이들을 사형에 처한 사건이다.

구체적으로 이 작품의 사설은 연역적으로 천주교의 교리를 비판하는 방식으로 내용을 전개하고 있는데, 이러한 비판의 근거가 치밀하고 명확하지는 않다. 작가가 생각하는 특정 사례를 가정하고, 이를 바탕으로 천주교의 교리가 옳지 않다는 방식으로 사설을 전개하였는데, 이러한 특정 사례 가정이 교리 전체에 대한 합당한 비판의 근거가 된다고 보기는 어렵다. 이 작품의 가장 주요한 목적이 논리적인 차원에서 천주교 교리를 반박하는 데 있었던 것이 아님을 확인할 수 있는 부분이다. 가사 갈래의 특징과 이것이 향유되는 양상을 고려하여 보면, 천주교에 대한 논리적인 비판보다는 많은 사람들에게 천주교의 부당함 혹은 잘못된 점을 알리는 것이 더욱 중요한 역할이었음을 알 수 있다.

또한 〈경세가〉 내용의 구성과 구조화에는 천주가사 〈천주공경가〉가 영향을 미쳤음을 확인할 수 있다. 〈천주공경가〉 역시 34구 정도로 구성된 짧은 가사 작품인데, 이 작품의 본사도 천주 존재-영혼 개념-지옥설의 형태로 구성되어 있다.[11] 즉, 〈천주공경가〉가 상대적으로 이른 시기에 창작되었다는 점을 전제로 하면, 〈경세가〉는 〈천주공경가〉에 담긴 천주교 교리를 정면으로 반박하는 형식으로 사설이 구성되어 있는 것이다. 당시 종교의 수용과 대항의 차원에서 천주교인과 성리학자가 문학적으로 어떻게 대응하였는지를 알 수 있는 사례라고 할 수 있다.

사설 가운데 불교의 논리를 인용하여 천주교의 논리를 반박하고 있다는 점 역시 주목할 만하다. "불시석가 가르침은 ᄃᆡ자ᄃᆡ비 ᄒᆞ렷거늘"에서 확인할 수 있듯이 천주교의 천국/지옥 논리에 대한 비판의 근거로 불교의 대자대비(大慈大悲) 개념을 인용하였다. 불교의 대자대비는 중생을 가리지 않는 부처의 자비심을 의미하는 것으로, 신도의 신앙심과 신앙 행위를 전제로 한 천국/지옥의 개념과 상반되는 것으로 해석한 것이다. 물론, 이가환이 불교에 조예가 깊다고 할 수는 없으며, 이러한 대비적 개념 제시가 정확한 것은 아니지만, 당시 서학으로 통칭되는 천주교를 배척하기 위하여 한국에서 전승되어 오던 종교에 대해 상대적으로 긍정적인 인식을 가지기도 했다는 점을 확인할 수 있다.

---

11 김상호, 「천주가사의 어조와 서술방식 연구」, 『남명학연구』 57, 경상대학교 남명학연구소, 2018, p. 284.

이상과 같이 〈경세가〉는 조선 후기 천주교의 전파와 관련하여 당대의 유학자들이 어떻게 대응하였는지를 확인할 수 있는 중요한 자료 중 하나라고 할 수 있다. 특히, 천주교 전파 및 사회적 박해와 관련한 문학적 대응은 주로 19세기 이후에 많이 나타나는데, 이러한 대응이 본격화되기 전 단계의 사회적 상황과 문학적 대응의 기저를 담아내고 있다. 이러한 과정을 거치며 한반도에서는 본격적으로 다양한 종교가 생겨나게 되었고, 불교가사, 동학가사, 원불교가사 등 종교가사가 폭발적으로 창작·향유되었다.

〈생각해 보기〉

(1) 〈경세가〉의 사설을 바탕으로 당시의 유학자들이 천주교의 전래와 전파에 어떻게 대응하였는지 정리하여 보자.

(2) 〈경세가〉와 〈천주공경가〉를 비교해서 읽어 보고, 사설에 나타난 관점과 분석 내용의 차이를 찾아보자.

(3) 조선 후기 천주교의 전래와 전파를 비롯하여 다양한 신흥 종교가 발생하여 사회적으로 유행할 수 있었던 이유에 대해 생각하여 보자.

참고문헌

· 김상호, 「천주가사의 어조와 서술방식 연구」, 『남명학연구』 57, 경상대학교 남명학연구소, 2018.
· 김인혜, 「18세기 말 천주가사와 벽이가사 연구」, 연세대학교 석사학위논문, 2001.
· 김효정, 「금대 이가환 시문학 일고찰」, 『한국한시연구』 23, 한국한시학회, 2015.
· 이혜정, 「천주가사의 저작배경과 내용의 변화」, 『종교연구』 34, 한국종교학회, 2004.

최형우

65

정학유의 농가월령가
農家月令歌

1. 창작 배경

〈농가월령가(農家月令歌)〉는 운포(耘逋) 정학유(丁學游, 1786~1855)가 지은 월령체(月令體) 장편 가사이다. 한때는 『태촌선생문집(泰村先生文集)』의 〈농가월령서(農家月令序)〉에 "(『농가월령』을) 언문으로 번역하여 어리석은 사람이라도 또한 쉽게 알 수 있게 하였다."라는 내용이 들어가 있어, 태촌(泰村) 고상안(高尙顔, 1553~1623)을 작자로 추정하기도 하였으나, 정인보 소장본 〈농가월영가〉에 "운포쳐ᄉᆞ 작"이라 명시되어 있고, 작품에 나타난 방언 및 풍속에 대한 검토 등을 통해 정학유의 작품인 것으로 일단락되었다.

이 작품의 창작 배경으로는 월령(月令)의 전통, 농서(農書) 및 세시기(歲時記)와의 관련성, 가학(家學)의 영향 등을 거론할 수 있다. 먼저, 월령의 전통이 이 작품에 영향을 미쳤다는 사실은, 작품의 제목이나 구성을 통해 쉽게 짐작할 수 있다. 본래 월령은 『예기(禮記)』의 한 편명으로, 매달의 정사(政事)를 기록한다는 의미를 지니고 있었다. 그러나 점차 그 뜻이 확대되어 매월 해야 할 일을 적은 행사표라는 의미로 쓰이게 되었으며, 이후 〈농가월령가〉를 포함한 월령체 작품들의 형식과 내용에 많은 영향을 미쳤다. 다음으로 각종 농서들에는 매월 농가에서 해야 할 일들이 기록되어 있기에, 관찬 및 사찬 농서들도 〈농가월령가〉의 창작에 일정한 영향을 미쳤을 것으로 보인다. 한편, 〈농가월령가〉에는 농가에서 일어나는 다양한 풍속들도 두루 언급되어 있다. 이는 조선 후기에 추재(秋齋) 조수삼(趙秀三, 1762~1849)의 『세시기(歲時記)』, 영재(泠齋) 유득공(柳得恭, 1748~1807)의 『경도잡지(京都雜誌)』 등 각종 세시기가 편찬된 데서 영향을 받은 것으로 볼 수 있다. 물론 작자인 정학유가 아버지 정약용(丁若鏞, 1762~1836)의 실증적·고증적 학문 태도에 영향을 받아, 실제로 농사에 종사하면서 『시명다식(詩名多識)』 등을 편찬하였다는 점 역시 작품 창작의 주요 동인이라 할 수 있겠다.

2. 원문 읽기

(1) 〈서사〉

텬지 됴판[1]ᄒᆞᄆᆡ 일월셩신 비최거다 / 일월 도슈잇고 셩신은 젼ᄎᆞ[2]잇셔
일년 삼ᄇᆡᆨ뉵십일의 제도슈 도라오ᄆᆡ / …(중략)…
츈하츄동 왕ᄂᆡ하니 ᄌᆞ연이 셩셰[3]ᄒᆞ다 / 요슌ᄀᆞᆺ치 착ᄒᆞᆫ님군 녁법 창ᄀᆡᄒᆞ샤
텬시를 ᄇᆞᆰ혀ᄂᆡ샤 만민을 맛기시니 / 하우씨 오ᄇᆡᆨ년은 인월노 셰슈ᄒᆞ고[4]
쥬나라 팔ᄇᆡᆨ년은 ᄌᆞ월이 신졍이라[5] / 당금의 쓰ᄂᆞᆫ녁법 하우씨와 ᄒᆞᆫ법이라
한셔온량[6] 긔후ᄎᆞ셔[7] ᄉᆞ시의 맛ᄀᆞᄌᆞ니 / 공부ᄌᆞ의 취하시미 하졍을 힝ᄒᆞ도다

(2) 〈정월령〉

졍월은 ᄆᆡᆼ츈이라 입츈우슈 졀긔로다 / 산듕 간학[8]의 빙셜은 남아시니
평교[9] 광야의 운물[10]이 변ᄒᆞ도다 / 어와 우리셩상 ᄋᆡ민듕농 ᄒᆞ오시니

---

1 텬지 됴판: 천지(天地) 조판(肇判). 하늘과 땅이 처음으로 생겨나 갈라짐을 의미한다.
2 젼ᄎᆞ: 전차(詮次). 별이 돌아가는 길을 의미한다.
3 셩셰: 성세(成歲). 한 해가 되었음을 의미한다.
4 인월노 셰슈ᄒᆞ고: 인월(寅月)로 세수(歲首)하고. 음력 정월을 새해의 첫머리로 삼는다는 의미이다.
5 ᄌᆞ월이 신졍이라: 자월(子月)이 신정(新正)이라. 음력 11월을 새해의 첫머리로 삼는다는 의미이다.
6 한셔온량: 한서온량(寒暑溫涼). 추위와 더위, 따뜻함과 시원함을 의미한다.
7 긔후ᄎᆞ셔: 기후차서(氣候次序). 기후의 차례를 의미한다.
8 간학: 간학(澗壑). 골짜기에 흘러내리는 시냇물이다.

간측ᄒᆞ신 권농뉸음[11] 방곡[12] 반포ᄒᆞ니 / 슬프다 농부들아 아므리 무지ᄒᆞᆫ들
네몸이히 고ᄉᆞᄒᆞ고 셩의를 어길소냐 / …(중략)…
일년지계 직츈ᄒᆞ니 범ᄉᆞ를 미리ᄒᆞ라 / 농지를 다ᄉᆞ리고 농우를 살펴먹여
직거름 직와노코 일변으로 시러ᄂᆡ여 / ᄆᆡᆨ젼의 오좀쥬기 셰전[13]보다 힘써ᄒᆞ소
늙으니 근녁업고 힘든일은 못ᄒᆞ여도 / 낫이면 이엉녁고 밤이면 ᄉᆡᆨ기ᄭᅩ아
ᄯᆡ밋쳐 집니우니 큰근심 더럿도다 / …(중략)…
사나히 연ᄯᅴ우고 겨집아히 널ᄯᅱ우고 / 늇노라 나기ᄒᆞ기 쇼년들의 노리로다
샤당의 셰알ᄒᆞ니 병탕[14]의 쥬과로다 / 엄파[15]와 미ᄂᆞ리를 무오엄[16]의 겻드리면
보기의 신신ᄒᆞ야 오신치[17] 부러ᄒᆞ랴 / 보롬날 약밥ᄎᆞ례 신나젹 풍속이라
묵은산ᄎᆡ 살마ᄂᆡ여 육미를 밧굴소냐 / 귀붉히ᄂᆞᆫ 약술이며 부름삭ᄂᆞᆫ 싱늄이라
먼져불러 더위팔기 달마지 홰불혀기 / 흘너오ᄂᆞᆫ 풍속이오 아히들 노리로다

(3) 〈10월령〉

십월은 ᄆᆡᆼ동이라 입동소셜 졀긔로다 / 나무닙 ᄯᅥ러지고 곤이소ᄅᆡ 놉히난다
듯거라 아히들아 농공을 필ᄒᆞ도다 / 남은일 ᄉᆡᆼ각ᄒᆞ야 집안일 마ᄌᆞᄒᆞ시
무ᄇᆡᄎᆞ ᄏᆡ아드려 침장[18]을 ᄒᆞ오리라 / …(중략)…
술빗고 ᄯᅥᆨᄒᆞ여라 강신날[19] 갓가왓다 / ᄭᅮᆯ셜기 단ᄌᆞ[20]ᄒᆞ고 모밀아셔[21] 국슈ᄒᆞ소

---

9 평교: 평교(平郊). 성문 밖의 넓고 평평한 들이다.
10 운물: 운물(雲物). 하늘의 모양과 천지 간의 변동을 의미한다.
11 권농뉸음: 권농윤음(勸農綸音). 농사를 부지런히 하라고 권하는 임금의 교서이다.
12 방곡: 방곡(坊曲). 마을과 같은 뜻이다.
13 셰전: 세전(歲前). 설을 쇠기 전이라는 의미이다.
14 병탕: 병탕(餠湯). 떡국이다.
15 엄파: 움파의 방언이다. 움파는 겨울에 움 속에서 자란, 빛이 누런 파이다.
16 무오엄: 무움의 방언이다. 무움은 겨울에 움 속에 묻어서, 빛이 누렇게 된 무의 순이다.
17 오신치: 부추, 염교, 파, 마늘, 생강 등의 다섯 가지 나물이다.
18 침장: 침장(沈藏). 겨우내 먹기 위하여 김치를 한꺼번에 많이 담그는 일이다.
19 강신날: 강신(降神) 날. 음력 10월에 새로 거둔 곡식과 과실들로 성조신(成造神)에게 제사를 올리며 집안이 편안하기를 비는 날이다.
20 단ᄌᆞ: 단자(團子). 떡의 한 종류이다.
21 아셔: 앗아. 껍질을 벗긴다는 의미이다.

소잡고 돗잡으니 음식이 풍비ᄒᆞ다 / 들마당의 ᄎᆞ일치고 동ᄂᆡ모화 ᄌᆞ리포진
노소ᄎᆞ례 틀닐셰라 남녀분별 각각ᄒᆞ소 / 사면[22]ᄒᆞᆫᄑᆡ 어더오소 화랑이[23] 줄모지[24]라
북치고 피리부니 여민낙이 제법이라 / …(중략)…
효제츙신 대강아라 도리를 일치말소 / 사ᄅᆞᆷ의 ᄌᆞ식되여 부모은혜 모를소냐
ᄌᆞ식을 길러보니 그제야 ᄭᆡᄃᆞ르리 / 쳔신만고 길너ᄂᆡ야 남혼녀가[25] 필ᄒᆞ오면
저각각 몸만아라 부모봉양 니즐소냐 / 긔운이 쇠패ᄒᆞ면 ᄇᆞ라ᄂᆞ니 졀무니라
의복음식 잠ᄌᆞ기를 각별이 ᄉᆞᆯ펴드려 / 힝혀나 병나실가 밤낫즈로 잇지말소
…(중략)…
님군의 ᄇᆡᆨ셩되여 은덕으로 사라가니 / 거믜ᄀᆞᆺ흔 우리ᄇᆡᆨ셩 무어스로 갑아볼고
일년의 환ᄌᆞ[26]신칙 그무엇 만타ᄒᆞᆯ고 / 한젼의 필납ᄒᆞ미[27] 분의예 맛당ᄒᆞ다
허물며 젼답구실 토지로 분등[28]ᄒᆞ니 / 소츌을 ᄉᆡᆼ각ᄒᆞ면 십일세도 못되ᄂᆞ니
그러나 못먹으면 재주어[29] 탕감ᄒᆞ니 / 이런일 ᄌᆞ시알면 왕셰[30]를 거납[31]ᄒᆞᆯ가
ᄒᆞᆫ동ᄂᆡ 몇호슈의 각셩이 거셩ᄒᆞ야[32] / 신의를 아니ᄒᆞ면 화목을 엇지ᄒᆞᆯ고
혼인ᄃᆡᄉᆞ 부조ᄒᆞ고 상장우환 보살피며 / 슈화도젹 구원ᄒᆞ고 유무칭ᄃᆡ[33] 셔로ᄒᆞ니
날보다 요부ᄒᆞ니 용심ᄂᆡ여 시비말고 / 그듕의 환과고독 ᄌᆞ별이 구휼ᄒᆞ소
…(중략)…

---

22 사면: 삼현(三鉉). 거문고와 가야금, 그리고 당비파를 가리키는데, 여기서는 육각(六角)의 속칭으로 사용하였다. 육각은 북, 장구, 해금, 피리, 한 쌍의 태평소를 일컫는다.
23 화랑이: 광대와 비슷한 놀이꾼 패이다. 옷을 잘 꾸며 입고서 가무와 행락을 주로 하던 무리인데, 보통 무당의 남편이었다.
24 줄모지: 줄무지의 옛말이다. 가까운 친구끼리 풍악을 울리고 춤을 추며 상여를 메고 나가는 일을 의미한다.
25 남혼녀가: 남혼여가(男婚女嫁). 아들을 장가보내고 딸을 시집보낸다는 의미이다.
26 환ᄌᆞ: 환자(還子). 사창(社倉)에서 백성에게 빌려주었던 곡식을 가을에 이자를 붙여 받아들이던 일이다.
27 한젼의 필납ᄒᆞ미: 한전(限前)에 필납(畢納)함이. 정해진 기한 전에 납세를 끝낸다는 의미이다.
28 분등: 분등(分等). 등급을 나눈다는 의미이다.
29 재주어: 재(災) 주어. 재는 재상(災傷)의 줄인 말이다. 흉년에 나라에서 세금을 면제해 주는 것을 '재 준다'라 하였다.
30 왕셰: 왕세(王稅). 임금에게 바치는 세금이다.
31 거납: 거납(拒納). 세금 내기를 거부한다는 의미이다.
32 각셩이 거셩ᄒᆞ야: 각 성(姓)이 거생(居生)하여. 여러 성씨가 함께 거주한다는 의미이다.
33 유무칭ᄃᆡ: 유무칭대(有無稱貸). 있고 없음을 서로 통하여 빌리거나 빌려준다는 의미이다.

(4) 〈결사〉

어와 내말듯소 농업이 엇더ᄒᆞᆫ고 / 중년극고 ᄒᆞ다ᄒᆞ나 그듕의 낙이잇ᄂᆡ
우흐로 국가봉용[34] 사계로 졔션봉친[35] / 형뎨쳐ᄌᆞ 혼상대ᄉᆞ 먹고입고 쓰ᄂᆞᆫ거시
토지소출 아니러면 돈지당[36]을 뉘가ᄒᆞᆯ고 / 녜로브터 이른말이 농업이 근본이라
ᄇᆡ부려 션엽[37]ᄒᆞ고 말부려 장ᄉᆞᄒᆞ기 / 젼당[38]잡고 빗쥬기와 장판의 쳬계[39]노키
술장ᄉᆞ 썩장ᄉᆞ며 숫막질[40] 가가보기 / 아직은 흔젼[41]ᄒᆞ나 ᄒᆞᆫ번을 뒤쑥ᄒᆞ면
파락호[42] 빗구럭이 ᄉᆞ든곳 터히업다 / …(중략)…
제싀골 제직희여 소동ᄒᆞᆯᄯᅳᆺ 두지마소 / 황쳔이 인ᄌᆞᄒᆞ샤 노ᄒᆞ심도 일시로다
…(하략)…

출전: 정인보 소장본 〈농가월영가〉

3. 작품 감상

〈농가월령가〉는 총 518행(4음보 1행)으로 이루어진 작품으로, 가사(歌辭)의 일반적 구조인 서사-본사-결사의 완결 구조를 충실히 갖추고 있다. 이 가운데 본사는 다시 춘하추동(春夏秋冬)의 사계(四季)로 나누어지는데, 매 계절을 각각 처음과 중간, 끝의 세 시기로 구분하여 배열하고 있기에, 본사 부분이 장형화되었음에도 불구하고 균형감 있는 구조를 보여 준다. 전체 내용을 시간적 순서[월령]에 따라 정리하면 다음 표와 같다.[43]

---

34 봉용: 봉용(奉用). 나라나 사회를 위해 힘을 다한다는 의미이다.
35 졔션봉친: 제선봉친(祭先奉親). 조상을 제사 지내고, 어버이를 받들어 섬긴다는 의미이다.
36 지당: 지탱(支撑)에서 변한 말로, 부지한다는 의미이다.
37 션엽: 선업(船業). 배로 사람이나 물건을 실어다 주는 일을 가리킨다.
38 젼당: 전당(典當). 물건을 담보로 하여 돈을 빌려주는 일을 가리킨다.
39 장판의 쳬계: 장판에 체계(遞計). 예전에 장에서 비싼 이자로 돈을 빌려준 뒤, 장날마다 본전의 일부와 이자를 받아들이던 일을 가리킨다.
40 숫막질: 술막 영업을 가리킨다. 술막은 주막과 같은 말이다.
41 흔젼: 흔전. 넉넉하여 아쉬움이 없다는 의미이다.
42 파락호: 파락호(破落戶). 행세하던 집의 자손이었으나, 난봉꾼이 되어 결단이 난 사람을 의미한다.
43 김은희, 「『農家月令歌』의 짜임새와 그 意味」, 『語文硏究』 37-4, 한국어문교육연구회, 2009, pp. 215-216.

구조	계절	월령	주요 내용
서사(17행)	일월성신(日月星辰)의 원리에 따른 사계(四季)와 24절기의 구분, 역법(曆法)의 우수성		
본사(477행)	봄(116행)	정월령(39행)	농사 준비, 정조(正朝)의 세배, 보름날의 풍속
		2월령(27행)	춘경(春耕), 가축 기르기, 약재 캐기
		3월령(50행)	파종(播種), 과일나무 접붙이기, 장 담그기
	여름(133행)	4월령(34행)	모내기, 분봉(分蜂), 파일현등(八日懸燈), 천렵
		5월령(49행)	보리타작, 고치 따기, 그네뛰기, 민요 화답
		6월령(50행)	간작(間作), 북돋우기, 유두(流頭)의 풍속
	가을(109행)	7월령(36행)	김매기, 피 고르기, 칠석(七夕)의 풍속, 벌초
		8월령(38행)	수확, 추석을 위한 장보기, 며느리의 근친(覲親)
		9월령(35행)	추수의 이모저모, 이웃 간의 온정
	겨울(119행)	10월령(73행)	월동 준비, 집안 및 마을의 화목
		11월령(26행)	메주 쑤기, 거름 준비, 동지(冬至)의 풍속
		12월령(20행)	새해 준비, 묵은세배하기
결사(24행)	농업의 가치 강조, 농업에의 권면		

여기에서는 서사, 정월령, 10월령, 결사를 중심으로 살펴보도록 하겠다. (1)은 서사 부분으로, 자연의 엄정한 질서에 대해 이야기하였다. 하늘과 땅이 처음 만들어질 때부터 일월성신이 일정한 규칙으로 질서 있게 운행되어서 일 년은 360일로 나누어지고, 동지(冬至)와 하지(夏至), 그리고 춘분(春分)과 추분(秋分)에 의해 다시 사계로 구분된다. 또 초하루·보름·그믐의 순환으로 말미암아 한 달이 성립되며, 한 달이 열두 번 모이면 곧 일 년이 된다. 한편, 북극성을 기준으로 봤을 때, 일월성신의 순환에 따라 일 년은 24절기(節氣)로 나누어지는데, 달마다 두 절기씩 배치하여 절기 사이가 보름이 되도록 하였다.

여기에 덧붙여 서사에서는 하(夏)나라의 역법이라는 설득력 있는 권위에 기대어서 앞서 살펴본 24절기와 사계의 구분이 합당하다고 말하고 있다. 이를 통해 앞으로 전개될 구성의 틀을 제시하고 있는 것이다. 이는 〈농가월령가〉의 창작이 동양적 역법 전통과 밀접한 연관이 있음을 명징하게 보여 준다.

본사의 구성은 시간의 흐름을 따라가면서도 열두 달→사계[孟·仲·季]→24절기를 단계적으로 배열하여, 서사에서 제시한 구성의 틀을 구체화하고 있다. 각

월에서는 먼저 절기를 소개하고, 이에 따른 계절감을 규칙적으로 묘사·서술하였으며, 농사일에 임하는 자세를 당부한 뒤, 해야 할 농사일들을 열거하였다. 또한 해당하는 달에 한해서는 세시풍속에 대해서도 언급하고 있다.

그중 (2)는 정월령인데, "졍월은 밍츈이라 입츈우슈 졀긔로다 산듕 간학의 빙셜은 남아시니"로 시작한다. 이는 초봄의 모습을 보여 주면서, 동시에 지난겨울의 기운이 아직 완전히 사라지지 않았음을 나타내는 것이기도 하다. 즉, 두 계절이 단절된 것이 아니라, 단속적(斷續的) 관계에 놓여 있음을 드러냄으로써, 〈농가월령가〉에 내재되어 있는 순환적 시간관을 여실히 보여 주는 것이다.

이어지는 "어와 우리셩상 이민듕농 ᄒᆞ오시니 간측ᄒᆞ신 권농뉸음 방곡 반포ᄒᆞ니"를 통해서는 이 작품의 대략적인 창작 연대를 추정할 수 있다. 정학유의 생몰 연대를 고려할 때, '우리 성상'은 순조·헌종·철종 중 한 명인데, 정황상 순조일 가능성이 가장 크다. 순조가 정조의 권농 정책을 적극적으로 계승하여 해마다 빠짐없이 권농윤음(勸農綸音)을 내렸기 때문이다. 특히 1833년(순조 33)의 권농윤음은 길이가 아주 긴데, 이는 전년이 흉년이었기에 당년의 농사가 중요하다는 것을 깨우칠 필요가 있었기 때문이다. 이러한 상황에서 당대의 유학자들은 각기 나름대로 권농책을 제시하고자 하였으니, 정학유의 〈농가월령가〉 역시 그러한 시대적 분위기 속에서 탄생한 것이라 할 수 있겠다.

또한 "일년지계 지츈ᄒᆞ니 범ᄉᆞ를 미리ᄒᆞ라" 이하의 내용에는, 본격적인 농사를 시작하기에 앞서 그와 관련된 준비로 분주한 농가의 모습이 그려져 있다. 이때 남녀노소의 일을 각각 구분하여 서술함으로써 자연스럽게 협업이 이루어지도록 하였는데, 이러한 모습은 이후의 내용에서도 지속적으로 나타나는바, 향촌에서의 생활 자체가 상호의존적인 성격을 지니고 있음을 반영한 결과라 할 수 있겠다.

이뿐만 아니라, 정월령에는 정월 초하루와 대보름의 즐거움이 강조되기도 하였다. 연날리기, 널뛰기, 윷놀이의 흥겨움을 이야기하는가 하면, 약밥, 산채, 귀밝이술, 생률 등을 먹는 즐거움과, 더위팔기, 달맞이, 쥐불놀이 등의 민속 등도 상세히 소개되어 있는 것이다. 이처럼 〈농가월령가〉에는 작자가 농가에서 직접 겪은 일들이 구체적이면서 생동감 있게 표현되어 있다.

한편, 본사 전체를 계절별로 나누어 살펴볼 때, 농사일이 집중되어 있는 봄·여름은 249행인 데 비해, 추수가 끝나고 농한기(農閑期)로 접어드는 가을·겨울은 228행으로 비교적 짧게 구성되어 있다. 즉, 전반적으로 서술 분량에 있어서도 실제 농사일이 사실적으로 반영된 것이다. 그런데 (3)에 소개된 10월령(73행)은 그 길이가 가장 길지만, "농공을 필ᄒᆞ도다"라는 선언과 함께 월동(越冬) 준비 외에는 실질적인 농사일에 대한 언급이 거의 나타나지 않는다. 대신 유가적 교화의 내용이 47행이나 포함되어 있는데, 이는 농사일이 줄어드는 한가함을 틈타 향촌 사대부로서 중세적 질서를 바탕으로 하여 구성원을 교화하고자 하는 작자의 의도가 반영된 것이라 하겠다.

실제로 (3)에서는 농사를 마친 뒤에 행해지는 여러 가지 즐거운 놀이를 나열하면서도, 효제충신(孝悌忠信)에 바탕을 둔 유가적 규범의식이 강조되어 있다. 여기서 더 나아가 "일년의 환ᄌᆞ신칙 그무엇 만타ᄒᆞᆯ고" 등 당대 현실과 괴리된 듯한 내용이 나타나기도 한다. 주지하다시피 당대의 농민들은 삼정(三政)의 문란으로 혹독한 삶을 살아가고 있었는데, 환곡(還穀)에 대해 낙관적인 견해를 펼치고 있는 것이다. 그러나 이어지는 11월령에는 "가을에 거든곡식 언마나 ᄒᆞ엿든고 몃셕은 환ᄌᆞᄒᆞ고 몃셕은 왕세ᄒᆞ고 …(중략)… 엄부렁 ᄒᆞ던거시 남져지 바히업ᄂᆡ"라는 내용이 나타난다. 따라서 10월령의 내용은 당대 현실에 대한 외면이 아니라, 농촌의 발전과 영속에 대한 기원에서 비롯된 표현이라 할 수 있겠다. 아울러 정학유는 "날보다 요부ᄒᆞ니 용심ᄂᆡ여 시비말고 그듕의 환과고독 ᄌᆞ별이 구휼ᄒᆞ소"라고 하며, 부의 재분배를 통한 공동체의 결속력 확보를 강조하기도 하였다.

마지막으로 (4)는 결사인데, 농업이 근본임을 강조하면서 선업(船業)이나 상업(商業) 등이 아니라 농업에 전심하라고 권면하고 있다. 농민에게 자신의 본분을 지키며 소동(騷動)할 뜻을 두지 말라고 간곡하게 당부하고 있는 것이다. 이처럼 〈농가월령가〉의 결사에는 양극화 현상, 농민의 유리(流離), 상품경제의 발달, 민란(民亂) 등으로 인해 위기에 처한 농촌 사회를 안정적으로 유지·회복시키고자 하는 향촌 사대부의 지향점이 드러나 있다. 이를 생존 윤리의 관점에서 본다면,

다수 농민의 생활이 생존 한계선 밑으로 떨어지는 것을 미연에 방지하고자 하는 의도가 그 속에 반영되어 있다고도 볼 수 있겠다.

〈생각해 보기〉

(1) 〈농가월령가〉에는 월별로 농가에서 시행해야 할 사항 및 절기에 따른 세시풍속이 세부적으로 제시되어 있다. 이를 표로 정리한 뒤, 오늘날의 모습과 비교해 보자.

(2) 정학유는 아버지 정약용으로부터 가학(家學)을 이어받았으며, 이를 바탕으로 〈농가월령가〉를 창작하였다. 정약용이 남긴 시문(詩文) 가운데서 〈농가월령가〉와 직간접적으로 연관이 있을 것으로 보이는 작품들을 찾아보고, 그것을 통해 정학유에게 영향을 미친 가학의 실체에 대해 이야기해 보자.

(3) 오늘날 농촌 사회는 농업 인구의 감소, 공동체 의식의 소멸, 도시와의 양극화 현상, 극심한 기후 변화 등으로 인해 여러 가지 어려움에 직면해 있다. 〈농가월령가〉에 언급된 농업의 중요성을 염두에 두면서, 농촌 사회의 위기를 극복할 수 있는 방안에 대해 이야기해 보자.

참고문헌

· 김응현, 『농가월령가』, 東方硏書會, 1999.
· 김석회, 「〈농가월령가〉와 〈월여농가(月餘農歌)〉의 대비 고찰」, 『국어국문학』 137, 국어국문학회, 2004.
· 김은희, 「「農家月令歌」의 짜임새와 그 意味」, 『語文研究』 37-4, 한국어문교육연구회, 2009.
· 김형태, 「〈農家月令歌〉 창작 배경 연구 - 歲時記 및 農書, 家學, 『詩名多識』과의 연관성을 중심으로」, 『東洋古典研究』 25, 동양고전학회, 2006.
· 이상원, 「고전시가의 문화론적 접근 - 〈농가월령가〉를 중심으로」, 『어문론총』 60, 한국문학언어학회, 2014.
· 이승원, 「〈농가월령가〉에 나타난 자연·인간·사회」, 『국어국문학』 137, 국어국문학회, 2004.

황명환

66

홍순학의 병인연행가
丙寅燕行歌

1. 창작 배경

〈병인연행가(丙寅燕行歌)〉는 총 3,782구로 이루어진 장편 국문기행가사이다. 병인년인 1866년(고종 3)에 고종이 왕비(명성황후)를 맞이하여, 우의정 유후조(柳厚祚)를 정사(正使), 서당보(徐堂輔)를 부사(副使)로 임명하여 진하사은 겸 주청사(進賀謝恩兼奏請使)로 떠나는 사행길에 서장관(書狀官)으로 동행한 홍순학(洪淳學, 1842~1892)이 중국 연경(북경)을 다녀온 체험과 견문을 서술한 작품이다. 4월 9일에 연행을 떠나 6월 6일 북경에 당도하고 8월 23일 집으로 돌아오기까지 130여 일간의 국내외 여정과 견문을 자세하고 객관적으로 기술하고 있다.

19세기에 들어서면서 청나라는 안정기로 접어들게 되고, 숭명배청 정신이 강했던 조선에서도 북벌(北伐) 의식이 약해지고, 새로운 사상이 유입되는 등 주자학적 성리관이 흔들리게 된다. 이에 대응하여 성리학적 세계관을 유지하려는 보수적 경향이 강하게 표출되면서 천주교 탄압이 이루어지는 등 서구 세력을 경계하는 현상이 나타나게 되었다. 〈병인연행가〉에서는 이러한 19세기의 복잡한 시대적 상황을 반영하듯 이분법적으로 어느 한쪽의 사상에 치우치지 않고 '중세적 신념을 이어 가려는 모습'과 '새로운 문물을 받아들이려는 근대적 모습'이 팽팽하게 공존하는 양면성[1]을 보여 준다.

작가 홍순학은 고종 때의 문인으로, 본관은 남양(南陽)이고 자는 덕오(德五)이다. 아버지 홍기종과 어머니 수성 최씨 사이에서 2남 중 둘째로 태어났으나 후에 족숙(族叔)인 석종 공에게 양자로 들어가 경기도 적성(積城)에서 생장하였다.[2] 1857년(철종 8)에 16세의 어린 나이로 소년 급제하여 일찍부터 벼슬길에 올랐다. 25세의 젊은 나이인 1866년에 가례책봉주청사(嘉禮冊封奏請使)의 서장관(書狀官)이 되어 청나라에 다녀와서 〈병인연행가〉를 지었는데 그가 남긴 작품은 이것이 유일하다.

2. 원문 읽기

(1) 어화 텬지간의 남ᄌᆞ되기 쉽지 안타 / 편방[3]의 이ᄂᆡ몸이 듕원[4]보기 원ᄒᆞ더니
병인년[5] 츈삼월의 가례ᄎᆡᆨ봉[6] ᄒᆞ오시니 / 국가의 ᄃᆡ경이오 신민의 복녹이라
샹국[7]의 쥬쳥[8]ᄒᆞᆯ시 삼ᄉᆞ신[9]을 ᄂᆡ이시니 / 샹ᄉᆞ[10]의 유승샹[11]과 부ᄉᆞ의 셔시랑[12]
ᄒᆡᆼ즁어ᄉᆞ[13] 셔장관[14]은 직칙이 듕ᄒᆞᆯ시고 / 겸직의 ᄉᆞ복판ᄉᆞ[15] 어영낭쳥[16] 씌여스니

---

1 우하림, 「〈병인연행가〉의 작자의식과 서술특성」, 서울시립대학교 석사학위논문, 2014, pp. 1-2.
2 홍종선·백순철 역주, 『연행가』, 신구문화사, 2005, p. 12.
3 편방: 편방(偏邦). 멀리 외따로 동떨어져 있는 나라.
4 듕원: 중원(中原). 중국(中國).
5 병인년: 1866년(고종 3) 사행이 출발한 때.
6 가례ᄎᆡᆨ봉: 가례책봉(嘉禮冊封). 고종 3년 7월에 고종이 민치록의 딸인 민비와 인정전(仁政殿)과 운현궁(雲峴宮)에서 각각 책비(冊妃)와 가례(嘉禮)의 예를 행하였다.
7 샹국: 상국(上國). 사신들이 갈 당시의 중국, 곧 청(淸)나라.
8 쥬쳥: 주청(奏請). 임금께 상주(上奏)하여 청원함. 청나라의 승인을 얻기 위함이었다.
9 삼ᄉᆞ신: 삼사신(三使臣). 정사(正使), 부사(副使), 서장관(書狀官).
10 샹ᄉᆞ: 상사(上使). 삼사신(三使臣) 중의 우두머리인 정사(正使)를 이르는 말.
11 유승샹: 유승상(柳丞相). 정사 유후조(柳厚祚, 1798~1876). 호는 매산(梅山)으로 당시 우의정이었다.
12 셔시랑: 서시랑(徐侍郎). 부사 서당보(徐堂輔, 1806~1883). 호는 영사(榮史)로 당시 예조 시랑이었다.
13 ᄒᆡᆼ즁어ᄉᆞ: 행중어사(行中御使). 사신 행차에 동행하며, 행중(行中)의 기강과 장계 등의 문서를 관장하는 특별한 사명을 띠고 파견된 임시 관리.
14 셔장관: 서장관(書狀官). 정사, 부사와 함께 중국에 나갔던 삼사 중 한 사람으로, 임시 관리이다. 기록을 담당하던 기록관으로, 여기서는 홍순학 자신을 가리킨다.
15 ᄉᆞ복판ᄉᆞ: 사복 판사(司僕判事). 고려와 조선의 궁중에서 가마나 말에 관한 일을 맡아보는 관청 사복시(司僕寺)의 판사. 판사는 돈녕부(敦寧府)·의금부(義禁府)의 종1품직이다.
16 어영낭쳥: 어영낭청(御營郎廳). 어영청. 조선조 때 서울에 있던 군영(軍營)의 이름.

시년이 이십오라 ⓐ소년공명[17] 장ᄒᆞ도다 / 하ᄉᆞ월 초구일의 ᄇᆡ표길[18]을 정ᄒᆞ엿ᄂᆡ

(1~10행)

…(중략)…

오ᄂᆞᆫᄉᆞ람 가ᄂᆞᆫᄉᆞ람 길가의 미만ᄒᆞ야 / 우러러 쳐다보니 져의ᄭᅵ리 ᄒᆞᄂᆞᆫ말이

ⓑ장ᄒᆞ도다 져ᄉᆞ ᄯᅩ야 츈츄가 언마신지 / 져러트시 소년셔쟝[19] 이근ᄂᆡ 쳐음일다

(116~119행)

(2) ⓒ발밉시 볼작시면 슈당혀[20]를 신어스며 / 쳥여[21]ᄂᆞᆫ 발이 남ᄌᆞ의발과 갓치크고

당여[22]ᄂᆞᆫ 발이젹어 두치남즛 된거술 / 비단으로 ᄭᅳᆨ동이요 신뒤츅 굽다라셔

위독비독 가ᄂᆞᆫ모양 너머질가 위틔ᄒᆞ다

그러타 웃지마라 ⓓ명나라 ᄭᅵ친제도 져겨집 발이로다

(355~360행)

(3) 유리챵[23]이 여긔러냐 쳔하보ᄑᆡ 들어ᄊᆡ다[24]

쳔은[25]졍은[26] 엽ᄌᆞ금[27]과 진옥[28]무부[29] 비최옥[30]과

슈만호[31]와 ᄌᆞ만호[32]며 불호박[33] 명호박과

---

17 소년공명: 어려서 출세하여 이름을 날리는 것.

18 ᄇᆡ표길: 배표일(拜表日). 중국에 보낼 표문(表文)을 왕에게서 받는 날짜.

19 셔장: 서장(書狀). 서장관(書狀官)의 준말.

20 슈당혀: 수당혜(繡唐鞋). 수놓은 비단으로 울을 만든 가죽신.

21 쳥여: 청녀(淸女). 청나라 여성.

22 당여: 당녀(唐女). 한족(漢族) 여성.

23 유리챵: 유리창(琉璃廠). 북경 정양문(定陽門) 밖에 있는 골동품 상가.

24 들어ᄊᆡ다: 들이쌔다. 많이 쌓여 있다.

25 쳔은: 천은(天銀). 품질이 제일 좋은 은(銀). 순분 100%의 은.

26 졍은: 정은(正銀). 순은(純銀).

27 엽ᄌᆞ금: 엽자금(葉紫金). 정련이 잘된 최상품의 금. 얇게 불려서 잎사귀 모양으로 만들었다.

28 진옥: 진옥(眞玉). 진짜 구슬.

29 무부: 무부(珷玞). 붉은 바탕에 흰 무늬가 있는 옥(玉) 비슷한 돌.

30 비최옥: 비취옥(翡翠玉). 보석의 한 가지. 반투명하고 짙은 녹색을 띠며 유리와 같이 광택이 있는 경옥(硬玉).

31 슈만호: 수만호(水曼胡). 수마노(水瑪瑙). 마노(瑪瑙)는 광택이 있고 간간이 다른 광물이 침투하여 고운 무늬를 띠는 차돌의 일종이다.

32 ᄌᆞ만호: 자만호(紫曼胡). 자색의 마노.

금ᄑᆡ[34]밀화[35] 산호가지 슈졍진쥬 쳥각셕[36]과

보셕명쥬[37] 셕우황[38]과 통현셔각[39] ᄃᆡ모각[40]과

ⓔ<u>안경푸리 볼작시면</u> 오슈졍[41] ᄌᆞ슈졍[42]과

먼니뵈ᄂᆞᆫ 쳔니경[43]과 노소통경 양목경[44]과

슌ᄃᆡ모테 슌양각테 은학술[45]의 ᄇᆡᆨ통쟝식[46]

돗보기 맛보기[47]며 보리경의 귀거리오

ⓕ<u>잡화푸리 볼작시면</u> 면경[48]셕경[49] 화류[50] 체경[51]

지반[52]보ᄂᆞᆫ 진암쳘[53]과 시마초ᄂᆞᆫ 시계들과 / 졀노우ᄂᆞᆫ ᄌᆞ명죵[54]과 그림그린 유리병과

고등틀면 소ᄅᆡ나고 오음뉵뉼[55] ᄌᆞ명악과 / 유리군영 여어보ᄂᆞᆫ[56] ᄀᆡ험괴샹 요지경[57]과

---

33 불호박: 빛이 매우 붉은 호박(琥珀). 수지광택이 있고 반투명한 광물로, 연마하여 장식물로 사용한다.

34 금ᄑᆡ: 금패(錦貝). 빛깔이 누렇고 투명한 호박의 한 가지.

35 밀화: 밀화(蜜花). 밀납같이 누른빛이 나고 젖송이 같은 무늬가 있는 호박의 한 가지.

36 쳥각셕: 청강석(靑剛石). 단단하고 빛이 푸른 옥돌.

37 명쥬: 명주(明珠). 빛이 고운 아름다운 구슬.

38 셕우황: 석웅황(石雄黃). 석웅황으로 만든 누런빛의 그림물감. 탁한 진채로서 단청(丹靑)에 흔히 쓰인다.

39 통현셔각: 통천서각(通川犀角). 통천산(通川産) 물소의 뿔.

40 ᄃᆡ모각: 대모갑(玳瑁甲). '대모'는 바다거북과에 딸린 거북의 한 종류로, 거북의 등딱지를 말한다.

41 오슈졍: 오수정(烏水晶). 검은빛의 수정.

42 ᄌᆞ슈졍: 자수정(紫水晶). 자줏빛의 수정.

43 쳔니경: 천리경(千里鏡). 망원경(望遠鏡).

44 양목경: 양목경(養目鏡). 눈을 보호하기 위해 쓰는 안경.

45 은학술: 은학슬(銀鶴膝). 은빛의 학슬. '학슬'은 가운데를 꺾어 접을 수 있는 안경다리를 말한다.

46 ᄇᆡᆨ통쟝식: 백동장식(白銅裝飾). 구리, 아연, 니켈의 합금으로 된 장식품.

47 맛보기: 맞보기. 도수가 없어 실물대로 보이는 안경.

48 면경: 면경(面鏡). 얼굴을 비추어 보는 작은 거울.

49 셕경: 석경(石鏡). 몸에 지닐 수 있도록 자그마하게 만든 거울.

50 화류: 화류(樺榴). 자단(紫檀)의 목재. 붉은빛을 띠고 결이 곱고 몹시 단단하여 건축, 가구 미술품 등의 고급 재료로 쓰인다.

51 체경: 체경(體鏡). 온몸을 비출 수 있는 큰 거울.

52 지반: 지관(地官). 풍수설에 따라 집터나 묏자리를 잡는 사람.

53 진암쳘: 지남철(指南鐵). 철을 끌어당기는 성질을 가진 물체. 자석(磁石).

54 ᄌᆞ명죵: 자명종(自鳴鐘). 미리 정해 놓은 시각이 되면 스스로 울리도록 장치가 되어 있는 시계.

55 오음뉵뉼: 오음육률(五音六律). 오음과 육률을 아울러 이르는 말. '오음'은 국악의 다섯 가지 음계로, '궁, 상, 각, 치, 우'를 말하고, '육률'은 십이율 가운데서 양성인 '태주(太簇), 고선(姑洗), 황종(黃鍾), 이칙(夷則), 무역(無射), 유빈(蕤賓)' 등 여섯 음을 통틀어 이르는 말이다.

56 여어보ᄂᆞᆫ: 엿보는.

ᄇᆡᆨ옥등잔 유리등은 옥ᄆᆡ화의 금납ᄇᆡ[58]라

(1106~1120행)

(4) ㉠황낭듕의 필담으로 비밀이 이른말ᄉᆞᆷ / 양귀ᄌᆞ[59] 놈들이 귀국을 침노ᄒᆞᆫ다.
예부상셔 ᄌᆞ문으로 먼셔급보 ᄒᆞ엿스니 / 존형은 아모조록 ᄲᆞᆯ니돌아 갈지어다
이말이 어인말가 ᄃᆡ경실ᄉᆡᆨ 놀나온즁 / 감격ᄒᆞᆫ즁 놀나올ᄉᆞ 무슈이 ᄉᆞ례ᄒᆞ고
인ᄒᆞ여 작별ᄒᆞ니 ᄎᆞᄉᆡᆼ의 활별이라 / 부평쳐로[60] 허여지면 언제다시 모혀볼가
ᄉᆞᄆᆡ를 셔로ᄌᆞᆸ아 초창이 분슈[61]ᄒᆞᆫ후 / 도라오며 ᄉᆡᆼ각ᄒᆞ니 양귀ᄌᆞ밀 통분ᄒᆞ다
황셩[62]안을 혀아려도 셔양관은 여러히오 / 쳐쳐의 쳔쥬당의 ᄉᆞ학편만[63] ᄒᆞ여다여
㉡큰길의 양귀ᄌᆞ놈 무샹이 왕ᄂᆡᄒᆞ니 / 눈ᄭᆞᆯ은 움슉ᄒᆞ고 코마로ᄂᆞᆫ 웃둑ᄒᆞ며
머리털은 발간거시 곱실곱실 양피갓고 / 킈ᄭᆞᆯ[64]은 팔쳑쟝신 의복도 고히ᄒᆞ다
쓴거ᄉᆞᆫ 무어신지 웃둑ᄒᆞᆫ 젼입[65]갓고 / 입은거ᄉᆞᆫ 엇지ᄒᆞ여 두다리가 핑핑ᄒᆞ냐
ⓖ기집년들 볼작시면 더고나 흉괴코나 / 통통ᄒᆞ고 크다ᄒᆞᆫ연 살갈이 푸르쥭쥭
머리쳔의[66] 갓튼거ᄉᆞᆫ 뒤로길게 느려쓰고 / ᄉᆞᄆᆡ좁은 져구리의 쥬름업ᄂᆞᆫ 긴ᄉᆞᄆᆡᄅᆞᆯ
엉벗틔여[67] 휘두ᄅᆞ고 훼젹훼젹 가ᄂᆞᆫ고나 / ᄉᆡᆨ기놈들 볼만ᄒᆞ다 ᄉᆞ오늙세 먹은거시
답팔답팔 발간머리 ᄉᆡ노란 동근눈ᄭᆞᆯ / 원숭이 ᄉᆡᆨ기들과 쳔연이도 흡ᄉᆞᄒᆞᆯᄉᆞ
경영이 즘ᄉᆡᆼ오 사ᄅᆞᆷ죵ᄌᆞ 아니로다 / 져러틋 ᄉᆞ류요물[68] 침노아국 되단말가

(1747~1774행)

출전: 고려대학교 도서관 소장본 『연행록(燕行錄)』[69]

---

57 요지경: 요지경(瑤池鏡). 앞면에 확대경을 달고, 그 안에 여러 가지 그림을 넣어 들여다보게 만든 장치.
58 금납ᄇᆡ: 금(金)나비. 장식품의 일종이다.
59 양귀ᄌᆞ: 양귀자(洋鬼子). 서양인을 낮추어 부른 말.
60 부평쳐로: 부평(浮萍)처럼. 부평은 물 위에 떠 있는 풀이란 뜻으로, 정처 없이 떠돌아다니는 신세를 이른다.
61 분슈: 분수(分手). 손을 놓는다는 말로, 서로 작별함을 뜻한다.
62 황셩: 황성(皇城). 북경.
63 ᄉᆞ학편만: 사학편만(邪學遍滿). 사학(邪學)이 널리 퍼짐. 사학은 천주교를 가리킨다.
64 킈ᄭᆞᆯ: 키꼴. 키가 큰 몸집을 속되게 이르는 말.
65 젼입: 전립(氈笠). 군인들이 쓰던 모전(毛氈), 곧 벙거지를 이르던 말. 보통 군뢰가 군장을 할 때 쓰던 갓을 말한다.
66 쳔의: 천의(賤衣). 부녀자들이 나들이할 때 장옷처럼 머리에 쓰던 것.
67 엉벗틔여: 엉버티어. '엉버티다'는 화가 나서 팔다리를 크게 벌려 으르거나 잔뜩 버틴다는 의미이다.
68 ᄉᆞ류요물: 사류요물(邪類妖物). 간악하고 요사한 무리.
69 〈병인연행가〉의 원문은 홍종선·백순철 역주, 『연행가』, 신구문화사, 2005, pp. 27-143에서 일부 재인용하였다.

3. 작품 감상

〈병인연행가〉는 연행가사로는 맨 처음 학계에 소개되어 이 유형의 가사를 대표하는 작품으로 알려졌다. 〈병인연행가〉는 연행가 중에서 이본이 가장 많은 작품으로 〈연행가(燕行歌)〉, 〈북원가(北轅歌)〉, 〈북원록(北轅錄)〉, 〈년힝가〉 등의 제목으로 된 10여 종의 필사본들이 전하고 있는데, 그중 〈년힝가〉란 제첨으로 된 조윤제 소장본이 총 98장본으로 가장 장편에 속한다. 총 3,782구(4음보 1행, 1,891행)로 되어 있는 이 사본은 현재 영남대학교 도서관에서 소장하고 있으며 1891년(고종 28)에 전사된 것이다. 사행의 노정이 자세하고 견문과 체험에 대한 서술이 풍부하며 치밀한 관찰력을 바탕으로 한 묘사가 돋보이는 가사 작품으로 평가된다.[70]

조선 왕조의 사행 문학 중 북경 사행자들이 남겨 놓은 가사 작품은 5편이 있다. 그중에 김지수의 〈무자서행록(戊子西行錄)〉(1828)이 홍순학의 〈병인연행가〉와 쌍벽을 이루는 연행가사이다. 〈무자서행록〉에서부터 서사화와 장편화가 이루어졌고 작품 속에서 왕환 일정을 구체적으로 제시하기 시작하였으며 사가행(私家行)의 노래가 첨가되기 시작하였다고 알려져 있는데, 〈병인연행가〉 역시 〈무자서행록〉과 구성이 비슷한 편이다. 연행사들은 대개 선행의 연행록을 구해서 읽고 연행길에 올랐으므로 홍순학도 38년 전에 김지수가 쓴 〈무자서행록〉을 읽었을 가능성이 높다고 할 수 있다. 〈병인연행가〉에 나타나는 이야기의 소재[71]를 중심으로 내용을 정리하면 다음과 같다.

	병인연행가(밑줄 부분 원문 읽기 제시)
출발과 국내 여정	1. 사행 차정(差程)의 동기와 구성원 / 2. 인정전(仁政殿) 출발과 송별 / 3. 압록강 도강
국외 여정 1 (국경~북경 도착 전)	4. 처음 하는 한둔(寒屯) / 5. 책문에 듦 / 6. 녹창주호(綠窓朱戶)의 여염집과 처음 본 호인 / 7. 의복제도 / 8. 발맵시 / 9. 집제도 / 10. 음식 / 11. 짐승치기 숭상하는 호인 풍속 / 12. 육아법 / 13. 농경과 방적 / 14. 관제묘(關帝廟) 숭상 풍속 / 15. 창시(槍矢) 놀음 구경 / 16. 집제도 / 17. 통주의 호화선박과 야시(夜市)

70 임기중, 『연행가사연구』, 아세아문화사, 2001, p. 25.

71 임기중, 위의 책, pp. 45-46.

	병인연행가(밑줄 부분 원문 읽기 제시)
국외 여정 2 (북경 구경)	18. 연경과 복명(復命)스케치 / 19. 해해관(海海館)의 삼사신방(三吏臣房) / 20. 몽고스님/ 21. 십삼경비(十三經碑)와 거리스케치 / 22. 유리창(琉璃廠)스케치 / 23. 향(香)풀이 / 24. 책(冊)풀이 / 25. 비단풀이 / 26. 부채풀이 / 27. 차(茶)풀이 / 28. 기명풀이 / 29. 채풍(采風)풀이 / 30. 과실풀이 / 31. 곡식풀이 / 32. 생선풀이 / 33. 술풀이 / 34. 떡풀이 / 35. 철물풀이 / 36. 옹기풀이 / 37. 전당풀이 / 38. 처음 본 약대 / 39. 장속(葬俗)과 상여 / 40. 관(棺) / 41. 분묘(墳墓) / 42. 혼속(婚俗) / 43. 처음 본 화초 / 44. 처음 본 자명고 / 45. 도사(道士)와 스님 / 46. 환희(幻戱)의 구경 / 47. 곰 놀리는 구경 / 48. 천자와 황옥차(黃玉車) / 49. 정소경(鄭少卿) 황랑중(黃郎中) 동학사(董學士)와 필담(筆談) / 50. 주안상 / 51. 처음 만난 양귀자(洋鬼子, 서양인)
회정	52. 회환(回還)과 향수(鄕愁) / 53. 상마적(上馬賊)의 징계법 / 54. 노친(老親) 생신일의 이회(離懷) / 55. 왕반복명(往返復命)과 노친(老親) 재회

사행가사의 구성은 크게 '사행에 오르게 된 계기와 과정→목적지를 향한 노정→목적지 도착→회정과 여정의 마무리'로 나눌 수 있다.[72] 이 중에서도 목적지를 향한 노정은 국내 노정과 국외 노정으로 구분되는데, 작품의 내용상으로는 중국에 입국하여 북경을 향하는 노정과 북경에 도착해서의 견문이 중심을 이룬다.

여기서는 〈병인연행가〉의 전체 구성을 4단계로 나누어 살펴보도록 하겠다. 1단계는 출발 및 국내 노정, 2단계는 북경에 도착하기까지의 노정, 3단계는 목적지인 북경에서의 견문, 4단계는 다시 귀국하는 회정(回程) 부분이다.

〈병인연행가〉의 1단계는 출발해서 양국의 국경 지역인 압록강을 건너는 부분으로 1행부터 284행까지이다. 이 부분에서는 고종이 왕비를 책봉한 일을 중국에 보고하기 위해 연행을 가는 배경과 목적을 소개하고 국경을 넘기 전 가족을 두고 오랫동안 멀리 떠나야 하는 아쉬움을 표출하는 모습이 나타난다.

(1)은 1단계에 해당하는 가사의 첫 부분으로, 중국에 가게 된 작자의 기쁜 감정이 가장 잘 나타나 있다. 사행을 떠나는 동기에 대해 서술하면서, 젊은 나이에 삼사신에 포함된 자신을 자랑스럽게 여기는 자부심과 득의만만함을 "ⓐ소년공명 장ᄒᆞ도다"라는 표현으로 직접적으로 드러내고 있다. 또한 국내에서 이동하는

72 유정선, 「19세기 중국 사행가사에 반영된 기행체험과 이국취향 -〈서행록〉과 〈연행가〉를 중심으로」, 『한국고전연구』 17, 한국고전연구학회, 2008, p. 36.

중에 지나가는 사람들이 화자를 '우러러 쳐다본다'라며, 그들이 주고받은 대화를 ⓑ와 같이 표현함으로써 자기 자신을 높이는 태도를 발견할 수 있다.

2단계는 압록강을 건넌 뒤에 연행의 목적지인 북경에 도착하기 전까지로 285행부터 775행까지이다. 이때부터 본격적인 국외 노정이 묘사되면서 사행이 시작된다. 주요 노정은 "요동→반산→의무려산→고죽국 사당→이제묘→북진묘→강녀요→이원의 옛터→봉황성→요동성→심양→산해관→통주"로 이어진다.[73] 낯선 땅으로 간다는 막연한 두려움을 가지고 국경을 넘어 구련성(九連城)에 다다르자 화자는 "인적이 고요하고", "젹만흔 서소리는 쳐쳐의 구슬푸고", "험흔산셰 호표지환 겁이난다"라고 표현하면서 긴장한 모습을 보여 준다. 이어 책문(冊文)에 도착해서 처음 호인(胡人)을 만나고 그들의 외형과 괴이한 옷차림을 목격하게 된다. 연이어 집의 형태, 음식 풍속, 아이 기르는 법, 옷감 짜는 법 등 이국의 풍물을 자세히 관찰하며 그들의 문화에 주목한다.

(2)는 전족(纏足)에 관한 서술 부분으로, 청녀(淸女)와 당녀(唐女)를 구분하는 전족 제도에 대해 설명하고 있다. '청녀'는 발이 커서 남자와 같다고 하고, '당녀'는 상대적으로 발이 작다는 시어를 사용하여 당녀의 여성스러움을 강조하고 있다. 발이 작은 한족 여성만을 여성으로 보고, 청녀를 낮게 바라보는 이러한 인식은 숭명배청하는 화자의 주관적 인식이 드러난 부분이라 할 수 있다. 전족을 한 모습이 우스꽝스럽긴 하지만 그 역시 '명나라의 제도'라 하여 이미 망하고 없어진 명(明)이지만 대의명분을 중시하는 화자의 시각을 엿볼 수 있다.

3단계는 목적지 북경에 도착한 이후의 노정으로, 북경 부분만 총 1,019행(776~1794행)에 걸쳐 묘사하는 등 북경에서의 견문 체험이 비중 있게 다루어진다. 사행의 목적지인 북경에서의 공식적인 일정은 천자를 만나 표문을 전달하는 외교적 절차가 한 부분을 차지한다. 그 외에는 개인적으로 시간을 보내는데, 청의 발달한 문물을 직접적으로 체험한 내용을 자세하게 풀어내고 있다. 또한 개인적인 관광과 더불어 그곳 문사와의 교유를 통해 국제 정세의 흐름과 그것이 조선

73 유정선, 위의 논문, p. 37.

에 끼치는 영향에 대해서도 관심 있게 서술하고 있다.

북경의 기록에서는 화려한 문물에 압도된 화자의 모습이 집중적으로 드러난다. 환희(幻戲)에 대해 묘사하는 모습, 한족 문인들과 필담하는 모습, 북경의 시장인 유리창에서 구경한 물품을 체계적으로 분류하여 나열하는 모습, 서구 세력에 대해 탐색하고 경계하는 모습 등을 자세하게 묘사하고 표현하면서, 앞서 대명 의리에서 서서히 변화하는 화자의 내면 의식을 다양하고 집중적으로 보여 주고 있어 주목된다.

(3)은 유리창(琉璃廠)에 대한 내용으로, 이 작품의 가장 특징적인 면모를 드러내는 부분이다. 유리창에 대한 서술은 총 185행(1,113~1,297행)으로 북경의 내용 부분에서도 유리창이 차지하는 서술 비중이 대략 18%에 해당한다. (3)에서는 유리창에 천하 보배가 쌓여 있다고 하면서 바로 은과 금 등에 해당하는 물품들을 나열하고 있다. 유리창 서술 부분에서 처음 배열되는 물품은 보석류이다. 보석에 대해 나열한 다음 안경에 해당하는 물품을 나열하고 있다. 밑줄 친 부분(ⓔ, ⓕ)에 나타나는 '~푸리 볼작시면'이라는 부분은 해당 품목에 대한 분류를 제시하는 부분으로, 그 안에서 비슷한 속성의 물건들을 열거하는 방식을 취하고 있는데 〈병인연행가〉에서 보이는 특징적인 서술 면모이다. 이곳에 등장하는 물품은 매우 다양하다. 보석, 안경, 잡화, 향(香), 붓, 묵(墨), 종이, 책, 비단, 부채, 약, 차(茶), 그릇 등 약 25개의 큰 분류를 제시하고 그 안에 해당하는 온갖 종류의 물건을 나열하고 있다. 화자가 새로운 정보를 접하고, 그 안에서 흥미로운 부분을 크게 묶어 정보를 분류하여 전달하는 방식으로 견문 체험을 서술하고 있다고 하겠다. 이렇게 비슷한 내용을 병렬적으로 제시하여 서술하는 부분이나, 특정한 장면을 집중적으로 묘사하여 표현하는 서술 내용에서는 화자의 대명 의리나 배청 인식을 드러내는 부분을 찾아보기 어렵다.

(4)는 서양에 대한 화자의 인식을 확인할 수 있는 부분이다. (4)의 ㉠부분은 화자가 연경에서의 일정을 마치고 중국 한족들과 필담을 나누던 중 그들의 정보력으로 서구 세력이 조만간 조선을 침략할 것이라는 기밀을 알게 되는 부분이다. 화자는 이 기밀을 접하자마자 매우 놀라워하며 한족 문사들과 작별하고 돌아온다. 그리고 서구 세력이 조선을 침략한다는 정보를 곱씹으며 격분하던 중 마침

지나가는 서양인을 보며 (4)의 ㉡과 같이 묘사하고 있다. 서양인의 눈, 코, 머리, 키, 의복에 대해 차례차례 묘사하는데 사람의 외형이 아닌 동물의 모습으로 형상화하고 있다. 그들의 외모를 폄훼하고, 원숭이 새끼와 흡사하다는 등 과도하게 깎아내리는 태도를 확인할 수 있다.

당시 조선에서는 흥선대원군이 천주교를 강하게 탄압하였고, 그 결과 홍순학이 조선으로 귀국한 후 두 달 뒤인 1866년 10월에 병인양요(丙寅洋擾)가 일어났으므로, 중국 문사들이 화자에게 준 정보는 허위가 아니었음을 알 수 있다.

마지막 4단계는 회정의 단계로, 7월 11일에 북경을 떠나 다시 고국으로 돌아오는 내용이다. 회정하는 부분은 작품에서 총 97행(1,795~1,891행)으로 가장 짧게 묘사되어 있다. 여기서는 고국으로 돌아오는 감회와 가족을 그리워하는 모습 및 임금께 복명하는 모습 등이 나타나면서 간단하게 마무리된다.

〈생각해 보기〉

(1) 연행록(燕行錄)은 고려 시대부터 조선 시대까지 7백여 년 동안 한국인들이 공적인 일로 중국에 나가 보고 들은 견문과 선진 문물에 대한 체험들을 자유롭고 창의성 있게 기록한 것이다. 이러한 연행록은 기록 방식에 따라 18세기의 한문연행록과 19세기의 국문연행가사로 대별할 수 있다. 각 시기의 연행록과 연행가사의 대표 작품을 찾아서 조사해 보자.

(2) 원문 읽기의 (2)와 (3)에서 청나라를 바라보는 홍순학의 시각이 상충되는 지점이 존재한다. 명나라가 몰락한 이후 조선은 소중화 의식을 대의명분으로 삼아 왔는데, 명을 멸망시킨 청나라의 풍속들에 대해 이질감을 느끼면서도 세련된 문물과 번성함에 활력을 느끼기도 한다. 서장관의 신분으로 사행을 통해 홍순학이 느꼈을 문화적인 충격이 어떤 것이었을지 이야기해 보자.

(3) 오늘날 우리는 각종 동영상이나 가상 체험 등을 통해 접하게 되는 정보의 양적 증대와 더불어 정보를 접하는 방식의 다변화로, 간접적 경험의 세계가 무한대로 확장되었다고 할 수 있다. 그렇다 하더라도 개인이 직접 경험하는 것에서 오는 문화적 충격에 대한 새로움은 여전히 존재한다. 외국에 나가거나 새로운 문물을 접할 때, 우리가 지녀야 할 태도에 대해 토론해 보자.

참고문헌

· 임기중, 『연행가사연구』, 아세아문화사, 2001.
· 홍종선·백순철 역주, 『연행가』, 신구문화사, 2005.
· 김윤희, 「조선의 지식인들, 가사문학으로 연행을 기억하다 5 -19세기 장편 연행가사 〈병인연행가〉」,

『오늘의 가사문학』 9, 고요아침, 2016.
· 우하림, 「〈병인연행가〉의 작자의식과 서술특성」, 서울시립대학교 석사학위논문, 2014.
· 유정선, 「19세기 중국 사행가사에 반영된 기행체험과 이국취향 -〈서행록〉과 〈연행가〉를 중심으로」, 『한국고전연구』 17, 한국고전연구학회, 2008.

이윤선

67

덴동어미화전가

1. 창작 배경

〈덴동어미화전가〉는 규방가사 중의 하나로 덴동어미라는 여성의 기구한 인생 역정을 다룬 작품이다. 이 작품은 화전놀이에 참여한 덴동어미가 어떤 청춘과부의 개가 의사를 듣고 자신의 불행했던 인생 이야기를 들려주면서 개가를 만류하는 내용으로 전개되고 있다. 일반적인 화전가류의 작품들은 여성들이 함께 모여 좋은 경치를 구경하면서 봄을 즐기는 화전놀이를 통해 놀이의 즐거움과 향락적인 분위를 담고 있는 반면에, 〈덴동어미화전가〉는 덴동어미의 고난의 삶을 비극적으로 그려 냄으로써 힘겹게 살아가는 하층민들의 모습을 보여 준다는 차이점이 있다.

〈덴동어미화전가〉에서 '덴동어미'라는 말은 별신굿에 내다 팔 엿을 고다가 불이 나서 아이가 화상을 입어서 '불에 데인 아이의 어머니'라는 의미를 담고 있다. 이처럼 〈덴동어미화전가〉에는 네 번의 개가와 남편을 잃음, 자식의 화상으로 온갖 고난과 어려움을 겪는 여성의 모습이 그려져 있다. 한 여성의 모습을 통해 조선 후기 하층민의 삶을 그려 냄으로써 운명 앞에서 굴하지 않고 극복해 나가려는 삶의 의지를 보여 주는 작품이다.

2. 원문 읽기

새야새야 울지마라 새보기도 부끄러워
내팔자를 셔겨더면[1] 새보기도 부끄럽잖지
청의당초에 친정와서 서방님과 함께죽어
저새와같이 자웅되어 천만년이나 살아볼걸
내팔자를 내가속아 기어이한번 살아볼라고
첫째낭군은 추천에죽고 둘째낭군은 괴질에죽고
셋째낭군은 물에죽고 넷째낭군은 불에죽어
이내한번 못잘살고 내신명이 그만일세
첫째낭군 죽을때에 나도한가지 죽었거나
살더래도 수절하고 다시가지나 말았다면
산을보아도 부끄럽잖고 저새보아도 무렴찮지[2]
살아생전에 못된사람 죽어서귀신도 악귀로다
나도수절만 하였다면 열녀각은 못세워도
남이라도 칭찬하고 불쌍하게나 생각할걸
남이라도 욕할게요 친정일가들 반가할까
…(중략)…
고생팔자 고생이리 수지장단[3] 상관없지
죽을고생 하는사람 칠팔십도 살아있고
부귀호강 하는사람 이팔청춘 요사하니
고생사람 덜사지않고 호강사람 더사지않네
고생이라도 한이있고 호강이라도 한이있어
호강살이 제팔자요 고생살이 제팔자라

---

1 셔겨더면: 새겨들었더라면.
2 무렴찮지: 무렴하지 않지. '무렴하다'는 염치가 없음을 느껴 마음이 거북하다는 의미이다.
3 수지장단: 수지장단(壽之長短). 오래 살고 못 사는 것.

남의고생 꿔다하나 한탄한들 무엇할고
내팔자가 사는대로 내고생이 닫는대로
좋은일도 그뿐이요 그른일도 그뿐이라
춘삼월 호실절에 화전놀음 왔거들랑
꽃빛일랑 곱게보고 새소리는 좋게듣고
밝은달은 예사보며 많은바람 시원하다
좋은동무 존[4]놀음에 서로웃고 놀다보소
사람의눈이 이상하여 제대로보면 관계찮고
고운꽃도 새겨보면 눈이캄캄 안보이고
귀도또한 별일이지 그대로들으면 괜찮은걸
새소리도 고쳐듣고 슬픈마음 절로나네
맘심자[5]가 제일이라 단단하게 맘잡으면
꽃은절로 피는거요 새는여사 우는거요
달은매양 밝은거요 바람은일상 부는거라
마음만여사 태평하면 여사로보고 여사로듣지
보고듣고 여사하면 고생될일 별로없소
앉아울던 청춘과부 황연대각[6] 깨달아서
덴동어미 말들으니 말씀마다 하나하나옳아
이내수심 풀어내어 이리저리 부쳐보세

출전: 『경북대본 소백산대관록·화전가』

3. 작품 감상

〈덴동어미화전가〉에서 덴동어미는 조선 후기의 순흥 임 이방의 딸로서 사회

---

4 존: 좋은.
5 맘심자: '마음 심(心)' 자.
6 황연대각: 황연대각(晃然大覺). 갑자기 환히 깨달음.

적·경제적으로 안정적인 중인층이었지만 갖은 고난을 겪으면서 고향으로 다시 돌아오게 되는데, 그 과정이 작품에 자세하게 그려진다. 기존의 화전가들이 대부분 시간적 순서에 따라 순차적인 구조로 전개되는 반면에 이 작품은 개가와 남편을 잃는 과정이 반복적으로 나타나는 특징을 지닌다. 〈덴동어미화전가〉의 대략적인 구조를 살펴보면 다음과 같다.

> 화전놀이 준비→비봉산에서의 화전놀이→청춘과부의 슬픔과 탄식→덴동어미의 일생→청춘과부의 깨달음(봄춘자노래)→다 같이 합창(꽃화자노래)→다음을 기약→귀가

앞부분에서는 화전놀이를 권유하고 화전놀이를 준비하는 과정, 뒷부분에서는 화전놀이가 끝남을 아쉬워하면서 여성들이 다음을 기약하는 내용의 구조는 다른 화전가에서도 전형적으로 나타나는 구조이다. 〈덴동어미화전가〉는 화전가의 전형적인 구조의 일부를 그대로 따르면서도 내부에는 덴동어미의 일생을 자세하게 담고 있는 액자식 구조로 작품이 전개된다는 차이점이 있다.

원문 읽기에 제시된 부분은 덴동어미의 삶을 간략하게 이야기하는 내용이다. 덴동어미의 첫 번째 남편은 경상도 예천 장 이방의 아들이었는데, 결혼한 이듬해의 단옷날 처가에 가서 그네를 타다가 줄이 끊어지는 바람에 목숨을 잃는다. 두 번째 남편은 경상도 상주 이상찰의 아들이었는데, 집안이 몰락하자 덴동어미와 함께 떠돌아다니다가 경주의 객줏집에서 전염병으로 목숨을 잃는다. 세 번째 남편인 황 도령은 울산 사람으로 각지를 다니며 사기그릇을 파는 도부상이었는데 비 오는 날 산사태로 죽는다. 네 번째 남편인 조 서방은 엿장수였는데 별신굿에 내다 팔 엿을 만들다가 집에 불이 나서 죽는다.

덴동어미는 남편의 죽음과 개가를 반복적으로 겪으면서 하층민의 처지로 전락한다. 이처럼 평생 동안 고통과 가난에 시달리는 삶을 살면서도 고난을 견뎌내고 자신에게 주어진 삶을 묵묵하게 감내하면서 살아가는 여성이라는 점이 중요하다. 덴동어미는 현실적 욕망에 대한 프레임을 바꿈으로써 달관의 자세를 보

여 주고 있다. 고난을 운명으로 받아들이면서 인생의 본질을 깨닫게 되는 것이다. 그렇다고 경제적 부와 명예를 탐했던 것이 아니라 의식주 걱정 없는 소박한 삶을 원했다고 할 수 있을 것이다.

특히 덴동어미는 네 명의 남편이 모두 다른 원인으로 죽었지만 운명이나 팔자의 소관으로 치부해 버리지 않는다. 남들은 한 번 겪기도 힘든 상부(喪夫)의 고통을 자신은 네 번이나 겪었으며, 남편을 잃는 동안 가난과 고통, 화상으로 인한 자식의 장애라는 고난과 슬픔을 온전히 경험했다. 그리고 그러한 자신의 경험을 통해 다른 여성의 고통과 슬픔을 이해하고 위로할 수 있게 된다. 화전놀이에 모인 여러 여성들 앞에서 덴동어미가 자신의 개인사를 이야기한 것은 자신이 위로받기 위해서가 아니라 청춘과부를 위로하기 위함이었다. 그래서 덴동어미의 고난의 일생담은 신세 한탄에 머무는 것이 아니라 인생의 경험자가 들려주는 조언과도 같은 이야기가 되는 것이다.

〈생각해 보기〉

(1) 화전가류의 다른 작품을 찾아보고 〈덴동어미화전가〉와 구조의 차이점을 비교해 보자.

(2) 〈덴동어미화전가〉에서 덴동어미의 삶에 대한 태도가 어떠한지 살펴보고, 살아오면서 어려움을 경험했던 일이 있다면 어떻게 극복했는지를 이야기해 보자.

(3) 〈덴동어미화전가〉에서 덴동어미는 화전놀이에 참여한 다른 여성들과 함께 공감하면서 연대감을 형성하고 있다. 오늘날 우리 사회에서 연대감이 왜 필요한지, 연대감 형성을 위해서 무엇을 해야 할지를 생각해 보자.

참고문헌

· 『소백산대관록』, 경북대학교도서관 소장본, 1938.
· 이정옥, 『소백산대관록·화전가』, 경진출판사, 2016.
· 박혜숙, 「〈덴동어미화전가〉와 여성의 연대」, 『여성문학연구』 14, 한국여성문학학회, 2005.
· 최은숙, 「〈덴동어미화전가〉의 연구성과 및 현대적 의의」, 『국학연구론총』 18, 택민국학연구원, 2016.
· 허희수, 「〈덴동어미화전가〉의 구조와 그 의미」, 『한국학연구』 43, 인하대학교 한국학연구소, 2016.

류명옥

68

회심곡
回心曲

1. 창작 배경

〈회심곡〉은 조선 후기 작자 미상의 불교가사로, 현재까지도 주로 화청(和請)의 형태로 연행되는 작품이다. 조선이 건국된 이후 불교는 전대에 비해 크게 세가 위축될 수밖에 없는 상황이었으며, 이러한 상황 속에서 사찰 구성원들은 그들의 세를 유지하고, 사찰을 지속적으로 운영하기 위해 다양한 방법을 고민할 수밖에 없었다. 당시 유행하던 노래 갈래를 활용하여 그 형식에 불교 교리를 담아내는 활동은 이러한 사찰의 유지와 운영을 위한 중요한 수단 중 하나였다. 이러한 노력의 흔적을 보여 주는 중요한 사례가 조선 초 불교계 경기체가와 조선 후기 불교가사이다.

〈회심곡〉은 이러한 불교가사 사설의 대표격이라고 할 수 있을 만큼 널리 향유된 작품이다. 현재까지도 〈회심곡〉은 화청, 민요, 무가로 전승되고 있는데, 이들 각각이 형식적으로나 내용상으로 다소 차이가 나지만 모두 불교가사 〈회심곡〉의 전승 과정과 밀접한 관련이 있다. 인간의 죽음과 공덕에 따른 극락왕생을 설하는 내용은 민요 또는 무가로 전승되기 좋은 소재였을 것이며, 민간인들이 끊임없이 관심을 가질 수밖에 없는 주제였을 것이다. 그렇기 때문에 사실상 가사 갈래가 향유되지 않는 현재에도 재(齋) 의식 등을 통해 연행될 수 있는 것이다.

이 작품은 범부의 죽음과 사후세계에 대한 문제를 정면으로 다루며 공덕을 쌓아 극락왕생할 것을 권하고 있다. 극락왕생이나 정토에 대한 내용을 담아내는 불교시가는 적지 않다. 하지만 〈회심곡〉은 범부의 죽음과 죽음 이후에 염라대왕의 심판을 받고, 형벌을 받는 지옥까지 상당히 구체적으로 묘사하고 있는 것이 특징이다. 조선 후기 사찰을 중심으로 한 구성원들이 죽음의 문제를 어떻게 받아들였는지, 또 이와 관련하여 불교 사찰이 어떻게 교세를 유지해 나갔는지와 관련하여 〈회심곡〉 사설의 향유와 전승 과정을 주목하여 볼 만하다.

2. 원문 읽기

어제오날 성튼몸이 저녁나절 병이들어
섬섬[1]약질 가는몸에 태산가튼 병이드니
부르나니 어머니요 찾는것이 냉수로다
인삼녹용 약을쓰나 약효험이 잇을손가
판수[2]불러 경일근들 경의덕을 입을손가
무녀불러 굿을하나 굿덕인들 잇을손가
재미쌀[3]을 쓸코쓸어 명산대천 차자가서
상탕에 메[4]를짓고 중탕에 목욕하고
하탕에 수족씻고 촉대한쌍 버려노코
향로향합[5] 불가추고 소지[6]한장 든연후에

---

1 섬섬: 연약하고 가느다란 모양을 이르는 말이다. 연약하고 가느다란 여자의 손을 섬섬옥수(纖纖玉手)라고 칭하기도 한다.

2 판수: 점을 치는 것을 본업으로 하는 소경(시각 장애인)을 이르는 말이다.

3 재미쌀: 스님에게 보시로 주는 쌀을 의미하며, 재 의식에서 쓰이는 공양미를 의미하기도 한다.

4 메: 제사를 지낼 때 신위 앞에 올리는 밥을 이르는 말이다.

5 향로향합: 향로(香爐)는 향을 피우는 데 쓰는 조그만한 화로를 말하고, 향합(香盒)은 제사를 지낼 때 피우는 향을 넣는 작은 합을 의미한다. 이 둘을 합쳐 노합(爐盒)이라고 한다.

6 소지: 신령에게 기원하기 위하여 희고 얇은 종이에 불을 붙여 공중으로 올려 보내는 일을 말한다. 이러한 과정에서 사용되는 얇은 종이를 지칭하기도 한다.

비나이다 비나이다 하날님전 비나이다
칠성님전 발원하고 신장[7]님전 공양한들
어느성현 알음잇어 감응[8]이나 할까부냐
제일전에 진광대왕 제이전에 초강대왕
제삼전에 송제대왕 제사전에 오관대왕
제오전에 염라대왕 제륙전에 변성대왕
제칠전에 태산대왕 제팔전에 평등대왕
제구전에 도시대왕 제십전에 전륜대왕
열시왕[9]의 부린사자 일직사자[10] 월직사자[11]
열시왕의 명을바다 한손에 철봉들고
또한손에 창검들며 쇠사슬을 빗겨차고
활등갓치 굽은길로 살대갓치 달려와서
다든문을 박차면서 뇌성갓치 소래하고
성명삼자 불러내여 어가자 밧비가자
뉘분부라 거역하며 뉘영이라 지체할까
실낫갓흔 이내목에 팔둑갓흔 쇠사슬로
결박하야 끄러내니 혼비백산 나죽겠네
여보시요 사자님네 노자도 갓고가게
만단개유[12] 애걸한들 어니사자 들을손가

---

7 신장: 장수 격을 가진 귀신을 일컫는 말로, 여기에서는 부처의 정법을 수호하고, 사찰을 지키는 신을 의미한다.

8 감응: 믿음이 신과 통한다는 의미로, 여기에서는 신심으로 정성을 다하여 신불(信佛)과 통함을 의미한다.

9 열시왕: 저승을 관장하는 열 명의 대왕을 의미하며, 사설에 나온 진광대왕(秦廣大王), 초강대왕(初江大王), 송제대왕(宋帝大王), 오관대왕(俉官大王), 염라대왕(閻羅大王), 변성대왕(變成大王), 태산대왕(泰山大王), 평등대왕(平等大王), 도시대왕(都市大王), 전륜대왕(轉輪大王)을 말한다. 망자는 죽은 후 49일까지 7일마다, 그 뒤에 백일, 소상(小祥: 1주기), 대상(大祥: 2주기) 때 순차적으로 각 왕에게 생전의 선업과 악업에 대해 심판을 받는다고 전한다.

10 일직사자: 저승사자 중 한 명으로, 사람의 죽음을 결정하고 영혼을 저승으로 인도하는 역할을 하며, 포악한 성격으로 그려진다.

11 월직사자: 여자 저승사자로, 사람이 죽은 후 영혼을 저승으로 인도하는 역할을 한다.

12 만단개유: 여러 가지 말로 설득하거나 부탁하는 것을 말한다.

애고답답 서른지고 이믈어이 하잔말가
불상하다 이내일신 인간하직 망극하다

출전: 『석문의범(釋門儀範)』

3. 작품 감상

〈회심곡〉은 18세기 이후 사설이 형성되어 유행하기 시작한 것으로 보인다. 〈나옹화상서왕가〉 등 일부 작품에 대해 고려 말에 창작되었을 가능성이 제기되기도 하지만, 현재까지 남아 전하는 대부분의 불교가사 사설들은 18세기 이후 창작, 향유된 것이라고 할 수 있다. 〈회심곡〉 역시 본격적으로 유행하기 시작한 시점은 19세기 정도로 보이며, 18세기에 간행되었던 『염불보권문』의 가사 〈인과문〉 역시 〈회심곡〉 계열의 사설이라고 할 수 있다.

초기의 연구사에서 〈회심가〉와 〈회심곡〉을 동일한 계열의 작품으로 보는 경우도 있었으나, 실제로 이 두 작품은 전혀 다른 내용이라고 할 수 있다. 〈회심가〉의 경우 말세적인 풍속과 현세의 세태를 비판적으로 제시하고, 일념으로 염불하고 수행하여 극락왕생할 것을 권하는 내용이다. 교시적인 표현이 주를 이루는 것이 특징이라고 할 수 있다. 하지만 〈회심곡〉의 경우 현세의 공덕과 수행 여부에 따른 사후의 과(果)에 대해 묘사하고, 이를 통해 불교에 귀의하여 염불에 동참할 것을 권하는 내용이다.

또한 〈회심곡〉은 인과(因果) 논리를 기저에 두고, 윤회전생(輪廻轉生) 원리로 가사 사설이 구성되어 있다. 윤회전생은 불교에서 인간의 일생을 설명하는 가장 핵심적인 원리 중 하나로, 사람이 현세의 삶을 마감한 후 각자의 업(業)에 따라 다시 다른 삶을 살아가게 된다는 논리이다. 이러한 논리에 따라 〈회심곡〉 사설은 '생-로-병-사-생'으로 이어지는 형태로 구조화되어 있다. 본문에 제시한 단락은 '병-사'에 해당하는 부분으로 인간 세상에서 추구하였던 욕망의 덧없음을 보여주고, 죽음 이후에 심판을 받는 과정을 묘사하고 있다. 이본에 따라 차이가 있지만, 사설 중 가장 비중이 높은 부분은 '병-사'에 해당하는 부분이라고 할 수 있다.

〈회심곡〉 사설 중 '생-로-병-사' 이후에 나오게 되는 '생' 단락은 상당히 주목할 만한 부분이다. 이 단락은 '생-로-병-사'의 과정을 거쳐 다시 앞에서 제시한 '생'의 단계를 단순하게 반복하는 것이 아니라 다시 '생'으로 돌아와 다른 대중들에게 불교에 귀의하고 염불에 동참할 것을 권하는 내용이다. 즉, 깨달음을 얻고 현세로 돌아와 대중들에게 진리를 전하고 있는 것이다. 이러한 회귀 형태는 확암의 〈십우도송〉을 통해서도 확인할 수 있는 불가의 논리를 형상화한 것이라고 할 수 있다.

〈회심곡〉은 이본에 따라 사설 변이의 폭이 상당히 큰 편이다. 〈회심곡〉의 이본은 〈별회심곡〉, 〈속회심곡〉, 〈특별회심곡〉, 〈별별회심곡〉, 〈몽중회심곡〉, 〈육갑회심곡〉 등의 표제로 다양하게 전승되는데, 이러한 이본들이 각각 연행 현장과 향유자의 특성에 맞추어 사설이 재구성 및 연행되었다는 점을 말해 준다. 특히 〈속회심곡〉(악부본)의 경우 다른 이본 계열 사설에 비해 죽음 이후 일직사자, 월직사자의 명으로 북망으로 끌려가는 장면이 상당히 상세하게 묘사되어 있는 편으로, 사설의 길이 역시 다른 사설에 비해 3~4배 이상 길다. 또한 〈몽중회심곡〉에서처럼 늙어서 병을 얻게 되는 '로(老)' 단계의 사설이 상당히 확장되어 있는 경우도 있다.

〈회심곡〉의 연행 현장 역시 다양한 층위로 확인된다. 기본적으로 불교가사 〈회심곡〉은 주로 재 의식과 깊은 상관성을 가진다. 특히 19세기로 접어들며 재 의식은 시왕신앙이 상당히 강조되는데, 이러한 시왕신앙과 관련된 내용이 〈회심곡〉 사설에 중요하게 다루어지고 있다는 점에서 이러한 재 의식에 〈회심곡〉 사설이 주로 연행될 수 있었던 동기를 충분히 확인할 수 있다. 또한 '염불' 연행 형태 역시 주목하여 볼 만하다. 탁발, 수행 등을 목적으로 행해지는 염불 과정 가운데 〈회심곡〉 사설이 연행되기도 하여 비단 이 작품이 사찰 공간 내에서만 연행된 것이 아님을 알 수 있다.

이러한 〈회심곡〉의 연행과 전승은 비단 사찰 공간 및 사찰 구성원에게만 국한된 형태는 아니었다. 20세기에 이르면 〈회심곡〉은 소리꾼들에 의해 민요로 가창되기도 하였다. 특히 20세기 초 서도 출신 소리꾼들에 의해 민요 〈회심곡〉이 가창되었으며, 현재까지도 서울·경기 민요 〈회심곡〉이 연행, 전승되고 있는 사례를 확인할 수 있다. 아울러 제주 지역 무가 〈헤심곡〉이나 동해안 무가 〈신무염불〉

등의 사례와 같이 무속인들에 의해서도 〈회심곡〉이 수용, 전승되는 사례를 확인할 수 있다. 이처럼 〈회심곡〉은 18~19세기에 형성, 유행하였으며 인접 문학 갈래들과도 다양하게 상호작용하였던 대표적인 불교가사 사설이라고 할 수 있다.

〈생각해 보기〉

(1) 〈회심곡〉 사설 내용을 바탕으로 당시 사회 구성원들이 죽음의 문제를 어떻게 받아들였는지 생각해 보자.

(2) 〈회심곡〉 사설이 현재까지도 연행될 수 있었던 동력은 무엇이며, 이와 관련하여 종교 불교가 사람들에게 어떤 역할을 하였는지 생각해 보자.

(3) 〈회심곡〉이 인접 갈래에 미친 영향들을 다양하게 알아보고, 이를 통해 〈회심곡〉 사설이 당시 가사 문학 향유에 미친 영향을 생각해 보자.

참고문헌

· 김동국, 「회심곡 연구」, 고려대학교 박사학위논문, 2004.
· 손인애, 「20세기 전반기 회심곡의 전승 양상」, 『한국민요학』 37, 한국민요학회, 2013.
· 전재강, 「회심곡류 불교가사의 단락 전개·구성과 선악·생사관」, 『한국 불교가사의 유형적 존재 양상』, 보고사, 2013.
· 최형우, 「불교가사의 연행과 사설 구성 방식 연구」, 경북대학교 박사학위논문, 2016.

최형우

69

한문사대가의 한문 산문

1. 창작 배경

한문사대가(漢文四大家)는 조선 중기 한문문학 문장에 뛰어났던 월사(月沙) 이정구(李廷龜, 1564~1635), 상촌(象村) 신흠(申欽, 1566~1628), 택당(澤堂) 이식(李植, 1584~1647), 계곡(谿谷) 장유(張維, 1589~1638)를 지칭한다. 당대에는 선배 세대에 해당하는 이정구와 신흠을 함께 거론하고 후배 세대인 장유과 이식을 함께 언급하는 것이 일반적이었으나, 후대에 와서 '한문사대가'로 통칭되었으며, 이들의 호를 한 자씩 따서 월상계택(月象谿澤)이라고도 한다.

이들이 활동했던 16세기 후반에서 17세기 전반 조선 사회는 여러 측면에서 과도기적 성격을 지녔다. 16세기 후반은 동서분당(東西分黨)으로 인해 동인과 서인의 정치적 대립이 새로운 화두로 떠올랐으며, 17세기 초에는 인조반정에 의해 서인 정권이 수립되면서 서인은 학문적 정당성을 확보하는 것이 시급해졌다. 또한 임진왜란과 병자호란, 그리고 명청 교체라는 국제 질서의 변화와 위기 상황 속에서 단순히 글을 짓는 것을 넘어서 사대부 사회의 공론(公論)을 형성하고 이끌어 가는 것이 중요해졌다. 이러한 시기에 이들 네 사람은 당대를 대표하는 뛰어난 문장가로, 문장을 통해 사회의 핵심적인 가치를 대변하였다.

2. 원문 읽기

(1) 일찍이 생각하기를, 문장이란 천지의 정기(精氣)요 불후의 대업(大業)인데, 그 현회(顯晦)[1]는 사람에 달려 있고, 흥망(興亡)은 세도(世道)에 달려 있다. 그러므로 군자가 때를 얻으면 정기가 발하여 사업이 되고, 때를 얻지 못하면 정기가 거두어져서 문사(文辭)가 된다. 그러나 문사를 잘하는 사람은 혹 세무(世務)에 서툴고, 경륜을 담당한 사람은 또 문장[詞翰]을 일삼을 겨를이 없다. 그러므로 예로부터 작가들은 우환과 곤액 속에서 많이 나왔으니, 사마상여(司馬相如)는 소갈병(消渴病)을 앓았고 사마천(司馬遷)은 궁형(宮刑)을 당함으로 해서 그 저술이 더욱 많아졌고, 굴원(屈原)은 참소를 입고 유배되어 회사(懷沙)를 짓고 강물에 몸을 던져 죽어서 〈이소(離騷)〉가 더욱 드러났으니, 문장을 잘하는 이가 곤궁한 것이 아니라 곤궁한 뒤에 문장을 잘하게 되는 것이다.

출전: 『월사집(月沙集)』 권40, 〈상촌집서(象村集序)〉

(2) 문장이란 작은 기예이니 도(道)에 비하면 가당치도 않다. 그런데도 문장을 높이 평가하는 자들은 '도를 꿰는 기구[貫道之器]'라고 지목하니, 어째서인가. 대체로 아무리 지극한 도가 있다 하더라도 도 홀로 드러날 수 없기 때문에 문장이라는 형식을 빌려 (그 도를) 전하게 되기 때문이니, 그렇다면 서로 상관관계가 있지 않다고 말할 수는 없을 것이다.

출전: 『상촌집(象村集)』 권58, 〈청창연담 상(晴窓軟談上)〉

(3) 세상에서 문예(文藝)에 대해 말하는 자들이 반드시 "문장은 마땅히 옛것을 본받아야 한다."라고 하는데, 그 이른바 옛것에 대해 물어보면, 『좌전(左傳)』, 『국어(國語)』, 반고(班固)나 사마천(司馬遷)이 쓴 글이라고 한다. 이에 대해 반론을 제기하는 자들이 말하기를, "옛날이나 지금이나 두 가지 방도는 없으니, 문장은 마

1 현회(顯晦): 세상에 알려지는 것과 알려지지 않는 것을 의미한다.

땅히 근본을 힘써야 한다."라고 하는데, 그 이른바 근본이라는 것을 물어보면, 인의(仁義)와 도덕의 내용이라고 한다. 내가 보건대, 인의는 그냥 수립될 수 있는 것이 아니요, 고문(古文)도 육경(六經)보다 좋은 것은 없으니, 배우는 자들이 과연 제대로 『시경』, 『서경』이나 공맹(孔孟)의 학설을 배워서 터득하기만 한다면, 옛것이라고 하는 것이나 근본이라고 하는 것이나 어찌 여기에서 벗어나겠는가.

출전: 『택당집(澤堂集)』 권9, 「서(序)」, 〈이암집후서(頤菴集後敍)〉

(4) 대저 문장에는 화(華)가 있고 실(實)이 있는데, 사(辭)는 화에 해당되고 이(理)는 실에 해당됩니다. 성현의 문장은 화와 실이 모두 갖추어져 있는데, 제자(諸子) 이하로부터 비로소 갈려져 둘이 되었습니다. 문장이 완전해지려면 반드시 화와 실이 겸비되어야 할 것입니다. 그러나 화만 있고 실이 없기보다는 차라리 화가 없어도 실이 있는 것이 낫지 않겠습니까. 염락(濂洛)[2] 여러 유학자의 글이 여기에 해당합니다.

출전: 『계곡집(谿谷集)』 권3, 「잡저(雜著)」, 〈답인논문(答人論文)〉

3. 작품 감상[3]

한문사대가로 총칭되는 이정구, 신흠, 장유, 이식은 모두 탁월한 문장력을 지녔다는 점에서 당시 사회의 주도적 영향력을 지닌 존재였다. 이들은 당대를 대표하는 뛰어난 문장가라는 공통점 외에도 근기(近畿) 문벌세족의 후예로서 문장력으로 입신하여 가문을 크게 일으켰으며, 서인에 속하고 학연으로 연결되었다는 점에서도 유사하다.

이들 네 사람을 병칭한 사례는 김윤식(金允植, 1835~1922)이 조선의 역대 대표적 문장가들을 제시하는 과정에서 보인다. 어떤 이가 우리나라 문장의 원류를 논한

2 염락(濂洛): 염계(濂溪)의 주돈이(周敦頤)와 낙양(洛陽)의 정자(程子) 형제를 가리킨다.

3 전체적인 내용의 서술은 다음의 책을 참고하여 정리하였다. 오세현, 『文章, 조선을 경륜하다』, 나녹, 2018.

것에 답하는 글[答人論靑邱文章源流]에서, "당시 또 상촌(象村), 월사(月沙), 계곡(谿谷), 택당(澤堂)이 있었는데, 세상에서 '상월계택(象月谿澤)'이라 일컬었다. 상촌의 글은 단련하고 깨끗하게 씻어 내어 명말청초의 문장 기풍이 있었고, 월사의 문장은 아로새기고 채색하는 공을 들이지 않았지만, 문장을 짓는 것이 순조롭고 익숙해서 말하고자 하는 바를 다할 뿐이었다. 논하는 이들이 또 '계곡은 타고난 재주가 넉넉하고 택당은 인공(人工)이 뛰어나다.'라고 하였으니, 각기 그 잘하는 바가 있는 것이다."라고 한 바 있다. 이러한 평에서 볼 수 있듯이, 이들은 당시 그릇된 변질을 배제하고 격조 높은 순정한 문장을 추구했음을 알 수 있다.

먼저 이정구는 다른 사대가와는 달리 자신의 문학론에 대한 체계적이고 종합적인 기록을 남기지 않았지만, 단편적으로 확인되는 견해들이 있다. (1)은 〈상촌집서〉의 일부분을 제시한 것이다. 이정구는 자신과 절친한 벗이었던 신흠의 문집에 서문을 써 주면서, 기본적으로 문장이 지닌 힘에 대해 명확한 견해를 밝히고 있다. 즉 문장은 천지의 정수를 모아 창작하는 것으로, 경국의 대업을 실현할 수 있고 무궁하게 전해질 수 있는 것이라 보았다. 하지만 이정구는 현실적으로 문사와 세무를 겸비하기 어렵다고 보고 있다. 따라서 현실에서 문사를 잘하는 사람은 세무에 서툴고 경륜을 맡은 사람은 전념할 겨를이 없다고 한 것이다. 그리고 이어지는 글에서 사마상여(司馬相如)와 사마천(司馬遷), 굴원(屈原)을 예로 들며, 훌륭한 작가는 우환과 곤액 속에서 훌륭한 문장이 발현되었음을 이야기한다. 작가를 둘러싼 환경이 곤궁할 때 내면이 성숙한 문장을 잘 지을 수 있다는 논리이다. 이는 시는 곤궁해진 이후에야 공교로워질 수 있다는 '시궁이후공론(詩窮而後工論)'의 근거로 사용되기도 하였는데, 문장 자체의 가치를 인정했음을 알 수 있다. 이는 그 스스로 문장력을 통해 정계에 진출했고, 이후 문한 활동을 통해 정치적 입지를 확보했다는 사실에서 기인하는 것이다.

(2)는 신흠의 도문론이 잘 드러나는 구절이다. 〈청창연담〉은 신흠이 지니고 있던 문장에 대한 생각과 역대 시문에 대한 단상들을 자유롭게 정리한 작품이다. 따라서 〈청창연담〉에는 제시한 구절 외에도 신흠의 문학론을 살펴볼 수 있는 구절들이 다수 실려 있다. 신흠은 도학과 문장의 관계를 근본과 말단으로 보는

전통적 재도론에 입각하고 있다는 전제를 밝히며 글을 시작한다. 그러나 바로 다음 구절에서 관도론(貫道論)을 제시하여, 글이 없으면 전할 수 없다는 문장의 존재가치를 강조했다. 문과 도의 관계에서 도가 근본이고 문이 말단이라는 대전제 아래에서 문의 가치, 즉 기능성을 상대적으로 얼마만큼 강조하느냐의 문제를 유심히 살펴볼 필요가 있다. 신흠은 아무리 지극한 도라고 하더라도 홀로 설 수 없다는 점을 강조하면서 효용성과 기능에 바탕한 문의 상대적 가치를 강조하였다.

(3)은 이식의 산문 비평과 관련해 널리 알려진 글이다. 제시한 인용문에 따르면, 이식은 당대 문단의 조류를 '법고(法古)'와 '무본(務本)'으로 대별하고 있다. 여기서 '법고'에 힘쓰는 자는 『좌전』, 『국어』, 반고, 사마천 등 선진양한의 글을 전범으로 삼는 의고문파(擬古文派)이며, '무본'을 표방하는 자는 '인의도덕지실(仁義道德之實)'을 앞세운 고문파라 할 수 있다.[4] 당시 이식은 당송을 거치지 않고 진한의 고문에 나아가 배울 것을 주장하던 의고문론이 조선에 유행하던 세태에 비판적이었다. 따라서 이식은 고문에는 육경만 한 것이 없다는 원론적 논지를 전개하면서, 『시경』, 『서경』, 공자와 맹자의 설을 좇을 것을 주장한다. 이식은 시와 구별되는 산문의 특성을 당대의 풍속과 사정을 다루는 것에서 찾고, 의고문이 모방에 빠진 것을 극복하기 위해 당시의 문체인 당송(唐宋) 이하의 문장을 학습해야 한다고 주장하였다. 시와 문을 변별하여 보았기 때문에, 시공을 초월하는 시와는 달리 시대에 따라 달라지는 산문은 오늘날에 맞는 글을 모범으로 삼아야 한다고 보았던 것이다.

(4)는 장유의 문학론을 언급할 때 항상 인용되는 글로, 문학과 도학의 관계를 정의하고 있다. 장유에게 질문을 건넨 사람이 누구인지는 알 수 없으나, 글이 무엇인가에 대해 문의한 편지에 답한 것이다. 여기서 '실(實)'은 문장이 담고자 하는 사상 내용이며, '화(華)'는 사상 내용을 표현하는 데 운용 구사되는 형식이라고 할 수 있다. 이는 질(質)과 문(文)의 개념으로도 대치할 수 있다. 장유는 내용과 형식의 통일적 원리에서 출발하여, 산문 창작에 있어서 '화'와 '실' 모두 겸비해야

---

4 우응순, 「17세기 고문론의 배경과 역사적 성격」, 『어문논집』 30, 안암어문학회, 1991, p. 178.

한다고 주장하였다. 이는 문장에 내실이 갖추어지기 위해서는 근본인 도학이 중요하지만, 문장과 도학은 상보상생적 관계임을 인식하고 있었음을 보여 준다.[5]

한문사대가 네 사람은 모두 과거 급제를 통해서 조정에 진출하여 청요직을 두루 거쳤고, 사가독서를 거치는 등 관료 조직 내에서 문장력으로 두각을 드러낸 인물들이다. 이들은 모두 문형(文衡)을 역임하면서 외교 업무를 총괄하고 과거 시험 문제를 출제하는 등 국가의 중추적 역할을 담당하였다. 조선 시대의 문장은 21세기의 '문', 즉 18~19세기에 형성된 'literature'를 번역한 개념인 문학과는 근본적인 차이가 있다. 이러한 시대성을 이해하는 것은 당대를 이해하는 데 매우 중요하다. 따라서 문장의 시대성과 현실적 효용성을 누구보다 잘 보여 주는 인물들을 통해 조선 시대의 문학과 사상을 이해할 필요가 있다.

〈생각해 보기〉

(1) 한문사대가에 대한 당대나 후대의 평가를 찾아보고, 이들이 성취한 문학적 성과에 대해 이야기해 보자.

(2) 고문론은 일종의 글쓰기 이론이라고 할 수 있다. 우리의 문학사에 나타난 글쓰기 이론을 찾아보고, 그 흐름을 파악해 보자.

(3) 이정구는, 시는 곤궁해진 후에야 공교로워질 수 있다는 '시궁이후공론(詩窮而後工論)'의 입장을 지녔다. 작가의 곤궁한 처지가 작품의 질에 영향을 미친다고 생각하는지에 대해 자신의 입장을 정리하고 토론해 보자.

참고문헌

· 오세현, 『文章, 조선을 경륜하다』, 나녹, 2018.
· 김현주, 「澤堂 李植의 詩 硏究」, 단국대학교 박사학위논문, 2011.
· 손여임, 「月沙 李廷龜의 한시문학 연구」, 이화여자대학교 박사학위논문, 2014.
· 우응순, 「17세기 고문론의 배경과 역사적 성격」, 『어문논집』 30, 안암어문학회, 1991.
· 정우봉, 「朝鮮 後期 散文理論의 展開와 그 性格(Ⅰ): 16세기 말-17세기 초중반을 중심으로」, 『한국문학연구』 1, 고려대학교 민족문화연구원 한국문학연구소, 2000.

최은주

5 정우봉, 「朝鮮 後期 散文理論의 展開와 그 性格(Ⅰ): 16세기 말-17세기 초중반을 중심으로」, 『한국문학연구』 1, 고려대학교 민족문화연구원 한국문학연구소, 2000, p. 159.

70

허균의 문설
文說

1. 창작 배경

허균(許筠, 1569~1619)은 본관이 양천(陽川)으로, 자는 단보(端甫), 호는 교산(蛟山)·학산(鶴山)·성소(惺所)·백월거사(白月居士) 등이다. 아버지는 서경덕(徐敬德)의 문인으로서 명망이 높았던 허엽(許曄)이며, 어머니는 강릉 김씨(江陵金氏)이다. 임진왜란 직전 일본 통신사의 서장관으로 일본에 다녀온 성(筬)이 이복형이며, 문명을 날렸던 봉(篈)과 난설헌(蘭雪軒)이 그의 형제이다. 삼당시인(三唐詩人) 가운데 한 사람인 서출 이달(李達)에게 배웠는데, 그의 인생관과 문학관에도 많은 영향을 입었던 것으로 보인다.

허균은 정통 한문문학이 비판·반성되면서 흔들리기 시작한 시대를 살았다. 목릉성세(穆陵盛勢)라고 하던 임란 직전 시기에 정통 한문문학이 마침내 난숙한 경지에 이르게 되고, 그 수준은 전란을 겪었다고 일거에 저하되지 않았지만 안팎의 충격에 문학의 아성도 흔들리기 시작했다. 여기에 일정한 역할을 한 문인이 바로 허균이다. 그는 성리학으로 합리화된 통치 이념에 대해 심각하게 문제를 제기하면서 일생을 보냈다고 하겠는데, 상하의 공감이 정(情)에서 이루어진다면서 문학론을 펼친 〈문설〉도 이 과정에서 생산된 것이다.

2. 원문 읽기

(1) 객(客)이 허자(許子)에게 묻기를, “당세에서 고문(古文)에 능하다고 일컫는 자들은 반드시 그대를 최고로 여깁니다. 내가 보기에는 그 글이 비록 넓고 커서 한량이 없는 것 같지만 대체로 일상적인 말을 사용하여 문장이 순조롭고 글자가 순탄하여, 그것을 읽으면 마치 입을 벌리고 목구멍을 보는 것과 같아서 이해하는 자와 이해하지 못하는 자를 막론하고 아무런 걸림이 없으니 고문을 전공하는 사람은 과연 이와 같습니까?”라고 하였다.

내가 대답하기를, “이런 것이 바로 고문입니다. 그대는 우하(虞夏)의 전모(典謨)와 상(商)의 훈(訓)과 주(周)의 삼서(三誓)·무성(武成)·홍범(洪範)[1] 등의 글을 보십시오. 모두가 글로서는 극치를 이루지만 문장과 글귀에 갈고리를 달고 가시를 붙여 어려운 말로써 공교롭게 꾸민 곳이 있었습니까? 공자가 ‘문사(文辭)는 의사를 전달할 따름이다.’라고 하였습니다. 옛날에는 글로써 상하의 정(情)을 통하고 글로써 그 도(道)를 실어 전하였던 까닭에, 명백(明白)·정대(正大)하고 순절(諄切)·정녕(丁寧)하여 듣는 이에게 그 가리키고 뜻하는 것을 분명히 알게 하였으니, 이것이 글의 효용(效用)입니다. 삼대(三代)의 육경(六經) 및 성인의 글과 황노(黃老)[2] 등 제자백가(諸子百家)의 말에 있어서는 모두 그들의 도를 논하였기 때문에 그 글이 알기가 쉽고 저절로 예스럽고 전아하였습니다. 그러나 후대로 내려오면서 문과 도가 두 갈래로 분리되어 비로소 장을 끌어오고 구를 갖고 와 어렵고 교묘한 말로 글을 공교롭게 꾸미는 일이 생겨났으니 이것은 글의 재앙이지, 극치가 아닙니다. 내가 비록 노둔하지만 그와 같이 하는 것은 원하지 않습니다. 그러므로 문사는 의사의 전달을 위주로 하여 평이하게 지을 뿐입니다.”라고 하였다.

---

1 우하(虞夏)의……홍범(洪範): 『서경(書經)』의 글을 가리킨 것으로, 전모(典謨)는 곧 『서경』의 요전(堯典)·순전(舜典)과 대우모(大禹謨)·고요모(皐陶謨) 등을 가리키고, 훈(訓)은 『서경』의 이훈(伊訓)·태갑훈(太甲訓) 등을 가리키며, 삼서(三誓)는 『서경』 태서(泰誓) 상·중·하 3편을 가리킨다. 그리고 무성(武成)·홍범(洪範) 역시 『서경』 주서(周書)의 편명이다.

2 황노(黃老): 황제(黃帝)와 노자(老子). 전하여 도가서(道家書)를 가리킨다.

(2) 객이 또 말하기를, "그렇지 않습니다. 그대는 좌씨(左氏)·장자(莊子)·사마천(司馬遷)·반고(班固) 및 근대의 한창려(韓昌黎)·유종원(柳宗元)·구양수(歐陽修)·소식(蘇軾)을 보았습니까? 그들의 글이 일상 용어만 사용했었던가요? 더구나 그대의 글은 옛것을 본받지 않고 도도(滔滔: 끊이지 아니함)하고 망망(莽莽: 무성함)한 것을 일삼으니 자만한 데에 빠져 버린 것이 아닙니까?"라고 하였다.

내가 말하기를, "그 몇 분의 글 또한 상용어와 무엇이 다릅니까? 내가 보건대, 비록 간결한 듯도 하고 웅혼한 듯도 하며, 심오한 듯도 하고 분방(奔放)한 듯도 하고 굳세고 기이한 듯도 하지만, 대체로 그 당시의 일상어를 가지고 바꾸어서 고상하게 만든 것이니, 참으로 쇳덩이를 달구어서 황금을 만들었다고 할 수 있습니다. 후세 사람이 오늘날의 글을 볼 적에 어찌 오늘날 사람이 그 옛날 몇 분들의 글을 보는 경우와 같지 않을 줄을 알겠습니까? 하물며 도도 망망하게 한 것은 진정 웅대하게 하고자 한 것이며, 옛것을 본받지 않은 것 또한 나름대로 우뚝 솟고자 한 것인데 무슨 자만이 있겠습니까? 그대는 그들 몇 분을 자세히 보았지요? 좌씨는 스스로 좌씨이고, 장자는 스스로 장자이며, 사마천·반고는 스스로 사마천·반고이고, 한유·유종원·구양수·소식 역시 스스로 한유·유종원·구양수·소식이어서 서로 답습하지 않고 각각 일가를 이루었습니다. 내가 원하는 것은 이런 것을 배웠으면 하는 것이고, 지붕 밑에 거듭 지붕을 얹듯이 남의 문장을 답습하여, 표절했다는 꾸지람을 받을까 부끄러워하는 것입니다."라고 하였다.

(3) 객이 말하기를, "그대의 글이 평이하고 유창하니 이른바 법고(法古)라는 것을 어디서 구할 것입니까?"라고 하여, 내가 이렇게 대답하였다.

"그야 당연히 편법(篇法)·장법(章法)·자법(字法)에서 구할 것입니다. 편(篇)에는 한뜻으로 곧바로 내려간 것도 있고, 혹은 서로 걸어서 연결하여 여닫는 것도 있고, 혹은 마디마디 정감을 내보이는 것도 있고, 혹은 늘어놓다가 냉정한 말로 끝을 맺는 것도 있고, 혹은 자세하고 번잡하면서도 법칙이 있는 것도 있습니다. 장(章)에는 조리가 정연하여 헝클어지지 않는 것도 있고, 뒤섞이되 잡되지 않은 것도 있고, 끊어진 듯하되 앞을 잇고 뒤를 동여맨 것도 있고, 극히 지루한 것도 있고, 극히 짧은 것도 있고, 말을 끝내지 않는 것도 있습니다. 자(字)에는 울리는 곳, 돌리는 곳, 잠복하는 곳, 수습하는 곳, 거듭하되 어지럽지 않은 곳, 강하되 억지로 하지 않는 곳, 끌어당기되 힘을 부리지 않는 곳, 열고 닫는 곳, 부르고 소리치는 곳이 있습니다. 자(字)가 밝지 못하면 구(句)가 고상하지 못하고, 장(章)이 안정되지 못하면 뜻이 통하지 않으므로 이 두 가지가 갖추어져야 편(篇)을 이룰 수 있습니다. 내 글은 단지 이것을 깨달은 것일 뿐이며, 고문(古文) 또한 이것을 행하였습니다. 오늘날의 이른바 글을 이해하는 사람도 반드시 이것을 엿보지 못하였는데 하물며 그렇지 못하는 사람이야 말할 나위가 있겠습니까?"

객이 말하기를, "훌륭하도다. 내가 여기에 미치지 못하였구려."라고 하였다.

출전: 『성소부부고(惺所覆瓿藁)』 권12, 〈문설(文說)〉

3. 작품 감상

허균의 〈문설(文說)〉은 그 자신의 문장론을 문답체의 형식으로 간명하게 보여주는 대표적인 글이다. 객이 묻고 허자(許子)가 대답하는 형식을 통해 논의를 객관화하고, '고문(古文)이란 무엇인가'라는 문제를 심도 있게 논의하였다. 허균은 당대의 문장가들은 옛사람의 문장을 본받는다면서 어려운 말과 교묘한 말을 따다 쓰며 기교만 부리는데, 이것은 법고(法古)에 대한 잘못된 인식이라 했다. 이를 해명하기 위하여 (1) 고문에 대한 총론, (2) 고문에 대한 구체적 내용, (3) 고문에 대한 수사적 표현을 요령 있게 설명했다. 이를 차례대로 살펴보자.

첫째, 고문에 대한 총론은 달의주의(達意主義)에서 찾았다. 일찍이 공자는 『논어』, 「위영공(衛靈公)」 편에서 "말은 전달하면 그뿐이다.[辭 達而已矣]"라고 한 바 있다. 문장에 있어 달의주의를 강조한 것이다. 또 『논어』 「옹야(雍也)」 편에서는 문질빈빈(文質彬彬), 즉 형식과 내용이 잘 어우러진 글을 문장의 이상으로 삼고 있지만, 그 구체적인 실천은 달의주의에 두었다. 이러한 글쓰기는 객이 제시하고 허자가 인정하고 있듯이, 고문은 일상어를 사용하여 문장이 순조롭고 글자가 순탄하여 아무런 걸림이 없는 것이어야 한다고 했다.

그렇다면 달의주의는 어떻게 구현되어야 하는가? 허균은 고문은 '상하의 정을 소통시키고[通上下之情]', '도(道)를 실어 전하는 것[載其道而傳]'이어야 한다고 생각했다. 상하의 정을 소통시키는 것은 달의주의의 본질을 제시한 것이며, 도를 실어 전한다는 것은 문장을 아름답게 꾸미는 것이 능사가 아니라 질박한 내용으로 구성되어야 한다는 뜻이다. 문장의 효용성을 이렇게 말한 것인데, 허균은 이 때문에 고문은 "명백(明白)·정대(正大)하고 순절(諄切)·정녕(丁寧)하여 듣는 이에게 그 가리키고 뜻하는 것을 분명히 알게 하였습니다."라고 할 수 있었다.

통정(通情)과 전도(傳道)의 전범은 무엇인가? 허균은 이를 『서경』의 요전(堯典)·순전(舜典), 대우모(大禹謨), 고요모(皐陶謨), 이훈(伊訓)·태갑훈(太甲訓), 주서(周書)의 태서(泰誓) 상·중·하 3편, 무성(武成)과 홍범(洪範)에서 찾았다. 이 글은 모두 문장의 극치이지만 공교로운 꾸밈이나 난해한 말이 없다고 했다. 삼대(三代)의 육경(六經), 황노(黃老) 등 제자백가(諸子百家)의 말 또한 평이하며 전아(典雅)하다고 했다. 그러나 후대로 내려오면서 문과 도가 분리되어 어렵고 교묘한 말이 난무하였는데, 이것은 글의 재앙이니 심각하게 반성해야 한다고 했다.

둘째, 고문의 내용은 당세(當世)와 상어(常語)에서 찾았다. "그 당시의 일상어를 가지고 바꾸어서 고상하게 만든 것[率當世之常語 而變爲雅眞]"이라 한 것이 그것이다. 여기서 우리는 '당세', '상어', '아진'을 주목할 필요가 있다. 당세는 고인과 마찬가지로 작가는 자신의 시대에 주목하여야 하며, 상어는 글을 교묘하게 꾸미는 것이 아니라 일상생활에서 쓰는 언어를 사용하여야 한다는 것이다. 여기서 우리는 '당세'의 문제의식으로 상하가 '통정'을 하며, '상어'를 통해 '전도'해야 한다는 허균의 고문관을 이해할 수 있다.

고문은 당세에 대한 고민을 일상의 언어로 구성하는 것이지만, 그것을 그대로 사용하는 것은 아니다. 당세와 상어를 고상하고 참된 '아진(雅眞)'의 경지로 올려놓아야 한다고 보았기 때문이다. 즉 당세에 대한 문제의식을 일상어로 표현하되, 일상어가 지닐 수 있는 저속성을 전아성과 진실성으로 바꾸어 놓아야 한다는 것이다. 이로써 문장에 품격이 부여될 수 있기 때문이다. 이를 허균은 "쇳덩이를 달구어 황금을 만드는 것[點鐵成金]"이라 했다. 쇳덩이라는 일상어가 품격을 갖추어 황금으로 변하듯 문장에 일정한 품격이 부여되어 차원 변화가 일어나야 한다는 것이다.

그런데 허균은 전아성과 진실성은 개성을 상실케 할 우려가 있다고 보았다. 이 때문에, 객이 좌씨(左氏)·장자(莊子)·사마천(司馬遷)·반고(班固) 및 근대의 한유(韓愈)·유종원(柳宗元)·구양수(歐陽修)·소식(蘇軾)의 문장을 제시하자, 허균은 "좌씨는 스스로 좌씨이고, 장자는 스스로 장자이며, 사마천·반고는 스스로 사마천·반고이고, 한유·유종원·구양수·소식 역시 스스로 한유·유종원·구양수·소식"이라고 하면서 이들은 옛것을 그대로 답습하지 않고 일가를 이루었다고 했다. 이들처럼 고문은 개성적 글쓰기여야 한다는 것을 강조하였다.

셋째, 고문의 표현은 편법(篇法), 장법(章法), 자법(字法)을 갖추어야 한다고 했다. 편법은 한 편의 작품 전체를 통어해 나가는 방식이다. 여기에 대하여 허균은 하나의 뜻으로 곧바로 내려간 것, 서로 다른 것을 연결하여 여닫는 것, 마디마디 정감을 내보이는 것, 나열하다가 냉정하게 끝맺는 것, 자세하고 번잡하지만 그것을 관통하는 법칙이 있는 것 등 다양한 방법을 제시했다. 이것은 하나의 주제에 따른 구성 원리가 서로 다르게 직조되어야 함을 뜻한다. 즉 고문은 자율성이 무엇보다 중요하다는 것이다.

장법은 단락의 구성과 안배 방식을 말한다. 이 역시 어느 하나로 고정된 것이 아니라 했다. 정연하여 헝클어지지 않는 것, 뒤섞이되 잡되지 않은 것, 끊어진 듯하되 앞을 잇고 뒤를 동여맨 것, 극히 지루한 것과 짧은 것, 말을 끝내지 않는 것 등이 그것이다. 개성적 글쓰기를 강조했던 허균은 글자가 모여 하나의 의미 단락을 구성할 때, 그 구성 방식 역시 개성적으로 제시될 수밖에 없다고 생각했다. '뒤섞이되 잡되지 않은 것' 등에서 볼 수 있듯이 고문은 다양성을 존중하지만 전체적으로 관통하는 품격이 있을 때 그 진가를 발한다고 했다.

자법은 단락 내에서 글자를 어떻게 배열할 것인가를 따진 것이다. 허균이 말하는 자법은 글자나 어휘가 적재적소에 사용되어 작자의 의도가 단락 속에서 자연스럽게 드러날 수 있어야 한다는 생각이었다. 그는 '울리는 곳, 돌리는 곳, 잠복하는 곳, 수습하는 곳, 거듭하되 어지럽지 않은 곳, 강하되 억지로 하지 않는 곳, 끌어당기되 힘을 부리지 않는 곳, 열고 닫는 곳, 부르고 소리치는 곳'을 찾아 글자가 배열되어야 하며, 이들 글자는 단락을 넘어 하나의 작품 속에서 자신의 자리를 정확하게 찾는 것이어야 했다.

자(字)가 밝지 못하면 구(句)가 고상하지 못하고, 장(章)이 안정되지 못하면 뜻이 통하지 않으므로 이 두 가지가 갖추어져야 편(篇)을 이룰 수 있다고 한 허균, 그의 글쓰기에 대한 깨달음은 바로 이것이었으며, 그의 고문에 대한 실천 역시 이것에 다름 아니었다. 허균이 설명하는 고문에 대한 총론, 내용, 형식을 듣고 객은 "훌륭하도다. 내가 여기에 미치지 못하였구려."라고 하면서 승복하였다. 허균에 대한 객의 승복은 고문의 전범은 시대성과 함께 일상성을 가지되 품격을 유지해야 하며, 달의주의에 입각해 있되 상하가 정으로 소통하며 거기에는 진실이 실려 있어야 한다는 것이었다. 여기서 우리는 허균의 고문론이 지닌 시대정신을 찾을 수 있다.

〈생각해 보기〉

(1) 허균은 삼척 부사로 부임한 지 얼마 되지 않아 불교를 좋아한다는 이유로 파직되었다. 이에 그는 〈문파관작(聞罷官作)〉이라는 시를 지어 자신의 입장을 밝혔다. "예교가 어찌 자유로움을 구속하랴, 인생의 부침을 다만 정에 맡길 따름이네. 그대는 모름지기 그대의 법을 쓰시오, 나는 스스로 나의 삶을 살 터이니.[禮敎寧拘放 浮沈只任情 君須用君法 吾自達吾生]"라고 한 것이 그것이다. 여기에 나타나는 허균의 정서와 〈문설〉에 보이는 허균의 생각이 어떻게 같고 다른지 생각해 보고, 허균 문학관에 보이는 주정주의(主情主義)의 성격을 논의해 보자.

(2) 허균은 〈문설〉에서 당대성과 일상성을 강조하고 있다. 이러한 생각은 문학의 내용이 현실성을 갖추어야 한다는 생각으로 확대될 수 있다. 이 때문에 그는 사심에 얽매인 선비들의 학문적 풍토를 비판한 〈학론(學論)〉, 신분의 귀천에 따라 인재를 등용하는 제도에 대해 불만을 표출한 〈유재론(遺才論)〉, 오직 두려운 것은 백성임을 강조한 〈호민론(豪民論)〉 등 현실성을 갖춘 다양한 글을 지었다. 이러한 허균의 글이 〈문설〉과 어떻게 연계되어 있는지 논의해 보자.

(3) 허균이 제시한 당대성과 일상성에 입각한 고문론은 박지원의 고문론, 즉 법고창신(法古創新)과 일정 부분 맥이 통한다. 이러한 고문론의 역사가 오늘날 우리 시대의 글쓰기에 어떻게 결합되어 있는지 생각해 보자. 특히 당대성과 일상성을 유지하되 아진(雅眞), 즉 전아성과 진실성

이라는 점철성금(點鐵成金)의 차원 변화를 시도하고 있는 것은 일정한 논란을 불러일으킬 수 도 있는데, 이 문제의 성취 여부도 함께 논의해 보자.

참고문헌

· 이문규, 『허균산문문학연구』, 삼지원, 1986.
· 이이화, 『허균의 생각』, 뿌리깊은나무, 1980.
· 장덕순 외, 『허균연구』, 새문사, 1989.
· 강명관, 「허균 〈문설〉의 새로운 해석」, 『한국 한문학 연구의 새 지평』, 소명출판, 2005.
· 송현자, 「허균 시의 문예미 연구」, 안동대학교 박사학위논문, 2021.
· 조동일, 「허균」, 『한국문학사상사시론』, 지식산업사, 1998.

정우락

71

박두세의 요로원야화기
要路院夜話記

1. 창작 배경

임병양란 이후 회복기의 조선 사회는 정치 제도, 경제 구조 등 기본 체제가 근본적으로 바뀌지 않았다. 당대의 선비들은 기존 질서에 대한 비판과 회의를 가지게 된다. 당대는 정치 주역의 실세들이 동서로 나뉘는 것도 모자라 남북으로 노소(老少)로, 청탁(淸濁)으로 대소(大小)로 끝없는 분열이 일어나고 있었다.

이 무렵, 숙종 조 초에 뜻있는 선비들은 점차 성리학적 이념, 곧 사변적 윤리사상의 굴레에서 벗어나야겠다는 의식이 싹트고 있었다. 그것은 후대에 경세치용(經世致用)·이용후생(利用厚生)·실사구시(實事求是) 등의 실학(實學)을 낳게 된다. 그러한 실학이 영글기 전에 사림에서는 당대의 권력층, 썩은 양반에 대한 통렬한 풍자로 심기를 달래고 있었다. 이러한 기(氣)를 타고 세상에 나온 것이 박두세(朴斗世, 1650~1733)의 〈요로원야화기(要路院夜話記)〉이다.

박두세는 조선 후기의 학자로 충청도 대흥 출신이다. 1682년(숙종 8)에 급제, 의금부 대사 직분 시절에 권대운(權大運) 압송에 편의를 봐주었다고 파직되었다. 이후 진주 목사, 지중추부사를 지냈지만, 벼슬길이 순탄하지 못했다. 그는 문장에 밝았는데, 특히 『삼운보유(三韻補遺)』와 『증보삼운보유(增補三韻補遺)』를 저술할 정도로 운학(韻學)에 조예가 깊었다.

2. 원문 읽기

(1) 객이 크게 탄식하며 말하기를, "아니다. 그대의 문장의 재주로 아직도 과거에 낙점되지 못했는가!"라고 했다. 내가 말하기를, "진실로 재주는 없지만, 진실로 재주가 있다면 어찌 과거에 합격하는 이치가 없겠는가?"라고 했다. 객이 말하기를, "아! 그렇지 않다. 과거가 불공평한 것은 이때보다 심한 적이 없었다. 벌열[1]의 아들과 친척은 어린이로 처음 배워도 모두 고과(高科)[2]에 붙지만, 향곡(鄕谷)의 유생은 노인이 되도록 공부한 선비 역시 과장에서 떨어진다. 그렇지 않다면 그대 역시 문재가 있다고 할 수 있다. 비록 대과(大科)[3]는 어렵더라도 힘써 이룬다면 홀로 소과(小科)[4]에는 능하지 못하겠는가?"라고 했다.

(2) 손으로 술잔을 나누고	手送巵
입으로 시를 읊노라	口詠詩
꽃은 풍전(風前)에 눈을 보내고	花送風前雪
버들은 비 온 뒤에 가늘게 흔들리네	柳搖雨後絲
요로원[5]에서 요로의 객을 만나니	要路院逢要路客
서울 사람은 서울[6]로 갈 때로구나	洛陽人去洛陽時

---

1 벌열: 벌열(閥閱). 나라에 공로(功勞)가 많고 벼슬 경력(經歷)이 많음. 또는 그런 집안.

2 고과(高科): 과거(科擧)에서의 우등 급제(及第).

3 대과(大科): 과거(科擧)의 문과(文科)를 소과(小科)에 대(對)하여 일컫는 말.

4 소과(小科): 조선 시대에 생원(生員)과 진사(進士)를 시험(試驗)하여 뽑던 과거(科擧). 초시(初試)와 복시(覆試)가 있었다.

5 요로원(要路院): 원(院) 이름. 충청남도 아산시(牙山市) 음봉면(陰峰面) 지역에 있었다. 조선 숙종(肅宗) 때 박두세(朴斗世)가 지은 〈요로원야화기(要路院夜話記)〉의 무대가 되었던 곳이다.

6 서울: 주(周)나라의 무왕(武王)이 상(商)나라의 주왕(紂王)을 주멸(誅滅)하고 구정(九鼎)을 옮겨 두었던 곳이 주나라의 땅인 낙읍(洛邑)인데, 이 낙읍은 뒤에 낙양(洛陽)으로 일컬어진 주나라의 서울 이름이다. 진(秦)나라 때는 낙양현(洛陽縣)이라 하였고 명(明)·청(淸)대에는 하남부(河南府)에 속했다. 중국의 역대 9개 왕조(王朝)의 수도였으며 중국의 7대 옛 도시 중 하나이다. 양(陽)은 '강의 북쪽 연안'이라는 뜻으로, 지명은 '뤄수이강[낙하(洛河)]의 북쪽 연안에 있는 도시'라는 의미이다. 여기서는 한양(서울)을 뜻한다.

그대의 술잔을 다 비우고	盡君巵
내 시를 들으라	聽我詩
오늘 안색은 옥과 같으나	今日顔如玉
내일 아침 살이 찐 실 같으리	明朝鬢滿絲
갑자기 지나가는 시간이 참으로 과객과 같으니	倏忽光陰眞過客
놀기를 모름지기 어린 시절에 하라	冶遊須及少年時

출전: 『동야휘집』 권7, 〈요로원야화기〉

3. 작품 감상

〈요로원야화기〉는 한국 서사 문학사에서 드물게 보이는 특이한 작품이다. 이는 과거 기행의 '여행자 문학', '일인칭 서술자 문학', '대화체 문학'이다. 서울 양반과 시골 양반이 여행 중에 주막에서 하룻밤을 보내며 주고받은 이야기이다. 비록 짤막한 이야기지만, 그 속에 많은 내용을 담고 있다. 두 사람의 만남, 신원(身元) 확인 과정, 작시(作詩) 겨루기, 당대 사회 모순의 토론 및 비판 등이 차례로 기술된다. 작품은 국문본 한 편과 한문본 20여 편이 전해지고 있다. 하지만 내용 차이는 크지 않다.

1708년(숙종 34)에 서술자가 과거에 낙방하고 시골로 돌아가는 길에 요로원이라는 데 이르러 하룻밤을 지낸 일을 집중적으로 다루면서, 낙방 거자(擧子)의 탄식을 늘어놓는 대신에 동숙하게 된 서울 양반의 거동을 풍자하면서 그릇된 세태를 나무라고 있다. 두 사람 사이의 우열이 작품 전개와 더불어 역전되는 과정을 묘미 있게 서술한 수법이 뛰어나다. 즉 주인공이 여행 중에 출신과 성장 배경이 다른 인물을 만나는데, 처음에는 상대방에 대한 편견으로 쉽게 화합하지 못하지만, 대화와 시 수창을 하면서 점차 화합하고 있다.

〈요로원야화기〉의 전개 과정은 세 부분으로 나누어 볼 수 있다. 저녁 무렵 처음 만나 대화를 나누는 과정, 시화를 나누는 과정, 당대에 대해 문답을 주고받는 과정이 그것이다. 이 과정의 진행은 '대화(문답) → 시화(문답) → 대화(의견 교환)'의 형식을 취하고 있다.

(1)에서는 사람이 다른 사람을 만나 이야기를 나누며 겪게 되는 생각의 차이가 대화를 이끌어 가는 동력이 된다. 〈요로원야화기〉의 대화와 시 수창은 작품 전개의 주요한 수단이 된다. 이는 형식들이 주제를 드러내는 하나의 방법으로 활용되고, 나아가 주제에만 머물지 않고 작품의 본질을 보여 주는 중요한 기능을 맡는다.

여기서 두 사람은 문자에 관해 분명한 견해 차이를 보이나, 조선의 인재 등용이 불공정하게 이루어지고 있다는 데는 공감한다. '나'는 실제로 재주가 있지만, 대과에 급제하지 못했다. 객은 이러한 '나'의 처지를 정확히 인식, 진단하고 있다. 객은 서울 실정에 밝기에, 그 실상을 정확히 파악하고 있다. 그러나 나 역시 이러한 진단을 내릴 수 있다. 객의 입을 통해 나를 알리고 있는 것이다. 이들의 대화는 과거 제도, 붕당, 선비상 등 현실 비판으로 이어지는데, 그 과정에서 의견 차이 및 갈등이 해소된다.

(2)처럼 문답은 다양한 형태의 시화 13수로 표현된다. 첫째 수부터 마지막 수까지 작시 형태, 내용은 전체 전개 과정과 맞물려 있다. '오언절구(五言絶句)→칠언절구(七言絶句) → 연구(聯句) → 사운(四韻) → 육언(六言) → 삼오칠언(三五七言)→오언절구(五言絶句)'로 전개된다. 시화의 문답 과정은 두 사람의 만남과 이별까지 전개 양상과 맞아떨어진다.

(2)에 소개된 시는 삼오칠언의 형식을 가진 작품으로, 보통 층시(層詩), 보탑시(寶塔詩)라고 한다. 즉 잡체시의 일종이다. 이 형태는 이백이 3·5·7언으로 늘리며 시를 지으면서 비롯되었다. 이후 그것을 모방한 창작이 이뤄졌고, 후세 시인들의 경쟁이 더해져서, 다시 1·3·5·7언이 나오게 되었다. 이 형식은 다른 잡체시보다, 작시 방법이 비교적 간단하여 유희의 한 방식으로 즐겨 왔다.

시의 내용은 육언시에서는 함께 승경을 즐기며, 아침이 되어 이별해야 하는 아쉬움을 담고 있다. 삼오칠언시에서는 함께 시를 읊고, 술잔을 나누며 만남에 대한 기쁨을 담아내고 있다. 잡체시는 선비들의 문자 유희라고 인식하고 있지만 그 속에는 시재(詩才)의 기발함, 재주의 겨룸 등이 포함되어 있다.

〈요로원야화기〉에서는 대화와 시의 수창이 작품의 중심을 이루고 있다. 작품의 기본 구성 방식을 결정하고, 이에 따라 서사를 펼쳐 나갈 수 있으며, 의견 차이도 드러낼 수 있었다. 대화는 긴장과 이완이 교차되며, 때로는 완전한 의견 일치 상태에 이르기도 한다. 즉 개인에게 일어나는 변화의 다양한 양상을 표현할 수 있다.

대화는 긴장을 조성하고 대립으로 가는 과정의 주요한 과제라고 생각하기 쉽다. 하지만 실제 긴장을 이완하는 수단이 되기도 한다. 대화의 상반된 두 가지 성격은 작품을 적절히 조절하고, 그 진행 과정에서 변이되어 시의 수창을 이끌어 내기도 한다.

〈요로원야화기〉의 삽입시는 다음 단계로 전환하기 위한 장치로서, 이를 통해 현실적·비판적인 주제로 이야기가 옮겨 간다. 줄거리의 도입부는 서울 양반의 조롱과 시골 양반의 반박이 대화 형태로 제시된다. 이어지는 전개부는 두 사람 간의 문답이 시화의 형식으로 제시된다. 여기서 두 사람 사이에 재주 겨루기가 이루어진다.

마지막 부분은 절정과 결말이다. 대화 형식으로 되어 있지만, 엄밀히 말하면 두 사람의 논쟁이라고 할 수 있다. 논쟁은 결국 시골 양반의 승리로 끝난다. 박두세는 남인(南人)에 속했기에 벼슬길이 순탄하지 않았다. 이 작품의 시골 양반에게 박두세의 모습이 투영되었다고 볼 수 있다.

〈생각해 보기〉

(1) 〈요로원야화기〉는 주인공인 '나'와 서울 양반이 하룻밤 동안 대화를 나눈 것이다. 세태 풍자 기법과 표현 기법에 중점을 둔 것과, 체험적 실화라는 점에서 더욱 의미가 크다. 소설, 수필, 야담, 설화, 한담류(閑談類) 등의 갈래에서 사용된 대화체를 살펴보고 그 의미를 생각해 보자. 그리고 우리 일상생활과 여행 중에서 일어나는 대화·대담 등을 통해, 지금의 시대상과 편견 등을 논의해 보자. 예컨대 일상생활의 카페에서 일어나는 대화와, 여행 중 게스트하우스 등에서 일어나는 대화를 중심으로 고찰해 보자.

(2) 나(시골 양반)는 자신을 업신여기는 서울 양반을 놀리기 위해 일부러 어리숙한 체하는 인물,

봉산탈춤의 '말뚝이'와 유사한 인물이다. 객(서울 양반)은 시골 양반을 행색과 외모로만 평가하여 허세를 부리는 교만한 인물에 속한다. 〈요로원야화기〉는 조선 후기의 대표적인 단편 산문으로, 사회에 대한 비판 의식이 투철함을 알 수 있다. 봉산탈춤처럼 양반 사대부를 비판한 작품, 특히 인물 비판(평)과 관련된 작품을 더 읽어 보고 비교를 해 보자. 나아가 17세기 소설 가운데 〈운영전〉, 〈구운몽〉 등과 비교하며 읽고 당대의 선비상 및 특징을 유추해 보자.

(3) 양반에서 상인, 천민, 기녀에 이르는 당대의 다양한 인물들의 삶과 시문에 얽힌 사연, 꿈, 풍속에 관한 이야기를 생동감 있게 기록한 작품인 『어우야담(於于野談)』(유몽인)이 있다. 이 야담집 역시 풍자적·해학적 성격이 다분하다. 여러 인사와 관련된 기이하고 골계적인 일화 및 거리나 항간에 떠도는 이야기들을 중심으로 엮었기에, 그 내용이 〈요로원야화기〉의 풍자적·해학적 성격과 유사하다고 볼 수 있다. 풍자와 해학은 지금 이 시대에 중요한 요소이다. 그와 관련된 글을 읽고 이야기를 나눠 보자.

참고문헌

· 박두세 저·한석수 역주, 『요로원야화기』, 박문사, 2010.
· 정민, 『한시미학산책』, 솔출판사, 2001.
· 심재기, 「박두세(朴斗世)의 요로원야화기(要路院夜話記)」, 『한글한자문화』 160, 전국한자교육추진총연합회, 2012.
· 정하영, 「「요로원야화기(要路院夜話記)」에 나타난 편견의 양상과 해소의 의미」, 『한국고전연구』 14, 한국고전연구학회, 2006.
· 조태성, 「「요로원야화기(要路院夜話記)」 소재 삽입시의 성격과 기능」, 『한국언어문학』 61, 한국언어문학회, 2007.
· 최천집, 「「요로원야화기」의 가치 갈등과 그 의미」, 『영남학』 20, 경북대학교 영남문화연구원, 2011.

김종구

72

홍대용의 대동풍요서
大東風謠序

1. 창작 배경

임병양란 이후, 조선의 일부 선각적 지식인들은 주자학 일변도의 경직된 학풍에 대해 날카로운 비판을 가하였으며, 이 과정에서 객관적이고 현실적인 문제를 중요하게 여기기 시작하였다. 〈대동풍요서(大東風謠序)〉의 작자인 담헌(湛軒) 홍대용(洪大容, 1731~1783) 역시 이러한 일련의 흐름에서 자유로울 수 없었다. 그는 집권 노론계 양반 가문에서 성장하였으며, 율곡(栗谷) 이이(李珥, 1536~1584)에게서 연원하는 기호학파(畿湖學派)의 학통을 계승하였는데, 호락논쟁(湖洛論爭)에서는 낙론계(洛論系)의 인물성동론(人物性同論)을 지지하였다. 그리고 이를 바탕으로 민족적 자존 의식을 드러내기도 하였으니, 실제로 가집(歌集) 『대동풍요』에서 대동(大東)은 '동방(東方)의 대국(大國)'이라는 뜻으로, 우리나라의 지위를 격상시키고자 하는 의도가 다분히 반영된 명칭이라 하겠다.

이러한 인식은 우리 문화의 주체성을 강조하는 논리와 결합하여, 규범적인 고문론(古文論)에 대한 민족어문학의 옹호로 이어지게 되었다. 이때 풍요(風謠)라는 명칭도 주목할 필요가 있다. 풍요는 『시경(詩經)』에서의 국풍(國風)과 같이 시대의 논란에 적극적으로 참여하는 노래를 의미하며, 일반적으로 민요나 시조를 가리키는 것으로 이해되고 있기 때문이다. 이처럼 홍대용이 가집에 풍요라는 명칭을 사용했던 것은, 그가 문학이란 인간의 순수하고 자연스러운 본성, 즉 천기(天機)를 표출해야 한다고 강조했던 것과도 일맥상통한다. 한편, 그는 음악이나 노래에 대해서도 관심이 많았다. 그리하여 일찍부터 거문고의 묘리를 터득하였으며, 직접 시조를 부르거나 한글 가사집의 발문을 써 주기도 하였다. 이러한 관심은 훗날 그가 가집을 편찬하게 된 원동력이 되었던 것으로 보인다.

2. 원문 읽기

(1) 노래[歌]는 그 정(情)을 말하는 것이다. 정이 말에 옮겨지고 말이 글로 이루어지는 것을 노래라고 일컫는다. 교묘함과 서투름을 개의치 않고, 선함과 악함을 잊으며, 자연에 의지하여 천기(天機)를 발하는 것은, 노래의 뛰어난 것이다.

(2) 그러므로 『시경(詩經)』의 국풍(國風)은 대부분 마을의 노래나 거리의 가요를 따랐는데, 혹은 함영(涵泳)하는 교화에 국한되기도 하고, 또한 풍자하는 뜻도 있게 마련이다. 비록 강구요(康衢謠)[1]의 진선진미(盡善盡美)함보다는 뒤떨어지지만, 진실로 모두 당세 성정(性情)의 바름에서 나온 것이었다. 이 때문에 나라에서 조사하고 태사(太師)가 수집하여 그것을 관현(管絃)에 입혀서 연악(宴樂)으로 사용하였고, 상숙(庠塾)에서 거문고를 타며 시를 읊는 선비나 전야(田野)에서 패랭이를 쓴 어리석은 백성들이, 함께 기뻐하고 감발하여 나날이 선으로 옮겨 가면서도 스스로 알지 못하도록 하였으니, 이는 시교(詩教)가 아래에서부터 위로 통달한 것이다.

(3) 주(周)나라 이후부터 중화와 오랑캐가 뒤섞여 방언(方言)이 날로 점차 변하였고, 풍속이 야박해져 인위가 날로 더욱 많아졌다. 방언이 변하자 시(詩)와 노래

1 강구요(康衢謠): 강구(康衢)는 사통오달(四通五達)의 큰길을 의미한다. 요(堯)임금이 천하를 다스릴 때, 친히 미복(微服) 차림으로 강구에 나가서 살펴보니, 한 노인이 배불리 먹고서는 배를 두드리며 이른바 〈격양가(擊壤歌)〉를 불렀다고 한다. 〈격양가〉는 “해 뜨거든 나가서 일하고 해 지거든 들어와서 쉰다네. 우물 파 물 마시고 밭 갈아 밥 먹으매, 임금님 힘이 나에게 있어 무슨 상관이겠으랴.[日出而作 日入而息 鑿井而飮 耕田而食 帝力何有於我哉]”라는 내용의 노래이다.

가 그 체를 달리하게 되었으며, 인위가 많아지자 정과 글이 상응하지 않게 되었다. 이 때문에 그 성률(聲律)이 교묘해지고 격운(格韻)이 높아졌는데, 뜻을 가다듬는 일은 비록 치밀해졌지만 그 자연스러움은 점점 잃었으며, 이치는 비록 바르게 되었지만 그 천기(天機)는 점점 잃어버리고 말았다. 이것으로써 풍아(風雅)[2]를 잇고 나라를 교화시키고자 한다면, 또한 어긋나지 않겠는가!

(4) 돌아보건대, 이항가요(里巷歌謠)의 창작은 자연의 음향과 절주에서 나온 것이므로, 곡조와 박자에 비록 중화(中華)와 오랑캐의 간격이 있을지라도, 그릇됨과 올바름은 대체로 그 풍속을 따른 것이었다. 장(章)을 나누고 운(韻)을 맞추며 사물에 감동되고 말로 나타낸 것이, 진실로 곡조는 다르지만 기능은 같으니, 이른바 '오늘날의 음악이 옛날의 음악과 같다'는 것이라 하겠다. 그런데 그 글이 옛것을 모범으로 삼지 않는 데다 말의 조리가 비루하고 속되다 하여, 나라에서 조사하지 않았으며 태사도 수집하지 않아서, 당시에도 음률을 갖추어서 천자(天子)에게 올리지 않았으니, 후세에서 다스려짐과 어지러움, 얻음과 잃음의 자취를 헤아릴 수 없게 되었다. 대개 시교(詩敎)의 망함은 여기에서 극에 달하였다.

(5) 조선은 진실로 동방(東方)의 오랑캐이다. 풍속이 좁고 고루하며 방음(方音)도 알아듣기 어려워, 시율(詩律)의 공교로움이 참으로 이미 중화에 동떨어지게 미치지 못하니, 사조(詞藻: 시문)의 체재(體裁)는 더욱 알려진 것이 없다. 그 이른바 노래라는 것은 모두 속된 상말로 지어졌는데, 간혹 문자가 섞여 있다. 옛것을 좋아하는 사대부는 이따금 짓기를 달갑게 여기지 않고, 어리석은 남녀의 손에서 대부분 이루어져 그 말이 고루하면서도 속되다 여겨 군자들이 모두 그것을 받아들이지 않는다.

(6) 비록 그러하나 『시경』의 이른바 풍(風)이라는 것도 원래는 풍속을 노래한 항담(恒談)이었다. 그러한즉 당시의 듣던 자가 지금 사람으로서 지금 사람의 노

---

2 풍아(風雅): 국풍(國風) 및 대아(大雅)·소아(小雅)를 아울러 가리키는 것으로, 『시경』의 별칭이다.

래를 듣는 것처럼 하지 않았으리라는 것을 어찌 알겠는가. 오직 그 입에서 나오는 대로 곡조를 이룬다 하더라도 말이 마음속에서 나오고, 안배할 수 없다 하더라도 천진(天眞)이 드러난다면, 나무꾼과 농부의 노래 또한 자연에서 나온 것이니, 도리어 다시 사대부가 고치고 다듬어서 말은 옛말이지만 다만 그 천기를 깎아 없앤 것보다는 나을 듯하다.

(7) 진실로 잘 보는 자[善觀者]가 관습에 구애되지 않고 자신의 생각으로써 작자의 뜻을 헤아려 본다면, 사람으로 하여금 기뻐하며 감발케 하여, 반드시 백성이 되고 풍속을 이루는 데로 돌아가게 하는 의의에 본래 고금의 다름이 없게 될 것이다. 또한 그 비유를 취하고 흥(興)을 일으키는 뜻과 시대를 근심하며 예전을 생각하는 말이, 혹 현인이나 군자의 입에서 나온다면, 그 임금에게 충성하고 윗사람을 사랑하는 뜻이 또한 알맞게 되어서, 말은 다함이 있어도 뜻은 남음이 있을 듯하다. 대개 풍아의 남긴 뜻을 이미 깊게 얻었으니, 그 말이 고루하면서도 명료하고 그 뜻이 화순하면서도 드러나서, 부인이나 어린아이도 모두 듣고는 알 수 있을 것이다. 그러한즉 이른바, '시교가 위와 아래에 통달한다'는 것은 이것을 버리고 무엇으로써 하겠는가?

(8) 고금에 전하는 바를 삼가 수집하여 두 책을 집성하고 『대동풍요(大東風謠)』라 이름하였는데, 무릇 천여 편이다. 또한 별곡(別曲) 수십 수를 얻어 그 뒤에 붙여서 태사의 수집을 대비하니, 성조(聖朝)의 풍속을 살펴보는 정사에 도움이 있기를 바란다. 그 희롱하고 음설한 말 같은 경우에는, 또한 부자(夫子)께서 정(鄭)나라와 위(衛)나라의 시(詩)를 없애지 않았던 뜻이다. 회옹(晦翁: 주자)이 이른바 '스스로 반성하여 선을 권장하고 악을 징계함이 있기를 생각해야 한다'고 한 것은, 더욱이 위에 있는 자가 몰라서는 아니 될 것이리라.

출전: 『담헌서(湛軒書)』 내집 권3, 「서(序)」, 〈대동풍요서〉

3. 작품 감상

〈대동풍요서〉는 홍대용이 편찬한 것으로 추정되는 가집 『대동풍요』의 서문이다. 그러나 현재 『대동풍요』가 전해지지 않기 때문에, 〈대동풍요서〉의 창작 연대는 홍대용의 활동을 통해 대략적으로나마 추정할 수밖에 없는 상황이다. 즉, 그가 1765년(영조 41)에 연행사절(燕行使節)의 일행으로 중국에 갔을 때, 항주(杭州)의 선비들과 『시경(詩經)』에 대해 이야기하던 중 『모시(毛詩)』의 소서(小序)에 대해서는 잘 모르겠다고 하였는데, 〈대동풍요서〉의 논지나 문형(文型)에 『모시』의 영향이 많이 나타나므로, 『대동풍요』의 편찬 및 〈대동풍요서〉의 창작은 연행 이후에 이루어진 것으로 짐작할 수 있겠다.

(1)은 이 글의 서론으로, 세 개의 문장으로 이루어져 있다. 첫 번째 문장에서는 주자가 지은 〈시경집전서〉의 문형에 의거하여 노래를 정의하였고, 두 번째 문장에서는 『예기(禮記)』「악기(樂記)」〈모시대서(毛詩大序)〉의 문형에 의거하여 노래가 이루어지는 과정을 나타냈으며, 세 번째 문장에서는 홍대용 자신의 말로 좋은 노래의 조건을 제시하였다. 일반적으로 가집류(歌集類)에서는 '시언지(詩言志) 가영언(歌永言)'이라 하여 노래를 시의 연장선상에서 정의하는 것이 통례(通例)였으나, 홍대용은 당대의 가장 권위 있는 문헌들에 근거하면서도 과감하게 노래만 정의함으로써 파격적인 선언을 하였던 것이다.

이때 '정(情)'이라는 것은 노래를 정의하는 데 있어 가장 중요한 용어라 할 수 있다. 홍대용이 체용(體用)의 관계에 있는 성정(性情)에서 정만 말하고, 그 근거가 되는 성(性)은 언급하지 않았기 때문이다. 이는 그가 이(理)의 작용과 근거를 인정하지 않았던 것과도 관련이 있다. 즉, 기(氣)의 움직임이 곧 이이므로, 정을 그 자체로 긍정해야 한다는 이론을 마련하였던 것이다. 그리하여 기의 움직임인 정에서 교졸(巧拙)이나 선악(善惡)으로 나눌 수 있는 절대적 기준이 사라졌으며, 자연스럽게 문학도 그러한 인위적 노력을 배제하는 방향으로 나아가게 하고자 하였다. 이것이 바로 당대에 부각되었던 천기론(天機論)의 핵심이다.

이어서 홍대용은 두 번째 문장에서 "말이 글로 이루어지는 것을 노래라고 일컫는다."라고 하였다. 이는 구비문학의 상태로 있던 노래를 태사(太師)가 수집하여 읽을 수 있는 글의 상태로 만들었던, 『시경(詩經)』의 편찬과 밀접한 연관이 있다. 또한 말이 바로 글이 되는 자연스러운 과정을 언급한 것이므로, 노래를 지을 때 우리말과 우리글을 사용할 수밖에 없는 근거를 마련한 것이기도 하다. 이처럼 홍대용은 노래의 형성 과정을 밝힘으로써, 민족어문학의 기틀을 다졌다고 할 수 있겠다.

세 번째 문장에서는 좋은 노래의 기준을 세 가지로 제시하고 있다. 이때 좋은 노래란 "교묘함과 서투름을 개의치 않고, 선함과 악함을 잊으며, 자연에 의지하여 천기(天機)를 발하는 것"이라 할 수 있다. 여기서 '교묘함'은 세련된 수식을 가리키는데, 이러한 상태에 이르기 위해서는 어쩔 수 없이 인위가 개입될 수밖에 없다. 그런데 홍대용은 인위를 버리고 자연을 따라야 한다고 강조하였으니, 여기서 자연이란 정해진 기준을 따르지 않고 자신의 정을 있는 그대로 표현하는 것을 의미한다. 또한 선악은 노래가 독자적인 가치를 발휘하지 못하고 도학(道學)에 종속되어 있음을 나타내는 말로서, 정의 성질과 관련하여 평가받아야 할 요소이다. 즉, 홍대용은 성정에서 정만 말하고, 이와 기를 한 몸이라 하여 선재(先在)한 선악의 문제를 제거하였기 때문에, 선함과 악함을 잊어야 한다고 말할 수 있었던 것이다. 그리고 천기는 하늘로부터 부여받은 것을 그대로 직출(直出)해 내는 상태라고 할 수 있다. 이는 앞서 언급한 정을 대체하는 용어로서, 문학사상의 측면에서 봤을 때, 성정론(性情論)에서 벗어난 개념이다.[3]

(2)는 『시경』의 가치와 효용성에 대해 언급한 것이다. 홍대용은 『시경』의 가치가 당세 성정의 바름을 담은 데 있다고 보았다. 이는 국풍채시설(國風采詩說)을 인정한 것이라고 할 수 있겠다. 이어서 『시경』의 효용성에 대해서도 이야기하였는데, 그 핵심은 바로 시교(詩教)에 있다. 주지하다시피 일반적으로 교화는 위에서 아래로 이루어진다. 그러나 홍대용은 상하(上下)·선후(先後)를 바꾸어 교화의 개념을 비틀어 놓았다. 즉, "시교(詩教)가 아래에서부터 위로 통달한 것이

---

3 박미영, 「〈大東風謠序〉에 나타난 洪大容의 歌論과 意味」, 『진리논단』 6, 천안대학교, 2001, pp. 132-146.

다.”라고 한 것은, 민간에서 이룩한 진선진미한 상태가 바로 노래이기 때문에, 이를 통해 상층도 감동을 받아 시교의 기능이 달성된다는 의미이다. 이는 국풍 채시설을 그대로 받아들이면서, 홍대용 자신만의 논리를 마련한 것이라고 할 수 있겠다.

(3)~(6)에서는 민족어문학에 대한 옹호론을 펼쳤다. 우선, (3)에서는 주나라가 분열된 이후부터 중화와 오랑캐의 구분이 불가능해졌다고 이야기하였다. 여기에는 현재의 중국 역시 중화라고 볼 수 없다는 의미가 내포되어 있다. 한편, (3)에서 제시된 ‘방언(方言)’은 원래 각 지방의 말이라는 뜻인데, 여기에서는 민족의 자국어를 가리킨다. 그리고 인위는 옛사람 혹은 다른 지역에서 만들어진 전범을 금과옥조(金科玉條)로 여기는 태도이다. 이에 홍대용은 인위를 지키느라 천기의 참다움을 잃은 당대 조선의 현실을 지적하고자 하였다.

(4)의 전반부에서는 앞서 언급한 『시경』의 가치를 오늘날의 이항가요에 부여하고 있다. 홍대용은 화(華)의 시는 앞 시대보다 타락하였지만, 이(夷)의 이항가요는 백성들의 정을 여전히 간직하고 있다고 보았다. 즉, 형식의 차이는 있지만, 사정(邪正)에는 절대적인 기준이 존재하지 않으므로, 그 나라, 그 시대의 풍속에 따르는 것이 옳다고 본 것이다. 그런데 이 문단의 후반부에서 홍대용은 오늘날의 이항가요가 『시경』의 역할을 수행하지 못한다고 이야기하였다. 그것은 상층에서 백성들의 이항가요를 고루하고 속되다고 여겨 수집하지 않았기 때문이다. 결국 홍대용은 이항가요가 그 자체로서 높은 가치를 지니고 있음에도 불구하고, 그것이 인정받지 못하는 현실을 질책하기 위해 이러한 서술을 한 것으로 보인다.

이어지는 (5)에서는 당대의 조선을 이(夷)라고 규정한 뒤, 공동문어로 이루어지는 시율(詩律)의 공교로움은 중국에 미치기 힘들며, 시문의 체재(體裁) 역시 알려진 것이 없다고 하였다. 즉, 중국의 시조차도 『시경』의 시보다 못하므로, 조선의 시는 그보다 더욱 뒤떨어진다는 의미인 것이다. 그러면서 우리 노래를 이루는 상말에 대해서 이야기하였다. (6)에서는 『시경』의 국풍(國風) 역시 당대의 풍속을 노래한 상말에 불과하다고 하였는데, 이는 우리 노래를 우리글로 엮는 것이 『시경』의 정신을 나타내는 데 가장 부합한다는 의미이다. 그렇기에 혹 격식에 맞는 곡조를 이루지 못하더라도 하늘로부터 부여받은 천진(天眞)이 드러난다면, 사대부들이 옛것을 말한다면서 인위적으로 만들어 낸 시보다 훨씬 더 뛰어난 것이라고 강조할 수 있었던 것이다.

(7)~(8)은 가집 편찬의 정당성에 대해 이야기하였다. (7)에 등장하는 선관자(善觀者)는 관풍(觀風)을 잘하는 자를 일컬으므로, 이항가요를 통해 『시경』의 기능을 실현하는 자라고 할 수 있는데, 여기서는 홍대용 자신을 지칭한 것이다. 이는 (8)의 말미에서 자신의 가집 편찬을 옛날 태사의 일과 동일시한 것과도 상통한다. 한편, 관습에 구애되지 않는다는 것은, 옛 성현이나 그가 남긴 글에만 지나치게 매달리는 일을 거부한다는 뜻이다. 그렇기에 홍대용은 고금이 다르지 않다고 이야기할 수 있었는데, 이는 당대에 직면한 문제를 생각한다는 측면에서, 형식적인 차이는 있을지라도 그 의미나 역할은 동일하였기 때문이다.[4]

〈생각해 보기〉

(1) 전통 시대에는 공동문어문학과 민족어문학이 병존하고 있었다. 이러한 상황에서 상층의 지식인들은 주로 공동문어문학만을 숭상하였으나, 홍대용을 비롯한 허균(許筠)·김만중(金萬重)·홍만종(洪萬鍾)·박지원(朴趾源)·정약용(丁若鏞) 등 일련의 인물들은 민족어문학론을 주창하기도 하였다. 이들의 주장을 간단하게 요약한 뒤, 각각이 지닌 공통점과 차이점에 대해 이야기해 보자.

(2) 『대동풍요』가 현전하지 않기 때문에 『대동풍요』에 어떠한 작품들이 수록되었는지에 대해서는 의견이 분분하다. 홍대용이 이야기한 이항가요의 특징을 토대로, 『대동풍요』에서 풍요가 의미하는 바가 무엇일지 유추해 보자.

(3) 오늘날은 서양에 대한 문화 사대주의를 지닌 이들이 많은 한편, 세계 곳곳에서 극단적인 국수주의가 성행하고 있기도 하다. 〈대동풍요서〉에 나타난 홍대용의 관점을 바탕으로, 문화 수용의 올바른 태도에 대해 함께 고민해 보자.

---

4 박미영, 「本文分析에 의한 歷代詩歌論의 時調觀 硏究」, 한국정신문화연구원 박사학위논문, 1994, pp. 120-155.

참고문헌

· 최영성, 『한국유학통사』 中, 심산, 2006.
· 박미영, 「本文分析에 의한 歷代詩歌論의 時調觀 硏究」, 한국정신문화연구원 박사학위논문, 1994.
· 박미영, 「〈大東風謠序〉에 나타난 洪大容의 歌論과 意味」, 『진리논단』 6, 천안대학교, 2001.
· 유기룡, 「湛軒 洪大容의 思想과 文學觀」, 『語文學』 35, 韓國語文學會, 1976.
· 이유림, 「湛軒 洪大容의 文學思想 硏究」, 『성심어문논집』 17, 성심어문학회, 1995.

황명환

73

박지원의 소단적치인
騷壇赤幟引

1. 창작 배경

박지원(朴趾源, 1737~1805)의 본관은 반남(潘南), 자는 중미(仲美), 호는 연암(燕巖), 시호는 문도(文度)이다. 그는 노론 가문 출신이나, 일찍 부친을 여의어서 16세 때에야 비로소 처숙(妻叔)에게 수학하였다. 이후 30세 때에는 연행(燕行)하고 돌아온 홍대용(洪大容, 1731~1783)과 교유하면서 북학(北學)에 뜻을 두게 되었다. 문장에도 힘을 쏟았는데, 독창적이고 사실적인 문체를 구사하면서, 독특한 해학과 풍자로써 당시의 고루한 양반층이나 부패한 위정자 등을 신랄하게 비판하였다.

박지원의 이상적 문학관은 '법고이지변(法古而知變), 창신이능전(創新而能典)'으로 요약된다. 즉, 그는 법고와 창신이 표리 관계를 이룬다고 파악하였던 것이다. 그런데 그가 법고(法古)라고 했을 때의 고(古)는 고문(古文)의 정신 그 자체일 뿐, 표현 형식까지를 의미하는 것은 아니었다. 이처럼 박지원은 시대의 선후로써 고문의 가치 기준을 정하지 않았으며, 민족의 개성적 풍토가 존중되어야 한다고 주장하면서 고문의 묘리(妙理)를 정신에서 찾고자 하였다. 그리고 이러한 인식은 〈소단적치인(騷壇赤幟引)〉에도 그대로 드러나 있다.

2. 원문 읽기

(1) 문장을 잘 짓는 자는 아마도 병법을 잘 알 것인저. 글자는 비유컨대 군사요, 뜻은 비유컨대 장수요, 제목은 적국이요, 장고(掌故)는 전장의 터에 성채를 쌓는 것이요, 글자를 합쳐서 구(句)를 만들고 구를 모아서 장(章)을 이루는 것은 대오(隊伍)의 행군과 같다. 운(韻)으로써 소리를 내며 사(詞)로써 빛을 발하게 하는 것은 징과 북을 울리면서 기를 휘두르는 것과 같고, 조응(照應)은 봉화를 높이 올리는 것이요, 비유는 유격대의 기병(騎兵)이요, 억양법과 반복법은 큰 싸움에서 마구 쳐서 죽이는 것이요, 파제(破題)[1]하고서 결속하는 것은 (성벽에) 먼저 올라가 적을 생포하는 것이요, 함축(含蓄)을 귀하게 여기는 것은 노인을 사로잡지 않는 것[2]이요, 여운이 있는 것은 군대를 정돈하여 전쟁에서 이기고 돌아오는 것이다.

(2) 대저 장평(長平)의 군사는 그 용겁(勇怯)이 예전과 다르지 않고 활과 창칼은 그 이둔(利鈍)이 전날과 변함이 없는데, 염파(廉頗)가 인솔하면 승리를 만들기에 족하였지만 조괄(趙括)이 대신하면 스스로 묻히기에 족하였다.[3] 그러므로 용병을 잘하는 자에게는 버릴 만한 군사가 없고, 문장을 잘 짓는 자에게는 가려 쓸 만한 글자가 없다. 만약 적합한 장수를 얻으면 호미 자루나 창 자루를 들고 있더라도

---

1 파제(破題): 당송(唐宋) 시대 때 과거 답안지의 서두에서 시제(試題)의 의미를 먼저 드러내어 밝히던 것을 가리키는데, 명청(明淸) 시대 팔고문(八股文)에 이르러서는 고정된 법식이 되었다.

2 노인을……것: 『춘추좌씨전(春秋左氏傳)』 희공(僖公) 22년 조에서, 송(宋)나라 군주가 불리한 처지에 놓인 적을 공격하지 않다가 패전한 뒤에, "군자는 부상자를 거듭 다치게 하지 않고, 반백(半白)의 노인을 포로로 삼지 않는다.[君子不重傷 不禽二毛]"라고 변명한 데서 유래한 말이다.

3 장평(長平)의……족하였다: 장평(長平)은 전국 시대 때 진(秦)나라 장수 백기(白起, ?~기원전 257)가 조(趙)나라의 군사 40만을 몰살한 곳이다. 진나라가 조나라를 공격하자 조나라에서는 처음에 염파(廉頗, ?~?)를 장수로 보내 진나라에 승리를 거두었다. 그러나 진나라의 반간계(反間計)에 속은 조왕(趙王)이 염파 대신 조괄(趙括, ?~기원전 260)을 장수로 삼자, 백기가 이를 이용하여 조나라 군대에게 대승을 거둔 뒤, 항복한 40만의 군사를 구덩이에 파묻었다. 조괄은 조나라 장수인 조사(趙奢, ?~?)의 아들인데, 병법을 어설프게 알게 된 이후부터 천하에 자기보다 나은 자가 없을 것이라고 늘 자부하였으므로, 아버지에게서 '조나라 군대를 망하게 할 사람'이라는 책망을 들었다고 한다. 여기서는 동일한 군대라 할지라도 누가 장수가 되느냐에 따라 승패가 갈라질 수 있음을 말한 것이다. 『사기(史記)』 권81, 〈염파 인상여 열전(廉頗藺相如列傳)〉.

모두 강하고 날랜 군사가 되며, 천을 찢어 장대에 걸더라도 문득 새로이 훌륭한 빛을 띠게 된다. 만약 그 이치를 얻는다면, 집안사람들의 상말도 오히려 학관(學官)에서 가르칠 수 있고, 아이들의 노래나 마을의 속담 또한 『이아(爾雅)』[4]에 속할 수 있을 것이다. 그러므로 문장이 정교하지 않은 것은 글자의 잘못이 아니니다.

(3) 저 글자와 구(句)가 고상한지 범속한지나 품평하며 편(篇)과 장(章)의 높고 낮음을 논하는 자들은, 모두 임기응변의 기교와 승리를 만드는 권도를 알지 못하는 자들이다. 비유컨대 용감하지 않은 장수가 마음에 정해 놓은 계책이 없는 것과 같으니, 갑작스레 제목을 대하면 우뚝하기가 견고한 성과 같아서, 눈앞의 필묵(筆墨)은 산 위의 초목으로 인해 먼저 기세가 꺾이고[5] 가슴속에 외우던 것은 이미 모래 속의 원숭이와 학처럼 되어 버린다.[6] 그러므로 문장을 짓는 자는 그 근심이 항상 스스로 가야 할 길[蹊逕]을 잃어서 요령을 얻지 못하는 데 있는 것이다. 대저 가야 할 길이 분명하지 않으면 한 글자도 손대기가 어려워져 항상 그 더디고 껄끄러움을 병통으로 여기게 되며, 요령을 얻지 못하면 두루 엮기를 비록 꼼꼼히 하여도 오히려 그 빈틈을 근심하게 된다. 비유컨대 음릉(陰陵)에서 길을 잃자 이름난 오추마(烏騅馬)가 달리지 못하고,[7] 강거(剛車)가 여러 겹으로 에워쌌지만 육라(六騾)가 이미 달아난 것[8]과 같다. 진실로 한마디 말로 요점 잡기를 눈 내

---

4 『이아(爾雅)』: 13경(經)의 하나로서 가장 오래된 자서(字書)이다. 주공(周公)이 지었다고도 전하는데, 천문(天文)·지리(地理)·초목(草木)·조수(鳥獸) 등의 이름 및 고금의 문자(文字) 등이 설명되어 있다. 총 19편으로, 진(晉)나라 곽박(郭璞, 276~324)이 주를 달고, 송(宋)나라 형병(邢昺, 932~1010)이 소(疏)를 냈다.

5 산……꺾이고: 전진(前秦)의 임금 부견(苻堅, 338~385)이 대군을 이끌고서 동진(東晉)을 공격할 당시, 성에 올라가 적진을 살펴보니, 진용(陣容)이 갖추어졌고 군사들 역시 정예화되어 있었다. 이에 겁을 먹은 부견이 북쪽에 있던 팔공산(八公山)을 바라보았는데, 그곳의 초목들이 마치 동진의 군사처럼 보였다고 한다. 『진서(晉書)』 권114, 「부견 하(苻堅下)」.

6 모래……버린다: 『포박자(抱朴子)』에 "주나라 목왕(穆王)이 남쪽을 정벌하기 위해 떠났다가, 전군이 몰살당해 군자는 원숭이와 학이 되고, 소인은 벌레와 모래가 되었다."라는 내용이 나온다. 여기서는 아무것도 기억하지 못하고 모두 잊어버리는 것을 가리키는 말이다.

7 음릉(陰陵)에서……못하고: 음릉은 항우(項羽, 기원전 232~기원전 202)가 유방(劉邦, 기원전 247?~기원전 195)의 군사에게 쫓기다가 최후의 일전을 벌인 곳이다. 이때 항우는 오강(烏江)의 정장(亭長)에게 오추마(烏騅馬)를 준 뒤, 스스로 목숨을 끊었다. 당시 항우가 지은 시 속에 "시운이 이롭지 않으니 오추마조차 달리지 않는구나.[時不利兮騅不逝]"라는 내용이 있다. 『사기(史記)』 권7, 「항우 본기(項羽本紀)」.

8 강거(剛車)가……것: 한나라 무제(武帝) 때 위청(衛靑, ?~기원전 106)이 무강거(武剛車)를 이용해 흉노

리는 밤에 채주(蔡州)에 쳐들어가듯이,[9] 한마디 말로 핵심 뽑기를 세 번 북을 쳐서 관문을 빼앗듯이[10] 할 수 있어야 하니, 문장을 짓는 도가 이와 같으면 지극하다고 할 수 있겠다.

(4) 친구 이중존(李仲存)[11]이 우리나라 사람들의 고금(古今) 과체문(科體文)을 모아서 10권으로 정리하고, 이름을 『소단적치(騷壇赤幟)』라 하였다. 오호라! 이는 모두 승리를 얻은 군사요, 온갖 전쟁을 거친 산물이다. 비록 그 형상과 격식이 동일하지 않고 정밀한 것과 조잡한 것이 뒤섞여 나오지만, 각기 승리할 계책을 가지고 있어서 공격에 견딜 수 있는 성이 없을 듯하다. 그 날카로운 창끝과 예리한 칼날은 삼엄하기가 무기고와 같으며, 때에 따라 적을 억제하는 것은 곧 병법에 부합한다. 지금 이후로 문장을 짓는 자들이 이 길을 따른다면, 정원후(定遠侯)의 비식(飛食)[12]과 연연산(燕然山)의 늑명(勒銘)[13]이 아마도 여기에 있을 것인저, 아마도

(匈奴)를 포위하였으나, 흉노의 선우(單于)가 6마리의 노새[六騾]로 포위망을 뚫고서 달아난 일을 가리키는 말이다. 『사기(史記)』 권111, 〈위장군 표기 열전(衛將軍驃騎列傳)〉.

9 눈……쳐들어가듯이: 당나라 헌종(憲宗) 때 오원제(吳元濟, ?~817)가 반란을 도모하자, 당나라 장수 이소(李愬, 773~821)가 경비가 소홀해진 눈 오는 밤을 틈타 반군의 근거지인 채주(蔡州)를 습격하였던 일을 가리키는 말이다. 『구당서(舊唐書)』 권133, 〈이소전(李愬傳)〉.

10 세……빼앗듯이: 노(魯)나라 장공(莊公) 10년에 제(齊)나라가 노나라를 침략하자, 조귀(曹劌)가 장작(長勺)에서 제나라 군대와 맞섰다. 이때 조귀는 제나라에서 북을 세 번 울릴 때까지 기다렸다가 힘이 빠진 제나라를 공격하여 승리를 거두었다고 한다. 『춘추좌씨전(春秋左氏傳)』 장공(莊公) 10년.

11 이중존(李仲存): 중존(仲存)은 박지원의 처남인 이재성(李在誠)의 자이다. 그는 계양군(桂陽君: 세종의 아들)의 후손으로, 호를 지계(芝溪)라 하였다. 박지원의 평생지기였으며, 이서구(李書九, 1754~1825)·이덕무(李德懋, 1741~1793)·박제가(朴齊家, 1750~1805) 등과도 절친하여 북학파(北學派)의 일원으로 볼 수 있다. 진사(進士) 급제 후 능참봉을 지냈으며, 문집으로 『지계집(芝溪集)』 7권이 있었다고 하나, 현재는 전하지 않는다.

12 정원후(定遠侯)의 비식(飛食): 정원후는 후한의 장수인 반초(班超, 33~102)의 봉호(封號)이다. 반초가 초야에 있을 때, 어떤 관상가로부터 "제비의 턱과 호랑이의 목을 지니고 있으니, 날아가서 고기를 먹을 것이다. 이는 만리후(萬里侯)의 관상이다."라는 이야기를 들었다고 한다. 그 후 반초는 서역(西域)의 흉노(匈奴)를 정벌하여 정원후에 봉해졌다. 여기서는 반초가 서역에까지 명성을 날렸듯, 문장가로서 이름이 널리 알려지는 것을 비유한 것이다. 『후한서(後漢書)』 권77, 〈반초 열전(班超列傳)〉.

13 연연산(燕然山)의 늑명(勒銘): 후한 때 두헌(竇憲, ?~92)이 북흉노를 격파하고는 연연산에 올라가 공적비를 세운 뒤, 반고(班固, 32~92)에게 〈봉연연산명(封燕然山銘)〉을 짓도록 하였다. 여기서는 두헌이 비석을 세워 후세에 공적을 알렸듯이, 문장의 명성이 오래도록 전해지는 것을 비유한 것이다. 『후한서(後漢書)』 권53, 〈두헌 열전(竇憲列傳)〉.

여기에 있을 것인저! 비록 그러하나 방관(房琯)의 거전(車戰)[14]은 앞사람의 자취를 본받았다가 실패하였고, 우후(虞詡)의 증조(增竈)[15]는 옛 법을 반대로 사용하여 승리하였으니, 곧 임기응변하는 권도는 그것이 또한 때에 달려 있는 것이지, 법에 달려 있는 것은 아니라 하겠다.

출전: 『연암집』 권1, 「연상각선본(煙湘閣選本)」, 〈소단적치인〉

3. 작품 감상

〈소단적치인〉은 박지원이 처남 이재성(李在誠)의 『소단적치(騷壇赤幟)』에 붙인 서문이다. 소단(騷壇)은 본래 문단(文壇) 또는 문원(文苑)이란 뜻인데, 여기서는 과장(科場)을 가리킨다. 그리고 적치(赤幟)는 한(漢)나라의 장수 한신(韓信)이 조나라의 성에 한나라의 붉은 깃발을 꽂아 적의 사기를 꺾었던 고사에서 유래한 말로, 전범(典範)을 비유한 표현이다. 즉, 소단적치는 과거 시험장에서 두각을 드러낸 명문장들을 모은 책이란 뜻으로, 제목에서부터 문단과 전장을 유비(類比)하고 있는 것이다. 한편, 『문심조룡(文心雕龍)』에서는 논(論)의 형식을 여러 가지로 제시하고 있는데, 그 가운데 인(引)은 기존의 내용을 풀어서 연역하는 것이라 설명해 두었다. 본격적으로 〈소단적치인〉의 내용을 단락별로 살펴보면 다음과 같다.[16]

---

14 방관(房琯)의 거전(車戰): 방관(697~763)은 당나라 때의 장수이다. 안녹산(安祿山, 703~757)의 난으로 현종(玄宗)이 물러난 뒤, 숙종은 방관에게 장안(長安)의 수복을 명하였다. 이때 방관이 장안으로 진격하던 도중에 함양(咸陽)에서 적을 만났는데, 직접 춘추 시대 때의 거전법(車戰法)을 흉내 내어 적과 대치하였으나, 적들이 바람을 이용하여 소리를 지르며 불을 놓아 결국 대패하였다고 한다. 『자치통감(資治通鑑)』 권219, 「당기(唐紀)」.

15 우후(虞詡)의 증조(增竈): 후한(後漢) 때의 장수 우후(?~?)가 손빈(孫臏, ?~?)의 전법을 정반대로 이용하여 취사하는 아궁이의 숫자를 늘림으로써, 병력이 증강되는 것처럼 적을 속인 고사를 가리킨다. 우후는 북방의 오랑캐가 침범하였을 때, 병력이 부족하여 열세에 놓이게 되자 구원병이 온다고 거짓 소문을 낸 뒤, 매일 아궁이의 숫자를 늘려 병력이 점점 늘어나는 것처럼 보이게 하였다. 이에 어떤 이가, "손빈은 아궁이의 숫자를 줄였다는데 당신은 늘리고 있으니, 무슨 까닭인가?"라고 묻자, 대답하기를, "손빈은 약하게 보이기 위해 아궁이의 숫자를 줄였고, 나는 강하게 보이기 위해 아궁이의 숫자를 늘렸으니, 이는 처한 형세가 다르기 때문이다."라고 하였다. 『후한서(後漢書)』 권88, 〈우후 열전(虞詡列傳)〉.

16 김홍백, 「用兵의 글쓰기 -한문산문 비평과 작법에서의 兵法 담론을 중심으로-」, 『韓國漢文學研究』 78, 한국한문학회, 2020, pp. 204-211.

(1)에서는 글자와 뜻, 제목과 장고(掌故), 구(句)와 장(章), 운(韻)과 사(詞), 조응과 비유, 억양법과 반복법, 파제(破題)와 결속(結束), 함축과 여운 등 작문상의 개별 단위들을 각각 군사 운용상의 개별 단위들과 일대일로 등치시키고 있다. 우선, '글자는 군사, 뜻은 장수'라 함은, 글자와 주제 의식 사이의 관계를 말한 것이다. 주지하다시피 문장은 글자가 모여 이루어지는데, 이때 군사 개개인이 하나의 독립된 인격체이듯 글자도 저마다의 알맞은 쓰임이 있게 마련이다. 그리고 군사를 통솔하는 장수의 전략에 따라 군사들이 자신에게 부여된 사명을 완수해 나가는 것처럼, 주제에 대한 작자의 계책에 따라 글자의 용도가 결정된다고 하겠다.

이어서 박지원은 제목을 적국에 비유하였다. 장수가 공략해야 할 궁극적 대상이 적국이듯이, 제목은 작자가 공략해야 할 궁극적 목표를 상징적으로 압축시킨 표제(標題)이다. 적국을 공략하려면 적의 동태를 살핀 뒤 장단점을 파악하여 거기에 대처할 수 있도록 치밀한 계획을 수립해야 한다. 마찬가지로 작자는 제목을 효과적으로 드러내고 이를 잘 형상화하기 위해 무슨 목적으로 글을 쓰는지, 누구를 대상으로 글을 쓰는지 등을 면밀하게 따져 보아야 한다. 문장의 성패는 제목을 효과적으로 형상화하기 위해 얼마만큼 치밀하게 구상을 했느냐에 달려 있기 때문이다.

장고는 역사적 사실 또는 전고의 활용을 가리킨다. 박지원은 역사적 사실의 인용이 상대방을 설득하는 데 있어 매우 효과적이라고 생각하였다. 그리하여 장고를 전쟁터의 성채에 비유한 것이다. 실제로 장고는 글의 신뢰도를 높여 주고 논지에 기댈 수 있도록 도움을 준다. 다만 박지원은 역사적 사건을 취할 때 그것을 그대로 가져오지 않고, 그 속에 가려져 있는 진실을 자신의 뜻에 맞게 새롭게 활용하고자 하였다.

글자를 합쳐서 구(句)를 만들고 구를 모아서 장(章)을 이루는 것은, 대오(隊伍)의 행군과 같다고 하였다. 부대에는 지휘 체계가 있는데, 대오의 행군에 이탈이 생기면 전체의 사기가 저하되고 병력에 큰 혼란을 초래한다. 마찬가지로 글자 하나하나를 합쳐 구를 만들고 구를 모아서 장을 이룰 때에도 군대의 조직처럼 모든 글자가 질서정연하면서 논리적으로 얽혀 있어야 한다. 어느 하나라도 쓸모

없는 글자가 있어서는 안 되며, 제각기 자신의 자리에서 고유의 기능을 감당해야 하는 것이다.

운(韻)으로써 소리를 내며 사(詞)로써 빛을 발하게 하는 것은, 징과 북을 울리면서 기를 휘두르는 것과 같다고 하였다. 징과 북, 그리고 기 따위는 시각과 청각을 통해 군대의 위세를 나타내 주기도 하고, 군사의 사기를 북돋워 주기도 한다. 이와 마찬가지로 운의 사용 및 효과적인 문장 표현은 배면의 울림과 더불어 리듬감을 실어 줌으로써, 독자들에게 흥겨움을 주거나 정서적 울림을 주게 된다.

조응(照應)은 앞뒤가 서로 일치하게 대응한다는 뜻으로, 글의 뒷부분에서 앞의 내용을 설명함으로써 논리적 연결이 이루어지는 것을 가리킨다. 이를 박지원은 봉화를 높이 올리는 것이라 하였는데, 봉화는 횃불을 통해 이쪽과 저쪽을 연결해 주어 전쟁이 일어났음을 알리는 기능을 한다. 이와 마찬가지로 조응은 글의 앞뒤에 사건의 필연적인 인과 관계를 보여 줌으로써, 전혀 관련 없어 보이는 문장들이 실상 필연적으로 얽혀 있음을 드러내 준다.

비유란 형상적인 방법을 통해 자신의 의도를 전달하는 것이다. 이를 박지원은 유격대의 기병(騎兵)이라 하였는데, 유격대의 기병은 최전방에서 적진으로 파고들어 가 기습적인 공격을 감행함으로써 적을 교란시키는 역할을 한다. 이와 마찬가지로 비유는 글의 전편을 파고들어 불시에 허를 찌르는 효과를 준다. 은밀하게 핵심을 찌름으로써 주제를 보다 더 효과적으로 공략하는 것이다.

억양법이란 말하고자 하는 것과 반대의 내용을 먼저 말함으로써, 반전을 통해 의미 전달의 효과를 높이려는 수법이다. 그리고 반복법은 단어나 구 혹은 통사의 구조를 반복해서 서술하거나 묘사함으로써, 문세(文勢)가 거세지도록 하는 효과를 거두는 것이다. 박지원은 이러한 억양법과 반복법을 큰 싸움에서 마구 쳐서 죽이는 것이라 하였는데, 이를 구사하는 궁극적인 목적이 문세를 최대한 쌓아서 독자를 향해 한꺼번에 분출하기 위해서이기 때문이다. 즉, 힘을 다해 단번에 적을 섬멸하듯이, 축적된 힘을 일시에 내뿜음으로써 주제를 극대화하는 것이다.

파제(破題)란 글의 서두이며, 결속(結束)이란 글의 마무리 부분을 가리킨다. 박지원은 파제결속(破題結束)을 성벽에 먼저 올라가 적을 생포하는 것이라 하였다. 전투

시 성벽을 올라가 적을 포로로 삼게 되면, 기선 제압이 가능해진다. 이처럼 글의 서두와 마무리는 주제의 형상화에 있어 매우 중요한데, 서두를 어떻게 써 내려가느냐에 따라 후속 글쓰기가 수월해지느냐 난관에 부딪히느냐가 결정되고, 또 글을 어떻게 갈무리하느냐에 따라 글 전체의 분위기가 사뭇 달라질 수 있기 때문이다.

함축(含蓄)은 글 너머에 특정 의미가 담기도록 하는 수사법이다. 박지원은 함축을 귀하게 여기는 것은 노인을 사로잡지 않는 것과 같다고 하였다. 전쟁터에서 노인은 사로잡아 죽일 바에야 차라리 놓아줌으로써 더 큰 효과를 거둘 수 있다. 적을 심리적으로 안심시킴으로써, 아군의 의도를 눈치채지 못하게 할 수 있기 때문이다. 이와 마찬가지로 문장에서의 함축은 언외(言外)에 어떤 의미를 담아내 독자가 작자의 의도를 눈치채지 못하게 한다. 그리고 그렇게 함으로써 하고 싶은 말을 마음대로 쏟아 낼 수 있는 효과를 거두게 된다.

여운(餘韻)이란 글이 끝나도 그 뜻이 글 밖에서 계속 전해지는 것을 가리킨다. 박지원은 이를 전쟁에서 이기고 돌아오는 것이라 하였다. 전투에서 대승을 거두고서 개선할 때에는 승리의 기쁨과 환희가 오래도록 계속된다. 마찬가지로 한 편의 명문장은 비록 말이 끝나도 그 여운이 오래가게 마련인 것이다.

(2)에서는 장수의 중요성을 강조하였다. 군사의 용겁(勇怯)과 병기의 이둔(利鈍)이 동일하더라도, 좋은 장수가 이끌면 상대에게 승리를 거둘 수 있지만, 그렇지 않은 장수가 이끌면 몰살당해 구덩이에 묻히게 된다. 이는 군사나 병기 등 기본 요소의 구비보다는 장수의 능력에 따라 승패가 갈린다는 뜻이다. 이와 마찬가지로 박지원은 글자나 구(句)와 같은 기본 요소의 구비보다는 작자의 기량에 의해 문장의 성패가 판가름 난다고 보았다.

이러한 서술은 군사상의 논의를 문학에 단순 적용한 것이 아니라, 작문 이론과도 밀접하게 연계되어 있다. 즉, 한문 글쓰기의 중요한 본질은 편장자구법의 수사적 구성 원리에 있는 것이 아니라, 작자 자신이 무엇을 전달하려 하는가와 관련된 입의(立意)에 달려 있다는 것이다. 따라서 박지원이 아이들의 노래나 마을의 속담조차 『이아』에 수록시킬 수 있다고 주장한 이유는, 편장자구의 차원을 넘어서 입의가 무엇이냐에 따라 문장을 통솔할 수 있게 되기 때문이다.

(3)에서는 작문과 용병의 과정에서 작자와 장수의 역량이 드러나는 지점에 대해 중점적으로 고찰하였다. 여기에서 박지원은 '임기응변의 기교[合變之機]'와 '승리를 만드는 권도[制勝之權]'를 강조하고 있다. 그리고 여기에 덧붙여 작자가 반드시 갖추어야 할 요소로 '혜경(蹊逕: 가야 할 길)'과 '요령(要領)'을 강조하면서, 이에 대한 실패 사례로 항우(項羽)와 위청(衛靑)의 고사를 이야기하였다.

반면, (4)에서는 혜경과 요령을 갖추었을 때의 성공 사례로, 반초(班超)의 서역 평정과 두헌(竇憲)의 선우(單于) 격파 등을 거론하였다. 작문과 용병에 있어서 전략적 방향성 및 중심축의 구비를 강조한 것이다. 그런데 이는 (3)에서 이야기한 임기응변이나 권도와는 모순되는 듯하다. 그러나 작법과 병법에서 '중심축'과 '융통성'은 수레의 두 바퀴라 할 수 있다. 실제로 확고한 중심축이 존재해야만 비로소 변화에 대한 대응도 가능해진다. 이는 이른바 "옛것을 전범으로 삼되 변화할 줄 알고 새것을 창안하되 법도가 있게 한다면, 지금의 문장이 옛날의 문장과 같을 것이다."라고 한 박지원의 '법고창신론(法古創新論)'과도 연결된다. 그렇기에 (4)의 마지막에서 시(時)를 중시하고 법(法)을 경시한 것은, 옛것 자체에 대한 부정이라기보다는 옛것을 전범으로 삼을 줄만 알고 이를 변통할 줄 모르는, '경직된 태도에 대한 비판'이라 할 수 있겠다.

이상의 내용을 간략하게 표로 정리하면 다음과 같다.[17]

단락	주요 내용
(1) - 기	'작문의 개별 단위'와 '용병의 개별 단위'를 유비적으로 등치
(2) - 승	'글자[병졸]'를 통솔하는 '작자[장수]'의 중요성 강조
(3) - 전	병법과 작법에서의 '중심 강령' 및 '임기응변' 강조
(4) - 결	시세(時勢)를 통한 승리 전략 천명

한편, 박지원이 〈소단적치인〉을 통해 주장했던 글쓰기 방식은, 순정고문(醇正古文)을 강조했던 정조(正祖)로부터 비판의 대상이 되었다. 주지하다시피 조선 후기에는 관료적 문인의 사륙변려문(四六騈儷文) 및 의고문(擬古文), 근기남인(近畿南人)을 필두로 한 경세치용학파(經世致用學派)의 육경고문(六經古文), 노론계

17 김홍백, 앞의 논문, p. 203.

(老論系) 인사들이 중심이 된 이용후생학파(利用厚生學派)의 금문(今文), 이옥(李鈺, 1760~1815)·김려(金鑢, 1766~1822) 등 문한적(文翰的) 문인들의 패관소품체(稗官小品體) 등 다양한 문체가 존재했었다.

그리고 당시 정조는 금문과 패관소품체가 고문 및 그것이 담고 있는 정신을 훼손시킨다고 생각하였으며, 이러한 상황을 바로잡기 위해 문체반정(文體反正)을 단행하였다. 그러나 박지원은 창신(創新)을 위한 창신이 아니라, 창신을 통한 법고를 중시하면서, 고(古)와 금(今) 어느 한쪽으로도 기울지 않는 균형 감각을 지니고 있었다. 그렇기에 그의 문장은 일부 후대 학자들로부터 패관소품체 또는 금문이라 배척받기도 하였지만, 동시에 창강(滄江) 김택영(金澤榮, 1850~1927) 등으로부터 우리나라 제일의 고문으로 추숭되기도 하였던 것이다.

〈생각해 보기〉

(1) 박지원은 서(序), 인(引), 기(記) 등을 통해 그의 작문론을 풍부하게 전개하였다. 〈소완정기(素玩亭記)〉, 〈영처고서(嬰處稿序)〉, 〈낭환집서(蜋丸集序)〉 등을 찾아 읽은 뒤, 그 안에 담긴 박지원의 작문론에 대해 자유롭게 이야기해 보자.

(2) 〈소단적치인〉에 나타난 전범(典範)의 자유로운 변개 및 활용은 문체반정(文體反正)을 불러일으킨 원인으로 작용하기도 하였다. 정조가 문체반정을 단행한 이유에 대해 살펴보고, 고문(古文)과 금문(今文)에 대한 자신의 생각을 이야기해 보자.

(3) 오늘날 우리 사회는 MZ세대와 기성세대 간에 극심한 세대 갈등을 겪고 있다. 〈소단적치인〉에 나타난 법고창신론(法古創新論)을 바탕으로, 이러한 갈등을 해소할 수 있는 방안에 대해 고민해 보자.

참고문헌

· 최영성, 『한국유학통사』 中, 심산, 2006.
· 김홍백, 「用兵의 글쓰기 -한문산문 비평과 작법에서의 兵法 담론을 중심으로-」, 『韓國漢文學研究』 78, 한국한문학회, 2020.
· 박수밀, 「연암 박지원의 문예미학 연구」, 한양대학교 박사학위논문, 2001.
· 이봉호, 「학술적 글쓰기는 윤리이다 - 유학자들의 읽기와 쓰기」, 『교양교육연구』 1-2, 한국교양교육학회, 2007.
· 허남욱, 「朝鮮 後期의 文體 및 文體反正에 對한 研究」, 『漢文古典研究』 5-1, 성신한문학회, 1995.
· 황혜진, 「박지원 평문의 작문론 연구」, 『작문연구』 25, 한국작문학회, 2015.

황명환

74

조위한의 최척전
崔陟傳

1. 창작 배경

〈최척전〉은 왜적에게 남원성이 함락될 때 각각 중국과 일본으로 잡혀간 부부가 갖은 고난을 겪은 뒤 마침내 귀국하여 재회한 사건을 다룬, 『어우야담』에 실려 있는 '홍도 이야기'를 윤색하여 조위한(趙緯韓, 1567~1649)이 창작한 작품이다. 이처럼 설화를 바탕에 두고 한 인물의 전기를 소설로 꾸민 〈최척전〉은 이른바 전계소설(傳係小說)이 새롭게 등장하여 전기소설(傳奇小說)과 관계를 맺으면서 한문소설의 양적·질적 변화를 가져오는 양상을 잘 보여 주고 있다. 이러한 변화를 토대로 17세기 중후반에는 국문소설과 장편소설이 성행하여 바야흐로 소설의 시대에 접어들게 된다.

작자 현곡(玄谷) 조위한은 한양의 유복한 가정에서 뛰어난 자질을 갖고 태어났으나, 임병양란이라는 시대적 아픔과 광해군 조의 정치적 핍박 속에서 불우하게 지내다가 57세 때인 1623년 인조반정 이후 관직에 나아가 평생을 관계에서 보낸 인물이다. 그는 사람들이 포복절도할 만큼 이야기를 잘하였으며, 많은 여행을 통하여 풍부한 체험을 쌓았다고 한다. 또 불교와 민간신앙 등에 대해서도 긍정적인 인식을 지니고 있었으며, 〈주생전〉의 작가 권필(權韠, 1569~1612), 〈유연전〉의 작가 이항복(李恒福, 1556~1618) 등과도 교분이 깊었다. 게다가 전란 속에서 가족과 사별하는 아픔을 겪었고 백성의 고통을 함께 아파하는 감성도 지니고 있었다. 52세(1618, 광해군 10) 때 남원 주포(周浦)로 이주하였는데, 그때 최척을 만나 그의 이야기를 들었다. 이처럼 작가의 개인 체험과 인식, 그리고 주변의 영향이 복합적으로 작용하여 17세기 동아시아를 무대로 한 문제적 작품인 〈최척전〉이 창작될 수 있었다.

2. 원문 읽기

…(상략)… 경자년(1600) 봄이었다. 당시 최척은 송우를 따라 같은 마을의 장사꾼들과 함께 배를 타고 안남(베트남)을 왕래하며 장사하러 다녔는데, 이때 일본 배 10여 척도 같은 포구에 정박하여 열흘 넘게 함께 머물렀다.

4월 초이튿날이었다. 하늘에는 구름 한 점 없었고 물빛은 비단처럼 고왔다. 바람이 그쳐 물결이 잔잔했으며 사방이 고요해 그림자 하나 보이지 않았다. 뱃사람들은 깊은 잠에 빠져 있었고, 간간이 물새 울음소리가 들려올 뿐이었다. 오직 일본 배에서는 염불하는 소리가 들렸는데, 그 소리가 매우 구슬펐다.

최척은 홀로 선창(船窓)에 기댄 채 신세를 생각하다가, 짐 꾸러미에서 퉁소를 꺼내 계면조(界面調)의 노래를 한 곡 불어 가슴속에 맺힌 슬픔과 원망을 풀었다. 이에 바다와 하늘이 귀 기울이고 구름과 안개도 멈춘 듯하였다. 뱃사람들도 놀라 일어나 서글퍼하지 않음이 없었다.

갑자기 일본 배에서 염불하던 소리가 뚝 그치고 잠시 후 조선말로 시를 읊는 소리가 들렸다.

왕자교[1] 퉁소 불 때 달마저 저물고
바다 빛 파란 하늘엔 이슬이 자욱하네

---

1 왕자교: 주 영왕(周靈王)의 태자 진(晉)이다. 피리 불기를 좋아하였는데, 피리를 불면 봉황새 우는 소리가 났다고 한다. 이수(伊水)와 낙수(洛水) 사이에서 노닐다가 도사(道士) 부구공(浮丘公)을 만나 숭산(嵩山)에서 신선술을 배웠으며, 30여 년 뒤에 흰 학을 타고 구씨산(緱氏山) 꼭대기에 내려와 신선이 되었다고 한다. 『열선전(列仙傳)』 〈왕자교(王子喬)〉.

푸른 난새 함께 타고 날아가리니
봉래산에 안개 껴도 길 잃지 않으리

시를 읊고는 한숨 소리, 쯧쯧 혀 차는 소리가 들렸다. 최척은 시 읊는 소리를 듣고 깜짝 놀라 얼이 빠진 사람 같았다. 저도 모르게 통소를 떨어뜨리고 마치 죽은 사람처럼 멍하니 서 있었다. 송우가 어찌 그런가 하고 거듭 물어도 대답이 없다가 세 번째 물으니, 최척이 뭔가 말을 하려 하였으나 목이 막혀 눈물만 하염없이 흘렸다. 잠시 후 마음을 진정하고 이렇게 말하였다.

"저건 내 아내가 지은 시라네. 절대로 다른 사람이 알지 못하지. 게다가 그 읊던 소리가 내 처의 목소리와 흡사하였네. 그렇지만 어찌 저 배를 타고 오갈 수 있겠는가. 기필코 그런 일은 없을 텐데 말일세."

그러고는 왜적에게 당했던 일을 자세히 말하니, 배 안에 있던 사람들이 모두 놀랍고 희한한 일로 여겼다. 그 자리에 두홍이란 사람이 있었는데, 젊고 용감한 자였다. 최척의 말을 듣더니 의기 넘치는 표정으로 주먹으로 노를 치고는 분연히 일어서며 이렇게 말하였다.

"내가 저 배에 가서 사정을 살펴보겠소!"

송우가 말리며 말하였다.

"심야에 소란을 일으켰다가 큰 난리가 날지도 모르니, 내일 아침에 조용히 처리하는 게 좋겠소."

사람들이 모두 그러는 게 좋겠다고 하였기에, 최척은 앉은 채로 아침이 오기만 기다렸다.

해가 떠오르자, 최척은 즉시 해안으로 내려가 일본 배로 다가갔다. 그러고는 조선말로 물었다.

"간밤에 시를 읊던 사람은 분명히 조선 사람이었소. 나 역시 조선 사람이니, 한번 만나 볼 수 있다면 어찌 월나라 떠돌이가 제 나라 사람과 비슷한 이를 보고 기뻐하는 것보다 못하겠소."

옥영이 어젯밤 배 안에서 통소 소리를 들으니 곧 조선의 곡조였다. 예전부터 귀에 익은 곡조여서 혹시 자기 남편이 저 배를 타고 온 게 아닐까 의심하여 시험 삼아 그 시를 읊어 보았는데, 이 말을 듣게 되었다. 놀라 허둥지둥 엎어질 듯 배에서 뛰어 내려와서 두 사람이 마주 보고는 소리치며 얼싸안고 모래밭을 뒹구니 목이 메고 기가 막혀 입에서 말이 나오지 않았다. 눈물이 다하자 피눈물이 흘러 아무것도 보이지 않았다.

출전: 서울대학교 도서관 일사문고 소장본 〈최척전〉

3. 작품 감상

〈최척전〉은 인조반정이 일어나 비로소 벼슬길에 오르기 전 남원에 우거하며 지내던 조위한이 1623년(인조 원년)에 창작한 작품으로, 16~17세기 임진왜란, 정유재란, 요동의 심하(深河) 전투 등으로 이어지는 동아시아 전란 속에서 최척과 옥영, 그리고 그 일가가 겪은 파란만장한 일생과 그들을 둘러싼 동아시아 민중들의 삶 및 역사 현장을 소설화한 작품이다. 이 작품은 그동안 불교소설, 피로문학(被虜文學), 전란소설, 애정소설, 전기소설, 애정전기소설, 사실계 소설, 역사소설 등으로 분류될 만큼 다양한 관점에서 주목받았으며, 17세기 소설사의 문제적 작품으로 꼽히고 있다.

〈최척전〉은 기존의 초현실적이고 환상적이던 지괴적(志怪的) 기이에서 벗어나 일상적 경이로움을 드러냄으로써 현실성이 강화되는 면모를 보여 주었다는 점에서 17세기 이전의 소설과 다른 모습을 띠고 있다. 여주인공이 여귀(女鬼)·여선(女仙) 등에서 여인(女人)으로 형상화된다는 점, 명혼 모티프가 제거되고 현실적 공간으로 옮겨 오면서 남녀 주인공뿐만 아니라 그들과 사회적 관계를 맺고 있는 다른 주변 인물들의 비중이 커지게 되고, 등장인물들의 성격이 다양해졌다는 점에서 이를 확인할 수 있다.

대략의 줄거리는 다음과 같다.

① 남원 만복사 동쪽에 부친과 둘이 살던 최척은 부친의 훈계에 따라 방탕한

생활을 그만두고 정 생원에게 공부하러 다닌다.

② 마침 서울에서 내려와 정 생원의 집에서 더부살이하고 있던 옥영의 재기에 반한 최척은 부모 몰래 옥영과 혼인을 약속한다.

③ 옥영과 최척이 힘겹게 혼인을 허락받고 혼례일을 기다리던 중, 의병장 변사정이 최척을 의병으로 차출한다.

④ 최척이 돌아오지 못하자 옥영의 어머니가 이웃 부자에게 뇌물을 받고 옥영을 시집보내려고 하였는데, 옥영이 자결을 시도하여 혼담이 깨어진다.

⑤ 그리움에 병이 난 최척은 결국 남원으로 돌아와 옥영과 결혼하고, 아들 몽석을 낳는다.

⑥ 정유재란이 일어나 남원이 위태롭자, 옥영과 최척은 가족들과 함께 지리산 연곡사로 피난 간다.

⑦ 최척이 식량을 구하러 구례에 다녀온 사이에 왜적들이 연곡사를 습격하여 가족을 잡아간다.

⑧ 가족을 잃고 낙담한 최척은 마침 명나라 장수 여유문을 만나 그를 따라 중국 절강성 소흥으로 간다.

⑨ 한편 최척의 부친과 장모는 왜적의 감시가 느슨한 틈을 타 탈출하여 연곡사에 들렀다가 손자 몽석을 만나 그를 데리고 남원으로 돌아온다.

⑩ 한편 옥영은 인자한 성품의 왜병 돈우에게 포로로 잡혀 그를 따라 일본 낭고사[나고야 혹은 나가사키]에 살면서 돈우가 장사하는 여기저기를 따라다닌다.

⑪ 한편 최척은 여유문에게 의탁하였다가 여유문이 죽어 의탁할 곳이 없어지자 동정호 고소대 등 명승을 돌아다니다가 송우를 만나 안남(베트남)으로 장사하러 간다.

⑫ 최척과 옥영은 안남에서 극적으로 상봉하고, 항주에 있던 송우의 집에 정착하여 아들 몽선을 낳는다.

⑬ 몽선이 장성하여 혼처를 구하자, 조선에 출전하여 생사를 알 수 없는 진위경의 딸 홍도가 자원하는데, 최척이 이를 가상히 여겨 며느리로 맞는다.

⑭ 오랑캐(후금)가 명나라를 침범하자 명나라 조정에서 최척을 차출하여 전쟁

터에 데리고 갔으나, 명나라가 크게 패하여 최척은 오랑캐의 포로가 된다.

⑮ 이때 최척은 조선병으로 출전하였다가 옥에 갇혀 있던 첫째 아들 몽석을 극적으로 만나고, 조선 출신 오랑캐 노인의 도움으로 조선으로 돌아온다.

⑯ 남원으로 오는 도중 최척이 종병에 걸렸는데, 마침 홍도의 아버지 진위경을 만나 위기에서 벗어나 함께 고향으로 돌아온다.

⑰ 옥영은 명군이 패배하였다는 소식을 듣고 자결하려 하였으나 장륙불의 지시에 따라 아들 몽선과 며느리 홍도를 데리고 배를 타고 조선으로 출발한다.

⑱ 옥영 일행은 도중에 해적을 만나 배를 빼앗겼다가 통영으로 가는 배를 만나 순천에 도착한다.

⑲ 이후 남원에 도착한 옥영 일행은 최척과 아들 몽석, 최척의 부친, 옥영의 모친, 홍도의 부친 진위경 등과 상봉한다.

줄거리에서 볼 수 있듯이 〈최척전〉은 전란이라는 역사적 소용돌이 속에서 가족 구성원들이 각각 한국, 중국, 일본, 베트남 등지로 흩어져 떠돌다가 우여곡절 끝에 다시 남원에서 재회한다는 이야기이다. 내용은 가족의 이산과 만남을 다루고 있으며, 서사의 핵심은 가족 '복원'이라 할 수 있다.

정유재란이 일어나기 전 최척의 가족은 남편(최척)-아내(옥영)를 중심으로 위로는 최척의 부친과 옥영의 모친, 아래로는 아들(몽석)이 있는 안정적인 삼각형을 이룬다. 이렇게 안정적이었던 삼각형 형태의 가족이 전란을 통해 흩어졌다가 더욱 완결성을 갖춘 완전한 형태의 가족으로 회복한다. 게다가 기존의 가족 삼각형에 '몽선-홍도-홍도 부친 진위경'이라는 한 축이 더 첨가되어 결과적으로 기존보다 더욱 완벽한 형태의 가족이 형성된다. 이는 가족은 서로 만나야 한다는 당위와 가족의 만남이 모든 문제를 해결할 수 있을 것이라는 낭만성을 유포한다. 원문 읽기에서 제시한 부분은 줄거리 ⑫의 일부로, 만남의 정점이라 할 수 있다.

한편 이와 같은 표면의 당위와 낭만성 이면에는 옥영을 중심으로 한 '열녀 서사'가 한 축을 이루고 있다. 가족 '복원'의 서사가 완결되기 위해서는 옥영의 정절이 무엇보다 중요한 전제 조건이었다. 이 때문에 옥영은 남장을 해야 했고 고비

때마다 번번이 자결을 시도할 수밖에 없었다. 그러한 노력의 결과 옥영은 정조를 온전히 보존한 상태로 고향에 돌아올 수 있었고, 전쟁 뒤 부정적 인식이 지배적이었던 '환향녀'가 아니라 당당한 '귀향녀'가 되어 가족 구성원의 완전한 합체를 이루고 모두 함께 모여 행복해질 수 있는 가족 서사의 바탕을 마련할 수 있었다.

결국 조위한은 옥영이라는 이상적 여성 인물을 형상화하여 제시함으로써 자신의 딸들이 믿음직한 배우자를 만나 정절과 진정한 효를 동시에 쟁취해 나가는 지혜로운 처녀/딸로, 근면하며 효로써 어른을 섬기고 남편을 내조하여 집안을 일으키는 현모양처로, 전란의 소용돌이 속에서도 꿋꿋이 현실을 열어 가는 자립적이고 의지적인 부녀(婦女)로 살아가기를 소망했던 것이다.[2]

한편 논의의 시각을 월경(越境), 동아시아, 인간애 등으로 확장하면, 〈최척전〉의 주제 의식을 더욱 다양한 방향에서 고찰할 수 있다. 예컨대 첫째, 이 작품에서 최척 일가가 재회하게 되는 근원적 추동력에는 장륙불(丈六佛)의 음조(陰助)와 동아시아 민중의 인간애가 있으며, 나아가 이 인간애[무연자비(無緣慈悲)]를 바탕으로 한 동아시아인의 연대가 전란의 고통에서 벗어날 수 있는 희망이었다고 해석하는 것이다. 둘째, 〈최척전〉을 가족적 인간애 또는 가족애의 확장으로서의 인간애를 담은 작품으로 이해하면서 장륙불의 출현, 중국인 송우의 모습, 일본인 돈우의 모습 등을 통해 불교적 자비와 가족적 인간애가 적절히 결합한 작품으로 보아 가족적 인간애가 확장하여 초국적 세계관을 제시하고 있는 작품이라고 할 수도 있다. 셋째, 〈최척전〉은 동아시아로까지 체험 서사를 확대하고 그 공간에서 타자이지만 따듯한 이웃을 발견해 가는 서사이면서, 따듯한 이웃의 도움과 인간애로 전란의 상흔을 치유하고 가족의 재회도 가능했던 작품이라고 할 수 있다.

조선 선비의 낭만적 소망이라는 틀에서 벗어나 이렇게 17세기 전란 속의 동아시아 민중의 고락이라는 차원으로 확장해서 〈최척전〉을 읽는다면, 이 작품은 우리의 심상을 일깨워 인간의 선한 심성에 자리 잡고 있는 인간애를 드러내고 따뜻한 이웃을 사유하게 하는 작품이라는 전혀 새로운 시각이 열린다.

---

2 이상은 김영미(2019)의 논문을 참조한 것이다.

〈생각해 보기〉

(1) 이항복(李恒福, 1556~1618)의 〈유연전〉, 권칙(權侙, 1599~1667)의 〈강로전〉, 조위한(趙緯韓, 1567~1649)의 〈최척전〉, 권필(權韠, 1569~1612)의 〈주생전〉, 홍세태(洪世泰, 1653~1725)의 〈김영철전〉, 작자 미상의 〈위경천전〉 등은 17세기 초 동아시아의 전란을 배경으로 창작된 작품이다. 이들 작품에 담긴 동아시아에 대한 인식을 검토해 보고, 오늘날 우리의 인식과 비교해 보자.

(2) 17세기를 대표하는 소설 작가 조위한, 권필, 권칙, 이항복은 한 유파를 형성했다고 볼 수는 없어도 상당한 친분 관계 속에서 '동호인적인 유대'를 맺고 서로의 작품을 감상하였다. 즉 권필과 조위한은 서로 뜻이 통하는 친밀한 사이였으며, 권칙은 권필의 서질이었고, 이항복은 권칙의 장인이면서 조위한과 교유하였다. 이들의 작품을 비교하여 각각의 영향 관계를 따져 보고 17세기 소설사에서의 의의를 논해 보자.

(3) 〈최척전〉에서 등장하는 17세기의 일본 낭고사(狼姑射: 나가사키 혹은 나고야), 중국의 항주, 베트남의 호이안 등은, 조선과 동아시아 각국이 우호적 유대 관계와 역사적 경험을 공유하였음을 확인하게 하는 공간이다. 이를 바탕에 두고 각 지역의 역사와 현재를 조사해 보고, 이동 경로, 이동 방법 등을 고려하여 〈최척전〉을 소재로 시민·학생을 대상으로 한 7박 8일 일정의 '역사 문화 기행'을 기획해 보자.

참고문헌

· 민영대, 『조위한과 최척전』, 아세아문화사, 1993.
· 박희병, 『한국전기소설의 미학』, 돌베개, 1997.
· 권혁래, 「〈최척전〉의 문학지리학적 해석과 소설교육」, 『새국어교육』 81, 한국국어교육학회, 2009.
· 김영미, 「「최척전」에 나타난 가족 서사의 특징」, 『열린정신 인문학연구』 20-3, 인문학연구소, 2019.
· 최원오, 「17세기 서사문학에 나타난 越境의 양상과 超國的 공간의 출현」, 『고전문학연구』 36, 한국고전문학회, 2009.

✎ 백운용

75

박지원의 허생전
許生傳

1. 창작 배경

박지원(朴趾源, 1737~1805)은 자가 중미(仲美), 호가 연암(燕巖)이며, 본관이 반남(潘南)이다. 그는 1737년 서울 야동에서 박사유의 둘째 아들로 태어났다. 그의 집안은 명문거족으로 노론(老論) 세력에 속했다. 집안의 영향으로 박지원 역시 노론에 속했지만, 그는 전통 유학의 본질 속에서 개혁의 이론적 근거를 탐색했고, 양명학·노장·불교·서학 등 여러 사조를 넓게 수용했다.

박지원이 살았던 당시에는 집권층인 사대부들이 당쟁을 일삼으며, 권력을 두고 서로 다투었다. 그는 당대 사회의 불합리한 점을 한문소설로 형상화했다. 한문소설에서 그는 새롭게 주목할 만한 인물상을 발견하기도 하고, 그들의 인간성을 긍정하기도 하면서, 당대 현실에 대한 비판과 풍자를 담아냈다. 그의 한문소설 작품은 『연암집』의 「방경각외전(放璚閣外傳)」 및 『열하일기』에 수록되어 전한다.

1780년 박지원은 자신의 삼종형인 박명원(朴明源, 1725~1790)을 따라 중국 청나라를 다녀온 뒤, 청나라에서 자신이 체험한 것을 『열하일기』로 정리했다. 〈허생전〉은 『열하일기』의 편차 중 「옥갑야화」에 수록되어 있다. 박지원은 중국 열하에서 북경으로 돌아오던 도중 옥갑이란 곳에서 하룻밤을 숙박하며, 사행에 참여한 여러 사람과 이야기를 나눴다. 이때 들은 이야기를 채록한 것이 「옥갑야화」

다. 그 내용은 대부분 조선의 역관과 관련한 일화 및 부(富)에 대한 문제였다. 「옥갑야화」에 수록된 일화 중, 변승업이라는 역관이 재산을 축적한 것과 관련하여 허생이라는 이인(異人)에 대한 이야기를 독립시켜 다룬 것이 바로 〈허생전〉이다. 〈허생전〉은 당대 조선 사회에 대한 박지원의 문제의식을 드러낸다.

한편, 〈허생전〉의 허생은 당대에 민간에 널리 퍼져 있던 허생 고사(許生故事)를 채록하여 가공한 인물이다. 『청구야담』의 〈식보기허생취동로(識寶氣許生取銅爐)〉·〈대만금허생행화(貸萬金許生行貨)〉·〈안분궁십년독역(安分窮十年讀易)〉, 『동야휘집』의 〈이만금부처치부(贏萬金夫妻致富)〉, 『차산필담』의 〈시각습장(試榷慴將)〉, 『선유동기(仙遊洞記)』 등이 그 예다. 상행위를 통해 부를 축적하는 허생 등, 이들 작품에서는 공통으로 나타나는 내용들이 있지만, 작품마다 허생의 모습이 조금씩 다르게 그려져 있다. 이들 작품에 나타나는 허생과 비교했을 때, 박지원의 〈허생전〉에 그려진 허생은 자신의 학문과 이념을 구현하는 데에 초점이 맞춰져 있다.

2. 원문 읽기

(1) 허생은 탄식했다.

"이제 내가 작은 시험을 끝냈구나."

이에 남자와 여자 2천 명을 모두 불러 명했다.

"내 처음 너희와 이 섬에 들어와 먼저 부유하게 해주고, 그런 후에 따로 문자를 만들고 의관도 새로 지으려 하였다. 하지만 땅은 작고 덕이 적어서 나는 이제 떠나련다. 아이가 태어나 숟가락을 잡으면 오른손으로 쥐라고 가르치고, 하루라도 먼저 태어났거든 먼저 먹으라고 양보하거라."

허생은 다른 배를 모두 불태우며 말했다.

"가는 이가 없으면 오는 이도 없겠지."

은 50만을 바다 안에 던지며 말했다.

"바다가 마르면 얻는 자가 있을지어니, 나라 안에 백만 냥도 수용할 곳이 없는데 하물며 작은 섬이랴?"

글을 아는 사람을 같이 배에 태우고 나오며 말했다.

"이 섬에서 화를 끊어버려야지."

(2) 이 공(李公)[1]은 허탈하게 말했다.

"사대부들이 모두 예법을 삼가 지키고 있으니, 누가 기꺼이 머리를 깎고 호복을 입으려 들겠습니까?"

허생이 큰 소리로 꾸짖으며 말했다.

"소위 사대부란 게 대체 어떤 놈들이란 말이냐? 이[彝(夷)]·맥(貊)[2]의 땅에서 나서 스스로 사대부라고 부르니 어찌 어리석지 않으냐? 윗옷과 바지는 모두 흰색이니 이것은 상(喪)이 있으면 입는 옷이고, 머리털은 한데 묶어 송곳과 같으니 이것은 남만(南蠻)[3]의 방망이 상투인데, 무엇을 예법이라 이른단 말이냐? 번오기(樊於期)[4]는 개인적인 원수를 갚고자 그 머리를 아끼지 않았고, 무령왕(武靈王)[5]은 그 나라를 강하게 만들고자 호복을 부끄럽게 여기지 않았다. 더구나 지금 대명(大明)을 위해 복수[6]하고자 하면서 오히려 그 머리털 하나를 아깝게 여기고, 이제 장

---

1 이 공(李公): 이완(李浣, 1602~1674)을 가리킨다. 이완은 조선 중기의 무장으로, 자는 징지(澄之), 호는 매죽헌(梅竹軒)이다. 병조 판서와 우의정을 역임했고, 병자호란 때에 정방산성(正方山城)의 싸움에서 공을 세웠다. 1653년에 북벌의 임무를 맡아, 효종·송시열과 함께 북벌을 주도했다. 그러나 효종의 죽음으로 인해 북벌을 실현하지 못했다. 〈허생전〉에서 이완은 어영대장이었는데, 인재를 찾다가 변씨의 이야기를 듣고 허생의 집으로 간다. 〈허생전〉에서 변씨는 변승업(卞承業, 1623~1709)의 조부라 되어 있으며, 허생에게 돈을 빌려준 인물이다.

2 이[彝(夷)]·맥(貊): '이'는 예전에 중국에서 '동쪽의 오랑캐'라는 뜻으로 동쪽에 사는 민족을 낮잡아 이르던 말로, 한국·일본·만주 등의 민족을 가리킨다. '맥'은 상고 시대에 중국 동북 지방에 있던 종족으로, 한반도 북쪽 지방의 예(濊)와 인접해 있었다.

3 남만(南蠻): 예전에, 중국에서 남쪽의 오랑캐라는 뜻으로 남쪽 지방에 사는 민족을 낮잡아 이르던 말.

4 번오기(樊於期): 중국 전국 시대 때 진(秦)나라의 장수. 일찍이 망명하여 연(燕)에 갔다가 형가(荊軻)에게 제 머리를 주어 원수를 갚으려 하였다.

5 무령왕(武靈王): 중국 전국 시대 때 조(趙)나라의 임금 조옹(趙雍). 무령왕은 서방·북방 민족의 복식을 채용하여, 스스로 호복(胡服: 오랑캐의 복장)을 입었다. 그리고 자국의 백성들에게도 호복을 입혔으며, 이들에게 기마와 활쏘기를 배우게 했다. 그 결과 조나라는 강력한 기병대를 갖게 되었고, 무령왕은 이 기병대를 거느려 조나라의 영토를 크게 넓혔다.

6 대명(大明)을 위해 복수: '대명'은 중국의 명나라를 높이 이르던 말이며, '대명을 위해 복수'는 북벌론을 의미한다. 17세기에 명나라는 청나라에게 멸망했고, 그 사이에 정묘호란·병자호란이 일어났다. 이 과정에서 조선에는 명나라를 숭상하고 청나라를 배척하는 경향이 두드러지게 나타났다. 조선의 입장에서 명나

차 말을 달리고 칼날을 부닥치고 창으로 찌르고 활을 쏘고 돌을 날려야 하는데 그 넓은 소매를 바꾸지 않고서 스스로 예법이라 지껄이느냐? 내가 처음 세 가지를 말했는데, 너는 할 수 있다고 하는 것이 하나도 없구나. 스스로를 신임받는 신하라 하는데, 신임받는 신하는 본디 이와 같으냐. 이런 자는 목을 베어 버리는 게 옳다."

허생은 좌우를 돌아보며 칼을 찾았다. 공(이 공)은 크게 놀라 일어나서 뒷문으로 뛰쳐나가 달음박질로 돌아왔다. 다음 날 다시 찾아갔지만, 허생은 이미 집을 비우고 가 버린 뒤였다.

출전: 『열하일기』, 「옥갑야화」

3. 작품 감상

허생은 글만 읽던 가난한 선비였다. 그러나 실상을 보면, 그는 능력이 출중하고 현실에 대한 통찰력이 뛰어난 인물이었다. 자신의 지식을 시험하는 허생을 통해, 박지원은 부(富)의 문제 및 조선 사회에 필요한 이상적인 국가에 관한 문제 등을 제기했다. 그러면서 북벌론의 허구성과 조선의 국정을 담당했던 사대부들의 문제점을 드러냈다.

특히 박지원은 〈허생전〉의 출처를 숨기거나 모호하게 드러내고 있다. 박지원은 윤영이란 인물을 내세워서, 겉으로는 〈허생전〉을 윤영에게 들은 이야기라고 한다. 그러나 〈허생전〉 뒤에 이어지는 「옥갑야화」 후지에서는 윤영의 거취를 은폐함으로써, 실제로 〈허생전〉의 작자가 박지원 자신임을 간접적으로 밝힌다. 또 〈허생전〉이 수록된 「옥갑야화」의 '옥갑'은 중국에서 실제로 확인되지 않은 지역으로, 박지원이 상상으로 만들어 낸 가상의 공간으로 볼 수 있다. 이를 통해, 박

라는 임진왜란 때 지원군을 보내 준 은혜로운 나라이자, 한족(漢族)이 세운 나라로서 중화(中華) 문명을 정통으로 계승한 나라였고, 청나라는 한족이 아니라 오랑캐인 여진족이 세운 나라였으며, 조선에 삼전도의 굴욕을 안겨 주었기 때문이다. 이러한 배경 속에서, 17세기에 효종 및 송시열(宋時烈, 1607~1689)·이완 등의 주도로 북벌론이 대두되며, 북벌을 통해 청나라에 복수하고자 했다. 처음에 북벌론은 군사를 길러 국가의 내실을 강화하고, 청나라의 무력에 짓밟힌 민족 주체성을 회복하는 데에 의미가 있었다. 그러나 효종 사후 북벌론은 쇠퇴해 갔고, 그 의미 역시 변질되어 서인과 남인 간의 당쟁에서 정치적으로 이용되었다.

지원은 북벌론·사대부의 문제점 등 당대에 드러내 놓고 말할 수 없는 것을 에둘러서 표현하면서, 자신의 생각을 내밀하게 담고자 했다. 〈허생전〉에서 다루고 있는 문제들이 박지원 당대에는 지배층이었던 사대부들로부터 공격 받을 수 있는 사안이었기 때문이다.

먼저 부의 문제이다. 변씨에게 빌린 돈으로, 허생은 나라 안의 과일이나 말총·포목 등을 독과점하여 큰 수익을 내었다. 이를 통해, 허생은 조선의 경제에서 유통 구조가 폐쇄적임을 비판했다. 그러나 허생은 독과점으로 부를 축적했으면서도, 독과점이 나라의 경제를 병들게 한다는 점을 정확하게 파악하고 있었으며, 상업과 화폐를 부정적으로 바라보았다. 그에게 부는 단지 자신의 지식을 시험하기 위한 수단이었다. 실제로 〈허생전〉의 작자인 박지원은 화폐가 농민을 지배하고 수탈하는 권력이 된다고 보았다.

부에 대한 문제는 〈허생전〉 앞에 실린 「옥갑야화」의 여섯 가지 이야기와 연결된다. 이들 이야기는 조선 역관들의 일화를 통해 화폐 및 부에 대한 문제를 다룸으로써 〈허생전〉을 자연스럽게 이끌어 내고 있다. 그리고 화폐의 사용으로 인해 일어난 경제적 변화를 배경으로 하여, 화폐 및 화폐보다 선행되어야 하는 가치들 간의 관계를 다루고 있다. 이를 통해 박지원은 화폐로 인해 발생하는 경제적 변화에 맞서, 화폐보다 우선이 되는 가치들의 존재와 그 당위성을 말하고자 했던 것으로 보인다. 그것은 바로 경제를 전면에 내세우는 사회가 아니라, 경제가 윤리·신의·생명 등 다른 가치에 종속되는 사회여야 함을 의미한다.

즉 박지원은 「옥갑야화」와 〈허생전〉을 통해, 화폐와 상업·부에 대한 자신만의 견해를 제시하고 있다. 박지원 역시 유학을 공부한 선비로서 화폐와 상업·부의 축적을 부정적으로 바라보면서, 부와 화폐의 가치보다 윤리적으로 더 우선시되어야 할 것들이 있다고 본 것이다.

다음으로 이상적인 국가에 관한 문제이다. 허생은 변산의 도적들을 이끌고 무인도로 들어가, 농업 및 무역을 통해 이들의 삶을 풍요롭게 만든다. 원문 읽기에 나오는 첫 번째 내용은 허생이 무인도를 떠나는 장면으로, 허생이 꿈꾸었던 사회의 일면을 보여 준다.

허생은 무역으로 번 돈 50만 냥을 바다에 모두 버렸고, 글을 아는 이들을 이끌고 다시 육지로 돌아왔다. 여기서 글(문자)을 아는 이들은 한문(漢文)과 성리학을 공부한 조선의 사대부들이었다. 허생은 이들을 재앙의 근원으로 보았다. 조선 사회는 주자의 성리학을 국가의 통치 이념으로 삼았고, 사농공상 및 신분제 등 성리학적 이데올로기를 한자라는 문자로 표현했다. 허생이 말하는 글이란 그 글로 구축된 사대부 체제의 이데올로기로서의 지식이었다.

허생이 글을 아는 이들을 재앙의 근원으로 본 것은, 결국 문자와 지식이 인간의 삶과 현실에 보탬이 되지 못한다는 문제의식에서 말미암는다. 그에게 문자와 지식은 인간의 평화와 행복에 기여하지 못하며, 사람들을 서로 죽이는 병기에 불과했다. 그리고 그는 사대부들이 문자와 지식으로 사회를 병들게 하고, 자신의 이익을 탐하기만 하며, 백성들의 삶을 고통스럽게 만든다고 생각했다.

한편, 허생은 문자와 의관도 새로이 제정하고자 했음을 밝힌다. 새로운 문자를 만든다는 것은 기존의 지식 체계를 제거하는 것을 의미한다. 의관의 경우 조선 사회에서 예법을 대표하는 제도이자, 소중화(小中華) 사상의 상징이었다. 소중화 사상은 조선의 사대부들이 오랑캐가 아닌 문명인임을 나타내면서, 중화 문명을 계승한 명나라에 대한 의리를 핵심으로 삼는다. 소중화 사상을 신봉하던 조선의 사대부에게 상투와 긴 소매의 옷은 중화의 상징으로서, 오랑캐와 구분되는 가장 중요한 요소였다. 이 때문에 사대부들은 상투와 긴 소매를 목숨보다 소중히 여겼다. 의관 제도를 바꾼다는 것은 이와 같은 기존의 예법 체계를 부정하는 것으로, 조선 사회의 근간을 뒤흔드는 발상이었다.

허생은 이 무인도에 밥상 예절과 같은 최소한의 생활 윤리만 남겨 두고, 기존의 지식 체계 및 예법 제도를 없애고자 했다. 이를 통해, 〈허생전〉의 무인도는 완전히 새로운 공간으로, 허생이 기성의 사대부를 완전히 지워 버린 새로운 사회를 구상하는 공간이 될 수 있었다. 〈허생전〉의 무인도에서는 통치자가 백성을 지배하지 않고, 모두가 똑같이 일하며, 복잡한 예법이나 어려운 지식으로 서로를 지배하지 않는다. 이는 곧 박지원이 조선 사회에서 실현되어야 할 이상적인 국가 형태를 제시한 것으로 볼 수 있다.

마지막으로 북벌론의 허구성과 사대부들의 문제점이다. 원문 읽기에 나오는 두 번째 내용은 허생과 포도대장 이완이 만나는 대목이다. 허생과 이완의 대화는, 현실인 조선에서 사대부의 지배 체제가 개혁될 가능성을 철저히 부정하고 있다. 허생은 이완에게 국정에 필요한 세 가지 계책을 제시했다. 첫째, 능력 있는 인재를 조정에서 성의 있게 발탁하라는 것이다. 둘째, 훈척·권신들로 하여금 안일함과 사치스러움을 버리게 하고, 명나라 유민을 실질적으로 우대하라는 것이다. 셋째, 청나라에 사람을 보내어 청나라의 허실을 탐지하고, 명나라 사람과 함께 북벌을 하라는 것이다. 그러나 이완은 사대부들이 예법을 지켜야 하기 때문에, 허생이 제안한 시사삼책 중 실행할 수 있는 것이 없다고 했다.

박지원이 살던 당시는 명나라가 멸망하고 청나라가 병자호란을 일으킨 지 오랜 뒤였고, 청나라는 서양과의 교류로 과학 기술 등이 조선보다 발달했었다. 그러나 당시 사대부들은 예법과 명나라에 대한 의리를 운운하며, 명나라를 숭상하고 청나라를 배척했다. 하지만 이들의 주장은 당대의 현실과 맞지 않았고, 명분만 있을 뿐 공허한 것이었다. 조선의 사대부들은 말과 명분으로만 청나라를 낮게 보았지, 청나라보다 앞서갈 만한 방법이나 북벌을 실행하기 위한 구체적인 계획이 없었다. 당시 북벌은 권력 투쟁을 통해 국가 권력을 독점한 세력, 곧 벌열이 사회 모순을 은폐하고 비판 세력을 침묵시킬 수 있는 정치적 이데올로기로 변질된 상태였다. 이는 박지원 당대의 현실 속에서 고쳐질 수 없는 것이었다. 이완의 모습을 통해, 허생은 실질적인 정책 없이 북벌과 같은 공허한 명분론에 집착하는 사대부를 비판한 것이다.

〈생각해 보기〉

(1) 박지원은 〈허생전〉 외에도 여러 한문소설을 창작했다. 『연암집』의 「방경각외전」에 수록된 한문소설들 및 『열하일기』 중 「관내정사」에 수록된 〈호질〉이 그 예이다. 이들 작품에 대해 알아보고, 박지원이 한문소설을 지은 의도가 무엇인지 생각해 보자.

(2) 박지원의 〈허생전〉 외에도, 야담집 등 여러 문헌에 허생과 관련한 이야기가 전승되고 있다. 이

들 이야기에 나타나는 허생은 〈허생전〉의 허생과 대략적인 내용은 비슷하나, 세부적으로 차이가 있다. 다른 문헌들에 기록된 허생을 조사해 보고, 〈허생전〉의 허생과 비교해 보자.

(3) 허생은 독과점으로 막대한 돈을 벌었지만, 그 스스로가 독과점과 화폐의 폐단을 잘 알고 있었으며, 스스로 벌어들인 돈을 바닷속으로 던져 버린다. 「옥갑야화」에서도 〈허생전〉을 이야기하기에 앞서, 화폐나 경제 발달보다 우선시되어야 하는 윤리적 가치를 이야기하고 있다. 한편, 현대 사회는 조선 시대보다 경제가 더 발달했고, 물질적으로도 풍요롭다. 그러나 현대 사회에서는 부와 경제적 능력에 따라 빈부 격차가 심화하였고, 금전이 윤리적 가치보다 더 중시되기도 하며, 돈으로 인해 비윤리적인 사건이 벌어지기도 한다. 이처럼 금전주의·물질 만능주의가 팽배한 현대 사회 속에서, 허생의 행동과 「옥갑야화」의 이야기가 던져 주는 시사점에 대해 생각해 보자.

참고문헌

· 강명관, 『허생의 섬, 연암의 아나키즘』, 휴머니스트, 2017.
· 박수밀, 『열하일기 첫걸음: 조선 최고의 고전을 만나는 법』, 돌베개, 2020.
· 박기석, 「〈허생전〉의 형성과 저술에 관련된 몇 가지 문제」, 『국어교육』 92, 한국국어교육연구회, 1996.
· 박수밀, 「노자 사상의 문학 수용 양상과 그 의미 - 연암 박지원의 문학 작품을 중심으로」, 『온지논총』 62, 온지학회, 2020.
· 이강석, 「「선유동기(仙遊洞記)」의 서사 구조와 북벌 비판의 층위에 대한 연구」, 『한국문학논총』 84, 한국문학회, 2020.

김소연

76

박씨전
朴氏傳

1. 창작 배경

16세기 말 17세기 초의 조선은 임진왜란(壬辰倭亂)과 병자호란(丙子胡亂)을 연이어 경험하며 많은 혼란에 휩싸였다. 특히 병자호란은 임진왜란보다 소규모로 진행된 짧은 전쟁이었음에도 불구하고, 조선에 많은 영향을 미쳤다. 두 전란 모두 조선에 막대한 피해를 입혔지만, 임진왜란은 최종적으로 외적을 물리치며 종식되었고, 병자호란은 왕이 직접 무릎을 꿇는 굴욕적인 패배로 끝이 났기 때문이다. 더욱이 명(明)으로 대변되는 중화(中華)와 청(淸)으로 대변되는 오랑캐의 관계에 있어서, 병자호란의 결과는 중화의 몰락 즉 중세적 질서의 전복을 의미하는 것이기도 했다. 이러한 정신적·문화적 변화와 함께 지주제가 확대되고, 상품화폐경제가 성장하며, 신분제의 동요가 일어나는 등 조선은 다방면에서 변화가 일어나게 되었다.

이러한 시대적 상황 속에서 병자호란에 대한 경험은 다양한 형태의 문학 작품으로 탄생하였다. 운문과 산문을 통해 전쟁 체험을 형상화한 것인데, 〈박씨전〉이 그 대표적인 작품이다. 〈박씨전〉은 현재까지 한글 필사본 이본 130여 종 이상, 국문 활판본 30여 종 이상이 전하는 것에서 알 수 있듯이 대단한 인기를 끌었던 작품이다. 이 작품은 박씨라는 '여성' 주인공이 병자호란이라는 실제 역사적 사건을 배경으로 하여 영웅적인 활약을 펼쳐 나간다는 점에서 역사군담소설의 한 작품으로 다루어진다. 특히 영웅적인 활약을 보여 주는 주인공이 여성이라는 점이 눈에 띄는데, 이에 따라 〈박씨전〉은 여성영웅소설의 대표적인 작품으로 꼽히기도 한다.

2. 원문 읽기

(1) 박씨 안ᄉᆡᆨ[1]을 단졍이 ᄒᆞ고 말ᄉᆞᆷ을 나직이 ᄒᆞ야 왈 ᄉᆞ람이 셰상의 쳐ᄒᆞ여 어려서는 글공부를 잠심ᄒᆞ며 부모게 녕화와 효셩으로 셤기며 취쳐허면[2] ᄉᆞ람을 현슉키[3] 거나려 만ᄃᆡ유젼[4]허미 ᄉᆞ람의 당당헌 일이온ᄃᆡ, 군ᄌᆞ는 다만 미ᄉᆡᆨ만 ᄉᆡᆼ각ᄒᆞ여 나를 츄비허다[5] ᄒᆞ여 인유의 치지 아니허니 이러ᄒᆞ고 오륜의 들며 부모를 효양허리요 인제는 군ᄌᆞ로 허여금 여러 날 근고분헐 아니라[6] 군ᄌᆞ로 마음이 염녀되여 젼의 노졍[7]을 바리고 그ᄃᆡ를 쳥ᄒᆞ여 말ᄉᆞᆷ을 고ᄒᆞ나니 일후는 슈신졔가ᄒᆞ는[8] 졀ᄎᆞ를 젼과 갓치 말나 ᄒᆞ고 말ᄉᆞᆷ이 공순ᄒᆞ니 시ᄇᆡᆨ이 잇ᄯᆡ를 당ᄒᆞ여 마음이 어더타 ᄒᆞ리요 공순 답왈 쇼ᄉᆡᆼ[9]이 무지ᄒᆞ와 그ᄃᆡ를 슬푸물 씻치니 인제는 후회막급타[10] 부인이 이러틋 ᄒᆡ로ᄒᆞ시니[11] 무ᄉᆞᆷ ᄒᆞᆫ이 잇스리요

(2) 박씨 계화로 웨여 왈 무지헌 오랑ᄏᆡ야 너의 왕놈이 무지ᄒᆞ여 은혜지국을 침범ᄒᆞ엿거니와 우리 왕ᄃᆡ비는 다려가지 못ᄒᆞ리라 만일 그런 ᄯᅳᆺ즐 두면 너의등

---

1 안ᄉᆡᆨ: 안색. 얼굴빛.
2 취쳐허면: 취처(娶妻)하면. 남성이 장가를 들어 아내를 얻는 것이다.
3 현슉키: 현숙(賢淑)히. 마음이 어질고 정숙하게.
4 만ᄃᆡ유젼: 만대유전(萬代流傳). 길이길이 전해 내려온다는 뜻이다. 사람으로서 열심히 공부하고, 부모를 영화(榮華)와 효도로 섬기며, 혼인하여 부인을 잘 거느리는 것을 오래도록 해야 한다는 것이다.
5 츄비허다: 추비(醜卑)하다. 추하고 낮다는 뜻으로, 박씨의 못난 외모를 가리켜 추비하다고 하였다.
6 근고분헐 아니라: 근고(勤苦)하게 할 뿐 아니라. 이시백이 몸과 마음을 다하고 애썼다는 뜻이다.
7 노졍: 노정(怒情). 분노의 감정, 미운 감정 따위를 말한다.
8 슈신졔가ᄒᆞ는: 수신제가(修身齊家)하는. 몸을 닦고 집안을 가지런히 한다는 뜻이다.
9 쇼ᄉᆡᆼ: 소생(小生). 이시백이 자신을 낮추어 말한 것이다.
10 후회막급타: 후회막급(後悔莫及)하다. 후회해도 다시 어찌할 수 없음을 뜻한다.
11 ᄒᆡ로ᄒᆞ시니: 해로(解怒)하시니. 화를 풀어 주시니.

이 본국의 도라가지 못ᄒᆞ리라 헌ᄃᆡ 호장등이 가소롭게 여겨셔 답왈 우리 임의 화친언약을 밧고 ᄯᅩᄒᆞᆫ 인물이 나의 쟝즁의[12] ᄆᆡ엿시니 그런 말은 ᄉᆡᆼ심코 말ᄂᆞ ᄒᆞ며 혹 질욕ᄒᆞ며[13] 듯지 아니ᄒᆞ거늘 박씨 ᄯᅩ 계화로 다시 웨여 왈 너의 일향 그리ᄒᆞ랴거든 ᄂᆡ ᄌᆡ조를 구경ᄒᆞ라 ᄒᆞ드니 이윽고 공즁으로 두 쥴 무지ᄀᆡ 이러나며 모진비 쳔지 뒤눕게 오며 음풍이 이러ᄂᆞ며 ᄇᆡᆨ셜이 날니며 어름이 어리여 만군중 말발이 ᄯᅡ의 붓터 촌보를 욈기지[14] 못ᄒᆞ는지라 그졔야 호장들이 황겁ᄒᆞ여 아모리 ᄉᆡᆼ각ᄒᆞ여도 모다 함몰헐지라[15] 마지 못ᄒᆞ여 호장등이 투구를 벗고 창을 아셔 피화당 압헤 나아가 ᄉᆞ러 ᄋᆡ걸 왈 오날날 임의 화친을 바닷시ᄂᆞ 왕ᄃᆡ비는 아니 뫼셔갈 거시니 박부인 덕ᄐᆡᆨ의 살녀쥬옵소셔 ᄒᆞ고 만단ᄋᆡ걸ᄒᆞ거늘[16] 박씨 주렴 안의셔 ᄭᅮ지져 왈 너의등을 씨없이 쥭일 거시로되 천시를 ᄉᆡᆼ각ᄒᆞ고 십분 용셔ᄒᆞ거니와 너의놈이 본ᄃᆡ 간ᄉᆞᄒᆞ여 범남헌 죄를 지엿시나 이번은 아는 일이 잇셔 ᄉᆞᆯ녀보ᄂᆡᄂᆞ니 조심ᄒᆞ여 드러가며 우리 셰ᄌᆞ ᄃᆡ군을 부ᄃᆡ ᄐᆡ평이 뫼셔가라 만일 그러치 아니ᄒᆞ면 ᄂᆡ 오랑ᄏᆡ 씨를 업시 함몰ᄒᆞ리라 ᄒᆞᆫᄃᆡ

출전: 고려대학교 도서관 소장본 〈박씨젼〉

3. 작품 감상

〈박씨전〉은 박씨라는 여성 주인공이 신이한 능력을 통해 가정과 국가 내에서 발생하는 문제를 해결하는 구조로 이루어진 작품이다. 작품의 전체적인 내용을 간략하게 나타내면 다음과 같다.

---

12 쟝즁의: 장중(掌中)의. 오랑캐가 조선 사람들을 손아귀에 쥐고 있음을 의미한다.

13 질욕ᄒᆞ며: 질욕(叱辱)하며. 꾸짖고 욕하며.

14 촌보를 욈기지: 촌보(寸步)를 옮기지. 촌보는 몇 발짝 안 되는 걸음이다.

15 함몰헐지라: 함몰(咸沒)할지라. 모두 죽는다는 뜻이다.

16 만단ᄋᆡ걸ᄒᆞ거늘: 만단애걸(萬端哀乞)하거늘. 여러 가지 사정을 말하여 애걸한다는 뜻이다.

	줄거리
전반부	금강산 박 처사가 조선국 재상 이득춘의 집에 찾아와 뛰어난 재주를 보이며 친분이 두터워졌는데, 박 처사가 이득춘에게 자신의 딸과 이시백의 혼인을 청하고, 이득춘이 이를 수락함
전반부	이득춘과 이시백이 혼례를 위해 금강산 박 처사를 찾아가 만난 후, 그의 딸 박씨를 데리고 돌아왔으나, 박씨의 흉측한 외모로 인해 이득춘을 제외한 이시백, 이시백의 어머니 등 집안사람들이 모두 박대함
	박씨가 박대 받는 와중에 하루 만에 조복을 짓기도 하고, 비루 먹은 말을 잘 키워 내 3만 냥에 팔기도 하고, 연적 꿈을 꾸고 이시백에게 연적을 전하여 과거에 급제하게 하는 등 뛰어난 능력을 보여 줌
	박씨가 친가인 금강산에 다녀온 후, 아버지 박 처사의 명령으로 허물을 벗고 미인으로 변하게 되고, 이시백의 잘못을 꾸짖고 용서함
후반부	이시백이 평안 감사, 병조 판서를 지낸 후 임경업과 함께 호국을 구원하고 돌아옴
	호왕이 조선의 신인(神人)과 임경업을 죽이라며 자객 기홍대를 조선에 보냈는데, 박씨가 기지와 도술로 기홍대를 물리침
	호왕이 왕비에게 요책을 물어 용골대·울대 형제에게 30만 대군을 이끌고 조선을 침략하게 하였는데, 박씨가 호군의 침입을 예측하여 이시백이 임금에게 알리나 간신 김자점이 반대함
	용울대가 피화당에 침범하였다가 계화에 의해 실패해 자결하고, 용골대가 강화(講和)를 받은 후 동생 용울대의 원수를 갚기 위해 피화당을 습격하나 실패함
	박씨가 계화를 내세워 능력을 뽐내며 호국에 왕대비를 데려가지 못하게 막아 내고, 호군이 백배 사례하고 세자, 대군, 많은 여인을 데리고 돌아감. 호군이 돌아가는 길에 임경업을 당해 내지 못하였는데, 화친한 전지를 보고 임경업이 사라짐
	박씨가 절충부인(折衝夫人)에 봉해지고 후에 11남매를 두었으며, 남편과 90세까지 건강하게 삶

위 줄거리를 통해 알 수 있듯이, 〈박씨전〉은 그 내용을 크게 전반부와 후반부로 나누어 살펴볼 수 있다. 전반부는 박씨의 흉측한 용모로 인한 가정 내 문제와 해결에 대한 이야기, 후반부는 호국의 침입으로 인한 국가 내 문제와 해결에 대

한 이야기이다. (1)은 박씨가 흉측한 외모를 벗어나 아름다운 여인으로 변한 후 문제가 해결되는 과정을 그린 내용이다. 작품 내에서 박씨는 주인공임에도 불구하고 그 외모가 매우 흉측하게 묘사되는데, 예컨대 상공(시아버지)과 이시백이 박씨를 보고, "한번 보매 다시 볼 수 없어 간담이 떨어지는 듯하고 정신이 없어 두 눈이 어두워"진다고 느꼈을 정도이며, 상공의 일가친척은 물론 그 비복(婢僕)들까지 박씨의 추한 외모 때문에 그녀를 박대하기에 이른다. 그리하여 작품의 전반부는 박씨가 추한 외모 때문에 집안에서 박대 받는 내용과, 그런 와중에 뛰어난 능력을 발휘하는 내용이 주를 이룬다.

박씨는 온갖 박대를 받다가 친정에 다녀온 후 아름다운 여인으로 변하게 되는데, 그러자 집안사람들의 태도가 확연히 달라진다. 특히 이시백은 박씨와 동침을 하기 위해 적극적으로 행동한다. (1)은 여러 날 동안 이시백이 박씨와 동침하고자 그 주위를 맴돌며 눈치를 보자, 박씨가 먼저 그를 불러서 꾸짖고 용서해 주는 대목이다. 박씨는 이시백이 사람으로서, 자식으로서, 남편으로서의 도리를 저버리고 미색(美色)만 생각하는 태도를 꾸짖고는, 자신이 박대 받은 외로움, 분노 등을 버릴 것이니 좋은 부부관계를 형성해 가자고 제안한다. 이에 이시백은 자신의 지난 행동들을 후회하고, 박씨와 동침을 하게 된다. 즉, 작품 전반부에서 '박씨의 추한 외모'로 인해 발생한 문제를, 박씨가 스스로 허물을 벗음으로써 해결하고 있는 것이다. 특히 문제를 해결하는 과정에서 가정 내 권력자인 남편, 즉 가장(家長)의 사과를 받아 내고 있다는 점에서 주목된다. 조선 사회가 '남존여비(男尊女卑)'를 지향했던 것을 염두할 때, 가정 내에서도 가정 밖에서도 아래에 위치한 여성이 남성을 꾸짖고 반성을 유도하고 있기 때문이다. 이러한 지점 역시 〈박씨전〉이 여성에게 많이 읽힐 수 있는 원동력이 되었을 것이라 추측된다.

(2)는 박씨가, 조선을 침략하여 화친을 받아 내고 대왕비와 세자, 대군 등을 끌고 가는 호군에 맞서는 대목이다. 박씨가 시비 계화를 통해 여러 가지 재주를 펼치자 처음에는 비웃던 호군들이 종래에는 무릎 꿇고 왕대비는 데려가지 않을 테니 살려 달라고 비는 내용이다. 앞서 제시한 줄거리를 통해 알 수 있듯이, 사실

박씨는 호국이 조선을 침략하기 전에 그 기미를 알고 대비해야 한다는 것을 이 시백을 통해 임금에게 전달하였다. 처음에 임금은 박씨의 혜안을 따르고자 하였으나 간신 김자점이 요망한 계집의 말을 믿어서는 안 된다며 말리자 그를 따를 수밖에 없었다. 이윽고 호국의 침입으로 임금은 남한산성(南漢山城)으로 도망치게 되고 강압적인 화친을 맺고 왕대비, 세자, 대군이 잡혀가게 된다. 즉, 호국의 침입은 임금으로 대표되는 지배 계층의 무능하고 안일한 태도가 불러온 참사였던 것이다.

이러한 호국의 침입에 대하여 박씨는 (2)의 내용처럼 영웅적인 능력을 보여주며 호국을 굴복시킨다. 가상 인물인 용울대를 죽게 한 것이나 용골대와 그의 군사들을 무릎 꿇린 것은 물론이고, 마지막에 박씨가 동생 용울대의 머리를 돌려 달라는 용골대의 부탁을 거절하며 용울대의 머리로 술잔을 만들어 분함을 씻겠다고 한 것이 그것이다. 실제 병자호란에서 조선은 굴욕적으로 패배했지만, 〈박씨전〉에서 조선은 박씨라는 인물을 통해 호국(청나라)에게 굴욕적인 상황을 돌려주고 있는 것이라 하겠다. 바로 이러한 대목이 독자들에게 짜릿한 쾌감을 느끼게 했을 것이다. 더욱이 박씨에게 굴욕을 당한 호군이 돌아가자 임금은 박씨의 말을 듣지 않은 것을 후회하는데, 그 이면에는 임금으로 대표되는 지배 계층이 자신들의 잘못을 뉘우치길 바라는 독자들의 염원이 깔려 있을 것으로 추측된다.

이상의 내용을 통해 알 수 있듯이, 〈박씨전〉은 병자호란이라는 굴욕적인 경험을 사실적으로 그리되, 박씨라는 허구의 인물을 통해 경험을 재구성하여 독자들이 대리 만족을 느끼게 했던 작품이다. 〈박씨전〉은 허구적인 인물인 용울대는 죽였지만 실존 인물인 용골대는 죽이지 않고 돌려보낸 것이나, 왕대비가 끌려가는 것은 막았지만 세자, 대군을 비롯해 많은 여인이 포로로 끌려가는 것은 막지 못한 것처럼 실제 역사를 부정하지는 못했지만, 제한적으로나마 상상을 통해 복수를 이루었다. 그리고 그 과정에서 가정 내에서나 가정 밖에서나 외부인이자 낮은 지위에 처해 있던 여성의 영웅적 활약을 통해 가정 내에서는 남편의 반성을, 가정 밖에서는 임금으로 대표되는 지배 계층의 반성을 촉구하였다. 이러한 면에서

〈박씨전〉은 17세기 역사군담소설이자 여성영웅소설로서 우리 문학사에서 중요한 의미를 지닌 작품이라 할 수 있을 것이다.

〈생각해 보기〉

(1) 〈박씨전〉의 결말을 두고 갑작스러운 운명론적 태도로의 전환이라거나 전쟁의 폐해의 사실적 표현이라는 평가, 혹은 미래는 한 사람의 지략만으로 개척할 수 없으므로 모든 사람의 연대가 필요하다는 것을 보여 주는 열린 결말이라는 등 다양한 견해가 있다. 〈박씨전〉을 읽어 보고 결말에 대해 자유롭게 이야기해 보자.

(2) 〈박씨전〉에서 박씨는 추한 외모로 인해 남편은 물론 많은 사람에게 박대를 받았지만, 그 추한 외모가 아름답게 변하자마자 모든 사람들의 태도가 바뀌었다. 사실 박씨는 못났을 때도 조복을 짓고, 말을 팔아 재산을 불리고, 남편이 과거에 급제하게끔 하는 등 신이한 능력을 보여 주었다. 아름다워졌을 때도 혜안을 바탕으로 적국의 침입에 대비하고, 적군을 물리치는 등 뛰어난 능력을 보여 주었다. 알맹이는 달라지지 않고 겉모습만 달라졌지만 그를 대하는 사람들의 태도는 완전히 바뀌었다. 오늘날 외형적으로 못난 사람과 예쁜 사람에 대한 인식과 태도 역시 다를 바 없는 듯하다. 외모에 가치의 중심을 두는 오늘날의 사회 분위기에 대해 어떻게 생각하는지 자유롭게 이야기해 보자.

(3) 〈박씨전〉에서 박씨의 영웅성과 〈홍계월전〉에서 홍계월의 영웅성을 비교해 보자. 박씨와 홍계월은 모두 여성이면서, 국가적 혼란을 당하여 영웅적인 능력을 발휘하여 국가의 위기를 해결한 인물이다. 하지만 두 인물은 영웅성을 발휘하는 데서 큰 차이가 있다. 이 영웅적인 면모가 드러나는 대목을 찾아 읽어 보고 박씨와 홍계월을 비교해 보자.

참고문헌

· 김기현 역주, 『박씨전/임장군전/배시황전』, 고려대학교 민족문화연구소, 1995.
· 곽정식, 「〈박씨전〉에 나타난 여성의식의 성격과 한계」, 『국어국문학』 126, 국어국문학회, 2000.
· 김미란, 「박씨전 재고」, 『고소설연구』 25, 한국고소설학회, 2008.
· 김혜정, 「〈박씨전〉의 여성 인물 형상과 그 영웅 서사적 가치」, 『한민족어문학』 90, 한민족어문학회, 2021.
· 박양리, 「병자호란의 기억, 그 서사적 형상과 의미」, 부산대학교 박사학위논문, 2015.

신소윤

77

홍길동전
洪吉童傳

1. 창작 배경

〈홍길동전〉은 서자(庶子)로 태어난 주인공이 자신의 비천한 출생을 비롯한 갖은 고난을 이겨 내고 마지막에는 율도국의 왕으로 등극하여 부귀영화를 누린다는 줄거리를 담은 고전소설이다. 〈홍길동전〉의 작자는 교산(蛟山) 허균(許筠, 1569~1618)으로 알려져 있다. 이는 택당(澤堂) 이식(李植)이 『택당집(澤堂集)』에서 "허균이 〈수호전〉을 본떠서 〈홍길동전〉을 지었다.[筠又作洪吉同傳 以擬水滸]"라고 한데 근거한 것이다. 그런데 현재까지 알려진 국문본 고전소설 가운데 허균이 살았던 시대에 창작되었음이 분명한 작품은 존재하지 않는다. 따라서 〈홍길동전〉이 허균의 저작임이 확실하다면, 이 작품은 국문으로 지어진 최초의 고전소설이다.

그런데 여러 정황을 고려할 때 허균이 〈홍길동전〉의 작자가 아니거나, 혹은 그가 지은 〈홍길동전〉이 현존하는 국문소설 〈홍길동전〉과는 다른 작품이었을 가능성도 있다. 일례로 허균은 〈손곡산인전(蓀谷山人傳)〉을 비롯한 여러 편의 전(傳) 작품을 남긴 바 있는데, 이는 모두 국문이 아닌 한문으로 된 짧은 분량의 서사이다. 반면 〈홍길동전〉은 허균의 시대와는 동떨어진 18·19세기에 널리 유행했던, 이른바 영웅소설로 불리는 일군의 고전소설들과 형식이 유사하다. 즉 이식이 남긴 기록처럼 허균이 〈홍길동전〉을 지었다 해도, 그것이 현대에 전해지는 〈홍길동전〉과 동일한 작품인지는 분명치 않다.

하지만 『택당집』의 기록을 뒤집을 만한 결정적인 근거가 부족한 점, 허균의 성격과 사상 및 문학관이 〈홍길동전〉의 실제 내용과 맞닿아 있는 점 등을 고려하면, 반대로 허균이 〈홍길동전〉의 작자가 아니라고 보기도 어렵다. 현재까지는 허균을 〈홍길동전〉의 작자로 보는 것이 일반적인 추세이다.

2. 원문 읽기

샹예[1] 좌즁이 번거하물 협의하ᄂᆞᆫ 닷 하이[2] 공이 몸을 이히 협실[3]노 드려가 샹여랄 청ᄒᆞ여 다시 무란ᄃᆡ 샹예 그졔야 가마이 고하여 왈[4] 공ᄌᆞ의 샹을 보오이 만고영웅이라 흉즁의 죠화랄 품엇고 미간의 산쳔 졍긔 녕용ᄒᆞ나이 진짓 왕후 긔샹이라 이려무로 바로 고치 못ᄒᆞ엿나이다 우리 죠션은 쇼국이라 왕후의 긔샹이 쓸 ᄃᆡ 업ᄂᆞᆫ지라 만일 쟝셩하오면 쟝찻 멸문지화랄 면치 못하리이 샹공은 살피쇼셔 공이 쳥파[5]의 경아하여[6] 무무 반향[7]의 왈 만일 그ᄃᆡ 말 갓흘진ᄃᆡ 크게 놀납거이와 본ᄃᆡ 쳔ᄉᆡᆼ이라 사류의 참예치 못할 거시이, 쏘 오십이 넘도록 츄렴을 금ᄒᆞ면 졔 비록 ᄆᆡᆼ분의 용과 모후의 ᄌᆡ죄[8] 이시나 엇지 ᄒᆞ리요

…(중략)… 공이 샹ᄌᆞ의 말을 드른 후로 ᄌᆞ연 마암이 변하여 ᄉᆡᆼ각하ᄃᆡ ᄂᆡ 츙셩을 다하여 나라흘 셤긔다가 불효ᄌᆞ랄 말ᄆᆡ암아 몸이 쥭을 곳의 ᄲᅡ지면 큰 홰 심즉의 밋칠지라 찰하리 져랄 쥭여 후환을 업시코져 ᄒᆞᆫ즉 부ᄌᆞ 졍이예 ᄎᆞᆷ아 못ᄒᆞᆯ ᄇᆡ라[9] 이

---

1 샹예: 관상녀가.

2 좌즁이……하이: 앉은자리가 조용하지 못하고 어수선함을 혐의(嫌疑)하는 기색이 있으니.

3 협실: 협실(夾室). 곁방.

4 가마이 고하여 왈: 가만히 고(告)하여 이르기를.

5 쳥파: 청파(廳罷). 듣기를 마치고.

6 경아하여: 경아(驚訝)하여. 놀라 의심스럽게 여겨.

7 무무 반향: 묵묵반향(默默半晌). 빈향은 반나절 혹은 한참 동안의 시간을 가리키는 단위로, 즉 한동안 가만히 말이 없는 것을 가리킨다.

8 ᄆᆡᆼ분의……ᄌᆡ죄: 맹분(孟賁)의 용맹과 무후(武侯)의 재주. 맹분은 중국 춘추전국 시대 당시 제(齊)나라의 이름난 역사(力士)이며, 무후는 삼국 시대 제갈량(諸葛亮)의 시호이다.

9 부ᄌᆞ……ᄇᆡ라: 부자의 정리(情理)에 차마 못 할 바라.

랄 장찻 엇지 하리오 하여 심볼심침 불안하여 형용이 놀노 슈쳑하ᄆᆡ[10] 인하여 병이 된지라 부인과 좌랑이 크게 근심하여 가만이 의논하ᄃᆡ 길동으로 하여 부친 병환이 나 겨시이[11] 길동을 거히 쥭여 야야 마암을 위로ᄒᆞ미 죠흐나 계괴 업ᄉᆞ물 한하던이[12] 초ᄂᆞᆫ이 문득 나아가 고왈 샹공 환휘 위즁하시물 젼혀 샹쟈의 말노죠차 길동을 두고져 ᄒᆞᆫ작 후환이 되고 쥭이려 한작 참아 못ᄒᆞᆯ ᄇᆡ라 유여미결하시미예[13] 길동을 쥭이고 샹공긔 그 여유랄 고하면 즁이파의[14]라 병한 듕 잠간 슬허하오시나 ᄌᆞ연 회츈하시리이다 부인이 쇼왈 네 말이 비록 유리하나 죽일 계괴 업셔 자져하노라 초ᄂᆞᆫ이 ᄃᆡ왈 쳡이 듯ᄌᆞ오이 동의예 특ᄌᆡ라 하ᄂᆞᆫ 자ᄀᆡᆨ이 잇ᄉᆞ오ᄃᆡ 욕역이 과인하여 날져비랄 잠ᄂᆞᆫ다 하오이[15] 이 ᄉᆞᄅᆞᆷ을 쳔금을 쥬어 밤의 드려가 치라 하오면 죠흘가 하나이다 부인과 좌랑이 눈물을 흘여 왈 인정의 참아 뭇할 ᄇᆡ로ᄃᆡ 하나흔 나라흘 위하미오, 둘ᄌᆡᄂᆞᆫ 샹공을 위하미이 현마 엇지 하리오 밧비 계교랄 힝ᄒᆞ라

출전: 정우락 소장 국문필사본 『길동녹』

3. 작품 감상

〈홍길동전〉은 고전소설 가운데 영웅소설로 분류되는 일군의 작품군, 이른바 '영웅의 일생' 구조를 형상화한 소설 중 하나로 해석된다. 영웅의 일생이란 비범한 능력과 비정상적인 출생 과정을 가진 주인공이 갖은 고난을 극복하고 승리를 거두는 과정을 담은 일대기를 가리킨다. 추후 다룰 〈유충렬전〉 등에서 다시 언급하겠지만, 이러한 영웅소설은 〈홍길동전〉을 시작으로 조선 후기에 등장하여 여러 고전소설 중에서도 가장 큰 인기를 끈 유형의 작품군이다.

---

10 심볼심침……슈쳑하ᄆᆡ: 불안한 마음에 잠자리도 편하지 못하여 형용(形容)이 날로 수척해지며.

11 나 겨시이: 나 계시니.

12 야야……한하던이: 야야(爺爺: 부친을 높여 이르는 말)의 마음을 위로함이 좋으나, 계교가 없음을 한탄하더니.

13 유여미결하시미예: 유예미결(猶豫未決)하시니. 여유를 두고 끝을 맺지 않으시니.

14 즁이파의: 증이파의(甑已破矣). 시루가 이미 깨어졌다는 뜻으로, 그릇된 일을 뉘우쳐도 소용이 없음을 이르는 말.

15 욕역이……하오이: 용력(勇力)이 과인(過人)하여 나는 제비를 잡는다고 하니.

그런데 〈홍길동전〉은 대다수의 다른 영웅소설과는 다른 특징을 지닌다. 바로 주인공 홍길동이 고귀한 신분이 아닌 서자 출생이라는 점이다. 많은 조선 후기 영웅소설의 주인공들은 설혹 가문이 몰락하여 유리걸식하는 처지에 빠지더라도, 그들의 출생 자체는 명문 사대부가의 후손이라는 공식을 거의 벗어나지 않는다. 〈유충렬전〉을 비롯하여 당대에 크게 인기를 끌었을 것으로 짐작되는 영웅소설의 주인공들은 보통 온전한 사대부가의 혈통이다. 하지만 〈홍길동전〉은 비록 절반은 재상가의 핏줄이라고는 하나 나머지 절반은 비천한 종 출신인 모친의 피를 물려받은 홍길동을 주인공으로 내세운다. 호부호형(呼父呼兄)조차 제대로 허락받지 못하던 홍길동은 갖은 음해와 고난을 이겨 내고 활약한 끝에 부친과 형으로부터 정당한 핏줄로 인정받는 한편, 서자들을 차별하던 조선 조정으로부터 병조 판서의 직위를 제수받는다. 나아가 그는 율도국의 왕으로 등극하여 타고난 혈통의 한계를 완벽하게 해소하는 데 성공한다.

〈홍길동전〉에서 나타나는 주인공의 타고난 신분에 대한 저항과 극복은, 그 서사의 세부 과정이 다소 편의주의적이고 비현실적인 낭만성에 기대고 있음에도 불구하고 대단히 중요한 문제의식을 보여 준다. 작중에서 홍길동은 국가 권력과 사회 통념에 정면으로 도전하여 승리를 쟁취하고 끝내 한 나라의 왕으로의 신분 상승을 이루는 파격적인 행보를 보여 준다. 이는 보통 〈홍길동전〉의 작자로 알려진 허균의 생애 및 철학과 연관 지어 이해되곤 한다. 그러나 설혹 허균이 〈홍길동전〉의 작자가 아니라 할지라도, 이 소설이 보여 주는 주제의식은 적서차별과 같은 경직된 신분제 구조를 유지하던 조선 사회에 충격을 던져 주기에 충분했을 것이다.

조선 후기에 유행했던 대다수의 영웅소설이 현대에 이르러서는 거의 사장된 것과 달리, 〈홍길동전〉은 지금도 우리나라 사람들에게 가장 널리 알려진 고전소설 중의 하나로 남아 있다. 불합리하고 모순적인 거대 권력과 사회 체제 앞에서 좌절하지 않고 정면으로 도전하는 홍길동의 모습은, 비단 수백 년 전 과거만이 아닌 어느 시대에나 환영받을 만한 보편적 영웅상인 것이다.

〈생각해 보기〉

(1) 실제 역사 속에서 홍길동이라는 이름은 조선왕조실록의 연산군(燕山君) 조에 보인다. 그러나 소설 속에서 의적으로 등장하는 홍길동과는 달리, 대낮에 떼를 지어 관부에 드나들고 당상관(堂上官) 행세를 하는 등 당대에 악명을 떨친 도적이었다고 한다. 한편 조선 중기의 문신인 지소(芝所) 황일호(黃一皓, 1588~1641)가 지은 〈노혁전(盧革傳)〉에서도 이 홍길동을 주인공으로 다루고 있다. 조선왕조실록과 〈노혁전〉, 소설 〈홍길동전〉에 각각 등장하는 홍길동의 인물상을 서로 비교하여 공통점과 차이점을 정리한 다음, 그것이 의미하는 바가 무엇인지 생각해 보자.

(2) 〈홍길동전〉의 주제의식과 맞닿아 있는 적서차별의 문제는 기실 동서양을 막론하고 존재한 정치사회적 현상이었다. 이는 보통 권력층의 지나친 비대화를 막고 체제를 강고히 유지하기 위한 방편의 하나로 이해된다. 이를 고려하면서 조선 시대의 적서차별이 어떤 기반 위에서 성립되었고 실제 현실에서는 어떻게 작용했는지, 그리고 그것이 소설 속에서 주인공의 행보와 관련하여 어떤 형태로 나타나고 있는지를 이야기해 보자.

(3) 〈홍길동전〉은 현존하는 여러 고전문학 작품 중에서도 가장 널리 알려진 경우 중 하나이며, 특히 문화 콘텐츠로 활용되면서 여러 차례에 걸쳐 소설, 영화, 만화, 게임 등의 현대적 변용을 거친 바 있다. 〈홍길동전〉 혹은 주인공 홍길동을 소재로 한 현대예술이나 상품, 멀티미디어의 사례로 어떤 것이 있는지, 그리고 어떻게 변용하고 있는지 조사해 보자.

참고문헌

· 김일렬, 『고전소설신론』, 새문사, 2008.
· 이윤석, 『홍길동전 필사본 연구』, 경인문화사, 2015.
· 권순긍, 「〈홍길동전〉 서사의 영화로의 수용과 변개」, 『고소설연구』 44, 고소설학회, 2017.
· 이지영, 「〈홍길동전〉에서 길동이 보여준 사족(士族)의 가족 윤리의 실천 문제: 새로운 주제의 시각에서」, 『우리문학연구』 45, 우리문학회, 2015.

서정현

78

왕랑반혼전
王郎返魂傳

1. 창작 배경

한국의 불교 서사 문학에는 두 가지 방향이 있다. 하나는 스스로 깨달음을 얻는 승려나 거사들의 이야기이고, 다른 하나는 독실한 신앙심으로 불교의 영험함 및 부처·보살 등 불교의 신적인 존재로부터 도움을 받아 서방정토로 나아가 극락왕생을 이룬다는 일반인들의 이야기이다. 후자는 불교의 정토 사상과 깊은 연관이 있다.

그중 〈왕랑반혼전〉은 후자의 유형으로, 염불을 통한 극락왕생이 나타난다. 〈왕랑반혼전〉은 〈왕랑전〉으로도 불린다. 〈왕랑반혼전〉의 작자는 미상이고, 고려 시대부터 등장했다. 1304년 고려 시대에 간행된 『불설아미타경(佛說阿彌陀經)』에 〈왕랑반혼전〉의 한문 원전이 나타났는데, 이 『불설아미타경』에 실린 고려본 〈왕랑반혼전〉이 〈왕랑반혼전〉의 여러 이본 중 가장 오래된 판본이다. 『불설아미타경』에는 〈왕랑반혼전〉이 『궁원집(窮原集)』에서 인용되었다고 기록되어 있다.

이후 〈왕랑반혼전〉은 1637년에 전라남도 구례군 화엄사에서 간행된 화엄사본 『권념요록(勸念要錄)』에 한글·한문으로 대역(對譯)되어 실렸고, 16세기를 거쳐 『염불보권문(念佛普勸文)』 등 여러 불교 서적에 수록되면서 여러 이본이 형성되었다. 그 이본은 순한글로 되어 있거나, 한글과 한자가 함께 판각되어 있다. 현재까지 전해지는 〈왕랑반혼전〉의 이본으로는 화엄사본을 비롯하여, 1704년 승려 명연(明衍, ?~?)이 간행한 『미타참절요(彌陀懺節要)』에 수록된 순한글본 〈왕랑전〉, 1753년 대구 팔공산 동화사에서 간행된 『불설아미타(佛說阿彌陀)』에 수록된 판본, 1776년에 경상남도 합천 해인사에서 간행된 판본, 1787년 선운사에서 간행된 판본 등이 있다.

이처럼 〈왕랑반혼전〉은 한문 원전이 먼저 나왔고, 한문과 한글이 대역되어 전승되었다. 따라서 〈왕랑반혼전〉은 한문으로부터 시작하여 국문화한 작품이라 할 수 있다.

2. 원문 읽기

염왕이 깃거[1] 골오ᄃᆡ 랑군 부쳐[2] 이 원을 아니 니즈면[3] 셔방의 쌜리 나시리니 그ᄃᆡ ᄌᆞ셔히 드르라 그ᄃᆡ 집 북의 사ᄂᆞᆫ 안로슉[4]을 감히 비방 말디어다 이몸 슈ᄒᆞ야[5] 오ᄆᆡ 샹애[6] 셔방을 존히 ᄒᆞ니[7] 이 공덕을 브틀ᄉᆡ[8] 그러모로 졔불졔텬이 ᄆᆡ샹애 호디ᄒᆞᆯ디니라[9] …(중략)… 도로 본가애 오니 집사ᄅᆞᆷ미 영장ᄒᆞ고져 ᄒᆞᆯ ᄣᅢ애 도로 나[10] 게(偈)[11]로 닐오ᄃᆡ

1 깃거: 기뻐서.
2 부쳐: 부처(夫妻). 부부.
3 아니 니즈면: 아니 잊으면.
4 안로슉: 안노숙. 왕랑의 이웃으로, 왕랑의 집 북쪽에 거주했다. 독실한 불교 신자였던 것으로 보이며, 불교에 대한 신앙심을 극락왕생으로 보답받는다. 작품 속에서 그는 매일 새벽에 서쪽을 향하여 50번 절하고, 매달 보름마다 미타불을 만 번 염한다. 이와 같은 안노숙의 행동은 그의 이러한 행동을 비난했던 왕랑·송씨와 대비된다고 할 수 있다. 저승에서 염라대왕이 안노숙을 향해 절한 뒤, 아미타불이 안노숙을 찾아가서 그를 극락으로 데려갈 것이라고 한다.
5 이몸 슈ᄒᆞ야: 이 몸을 받아.
6 샹애: 상(常)에. 항상.
7 존히 ᄒᆞ니: 존중하니.
8 브틀ᄉᆡ: 붙을새.
9 졔불졔텬이 ᄆᆡ샹애 호디ᄒᆞᆯ디니라: 제불제천(諸佛諸天)이 매상(每常) 호지(護持)할 것이다. '제불제천(諸佛諸天)'은 모든 부처와 하늘의 신들이다. '매상(每常)'은 항상, 늘이라는 뜻이고, '호지(護持)'는 보호하여 지닌다는 뜻이다.

지븨 ᄀᆞ득ᄒᆞ얏ᄂᆞᆫ 쳐ᄌᆞ와 ᄌᆡ믈 보ᄇᆡ왜[12]　　　滿堂妻子與財珍
슈고 당ᄒᆞᆫ 시졀에ᄂᆞᆫ 이 모ᄆᆞᆯ ᄀᆞ디 몯ᄒᆞᆯ로다[13]　　　受苦當時不代身
일렴 미타사 죄보ᄋᆞᆯ ᄉᆞᄂᆞ니[14]　　　一念彌陀消罪報
도로 나와 명을 므너 다시 진을 맛글로다[15]　　　還生延命更修眞

송씨 옹쥬[16]의 모ᄆᆡ 의탁ᄒᆞ야 도로 나니 왕와 부인이 깃거ᄒᆞᆯ제 옹쥬 싱신이 우회 이ᄅᆞᆯ ᄀᆞ초 펴니 왕이 슬허ᄒᆞ고 왕랑을 쇼셔ᄒᆞ야 ᄀᆞᆯ오ᄃᆡ 나ᄂᆞᆫ 잠싼도 이런 이ᄅᆞᆯ 보디 므ᄃᆞᄒᆞ야시니 닐온 쉽듕의 샹셰로다

왕랑이 즉지 술와 닐오ᄃᆡ 송씨 열ᄒᆞᆫ ᄒᆡ ᄉᆞ이예 다른 찬을 ᄉᆞ랑 아니ᄒᆞ고 오직 아ᄅᆡ 신을 가져셔 이애 다시 친호몰 맏날와 ᄒᆞ고 깃거 믈러가 목숨 일ᄇᆡᆨ마은닐굽ᄒᆡ을 므는 후애 ᄒᆞᆫᄃᆡ 극락국의 나다

저 왕랑은 이 염불에 대하여 비록 불신하고 가벼이 웃어넘겼지만, 그 목격하고 들은 까닭으로 마침내 극락왕생의 이익을 이루었다. 하물며 보고 듣고도 가벼이 웃어넘기지 않거나, 보고 듣고 귀의하여 기뻐하는 자에게 있어서랴? 그러므로 이 전(傳)을 붙여서 염불의 이로움과 은택이 넓음을 기려서 보인다.

출전: 해인사본 〈왕랑반혼전〉

---

10 집사ᄅᆞᆷ미……나: 집안사람이 영장하고자 할 때에 도로 환생하여. '영장'은 편안하게 장사 지내는 것이다.

11 게(偈): 부처의 공덕이나 가르침을 찬탄하는 노래.

12 지븨……보ᄇᆡ왜: 집에 가득한 처자와 재물 보배와.

13 슈고……몯ᄒᆞᆯ로다: 수고(受苦) 당한 시절에는 이 몸을 대신하지 못할 것이다[不代身]. '수고 당한 시절'은 수고로울 때를 의미한다.

14 죄보ᄋᆞᆯ ᄉᆞᄂᆞ니: 죄보(罪報)를 사르나니.

15 명을……맛글로다: 수명을 늘려 다시 진을 닦을 것이다. 수명을 연장하여 참된 진리를 닦음을 의미한다.

16 송씨 옹쥬: 송씨는 왕랑의 아내로, 작품에서 왕랑의 구원자로 볼 수 있다. 살아생전에 왕랑과 함께 이웃에 살던 안노숙의 염불 행위를 비방했다는 죄목으로 저승에 잡혀갔다가, 죽은 지 11년이 되도록 저승에서 정죄(淨罪)하지 못했다. 왕랑이 자신과 똑같은 죄목으로 저승에서 벌을 받을 위기에 처하자, 왕랑의 꿈에 나타나 그에게 면죄할 수 있는 방법을 알려 준다. 왕랑은 송씨 덕분에 면죄 받게 되고, 송씨와 함께 환생한다. 그러나 송씨는 죽은 지 오래되어 육신이 없었기에, 수명이 다한 월지국 옹주의 몸에 의탁하여 환생한다. 여기에 나오는 '옹쥬'는 바로 이 월지국 옹주를 말한다.

3. 작품 감상

이 책에 소개한 〈왕랑반혼전〉은 1776년 해인사에서 간행된 판본이다. 분량은 총 9장이고, 제목이 '왕랑반혼전(王朗返魂傳)'으로 되어 있으나 판심에는 한문으로 '왕랑전(王郎傳)'이라 표기되어 있다. 본문의 경우, 한문 원전을 내용에 따라 여러 부분으로 나눈 뒤 각 해당 부분을 옛 한글로 대역(對譯)하여 판각한 형태이다. 즉 본문이 한문 원전과 한글을 병기하고 있다고 할 수 있다. 다만 마지막에 왕랑에 대한 평가와 〈왕랑반혼전〉을 판각한 의도가 제시된 부분이 나오는데, 판본의 원문에서 이 부분은 한글로 대역되지 않고 한문 원전으로만 실려 있다.

앞서 살펴보았듯, 〈왕랑반혼전〉은 단행본이 아닌 불교 관련 서적에 수록되어 전승되었다. 이와 같은 전승 양상과 함께, 〈왕랑반혼전〉은 내용상 염불과 공덕을 강조하고 있다. 각 문헌에 실린 〈왕랑반혼전〉의 내용과 주제는 서로 유사하다.

게다가 〈왕랑반혼전〉은 옛 한글로 번역되거나, 한문과 옛 한글이 병기된 형태로 여러 문헌에 실렸다. 한문에 토를 단 판본도 있다. 한문을 한글로 번역하거나 한문에 토를 단 것은 많은 사람이 쉽게 읽을 수 있도록 하기 위함이었다. 즉 〈왕랑반혼전〉이 많은 사람에게 읽히기를 바란 것이다. 이러한 점들을 미루어 보면, 이 작품의 저술 목적은 불교의 포교였음을 알 수 있다. 특히 이 작품에서는 불교로의 귀의와 윤회 사상이 강조된다.

① 11년 전에 죽은 왕사궤(王思机, 왕랑)의 부인 송씨가 밤에 그를 찾아온다. 송씨는 왕랑에게, 생전에 자신과 왕랑이 이웃에 사는 안노숙(安老宿)의 염불을 비방했기 때문에 자신이 저승으로 잡혀갔고, 이제 차사들이 왕랑을 저승으로 잡아들여 벌을 주고자 한다고 알려 준다. 송씨는 왕랑에게 아침 일찍 일어나 미타탱(彌陀幀: 아미타불을 그린 탱화)을 서쪽 벽에 걸고 아미타불을 염하라고 당부한다.

② 다음 날 아침, 왕랑은 송씨가 시킨 대로 한다. 그때 염라대왕이 보낸 차사 5명이 왕랑을 잡으러 왔다가, 왕랑이 열심히 예불하는 것을 보고 감복한

다. 그러나 염라대왕의 명령 때문에, 차사들은 왕랑을 명조로 잡아간다.

③ 차사들은 염라대왕에게 왕랑의 행동을 보고한다. 그러자 염라대왕은 크게 기뻐하며, 왕랑의 죄를 용서하고 왕랑과 송씨를 환생시켜 주기로 한다. 송씨는 죽은 지 오래되어 육신이 없었기 때문에, 마침 명이 다한 월지국(月支國)의 옹주에게 혼을 의탁하기로 한다. 염라대왕은 왕랑에게 서방(西方)을 존중하라고 당부하고, 안노숙에게 안부를 전해 달라고 부탁한다.

④ 집안사람들이 왕랑을 장사 지내기 직전 왕랑이 집으로 돌아왔고, 깨어나자마자 게를 외웠다. 송씨는 월지국 옹주의 몸에 의탁하여 환생했다. 송씨의 혼이 깃든 옹주는 왕과 왕비에게 그간의 사연을 이야기하고, 왕랑과 부부의 연을 다시 맺어 함께 147세까지 살다가 극락왕생하였다.

불교를 불신하던 왕사궤(왕랑)가 죽은 아내인 송씨의 지시에 따라 염불을 열심히 한 결과, 저승의 염라대왕에게 잡혀갔다가 염라대왕의 지시로 부인과 함께 환생했고, 이후 독실한 불교 신자가 되어 행복하게 살다가 극락왕생하였다는 것이 〈왕랑반혼전〉의 주된 내용이다. 영혼이 다른 몸을 빌려 환생하는 내용은 불교 환생 설화와 관련이 있다고 볼 수 있다.

원문 읽기에 나오는 내용은 〈왕랑반혼전〉의 결말 부분으로, 염라대왕의 말과 왕랑 부부의 극락왕생을 통해 〈왕랑반혼전〉의 주제를 잘 드러낸다. 염라대왕은 왕랑에게 불교를 비방하지 말고, 불교를 존숭하면 극락왕생할 수 있다고 당부한다.

불교에서는 부처가 해탈을 통해 생사윤회의 고통을 끊고 극락에서 영원히 행복을 누리는 존재이며, 누구나 참선을 하고 선행을 쌓으면 해탈에 이르며 극락왕생할 수 있다고 본다. 왕랑 부부 역시 마찬가지였다. 왕랑 부부는 비록 불교를 비방한 죄를 지었지만, 염불을 외워 그 죄를 용서받았으며, 환생하여 장수하다가 마침내 극락왕생했기 때문이다.

〈왕랑반혼전〉에서 왕랑이 불교를 비방한 것은 벌을 받아야 할 죄이지만, 정성스럽게 염불을 외워 차사들과 염라대왕을 감동시킨다는 구조로 이야기가 전개된다. 그리고 왕랑 부부의 배불을 징벌하는 대신, 오히려 저승에 오기 직전 왕랑이 염불한 공덕에 대한 포상이 이루어진다. 일반인들이 극락왕생을 이루는 내용을 다룬 작품들은 대부분 불법을 존숭하고 정진함으로써 극락왕생을 이룬다는 내용이다. 또 불교 설화 중에는 불교를 비방하면 지옥에서 벌을 받는다는 내용이 많다. 그러나 〈왕랑반혼전〉의 경우 주인공인 왕랑이 불교를 비방했음에도 불구하고 극락왕생을 이뤘다는 점에서 일반적인 불교 설화와는 다른 점이 있다고 할 수 있다.

왕랑이 염불을 통해 서방정토에 이르러 극락왕생하는 것은 불교의 교리 중 정토 사상과 밀접하다. 불교에서 '정토'는 부처나 보살이 거처하는 곳으로, 번뇌와 굴레가 없는 곳이다. 정토 사상에서는 이승에서의 염불과 기도를 통해 아미타불의 구원을 얻어 극락왕생하길 기원한다. 한국에 들어온 불교는 정토 사상이 주류를 이루었으며, 현세에서의 업과 고통을 없애고 복을 구하는 신앙 쪽이었다. 이는 무속 신앙의 세계관 중 재앙을 없애고 복을 부른다는 원리와도 상통했다. 〈왕랑반혼전〉의 이본 중 가장 오래된 고려본이 『불설아미타경』에 수록된 점, 작품에서 염불을 강조하며 극락으로의 귀의가 보이는 점 역시 이와 무관하지 않을 것이다.

이러한 내용 전개는 염불의 중요성 강조 및 부처의 권위 부각, 불교의 포교라는 목적을 염두에 둔 것과 관련이 있다. 특히 고려본 이후, 조선 시대에 〈왕랑반혼전〉이 수록된 문헌에서는 왕랑의 불교적 신앙 행위가 더욱 강조되었다. 왕랑이 지극정성으로 염불했다고 하거나, 목욕하거나 향을 피우는 정성을 쏟았다고 한 것이 그 예다. 이를 통해 왕랑 부부가 극락왕생한다는 필연성이 더욱 부각된다.

즉 〈왕랑반혼전〉은 불교를 비방해서는 안 되며, 염불을 열심히 하면 누구나 극락왕생할 수 있음을 강조한다고 볼 수 있다. 이를 통해, 〈왕랑반혼전〉은 누구든지 불교를 믿을 것을 설파한다.

〈생각해 보기〉

(1) 한국의 불교에서는 정토 사상이 한국의 문화 및 문학에 큰 영향을 끼쳤다. 한국의 고전문학 작품 중에는 〈왕랑반혼전〉 외에도 불교의 정토 사상과 관련한 작품들이 많다. 정토 사상에 대해 정리해 보고, 정토 사상이 드러난 다른 작품들을 조사해 보자.

(2) 〈왕랑반혼전〉이 처음 등장한 고려 시대는 국가적으로 불교를 장려했고, 불교가 성행했던 시대였다. 하지만 숭유억불 정책을 펼쳤던 조선 시대에도 〈안락국전〉·〈선우태자전〉과 같은 불교 관련 문학작품이 창작되었고, 〈왕랑반혼전〉 역시 여러 문헌에 실리기도 했다. 숭유억불의 정책을 펼쳤던 조선 시대에도 불교와 관련한 문학작품이 간행되거나 창작될 수 있었던 까닭을 생각해 보자.

(3) 〈왕랑반혼전〉에서 불교의 염불은 염라대왕에게 잡혀간 왕랑 부부가 환생하고 극락왕생하게 만들어 주었다. 종교에서는 사람들에게 신앙심 및 종교 행위의 중요성을 이야기하며, 종교마다 깊은 신앙심과 성실한 종교 행위를 통한 신이한 경험을 겪은 사람들의 이야기가 전승된다. 이러한 이야기가 전승되는 데에는 종교의 포교라는 목적도 있겠지만, 종교에 대한 사람들의 소망이나 염원을 보여 준다고도 볼 수 있다. 종교가 사람들의 삶에 끼치는 영향이나, 종교와 인간의 관계에 대해 생각해 보자.

참고문헌

- 구인환 엮음, 『금우태자전』, 신원문화사, 2005.
- 조희웅, 『한국고전소설사 큰사전』 37, 지식을만드는지식, 2017.
- 서규태, 「왕랑반혼전(王郞返魂傳)의 사상과 구조」, 『국어국문학』 104, 국어국문학회, 1990.
- 양혜승, 「〈왕랑반혼전(王郞返魂傳)〉의 역사적 수용 및 성격」, 『인문학연구』 112, 충남대학교 인문과학연구소, 2018.
- 오대혁, 「「왕랑반혼전(王郞返魂傳)」의 전승 연구」, 『불교어문논집』 7, 한국불교어문학회, 2002.

김소연

79

김만중의 구운몽
九雲夢

1. 창작 배경

〈구운몽〉은 17세기의 문인이자 정치가였던 서포(西浦) 김만중(金萬重, 1637~1692)이 지은 장편소설로, 한문본과 국문본이 공존한다. 김만중은 〈구운몽〉과 〈사씨남정기〉를 지어 우리 소설사에 중요한 족적을 남겼다. 이 가운데 〈구운몽〉은 1687년(숙종 13) 9월부터 1688년 11월까지 선천(宣川)으로 유배당하였을 때 창작한 것으로 보인다. 이규경(李圭景, 1788~1856)의 『오주연문장전산고(五洲衍文長箋散稿)』에는 〈구운몽〉에 대해 "세상에 전하기를 서포가 유배되었을 때 모친의 시름을 풀어 드리기 위해 하룻밤 만에 지었다.[世傳西浦竄荒時 爲大夫人銷愁 一夜製之]"라고 언급한 구절이 있다. 한편 『서포연보(西浦年譜)』에는 "그 뜻에 일컫기를 일체의 부귀와 번화는 도무지 꿈과 환상이라고 하였다. 또한 이런 뜻을 넓혀서 시름을 달래고자 하였다.[其旨以爲一切富貴繁華 都是夢幻 亦所以廣其意 以慰其悲也]"라는 구절이 있다. 즉 〈구운몽〉의 일차적인 창작 동기는 유배를 당한 김만중이 모친과 자신의 마음을 달래기 위함이었던 것이다.

〈구운몽〉은 꿈을 중요하게 다루는 몽유서사의 양식을 계승하고 있다. 특히 꿈을 통해 불교적인 인생무상의 이치를 깨닫게 된다는 기본 서사 구조는 『삼국유사(三國遺事)』에 실린 조신(調信)의 이야기와 유사하다. 작중 빈번히 등장하는 『금강경

(金剛經)』 관련 언급까지 고려하면, 현실에 존재하는 모든 상(相)은 허망하다고 보는 불교의 공(空) 사상이 〈구운몽〉 창작에 큰 영향을 미쳤음이 확인된다.

그런데 이 작품에 수용된 사상과 전고(典故)는 불교의 그것에 머무르지 않고 다채롭다. 작중 육관대사는 꿈에서 깬 성진을 다시 한번 깨우치면서 장자(莊子)의 호접몽(胡蝶夢)을 거론한다. 양소유가 팔선녀 중의 한 명인 정경패를 몰래 엿보는 장면은 중국 전한(前漢) 시대의 문인 사마상여(司馬相如)가 탁문군(卓文君)을 엿본 일화를 연상시킨다. 그런가 하면 백능파의 이야기에서는 중국 당나라의 전기소설 〈유의전(柳毅傳)〉의 내용이 나타나기도 한다. 즉 전대의 다양한 문학적 전통이 복합적으로 〈구운몽〉 창작에 기여한 것이다.

2. 원문 읽기

호승[1]이 소왈 상공이 오히려 춘몽을 ᄉᆡ지 못ᄒᆞ엿도소이다 승상 왈 사뷔[2] 엇디면[3] 쇼유로 ᄒᆞ야금 춘몽을 ᄉᆡ게 ᄒᆞ리오 호승 왈 이ᄂᆞᆫ 어렵디 아니ᄒᆞ니이다 ᄒᆞ고 손 가온ᄃᆡ 셕쟝을 드러 셕난간을 두어 번 두ᄃᆞ리니 홀연 네역 뫼골노셔[4] 구름이 니러나 대[5] 샹의 ᄭᅴ이여 디쳑[6]을 분변티 못ᄒᆞ니 승샹이 졍신이 아ᄃᆞᆨᄒᆞ야 마치 취몽 듕의 잇ᄂᆞᆫ 듯 ᄒᆞ더니 오래게야 소ᄅᆡ질너 골오ᄃᆡ ᄉᆞ뷔 어이 뎡도[7]로 소유ᄅᆞᆯ 인도티 아니ᄒᆞ고 환슐노 서로 희롱ᄒᆞᄂᆞ뇨 말을 듯디 못ᄒᆞ야셔 구름이 거두치니 호승이 간 곳이 업고 좌우ᄅᆞᆯ 도라보니 팔낭ᄌᆡ ᄯᅩᄒᆞᆫ 간 곳이 업ᄂᆞᆫ디라 졍히 경황ᄒᆞ야 ᄒᆞ더니 그런 놉흔 ᄃᆡ와 만흔 집이 일시의 업셔지고 제 몸이 ᄒᆞᆫ 젹은 암ᄌᆞ 듕의 ᄒᆞᆫ 포단 우희 안쟈시ᄃᆡ 향노의 불이 임의 샤라지고 디난 ᄃᆞᆯ이 창의 임의 빗최엿더라 스사로 제 몸을 보

---

1 호승: 호승(胡僧). 인도 혹은 서역의 승려를 가리킨다.

2 사뷔: 사부가.

3 엇니면: 어찌하면.

4 뫼골노셔: 산골짜기에서.

5 대: 대(臺). 이 시점에서 양소유는 여러 부인들과 함께 이 건물 위에서 잔치를 즐기고 있었다.

6 디쳑: 지척(咫尺).

7 뎡도: 정도(正道).

니 일ᄇᆡᆨ여ᄃᆲ 낫 염ᄌᆔ 손목의 걸녓고 머리ᄅᆞᆯ ᄆᆞᆫ디니 갓 ᄭᆞᆨ근 마리털이 가ᄎᆞᆯ가ᄎᆞᆯᄒᆞ야 시니 완연이 쇼화샹의 몸이오 다시 대승샹의 위의 아니니 졍신이 황홀ᄒᆞ야 오란 후의 비로소 제 몸이 연화도량 셩진 ᄒᆡᆼᄌᆡ인[8] 줄 알고 ᄉᆡᆼ각ᄒᆞ니 처음의 스ᄉᆡᆼ의게 ᄎᆡᆨᄒᆞ야 풍도[9]로 가고 인셰예 환도ᄒᆞ야 양가의 아ᄃᆞᆯ 되여 댱원급제 한님혹사ᄒᆞ고 출댱입샹ᄒᆞ야 공명신퇴ᄒᆞ고 냥 공쥬와 뉵 낭ᄌᆞ로 더브러 즐기던 거시 다 ᄒᆞ로밤 ᄭᅮᆷ이라 ᄆᆞᄋᆞᆷ의 이 필연 ᄉᆞ뷔 나의 념녀ᄅᆞᆯ 그ᄅᆞᆺᄒᆞ믈 알고 날노 ᄒᆞ여금 이 ᄭᅮᆷ을 ᄭᅮ어 인간 부귀와 남녀 졍욕이 다 허신 줄[10] 알게 ᄒᆞ미로다 급히 셰슈ᄒᆞ고 의관을 졍제ᄒᆞ며 방쟝[11]의 나아가니 다른 졔ᄌᆞ들이 임의 다 모다더라 대ᄉᆡ 소ᄅᆡᄒᆞ야 무로ᄃᆡ[12] 셩진아 인간 부귀를 디내니 과연 엇더ᄒᆞ더뇨 셩진이 고두[13]ᄒᆞ며 눈물을 흘녀 ᄀᆞᆯ오ᄃᆡ 셩진이 임의 ᄭᆡ다랏ᄂᆞ이다 뎨ᄌᆡ 불초ᄒᆞ야 념녀를 그릇 먹어 죄ᄅᆞᆯ 지으니 맛당이 인셰의 뉸회ᄒᆞᆯ[14] 거시어ᄂᆞᆯ 사뷔 ᄌᆞ비ᄒᆞ샤 ᄒᆞ로밤 ᄭᅮᆷ으로 뎨ᄌᆞ의 ᄆᆞᄋᆞᆷ ᄭᆡ닷게 ᄒᆞ시니 ᄉᆞ뷔의 은혜ᄅᆞᆯ 쳔만겁이라도 갑기 어렵도소이다 대ᄉᆡ ᄀᆞᆯ오ᄃᆡ 네 승흥ᄒᆞ야 갓다가 흥진ᄒᆞ야 도라와시니[15] 내 므ᄉᆞᆫ 간녜ᄒᆞ미 이시리오 네 ᄯᅩ 니ᄅᆞᄃᆡ 인셰의 뉸회ᄒᆞᆯ 거ᄉᆞᆯ ᄭᅮᆷ을 ᄭᅮ다 ᄒᆞ니 이ᄂᆞᆫ 인셰의 ᄭᅮᆷ을 다리다 ᄒᆞ미니 네 오히려 ᄭᅮᆷ을 ᄎᆡ ᄭᆡ디 못ᄒᆞ엿도다 댱ᄌᆔ ᄭᅮᆷ의 나뷔 되여다가 나뷔 댱ᄌᆔ 되니 어이 거즛 거시오 어니 진짓 거신 줄 분변티 못ᄒᆞᄂᆞ니 어제 셩진과 쇼ᄋᆔ 어니ᄂᆞᆫ 진짓 ᄭᅮᆷ이오 업ᄂᆞᆫ ᄭᅮᆷ이 아니뇨[16] 셩진이 ᄀᆞᆯ오ᄃᆡ 뎨ᄌᆡ 아득하야 ᄭᅮᆷ과 진짓 거ᄉᆞᆯ 아디 못ᄒᆞ니 ᄉᆞ부ᄂᆞᆫ 셜법ᄒᆞ샤 뎨ᄌᆞ를 위ᄒᆞ야 ᄌᆞ비ᄒᆞ샤 ᄭᆡ돗게 ᄒᆞ쇼셔 대ᄉᆡ 갈오ᄃᆡ 이제 금강경 큰 법을 닐너 너의 ᄆᆞᄋᆞᆷ을 ᄭᆡ돗게 ᄒᆞ려니와 당당

---

8 ᄒᆡᆼᄌᆡ인: 행자(行者)인.

9 풍도: 풍도(酆都). 풍도옥(酆都獄), 즉 지옥을 가리킨다.

10 허신 줄: 허사(虛事)인 줄.

11 방쟝: 방장(方丈). 여기서는 높은 승려가 거처하는 처소를 가리킨다.

12 무로ᄃᆡ: 묻되, 묻기를.

13 고두: 고두(叩頭). 머리를 조아려 예를 표함.

14 뉸회ᄒᆞᆯ: 윤회(輪回)할.

15 승흥ᄒᆞ야……도라와시니: 승흥(乘興)하여 갔다가 흥진(興振)하여 돌아왔으니. 동진(東晋) 시대의 문인 왕휘지(王徽之, 338~386)가 친구를 만나러 갔다가 정작 문 앞에 도착해서는 들어가지 않고 돌아왔는데, 사람들이 그 까닭을 물으니 "흥에 겨워서 갔다가 흥이 다해 돌아오는데 굳이 말할 필요가 있겠는가.[乘興而行 興盡而反 何必見戴安道耶]"라고 대답하였다는 일화가 있다.

16 어제……아니뇨: 어제의 성진과 소유 가운데 어느 누가 꿈이고 (다른 누구는) 꿈이 아니겠는가.

이 새로 오ᄂᆞᆫ 뎨ᄌᆡ 이실 거시니 잠간 기다릴 거시라 ᄒᆞ더니 문 딕흰 도인이 드러와 어제 왓던 위부인 좌하 선녀 팔인이 ᄯᅩ 와 사부긔 뵈와디이다 ᄒᆞᄂᆞ이다 대ᄉᆡ 드러오라 ᄒᆞ니 팔션녜 대ᄉᆞ의 압히 나아와 합쟝고두ᄒᆞ고 갈오ᄃᆡ 뎨ᄌᆞ 등이 비록 위부인을 뫼셔시나 실노 ᄇᆡᆨ혼 일이 업셔 셰속 졍욕을 닛디 못ᄒᆞ더니 대ᄉᆡ ᄌᆞ비ᄒᆞ시믈 입어 ᄒᆞ로밤 ᄭᅮᆷ의 크게 ᄭᆡᄃᆞ라시니 뎨ᄌᆞ 등이 임의 위부인긔 하딕ᄒᆞ고[17] 불문의 도라와시니 ᄉᆞ부ᄂᆞᆫ 나죵ᄂᆡ[18] 가ᄅᆞ치믈 ᄇᆞ라ᄂᆞ이다

출전: 서울대학교 규장각한국학연구원 소장 국문필사본 『九雲夢』

3. 작품 감상

익히 알려진 바와 같이 〈구운몽〉은 육관대사의 제자 성진이 팔선녀와의 만남을 계기로 속세와 남녀 간의 정욕에 대한 욕망에 빠져들었다가, 꿈속에서 지상의 양소유로 환생하여 온갖 부귀영화를 누린 끝에 그 모든 것이 부질없음을 깨닫고는 다시금 불도로 귀의하는 이야기이다. 이러한 작중 서사의 얼개만 보면 〈구운몽〉은 현세적 욕망의 허망함과 불법의 위대함을 강조하는 불교소설처럼 보인다.

그러나 실제로 작품을 읽어 보면 그러한 결론에 의문이 제기된다. 작중 서술의 대부분은 불자(佛者)인 성진보다는 유자(儒者)인 양소유의 삶에 초점을 맞추고 있으며, 양소유가 그처럼 지상의 인물들로 환생한 팔선녀와 연분을 맺는 한편 출장입상(出將入相)하여 행복한 일생을 누리는 과정이 세밀하면서도 아름답게 표현되기 때문이다. 하물며 꿈 밖의 성진의 세계는 상제와 신선, 선녀 등 초월적 존재들이 사는 천상(天上)인 반면 꿈속의 양소유의 세계는 중국 당나라라는 역사에 기반한 지상(地上)이라는 점에서, 꿈 밖이 비현실적이고 꿈속이 현실이라는 역설 위에 성립하고 있다.

나아가 앞의 원문 읽기에서도 본 것처럼, 양소유로서의 삶이 허망하다고 말하는 성진에게 육관대사는 성진과 양소유의 삶 가운데 누가 진짜이고 누가 가

17 하딕ᄒᆞ고: 하직(下直)하고.

18 나죵ᄂᆡ: 끝끝내.

짜인지는 구분할 수 없다고 깨우친다. 그러면서도 그러한 깨우침이 궁극적으로 무엇을 지향하는지는 분명하게 제시하지 않는다. 즉 불자인 성진의 삶과 유자인 양소유의 삶 두 가지를 어떻게 바라보고 받아들이느냐에 따라 〈구운몽〉의 주제에 대한 해석도 얼마든지 달라지게 된다. 이러한 복잡성과 모호함이야말로 〈구운몽〉의 서사가 지닌 매력이기도 하다.

구조와 문체 등 형식적인 측면에서도 〈구운몽〉은 주목할 만한 면모를 갖는다. 현실담(성진)→몽중담(양소유)→현실담(성진)으로 이어지는 이른바 환몽(幻夢) 구조는 이미 중국 당나라 시절의 〈남가일몽(南柯一夢)〉이나 『삼국유사』의 〈조신〉과 같은 전대의 꿈을 매개로 삼는 서사물들에서 찾아볼 수 있다. 그러나 위에서 이야기하였듯이 〈구운몽〉은 장편소설로서의 분량 대부분을 양소유의 몽중담에 할애하고 또 육관대사의 발언을 통해 현실담과 몽중담의 구분을 무의미한 것처럼 서술한다. 이로써 환몽 구조의 전통 양식을 계승하면서도 거기에 흥미로운 변칙을 가한다. 아울러 내용을 표현하는 문체에 있어서는 길고 완만한 호흡을 바탕으로 삼으면서 다채롭고 유려한 수식들을 사용하고 있다. 이는 상층 사대부의 학식과 교양을 바탕으로 삼은 문어체 형식으로, 동시대의 〈창선감의록〉, 〈소현성록〉과 같은 장편소설들의 근간을 이루는 문체이기도 하다. 〈구운몽〉이 17세기 이후로도 꾸준히 애독된 사실을 고려하면, 이 작품의 문체가 후대 소설들의 중요한 전범이 되었을 것이다.

전체적으로 〈구운몽〉의 서사는 조화로우면서도 이상적으로 전개된다. 작중에서 불자인 성진은 천상의 고요하고 안정된 세계 안에 있으며, 유자인 양소유 또한 긴 일생에서 대부분 이렇다 할 굴곡을 크게 겪지 않고 승승장구한다. 주인공의 외적 갈등과 위기가 부각되는 것은 성진이 팔선녀와 수작질한 것을 들켜 육관대사에게 쫓겨날 때, 그리고 양소유가 혼인 문제로 황제의 노여움을 사서 옥에 갇히거나 이민족인 토번(吐藩)을 토벌할 당시 군사들이 백능파의 독수(毒水)를 마시고 중독되었을 때 정도이다. 그나마 이러한 위기조차도 아주 잠깐에 불과할 뿐이다. 이러한 서사 전개상의 특징은 김만중이 이 작품을 지을 당시의 상황과 연결하여 이해할 수도 있다. 정계에서 실각하여 멀리 유배당한 좌절의 상황에서, 마음을 달래고 평안을 희구하는 개인의 정서가 반영된 것으로 읽을 만하다.

〈구운몽〉이 창작된 17세기는 소설사적으로 독자층의 편폭이 넓어지고 작품 자체의 수준과 규모 또한 성숙한 시기로 평가된다. 특히 17세기의 소설 작품들은 전대에 비해 그 분량이 뚜렷하게 증가하면서 중·장편화되는 경향을 보인다. 김만중의 저작인 〈구운몽〉과 〈사씨남정기〉를 비롯하여, 〈최척전〉과 〈운영전〉, 〈주생전〉 등의 전기소설, 사대부 조성기의 저작으로 추정되는 〈창선감의록〉, 이들 이상의 분량을 지녔으며 연작(連作)이라는 특징을 가진 〈소현성록〉 등이 그것이다. 단편 분량의 서사로는 당대의 복잡한 현실을 세밀하게 담아내거나, 혹은 소설 독자들의 높아진 수요를 더 이상 만족시키기 어려워진 것이다.

이러한 시기에 등장한 소설가가 바로 김만중이었다. 그는 대제학을 두 차례나 지낼 만큼 주류 성리학에 정통한 한문학자이면서도, 종종 주자학의 논리를 비판하거나 불교와 서학(西學)에 깊은 관심을 보이면서 논증 대상으로 삼는 등 학문적으로 열린 태도를 보였다. 나아가 중국 문학의 우수성을 강조하면서도 우리의 말과 문학의 독자적인 가치를 인정하였고, 〈삼국지연의〉와 같은 소설문학의 본질에 대해 성찰하였다. 소설을 천시했던 당대의 분위기에도 불구하고, 김만중과 같은 지체 높은 사대부가 〈구운몽〉, 〈사씨남정기〉와 같은 장편소설을 지은 것 또한 이와 같은 그의 진보적인 탐구정신의 발로로 이해할 만하다.

〈구운몽〉과 〈사씨남정기〉는 치밀하고 격조 높은 내용과 형식을 장편소설의 긴 분량 안에 충실히 담아내었을 뿐만 아니라, 당대의 권신(權臣)이자 저명한 문장가였던 김만중이 손수 창작한 작품이라는 점에서도 중요하다. 노론 벌열 출신의 지체 높은 사대부가 소설을 지었다는 점에서 소설에 대한 인식을 바꾸고 그 사회적 지위를 높일 수 있었기 때문이다. 소설 배격론을 펼쳤던 조선 후기의 여러 문인들이 〈구운몽〉과 〈사씨남정기〉에 대해서만은 시선을 달리했던 데는 김만중의 저작이라는 사실도 크게 고려되었을 것이다.

물론 〈구운몽〉의 높은 평가를 단순히 김만중이라는 이름값으로부터 비롯된 것이라고 볼 수만은 없다. 『승정원일기(承政院日記)』 중 1763년(영조 39) 12월 25일의 기사를 보면, 영조는 홍봉한(洪鳳漢)과의 대화에서 〈구운몽〉의 문장이 아주 좋다며 극찬을 아끼지 않는다.[19] 이러한 반응은 그만큼 〈구운몽〉이 당대 상층의 격조와 취향에 잘 들어맞는 작품이었음을 방증한다. 엄밀히 따지면 〈구운몽〉은 불교의 가치를 크게 내세우고 남녀상열지사(男女相悅之詞)를 주요하게 다루면서 사대부들의 근본적인 가치관과는 거리를 두는 작품이다. 그럼에도 불구하고 당대 상층은 생각을 넓히고 마음을 즐겁게 하는 여가의 문학으로서 〈구운몽〉을 높이 평가했던 것이다.

〈생각해 보기〉

(1) 〈구운몽〉 이외에도, 우리의 고전서사문학 중에는 몽유록이나 몽자류 소설 등 꿈을 매개로 삼은 작품들이 많다. 다른 작품들과 〈구운몽〉의 꿈 관련 내용을 비교해 본 다음, 우리의 고전문학에서 등장하는 꿈의 의미와 기능에 대해 이야기해 보자.

(2) 〈구운몽〉은 성진과 팔선녀의 사랑 이야기를 섬세한 필치로 그린 작품이다. 하지만 한 명의 남성이 여덟 명의 여성과 처첩 관계로 맺어지는 등 전근대적 가치와 풍습을 담아내고 있어 현대인의 관점에서는 이해하기 어렵거나 비판의 대상이 되기도 한다. 〈구운몽〉에 나타난 남녀 간의 '사랑'에 대한 본인의 생각과 가치 판단, 감상 등을 정리해 보자.

(3) 〈구운몽〉에 나타난 성진의 삶과 양소유의 삶은 인간의 삶과 현실에 대한 상반되는 관점을 반영하는 셈이다. 현실은 과연 하룻밤의 꿈처럼 덧없는 것일 수도, 아니면 치열하게 겪어 내야 할 가치 있는 것일 수도 있다. 두 관점에 대해 성찰한 다음, 그것이 자신의 삶과 어떻게 연관될 수 있을지 생각해 보자.

참고문헌

· 김만중 저·심경호 역, 『서포만필』 상·하, 문학동네, 2010.
· 김만중 저·정병설 역, 『구운몽』, 문학동네, 2013.
· 김일렬, 『고전소설신론』, 새문사, 2008.
· 정규복, 『구운몽 연구』, 보고사, 2010.
· 신재홍, 「어머니 독자와 김만중의 소설 창작」, 『고전문학과 교육』 40, 한국고전문학교육학회, 2019.

서정현

19 임금(영조)께서 말씀하시기를, "형조 판서(刑曹判書)의 종제(從弟)가 지은 〈구운몽〉이 아주 좋다."라고 하셨다. 홍봉한(洪鳳漢)이 아뢰기를, "〈사씨남정기〉 또한 그가 지은 것입니다."라고 하였다. 임금께서 말씀하시기를, "그 포서(鋪敍)의 절미(絶美)함은 진정한 문장가의 솜씨다."라고 하셨다.[上曰 秋判從弟所作九雲夢 極好矣 鳳漢曰 南征記 亦其所作矣 上曰 其鋪敍絶美 眞文章手也]

80

창선감의록
彰善感義錄

1. 창작 배경

〈창선감의록〉은 중국 명나라를 배경으로 삼아 병부 상서(兵部尙書) 화욱(花郁) 집안의 배다른 두 형제인 화춘(花瑃)과 화진(花珍) 사이의 갈등을 그려 낸 장편 고전소설이며, 국문본과 한문본이 공존한다. 이 작품은 17세기 문인인 졸수재(拙修齋) 조성기(趙聖期, 1638~1689)가 지은 것으로 알려져 있다. 하지만 이 외에도 김도수(金道洙), 정준동(鄭浚東) 등이 작자로 거론되는 등 진짜 작자가 누구인지에 대한 논란이 있다.

〈창선감의록〉의 서문(序文)에는 작자가 병에 걸려 누워 있는 동안 가끔 부녀자들을 불러 국문소설을 낭독하게 하였다는 대목이 있다. 또한 현재 전하는 〈창선감의록〉의 여러 판본에는 여성 독자가 이 작품을 베껴 쓰면서 남긴 기록, 즉 필사기(筆寫記)가 존재한다. 조선 후기에 상층 사대부가의 규방(閨房)을 중심으로 생활하던 여성들은 여가를 위한 소일거리로서, 혹은 글씨 연습과 기초적인 학문 지식의 습득 등 교양 교육의 일환으로서 고전소설을 널리 향유하였다. 이는 오늘날처럼 단순히 책을 서로 돌려 가며 개인적으로 읽는 데 그치지 않고, 전체 내용을 베껴 쓰거나 여럿이 모인 가운데 낭독하는 형식으로 이루어졌다. 〈창선감의록〉은 이러한 당대의 환경 아래에서 탄생한 작품이다.

2. 원문 읽기

대범 인싱이 무론 남녀귀쳔ᄒᆞ고[1] 반다시 츙효로써 근본을 ᄉᆞᆷ나니 우ᄋᆡᄒᆞ고 ᄌᆞ경ᄒᆞᄂᆞᆫ 마ᄋᆞᆷ과 락션슌덕ᄒᆞᄂᆞᆫ 의예[2] 일으러도 낫ᄂᆞ치 닐노 조ᄎᆞ 나ᄂᆞ니라 ᄃᆡ져 ᄌᆞ손이 창ᄃᆡᄒᆞ야 부귀영락ᄒᆞᄂᆞᆫ ᄌᆞᄂᆞᆫ 그 복이 미루여 오ᄂᆞᆫ ᄇᆡ 먼지라 이러므로 그 덕얼 닷근 ᄇᆡ 두터오면 비록 위ᄐᆡᄒᆞᆫ ᄃᆡ 쳐ᄒᆞ여도 반다시 편ᄒᆞ여지고 그 덕을 닷근 ᄇᆡ 져그면 비록 편ᄒᆞᆫ ᄃᆡ 당ᄒᆞ여도 반ᄃᆞ시 위ᄐᆡᄒᆞ여지ᄂᆞᆫ 거시 다 ᄌᆞ연ᄒᆞᆫ 니로 되ᄂᆞ니라[3] 내 근일 담화[4]로 병을 길너 욱실[5]에 누엇스니 심히 무료ᄒᆞᆫ지라 아ᄒᆡ덜노 녀염간[6] 언셔와 소셜을 닐키고 듯더니 그 중에 일은 바 원감록이라 ᄒᆞᄂᆞᆫ ᄎᆡᆨ이 잇셔 드르ᄆᆡ 그 원왕ᄒᆞᆫ 마ᄋᆞᆷ과 보복ᄒᆞᄂᆞᆫ 닐[7]이 셔로 감응ᄒᆞ여 곳 참ᄎᆞᆷᄒᆞ고 강ᄀᆡᄒᆞᆷ은 ᄲᅧ헤 ᄇᆡᄂᆞᆫ지라[8] 그러ᄂᆞ 착ᄒᆞᆫ 일을 ᄒᆞ면 복을 바ᄃᆞ 창셩ᄒᆞ고 악ᄒᆞᆫ 일을 ᄒᆞ면 되ᄅᆞᆯ 바ᄃᆞ 멸ᄆᆞᆼᄒᆞᄂᆞᆫ 거시 다 족히 써 사ᄅᆞᆷ을 감동ᄒᆞ고 권증ᄒᆞ리로다

…(중략)…

화운의 칠ᄃᆡ손 병부ᄉᆞᆼ셔 여양후 화욱이 셰종황졔 가졍 십ᄉᆞ년에 비로소 과거에 올ᄂᆞ 벼ᄉᆞ리 형부시랑 ᄂᆡ각판ᄉᆞ에 니ᄅᆞ고 이십ᄉᆞᆷ년에 길랑[9] 파ᄒᆞᆫ 공으로써 칙훈ᄒᆞ여 녀양후ᄅᆞᆯ 봉ᄒᆞ이니라 공의 ᄉᆞᄅᆞᆷ되미 방준ᄒᆞ고 극히 엄정ᄒᆞ며 치톄에 연달ᄒᆞᆫ지라 텬ᄌᆡ 즁히 너기시고 그 후에 훈공으로써 벼ᄉᆞᄅᆞᆯ 도도와 병부ᄉᆞᆼ셔 도찰완 도어ᄉᆞ 되어 협셔 군무ᄉᆞᄅᆞᆯ 졔독ᄒᆞ니라 공의 졍졔[10] 황셩 만셰교 셔헤 니스ᄃᆡ 삼부인을 두어스니 ᄉᆞᆼ원 심씨 부인은 공부시랑 심확의 ᄯᆞᆯ이오 ᄎᆞ비 뇨씨 부인은

---

1 무론 남녀귀쳔ᄒᆞ고: 남녀(男女)와 귀천(貴賤)을 가릴 것 없이.

2 우ᄋᆡᄒᆞ고……의예: 형제간에 화목하고 부모를 공경하는 마음과, 선을 즐기고 덕을 따르는 뜻이.

3 다……되ᄂᆞ니라: 모두 자연스러운 이치로 되는 것이니라.

4 담화: 담화(痰火). 담(痰)으로 인해 가슴이 답답해지는 병증을 가리킨다.

5 욱실: 욱실(燠室). 따뜻한 방.

6 녀염간: 여염(閭閻) 사이(間). 여기서는 '백성들이나 사람들 사이에서 널리 유행하는' 정도의 의미로 쓰였다.

7 원왕ᄒᆞᆫ……닐: 원한이 오가는 마음과 보복하는 일.

8 참ᄎᆞᆷᄒᆞ고……ᄇᆡᄂᆞᆫ지라: 참혹하고 슬프며 한탄하는 것이 뼈에 배는지라.

9 길랑: 길랑(吉囊). 16세기에 몽고를 통치하던 수령의 직위인 몽고어 지농(jinong)을 한자로 음역한 표현. 16세기 명나라를 무대로 삼는 〈창선감의록〉의 작중 배경과도 관련이 있다.

10 졍졔: 경제(京第). 서울에 있는 본집.

ᄐᆡᄌᆞ소부 뇨관의 ᄯᆞᆯ이오 ᄉᆞᆷ비예 졍씨 부인은 이부ᄉᆞᆼ셔 졍옹의 ᄯᆞᆯ이라 심씨의 위인은 능히 마ᄅᆞᆯ 잘ᄒᆞ고 ᄌᆞ식도 니스나 마ᄋᆞᆷ이 극히 싀험ᄒᆞ며[11] 그 아ᄃᆞᆯ 춘이 니스니 품격이 용범ᄒᆞ기로 공이 심히 ᄉᆞᄅᆞᆼ치 ᄋᆞ니시고 졍부인은 단ᄌᆞᆼ졍일ᄒᆞ여 슉덕이 니스며 뇨부인은 블힝 죠셰ᄒᆞᆫ지라 그 임종시예 ᄒᆞᆫ ᄯᆞᆯ로ᄡᅧ 졍부인께 부탁ᄒᆞ니 부인이 길너 교훈ᄒᆞᆷ을 친ᄌᆞ식ᄀᆞᆺ치 ᄉᆞᄅᆞᆼᄒᆞ니 ᄉᆞᆼ공이 니르모로 졍부인을 특히 졍즁이 너기시더라 가졍 이십ᄉᆞᆷ년에 봄을 당ᄒᆞ여 공의 ᄭᅮᆷ에 옥긔린이 품에 드러보히더니 과연 니ᄒᆡ예 졍부인이 아ᄃᆞᆯ을 나흐니 그 아ᄒᆡ 악골이 슈이ᄒᆞ고 우름소ᄅᆡ 심히 홍냥ᄒᆞ니[12] 공이 더옥 긔이히 너기시더라 니ᄯᆡ예 공의 맛누위ᄂᆞᆫ ᄐᆡᄉᆞᆼ경 벼슬ᄒᆞᄂᆞᆫ 셩담의 쳐 되엿더니 일즉 과거ᄒᆞ야 화부에 도라와 공과 ᄒᆞᆫ가지 쳐ᄒᆞ니 부인의 ᄌᆞ품이 현명ᄒᆞ고 강의ᄒᆞ여[13] 치가ᄒᆞᄂᆞᆫ 법되 심히 엄졀ᄒᆞᆫ지라 ᄉᆞᆼ공도 ᄯᅩᄒᆞᆫ 셤기기를 엄형[14]과 갓치 ᄒᆞ여 일졀 가ᄉᆞ로ᄡᅧ 맛겨 다ᄉᆞ리며 그 아ᄃᆞᆯ 셩쥰이 ᄯᅩᄒᆞᆫ 무ᄌᆡ인ᄂᆞᆫ지라 공의 장후ᄒᆞᆷ 극히 권권ᄒᆞ시더라 이ᄯᆡ예 심씨 상공의 졍부인 아들은 ᄉᆞᄅᆞᆼᄒᆞ시고 자갸의 아ᄃᆞᆯ은 무여ᄒᆞ신ᄃᆞ ᄒᆞ여 그 투심이 ᄃᆡ불ᄒᆞ나 샹공과 밋 셩부인을 져휘[15] 감히 프념치 못ᄒᆞ더라

출전: 김동욱 소장 국문필사본『챵션감의록』

3. 작품 감상

〈창선감의록〉의 제목을 풀이해 보면, '착한 행실을 드러내어 찬양하고[彰善] 의로움에 감복하게 하는[感義] 기록'이라는 의미를 담고 있다. 위 원문 읽기에 수록한 서문에서도 '사람이 살아가는 데 있어서는 충효를 근본으로 삼아야 한다', '반드시 착한 일을 하면 흥하고 나쁜 일을 하면 망한다'고 분명히 언급한다. 즉

---

11 싀험ᄒᆞ며: 시험(猜險)하며. 시기심이 많고 엉큼하며.

12 악골이……홍냥ᄒᆞ니: 악골(顎骨: 턱뼈)이 빼어나고 울음소리가 홍량(洪亮: 맑고 큼)하니. 한문본에는 액골(額骨: 이마뼈)로 되어 있다.

13 ᄌᆞ품이 현명ᄒᆞ고 강의ᄒᆞ여: 자질과 품성이 현명하고 강의(剛毅: 강직하여 굴하지 않음)하여.

14 엄형: 엄형(嚴兄). 엄한 형.

15 져휘: 저어하여(경계하고 두려워하여).

작자의 기본적인 창작 의도는 충효와 같은 유교적 이념과 가치에 따라 독자를 감동시키고 권면(勸勉)하는 데 있다고 할 것이다. 그러면서도 작품의 실제 내용에서는 다양한 등장인물과 시공간, 사건들을 등장시키고 이를 서로 복잡하면서도 흥미진진하게 얽어 냄으로써, 독자들이 몰입하여 읽을 수 있는 강한 오락성을 보여 주기도 한다.

〈창선감의록〉의 현존 판본 가운데 손으로 직접 베껴 쓴 경우, 즉 필사본의 수는 무려 260종을 넘는다고 한다. 다른 많은 고전소설 작품들과 비교해 보더라도 단연 돋보이는 수치이다. 이 작품이 교훈성과 오락성을 적절히 구비하면서 당대의 고전소설 독자들에게 대단한 인기와 호응을 얻었음을 확인할 수 있다.

〈창선감의록〉은 국가에 대한 충성, 부모에 대한 효도, 형제간의 우애, 여성의 열 관념 등 유교적 도덕윤리 전반의 문제를 충실히 구현한 작품으로 이해된다. 단 여기서는 작품의 핵심이 되는 형제 갈등에 초점을 맞추기로 한다. 〈창선감의록〉의 전체 줄거리를 간략히 요약하여 제시하면 다음과 같다.

① 명나라의 병부 상서(兵部尙書) 화욱에게는 심씨, 요씨, 정씨 등 세 명의 부인이 있었다. 요씨는 딸 빙선을 낳고 일찍 사망하였으며, 심씨와 정씨에게는 각각 화춘과 화진이라는 아들이 있었다. 화욱은 용렬한 장자 화춘보다는 여러모로 뛰어난 차자 화진을 총애하였다.

② 화욱이 일찍 죽고 화춘과 심씨가 가문을 계승하였다. 두 사람은 패악을 부리며 집안을 어지럽히고 화진과 그의 부인들을 괴롭혔지만, 이들은 개의치 않고 효도와 우애를 다하였다.

③ 화진은 과거에 장원급제하여 한림 학사(翰林學士)의 자리에 올랐다. 그러나 화춘이 어울리던 범한, 장평 등의 무리와 간신 엄숭의 간계에 의해 관직을 빼앗기고 서촉(西蜀)으로 귀양을 갔다.

④ 화진이 유배지에서 도사인 곽공(郭公)을 만나 병법을 배웠다. 이때 남쪽에서 해적 서산해가 쳐들어오자, 화진이 백의종군하여 이를 물리치고 남쪽 지방을 평정하였다. 뒤이어 서촉 지방에서 일어난 채백관의 반란 또한 진

압하였다.

⑤ 이 무렵 화춘은 범한, 장평 등에게 속아 재물을 빼앗기고 누명을 써서 감옥에 갇혀 거의 죽게 되었다. 하지만 군공을 세우고 돌아온 화진이 탄원하여 누명을 밝히고 화춘을 감옥에서 풀려나게 했다. 화진의 우애와 효심에 감동한 화춘과 심씨가 개과천선하였다.

〈창선감의록〉은 이복동생 화진을 괴롭히던 형 화춘과 그의 모친 심씨가 우여곡절 끝에 개과천선(改過遷善)하여 가문이 화목해진다는 내용을 중심으로 삼는다. 이 과정에서 아무리 불합리한 학대를 받더라도 끝까지 흔들림 없이 심씨와 화춘에게 효와 우애를 다하는 화진의 선행이 부각된다. 궁지에 몰렸다가 화진의 탄원으로 살아난 화춘과 심씨는 화진의 변함없는 태도에 크게 감동하여 새사람으로 거듭난다. 작품의 제목과 서문에서 언급되는 권선징악(勸善懲惡)의 이치가 작품의 주요 내용에서도 고스란히 실현되고 있는 것이다.

〈창선감의록〉에 나타나는 형제 갈등은 조선 후기의 종법질서(宗法秩序)와 관련하여 이해할 수 있다. 임진왜란과 병자호란이라는 전란의 충격을 극복하는 과정 속에서, 사대부 가문들은 부계의 종통(宗統)을 적장자에게 물려주고 그를 통해 가문의 체제와 권위를 확립하는 방식을 강화해 나갔다. 〈창선감의록〉의 형제 갈등 또한 이러한 사회적 배경과 깊게 연관되어 있다. 자질이 부족하지만 가문의 적법한 계승권을 가진 장자(長子)와, 반대로 자질은 뛰어나지만 서열이 뒤로 밀리는 차자(次子) 사이의 갈등이 나타나는 것이다.

물론 자질의 차이에도 불구하고, 작중에서 화씨 가문의 적법한 후계자로서 대를 잇는 사람은 동생 화진이 아닌 형 화춘이다. 또한 동생 화진은 형 화춘에 대해서 지극한 우애와 공경의 태도만을 보여 줄 뿐이며, 그를 제치고 가문을 계승하고자 하는 욕심과는 한없이 거리가 먼 인물이다. 이러한 지점들을 고려한다면 〈창선감의록〉은 적장자 중심의 종통 체계에 충실한 작품으로 보인다.

문제는 이 작품처럼 사대부 가문을 주요 배경으로 삼는 많은 고전소설의 경우, 장자가 차자에 비해 자질이 부족한 인물로 그려지는 경우는 드물다는 데 있다. 보통은 장자가 능력과 인품, 용모 등 여러 가지 측면에서 차자보다 뛰어나거나 최소한 비슷한 수준에 있다. 형제 사이의 갈등이 나타나더라도 그것은 오히려 형의 재주와 지위를 시기한 동생이 갖은 음모를 자행하다가 마지막에는 포기하고 개과천선하는 형태를 취하곤 한다. 이는 〈창선감의록〉이 보여 주는 바와는 정반대의 양상이다.

형제 갈등과 관련하여 주목할 만한 〈창선감의록〉의 특징은 비단 이뿐만이 아니다. 작중 초반에 일찍 사망하는 화욱은 용렬한 화춘과 그 모친 심씨보다 능력과 인품 모두 훌륭한 화진과 그 모친 정씨를 편애하는 모습을 보임으로써, 화춘 모자의 원망을 사고 분란의 씨앗을 만든다. 나아가 모든 갈등이 해결된 작중 결말부를 보면 적장자인 화춘은 죄인을 자처하며 평생 벼슬길에 나아가지 않고 조용히 사는 반면, 화진은 그 본인과 아들들이 왕공(王公)의 반열에 오르면서 크게 출세한다. 심지어 작품 말미에 이르러 화춘은 친자(親子)를 제치고 화진의 첫째 아들을 자신의 대를 이을 적장자로 삼는다.

이러한 양면성은 작품의 제목과 서문을 통해 언급되는 바와는 달리, 〈창선감의록〉이 단순히 도덕 관념의 강조를 위해 씌어진 작품이 아님을 확인시켜 준다. 이 작품을 읽을 때는 비단 표면적으로 드러난 당대 규범에의 순응에만 주목할 것이 아니라, 그 이면에 나타나는 복잡다단한 면모들을 세심하게 고려할 필요가 있을 것이다.

〈생각해 보기〉

(1) 17세기부터 18세기 전반에 걸쳐, 사대부 가문의 흥망성쇠를 주요 내용으로 삼는 일군의 장편 고전소설들이 여성들의 규방을 중심으로 크게 성행하였다. 〈창선감의록〉이 이러한 소설사의 흐름 안에서 어떻게 지어지고 읽혔는지를, 〈구운몽〉, 〈사씨남정기〉, 〈소현성록〉 등 동시대 작품들의 경우와 비교하면서 이야기해 보자.

(2) 조선 후기 종법 제도의 전반적 양상과 역사적 흐름에 대해 알아보고, 이를 토대로 〈창선감의록〉에 나타난 형제 갈등의 문제에 대해 이야기해 보자.

(3) 형제 사이의 갈등은 〈창선감의록〉만이 아닌 여러 고전서사문학에서 중요하게 나타나는 소재

이다. 형제 갈등이 나타난 작품들과 〈창선감의록〉을 비교 검토하면서 읽어 본 다음, 양자의 공통점과 차이점, 그리고 그것이 갖는 의미에 대해 생각해 보자.

참고문헌

· 엄태식, 「〈창선감의록〉의 창작 저변과 서사적 특징」, 『고소설연구』 36, 한국고소설학회, 2011.
· 이지영, 「규범적 인간의 은밀한 욕망-〈창선감의록〉의 화진」, 『고소설연구』 32, 한국고소설학회, 2011.
· 임형택, 「17세기 규방소설의 성립과 창선감의록」, 『동방학지』 57, 연세대학교 국학연구원, 1988.
· 조광국, 「〈창선감의록〉의 적장자 콤플렉스」, 『고전문학과 교육』 38, 한국고전문학교육학회, 2018.
· 진경환, 「〈창선감의록〉의 사실주의적 성격과 낭만적 구성」, 『고전문학연구』 6, 한국고전문학회, 1991.

서정현

81

유충렬전
劉忠烈傳

1. 창작 배경

조선 후기의 고전소설 가운데 허구로 꾸며 낸 역사 속의 주인공이 전쟁 장면을 통해 영웅적 활약과 성취를 이루는 내용을 가진 일군의 작품들이 있다. 이들은 보통 영웅소설 혹은 군담소설로 지칭된다. 실제가 아닌 가공의 역사를 배경으로 삼은 점에 주목하여 창작 영웅소설 혹은 창작 군담소설로 불리거나, 주인공의 출신이 고귀한 점을 고려해 귀족 영웅소설 혹은 귀족 군담소설로 불리기도 한다. 18·19세기를 중심으로 성행하였으며, 현전하는 900여 종의 고전소설 가운데 양적으로 가장 큰 비중을 차지할 만큼 대단한 인기를 끌었다. 이 작품군 중에서도 대표로 꼽히는 소설이 바로 〈유충렬전〉이다.

〈유충렬전〉의 창작 연대와 창작자에 대해서는 명확하게 알려진 바가 없다. 다만 영웅소설이 18세기 이후에 출현하여 성행한 점을 고려하면, 18세기 혹은 19세기의 어느 시점에 지어졌을 것으로 짐작된다. 18·19세기는 방각본을 중심으로 한 소설 출판업이 성행하면서 고전소설의 대중화와 상품화가 두드러진 시기였다. 이전까지는 상층을 중심으로 한 소수 독자층의 전유물이었던 고전소설이 이제 시장경제의 논리를 따르는 하나의 문화 상품으로 취급되었다. 방각본과 같은 본격적인 출판시장이 성립하였으며, 책을 팔거나 혹은 세책가(貰冊家)를 통해 빌려서 읽는 문화가 나타났다. 또한 책을 읽어 주는 전기수(傳奇叟)들 덕분에 문자를 모르는 사람들조차도 소설을 향유할 수 있었다. 이처럼 여러 계층을 망라하는 두터운 독자층이 확보되면서, 소설 창작을 전업으로 삼는 직업적 작자층도 함께 등장하게 되었다. 〈유충렬전〉의 작자 또한 이 직업적 작자층에 속하였을 가능성이 높다.

2. 원문 읽기

츙열이 불승분긔ᄒᆞ야[1] 진문 밧긔 나셔면셔 벽역갓치 소ᄅᆡ하야 적장을 불너 왈 이바 역적 정ᄒᆞᆫ담아 남경 동문 ᄂᆡ의 사난 유츙열을 아난다 모로난다 밧비 나와 목을 드리라 ᄒᆞ난 소ᄅᆡ 양진이 뒤누의며[2] 천지강산이 진동ᄒᆞ니 문결이 ᄃᆡ경ᄒᆞ야 도라보니 일광투고의 안ᄎᆡ 쏘이고 용인갑은 혼신을 감초오고 천사마는 비룡이 되야[3] 운무 즁의 ᄊᆞ이여 공즁의 소ᄅᆡ만 나고 제 눈의난 보이지 안이ᄒᆞ니 창검만 놉피 들고 주저주저ᄒᆞ던 차의 벽역갓탄[4] 소ᄅᆡ ᄉᆞᆺᄐᆡ 장성검이 번듯ᄒᆞ며 정문걸의 머리 공즁의 버혀 들고 즁군[5]으로 달여드니 조정만이 업더지며 문 밧기 급피 나와 손을 잡고 드러갈제 이ᄯᆡ 천자는 옥ᄉᆡ를 목의 걸고 항서를 손의 들고 진문[6] 밧긔 나오다가 씃밧긔 호통소ᄅᆡ 나며 일원 ᄃᆡ장이 문걸의 머리를 버혀 들고 즁군으로 드러가거늘 ᄃᆡ경ᄃᆡ히ᄒᆞ야 즁군을 급피 불너 왈 적장 벼히던 장수 셩명이 뉘냐 밧비 입시ᄒᆞ라 츙열이 말게 나려 천자 젼의 복지[7]ᄒᆞᆫᄃᆡ 천자 급피 문왈 그ᄃᆡ는 뉘신지 죽을 ᄉᆞ롬을 살니난가 충열이 저의 부친과 강히주 죽으믈 절분히 역여 통곡ᄒᆞ며 엿자오ᄃᆡ 소장은 동선문 ᄂᆡ 거ᄒᆞ던 정언주부 유심의 아달 츙열이옵

---

1 불승분긔ᄒᆞ야: 불승분기(不勝憤氣)하여. 분한 기운이 일어나는 것을 억누르지 못하여.

2 뒤누의며: 뒤집히며.

3 일광투고의……되야: 일광투구의 광채가 쏘이고, 용린갑은 몸 전체를 감추고, 천사마는 비룡이 되어. 일광투구, 용린갑, 천사마 등은 유충렬의 투구와 갑옷, 그가 탄 말을 가리킨다.

4 벽역갓탄: 벽력 같은.

5 즁군: 중군(中軍). 군진(軍陣)에서 중앙에 자리잡은 군대.

6 진문: 진문(陣門). 군대의 진(陳)으로 드나드는 문.

7 복지: 복지(伏地). 땅에 엎드림.

더니 주류ᄀᆡ걸[8]ᄒᆞ이 말리 밧씨 잇삽다가 아부 원수 갑푸랴고 여긔 잠간 왓삽거니와 폐하 정한ᄃᆞᆷ의게 곤핍ᄒᆞ심은 몽즁이로소이다 전일의 정ᄒᆞᆫ담을 츙신이라 ᄒᆞ시더니 츙신도 역적이 되난잇가 그놈의 말을 듯고 츙신을 원찬ᄒᆞ야 죽이고 이런 환을 만나시니 천지 아득ᄒᆞ고 일월이 무광ᄒᆞ옵ᄂᆡ다 실피 통곡ᄒᆞ며 머리를 ᄡᅡ의 두달리니 산천초목도 시러ᄒᆞ며 만진[9] 즁이 낙누 안이ᄒᆞ 리 업더라[10] 천자 이 말을 드르시고 후회막급 홀말 업셔 묵묵키 안자더니 ᄐᆡ자[11] 적진의 잡펴 갓다가 본진의셔 문걸 베히물 보고 탈신도쥬[12] 급피 와셔 황상 것ᄐᆡ 안자다가 츙열의 말을 듯고 보션발노 나려와셔 츙열의 손을 붓들고 왈 경이 이게 웬말인가 옛날 주 셩왕도 관ᄎᆡ의 말을 듯고 주공을 의심터니 회과자ᄎᆡᆨᄒᆞ야 성군이 되야쓰니[13] 츙신이다 죽기난 막비천운[14]이라 그런 말을 ᄒᆞ지 말고 진츙갈역ᄒᆞ야 황상을 도으시면 ᄐᆡ산 갓튼 그 공뇌는 천ᄒᆞ를 반분ᄒᆞ고 하ᄒᆡ 갓튼 그 은혀는 푸를 ᄆᆡ자 갑푸리라[15]

출전: 서울대학교 규장각한국학연구원 소장 완판 방각 86장본『유충열전』

3. 작품 감상

〈유충렬전〉은 간신 정한담의 음모에 빠져 가족을 잃고 고아가 된 주인공 유충렬이, 하늘의 도움으로 무사히 성장하고 각종 신이한 기물(奇物)과 능력을 얻어 원수를 갚고 개인과 가문의 영달을 모두 이룬다는 내용을 담고 있다. 현재 전

---

8 주류ᄀᆡ걸: 주류개걸(周流丐乞). 두루 돌아다니며 구걸하고 살았다는 의미로, 여기서는 유리개걸(流離丐乞)과 같은 맥락으로 쓰였다.

9 만진: 만진(萬陳). 여기서는 만군지중(萬軍之中)과 같은 의미로 쓰였다.

10 낙누……업더라: 낙루(落淚: 눈물을 흘림)하지 않을 이가 없었다.

11 ᄐᆡ자: 태자(太子)의 오기.

12 탈신도쥬: 탈신도주(脫身逃走). 위험에서 몸을 피해 달아남.

13 주 셩왕도……되야쓰니: 중국 주(周)나라의 성왕(成王)이 관숙(管叔)과 채숙(蔡叔)의 모함을 듣고 자신을 보필하던 숙부 주공(周公) 단(旦)을 멀리하다가, 후일 뉘우쳐 다시 중용한 일을 말한다.

14 막비천운: 막비천운(莫非天運). 하늘이 정한 운명은 막을 수가 없다.

15 그 은혀는……갑푸리라: 그 은혜는 풀을 맺어 갚으리라. 춘추 시대 진(晉)의 위과(魏顆)가 부친이 사망한 후 서모(庶母)를 순장시키는 대신 개가시켜 주자, 그 서모 부친의 혼이 전쟁터에서 풀을 묶어 적을 넘어뜨림으로써 은혜를 갚았다는 결초보은(結草報恩)의 고사와 관련된 표현이다.

하는 이본은 수백 편에 달하며, 그 형태 또한 방각본(坊刻本), 필사본, 구활자본 등으로 다양하다. 이로 미루어 볼 때 〈유충렬전〉은 여러 고전소설 중에서도 수위를 다툴 만큼 압도적인 인기를 누렸음을 알 수 있다.

〈유충렬전〉을 포함한 창작 영웅소설(혹은 창작 군담소설)은 이른바 '영웅의 일생'으로 불리는 일정한 서사 구조를 공유하고 있다. 이는 보통 다음과 같이 나타난다.[16]

① 고귀한 혈통을 지닌 인물이다.
② 잉태나 출생이 비정상적이다.
③ 범인과는 다른 탁월한 능력을 타고났다.
④ 어려서 기아(棄兒)가 되어 죽을 고비에 이른다.
⑤ 구출·양육자를 만나 죽을 고비에서 벗어난다.
⑥ 자라서 다시 위기에 부딪친다.
⑦ 위기를 투쟁적으로 극복하고 승리자가 된다.

〈유충렬전〉의 전체 줄거리를 위의 도식에 맞추어 정리하면 다음과 같다.

① 정언 주부(正言注簿) 벼슬을 맡은 유심의 아들로 태어났다.
② 늦도록 자식이 없던 부부가 남악 형산에 기자치성(祈子致誠)을 드려서 태어났다.
③ 자미원 장성이라는 천상 선관의 적강으로서 비범한 능력을 타고났다.
④ 간신 정한담의 모략으로 가문이 몰락하고 부모와 헤어져 고아가 되었다.
⑤ 전(前) 승상 강희주와 백룡사 노승의 도움을 받아 목숨을 구하고 양육되었다.
⑥ 정한담이 황제를 배반하고 외적과 합세하여 명나라를 침공하였다.
⑦ 출전하여 정한담과 외적을 물리치고 가문을 재건하여 부귀영화를 누렸다.

---

16 조동일, 「영웅의 일생, 그 문학사적 전개」, 『동아문화』 10, 서울대학교 동아문화연구소, 1971, p. 169.

이와 같은 '영웅의 일생' 구조는 비단 〈유충렬전〉만이 아니라 〈구운몽〉, 〈홍길동전〉, 〈숙영낭자전〉과 같은 다른 영웅의 이야기를 다룬 고전소설, 나아가서는 우리의 서사문학 전반에서도 유사 사례를 여럿 찾을 수 있다. 특히 주몽과 탈해의 경우와 같은 건국신화에서부터 이미 이와 같은 '영웅의 일생' 구조가 드러난다는 점은, 한국 문학의 역사성과 연속성을 확인할 수 있는 중요한 근거이다. 〈유충렬전〉은 고대 신화 시대로부터 이어지는 영웅 서사물의 전통을 계승하는 적자(嫡子)인 셈이다.

물론 〈유충렬전〉은 단순히 전대 영웅 서사물들의 전통을 계승하고 답습하는 데 그치지 않는다. 같은 '영웅의 일생' 구조를 공유하는 다른 서사물들과 비교했을 때, 이 작품은 실제 역사에는 존재하지 않거나 큰 관련이 없는 허구의 인물을 주인공으로 내세운다는 점, 주인공의 행적을 통해 18·19세기의 세태에 기반한 개성적인 영웅성을 발현한다는 점, 그리고 국가적 전란 상황을 다루는 군담(軍談)이 크게 부각된다는 점 등을 통해 타 유형의 작품과는 구분되는 독자성을 보여준다. 특히 군담의 경우, 〈유충렬전〉을 비롯한 영웅소설들을 종종 군담소설이라는 다른 명칭으로 불리게 할 만큼 중요한 요소이자 특징으로 작동하고 있다.

〈유충렬전〉에서 군담은 '영웅의 일생' 구조 가운데 ⑥과 ⑦에 해당하는, 영웅에게 주어지는 시련과 그를 극복하는 서사를 통해 나타난다. 오랑캐의 침입이나 간신의 반란과 같은 국가 차원의 전란이 일어나고(⑥), 주인공이 뛰어난 무력과 지략을 발휘하여 이를 진압하는 것(⑦)이다. 앞에 제시한 원문 읽기는 ⑦에 해당하는 작중 군담의 일부분이다. 그런데 〈유충렬전〉의 군담은 처참하게 몰락했던 주인공이 출세와 부귀를 성취하는 극적인 역전을 이루는 매개가 될 뿐만 아니라, 임진왜란과 병자호란이라는 두 차례의 거대한 국난(國難)에 대한 당대인들의 인식 세계를 투영하고 있어 흥미롭다.

〈유충렬전〉은 주인공 유충렬의 부친 유심과 간신 정한담의 행적, 북쪽과 남쪽을 아울러 쳐들어오는 외적들의 침탈, 외적들에게 붙잡힌 황실과 사대부 인물들이 겪는 곤욕과 수모 등을 통해, 임병양란 당시 조선의 실상과 당대인들의 수난을 반영하고 있다. 하지만 실제 역사 속에서는 침탈과 수모를 견뎌야 했던 것과는 달리, 〈유충렬전〉에서는 주인공의 초인적인 활약으로 간신 정한담과 외적들을 호쾌하게 물리친다. 나아가 전쟁에서 승리한 후 정한담과 외적의 우두머리들에게 보복하는 장면도 흥미롭다. 그들의 삼족(三族)을 멸하고 간과 살점을 내어 씹는 등 과도하게 잔혹한 묘사가 버젓이 등장한다. 즉 오욕의 역사에 대한 민족적 울분이 비록 허구일지언정 통쾌한 승리와 복수를 성취하는 서사로 표출된 것이다. 그런가 하면 간신을 신용하고 충신을 배척한 황제에 대한 비판과 원망이 주인공의 입을 빌려 직접적으로 나타나기도 한다. 이는 국가의 위기를 불러온 무능한 위정자들에 대한 피지배층의 문제의식이, 충 이념에 근거한 지배 이념의 굴레를 잠시나마 벗고 표출된 결과로 이해할 수 있다.

한편 많은 연구자는 18·19세기 소설 출판시장을 주도한 직업 작자들의 상당수가 몰락 양반 출신이었을 것으로 추정하고 있다. 조선 후기의 급격한 사회적·경제적 변화 속에서 본래의 기반을 잃고 궁핍한 처지에 놓인 양반들이, 생계를 위해 자신들의 문학적 소양을 살려 소설 창작에 나섰다는 것이다. 특히 〈유충렬전〉과 같은 영웅소설의 경우 이러한 몰락 양반들이 작품 창작의 주축을 이루었을 가능성이 높다. 영웅소설의 대다수는 몰락한 양반 사대부 출신의 주인공이 고난을 겪은 끝에 출세하여 다시 가문을 재건하고 부귀영화를 누린다는 줄거리를 기본으로 삼고 있다. 이는 사회적·경제적 지위 회복을 바라는 실세(失勢)한 몰락 양반들의 소망을 반영한 결과로 볼 수 있다.

그런데 높은 벼슬을 얻고 많은 재산을 축적하며, 화목한 가정을 이루어 자손을 번성하게 하려는 소망은 비단 양반들만의 전유물은 아니었다. 하물며 신분제가 흔들릴 만큼의 급격한 사회경제적 변화를 겪던 조선 후기의 상황을 고려하면, 출세와 신분 상승의 욕구는 더욱 노골적으로 드러날 수밖에 없었을 것이다. 〈유충렬전〉은 여타의 고전소설과 비교하더라도 유난히 전개가 급박하고 기복과 과장이 심한, 하지만 그만큼 흥미롭고 흡인력 있는 서사 구조를 가지고 있다. 작품을 향유하는 독자들은 주인공의 영웅적 형상에 스스로를 투영하여 고달픈 현실을 잠시나마 잊고 출세와 신분 상승의 욕망을 대리 충족하는 쾌감에 잠겼을 것이다. 이처럼 당대 독자들의 지향 가치에 부합하는 영웅상을 제시하였기에,

〈유충렬전〉을 비롯한 영웅소설 혹은 군담소설들은 소설의 애독자들에게 널리 사랑받으면서 우리 문학사에 뚜렷한 족적을 남길 수 있었다.

〈생각해 보기〉

(1) 방각본, 세책가, 전기수 등을 중심으로 한 18·19세기 고전소설의 유통 상황에 대해 구체적으로 알아보고, 〈유충렬전〉 외에도 어떤 작품이 대중적으로 널리 읽혔는지를 조사해 보자.

(2) 〈홍길동전〉과 〈유충렬전〉은 모두 영웅소설에 속하지만, 전자는 민중적 영웅소설, 후자는 귀족적 영웅소설로 구분된다. 민중적 영웅소설과 귀족적 영웅소설의 개념에 대해 알아보고, 그를 토대로 두 소설의 내용을 서로 비교해 보자.

(3) 현대에 이르러서도 슈퍼히어로 영화와 같은 영웅을 주인공으로 한 서사물들이 대중적으로 크게 성행하고 있다. 현대에 유행하는 영웅 서사물과 〈유충렬전〉을 서로 비교하여 공통점과 차이점을 정리해 보고, 그것이 현대와 조선 후기라는 시대적 차이와 관련해서 어떤 의미를 갖는지 토론해 보자.

참고문헌

· 김일렬, 『고전소설신론』, 새문사, 2008.
· 서대석, 『군담소설의 구조와 배경』, 제이앤씨, 2008.
· 송성욱, 「조선시대 영웅소설과 슈퍼히어로」, 『고소설연구』 49, 한국고소설학회, 2020.
· 이정원, 「복수의 서사로 읽는 영웅소설-〈유충렬전〉과 〈조웅전〉을 중심으로」, 『국어국문학』 186, 국어국문학회, 2019.
· 조동일, 「영웅의 일생, 그 문학사적 전개」, 『동아문화』 10, 서울대학교 동아문화연구소, 1971.

서정현

82

숙영낭자전
淑英娘子傳

1. 창작 배경

〈숙영낭자전〉은 경상북도의 안동 지역을 배경으로 삼아 백선군과 숙영이라는 두 남녀 주인공의 사랑과 죽음, 재생(再生)의 이야기를 다룬 고전소설이다. 150편을 넘길 만큼 다수의 이본이 현전하는 점, 판소리로도 개작되어 불린 점 등을 미루어 볼 때 당대의 독자 대중들 사이에서 대단한 인기를 끌었음을 짐작할 수 있다.

다른 많은 고전소설들처럼 〈숙영낭자전〉 또한 명확한 창작 시기와 작자를 특정하기 어렵다. 단 1860년에 판각본이 출간되었음을 고려할 때 늦어도 19세기 초·중엽에는 창작되었을 것이다. 15세기에 출간된 서거정(徐居正)의 『태평한화골계전(太平閑話滑稽傳)』에는 〈과거자잠종기처(科擧者潛蹤其妻)〉라는 설화가 실려 있는데, 과거길에 오른 선비가 아내를 그리워하여 친구집에 숨어 지내면서 아버지 몰래 밤마다 아내와 만났다는 내용이다. 이는 〈숙영낭자전〉에서 백선군이 과거를 보러 가다가 숙영을 그리워해 두 차례에 걸쳐 몰래 귀가하였다는 내용과 유사하다. 더불어 〈숙영낭자전〉은 경상북도 안동을 구체적인 공간 배경으로 삼고 있으며, 용궁(龍宮), 풍산(豊山) 등 안동 혹은 그 인근의 지명들이 구체적으로 등장한다. 또한 상당수의 이본들이 경상북도 지방에서 전승되고 있고 작중에 경상도 방언이 등장하기도 한다. 앞에서 언급한 〈과거자잠종기처〉 설화의 작중 배경 또한 경상북도 지역인 성주(星州)이다. 이로 미루어 볼 때 〈숙영낭자전〉은 경북 안동 지역에서 창작되었거나, 혹은 적어도 해당 지역에 친숙한 작자의 작품일 가능성이 농후하다.

2. 원문 읽기

이러구러 슬피 통곡ᄒᆞ다가 ᄂᆞᆯ리 ᄇᆞᆯ그ᄆᆡ[1] 벽승의 예 업던 혈셔 잇거ᄂᆞᆯ ᄌᆞ시예 보니[2] 그 글의 ᄒᆞ여시되 슬푸다 이 ᄂᆡ 몸니 쳔승의 득죄ᄒᆞ고 인간의 ᄂᆞ려와 쳔승연분으로 낭군을 닌연으로 긔약ᄒᆞ고 일시도 못 잇던니 공명의 쓰지 잇셔 연연낭군 하여던이[3] 과거의 보ᄂᆡᆫ 니후로 조물리 시긔ᄒᆞ고 귀신이 작희ᄒᆞᆫ가 ᄇᆡᆨ옥 ᄀᆞᆺ튼 이 ᄂᆡ 몸니 음힝으로 도라가셔 쇽졀읍시 쥭게 되니 니 갓튼 셔론지졍[4] 뉠ᄃᆞ려[5] 말ᄒᆞ리요 셤셤[6] 드ᄂᆞᆫ 칼을 션뜻 ᄌᆞᄇᆞ들고 업더지며 잠든 ᄌᆞ식 도라보와 ᄉᆡᆼ각ᄒᆞ니 ᄂᆡ 쥭기ᄂᆞᆫ 셜지[7] 안이ᄒᆞ되 강보의 ᄊᆞ인 ᄌᆞ식니 ᄂᆡ 몸 쥭은 후의 누을 의지ᄒᆞ며 살여ᄂᆡ리요 너의 진졍을 ᄉᆡᆼ각ᄒᆞ이 그 마음 둘 ᄃᆡ 읍다 허물며 낭군임은 월젼[8]의 니별ᄒᆞ여 쳘이 ᄇᆞᆨ긔[9] 몸이 잇셔 니 몸 피ᄎᆞ의 못 보고 쥭어진니 이 마음도 셥셥거니와 ᄉᆞ라잇셔 보지 못ᄒᆞᆫ 낭군의 마음닌들 엇지 온젼ᄒᆞ리요 피ᄎᆞ ᄇᆡᆨ연긔약 쇽졀업시 허ᄉᆞ로다 허ᄉᆞ로다 낭군임아 낭군임아 어셔 밧비 도라와

---

1 ᄂᆞᆯ리 ᄇᆞᆯ그ᄆᆡ: 날이 밝음에.

2 ᄌᆞ시예 보니: 자세히 보니. '자시'는 '자세히'의 방언이다.

3 연연낭군 하여던이: 연연낭군(戀戀郎君) 하였더니. 이 부분은 문맥상, 애틋해하면서도 백선군을 과거길에 보낸 것으로 읽을 수 있다. 다른 이본에는 "공명의 뜻절 두고 권권ᄒᆞ여 보ᄂᆡ든이"(박순호 소장 30장본 〈수경낭ᄌᆞ젼이라〉), "공명의 듯시 잇셔 권권낭군ᄒᆞ여 과거의 보ᄂᆡ신 후"(조동일 소장 47장본 〈수경옥낭ᄌᆞ젼니라〉) 등으로 되어 있다.

4 셔론지졍: 서러운 마음.

5 뉠ᄃᆞ려: 누구에게. 'ᄃᆞ려'는 '더러'의 옛 조사 형태이다.

6 셤셤: 섬섬(閃閃). 번쩍이는 모양.

7 셜지: 서럽지.

8 월젼: 월전(月前), 즉 한 달 전.

9 쳘이 ᄇᆞᆨ긔: 천 리(千里) 밖의.

셔 이 몸 죽은 신체ᄂᆞ 몸쇼 슈습ᄒᆞ고 원통ᄒᆞᆫ 니 ᄂᆡ 혼ᄇᆡᆨ이나 명박키[10] 신원ᄒᆞ여 쥬옵쇼셔 ᄒᆞᆯ 말 무궁ᄒᆞᄂᆞ 원통ᄒᆞᆫ 마음니 죽기을 ᄌᆡ촉ᄒᆞ이 그만 그치노라 ᄒᆞ엿더라 니러구러 ᄉᆞ흘을 지ᄂᆡᄆᆡ ᄉᆞᆼ공 부쳐 ᄉᆡᆼ각ᄒᆞ되 낭ᄌᆞ 니졔 죽어신이 션군니 도라와 낭ᄌᆞ 가삼의 칼을 쏫고 죽은 뫼양을 보면 분명이 우리 모흠하여 원통이 죽은 쥴 알고 션군이 결단코 죽글 거신니 션군이 나려오지 안니ᄒᆞ여셔 낭ᄌᆞ의 신체을 간슈ᄒᆞ미 올타 ᄒᆞ고 방의 드러가 소렴을 ᄒᆞᆯ려 ᄒᆞ이[11] 신체가 방의 붓고 요동치 안이ᄒᆞ니[12] ᄉᆞᆼ공 붓쳐와 노복 등이 그 거동을 보고 아무리 ᄒᆞᆯ 쥴을 모로더라

…(중략)…

상공이 흔연이 이로ᄃᆡ ᄂᆡ 모젼[13] ᄉᆡᆼ각ᄒᆞ이 네 벼살리 ᄒᆞᆫ원[14]의 잇고 얼골리 두목지 상[15]이요 풍ᄎᆡ 거룩ᄒᆞᆫᄃᆡ 엇지 너갓튼 장부가 ᄒᆞᆫ 분인으로[16] 셰월을 보ᄂᆡ리요 ᄂᆡ 너을 위ᄒᆞ여 어진 낭ᄌᆞ을 광문ᄒᆞ여[17] 이 골 임진ᄉᆞ ᄃᆡᆨ 낭ᄌᆞ 이스되 쳔ᄒᆞ졀ᄉᆡᆨ니라 ᄒᆞᄆᆡ 일젼의 임진ᄉᆞ을 ᄎᆞᄌᆞ와 네 ᄇᆡ필을 졍ᄒᆞ여 힝예 오늘놀로 졍ᄒᆞ미라 네 ᄯᅳᆺ지 엇더하뇨 ᄒᆞ며 만단으로 셜화ᄒᆞ이[18] 션군이 ᄃᆡ왈 모야[19]의 ᄭᅮᆷᄭᅮ온니 낭ᄌᆞ 몸의 피을 흘니고 졋ᄐᆡ 안져 가슴을 만지며 말을 못ᄒᆞ이 아마도 무삼 연괴 잇는잇가 ᄒᆞ며 가로ᄃᆡ 낭ᄌᆞ와 언약이 지즁ᄒᆞ오니 집의 ᄂᆞ려가 낭ᄌᆞ을 보고 말을 들은 후의 결단ᄒᆞ오리다 ᄒᆞ고 질을 ᄌᆡ촉ᄒᆞ여[20] 임진ᄉᆞ 집 앞풀 지ᄂᆡ거ᄂᆞᆯ 상공니 ᄒᆞᆯ임[21]을

---

10 명박키: 명백(明白)히.

11 소렴을 ᄒᆞᆯ려 ᄒᆞ이: 소렴(小殮: 운명한 다음 날, 시신에 수의를 갈아입히고 이불로 쌈)을 하려 하니.

12 방의 붓고 요동치 안이ᄒᆞ니: 방에 붙어서 요동(搖動)하지 않으니.

13 모젼: 모전(某前). 얼마 전.

14 ᄒᆞᆫ원: 한원(翰苑). 한림원(翰林院)을 이르거나, 혹은 예문관(藝文館)까지 아울러 이르는 말.

15 두목지 상: 두목지(杜牧之)의 관상. 두목지는 당나라 말기의 유명한 시인인 두목(杜牧)을 가리키며, 목지는 그의 자이다.

16 ᄒᆞᆫ 분인으로: 한 명의 부인으로.

17 광문ᄒᆞ여: 광문(廣問)하여. 널리 여러 사람에게 물어.

18 만단으로 셜화ᄒᆞ이: 만단(萬端: 여러 가지나 온갖)으로 설화(說話)하니. 갖가지로 말하니.

19 모야: 모야(某夜). 얼마 전 밤.

20 질을 ᄌᆡ촉ᄒᆞ여: 길을 재촉하여.

21 ᄒᆞᆯ임: 한림(翰林). 장원급제하여 한림학사가 된 백선군을 가리킨다.

붓들고 만단으로 ᄀᆡ유ᄒᆞ여[22] 왈 양반의 ᄒᆡᆼ실리 아이로다 혼인은 인간승ᄉᆞ라 부모 구혼ᄒᆞ여 육예[23]을 갓쵸와 영화을 ᄉᆡᆼ젼의 빈ᄂᆡ미[24] ᄌᆞ식의 도례의 올커ᄂᆞᆯ 네 고집ᄒᆞ여 임쇼졔와 죵시ᄃᆡᄉᆞ을 글읏되계 ᄒᆞ이 군ᄌᆞ의 도리 안이로다 ᄒᆞ거ᄂᆞᆯ ᄒᆞᆯ임니 묵묵부답ᄒᆞ고 말을 ᄌᆡ촉ᄒᆞ이 ᄒᆞ인니 엿ᄌᆞ오ᄃᆡ ᄃᆡ감임 영이 엿ᄎᆞ엿ᄎᆞᄒᆞ옵고 ᄯᅩᄒᆞᆫ 임진ᄉᆞ ᄃᆡᆨ이 낭ᄑᆡ ᄌᆞ심ᄒᆞ온이 ᄒᆞᆯ임은 집ᄑᆡ ᄉᆡᆼ각ᄒᆞ옵쇼셔 ᄒᆞ이 ᄒᆞᆯ임니 ᄉᆞ지져 물이치고 ᄇᆡᆨ마금편[25]으로 달여가거ᄂᆞᆯ 승공이 할 길 읍셔 마을 달여[26] 뒤을 ᄯᆞ라 오다가 집 압페 다다라 상공이 션군을 붓들고 ᄂᆞᆨ누ᄒᆞ여[27] 왈 과거ᄒᆞ여 영화로 오거이와 네 경셩의 써ᄂᆞᆫ 후의 낭ᄌᆞ 방의 외인 ᄂᆞᆷ졍[28]의 쇼ᄅᆡ ᄂᆞ거ᄂᆞᆯ 고니ᄒᆞ여[29] 낭ᄌᆞ다려 무르이 너 왓더란 말은 안이ᄒᆞ고 ᄆᆡ월을 다리고 말ᄒᆞ여노라 ᄒᆞ거ᄂᆞᆯ 부모 도리에 이리 가장 슈승ᄒᆞᄆᆡ 낭ᄌᆞ을 약간 경계ᄒᆞ여던이 낭ᄌᆞ 엿ᄎᆞ엿ᄎᆞ 죽어신이 이런 망극답답ᄒᆞᆫ 일리 어ᄃᆡ 이슬리요 ᄒᆞ신ᄃᆡ 션군이 이 말삼을 듯고 ᄃᆡ경질ᄉᆡᆨᄒᆞ며 쳬읍ᄒᆞ양[30] 왈 아본임은 날을 임진ᄉᆞᄃᆡᆨ 낭ᄌᆞ게 장가들나고 ᄒᆞ시고 쇼기ᄂᆞᆫ 말ᄉᆞᆷ니 올흔신잇가 진실노 낭ᄌᆞ 죽어ᄂᆞᆫ잇가 ᄒᆞ며 ᄒᆞᆯ임니 여광엿취ᄒᆞ여 쳔지도지ᄒᆞ여[31] 즁문의 다다른이 동별당의셔 ᄋᆡ연ᄒᆞᆫ 우름 쇼ᄅᆡ 문박긔 들이거ᄂᆞᆯ ᄒᆞᆯ임이 누물리 ᄉᆡ음 솟듯[32] 나ᄂᆞᆫ지라

출전: 김동욱 소장 58장본 『낭ᄌᆞ젼 단』

---

22 ᄀᆡ유ᄒᆞ여: 개유(開諭)하여. 잘 알아듣도록 타일러.

23 육예: 육례(六禮). 여기서의 육례는 전통혼의 여섯 가지 예법인 납채(納采), 문명(問名), 납길(納吉), 납폐(納幣), 청기(請期), 친영(親迎)을 가리킨다.

24 ᄉᆡᆼ젼의 빈ᄂᆡ미: 생전(生前)의 빛냄이(빛나게 함이).

25 ᄇᆡᆨ마금편: 백마금편(白馬金鞭). 금편(金鞭)은 도금한 채찍을 말한다.

26 마을 달여: 말을 달려.

27 ᄂᆞᆨ누ᄒᆞ여: 낙루(落淚)하여.

28 ᄂᆞᆷ졍: 남정네.

29 고니ᄒᆞ여: 괴이(怪異)하여.

30 ᄒᆞ양: 'ᄒᆞ야'의 잘못.

31 여광엿취ᄒᆞ여 쳔지도지ᄒᆞ여: 여광여취(如狂如醉)하고 전지도지(顚之倒之)하여. '여광여취'는 미친 듯도 하고 취한 듯도 하다는 뜻으로, 정신을 차리지 못하는 모양을 가리킨다. '전지도지'는 잇따라 부딪히고 엎어지는 모양을 가리킨다.

32 ᄉᆡ음 솟듯: 샘솟듯. '새음'은 '샘' 또는 '우물'의 방언이다.

3. 작품 감상

〈숙영낭자전〉의 전체 줄거리를 단락화하여 정리하면 다음과 같다.

① 경상도 안동 땅에 사는 백석주-정씨 부부가 늦은 나이에 아들 백선군을 얻는다. 출생 당시 천상의 선녀가 나타나서 숙영과 백선군의 인연을 알려주고 지킬 것을 당부한다.

② 백선군이 장성하자 백석주-정씨 부부는 다른 혼처를 구한다. 지상으로 내려와 있던 숙영은 이 사실을 알고 백선군의 꿈에 나타나서 3년 후에 인연을 맺자고 한다.

③ 숙영을 본 백선군은 상사병에 걸린다. 숙영은 백선군의 목숨이 끊길 것을 염려하여 그를 자신이 머무르는 옥연동으로 초대한다. 백선군은 부모의 만류를 물리치고 옥연동으로 찾아가 숙영을 데리고 돌아온다.

④ 백선군과 숙영은 8년 동안 남매를 낳고 행복하게 산다. 백선군은 부모의 걱정에도 불구하고 학업과 입신(立身)에 전혀 뜻을 보이지 않다가, 숙영의 간언을 받아들여 과거길에 오른다. 길을 떠난 후에도 백선군은 부인이 그리워 두 차례나 몰래 귀가하여 숙영과 동침한다.

⑤ 백석주는 숙영의 방에서 남자 목소리가 나는 것을 듣고 그녀의 정절을 의심한다. 시녀 매월이 숙영이 사통하였다고 모해하고, 속아 넘어간 백석주는 숙영을 잔인하게 문초한다. 숙영은 백선군의 귀가 사실을 실토한 후 자신의 무죄를 호소하고, 가슴에 칼을 꽂아 자결한다.

⑥ 백석주-정씨 부부가 숙영의 장례를 치르고자 하나 시신이 움직이지 않아 실패한다. 백석주는 아들에게 숙영의 죽음을 숨기고 임 진사 댁에서 재취(再娶)를 구한다.

⑦ 과거에 장원급제하고 돌아온 백선군은 임 소저와의 혼인을 물리치고 숙영의 죽음을 확인한다. 백선군은 매월의 음모를 밝혀낸 후 징벌한다.

⑧ 백선군은 꿈에 나온 숙영의 청을 받아들여 그녀의 시신을 옥연동 못 속에

장사 지낸다. 그러자 숙영이 못 사이에서 재생(再生)하여 멀쩡한 모습으로 나타난다.

⑨ 숙영은 백석주-정씨 부부에게 훗날 천상에서 다시 볼 것을 약속하고, 백선군과 두 아이를 데리고 승천한다. 백석주-정씨 부부는 백 세까지 여생을 보내다가 한날한시에 별세한다.

위의 줄거리를 통해 확인할 수 있듯이 〈숙영낭자전〉은 숙영과 백선군 두 남녀 사이의 애정 문제를 서사의 핵심으로 다룬 작품이다. 흥미로운 점은 이러한 애정의 성취가 효 관념을 중심으로 한 전근대적인 가치 체계와 정면으로 충돌하는 데 있다. 자식의 혼사와 장래를 뜻대로 좌우하려는 부모 세대의 인물들과, 그에 맞서서 자신들의 사랑을 성취하려는 자식 세대의 인물들 사이의 극심한 갈등을 형상화한 것이다.

전근대 사회에서 혼인은 개인보다는 가문 사이의 결합으로 이루어졌으며, 결혼 당사자인 자식들보다는 부모들의 의사에 의해 결정되는 것이 일반적이었다. 백선군의 부모인 백석주-정씨 부부는 당대의 통념을 고스란히 따르는 인물들이다. 태몽으로 제시되는 백선군과 숙영의 천상(天上) 연분을 무시하고 자신들의 뜻대로 백선군의 혼처를 구하려 하며, 숙영에 대한 애정으로 학업과 출세조차 내팽개치는 백선군의 행위를 못마땅하게 여긴다. 특히 부친인 백석주의 경우 숙영의 정절을 의심하여 매질하고 고문하거나, 숙영이 자결했을 때 이 사실을 숨기고 백선군의 재취(再娶)를 추진하는 등 매우 부정적이고 폭력적인 모습으로 묘사된다. 앞의 원문 읽기에서도 나온 '혼인할 때는 부모가 구혼하고 육례(六禮)를 갖추어 영화를 빛나게 하는 것이 마땅한 자식의 도리'라는 백석주의 발언은, 그들이 자식에게 바라는 '효'가 무엇인지를 집약하여 보여 준다.

그러나 이러한 부모 세대의 의도는 자식 세대의 거부와 자유 의지로 인해 번번이 좌절된다. 백선군의 부모가 천상의 인연을 무시하고 다른 혼처를 구하려고 하자, 숙영은 백선군의 꿈에 현몽함으로써 그들의 뜻을 거스르고 백선군과 혼인하고자 하는 의지를 드러낸다. 꿈에서 숙영을 만난 후 상사병에 걸린 백선군은 부모의 허락도 얻지 않은 채 그녀와 혼인하고 그녀를 집으로 데려온다. 게다가 결혼 생활의 즐거움에 빠져 사족으로서 마땅한 입신양명(立身揚名)의 길조차 등한시한다. 나아가 백석주가 재취를 권할 때도 숙영과 의논하여 결정하겠다고 거부하거나, 숙영의 죽음에 관한 진상을 알고는 면전에서 부친을 힐난하기도 한다. 즉 숙영과 백선군은 당대의 효 관념에 따른 자식 세대의 마땅한 도리를 다하기보다는 자신들의 애정을 온전히 실현하는 것을 최우선으로 삼는다.

〈숙영낭자전〉 속 효와 애정 사이의 대결은 이본에 따라 서로 다른 결말을 맞는다. 숙영은 재생한 후 바로 본가를 떠나 백선군과 자식들을 데리고 천상으로 올라가기도 하고, 자신이 처음 머물렀던 옥연동으로 돌아가 머무르기도 한다. 혹은 본가에 그대로 남아 백선군과 함께 시부모를 봉양하기도 한다. 단 여기에서 다룬 〈낭ᄌᆞ전〉과 같이, 숙영과 백선군이 본가를 떠나는 내용의 이본이 가장 많다. 해당 이본들의 결말에 따르면 백석주-정씨 부부는 외아들과 며느리를 잃음으로써 부모-자식 사이의 연결이 끊어졌을 뿐만 아니라, 자식의 입신양명을 통한 가문의 영화조차 기대할 수 없게 된다. 즉 부모 세대와의 결별을 통해 효의 가치에 대한 거부를 나타내고 있다.

결국 〈숙영낭자전〉의 서사는 효 관념을 중심으로 한 봉건적이고 수직적인 전근대의 관념과 체제에 대해 강한 비판과 저항의식을 드러내는 한편, 그에 구애받지 않는 순수한 애정이야말로 위대한 가치를 지님을 역설하였다는 점에서 중대한 의의를 지닌다고 하겠다. 이는 종교적이고 초월적인 관념의 세계를 벗어나서, 물질적·세속적 가치를 중시하고 인간 본연의 욕망을 긍정하는 방향으로 변화해 가던 조선 후기의 시대상을 보여주는 것이기도 하다.

〈생각해 보기〉

(1) 위에서 언급한 것처럼 〈숙영낭자전〉은 이본마다 내용의 편차가 상당하며, 특히 결말 부분의 서사가 크게 달라지곤 한다. 이는 〈숙영낭자전〉을 읽고 필사하였던 향유자들의 다양한 관점과 의식세계가 투영된 결과로 이해할 수 있다. 〈숙영낭자전〉 이본들 사이의 서로 다른 결말에 대해

알아보고, 그것이 조선 후기 소설 향유층의 성향과 관련하여 어떤 의미가 있는지 토론해 보자.

(2) 〈숙영낭자전〉은 효와 애정 간의 갈등을 중심으로, 윤리적 규범과 본능적 욕구 사이의 대결을 형상화한 작품이다. 현대를 살아가는 우리의 입장에서 이를 어떻게 받아들여야 할지, 그리고 과연 〈숙영낭자전〉의 방향과 주제의식이 지금의 우리에게도 타당하게 받아들여질 수 있을지를 생각해 보자.

(3) 〈숙영낭자전〉은 〈숙영낭자타령〉, 〈숙영낭자가〉, 〈백상서가〉 등의 이름으로 판소리화된 바 있으며, 경상북도 지방의 서사민요인 〈옥단춘요〉 형성에 큰 영향을 미쳤을 것으로 추정된다. 근대에 이르러서는 최찬식의 〈해안(海岸)〉(1914), 안동민의 〈숙영낭자전〉(1961) 같은 작품으로 개작되기도 하였다. 이상과 같이 〈숙영낭자전〉의 다른 장르로의 전환과 변모 사례에 대해 조사하고 정리해 보자.

참고문헌

· 김선현 외, 『숙영낭자전의 작품세계』 1·2·3, 보고사, 2014.
· 김일렬, 『숙영낭자전연구』, 도서출판 역락, 1999.
· 서혜은, 「영남의 서사 〈숙영낭자전〉의 대중화 양상과 그 의미」, 『인문연구』 74, 영남대학교 인문과학연구소, 2015.
· 이지하, 「〈숙영낭자전〉의 성속(聖俗) 갈등과 그 의미」, 『한국문화』 72, 서울대학교 규장각한국학연구원, 2015.
· 정보미, 「서사 구조를 통해 본 〈숙영낭자전〉 판소리화의 의의」, 『판소리연구』 49, 판소리학회, 2020.

서정현

83

배비장전
裵裨將傳

1. 창작 배경

〈배비장전〉은 여색을 멀리하겠다고 큰소리치던 주인공 배비장이 기생 애랑에게 빠졌다가 크게 망신을 당한다는 내용을 담은 국문소설이다. 판소리 〈배비장타령〉과 밀접한 관련이 있는 작품이기도 하다. 판소리 〈배비장타령〉은 판소리 열두 마당 중 하나로 꼽히지만, 19세기에 신재효(申在孝)가 정리한 판소리 여섯 마당에는 포함되지 않는다. 창(唱)의 전승이 끊겼으며 판소리 창본도 남아 있지 않다. 대신 유진한(柳振漢)의 『만화집(晩華集)』에 실린 〈가사 춘향가 이백구(歌詞 春香歌 二百句)〉, 조재삼(趙在三)의 『송남잡지(松南雜識)』, 이유원(李裕元)의 「관극팔령(觀劇八令)」 등 18·19세기의 판소리 관련 기록들에 〈배비장타령〉에 관한 이야기들이 남아 있어 당시에 연행되었음을 확인할 수 있다.

〈배비장타령〉·〈배비장전〉의 형성과 관련하여 발치 설화(拔齒說話)와 미궤 설화(米櫃說話) 두 편을 주목할 수 있다. 발치 설화는 서거정(徐居正)의 『태평한화골계전(太平閑話滑稽傳)』에 실려 있다. 양반가 소년이 사랑하는 기생과 헤어질 때 신표로 자신의 생니를 뽑아 주었으나, 사실은 그 기생에게 속아 이를 뽑아 준 남자들이 무수히 많았다는 이야기이다. 미궤 설화는 이원명(李源命)의 『동야휘집(東野彙輯)』에 실려 있다. 평소 기생을 멀리하던 관리가 경주에 부임할 때 부윤(府尹)과 기생에게 속아 사랑에 빠졌다가, 알몸으로 뒤주에 갇히는 봉변을 당했다는 이야기이다.

현전하는 〈배비장전〉의 전반적인 줄거리는 후자인 미궤 설화에 더 가깝고, 신표로 이를 뽑아 기생에게 주는 것은 배비장이 아니라 배비장의 전임자인 정비장의 행위로 서술되어 있다. 그런데 유진한의 〈가사 춘향가 이백구〉에는 "제주에서 배비장의 이를 남겼듯이[濟州將留裵將齒]"라는 구절이 있다. 이로 미루어 볼 때 유진한이 기록을 남긴 18세기 당시의 〈배비장타령〉 또는 〈배비장전〉은 현전하는 소설과는 서사 내용에서 어느 정도 차이가 있었을 것으로 보인다.

2. 원문 읽기

이 놈이 궤를 져다 목사도 계신 동헌 마당에다 버셔 노흐며 가쟝 물에나 늣ᄂᆞᆫ 듯이 경계ᄒᆞ며 슈죄ᄒᆞ되 궤즁 업귀 네 드러라 네가 실로 업신이면 내 집이 부요ᄒᆞ고 오복이 구비ᄒᆞ야 그럴 것이 업슬 터인ᄃᆡ 근 십 년 간구[1] ᄉᆡᆼ활 락이라고는 조곰도 업고 더구나 ᄋᆡ즁 소쳡 부졍 힝위 날로 더ᄒᆡ 셜상에 가상으로 ᄂᆡ외 리혼ᄭᅡ지 되고 보니 네 죄는 만사무셕이라 창파만경 씌우리니 속거쳔리[2] 멀니 가라 ᄒᆞ고 동헌 압 연못 물을 ᄃᆡ쟝ᄃᆡ로 뒤흔드러 물소ᄅᆡ를 크게 ᄂᆡ고 다시 그릇에 물을 ᄯᅥ셔 궤 틈으로 부으면셔 흔들흔들 정신 일케 요동ᄒᆞ니 ᄇᆡ비쟝 궤 속에셔 탄식ᄒᆞ며 못 보겟다 못 보겟다 쳔리 고햐 ᄇᆡᆨ발 노친 규즁 박명 홍안 쳐ᄌᆞ 다시 맛나 못 보겟다 ᄂᆡ가 젼ᄉᆡᆼ 무삼 죄로 이 셰상에 ᄉᆡᆼ겨나셔 알몸으로 궤에 담겨 슈즁고혼 되단 말가 이 물 속에 ᄂᆡ 죽은들 셰상 누가 조상[3]ᄒᆞ리 멱나슈 아니어니 굴삼려를 어이 보며[4] 오강슈 아니어니 오ᄌᆞ서를 만날손가[5] 호ᄉᆡᆨ탐ᄌᆡ[6] 몸 맛초니 ᄂᆡ 아

---

1 간구: 간구(艱苟). 가난하고 구차한 생활을 가리킨다.

2 속거천리: 속거천리(速去千里). 속히(빨리) 천 리 밖으로.

3 조상: 조상(弔喪). 남의 죽음에 대하여 슬퍼하는 뜻을 드러내어 상주(喪主)를 위문하는 행위. 문상(問喪)과 같은 의미이다.

4 멱나슈……보며: 춘추전국 시대 초나라의 굴원(屈原)이 멱라수(汨羅水)에 빠져 죽은 일을 가리킨다.

5 오강슈……만날손가: 춘추전국 시대 오나라의 명신이었던 자서(子胥)가 왕 부차(夫差)의 노여움을 사서 죽임을 당한 후, 무덤에 묻히지 못하고 그 시체가 가죽 부대에 담겨 오강수(吳江水)에 던져진 일을 가리킨다.

6 호식탐지: 호색탐재(好色貪財). 여색을 좋아하고 재물을 탐냄.

니 잡놈인가 이러홀 씩 상고션[7]이라도 지나다가 죽는 목숨 건져 쥬면 그 안이 은덕일가 목사 은근이 ᄒᆞ인 불너 분부ᄒᆞ되 너의들이 일시에 ᄇᆡ 지나가는 소릐를 하여 보아라 여러 ᄒᆞ인 령을 듯고 일시에 삼문을 씨쯕씨쯕 곤장을 쑤닥이면셔 어긔여ᄎᆞ 소릐를 ᄒᆞ니 ᄇᆡ비쟝 궤 속에셔 반겨 듯고 궁리ᄒᆞ야 ᄉᆡᆼ각ᄒᆞ되 씨쯕씨쯕 ᄒᆞ는 소릐는 닷 감는 모양이오 츌녕츌넝 하는 소릐는 노 젓는 모양이니 ᄋᆡᄂᆡ[8] 일셩이셩이 반갑도다 이 ᄇᆡ가 무슨 ᄇᆡᆫ고 강동을 차져가는 쟝한의 풍범인가[9] 적벽강 츄야월에 소ᄌᆞ쳠의 노든 ᄇᆡᆫ가[10] 불사약 구ᄒᆞ랴고 삼신산 차져들든 셔방사의 목션인가[11] ᄎᆡ셕강 졈은 날에 일호쥬 벗을 삼어 청텬일장지에 복즁사 쓰려 ᄒᆞ든 리티ᄇᆡᆨ의 풍월션인가[12] 쳥산만리 일고쥬 원포귀범[13] 지나는 ᄇᆡ 인명이 지즁ᄒᆞ니 이 궤 실어 날 살니오

…(중략)…

배사공 ᄒᆞ는 말이 우리 배에는 부졍 탈가 못 올니겟고 궤문이나 여러쥴 것이니 허염[14]ᄒᆞ야 건너갈가

(배) 글낭은 염녀 마오 ᄂᆡ가 룡산 삼ᄀᆡ[15] 왕ᄂᆡ할 졔 ᄀᆡ허염 낫치나 배왓소

(사) 이 물은 싼 물이라[16] 눈에 들면 멀 거시니 감고 헤ᄌᆞ[17]

(배) 눈은 싱젼 멀지라도 목숨이나 살녀 쥬오

---

7 상고션: 상고선(商賈船). 장사할 물건을 싣고 다니는, 그리 크지 않은 배를 가리킨다.

8 ᄋᆡᄂᆡ: 애내. 어부가 배를 저으면서 부르는 노랫소리를 말한다.

9 강동을……풍범인가: 동진 시대의 문인인 장한(張翰)이 관직을 내놓고 배를 타고 고향인 강동 땅으로 돌아가던 일을 가리킨다.

10 적벽강……ᄇᆡᆫ가: 북송 시대 문인 소식(蘇軾)이 적벽(赤壁)에서 선유(船遊)하면서 〈적벽부(赤壁賦)〉를 지은 일화를 가리킨다.

11 불사약……목션인가: 진시황(秦始皇)이 불로초를 구하기 위해 서복(徐福)에게 동남동녀(童男童女) 3천 명을 데리고 동쪽 바다 건너의 삼신산(三神山)에 가서 신선을 모셔 오도록 시킨 일을 가리킨다.

12 ᄎᆡ셕강……풍월션인가: 당나라 시대의 문인 이백(李白)이 술에 취해 강에 비친 달을 잡으려다 물에 빠져 죽은 일을 가리킨다. 또한 이백의 시 중에는 "청천일장지(靑天一丈紙) 사아복중시(寫我腹中詩)"라는 구절이 있는데, "청텬일장지에 복즁사 쓰려 ᄒᆞ든"은 이 시에서 가져온 것이다.

13 원포귀범: 원포고범(遠浦孤帆). 포구는 멀고 돛은 외롭다는 의미이다.

14 허염: 헤엄.

15 삼ᄀᆡ: 마포(麻浦)를 일컫는 지명.

16 싼 물이라: 짠물이라.

17 헤ᄌᆞ: 헤엄치시오.

(사) 그럴 디경이면 눈이 멀지라도 날 원망은 마시오

ᄒᆞ고 함졍갓치 잠긴 금거복쇠를 툭 쳐 여러 노니 배비쟝이 알몸으로 쑥 나셔며 그ᄅᆡ도 소경될가 염여ᄒᆞ야 두 눈을 잔득 가무며 니를 악물고 왈칵 넙다 집흐면셔 두 손을 헤우젹헤우젹ᄒᆞ여 갈 졔 ᄒᆞᆫ 놈이 ᄂᆞ스며 이리 헤ᄌᆞ 한츰 이 모양으로 허여갈 졔 동헌 ᄃᆡ쳥에다가 ᄃᆡ궁이[18]를 싹 부듸치니 배비쟝이 눈의 불이 번젹 ᄂᆞ셔 두 눈을 쓰며 살펴보니 동헌에 목ᄉᆞ 안고 ᄃᆡ청에 ᄉᆞᆷ형슈[19]며 젼후 좌우에 기ᄉᆡᆼ들과 륙방 관속 군로ᄇᆡ[20]가 일시에 두 손으로 입을 막고 참는 것이 우숨이라 목사도 웃스면셔

(모) ᄌᆞ네 져것이 웨인 일인가

배비쟝 어이업셔 고ᄀᆡ를 숙이고 엿ᄌᆞ오되 소인에 친산이 동소문 밧기옵더니 근ᄅᆡ 곤손풍[21]이 드러 이 디경 되엿ᄂᆞ이다 목사 웃고 의복 ᄂᆡ여 입힌 후에

(목) 이 일로 혐의 두지 말고 ᄋᆡ랑이 방비[22] 드려 잇는 동안 잘 지ᄂᆡ소 여러 동임들도 로위[23]가 분분ᄒᆞ더라

출전: 1916년 신구서림(新舊書林) 간행 구활자본 『ᄇᆡ비쟝젼』

3. 작품 감상

〈배비장전〉의 주인공 배비장은 서울 서강(西江)에 살던 평범한 선달이다. 그와 평소 친분이 있던 양반 김현이 제주 목사에 제수되어 제주도로 떠날 때, 육방(六房)의 하나인 예방(禮房)에 임명되어 부임지로 따라간다. 작중 초반의 배비장은 여색을 멀리하는 인물로 묘사된다. 제주도가 색향(色鄕)으로 유명하다며 조심할

---

18 ᄃᆡ궁이: 머리.

19 ᄉᆞᆷ형슈: 삼형수(三兄首). 고을 관리인 호장(戶長), 이방(吏房), 수형리(首刑吏)를 가리킨다.

20 군로비: 군노배(軍奴輩). 군노는 조선 시대 지방 관청에서 일하던 사령(使令)을 가리킨다.

21 곤손풍: 곤손풍(坤巽風). 서남풍의 별칭. 조상의 무덤 반대 방향에서 바람이 분다는 의미로, 망신살이 뻗쳤음을 뜻한다.

22 방비: 방비(防婢). 지방 관아의 여종을 가리킨다.

23 로위: 위로(慰勞)의 잘못.

것을 당부하는 부인에게 걱정하지 말라고 맹세하는 장면, 기생 애랑에게 이까지 뽑아 주는 전임자 정비장의 모습을 보고 크게 비웃으면서 자신은 절대로 그렇게 되지 않겠다고 호언장담하는 장면, 목사 김현이 새로이 부임한 기념으로 관속들을 모두 불러 큰 주연(酒宴)을 열고 기생들의 가무(歌舞)를 즐길 때 불참하는 장면 등이 그것이다.

이에 목사는 기녀 애랑을 시켜 배비장을 유혹하게 한다. 애랑은 방자와 공모하여 배비장을 속이고 자신에게 빠져들게 만든다. 상사병에 빠져 안절부절 못하며 온갖 추태를 보이던 배비장은, 급기야 개가죽 두루마기에 노끈으로 만든 벙거지를 쓴 꼴로 밤에 몰래 애랑의 집으로 숨어들어 사통(私通)하는 지경에 이른다.

여기에 실린 원문 대목은 이 사통 직후의 장면이다. 애랑과 운우지정을 나누던 배비장은 남편으로 위장하고 집으로 들어오는 방자의 기척에 놀라 알몸인 채로 궤짝에 숨는다. 방자는 궤짝에 불길한 귀신이 들린 것이 틀림없다며 자물쇠를 걸고 바다에 빠트리자고 위협하고는, 실제로는 목사가 있는 관청으로 궤짝을 메고 간다. 궤짝에 갇힌 채로 바다에 빠진 줄 알고 전전긍긍하던 배비장은, 마지막에는 동헌(東軒) 앞 땅 위에서 개헤엄을 친다고 허우적대기까지 한다. 관아에 모여든 사람들은 이러한 배비장의 몰골을 보고 저마다 웃음을 참지 못한다. 여색을 멀리하며 고상한 양반인 체하던 배비장의 이중성과 위선이, 백주에 옷가지 하나 걸치지 못한 그의 모습처럼 낱낱이 까발려지는 것이다.

조선 후기의 소설들 중에서는 평소 여색을 멀리한다고 자부하거나 혹은 여자를 가까이하지 않겠다고 굳게 약조한 양반 출신의 남주인공들이 마지막에는 결국 여자 문제로 망신을 당하는 내용의 작품이 여럿 존재한다. 〈배비장전〉, 〈정향전〉, 〈지봉전〉, 〈종옥전〉, 〈오유란전〉, 〈이춘풍전〉 등이 그것이다. 이 작품들은 주제와 구성 방식, 작자 및 독자층 등 제반 측면에서 서로 분명한 차이와 특색을 보이지만, 성애(性愛) 문제와 관련한 양반 사회층의 허위를 폭로하고 비판한다는 점에서는 모두 공통된다. 겉으로 성애에 대한 엄숙주의를 내세우는 양반들을 실제로는 가장 방탕하고 미혹되는 모습으로 그림으로써, 웃음을 유발하는 한편 통렬한 풍자를 이루고 있는 것이다.

그런데 〈배비장전〉에서 주인공 배비장을 웃음거리로 삼고 공격하는 주체는 크게 두 층위로 나뉜다. 하나는 배비장을 속이라고 지시한 신임 제주 목사와 그에 동조하는 다른 비장들, 즉 지배층이다. 여색을 멀리한다는 이유로 목사가 연주연에 참석하지 않는 배비장의 행위는, 상급자인 목사의 입장에서는 자신이 주도하는 관료 사회의 의례를 거부한 것으로, 마땅히 교정해야 할 일탈이다. 목사가 애랑을 시켜 배비장을 유혹하고 웃음의 대상으로 삼는 것은 이 때문이다.

다른 하나는 배비장보다 신분이 낮으면서 직접 그를 속이는 역할을 맡은 애랑과 방자, 즉 피지배층이다. 둘의 공모를 통해, 작중에서 평소 고상한 체하며 거들먹거리던 배비장과 같은 양반이 나중에는 애욕(愛慾)에 빠져 허우적대는 모습이 적나라하게 드러난다. 천한 신분임에도 불구하고 애랑과 방자는 상층 양반인 배비장을 멋지게 속여 넘겨 개가죽을 쓰고 남의 집에 숨어들게 하거나, 백주에 알몸으로 땅 위에서 헤엄을 치게 하는 등 수모를 주고 조롱거리로 만든다. 이는 신분의 격차를 뛰어넘어 지배층의 권위를 철저히 농락하는 행위이면서, 인간 본연의 욕구 앞에서는 누구나 평등함을 역설하는 것이기도 하다.

여기에 실은 원문 읽기 대목 이후의 서사를 보면, 제주 목사가 조정에 배비장을 천거하여 정의 현감(旌義縣監) 직책을 제수받게 하고, 애랑 또한 소실(少室)로 맞아들여 여러 명의 자녀를 낳고 행복하게 산다는 결말로 나아간다. 하지만 이처럼 행복한 결말 구조를 통해 원만한 수습을 시도함에도 불구하고, 중간 과정에서 실추된 상층의 권위는 온전히 회복될 수 없다. 하물며 배비장 개인에 대한 모욕을 제하고 보더라도, 신임 목사의 부임을 핑계로 기생들을 불러 질펀한 잔치를 벌이거나, 그에 동조하지 않는 배비장과 같은 이를 모욕하여 동류로 끌어들이는 목사와 같은 양반들의 행위는 바람직하다고 보기 어렵다. 여색에 놀아난 어리석은 배비장을 지방 수령으로 천거하는 것 또한 적절성을 의심할 만하다. 결국 비리와 야합으로 점철되었던 조선 후기 양반 관료 사회의 부정적인 실태가 〈배비장전〉의 서사를 통해 고스란히 드러난 셈이다.

〈생각해 보기〉

(1) 〈배비장전〉이 보여 주는 양반 관료 사회의 방탕함과 위선은 작품이 씌어진 18·19세기 조선 사회의 퇴폐적이고 향락적인 실상을 반영한 결과로 풀이된다. 당대 조선 사회의 타락상과 문제점을, 〈배비장전〉의 내용 및 주제의식과 연관지어 이야기해 보자.

(2) 〈배비장전〉에 등장하는 방자(房子)는 조선 시대 관아에서 잔심부름을 맡던 남성들을 가리키는 명칭이다. 우리의 고전문학 중에는 이른바 '방자형 인물'로 불리는, 하층민의 위치에서 양반의 부정적인 면모를 지적하고 비판하는 인물 유형이 여럿 확인된다. 〈춘향전〉과 〈배비장전〉의 방자, 〈봉산탈춤〉의 말뚝이나 〈하회탈춤〉의 초랭이 등이 그것이다. 그러나 이 방자형 인물들의 성격과 역할에는 서로 분명한 차이가 있다. 〈배비장전〉의 방자와 다른 작품에 나타나는 방자형 인물의 형상을 비교한 다음, 그 공통점과 차이점이 갖는 의미를 생각해 보자.

(3) 〈배비장타령〉은 현재 창본이 전하지 않는 실전된 판소리이다. 그러나 1930년대부터 최근까지 창극 〈배비장전〉이 여러 차례 공연되었고, 1960년대에는 뮤지컬 〈살짜기 옵서예〉의 원전이 되는 등, 20세기에 들어서도 소설 〈배비장전〉의 내용을 바탕으로 전승과 변용이 이루어지고 있다. 〈배비장전〉의 현대적 계승과 변용 사례를 더 조사해 보고, 현대인들에게도 영감과 흥미를 줄 수 있는 〈배비장전〉의 특수성과 매력이 무엇인지 생각해 보자.

참고문헌

· 장덕순, 『한국설화문학연구』, 서울대학교출판부, 1970.
· 권두환, 「〈배비장전〉 연구」, 『한국학보』 17, 일지사, 1979.
· 권순긍, 「배비장전의 풍자층위와 역사적 성격」, 『반교어문연구』 7, 반교어문학회, 1996.
· 김영주, 「〈배비장전〉의 풍자구조와 그 의미망」, 『판소리연구』 25, 판소리학회, 2008.
· 이유경, 「〈배비장전〉 서사의 현대적 수용 양상 연구 -판소리 〈배비장전〉과 뮤지컬 〈살짜기 옵서예〉의 비교를 중심으로」, 『고전문학과 교육』 36, 한국고전문학교육학회, 2017.

서정현

◦ 제7장 ◦

근대로의 이행기 제2기 문학

84. 서사무가 바리공주
85. 세경본풀이
86. 진주낭군
87. 이사원네 맏딸애기
88. 경복궁타령(景福宮打令)
89. 유산가(遊山歌)
90. 아기장수 전설
91. 지하국대적퇴치 설화(地下國大賊退治說話)
92. 봉산탈춤
93. 박규수의 봉소여향(鳳韶餘響)
94. 황현의 논시잡절(論詩雜絶) 14수
95. 최제우의 용담유사(龍潭遺詞)
96. 김한홍의 해유가(海遊歌)
97. 이태일의 오도가(吾道歌)
98. 김대락의 분통가(憤痛歌)
99. 이건창의 답우인논작문서(答友人論作文書)
100. 안국선의 금수회의록(禽獸會議錄)

근대로의 이행기 문학

중세에서 근대로의 이행기는 임진왜란(1592)에서 3·1운동(1919)까지이다. 이행기 문학은 중세문학과도 다르고 근대문학과도 다른 독자적인 성격을 지니고 있는바, 중세문학적 성격과 근대문학적 성격이 공존하면서 서로 다투던 시대의 문학을 말한다. 근대화는 대체로 임진왜란을 기점으로 시작되어 3·1운동을 통해 완성되었다고 보는데, 초창기에는 피동적 근대화로 보았으나 점차 주체적 근대화로 파악하였다. 근대의 기점에 대한 논의는 다양하게 진행되었던바, 18세기 실학자들이 활동하던 시기, 개항(1816) 무렵, 동학 창건기(1860), 갑오경장(1894) 등이 대표적이다.

근대로의 이행기 제2기 문학

중세에서 근대로의 이행기 제2기는 동학 창건(1860)에서 3·1운동(1919)까지이다. 이 시기는 중세적 성격과 근대적 성격이 공존하되, 근대적 성격이 더 큰 비중을 차지하는데, 서구의 충격으로 전환이 가속화되어 근대 전환기(近代轉換期)라 일컬어지기도 한다. 최제우(崔濟愚)의 동학 창건을 기점으로 수많은 신흥 종교가 생겨났다. 이들 종교의 경전이 문학적 성격을 띠기도 하였는데, 동학 경전인 『용담유사』에 실려 있는 국문가사 9편은 민중 종교 운동이 문학적으로 표현된 중요한 사례로서, 억압과 원한으로 가득 찬 당대의 역사가 근본적으로 쇄신되어야 한다고 주장했다.

하층 민중 예술로 시작된 판소리가 상하층의 요구를 아우르며 전국에 걸쳐 알려진 것은 근대문학의 형성에 있어 당연한 과정이다. 판소리의 경우에는 신재효(申在孝)의 활동이 두드러졌다. 이 시기에는 신구문학의 대립과 교체가 일어나기도 했는데, 장지연(張志淵)과 신채호(申采浩) 등은 국문문학의 중요성을, 김윤식(金允植)과 정만조(鄭萬朝) 등은 한문문학의 중요성을 주장하였다. 둘의 대립에서는 전자가 점차적으로 우위를 확보해 나갔다. 소설은 방각본(坊刻本) 소설이 1860년대에서 1890년대까지 전성기를 이루었고, 민속극과 탈춤은 민중 예술로 성행하다 약화되었지만, 판소리는 시대 변화에 적응하면서 지속되었다.

84

서사무가 바리공주

1. 창작 배경

서사무가 〈바리공주〉는 사람이 죽었을 때 행해지던 사령제(死靈祭)에서 무(巫)에 의해 구현된다. 주지하다시피 죽음은 누구에게나 필연적이며 불가항력적이다. 그런데 죽음에 대한 무지와 불안감으로 인해, 사람들은 자연스레 무(巫)와 무속(巫俗)을 찾게 된다. 특히 죽은 이의 천도를 위한 사령제는, 망자뿐만 아니라 망자와 가까웠던 이들에게도 큰 의미를 부여해 준다. 죽은 이가 이승에서의 원한을 풀고 저승으로 돌아가 편안하게 지낼 것이라는 안도감을 느끼게 해 주기 때문이다. 이러한 측면에서 오구굿이나 진오기굿에서 행해지는 〈바리공주〉는, 망자 천도굿에서 가장 중요한 대목이라 할 수 있다.

일반적으로 진오기굿 등 사령제는 주당물림→부정청배→가망청배→불사→가망→대신→조상→장군→별상→신장→대감→성주→창부→진오기 부정→진오기 가망→뜬대왕→사재삼성→말미→도량→베 가르기→상식→뒷영실→뒷전의 순으로 이루어진다.[1] 그리고 사령제에서 가장 중요한 거리는, 저승사자와 관련된 거리인 사재삼성에서부터 바리공주와 관련된 거리인 말미까지라 할 수 있다. 이는 사재삼성과 말미가 망자의 천도와 깊은 관련이 있기

---

1 홍태한, 「서울 진오기굿과 바리공주의 의미」, 『서사무가 바리공주 전집』 4, 민속원, 2004, pp. 26-27.

에, 사령제에서 빠져서는 안 될 필수적인 거리이기 때문이다.

2. 원문 읽기

(1) 길대중전마마 아기를 돌아보시고 우시는 곡성 소래 대영전[2]에 들니오니 대왕마마 하온 말삼 시녀상궁다려[3] 어이하여 깊은 궁중에 어찌한 울음소래 나는고 하옵시니 시녀상궁이 알외옵기도 어렵삽고 아니 알외기도 어렵사와 알윌 말삼이냐 길대중전마마 일곱재 공주 탄생 받으시고 우르시는 셔안[4] 소래소이다 이대로 상달[5]하옵신 말삼 중전도 담대도[6] 하다 어찌 무삼 면목을 들고 다시 나를 상면[7] 하리요 하시고 용류[8]를 쌍쌍 흘녀 용포를 적시시며 향노[9] 향합[10]을 헛치시며 탄식 왈 종묘사직은 누구에게 전하며 조정 백관은 뉘게 의지하며 시녀상궁은 뉘게 의탁하리요 하옵시며 용류 쌍쌍이 흘리시며 자탄 왈 나는 전상에 죄가 남아 옥황상제 일곱 딸 점지하옵시니 나는 서해 용왕에 진상이나 보내리다 하옵시고 옥장이[11]를 불너드려 옥함을 짜옵시고 함 앞에 새기옵기를 국왕공주라 새기시고 중전마마 하옵신 말삼야 대왕마마는 모짐도 모지시다 혈육을 버리려 하옵시니 신하중 무자[12]한 신하에게 양녀 주시거나 버리는 자손을 일홈이나 지셩이다 대왕마마 하신 말삼 버려도 버릴 것이요 던져도 던질 것이니 바리공주라 지으시고

---

2 대영전: 대명전(大明殿). 황제나 임금이 정무(政務)를 보던 전각(殿閣)으로, 조선 시대에는 한양으로 천도하기 전까지 고려의 수창궁(壽昌宮)을 대명전이라 불렀다. 여기서는 업비대왕과 길대중전마마가 거처하던 궁궐을 의미한다.

3 시녀상궁다려: 시녀상궁(侍女尙宮)에게. 시녀상궁은 대전이나 내전에서 임금을 모시면서 서적과 문서에 관련된 일이나 시위(侍衛)·전도(前導)에 대한 일 따위를 담당하던 상궁을 가리킨다.

4 셔안: '설운'의 와음(訛音)으로 추정된다.

5 상달: 상달(上達). 윗사람에게 말이나 글로 알려 드린다는 뜻이다.

6 담대도: 담대(膽大)하기도. 담대는 겁이 없고 배짱이 두둑하다는 뜻이다.

7 상면: 상면(相面). 서로 만나서 얼굴을 마주 본다는 뜻이다.

8 용류: 용루(龍淚). 임금의 눈물이라는 뜻이다.

9 향노: 향로(香爐). 향을 피우기 위해 사용하는 자그마한 화로(火爐)이다.

10 향합: 향합(香盒). 향료를 넣는 상자로, 대개 둥글고 넓적한 모양이며, 뚜껑이 달려 있다.

11 옥장이: 옥을 다루어 물품 따위를 만드는 사람으로, 옥장(玉匠) 또는 옥공(玉工)으로도 불린다.

12 무자: 무자(無子). 무자식(無子息)의 줄인 말로, 주로 대를 이을 아들이 없음을 의미한다.

(2) 뒤흐로는 유사강[13]이 너여울 피바다에 쥬쥬리 떠오난 배에 염불 송짜[14]하고 아미타불 공부하여 련화 꽃이 사방에 바쳐 있고 거북이 받들고 청용 황용 끌어오난 배는 어떤 밴고 그 배에 오는 망제[15]는 세상에 있을 적에 다리 노와 만인 공덕 원을 지어 행인 공덕 절을 지여 중생 공덕 옷을 벗어 시주하고 배고픈 사람 밥을 주어 부엌 공덕 염불 공부 만인 시주하옵시고 극락세계 연화대[16]로 소원 성취하러 가는 배로셩이다 …(중략)… 또 그 뒤에 오난 배는 활 든 이 총 든 이 창 든 이 머리 풀어 산발하고 의복도 벗고 울고 결박하고 살기 중천[17]하고 모진 악기 가득하여 오난 배는 어떤 밴고 그 배에 오는 망제는 세상에 있을 때에 나라에 역적이요 부모에 불효 동기간에 우애 없고 일가에 살이 세고[18] 동네 사람에게 불효[19]하고 시주도 못하고 남의 음해 잘하고 남의 말 엿듣고 억매흥정[20]하고 이간질하여 쌈 부치기와 사람 죽이기와 탐이 많어 적은 되로 주고 큰 말되로 받고 김생[21] 많이 살성하고 만법 공수에[22] 비방한 죄로 한탕지옥[23] 칼산지옥[24]으로 가는 배로

---

13 유사강: 유사강(流沙江). 모래가 흐르는 강 또는 강물처럼 흘러내리는 모래란 뜻이다. 보통 중국 돈황(敦煌) 서쪽에 위치한 고비사막을 가리키는데, 여기에서는 이승과 저승의 경계를 이루는 강이라는 의미로 사용하였다.

14 염불 송짜: 염불(念佛) 송자(誦字). 부처님의 모습과 공덕(功德)을 생각하면서, 나무아미타불(南無阿彌陀佛)을 외고 불경의 글자를 암송하는 일을 가리킨다.

15 망제: 망자(亡者). 주로 무당이 굿 현장에서 죽은 이를 가리킬 때 쓰는 말이다.

16 연화대: 연화대(蓮花臺). 연꽃 모양으로 만든 불상(佛像)의 자리이다. 연화는 진흙 속에서 피어도 물들지 않는 덕이 있으므로, 연꽃 모양으로 불보살(佛菩薩)이 앉는 자리를 만든다고 한다.

17 중천: 충천(衝天). 기세(氣勢)가 높아 하늘을 찌를 듯한 모양을 의미한다.

18 살이 세고: 살(煞)이 세고. 일반적으로 살(煞)은 모질고 독한 귀신의 기운을 의미하는데, 여기에서는 일가 친척 사이에 우애심이 없다는 뜻으로 사용되었다.

19 불효: 문맥상 불순(不順)의 의미로 보아야 할 듯하다.

20 억매흥정: 억매(抑買)흥정. 부당한 값으로 억지로 물건을 흥정하려는 것을 의미한다.

21 김생: 짐승. 김생은 경기·경북 지역 등지에서 짐승을 의미하는 방언이다.

22 만법 공수에: 만법(萬法) 공수를. '만법'은 이 세상의 모든 법을 지칭하는 것으로, 여기서는 '불법(佛法)'을 가리킨다. '공수'는 본래 무당이 신들린 상태에서 신의 말을 하는 것을 일컫는 용어인데, 여기에서는 '부처님의 말씀'이라는 뜻으로 사용하였다.

23 한탕지옥: 문맥으로 보면, '한빙지옥(寒氷地獄)'의 와음(訛音)으로 추정된다. 송제대왕(宋帝大王)이 다스리는 한빙지옥은, 『불설예수시왕생칠경(佛說預修十王生七經)』에 나오는 10대 지옥 중 하나로, 얼음 속에 죄인을 묻어 놓고 죄를 주는 지옥이다. 송제대왕은 주로 망자의 사악함과 음란함을 심판한다.

24 칼산지옥: 도산지옥(刀山地獄). 진광대왕(秦廣大王)이 다스리는 도산지옥은, 『불설예수시왕생칠경』에 나오는 10대 지옥 중 하나로, 온통 칼로 뒤덮인 산이 있는 지옥이다. 진광대왕은 주로 망자의 생전 선행을 조사한다.

셩이다 저기 둘 우에[25] 언쳐서 불도 끄고 달도 없고 임자 없이 얹혀 있는 배는 어떤 밴고 그 배에 있는 망제는 무자귀신과 해산길에[26] 간 망제와 선왕제[27] 사십구제[28]와 사자삼성[29]과 지노기새남[30]도 못 받고 길을 잃고 세계를 몰나[31] 임자 없이 얹혀 있는 배로셩이다 우여라 슬프다 아모 망제 정성 받으신 자취에 바리공주가 천도하여 선삼하여 가는 배 우에 올나[32] 아미타불 지장보살님 염불 받아 극락세계 시방세계[33] 연화대로 왕생 천도하셩이다

(3) 그렁저렁 다 지내고 상임 뜰[34]을 다다르니 소여 대여[35] 나오신다 초산[36]에 나무 비는 목동더러 어이하여 소여 대여 나오시나 묻은즉 목동들 하는 말이 인정[37] 받고 말하노라 아기 업었던 수건 일곱 자 일곱 치 고[38]를 풀너 인정 쓰니 그

---

25 둘 우에: 돌 위에.

26 해산길에: 해산하는 중에.

27 선왕제: 선왕재(善往齋). 망자를 좋은 세계에 태어나게 하려고 절에 가서 불전(佛前)에 공양(供養)하는 재이다.

28 사십구제: 사십구재(四十九齋). 불교에서는 사람이 죽으면 49일 동안 다음 생의 연(緣)이 정해진다고 믿는다. 이에 사람이 죽은 날로부터 7일째마다 일곱 번에 걸쳐 망자의 명복을 비는 의식을 행하는데, 그것이 바로 사십구재이다.

29 사자삼성: 사재삼성. 망자 천도를 위한 진오기굿에서 죽은 이를 저승으로 보내기 위해 진행되는 절차 가운데 가장 먼저 연행되는 굿거리이다. 저승사자가 망자를 저승에서 이승으로 데려왔다가 다시 저승으로 데려간다는 전통적 죽음관에 입각한 것으로, 저승사자와 그 뒤를 따르는 삼성의 입장에서 연행되는 거리이다. 사재는 '사자(使者)'의 와음(訛音)이다.

30 지노기새남: 진오기새남. 죽은 이의 넋을 극락으로 인도하는 굿이다. 진오기굿보다 규모가 큰 것으로, 망자가 죽은 지 49일 내에 의식을 행하는데, 흔히 사십구재와 함께 지내기도 한다.

31 세계를 몰나: 세계를 몰라. 문맥상 '세계'는 '극락세계'를 의미하는 듯하다.

32 선삼하여……올나: 선상(船上)하여 가는 배 위에 올라. '선상하여'와 '배 위에 올라'는 같은 의미이다. 이를 함께 이야기한 것은 구술 발화의 일반적인 특징 가운데 하나이다.

33 시방세계: 시방세계(十方世界). 불교에서 이야기하는 온 세계로, 공간적으로는 사방(四方: 동·서·남·북), 사유(四維: 동남·동북·서남·서북), 상하(上下)의 열 방향을 나타내고, 시간적으로는 삼세(三世: 과거세·현재세·미래세)를 통칭한다.

34 상임 뜰: 미상이나, 문맥상으로는 '장안의 넓은 뜰' 정도로 추정된다.

35 소여 대여: 소여(小輿) 대여(大輿). 소여와 대여는 모두 국상(國喪) 때에 사용하던 상여(喪輿)의 일종이다. 소여는 좁거나 험한 길에서 쓰기 위해 대여보다 작게 만든 것이다.

36 초산: 초산(草山). 풀이 우거진 산이다.

37 인정: 인정(人情). 예전에, 벼슬아치들에게 바치던 뇌물을 가리킨다. 무속에서는 저승의 문지기가 망자의 혼에게 요구하는 통행세를 인정이라고 부른다.

38 고: 매듭이 풀리지 않게끔 한 가닥을 고리처럼 맨 것이다.

제야 입을 열어 말하되 양전마마 한날한시에 승하하옵셔 인상[39] 거둥이로셩이다 명전[40] 삼전[41] 도라보니 임금 왕자 뚜렷허다 그제야 머리 풀너 발상하고 무장신[42]은 감추오고 일곱 아들 감추고 소여꾼 물니치고 대여꾼 물리치고 다목을 도도 괴고[43] 앞매[44] 일곱 밧매[45] 일곱 소대렴[46] 매를 풀어 좌수 우수[47]로 편안히 하옵시니 조정 백관들은 아래로 시위[48]하고 시여상궁들은 장[49] 안으로 들나 하고 양연수[50]난 입에 넣고 개안수[51]는 품에 넣고 별이용[52]은 눈에 넣니 양전마마 일시에 일어 앉이시며 잠결이야 꿈결이야 상임 뜰은 무삼 일이야 앞바다 구경하러 왔느냐 뒷동산 꽃구경 왔느냐 하옵시니 조정 백관은 알외오되 버렸던 자손이 약수를 얻으러 갔다가 양정마마[53] 효춘[54]하셨나이다

출전: 서울 문덕순본 〈말미〉(김진영·홍태한 편저, 『바리공주 전집』 1, 민속원, 1997)

---

39 인상: 인산(因山). 상왕·왕·왕세자·왕세손 및 그 비(妃)들의 장례를 일컫던 말이다.

40 명전: 명정(銘旌). 붉은 비단에 흰 글씨로 죽은 사람의 본관, 관직, 성명 등을 쓴 깃발이다. 장사 지낼 때 장대에 달아 상여 앞에서 들고 가며, 매장할 때 관 위에 덮는다.

41 삼전: 삽선(翣扇). 발인(發靷)할 때 상여의 앞뒤에서 들고 가는 부채 모양의 치장제구(治藏諸具)로, 운삽(雲翣)과 불삽(黻翣)을 아울러 이르는 말이다. 삽선은 죽은 사람의 영혼을 좋은 곳으로 인도해 달라는 염원을 담고 있는데, 운삽에는 구름무늬가 그려져 있고, 불삽에는 '아(亞)' 자 모양의 무늬가 그려져 있다.

42 무장신: 무장승(武壯勝). 약수를 지키는 거신(巨神)으로, 무상신(無上神)이라고도 한다. 바리공주에게 길 값으로 나무하기 3년, 산 값으로 불 때기 3년, 물 값으로 물 긷기 3년의 노동을 요구하며, 9년 뒤에는 바리공주와 부부의 인연을 맺는다.

43 다목을 도도 괴고: 다목을 돋우어 괴고. 다목은 '대목(大木: 큰 나무)'의 와음(訛音) 혹은 '다목(多木: 많은 나무)'으로 추정된다. 나무를 놓고 그 위에 상여를 올려놓았다는 의미이다.

44 앞매: 매는 소렴(小殮) 때 시신에 수의를 입힌 뒤, 그 위에 매는 베 헝겊이다. 앞매는 시신을 안에서 묶은 매듭을 가리키며, 속매라고도 한다.

45 밧매: 바깥매. 시신을 겉에서 묶은 매듭을 가리키며, 겉매라고도 한다.

46 소대렴: 소대렴(小大殮). 소렴(小殮)과 대렴(大殮)을 아울러 지칭하는 것이다. 소렴은 사망한 다음 날 시신에 수의를 갈아입히고 이불로 싸는 절차이며, 대렴은 소렴이 끝난 뒤 시신을 묶어서 입관하는 의식이다.

47 좌수 우수: 좌수(左手) 우수(右手). 좌수는 왼손, 우수는 오른손이다.

48 시위: 시위(侍衛). 임금이나 어떤 모임의 우두머리를 모시어 호위한다는 뜻이다.

49 장: 장막.

50 양연수: 약령수(藥靈水). 신비스러운 효험이 있는 약수를 의미한다. 참고로 양연수는 사전에 없는 단어이지만, 밝고 맑은 물이란 뜻의 한자어인 '양연수(亮然水)'로 추정된다.

51 개안수: 개안수(開眼水). 소경의 눈을 뜨게 만드는 약수이다.

52 별이용: 벽이용(闢耳茸). 먹으면 막힌 귀가 열린다는 전설상의 풀로, 개이용(開耳茸)이라고도 한다.

53 양정마마: 양전(兩殿)마마. 두 분 마마님이라는 뜻으로, 임금과 중전을 가리킨다.

54 효춘: 회춘(回春). 위중한 병에서 회복되어 건강을 되찾는다는 뜻이다.

3. 작품 감상

서울 문덕순본 〈말미〉는 〈바리공주〉의 기본 서사를 충실히 유지하면서 저승과 관련된 내용을 다양하게 담고 있다. 지옥에 갇힌 죄인들을 구제하는 내용, 저승 가는 배들의 행렬을 구경하는 내용 등이 두루 나타나는 것이다. 또한 작품명을 〈말미〉라고 한 것 자체에서 무속 제의와의 연관성이 직접적으로 드러나기도 한다. 다음은 서울 문덕순본 〈말미〉의 서사를 정리한 것이다.[55]

① 바리공주의 부모가 혼인을 위해 점복자(占卜者)를 통해 점을 치지만, 점의 결과를 무시한다.
② 바리공주의 부모가 혼인을 한다.
③ 바리공주의 부모가 연이어 여섯 딸을 낳는다.
④ 바리공주의 부모가 일곱째 딸인 바리공주를 낳는다.
⑤ 바리공주가 피바다에 버려진다.
⑥ 석가세존이 버려진 바리공주를 구해 낸다.
⑦ 비리공덕 할아비와 비리공덕 할미가 바리공주를 키워 준다.
⑧ 바리공주가 성장하여 부모를 찾자, 비리공덕 할아비와 비리공덕 할미는 왕대와 머귀나무를 부모라고 둘러댄다.
⑨ 바리공주의 부모가 모두 병에 걸린다.
⑩ 바리공주의 부모가 병을 치료하기 위한 약이 약수임을 알게 된다.
⑪ 바리공주의 부모가 점괘를 통해 바리공주를 찾아와야 한다는 말을 듣게 된다.
⑫ 바리공주가 친부 확인을 위해 자신의 손가락을 잘라 업비대왕의 피와 합쳐 본다.
⑬ 바리공주가 부모를 만난다.

---

55 김진영·홍태한 편저, 『바리공주 전집』 1, 민속원, 1997, pp. 16-38.

⑭ 바리공주의 부모가 여섯 딸에게 약수 구하기를 부탁하나, 모두 핑계를 대며 거절한다.
⑮ 바리공주가 약수를 구하기 위해 남장을 하고서 길을 떠난다.
⑯ 바리공주가 석가세존을 만나 도움을 받는다.
⑰ 바리공주가 지옥을 지나가다가 죄인들을 구제한다.
⑱ 바리공주가 약수를 지키는 무장승을 만난다.
⑲ 바리공주가 약수를 얻기 위해 대가를 치른다.
⑳ 바리공주가 꿈을 통해 부모의 위독함을 알게 된다.
㉑ 바리공주가 돌아오는 길에 저승으로 가는 배들의 행렬을 구경한다.
㉒ 바리공주가 목동으로부터 부모의 상여가 나온다는 말을 듣게 된다.
㉓ 바리공주가 부모를 되살린다.
㉔ 바리공주의 남편인 무장승이 대궐을 헐고 입시한다.
㉕ 바리공주가 부모를 살린 공덕을 인정받아 신으로 좌정(坐定)한다.

(1)은 〈말미〉의 주인공인 바리공주가 부모로부터 버림을 받는 내용이다. 〈말미〉는 바리공주의 부모인 업비대왕과 길대중전마마가 혼인을 하기 위해 점을 치는 장면으로 시작한다. 분명 점괘에서는 "금년에 길례를 하옵시면 칠공주 보실 것이오 명년에 길례를 하옵시면 세자 대군 보시리다"라고 하였으나, 업비대왕은 "문복이 용타 한들 제 웃지 알소냐 일각이 여삼추요 하루가 열흘 같다"라고 말하며, 혼인을 서두른다. 점괘의 내용을 무시한 것이다. 그런데 점괘의 내용대로 두 사람은 딸만 내리 여섯을 낳게 된다. 그리고 마지막으로 낳은 아기도 딸임을 확인한 업비대왕은, 일곱째 공주인 바리공주를 피바다에 갖다 버리라고 지시한다.

이처럼 〈말미〉의 주인공인 바리공주는 아무 잘못도 없이, 태어나자마자 죽음의 위기에 처하게 된다. 그러나 바리공주는 '하늘이 내린 귀한 존재'였기에 금 거북의 도움을 받아 죽음을 면할 수 있었다. 이후 바리공주는 석가세존에 의해 구출되지만, 여성이기 때문에 제자로 받아들여지지 못한다. 여기에서 주인공 바리공주가 여성이라는 생득적(生得的) 성별로 인해 시련을 겪게 된다는 사실을 다시

한번 확인할 수 있다. 그러나 석가세존이 바리공주를 그대로 버려둔 것은 아니었다. 지나가던 비리공덕 할아비와 비리공덕 할미에게 바리공주의 양육을 맡겼기 때문이다.

이후 바리공주는 비리공덕 할아비와 비리공덕 할미의 손에서 성장한다. 그러던 어느 날, 바리공주의 부모가 한날한시에 병환이 든다. 그리고 병의 치료를 위해 문복을 한 결과, 바리공주를 찾아와야 한다는 이야기를 듣게 된다. 이에 한 신하가 바리공주를 데리러 가는데, 무명지(無名指)를 베어 피가 합쳐지는 것을 보고 혈육임을 확인한 뒤에야 바리공주를 데리고 올 수 있었다. 어렵게 만난 부모와 바리공주가 재회의 기쁨을 누릴 새도 없이, 바리공주는 약수를 구하기 위해 저승으로 떠난다. 머나먼 여정임에도 불구하고 바리공주는 석가세존의 도움으로 무사히 어려움을 헤쳐 나갈 수 있었다. 이 과정에서 나타난 바리공주의 구약(救藥) 여정은 〈말미〉에서 가장 중요한 요소 가운데 하나이다. 지옥에 있는 죄인들을 구출하는 등 무속 제의의 기능을 암시하는 내용이 두드러지게 나타나기 때문이다.

한편, 살아 있는 인간이 약수가 있는 저승의 세계로 들어간다는 이야기를 통해 바리공주의 신격이 무엇인지를 짐작할 수 있다. 굿판에서 무(巫)가 이승과 저승을 이어 주는 매개자 역할을 한다는 점을 염두에 둘 때, 바리공주가 무조신임을 쉽게 알아차릴 수 있기 때문이다. 실제로 무속에서는 무(巫)가 행하는 제의를 통해 저승의 영혼이 안식을 찾기도 하고, 죽은 이가 무(巫)의 몸을 통해 이승에 모습을 드러내기도 한다고 믿는다. 또한 무조신은 단순히 이승과 저승을 이어 주는 매개자 역할을 수행하는 데서 그치지 않고, 떠돌아다니는 영혼들이 무사히 저승으로 들어갈 수 있도록 도와주기도 한다.

다음으로 (2)는 바리공주가 무장승에게 일곱 아들을 낳아 준 뒤, 이승으로 되돌아오는 길에 저승으로 가는 배들의 행렬을 만나는 내용이다. 죽은 이들은 배를 타고 저승으로 들어가는데, 각자 이승에서 쌓은 공덕에 따라 다른 배를 타게 된다. 즉, 이승에서 선행을 쌓은 이는 저승에서 좋은 대접을 받고, 이승에서 악행을 쌓은 이는 저승에서 나쁜 대접을 받게 되는 것이다. 주목할 만한 부분은 남의 가정에 대를 이어 주지 못한 아녀자가 자식 없는 귀신으로 돌아간다고 이야기하는 대목이다. 이는 바리공주가 딸로 태어나 시련을 겪게 되는 부분과 상통하는 지점으로, 전승자의 가치관 및 전승 시기의 시대적 의식이 투영된 결과라 하겠다.

이 밖에도 이 대목의 끝부분에는 "우여라 슬프다 아모 망제 정성 받으신 자취에 바리공주가 천도하여 선삼하여 가는 배 우에 올나 아미타불 지장보살님 염불받아 극락세계 시방세계 연화대로 왕생 천도하셩이다"라는 내용이 등장하는데, 이는 서사의 흐름과 다소 동떨어진 듯하지만, 바리공주의 신격이 무조신이라는 사실을 뒷받침해 준다는 점에서 중요한 의미를 지니고 있다.

마지막으로 (3)은 이승에 도착한 바리공주가 약수를 통해 죽은 부모를 되살리는 내용이다. 무(巫)는 제의와 예언을 담당하기도 하지만, 주의(呪醫)로서 치병(治病)의 기능을 수행하기도 한다. 바리공주가 부모를 되살린 것은 이러한 치병적 기능을 염두에 둔 결과로 보인다. 물론 치병의 도구를 구해 오는 과정에서 이승과 저승을 넘나들고 있기 때문에, 이 부분을 무(巫)의 치병적 기능만으로 이야기하기에는 어려움이 따를 수 있다. 하지만 그럼에도 불구하고 제의 현장에서 무(巫)가 주약(呪藥)이나 주구(呪具) 또는 주물(呪物)을 통해 치료를 행한다는 점을 고려할 필요가 있다. 약수는 무(巫)의 신이한 주력(呪力)을 통해 만들어진, 일종의 주약(呪藥)으로 볼 수도 있기 때문이다.

이렇듯 서울 문덕순본 〈말미〉는 구약(救藥)과 그것을 위한 저승 여행, 그리고 그 과정에서 나타난 망자 천도 등이 서사의 핵심을 이루고 있다. 그렇기에 이야기의 결말부에서 바리공주와 그 주변인들이 신으로 좌정할 때, 바리공주는 죽은 사람을 저승으로 인도(引導)하는 왕, 즉 무조신으로 좌정하게 되는 것이다. 이는 그만큼 서울 문덕순본 〈말미〉가 당대인들의 사생관(死生觀) 및 무(巫)에 대한 인식을 잘 반영한 결과라 할 수 있겠다.

〈생각해 보기〉

(1) 〈바리공주〉의 이본들은 무가권(巫歌圈)을 구획하는 데 있어 매우 중요한 역할을 담당한다. 각 무가권을 대표하는 이본들을 찾아서 읽어 본 뒤, 이본들에 나타난 서사 단락의 차이를 이야기해 보자.

(2) 바리공주의 일생은 '영웅의 일대기'와 매우 흡사하지만, 유아기에 겪는 시련이 여성이라는 생득적(生得的) 성별 때문이라는 점에서 일반적인 영웅과 차이가 존재한다. 〈바리공주〉에서 여성을 바라보는 시선이 어떠한지 살펴보고, 그것이 오늘날 우리 사회의 모습과 어떻게 다른지 이야기해 보자.

(3) 〈바리공주〉는 소설, 연극, 웹툰, 게임 등 다양한 방식으로 콘텐츠화되었다. 이렇듯 〈바리공주〉의 현대적 변용이 활발하게 이루어질 수 있었던 이유가 무엇인지 생각해 보고, 고전 작품을 현대적으로 변용할 때 지양 또는 지향해야 할 바에 대해 자유롭게 이야기해 보자.

참고문헌

· 김진영·홍태한 편저, 『바리공주 전집』 1, 민속원, 1997.
· 이경하 주해, 『바리공주/바리데기』, 서울대학교출판문화원, 2019.
· 홍태한, 「서사무가 바리공주의 形成과 展開」, 『口碑文學研究』 4, 한국구비문학회, 1997.
· 홍태한, 「무가권에 따른 서사무가의 전승 양상」, 『한국무속학』 3, 한국무속학회, 2001.
· 홍태한, 「서울 진오기굿과 바리공주의 의미」, 『서사무가 바리공주 전집』 4, 민속원, 2004.

황명환

85

세경본풀이

1. 창작 배경

본풀이는 신의 내력이나 일대기를 다룬 이야기로, 주요 내용은 신들의 신격(神格) 획득 및 좌정의 경위, 신들의 직능(職能), 신에 대한 기복 사설 등이다. 〈세경본풀이〉는 농사를 관장하는 세경신에 대한 이야기로, 농경신의 내력을 다루고 있다. '세경'은 제주어로, 농사를 짓는 땅을 의미한다. 제주도에서는 농신(農神)을 기리는 굿이나 신년에 풍농을 기원하는 굿을 할 때, 심방이 제사상 앞에 앉아 장구를 치며 〈세경본풀이〉를 노래로 부른다.

〈세경본풀이〉는 제주도의 농경 문화와 밀접하다. 제주도민은 예로부터 육지에서는 농사를 지어 농작물을 얻고, 바다에서는 물질을 통해 해산물을 채취하며 생활을 영위했다. 그러나 제주도는 육지에 비해 농사를 지을 여건이 좋지 않았다. 섬이라는 특성으로 인해, 제주도에는 태풍·폭설 등 인간들에게 재앙을 일으키는 재해가 많았기 때문이다. 그리고 제주도의 지반은 현무암질로 이루어져 있어, 물이 지상에 잘 고이지 않고 지하로 빠진다. 이러한 지질학적인 특성 때문에 제주도에는 논이 드물었고, 보리·콩·조와 같은 잡곡을 재배하는 밭농사가 활발했다. 농사가 어려운 환경 속에서, 제주도에서는 농사의 풍요를 기원하는 신이 자연스럽게 생겨날 수 있었다. 〈세경본풀이〉의 주인공인 자청비는 곡모신으로서 농경의 풍경(豊耕)과 연관되어 있다.

한편, 제주도의 농경 문화에서 목축 역시 빼놓을 수 없다. 지리적으로 제주도는 중산간의 넓은 목초지가 있어, 말을 기르기 좋은 환경이다. 그리고 제주도에서는 파종 후 마소를 몰아, 씨와 흙이 바람에 흩날리지 않도록 밭을 탄탄하게 다져야 했다. 마소가 농사에 일정하게 기여한다는 점에서, 제주도에서 목축은 농업과 긴밀했다.

가축이 농경에 끼치는 영향력으로 인해, 제주도에서는 마불림제(백중제)가 행해졌다. 마불림제는 음력 7월 14일 또는 음력 7월 15일(보름)에 행해지는 제의로, 풍농과 우마의 증식을 기원한다. 마불림제는 〈세경본풀이〉의 등장인물 중 하세경으로 좌정한 정수남과 관련이 있다. 하세경 정수남은 목축의 신이었다.

2. 원문 읽기

"경ᄒᆞ민[1] 부모님아, 서수왕[2]에 장게[3] 아니 가오리다."

"이놈 저놈 죽일놈아, 이게 무슨 말이냐? 나 메누리 뒐 ᄀᆞ심[4]은 쉬은자[5] 구뎅이 파놓고 숫 쉰섬[6]을 묻엉 불을 살라놓고 불 우희 칼싼ᄃᆞ리[7] 노아그네 발아나고 발아들어사[8] 나 메누리 ᄀᆞ심이 뒌다."

---

1 경ᄒᆞ민: 그러면.

2 서수왕: 문도령의 집안과 혼약을 맺었던 인물. 자청비를 만나기 전, 문도령의 집안과 서수왕의 집안은 서로의 자녀들을 혼인시키기로 약속했었다. 문도령은 지상에서 자청비와 함께 글공부를 하던 중, 서수왕 딸과의 혼약으로 인해 부모의 부름을 받아 하늘로 돌아갔다. 문도령의 집안에서 자청비를 며느리로 인정한 뒤 서수왕에게 혼약을 무르는 편지를 보내자, 서수왕의 딸은 화를 내며 편지를 불에 태워 물에 타 먹은 후 방문을 걸어 잠그고 드러누웠다. 백 일 뒤 서수왕의 딸은 새가 되었다. 서수왕의 딸의 머리로는 두통새, 눈으로는 흘그세(흘깃새), 코로는 악심[惡臭]새, 입으로는 헤말림새가 나왔다. 헤말림새는 부부의 살림 및 인연을 갈라놓는 새이다. 부부가 이혼하는 것은 부부 사이에 이들 새가 날아들어 왔기 때문이라고 한다. 그리고 이때부터 결혼식에서 신부가 상을 받으면 숟가락을 들기 전에 신부 상의 음식을 위로 조금씩 걷어 상 밑으로 놓는 법이 마련되었다.

3 장게: 장가.

4 ᄀᆞ심: 감[材料]. 자격. 예상되는 사람.

5 쉬은자: 쉰(50) 자.

6 쉰섬: 쉰(50) 섬.

7 칼싼ᄃᆞ리: 칼날이 선 다리. 칼날이 위로 서게 걸쳐 놓은 다리이다.

8 노아그네 발아나고 발아들어사: 놓아서 타 나가고 타 들어와야.

수벨캄 수장남[9]을 불러놓고 쉬은자 구뎅이 파놓고 숫 쉰섬 불을 질러 칼ᄊᆞᆫ ᄃᆞ릴 노아노난,[10] ᄌᆞ청비[11]가 올라사젱 ᄒᆞ민[12] 문도령[13]이 잡아ᄃᆞᆼ기곡 문도령이 올라사젱 ᄒᆞ민 ᄌᆞ청비가 잡아ᄃᆞᆼ기곡 둘이 앚아 대상통곡 비새ᄀᆞ찌[14] 울 때예, 문도령이 ᄒᆞ는 말이,

“ᄌᆞ청비야, 오눌날 죽더라도 이 문칫[15] 구신이 뒐 것이니 ᄒᆞ다[16] 섭섭이 생각말라.”

ᄌᆞ청빈 비옥ᄀᆞ뜬 얼굴에 주충[17]ᄀᆞ뜬 눈물을 연새지듯 허여가멍[18] 발에 신었단 백녹보선 벗어두고 ᄏᆞᆨ씨[19]ᄀᆞ뜬 발로 칼ᄊᆞᆫ ᄃᆞ리 우의 올라산다. 앞데레 ᄒᆞᆫ 자국 뒤으로 두 자국 열자국은 칼ᄊᆞᆫ ᄃᆞ리 발아들어 뒤으로 열자국 발아날 때, ᄒᆞᆫ 발은 땅에 놓고 ᄒᆞᆫ 발은 칼ᄊᆞᆫ ᄃᆞ리 우의 이실적의[20] 술착ᄒᆞ게[21] 발뒤치기[22]가 베여지난 ᄌᆞ청비가 땅 알레레 ᄂᆞ려사멍 속치멧깍으로 싹기 쓸었더니 속치메가 버물어지는구나.[23] 문도령 부모가 둘려들어,

---

9 수벨캄 수장남: 수별감과 수머슴. 수별감은 수머슴을 높여 부르는 말이며, 수머슴은 머슴 가운데에 우두머리이다.

10 노아노난: 놓으니.

11 ᄌᆞ청비: 자청비. 〈세경본풀이〉의 주인공. 짐진국 대감과 자지국 부인의 딸로 태어났다. 15세에 주천강에 빨래하러 갔다가 천상의 존재인 문도령을 처음 만났다. 자청비는 문도령과의 사랑을 이루기 위해 지혜를 발휘하면서 여러 가지 어려움을 극복했고, 마침내 문도령과의 사랑을 이룬다. 그리고 농사를 관장하는 세경신으로 좌정하게 된다.

12 올라사젱 ᄒᆞ민: 올라서자고 하면.

13 문도령: 〈세경본풀이〉에서 자청비와 인연을 맺는 인물. 천상계의 존재인 하늘 옥황 문국성[문곡성(文曲星)]의 아들로, 안사인본 〈세경본풀이〉에서 문도령의 이름은 문왕성(文王星)으로 나온다. 자청비와 문도령의 결연은 〈세경본풀이〉의 중요한 서사라 할 수 있다. 문도령은 거무 선생에게 글을 배우기 위해 지상으로 내려왔다가, 주천강에서 자청비를 처음 만났다. 그리고 남장한 자청비와 3년 동안 글공부와 숙식을 함께했다. 그러나 문도령은 부모의 부름을 받고, 지상에 자청비를 남겨 둔 채 본가인 천상계로 돌아가 버린다. 이후 자청비는 여러 가지 고난을 넘기며, 천상계에 도달하여 문도령과 결혼한다. 작품의 결말 부분에서 문도령은 자청비와 함께 상세경으로 좌정하게 된다.

14 비새ᄀᆞ찌: 비새같이.

15 문칫: 문씨(文氏) 집안의.

16 ᄒᆞ다: 조금도.

17 주충: 염주.

18 연새지듯 허여가멍: 한없이 흘려가면서.

19 ᄏᆞᆨ씨: 박씨.

20 이실적의: 있을 적에.

21 술착ᄒᆞ게: 날선 칼날에 물건이 깊숙이 끊어지는 모양.

22 발뒤치기: 발뒤꿈치.

23 알레레……버물어지는구나: 아래에 내려서면서 속치마 자락으로 재빨리 쓸었더니 속치마가 더러워지는구나.

"이러훈 아기씨가 어디 이시리야. 나 메누리 ᄀ심이 넉넉ᄒ다. 어떤 일로 치멧 깍조름은 버물었느냐?"

ᄌ청비가 말을 ᄒ뒈, "어머님아, 아버님아, 나도 인간에서 본메본짱[24]이나 마련ᄒ오리다."

여ᄌ식은 열다섯 십오세가 넘으면 ᄃ들마다 몸엣 구실[25] 오기 법도를 마련흡데다.

출전: 안사인본 〈세경본풀이〉

3. 작품 감상

〈세경본풀이〉는 여러 각편으로 존재한다. 각편마다 내용상 세부적인 차이가 있으나, 중심 내용은 자청비의 '출생→과업(果業) 및 혼인→신으로의 좌정(坐定)'으로 전개된다. 자청비라는 여인이 변화무쌍한 삶의 여정 속에서 고난을 극복하고 마침내 사랑을 이루며, 농경신으로 좌정하는 내력을 담고 있다.

〈세경본풀이〉의 각편 현황

〈세경본풀이〉 각편의 제목	제보자	전승 지역
세경본푸리	박봉춘	서귀포시
세경본	이달춘	제주시 견입동
세경본풀이	강순선	제주시 구좌읍
세경본풀이	고대중	제주시 구좌읍
세경본풀이	안사인	제주시 구좌읍
세경본풀이	이용옥	제주시 도남동
멩감-세경본풀이	한행수	제주시 삼도1동
세경본풀이	고순안	제주시 삼도2동
세경본풀이	양창보	제주시 아라1동
세경본	강을생	제주시 한경면

원문 읽기의 내용은 안사인이 제보한[안사인본] 〈세경본풀이〉 중 일부이다. 안사인본 〈세경본풀이〉에서는 자청비가 세경신이 되는 과정을 다루면서, 자청비의

24 본메본짱: 본메. 증거가 될 사물.

25 몸엣 구실: 월경(月經).

뛰어난 능력과 지혜로움을 보이는 대목이 많이 나타난다. 안사인본 〈세경본풀이〉의 주요 내용은 다음과 같다.

① 짐진국과 자지국 부부가 오랜 세월 동안 자식이 없다가 불공을 통해 자청비를 얻는다.

② 자청비는 15세에 주천강 연못에서 문도령을 처음 만나고, 남장을 하여 문도령과 함께 거무 선생의 밑에서 글공부와 숙식을 함께한다. 글공부하던 중 자청비의 성적이 문도령보다 훨씬 우수했다. 문도령은 자청비의 신원이 의심스러워서 자청비에게 내기를 걸거나 꾀를 써 보았지만, 자청비는 이를 매번 능수능란하게 넘긴다.

③ 3년 뒤 문도령은 하늘나라의 문곡성으로부터 서수왕의 딸과 결혼하라는 편지를 받는다. 자청비와 문도령은 각자 집으로 가는 길에 목욕을 함께 하고, 자청비는 문도령에게 자신이 여자임을 밝힌다. 자청비와 문도령은 그날 밤 인연을 맺고, 문도령은 박씨와 얼레빗을 자청비에게 주고 하늘로 올라간다. 그 후 문도령은 소식이 없다.

④ 자청비 집안의 노비인 정수남이 마소를 끌고 나무를 하러 갔다가 마소를 모두 죽게 만들고, 그 마소를 전부 구워서 먹는다. 정수남은 왕오리를 잡고자 했으나 실패하고 집으로 돌아온다.

⑤ 정수남은 자청비에게 문도령이 궁녀들과 놀음놀이하는 것을 보다가 마소를 모두 잃었고, 이틀 뒤 문도령이 다시 온다고 거짓말한다. 자청비는 정수남에게 속아서 문도령을 찾으러 굴미굴산에 갔다가, 정수남에게 골탕을 먹고 희롱을 당한다. 자청비는 기지를 발휘하여 정수남을 죽이는데, 이를 안 자청비의 부모가 자청비를 혼낸다. 자청비는 남장을 하고 가출한다.

⑥ 자청비는 서천꽃밭으로 가서, 기지를 발휘하여 부엉이를 잡은 후 서천꽃밭의 꽃감관인 황세곤간의 막내딸과 결혼한다. 이후 서천꽃밭의 꽃을 획득하여 정수남을 살리나, 결국 부모로부터 쫓겨나게 된다.

⑦ 자청비는 주모할머니의 수양딸이 되어 문도령에게 가는 비단을 함께 짜

고, 비단을 받은 문도령은 자청비를 만나러 온다. 그러나 자청비의 장난에 문도령은 화가 나서 하늘로 올라가 버리고, 주모할머니는 자청비의 짓궂은 장난을 꾸짖으며 자청비를 내쫓는다.

⑧ 자청비는 승려의 모습으로 거리를 다니다가, 우연히 만난 선녀들을 도와준 후 하늘로 올라가 문도령과 재회한다. 자청비는 문도령의 부모에게 며느리로서의 자격을 시험받고, 시험에 통과하여 문도령과 혼인하고, 문도령의 정혼자였던 서수왕의 딸은 죽게 된다.

⑨ 자청비는 문도령을 서천꽃밭으로 보내어, 서천꽃밭의 막내딸과 보름 동안 지내게 하나 문도령이 보름이 지나도 돌아오지 않는다. 자청비는 문도령에게 편지를 보냈고, 문도령은 자청비에게 돌아온다.

⑩ 자청비와 문도령의 살림에 질투하는 하늘나라의 무리들이 문도령을 죽이고, 자청비를 보쌈하려 한다. 자청비는 기지를 발휘하여 위기를 모면하고, 문도령을 살려 낸다. 이후 하늘나라에 사변이 일어나자, 자청비는 이를 해결하고 오곡의 씨앗을 얻어 문도령과 세상으로 내려간다.

⑪ 자청비는 정수남과 재회하고, 문도령과 함께 농경신으로 좌정하며, 정수남은 축산의 신이 된다.

원문 읽기에 소개된 내용은 ⑧에 해당한다. 자청비는 숯구덩이 위에서 칼날이 선 다리를 건너는 데에 성공한다. 이는 평범한 사람이 해내기 어렵고 매우 고통스러운 일이지만, 자청비는 이를 성공적으로 해낸다. 이 장면은 자청비가 사랑을 위해 고통을 감내하는 모습을 보여 준다. 그와 동시에 평범한 사람이 해내기 힘든 일을 성공시켰다는 점에서, 자청비의 능력이 그만큼 뛰어남을 보여 준다.

이로써 문도령과 서수왕의 딸 사이에 맺어진 혼약을 물리고, 자청비는 문도령의 부모로부터 며느리로 간택받는 시험에 합격하여 문도령과 결혼한다. 하늘에 오른 자청비가 문도령의 부모로부터 며느리로서의 자격을 시험받는 것은 일종의 통과의례이자 테스트라고 할 수 있다. 사람과 사람 간의 결연에서, 결혼은 서로가 정식으로 부부 관계를 맺는 의례이다. 결혼을 통해, 신랑과 신부는 부부가 되었음을 공식적으로 인정받게 된다. 이러한 점에서, 자청비와 문도령의 결혼은 두 사람의 결연에서 큰 전환점이라 할 수 있다.

자청비가 농경의 신으로 좌정하는 과정뿐만 아니라, 자청비와 문도령의 결연 역시 〈세경본풀이〉의 중요한 서사이다. 자청비와 문도령의 결연에서는 여성인 자청비의 수난이 빈번하게 등장하며 중심 서사를 이룬다. 이는 문도령과의 이별, 정수남으로 인한 수난, 집에서의 축출, 시부모에 의한 시련, 서수왕 딸과의 갈등, 남편 문도령의 죽음으로 나타난다. 그 속에서 자청비는 운명을 스스로 선택하며 온갖 수난과 역경을 이겨 냈다. 마침내 자청비는 문도령과의 사랑을 이루었고, 이후 여러 가지 시련을 극복한 후 세경신으로 좌정했다.

자청비와 문도령의 결연에서, 자청비는 적극적이고 능동적이며, 문도령보다 우월한 능력을 보여 주는 경우가 많다. 문도령은 자청비와의 결연 과정에서 소극적인 면모를 보인다. 이들 사랑의 성공의 열쇠를 얻는 사람은 처음부터 끝까지 자청비였으며, 그녀는 지혜롭고 애정을 성취하고자 하는 의지가 강했다. 노비인 정수남의 희롱과 수작에 대처하는 대목에서도 보이듯, 자청비는 재치가 있으며 말재주도 뛰어났다.

문도령과의 사랑을 이룬 뒤, 작품의 결말부에서 자청비는 중세경으로 좌정한다. 이와 함께 문도령은 상세경, 정수남은 하세경이 된다. 작품 속에서 자청비에 비해 활약이 미미함에도 불구하고, 상세경이 된 것은 문도령이었다. 이는 농사가 하늘의 자연적 기후에 영향을 받는다는 생각에 기반을 두는데, 상세경 문도령은 자연 운행의 상위 질서를 상징한다. 중세경 자청비는 땅의 존재로, 하늘의 조화에 대응하는 자연의 힘을 상징한다.

자청비 집안의 노비였던 정수남의 경우 자청비를 겁탈하려 했으며, 자청비가 집에서 쫓겨나는 데 결정적인 계기를 마련한 인물이다. 자청비는 자신을 겁탈하려 했던 정수남을 죽였다가 부활시켜 준다. 이후 정수남을 지상에서 다시 만났을 때, 자청비는 그를 징치하지 않고 배고픈 그에게 먹을 것을 마련해 준다. 오히려 정수남에게 욕을 한 머슴들에게 징벌을 내리기까지 한다. 그러고 나서 정수남은 자청비와 함께 신으로 좌정한다. 자청비의 이와 같은 모습은 자신에게 시련을 안겨 준 이나 악한 이를 오히려 용서해 주는 행위로 볼 수 있다.

이처럼 세 사람이 모두 신으로 좌정하는 것은 〈세경본풀이〉만의 독특한 면모라 할 수 있다. 문도령과 자청비는 농경을 주관하고, 정수남은 목축을 주관하며 7월에 마불림제를 받아먹는다. 결국 세 사람이 세경신으로 좌정하는 과정은 농경에서 하늘과 땅, 그리고 목축의 조화와 복합성을 의미한다.

〈생각해 보기〉

(1) 자청비와 문도령·정수남이 어떠한 신으로 좌정했는지 정리해 보고, 이들 세 명의 신이 제주도의 농경 문화와 어떠한 관련이 있는지 이야기해 보자.

(2) 자청비는 사랑을 이루는 과정 중, 위기가 닥칠 때마다 지혜롭고 적극적으로 위기에 대응했다. 자청비처럼, 사랑을 이루는 과정에서 어려움을 만난다면 어떻게 행동할지 생각해 보자.

(3) 〈세경본풀이〉는 각편마다 결말에 차이가 있다. 〈세경본풀이〉의 각편들의 결말이 각각 어떻게 다른지 조사해 보고, 느낀 바를 이야기해 보자.

참고문헌

· 양영수, 『세계 속의 제주 신화』, 보고사, 2011.
· 허남춘, 『제주도 본풀이와 주변 신화』, 보고사, 2011.
· 현용준, 『제주도신화』, 서문당, 1977.
· 류정월, 「〈세경본풀이〉와 제주도 농업관」, 『여성문학연구』 30, 한국여성문학학회, 2013.
· 정인혁, 「〈세경본풀이〉의 세계관 재고 - '中'세경 자청비와 의미」, 『한국고전여성문학연구』 17, 한국고전여성문학회, 2008.

김소연

86

진주낭군

1. 창작 배경

힘든 노동과 시집살이의 고단함을 잊기 위해 불렀던 민요는 여성들의 삶을 고스란히 간직하고 있다. 서사민요 〈진주낭군〉은 힘든 시집살이를 참아 가면서 남편의 사랑을 기대했던 여성이 남편의 무심함을 견디지 못해 스스로 죽음을 선택하는 비극적인 노래이다. 〈진주낭군〉은 '시집살이노래'의 한 유형으로도 분류되고 있으며, 일정한 인물과 사건을 갖춘 이야기를 담고 있는 노래라는 점에서 '서사민요'의 한 유형으로 분류되고 있다.

시집살이하는 여성들의 삶을 보여 주는 〈진주낭군〉은 서사민요로 널리 불리다가 1980년대에는 민중가요로, 오늘날에는 대중가요로 그 맥을 이어 가고 있다. 다양한 방식으로 전승되면서 오늘날까지 불리는 〈진주낭군〉은 서사민요의 형성과 전승의 다양한 맥락을 살펴보는 데 중요한 의미를 지니는 작품이다.

2. 원문 읽기

빨래그릇 옆에찌고 진주남강에 빨래를가니
물도좋고 돌도좋다 흰빨랠랑 희게씻고
검은빨래 검게씻고 진주야낭군이 오시는구나

구름같은 말을타고 하늘같은 갓을씨고
청룡황룡 굽은길로 활쏜닷이 돌아오네
진주야낭군 거동보소 활쏜닷이 지내가니
빨래그릇 옆에끼고 집이라고 돌아오니
시어머님 하시는말씀 아가아가 미늘아가
진주야낭군을 볼라거던 건너방에 건너가라
그말듣던 미늘아기 건너방에 건너가니
진주야낭군 거동을보소 화류기상 옆에끼고
아홉가지 술을놓고 열두가지 안주를놓고
권커니자커니 하는구나 그꼴보던 미늘아기
속에화가 불끈나서 닫은방문 발로차고
건너방에 건너가서 석자수건 목에다걸고
열손가락 품에품고 열두가지 맘을묵고
아홉가지 약을묵고 자는듯이 죽었구나
시어머님 거동보소 미늘아기 목을안고
아가아가 일어나라 통곡소리 놀래듣고
진주야낭군 거동보소 보선발로 뛰어와서
백설같은 목을안고 진주댁이 일어나소
못일어나소
그만일로 이리됐소 첩의정은 삼년이고
본처정은 백년인데 그만일로 이리됐소
야속할사 진주댁이

출전: 『한국구비문학대계(경북 성주군 편)』, 〈진주낭군〉 일부

3. 작품 감상

〈진주낭군〉은 현대까지 노래로 불릴 만큼 전승이 이어져 왔지만 활발한 연구

는 이루어지지 않았다. 경북 지방의 서사민요를 조사·발굴한 자료를 소개하면서 언급되거나, 시집살이노래를 포괄적으로 다루면서 여성들의 말하기 방식에 대해 논의하면서 연구가 이루어졌다. 그리고 〈진주낭군〉의 형성과 전승 양상에 주목하여 의미를 밝히는 연구가 이루어졌다.

지금까지 조사된 〈진주낭군〉 자료는 약 102편이 있는데, 지역별로 전승 양상을 살펴보면 경북 33편, 경남 25편, 전북 9편, 전남 21편, 충북 2편, 충남 2편, 강원 8편, 제주 2편이다. 지역별 전승 양상에서 알 수 있듯이 〈진주낭군〉은 경상도 지역에서 가장 많이 전승되는 노래이다. 특히 경상도 지역에서 많은 전승이 이루어지는 이유에 대해서는 여러 가지로 살펴볼 수 있지만, 경북 지역에 편향되어 있는 '내방가사'와의 관련성을 생각해 볼 수 있다. 〈진주낭군〉이 남편에게 서운함을 토로하는 내방가사와 성격이 비슷하다는 점에서 경상도 지역에 많이 전승되는 이유를 찾을 수 있을 것이다.

〈진주낭군〉은 힘든 시집살이를 하며 남편의 출세와 사랑을 기대했던 젊은 여성이, 자신에게 무심한 남편에게 자결로써 항거하며 남편을 각성하게 한다는 내용이다. 서사민요 〈진주낭군〉의 서사 구조는 시간적 순서로 이루어져 있어 사설의 변이형이 크게 나타나지 않는다. 만남에 대한 기대가 실망으로 급변하고, 마침내 절망과 자살로 파국을 맞는 내용으로 이루어져 있다. 〈진주낭군〉의 서사 단락을 간략하게 살펴보면 기대→갈등→좌절→죽음이 순차적으로 나타나고 있으며, 구체적인 내용은 다음과 같다.

① 젊은 여성이 가난한 집에서 3년간 시집살이를 한다.
② 시어머니가 남편이 돌아올 것이라며 진주 남강에 빨래를 하러 보낸다.
③ 진주 남강에서 빨래하면서 경치를 구경하며 남편을 기다린다.
④ 갑자기 들리는 말굽 소리에 보니 남편이 지나가는데 자신을 못 본 체한다.
⑤ 빨래를 하고 집으로 돌아오니 사랑방이 시끄럽다.
⑥ 시어머니는 사랑방에 건너가서 남편을 만나라고 한다.
⑦ 사랑에 건너가 보니 남편이 기생첩을 끼고 술을 마시며 즐기고 있다.

⑧ 여성은 건넌방으로 건너와서 명주 수건에 목을 매 죽는다.

⑨ 이 사실을 들은 남편이 달려와 울면서 한탄한다.

〈진주낭군〉의 서사 구조를 살펴보면 ①~③에서 남편이 오기만을 기다리면서 힘든 시집살이를 하던 여성이(기대), ④에서 자신을 못 본 척하고 지나가는 남편에게 서운함을 느끼다가(갈등), ⑤~⑦에서는 기생첩을 끼고 술 마시며 즐기는 남편의 모습에 실망하여(좌절), ⑧~⑨에서 스스로 자결하는 여성과 후회하는 남편의 모습(죽음)이 나타난다. 원문에 제시된 내용은 여성의 기대가 좌절되어 죽음에 이르는 과정이 나타나는 ③~⑨까지의 내용이다.

남편을 만난다는 여성의 기대감은 "진주 남강에 빨래 가니 돌도 좋고 물도 좋아, 오동통통 두드리니"라는 사설에 잘 나타난다. 훌륭한 경치와 더불어 남편을 만날 수 있다는 기대감에 여성은 한껏 기쁨을 느낀다. 그러나 남편은 "하늘 같은 갓 쓰고, 구름 같은 말 타고 못 본 듯이" 지나간다. 실망 속에서 "흰 빨래는 희게 빨고 검은 빨래는 검게 빨아" 빨래를 마무리하고 집으로 돌아온다.

그러나 실망은 절망으로 돌변하고 만다. 남편이 기생첩을 끼고 즐겁게 술을 마시고 있다. ④~⑦에서는 남편 없이 힘든 시집살이를 하던 여성이 남편에게 사랑받지 못하는 모습을 잘 보여 준다. 남편에게 사랑받지 못하는 여성의 삶은 여성으로서의 존재 가치를 인정받지 못하는 것이며, 힘든 시집살이를 지속할 필요가 없는 중요한 이유가 된다. 시어머니와의 갈등과는 또 다른 문제로, 여성들이 겪는 갈등 중의 하나이다.

이러한 이유로 ⑧에서 여성은 스스로 목숨을 끊는 자결을 선택한다. '죽음'이라는 선택은 갈등의 해결이 불가능할 때 행하는 것으로, 남편의 배신과 횡포에 대한 강한 항거라 할 수 있다. ⑨에서는 죽은 아내를 보면서 한탄하는 남편의 진심이 드러나는 내용으로, 여성의 불만을 해소해 주는 역할을 한다. 특히 몇몇 민요 채록본에서는 남편이 아내의 장례를 극진하게 지내 주는 내용이나, 잘못을 반성하고 중이 되는 내용으로 확장되고 있어 남편에 대한 불만을 해소하기 위한 여성들의 모습을 확인할 수 있다.

이처럼 〈진주낭군〉은 남편 없이 힘든 시집살이를 해야 했던 여성들의 고단한 삶과, 남편에게 사랑받지 못하는 여성들이 불만을 표출하고 해소하는 과정을 잘 보여 주는 작품이라 할 수 있다. 시어머니와의 갈등 외에 남편과의 갈등 또한 여성의 삶에서 고민하고 해결해야 하는 문제였음을 살펴볼 수 있다는 점에서 여성의 삶을 파악하는 데 중요한 작품이다.

또한 여성의 죽음이라는 비극적 결말을 지닌 〈진주낭군〉은 다양한 방식으로 전승된다. 시집살이를 경험한 여성들이 노동하면서 불렀던 민요 〈진주낭군〉이 시집살이노래들과 복합적인 성격을 지니면서 여성 노동의 모습이 구체적으로 묘사되거나 시어머니와의 갈등이 추가되면서 전승·확대된다. 이후 1930~1940년대에 와서 〈청춘가〉, 〈노랫가락〉이 유행하면서 〈진주낭군〉은 신민요의 곡조로 불리며 전형적 사설로 고정화된다. 노동의 현장에서 노래를 부르는 한편 유희의 현장에서도 노래가 불리면서 두 갈래의 연행 과정으로 전승되었다.

다양한 방식으로 전승되어 오던 〈진주낭군〉은 1970~1980년대에는 대학생 및 포크송 가수들에게 수용된다. 4·19 혁명을 통해 기존 정권을 무너뜨리려던 대학생들이 민요와 탈춤 같은 전통문화에 관심을 가지게 되면서, 민중의 억압적 현실과 저항정신을 선도하려는 움직임으로 〈진주낭군〉을 민중가요로 수용하였다. 〈진주낭군〉은 현재 대중가요 속에서 그 명맥을 이어 오고 있으며, 지금까지도 유효한 가치를 지닌 작품으로 자리매김하고 있다.

〈생각해 보기〉

(1) 〈진주낭군〉과 〈누명쓰고 자살한 며느리〉, 〈큰어머니 노래〉 등의 시집살이 노래들을 비교·분석하여 여성들의 고난과 대응 방식의 차이점을 살펴보자.

(2) 〈진주낭군〉은 남편에 대한 불만을 해소하기 위해 결말 부분에서 여성들이 다양한 내용으로 사설을 변이하여 노래를 부른다. 〈진주낭군〉의 이해를 바탕으로 자신만의 결말을 만들어 보자.

(3) 〈진주낭군〉이 지금까지 전승되어 불리는 이유가 무엇인지 생각해 보고, 당시 여성의 삶과 현대 여성의 삶을 비교하여 생각해 보자.

참고문헌

· 정우락, 『모순의 힘』, 경북대학교출판부, 2019.
· 김종군, 「〈진주낭군〉의 전승 양상과 서사의 의미」, 『온지논총』 29, 온지학회, 2011.
· 박지애, 「시집살이요의 언술방식과 시·공간 의식」, 『한국민요학』 10, 한국민요학회, 2002.
· 서영숙, 「서사민요 〈진주낭군〉의 형성과 전승의 맥락」, 『구비문학연구』 49, 한국구비문학회, 2018.

류명옥

87

이사원네 맏딸애기

1. 창작 배경

서사민요는 일정한 인물과 사건으로 이루어진, 이야기로 된 민요이다. 자신의 감정을 제대로 표현할 수 없었던 시기에 여성들은 서사민요를 통해 절제된 욕망을 드러내고자 하였다. 혼인 이후 시집살이의 고단함과 자신에게 무심한 남편에 대한 서운함과 애정을 서사민요를 통해 노래하면서 스스로를 달래 왔다.

서사민요 〈이사원네 맏딸애기〉는 자유로운 애정 실현과 혼인이 불가능했던 사회 현실에 대한 비판적 모습이 드러나는 작품이다. 사랑과 혼인, 죽음이라는 문제를 다루면서 사랑이 좌절된 여성의 마음과 그 마음을 해소해 주는 방식의 이야기를 노래로 표현하고 있다. 여성들의 진솔한 감정을 보여 준다는 점에서 중요한 작품이면서, 다른 서사 민요들과 비교하여 여성의 적극적인 모습이 드러나고 있어 주목할 만한 작품이다.

서사민요 〈이사원네 맏딸애기〉는 사랑이 좌절된 여성이 어떻게 욕망을 해소해 나가는지에 따라 다양한 유형으로 나누어진다. 이처럼 서사 단락을 확장하여 다양한 하위 유형으로 확장되는 특징을 지닌 〈이사원네 맏딸애기〉는 서사민요 유형의 형성 원리를 파악하는 데 중요한 의미를 지닌다.

2. 원문 읽기

한살묵어 엄마잃고 두살묵어 부친잃고
호삼춘을 찾아가니 삼촌은 지청구라
데친물에 올챙이를 범벅하야
우리삼춘 주라한데 우리숙모 아니주네
우리삼춘 죽거들랑 어내양지 묻어주고
우리숙모 죽거들랑 시음달에 묻어주소
호부[1] 닷새[2] 절에올라 열다섯에 글을배와
책받침을 앞에끼고 김선달네 맏딸애기 서쩍걸[3]로 지내치니
김선달네 맏딸애기 화각창 청개집에 바람만 문열듯열고
저게가는 저선배가 활선배냐 글선배냐
요내방에 하릿밤만 자고가소
여보말씀이사 좋다마는 아글아글 배운글을 일시인들 잊을쏘냐
큰아이는 물렀거라 장개라꼬 가거들랑
질우에 우던야시 질알로 비끼서고
질아래 우던까막깐치 질우로 비끼서소
장개라고 가가주고 행이청[4]에 드거들랑 이상다리 뿌러지고
사모깍대 씨거들랑 사모각대 뿌러지고
헌옷을 입거들랑 헌옷걸음[5] 떨어지소
큰밥상을 받거들랑 수제까지 뿌러지고
첫날저녁 들어가서 겉머리도 아파오고
속머리도 아파오고 눈쌀이나 곧아지소

1 호부: 홑.
2 닷새: 다섯.
3 서쩍걸: 삽짝거리(사립문).
4 행이청: 행례청.
5 옷걸음: 옷고름.

새실오늘왔던 새신랑이 절에있는 처남들아
아랫방에 내려가서 너거누님 오라해라
말소리나 들어보고 얼굴이나 간아보자
처남들이 아랫방에 내려가서 누우님요 누우님요
오늘오신 새매부가 누우님을 오라요
손목이나 지어보고 얼굴이나 간아보자하요
그러구로 큰방으로 들어가니 오늘왔던 새신부가 아파서 누웠구나
겉머리도 아파오고 속머리도 아파오고 눈쌀이 곧아지며
처자를 손을잡고 눈물을 지옴사
그러구로 숨이 떨어지고나니 하는말이
삼단같은 이내머리 언제봤다 하옵시고 끝끝치도 푸라하요
언제봤다 하옵시고 꽃댁이를 나였두고 어무신이 다한말가
언제봤다 하옵시고 공단비단 나였두고 질에옷이 다한말가
언제봤다 하옵시고 꽃감이를 나였두고 신성탓이 왼말이요
나서거라 나서거라 행상뒤에 나서거라 신성타고 따라간다
행상꾼이 발을맞차 하는구나
김선달네 맏딸애기 서쩍결로 지내치니
행상꾼이 발이붙어 떨어지지 아니하네
나서거라 나서거라 김선달네 맏딸아가 어서배삐 나서거라
김선달네 맏딸애기 나서면서
속적삼 벗어들고 행상끝에 허리끈푸는구나
떨어지소 떨어지소 숨내맡고 떨어지소
떨어지소 떨어지소 땀내맡고 떨어지소
행상꾼이 발이떨어져서 행상을 메고가니
김선달네 맏딸아가 신성타고 따리가거라
저그집을 돌아와서 동네명태 한테뜯어놓고
술한통 받아놓고 동네방내 사람모아놓고

동네방내 어르신네 이내이름 짓거들랑
청춘과수 짓지말고 새애기라 지어주소

출전: 『한국구비문학대계(경상남도 김해 편)』, 〈청상과부 한탄가〉

3. 작품 감상

서사민요 〈이사원네 맏딸애기〉의 구조적 특징을 살펴보기 전에 우선 전체 내용을 서사 단락으로 나누어 보면 다음과 같다.

① 남자가 조실부모하고 삼촌집에서 양육된다.
② 여자가 남자를 유혹한다.
③ 남자가 거절하자 여자가 남자를 저주한다.
④ 혼인하는 날 남자가 갑자기 죽고 과부가 된 신부가 한탄을 한다.
⑤ 남자의 멈춘 상여에 자신을 좋아했던 여자가 속적삼을 덮어 주자 상여가 움직인다.

〈이사원네 맏딸애기〉는 다른 서사민요나 무가에 보이지 않는 이 유형만의 서사 단락을 지니고 있다. 원문 읽기에 제시한 내용이 그 부분이며, 위의 다섯 가지 서사 단락으로 나누어 놓은 구조 중에서는 ②와 ③, 즉 '여성의 유혹과 저주' 부분이 여기에 해당한다. 여성이 남성에게 먼저 구애를 했다가 거절당하자 남성을 저주했다는 내용은 다른 서사민요에서는 찾아볼 수 없는 부분이다. 이처럼 〈이사원네 맏딸애기〉는 혼인, 죽음 등의 의례를 자세하게 보여 주면서 여성이 먼저 남성을 유혹하고, 이를 거절한 남성을 저주해 죽게 한다는 점에서 다른 서사 갈래의 작품과 차별화된 작품 세계를 보여 준다.

〈이사원네 맏딸애기〉의 내용을 살펴보면, ①은 남성이 어떠한 사람인지를 설명하고 묘사하는 단락이다. 남성이 부모를 잃고 삼촌집에서 자라는 상황을 설명하고 있다. ②는 예쁜 여성이 남성에게 자신의 애정을 표현하는 부분이다. 사실 서사민요 중에서 여성이 남성에게 자신의 애정을 적극적으로 표현하는 작품은 찾아보기 힘들다. 서사민요에서 여성은 남성에게 마음이 있어도 고백하지 못하고 혼자 고민하는 모습으로 그려진다. 그래서 〈이사원네 맏딸애기〉는 다른 서사민요와 차별화된 양상을 보인다는 점에서 중요하다. ③은 남성이 여성의 구애를 거절하자, 여성이 남성에게 저주를 내리는 부분이다. 이 부분 역시 다른 서사민요에서는 찾아볼 수 없는 내용이며 앞의 ②와 연결되는 부분이다. 여성이 저주를 내리는 모습을 보면, 행례청의 다리가 부러지거나, 사모관대가 부러지고, 숟가락이 부러지는 등 우연한 사건이 일어나다가 결국 남성이 혼인날에 목숨을 잃게 된다. ④에서 남성과 혼인하기로 한 여성은 남성이 혼인하는 날 갑자기 죽자 과부가 된 자신의 신세를 한탄하면서 울부짖는다. 그리고 ⑤에서 남성의 상여가 꿈쩍하지 않자, 거절당한 여자가 속적삼을 상여에 덮어 주었고 그제서야 상여가 움직인다.

서사민요 〈이사원네 맏딸애기〉에서 '여성의 유혹과 남성의 거절로 인한 저주'는 고정적 요소이지만, 그 외에는 다양한 서사 단락이 결합되어 복합적으로 나타난다. 이를 중심으로 〈이사원네 맏딸애기〉를 몇 가지 하위 유형으로 나누면 다음과 같다. 앞의 원문에 제시된 서사 단락은 자신의 애정을 거절한 남성에게 저주를 내리는 '처녀저주형'이다. 그리고 서사 단락이 결합되는 내용에 따라, 맏딸애기가 하도 예쁘다고 소문이 나서 남성이 여러 번 찾아갔다가 겨우 만나게 되고 예쁘게 차려입은 맏딸애기의 모습이 꽃처럼 아름답다고 하는 '처녀유혹형'이 있다. 이 외에도 남편이 혼인하는 날 죽어 청춘과부가 된 신부의 한탄이 자세하게 나타나는 '신부한탄형'이 있으며, 현세에서 이루지 못한 맏딸애기와 남성의 애정이 저승에서 이루어지는 '저승결합형'과 남성에게 본래 본처가 있는데 후실장가를 드는 '후실장가형' 등이 있다. 이러한 다양한 결합 구조의 모습은 〈도랑선비 청정각시〉, 〈중에게 시주한 후 쫓겨난 여인〉, 〈치원대 양산복〉, 소설 〈양산백전〉 등의 내용과 비슷하게 나타나는 부분이다.

이처럼 서사민요 〈이사원네 맏딸애기〉에서는 자유로운 사랑과 혼인이 불가능한 시기에 자신의 사랑을 마음껏 표현하지 못하는 억압의 감정이, 구애를 거절한 남성에 대한 저주로 나타나고 있다. 특히 〈이사원네 맏딸애기〉 노래 속의 신부는 혼인한 여성의 심정을 대변하면서 '신부한탄형' 등 다양한 유형의 노래를 만들어 내고 있다. 남성에게 거절당한 여성의 원망에만 주목하는 것이 아니라, 남편이 일찍 죽어 과부가 된 여성의 안타까운 삶에 대해서도 같은 여성으로서 측은하게 바라보고 있다. 축첩 제도에 대한 사회 비판과 여러 여성들의 희생에 대한 원망이 서사민요에 나타나고 있다. 〈이사원네 맏딸애기〉와 같은 서사민요는 여성들이 처한 입장과 가치관에 따라 다양한 하위 유형으로 노래가 변형되어 나타나며, 노래 속에는 여성들의 좌절과 억압적 현실에 대한 자각이 잘 표현되어 있다.

〈생각해 보기〉

(1) 다른 서사민요와 〈이사원네 맏딸애기〉를 비교 분석해 보고, 남성을 대하는 여성의 구체적인 모습이 어떻게 다르게 나타나는지 설명해 보자.

(2) 〈이사원네 맏딸애기〉는 '여성이 남성을 유혹하고 저주하는 내용'에 따라 이 유형의 각편 내용이 다르게 전승된다. 서사민요에서 이 부분을 다시 읽고 자기 나름대로 하나의 새로운 이야기를 만들어 보자.

(3) 현대 대중매체 속에서 남성과 여성의 애정 갈등이 나타나는 작품을 찾아서 〈이사원네 맏딸애기〉의 인물과 비교하여 애정의 갈등 문제를 어떻게 해결해 나가는지 살펴보자.

참고문헌

· 서영숙, 『한국서사민요의 짜임과 스밈』, 역락, 2018.
· 조동일, 『서사민요연구』, 계명대학교출판부, 1970.
· 서영숙, 「서사민요 〈이사원네 맏딸애기〉 노래의 전승양상」, 『어문연구』 67, 어문연구학회, 2011.
· 서영숙, 「〈이사원네 맏딸애기〉 노래의 서사적 특징과 현실인식」, 『한국고전여성문학연구』 22, 한국고전여성문학회, 2011.

류명옥

88

경복궁타령
景福宮打令

1. 창작 배경

〈경복궁타령〉은 우리 민족의 정서를 대표하는 민요이다. 민요는 우리가 살아온 일상적인 삶을 고스란히 담고 있는 노래이면서, 암울했던 일제 강점기에는 우리 민족의 슬픔을 달래 주었던 노래이다.

〈경복궁타령〉은 경복궁을 중건할 때 불렸던 노래이며, 전국 팔도의 부역꾼들이 노동의 고달픔을 달래기 위해 부른 노래로 알려져 있다. 이 외에도 흥선대원군이 원납전을 거두어들이며 무리하게 공사를 강행한 것을 풍자하는 노래라고도 한다. 경복궁은 1592년 임진왜란 때에 화재로 소실되었다가 1865년에 흥선대원군에 의해 중건되었다. 경복궁 중건은 7년이 넘는 긴 시간 동안 이루어졌으며 막대한 비용이 들었다. 공사 비용을 마련하기 위해 백성들에게 무리한 원납전을 요구했으며, 농번기에 많은 부역꾼을 동원하여 백성들의 불만이 높아져 갔다. 경복궁 타령은 경복궁 중건 당시의 사회상이 잘 반영되어 있는 민요라는 점에서 의미를 지닌다.

2. 원문 읽기

(후렴) 에- 에헤이 에-이야- 얼럴럴거리고 방아로다

남문(南門)을 열고 파루(罷漏)[1]를 치니 계명산천(鷄鳴山川)이 밝아온다
을축(乙丑) 사월(四月) 갑자일(甲子日)에 경복궁을 이룩하세
도(都)편수[2]의 거동을 봐라 먹통을 들고서 갈팡질팡한다
단산봉황(丹山鳳凰)은 죽실(竹實)을 물고 벽오동(碧梧桐) 속으로 넘나든다
남산하고 십이봉(十二峯)에 오작(烏鵲) 한 쌍이 훨훨 날아든다
왜철쭉 진달화 노간죽하니 맨드라미 봉선화가 영산홍이로다
우광쿵쾅 소리가 웬 소리냐 경복궁 짓는 데 회(灰)방아[3] 찧는 소리라
조선 여덟 도(道) 유명탄 돌은 경복궁 짓는 데 주춧돌 감이로다
우리나라 좋은 나무는 경복궁 중건에 다 들어간다
근정전(勤政殿)[4]을 드높게 짓고 만조백관(滿朝百官)이 조하(朝賀)를 드리네
석수장[5]이 거동을 봐라 망망칠 들고서 눈만 꿈벅한다
경복궁 역사(役事)가 언제나 끝나 그리던 가속(家屬)을 만나나 볼까
춘당대(春塘臺) 연못에 노는 금잉어 태평성세(太平聖世)를 자랑한다
수락산(水落山) 떨어져 도봉이 생기고 북악산(北岳山) 줄기에 경복궁 짓세
삼각산(三角山)은 천년산(千年山)이요 한강수는 만년수(萬年水)라
한양조(漢陽朝)가 생긴 후에 경복궁을 이룩했네
광화문을 중심하여 좌우편에 십자각(十字閣) 섰네
북악산을 등에 지고 한강수를 띠(帶)하였네

---

1 파루(罷漏): 조선 왕조 때에 서울에서 새벽 네 시쯤에 큰 종을 서른세 번 쳐서, 닫았던 성문을 열고 통행 금지를 풀던 일.
2 도(都)편수: 집을 지을 때 책임을 지고 지휘하는 우두머리 목수.
3 회(灰)방아: 석회, 황토, 잔모래를 섞어서 방아확에 넣고 찧는 방아질.
4 근정전(勤政殿): 경복궁 안에 있는 전정(正殿)으로, 국왕의 즉위식이나 공식적인 대례 행사를 하던 곳.
5 석수장: 돌을 전문으로 가공하는 사람.

광화문은 정문이요 북으로는 신무문(神武門)[6]일세
동쪽에는 건춘문(建春門)[7]이요 서쪽에는 영추문(迎秋門)[8]일세
근정전은 정전(正殿)이요 강녕전(康寧殿)과 사정전(思政殿)이라
아미산(峨嵋山) 뒤의 함화당(咸和堂)은 향원정(香遠亭) 조망이 더욱 좋다
경회루(慶會樓)의 웅장함은 반 천 년 역사를 자랑한다
북악산을 배경으로 우뚝 솟은 경회루라
연꽃 우거진 향원지(香遠池)에 묘한 정자가 향원정(香遠亭)이라

출전: 『한국가창대계』, 〈경복궁타령〉

3. 작품 감상

〈경복궁타령〉은 경복궁 중건 때에 불린 민요로, 노래가 생겨나게 된 배경에 대해 두 가지 견해가 있다. 하나는 흥선대원군이 경복궁을 중건할 당시, 여러 지역에서 동원된 장정들의 일의 능률을 높이고 노동의 고단함을 덜기 위해 만든 노동요로 보는 견해이다. 다른 하나는 흥선대원군의 무리한 공사 강행을 비판하면서 부른 노래로서, 경복궁 중건을 원망하는 시대상이 반영되었다고 보는 견해이다.

〈경복궁타령〉은 경복궁 중건 당시의 상황이 묘사되어 있다는 것이 특징이다. 대부분의 민요가 일상적 삶의 모습, 사랑과 이별이라는 보편적인 정서를 담고 있는 반면에, 〈경복궁타령〉은 민중의 수난의 삶을 담고 있다는 차이점을 지닌다. 〈경복궁타령〉에 등장하는 경복궁은 태조 이성계가 창건한 이후 1592년 임진왜란 때에 화재로 소실되었다가 흥선대원군이 재건하였다. 경복궁 중건은 대원군이 왕실의 권위를 회복하기 위해 강행한 것이었으며, 막대한 재원과 인력이 소요되어 사회적으로 상당한 문제를 불러왔다.

경복궁을 중건하는 데에는 막대한 세금이 필요하였고, 세금을 내지 못하는

---

6 신무문(神武門): 서울 북악산 남쪽에 위치한 경복궁의 북문으로, 임금이 과거장에 행차할 때에만 열었다.
7 건춘문(建春門): 경복궁의 동문.
8 영추문(迎秋門): 경복궁의 서문.

사람들은 경복궁 중건 부역꾼이 되어야 했다. 경복궁 중건 부역꾼이 되면서 고난의 삶을 살았던 사람들의 고향으로 돌아가고 싶은 마음이 〈경복궁타령〉에 그대로 드러나 있다. 그리고 "눈만 꿈벅거린다", "갈팡질팡한다" 등은 무리한 경복궁 중건에 대한 부역꾼들의 불평을 풍자한 것으로, 부역에 강제 동원된 사람들의 고달픔이 녹아 있다.

〈경복궁타령〉은 민요라는 점에서 앞소리를 부르는 선창자가 먼저 노래를 부르면, 다 같이 후렴을 부르는 방식으로 이루어져 있다. 〈경복궁타령〉 사설을 살펴보면, "을축(乙丑) 사월(四月) 갑자일(甲子日)에 경복궁을 이룩하세"라는 구절이 있다. 원래는 '갑자 을축'이라고 해야 하지만 거꾸로 표현하는 사설을 통해서 경복궁 중건이 본말(本末)이 전도되었음을 비판한 것이라 할 수 있다. 〈경복궁타령〉 노래는 당시 경복궁을 중건하던 모습을 자세하게 묘사하는 내용이 대부분이다. 하지만 노동의 고달픔과 가족에 대한 그리움, 사회 비판과 풍자의 모습도 찾아볼 수 있다.

이처럼 경복궁 중건 때에 불렀던 〈경복궁타령〉은 노동의 고달픔을 달래 주고 애환을 표현하는 노래이면서 따라 부르기 쉽다는 점에서 당대 독보적인 인기를 누렸다. 이후 〈경복궁타령〉은 부역꾼들의 귀향(歸鄕)으로 그 유행이 전국적으로 확산되었다. 각 지역으로 돌아간 부역꾼들로 인해 〈경복궁타령〉은 새로운 형태의 노래로 계속해서 불리게 되었고, 지금의 아리랑과 비슷한 형태로 19세기 말을 지나 20세기까지 꾸준히 이어질 수 있었다.

〈경복궁타령〉처럼 시대적 상황을 반영하고 있는 민요로 〈아리랑〉이 있다. 민요 〈아리랑〉이 지금처럼 널리 알려지게 된 것은 영화 〈아리랑〉에서부터 시작되었다. 영화 〈아리랑〉은 일제 강점기의 농촌 마을을 배경으로 민족의 비애와 항일 정신을 그려 낸 작품으로, 일제 시대에 고통받는 우리 민족의 슬픔을 달래 주면서, 그 주제가인 〈아리랑〉 노래가 우리 민족을 대표하는 노래로 자리 잡게 되었다. 이로써 〈아리랑〉은 대중가요로 정착하게 되었고, 이후 대중가요뿐만 아니라 다양한 문화 영역에도 큰 영향을 주었다. 그 결과 〈아리랑〉을 소재로 한 연극, 무용, 시, 소설 등 다양한 창작물들이 나타나게 되었다.

〈생각해 보기〉

(1) 〈경복궁타령〉 노래 속에서 노동의 고달픔과 가족에 대한 그리움, 사회 비판과 풍자가 드러나는 내용을 찾아보자.

(2) 민요 속에서 〈경복궁타령〉과 같이 사회 비판과 풍자가 드러나는 작품을 찾아보자.

(3) 민요 〈아리랑〉은 영화 〈아리랑〉의 주제가로 불린 까닭에 대중들에게 널리 알려질 수 있었다. 영화 〈아리랑〉은 어떠한 내용을 담고 있으며, 민요 〈아리랑〉이 그 당시 대중들에게 중요한 노래로 인식될 수 있었던 이유를 사회상과 관련해서 생각해 보자.

참고문헌

· 이창배, 『한국가창대계』, 홍인문화사, 1976.
· 김기현, 「『아리랑』 謠의 형성 시기」, 『어문론총』 34, 한국문학언어학회, 2000.
· 김영운, 「〈아리랑〉 형성과정에 대한 음악적 연구」, 『한국문학과 예술』 7, 숭실대학교 한국문학과예술연구소, 2011.
· 이보형, 「아리랑 소리의 근원과 그 변천에 관한 음악적 연구」, 『한국민요학』 5, 한국민요학회, 1997.

류명옥

89

유산가
遊山歌

1. 창작 배경

〈유산가(遊山歌)〉는 잡가 중에서도 '12잡가'로 분류되는 좌창 잡가(앉은소리)의 대표적인 노래이다. 잡가는 19세기 중반부터 일제강점기에 이르는 동안 직업적인 소리꾼들에 의해 도시 유흥 공간을 중심으로 가창된 긴 노래의 총칭으로, 민간 문화에 기원을 둔 이질적인 노래들이 섞여서 형성된 장르이다.[1] 또한 잡가는 정통성과 규범성을 지닌 정가(正歌: 시조나 가사)에 대비되는 노래의 총칭으로, 주로 서울 사대문 밖에 거주하던 사계축(조선 시대 행정구역으로, 용산방(龍山坊) 이하의 청파동의 네 개 지역) 소리꾼과 삼패(관기 출신의 일패 기생보다 하급의 창기류), 사당패 등 전문적 혹은 반전문적 가창자들이 불렀다고 알려져 있다.

잡가는 기층의 문화를 기반으로 하면서도 조선 시대에 널리 알려진 시조나 가사 등을 받아들여 형성된 노래인 만큼, 시정(市井) 문화의 개방성을 잘 드러내고 있다. 뿐만 아니라 조선 후기와 일제 강점기라는 이질적인 시기를 거치면서 존재했기에 변모되는 대중문화의 모습을 담고 있기도 하다. 20세기 이후에 잡가는 대중매체의 주요 콘텐츠로 부상하는데, 상업적으로 출판된 가집이나, 유성기

1 박애경, 「19세기말·20세기 초 시정문화의 동향과 잡가 <유산가>」, 『한국문화연구』 33, 이화여자대학교 한국문화연구원, 2017, p. 8.

음반 및 라디오 방송 등의 주요 레퍼토리로 자리 잡으면서 전통문화에서 대중문화로 변모되는 과정을 뚜렷이 보여 주고 있다.[2]

잡가의 대표곡인 〈유산가〉는 1860년대부터 가집이나 소설 등의 문헌에 보이기 시작하여 1907년에는 음반에 취입되었으며, 1910년대 이후에는 수많은 잡가집에 실려 꾸준히 그 사설이 전승되고 있다. 현전하는 〈유산가〉는 사계축 소리꾼의 대표적 명창인 박춘경(朴春景)의 곡[3]이라고 전해지고 있다. 즉 〈유산가〉의 사설과 곡조는 이전부터 존재했었지만, 박춘경이 고쳐서 만든 새로운 〈유산가〉가 널리 퍼져 대중화된 것이라 하겠다.

2. 원문 읽기

(1) 서사

① 화란춘성(花爛春城)[4]하고 만화방창(萬和方暢)[5]이라 때 좋다 벗님네야 산천경개(山川景槪)를 구경(求景)을 가세

(2) 본사 1

② 죽장망혜단표자(竹杖芒鞋[6]單瓢子[7])로 천리강산(千里江山) 들어를 가니

③ 만산홍록(滿山紅綠)[8]들은 일년일도(一年一度) 다시 피어 춘색(春色)을 자랑노라 색색이 붉었는데

④ 창송취죽(蒼松翠竹)은 창창울울(蒼蒼鬱鬱)한데 기화요초난만중(琪花瑤草[9]爛熳[10]中)

2 박애경, 위의 논문, p. 9.

3 박애경, 위의 논문, p. 13.

4 화란춘성(花爛春城): 화란은 꽃이 활짝 피어 아름다운 모양, 춘성은 아름답게 꾸며진 봄 경치이다.

5 만화방창(萬和方暢): 봄이 되어 온갖 생물이 번화스럽게 자라남. 만화방창(萬化方暢)이라 쓰기도 한다.

6 죽장망혜(竹杖芒鞋): 대지팡이와 짚신.

7 단표자(單瓢子): 도시락과 표주박. 도시락에 담은 밥과 표주박에 뜬 국물로 구차하고 가난한 중에도 마음의 안정을 얻음을 의미한다.

8 만산홍록(滿山紅綠): 붉고 푸른 것이 산에 가득함.

9 기화요초(琪花瑤草): 보기 드문 아름다운 꽃과 풀.

10 난만(爛熳): 꽃이 만발하여 한창 무르녹은 모양.

에 꽃 속에 잠든 나비 자취 없이 날아난다

⑤ 유상앵비(柳上鶯飛)는 편편금(片片金)이요[11] 화간접무(花間蝶舞)는 분분설(紛紛雪)이라[12] 삼춘가절(三春佳節)[13]이 좋을씨고

⑥ 도화만발점점홍(桃花滿發點點紅)이로구나[14] 어주축수애산춘(漁舟逐水愛山春)[15]이라던 무릉도원(武陵桃源)[16]이 예 아니냐

⑦ 양류세지사사록(楊柳細枝絲絲綠)[17]하니 황산곡리당춘절(黃山谷裏當春節)[18]에 연명오류(淵明五柳)[19]가 예 아니냐

(3) 본사 2

⑧ 제비는 물을 차고 기러기 무리져서 거지 중천(中天)에 높이 떠 두 나래 훨씬 펴고, 펄펄펄 백운간(白雲間)에 높이 떠서 천리강산(千里江山) 머나먼 길을 어이 갈꼬 슬피 운다

⑨ 원산(遠山) 첩첩태산(疊疊泰山)은 주춤하여 기암(奇岩)은 층층(層層) 장송(長松)은 낙락(落落)에 허리 구부러져 광풍(狂風)에 흥을 겨워 우쭐우쭐 춤을 춘다

⑩ 층암절벽상(層岩絶壁上)의 폭포수(瀑布水)는 콸콸 수정렴(水晶簾)[20] 드리운 듯 이골

11 유상앵비(柳上鶯飛)는 편편금(片片金)이요: 버들 위에 나는 꾀꼬리는 한 조각 금 같구나.

12 화간접무(花間蝶舞)는 분분설(紛紛雪)이라: 꽃 가운데 춤추는 나비는 어지러이 날리는 눈 같구나.

13 삼춘가절(三春佳節): 봄이 아름다운 절기를 말함. 삼춘은 봄의 석 달로 맹춘(孟春: 음력 정월), 중춘(仲春: 음력 2월), 계춘(季春: 음력 3월)을 일컫는다.

14 도화만발점점홍(桃花滿發點點紅)이로구나: 복사꽃이 만발하여 점점이 붉구나.

15 어주축수애산춘(漁舟逐水愛山春): 고기잡이배가 물을 쫓아가니 봄 산이 아름답구나. 왕유(王維)의 〈도원행(桃源行)〉의 첫머리에 나오는 구절로, 자연스럽게 무릉도원의 이미지를 끌어내고 있다.

16 무릉도원(武陵桃源): 무릉은 중국 호남성 상덕현에 있는 지명. 진(晋)나라 대에 어부가 선경(仙境)을 발견하고 귀가하였다가 뒤에 다시 찾으려 할 때, 그 지형을 분별할 수 없었다고 한다. 도연명의 「도화원기(桃花源記)」에서 유래하였다.

17 양류세지사사록(楊柳細枝絲絲綠): 버들의 가는 가지가 실처럼 늘어져 푸른 모양.

18 황산곡리당춘절(黃山谷裏當春節): 황산곡 속에 봄철을 만남. 황산곡은 지명이지만 사람의 이름이기도 하다. 북송 때 사람으로 이름은 정견(庭堅, 1045~1105), 자는 노직(魯直), 호는 산곡(山谷)이라고도 한다. 시문에 뛰어나 강서시파(江西詩派)의 문을 열었고, 소식과 힘께 소황(蘇黃)으로 불렸다.

19 연명오류(淵明五柳): 도연명의 오류수(五柳樹)를 말한다. 도연명의 자는 원량(元亮)으로, 송나라가 들어선 다음 이름을 잠(潛)으로 고쳤다. 진(晋)이 망하려 할 때 벼슬을 버리고 향리에 은퇴하여, 집 문 앞에 버드나무 다섯 그루를 심어 놓고 스스로를 오류선생(五柳先生)이라 불렀다.

20 수정렴(水晶簾): 수정으로 만든 발.

물이 수루루루룩 저골 물이 솰솰 열의 열골 물이 한데 합수(合水)하여 천방(千方)져 지방(地方)져 소쿠라져 펑퍼져 넌출지고 방울져 건너 병풍석(屛風石)으로 으르렁 콸콸 흐르는 물결이 은옥(銀玉)같이 흩어지니 소부(巢父)[21] 허유(許由)[22] 문답(問答)하던 기산영수(箕山潁水)[23]가 예 아니냐

⑪ 주곡제금(奏穀啼禽)은 천고절(千古節)이요[24] 적다정조(積多鼎鳥)는 일년풍(一年豊)이라[25]

(4) 결사

⑫ 일출낙조(日出落照)가 눈앞에 어려라(버려나니) 경개무궁(景槪無窮) 좋을씨고

출전: 이창배, 『한국가창대계』[26]

3. 작품 감상

〈유산가〉는 꽃이 만발한 봄을 맞이하여 경치가 좋은 산으로 놀러 가자고 권

21 소부(巢父): 고대 요(堯)임금 때 사람으로 은자(隱者)이다. 속세를 떠나 산속 나무 위에서 살았기 때문에 생긴 이름이다. 요임금이 천하를 맡기고자 했지만 사양하고 받지 않았다.

22 허유(許由): 고대 중국의 전설적 인물. 요(堯)임금이 왕위를 물려주려 하니 받지 않고 귀가 더러워졌다며, 영천(潁川)의 물에 귀를 씻고 기산(箕山)에 들어가 숨어 살았다 한다. 한편 소부(巢父)는 소를 몰고 가다가 허유가 귀를 씻는 까닭을 듣고는, 그 물을 소에게 먹일 수 없다며 더 상류로 올라가 물을 먹였다는 고사가 전한다.

23 기산영수(箕山潁水): 중국 하남성에 있는 산과 시내의 이름. 요(堯)임금 때 소부(巢父)와 허유(許由)가 임금의 자리를 물려받으라는 왕명을 피하여 들어가 은거(隱居)한 곳으로 유명하다.

24 주곡제금(奏穀啼禽)은 천고절(千古節)이요: 주곡새의 울음은 천고의 충절이라는 의미. '주곡'은 주걱새를 한자로 쓴 것이다. 주걱새(두견새) 우는 소리에는, 촉나라 임금 망제가 위나라에 망한 후 복위를 꿈꾸었으나 뜻을 이루지 못하고 죽은 뒤 그 넋이 두견새가 되어, 밤낮없이 '귀거래(귀촉), 귀거래(귀촉)' 하면서 슬피 울었다는 고사가 전한다.

25 적다정조(積多鼎鳥)는 일년풍(一年豊)이라: 소쩍새 울음은 한 해의 풍년을 알린다는 의미. 중국에서의 두견새(두견과의 새)와 한국의 소쩍새(올빼밋과의 새)는 다른 종류이다. 중국의 시가에서는 두견새와 소쩍새를 구분하지 않았다. 이것이 우리나라에 그대로 전해 내려오면서 우리나라의 시나 소설 등에서도 두견새를 소쩍새를 가리키는 말로 쓰게 되었다고 한다. 소쩍새의 소리를 '솥적 솥적' 혹은 '솥적다 솥적다[鼎小]' 하고 운다고 표현하는데, 이는 듣기에 따라서는 '솟작다, 솟작다' 하고 우는 소리가 마치 '솥이 작으니 큰 솥을 준비하라'는 뜻으로 풍년을 의미한다고 생각하였다고 한다.

26 〈유산가〉의 원문은 이창배, 『한국가창대계』, 홍인문화사, 1972, p. 184에서 재인용하였다.

유하는 것이 주된 내용이다. 그 과정에서 주위에 보이는 경물과 산천경개의 아름다움을 한자성어와 함께 우리말의 의성어, 의태어를 함께 사용하여 생동감 넘치게 표현[27]하고 있다. 내용은 크게 서사(①): 산천경개의 구경을 권유, 본사 1(②~⑦): 봄산의 아름다운 경치 묘사(주로 나무와 꽃을 찬양, 밑줄 친 부분), 본사 2(⑧~⑪): 봄산의 경치 감상(폭포 등 물의 이미지 찬양, 밑줄 친 부분), 결사(⑫): 낙조의 장관으로 전개되고 있으나 각 내용들 사이의 긴밀성은 높지 않은 편이다.

이 노래에서 가장 주목할 점은 시적 자아의 심리 상태로, 시적 화자가 '봄 경치를 즐기는 것'에 집중하고 있다는 점이다. 이는 전통적으로 산수 유람에서 강조되었던 '수신(修身)'이나 문인 문화의 '풍류(風流)'의 은근한 미덕을 추구하는 것과는 대조적이다. 앞의 ⑦단락에서 나타나는 '봄날의 버드나무가 푸르게 변하는 모습'을 노래하는 부분에서 도가적인 것과 연관시켜 볼 수도 있지만, '연명오류(淵明五柳)'에 내포한 도연명의 은일한 생활과 무위자연의 도가적인 세계관을 직접적으로 드러내고 있다고 보기는 어렵다. 또한 ⑩단락의 가사에 나타나는 소부와 허유의 고사 역시, 그것이 지닌 역사적이고 사상적인 의미를 드러내기보다는 단순히 자연경관의 아름다움을 드러내는 소재로서만 기능[28]하고 있다. 즉 〈유산가〉에서 나타나는 시적 자아의 태도는 유락적이며 쾌락 지향적이라고 할 수 있는 것이다.

〈유산가〉는 춘흥(春興)을 노래하지만 이를 이념적으로 표백하는 과정을 거치지 않는다. 소부와 허유가 노닐던 기산과 영수는, 청자와 창자가 함께하는 서울 인근 산천의 구체적인 시공간과 겹치면서 '이상적인 공간의 이상적인 인물'이라는 '대리 체험'의 기능을 수행[29]하게 만든다. ⑫단락의 노랫말 "경개무궁(景槪無窮) 좋을씨고"는 찰나적 쾌락이 집약된 구절로, 유산(遊山)의 행위가 이루어지는 지금, 이곳에서 느낄 수 있는 감정과 이를 공유하는 이와의 소통을 중시하는 대중 예술의 속성을 명료하게 보여 준다고 하겠다. 이처럼 〈유산가〉는 전통적인 이념을 지향하지도 않지만, 현실 생활에서 하층민들이 겪는 신분 갈등이나 생존 경

27 김풍기, 「교과서 수록 작품 선택의 기준과 〈유산가〉」, 『한국언어문화』 13, 한국언어문화학회, 1995, p. 788.
28 김풍기, 위의 논문, p. 789.
29 박애경, 앞의 논문, p. 15.

쟁과 관련된 정서와 의식 등이 배제된 채로, 현실과 격리된 자연의 흥취 속에 집중하고 있는 것이 특징이다.

〈유산가〉로 대표되는 잡가의 이러한 이질적인 정서는 어디에서 유래하는 것일까? 그것은 잡가 담당층의 신분과 그들의 생활 토대, 노래의 유통 과정과 노랫말에 담긴 의식 등이 사대부의 그것도 아니거니와 전통적인 농민의 그것과도 다르기 때문일 것이다.

잡가의 생산 및 소비층은 농업이 아닌 상공업과 임노동 등으로 생활하는 집단이다. 이들은 신분적으로는 서민층이라도, 전통적인 농민이 아니라 개인적이고 근대적인 생활 토대와 경제적 인간관계를 지향해 가는 도시인(시정인)이다. 그들의 주거 공간 역시 폐쇄적인 농촌이 아니라 초지역적이며 대규모의 인구가 밀집한 도시이다. 노래의 가창 목적 또한 농민들의 노래와 같이 생활상의 필요가 아니라 일종의 상업적 필요에 기반한다. 잡가는 주로 삼패와 같은 삼류급의 유녀층, 남성 소리패, 사당패 등의 유랑 연예 집단에서 가창되었다. 이들은 전문적 혹은 반전문적 직업 가수 집단으로서, 그들이 생계를 유지하기 위한 방편으로 부른 노래가 잡가이다. 잡가 소비층의 주거 공간 역시 서울과 평양 같은 전국 상공업 도시 지역들이 중심을 이루고 있으며, 이러한 소비층들이 그들의 정서적 충족을 위해 직업화된 도시적 가수층들에게 그들의 취향에 부응하는 노래를 요구하기에 이른 것이다. 이른바 노래 문화의 생산과 소비도 수요와 공급이라는 자본주의의 분화된 시장 형태를 바탕으로, 대규모적이고 다양한 소비 집단을 대상으로 하여 일종의 상품 체계처럼 점차 전개되었다. 잡가 담당층의 정서적 지향이 자유분방하고 격정적이며 몰아적 유흥의 즐거움 등으로 귀착되는 것은 이와 같이 잡가를 둘러싸고 있는 제반 조건의 특수성 때문[30]이라고 하겠다.

다음으로 〈유산가〉의 가사 형성 원리에 대해 살펴보자. 〈유산가〉는 악곡의 형식으로 보아, 12개로 나누어 볼 수 있는데, 이들 악곡은 서로 독립적이어서 각각의 노랫말들이 서로 개별적인 노랫말이었음을 추정할 수 있다. 율격적인 측면에

30 이노형, 「잡가 〈유산가〉에 대하여」, 『한국고전시가작품론』 2, 집문당, 1992, pp. 860-861.

서는 〈유산가〉는 4·4조의 연장체로 엮인 사설을 주조로 하고 있고, 이를 6박 도드리장단에 얹어 부르기 때문에 사설과 곡조 모두 가사와 친연성을 가진 대표적인 잡가[31]이다. 그러나 전통적인 가사에 비해 4·4조나 4음보격을 지키지 않는 경우가 더 많아 율격적인 측면에서는 파격적이라 할 수 있다.

음악적 짜임새뿐만 아니라 사설의 짜임새 측면에서도 〈유산가〉는 유기적이면서도 느슨한 관계를 지니고 있다. 〈유산가〉에 나타나는 주된 정서는 봄의 경관을 묘사하거나 그 경관에서 우러나는 정서적 반응을 표현하는 노랫말들로 실현되는데, 이러한 노랫말들은 '춘경의 흥취'라는 주제 아래에 서로 개별적인 12개의 단위가 결속하여 생동하는 봄의 정취를 집합적으로 표출하고 있다. 〈유산가〉의 가사 형성 원리는 양식화된 수사적 정형 문법들, 즉 독립성을 띤 공식구들이 하나의 주제 아래로 모여서 형성된 것이다. 구체적인 예를 들어 살펴보면[32] 다음과 같다.

① 화란춘성(花爛春城)하고 만화방창(萬和方暢)이라 때 좋다 벗님네야 산천경개(山川景概)를 구경(求景)을 가세

- 〈흥부가〉, 「비단타령」: …… 화란춘성 만화방창 봉접분분 ……
- 〈광대가〉: …… 송션달 홍녹이난 타셩주옥 방약무인 화란츈성 만화방창 시즁텬ᄌ ……
- 『남원고사』: …… 화란츈성의 만화방창훌졔 월하승되던 방ᄌ놈으로 말물녀라 ……
- 〈별별상사가〉: …… 화란츈성허고 만화방창헌듸 경치 보노라고 못오시나 ……
- 〈한양가〉: …… 츈풍이 화려ᄒᆞ고 만화방창 ᄒᆞ여셰라 ……
- 『삼설기』 〈삼자횡입황천기〉: …… 화란춘성ᄒᆞ고 만화방창은 용모요 ……

---

31 박애경, 앞의 논문, p. 11.

32 성무경, 「잡가 〈유산가〉의 형성 원리에 대하여」, 『가사의 시학과 장르실현』, 보고사, 2000, pp. 347-348.

- 〈창부타령〉: …… 화란춘성 만화방창 때는좋다 벗님네야 산천경개 구경 가자 죽장집고 ……
- 〈화전가〉: …… 때좋다 벗님네야 내말씀 들어보소 ……

  …… 어와 우리 벗임닉야 꼿구경을 가자스랴 ……
- 〈선루별곡〉: 어와 벗님네야 강선루 구경가세 ……
- 〈작은 산타령〉: …… 산천경개 유산가자 ……

위의 사례들을 통해 살펴보자면, 〈유산가〉의 사설 ①단락의 내용들이 고소설, 판소리계 소설, 판소리 사설, 더늠, 시조, 사설시조, 가사, 잡가, 민요 등에서 다양하게 넘나들며 나타나는 것을 확인할 수 있다. 선행 연구[33]에 따르면 나머지 사설들도 모두 이렇게 유동적인 분포를 보이고 있음을 확인할 수 있다. 즉 〈유산가〉의 사설은 '춘경의 흥취'라는 주제에 이끌려서 나머지 사설들이 결속하는 형태로 이루어진 것으로, 서로 개별적인 단위 사설들이 그것의 1차적인 정서를 넘어서서 〈유산가〉만의 '총체적 정서(춘경의 흥취)'를 표출해 내는 데 기여[34]하고 있다. 〈유산가〉의 경우는 이러한 사설의 짜임이 매우 훌륭하게 잘 이루어졌다고 평가되기에 잡가의 제일 첫 노래로 손꼽히지만, 나머지 잡가들에는 유기성이 결여된 채 노랫말들이 짜깁기되어 이루어진 작품이 허다하다.

〈유산가〉가 인기를 얻은 이유 중에는 서민 문화의 역동성과 더불어 전통적인 시조, 가사의 격조를 두루 담고 있다는 점도 들 수 있다. 말하자면 이질적인 문화권 간의 역동성뿐만 아니라 익숙한 선행 텍스트를 수용하여, 시정 도시인들에게 '소통의 재미'를 주었기 때문이다. 익숙한 것을 통해 새로운 무언가를 표현해 내는 잡가 본래의 장르적 속성이 〈유산가〉를 인기 있는 노래로 만들었던 것이다. 이 외에도 〈유산가〉를 통해 '유산'이라는 새로운 도시적 취미에 수반되는 '춘흥'의 미감[35]을 대리 체험할 수 있었기에 대중적으로 널리 불렸다.

---

33 성무경, 위의 논문, pp. 348-355.
34 성무경, 위의 논문, p. 355.
35 박애경, 앞의 논문, p. 20.

〈생각해 보기〉

(1) 〈유산가〉는 취락적이고 유흥적인 분위기 속에서 춘흥의 미감을 표출하지만, 잡가에는 이 외에도 다양한 작품들이 있다. 이별을 주제로 한 〈상사별곡(想思別曲)〉, 실연의 아픔을 노래한 〈춘면곡(春眠曲)〉, 인생무상과 취락을 주제로 한 〈죽지사(竹枝詞)〉, 뱃놀이를 하며 부른 〈선유가(船遊歌)〉 등의 작품을 찾아보고, 〈유산가〉와의 공통점과 차이점을 찾아보자.

(2) '유산(遊山)'의 경험을 문학 작품으로 남기는 방식은 다양하게 변모해 왔다. 기록물로서의 유산록과 유산기, 음영물로서의 기행가사, 가창물로서의 유산가 등으로 크게 나누어 볼 수 있을 것이다. 전근대에서 근대로 넘어가면서 '유산'의 경험을 표현하는 방식이 어떻게 달라지는지 전승 방식과 향유 방식 측면에서 구체적으로 살펴보자.

(3) 오늘날 유행가와 대중가요는 무엇이 다를까? 〈유산가〉를 대중가요의 효시 격으로 보기도 하는데, 이렇게 볼 수 있는 근거가 무엇인지 조사해 보고 대중가요의 개념을 향유층의 성격, 가창의 목적, 향유 공간의 특징 측면에서 논의해 보자.

참고문헌

· 이창배, 『한국가창대계』, 홍인문화사, 1972.
· 김풍기, 「교과서 수록 작품 선택의 기준과 〈유산가〉」, 『한국언어문화』 13, 한국언어문화학회, 1995.
· 박애경, 「19세기말·20세기 초 시정문화의 동향과 잡가 〈유산가〉」, 『한국문화연구』 33, 이화여자대학교 한국문화연구원, 2017.
· 성무경, 「잡가 〈유산가〉의 형성 원리에 대하여」, 『가사의 시학과 장르실현』, 보고사, 2000.
· 이노형, 「잡가 〈유산가〉에 대하여」, 『한국고전시가작품론』 2, 집문당, 1992.

이윤선

90

아기장수 전설

1. 창작 배경

전설은 전승 집단이 소망하는 이야기를 중심으로 만들어지고 전승된다. 전설의 인물은 흔히 예기치 않은 상황에 직면하여 위기에 처하거나 자연과 세계 질서에 대한 좌절과 패배, 나아가 죽음이라는 극단적 상황을 맞이하게 되는 것이 일반적이다. 아기장수 전설의 주인공도 마찬가지다.

아기장수 전설은 비범한 아이로 태어났지만, 부모나 이웃들로 인해 비극적인 죽음을 맞이하게 되는 아기장수의 이야기이다. 일반적으로 전설 속 인물들은 비극적 죽음을 맞거나 인생의 좌절과 패배를 겪게 된다는 점에서 공통점을 지니지만 아기장수 전설은 이러한 비극적 죽음과 좌절로 끝나는 것이 아니다. 억울하게 죽었지만 다시 살아나게 만든다거나, 아기장수를 억울하게 죽게 만든 가족과 이웃에 대한 비판을 담은 이야기가 다양하게 만들어지면서 전국적으로 널리 전승되고 있다. 아기장수 전설은 전국적으로 널리 전승되는 광포 설화이면서, 다른 설화들과 달리 아기장수의 죽음 이후 다양한 결말로 전승된다는 점에서 전설의 비극적 결말과 설화 전승자들의 전승 의식을 확인해 볼 수 있는 중요한 작품이다.

2. 원문 읽기

옛날에 저 어떤 아줌, 참 못사는 가정집 참, 아줌마가 애기를 낳아 놓으이. 마, 터덕 터덕 터덕, 애기를 낳아 놓으이, 이래 머슴마인데 터덕 터덕 그러미[그러면서] 벌떡 일나드란다[일어나더란다]. 그래 장군을 낳았어, 그래 장군을 낳았어. 그래갖고 마마, 옛날에 장군 낳았다 소문났다 카면 잡아가여. 그래갖고 그래가 실겅에 [시렁은 방의 벽에 물건을 얹기 위해 가로질러 놓은 나무 선반] 담아가, 광지리에 담아가 퍼떡 실겅에 얹이 놨붔다 카대. 그래 얹이 놨부고, 머 하니까[어미가 뭔가 하고 있으니까] 니러가 갔부고 없더란다. 크기는, 더덕더덕 걷드라 카는데 뭐.

그래가 소문을 어예 들었는고, 맨날 잡으러, 가르치 내라 카는 기라. 그래 저 저저, 애기가 조공[자기] 엄마한테 하는 말이, 저 머꼬, 뭐, 뭐, 뭐,

"말을 하지 마라." 카더란다. 말하지 마라 카고,

"팥 한 되, 조비쌀[좁쌀의 의미] 한 되, 머 한 되, 서[석] 되를 달라." 카더란다. 그래 가주러 왔드란다. 그래 주고. 그래 있어도, 또 인자 마마 마, 찾아내라 카는 기라.

"어데 우옜노, 우옜노? 뭐 까주[가지고]?"

그래 우옜노, 우옜노 카디.

"뭐까[무엇으로] 태를 갈랐노? 태를 뭐까 비있노[베었나]?"

카더란다. 안 갈치 주는 기라. 언제까지 참으라 캤는데, 내일까지만 참았으만 되는데, 갈치[가르쳐] 좄부가지고. 내일만 참으만 되는데, 인자, 그기이[가지고간 팥과 좁쌀] 말[馬] 하고 다 되는 기라. 그 나졸, 조비쌀은 인자 나졸인 기라. 따라가는 기라. 그래가주고 태를 뭐가 갈랐노. 아무 데 거어 방구[바위] 밑에 있다고 캤는데, 방구가 안 열리끼네, 못 찾잖아예. 그래 와가주, 다시 와가,

"태를 뭐까 갈랐노?" 카드란다. 태를 속새[육지에 사는 여러해살이풀의 이름]까 갈랐대요. 그 애기를 낳아가 지가 비었는가 어옜는고, 속새까아 갈랐단다. 속새 그 잘 건니가잖아. 속새까아 갈랐는데, 그래가, "옳다!" 캄시[하며], 인자 갔붔는 기라. 그래가 속새를 끊어갖구 방구를[바위를] 툭 치니까 갈라지는 기라. 그래 갈라져가[갈라져서] 안에 드가이께네, 세상에, 팥, 그거는 전부다 말이 되가주고, 팥 서

되라 카드나, 좁쌀 한 된데, 전부 다 이래 말 우에[위에] 발 한 쭉[쪽], 다리 올라가가 있더란다. 내일만, 오늘만 안 갈치 죴이만 내일은 양 쭉 다리 다 올라가가 덕천하는[得天하는] 기라. 다 가는 기라. 인자 전쟁 치로[치르러].

그래 갈치 조[주었어] 그래 입이, 옴마[엄마] 입은 못 참는다.

출전: 『한국구비문학대계(경상북도 청도군 편)』 채록 자료

3. 작품 감상

아기장수 전설은 문헌 설화와 구비 설화를 합하여 300여 편이 넘는 이야기가 있다. 대체적인 이야기는 비슷하게 전개되며, 결말 부분에서 차이를 보인다. 아기장수 전설의 기본 내용은 아기장수의 비범한 출생→비범한 능력의 발현→부모의 살해 또는 어머니의 실수로 아기장수가 죽음(유형에 따라)→신이한 행적과 죽음(용마로 출현하거나 땅속에서 회생 실패)으로 이루어져 있다. 아기장수 전설에서 중요한 것은 '날개' 모티프이다. 날개 모티프는 아기장수의 비범성을 상징하고 비극적 죽음의 원인이 될 뿐만 아니라, 가장 지속적으로 등장하는 모티프이다. 또한 아기장수 전설은 윗도리 이야기, 우투리 이야기로도 불린다. 이러한 이름으로 불리는 이유는 비범하게 태어난 어린아이가 자신의 능력을 발휘하기도 전에 죽음을 맞이하게 된다는 것이 중요한 내용으로 전승되기 때문이다.

아기장수 전설은 각편 수가 많은 만큼 그에 대한 연구도 많이 이루어졌다. 전설의 장르에 대한 보편성을 추출하는 연구와 더불어 시대 현실과 결부된 사회적 의미 해석에 주목하는 연구가 주를 이루었다. 대부분의 연구에서 전설의 의미 해석이 현실적이고 역사적인 차원에서 이루어졌으며, 작품의 비극성에 주목한 연구도 있다. 아기장수 전설의 기본 유형은 두 가지로 나누어서 살펴볼 수 있다.

(1) 1유형: 날개 달린 아기장수와 용마

① 어떤 곳에서 아이가 태어났는데 신이한 현상들이 생겨났다.

② 두려움을 느낀 사람들이 가족(문중·마을)에 화가 미칠 조짐이라 하여 아이를 죽이기로 한다.
③ 아이의 부모에게 아이를 죽이는 방법을 알려 주거나 아이가 스스로 날개를 떼고 죽는다.
④ 아이가 죽자 뒷산에서 용마가 나타나 크게 울다가 용소에 빠져 죽었다.

첫 번째 유형의 전설에서 아기장수는 태어난 지 사흘 만에 방 안을 날아다니는 신이한 행동을 한다. 이 외에도 겨드랑이에 날개가 돋아나거나 사흘 만에 말을 하거나, 밤에 뒷산에 올라가서 군사놀이(턱걸이, 바위 공기놀이)를 하는 등 평범한 인간에게 찾아볼 수 없는 행동을 한다. 아이의 신이한 모습에 두려움을 느낀 부모와 주변 사람들은 불길한 일이 일어날 것이라 여겨 아이를 죽이기로 한다. 돌이나 쌀가마니에 눌려 죽는 이야기도 있으며, 부모가 아이에게 겨드랑이에 붙은 날개를 떼라고 하여 스스로 죽도록 하는 이야기도 있다. 이 유형에서 아기장수는 자신이 가지고 있는 잠재적인 능력의 가능성을 부모와 주변 사람들로부터 인정받지 못하고 죽음이라는 비극적인 결말을 맞이한다. 아기장수의 비극적인 결말은 뛰어난 재능이 있음에도 불구하고 그 능력을 인정받지 못하는 사람들에게 공감대를 형성할 수 있다. 비극적인 영웅이라 불리는 아기장수와 같은 사람들은 비극적 결말을 통해 자신의 현실을 인식하게 된다.

(2) 2유형: 어머니의 잘못으로 죽음을 맞는 아기장수

① 아이를 낳지 못하던 부부가 지극정성으로 빌어 아들을 얻는다.
② 아이는 태어나자마자 여러 가지 신이한 재주를 보이며 사람들을 놀라게 한다.
③ 얼마 후 아이는 어머니에게 곡식류를 몇 가지 청하여 받아들고 집을 나간다.
④ 어머니는 아들에게 물어 아들이 있는 곳을 알아낸다.
⑤ 하루는 아이를 잡으러 온 군사들이 어머니에게 아이 있는 곳을 묻자 죽음이 두려웠던 어머니가 아이가 있는 곳을 알려 준다.

⑥ 군사들은 바위 밑을 찾아 곡식이 변해서 만들어진 군병들과 장군으로 변한 아기장수를 죽인다.

두 번째 유형의 전설은 첫 번째와 달리 구체적인 대결 양상이 나타난다. 군사들이 아기장수가 있는 곳을 찾아가서 죽이는 것으로 이야기가 전개된다. 이 유형에서 아기장수는 군사놀이, 활쏘기 등을 통해 자신의 뛰어난 능력을 보여 준다는 특징을 지닌다. 하지만 두 번째 유형 설화에서 주목할 부분은 어머니가 아기장수가 있는 곳을 군사들에게 알려 준다는 것이다. 비밀을 누설한 어머니 때문에 아기장수가 억울한 죽음을 맞이하게 된다는 점에서 이 유형 전설의 마지막에는 말조심을 하지 않는 여성들에 대한 부정적인 인식이 드러난다. 영웅의 능력 발휘에 여성이 방해가 된다는 것은 가부장제 이데올로기로 바라보는 여성에 대한 인식이 나타난 것이라 할 수 있다.

아기장수 전설과 같이 전설의 주인공들은 대부분 비극적 죽음을 맞이한다. 아기장수 전설에서 아기장수는 영웅적인 힘을 지니고 있음에도 불구하고 억울한 죽음을 맞이하게 된다. 다른 영웅전설에서 영웅들은 대부분 비극적 죽음을 맞이하는 것으로 이야기가 마무리되지만, 아기장수 전설에서는 비극적 죽음으로 끝나지 않는다. 아기장수 전설은 죽음 이후 새로운 이야기로 계속해서 전해진다. 아기장수가 새가 되어 다시 태어나는 이야기도 있고, 또다시 아이로 태어나는 등 다양한 결말의 이야기로 전승되고 있다.

억울하게 죽었던 아기장수가 새로 다시 태어나거나 영웅으로 다시 태어나는 결말은 영웅으로 인식되었던 아기장수의 죽음을 죽음으로 보지 않는다는 뜻이다. 이는 아기장수의 죽음을 부인함으로써 장수의 재생 또는 재출현의 가능성을 기대하고 있는 민중들의 인식이 반영된 것이다. 새로운 세계를 열어 줄 영웅을 기다리는 민중들의 소망이 나타나고 있으며, 이러한 소망은 아기장수 전설이 다른 전설과 달리 열린 결말의 구도를 가질 수 있게 하였다. 전설을 구연하는 구연자들의 전승 의식은 전설의 구조와 내용을 결정하는 중요한 역할을 하여, 다양한 결말의 전설이 후대에까지 전승될 수 있도록 한다.

〈생각해 보기〉

(1) 〈아기장수 전설〉과 비극적 결말로 끝나는 다른 전설의 인물을 비교하여 공통점과 차이점이 무엇인지 생각해 보자.

(2) 〈아기장수 전설〉은 결말이 다양하게 나타난다는 점이 중요한 특징이다. 이 전설의 다양한 결밀에는 어떤 것이 있는지 찾아보자.

(3) 아기장수는 영웅의 능력을 지녔지만 비극적 죽음을 맞이하거나, 좌절과 실패를 겪는 인물이다. 우리도 일상 속에서 실패와 좌절을 겪었을 때 어떻게 극복할 것인지 생각해 보자.

참고문헌

· 김영희, 「아기장수이야기의 전승력 연구」, 연세대학교 석사학위논문, 1999.
· 천혜숙, 「아기장수 전설의 형성과 의미」, 『한국학논집』 13, 계명대학교 한국학연구원, 1986.

류명옥

91

지하국대적퇴치 설화
地下國大賊退治說話

1. 창작 배경

지하국대적퇴치 설화는 주인공이 지하에 사는 괴물 혹은 도적을 물리치고 납치된 여성을 구해 내는 내용으로 이루어진 민간 설화이다. 한국에서 가장 널리 전승되는 설화 유형의 하나이다. 현재까지 확인된 한반도의 지하국대적퇴치 설화는 60여 편에 달한다. 구전으로 전승되는 설화 문학의 특성상 지하국대적퇴치 설화의 기원에 대해 분명하게 이야기하기는 어렵다.

그런데 지하국대적퇴치 설화와 유사한 내용의 설화는 비단 한국만이 아닌 전 세계 각지에서 발견된다. 유럽의 〈페르세우스(Perseus)〉와 〈베오울프(Beowulf)〉, 몽고의 〈부룰다이 복도(Buruldai Bogdo)〉, 일본의 〈스사노오미코토(素盞嗚尊)〉 등이 그것이다. 이를 토대로 학자들은 이 설화가 자생적인 것이 아니라 한반도 외부로부터 유입된 것일 가능성에 주목해 왔다. 그리하여 몽고의 〈부룰다이 복도〉와 같은 북방 아시아의 설화로부터 유래했다는 설, 뱀 신앙을 바탕으로 하는 남방 아시아 설화의 영향을 받았다는 설 등이 제시된 바 있다.

2. 원문 읽기

넷날에 어떤 곳에 삼형데가 살구 있었넌데 형 둘은 공부를 썩 잘해서 과개보레 서울루 간다구 해서 저그나[1]는 같이 딸아가갔다구 나섰다. 그런데 형들은 오디 말라구 했다. 그래두 저그나는 근냥 딸아가갔다구 하느꺼니 형들은 돌괭개질를 하멘 못 오게 해서 저그나는 더 딸아갈 수가 없어서 멍허구서 있었넌데 그때 발이 아홉 개 돋은 장수가 체네[2] 하나를 잡아 개지구 공둥으로 날아가구 있넌 걸 봤다.

저그나는 그 장수가 가는 곳을 잘 봐 두구 있었넌데, 좀 있다가 원 사람 하나이 달레와서[3] 발 아홉 개 돋힌 장수가 체네 잡아가넌 거 못 봤능가 하구 물었다. 봤다 하멘 델루루 갔다구 간 곳까지 대주었다. 그러느꺼니 그 사람은 같이 가자구 했다. 저그나는 그카자 하구 그 사람과 같이 장수가 간 곳으루 갔넌데 한 백 니쯤 가느꺼니 큰 팡구[4]가 있넌데 그 팡구 밑에 발자죽이 있어서 팡구를 들체서 볼라구 하는데 팡구는 달삭두 하디 안했다. 저그나는 그 사람과 일단 집이 가서 돌쪼시[5] 이백 명과 장수 다섯 사람을 데불구 오라구 했다. 이 사람이 이내 집이 가서 돌쪼시 이백 명과 장수 다섯 사람을 데불구 왔다.

돌쪼시가 팡구를 쫒구 장수는 그 팡구를 들테냈다.[6] 팡구를 들테내구 보느꺼니 그 아낙[7]에는 큰 고래등 같은 기애집이 숫타 있어서 글루루 갈라 하넌데 거길 갈라문 천길 만길 내리가야 했다. 그래서 말 가죽으루 동애줄을 꼬와서 그걸 타구 내리갔넌데 내리가 보느꺼니 큰 누펭이[8]가 있구 그 넢엔 큰 버드나무가 있었다. 저그나는 그 낭구[9]에 올라가서 춤을 탁 뻩구 있으느꺼니 체네가 나와서 이

---

1 저그나: 작은아이. 여기서는 삼형제 중 막내를 가리킨다.

2 체네: '처녀'의 방언(평안).

3 달레와서: 달려와서. '달레다'는 '달리다'의 방언(경북)이다.

4 팡구: '바위'의 방언(평남).

5 돌쪼시: '돌장이'의 방언(경남).

6 들테냈다: 들추어냈다. '들테내다'는 '들추어내다'의 방언(평북)이다.

7 아낙: '안'의 방언(평안).

8 누펭이: '늪'의 방언(평북).

9 낭구: '나무'의 방언(강원, 경기, 전라, 충청, 평안, 황해).

사람을 보구 자기 집으루 가자구 했다. 그래서 저그나는 체네를 딸아가넌데 딸아가멘서 자기는 장수를 쥑이레[10] 온 사람이느꺼니 당신은 장수 쥑이는 방법을 알아봐 달라구 했다.

체네는 장수한테 술을 많이 멕에서 취하게 해놓구 "장수님, 당신같이 글럭[11]쓰는 사람두 죽는 수가 있읍니까?"하구 물었다. 장수는 "난 머이 와서 죽일라 해두 절대 죽디 않는다. 그렇지만 말가죽 동애줄만 갖다 내 몸에 대면 죽는다"구 말했다.

체네레 그 말을 듣구 니여 자그나한테 가서 그 말을 했다. 고롬 됐다 하구 개저온 말가죽 동아줄을 개지구 가서 술이 취해서 자는 장수에 몸에 댔다. 그랬더니 장수는 죽구 말았다.

저그나는 거기 있는 숫탄 금은보배를 가지구 체네와 항께 전에 내리왔던 곳으루 와서 체네와 금은보배를 줄에 매워서 우루 올레보내구 다시 줄이 내려오기를 기두루고 있었다. 그런데 암만 기둘러두 줄이 내리오디 않았다.

이 사람은 거기 있는 누펑이서 고기를 낙구 있었다. 하기[12] 한 마리가 날라와서 고기를 주먼 이 굴에서 굴 밖으루 업어다 주갔다구 했다. 이 사람은 고맙다하구 고기를 많이 잡아서 하기으 등에 타구 가기루 했다. 그런데 하기는 사람을 등에 태우구 날르면 힘이 드느꺼니 가다가 캑하구 소리하문 고기를 한 마리 입에 너 달라구 했다. 그렇가라 하구 등에 타구 가넌데 하하 날아가다가 하기가 힘이 들어서 쾍 했다. 이 사람은 고기 한 마리를 하기 입에 넣어 주었다. 하기는 그걸 먹구 또 힘을 내서 날랐다. 또 하하 날아가다가 캑 해서 또 고기를 주었다. 이렇게 쾍 할 때마다 고기를 하기 입에 넣어 주었넌데 고기가 다 없어진데두 하기는 또 캑 했다. 이 사람은 줄 고기가 없어서 자기에 무릎에 살을 베어서 주었다. 하기는 그걸 먹구 갸우[13]해서 굴 밖으루 날라 나왔다. 이 사람은 하기에게 고맙다구 하구 작별하구 구해준 체네네 집에 찾아갔다.

---

10 쥑이레: 죽이러. '쥑이다'는 '죽이다'의 방언(강원, 경상, 전라, 충청, 함경)이다.

11 글럭: '근력'의 방언(평안).

12 하기: 학.

13 갸우: '겨우'의 방언(황해).

그런데 함께 갔던 사람이 체네를 구해 냈다구 하구서 그 체네와 결혼해서 살구 있었다. 이 사람은 그 사람이 자기가 체네를 구해냈다구 사람을 속인 것을 모든 사람에게 알리우고 내쫓구서 그 체네와 다시 결혼해서 잘 살았다구 한다.

출전: 「괴적을 치다」(임석재 채록, 『한국구전설화』 평안북도 편 2, 평민사, 1988, pp. 90-92)

3. 작품 감상

한반도 각지에서 전승이 확인된 지하국대적퇴치 설화는 각편에 따라 세부 내용이 다양한 변형을 보이고 있다. 대체로 공통되는 줄거리를 단락화하여 정리해 보면 다음과 같다.

① 지하국의 대적(大賊)이 여인(들)을 납치한다.
② 주인공이 일행을 모아서 여인(들)을 구출하러 간다.
③ 지하국으로 가는 입구를 발견하고, 주인공 혼자서 들어간다.
④ 주인공이 여인(들)의 도움을 받아 대적을 퇴치한다.
⑤ 구출한 여인(들)은 지상으로 올라가지만, 주인공은 일행에게 배신을 당해 지하국에 갇힌다.
⑥ 주인공이 신비한 존재의 도움을 받아 지하국으로부터 탈출하고, 배신자들을 처벌한다.
⑦ 주인공이 여인(들)과 결합하여 행복하게 산다.

지하국대적퇴치 설화는 초자연적 능력을 소유한 괴물의 퇴치와, 피랍된 여인을 찾기 위한 이계(異界)로의 여정이라는 두 가지 이야기가 결합한 형태를 하고 있다. 이 설화에 등장하는 지하국은 큰 바위 밑의 어둠 속에 감추어진 미지의 이계이자, 괴이한 능력과 사악한 심성을 가진 대적이 도사리고 있는 공간이다. 또한 주인공이 강력한 힘을 가진 대적에게 살해당할 뻔하거나 혹은 일행의 배신으로 말미암아 지하에 갇혀 빠져나오지 못할 위기에 처한다는 점에서, 죽음 그 자체를 상징하는 공간으로도 볼 수 있다. 이러한 속성을 지닌 지하국은 주인공이 속해 있는 세계이자 광명, 삶, 선, 행복을 상징하는 지상과는 분명한 대조를 이룬다.

작중에서 주인공은 지상 세계에 속한 한 명의 인간으로서, 지하 세계에 속해 있는 비인간적인 형상과 능력을 가진 대적을 물리친다. 그런가 하면 일행에게 배신당해 여인을 구출한 공로를 빼앗기고 지하국에 갇혔다가, 극적으로 탈출에 성공하여 배신자들에게 복수하기도 한다. 이러한 주인공의 성공과 승리는 소박하면서도 낭만적인 민중 의식의 발로로 이해할 수 있다. 지하국대적퇴치 설화의 향유자들은 거대하고 비인간적인 자연의 위협이나 불공평한 악의에 정면으로 노출된 상황에서도, 좌절하는 대신 생존과 행복의 성취, 권선징악(勸善懲惡)에 대한 낙관적인 믿음을 이어 갔던 것이다.

우리나라의 여러 설화 가운데 지하국대적퇴치 설화만큼 복합적인 서사 구조를 가진 경우는 드물다. 예를 들어 작중에서는 주인공이 바위 아래 감춰진 지하국의 입구를 찾기 위해 탐색하는 과정, 강력한 힘을 가진 대적의 약점을 찾아 쓰러뜨리는 과정, 지하국에 갇혔다가 탈출하는 과정 등이 상당히 복잡하게 그려진다. 특히 대적 퇴치에 성공함으로써 모든 위기가 해소되는 듯 보였다가, 주인공을 따라온 일행들의 배신으로 인해 다시금 위기에 처하는 이중적인 갈등 구조가 부각된다. 이러한 성격은 비단 설화 자체의 흥미를 높여 줄 뿐만 아니라, 복합적이고 완결된 구조를 가진 소설로의 이행에도 적합했을 것으로 보인다. 실제로 지하국대적퇴치 설화의 내용은 〈금령전〉, 〈김원전〉, 〈최치원전〉, 〈홍길동전〉 등 여러 고전소설에서 차용되기도 하였다.

한편 60여 편에 이르는 지하국대적퇴치 설화의 각편들이 분포 지역과 전승자에 따라 저마다의 개성을 보여 주는 점도 주목할 만하다. 지하국대적퇴치 설화에서 여인을 납치했다가 주인공에게 퇴치당하는 대적은 머리나 발이 아홉 개씩 달린 괴물 혹은 짐승의 형상으로 나타나기도 하고, 뛰어난 능력을 지녔지만 평범한 인간의 형상으로 나타나기도 한다. 주인공과 납치된 여인의 형상 또한 각편에 따라 달라지는 것은 물론이다. 서사 구조에 있어서도 주인공을 따라온 일행이 끝까지 주인공을 배신하지 않거나, 주인공을 따라온 일행 대신 대적에게 납치된 여인이 주인공을 배신하는 등의 변이가 종종 확인된다. 이는 설화를 전승하는 지역 혹은 전승자의 개별 성향을 확인하거나, 혹은 이 설화의 전국적인 전파가 어떻게 이루어졌는지를 추정하는 데 중요한 단서가 된다.

〈생각해 보기〉

(1) 지하국대적퇴치 설화는 비단 한국만이 아니라 유럽에서부터 한반도를 포함한 동북아시아에 이르기까지 전 세계적으로 널리 분포된 설화 유형에 속한다. 지하국대적퇴치 설화와 유사한 구조를 가진 외국 설화에는 어떤 것들이 있는지, 그리고 지하국대적퇴치 설화와의 공통점과 차이점은 무엇인지를 정리해 보자.

(2) 지하국대적퇴치 설화는 〈금령전〉, 〈김원전〉, 〈최치원전〉, 〈홍길동전〉 등 다른 고전소설 작품에서도 차용된 바 있다. 설화와 소설의 내용을 서로 비교한 다음, 소설에서는 어떤 식으로 설화를 변형시켜 작중에 활용하고 있는지 이야기해 보자.

(3) 지하국대적퇴치 설화에 등장하는 대적은 평안도와 함경도를 중심으로 한 한반도 북부 지방에서는 주로 괴물의 형상으로 나타나지만, 경기도와 강원도, 충청도 등의 중부 지방 혹은 경상도와 전라도 등의 남부 지방에서는 인간의 형상으로 나타나는 경우가 많다. 이처럼 지하국대적퇴치 설화의 각편은 분포 지역에 따라 내용상 큰 변화를 보인다. 지역별로 나타나는 각편의 특징을 조사하여 정리한 다음, 그것이 어떤 의미를 갖는지 이야기해 보자.

참고문헌

- 손진태, 『한국민족설화의 연구』, 을유문화사, 1946.
- 임석재, 『한국구전설화』 평안북도 편 2, 평민사, 1988.
- 서혜은, 「고전소설 속 지하국 대적 퇴치담의 수용 양상과 그 의미」, 『열상고전연구』 45, 열상고전연구회, 2015.
- 이채연, 「대적퇴치 설화의 탐색담적 구조와 의미」, 『한국문학논총』 11, 한국문학회, 1990.
- 전수경, 「지하국대도퇴치설화의 연구: 주변 제민족설화와의 비교를 중심으로 한 고찰」, 영남대학교 석사학위논문, 2002.

서정현

92

봉산탈춤

1. 창작 배경

황해도 봉산군 동선면 길양리에서 오랫동안 전승되어 온 봉산탈춤은 해서 지역의 대표적인 전통 가면극이다. 봉산탈춤은 원래 봉산 구읍 경수대(競秀臺)에서 연행되었으나, 1915년 무렵 봉산군청 등 지역의 행정기관이 사리원(沙里院)으로 옮겨 가면서 사리원의 경암산(景巖山) 아래 마당에서 놀이가 진행되었다. 봉산탈춤은 굿거리장단이 주로 사용되며, 등장인물인 말뚝이, 샌님, 서방님, 도련님, 취발이 등이 탈을 쓰고 해학적인 연기를 하면서 익살과 웃음을 유발하고 현실을 풍자하는 전통극이다. 봉산탈춤은 그 기원을 조선 시대 궁중에서 이루어졌던 산대도감(山臺都監)에서 찾을 수 있기에 양주별산대와 같은 산대도감극 계통의 가면극이라 할 수 있다.

봉산탈춤은 주로 단옷날에 연행되었다. 비정기적으로는 봉산 구읍이 중국 사신단의 경유지이기에 사신의 영접이나 지방 관리의 부임 연회와 같은 관아의 행사에서도 많이 연행되었던 것으로 알려져 있다. 놀이에는 관아의 이속(吏屬)이나 상인 등이 주로 참여하였는데, 놀이의 후원자들이었던 상인들은 탈춤 연행에 경제적 지원을 담당하였으며, 지방 관아의 이속들은 봉산탈춤의 성장에 많은 기여를 하였던 것으로 보인다. 대표적으로 봉산탈춤의 중흥자로 알려진 18세기 중엽의 봉산 이속(吏屬) 안초목(安草木)은 기존의 나무탈을 종이탈로 바꾸는 등 많은 발전을 이뤄 냈으며, 19세기 말 20세기 초 봉산 관아의 이속이었던 이성구(李聖九)·이장산(李獐山) 부자(父子)는 봉산탈춤의 춤과 놀이를 정비하여 봉산탈춤의 전성기를 이끌었다.

봉산탈춤은 1936년 백중날 사리원 경암산에서의 공연이 경성방송을 통해 중계됨으로써 전국적으로 널리 알려졌으나, 일제 강점기를 거치면서 점차 쇠퇴해 갔다. 1945년 광복 이후에는 월남한 몇 사람의 연희자들에 의하여 그 명맥을 이어 가다가, 1967년 6월 국가무형문화재 제17호로 지정되면서 한국을 대표하는 전통 가면극으로 인정받아 지금까지 전승되고 있다.

2. 원문 읽기

제6과장 〈양반춤〉

말뚝이: (중앙쯤 나와서) 쉬이. (음악과 춤 멈춘다.) 양반 나오신다아! 양반이라고 하니까 노론(老論), 소론(少論), 호조(戶曹), 병조(兵曹), 옥당(玉堂)[1]을 다 지내고 삼정승(三政丞) 육판서(六判書)를 다 지낸 퇴로재상(退老宰相)으로 계신 양반인 줄 아지 마시오. 개잘량[2]이라는 양자에 개다리 소반이라는 반자 쓰는 양반이 나오신단 말이요.

양반들: 야아, 이놈 뭐야아!

말뚝이: 아, 이 양반 어찌 듣는지 모르갔소. 노론, 소론, 호조, 병조, 옥당을 다 지내고 삼정승, 육판서를 다 지내고, 퇴로재상으로 계신 이생원네 삼 형제분이 나오신다고 그리하였소.

양반들: (합창) 〈이생원이라네.〉(굿거리장단으로 모두 춤을 춘다. 도령은 때때로 형들의 면상을 치며 논다. 끝까지 그런 행동을 한다.)

---

1 옥당(玉堂): 홍문관(弘文館)의 별칭.

2 개잘량: 털이 붙어 있는 채로 무두질하여 다룬 개의 가죽. 보통 방석으로 사용한다.

…(중략)…

양반들: 쉬이. (춤과 장단 그친다.) 말뚝아.

말뚝이: 예에.

양반들: 이놈, 너도 양반을 모시지 않고 어디로 그리 다니느냐.

말뚝이: 에에, 양반을 찾으려고 찬밥 국 말어 일조식(日早食)[3]하고 마긋간에 들어가 노새원님[4]을 끌어내다 등에 솔질을 솰솰하여 말뚝이님 내가 타고 서양(西洋) 영미(英美) 법덕(法德)[5] 동양 삼국 무른 메주 밟듯하고, 동은 여울이요 서는 구월이라 동여울 서구월 남드리 북향산 방방곡곡(坊坊谷谷) 면면촌촌(面面村村)이, 바위 틈틈이 모래 짬짬이, 참나무 결결이 다 찾아 다녀도 샌님 삐뚝한[6] 놈도 없고 보니, 낙향사부[7]라, 서울 본댁(本宅)을 찾아가니 샌님도 안 계시고, 종가(宗家)집 도련님도 안 계시고, 마나님 혼자 계시기로 벙거지 쓴 채 이 채찍 찬 채 감발한 채 두 무릎을 꿇고 하고 하고 재독[8]으로 됐습니다.

양반들: 이놈 뭐야!

말뚝이: 하하, 이 양반 어찌 듣소. 문안을 드리고 드리고 하니까 마나님이 술상을 차리는데 벽장문(壁欌門) 열고, 목이 길다 황새병(甁), 목이 짧다 자라병이며, 홍곡주, 이강주 내어놓자 앵무잔(鸚鵡盞)을 마나님이 친히 들어 잔 가득히 술을 부어 한 잔 두 잔 일이삼배(一二三杯)를 마신 후에 안주를 내어 놓는데 대양푼에 갈비찜, 소양푼에 제육(猪肉), 초, 고추, 저린 김치, 문어(文魚), 전복, 다 버리고 작년 팔월에 샌님댁에서

3 일조식(日早食): 이른 아침 식사를 말한다.
4 노새원님: 노새에 지방 수령인 '원님'이란 호칭을 붙여 희화화하였다.
5 법덕(法德): 법국(法國)과 덕국(德國), 즉 프랑스와 독일을 의미한다.
6 삐뚝한: 비슷한.
7 낙향사부: 낙향사부(落鄕士夫). 고향으로 내려간 양반 사대부를 말한다.
8 재독: '재독(再讀)', 즉 본래 '읽은 것을 다시 읽다'라는 뜻이지만 여기에서는 '두 번 하다'라는 성적인 의미로 사용되었다.

등산(登山) 갔다 남아온 좆대갱이 하나 줍디다.

양반들: 이놈 뭐야!

말뚝이: 아, 이 양반 어찌 듣소. 등산 갔다 남아온 어두일미(魚頭一味)라고 하면서 조기 대갱이 하나 줍디다 그리 하였소.

양반들: (합창) 〈조기 대갱이라네〉 (굿거리곡으로 일제히 춤.)

…(중략)…

생　원: 이놈 말뚝아아.

말뚝이: 예에.

생　원: 나랏돈 노랑돈 칠푼 잘라 먹은놈 상통[9]이 무르익은 대초 빛 같고 울룩줄룩 배미 잔등 같은 놈을 잡아 들여라.

말뚝이: 그 놈이 심(힘)이 무량대각(無量大角)[10]이요, 날램이 비호(飛虎) 같은데 샌님의 전령(傳令)이나 있으면 잡아올는지 거저는 잡아올 수 없습니다.

생　원: 오오, 그리 하여라. 옛다, 여기 전령 가지고 가거라. (종이에 무엇을 써서 준다.)

말뚝이: (종이를 받아들고 취발이한테로 가서) 당신 잡히었소.

취발이: 어데 전령 보자.

말뚝이: (종이를 취발이에게 보인다.)

취발이: (종이를 보더니 말뚝이에게 끌려 양반의 앞에 온다.)

말뚝이: (취발이 엉덩이를 양반 코 앞에 내밀게 하며) 그 놈 잡어들였소.

생　원: 아 이놈 말뚝아, 이게 무슨 냄새냐?

말뚝이: 예, 이 놈이 피신(避身)을 하여 다니기 때문에 양치를 못하여서 그렇게 냄새가 나는 모양이외다.

생　원: 그러면 이놈의 모가지를 뽑아서 밑구녕에다 갖다 박아라.

9　상통: 얼굴의 속어이다.

10　무량대각(無量大角): 헤아릴 수 없이 크고 강함을 말한다.

말뚝이: 이놈의 목쟁이를 뽑아다 밑구녕에다 꽂는 수가 있으면 내 좇대강으로 생원님의 입술을 떼어 드리겠습니다.

생 원: (노하여 큰 소리로) 야 이놈, 뭐이 어째?

말뚝이: 샌님, 말씀 들으시요. 시대(時代)가 금전이면 그만인데, 하필 이놈을 잡아다 죽이면 뭣하오. 돈이나 몇백 냥 내라고 하야 우리끼리 노나 쓰도록 하면 샌님도 좋고, 나도 돈냥이나 벌어쓰지 않겠소. 그러니 샌님은 못본 체하고 가만히 계시면 내 다 잘 처리하고 갈 것이니 그리 알고 계시오. (굿거리에 맞추어 일제히 어울려서 한바탕 춤추다가 전원 퇴장한다.)

출전: 이두현, 『한국가면극』, 서울대학교출판부, 1994

3. 작품 감상

봉산탈춤은 크게 일곱 과장(科場)으로 나누어진다. 제1과장은 〈사상좌(四上座)〉춤으로, 동서남북의 사방신(四方神)에게 놀이의 시작을 알리고, 벽사(辟邪)의 의식무(儀式舞)로서 놀이판을 정화하는 의미를 가진다. 제2과장은 〈팔먹중춤〉이다. 이 과정의 첫째 거리는 팔먹중 춤놀이이며, 둘째 거리는 두 먹중이 추는 법고놀이이다. 제3과장은 〈사당춤〉이다. 사당(社堂)과 거사(居士)들이 흥겨운 노래와 춤으로 어우러지는 과장이다. 제4과장은 〈노장(老長)춤〉이다. 이 과장의 첫째 거리는 노장춤놀이로, 노장이 소무의 유혹에 빠져 파계하는 장면이 펼쳐진다. 둘째 거리는 신장사춤놀이로, 신장사가 노장에게 신을 빼앗기는 장면으로 구성된다. 셋째 거리는 취발이춤놀이로, 취발이가 노장과 대결하여 소무를 빼앗고 아이까지 낳는 장면이다. 이 거리에서 나타나는 취발이와 소무의 모의적 성행위와 출산은 풍요제의(豊饒祭儀)의 성격을 가진다. 제5과장은 〈사자춤〉으로 파계승들인 먹중들을 사자가 징계하는 과장이다. 제6과장은 〈양반춤〉으로 말뚝이가 양반 형제들을 조롱하고 희롱하는 과장이다. 제7과장은 〈미얄춤〉으로 영감과 미얄할멈, 그리고 영감의 첩 들머리집의 다툼으로 구성되어 있고, 마지막에는 영감의 실수로 죽은 미얄할멈의 넋을 달래는 무당굿으로 마무리되는 과장이다.

그중에서 제6과장인 〈양반춤〉은 조선 후기 신분제 사회의 견고한 틀을 전복하고, 하층 민중이 양반의 무능과 허위의식을 공격하는 내용을 담고 있다는 점에서 주목된다. 이 과장에 등장하는 인물들은 양반 형제들과 말뚝이, 그리고 취발이이다. 양반 삼형제들은 조선 사회의 변화에 의해 신분제가 흔들리던 상황에서 부패하고 무능력한 당대 양반의 전형으로 등장하며, 말뚝이와 취발이는 이러한 양반의 권위 의식에 도전하는 민중의 전형으로 등장한다.

특히 이 과장에서는 일정한 구조의 재담이 반복되는데, 조동일은 『탈춤의 역사와 원리』(1979)라는 저서에서 다음과 같이 정리한 바 있다.

① 양반의 위엄: 양반과 하인 말뚝이의 정상적인 관계, 전근대 신분제의 모습
② 말뚝이의 항거: 말뚝이의 도전으로 양반의 위엄이 급격히 파괴됨
③ 양반의 호령: 양반이 민감하고 정확한 반응을 보이면서 무서운 제재를 가해 ②를 부정하고 ①을 긍정함
④ 말뚝이의 변명: 말뚝이는 궁지에 몰려 부득이 표면적으로 ②를 부정하고 ①과 ③을 긍정함
⑤ 양반의 안심: 양반은 표면만 받아들이고, 반어를 반어로 이해하는 데 실패해 말뚝이의 승리가 확정됨. 양반은 ④의 표면만 믿고 ②를 부정하고, 자신이 승리하였다고 착각하지만 실제로는 ①과 ③이 부정되고, ②가 긍정됨

내용 전개가 지니는 이러한 구조적 특징은 현실에서의 계급적 투쟁을 가면극으로 집약한 것이라 할 수 있다. 다시 말하면 조선 후기 양반이 신분적 특권으로 민중을 억누르고자 하고, 민중은 이러한 억압에서 벗어나고자 하는 현실적 상황이 봉산탈춤 양반춤 과장의 구조에 담겨 있는 것이다. 따라서 이 시기 민중들은 표면적으로는 양반의 특권을 정면으로 부인할 수는 없었지만, 그 이면에는 신분제 사회에 대해 불만을 품고, 승리를 쟁취하고자 하는 열망을 가지고 있었는데, 이러한 민중 의식이 가면극이라는 미학적 형식에 담기면서 양반춤 과장과 같은 극적인 내용을 만들어 낸 것이라 할 수 있다.

또한 봉산탈춤에는 조선 후기 신분제 붕괴 외에도 조선 후기의 변화된 사회상이 담겨 있다는 점에 주목할 필요가 있다. 양반춤 과장의 마지막 부분에서는 양반 형제들이 나랏돈을 횡령한 취발이를 잡아 오라고 말뚝이에게 명령하는 부분이 나타난다. 말뚝이에게 잡혀 온 취발이는 횡령죄를 무마하기 위해 양반에게 돈을 건네고 풀려난다. 이러한 장면은 양반의 탐욕과 무능을 적나라하게 보여 주기도 하지만, 시대적 변화를 극적으로 보여 주는 부분이라고 할 수 있다. 취발이는 돈을 힘으로 삼은 자의 전형이다. 이러한 인물형은 조선 후기 상공업의 발달에 의해 새롭게 부상한 상인 계층이나 이속 계층을 상징하는 인물형이라 할 수 있으며, 전근대 사회의 변화를 주도하는 계층이라 할 수 있다. 이러한 상황 속에서 양반은 근대사회로의 변화와 이에 따른 민중의 성장을 알아차리지 못한 채, 여전히 자신들이 특권을 누리고 있다고 생각한다. 봉산탈출의 양반춤 과장은 이러한 당대 현실을 극적 형식을 통해 담아내고 있었다.

〈생각해 보기〉

(1) 우리의 가면극은 크게 산대도감극 계열의 가면극과, 농촌의 풍농굿 같은 굿 계열의 가면극이 함께 존속하였다. 산대도감극 계열의 대표적인 가면극이 〈봉산탈춤〉과 〈양주별산대〉 등이라면, 굿 계열 가면극은 〈하회별신굿탈놀이〉라 할 수 있다. 〈하회별신굿탈놀이〉와 〈봉산탈춤〉의 차이를 생각해 보자.

(2) 요즘 지역에서는 '안동 국제 탈춤페스티벌'과 같은 탈춤 축제들이 해마다 성황리에 개최되고 있다. 이러한 탈춤 축제들을 조사해 보고 우리 전통 가면극의 전승을 위해 이러한 축제들이 어떻게 활용되어야 할지 생각해 보자.

참고문헌

· 김욱동, 『탈춤의 미학』, 현암사, 1994.
· 박진태, 『탈놀이의 기원과 구조』, 새문사, 1990.
· 이두현, 『한국의 탈춤』, 일지사, 1989.
· 이두현, 『한국가면극』, 서울대학교출판부, 1994.
· 장혜진, 『전통 연극의 이해』, 소명출판사, 1999.
· 조동일, 『탈춤의 역사와 원리』, 홍성사, 1979.

조유영

93

박규수의 봉소여향
鳳韶餘響

1. 창작 배경

우리 문학사에서 19세기는, 실학을 꽃피워 문예 부흥을 도모하였던 영·정조 시대와 근대로의 변환을 추구한 개화기 사이에 위치한 이행기(移行期)로서, 그 앞뒤 시대에 비해 상대적으로 주목을 덜 받았다. 19세기의 우리 문학사에 접근하고자 할 때, 중요한 위치를 차지하고 있는 인물 중의 한 사람이 환재(瓛齋) 박규수(朴珪壽, 1807~1877)이다. 그는 연암(燕巖) 박지원(朴趾源, 1737~1805)의 손자로서 가학(家學)을 통해 영·정조 시대 실학의 정수(精髓)를 계승하는 한편, 당시 조선 문단과 사상계에서 활약한 저명한 문인·학자들과 폭넓게 교유하였다. 20세 무렵 효명세자(孝明世子)와 교유할 때에 문명(文名)이 널리 알려졌다.

효명세자(孝明世子)는 안동 김씨의 세도를 견제하고 왕권을 강화하고자 인재 발굴과 친위세력 육성에 진력했다. 그 일환으로 당시 성균관 유생이던 박규수에게 『연암집』을 진상하도록 명하고, 그의 저술도 함께 진상하도록 명했다. 이에 따라 박규수는 역대 중국의 뛰어난 인물들에 관한 글을 광범하게 발췌하여 80부 480목으로 분류하고 일일이 안설(案說)을 붙여 소견을 피력한 16권 16책의 방대한 저술 『상고도 회문의례』를 바쳤다. 이 저술을 통해 박규수의 남다른 재능을 확인한 효명세자는 그에게 조선 왕조 역대 임금들의 모범적인 행적에 관해 찬술하도록 명했다. 이러한 효명세자의 하교에 부응하여 지어 바친 시가 바로 「봉소여향(鳳韶餘響)」이다.

2. 원문 읽기

(1) 〈병서〉

궁사(宮詞)[1]는 당나라 왕건(王建)에게서 발달했다. 송(宋)·명(明)의 여러 작가가 모두 그를 본받아 창작하니, 화려하고 산뜻하며 멋지고 질탕한 작품이라고 일컬어졌다. 태평성대의 음악은 느리되 명랑하지만 말세의 음악은 곱되 지나치게 섬세하니, 경전(經傳)에서 "시가(詩歌)의 도는 정치와 서로 통한다.[聲音之道, 與政通]"라고 한 말은 참으로 속일 수 없다. …(중략)… 시편 중에 수록한 것은 모두 성덕(盛德)을 드러낸 것이므로 파인하리(巴人下里)[2]의 속악이라고 스스로 겸손의 뜻을 붙일 수는 없다.

〈제1수〉

북한산의 상서로운 기운 짙게 에워싼 곳	華山佳氣鬱葱籠
근정문[3] 열자 화려한 궁전과 통하네	勤政門開玉殿通

---

1 궁사(宮詞): 고대 시체(詩體) 중의 하나로, 대부분 궁중 생활의 소소한 부분을 제재로 칠언절구(七言絶句) 형식으로 짓는다. 당나라 왕건(王建)이 현종(玄宗) 황제의 궁정 생활을 읊은 〈궁사〉 100수가 원조가 되고, 오대 시대 후촉(後蜀)의 임금 맹창(孟昶)의 왕비 비씨(費氏)가 왕건의 작품을 본떠서 자신이 경험한 궁정 생활을 100수로 읊어 궁사의 정형을 이루었다. 이후 송대의 왕규(王珪)·송백(宋白)·장공상(張公庠)·주언질(周彦質) 등 저명 문인들과 심지어 휘종(徽宗) 황제나 양태후(楊太后)까지 궁사를 지었으며, 명나라 말 진종(陳琮)·장지교(蔣之翹)·진징란(秦徵蘭) 등 3인의 〈천계궁사(天啓宮詞)〉 등에 이르기까지 활발히 창작되었다.

2 파인하리(巴人下里): 초(楚)나라의 민간에서 유행하던 〈파인〉과 〈하리〉라는 속악을 가리키며, 일반적으로 세속적인 음악을 뜻한다. 송옥(宋玉)의 〈대초왕문(對楚王問)〉이란 글에 고사가 보이는데, 어떤 사람이 영중(郢中)에서 처음에 하리파인(下里巴人)이란 노래를 부르자 그 소리를 알아듣고 화답하는 사람이 수천 명이었고, 양아해로(陽阿薤露)를 부르자 화답하는 사람이 수백 명으로 줄었으며, 양춘백설가(陽春白雪歌)를 부르자 화답하는 사람이 수십 명으로 줄어, 곡조가 높아질수록 그에 화답하는 사람이 더욱 적어졌다고 한다.

3 근정문: 이성계(李成桂)는 1388년(고려 우왕 14) 위화도 회군 이후, 1392년 조선을 개국한다. 태조(太

북극을 바라보니 일만 송이 붉은 구름이고 萬朶紅雲瞻北極
봉래산[4]에 돋는 해는 밝게 비추네 蓬萊旭日照曨曈

(2) 〈제27수〉

황금사목[5]에 붉은 구리가면 쓰고 黃金四目赤銅顔
초라니[6]가 올 때에 섣달 눈보라가 매섭네 侲子來時臘雪寒
열두 신당이 풍모가 엄숙한데 十二神幢風肅肅
사악한 귀신 모두 몰아내 평안을 알리네 盡驅邪惡報平安

『오례통편(五禮通編)』. 제석일 전날 밤에 관상감[7]에서 대궐 뜨락에 대나(大儺) 의식을 베푼다. 악공 1인이 창수(唱帥)가 되고, 몽기(蒙倛)[8] 4인이 붉은 옷을 입고 황금사목(黃金四目)의 가면을 쓰고, 곰 가죽을 뒤집어쓰고 창을 잡는다. 가면을 쓴 군졸은 12신당(神幢)을 잡고, 악공 10인은 도열(桃茢: 복숭아나무와 갈대 이삭으로 만든 빗자루)을 잡고 이들을 따른다. 아동 수십 명에게 가면을 씌우고 붉은 옷과 두건을 입혀 진자(侲子: 초라니)로 삼는다. 창수가 외치기를 "갑작(甲作)[9]은 흉(胸)을 먹고, 필위(胇胃)는 호(虎)를 먹고, 웅백(雄伯)은 매(魅)를 먹고, 등간(騰簡)은 불상(不

祖)는 한양(漢陽)으로 수도를 천도하여, 1395년 새로 궁궐을 완성하고, 정도전(鄭道傳)에게 명하여 신궁(新宮)과 여러 전(殿)의 이름을 짓게 하였다. 이에 정도전은 신궁(新宮)을 경복(景福)으로, 연침(燕寢)을 강녕전(康寧殿)으로, 동소침(東小寢)을 연생전(延生殿)으로, 서소침(西小寢)을 경성전(慶成殿)으로, 연침(燕寢)의 남전(南殿)을 사정전(思政殿)으로, 정전(正殿)을 근정전(勤政殿)으로, 그 문을 근정문(勤政門)으로, 동서의 이루(二樓)를 융문(隆文)·융무(隆武)로, 오문(午門)을 정문(正門)으로 이름하기를 청하였다.

4 봉래산: 여름의 금강산을 달리 이르는 말. 중국 전설에서 나타나는 가상적 영산(靈山)인 삼신산(三神山) 가운데 하나. 동쪽 바다의 중앙에 있고, 신선이 살며 불로초, 불사약이 있다고 한다.

5 황금사목: 방상시(方相氏)가 쓰는 탈, 황금사목(黃金四目)은 황금빛 눈이 네 개 달린 곰의 가죽이다.

6 초라니: 나자(儺者)·진자(侲子)·지군(持軍)·소매(小梅)라고도 한다. 음력 섣달그믐날 밤에 대궐에서 악귀와 사신(邪神)을 쫓아내기 위해 나례 의식을 베푸는데 그 의식을 거행하는 자이다. 황금빛 네 눈, 방울 달린 곰의 가죽을 씌운 큰 탈을 쓴다. 붉은 웃옷에 검은 치마를 입었다.

7 관상감: 관상감(觀象監)은 조선 시대 천문·지리·점산(占算)·역수(曆數)·측후(測候)·각루(刻漏) 등의 일을 담당하기 위해 설치했던 관서이다.

8 몽기(蒙倛): 나례 의식(儺禮儀式)에서 악귀를 쫓을 때 쓰는 가면인 나자(儺者)의 하나. 눈이 넷인 것을 방상시(方相氏)라 하고 눈이 둘인 것을 몽기(蒙倛)라 한다. 괴팍한 인물을 비유할 때 쓰기도 한다.

9 갑작(甲作): 갑작(甲作)은 필위(胇胃), 웅백(雄伯), 등간(騰簡), 남저(攬諸), 백기(伯奇), 강량(強梁), 조명(祖明), 위수(委隨), 착단(錯斷), 궁기(窮奇), 등근(騰根) 등과 함께 십이신(十二神)을 지칭한다.

祥)을 먹고, 남저(攬諸)는 고(姑)를 먹고, 백기(伯奇)는 몽(夢)을 먹고, 강량(强梁)과 조명(祖明)은 함께 손사기생(殮死寄生)을 먹고, 위함(委陷)은 함(陷)과 츤(櫬)을 먹고, 착단(錯斷)은 거(拒)를 먹고, 궁기(窮奇)와 등랑(騰狼)은 함께 고(蠱)를 잡아먹으라. 오직 너희 12신은 급히 떠나 머무르지 말라. 만약 더 머무르면 네 몸을 쪼개고 너의 몸뚱이를 꺾으며, 너의 살덩이를 헤치고 너의 간장을 뽑아내리라. 그때 가서 후회하지 말라."라고 한다. 이에 진자(侲子)가 "예"하고 머리를 조아리며 죄를 자복하면, 여러 악공이 북과 징을 한꺼번에 울리면서 대궐 문을 출발하여 도성 문에 이르러 그친다.

(3) 〈제78수〉

학 깃발 푸른 일산이 대궐문을 나오니	鶴旗青繖出銅闈
늘어선 궁관들이 늦게 돌아온 행차를 맞네	班立宮官奉駕遲
고양 땅 삼십 리에 소식 알리니	報道高陽三十里
세자가 오늘 명릉을 배알하고 돌아간다 하네	自家今日拜陵歸

출전: 『환재집』 권2, 「봉소여향절구 100수」

⁑ 인용 출처: 한국고전번역원, 한국고전종합DB

3. 작품 감상

박규수는 연암 박지원의 손자로서 19세기 한시사(漢詩史)에서도 주목해야 할 인물이다. 그는 평안도 관찰사(平安道觀察使)·대제학(大提學)·우의정(右議政) 등의 관직을 두루 역임하면서 진주 민란(晉州民亂, 1862) 사태 수습, 제너럴셔먼호 사건(1866) 지휘, 강화도 조약(1876)에서의 막후 역할 등 우리 민족의 역사적 향방을 가릴 중요한 사건에 깊숙이 관여하였다. 「봉소여향(鳳韶餘響)」은 칠언절구 100수로 된 궁사(宮詞)로, 박규수의 초기 한시를 대표하는 역작(力作)이라 할 수 있다.

「봉소여향」은 조선을 건국한 태조로부터 영·정조 시대에 이르기까지의 고사(故事)를 제재(題材)로 하고, 여러 가지 전적(典籍)을 참고로 사실(史實)에 근거하여, 칠언절구의 궁사(宮詞) 양식으로 쓰여진 시이다. 「봉소여향」을 살펴보면, 임금별로 비중을 달리하여 노래하고 있다. 22대 임금 중에 영조(17수), 성종(13수), 효종(10수), 세조(9수), 세종과 선조(각 8수), 정조(7수), 숙종(5수), 태조와 현종(각 4수) 등의 순으로 작품이 안배되어 있으며, 단종·예종·연산군·광해군·경종은 배제되었다.

이는 주로 태조에서 세종·세조·성종으로 이어지는 건국 초기의 현군(賢君)들과, 효종 이후 현종·숙종·영조·정조를 거쳐 현 임금으로 이어지는 왕통(王統)을 중시한 결과라 생각된다. 또한 영조를 예찬한 시가 무려 17수나 되는 데 비해, 그의 이복형으로서 소론이 추대한 경종에 관해서는 단 한 차례도 언급하지 않은 점이나, 사도세자가 득남(得男)을 자축하여 그린 그림을 보고 정조가 눈물을 흘렸다는 고사를 특별히 노래한 점(제4수) 등에서는 노론(老論) 시파(時派)의 당파적 시각을 읽을 수 있다.

(1)은 「봉소여향절구 100수 병서(鳳韶餘響絶句 一百首 幷序)」와 첫 시이다. 「봉소여향」의 서문에서는 종래의 궁사(宮詞)와 달리 기교 위주의 화려하고 향락적인 작풍에서 탈피하여, 왕정(王政)에 기여하는 교훈적인 궁사를 짓겠다는 작가의 의욕이 뚜렷이 드러나 있다. 첫 시에서는 조선 왕조의 개국을 정당화하고 역사적 의의를 부여하기 위해, 천지자연의 오묘한 운행이 왕궁에 축복을 주고 있다고 서막의 실마리로 삼고 있다. 이 시에서 박규수는 생기발발(生氣勃勃)한 광경을 결론으로 삼음으로써 신왕조의 개국과 그 앞날이 떠오르는 태양처럼 활기차고 충일(充溢)한 축복 속에 영원하기를 기원하고 있다.

(2)는 관상감(觀象監)에서 구나(驅儺)를 행할 때의 광경을 서술하고, 이후의 평안함을 기술한 것이다. 기구는 구나를 행할 때 방상인(方相人), 즉 황금빛 네 눈의 곰 가죽을 쓴 이를 가리키는 것으로 구나의 전체적인 모습을 묘사했으며, 승구는 구나를 행하는 시기를 나타내고 있다. 전구 역시 구나의 진행 과정을 서술하였는데, 엄숙하고 진중한 상황을 묘사하였다. 결구는 구나를 실시하여 모든 사악한 귀신을 쫓은 결과 평안하게 됨을 서술하여 구나를 궁궐에서 행한 필요성을 역설하고 있다. 구나의 민속은 삼국 시대 최치원의 향악잡영(鄕樂雜詠) 5수, 고려 시대 이색의 구나행(驅儺行), 조선 전기 성현의 구나시(驅儺詩) 등에 언급되고 있

다. 박규수가 전거로 삼은 『오례통편(五禮通編)』의 자료를 대비해서 고찰한다면, 조선 후기 구나 의식의 변모 양상을 살피는 데 중요한 자료가 될 것이다.

(3)은 그것과 관련된 일화가 있다. 영조가 잠저(潛邸)에 있을 때, 8월 15일이 숙종의 탄신일이라 명릉(明陵)을 배알하고서 고령(古靈)의 농사(農舍)에 5일간 머물렀다. 장차 대궐로 돌아가 안부를 살피려고 저물녘에 출발하여 덕수천(德水川)에 이르렀는데, 밤이 깊고 불도 없어 검암(黔巖) 파발참(擺撥站)에서 쉬게 되었다. 얼마 후 어떤 사람이 소를 끌고 앞개울을 건너는 것을 보고, 시종하던 자가 영조에게 도둑이라고 고하였다. 영조가 발참장(撥站將) 이성신(李聖臣)에게 이르기를 "저 사람은 흉년이 들어 기한에 시달리다 저렇게 한 것이다. 그러나 농부가 소가 없으면 어떻게 경작할 수 있겠는가. 발참장이 비록 낮은 벼슬이긴 해도 또한 관직이다. 네가 잘 처리하여 소는 주인에게 돌려주고 도둑은 관가에 고하지 말라."라고 하였다. 이성신이 곧 영조의 말대로 하였다. 새벽녘에 영조가 서울의 잠저로 돌아오니, 학가(鶴駕)가 잠저의 문밖에 위의를 갖추고 있었다. 이미 저위(儲位)로 세워졌기 때문이었다.

검암은 현재 서울시 은평구 진관내동 일대에 해당하는데 조선 시대에 파발참이 있었다. 현재 그곳에는 검암기적비(黔巖紀蹟碑)가 있는데, 이는 정조가 1781년(정조 5)에 숙종을 모신 명릉(明陵)을 참배하고 돌아오던 도중 할아버지 영조가 옛날 이곳에서 소도둑을 잡았다가 풀어 준 일화를 회상하며 세운 것이다.

박규수는 효명세자의 명에 따라 역대 임금들의 행적을 예찬한 「봉소여향」을 지었다. 그는 외척의 세도를 견제하고 왕권을 강화하고자 한 효명세자의 염원에 호응하며, 국정을 주도하면서 백성들에게 선정을 베푸는 모범적인 군주상을 제시하였다. 나아가 「봉소여향」에는 존명배청주의(尊明排淸主義)와 성리학 사상이 강하게 드러나 있고, 과학 기술을 중시하는 실학 사상이 나타나 있기도 하다. 박규수의 「봉소여향」에는 크게 다음과 같은 정신이 나타나 있다.

첫째, 조선 왕조의 창업수통(創業垂統)과 대명인식(對明認識)의 역사 인식이 나타난다. 그는 조선 왕조의 창업을 아침에 태양이 떠오르는 것처럼 필연적 과정이자 시대적 요구라고 보았다. 조선 왕조의 기상과 그 앞날에 대한 축복을 긍정적으로 인식하고 묘사하고 있다. 또한 대명인식의 시에서는 화이론적(華夷論的) 세계관에 기인하는 명나라 인식의 시를 보여 주고 있다. 후기 관료문인들의 보편적 세계 인식을 수용하여 나타낸 것이다.

둘째, 중농(重農)과 검약 실천의 위민정신이 나타난다. 지배층인 왕족은 친경(親耕)·성경(省耕) 등의 방법으로 피지배층인 서민들에게 농업에 힘쓰기를 권면하였으며, 박규수는 이를 시로 형상화하여 지배층의 위민정신을 표창하였다. 그리고 검약의 덕을 숭상하고 몸소 실천하고자 하는 제왕의 의지를 시로 묘사했다. 위민정신의 바른 지향점을 제시하여, 후대 임금들이 본보기로 삼을 수 있도록 한 것이다.

셋째, 경천(敬天)·효행(孝行)·민간 풍속 등 조선 풍속의 선양이 나타난다. 「봉소여향」에는 유교적 전통 사상에 기초하여 천도와 합치하는 왕도정치의 구현이라는 의식이 깃들어 있다. 효행의 실천을 선양한 시에는 국조(國朝)의 풍속이 풍교의 모태로 자리 잡기를 염원하는 박규수의 의식이 반영되어 있다. 또한 그는 당대의 민간 풍속을 긍정적 시각과 소망을 투영하여 묘사하며, 민속에 강한 애착을 가지고 있었다.

박규수는 우리의 문화와 역사에 대한 자부심과 애착을 가지고 「봉소여향」을 찬술(撰述)하였다. 그리고 「봉소여향」은 다채로운 소재와 화려한 수사법을 구사하여, 왕정을 태평성세로 찬양하고 있다는 점에서 궁사의 특색을 공유하고 있다. 허균의 「궁사」를 조선 중기를 대표하는 궁사라고 한다면, 박규수의 「봉소여향」은 19세기 한시사에서 궁사의 향락적 작풍을 지양(止揚)하고자 했던 허균의 노력을 계승하면서 예술적으로도 빼어난 성과를 거둔 작품이라 하겠다.

〈생각해 보기〉

(1) 「봉소여향」을 집필한 박규수는 영·정조 시대의 실학을 계승하여 19세기 시대적 격랑에 대처하고자 다방면에 걸쳐 남다른 노력을 기울인 인물이다. 그는 단지 실학 사상의 계승자일 뿐만 아니라 개화 사상의 선구자, 나아가 실학과 개화 사상을 연결한 근대의 가교자라 평가받고 있

다. 근대 전환기의 개화와 수구, 지금의 진보와 보수의 관계를 연상하면서, 박규수의 전체적인 삶과 실천을 평가해 보자. 지금의 잣대로, 「봉소여향」은 수구와 보수의 측면에서 논의될 수 있기 때문이다. 즉 인간의 양면성의 존재와 현실적 실천에 관해 생각해 보자.

(2) 옛 전통을 이어 가는 축제 중 처용과 관련된 축제는 의미가 있다. 지역의 민속, 무속뿐만 아니라 우리의 것은 얼마든지 축제화(일반화)가 가능하다. 사라져 가는 전통문화를 살펴보고, 계승할 방안에 대해 생각해 보자.

(3) 나례는 사신(邪神)을 쫓는 목적 외에도 칙사(勅使)를 영접하기 위해 수시로 베풀어졌다. 이런 때에는 광대들의 창(唱)이 동원되었다. 나례에 있어서 처용무(處容舞)는 악공(樂工)과 기녀(妓女)에 의해서 대대적으로 이루어지고, 곡예·희학지사(戱謔之事)는 재인(才人)들에 의해서 이루어졌다. 이것들은 잡희·백희·나희 등으로 불리었다. 나례 출연자로는 나례청에 소속된 우인(優人)·배우·광대·창우(倡優)·수척(水尺)·중[승(僧)]·재인(才人)·현수(絃首)·백정·희자(戱子) 등이 있었는데, 이들은 사회적으로 천시당했다. 나례의 상연 장소는 주로 야외였고, 궁중에서는 사정전(思政殿)·명정전(明政殿)·인정전(仁政殿) 등에서 행해졌다. 나례는 오늘날 그 전통이 단절되었다. 하지만 전국 각지에서는 축제 문화가 전승되기도 하고 새롭게 생성되고 있다. 지금 시대의 축제는 무엇을 의미하고, 옛 전통을 이어 가는 한편 새로운 미래를 열어 가기 위한 올바른 축제 문화는 어떠해야 하는지 논의해 보자.

참고문헌

· 김명호, 『환재 박규수 연구』, 창작과 비평사, 2008.
· 김명호, 「박규수의 궁사 「봉소여향」에 대하여」, 『韓國漢文學硏究』 31, 한국한문학회, 2003.
· 한은수, 「박규수 시세계의 일고찰: 봉소여향절 백도를 중심으로」, 『漢文學論集』 16, 근역한문학회, 1998.
· 한은수, 「박규수의 시문학연구: 「봉소여향절구」와 「강양죽지사」를 중심으로」, 단국대학교 석사학위논문, 1998.

김종구

94

황현의 논시잡절 14수
論詩雜絶

1. 창작 배경

19세기 말부터 20세기 초까지 조선은 안팎으로 많은 문제가 발생했다. 안으로는 사회 전반에 만연한 지배층의 부패와 무능으로 인한 문제, 민중의 피폐한 삶의 문제 등이 발생했으며, 밖으로는 일본을 비롯한 제국주의 열강의 침탈이 이루어지고 있었다. 이러한 시대 문제를 해결하는 데에 있어서 당대 조선의 지식인들은 대체로 신문명을 수용하려는 입장과, 우리 것을 유지하며 신문명을 수용하지 않으려는 입장으로 나뉘었는데, 이들은 비록 방향성은 다르지만 외세로 인한 민족 위기를 극복하고자 하는 궁극적인 목표는 동일했다. 당대 지식인들의 문학은 이러한 분위기 속에서 창작되었다. 특히 이 시기에 이르면, 국문 사용의 확대를 주장하며 다양한 형태의 국문문학이 등장하고, 이와 반대로 한문문학은 퇴조하게 되는데, 이러한 시기에 시대 문제에 적극적으로 대응하고자 한문으로 창작된 우국문학(憂國文學)이 여럿 등장했다는 점은 주목할 만한 부분이라 할 수 있다.

이러한 격변기에 활동했던 대표적인 인물이 바로 매천(梅泉) 황현(黃玹, 1855~1910)이다. 황현의 본관은 장수(長水), 자는 운경(雲卿), 호는 매천이다. 24세 때 처음 상경하여 추금(秋琴) 강위(姜瑋, 1820~1884), 창강(滄江) 김택영(金澤榮,

1850~1927), 영재(寧齋) 이건창(李建昌, 1852~1898)과 교유하며 학문적 폭을 넓히고, 이후 이들과 한말문단(韓末文壇)을 대표하는 인물로 평가받게 되었다. 두 차례에 걸쳐 과거 시험에 응시하여 모두 급제하였으나, 관료 및 조정의 부정부패로 인하여 출사를 단념하고 구례에 은거하며 학문과 저술에 힘썼다. 그러나 완전히 현실을 외면한 채 은거한 것은 아니어서, 〈언사소(言事疏)〉를 지어 조정에 개혁 방안을 제시하였으며, 을사늑약이 체결되었다는 소식을 듣고 매국노를 규탄하는 〈문변삼수(聞變三首)〉, 애국지사의 자결을 애도하는 〈오애시(五哀詩)〉 등을 짓기도 하였다. 또 동도서기(東道西器)의 입장에서 호양학교(壺陽學校) 설립에 앞장서기도 하였다. 그러나 1910년 일제에 의해 나라가 망했다는 소식이 들려오자 지식인으로서 책임을 통감하고 〈절명시(絶命詩)〉와 유서를 남긴 채 자결하였다. 이처럼 혼란스러운 시기에 황현은 자기 시대의 글을 지어야 한다고 주장하였는데, 특히 옛것만을 추구하며 이를 따르는 문학을 창작하기보다는, 자신의 성정(性情)을 펼치는 문학을 행해야 한다고 하였다. 〈논시잡절〉 14수는 이러한 황현의 문학관을 구체적으로 보여 주는 중요한 작품이라고 할 수 있을 것이다.

2. 원문 읽기

(1) 개천(開天) 연간[1] 특석에 붉은 깃발이 기우니	特席開天赤幟斜
헛되이 자취를 찾아 몇 사람이나 지나갔는가	空尋轍跡幾人過
후일에 대담한 고정례(高廷禮)[2]는	後來麤胆高廷禮
삼당(三唐)[3] 중에 대가로 내세웠네	籠罩三唐置大家

1 개천(開天) 연간: 당(唐)나라 현종(玄宗) 때의 연호인 개원(開元, 731~741)과 천보(天寶, 742~756)를 병칭한 것이다.

2 고정례(高廷禮): 명(明)나라 사람으로, 자는 언회(彦恢), 호는 소대(嘯臺), 만사(漫士)이다. 시에 뛰어난 민중십재자(閩中十才子)의 한 사람으로 꼽혔으며, 『당시품휘(唐詩品彙)』, 『당시정성(唐詩正聲)』 등을 지었다.

3 삼당(三唐): 고정례가 『당시품휘』에서, 당시(唐詩)를 시기별로 나누어 초당(初唐), 성당(盛唐), 중당(中唐), 만당(晩唐) 등 사당(四唐)으로 만들어 놓은 것을, 후인들이 중당을 성당이나 만당에 붙여 삼당이라 일컬은 데서 온 말이다. 각주 내용은 한국고전번역원의 한국고전종합DB를 참고하여 수정하였다.

(2) 당시에 맹교(孟郊)와 가도(賈島)[4]는 가난하게 사귀며　　一時郊可耐窮交
우는 쓰르라미는 나무 끝 이슬을 다투었네　　啁哳寒螿鬪露梢
오두(五杜)와 사령(四靈)[5]이 진영을 나누던 날　　五杜四靈分壘日
후세에 끼친 은택을 추앙하여 선구자로 삼았네　　推渠沾丐作前茅

(3) 가륭(嘉隆) 연간[6]에 칠자(七子)[7]가 함부로 종횡하여　　嘉隆七子漫縱橫
송나라에 시가 없다는 말은 크게 실정에 맞지 않네　　趙宋無詩太不情
이 우뚝 솟은 소동파와 황산곡(黃山谷)의 문장이 어떠한가[8]　　奈此嶙峋坡谷筆
오래도록 하늘에서 이름을 나란히 하네　　中天萬古兩齊名

(4) 눈에 어른거리는 허공의 꽃이 거울 속에 드리운 듯　　纈眼空華鏡裏垂
영양이 뿔을 걸어 놓은 가지는 본래 없네[9]　　羚羊掛角本無枝

---

4 맹교(孟郊)와 가도(賈島): 맹교는 자가 동야(東野)이다. 늦은 나이에 벼슬살이를 시작했으나 벼슬길이 순탄하지 않아 평생 빈곤하게 살았다. 가도는 자가 낭선(浪仙)이다. 한미한 출신으로, 과거 시험에 응시했으나 여러 차례 낙방하여 중이 되었으며 후에 환속하였다. 그 역시 오랜 시간 가난에서 벗어나지 못했다. 두 사람의 시풍에 대하여 소식(蘇軾)이 〈제유자옥문(祭柳子玉文)〉에서 "맹교는 청한하고, 가도는 수척하다.[郊寒島瘦]"라고 평가한 바 있다. 이들은 불우한 생애를 보낸 만큼 그 작품에 빈한하고 쓸쓸한 정감이 잘 드러난다.

5 오두(五杜)와 사령(四靈): 오두(五杜)는 송(宋)나라 두씨(杜氏) 5형제로, 두여(杜旟), 두전(杜旃), 두유(杜斿), 두수(杜旞), 두괴(杜旝)를 이른다. 이들 모두 시문(詩文)에 뛰어나서 당시에 금화오고(金華五高)로 일컬어졌다. 사령(四靈)은 송(宋)나라 4명의 시인을 이르는 것으로, 서조(徐照)의 자가 영휘(靈暉), 서기(徐璣)의 호가 영연(靈淵), 옹권(翁卷)의 자가 영서(靈舒), 조사수(趙師秀)의 호가 영수(靈秀)이므로, 이들을 영가사령(永嘉四靈)이라 하였다. 오두와 사령은 두보를 받들며 전고(典故)를 일삼는 시를 반대하였고, 용사(用事)하지 않는 것을 목표로 삼아 맹교와 가도의 문학을 따랐다. 각주 내용은 한국고전번역원의 한국고전종합DB를 참고하여 수정하였다.

6 가륭(嘉隆) 연간: 명(明)나라 세종(世宗)의 연호인 가정(嘉靖)과 목종(穆宗)의 연호인 융경(隆慶)을 병칭한 것이다.

7 칠자(七子): 명나라 때 문단의 중심이었던 후칠자(後七子)로, 이반룡(李攀龍), 왕세정(王世貞), 사진(謝榛), 종신(宗臣), 양유예(梁有譽), 서중행(徐中行), 오국륜(吳國倫)을 말한다. 이들은 앞서 활약했던 전칠자(前七子)의 "문은 반드시 진한을 본받고, 시는 반드시 성당을 본받아야 한다.[文必秦漢 詩必盛唐]"라는 복고주의를 계승하였다.

8 이…어떠한가: 송나라의 뛰어난 문인인 소식(蘇軾)과 황정견(黃庭堅)의 문장에 대한 칭송이다. 소식의 자는 자첨(子瞻), 호는 동파거사(東坡居士)이다. 황정견은 자는 노직(魯直), 호는 산곡(山谷)이며, 소식의 제자이다. 두 인물 모두 중국 문학사에서 큰 성과를 거둔 인물로 평가될 뿐 아니라, 우리나라 문인들에게도 많은 영향을 끼쳤다.

9 영양이……없네: 원문의 영양괘각(羚羊掛角)은 엄우(嚴羽)의 『창랑시화(滄浪詩話)』에 "성당 시인들은

방옹(放翁)[10]은 늙을수록 문심이 세심해졌는데　　放翁老去文心細
해탈(解脫)과 금단(金丹)을 혼자만 알았네[11]　　解脫金丹只自知

출전: 『매천집(梅泉集)』 권1, 「시(詩) 을유고(乙酉稿)」, 〈정연일택기칠절십사수의기운희작논시잡절이사(丁掾日宅寄七絶十四首 依其韻戲作論詩雜絶以謝)〉

3. 작품 감상

황현의 〈논시잡절〉은 시로써 시를 논하는[以詩論詩] '논시시(論詩詩)'에 속하는 작품으로, 그 가운데서도 이와 같이 절구(絶句)의 형태로 된 것을 논시절구(論詩絶句)라 한다. 논시절구는 당(唐)나라 두보(杜甫, 712~770)의 〈희위육절구(戲爲六絶句)〉로부터 시작되어, 송(宋)나라 때 다양한 발전을 거친 후, 금(金)나라 원호문(元好問, 1190~1257)에 이르러 하나의 시 비평 양식으로 정립되었다. 논시절구는 일종의 비평시로서, 작가의 시관(詩觀)을 확인할 수 있는 작품이라고 할 수 있다. 이 논시절구는 내용적 성격에 따라 개별 작가나 작품을 품평하는 계통[詩評類]과 시 이론을 천명한 계통[詩論類]으로 나눌 수 있다. 이 중 전자에 해당하는 대표적인 작품이 원호문의 〈논시(論詩)〉 30수이며, 후자에 해당하는 작품이 송(宋)나라 대복고(戴復古, 1167~?)의 〈논시십절(論詩十絶)〉이다.

논시절구는 명·청대에 왕성하게 창작되었는데, 우리나라 문인들이 중국의 문인들과 교유하면서 우리나라에서도 논시시의 성격을 띤 작품들이 창작되었다. 일찍이 이규보(李奎報, 1168~1241)의 〈논시(論詩)〉·〈독임춘시(讀林椿詩)〉를 시작으로, 다양한 문인들에 의해 논시시의 성격을 띤 일련의 작품들이 창작되었다. 이 가운데 황현은 〈논시잡절〉을 비롯하여 〈화소천논시육절(和小川論詩六絶)〉과 〈독국조

오직 흥취에 주력하여, 영양이 뿔을 걸어 놓은 것처럼 자취를 찾을 수 없다.[盛唐諸人 唯在興趣 羚羊掛角 無迹可求]"라고 한 말에서 나왔다. 각주 내용은 한국고전번역원의 한국고전종합DB를 참고하여 수정하였다.

10 방옹(放翁): 송(宋)나라 문인 육유(陸游)를 말한다. 자는 무관(務觀), 호는 방옹(放翁)으로, 조국을 침략한 금(金)나라에 대한 항쟁 의식이나 일상의 한적한 생활을 다룬 작품을 많이 창작한 인물이다.

11 해탈(解脫)과……알았네: 해탈(解脫)은 번뇌에서 벗어나 얽매임이 없는 상태를 이르며, 금단(金丹)은 신선들의 장생불사약을 이른다. 즉, 육유의 문장이 보통 사람보다 뛰어난 경지에 이르렀음을 표현한 것이다.

제가시(讀國朝諸家詩)〉를 짓기도 하였다. 즉, 황현은 세 번에 걸쳐 자신의 시관을 작품으로 형상화하였는데, 〈화소천논시육절〉은 중국 문인들에 대한 평가를 통해 자신의 시관을 드러낸 작품이며, 〈독국조제가시〉는 조선의 문인들에 대한 평가를 통해 자신의 시관을 드러낸 작품이다. 이들 모두 칠언절구로 이루어져 있다. 여기서는 황현의 논시시 작품 가운데 가장 첫 번째 작품에 해당하는 〈논시잡절〉을 살펴보기로 한다.

〈논시잡절〉의 제명(題名)은 〈정연일택기칠절십사수 의기운 희작논시잡절이사(丁掾日宅寄七絶十四首 依其韻 戱作論詩雜絶以謝)〉이다. 1885년에 지어진 작품으로 중국의 여러 문인들을 언급하고 있는데, 이들에 대한 평가를 통해 황현의 시관을 확인할 수 있다. 먼저 〈논시잡절〉 14수에서 평가하고 있는 문인과 시기를 간략하게 살펴보면 다음과 같다.

수록 한시	시기	평가 문인
제1수	육조(六朝)	매고(枚皐), 사마상여(司馬相如)
제3수		서릉(徐陵), 유신(庾信), 음갱(陰鏗), 하손(何遜), 사령운(謝靈運)
제4수	당(唐)	이백(李白)
제5수		두보(杜甫)
제6수		맹교(孟郊), 가도(賈島)
제7수	송(宋)	소식(蘇軾), 황정견(黃庭堅)
제8수		육유(陸游)
제9수	금(金)	원호문(元好問)
제10수	원(元)~명(明)	예찬(倪瓚)
제11수	명(明)	왕세정(王世貞), 이반룡(李攀龍), 사진(謝榛), 종신(宗臣), 양유예(梁有譽), 서중행(徐中行), 오국륜(吳國倫)
제12수	청(淸)	왕사진(王士禛)

이 가운데 제5수~제8수의 내용을 구체적으로 살펴본다. 먼저 (1)의 제5수에서는 현종 치세기에 훌륭한 작품을 남긴 두보를 특석에 나아간 시인이라며, 많은 문인이 두보를 숭상하였음을 설명하였다. 그리고 이어서 두보를 삼당을 통틀어 대가(大家)라고 평가했던 고정례의 견해를 인정하며 두보에 대한 평을 마쳤다. 두

보는 당시(唐詩)의 새로운 경지를 끌어낸 인물로, 중국뿐만 아니라 우리나라 문인들에게도 많은 영향을 끼쳤다. 황현 역시 이러한 두보의 뛰어난 문학적 능력을 인정하며 그를 당 현종 시기의 으뜸가는 문인이라 표현한 것으로 보인다. 그리고 삼당의 대가라는 표현은 고정례가 『당시품휘』에서 당시를 시기별로 나누고 시인별로 시를 배열하였는데, 성당(盛唐)의 시인을 정종(正宗)·대가(大家)·명가(名家)·우익(羽翼)으로 구분하고, 대가에 두보 한 명만을 두고 설명한 데서 나온 말이다. 그런데 황현은 두보를 학시(學詩)의 대상으로 삼고 차운시를 많이 남기기 했지만, 이는 비판적인 수용이지 두보에 대한 맹목적인 추종은 아니었다.

또 (2)의 제6수에서는 시어를 심각하게 다듬고 독특한 표현을 창출하려 노력했던 맹교와 가도, 그리고 이처럼 고심하여 시를 읊는 문인을 모범으로 삼았던 오두와 사령의 무리에 대한 내용을 다루었다. 맹교와 가도는 시어를 심각하게 다듬고 독특한 표현을 창출하려 노력했던 문인들이다. 그리고 오두와 사령은 두보를 받들며 전고(典故)를 일삼는 시를 반대하며, 용사(用事)하지 않는 것을 목표로 삼아 맹교와 가도의 문학을 따랐다. 이를 보면, 결국 제6수의 내용은 황현이 고심하여 시를 읊는 태도를 좋아한다는 사실을 보여 준다고 할 수 있다.

(3)의 제7수는 소식과 황정견의 뛰어난 문장력을 평가한 내용이다. 송대의 전칠자, 후칠자는 모두 복고를 주장하였는데, 대표적으로 후칠자인 이몽양은 송시(宋詩)를 무시하며 소식과 황정견을 비판하는 것은 물론이고, 자신이 편찬한 시선집인 『고금시산(古今詩刪)』에 송시를 단 한 편도 넣지 않았다. 이에 대해 황현은 송시를 배격하는 태도가 틀렸음을 지적하며, 소식과 황정견이 문장이 뛰어나 그 명성이 높아져 오래도록 이어지고 있다고 평가하였다. 즉, 여기서 황현은 당시(唐詩)의 전통을 고집하지 않고 새로운 문학의 경지를 연 소식과 황정견을 높이 평가하고 있는 것이다. 이는 또한 옛것에 대한 맹목적인 추종을 경계한 태도라 할 수 있을 것이다.

마지막으로 (4)의 제8수는 황현이 평생 애호했던 육유에 대한 평이다. 황현은 육유의 시를 '영양괘각', '해탈과 금단'이라고 평가하였다. 영양괘각은 엄우의 『창랑시화』에서 나온 말로, 시는 성정(性情)을 읊조리는 것이어서 성당(盛唐) 문인들의 작품에서 그 자취를 찾을 수 없다는 것을 의미하며, 해탈과 금단은 번뇌로부터 벗어나고, 죽음으로부터 벗어나 세속에 얽매이지 않는 상태를 의미한다. 즉, 황현은 얽매이지 않고 성정을 자유롭게 표현한 육유의 시를 높게 평가하고 있는 것이다. 이는 앞서 황현이 보여 주었던 작시 태도를 염두했을 때, 옛것에 얽매이지 않고 자유롭게 자신의 뜻을 읊조리고자 하는 태도라 이해할 수 있을 것이다.

이처럼 〈논시잡절〉 14수는 다양한 시기에 활동했던 중국의 문인들을 통해서 황현의 시관을 밝힌 작품이다. 이상의 내용에서 다루었던 황현의 시관을 정리해 보자면, 황현은 옛것을 맹목적으로 추숭하는 것이 아니라 비판적으로 수용하고자 했으며, 자신이 뜻한 바를 자유롭게 표현하는 것을 권하되 시어를 고심하여 시를 짓고자 하는 태도를 강조하였다. 이처럼 〈논시잡절〉은 시사(詩史)를 통해 작가의 문학관을 확인할 수 있다는 점에서 중요한 작품이라 할 수 있을 것이다. 이 외에도 황현은 중국 시인에 대해 평가한 〈화소천논시(和小川論詩)〉와, 우리나라 시인에 대해 평가한 〈독국조제가시(讀國朝諸家詩)〉를 창작하였다. 여기서도 마찬가지로 황현은 송시나 당시 모두 중요하며, 개인의 개성이 살아 있는 시를 창작해야 함을 강조하는 모습이 나타난다. 이로 볼 때, 일련의 논시시는 우리나라뿐만 아니라 중국의 문학까지 모두 이해하고 있는 황현의 박학다식(博學多識)함과 자신의 기준에 따라 찬사와 비판을 시도하는 주체적인 태도를 읽어 낼 수 있다는 점에서 중요한 작품이라고 할 수 있을 것이다.

〈생각해 보기〉

(1) 〈논시잡절〉과 같은 논시절구류의 작품이 우리 문학사에서 어떤 의미가 있는지 생각해 보자.

(2) 황현은 조선을 통틀어 육유에 대한 차운시를 가장 많이 쓴 작가로 알려져 있다. 황현이 특히 육유에 관심을 가진 이유는 무엇일까? 육유의 생애를 조사해 보고 황현의 생애와 연결 지어 이야기해 보자.

(3) 황현은 거의 10년을 주기로 논시절구의 작품을 창작하였다. 그의 다른 논시절구 작품을 찾아 읽고 황현이 생각하는 훌륭한 문학작품이란 무엇인지 자유롭게 이야기해 보자.

참고문헌

· 기태완, 「매천 황현과 석정 이정직의 문학논쟁」, 『한문학보』 13, 우리한문학회, 2005.
· 기태완, 「황매천의 중국시에 대한 시각-논시절구를 중심으로」, 『한국한시연구』 13, 한국한시학회, 2005.
· 박금규, 「매천 황현의 〈논시절구〉 연구」, 우석대학교 석사학위논문, 1995.
· 손유진, 「신위의 〈동인논시절구〉에 나타난 비평방법과 미학적 특징」, 『열상고전연구』 46, 열상고전연구회, 2015.
· 정시열, 「신자하와 황매천의 논시절구 비교 연구」, 서강대학교 석사학위논문, 1998.

신소윤

95

최제우의 용담유사
龍潭遺詞

1. 창작 배경

유교의 봉건 제도가 모순을 드러내며 무너지는 19세기 말에 최제우(崔濟愚, 1824~1864)는 조정의 학정과 외세의 침략으로부터 백성을 구제하기 위하여 새로운 사상으로 동학(東學)을 창시하였다. 동학은 최제우의 종교적인 체험에 의한 것이지만, 시대적 상황 속에서 근대 지향적인 의식을 담고 민중들을 창도해 나갔다. 그는 동학을 창도한 이후(1860)부터 관에 체포되기 직전(1863)까지 국문가사를 지어 가르침을 펼쳤다. 그가 지은 가사는 『용담유사』로 묶여, 동학의 경전이자 문학, 깨달음이 담긴 철학서로 통한다. 수록 작품은 〈용담가〉, 〈안심가〉, 〈교훈가〉, 〈도수사〉, 〈몽중노소문답가〉, 〈권학가〉, 〈도덕가〉, 〈흥비가〉 등 8편이다.

최제우는 호는 수운(水雲)이고, 본관은 경주이다. 처음 이름은 복술(福述)·제선(濟宣)이었는데, 훗날 수도하는 과정에서 '제우'로 개명하였다. 부친 최옥(崔鋈, 1762~1840)은 임병양란에서 공을 세운 최진립(崔震立, 1568~1636)의 후손이다. 최제우는 최옥과 그의 셋째 부인 청주 한씨 사이에서 태어나 10대에 부모를 여의었고, 서자(庶子)라는 신분적 한계가 있었다. 그는 성리학적 이념을 실현하기 힘든 현실을 자각하고 10년간 상업 활동을 하며 전국을 다녔다. 당시 사회의 혼란과 민중들의 고통을 두루 겪은 뒤에 1859년(36세)에 고향인 용담으로 돌아와서 득도한 뒤에 민중과 소통하고자 했다.

2. 원문 읽기

〈도덕가〉

(1) 텬디음양 시판후에 ᄇᆡᆨ쳔만물 화ᄒᆡ나셔,
지우자 금수오 최령자—사람이라.[1]
젼ᄒᆡ오난 세상말이 텬의인심 갓다하고,
ᄃᆡ뎡수 주역괘에 난측자 귀신이요.[2]
ᄃᆡ학에 이른도는 명명긔덕 하여ᄂᆡ야,
지어지션 안일넌가 중용에 이른말은,
텬명지위셩이오 솔셩지위도오,
수도지위교라 하야 셩경이자 발켜두고,[3]
아! 동방 현인달사 도덕군자 이름하나,
무진한 세상사람 아난바 텬디라도,
경외지심 업셔스니 아난것이 무엇이며
텬상에 상뎨림이 옥경ᄃᆡ 계시다고
보난다시 말을하니 음양리치 고사하고
허물지셜 안일넌가.[4] 한나라 무고사가
아. 동방 젼ᄒᆡ와셔 집집이 위한거이
명ᄉᆡᆨ마다 귀신일세 이런지각 구경하소.[5]

---

1 텬디음양……사람이라: 하늘과 땅이 음양으로 나뉜 후에 온갖 만물이 생겨나서, 가장 어리석은 것은 금수요, 가장 신령한 것은 사람이다.

2 젼ᄒᆡ오난……귀신이요: 전해 오는 세상 말이 "하늘의 뜻이 사람의 마음과 같다." 하고, 『주역』에서 하는 말은, "헤아리기 어려운 것은 귀신이요".

3 ᄃᆡ학에……발켜두고: 『대학(大學)』에 이른 도는 "천덕을 밝혀내어, 지극히 선한 경지를 이루는 것" 아닌가. 『중용(中庸)』에 이른 말은 "하늘이 부여한 것은 성품[天命之謂性]이요, 성을 따르는 것은 도[率性之謂道]요, 도를 닦는 것은 교[修道之謂敎]"라 하여 성(誠)과 경(敬) 두 글자를 밝혀 놓고.

4 동방……안일넌가: 우리나라의 현인과 달사는 도덕군자라고 하지마는, 무지한 세상 사람 아는 것이 아무리 많다 해도 한울님[천지] 경외지심(敬畏之心) 없었으니 아는 것이 무엇이며, 천상에 상제님이 옥경대(玉京臺)에 계시다고 보는 듯이 말을 하니, 이치에 맞지 않는 것은 물론이고 얼마나 허무한 말인가.

5 한나라……구경하소: 한나라 때의 귀신을 위하는 풍습이 우리나라에 전해 와서 집집마다 위한 것이 온통

텬디역시 귀신이요 귀신역시 음양인쥴
이갓치 몰나스니 경젼살펴 무엇하며
도와덕을 몰나스니 현인군자 엇지알이.[6]

(2) 요순지셰에도 도쳑이 이셧거든
하물며 이세상에 악인음히 업단말가.
공자지셰에도 환퇴가 이셧스니
우리역시 이세상에 악인지셜 피할소냐.[7]
수심정기 하여니야 인의례지 직혀두고
군자말슴 본바다셔 셩경이자 직혀니야
션왕고례 일ᄎᆞ느니 그엇지 혐의되며
셰간오륜 발근법은 인셩지강으로셔
일치마쟈 밍셰하니 그엇지 험의될고.[8]
셩현의 가라침이 이불쳥음셩하며
목불시악속이라 어지다 제군들은
이런말슴 본을바다 안이잇쟈 밍세히셔
일심으로 직혀니면 도셩입덕 되러니와[9]
번복지심 두게되면 이난역시 역리자요
물욕교폐 되계드면 이난역시 비루자오

귀신의 이름뿐이다. 이런 지각 구경하소.

6 텬디역시……엇지알이: 천지 역시 귀신이요, 귀신 역시 음양인 줄, 이같이 몰랐으니 경전을 살펴 무엇하며, 도와 덕을 몰랐으니 현인 군자를 어찌 알리.

7 요순지셰에도……피할소냐: 요순의 시대에도 도척 같은 악인이 있었거든, 하물며 이 세상에 악인들의 음해가 왜 없겠는가. 공자가 도를 펼 때 환퇴 같은 사람이 있었으니, 우리 역시 이 세상에 악인들의 음해를 피할 수 있겠는가.

8 수심정기……혐의될고: 마음의 정기를 지켜 내어 인의예지 지켜 두고, 군자 말씀 본받아서 정성과 공경 지켜 내어 선왕들의 옛 법도를 어기지 않았으니 그 어찌 혐의되며, 세상에서 지켜야 할 밝은 법인 오륜은 사람됨의 근본이므로 잃지 말자 맹세하니 그 어찌 혐의가 될꼬.

9 셩현의……되러니와: 성현의 가르침이 음란한 소리를 듣지 말고 나쁜 모습은 보지 말라 하였으니, 어진 제군들은 이런 말씀 본받아 잊지 말자 맹세하고, 한결같이 지켜 내면 도가 이루어져서 덕이 서게 되거니와.

혓말로 유인하면 이난역시 혹세자오
안으로 불양하고 거트로 ᄭᅮ며ᄂᆡ면
이난역시 기천자라 ᄂᆔ라서 분간하리[10]

출전: 이용근(李龍根) 편, 〈룡담유사〉, 청림교중앙총부, 1932

3. 작품 감상

최제우는 한문에 익숙한 상층의 독자를 위해 『동경대전』을 마련하는 한편, 하층민도 쉽게 알 수 있도록 국문으로 가사를 지었는데 『용담유사』가 그것이다. 『용담유사』는 동학의 교리를 담은 종교가사이면서 동학의 경전이다. 또한, 개화기의 첫 가사 작품으로, 자주적이며 자생적인 근대 의식을 담고 있어 일찍부터 주목받았다.

인쇄본 『용담유사』는 최시형이 판각했다. 판본의 경로는 두 가지로 설명되는데, 최시형이 구송(口誦)하여 원본을 판각했다는 설과, 필사된 원본을 바탕으로 출간했다는 설이 있다. 그러나 대체로 『용담유사』가 한글로 된 운문문학 작품이자 종교적 가르침을 담은 경전이므로 당시에 이미 교도들에 의해 암송되고 구송되었을 것이라는 견해가 우선된다. 계미판(1883)과 계사판(1893)이 가장 오래된 고본으로 알려졌고, 이후 천도교 중앙총부에서는 여러 차례 『용담유사』를 발간하여 다음과 같은 작품을 수록하였다.

번호	자료명	창작 시기	창작 장소	구수	주제
1	용담가(龍潭歌)	1860년	경주	144구	최제우의 종교 체험
2	안심가(安心歌)	1860년	경주	290구	동학은 서학과 다름
3	교훈가(敎訓歌)	1861년	남원	448구	교도들에게 수양을 당부
4	도수사(道修詞)	1861년	남원	200구	성(誠)과 경(敬)으로 수도

10 번복지심……분간하리: 번복하는 마음을 가지게 되면 이는 역시 천리를 어기는 자요, 물욕에 마음을 빼앗기면 이는 역시 비루한 자다. 헛말로 유인하면 이는 역시 세상을 어지럽히는 자요, 안으로 불량하고 겉으로 꾸며 내면 이는 역시 하늘을 속이는 사람이니, 그 누가 분별하리.

번호	자료명	창작 시기	창작 장소	구수	주제
5	몽중노소문답가(夢中老少問答歌)	1862년	경주	228구	조선의 멸망과 동학 탄생
6	권학가(勸學歌)	1863년	남원	169구	동귀일체(同歸一體)
7	도덕가(道德歌)	1863년	경주	136구	도덕의 중함을 강조
8	흥비가(興比歌)	1863년	경주	184구	동학의 이상적인 인간관

수록된 작품을 개관해 보면, 최제우가 1860년에 득도한 후에 처음으로 지은 가사는 〈용담가〉이다. 수련을 마친 시점에서 무극대도(無極大道)를 받은 기쁨을 표현하였다. 그는 삶의 일대 전환을 이룬 감회를 노래하였는데, 이 작품은 『용담유사』에 수록된 다른 작품들보다 자신의 개인적 삶이나 동학의 출발에 대한 소회가 충실하게 드러난다. 최제우가 태어나고 자란 경주 구미산 용담을 중심으로 작품이 전개되며, 종교적 체험을 통해 터득한 대도가 창생의 고뇌를 구제하기 위한 도구임을 자각하는 것이 주된 내용이다.

〈안심가〉는 빈천한 처지에서 득도한 뒤의 기이한 행적이나, 다른 이들의 모함에 대하여 걱정하는 사람들을 위로하고, 서학과 왜를 경계시키는 한편 모든 것은 한울님이 보살펴 줄 것이니 안심하라는 내용이다. 특히, 천대받던 여성들을 현숙하고 거룩하다고 떠받들면서 춘삼월 호시절에 태평가를 함께 부를 주체로 설정하고 있어 특별하다. 〈교훈가〉는 자질(子姪)들에게 내리는 형식이다. 교도들에게 힘써 수도할 것을 당부하면서, 하늘 조화의 참된 마음을 고이 간직하고 믿는 데서 창조의 바른 기운을 되살릴 수 있다고 했다. 8편 가운데 구수가 가장 긴 장편 가사이다. 〈도수사〉는 제자들에게 자신이 가르친 연원도통(淵源道統)을 지키면서 성(誠)과 경(敬)으로 도를 닦기를 당부하고 있다. 이상은 최제우의 종교 체험이 강조된 전기 작품이다.

최제우의 후기 작품은 종교적 생애 후기에 창작된 〈몽중노소문답가〉, 〈권학가〉, 〈도덕가〉와 〈흥비가〉이다. 〈몽중노소문답가〉는 최제우의 출생, 성장, 득도 과정, 득도 내용 등을 설명하고, 꿈속에서 노소(老少)가 문답하는 형식을 통해서 조선 왕조의 멸망과 새로운 동학의 탄생을 상징적으로 표현하고 있다. 유교 이념으로 바로잡을 수 없는 조선 사회에 대한 개혁을 선포하였다. 내용상 두 단락으로 나눌 수 있다. 전구는 기남자의 탄생과 성장, 기남자의 눈을 통해 세상을 인식하는 내용이고, 후구는 팔도 유람을 마치고 귀향길에 꿈속에서 도사를 만나 태평곡을 부르게 될 날이 온다는 예언을 듣고 꿈에서 깨어나는 내용이다. 〈권학가〉는 최제우가 창도한 동학을 믿음으로써 다 같이 동귀일체(同歸一體)할 것을 권유하는 노래다. 어질고 뜻있는 사람에게 이 가사를 주고 결의해서 가르침을 존중하도록 하라는 내용이다.

한편, 〈도덕가〉나 〈흥비가〉는 기존 질서에 대한 비판이나 도덕을 통한 교훈, 동학을 통해 제시되는 이상적인 인간관 등을 문학적으로 표현한 노래이다. 〈도덕가〉는 8편의 가사 중에서 길이가 가장 짧다. 지벌과 문벌보다 도덕의 귀중함을 강조한 노래다. 최제우는 〈도덕가〉를 지은 뒤에 해월(海月) 최시형(崔時亨, 1827~1898)을 후계자로 지목했고, 제자들에게 이 가사를 들은 듯 잘 외어 정심수도(正心修道)하라고 강조하였다. "번복하는 마음을 두지 말고, 물욕에 끌려 비루해지지 말며, 거짓말로 남을 유인하여 참됨에서 멀어지지 말며, 겉으로 꾸며 내고 안으로 불량하지 말라."라는 〈도덕가〉의 가르침은 훗날 천도교의 사계명(四戒命)이 된다.

〈도덕가〉의 구조는 다음과 같다. 첫째, 예로부터 한울님이나 천지음양·귀신은 각기 다른 것으로 알았는데, 이제는 전체를 하나로 보아 이 세상의 모든 만물이 우주의 이치에 따라 생겨났다. 둘째, 쇠운이 지극한 시기인지라 귀천과 도덕의 가치가 잘못되었다. 그러나 한울님은 지극히 공정하여 선악을 분별하지 않으시니, 이 세상과 함께 돌아가 서로 화합할 수 있다. 셋째, 아무리 선한 일을 하더라도 세상의 음해를 받을 수 있다. 그러나 그런 것에 마음을 두지 말고, 옛 성인들이 가르쳐 온 도덕을 잘 지키면 인격을 완성할[道成立德] 수 있다.

〈흥비가〉는 『용담유사』를 마무리하는 가사로서, 동학의 도를 이어 나갈 제자들을 대상으로 지었다. '흥'과 '비'는 『시경(詩經)』의 표현법이다. 도를 닦는 일은 결코 먼 곳에 있는 것이 아니라 일상적인 일부터 요령 있게 행하면 도를 깨달을 수 있다고 했다. 또한, '무궁한 하늘 속에 무궁한 나'가 될 수 있는 동학의 본원적인 인간관을 가르치는 한편, 이상적 인간형인 지상 신선(神仙)에 이르는 길을 노래하였다.

동학의 교리를 담은 『용담유사』에는 종교적 교의뿐만이 아니라, 경천(敬天)을 통해서 당대의 혼란을 벗어나고자 하는 변혁의 바람이 나타난다. 최제우는 『용담유사』에 수록된 가사를 통해 봉건 제도에 억압된 민중들에게 '평등'이라는 새로운 사상을 알렸다. 그는 민중들이 겪고 있는 빈곤이나 외세의 침입을 극복할 힘이 민중에게 있다는 사실을 노래하면서, 차별 없는 사회를 만들고, 외세를 물리칠 수 있음을 강조하였다.

〈생각해 보기〉

(1) 1860년에서 1910년까지 근대 이행기의 종교가사는 사회 현실에 대처하는 방식이 종교별로 차이를 보인다. 〈해탈가〉나 〈망월가〉 등 정신적인 해탈을 강조하는 불교가사는 뒷날 항일 민족운동과 사회 개혁에 이르는 기틀을 마련했고, 천주가사는 종교적 목적에 충실한 데서 벗어나 〈망국태평가〉나 〈권농가〉 등 사회 현실이나 애국 계몽의 내용을 담은 작품들이 창작되었다. 그렇다면 동학가사는 어떠한 방식으로 사회를 인식하였는지 〈용담유사〉에 수록된 작품을 통해 정리해 보자.

(2) 최제우는 경주에서 태어나 서학에 반대되는 동학을 창도하여 새로운 삶의 가치를 세웠다. 그는 전통적인 성리학적 사상과 관습에서 크게 벗어나지 않는 범위 안에서 변화와 변혁을 꾀한 것으로 정리된다. 최제우의 생애를 통해 개혁적인 사상을 싹트게 한 학문적 연원은 무엇인지 생각해 보자.

(3) 동학은 경천 사상을 통해서 인간의 차별이 부당하다고 밝혔다. 그것이 모든 사람이 자기 안에 한울님을 모시고 있다는 '시천주(侍天主)', 사람이 곧 하늘이라는 인내천(人乃天)의 사상이다. 만물 중에서 가장 고귀한 존재가 인간이라고 해서 인간의 존엄성을 밝힌 교리임을 알 수 있다. 위의 사상을 통해 불평등이나 심각한 양극화 등의 시대적 문제에 접근할 수 있는지 논의해 보자.

참고문헌

· 윤석산, 『용담유사 연구』, 모시는사람들, 2006.
· 강석근, 「가사 문학의 발달사적 관점에서 본 용담유사의 특징과 맥락」, 『한국사상과 문화』 70, 한국사상문화학회, 2013.
· 김준현, 「정조의 자주론과 수운 최제우의 민족의식」, 『동학학보』 21, 동학학회, 2011.
· 박정택, 「용담유사의 문학사적 의의」, 『문예시학』 28, 문예시학회, 2013.
· 이정주, 「근대 이행기 종교가사의 사회현실 연구」, 『인문사회21』 9, 사단법인 아시아문화학술원, 2017.

김선영

96

김한홍의 해유가
海遊歌

1. 창작 배경

근대 전환기의 '강화도 조약'은 서구 열강들에게 문호를 열어 준 직접적인 원인이었고, 그 결과 한반도는 서구 열강들의 표적이 되었다. 이 시기 미국과 한반도의 교류는 청나라 북양통상대신(北洋通商大臣) 이홍장(李鴻章)과 관련이 있다. 즉 이홍장이 중심이 되어 '조미수호통상조약(朝美修好通商條約)'을 체결하였는데, 이 조약은 청나라가 미국의 세력을 끌어들여 러시아와 일본의 도전을 견제하려는 의도로 기획된, 이른바 '이이제이(以夷制夷)' 전략이었다. 그 결과 1883년 3월에 미국은 서울에 상주(常住) 공사관을 개설하였다. 그리고 그해 7월, 조선에서는 견미사절단(遣美使節團) 보빙사(報聘使)를 파견하였고, 서구 세계에 대한 직접적인 접촉은 보빙사들의 미국 사행으로부터 시작되었다. 또 미국 견문록의 출현 역시 보빙사 일행의 대두로 나타나기 시작하였고, 서구 열강 중에서도 강국이었던 미국은 일반인들의 호기심을 자극하기에 충분했다. 김한홍의 미국행 역시 이러한 연장선상에서 이루어졌다고 할 수 있겠다.

김한홍(金漢弘, 1877~1943)의 자는 경일(敬逸)이고, 호는 하산(河山) 또는 수계(隨溪)이며, 본관은 김녕(金寧)이다. 그는 충의공(忠毅公) 백촌(白村) 김문기(金文起, 1399~1456)의 15세손으로, 1877년 12월 18일에 경상북도 영덕군 강구면 하직리에서 출생하였다. 그는 대한제국 주하와이 영사관 서기(書記)를 지낸 것 외에는 특별한 이력을 찾아볼 수 없다. 하와이 영사관 서기를 맡게 된 것은 1903년 장기간의 미국 여행 도중 이루어진 것이기도 하다. 미국행의 계기는 첫째, 더 넓은 세계에 대한 열망의 발현이자 둘째, 국내 여행 중 만난 최춘오(崔春五)라는 인물의 권유 때문이었다. 이렇게 볼 때, 김한홍의 미국행은 지극히 즉흥적으로 보인다. 하지만 망해 가는 나라에서 절망에 빠져 있으면서도, 더 넓은 세상에 대한 열망이 항상 내재하여 있었음을 알 수 있다. 그리고 그는 미국 여행 중의 견문(見聞)을 장편 가사로 남기게 된다.

2. 원문 읽기

…(상략)…

鄕懷가 挑挑ᄒᆞ야 回程을 ᄒᆞ려ᄒᆞᆯᄌᆡ/崔進士 春五君니 날다려 ᄒᆞ는 마리/世界예 上等國니 英美法德 그안닌가/米國[1]行 今番路가 千載예 得一時니/年富力强 니ᄉᆞ람아 與我同伴 可如何오/余亦挽近 以來로 傷時之歎 痛腸니라/狂風에 뜨닌 마음 夢醉中에 許諾니라(149~155행)

…(중략)…

그리저리 消日되야 十五日니 거의로다/ᄒᆞᆫ고ᄃᆡ 到泊ᄒᆞᆫ니 平明니 曉頭된ᄃᆡ/船中니 紛撓키로 遠天을 건너보니/依稀ᄒᆞᆫ 雲霧中에 一高山니 訖立니라/此地가 那邊닌가 布哇國[2] 米領니라/시원ᄒᆞ고 반가워라 陸地가 반갑도다/船艙에 반겨나려 四顧를 살펴보니/形形色色 別風景은 置之一變 姑舍ᄒᆞ고/잇때가 언ᄌᆡ런가 甲辰二月 七日니라/二月獲稻[3] 니왼일고 寒食剝棗[4] 可觀니라/琉璃鏡 窓門밧ᄀᆡ

---

1 米國: 미국을 말한다.

2 布哇國: 포왜국은 하와이를 말한다.

3 二月獲稻: 2월 획도는 2월에 벼를 수확한다는 말이다.

4 寒食剝棗: 한식박조는 한식에 대추를 턴다는 말이다. 한식은 동지 이후 105일째 되는 날로, 일반적으로 양력으로는 4월 5일경이다. 대추는 9~10월에 익고, 찬 이슬을 맞아야 빨갛게 여문다. 그러나 하와이는 열대이므로 한식에 이미 대추가 익어 수확했던 것으로 보인다.

芭蕉實 個個ᄒᆞ고/金玉樓 石堦下에 枯草나무 落落ᄒᆞ다/自動車 電動車ᄂᆞᆫ 街路에 絡繹ᄒᆞ다/電話線 電報絲ᄂᆞᆫ 半空에 亘滿니라 …(중략)… 寒熱니 업서쓰니 冬夏를 難辨니요/東西가 遠隔ᄒᆞ니 晝夜가 相左로다/人物은 엇떠텬고 準高毛黃 白人니요/人心을 엇떠텬고 極良寬厚 淳俗니라(264~287행)

…(하략)…

출전: 『해유가』, 김한홍선생유고발간위원회, 1996

3. 작품 감상

김한홍의 〈해유가〉는 총 471행으로 된 장편 기행가사이며, 하와이와 미주를 여행하고 지은 최초의 작품이자 유일한 작품이기도 하다. 1903년 김한홍은 고향인 경북 영덕을 출발하여 한양 및 영남 일대를 유람한다. 그리고 고향으로 돌아오는 길에 최춘오라는 인물의 권유로 미국행을 결심한다. 이 가사는 내용적인 면에서 크게 여행을 떠나기 전의 번뇌, 여행기(출발→국내 여행→하와이 여행→샌프란시스코 여행), 귀국의 노정과 귀국 이후의 심정으로 나눌 수 있다. 이를 분류하여 보면 다음과 같다.

구성	내용	비고
서사	여행을 떠나기까지의 번뇌	
본사	고향을 출발하여 서울 여행의 과정 및 미국행 결심	본사 1
	부산에서 하와이까지의 노정기, 하와이 풍경, 하와이에서의 생활	본사 2
	샌프란시스코에서의 생활과 미국의 제도 등 선진 문화 묘사	본사 3
결사	귀국의 과정과 귀국 이후의 비분강개한 심정, 향리로의 회정기	

이렇게 볼 때, 〈해유가〉는 크게 다섯 개의 의미 단락으로 나누어진다. 첫째는 여행을 떠나기까지의 번뇌를 묘사한 부분이다. 그러나 그렇게 출발한 한양행은 좌절과 비감만 주었다.

둘째는 고향을 떠나 서울까지의 노정과, 귀향 도중 미국행을 결심하게 된 과정이다. 이는 본사 1에 해당하며, 앞에서 제시한 인용문의 일부이다. 한양을 여행하는 동안 그는 조국 향토에 대한 무한한 애정을 나타내는 동시에, 외세에 의해 유린된 것에 대한 분개한 심정을 표출했다. 즉 그가 목도한 한양은 일본어와 러시아어에 능통한 자들이 관직을 차지하고, 외세가 국토의 중심부에 자리를 잡고 정사를 침탈하고 있었기 때문이다. 이뿐만 아니라, 시세에 영합한 무리들이 조정에 가득하였다. 이처럼 향토애와 외세에 대한 반감이 교차하는 심경을 안고, 고향으로 돌아오던 길에 그는 최춘오라는 인물의 권유로 미국행을 결심한다.

셋째는 부산에서 하와이까지의 노정과 하와이의 풍물 및 생활에 대해 묘사한 부분이다. 이는 본사 2에 해당하며, 앞에서 제시한 인용문의 두 번째 단락이다. 긴 시간 동안 바다에 떠 있다 내린 육지가 바로 하와이였고, 하와이의 풍경은 김한홍의 시선을 빼앗기에 충분했다. 그가 하와이에 도착한 때는 갑진(甲辰) 2월, 즉 1904년 2월이었다. 그럼에도 열대에 속하는 하와이에서는 벼를 수확하고, 대추를 털었다. 이뿐만 아니라, 전기화로 선진국의 면모를 여실히 보여 주었고, 거주민의 경우 키가 큰 백인들이었으며, 인심 역시 풍후했다.

이후, 작자는 하와이에서 몇 년을 생활하게 된다. 그리고 얼마 후, 가족들의 편지를 받고 귀국을 결심하게 된다. 그러나 이역만리에서 노자도 풍족하지 못했을 것이고, 바로 귀국하기에는 무리가 있었을 것이다. 그리하여 생계를 도모하다가, 우연한 기회에 대한제국 주하와이 영사관 서기직을 맡게 된다. 7~8개월을 영사관 서기로 일하다가, 하와이에서 을사늑약 소식을 듣고 국권의 침탈을 통탄하기도 한다. 그리고 이 통탄할 일을 호소하고자 영사관 서기직을 그만두고, 급히 행장을 꾸려 샌프란시스코로 향한다.

넷째는 샌프란시스코에서의 생활과 미국의 선진 문화에 대한 묘사이다. 김한홍은 샌프란시스코에서 상업으로 생계를 이어 나간다. 그러면서 미국의 제도나 문화에 대해 묘사하는데, 특히 사농공상(士農工商)이 평등하다는 점을 제일 먼저 언급했다. 또한 정부계(政府界)는 요순의 시대라고 칭송하고 있다. 이에 대해 그는 미국의 여러 선진적이면서도 민생에 이로운 제도를 나열하였다. 인재 등용, 의료 제도, 교육 제도, 정치 제도 등이 그것이다. 아울러 고국의 형세를 회상하며 비교하기도 한다. 그러고는 답답한 심정을 하소연할 곳이 없음을 한탄하기도 한다.

다섯째는 주로 귀국의 과정과 고향으로의 회정기이다. 돌아오는 도중 일본에 도착했을 당시에는 서양을 벗어나 동양에 도착했다는 것만으로도 반가워하지만, '불공대천(不共戴天)'의 원수의 나라라고 분노한다. 이어서 부산항을 거쳐 고향으로 돌아오는 회정기로 전체 가사가 마무리된다.

이 작품의 경우, 본사 2와 본사 3이 주목할 만하다. 여기에는 당시 미국의 선진적인 모습들이 잘 담겨 있기 때문이다. 이는 크게 세 가지로 나누어 살펴볼 수 있는데, 풍속·사상·정치적인 측면이다. 풍속의 경우, 도덕성과 정직함을 언급했다. 즉 상거래에 있어 사람들이 서로 규칙을 지키며, 풍속과 법률의 적용이 공평하고 정직하다고 한 것이다. 사상적인 측면에서는 만민 평등 사상으로, 사농공상과 남녀노소가 모두 평등하여, 인재를 선발할 때 그 재주로 선발한다고 했다. 또 정치적으로는 민주정치를 실시하고, 막강한 군사력을 지니고 있으며, 탄탄한 사회 복지 시설을 구비하고 있었다. 이뿐만 아니라, 현대식 교육 제도와 종교 제도 또한 언급하였다. 이 외에도 의복의 간편함, 농기구의 활용 등을 나열했다.

근대 전환기에 문호가 개방되며 한반도의 국제사회적 지위에는 큰 변화가 생겼는데, 이 시기를 살다 간 지식인들의 체험과 대응도 다양했다. 즉 공시적인 측면에서 볼 때, 이들 각각의 체험과 대응은 개별적이면서도 보편적이다. 이러한 측면에서 〈해유가〉는, 서양 국가를 대상으로 한 최초의 가사 작품이라는 점, 근대 전환기 외국 체험 가사의 공간성을 확대했다는 점 등에서 문학사적 의의가 있다고 하겠다. 또 형식적인 측면에서는 4·4조보다는 3·4조가 더 큰 비중을 차지하고 있어, 조선 중기 이전의 가사 형태에 치우쳐 있음을 알 수 있다. 이는 조선 후기의 동학가사, 개화가사, 의병가사들처럼 이념 표출이나 가창이 주된 목적이 아니라, 여행에서 느낀 정서 표현이 주목적이었기 때문으로 보인다.

〈생각해 보기〉

(1) 〈해유가〉는 근대 전환기 개인의 외국 체험 가사라는 문학사적 의의를 지니고 있다. 그러나 이

는 우리 민족이 처한 현실과 동떨어진, 김한홍의 지극히 개인적인 경험을 형상화한 작품이기도 하다. 특히 샌프란시스코는 초창기 미국 내 한인의 독립 거점지였다는 점에서 더욱 그러하다. 작품 전체를 읽어 보고 이 작품의 한계에 대해 논의해 보자.

(2) 근대 전환기 한반도인의 외국 체험은 매우 다양했다. 1860년부터 1919년까지의 외국 체험 방식과 외국 체험 가사의 내용적 특징을 조사해 보고, 〈해유가〉의 경우와 비교해 보자.

(3) 근대 전환기 서양 선진 문물의 수용은 찬성과 반대가 극명하게 갈렸다. 이는 전통문화와 신문화에 대한 태도와도 관련된다. 영어를 세계 공용어로 하는 글로벌 시대를 살아가면서 외래어의 사용, 의식주 등과 관련하여 전통문화의 위상이 많이 변했다. 이와 관련하여 '수용'과 '개방'의 문제에 대해 어떻게 생각하는지 논의해 보자.

참고문헌

· 김윤희, 「미국 기행가사 〈해유가〉의 문학적 형상화 양상과 시대적 의미」, 『古典文學硏究』 39, 한국고전문학회, 2011.
· 박노준, 「海遊歌(一名 西遊歌)의 세계인식」, 『韓國學報』 17-3, 일지사, 1991.
· 박노준, 「「해유가」와 「서유견문록」 견주어 보기」, 『한국언어문화』 23, 한국언어문화학회, 2003.
· 장규식, 「개항후 미국 사행과 서구 수용의 추이」, 『중앙사론』 24, 중앙대학교 중앙사학연구소, 2006.
· 최현재, 「미국 기행가사 〈해유록〉에 나타난 자아인식과 타자인식 고찰」, 『한국언어문학』 58, 한국언어문학회, 2006.

전설련

97

이태일의 오도가
吾道歌

1. 창작 배경

19세기 말에서 20세기 초에는 외세의 침입과 함께 서구의 각종 사상과 문물이 조선에 흘러들었다. 서구 근대 문명의 파도가 세차게 밀려오는 이러한 시기에 한반도는 을사조약(1905)으로 인해 외교권을 박탈당하고, 이어 '한일합방조약'(1910)과 함께 국권을 상실하게 된다. 이러한 상황 속에서 계몽의 열기가 확산되었고, 지식인들의 대응은 다양하게 나타났다. 국난 극복을 위해 개화의 입장에서 유교 개신을 실천하고자 한 것, 서구 근대 문명을 거부하며 유교의 도를 수호하고자 한 것 등이 그것이다.

이태일(李泰一, 1860~1944)의 자는 삼수(三叟)이고 호는 명암(明庵)이며, 본관은 벽진(碧珍)이다. 그는 경북 영천시 자양면 원각리에서 태어나 가학을 전승하였고, 당대 영남 지역의 명유인 서산(西山) 김흥락(金興洛, 1827~1899), 향산(響山) 이만도(李晩燾, 1842~1910) 등과 종유하였다. 그는 근대적 사상이나 가치를 추구하기보다는 전통적 사유를 통해 민족과 국가가 나아가야 할 방향을 모색하였다. 또한 이태일은 평생 향촌에서 강학과 수신에 몰두하였다. 외세의 침탈과 민족의 위기에 맞서는 직접적인 활동은 하지 않았지만 민족의 위기를 외면하지는 않았고, 자신의 신념과 가치관 속에서 망국의 현실에 대응하고자 했다. 이는 1913년 일본이 조선 합병을 기념하기 위해 지역 유림에게 훈패(勳牌)를 내릴 때, 일본 경찰서장에게 이를 거절하는 시를 보내는 등의 행위를 통해 알 수 있다. 이태일은 이러한 측면에서 위정척사의 필요성과 오도의 위기를 체감했을 것이고, 이는 〈오도가〉를 창작하는 배경이 되었을 것이다.

2. 원문 읽기

(1) 황천(皇天)이 불우(不佑)하여 십교분운(十教紛紜) 하단말가
　하늘칭부야소씨(稱父耶蘇氏)[1]는 십자가(十字架)에 속절없고
　귀신주장천주씨(鬼神主張天主氏)[2]는 허비정력가련(虛費精力可憐)[3]하다
　청허(淸虛)다마 노담씨(老聃氏)[4]는 신선(神仙)되어 간다하고
　관음보살여래씨(觀音菩薩如來氏)[5]는 인과환생(因果還生) 된다하네
　회회희랍각색교(回回希臘各色教)[6]는 미수교(未授教)로 다를소냐
　광명정대(光明正大) 우리 교(教)는 우주(宇宙)에 빛이 난다
　우리부모효성(父母孝誠)하고 우리군상충의(君上忠義)하고
　우리부부유별(夫婦有別)하고 우리장유유서(長幼有序)하고
　우리붕우신(朋友信)을맺아 우리백성교육(百姓教育)하니
　삼강오륜(三綱五倫)밝은곳에 수제치평(修齊治平) 되었도다
　태평춘풍(太平春風) 높이앉아 고금(古今)을 면무(眄撫)하니
　이륜상(彛倫上) 닦은공업(功業) 천지위육장(天地位育壯)하도다
　현우귀천(賢愚貴賤)다를소냐 하고보면 요도(要道)로다
　인간지락(人間至樂)그뿐이랴 세상자미(世上滋味) 다시있나

1　하늘칭부야소씨(稱父耶蘇氏): 하늘을 아버지라 칭하는 야소교(예수).
2　귀신주장천주씨(鬼神主張天主氏): 귀신을 주장하는 천주교.
3　허비정력가련(虛費精力可憐): 정력을 허비하는 것이 가련하고 안타깝다.
4　노담씨(老聃氏): 노자의 자가 담(聃)이기에, 여기서는 도교를 말한다.
5　관음보살여래씨(觀音菩薩如來氏): 불교를 말한다.
6　회회희랍각색교(回回希臘各色教): 이슬람교를 말한다.

이른자미(滋味) 다던지고 어디가고 어디갔노
태양(太陽)이 나는날에 홍로점설(紅爐點雪) 같이녹네
같은세상(世上)나였다가 초목동부(草木同腐) 불쌍하다
돌아오소 돌아오소 오도(吾道)에 돌아오소

(2) 어화 중국장(中國壯)할시고 기자조선(箕子朝鮮)[7] 돌아오소
정전제도팔조약(井田制度八條約)[8]은 유풍지금완연(遺風至今完然)[9]하다
송경(松京)을 나려서니 포은선생(圃隱先生) 죽교(竹橋)로다
삼대지치(三代至治)하잔경영(經營) 정암선생(靜庵先生) 말씀일세
구경연의속대학(九經演義續大學)[10]은 회재정학종지(晦齋正學宗旨)로다
성학십도(聖學十圖) 밝히시니 퇴도정통(退陶正統) 여기로다

---

7 기자조선(箕子朝鮮): 중국 은나라 말기 인물인 기자가 조선에 와서 단군조선에 이어 건국한 나라를 말한다. 기자동래설은 특히 조선 시대에 문명국으로서의 자긍심을 갖게 하는 원천으로 작용하였다. 한반도가 중국 못지않은 문명국가가 된 것은 기자가 조선으로 와서 예의범절을 가르쳐 준 덕분이라는 인식이 널리 퍼졌던 것이다. 또한 이런 시대 상황과 함께 윤두수(尹斗壽)와 이이(李珥) 등은 『기자지(箕子志)』, 『기자실기(箕子實記)』 등을 지어 기자와 관련된 기록을 정리하기도 했다. 이에 앞서 평양에서는 고려 때 이미 기자 사당을 세우고 봄가을로 국가적 차원의 제사를 행하기도 했다. 그러나 20세기에 들어오면서 최남선(崔南善)을 비롯한 여러 학자에 의해 기자동래설이 부정되었고, 기자동래설에 대한 논쟁은 오늘날까지 이어지고 있다. 이러한 논란은 조선 시대 모화 사상에 근거한 유학자들의 의견과, 근대에 이르러 민족의 문제가 대립되며 야기되었다고 볼 수 있다.

8 정전제도팔조약(井田制度八條約): 정전 제도와 팔조법을 말한다. 기자가 동래한 이후 평양에 정전을 설치했는데, 이는 주나라의 정전법과는 달리 '전(田)' 자 모양의 할지법(割地法)에 의해 구획되었다. 고려와 조선 시대를 거쳐 광복 전까지도 그 잔형이 남아 있었다고 한다. 팔조법은 범죄를 저지르면 그에 따른 처벌을 가하는 법을 이르는 것으로, 총 여덟 개의 조항으로 나누어져 있기 때문에 팔조법이라고 하였다. 이 역시 기자가 조선으로 건너와 정한 법규라는 설과, 고조선 고유의 법규라는 설이 존재한다. 정전 제도와 팔조법 또한 기자동래설과 함께 많은 논란이 있는데, 이러한 논란은 모화 사상과 자국 중심적 사고의 차이에서 발생하였다고 할 수 있다.

9 유풍지금완연(遺風至今完然): 남겨진 풍속이 지금까지 완연하다.

10 구경연의속대학(九經演義續大學): 회재(晦齋) 이언적(李彦迪, 1491~1553)의 저술인 『대학장구보유(大學章句補遺)』·『속대학혹문(續大學惑問)』과 『중용구경연의(中庸九經衍義)』를 말한다. 그의 대학 관련 저술은 주희가 『대학장구』에서 제시한 체제를 따르지 않고 자신만의 학설을 제시함으로써, 이후 도학자들에 비해 독자적인 학문 정신을 보여 주고 있다. 이언적은 진덕수가 저술한 『대학연의』가 제왕학으로는 부족하다고 여겨 이를 보완하기 위해 『중용구경연의』를 저술하였는데, 이는 미완본이지만 정치에 있어 왕의 마음은 천도를 체득하여야 한다는 주장을 담고 있다.

그나마 연원학문(淵源學問) 예도나고 제도난다
옥연정(玉淵亭) 맑은 물은 계수원류(溪水源流) 흘러있고
학가산(鶴架山) 높은 봉(峰) 도산정맥(陶山正脉) 나려왔다
한강(寒岡)에 구경(求景)하고 동락(東洛)에 건너가자
우산(愚山)을 바로 가서 금수(錦水)를 휘여드니
무변호수(無邊湖水) 멀리 흘러 낙수(洛水)를 들어갔다
교남산수(嶠南山水) 다볼소냐 동호(東湖)를 둘러보니
수호추월(水壺秋月) 발근고딕 기화요초(奇花瑤草) 버려있다
화도강산(畵圖江山) 여기로다 동행(同行)부디 재촉마소

출전: 『국역(國譯) 명암가사(明闇歌辭) 전서(全書)』 제1집, 〈오도가〉, 대보사

3. 작품 감상

이태일의 〈오도가〉는 총 273구의 장편 가사이다. 전체적으로 4·4조와 3·4조를 중심으로 구성되어 있고, 제목 밑에 "척이단(斥異端) 정사도(正斯道)"라는 기록이 있어 그 지향 의식을 파악할 수 있다. 즉 이 작품은 유교의 도를 지키고, 이단을 물리치자는 위정척사 사상에 기반하고 있음을 알 수 있다. 〈오도가〉는 서사-본사-결사로 이루어져 있고, 본사는 다시 다섯 개의 의미 단락으로 나눌 수 있다. 이를 정리하면 다음 표와 같다.

구성	구분	내용	비고
서사	1~18구	일월암 주인옹이 오도종주를 찾아 떠남	
본사	19~66구	당대 종교의 난립상과 각 종교가 지닌 한계를 제시, 유교만이 진정한 도이므로 다시 돌아오기를 호소함	본사 1
	67~121구	하늘로부터 품부받은 도가 삼황오제로부터 주자까지 이어지는 도통 계보를 제시함	본사 2
	122~156구	기자조선으로부터 이어진 한반도 도통 계보를 제시함	본사 3
	157~204구	자기 가문의 내력과 인물들을 제시하여, 자신의 가문이 유교의 도를 계승하고 있음을 피력함	본사 4

구성	구분	내용	비고
본사	205~267구	이단을 물리치고 창평궐리를 찾아가 공자를 비롯한 유교의 성현들에게서 배워 요순지치를 함께하자고 함	본사 5
결사	268~273구	혼란한 사회를 안정시켜 요순지치가 이루어지는 세계를 제시함	

본사 중 원문 읽기에서 제시한 부분은 '본사 1'과 '본사 3' 부분이다. 먼저 본사의 첫 번째 부분인 '본사 1'은 "황천(皇天)이 불우(不佑)하여 십교분운(十教紛紜)하단말가"로 시작된다. 이를 통해 이 시기에 외래 종교가 우후죽순으로 생겨나고 있었음을 알 수 있다. 이후 당대 여러 종교들의 문제점을 기술하고, 유교만이 진정한 도임을 강조한 다음 오도(吾道) 즉 유교로 다시 돌아오기를 호소하고 있다. 이는 화자의 현실 인식을 파악할 수 있는 부분으로, 당대의 문제들이 외래 종교에 의해 발생하고 있음을 표현한 것이다. 또 이는 '오도종주'를 찾아야 하는 당위성을 제시한 것이기도 하다. 이어서 본사 2에서는 오도의 연원이 하늘의 상제에 있음을 강조한다. 그리고 유교의 도는 상제로부터 반고씨를 거쳐 고대 성왕(삼황오제와 요순, 우탕)으로 전해졌음을 언급한다. 이후 공자와 맹자를 거쳐 북송의 주돈이와 이정(二程: 정호와 정이), 주자로 이어지는 중국의 도통 계보를 제시하고 있다.

그리고 본사 3에서 이러한 도통의 명맥이 한반도로 이어지고 있음을 서술하고 있는데, 이 부분은 한반도의 도통 계보를 구체적으로 밝히고 있어 주목할 만하다. 즉 그 명맥이 '기자'를 통해 정몽주, 조광조, 이언적, 이황, 정구, 장현광, 정경세 등으로 이어진다고 한 것이다. 또한 〈오도가〉에서는 퇴계 이황을 중심으로 한 영남학파의 도통 계보를 밝히고 있으며, 영남학파 내부 분파보다는 전체를 아우르며 노래하고 있다. 그리고 본사 4에서는 자신의 가문을 등장시키며 이러한 도통이 여전히 이어지고 있음을 피력했다. 이는 이러한 도통이 근대의 혼란 속에서도 여전히 지켜지고 있고, 또 자신의 가문과 자신이 그것을 이어받고 있다는 자부심을 내포한 것이라 하겠다. 즉 자신의 가문이 유교적 전통을 계승하고 있음을 강조한 것이다. 마지막으로 본사 5에서 공자의 고향인 창평 궐리를 찾아가 부자묘를 배알하고, 공자의 제자인 안자, 증자, 자사와 같은 선현들의 도를 함께 언급하고 있다. 이후 화자는 이러한 선현의 공부를 배운 이후 명왕성주(明王聖主)에게 출사하여 요순지치(堯舜至治)를 실현할 것을 강조한다.

이상의 내용들을 통해 〈오도가〉는 근대 전환기 외래 종교와 학문에 맞서 '도'의 순수성을 지키고자 했던 작품임을 알 수 있다. 이뿐만 아니라, 자신의 가문과 결부시킨 부분 역시 '도통'을 이어간다는 자부심과 함께 그 순수성을 유지하고자 하는 의지로 파악할 수 있다. 이러한 측면에서 〈오도가〉는 근대 전환기의 시대상을 문학 속에 반영하고 있다는 점에서 그 문학적 의의를 부여할 수 있다.

〈생각해 보기〉

(1) 1894년 갑오개혁 이후부터 1910년 사이, 일본은 청일전쟁과 러일전쟁에서 모두 승리하였다. 이러한 시점에서 조선의 지식인들은 일본을 통해 서구 근대문명의 위력을 실감하였고, 그것의 물리적인 힘뿐만 아니라, 그들의 정신세계에도 주목을 하게 된다. 이러한 시기 선진문물을 배워야 한다는 의견과, 기존의 질서와 학문을 고수해야 한다는 의견이 극명하게 갈린다. 〈오도가〉 전문을 찾아 읽어 보고 '도통'의 중요성과 한계점에 대해 논의해 보자.

(2) 근대 전환기 서구문물의 유입과 함께 한반도는 서서히 일본의 식민지로 전락하였다. 이러한 때에 지식인들은 다양한 방식으로 현실에 대응하였다. 이 시기 국권 수호와 유교 수호에 대해 조사하고, 그것이 문학에 미친 영향에 대해 논의해 보자.

(3) 근대 전환기 개화파와 보수파의 대표 인물과 그들의 논지를 조사해 보고, 자신의 입장을 말해 보자.

참고문헌

· 안외순, 「식민지적 근대문명에 대한 한국 유교의 분기와 이념적 지형」, 『동방학』 17, 한서대학교 동양고전연구소, 2009.
· 이동영, 「이명암의 가사」, 『도남학보』 2, 도남학회, 1979.
· 조유영, 「명암가사 〈오도가〉의 도통 형상과 그 의미」, 『한국문학논총』 83, 한국문학회, 2019.

전설련

98

김대락의 분통가
憤痛歌

1. 창작 배경

1910년 '한일합방조약'의 체결과 함께 조선은 일본의 통치하에 놓이게 되었다. 이러한 시기에 서양 문물의 유입과 함께 봉건과 근대라는 대립하에 지식인들과 민중들은 엄청난 충격을 받기도 하고, 보수와 혁신 사이에서 의견이 극명하게 갈리기도 했다. 문명 개화를 외치는 인사들이 있는 반면, 외세에 수구적인 태도로 일관하는 보수적인 지식인들도 있었던 것이다. 이들은 국권 회복 및 민족 위기의 극복을 위한다는 점에서는 공통점이 있었으나, 운동의 주체와 이념, 그리고 투쟁의 방법 등에 있어서는 노선을 달리했다. 즉 그들은 각자의 방식으로 대응을 하게 되는데 첫째, 국가와 운명을 함께하여 순국을 하거나, 둘째, 의병을 일으키거나, 셋째, 개화를 주장하거나, 넷째, 해외로 망명을 떠나는 것 등이 그것이다.

김대락(金大洛, 1845~1913)의 자는 중언(中彦), 호는 비서(賁西)이다. 백하(白下)라는 별호는 1911년 만주에 들어가 백두산 아래에서 산다는 뜻에서 지은 것이다. 그는 '한일합방조약'의 체결과 함께 만주로 망명을 떠나게 되고, 그곳에서 〈분통가〉를 짓는다. 김대락은 자신의 일기에서 "국문으로 〈분통가〉 한 편을 지어, 그것으로 비통한 심사를 풀고, 부녀자들에게도 내가 겪은 곤란을 알도록 하였다."라며 〈분통가〉를 국문으로 지은 이유를 밝혔다. 〈분통가〉에는 망명을 떠나게 된 이유와 과정 등이 잘 나타나 있고, 또 일본의 억압과 회유책, 고국에 대한 자부심이 드러나 있으며 국권 회복을 위한 일에는 남녀노소 모두 책임이 있다고 하는 등의 인식이 나타나 있기도 하다. 즉 〈분통가〉는 근대 전환기의 시대적 상황과 망명인들의 심정을 대변하고 있는 작품이라 하겠다.

2. 원문 읽기

(1) 〈19~45구〉

庚戌年 七月變故[1] 쑴일넌가 참일넌가
칼도 槍도 못써보고 이 地境이 되단말가
二十八世 宗廟陵寢[2] 香火祭享[3] 뉘할런고
三千里內 祖宗疆土 犬羊 차디 되단말가
二千萬人 痛哭소리 젼줄 노은 아희로다
…(중략)…
砒霜갓튼 恩賜金[4]을 財物이라 밧단말가
실갓히도 國服이라 그 國服을 입단말가
毒蛇갓튼 그 모양을 아츰 제역 뒤탄말가
鬼蜮갓튼 그 人物을 이웃갓치 샤단말가
길싹가라 길짐져라 雷霆갓튼 號令소리
金玉갓튼 우리 민족 져의 奴隸되단 말가
龍鳳갓튼 堂堂士夫 져게 壓制 밧단말가

---

1 庚戌年 七月變故: 경술년은 1910년으로 '7월 변고'란 한일합방조약을 이르는 것이다. 7월이라고 한 것은 음력으로 그 날짜를 기록했기 때문이다.
2 宗廟陵寢: 종묘는 조선 시대 역대 임금과 왕비의 위패를 모시던 왕실의 사당을 말한다. 능침은 왕릉을 말한다.
3 香火祭享: 향화는 향을 태우는 불을 말하는 것으로, 제사를 이르는 말이다. 제향은 나라에서 지내는 각종 제사를 말한다.
4 恩賜金: 1910년 7월(음력)에 일본은 '한일합방조약'을 맺어 조선을 완전히 통치하게 되었고, 같은 해 11월에 은사금으로 지역의 유지들을 회유한 일이 있었다.

哀殘하고 憤痛하다 그 거둥을 엇디 보리
속졀업시 싱각ᄒᆞ니 檀公上策[5] 一走字라
남주월에 북주호에 사면팔방 살펴보니
그리히도 난은곳디[6] 장백산하 서간도라
檀祖當年 開國處요 高麗太祖 創業地라
決定하고 斷定하야 勇往直前 하야할제

(2) 〈70~77구〉

漢陽城門 드려셔셔 古宮室을 울어보니
光化門과 大漢門은 寂寂無人 門닷기고
滿朝百官 朝會길은 黍稷蓬蒿[7] 一望이라
壁돌딥과 電汽燈은 統監府와 外國領事
銃槍들고 橫行하난 補助員[8]과 日巡查가
白地行人 調査하고 無罪窮民 懲役치니
져승인가 이승인가 이地方이 어ᄃᆡ런고
郊廟神靈[9] 업샤신가 이光景이 무샤일고

(3) 〈85~107구〉

鳳凰城과 吉林城에 從某至某[10] 다다르니
雨萍風絮 根着업시 안는곳디 ᄂᆡ딥이라
柳河縣과 通化縣에 上下四方 둘너보니

---

5 檀公上策: 단공은 동진(東晉) 말기의 장군 단도제(檀道齊, ?~436)를 말한다. 당시 단도제는 위(魏)나라와 싸우다 불리해지자 퇴군(退軍)을 주동하였으므로, 왕경칙(王敬則)이 "단공의 삼십육계(三十六計) 가운데 주(走)가 상책이었다."라고 말한 적이 있었다. 여기서의 단공상책은 이를 이르는 것이다.

6 난은곳디: 나은 곳이.

7 黍稷蓬蒿: 종묘가 쑥대밭이 된 모습을 비유한 말이다.

8 補助員: 남을 거들어 주거나 시중드는 자를 말하는데, 여기에서는 일본의 일을 돕는 자를 의미한다.

9 郊廟神靈: 고대에 제왕이 천지에 제사 지내는 교궁(郊宮)과, 선조에게 제사 지내는 종묘를 아울러 이르는 말이다.

10 從某至某: 어디에서 어디까지 이르니.

渾同江과 鴨綠江은 左右로 흘너잇고
太白山과 盖牟城은 虎踞龍蟠[11] 摩天[12]ᄒᆞᆫ대
高麗村과 高麗塚은 英雄壯蹟 曠感하다
…(중략)…
西小門外 處斬當튼 洪在鶴게 再拜하고
海牙談判 피흘이든 李儁氏를 痛哭하고
鐘樓거리 칼딜ᄒᆞ던 李在明을 賀禮하고
哈爾濱을 바라보고 安重根씨 酹酒하고
閔泳煥딥 ᄃᆡ구경[13]과 崔益鉉의 返魂길에
上下千載 둘너보니 古今人物 다할손가
楚漢三國 英傑하나 東國史紀 더욱壯타

(4) 〈151~186구〉

否往泰來[14] 理數잇고 人衆勝天 옛그리라
大冬風雪 枯死木도 그가디예 ᄭᅩᆺ치피고
火炎崑岡 다타셔도 玉도나고 돌도나네[15]
太平基礎 困難이오 우룸ᄭᅳᆺ혜 우숨이라
嘗膽으로 軍糧하고 臥薪쟈리 들어누어
一死報國ᄒᆞ쟈ᄒᆞᆯ제 老少之別 이슬손가
…(중략)…

---

11 虎踞龍蟠: 호랑이가 웅크리고 용이 서린 기상으로, 주로 산세의 웅장함을 비유하는 말이다.

12 摩天: 하늘을 만질 만큼 아스랗게 높은 것을 이르는 말이다.

13 ᄃᆡ구경: 대나무 구경.

14 否往泰來: 당나라 임악(林諤)의 『석벽사철미륵상송(石壁寺鐵彌勒像頌)』에 나오는 것으로, 액운(厄運)이 가고 호운(好運)이 도래할 것이라는 의미이다.

15 火炎崑岡……돌도나네: 『서경(書經)』에서 "화염곤강(火炎崑岡) 옥석구분(玉石俱焚)"이라고 했는데, 여기에서 곤강은 곤륜산을 가리킨다. 즉 이는 곤강에 화염이 치솟으면 옥과 돌이 모두 타 버린다는 의미로, 좋고 나쁜 것이 모두 없어진다는 의미다. 여기에서는 그럼에도 불구하고 옥도 나고 돌도 난다고 하여 희망적인 의미로 쓰였다.

英美法德 上等國에 上賓으로 올나안자
六大洲와 五大洋에 號令하고 呑壓하니
筐篚玉帛 四時節에 海船山梯 朝貢바다
天地鬼神 祭享하고 太平宴을 排設하샤
大砲끗헤 死節功臣 束草代人 酹酒하고
指揮方略 都元帥 第一等에 勳號하고

출전: 『국역 백하일기』, 〈분통가〉, 안동독립운동기념관 편

3. 작품 감상

1910년을 전후로 한 시기는 일본이 한반도에 식민지 체제를 구축하고 정치·역사 등 다방면에서 억압을 가하던 때이다. 도서 출판과 신문 등 잡지에 대한 검열제도가 그 대표적이라 하겠다. 이러한 이유로 국내에서는 체제 비판이나 민족의식 고취 등의 정서가 나타나는 작품을 창작하기에 많은 제한이 따랐다. 또 지역의 유지들에게 은사금을 내려 회유하거나 지속적으로 감시하였다. 이러한 배경하에서 많은 지식인은 더 이상 한반도에서는 구국 활동을 하기가 어려웠다. 그리하여 그들은 현실을 극복하는 방책의 하나로 중국으로 망명을 떠나게 된다. 그 중 가장 많은 이들이 선택한 곳이 바로 역사적으로나 지역적으로나 한반도와 친연성이 강했던 만주이다.

이는 몇 가지 측면에서 그 이유를 찾을 수 있는데, 첫째는 만주는 단군의 고토라는 민족의식이 작동한 것이고, 둘째는 지역적으로 한반도와 인접해 있기 때문이었고, 셋째는 이미 이 지역에 많은 한반도인이 터를 잡고 살고 있었기 때문이었다. 이뿐만 아니라, 만주는 땅이 광활하고 비옥하다는 풍문 또한 일조하였다. 김대락은 일제의 억압과 역사적 인식에 의해 만주로 떠나게 된다. 이러한 배경하에 창작된 김대락의 〈분통가〉는 망명의 과정에 대한 묘사가 상세하고, 항일의식이 투철하다는 점에서 주목할 만하다. 또 이는 시가사적 측면에서 볼 때 해외 항일가사로, 그 문학의 제재와 공간의 외연을 넓히고 있다는 점에서 중요한

작품이라고 할 수 있다. 형식적인 측면에서 볼 때, 4·4조를 기본으로 하며 200구의 장편으로 이루어져 있다. 이는 국난의 상황과 일본에 대한 비분강개한 심정, 일심으로 구국해야 한다는 등 많은 내용을 담기에 적합했기 때문이다.

김대락의 〈분통가〉는 그의 망명 일기인 『백하일기』에 원문이 실려 있고, 창작 시기가 밝혀져 있다. 그가 일기에서 창작 동기를 밝힌 것이 1912년 9월 27일이니, 〈분통가〉는 이때를 전후로 지어졌다고 볼 수 있다. 내용별로 일별해 보면 다음과 같이 나눌 수 있다.

연번	구분	내용
1	서사	서언(망국민의 분통한 심정)
2		성장과 포부
3		망국의 현실과 망명 결심
4	본사	출발 전의 준비 및 하직 인사
5		고향 및 육친과의 이별
6		한양 묘사 및 서간도 도착 과정
7		망명지의 지세와 감회
8		근대 전환기 매국노 비판 및 항일열사 추모
9		역사상의 충신과 의사 찬양
10		목숨으로 나라를 구할 것과 의지 고취
11		일제에 대한 분개와 타파 의지
12		독립 이후의 세상
13	결사	결어

표에서 제시한 서사 부분은 나라를 잃고 망명해야 하는 이유, 그리고 만주를 망명지로 선택하게 된 이유를 기술하였다. 김대락은 여기에서 삼천리강산 조종(祖宗)의 강토가 견양(犬羊)에게 무너졌다고 분개하고 있다. 경술년에 이루어진 '한일합방조약'으로 조선은 일본의 속국으로 전락한다. 김대락은 여기에서 일본을 '견양' 즉 짐승에 비유하며 그 적개심을 드러내고 있다. 이뿐만 아니라, 1910년 11월에 일본은 한일합방조약 이후 조선인들의 반발을 우려하여 은사금을 내려 지역의 유지들을 회유한다. 김대락은 이에 대해 '비상'에 비유하며 거부감을 나타내고 있다. 이어서 일본의 압박을 묘사하고 민족의 위기와 억압받는 모습이 표

현되고 있다. 결국 일본의 만행을 두고 볼 수 없어 고국을 떠나려는 결심을 하고, 서간도로 망명지를 선택하게 된다. 여기에서 주목할 것은 그가 만주는 단군의 개국지, 고구려의 창업지라고 했다는 점이다. 근대 전환기 단군에 대한 숭배열이 가속화되고, 중화를 상징하던 기자동래설에 대한 언급이 없는 점은 그의 민족의식을 읽어 낼 수 있는 부분이다.

본사는 다시 크게 세 부분으로 나눌 수 있다. 첫째는 고향 및 육친과의 이별, 한양 묘사 및 서간도 도착 과정에 대한 묘사이고, 둘째는 망명지의 지세와 감회이며, 셋째는 근대 전환기 매국노 비판 및 항일열사 추모, 역사상의 충신과 의사 찬양, 목숨으로 나라를 구할 것과 의지 고취, 일제에 대한 분개와 타파 의지 등에 대하여 읊은 것이 그것이다.

먼저 (1)에서는 사계절이 분명하고, 겨울에는 따뜻하고 여름에는 시원한 집을 두고 정든 고향의 친지들을 떠나는 서글픈 심정에 대해 읊었다. (2)에서는 일본의 식민지가 된 이후 한양은 일본의 통제하에 있었는데, 김대락은 이를 '이승인지 저승인지' 구분이 되지 않는다고 했다. 매국노가 들끓고, 옛 궁실은 문이 굳건히 닫혀 있었으며, 외국 영사들과 일본 순사들이 길거리에 가득했다. 이러한 현실에 대하여 김대락은 조상의 혼은 없는지 물으며 현실을 통탄했다. (3)에서는 한양을 지나 우여곡절 끝에 도착한 만주에 대해 묘사했다. 김대락은 처음 낯선 곳에 도착하여 어디가 어디인지도 모르고 발 닿는 대로 자리를 잡는다고 했는데, 이를 통해 당시 망명인들의 고난을 단편적으로 이해할 수 있겠다.

마지막으로 (4)에서는 조국 광복에 대한 희망을 노래하고 있는데, 액운이 가고 좋은 운이 도래할 것이라는 희망적인 메시지를 담고 있다. 그리고 '인중승천(人衆勝天)'이라고 묘사함으로써 군중들이 힘을 모은다면 능히 초월적인 힘을 발휘하여 어떤 고난도 이겨 낼 것이라고 했다. 아울러 나라를 위해 보답하는 일에는 노소의 구별이 없다고 했는데, 그가 가사를 지은 목적을 설명했듯이, 규방에 있는 아녀자들에게도 오늘날 당면한 사연을 알리기 위해서이다. 또 그 희망적인 메시지를 넘어서 열국의 '상빈(上賓)'으로 군림하리라는 포부도 함께 읊었다.

이상의 내용들을 통해 볼 때, 〈분통가〉는 여성들에게도 보여 주고자 했고 또 자신이 겪은 전후의 사정들을 후세들이 알아주기를 바라는 등 창작 의도가 분명한 작품임을 알 수 있다. 이는 민족의 현실을 비통해하고 망국의 한을 표현하기도 하지만, 독립과 항일 의식이 투철한 작품이다. 그리고 지식인으로서의 신념과 실천적 행동의지가 강하게 나타나고 있기도 하다. 또한 김대락이 유럽의 열강들을 언급하고 있는 부분에서도 알 수 있듯이, 혁신유림으로서의 성격이 강하게 나타나기도 한다. 즉 여기에는 근대적 교통수단인 기차가 등장하고, 헌법정치와 공화정치를 언급하는 등 근대적 사고 등이 수용되어 있다. 이는 이 시기 시대적 상황과 작자가 처한 현실, 사상의 변화 등 여러 가지 요인이 작동한 결과이기도 하다. 이러한 측면에서 김대락의 〈분통가〉는 근대 전환기의 시대상을 잘 반영한 작품으로, 그 문학사적 의의를 부여할 수 있다.

〈생각해 보기〉

(1) '한일합방조약'의 체결과 함께 한반도의 지식인들은 서양의 문물을 받아들이고 배워 나라의 힘을 길러야 한다고 주장하거나, 나라의 운명과 함께 자결하거나, 의병을 일으키거나, 해외로 망명하여 독립운동을 전개했다. 각각의 대표적인 인물에 대해 조사해 보자.

(2) 〈분통가〉는 만주 망명가사 중 보기 드문 남성의 가사이다. 이 시기 만주 망명가사에 대해 조사해 보고, 남성 가사와 여성 가사의 차이점에 대해 알아 보자.

(3) 〈분통가〉 전문을 찾아 읽고 저자가 만주로 망명을 떠나게 된 이유를 찾아보고, 이 시기 만주가 한국문학사에서 지니는 상징과 의미에 대해 논의해 보자.

참고문헌

· 고순희, 「일제강점기 만주망명지 가사문학-담당층 혁신유림을 중심으로」, 『한국시가문화연구』 27, 한국시가문화학회, 2011.
· 고순희, 「만주망명가사의 작품세계와 미학적 특질」, 『한국고전여성문학연구』 25, 한국고전여성문학회, 2012.
· 김용직, 「「분통가」의 의미와 의식-해제-」, 『한국학보』 5, 일지사(한국학보), 1979.
· 김윤희, 「만주 망명 가사 〈해도교거사〉와 〈분통가〉에 대한 비교 고찰: 남성과 여성의 인식 차이를 중심으로」, 『한국고전연구』 49, 한국고전연구학회, 2020.
· 전설련, 「『백하일기』의 서술방식과 그 문학적 성격」, 경북대학교 석사학위논문, 2016.
· 鄭羽洛, 「近代轉換期韓國漢文學作家的中國體驗硏究-以滿洲地區爲中心」, 『當代韓國』 78-3, 2013.

전설련

99

이건창의 답우인논작문서
答友人論作文書

1. 창작 배경

19세기 후반의 한반도는 서구 제국주의의 침입을 받았고, 개항을 강요당한다. 개항기 내수외양론(內修外養論)은 1880년대 서기수용론(西器受用論)이 일반화되기 전까지 지배층 일반의 위기 대응 논리였다. 이항로·기정진 학파를 비롯한 도학파들은 화이관에 입각하여, 문화적 측면에서 서양인을 '금수'로 단정하고 그들의 문물은 받아들일 수 없다는 입장이었다. 그러나 한편으로 박규수를 비롯한 일부는 국방력 강화를 위해서는 때에 따라 서양과 교섭하고 그들의 선진 기술을 도입할 필요가 있다는 주장을 펴기도 하였다. 이러한 때에 이건창은 당시 대외강경론을 주장하는 도학자들의 세계관과 인간관이 결국에는 선험적이고 획일적인 이기심성론에 입각해 있음을 지적하고, 그에 입각한 강학과 진부한 글쓰기는 오히려 유학을 형식화하여 그 시의적 가치를 훼손하는 것이라고 비판하였다. 그리고 이러한 도학 비판의 관점은 서양을 금수로만 알고 무조건 배척할 것이 아니라 서양 세력의 실체를 정확히 파악해서 시의적절한 국방 정책을 수립해야 한다는 생각으로까지 발전했다.

이건창(李建昌, 1852~1898)의 자는 봉조(鳳藻), 호는 영재(寧齋)이고, 본관은 전주(全州)이다. 그의 조부는 양명학의 대가이자, 병인양요 때 순절한 사기(沙磯) 이시원(李是遠, 1790~1866)이다. 이건창은 어려서 조부에게 수학하여, 10세에 사서삼경에 능통했다. 병인양요 때 조부가 순절하자 조정에서는 정려(旌閭)를 세우고, 시호를 충정공(忠貞公)이라 했다. 그리고 이시원을 위한 별시(別試)를 실시하였는데, 이건창이 별시에 응시하여 15세의 어린 나이에 급제했다. 그러나 당시 너무 어린 나이였기에 벼슬을 바로 하지는 못했고, 19세 되던 해에 옥당[弘文館]에 들어가면서 벼슬 생활을 시작했다. 관직에 나아가서부터는 강위(姜瑋, 1820~1884)를 스승으로 삼았다. 그는 '실'을 구하는 방법에 있어서는 '이웃 나라'가 아닌 '아(我)'에서 찾아야 한다고 주장했다. 즉 당시 가난하고 나약한 국력의 원인은 '아'에게 있었고, 부국강병의 원천 역시 '아'에게서 찾아야 한다는 것이다. 그런 상황에서 각성할 수 있는 방법 중 하나가 글을 엄정하게 쓰는 것이라고 여겼는데, 이는 〈답우인논작문서(答友人論作文書)〉에 잘 나타난다.

2. 원문 읽기

무릇 글을 지을 때에는 반드시 먼저 구의(搆意)[1]를 해야 합니다. 뜻을 구상함에 있어서는 수미(首尾)[2]가 있어야 하고, 짜임새[間架]가 있어야 합니다. 수미가 대략 갖추어지고, 짜임새가 대략 알맞게 되면, 곧 빨리 써 내려가야 합니다. 그러나 이어지는 것이 서로 관통할 수 있게 하여, 분명하고도 쉽게 알 수 있게 해야 합니다. 조사와 같은 긴요하지 않은 글자[閑字]를 쓸 겨를이 없고, 속어들을 피할 겨를이 없습니다. 이는 그 정의(正意)[3]를 잃어, 말하고자 하는 것을 싣지 못할까 두려워서입니다. 의가 확립된 연후에는 그 말을 다듬어야 합니다. 무릇 수사라는 것은 해미(諧美)[4]·결정(潔精)[5]하게 하려는 것일 뿐입니다. …(중략)…

무릇 말 중에는 옛사람[古人]의 뜻을 취의(取意)한 것도 있고, 조의(造意)하여

---

1 구의(搆意): 뜻을 구성한다는 것으로, 여기에서는 뚜렷한 주제 의식을 통해 전개되는 논지와 같은 의미로 쓰인다.

2 수미(首尾): 처음과 끝.

3 정의(正意): 바른 뜻.

4 해미(諧美): 언사를 조화롭게 하거나 아름답게 꾸미는 것.

5 결정(潔精): 언사를 깔끔하고 정미하게 하는 것.

쓴 것도 있습니다. 옛사람의 뜻을 취의한 것은 그 말을 어렵게 하여, 남들에게 이전에 보지 못한 것처럼 해야 하고, 조의한 것은 그 말을 쉽게 하여 남들이 의혹됨이 없게 해야 합니다. 고인의 뜻을 취하고, 또 그 말을 취한 것은 반드시 고인과 고서의 이름을 밝혀 구별하여 나의 말을 혼란스럽게 해서는 안 됩니다. 그렇게 하지 않는다면 진부하게 되고, 표절이 됩니다. …(중략)…

사로써 의에 알맞게 해야 하고, 의로써 사에 알맞게 해야 합니다. 사가 의에 알맞지 않으면 비록 교묘하더라도 (의를) 졸렬하게 합니다. 의가 사에 알맞지 않으면 비록 가지런하더라도 (사를) 혼란스럽게 합니다. 졸렬하게 된 연후에 더욱 공교롭게 지으려 하고, 혼란스러워진 연후에 더욱 가지런히 하려 하지만, 구절마다 교묘하게 가공하는 것은 반드시 의를 해롭게 하고, 말마다 올바르게 하는 것은 반드시 사에 누를 끼칩니다. 사와 의가 서로 (조화되어) 병들지 않음이 '알맞음'이 되고, '알맞음'이 '법'이 되며, 법이 정해져야 문을 여기에서 끝마칠 수 있습니다. …(중략)…

무릇 천하는 넓고 후세는 먼데, 나의 글을 알아주는 사람은 적을 것입니다. 설령 알아주는 사람이 있다고 할지라도 서로 만나 상대하기는 어렵습니다. 오직 내 마음에만 가히 내 글에 대해 물어볼 수 있을 뿐입니다. 무릇 내 마음에서 촉발되고 내 마음에서 감흥되었음에도, 내 마음에 흡족하지 않다면 이는 매우 유감스러워할 만합니다. 저는 오직 내 마음에 흡족하기만을 구할 뿐입니다. 어찌 천하와 후세에 기대하겠습니까. 천하와 후세에도 기대하기에 부족하거늘 또 하물며 구구한 한때의 칭송에 있어서이겠습니까. 무릇 오직 내 마음에만 흡족하면 나의 글 짓는 일은 끝난 것입니다. …(하략)…

출전: 『명미당집(明美堂集)』 권8, 「서(書)」

3. 작품 감상

〈답우인논작문서〉는 이건창이 여규형(呂圭亨, 1849~1922)에게 보낸 글로, 『명미당집(明美堂集)』 권8, 「서(書)」에 수록되어 있다.

이건창은 19세기 후반을 살았던 인물로, 그의 조부는 양명학의 대표 인물로 알려져 있다. 당시 병인양요 때 그의 조부가 음독자결한 사건을 보면, 실천을 중요시하는 양명학자의 풍모를 엿볼 수 있다. 이러한 가풍의 영향으로 인해 이건창 역시도 양명학을 계승하였고, 시(詩)와 문(文)에 있어서 성취가 컸다. 여한구가(麗韓九家)나 한말사가(韓末四家)로 손꼽히는 점 등을 보면, 그의 문학적 성과에 대해 가늠할 수 있다. 특히 그는 문으로 인해 유명해졌는데, 당대에 함께 교유하였던 창강(滄江) 김택영(金澤榮, 1850~1927)이 "이영재는 기사문의 기골이 비록 박지원과 홍석주에 미치지는 못하지만, 또한 근세에 뛰어난 솜씨를 가진 자이다."라고 평가한 것을 보면 알 수 있다.

이건창은 자신의 문장에 대단한 자부심이 있었다. "오직 내 마음에 흡족해야 한다.[惟吾心愜]"라고 한 부분을 보면 그것을 알 수 있다. 그리고 그는 작가의 정신은 무엇보다도 자신의 주체를 명확히 해야 한다고 강조하고 있는데, 이는 문학에서 자아의 각성이 중요하다고 보는 것이다. 그의 〈답우인논작문서〉에 이러한 인식과 함께 글쓰기에 대한 의견이 잘 구현되어 있다. 이는 '구의→수사→인용→교정'으로 그 순서를 나누어 볼 수 있다.

구의는 뜻을 먼저 세워야 한다는 것이다. 이때, 대략적인 짜임새를 정함에 있어 조사나 속어에 구애되지 말아야 한다고 했다. 즉 이는 생각의 흐름을 막고 본래의 뜻을 전달함에 장애가 되기 때문이다. 이러한 작업이 끝나면, 수사를 해야 한다. 그리고 그 내용 구성에 있어서 인용의 문제를 강조하고 있다. 즉 취의(取意)와 조의(造意)의 문제가 그것이다. 남의 글이나 뜻을 취함에 있어서 그 출처를 밝혀야 함을 강조하고 있는데, 이는 진부해지거나 표절의 문제를 피하기 위해서이다. 이러한 작업이 끝난 이후에는, 많이 고치고 첨삭하는 과정을 거쳐야 한다고 했다. 그는 위숙자의 말을 빌려 다개(多改)와 다산(多刪)의 중요성에 대해 언급했는데, "그러나 위숙자가 '다작은 다개만 못하고 다개는 다산만 못하다'고 말한 것은 진실로 고인도 전하지 않은 비법입니다.[然叔子所云 多作不如多改 多改不如多刪 是固古人所不傳之秘法]"라고 한 것이 그것이다.

특히 그가 자신의 문장에 스스로가 만족해야 한다고 말한 점은 주목할 만하다. 이는 자신의 문장에 대한 자부심의 표현이기도 하겠지만, 반대로 자신의 마음에 흡족하지 못하다면 다른 사람의 마음도 만족시킬 수 없다는 뜻이기도 하다. 즉 남을 만족시키기 위하여 아름답고 부화하게 꾸미는 글을 지어서는 안 된다는 것이다.

〈생각해 보기〉

(1) 이건창은 19세기 말, 외세의 침입으로 인해 정치적·사상적으로 많은 변화가 있었던 시기를 살았다. 이 시기 대표적인 사건들을 찾아보고, 지식인들의 대응 양상을 이야기해 보자.

(2) 이건창은 여한구가(麗韓九家)로 평가받았다. 여한구가에 속하는 다른 인물과 그 대표 작품을 조사해 보자.

(3) 〈답우인논작문서〉에는 글쓰기 방법이 자세히 소개되어 있다. 특히 다른 사람의 뜻을 취할 때에는 반드시 출처를 밝히라고 한 부분은 오늘날 인용 및 표절의 문제와 직결된다. 인용과 표절의 문제에 대해 이야기를 나누어 보자.

참고문헌

· 백외준, 「개항 전후 이건창의 대외인식과 해방론」, 고려대학교 석사학위논문, 2012.
· 안대회, 「조선 말기의 문예그룹 南社와 南社同人의 문학활동」, 『한국한시연구』 25, 한국한시학회, 2017.
· 이희목, 「寧齋 李建昌 硏究: 사상과 문학을 통해서 본 주체적 각성」, 성균관대학교 석사학위논문, 1983.
· 이희목, 「寧齋 李建昌 散文 硏究: 인물기사를 중심으로」, 성균관대학교 박사학위논문, 1992.

전설련

100

안국선의 금수회의록
禽獸會議錄

1. 창작 배경

개화기의 한반도에는 서양 문물의 유입과 함께 사회 문화적으로 많은 변화가 생겨났다. 갑오개혁을 비롯하여 개화 정책을 추진하기 위한 관청으로 통리기무아문(統理機務衙門)(1880)이 설치되고, 근대적 학문의 유입과 함께 교육계에서도 근대화가 추진되었다. 개화기에 원산학사를 비롯하여, 이화학당·배화학당·대성학교 등 수많은 근대식 사립학교가 설립된 것이 그것이다. 이러한 근대식 학교에서는 서구식 학문을 가르쳤다. 이뿐만 아니라, 문화 역시 기존의 고전 시가와 고전 소설의 형식을 탈피한 신체시·신소설이 등장하였는데, 안국선의 『금수회의록』(1908)은 이 시기 대표적인 신소설 작품 중 하나이다.

안국선(安國善, 1878~1926)은 경기도 용인 사람으로, 호는 천강(天江)이며, 1911년 4월 14일 큰아버지인 안경수(安駉壽)의 양자로 입적하였다. 1895년 관비 유학생으로 선발되었고, 경응의숙(慶應義塾)에 입학하여 1년간 공부하였다. 이후, 동경전문학교 방어정치과(邦語政治科)로 옮겼고, 1899년에 졸업하였다. 그리고 귀국 이후인 1899년 11월에 박영효와 관련된 역모 사건에 연루되어 4년 넘게 미결수로 수감된다. 그러다가 1904년 3월 전라남도 진도로 유배되었는데, 유배 기간 동안 기독교로 개종한다. 이후 안국선은 1907년 3월 유배에서 풀려나 서울로 돌아오게 되고, 그해 11월부터 한 달가량 제실재산정리국(帝室財産整理局)에서 사무관으로 일한다. 그리고 이듬해 7월부터 1910년 경술국치 때까지 탁지부 관리로 일하게 된다. 당시는 열강의 침입으로 국권이 침탈되던 시기였다. 즉 왕조의 붕괴와 열강의 침탈 정책이 본격화되었고, 외세에 대한 방어로 독립협회가 조직되었다. 이러한 시기에 안국선은 인간 세태의 부정부패와 국권 침탈 앞에서도 이를 외면하는 사람들을 목격하였고, 1907년에서 1908년 사이에 『금수회의록』을 쓰게 된다.

2. 원문 읽기

(1) 뎨일셕 반포의효[1] (가마귀) (反哺之孝). …(중략)… 지금 세상 사람들은 말ᄒᆞᄂᆞᆫ 거슬 보면 낫낫치 효자 갓흐되 실샹ᄒᆞᄂᆞᆫ 행실을 보면 쥬색잡기에 침혹ᄒᆞ야 부모의 뜻을 어긔며 형제간에 재물노 닷토아 부모의 마암을 샹케ᄒᆞ며 졔ᄒᆞᆫ몸만 생각ᄒᆞ고 부모가 주리되 도라보지 아니ᄒᆞ고 녀편네는 학식이라고 조곰 잇스면 쥬져넘은 마암이 생겨셔 온화유슌ᄒᆞᆫ 부덕을 니져바리고 싀집가셔는 싀부모 보기를 아모것도 모로ᄂᆞᆫ 어리석은 물건갓치 대졉ᄒᆞ고 심ᄒᆞ면 원수갓치 뮈워ᄒᆞ기도ᄒᆞ니 인류사회에 효도 업셔짐이 지금 셰샹보다 더 심홈이 업도다 사람들이 일백행실의 근본 되ᄂᆞᆫ 효도를 아지 못ᄒᆞ니 다른거ᄉᆞᆫ 더 말ᄒᆞᆯ것무엇 잇소 …(중략)…

(2) 뎨이셕 호가호위[2] (여호) (狐假虎威). …(중략)… 지금 셰상 사ᄅᆞᆷ들은 당당ᄒᆞᆫ 하나님의 위엄을 빌어야 할터인대 외국의 셰력을 빌어 의뢰ᄒᆞ야 몸을 보젼ᄒᆞ고 벼살을 엇어ᄒᆞ려ᄒᆞ며 타국 사ᄅᆞᆷ을 부동ᄒᆞ야 졔나라를 망ᄒᆞ고 졔 동포를 압박ᄒᆞ니 그거시 우리 여호보다 나흔일이오 결단코 우리 여호만 못ᄒᆞᆫ 물건들이라 ᄒᆞ옵내다 …(하략)…

---

1 반포의효: 반포의 효[反哺之孝]는 자식이 자라서 어버이의 은혜에 보답하는 효성을 말한다. 새끼 까마귀가 자라서 어미에게 먹이를 물어다 준다는 것에서 나온 말이다.

2 호가호위: 호가호위(狐假虎威)는 여우가 호랑이의 위세를 빌려 호기를 부린다는 의미로, 남의 위세를 빌려 호기를 부리는 것을 말한다.

(3) 뎨삼셕 정와어해[3] (개고리) (井蛙語海). …(중략)… 사름들은 거만흔 마암이 마하셔 져희들이 텬하에 뎨일이라ᄒᆞ고 만물즁에 져희가 가장 귀ᄒᆞ다고 자칭ᄒᆞ지만은 제 나라 일도잘 모로면셔 양비대담[4]ᄒᆞ고 큰 소래 탕탕ᄒᆞ고 쥬져너문 말ᄒᆞᄂᆞᆫ 것들 우숩대다 우리 개고리를 가라쳐 말ᄒᆞ기를 우물안 개고리와 바다 니야기 홀수업다ᄒᆞ니 항샹 우물안에 잇ᄂᆞᆫ 개고리ᄂᆞᆫ 우물이 좁은쥴만 알고 바다에ᄂᆞᆫ 가보지못ᄒᆞ야 바다가 큰지 적은지 넓은지 좁은지 긴지 짤은지 깁픈지 얏흔지 아지 못ᄒᆞ나 못본거슬 아ᄂᆞᆫ톄ᄂᆞᆫ 아니ᄒᆞ거ᄂᆞᆯ 사름들은 좁은 소견을 가지고 외국 형편도 모로고 텬하대셰도 살피지못ᄒᆞ고 공연히 떠둥며 무어슬 아ᄂᆞᆫ톄ᄒᆞ고 나라ᄂᆞᆫ다 망ᄒᆞ야가것마ᄂᆞᆫ 썩은생각으로 갑갑흔 말만 ᄒᆞᄂᆞᆫ도다 …(중략)… 우리 개고리의 족속은 우물에 잇스면 우물에 잇ᄂᆞᆫ 분슈를 직히고 미나리논에 잇스면 미나리논에 잇ᄂᆞᆫ 분슈를 직히고 바다에 잇스면 바다에 잇ᄂᆞᆫ 분슈를 직히ᄂᆞ니 그러면 우리ᄂᆞᆫ 사람보다 샹등이 아니오닛가 …(하략)…

(4) 뎨ᄉᆞ셕 구밀복검[5] (벌) (口蜜腹劍). 우리 배의 칼은 남을 공연히 쏘거나 찌르ᄂᆞᆫ거시 아니라 남이나를 해치려 ᄒᆞᄂᆞᆫ때에 졍당방위로 쓰ᄂᆞᆫ칼이오 사름갓치 입으로 꿀갓치 말을 달게ᄒᆞ고 배에ᄂᆞᆫ 칼갓흔 마음을 품은 우리가 아니오 또 우리의 입은 항상 꿀만 잇스되 사름의 입은 변화가 무쌍ᄒᆞ야 꿀갓치 단때도 잇고 고초갓치 매운 때도 잇고 칼갓치 날카러온 때도 잇고 비상갓치 독흔때도 잇서셔 맛대ᄒᆞ엿슬때에ᄂᆞᆫ 꿀을 들어붓ᄂᆞᆫ 것 갓치 달게 말ᄒᆞ다가 도라서면 흉보고 욕ᄒᆞ고 노여ᄒᆞ고 악담ᄒᆞ며 됴와라고 지낼때에ᄂᆞᆫ 깨소곰 항아리갓치 고소ᄒᆞ고 맛잇게 슈작 ᄒᆞ다가 조곰만 미흡흔 일이 잇스면 죽일놈 살닐놈ᄒᆞ며 무셩포가 잇스면 곳 노아죽이랴ᄒᆞ니 그런 악독흔거시 어대 또 잇스리오 애 여러분 여보시오 그래 우리 즘생중에사름들쳐럼 그러케 악독흔 것들이 잇단 말이오

3 졍와어해: 정와어해(井蛙語海)는 우물 안의 개구리는 바다 이야기를 해 주어도 알지 못한다는 말이다.

4 양비대담: 양비대담(攘臂大談)은 팔을 걷어붙이고 큰소리를 친다는 말로, 아주 당당하게 자신의 입장을 드러내는 모습을 비유하는 말이다.

5 구밀복검: 구밀복검(口蜜腹劍)은 말은 달콤하고 정답게 하나 속으로는 해칠 생각이 있다는 말이다.

(5) 뎨오셕 무장공자[6] (게) (無腸公子). 우리는 창ᄌᆞ가 업다 ᄒᆞ여도 남이 ᄂᆞ를 해치려ᄒᆞ면 쥭더래도 가위로 집어 ᄒᆞᆫ놈 물고 쥭고 내가 ᄒᆞᆫ번 어ᄂᆞ 나라에 지ᄂᆞ가다 보니 외국 병뎡이 지ᄂᆞ가ᄂᆞᆫ대 그나라부인을 근드려 젓통이를 만지려ᄒᆞ매 그 부인이 소래를 지르고 욕을 ᄒᆞᆫ즉 그 병뎡이 발노차고 손으로 때려셔 행악이 무쌍ᄒᆞᆫ지라 그 나라 사ᄅᆞᆷ들이 모혀서셔 그거슬 구경만ᄒᆞ고 ᄒᆞᆫ 사ᄅᆞᆷ도 대드러 그 부인을 도아주고 구원ᄒᆞ여주ᄂᆞᆫ 사ᄅᆞᆷ이 업스니 그 사ᄅᆞᆷ들은 그 부인이 외국 사ᄅᆞᆷ의게 당ᄒᆞᄂᆞᆫ거슬 샹관업ᄂᆞᆫ줄노 알어셔 그러ᄒᆞᆫ지 겁이나셔 그러ᄒᆞᆫ지 결단코 남의 일이 아니라 저의 동포가 당ᄒᆞᄂᆞᆫ 일이니 저의들이 당ᄒᆞᆷ이어ᄂᆞᆯ 그거슬보고 분낼줄 모로고 도로혀 웃고구경만ᄒᆞ니 그 부인의 오날ᄂᆞᆯ 당ᄒᆞᄂᆞᆫ 욕이 래일 졔 어미나 졔 안해의게 또 도라올줄을 아지못ᄒᆞᄂᆞᆫ가 이런것들이 창자잇다고 사ᄅᆞᆷ이라 자긍ᄒᆞ니 허리가 압허 못살겟소 창자업ᄂᆞᆫ 우리 게ᄂᆞᆫ 엇지ᄒᆞ면 조케소 나라에 경사가 잇스되 깃버ᄒᆞᆯ줄 아지못ᄒᆞ야 국개ᄒᆞ나 내여꼬질줄 모로니 그거시 창자잇ᄂᆞᆫ 거시오 그런 창자ᄂᆞᆫ 부럽지안소

(6) 뎨륙셕 영영지극[7] (파리) (營營之極). 또 우리ᄂᆞᆫ 먹을거슬 보면 혼자먹ᄂᆞᆫ 법 업소 여러 족속을 쳥ᄒᆞ고 여러친구를 불너셔 화락ᄒᆞᆫ 마암으로 ᄒᆞᆫ가지로 먹지마ᄂᆞᆫ 사ᄅᆞᆷ들은 리끗만보면 형뎨간에도 의가 샹하고 일가간에도 졍이 업서지며 심ᄒᆞᆫ쟈ᄂᆞᆫ 서로 골육샹쟁[8] ᄒᆞ기를 례ᄉᆞ로 아니 참 긔가 막히오 동포끼리 서로 ᄉᆞ랑ᄒᆞ고 서로 구졔ᄒᆞᄂᆞᆫ거슨 하나님의 리치어ᄂᆞᆯ 사ᄅᆞᆷ들은 과연 뎌의 동포끼리 서로 ᄉᆞ랑ᄒᆞᄂᆞᆫ가 뎌들끼리 서로 빼앗고 서로 싸호고 서로 싀긔ᄒᆞ고 서로 흉보고 서로 총을노아 죽이고 서로 칼노질너 쥭이고 서로 피를 빠라 마시고 서로 살을 깍가 먹으되 우리ᄂᆞᆫ 그러치안소 셰샹에 뎨일 더러운거슨 똥이라 ᄒᆞ지마ᄂᆞᆫ 우리가 똥을 눌 때 남이 다보고 알도록 흰대ᄂᆞᆫ 검게누고 검은대ᄂᆞᆫ 희게누어셔 남을 속일

---

6 무장공자: 무장공자(無腸公子)는 창자가 없는 동물인 '게'를 가리키며, 기개나 담력이 없는 사람을 비유할 때 쓰인다.

7 영영지극: 영영지극(營營之極)은 이리저리 쏘다니는 모양이 매우 번잡스러운 것을 이르는 말이다.

8 골육샹쟁: 골육상쟁(骨肉相爭)은 뼈와 살이 서로 다툰다는 뜻으로, 형제나 같은 민족끼리 서로 다툰다는 말이다.

생각은 ᄒᆞ지 안소 사ᄅᆞᆷ들은 똥보다 더 더러운 일을 만히ᄒᆞ지마ᄂᆞᆫ 혹 남의 눈에 보일가 남의 입에 오르 나릴가 겁을내여 은밀이ᄒᆞ되 무소부지[9] ᄒᆞ신 하나님은 몬져아시고 계시오

(7) 뎨칠셕 가정이맹어호[10] (호랑이) (苛政猛於虎). 가졍이 맹어호라ᄒᆞᄂᆞᆫ 뜻슨 까다로온 졍ᄉᆞ가 호랑이보다 무셥다 홈이니 「양ᄌᆞ」라ᄒᆞᄂᆞᆫ 사ᄅᆞᆷ도 이와갓흔 말이 잇ᄂᆞᆫ대 혹독ᄒᆞᆫ 관리ᄂᆞᆫ ᄂᆞᆯ개잇고 뿔잇ᄂᆞᆫ 호랑이와 갓다ᄒᆞᆫ지라 셰샹에 사ᄅᆞᆷ들이 말ᄒᆞ기를 뎨일 포악ᄒᆞ고 무셔운거슨 호랑이라 ᄒᆞ엿스니 ᄌᆞ고이래로 사ᄅᆞᆷ들이 우리의게 해를 밧은쟈이 몃명이나 되ᄂᆞ뇨 도로혀사ᄅᆞᆷ이사ᄅᆞᆷ의게 해를당ᄒᆞ며 살육을 당ᄒᆞᆫ쟈이 몃 억만명인지 알수 업소 우리ᄂᆞᆫ 셜ᄉᆞ 포악ᄒᆞᆫ 일을 ᄒᆞᆯ지라도 깁흔산과 깁흔 골과 깁흔 슈풀 속에셔만 행행할뿐이오 사ᄅᆞᆷ쳐름 쳥텬백일지하[11]에 왕궁 국도에셔는 ᄒᆞ지아니ᄒᆞ거ᄂᆞᆯ 사ᄅᆞᆷ들은 대낫에 사ᄅᆞᆷ을 쥭이고 재물을 빼아스며 죄업ᄂᆞᆫ 백셩을 감옥셔에 모라너허셔 돈밧치면 내여놋코 셰업스면 쥭이ᄂᆞᆫ것과 님군은 아모리 인자ᄒᆞ야 샤젼[12]을 ᄂᆞ리드래도 법관이 용ᄉᆞ[13]ᄒᆞ야 공평치못ᄒᆞ게 죄인을 조죵ᄒᆞ고 돈을밧고 벼살을 내여셔 그 벼샬ᄒᆞᆫ 사ᄅᆞᆷ이 그 미쳔을 뽑으려고 음흉ᄒᆞᆫ 슈단으로 졍ᄉᆞ를 까다롭게ᄒᆞ야 백셩을 못 견대게ᄒᆞ니 사ᄅᆞᆷ들의 악독ᄒᆞᆫ 일을 우리 호랑의게비ᄒᆞ야보면 몃만배가 될ᄂᆞᆫ지 알수업소

(8) 뎨팔셕 쌍거쌍래[14] (원앙) (雙去雙來). 사람들의 행ᄉᆞ를 대강 말ᄒᆞᆯ터이니 잠간 드러보시오 부인이 쥭으면 불상히 녁이ᄂᆞᆫ 남편이 몃치나 되겟소 상쳐ᄒᆞᆫ후에 사ᄂᆞ희 슈절 ᄒᆞ얏다ᄂᆞᆫ 말은 들어보도 못ᄒᆞ얏소 낫낫치 재취를 ᄒᆞ던지 쳡을 엇던

---

9 무소부지: 무소부지(無所不知)는 무엇이든 모르는 것이 없다는 말이다.

10 가정이맹어호: 가정이 맹어호[苛政猛於虎]는 가혹한 정치는 호랑이보다도 더욱 흉포하고 무섭다는 말이다.

11 쳥텬백일지하: 청천백일지하(靑天白日之下)는 구름 한 점 없이 맑은 대낮을 말한다.

12 샤젼: 사전(赦典)은 나라에 경사가 있을 때 죄인의 죄를 면하여 주는 것을 말한다.

13 용ᄉᆞ: 용사(用事)는 권세를 부리는 것을 말한다.

14 쌍거쌍래: 쌍거쌍래(雙去雙來)는 쌍쌍이 오고 가는 것을 말한다. 대체로 의좋은 부부나 연인들의 모습을 일컬을 때 쓰는 말이다.

지 ᄌᆞ식의게 못ᄒᆞᆯ 노릇ᄒᆞ고 집안에 화근을 니르키여 화긔를 손상케ᄒᆞ고 계집으로 말ᄒᆞ면 남편 죽은후에 수졀ᄒᆞᄂᆞᆫ 사ᄅᆞᆷ은만ᄒᆞ나 속으로 셔방질 단이며 상부ᄒᆞᆫ지 몃칠이 못되야 개가ᄒᆞᆯ길 찻너라고 분쥬ᄒᆞᆫ 계집도 잇고 또 ᄌᆞ식을 나하셔 개구멍이ᄂᆞ 다리밋헤 내여바리ᄂᆞᆫ것도 잇스며 심ᄒᆞᆫ계집은 간부의 게 혹ᄒᆞ야 산 셔방을 두고 도망질 ᄒᆞ기와 약을 먹여 죽이ᄂᆞᆫ 일까지 잇스니녀의들의 별별괴악ᄒᆞᆫ 일은 이루다 말ᄒᆞᆯ수 업소 세상에 뎨일 더럽고 괴악ᄒᆞᆫ거슨 사ᄅᆞᆷ이라 다 말ᄒᆞ려면 내 입이 더러워 질터이닛가 그만 두겟소

출전: 『금수회의록』, 황성서적업조합, 융희 2년(1908)

3. 작품 감상

『금수회의록』은 동물을 의인화한 우화소설이다. 1908년 2월 초판 발행 이후, 같은 해 5월에 재판이 발행되었으니, 당시 이 작품이 독자들에게 얼마나 인기가 있었는지 알 수 있다. 『금수회의록』이 창작된 1908년은 안국선이 정치·사회 문제와 관련된 여러 가지 논설을 쓰면서 왕성한 문필 활동을 하던 시기이다. 이에 여기에는 작가의 세계관 및 인간관이 잘 나타나 있다. 즉 첫째는 기존 윤리 체제의 붕괴와 그에 따른 인간의 부정적인 측면에 대한 비판이고, 둘째는 인간성의 근본적인 사악함에 대한 비판이며, 셋째는 특권 계층의 가혹한 정치 등에 대한 비판이고, 넷째는 외세에 관한 안일성에 대한 비판 등이 그것이다. 또 당시는 중세와 근대의 의식이 섞여 있었던 전환기였는데, 『금수회의록』에는 공자의 '천(天)'과 예수의 '하늘나라'가 혼효되어 진술되고 있는 점 등을 통해 확인할 수 있다.

『금수회의록』은 '금수회의소'라는 장소에서 여덟 종류의 동물들이 회의를 통하여 인간을 비판하는 내용이다. '나'라는 1인칭 관찰자가 꿈속에서 동물들의 연설회장에 들어가 인간 세계의 모순과 비리를 신랄하게 비판하는 모습을 보고 들으며 기록한 일종의 우화소설이며 세태풍자소설이다. 그 구성은 '서언→개회 취지→여덟 종류 동물들의 성토→폐회'로 이루어졌다.

서언에서 이야기 서술자이자 작자는 세계관과 인간관에 대해 밝히고 있는데, ① 우주는 변함없고 한결같으나, 사람의 일은 고금이 달라 변화가 무쌍하다는 것, ② 인간 세상은 착한 사람과 악한 사람이 거꾸로 되어 있고, 충신과 역적이 뒤바뀐 세상이라는 것, ③ 그리하여 현재 인간의 모습은 금수만도 못해, 금수에게 비난받아 마땅한 지경에 이르렀다는 것이다. 서언에서 제시한 이 세 가지는 '개회 취지' 이하의 '제일석'에서 '제팔석'까지의 내용에 일관적으로 반영되었고, 이 세 가지 사항의 극화(劇化)이다.

먼저, 개회 취지에서는 본래 하나님이 세상을 창조하시매, 만물은 모두 천지 본래의 이치를 따라 하나님의 뜻대로 본분을 지키며 살아야 하나, 지금 세상 사람들이 하는 일은 하나님의 영광을 더럽히고 은혜를 배반하고 있다고 했다(①). 또 세상 사람들은 외국인에게 아첨하여 벼슬만 하려고 하고, 조국이 망하든 동포들이 죽든 고려하지 않는 역적이 있고, 임군을 속이고 백성을 해롭게 하여 나랏일을 결딴내는 소인도 있으며, 부모와 자식 사이의 도리를 지키지 않는 등 그 만행이 이루 말할 수 없다고 하였다(②). 그리하여 인류는 하나님이 내린 특권과 성품을 모두 잃었으니, 금수초목과 비교하여도 도리어 낮고 천한 위치에까지 이르렀다는 것이다(③).

다음, 제일석에서 제팔석까지는 여덟 종류의 동물들이 인간의 타락상을 구체적으로 밝히고 있다. 원문 읽기에 제일석에서 제팔석까지 내용 중 각 동물이 인간의 타락상을 비판하는 부분을 발췌하여 제시했다. 각각들의 주제를 정리하면 다음과 같다.

순서	주제
제일석	제일석의 주제는 '효'이다. 여기에서는 까마귀의 반포지효를 강조하며, 인간의 불효에 대해 비판하고 있다. 옛 성현들은 효가 곧 덕의 근본이고, 모든 행실의 근원이라 하여 중시하였으나, 지금 사람들은 하나님의 법인 효를 지키지 않는다고 했다.
제이석	여우를 내세워 인간의 간사함과 교활함을 비판하였다. 즉 외세의 힘을 빌려 몸을 보전하고 벼슬을 얻으며, 타국 사람들을 부동하여 자기 나라를 망하게 하고 동포를 압박하는 '호가호위' 행위에 대해 비판했다.

순서	주제
제삼석	개구리를 내세워 견문이 좁고 세상 형편에 어두운 소견 좁은 인간을 풍자했다.
제사석	벌을 내세워 겉으로는 친절한 척하지만 속으로는 칼을 품고 있는 인간의 양면성에 대해 비판했다.
제오석	게를 내세워 세상에는 옳은 창자를 가지고 사는 사람이 없고, 옳은 마음을 먹은 사람보다 그 반대의 경우가 많음을 비판했다. 즉 남의 압제를 받고도 분노할 줄 모르니 이는 창자가 없는 사람이라고 했다.
제육석	파리를 내세워 간사한 소인의 성품과 태도에 대해 비판했다. 조강지처도 버리고 유지나 지사를 고발하여 감옥에 넣으며, 목적을 위해 수단을 가리지 않는 소인배들을 비난했다.
제칠석	호랑이를 내세워 맹호보다 무서운 가혹한 정치에 대해 비판했다. 결국 인간의 가혹한 정치와 권력의 남용이 산속의 호랑이보다 더 포악하다고 했다.
제팔석	어디를 가나 함께하는 원앙새를 통해 일부일처제를 옹호하고, 인간의 음란성에 대해 공격했다. 아울러 배필을 잃은 후 개가하는 일에 대해서도 비난했다.

이처럼 『금수회의록』은 갈등이나 욕구의 치열한 대결보다는 우화적이고 풍자적인 성격을 띠고 있다. 즉 동물의 입을 통해 인간의 부정적인 측면과 인간이 타락하여 결국 동물보다도 못하게 된 현실을 가감 없이 그려 내고 있다.

마지막으로 폐회와 함께 동물들이 모두 나가고, '나'는 모든 금수에게 비판과 비난을 받는 사람을 구할 방법이 없는지를 고민한다. 그러다가 하늘은 아직 사람을 사랑한다고 하니 구원의 길이 있다고 말하며, 인간을 구제할 희망이 있음을 제시하고 있다.

이처럼 『금수회의록』은 우화적인 기법을 통해, 변화하고 타락하는 인간상에 대해 조소하고 비판하며, 그 문학성을 획득하고 있다. 이는 박지원이 〈호질〉을 통해 당대 사회의 구조적인 모순이나 인간성의 치부를 풍자하고 폭로한 것과 그 맥락을 같이한다. 또한 개화기 신소설 중 이인직의 〈혈의 누〉와 〈귀의 성〉 같은 서사 중심의 작품과는 달리 안국선의 『금수회의록』은 논설류 소설에 속한다. 그러나 이러한 논설 중심의 신소설은 작품 수가 상대적으로 적고, 그 명맥이 오래 이어지지 못했다는 한계가 있다. 그 가장 큰 이유로 정치적인 측면을 들 수 있는데, 경술국치 이후 논설류 신소설이 치안을 어지럽히는 소설로 분류되었기 때문이다.

〈생각해 보기〉

(1) 『금수회의록』에는 기독교적인 요소와 유교적인 요소가 함께 나타나고 있다. 시대적 배경, 작자의 생애를 중심으로 그 이유에 대해 말해 보자. 또한 『금수회의록』에 나오는 '하나님'의 이중성에 대해 조사하고, 그러한 이중성이 나타나게 된 원인에 대해 말해 보자.

(2) 『금수회의록』은 동물들의 입을 빌려 인간과 당시의 사회를 비판했다. 이러한 문학 양식은 18세기 이후에 이미 있었는데, 특히 박지원의 〈호질〉이 대표적이라 하겠다. 즉 문학 양식을 통해 사회의 병인을 비판하고자 한 것이다. 이 두 작품의 유사점과 차이점에 대해 말해 보자.

(3) 한국문학사에서 동물이나 식물을 의인화하여 작자의 의도를 표현하고자 한 작품을 조사하고, 그 문학적 효과에 대해 말해 보자.

참고문헌

· 안국선 지음·김영민 편집, 『금수회의록(외)』, 범우, 2004.
· 김성철, 「『禽獸會議錄』의 소설 구성적 연원에 대한 시론」, 『한국학연구』 65, 고려대학교 한국학연구소, 2008.
· 서재길, 「「금수회의록」의 번안에 관한 연구」, 『국어국문학』 157, 국어국문학회, 2011.
· 서재길, 「『금수회의록』의 저본 『금수회의인류공격』에 관한 일고찰」, 『한국근대문학연구』 26, 한국근대문학회, 2012.

전설련